황철곤 행정학

총론 · 정책 · 조직 1

넥스트스터디

Public Administration

INTRO

전문과목 시대로 접어들면서 행정학은 공무원 시험의 합격과 불합격을 가르는 결정적인 과목이 되었습니다. 요새 행정학에서는 예전처럼 단순 지식형이나 두문자로 해결하는 문제들은 거의 출제되지 않습니다. 이제 행정학은 개념에 대한 정확한 이해를 기반으로 시험장에서 제시된 낯선 표현들을 판단하고 추론할 수 있어야 합니다. 변화된 공무원 수험에서 요구하는 이러한 방향성은 저의 모든 강의와 교재에서 강조하고 있습니다.

행정학 고득점을 위해서는, 개념은 이해하고, 기출은 분석하고, 충분한 실전훈련을 한다. 이 세 가지를 꼭 염두에 두셔야 합니다.

행정학의 개념을 공부할 때는 행정학 특유의 관점과 논리를 이해하는 것이 중요합니다. A라는 개념만으로는 추상적인 특징이, 라이벌인 B라는 개념과 비교했을 때 상대적으로 확실하고 명징해집니다. 또한 행정학은 주어진 조건에 따라 적용되는 논리가 달라지고 정답도 달라질 수 있기도 합니다. 단순 암기만 해서는 접근하기 어려운 부분들입니다. 시험에 출제되는 핵심적인 개념들에 대해 충분히 이해하고 납득하는 것이 무엇보다 필요합니다.

기출을 학습할 때 역시 선지에 대한 단순 회독이나 단순 암기보다는 기출 논점을 정확하게 분석하고 체화해야 합니다. 같은 주제라도 새로운 표현이 출제되기도 하고 기존의 기출에서는 아예 보지 못했던 주제나 법조문들도 꽤 출제되는 것이 행정학입니다. 기출선지가 반복되지 않을 뿐이지, 출제위원들이 확인하고 싶은 논점은 반복됩니다. 그 논점을 기출문제 분석을 통해 발견하고 체화하는 것이 기출 학습에서 가장 중요합니다.

퀄리티 높은 모의고사를 통해 행정학을 독해하는 방법을 실전적으로 훈련하는 것도 필수적입니다. 개념의 이해와 기출 논점을 바탕으로 시험장에서 제시된 표현들을 읽고, 판단하고, 추론하고, 확장하는, 행정학을 독해하는 법을 저와 함께 열심히 연습하신다면 차별화된 고득점이 가능할 겁니다.

2026 황철곤 행정학 기본서는 이러한 과정들을 수험생 여러분이 충실히 밟아 나갈 수 있는 가장 근본적이면서 중요한 토대를 제공할 수 있는 교재로 만들어졌습니다. 철저한 기출분석과 최근의 출제경향 반영을 통해반드시 학습해야 할 수험행정학의 주제들을 포함하였고, 각 주제들에 대한 등급별 강약조절로 효율적인 학습이 될 수 있도록 하였습니다. 이와 함께 각 주제마다 핵심 기출문제들도 배치하여 이론적으로 학습한 내용과 실제 문제 간의 유기적인 연결이 될 수 있도록 구성하였습니다. 본 기본서와 이를 활용한 개념강의를 학습하신다면 이후 진행될 출제논점 중심의 기출학습과 실전적인 문제풀이 훈련을 하는 데에 큰 도움이 될 겁니다.

또한 수험행정학의 범위를 합리적으로 설정하는 것에도 많은 노력을 기울였습니다. 이 역시 강사가 해야 할 중요한 역할이라고도 생각합니다. 본 교재에 수록되어 있는 주요 주제들을 체계적이고 논리적으로 제대로 학습한다면 시험이 어떻게 출제된다고 해도 안정적인 고득점을 획득할 수 있을 겁니다. 이는 전문과목 중심으로 개편되어 행정학의 난이도가 상승한 최근 시험에서도 충분히 입증되었습니다.

아무쪼록 2026 황철곤 행정학 기본서가 행정학이라는 낯선 과목을 효율적으로 학습하는 데 훌륭한 도구로 쓰여 여러분들의 수험이 성공적으로 완결되기를 진심으로 소망합니다. 수험생 여러분을 언제나 응원합니다.

2025년 7월

황철곤 드림

Public Administration

STRUCTURE

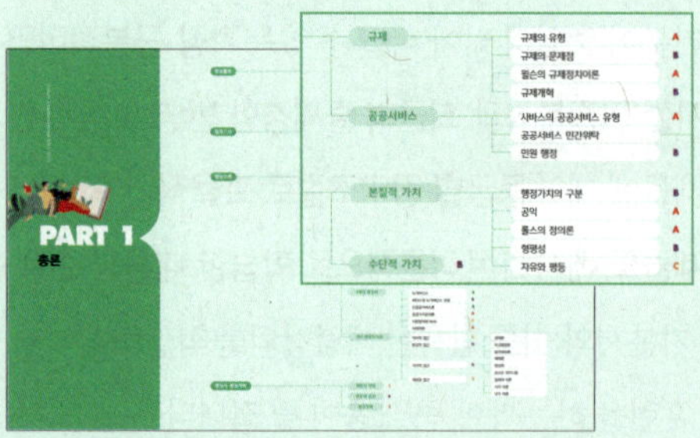

수험에 적합한 주제 분류

학문으로서의 행정학이 아닌, 수험과목으로서의 행정학 학습에 적합하도록 구성하였습니다. 최근 15년간 기출문제를 분석하여 기 출제된 주제와 향후 출제가 예상되는 주제를 망라하고, 각 주제에 주요 기출처와 중요도를 표시하여 학습에 도움을 주고자 하였습니다.

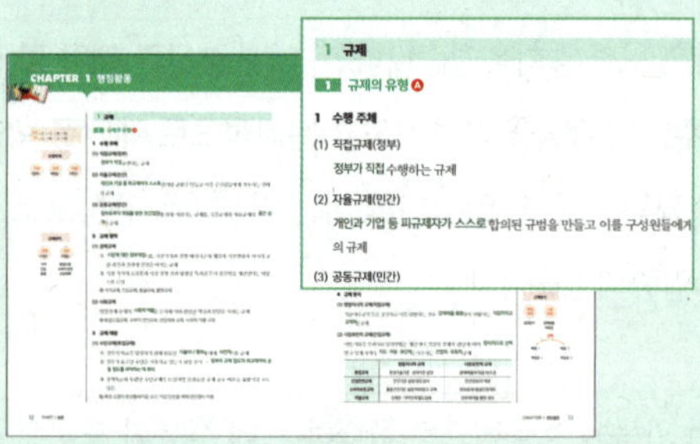

출제 빈도 표시

주요 주제별로 출제 우선순위와 중요도를 판단할 수 있도록 최근 15년간의 기출을 분석하여 그 중요도에 따라 S-A-B-C로 나누어 표시했습니다. 이는 정해진 시간 안에 많은 양을 학습해야 하는 수험생들이 학습의 비중을 판단하는 데 도움이 될 것입니다.

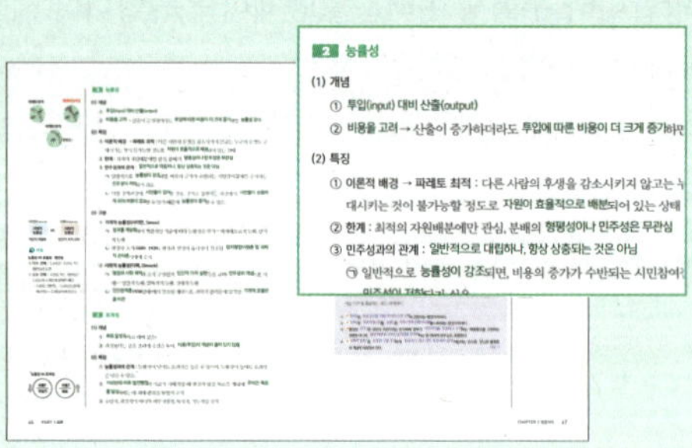

주요 키워드 강조

본문 중 중요한 내용이 드러나도록 색글자로 강조 표시를 하여 문장을 읽을 때 자연스럽게 중요 내용을 파악할 수 있도록 구성하였습니다. 이 부분은 회독을 거듭할수록 진가를 발휘하게 될 것입니다.

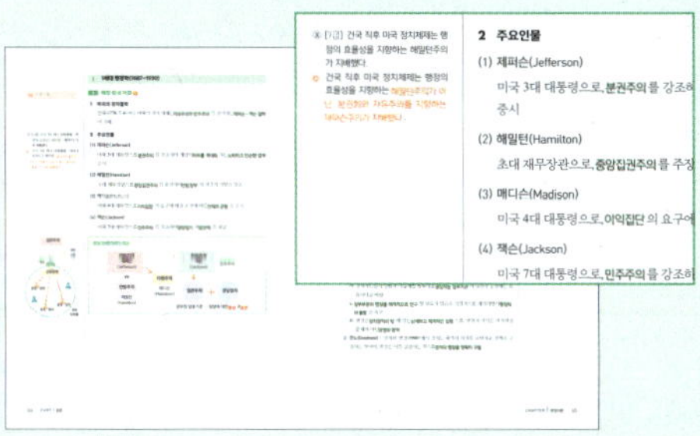

오답 선지 확인

보조단에 오답으로 출제되는 기출 선지를 수록하여, 꼭 확인해야 할 기출 포인트를 짚을 수 있도록 구성하였습니다. 본문의 내용이 어떤 형태의 오답으로 출제되는지 먼저 파악하면 학습의 방향을 잡는 데 도움이 될 것입니다.

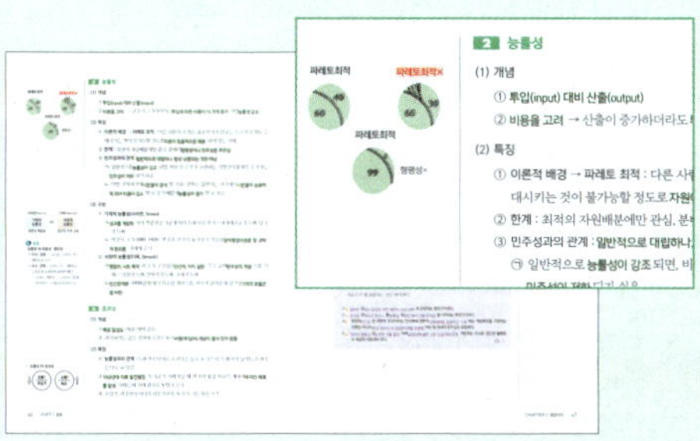

이해를 돕는 그림

행정학의 개념을 도식화하여 수록하였습니다. 이는 텍스트만 읽는 것보다 이해가 쉽고, 기억에 오래 남는 효과가 있을 것입니다.

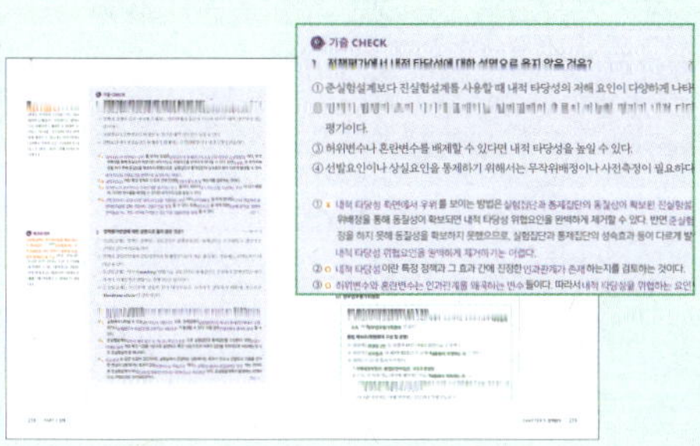

핵심 기출문제 수록

주요 주제별로 본문 학습 후 꼭 확인해야 할 중요한 기출문제와 상세한 해설을 수록하였습니다. 대표유형의 문제풀이를 통해 본문의 복습과 동시에 기출문제의 출제 유형을 파악하며 기본기를 다질 수 있을 것입니다.

Public Administration

CONTENTS

1권

2권

Public Administration

BIRDEYE VIEW

PART1 총론

CHAPTER	구분	내용	등급
CHAPTER 01 행정활동	규제	규제의 유형	A
		규제의 문제점	B
		윌슨의 규제정치이론	A
		규제개혁	B
	공공서비스	사바스의 공공서비스 유형	A
		민간위탁의 의의와 유형	A
		민간투자 유치제도	A
		학자별 분류	B
		민원행정	B
CHAPTER 02 행정가치	본질	행정가치의 구분	B
		공익	A
		롤스의 정의론	A
		형평성	B
		자유와 평등	C
	수단	합리/능률/효과/민주/합법/가외/투명	B
CHAPTER 03 행정이론	기초	시장실패	A
		정부실패	S
		정부규모이론	B
	1세대	행정 탄생 이전	C
		정치행정이원론	B
		과학적 관리론과 행정관리학파	A
		인간관계론	B
	2세대	정치행정일원론	B
		행태주의	B
		신행정학(후기 행태주의)	S
	3세대	신공공관리론	S
		신공공관리 유형	A
		공공선택론	S
		신제도주의	S
		주인-대리인이론	B
	4세대	뉴거버넌스	S
		피터스의 뉴거버넌스 모형	B
		신공공서비스론	S
		공공가치관리론	A
		시민참여와 NGO	C
		사회자본	A
	기타	역사적	C
		환경적(생태/비교/발전/체제)	B
		가치적(현상학/포스트모더니즘)	B
		새로운(딜레마/시차/넛지)	C
CHAPTER 04 행정과 행정개혁		행정의 개념	C
		행정과 경영	B
		행정개혁	C

PART2 정책

CHAPTER	구분	내용	등급
CHAPTER 01 유형·참여자		정책과 정책학	C
	유형	로위의 분류	S
		알몬드와 파우얼의 분류	B
		리플리와 프랭클린의 분류	A
	참여자	공식적·비공식적 참여자	B
		권력모형	S
		정책네트워크모형	S
CHAPTER 02 정책의제설정		정책의제설정 영향요인	B
		정책의제설정 과정	B
		정책의제설정 모형	A
CHAPTER 03 정책결정	결정모형	정책결정요인론	C
		개인적 정책결정모형	S
		집단적 정책결정모형	S
	합리적 결정	합리적 정책결정 개관	C
		1단계 : 정책문제 파악과 정의	A
		2단계 : 정책목표의 설정	C
		3단계 : 정책대안의 탐색과 개발	C
		4단계 : 정책대안의 결과예측	
		– 주관적 방법(추측)	S
		– 이론적 방법과 연장적 방법	C
		– 불확실성 하에서의 결과예측	B
		5단계 : 정책대안의 비교평가/선택	S
CHAPTER 04 정책집행		정책결정자–정책집행자 관계	B
	집행이론	고전적 집행론 VS 현대적 집행론	C
		하향적 접근방법	A
		상향적 접근방법	A
		일선집행관료이론	B
		통합모형 : 정책지지연합모형	B
		통합모형 : 적응적 집행이론	C
		정책순응	C
CHAPTER 05 정책평가		정책평가 개관	C
		정책평가 종류	B
		정책평가 타당성 및 위협요인	S
		실험	A
		정부업무평가기본법	S
CHAPTER 06 정책변동		정책변동의 유형	B
		정책변동 모형	A

PART3 조직

CHAPTER	구분	내용	등급
CHAPTER 01 조직 구조	기계적	과학적 관리론과 행정관리학파	B
		분화의 원리와 조정의 원리	S
		관료제	S
		신고전적 조직이론(인간관계론)	B
	유기적	대프트의 조직유형 분류	S
		민츠버그의 조직성장경로모형	B
		애드호크라시	B
		현대적 조직이론(거시조직이론)	S
		지식정보화사회의 조직	C
	VS	구조변수: 복잡성/공식성/집권화	B
		상황변수: 규모/기술/환경	B
CHAPTER 02 조직·사람 관리	조직관리	조직 목표의 의의와 변동	C
		조직 목표의 관리	S
		조직 효과성 평가 모형	C
		조직 문화	B
	사람관리	동기부여: 내용이론	S
		동기부여: 과정이론	S
		리더십	S
		조직 내 권력	B
		조직 내 갈등관리	B
		조직 내 의사전달	C
CHAPTER 03 우리나라 정부조직		정부조직구조	A
		위원회	A
		책임운영기관	A
		정부부처 형태의 공기업(정부기업)	B
		공공기관	B
		정보화와 전자정부	S

PART4 인사

챕터	구분	항목	등급
CHAPTER 01 공무원 분류	구분	경력직 VS 특수경력직	S
		국가공무원 VS 지방공무원	C
	계급 VS 직위	계급제 VS 직위분류제	S
		직위분류제의 기본 개념	B
		직무평가	A
CHAPTER 02 공무원 임용	이론	엽관제와 실적제	S
		직업공무원제	A
		대표관료제	S
	중앙인사기관		B
	내부임용		B
	채용시험		A
CHAPTER 03 공무원 관리	교육훈련		B
	경력개발		C
	근평	근무성적평정의 의의	C
		근무성적평정의 유형	A
		근무성적평정의 오류	S
		우리나라 근무성적평정 제도	B
	새로운	개방형 임용	A
		고위공무원단	S
		유연인사제도	A
		총액인건비제도	B
		전략적 인적자원관리	C
		다양성 관리	C
	사기	보수	C
		공무원 연금	B
		제안제도	C
		적극행정 관리	C
CHAPTER 04 공무원 통제	윤리	부패의 유형	B
		행정윤리와 행정책임	B
		길버트의 분류	S
		옴부즈만과 국민권익위원회	A
	법률	공무원의 의무: 국가공무원법	B
		공직자윤리법	S
		공직자의 이해충돌 방지법	A
		공무원헌장	C
		부패방지권익위법	A
		청탁금지법	B
		징계 및 신분변경	S
		소청심사제도와 고충처리제도	A
		정치적 중립	B
		공무원 노동조합	B
		공무원직장협의회	C

PART5 재무

챕터	구분	항목	등급
CHAPTER 01 예산 제도	개관	예산의 의의	C
		머스그레이브의 정부 재정 기능	C
	국가재정	일반회계와 특별회계	S
		기금	A
		통합재정	B
		정부가 동원하는 공공재원	B
	예산과정	예산의 주기	B
		예산의 종류	S
		예산 편성 절차	A
		예산 편성 방식	B
		예산 분류 방식	B
		예산 심의의 특징	C
		예산 심의 절차	A
		예산 집행 과정	B
		예산 집행의 신축성 유지방안	A
		결산	B
	관리방식	재정 건전성의 확보	S
		성과관리제도	B
		성인지 예산제도	B
		온실가스감축인지 예산제도	B
		자본예산제도	C
		정부 회계 관리	A
CHAPTER 02 예산 이론	원칙	고전적 원칙: 통제 지향	S
		현대적 원칙: 관리 지향	C
	결정이론	키의 문제제기	C
		루이스의 총체주의	C
		윌다브스키의 점증주의	B
		기타 예산결정모형	C
	개혁이론	예산개혁의 기준	B
		품목별 예산제도	S
		성과주의 예산제도	A
		계획예산제도	A
		영기준 예산제도	A
		신성과주의 예산제도	B

PART6 지방

챕터	구분	항목	등급
CHAPTER 01 지방자치 개관	지방자치의 목적		B
	지방자치의 구분		B
	정부간관계	정부 간 관계 모형	A
		보충성의 원칙	A
		지방분권균형발전법	C
	지방정치 이론		B
CHAPTER 02 자치단체 구역		단층제와 중층제	B
		한국의 자치단체 계층구조	S
CHAPTER 03 자치권	자치기관	기관구성의 유형	A
		지방의회	B
		지방자치단체장	B
		지방선거	C
	자치입법권	자치권의 유형	B
		조례제정권	A
	자치행정권		S
	자치재정권	지방세	S
		세외수입	B
		지방교부세	S
		국고보조금	B
		조정교부금	C
		시·도비 보조금	C
		분권재정지표	B
		지방채	B
		지방공기업	B
	상호간 관계	우리나라의 제도	A
		광역행정	C
	중앙·지방 간 관계		A
	교육자치		C
	자치경찰		C
CHAPTER 04 주민참여	개념	주민의 개념	C
		주민참여 단계	C
	참여제도	한국의 주민참여제도	A
		주민청원	C
		주민조례제정개폐청구	A
		주민감사청구	S
		주민투표	A
		주민소송	C
		주민소환	A
		주민참여예산제도	A

PUBLIC ADMINISTRATION 황철곤 행정학

PART 1
총론

행정활동

행정가치

행정이론

행정과 행정개혁

- 규제
  - 규제의 유형 A
  - 규제의 문제점 B
  - 윌슨의 규제정치이론 A
  - 규제개혁 B
- 공공서비스
  - 사바스의 공공서비스 유형 A
  - 공공서비스 민간위탁
    - 민간위탁의 의의와 유형 A
    - 민간투자 유치제도 A
    - 학자별분류 B
  - 민원 행정 B
- 본질적 가치
  - 행정가치의 구분 B
  - 공익 A
  - 롤스의 정의론 A
  - 형평성 B
  - 자유와 평등 C
- 수단적 가치 B
- 시장실패와 정부실패
  - 시장실패 A
  - 정부실패 S
  - 정부규모이론 B
- 1세대 행정학
  - 행정학 탄생 이전 C
  - 정치행정이원론 B
  - 과학적 관리론과 행정관리학파 A
  - 인간관계론 B
- 2세대 행정학
  - 정치행정일원론 B
  - 행태주의 B
  - 신행정학(후기 행태주의) S
- 3세대 행정학
  - 신공공관리론 S
  - 신공공관리 유형 A
  - 공공선택론 S
  - 신제도주의 S
  - 주인-대리인 이론 B
- 4세대 행정학
  - 뉴거버넌스 S
  - 피터스의 뉴거버넌스 모형 B
  - 신공공서비스론 S
  - 공공가치관리론 A
  - 시민참여와 NGO C
  - 사회자본 A
- 기타 행정학이론
  - 역사적 접근 C
  - 환경적 접근 B
    - 생태론
    - 비교행정론
    - 발전행정론
    - 체제론
  - 가치적 접근 B
    - 현상학
    - 포스트 모더니즘
  - 새로운 접근 C
    - 딜레마 이론
    - 시차 이론
    - 넛지 이론
- 행정의 개념 C
- 행정과 경영 B
- 행정개혁 C

Public Administration

CHAPTER 1 행정활동

1 규제

9급 24국, 19국, 18지, 17지
7급 24국, 21지, 16국, 15지

수행주체

직접(정부) / 공동(위임) / 자율(개인)

1 규제의 유형 A

1 수행 주체

(1) 직접규제(정부)

정부가 직접 수행하는 규제

(2) 자율규제(민간)

개인과 기업 등 피규제자가 스스로 합의된 규범을 만들고 이를 구성원들에게 적용하는 형태의 규제

(3) 공동규제(민간)

정부로부터 위임을 받은 민간집단에 의해 이뤄지는 규제로, 직접규제와 자율규제의 **중간 성격**의 규제

규제영역

경제(시장): 가격, 진입, 품질
사회(역할): 환경오염, 소비자 안전, 산업재해

2 규제 영역

(1) 경제규제

① **시장에 대한 정부개입**으로, 시장가격과 경쟁 메커니즘에 개입해 시장행위자 사이의 교환 과정과 결과에 영향을 미치는 규제

② 시장 가격의 오작동과 시장 경쟁 결과 발생한 독과점 등의 불공평을 개선한다는 명분으로 도입

예 가격규제, 진입규제, 품질규제, 물량규제

(2) 사회규제

민간경제 주체의 **사회적 역할**을 중시해 이와 관련한 책임과 부담을 가하는 규제

예 환경오염규제, 소비자 안전규제, 산업재해 규제, 사회적 차별 규제

3 규제 대상

(1) 수단규제(투입규제)

① 정부의 목표를 달성하기 위해 필요한 **기술이나 행위**에 대해 **사전적**으로 규제

② 정부가 요구한 수단을 사용하고 있는지 확인 용이 → **정부의 규제 정도와 피규제자의 순응 정도를 파악하는 데 유리**

③ 정책목표와 무관한 수단규제를 도입하면 불필요한 규제 준수 비용을 유발시킬 수도 있음.

예 특정 유형의 환경통제기술 요구, 작업 안전을 위해 안전장비 착용

(2) 성과규제(산출규제)

① **특정 성과 수준**을 정하고 피규제자에게 이의 달성을 **사후적**으로 요구

② 정부가 제시한 성과 기준만 충족하면 되기 때문에 이를 달성하는 **수단과 방법은 피규제자가 자유롭게 선택** 가능

③ 사회경제적으로 **바람직한 최적의 성과 수준을 찾는 것이 곤란**할 가능성 높음.

예 대기오염 방지를 위해 이산화탄소 농도 일정 수준 유지, 신약에 허용 가능한 부작용 발생 수준을 명시

(3) 관리규제(과정규제)

① 정부는 **피규제자 스스로** 주요 **관리 단계**에서 발생할 수 있는 **위해 요소를 체계적으로 관리**할 것을 요구

② **수단규제와 성과규제가 갖는 단점을 극복**하는 데 활용

㉠ **수단규제보다 자율성 측면에서 유리** → 피규제자 스스로 비용 효과적인 규제 설계

㉡ **성과규제를 적용하기 어려울 때 적합** → 피규제자 스스로 설계한 규제가 구체적인 상황에서 잘 집행되고 있는지만 평가

예 식품위해요소 중점관리기준(HACCP) → 식품제조 · 가공 · 보존 · 유통의 각 단계에서 발생할 우려가 있는 위해 요소를 규명하고 체계적으로 관리

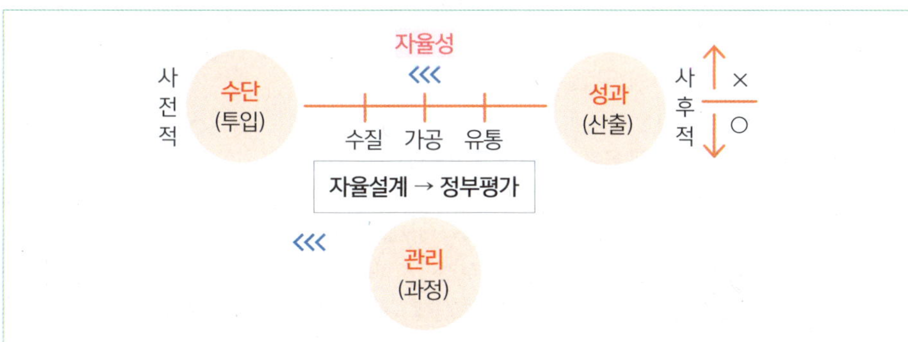

4 규제 방식

(1) 명령지시적 규제(직접규제)

기준이나 규칙 등을 설정하고 이를 위반하는 경우 **강제력을 동원**하여 처벌하는 **직접적이고 강제적**인 규제

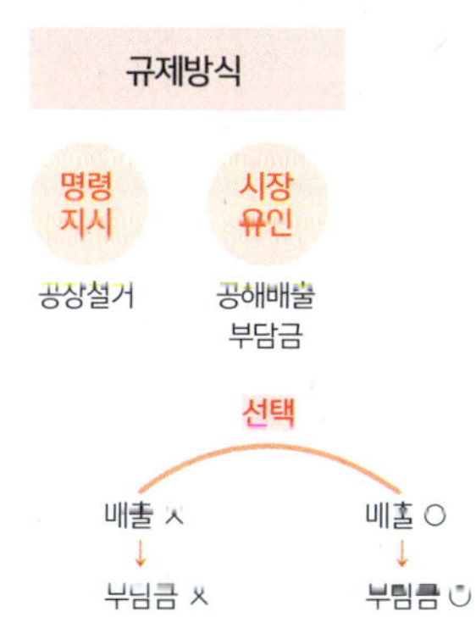

(2) 시장유인적 규제(간접규제)

어떤 의무를 부과하되 달성방법은 개인이나 기업의 경제적 판단에 따라 **합리적으로 선택**할 수 있게 하거나, **지도 · 지원 · 유인책**을 사용하는 **간접적 · 우회적** 규제

	명령지시 적 규제	시장유인적 규제
환경규제	환경기술기준 · 성과기준 설정	공해배출부과금/보조금
산업안전규제	안전기준 설정/공장검사	안전정보의 제공
소비자보호규제	물품안전기준 설정/허위광고 규제	정보공개/품질인증제도
차별규제	장애인 · 지역인재 할당임용	정부계약을 통한 유도

5 개입 범위

(1) 포지티브(positive) 규제

자율성이 낮은 '원칙 금지, 예외 허용'으로, '~할 수 있다' 혹은 '~이다'의 형식

예 대기업은 프랜차이즈 사업에 진출할 수 있다.

(2) 네거티브(negative) 규제

자율성이 높은 '원칙 허용, 예외 금지'로, '~할 수 없다' 혹은 '~아니다'의 형식

예 대기업은 프랜차이즈 사업에 진출할 수 없다.

기출 CHECK

1 정부규제에 대한 설명으로 옳은 것만을 모두 고르면? 2019 국가직 9급

ㄱ. 포지티브(positive) 규제가 네거티브(negative) 규제보다 자율성을 더 보장해준다.
ㄴ. 환경규제와 산업재해규제는 사회규제의 성격이 강하다.
ㄷ. 공동규제는 정부로부터 위임을 받은 민간집단에 의해 이뤄지는 규제를 의미한다.
ㄹ. 수단규제는 정부의 목표를 달성하기 위해 필요한 기술이나 행위에 대해 사전적으로 규제하는 것을 의미한다.

① ㄱ, ㄴ ② ㄷ, ㄹ
③ ㄱ, ㄴ, ㄷ ④ ㄴ, ㄷ, ㄹ

ㄱ. X 포지티브 규제는 '원칙 금지, 예외 허용'이고, 네거티브 규제는 '원칙 허용, 예외 금지'이다. 원칙적으로 금지하는 포지티브 규제보다, 원칙적으로는 허용하되 예외만 금지하는 네거티브 규제의 자율성이 더 높다.
ㄴ. O 사회 규제는 민간 주체의 사회적 역할을 중시해 이와 관련된 책임과 부담을 가하는 규제이다. 환경규제는 환경을 보호하기 위해, 산업재해규제는 산업재해로부터 노동자를 보호하기 위해 관계자들에게 의무와 책임을 부여하는 규제이므로 사회규제이다.
ㄷ. O 공동규제는 자율규제와 직접규제의 중간 성격으로, 정부로부터 위임을 받은 민간집단에 의해 이뤄지는 규제이다.
ㄹ. O 수단규제는 작업 안전을 위한 안전장비 착용 등 정부의 목표를 달성하기 위해 필요한 기술이나 행위에 대해 사전적으로 규제하는 것이다.

정답 ④

X [9급] 포지티브 규제는 네거티브 규제보다 피규제자의 자율성을 더 보장한다.
O 네거티브 규제는 포지티브 규제보다 (포지티브 규제는 네거티브 규제보다 ×) 피규제자의 자율성을 더 보장한다.

보충

경쟁적 규제 VS 보호적 규제 (리플리&프랭클린)
① **경쟁적 규제** : 특정인에게 **일정 서비스를 공급하도록 제한**하고 **일정 기간 이후 자격조건을 재심사**(항공노선 취항권 부여)
② **보호적 규제** : **사적인 활동을 제약**하는 조건을 설정함으로써 **일반대중을 보호**(작업장 안전 규제)

체크포인트

규제의 경우 반대되는 유형을 구분할 수 있는지가 주요 출제포인트입니다. 포지티브 규제는 네거티브 규제와, 사회규제는 경제규제와, 수단규제는 성과규제와, 명령지시적 규제는 시장유인적 규제와 비교하면서 개념학습을 해야 문제를 정확하게 해결할 수 있습니다.

2 규제의 문제점 B

9급 17지, 16지

(1) 규제 피라미드(≒타르 베이비*)

① 규제가 규제를 낳은 결과 피규제자의 **규제 부담이 누적되어 증가**하는 현상

② 일부 피규제자의 규제불응을 해결하기 위해 새로운 규제를 도입하게 되고, 이렇게 도입된 새로운 규제는 대다수의 피규제자에게 추가적인 부담으로 작용

예 석유가격 동결(규제) → 석유 암시장 형성(규제불응) → 석유 거래 신고제 변경(재규제)

* **타르 베이비(Tar-baby)**
끈끈한 액체인 타르를 발라놓은 인형에 토끼들이 달라붙는 현상으로, 규제가 누적되어 쌓인다는 **규제피라미드와 비슷한 의미**로 사용됨.

(2) 규제의 역설

규제가 **오히려 민간의 행동을 비효율적**으로 유도하고 **사회적 자원의 왜곡**을 가져오는 부작용을 초래하는 현상

(3) 지대추구 및 포획현상

① 정부가 **규제를 통해 특정 사업이나 경제 주체를 보호**하는 경우 **경제적인 이권인 지대(rent)**가 발생

② 피규제자가 자신에게 이익이 되는 규제를 도입하기 위해 정부나 의회에 **적극적인 로비를 하는 지대추구행위** 발생

③ 피규제자 집단의 로비 행위로 인해 **규제집단인 정부관료가 특정집단의 사익을 옹호하는 포획현상** 발생

지대추구 및 포획현상

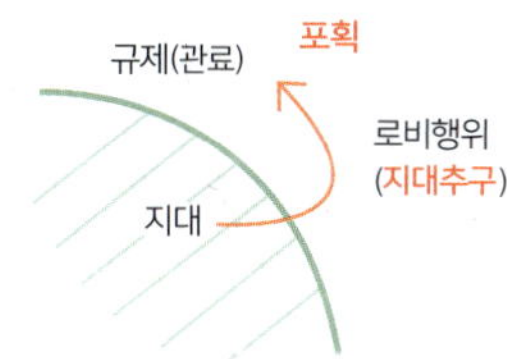

(4) 행정지도(VS 법적규제)

① **개념** : 행정주체가 의도하는 바를 실현하기 위해 **국민의 임의적 협력을 기대**하여 행하는 비권력적 사실행위로, **법적 구속력을 수반하지 않는 권고·협조요청·알선행위** 등

② 특징

㉠ 복잡한 입법절차가 요구되지 않아 **새롭고 긴급한 행정수요에 응급적·보완적으로 대응**

㉡ 권력을 배경으로 하지만 **지도형식에 일률적인 제한을 받지 않으며**, 민간부문의 정부의존도가 높을수록 유용성이 커짐.

㉢ 과거 **정부주도 개발시대**에 행정이 민간부문의 발전을 선도·관리하면서 행정지도의 영역이 확대

③ **문제점** : 직접적인 법규의 근거를 필요로 하지 않아 **법치주의 침해, 불분명한 행정책임, 미흡한 구제수단, 형평성 상실** 등 문제점 발생

행정지도	임의적 협력 요청 → 법적 구속력 × 법치주의 침해, 책임 불분명, 구제수단 미흡
VS	
법적규제	강제력·구속력 ○

보충

규제의 역설의 유형

① 무리하고 과도한 규제는 비현실적이어서 오히려 과소한 규제 → 오염 없는 세상을 위한 규제는 실현 불가

② 새로운 위험만 규제하다가 오히려 사회의 전체 위험 수준이 증가 → 새 차에만 안전장치를 의무화하는 규제는 기존 차량에는 적용 불가

③ 최고의 기술을 요구하는 규제는 오히려 기술 개발을 지연 → 현재 시점에서 최선의 기술을 사용하도록 규제하면 신규 기술 개발 불가

④ 소득재분배를 위한 규제가 오히려 사회적으로 가장 어려운 사람들에게 불리 → 최저임금제도로 노동자 해고

⑤ 기업체에 자기 상품에 대한 정보 공개를 의무화할수록 오히려 소비자들의 실질적인 정보량 감소 → 광고 인센티브 감소

체크포인트

규제피라미드와 같이 규제의 문제점을 나타내는 용어를 정확하게 알고 있는지 체크할 것입니다. 특징을 나열하면서 물어볼 수도 있고, 특정 사례를 주면서 연결되는 문제점을 고르라고 할 수도 있으니 기출된 사례와 다양한 문제 연습을 해두어야 합니다.

기출 CHECK

1 다음 설명에 해당하는 정책현상은? 2016 지방직 9급

> 어떤 하나의 규제가 시행된 결과, 원래 규제설계 당시에는 미리 예기하지 못한 또 다른 문제점이 나타나게 되면 규제기관은 그 문제의 해결을 위해 또 다른 규제를 하게 됨으로써 결국 규제가 규제를 낳는 결과를 초래한다.

① 타르 베이비 효과(Tar-Baby effect) ② 집단행동의 딜레마
③ 규제의 역설(regulatory paradox) ④ 지대추구행위

① O 타르 베이비 효과는 규제가 규제를 낳은 결과 피규제자의 규제 부담이 점점 증가하는 현상으로, 규제 피라미드와 비슷한 개념이다.
② X 집단행동의 딜레마는 많은 사람으로 구성된 집단에서 무임승차 등이 발생해 구성원 스스로의 자율에 의해서는 문제가 해결되지 못하는 상황이다.
③ X 규제의 역설이란 문제를 해결하고자 도입한 규제가 오히려 민간의 행동을 비효율적으로 유도하고 사회적 자원의 왜곡을 가져오는 부작용을 초래하는 현상이다.
④ X 정부가 특정 민간단체를 보호하기 위한 규제 등을 시행할 때 해당 민간단체에게는 경제적인 이득인 지대가 발생하게 된다. 지대추구행위란 이러한 지대를 지속적으로 획득하려는 행위로, 민간단체가 자신에게 이익이 되는 규제를 도입하기 위해 정부나 의회에 적극적인 로비를 하는 행위이다. 정답 ①

심화 교차보조

① 규제를 통해 특정 집단에 더 많은 비용을 부담시키고 거기서 얻은 수익을 다른 집단에게 혜택으로 사용
② 다른 누군가를 위해 추가적인 비용을 부담해주게 되는 역설적인 현상

예 시내전화의 손실을 시외전화·국제전화 요금으로 보전

3 윌슨(J. Q. Wilson)의 규제정치이론 A

9급 22국, 18지
7급 24국, 21지, 17국

PART 1

		편익	
		분산(무관심)	집중(로비)
비용	분산(무관심)	대중정치 (음란물규제)	고객정치 (수입규제)
	집중(로비)	기업가정치 (환경오염규제)	이익집단정치 (의약분업)

(1) 대중정치

① **개념** : 규제에 대한 비용과 편익이 **쌍방 모두 이질적인 불특정 다수**에게 미치는 상황

② **특징** : 편익집단과 비용집단 모두 특별히 큰 이익이나 손해가 발생하지 않기 때문에 양측 모두 **체계적인 조직화는 낮은 수준**

예 낙태에 대한 규제, 음란물규제, 신문·방송·출판물의 윤리규제, 차별규제, 교통체증 완화를 위한 차량 10부제 운행 등

(2) 이익집단정치

① **개념** : 규제로부터 예상되는 비용과 편익이 **모두 소수의 동질적인 집단**에 국한되는 상황

② **특징** : 편익집단과 비용집단 모두 조직적인 힘을 바탕으로 **이익 확보를 위해 첨예하게 대립**

예 의·약분업, 한·약규제, 작업안전을 둘러싼 노동계와 경제계 간 갈등 등

(3) 고객정치

① **개념** : 규제의 비용은 이질적인 불특정 다수인에게 넓게 분산되지만, **편익은 동질적인 소수에 좁게 집중**되는 상황

② **특징** : **편익집단이 강하게 조직화**되며, 이들은 **규제의 유지**를 위해 **적극적으로 로비행위** 시도

예 수입규제, 농산물에 대한 최저가격 규제 등

③ **소수 편익집단**이 다수 비용집단을 압도하는 **미시적 절연** 발생

(4) 기업가적 정치

① **개념** : 규제의 편익은 이질적인 불특정 다수인에게 넓게 분산되지만, **비용은 동질적인 소수에 좁게 집중**되는 상황

② **특징** : **비용집단이 강하게 조직화**되며, 이들은 **규제의 철폐**를 위해 **적극적으로 로비행위** 시도

예 환경오염규제, 자동차안전규제, 위해물품규제, 원자력발전규제, 식품위생규제, 외제차에 대한 수입규제 완화 등

③ 다수 편익집단을 위한 정치적 선택을 하지만 **소식화된 소수 비용집단의 강력한 로비활동이 다수를 압도**하는 **거시적 절연** 발생

④ 비용집단의 강력한 로비행위로 인해 **채택이 가장 어려울 수 있다**는 견해가 있으며, **극적 사건이나 공익 집단의 활동 등 외부적 충격**에 의해 채택될 수 있음.

보충

거시적 절연과 미시적 절연

	거시적 절연	미시적 절연
편익	다수집단 분산	소수집단 집중
비용	소수집단 집중	다수집단 분산
특징	다수 편익 집단을 위해 정치적 선택	소수 편익 집단이 다수 비용집단 압도
규제 정치	기업가 정치	고객 정치

보충

기업가적 정치 = 운동가 정치

기업가적 정치의 경우 **분산된 다수 편익집단의 목소리를 시민단체와 같은 운동가들이 대변해주는 상황**에 집중했을 때는 '운동가 정치'라고 불리기도 함.

체크포인트

윌슨의 규제정치이론에서 제시하는 각각의 유형을 나타내는 문장을 읽어낼 수 있어야 합니다. 기출된 문장을 외우기보다는, 편익과 비용이 분산되는지 또는 집중되는지에 주목하면서 독해하는 것이 중요합니다. 이후 대표적인 사례를 짝짓는 것까지 연습해두시면 좋습니다.

기출 CHECK

1 다음은 윌슨(Wilson)의 규제정치 유형에 대한 설명이다. 각 유형별 사례를 바르게 짝지은 것은?

2014 지방직 9급

ㄱ. 정부규제로 인해 발생되는 비용은 상대적으로 이질적인 불특정 다수집단에 부담되나, 그 편익은 매우 크며 동질적인 소수집단에게 귀속되는 상황
ㄴ. 정부규제로 인해 감지된 비용과 편익이 쌍방 모두 이질적인 불특정 다수에게 미치기 때문에, 개개인으로 보면 그 크기가 작은 상황
ㄷ. 규제로부터 예상되는 비용과 편익이 모두 소수의 동질적인 집단에 국한되고, 쌍방이 모두 조직적인 힘을 바탕으로 이익 확보를 위해 첨예하게 대립하는 상황
ㄹ. 피규제 집단에게는 비용이 좁게 집중되지만, 규제로 인한 편익이 일반시민을 포함하여 넓게 분포되는 상황

	ㄱ	ㄴ	ㄷ	ㄹ
①	수입규제	음란물규제	한약규제	원자력발전규제
②	원자력발전규제	수입규제	한약규제	음란물규제
③	한약규제	원자력발전규제	수입규제	음란물규제
④	수입규제	한약규제	음란물규제	원자력발전규제

ㄱ. 고객정치에 대한 설명이다. 수입을 규제하는 경우 그 편익은 수입업체에 집중되나, 그 비용은 일반 국민들에게 분산되므로 고객정치의 사례가 된다.
ㄴ. 대중정치에 대한 설명이다. 음란물을 규제하는 경우 그 편익과 비용은 모두 일반국민들에게 분산되므로 대중정치의 사례가 된다.
ㄷ. 이익집단정치에 대한 설명이다. 한약규제는 그 편익이 약사단체에 집중되고, 그 비용은 한의사단체에 집중되므로 이익집단정치의 사례가 된다.
ㄹ. 기업가정치에 대한 설명이다. 원자력발전규제는 그 편익이 일반 국민들에게 분산되지만, 그 비용은 원자력업계에 집중되므로 기업가정치의 사례가 된다.

정답 ①

4 규제개혁 B

1 규제개혁 이론

(1) 규제개혁의 개념

불합리한 규제를 개선하기 위해 규제의 생성 · 운용 · 소멸의 모든 과정에서 정부가 체계적으로 개입하는 것

(2) 규제개혁 단계(OECD)

규제 완화(규제 **총량** 감소) → 규제품질관리(개별 규제 **질적** 관리) → 규제관리(한 국가의 전반적 규제 **체계** 관리)

2 규제개혁 제도 : 행정규제기본법

(1) 목적

> **행정규제기본법 제1조(목적)**
> 이 법은 행정규제에 관한 기본적인 사항을 규정하여 **불필요한 행정규제를 폐지**하고 **비효율적인 행정규제의 신설을 억제**함으로써 사회 · 경제활동의 자율과 창의를 촉진하여 국민의 삶의 질을 높이고 국가경쟁력이 지속적으로 향상되도록 함을 목적으로 한다.

(2) 규제 법정주의

> **동법 제4조(규제 법정주의)**
> ① 규제는 **법률에 근거**하여야 하며, 그 내용은 알기 쉬운 용어로 구체적이고 명확하게 규정되어야 한다.
> ③ 행정기관은 **법률에 근거하지 아니한 규제**로 국민의 권리를 제한하거나 의무를 **부과할 수 없다**.

(3) 규제의 원칙

> **동법 제5조(규제의 원칙)**
> ① 국가나 지방자치단체는 국민의 자유와 창의를 존중하여야 하며, 규제를 정하는 경우에도 **그 본질적 내용을 침해하지 아니하도록** 하여야 한다.
> ② 국가나 지방자치단체가 규제를 정할 때에는 국민의 생명 · 인권 · 보건 및 환경 등의 보호와 식품 · 의약품의 안전을 위한 **실효성이 있는 규제**가 되도록 하여야 한다.
> ③ 규제의 대상과 수단은 규제의 목적 실현에 필요한 **최소한의 범위**에서 가장 효과적인 방법으로 객관성 · 투명성 및 공정성이 확보되도록 설정되어야 한다.

(4) 규제영향분석

① **개념** : 신설되거나 현존하는 **규제의 사회적 편익과 비용을 점검**하고 측정하는 체계적인 의사결정 도구

② **배경** : 1970년대 이후 세계의 여러 국가에서 도입하여 왔으며, OECD에서도 회원국들에게 규제영향분석의 채택을 권고 → 한국은 **1998년** 도입

9급 25지, 17지
7급 21지, 16지

PART 1

보충

> **동법 제3조(적용 범위)**
> ② 다음 각 호의 어느 하나에 해당하는 사항에 대하여는 **이 법을 적용하지 아니한다.**
> 1. **국회, 법원, 헌법재판소, 선거관리위원회 및 감사원**이 하는 사무

③ **기능** : 규제의 경제·사회적 영향을 분석해 타당성 평가 및 객관적 정보를 제공하고, **관료에게 규제 비용에 대한 관심과 책임성**을 갖도록 유도

동법 제7조(규제영향분석 및 자체심사)

① 중앙행정기관의 장은 **규제를 신설하거나 강화**(규제의 **존속기한 연장을 포함**)하려면 다음 각 호의 사항을 종합적으로 고려하여 **규제영향분석**을 하고 규제영향분석서를 작성하여야 한다.

1. 규제의 신설 또는 강화의 **필요성**
2. 규제 목적의 **실현 가능성**
3. 규제 외의 **대체 수단 존재 여부** 및 기존규제와의 **중복 여부**
4. 규제의 시행에 따라 규제를 받는 집단과 국민이 부담하여야 할 **비용과 편익의 비교 분석**
5. 규제의 시행이 중소기업에 미치는 영향
6. 기술규정 및 적합성평가의 시행이 기업에 미치는 영향
7. 경쟁 제한적 요소의 포함 여부
8. 규제 내용의 객관성과 명료성
9. **규제의 존속기한·재검토기한의 설정 근거 또는 미설정 사유**
10. 규제의 신설 또는 강화에 따른 행정기구·인력 및 예산의 소요
11. 규제의 신설 또는 강화에 따른 부담을 경감하기 위하여 폐지·완화가 필요한 기존규제 대상
12. 관련 민원사무의 구비서류 및 처리절차 등의 적정 여부

③ **중앙행정기관의 장**은 제1항에 따른 **규제영향분석의 결과를 기초**로 규제의 대상·범위·방법 등을 정하고 **자체규제심사위원회의 심의**를 거쳐 그 **타당성에 대하여 자체심사**를 하여야 한다. 이 경우 관계 전문가 등의 의견을 충분히 수렴하여 심사에 반영하여야 한다.

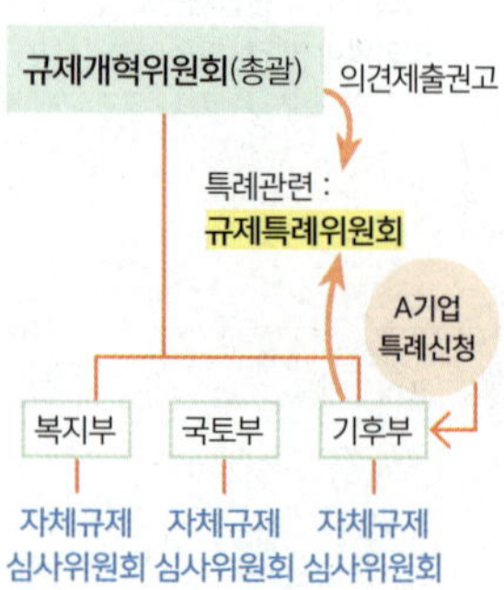

(5) 규제존속기한 및 재검토기한(규제일몰제)

동법 제8조(규제의 존속기한 및 재검토기한 명시)

① 중앙행정기관의 장은 규제를 신설하거나 강화하려는 경우에 존속시켜야 할 명백한 사유가 없는 규제는 **존속기한 또는 재검토기한을 설정**하여 그 법령 등에 규정하여야 한다.

② 규제의 존속기한 또는 재검토기한은 규제의 목적을 달성하기 위하여 필요한 최소한의 기간 내에서 설정되어야 하며, 그 기간은 **원칙적으로 5년을 초과할 수 없다.**

③ 중앙행정기관의 장은 규제의 존속기한 또는 재검토기한을 **연장할 필요가 있을 때**에는 그 규제의 존속기한 또는 재검토기한의 6개월 전까지 **규제개혁위원회에 심사를 요청**하여야 한다.

동법 제8조의2(규제의 재검토)

① 중앙행정기관의 장은 규제의 **재검토기한이 도래**하는 경우 **자체규제심사위원회의 심의**를 거쳐 해당 규제의 시행상황을 점검하는 방법 등으로 **규제의 재검토를 실시**하고 그 결과에 따라 **규제의 폐지 또는 완화 등 필요한 조치**를 하여야 한다.

(6) 규제개혁위원회

① 설치

동법 제23조(설치)

정부의 규제정책을 심의·조정하고 규제의 심사·정비 등에 관한 사항을 종합적으로 추진하기 위하여 **대통령 소속**으로 **규제개혁위원회**를 둔다.

② 구성

동법 제25조(구성 등)

① 위원회는 **위원장 2명**을 포함한 20명 이상 25명 이하의 위원으로 구성한다.

② **위원장**은 **국무총리**와 학식과 경험이 풍부한 사람 중에서 **대통령이 위촉하는 사람**이 된다.

동법 제26조(의결 정족수)

위원회의 회의는 **재적위원 과반수의 출석으로 개의하고, 재적위원 과반수의 찬성으로 의결**한다.

(7) 규제샌드박스(sandbox)

① **개념** : 아이들이 모래놀이터에서 자유롭고 안전하게 뛰어놀 수 있는 것처럼 **규제를 풀어줌으로써 신기술을 촉진**함과 동시에 **안전성 문제 등을 미리 점검**하는 제도

② **방식** : 사업자가 **신기술을 활용**한 새로운 제품과 서비스를 일정 조건하에서 **시장에 우선 출시해 시험·검증**할 수 있도록 **현행 규제의 전부나 일부를 적용하지 않는 것**을 말하며, 그 과정에서 수집된 데이터를 토대로 **합리적으로 규제를 개선**

동법 제5조의2(우선허용·사후규제 원칙)

① 국가나 지방자치단체가 **신기술을 활용한 새로운 서비스 또는 제품**과 **관련된** 규제를 법령등이나 조례·규칙에 규정할 때에는 다음 각 호의 어느 하나의 규정 방식을 우선적으로 고려하여야 한다.

1. 규제로 인하여 **제한되는 권리나 부과되는 의무는 한정적으로 열거**하고 **그 밖의 사항은 원칙적으로 허용**하는 규정 방식
2. 서비스와 제품의 인정 요건·개념 등을 장래의 신기술 발전에 따른 새로운 서비스와 제품도 포섭될 수 있도록 하는 규정 방식
3. 서비스와 제품에 관한 분류기준을 장래의 신기술 발전에 따른 서비스와 제품도 포섭될 수 있도록 유연하게 정하는 규정 방식
4. 그 밖에 신기술 서비스·제품과 관련하여 **출시 전에 권리를 제한하거나 의무를 부과하지 아니하고** 필요에 따라 **출시 후에 권리를 제한하거나 의무를 부과**하는 규정 방식

동법 제19조의3(신기술 서비스·제품 관련 규제의 정비 및 특례)

② 중앙행정기관의 장은 신기술 서비스·제품과 관련된 규제와 관련하여 다음 각 호의 어느 하나에 해당하여 **신기술 서비스·제품의 육성을 저해하는 경우에는 해당 규제를 신속하게 정비**하여야 한다.

1. 기존 규제를 해당 신기술 서비스·제품에 적용하는 것이 곤란하거나 맞지 아니한 경우
2. 해당 신기술 서비스·제품에 대하여 명확히 규정되어 있지 아니한 경우

③ 중앙행정기관의 장은 제2항에 따라 규제를 정비하여야 하는 경우로서 필요한 경우에는 **해당 규제가 정비되기 전이라도** 신기술 서비스·제품과 관련된 **규제 특례 관계법률**로 정하는 바에 따라 **해당 규제의 적용을 면제하거나 완화**할 수 있다.

⑤ 신기술 서비스·제품과 관련된 **규제 특례를 부여받고자 하는 자의 신청을 받은 중앙행정기관의 장**은 … **규제 특례 위원회에 신청된 사항을 상정**하여야 한다.

동법 제19조의4(신산업 규제정비 기본계획의 수립 및 시행)

① **규제개혁위원회**는 **신산업을 육성하고 촉진**하기 위하여 **신산업 분야의 규제정비에 관한 기본계획**을 **3년마다 수립·시행**하여야 한다.

체크포인트

행정규제기본법의 주요 조문을 숙지하고 있는지가 출제포인트입니다. 기출된 범위 중심으로 학습하시고, 처음 시험에 나오는 조문은 합리적으로 독해하는 훈련을 평소에 하셔야 합니다. 어떤 법이든지, 해당 업무를 수행하는 기관이 어디이고, 해당 기관이 어디 소속인지 정확하게 알고 있어야 합니다.

기출 CHECK

1 정부규제에 대한 설명으로 옳지 않은 것은? 2016 지방직 7급

① 행정규제기본법은 규제 법정주의를 규정하고 있다.

② 규제개혁위원회는 위원장 2명을 포함한 20명 이상 25명 이하의 위원으로 구성한다.

③ 규제영향분석이 필요한 이유 중 하나는 관료에게 규제비용에 대한 관심과 책임성을 갖도록 유도한다는 점이다.

④ 정부의 규제정책을 심의 · 조정하고 규제의 심사 · 정비 등에 관한 사항을 종합적으로 추진하기 위하여 국무총리 소속으로 규제개혁위원회를 두고 있다.

① O

> **행정규제기본법 제4조(규제 법정주의)**
> ① 규제는 법률에 근거하여야 하며, 그 내용은 알기 쉬운 용어로 구체적이고 명확하게 규정되어야 한다.
> ③ 행정기관은 법률에 근거하지 아니한 규제로 국민의 권리를 제한하거나 의무를 부과할 수 없다.

② O

> **동법 제25조(구성 등)**
> ① 위원회는 위원장 2명을 포함한 20명 이상 25명 이하의 위원으로 구성한다.

③ O 일반적으로 관료는 규제의 비용보다는 편익에 집중하는 경향이 강하다. 규제를 통해 문제를 해결하는 것에 초점을 맞추기 때문이다. 이런 상황이 지속되면 규제가 지속적으로 신설될 위험이 커진다. 따라서 규제영향분석을 통해 관료가 규제에 대한 비용까지도 고려할 수 있도록 유도하는 것이 필요하다.

④ X 규제개혁위원회는 국무총리 소속이 아닌, 대통령 소속이다.

> **동법 제23조(설치)**
> 정부의 규제정책을 심의 · 조정하고 규제의 심사 · 정비 등에 관한 사항을 종합적으로 추진하기 위하여 대통령 소속으로 규제개혁위원회를 둔다.

정답 ④

행정규제기본법

목적	불필요한 행정규제를 폐지하고 비효율적인 행정규제의 신설을 억제함을 목적으로 한다.
규제 법정주의	규제는 법률에 근거하여야 한다.
규제 영향분석	중앙행정기관의 장은 규제를 신설하거나 강화하려면 규제영향분석을 하여야 한다.
규제개혁 위원회	대통령 소속으로 규제개혁위원회를 둔다. 위원회의 위원장은 2명으로 구성한다.

2 공공서비스

1 사바스(Savas)의 공공서비스 유형 A

9급 14국
7급 24지, 23지, 18지, 15국

1 공공서비스 유형

(1) 구분 기준

	경합성	비경합성
배제성	시장재 (음식점, 택시, 교육) 사회적 약자 고려 ×	요금재 (전기, 통신, 수도) 자연독점
비배제성	공유재 (공동목초지) 공유지의 비극	공공재 (치안, 공기) 무임승차, 과소공급

① **비배제성(non-exclusive)** : 대가를 지불하지 않은 사람을 재화나 서비스의 사용으로부터 배제할 수 없는 성질

② **비경합성(non-rival)** : 한 사람의 소비가 다른 사람에게 영향을 주지 않는 성질

(2) 공공서비스의 유형

① 시장재(사적재) – 배제성 & 경합성

㉠ 주로 시장에서 제공되므로 **공공부문 개입이 최소화**되나, 기본적인 수요조차 충족하기 어려운 **사회적 약자를 위해 부분적인 정부개입**이 필요

㉡ **가치재** : **시장재 중**에서도 사회구성원에게 **일정 수준까지 공급되어야 바람직**하다고 판단되는 재화(**의료, 교육** 등) → 공급이 부족할 경우 **정부가 개입**할 수도 있음.

② 공공재(집합재) – 비배제성 & 비경합성

㉠ **국방, 치안, 공기, 등대** 등 축적성과 유형성이 없는 재화

㉡ 비배제성과 비경합성의 특성상 **무임승차에 따른 과소공급**을 야기

ⓐ **비배제성** : 요금을 지불하지 않아도 가로등을 사용할 수 있으므로, 무임승차에 따른 과소공급 발생(비배제성이 무임승차의 근본 원인)

ⓑ **비경합성** : 다른 사람이 가로등 불빛을 쬔다고 해서 내가 쬐는 양이 줄어들지 않으므로, 무임승차에 따른 과소공급 발생

㉢ 공공재는 시장에 맡겼을 때 최적의 공급이 어려우므로 **원칙적으로 정부가 직접 공급**

보충
공공재는 보통 과소공급의 문제가 발생하나, 경우에 따라 **과다공급의 문제도 발생**하기도 함. 공기 중 일부인 **미세먼지**나 **정부예산 · 인력** 등에서 과다공급의 문제가 발생할 수 있음.

③ 요금재 - 배제성 & 비경합성

㉠ **전기, 통신, 상하수도, 고속도로** 등 대가를 지불하지 않는 소비자를 배제할 수 있음.

㉡ 요금재의 상당 부분을 정부가 공급하는 이유는 **자연독점**에 의한 **시장실패에 대응**해야 하기 때문

㉢ 독점이익의 왜곡을 방지하기 위해 주로 **일반행정 방식**(정부공급)**이나 책임경영방식**(공기업)이 활용되지만, 공공기관도 비효율적일 수 있으므로 **민간기업의 참여도 가능**

대규모 인프라 → 대량 생산 → 생산 단가 절감(규모의 경제) → 자연독점

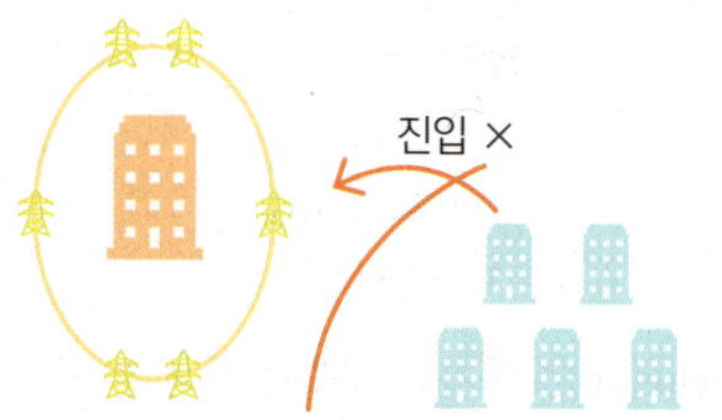

④ 공유재 - 비배제성 & 경합성

㉠ **공동목초지나 공동어장**과 같은 공유지에는 **주인이 없어서** 정당한 대가를 지불하지 않은 사람들의 진입을 **배제하기 어려움.**

㉡ 더불어 공유지의 **자원의 양은 한정적**이므로, 주인 없는 공유지를 시장에 방치할 경우 **과잉소비에 따른 자원고갈(부정적 외부효과)** 발생 → **공유지의 비극**

체크포인트

기본적으로 경합성과 배제성의 기준에 따라 공공서비스를 연결할 수 있어야 합니다. 또한 각 공공서비스를 시장에 자율적으로 맡겨 놓았을 때의 문제점 역시 논리적으로 훈련해두어야 합니다.

기출 CHECK

1 사바스(Savas)가 구분한 네 가지 공공서비스 유형과 내용의 연결이 옳지 않은 것은?

2015 국가직 7급

① 요금재(toll goods) - 대가를 지불하지 않는 소비자를 배제할 수 없다.

② 집합재(collective goods) - '무임승차'의 문제가 생길 수 있다.

③ 시장재(private goods) - 경합성과 배제성을 동시에 갖는 서비스이다.

④ 공유재(common pool goods) - 과잉소비의 문제가 발생할 수 있다.

① x 요금재는 배제성과 비경합성을 갖는 전기·통신·수도와 같은 재화로, 요금을 지불하지 않는 소비자를 배제할 수 있다.

② o 집합재는 공공재와 같은 용어이다. 집합재는 비배제성과 비경합성의 특성상 요금을 지불하지 않아도 소비할 수 있어서 무임승차의 문제가 생길 수 있다.

③ o 시장재는 경합성과 배제성을 모두 갖는 서비스로, 일반적으로 개인과 개인 간의 사적 거래를 통해 공급된다.

④ o 공유재는 비배제성과 경합성을 갖는 공동어장, 공동목초지와 같은 재화로, 재화의 양은 정해져 있지만 누구나 소비할 수 있기 때문에 특별한 제재가 없을 경우 과잉소비의 문제가 발생할 수 있다. 정답 ①

2 공유지의 비극(하딘, Hardin)

개인의 합리성이 자원고갈 초래
(부정적 외부효과)

↓

집단의 합리성과 충돌

↓

문제해결 : 정부 / 시장 / 공동체

(1) 인간관

인간은 모두 자신의 이익을 극대화하는 **합리적이고 이기적인 개인**이라고 전제

(2) 발생원인

① 개인의 합리성 추구로 인해 공유재가 고갈되는 현상으로, **개인의 합리성(자원소비)과 집단의 합리성이 충돌(자원고갈)**하는 딜레마

② 시장실패의 원인 중 하나로, 한 사람의 선택 행위가 다른 사람에게 **부정적인 외부효과***(과잉소비에 따른 자원 고갈)를 초래

③ 사적 이익의 극대화가 공공이익의 손실을 가져와, 개인적으로는 합리적인 선택이 사회전체적으로는 비효율을 초래하여 구성원 모두가 공멸

④ 공유재에 대하여 비용을 지불하지 않기 때문에 나타나는 문제로, 편익의 집중과 비용의 분산관계로 인해 발생

(3) 해결방안

① **정부 중심** : 정부 허가와 같은 **규제**를 통해 추출할 수 있는 **자원의 양을 제한**

② **시장 중심** : **하딘(Hardin)** 및 **코우즈(Coase)**가 제시한 **고전적 공유재 모형**의 전형적인 대안으로, 공유지에 대해 **사적 소유권을 설정**하는 방식

③ **정부+시장** : **과잉소비의 양만큼 조세를 부과**하는 것으로, 사용의 결과에 대해 대가를 치르도록 하는 방식 → **교정적 조세 또는 외부효과의 내부화***

④ **공동체 중심** : 노벨상을 수상한 **오스트롬(E. Ostrom)**은 두터운 신뢰와 안정적인 공동체의 주민들에 의한 **자율적인 공유자원 관리체계가 가능**하다고 주장

외부효과

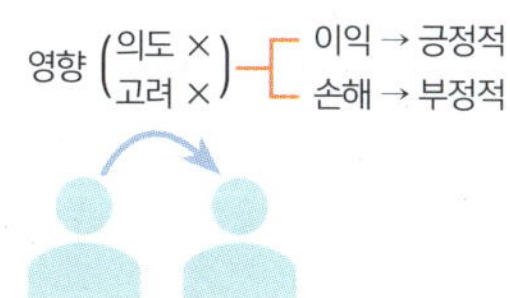

* 외부효과란 어떤 사람의 활동이 의도치 않게 제3자에게 효과를 미치는 현상으로, 제3자에게 **이득이 발생하는 긍정적 외부효과**와 제3자에게 **손해가 발생하는 부정적 외부효과**로 구분

외부효과의 내부화

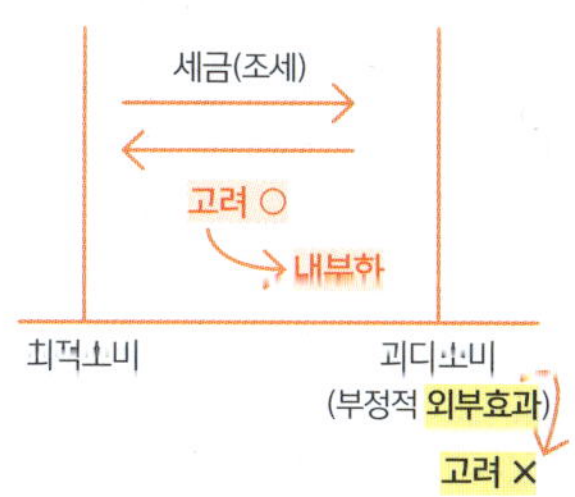

* **외부효과의 내부화**란 고려하지 않았던 것(외부효과)을 **고려하도록(내부화)** 만드는 것임. 기존에는 과잉소비에 따른 자원고갈이 나의 고려 대상이 아니었다면, 과잉소비만큼 나에게 **세금을 부과**하는 경우 그때부터는 **과잉소비가 나의 고려대상**이 되는 것임.

체크포인트

공유지의 비극이라는 시장실패가 발생하는 원인을 정확하게 알고 있어야 합니다. 공유지의 비극뿐만 아니라 공공재에서 시장실패가 발생하는 원인(비배제성), 요금재에서 시장실패가 발생하는 원인(자연독점) 등도 자연스럽게 연결시키도록 훈련해두어야 합니다.

기출 CHECK

1 '공유지의 비극(the tragedy of the commons)'에 대한 설명으로 적절하지 않은 것은?

2012 지방직 9급

① 개인적으로는 합리적인 선택이 사회전체적으로는 비효율을 초래한다.
② 소유권이 불분명하게 규정되어 자원이 낭비되는 현상이다.
③ 한 사람의 선택 행위가 다른 사람에게 긍정적인 외부효과를 초래한다.
④ 외부효과를 내부화함으로써 어느 정도 해결할 수 있다.

① O 공유지의 비극은 개인의 합리성 추구로 인해 공유재가 고갈되는 현상으로, 개인의 합리성과 집단의 합리성이 충돌하는 딜레마 현상이다.

② O 공유지의 비극은 주인이 없는 공유지에서 발생한다. 공유재에 대한 소유권이 불분명하게 규정되어 있어 자원에 대한 사용료를 지불하지 않기 때문에 자원이 과다하게 소비되어 결국 고갈되는 현상이다.

③ X 공유지의 비극은 시장실패의 원인 중 하나인 부정적 외부효과와 관련된다. 부정적 외부효과란 시장에서 개인들이 자율적으로 판단할 때 다른 사람에게 의도치 않게 미치는 부정적인 영향력을 의미한다. 반면 긍정적 외부효과는 다른 사람에게 의도치 않게 미치는 긍정적인 영향력을 의미한다. 공유지의 비극은 내가 소비한 자원이 의도치 않게 부정적인 영향을 미쳐 자원고갈로 연결되므로 부정적 외부효과를 초래한다.

④ O 공유지의 비극에서 발생하는 자원의 과다소비는 다른 사람에게 미치는 부정적 영향력을 고려하지 않는 부정적 외부효과 때문에 발생한다. 이를 해결하기 위해서는 그동안 고려하지 않았던 외부효과를 고려할 수 있도록 만들어야 한다. 과다소비하는 만큼 세금을 부과한다면 그 때부터는 자신의 소비량에 대해 고려하게 될 것이고, 이를 통해 어느 정도 과다소비를 억제할 수 있다. 이처럼 그동안 고려하지 않았던 것을 고려하도록 만드는 방식을 외부효과의 내부화라고 한다.

정답 ③

심화 공공서비스 유형별 사례

구분	사례
시장재	구두, 라면, 자동차, 냉장고, 호텔, 택시, 음식점, 교육, 의료
공공재	국방, 치안, 복지, 외교, 공기, 등대, 일기예보, 무료TV방송, 공중의료
요금재	전기, 통신, 가스, 상하수도, 고속도로, 케이블TV
공유재	공동목초지, 공공낚시터, 해저광물, 출근길 시내도로, 녹지, 하천, 국립공원

2 공공서비스 민간위탁

1 민간위탁의 의의와 유형 A

9급 17국, 15국
7급 22지, 16지

민간위탁

결정 : 정부

생산·집행 : 시장

↓

① 동기부여
② 선택권 보장
③ 수익자 부담

(1) 민간위탁의 의의

1) 개념

① 정부의 사무를 **민간부문에서 대신 수행**하도록 위탁하는 것으로, 정부의 기능을 **민간으로 일부 이양**하거나 **민간을 활용**하는 방식

② 서비스 공급의 **결정과 책임은 정부**에 귀속되지만, **생산이나 집행은 민간**에서 수행하는 방식

2) 도입 배경

① 과잉생산과 독점 등이 야기한 **공공부문 비효율의 해결책**으로, 민간부문의 활용을 통해 공공서비스 공급의 비용절감 및 품질개선 등 **효율성을 제고**하기 위한 방안

② 서비스를 제공받는 사용자가 비용을 지불하는 **사용자부담 방식(수익자부담 원칙)**의 활용으로 재정부담의 공평성 제고에 기여

③ 정부의 **직접적 공급이 아닌 대안적 서비스 공급체계**로, 정부가 공급하는 책임경영방식 등과 구별됨.

3) 가능 업무

① **적합 사무** : **단순사실행위**인 행정작용, **특수한 전문지식과 기술**을 요하는 사무, 공익성보다는 **능률성**이 요구되는 사무, 기타 국민생활과 직결된 **단순행정사무** 등

예 생활쓰레기 수거, 사회복지사업 운영, 시설 관리 등

② **부적합 사무** : 정부기관의 조사·검사·검정 등 국민의 **권리·의무와 직접 관계**된 사무나, 국가의 검증·시험연구 등 **공신력이 요구**되는 사무 등

③ 집행의 전문성이 확보되는 직위분류제보다는 **조직과 인력의 순환보직체계로 인해 집행의 전문성이 부족한 계급제**에서 **민간위탁을 상대적으로 많이 활용**

보충

주체 / 수단	공공	민간
권력	일반행정 (정부)	민간위탁
시장	책임경영 (공기업)	민간기업

(2) 민간위탁의 유형

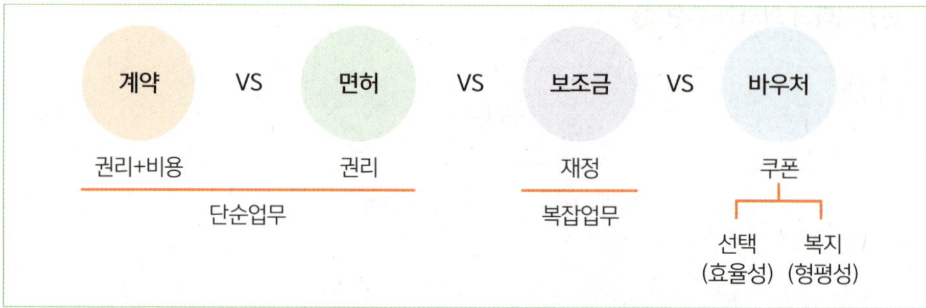

1) 계약(민간위탁)

① 개념

㉠ **좁은 의미의 민간위탁**으로, **경쟁입찰**을 통해 정부가 재화나 서비스의 생산주체를 결정하고 공급권을 부여

㉡ 정부가 생산자에게 **소요비용을 직접 지불**하며, 공공서비스 공급의 **책임은 정부에 귀속**

② 장점

㉠ 시장논리에 의한 **민간부문의 경쟁**이 **생산비용을 감소**시키고, 정부 **재정 부담도 경감**

㉡ 좋은 평가와 재계약을 원하는 민간업체의 욕구는 양질의 서비스를 지속적으로 공급하게 하는 유인으로 작용

③ 단점

㉠ 공공서비스 집행구조가 복잡해져 정부의 민주적 · 정치적 · 법적 **책임성 확보에 어려움.**

㉡ 민간기업의 경쟁입찰 비용과 이윤추구 성향 등으로 오히려 서비스 공급가격이 증가하거나, 계약을 통한 비용의 절감이 경영의 합리화보다는 서비스의 양과 질의 축소에 영향을 줄 가능성

2) 면허(프랜차이즈)

① 개념

㉠ 민간조직에게 **일정한 구역** 내에서 **공공서비스 제공 권리를 인정**하는 형태

㉡ 정부가 서비스 수준 및 요금 체계를 통제하면서도 서비스 생산을 민간부문에 이양하는 방식

② **계약과의 비교** : 공공서비스 제공 **권리를 부여한다는 점은 동일**하나, 면허는 계약과는 달리 정부가 생산자에게 **소요비용을 직접 지불하지 않음.**

③ **장점** : 시장논리에 의한 민간부문의 경쟁을 유도하고, 정부 재정 부담을 경감

④ **단점** : 서비스 제공자들 간의 경쟁이 약할 경우 이용자의 비용부담이 증가

보충

계약의 성공 조건

① **성과** : 공급의 능률성 및 시민의 욕구 충족(대응성, 형평성) 모두 달성

② **대상서비스** : 공공재적 특성이 덜하고, 서비스의 성격이 구체적이어서 성과 측정에 용이하며, 다수의 민간공급자가 존재하는 서비스

③ **절차** : 공정하고 합리적인 제도, 합리적인 공무원, 분명하고 구체적인 계약조건 및 준수사항

④ **전달** : 민간업체의 전문성, 계약 근로자의 사기, 정부의 관리감독

PART 1

3) 보조금

① **개념** : 민간조직 또는 개인이 제공하는 서비스 활동에 대해 정부가 **재정 또는 현물**을 지원하는 방식

② **특징** : 공공서비스가 **기술적으로 복잡하여 예측이 어렵고** 서비스 목표달성의 방법을 **정확히 알 수 없는 경우 활용**

4) 바우처

① **개념** : 수요자들에게 특정 재화나 서비스의 구매가 가능한 금전적 가치가 있는 **쿠폰이나 포인트**를 제공하는 제도

② **도입 배경**

㉠ **효율성 제고** : 전통적인 '수급자-제공기관'의 수직적 · 독점적 구조가 아니라, 시민들의 **선택권이 보장**된 **'수요자-공급자'의 수평적 구조**로 자원배분의 효율성 제고

㉡ **형평성 증진** : 저소득층 및 특수계층을 대상으로 하는 **복지 분야**에서도 형평성 차원에서 **식품구매권** 등 바우처 활용

③ **유형**

㉠ **지급대상** : 명시적 바우처(수요자에게 지급), 묵시적 바우처(공급자에게 지급)

㉡ **도입 목적** : 시장전환형, 복지증진형, 특수목적형, 혼합형

㉢ **지급형태** : 종이바우처, 전자바우처*

5) 자원봉사

① **개념** : 서비스의 생산과 관련된 현금지출에 대해서만 보상받고 직접적인 보수는 받지 않으면서 **공익(정부)을 위해 봉사하는 사람들을 활용**하는 방식

② **장점** : 신축적 인력 운영이 가능하고, 특히 재정 제약 시기에 예산 삭감에 따른 서비스 수준 하락 효과를 최소화

예 레크리에이션, 안전 모니터링, 복지사업 등의 분야에서 활용

6) 자조활동

공공서비스 수혜자와 제공자가 **같은 집단에 소속되어 서로 돕는 형식**으로, 정부의 서비스 생산 업무를 대체하기보다는 보조하는 성격

예 이웃 감시, 주민순찰, 보육사업, 고령자 대책, 문화예술 사업 등

심화 민간위탁으로서의 규제 및 조세유인

1. **규제** : 서비스 공급집단에게 유리한 규제를 설정해 주는 방식
2. **조세유인** : 서비스 공급집단에게 세금의 일부를 감면해 주는 방식
3. **특징** : 보조금 지급과 같은 효과를 창출하면서도 직접비용은 상대적으로 적게 소요

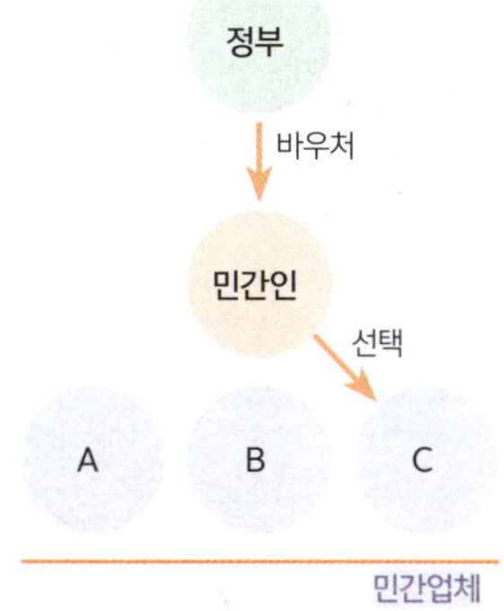

*** 전자 바우처**

① 개별적인 바우처 사용행태를 분석하여 실제 이용자의 실시간 모니터링이 가능하며, 투명성과 효율성 제고에 기여

② 우리나라는 2007년 보건복지부에서 전자바우처 시스템을 도입했으며, 노인돌봄 서비스, 장애인활동 보조 서비스 등이 대표적 운영사례

보충

자원봉사와 자조활동은 서비스 공급 결정과 생산을 **모두 민간**에서 하기 때문에 엄격하게 보면 민간위탁은 아니지만, 공적 성격을 갖고 있는 민간활동이므로 **넓은 의미의 민간위탁**으로 분류함.

체크포인트
민간위탁의 경우 반대되는 유형을 구분할 수 있는지가 기본적인 출제 방식입니다. 자조활동은 자원봉사와, 면허는 계약과 구분하면서 개념정리를 해두어야 합니다. 또한 바우처는 효율성과 형평성을 모두 추구할 수 있는 방식으로써 단독출제되기도 하니 특별히 신경을 써야 할 주제이기도 합니다.

기출 CHECK

1 민간위탁 방식에 대한 설명으로 옳지 않은 것은? 2012 지방직 9급

① 자조활동(self-help) 방식은 서비스의 생산과 관련된 현금지출에 대해서만 보상받고 직접적인 보수는 받지 않으면서 공익을 위해 봉사하는 사람들을 활용하는 것이다.
② 보조금 방식은 민간조직 또는 개인이 제공한 서비스 활동에 대해 정부가 재정 또는 현물을 지원하는 것이다.
③ 바우처(voucher) 방식은 공공서비스의 생산을 민간부문에 위탁하면서 시민들의 구입부담을 완화시키기 위해 금전적 가치가 있는 쿠폰(coupon)을 제공하는 것이다.
④ 면허 방식은 민간조직에게 일정한 구역 내에서 공공서비스를 제공하는 권리를 인정하는 것이다.

① X 자조활동은 공공서비스 수혜자와 제공자가 같은 집단에 소속되어 서로 돕는 활동으로, 정부의 서비스 생산업무를 대체하기보다는 보조하는 성격이다. 선지의 설명은 자원봉사 방식으로, 이웃끼리 돕는 자조활동과는 달리 공익을 위해 봉사한다는 특징을 갖고 있다.
② O 보조금 방식은 민간조직 또는 개인이 제공하는 서비스 활동에 대해 정부가 재정 또는 현물을 지원하는 민간위탁 방식이다. 기술적으로 복잡하여 예측하기 어렵거나 서비스 목표달성의 방법을 정확히 알 수 없을 때 주로 사용한다.
③ O 바우처 방식은 수요자들에게 현금을 지원하는 대신 특정 재화나 서비스의 구매가 가능한 금전적 가치가 있는 쿠폰이나 포인트를 제공하는 방식이다.
④ O 면허 방식은 민간조직에게 일정한 구역 내에서 공공서비스를 제공하는 권리를 인정하는 것으로, 계약과는 달리 정부가 생산자에게 소요비용을 지불하지 않는 것도 주요 특징이다.

정답 ①

9급 20지, 17국
7급 18지

2 민간투자 유치제도 Ⓐ

(1) 의의

① **연혁** : 1994년, 민자유치촉진법의 시행으로 BTO 방식 시작 → 2005년, 민간투자법의 개정으로 BTL 방식 추가

② **장점**

㉠ 정부가 통상적으로 연간 예산으로 건설하기에는 소요시간이 많이 드는 긴요한 공공시설을 **민간자본을 통해 조기에 공급**

㉡ **투자의 효율**과 정부 재정운영 방식의 **탄력성을 향상**시키고, 민간부문의 유휴 자금을 장기 공공투자로 유인

㉢ **조세가 아닌 민간자본**으로 건설하고 추후 시설 사용자들에게 **사용료를 징수**하므로, 실제로 시설을 이용하는 **미래세대가 금전적인 부담**을 지는 방식*

* 조세의 경우 조세를 납부하는 **현재 세대가 건설비용을 부담**하지만, **민간투자**의 경우 실제로 시설을 이용하는 **미래 세대가 사용료를 통해 건설비용을 부담** → **민간투자 방식이 재정부담의 공평성 측면에서 유리**

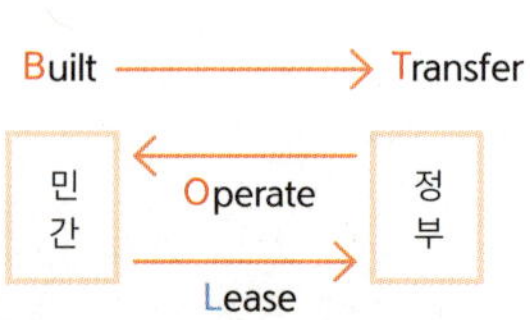

(2) 구분

① BTO(Build-Transfer-Operate: 수익형 민자사업)

㉠ **민간사업자가 시설을 건설**함과 동시에(Build), 시설의 **소유권이 정부로 이전**되며(Transfer), 민간사업자에게 일정기간의 **운영권을 인정**(Operate)

㉡ 민간사업자는 시설 사용자에게 징수하는 **사용료를 통해 투자비를 회수**해야 하므로, 투자비 회수에 대한 **민간사업자의 위험부담이 높은 유형**

㉢ 사업리스크가 높기 때문에 **사업기간이 상대적으로 긴 편**이며, 시설의 사용자에게 **사용료를 부과하기 쉬운 시설에 적합**

㉣ 예상수입의 일부를 보장해 주는 최소수입보장제도(MRG)가 적용되기도 하나, 우리나라의 경우 부작용으로 인해 폐지

② BTL(Build-Transfer-Lease: 임대형 민자사업)

㉠ **민간사업자가 시설을 건설**함과 동시에(Build), 시설의 **소유권이 정부로 이전**되며(Transfer), 민간사업자에게 일정기간의 운영권이 인정되나, 그 시설의 **운영권을 정부가 임차하여 대신 운영**하면서 **민간사업자에게 임대료를 지불**하는 방식(Lease)

㉡ 민간사업자는 정부의 **시설임대료** 및 부대사업 수입 등을 통하여 **투자비를 회수**

㉢ 시설 사용자에게 징수하는 **사용료만으로 투자비 회수가 어려운 시설**에 대해서 실시

	BTO(수익형)	BTL(임대형)
소유권 이전시기	준공	준공
운영시 소유권	정부	정부
실제운영의 주체	민간	정부
투자비 회수방법	사용료	임대료

③ BOT(Build-Operate-Transfer: 수익형 민자사업)

㉠ 민간사업자가 공공시설을 건설하여(Build), 사업을 운영한 후(Operate), 소유권을 정부에 이전(Transfer)하는 방식

㉡ 소유권에 따른 법인세 문제로 거의 사용되지 않음.

㉢ BOT 방식으로 건설된 서울 지하철 9호선의 경우 최소운영수입보장제가 적용되었으며, 특혜논란 등 각종 문제점 발생

④ BLT(Build-Lease-Transfer: 임대형 민자사업)

민간사업자가 건설한(Build) 공공시설을 정부가 운영하며 민간에 임대료를 지불(Lease)하는 방식으로, 운영종료 시점에 정부로 소유권 이전(Transfer)

⑤ BOO(Build-Own-Operate: 수익형 민자사업)

㉠ 정부의 요청에 따라 **민간사업자가 시설을 건설**한 후(Build), 해당 시설의 **소유권**(Own) 및 **운영권**(Operate)을 민간사업자가 가지는 방식

㉡ 특혜성 시비로 거의 사용되지 않음.

민자사업 유형 비교

구분	BTO	BTL	BOT	BLT	BOO
소유권 이전시기	준공	준공	운영종료	운영종료	×
운영시 소유권	정부	정부	민간	민간	민간
실제운영의 주체	민간	정부	민간	정부	민간
투자비 회수방법	사용료	임대료	사용료	임대료	사용료

체크포인트
제시된 문장을 읽으면서 민간투자 유치 제도의 유형이 무엇인지 B → T → O인지, B → T → L인지, B → O → O인지 판단하는 연습을 해두어야 합니다.

체크포인트
BTO(수익형 민자사업)와 BTL(임대형 민자사업)을 비교할 수 있는지도 주요 출제포인트가 됩니다. 준공 후 소유권을 정부에 넘기는 것까지 똑같다는 점에 주의해야 하고, 직접 운영하면서 사용료를 징수한다면 BTO, 정부가 대신 운영하면서 임대료를 지급한다면 BTL이 된다는 점을 꼭 기억해야 합니다.

기출 CHECK

1 민간투자사업자가 사회기반시설 준공과 동시에 해당 시설 소유권을 정부로 이전하는 대신 시설관리운영권을 획득하고, 정부는 해당 시설을 임차 사용하여 약정기간 임대료를 민간에게 지급하는 방식은? 2020 지방직 9급

① BTO(Build-Transfer-Operate) ② BTL(Build-Transfer-Lease)
③ BOT(Build-Own-Transfer) ④ BOO(Build-Own-Operate)

② O 민간사업자가 사회기반시설을 준공하고(Build) → 소유권을 정부로 이전하는데(Transfer) → 민간사업자가 획득한 시설관리 운영권을 정부에게 임대하는(Lease) 방식은 BTL이다. BTL은 정부가 민간사업자 대신 시설 운영을 하고, 운영권을 빌려온 것에 대한 임대료를 민간에게 지급하게 된다. 정답 ②

2 새로운 공공서비스 공급방식으로 제시된 BTO(Build-Transfer-Operate)와 BTL(Build-Transfer-Lease)에 대한 설명으로 옳지 않은 것은? 2012 국가직 9급

	구분	BTO	BTL
ㄱ	실제운영의 주체	민간	정부
ㄴ	운영시 소유권	정부	민간
ㄷ	투자비 회수방법	사용료	임대료
ㄹ	소유권 이전시기	준공	준공

① ㄱ ② ㄴ ③ ㄷ ④ ㄹ

② X BTO와 BTL 모두 운영시 소유권은 정부에게 있다. BTO는 준공과 동시에 시설의 소유권이 정부에 귀속되며, 사업시행자에게 일정기간의 운영권을 인정하는 방식이다. BTL은 준공과 동시에 소유권은 정부에 귀속되나, 그 시설을 정부가 협약에서 정한 기간 동안 민간으로부터 임차하여 운영하는 방식이다. 정답 ②

9급 25지, 22지, 18국, 17국
7급 21국, 16국

3 학자별 분류 B

(1) 사바스(Savas)

공공서비스 제공방식의 유형

결정 / 집행		배열자(arranger)	
		공공	민간
생산자(producer)	공공	정부서비스 정부간 협약	정부응찰
	민간	민간위탁, 프랜차이즈, 보조금, 임대형 민자사업	시장, 바우처, 자발적 서비스, 자급자족

* 바우처의 경우 공공(배열)-민간(생산)으로 보기도 함.

* 바우처
① 민간(배열)-민간(생산) : 바우처를 갖고 있는 민간의 결정에 따라 민간업체에서 서비스를 생산한다고 보는 관점으로, 사바스가 제시한 시각
② 정부(배열)-민간(생산) : 반면 민간에게 제공되는 바우처는 근본적으로 정부가 배열하는 것이므로 정부의 배열에 따라 민간이 생산한다고 보는 관점도 존재

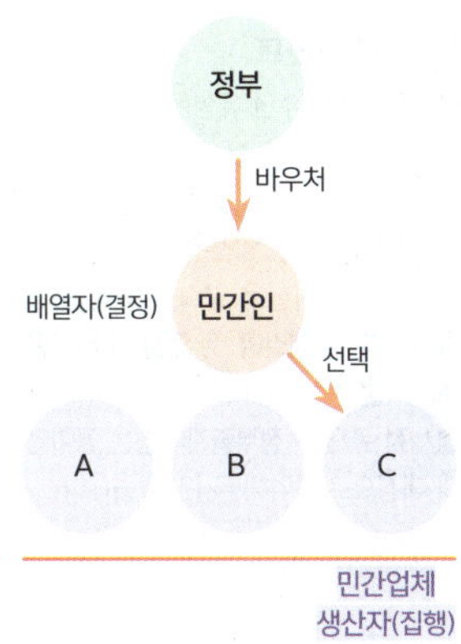

(2) 살라몬(Salamon)

행정수단의 직접성 및 효과

직접성	행정수단	효과성	형평성	관리 가능성	효율성	정당성 (정치적 지지)
낮음	보조금, 바우처, 대출보증, 정부출자기업, 손해책임법	낮음	낮음	낮음	높음	높음
중간	계약, 조세지출, 사회적 규제, 벌금	낮음/ 중간	낮음	낮음	중간	높음
높음	공기업, 정부 소비, 직접 대출, 보험, 경제적 규제, 정보 제공	높음	높음	높음	중간	낮음

심화

1. 행정수단의 '강제성' 및 효과(살라몬)

강제성	도구
낮음	조세지출, 손해책임법, 정보제공
중간	바우처, 보조금, 계약, 직접대출, 대출보증, 공기업, 벌금
높음	경제적 규제, 사회적 규제

2. 정책수단의 강제성에 따른 구분(베딩)

구분	특징
규제적 도구 (채찍)	· 강제적 권력에 근거하는 것으로, 정부가 원하는 행동에 따르도록 법적인 의무를 부여하는 것
경제적 도구 (당근)	· 보상적 권력에 근거하는 것으로, 정부가 시민들에게 재화나 서비스를 제공하거나 혹은 박탈하여 특정한 행동이 더 많이 일어나기 쉽게 하거나 더 어렵게 만드는 것
정보적 도구 (설교)	· 규범적 권력에 근거하는 것으로, 물적 자원이나 강제적 의무를 개입시키지 않고 오로지 논증과 정보 및 지식의 전달만을 통해 시민들의 행동을 변화시키는 것

체크포인트
사바스의 분류표를 정확하게 해석하는 연습이 필요합니다. 배열자가 결정하는 주체이고, 생산자가 집행하는 주체라는 것부터 출발하셔야 합니다. 특히 대부분의 민간위탁에 해당하는 정부가 결정하고 민간이 공급하는 유형과, 자원봉사나 자급자족과 같이 민간이 결정하고 민간이 공급하는 유형을 많이 물어볼 것입니다.

체크포인트
살라몬의 정책수단 유형은 직접적인 수단인지, 간접적인 수단인지를 구분하는 것이 핵심포인트가 됩니다. 정부가 직접 집행하지 않는 민간위탁이 간접적인 수단이라는 사실을 알고 있다면 문제를 수월하게 해결할 수 있습니다. 또한 조세지출은 정부소비와, 사회적 규제는 경제적 규제와, 정부출자기업은 공기업과 대칭으로 기억해두시면 좋습니다.

기출 CHECK

1 지방정부의 행정서비스 공급체계 및 방식에 대한 설명으로 옳지 않은 것은? 2018 국가직 9급

① 정부의 직접적 공급이 아닌 대안적 서비스 공급체계(ASD: Alternative Service Delivery)는 생활 쓰레기 수거, 사회복지사업 운영, 시설 관리 등의 분야에 적용되고 있다.
② 과잉생산과 독점 등이 야기한 공공부문 비효율의 해결책으로 계약방식을 통한 서비스 공급이 도입되고 있다.
③ 사용자부담 방식의 활용은 재정부담의 공평성 제고에 기여한다.
④ 사바스(E. Savas)가 제시한 공공서비스 공급유형론에 따르면, 자원봉사(voluntary service) 방식은 민간이 결정하고 정부가 공급하는 유형에 속한다.

① O 최근에 도입되고 있는 민간위탁 등의 방식은 정부의 직접적 공급이 아닌 대안적 서비스 공급체계로, 정부의 직적공급인 일반행정 방식이나 공기업을 통한 책임경영방식 등과 구별된다.
② O 과잉생산과 독점 등이 야기한 공공부문 비효율의 해결책으로, 시장의 방식을 활용하는 계약이나 면허 등 민간위탁 방식을 도입하여 공공서비스 공급의 비용절감 및 품질개선 등 효율성을 제고하고 있다.
③ O 서비스를 제공받는 사용자가 비용을 지불하는 사용자부담 방식의 활용으로 재정부담의 공평성 제고에 기여할 수 있다.
④ X 사바스의 분류에 따르면, 자원봉사 방식은 민간이 결정하고 민간이 공급하는 유형에 속한다. 같은 유형으로는 시장, 자급자족 등이 있다. 민간이 결정하고 정부가 공급하는 유형은 정부응찰 등이 있다. 정답 ④

2 살라몬(L. M. Salamon)이 제시한 정책수단의 유형에서 직접적 수단으로만 묶은 것은? 2018 국가직 9급

ㄱ. 조세지출(tax expenditure)	ㄴ. 경제적 규제(economic regulation)
ㄷ. 정부소비(direct government)	ㄹ. 사회적 규제(social regulation)
ㅁ. 공기업(government corporation)	ㅂ. 보조금(grant)

① ㄱ, ㄴ, ㄷ
② ㄱ, ㄹ, ㅂ
③ ㄴ, ㄷ, ㅁ
④ ㄹ, ㅁ, ㅂ

③ O

직접성	행정수단
낮음	보조금, 바우처, 대출보증, 정부출자기업, 손해책임법
중간	계약, 조세지출, 사회적 규제, 벌금
높음	공기업, 정부 소비, 직접 대출, 보험, 경제적 규제, 정보 제공

정답 ③

3 민원 행정 B

1 민원 행정

(1) 민원의 개념

민원인이 행정기관에 대하여 처분 등 특정한 행위를 요구하는 것

(2) 특징

① 행정서비스 중 민원 행정은 **전달적 행정**이며 정치적 관심의 영역으로, 행정서비스는 시민들의 일상생활에 직결되는 민원 중심의 서비스 특징을 가짐.

② **행정체제의 경계를 넘나드는 교호작용**을 통하여 주로 규제와 급부에 관련된 행정산출을 전달

9급 20지
7급 18국

2 민원 처리에 관한 법률

(1) 민원의 종류

① **법정민원** : 법령 · 훈령 · 예규 · 고시 · 자치법규 등에서 정한 일정 요건에 따라 **인가 · 허가** · 승인 · 특허 · 면허 등을 신청하거나 장부 · 대장 등에 등록 · 등재를 신청 또는 신고하거나 특정한 사실 또는 법률관계에 관한 확인 또는 증명을 신청하는 민원

② **질의민원** : 법령 · 제도 · 절차 등 행정업무에 관하여 행정기관의 **설명이나 해석을 요구**하는 민원

③ **건의민원** : 행정제도 및 운영의 **개선을 요구**하는 민원

④ **고충민원** : 「부패방지 및 국민권익위원회의 설치와 운영에 관한 법률」에 따른 것으로, 행정기관 등의 위법 · 부당하거나 소극적인 처분 및 불합리한 행정제도로 인하여 국민의 **권리를 침해**하거나 국민에게 불편 또는 부담을 주는 사항에 관한 민원

⑤ **기타민원** : 법정민원, 질의민원, 건의민원 및 고충민원 외에 행정기관에 단순한 행정절차 또는 형식요건 등에 대한 **상담 · 설명**을 요구하거나 일상생활에서 발생하는 불편사항에 대하여 알리는 등 행정기관에 특정한 행위를 요구하는 민원

⑥ **복합민원** : **하나의 민원 목적**을 실현하기 위하여 관계법령 등에 따라 **여러 관계 기관** 또는 관계 부서의 인가 · 허가 · 승인 · 추천 · 협의 또는 확인 등을 거쳐 처리되는 법정민원

⑦ **다수인관련민원** : **5세대(世帶) 이상**의 공동이해와 관련되어 5명 이상이 연명으로 제출하는 민원

(2) 민원인

> **민원처리법 제2조(정의)**
>
> 2. "**민원인**"이란 행정기관에 **민원을 제기하는 개인 · 법인 또는 단체**를 말한다. 다만, **행정기관(사경제의 주체로서 제기하는 경우는 제외**한다), 행정기관과 사법(私法)상 계약관계에 있는 자, 성명 · 주소 등이 불명확한 자 등 대통령령으로 정하는 자는 **제외한다**.

X [7급] 행정기관은 사경제의 주체로시 민원을 제기할 수 없다.
O 행정기관은 사경제의 주체로서 민원을 제기할 수 있다. (없다 ×)

(3) 신청 및 접수

동법 제8조(민원의 신청)

민원의 신청은 **문서(전자문서 포함)**로 하여야 한다. 다만, **기타민원은 구술 또는 전화**로 할 수 있다.

동법 제9조(민원의 접수)*

① 행정기관의 장은 민원의 신청을 받았을 때에는 다른 법령에 특별한 규정이 있는 경우를 제외하고는 **그 접수를 보류하거나 거부할 수 없으며**, 접수된 민원문서를 부당하게 되돌려 보내서는 아니 된다.

* 민원 처리 예외

동법 제21조(민원 처리의 예외)

행정기관의 장은 접수된 민원(법정민원을 제외)이 다음 각 호의 어느 하나에 해당하는 경우에는 그 **민원을 처리하지 아니할 수 있다**. 이 경우 그 사유를 해당 민원인에게 통지하여야 한다.

1. 고도의 **정치적 판단**을 요하거나 **국가기밀** 또는 **공무상 비밀**에 관한 사항
2. **수사, 재판** 및 형집행에 관한 사항 또는 감사원의 감사가 착수된 사항
3. **행정심판, 행정소송**, 헌법재판소의 심판, 감사원의 심사청구, 그 밖에 다른 법률에 따라 불복구제절차가 진행 중인 사항
4. 법령에 따라 화해·알선·조정·중재 등 당사자 간의 이해조정을 목적으로 행하는 절차가 진행 중인 사항
5. 판결·결정·재결·화해·조정·중재 등에 따라 확정된 권리관계에 관한 사항
6. 감사원이 감사위원회의의 결정을 거쳐 행하는 사항
7. 각급 선거관리위원회의 의결을 거쳐 행하는 사항
8. 사인 간의 권리관계 또는 **개인의 사생활**에 관한 사항
9. 행정기관의 소속 직원에 대한 **인사행정상의 행위**에 관한 사항

(4) 민원인 배려 제도

① 사전심사 청구

동법 제30조(사전심사의 청구 등)

① 민원인은 법정민원 중 신청에 경제적으로 많은 비용이 수반되는 민원 등 대통령령으로 정하는 민원에 대하여는 행정기관의 장에게 정식으로 민원을 신청하기 전에 미리 **약식의 사전심사를 청구**할 수 있다.

② 복합민원 처리

동법 제31조(복합민원의 처리)

① 행정기관의 장은 **복합민원을 처리할 주무부서**를 지정하고 그 부서로 하여금 관계 기관·부서 간의 협조를 통하여 민원을 한꺼번에 처리하게 할 수 있다.

③ 1회방문 처리제

동법 제32조(민원 1회방문 처리제의 시행)

① 행정기관의 장은 복합민원을 처리할 때에 그 행정기관의 내부에서 할 수 있는 자료의 확인, 관계 기관·부서와의 협조 등에 따른 모든 절차를 담당 직원이 직접 진행하도록 하는 민원 1회방문 처리제를 확립함으로써 불필요한 사유로 **민원인이 행정기관을 다시 방문하지 아니하도록** 하여야 한다.

④ 민원후견인

동법 제33조(민원후견인의 지정·운영)

행정기관의 장은 민원 1회방문 처리제의 원활한 운영을 위하여 **민원 처리에 경험이 많은 소속 직원을 민원후견인으로 지정**하여 민원인을 안내하거나 민원인과 상담하게 할 수 있다.

⑤ 민원조정위원회

> **동법 제34조(민원조정위원회의 설치·운영)**
> ① 행정기관의 장은 다음 각 호의 사항을 심의하기 위하여 **민원조정위원회를 설치·운영**하여야 한다.
> 1. **장기 미해결 민원**, 반복 민원 및 다수인관련민원에 대한 해소·방지 대책
> 2. 거부처분에 대한 이의신청
> 3. 민원처리 주무부서의 법규적용의 타당성 여부와 재심의
> 4. 그 밖에 대통령령으로 정하는 사항

기출 CHECK

1 민원행정의 성격에 대한 설명으로 옳은 것만을 모두 고르면? 2020 지방직 9급

> ㄱ. 규정에 따라 서비스를 제공하는 전달적 행정이다.
> ㄴ. 행정기관도 민원을 제기하는 주체가 될 수 있다.
> ㄷ. 행정구제수단으로 볼 수 없다.

① ㄱ ② ㄷ ③ ㄱ, ㄴ ④ ㄴ, ㄷ

ㄱ. O 민원이란 민원인이 행정기관에 대하여 처분 등 특정한 행위를 요구하는 것으로, 법률 등 규정에 따라 규제와 급부 등을 민원인에게 전달하는 행정이다.

ㄴ. O

> 민원처리법 제2조(정의)
> 2. "민원인"이란 행정기관에 민원을 제기하는 개인·법인 또는 단체를 말한다. 다만, 행정기관(사경제의 주체로서 제기하는 경우는 제외한다), 행정기관과 사법(私法)상 계약관계에 있는 자, 성명·주소 등이 불명확한 자 등 대통령령으로 정하는 자는 제외한다.

ㄷ. X 고충민원과 같은 민원은 행정기관 등의 위법·부당하거나 소극적인 처분 및 불합리한 행정제도로 인하여 국민의 권리를 침해하거나 국민에게 불편 또는 부담을 주는 사항에 관해 제기할 수 있으므로 행정구제수단으로서의 기능이 있다.

정답 ③

체크포인트

행정기관이 민원행정을 제기할 수 있는지가 중요한 부분입니다. 원칙적으로는 안 되지만, 예외적으로 되는 경우가 있다는 것을 인시혁신처에서 두 번 체크했습니다. 또한 해당 포인트는 7급에 기출되었던 것이 몇 년 후 넘어온 것입니다. 9급 시험을 준비하는 분들도 7급 문제들을 꼭 보고 시험장에 들어가야 합니다.

민원 처리에 관한 법률

민원의 종류	법정민원, 질의민원, 건의민원, 고충민원, 기타민원, 복합민원, 다수인관련민원
민원인의 범위	개인, 법인, 단체 행정기관 제외(사경제의 주체로서 제기 → 가능)
민원처리 및 예외	문서(원칙) → 접수 보류·거부 불가 민원 처리 예외 : 국가 기밀, 소송 중, 사생활 등
민원인 배려제도	사전심사 청구, 복합민원 처리, 1회방문 처리제, 민원후견인, 민원조정위원회

CHAPTER 2 행정가치

1 본질적 가치

9급 15지
7급 24국

0 행정가치의 구분 B

1 개념

행정이 추구해야 할 기본적 가치로, 관료들이 준수해야 할 규범

2 특징

각 행정이념에 대한 개념적 정의가 다양하고, 시대와 장소를 불문한 행정이념 간 **절대적인 우선순위는 존재하지 않음.**

3 구분(애코프, Ackoff)

(1) 본질적 가치

공익, 형평, 정의, 자유, 평등, 복지 등 행정을 통해 이루고자 하는 궁극적 가치

(2) 수단적 가치

능률성, 합리성, 민주성, 합법성, 효과성, 책임성, 투명성, 가외성, 중립성 등 본질적 가치를 실현 가능하게 하는 가치

본질적 가치	수단적 가치
공익, 정의	능률성, 합리성
형평, 자유	민주성, 합법성
평등, 복지	효과성, 책임성
	투명성, 가외성

심화 사회적 가치

1. 개념
   ① 사회구성원들이 기본적으로 갖추고 있어야 할 보편적인 것들
   ② 사회구성원들의 권리, 자유, 권한, 기회, 소득, 재산 등과 관련된 가치(왈쩌, Walzer)
2. 특징
   ① 단순히 가치의 규범적 추구만이 아니라, 경제적 효율성도 동시에 고려
   ② 행정의 본질적 가치 및 수단적 가치의 또 다른 표현
3. 사례
   ① 헌법 : 사회적 가치가 가장 높은 수준에서 규범화된 것
   ② 국제사회 : 사회적 책임에 관한 국제표준(ISO 26000), UN이 주도하고 있는 글로벌 콤팩트,UN 환경계획의 GRI(Global Reporting Initiative)

기출 CHECK

1 행정에 대한 설명으로 옳지 않은 것은? 2015 지방직 9급

① 행정은 정부의 단독행위가 아니라 사회의 다양한 주체들이 함께 참여하는 협력행위로 변해가고 있다.

② 행정은 사회의 공공가치 실현을 목적으로 한다.

③ 행정은 민주주의의 원칙에 따라 재원의 확보와 사용에 있어서 국회의 통제를 받는다.

④ 행정의 본질적 가치로는 능률성, 책임성 등이 있으며 수단적 가치로는 정의, 형평성 등을 들 수 있다.

① o 최근의 행정 개념에서는 다양한 공·사조직들 간의 연결 네트워크를 통한 공공문제의 해결, 즉 거버넌스를 강조하는 경향이 강해지고 있다.
② o 행정은 사적 이익을 추구하는 민간기업의 경영과는 달리, 공익적 목적에서 사회의 공공가치를 실현한다.
③ o 행정부의 구성원인 공무원들은 입법부의 구성원인 국회의원으로부터 예산안에 대한 심의 등 다양한 통제를 받게 된다. 이는 국민이 직접 선출한 국회의원이 행하는 민주주의적인 통제이다.
④ x 능률성, 책임성 등은 행정의 수단적 가치이며, 정의, 형평성, 공익, 자유, 평등, 복지 등은 행정의 본질적 가치이다. 정답 ④

체크포인트
본질적 가치와 수단적 가치를 구분할 수 있어야 합니다. 각각 암기할 필요는 없고, 문제에 제시되었을 때 상대적으로 짝을 지을 수만 있으면 됩니다.

1 공익 A

9급 22지, 20지, 19국, 17국, 15지
7급 24지, 19지, 15지

1 공익의 특징

행정이 추구해야 할 본질적 가치로, **국가권력에 정당성을 부여**하면서 정책평가 기준으로도 기능

실체설	관료역할 >>>	과정설
공익 > 사익+사익 도덕, 정의 집단주의		공익 = 사익+사익 조정, 타협, 절차 다원주의
개인 이익은? 실체?		조정과 타협 가능? 혁신 추구?

2 공익 실체설

(1) 특징

① 공익과 사익은 명확히 구분되며, **공익은 사익을 초월**하여 도덕적, 선험적, 규범적인 것으로 존재 → 도덕적 절대적 가치, 정의, 공동선 등

㉠ 개인 사익의 단순한 총합이나 특정집단의 특수이익이 아니라 사회 구성원이 **보편적으로 공유**하는 이익을 공익이라고 주장

㉡ 사회 구성원의 개별적 이익을 모두 합한 것에 그치지 않고, **정부와 관료가 이를 적극적으로 최대화한 실체**로 이해하기도 함.

② 공익우선주의, 전체주의, **집단주의적 성격**을 가지므로 **이념적 경직성**이 강하며, **관료의 독자적·적극적 역할**을 강조

x [9급] 공익에 대한 실체설에서는 공익을 사익 간 타협 또는 집단 간 상호작용의 산물로 본다.
o 공익에 대한 과정설(실체설 ×)에서는 공익을 사익 간 타협 또는 집단 간 상호작용의 산물로 본다.

보충
의무론 VS 결과론
- 의무론 : 동기가 바람직한 행위가 옳은 행위 → 공익실체설과 연관
- 결과론(목적론) : 결과가 좋은 행위가 옳은 행위 → 공익과정설과 연관

③ 실체설은 공익우선적 관점에서 **공익과 사익과의 갈등이란 있을 수 없다**고 보는데, 지나친 집단 이기주의 극복을 위해 실체설의 입장을 반영할 필요도 있음.

④ 대표적 학자 : **플라톤, 아리스토텔레스, 루소**, 헤겔, 마르크스 등

(2) 한계

① 공익이라는 이름 아래 **개인의 이익이 침해**될 수 있는 위험요소 내포

② 공익의 구체적 내용이나 결정 주체에 대한 명확한 실체 파악 어려움.

3 공익 과정설

(1) 특징

① **사익을 더하면 곧 공익**이므로, 사익을 초월한 **별도의 공익은 존재하지 않는다**고 보는 관점

② 공익을 **다수 이익집단 간의 조정과 타협의 산물**로 보는 **다원주의 국가*** 기반의 관점으로, **정부관료**는 공익형성 과정에서 **소극적인 역할**만 수행

③ 사익이 더해지는 과정에서의 **절차적 합리성**을 강조하여, **적법절차를 준수**함으로써 공익이 보장된다고 보는 시각

④ **대표적 학자 : 홉스, 흄, 벤담, 슈버트**, 하몬 등

(2) 한계

① 상충되는 사익들 간 **조정과 타협이 쉽지 않으며**, 조직화되지 못한 소수의 이익은 반영되지 못하기도 함.

② 기존에 형성된 사익을 뛰어넘지 못하므로 **혁신 추구에 제한**이 있으며, 이에 따른 **집단 이기주의** 발생 가능성 농후

* **다원주의 국가**
특정 엘리트가 아닌, **다양한 이익집단** 들 간의 경쟁과 협력을 통해 운영되는 국가

체크포인트
공익의 실체설과 과정설을 정확하게 구분할 수 있는지가 주요 출제포인트입니다. 문장을 읽고 해당 설명이 실체설과 과정설 중 어디에 해당하는지 판단하는 연습을 충분히 해두어야 합니다. 실제 시험에서 처음 보는 문장이 나왔다고 할지라도 사익을 초월하는 실체를 중요하게 본다면 실체설, 사익에 중점을 둔다면 과정설이라고 판단하시는 것이 중요합니다.

기출 CHECK

1 공익에 대한 설명으로 옳은 것만을 모두 고르면? 2022 지방직 9급

ㄱ. 실체설에 의하면 공익은 사익을 초월한 것이다.
ㄴ. 과정설에 의하면 공익은 사익 간 갈등을 조정 · 타협하는 과정에서 산출되는 것이다.
ㄷ. 실체설은 다원적 민주주의에 도움을 준다.
ㄹ. 플라톤(Plato)과 루소(Rousseau) 모두 공익 실체설을 주장하였다.

① ㄱ, ㄴ ② ㄴ, ㄷ ③ ㄱ, ㄴ, ㄹ ④ ㄱ, ㄷ, ㄹ

ㄱ. O 실체설에 따르면 공익이란 사익을 더한 것에 그치지 않고, 사익을 초월한 정의나 공동선 등의 실체를 공익이라고 본다.
ㄴ. O 과정설은 사익을 더하면 바로 공익이 된다고 보는 관점이다. 따라서 사익을 더하는 과정에서의 조정과 타협과 같은 절차가 중요하다.
ㄷ. X 사익을 더하는 과정에서 발생하는 조정과 타협은 다양한 이익집단들이 골고루 영향력을 행사하는 다원주의적 체제에서 보다 빈번하게 발생한다. 따라서 조정과 타협을 중시하는 관점은 실체설이 아닌 과정설이다.
ㄹ. O 플라톤과 루소는 모두 국가의 역할을 중시하는 철학자들로, 실체설과 연관관계가 있다. 정답 ③

2 롤스(Rawls)의 정의론 A

9급 20지, 18국
7급 14국

1 가정

① 사람의 이성에 의해 파악될 수 있는 **보편적 도덕원칙**이 존재하며, 그 원칙은 **사회구성원들 간 합의**에 의해 형성(사회계약론적 전통)

② 사회구성원들 간 합의가 공정하려면 **'무지의 베일(장막)'**에 가려진 **'원초적 상태'**의 전제가 필요

㉠ **무지의 베일**(veil of ignorance) : 구성원들이 계급 · 계층 · 신분 · 직업 등 **자신의 사회 · 경제적 위치를 전혀 모르는 상황**

㉡ **원초적 상태**(state of nature, original position) : 특수한 사실의 유불리 여부에 대한 판단이 불확실하므로 **모든 구성원들이 똑같은 입장**을 지니며 도덕적으로 행동할 것이 기대되는 상태

2 정의의 원리

(1) [1원리] 기본적 자유의 평등 원리 → 자유

개인은 다른 사람의 유사한 자유와 상충되지 않는 한도 내에서 **최대한의 기본적 자유에의 평등한 권리가 인정**되어야 함.

(2) [2원리] 차등조정의 원리 → 평등

① **[2 - 1원리] 기회의 균등 원리 : 모든 사람에게 직책과 직위가 개방**되어야 한다는 원리로, 사회 · 경제적 불평등은 기회 균등이 공정하게 이뤄진 조건하에서 존재해야 한다는 원리

② **[2 - 2원리] 차등의 원리**

㉠ 사회에서 가장 혜택을 받지 못한 사람에게 최대한의 혜택이 돌아가야 한다는 **최소극대화(최대최소, Maximin) 원리**

㉡ **사회 · 경제적 불평등을 인정**하되, 사회에서 **가장 취약한 집단에게 최대의 편익**이 돌아가게 하는 정책이 바람직함을 의미

㉢ **사회적 형평의 개념 도출** : 행정은 소외된 구성원들을 고려해야 하며, 그들에게 일정한 소득 및 권리 등을 보장하기 위한 **정부의 역할을 강조**

3 평가

① 사회의 모든 가치는 **공평하게 배분**되는 것이 바람직하며, **불평등한 배분은 사회의 최소수혜자에게 유리한 경우에만 정당**

② 현저한 불평등을 고려하지 않으면서 단순 사익의 총합으로 정의를 판단하는 **공리주의*의 총체적 효용 극대화는 정당하지 않다**고 비판

③ 전통적 자유주의와 사회주의의 양극단을 지양하는 중도적 입장으로 **자유와 평등의 조화 추구**

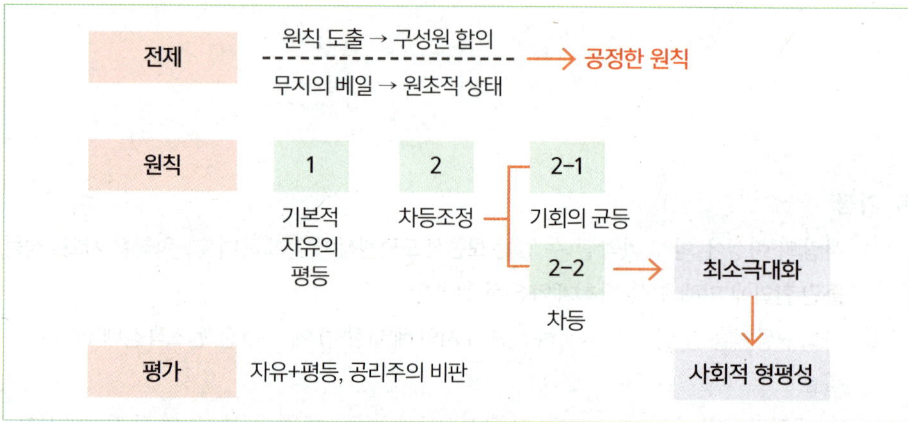

* 공리주의

① 영국의 벤담이 제시한 것으로, 인간 행위의 윤리적 기준을 개인의 이익과 쾌락의 추구에 두면서 **사익의 총합이 클수록 바람직**하다는 '**최대다수의 최대행복**'을 주장 → **평등이나 분배에는 무관심**

② 공리주의는 **목적론의 대표적인 예시**로, 공리주의자들에게 의무론적 보편원리는 없으며 상황에 따라 **비용과 편익을 효율적으로 평가**하여 총체적인 합을 증가시키는 것이 중요

체크포인트

롤스의 정의론이 정부의 존재 가치와 부합하는 지점에 주목하면 좋습니다. 자유와 평등의 조화를 추구한다는 점이나, 사회의 불평등한 배분이 최소극대화 원칙에 따라 시정되는 것이 바람직하다는 점 등이 그것입니다.

기출 CHECK

1 롤스(J. Rawls)의 정의론에 대한 설명으로 옳지 않은 것은? 2018 국가직 9급

① 원초적 자연상태(state of nature)하에서 구성원들의 이성적 판단에 따른 사회형태는 극히 합리적일 것이라고 가정하는 사회계약론적 전통에 따른다.

② 현저한 불평등 위에서는 사회의 총체적 효용 극대화를 추구하는 공리주의가 정당화될 수 없다고 본다.

③ 사회의 모든 가치는 평등하게 배분되어야 하며, 불평등한 배분은 그것이 사회의 최소수혜자에게도 유리한 경우에 정당하다고 본다.

④ 자유와 평등의 조화를 추구하는 중도적 입장보다는 자유방임주의에 의거한 전통적 자유주의의 입장을 취하고 있다.

① O 롤스는 사람의 이성에 의해 파악될 수 있는 보편적 도덕원칙이 존재하며, 그 원칙은 사회구성원들 간 합의에 의해 형성된다는 사회계약론을 따른다고 보았다. 또한 사회구성원 간 도출하는 원칙이 공정하기 위해서는, 나의 조건이 유리할지 불리할지 모르는 무지의 베일에 가려진 원초적 상태 속에서 원칙이 도출되어야 한다고 본다.

② O 공리주의는 사익의 총합 크기로만 행복을 판단한다. 사익의 총합이 A국가와 B국가에서 각각 100이라면, 두 국가의 행복은 동일하다고 보는 것이다. 따라서 공리주의는 자원배분이 불평등한 정도에 대해서는 관심을 기울이지 않았다. 롤스의 정의론은 이를 비판하면서, 취약계층에 대한 개입 등을 통해 불평등한 자원배분을 어느 정도 조정해야 한다고 주장하였다.

③ O 롤스는 사회에서 가장 혜택을 받지 못한 사람에게 최대한의 혜택이 돌아가야 한다는 최소극대화(최대최소, Maximin) 원리를 주장하면서, 사회·경제적 불평등을 인정하되 사회에서 가장 취약한 집단에게 최대의 편익이 돌아가게 하는 정책이 바람직하다고 보았다.

④ X 롤스는 자유(정의의 1원리)와 평등(정의의 2원리)의 조화를 추구하며 전통적 자유주의와 사회주의의 양극단을 지양하는 중도적 입장에서 정의의 원리 등을 도출하였다. 정답 ④

3 형평성 B

9급 25지, 24지, 19지

1 의미

(1) 개념

① 헌법상 평등 이념에서부터 고소득자에게 더 많은 세금을 부과해야 한다는 견해 등 다양한 의미를 포함

② 오늘날 형평성은 **기계적 평등보다 공정한 평등**을 유지하는 것으로서, 사회정의를 실현하는 사회적 형평성과 밀접히 관련

(2) 사회적 형평성

① 동등한 것을 동등하게, 동등하지 않은 것은 동등하지 않게 처방하는 것으로, **정당한 불평등**의 개념이 내포

② 사회적 형평 개념으로서의 분배적 정의의 핵심 문제는 어떠한 불평등이 정의라는 기준에서 용인될 수 있는 불평등인가를 밝혀내는 것

③ 행정 이념으로서의 사회적 형평성은 1960년대 **신행정학***의 등장과 함께 강조

2 분류

(1) 수평적 VS 수직적

① **수평적 형평(같은 것은 같게)**

㉠ 인간의 기본욕구를 평등하게 보장하려는 **욕구이론**에 기반

㉡ **실적주의(시험기회의 균등)**나 **수익자부담원칙(같은 비용 → 같은 혜택)**에서도 **수평적 형평의 성격** 존재

㉢ 동일한 노동력을 제공한 사람들에게 같은 수준의 임금을 제공하는 **동일노동 동일임금**도 **수평적 형평**의 성격

② **수직적 형평(다른 것은 다르게)**

㉠ 실적차이에 따른 차등배분의 정당성을 주장하는 **실적주의**에 기반

㉡ **실적주의(점수에 따른 차이)**나 **수익자부담원칙(수익자만 비용부담)**뿐만 아니라 **대표관료제**나 **누진세(취약계층 고려)**에서도 **수직적 형평의 성격** 존재

㉢ 보유한 재산의 정도에 따라 세금을 다르게 징수하는 **누진세**도 **수직적 형평**의 성격

수평적 형평	VS	수직적 형평
같은 것은 같게		다른 것은 다르게
시험기회의 균등	실적주의	점수에 따른 차이

* **신행정학**

① 1960년대 후반, 인종차별, 빈부격차 등 미국사회의 혼란과 더불어 사회적 평형성을 강조하는 신행정학(New Public Administration) 등장

② 총체적 효용이 아닌, 사회적·경제적 약자에게 더 많은 혜택을 제공해야 한다고 주장하며 주로 '롤스(Rawls)의 정의론'에 영향을 받아 전개

(2) 사전적 VS 사후적

① **사전적 형평** : 누구나 건강상 문제가 없다면 병역의무의 기회가 균등하게 주어져야 한다는 것

② **사후적 형평** : 병역의무를 이행한 사람과 하지 않은 사람 사이의 문제

3 한계

① 현실적으로 형평성을 확보하기 위한 정책수단을 마련하기가 쉽지 않음.

② 특정 집단에 대한 혜택 제공은 **역차별을 발생**시킬 가능성 존재

9급 19지

4 자유와 평등 C

1 자유

소극적 자유 VS 적극적 자유
억압의 배제 / 국가의 개입

(1) 개념 : 제약과 간섭이 없는 상태로, 소극적 자유와 적극적 자유로 구분

① **소극적 자유** : 정치권력의 **부당한 억압과 강제를 배제**하기 위한 법적 · 제도적 장치를 마련하는 데에 주된 관심

② **적극적 자유** : 자유권을 행사할 수 있는 여건을 보장하기 위해 **정부의 적극적 개입** 요구

(2) 특성 : 개인의 자유는 타인의 자유와 상충되지 않는 범위 내에서 보장

2 평등

(1) 개념 : 똑같은 원칙에 따르거나, 같은 처지에 있는 사람을 똑같이 대접하는 것

(2) 특성 : 사회적 가치의 배분에서 얼마나 평등한 대우를 받느냐는 문제와 관련되며, 평등의 원리는 부당한 불평등의 시정을 요청하는 개념

형식적 평등 VS 결과적 평등
동등한 기회 / 부당한 불평등 시정

① **형식적 평등** : 사회적 가치를 취득할 수 있는 기회, 자격, 권리 등을 동등하게 부여

② **결과적 평등** : 형식적 평등이 주어진 개인들 사이에서 결과적으로 나타나는 부당한 불평등을 시정

2 수단적 가치 B

9급 23지, 20지, 19지, 16국
7급 23지, 22국, 19국, 19지

1 합리성

(1) 개념

목표 달성을 위한 **최적의 수단** 선택

(2) 구분

① 사이먼(Simon)

㉠ 실질적 합리성

ⓐ **객관적 합리성**이라고도 하며, 주어진 여건 속에서 가능한 **최선의 대안을 선택**하는 합리성

ⓑ 행위자가 합리적인 선택을 할 수 있는 **모든 지식과 능력을 소유**하고 있으며, 행위자의 목표와 행위선택의 **우선순위가 분명**

ⓒ 결정이 생성되는 과정보다 **선택의 결과**에 더 관심

㉡ 절차적 합리성

ⓐ 대안 선택을 위해 **사용된 절차**가 **인간의 제한된 인지능력 등을 고려**했을 때 얼마나 효과적이었는가의 정도

ⓑ 사이먼은 인간이 실질적 합리성을 사실상 포기하고, **만족할 만한 대안을 선택**하려는 절차적 합리성을 추구한다고 주장

ⓒ 어떤 행위가 의식적인 사유과정의 산물이거나 인지력과 결부되고 있을 때의 합리성

사이먼(Simon)		
실질적 합리성	VS	절차적 합리성
최선의 대안		만족할 정도의 대안

② 디징(Diesing)

㉠ 정치적 합리성 : **다수의 참여를 통한 합의**가 이루어졌는가에 대한 것으로, **더 나은 정책을 추진할 수 있는 정책 결정 구조가 마련**되면 합리성 확보가 가능

㉡ 기술적 합리성 : 주어진 목표를 가장 잘 달성할 수 있는 **수단을 찾는 합리성**으로, 목표와 수단 사이에 존재하는 인과관계의 적절성을 의미

㉢ 경제적 합리성 : 경쟁 상태에 있는 목표를 어떻게 **비교하고 선택**할 것인가의 합리성

㉣ 법적 합리성 : **대안의 합법성**을 나타내는 것으로서, 보편성과 공식적 질서를 통해 예측가능성을 높이는 합리성

㉤ 사회적 합리성 : 사회구성원 간의 **조정과 조화된 통합성**을 의미하며, 목표·수단 분석 등으로 설명되지 않는 **가장 비합리적인 유형**

정치적 합리성 (참여)	기술적 합리성 (수단)	경제적 합리성 (비교/선택)	법적 합리성 (합법)	사회적 합리성 (조화)

보충

진화론적 합리성

① 생물학적 진화론에 근거한 합리성으로, **변이와 선택의 과정이 반복되면서 환경의 요구에 보다 잘 부합하는 대안**이 발견되는 현상

② 사전적 목표나 의도성이 없는 상태에서 단지 특정 생물체가 적자로 선택되는 것이므로 매우 **근시안적이고 국지적인** 최적상태에 불과

2 능률성

(1) 개념

① **투입(input) 대비 산출(output)**

② **비용을 고려** → 산출이 증가하더라도 **투입에 따른 비용이 더 크게 증가**하면 **능률성 감소**

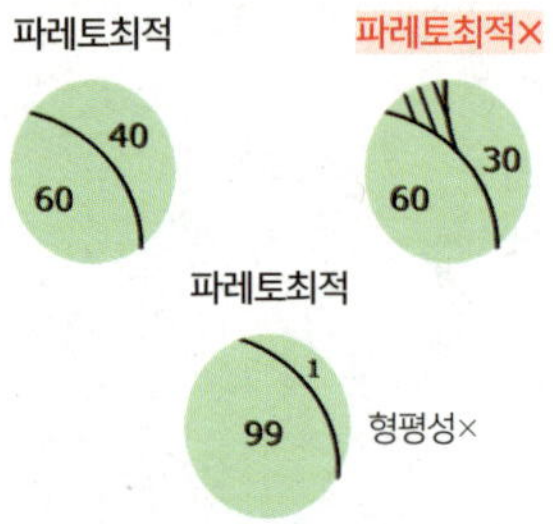

(2) 특징

① **이론적 배경 → 파레토 최적** : 다른 사람의 후생을 감소시키지 않고는 누구의 후생도 증대시키는 것이 불가능할 정도로 **자원이 효율적으로 배분**되어 있는 상태

② **한계** : 최적의 자원배분에만 관심, 분배의 **형평성이나 민주성은 무관심**

③ **민주성과의 관계 : 일반적으로 대립하나, 항상 상충되는 것은 아님**

㉠ 일반적으로 **능률성이 강조**되면, 비용의 증가가 수반되는 시민참여절차를 중시하는 **민주성이 저하**되기 쉬움.

㉡ 다만 정책과정에 **시민들이 참여**할 경우, 정책을 집행하는 과정에서 **시민들이 순응하게 되어 비용이 감소**할 수 있기 때문에 **능률성이 증가**할 수 있음.

사이먼(Simon)		디목(Dimock)
기계적 능률성	VS	사회적 능률성
객관적 계량화		인간적 가치 고려

(3) 구분

① **기계적 능률성(사이먼, Simon)**

㉠ **성과를 계량화**하여 객관적인 기준에 따라 능률성을 평가 = 대차대조표적 능률, 단기적 능률

㉡ 행정학 초기(1880~1920), 행정과 경영의 유사성이 강조된 **정치행정이원론 및 과학적 관리론** 시대에 중시

② **사회적 능률성(디목, Dimock)**

㉠ **행정의 사회 목적**과 조직 구성원의 **인간적 가치 실현** 등을 고려(**민주성의 개념**으로 이해) = 인간적 능률, 합목적적 능률, 상대적 능률

㉡ **인간관계론**(1930년대)에서 강조된 개념으로, 과학적 관리론에 입각한 **기계적 효율관을 비판**

보충

능률성 VS 효율성 · 생산성

① **다수 견해** : 능률성은 효율성 또는 생산성과 동일

② **소수 견해** : 효율성 또는 생산성은 능률성과 효과성이 합쳐진 개념
→ 효율성 · 생산성 = 능률성(투입 대비 산출) + 효과성(목표달성도)

3 효과성

(1) 개념

① **목표 달성도**(목표 대비 산출)

② 과정보다는 산출 결과에 중점을 두며, **비용(투입)의 개념이 들어 있지 않음.**

(2) 특징

① **능률성과의 관계** : 능률성이 낮아도 효과성은 높을 수 있으며, 능률성이 높아도 효과성은 낮을 수 있음.*

② **1960년대 이후 발전행정**의 사고가 지배적일 때 행정의 발전 목표를 계획해 **주어진 목표를 달성**하려는 데 최대 관심을 두면서 중시

③ 수단적, 과정적이 아니라 외부지향적, 목적적, 기능적인 성격

* 능률성 VS 효과성

(3) 한계

목표지상주의에 따른 부실행정, 비윤리적 행위, 행정절차의 소홀, 장기적으로 더 큰 사회적 비용 초래 가능성 등

기출 CHECK

1 행정 가치에 대한 설명으로 옳지 않은 것은? 2020 지방직 9급

① 공익 과정설에 따르면 사익을 초월한 별도의 공익이란 존재할 수 없다.
② 롤스(Rawls)는 사회정의의 제1원리와 제2원리가 충돌할 경우 제1원리가 우선이라고 주장한다.
③ 파레토 최적 상태는 형평성 가치를 뒷받침하는 기준이다.
④ 근대 이후 합리성은 목표를 달성하는 수단과 관련된 개념이다.

① O 공익은 사익을 초월한다는 공익 실체설과는 달리, 공익 과정설은 사익을 더하면 그 자체로 공익이 된다고 보는 사익중심적 입장이다. 따라서 과정설은 사익을 초월한 별도의 공익은 존재하지 않는다고 본다.
② O 롤스의 정의의 원리는 제1원리인 기본적 자유의 평등 원리와 제2원리인 차등조정의 원리로 나누어지는데, 제1원리가 제2원리보다 우선적으로 적용된다.
③ X 파레토 최적이란 최적의 자원 배분에 관심을 갖는 경제학적 이론이다. 사회에 존재하는 모든 자원이 구성원들에게 배분되어 있는 능률적인 상태를 파레토 최적이라고 부른다. 따라서 파레토 최적 상태는 능률성과 관련되는 개념이다. 파레토 최적은 잉여자원만 없으면 된다고 보기 때문에, 자원배분의 형평성에는 무관심하다.
④ O 합리성은 목표 달성을 위해 최적의 수단을 선택하는 행정가치이다. 정답 ③

체크포인트

파레토 최적 상태란 자원이 낭비 없이 효율적으로 배분된 상태입니다. 따라서 행정가치 중에서 능률성과 관련된 개념이 됩니다. 이외에도 파레토 최적은 경제적 가치를 중시하는 다양한 개념들과 어울릴 수 있습니다. 다만 형평성이나 민주성과 같은 가치와는 상관이 없다는 점을 주의해야 합니다.

2 행정이 추구하는 가치에 대한 설명으로 옳지 않은 것은? 2019 지방직 9급

① 합리성은 어떤 행위가 궁극적인 목표달성을 위한 최적의 수단이 되느냐를 가리키는 개념이다.
② 효과성은 투입 대비 산출의 비율을, 능률성은 목표의 달성도를 나타내는 개념이다.
③ 행정의 민주성은 대외적으로 국민 의사의 존중·수렴과 대내적으로 행정조직의 민주적 운영이라는 두 가지 측면이 있다.
④ 수평적 형평성이란 동등한 것을 동등하게 취급하는 것, 수직적 형평성이란 동등하지 않은 것을 서로 다르게 취급하는 것을 의미한다.

① O 합리성은 목표 달성을 위한 최적의 수단 선택과 관련되는 행정가치이다.
② X 효과성은 목표의 달성도를, 능률성은 투입 대비 산출의 비율을 나타내는 행정가치이다.
③ O 행정의 민주성은 국민이 주인이라는 인식하에 정부가 국민의사를 존중하고 수렴하는 책임행정을 구현하는 것뿐만 아니라, 행정 내부의 의사결정과정을 분권화하는 등 대내적 민주성도 포함한다.
④ O 사회적 형평성은 동등한 것을 동등하게, 동등하지 않은 것은 동등하지 않게 처방하는 것으로, 정당한 불평등의 개념이 내포되어 있다. 정답 ②

체크포인트

수단적 가치는 개념을 정확하게 알고 있는지 기본적으로 체크합니다. 헷갈릴 수 있는 두 가지 가치를 바꿔서 물어보는 것이 가장 전통적인 방식입니다. 능률성과 효과성, 수평적 형평성과 수직적 형평성 등을 비교하시면서 학습해두어야 합니다.

4 민주성

(1) 개념

① 국민이 주인이라는 인식하에 정부가 **국민의사를 존중하고 수렴**하는 책임행정을 구현하는 것

② 행정 수요에 부응하여 국민의 이익을 반영하고, 그에 반응하는 행정을 수행하는 **대응성**(responsiveness)을 강조하는 의미로도 사용

(2) 구분

대외적 민주성	vs	대내적 민주성
국민 대응성		조직원 참여

① **대내적 민주성 : 행정조직의 민주적 운영**과 관련된 것으로, 행정조직 내부 관리 및 의사결정과정의 분권화 등을 통해 달성

② **대외적 민주성 : 국민의사의 존중 · 수렴**과 관련된 것으로, 국민의 행정 참여, 행정윤리에 근거한 책임행정, 부당한 침해에 대한 제도적 구제장치 확보 등을 통해 달성

5 합법성

(1) 개념

법치행정을 추구하여 국민의 자유와 권리를 보호해야 한다는 이념으로, 시민권의 신장과 자유권의 옹호가 중요했던 입법국가 시대의 주요 가치

(2) 구분

소극적 합법성	vs	적극적 합법성
국가권력 최소화 법률에 의한 행정		생존권 보장 국민을 위한 봉사

① **소극적 합법성** : 행정은 헌법과 법률에 의해 행해지고, 예외 없이 안정적으로 적용되며, 구제제도가 정비되어 **국가권력 행사는 최소화**하고 개인의 자유는 최대한 보장하는 법치행정 강조

② **적극적 합법성** : 상황에 따라 신축성을 부여하여, 자유권적 기본권뿐 아니라 **생존권적 기본권을 정부가 적극적으로 보장**하고, **국민을 위해 봉사**하는 법의 적합성 강조

(3) 특징

합법성은 행정활동에 대한 법의 우위를 보여주는 것으로서 근대 입헌민주주의와 상통

(4) 한계

합법성의 지나친 강조는 국민의 자유와 권리를 보호하고 인간다운 삶을 보장하는 행정의 본래 목표를 왜곡할 가능성

6 가외성

(1) 개념

① 행정기능에 **여분과 중복**을 두는 것으로, 불확실한 상황에서의 오류 발생 가능성을 최소화하고 체제의 신뢰성을 높이기 위해 강조되는 행정가치

② 1960년대 정보과학, 컴퓨터 기술, 사이버네틱스(Cybernetics) 이론 발달과 함께 논의되고, **란다우(Landau)**가 행정학에 도입

예 권력분립, 3심제도, 품의제(보고제도), 연방주의 등

(2) 장점

① **불확실한 업무환경에 대한 적응력을 증진**시켜 조직구성원들의 **창의성과 안정성 증대**에 기여

② 안정적인 서비스 제공이 가능해져 **제공기관에 대한 신뢰성 및 고객에 대한 대응성 증대**

③ 정보를 받아들이는 경로가 늘어나 조직구성원의 **정보 수용범위 한계를 극복**

(3) 단점

① 행정의 **능률성 증진과는 상충**되기 때문에, 작고 효율적인 행정개혁을 저해할 수 있어 **감축관리와의 조화가 필요**

② 중첩 · 중복되는 기능들로 인해 조직내외에서 **기능상 충돌**의 가능성 존재

③ 불확실성에 대한 대처방안이 될 수 있으나 불확실성을 주어진 것으로 보고 대처하는 **소극적 대처**의 성격

(4) 특징

① **중첩성(overlapping)** : 여러 기관에서 협조하여 한 가지 기능을 **혼합**하여 수행 → 수해복구

② **중복성(duplication)** : 여러 기관에서 동일 기능을 **독립적**으로 수행 → 국가안보 관련 정보 수집

③ **동등잠재력(equipotentiality)** : 주기관이 작동되지 않을 때 **보조기관**이 대신 그 기능을 인수하여 수행 → 대통령권한대행제도

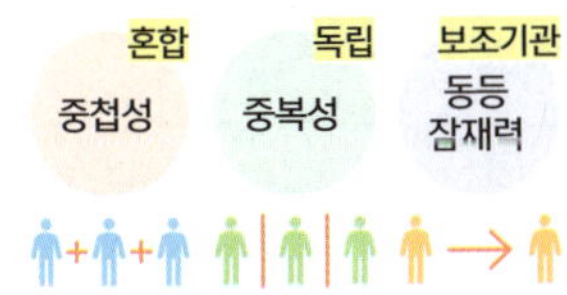

기출 CHECK

1 다음과 관련있는 행정가치에 대한 설명으로 옳은 것은? 2019 국가직 7급

• 안전을 위하여 자동차의 제동장치를 이중으로 설계하였다.
• 정전에 대비하여 건물 자체적으로 자가발전시설을 갖추도록 하였다.

① 창의성이 제고될 수 있다.
② 수단적 가치보다는 행정의 본질적 가치로서의 성격이 더 강하다.
③ 행정체제의 신뢰성과 안정성을 저하시킨다.
④ 형평성과 상충관계에 있다.

① O 지문의 설명은 가외성이다. 자동차 제동장치의 이중 설계, 자가발전시설 등은 기능의 여분과 중복을 인정하는 것으로, 심리적인 안정을 가져와 구성원들의 창의성 제고에 도움을 준다.
② X 행정가치로서의 가외성은 행정의 본질적 가치가 아닌, 수단적 가치이다.
③ X 가외성은 불확실한 상황에서의 오류 발생 가능성을 최소화하고 체제의 신뢰성과 안정성을 증진시킨다.
④ X 가외성과 형평성은 직접적인 관계가 없으며, 일반적으로 가외성은 추가적인 비용이 발생하므로 능률성과 상충관계에 있다.

정답 ①

체크포인트

최근 발전된 형태의 문제는 가외성을 바로 주지 않고, 박스 안의 설명을 통해 가외성을 발견해 내게 한 다음에, 해당 특징을 발견해내는 방식으로 구성됩니다. 처음 보면 낭황할 수 있고, 시간이 좀 더 소요되는 유형이므로 이런 유형을 평소에 인지하고 많은 훈련을 해 두는 것이 필요합니다.

7 투명성 : 공공기관의 정보공개에 관한 법률(정보공개법)

(1) 총칙

① 목적

정보공개법 제1조(목적)

이 법은 공공기관이 보유·관리하는 정보에 대한 국민의 공개 청구 및 공공기관의 공개 의무에 관하여 필요한 사항을 정함으로써 **국민의 알권리를 보장**하고 국정(國政)에 대한 **국민의 참여**와 **국정 운영의 투명성을 확보**함을 목적으로 한다.

② 정의

동법 제2조(정의)

3. "공공기관"이란 다음 각 목의 기관을 말한다.
   가. **국가기관**
      1) 국회, 법원, 헌법재판소, 중앙선거관리위원회
      2) 중앙행정기관 및 그 소속 기관
      3) 「행정기관 소속 위원회의 설치·운영에 관한 법률」에 따른 위원회
   나. **지방자치단체**
   다. 「공공기관의 운영에 관한 법률」에 따른 **공공기관**
   라. 「지방공기업법」에 따른 **지방공사 및 지방공단**
   마. 그 밖에 대통령령으로 정하는 기관

(2) 정보공개 청구권자와 공공기관의 의무

① 정보공개 청구권자

동법 제5조(정보공개 청구권자)

① **모든 국민**은 **정보의 공개를 청구할 권리**를 가진다.
② **외국인**의 정보공개 청구에 관하여는 **대통령령**으로 정한다.

② 공공기관의 의무

동법 제6조(공공기관의 의무)

③ **행정안전부장관**은 공공기관의 정보공개에 관한 업무를 종합적·체계적·효율적으로 지원하기 위하여 **통합정보공개시스템을 구축·운영**하여야 한다.

③ 정보의 사전적 공개

동법 제7조(정보의 사전적 공개 등)

① 공공기관은 다음 각 호의 어느 하나에 해당하는 정보에 대해서는 공개의 구체적 범위, 주기, 시기 및 방법 등을 미리 정하여 정보통신망 등을 통하여 알리고, 이에 따라 **정기적으로 공개**하여야 한다.
1. **국민생활에 매우 큰 영향**을 미치는 정책에 관한 정보
2. 국가의 시책으로 시행하는 공사(工事) 등 **대규모 예산이 투입되는 사업**에 관한 정보

> **보충**
> **정보공개법 연혁**
> 1992년 기초자치단체(충북 청주시)에서 **조례로 제정**되면서 출발하였으며, 이후 헌법상 '국민의 알권리'를 구체화하기 위해 1996년에 **정보공개법** 제정(1998년부터 시행)

3. 예산집행의 내용과 사업평가 결과 등 **행정감시를 위하여 필요**한 정보
4. 그 밖에 공공기관의 장이 정하는 정보

② 공공기관은 제1항에 **규정된 사항 외에도** 국민이 알아야 할 필요가 있는 정보를 국민에게 **공개하도록 적극적으로 노력**하여야 한다.

(3) 정보공개의 절차

① 비공개 대상 정보

동법 제9조(비공개 대상 정보)

① 공공기관이 보유·관리하는 정보는 공개 대상이 된다. 다만, 다음 **각 호의 어느 하나에 해당하는 정보는 공개하지 아니할 수 있다.**

1. 다른 **법률 또는 법률에서 위임한 명령**에 따라 **비밀이나 비공개 사항으로 규정**된 정보
2. **국가안전보장·국방·통일·외교관계** 등에 관한 사항으로서 공개될 경우 **국가의 중대한 이익을 현저히 해칠 우려**가 있다고 인정되는 정보
3. 공개될 경우 **국민의 생명·신체 및 재산의 보호에 현저한 지장을 초래**할 우려가 있다고 인정되는 정보
4. **진행 중인 재판**에 관련된 정보와 **범죄의 예방, 수사**, 공소의 제기 및 유지, 형의 집행, 교정, 보안처분에 관한 사항으로서 공개될 경우 그 직무수행을 현저히 곤란하게 하거나 형사피고인의 공정한 재판을 받을 권리를 침해한다고 인정할 만한 상당한 이유가 있는 정보
5. **감사·감독·검사·시험**·규제·입찰계약·기술개발·인사관리에 관한 사항이나 **의사결정 과정 또는 내부검토 과정**에 있는 사항 등으로서 공개될 경우 업무의 공정한 수행이나 연구·개발에 현저한 지장을 초래한다고 인정할 만한 상당한 이유가 있는 정보. **다만, 의사결정 과정 또는 내부검토 과정을 이유로 비공개할 경우**에는 통지를 할 때 의사결정 과정 또는 내부검토 과정의 단계 및 **종료 예정일을 함께 안내**하여야 하며, 의사결정 과정 및 내부검토 과정이 **종료되면 청구인에게 이를 통지**하여야 한다.
6. 해당 정보에 포함되어 있는 **성명·주민등록번호** 등 「개인정보 보호법」에 따른 개인정보로서 공개될 경우 **사생활의 비밀 또는 자유를 침해**할 우려가 있다고 인정되는 정보. 다만, 다음 각 목에 **열거한 사항은 제외**한다.
   가. 법령에서 정하는 바에 따라 열람할 수 있는 정보
   나. 공공기관이 공표를 목적으로 작성하거나 취득한 정보로서 사생활의 비밀 또는 자유를 부당하게 침해하지 아니하는 정보
   다. 공공기관이 작성하거나 취득한 정보로서 공개하는 것이 공익이나 개인의 권리 구제를 위하여 필요하다고 인정되는 정보
   라. **직무를 수행한 공무원의 성명·직위**
   마. 공개하는 것이 공익을 위하여 필요한 경우로서 법령에 따라 국가 또는 지방자치단체가 업무의 일부를 위탁 또는 위촉한 개인의 성명·직업
7. 법인·단체 또는 개인의 **경영상·영업상 비밀에 관한 사항**으로서 공개될 경우 법인등의 정당한 이익을 현저히 해칠 우려가 있다고 인정되는 정보. 다만, 다음 각 목에 **열거한 정보는 제외**한다.
   가. 사업활동에 의하여 발생하는 **위해로부터 사람의 생명·신체 또는 건강을 보호하기 위하여 공개할 필요**가 있는 정보

나. **위법 · 부당한 사업활동으로부터 국민의 재산 또는 생활을 보호**하기 위하여 공개할 필요가 있는 정보

8. 공개될 경우 **부동산 투기, 매점매석** 등으로 특정인에게 이익 또는 불이익을 줄 우려가 있다고 인정되는 정보

③ 공공기관은 제1항 각 호의 범위에서 해당 공공기관의 업무 성격을 고려하여 **비공개 대상 정보의 범위에 관한 세부 기준을 수립**하고 이를 정보통신망을 활용한 **정보공개시스템 등을 통하여 공개**하여야 한다.

④ 공공기관은 제3항에 따라 수립된 비공개 세부 기준이 제1항 각 호의 비공개 요건에 부합하는지 **3년마다 점검**하고 필요한 경우 비공개 세부 기준을 개선하여 그 **점검 및 개선 결과를 행정안전부장관에게 제출**하여야 한다.

② 정보공개의 청구방법

동법 제10조(정보공개의 청구방법)

① **청구인**은 해당 정보를 보유하거나 관리하고 있는 공공기관에 다음 각 호의 사항을 적은 **정보공개 청구서를 제출**하거나 **말로써 정보의 공개를 청구**할 수 있다.

③ 정보공개 여부의 결정

동법 제11조(정보공개 여부의 결정)

① 공공기관은 정보공개의 청구를 받으면 그 **청구를 받은 날부터 10일 이내**에 **공개 여부를 결정**하여야 한다.

② 공공기관은 부득이한 사유로 제1항에 따른 기간 이내에 공개 여부를 결정할 수 없을 때에는 그 기간이 끝나는 날의 다음 날부터 기산(起算)하여 **10일의 범위에서 공개 여부 결정기간을 연장**할 수 있다. 이 경우 공공기관은 연장된 사실과 연장 사유를 청구인에게 지체 없이 문서로 통지하여야 한다.

③ 공공기관은 공개 청구된 **공개 대상 정보의 전부 또는 일부**가 **제3자와 관련이 있다고 인정**할 때에는 그 사실을 **제3자에게 지체 없이 통지**하여야 하며, 필요한 경우에는 그의 의견을 들을 수 있다.

④ 부분 공개

동법 제14조(부분 공개)

공개 청구한 정보가 **비공개 대상 정보에 해당하는 부분과 공개 가능한 부분이 혼합되어 있는 경우**로서 공개 청구의 취지에 어긋나지 아니하는 범위에서 두 부분을 분리할 수 있는 경우에는 **비공개 대상 정보 해당하는 부분을 제외하고 공개**하여야 한다.

⑤ 비용 부담

동법 제17조(비용 부담)

① 정보의 공개 및 우송 등에 드는 비용은 **실비(實費)의 범위에서 청구인이 부담**한다.

(4) 불복 구제 절차

① 이의신청

동법 제18조(이의신청)

① 청구인이 정보공개와 관련한 공공기관의 비공개 결정 또는 부분 공개 결정에 대하여 불복이 있거나 정보공개 청구 후 20일이 경과하도록 정보공개 결정이 없는 때에는 공공기관으로부터 정보공개 여부의 결정 통지를 받은 날 또는 정보공개 청구 후 **20일이 경과한 날부터 30일 이내**에 해당 공공기관에 **문서로 이의신청**을 할 수 있다.

② 행정심판

동법 제19조(행정심판)

① 청구인이 정보공개와 관련한 공공기관의 결정에 대하여 불복이 있거나 정보공개 청구 후 20일이 경과하도록 정보공개 결정이 없는 때에는 「행정심판법」에서 정하는 바에 따라 **행정심판을 청구**할 수 있다.

② 청구인은 **이의신청 절차를 거치지 아니하고 행정심판을 청구**할 수 있다.

③ 행정소송

동법 제20조(행정소송)

① 청구인이 정보공개와 관련한 공공기관의 결정에 대하여 불복이 있거나 정보공개 청구 후 20일이 경과하도록 정보공개 결정이 없는 때에는 「행정소송법」에서 정하는 바에 따라 **행정소송을 제기**할 수 있다.

④ 제3자의 비공개 요청

동법 제21조(제3자의 비공개 요청 등)

① 제11조제3항에 따라 **공개 청구된 사실을 통지받은 제3자**는 그 통지를 받은 날부터 **3일 이내**에 해당 공공기관에 대하여 자신과 관련된 **정보를 공개하지 아니할 것을 요청**할 수 있다.

(5) 업무수행기관

① 정보공개심의회 → 각 기관 소속

동법 제12조(정보공개심의회)

① 국가기관, 지방자치단체, 「공공기관의 운영에 관한 법률」에 따른 공기업 및 준정부기관, 「지방공기업법」에 따른 지방공사 및 지방공단(**국가기관 등**)은 정보공개 여부 등을 심의하기 위하여 **정보공개심의회를 설치·운영**한다.

② 행정안전부장관 → 제도 종괄

동법 제24조(제도 총괄 등)

① **행정안전부장관**은 이 법에 따른 **정보공개제도의 정책 수립 및 제도 개선** 사항 등에 관한 **기획·총괄 업무를 관장**한다.

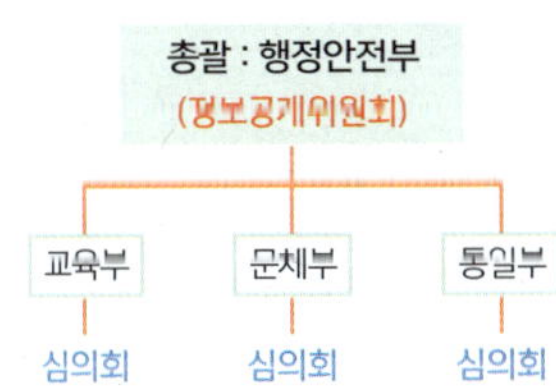

③ 정보공개위원회 → 행정안전부장관 소속, 주요사항 심의 · 조정

동법 제22조(정보공개위원회의 설치)
다음 각 호의 사항을 심의 · 조정하기 위하여 **행정안전부장관 소속**으로 **정보공개위원회**를 둔다.
1. 정보공개에 관한 **정책 수립 및 제도 개선**에 관한 사항
2. 정보공개에 관한 **기준 수립**에 관한 사항
3. **심의회 심의결과의 조사 · 분석** 및 심의기준 개선 관련 의견제시에 관한 사항
4. **공공기관의 정보공개 운영실태 평가** 및 그 결과 처리에 관한 사항
5. 정보공개와 관련된 **불합리한 제도 · 법령 및 그 운영에 대한 조사 및 개선권고**에 관한 사항
6. 그 밖에 정보공개에 관하여 대통령령으로 정하는 사항

체크포인트
외국인이 우리나라 제도에 참여 또는 활용할 수 있는지의 여부는 정보공개법뿐만 아니라 다른 법령에서도 자주 체크하는 포인트입니다. 우리나라의 대부분의 제도는 우리나라 국민뿐만 아니라 특정 조건의 외국인도 참여 또는 활용할 수 있도록 하고 있습니다.

기출 CHECK

1 우리나라의 행정정보공개제도에 대한 설명으로 옳지 않은 것은? 2014 국가직 9급

① 국정에 대한 국민의 참여와 국정 운영의 투명성 확보를 목적으로 한다.
② 중앙행정기관의 경우 전자적 형태의 정보 중 공개대상으로 분류된 정보는 공개청구가 없더라도 공개하여야 한다.
③ 정보의 공개 및 우송 등에 드는 비용은 실비 범위에서 청구인이 부담한다.
④ 정보공개 청구는 말로써도 할 수 있으나 외국인은 청구할 수 없다.

① O

정보공개법 제1조(목적)
이 법은 공공기관이 보유 · 관리하는 정보에 대한 국민의 공개 청구 및 공공기관의 공개 의무에 관하여 필요한 사항을 정함으로써 국민의 알권리를 보장하고 국정(國政)에 대한 국민의 참여와 국정 운영의 투명성을 확보함을 목적으로 한다.

② O

동법 제8조의2(공개대상 정보의 원문공개)
공공기관 중 중앙행정기관 및 대통령령으로 정하는 기관은 전자적 형태로 보유 · 관리하는 정보 중 공개대상으로 분류된 정보를 국민의 정보공개 청구가 없더라도 정보통신망을 활용한 정보공개시스템 등을 통하여 공개하여야 한다.

③ O

동법 제17조(비용 부담)
① 정보의 공개 및 우송 등에 드는 비용은 실비(實費)의 범위에서 청구인이 부담한다.

④ X 청구서 또는 말로써 정보공개청구가 가능한 것은 맞으나, 일정 조건을 갖추고 있다면 외국인도 정보공개를 청구할 수 있다.

> **동법 제10조(정보공개의 청구방법)**
> ① 정보의 공개를 청구하는 자는 해당 정보를 보유하거나 관리하고 있는 공공기관에 다음 각 호의 사항을 적은 정보공개 청구서를 제출하거나 말로써 정보의 공개를 청구할 수 있다.
>
> **동법 제5조(정보공개 청구권자)**
> ① 모든 국민은 정보의 공개를 청구할 권리를 가진다.
> ② 외국인의 정보공개 청구에 관하여는 대통령령으로 정한다.
>
> **동법 시행령 제3조(외국인의 정보공개 청구)**
> 정보공개를 청구할 수 있는 외국인은 다음 각 호의 어느 하나에 해당하는 자로 한다.
> 1. 국내에 일정한 주소를 두고 거주하거나 학술 · 연구를 위하여 일시적으로 체류하는 사람
> 2. 국내에 사무소를 두고 있는 법인 또는 단체

정답 ④

공공기관의 정보공개에 관한 법률

공개청구 공개결정	청구 : 모든 국민(외국인 가능) 결정 : 10일 이내 + 10일 연장
비공개 부분공개	비공개 : 국가안전, 진행 중 재판, 사생활 등 부분공개 : 비공개 제외 부분공개 의무
불복 구제절차	이의신청, 행정심판, 행정소송 제3자 권리보호 : 통지 및 비공개 요청
정보공개 관련기관	정보공개심의회 : 각 기관 / 행정안전부 : 제도 총괄 정보공개위원회(행정안전부장관 소속) : 주요사항 심의

Public Administration

CHAPTER 3 행정이론

0 시장실패와 정부실패

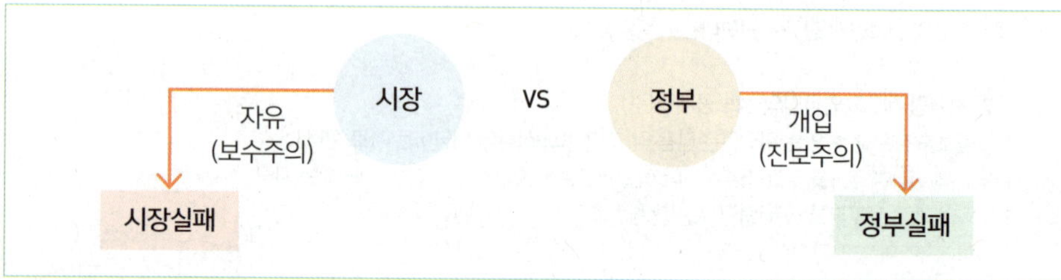

9급 25국, 24국, 21국, 15국, 15지
7급 13국

1 시장실패(큰 정부의 등장) A

1 개념

(1) 개인과 개인 간의 자발적 거래인 **시장기구를 통해 자원배분의 효율성을 달성할 수 없는 상태**

(2) 아담 스미스(A. Smith)가 제시한 시장 메커니즘(보이지 않는 손)이 작동하지 않아, 시장실패의 대표적인 사례인 세계적인 경제대공황 발생(1929)

2 원인

(1) 공공재의 존재

① **공공재**(public goods) : 국방, 치안 등 개인이 독점적으로 재화나 서비스를 소비할 수 없는 재화

② 공공재의 **비배제성과 비경합성**으로 인해 시장의 기업은 공공재를 생산할 인센티브를 갖지 못함.

㉠ **비배제성**(non-exclusive) : 대가를 지불하지 않은 사람을 재화나 서비스의 사용으로부터 배제할 수 없는 성질로, **무임승차**(free-ride) 가능

㉡ **비경합성**(non-rival) : 한 사람의 소비가 다른 사람에게 영향을 주지 않는 성질로, 분할성이 없어 여러 사람이 동시에 이용하는 **집합적 소비** 가능

(2) 외부효과 발생

① **외부효과**(externalities) : 어떤 사람의 활동이 시장의 가격기구를 통하지 않고 **의도치 않게 제3자에게 효과(이득이나 손해)를 미치는 현상**으로, 시장의 조정을 거치지 않아 가격의 왜곡과 경제적 비효율성 발생

② 긍정적 외부효과(외부경제) : 과소생산

㉠ 의도치 않게 제3자에게 이득이 발생하는 경우

예 치안을 위해 설치하는 가로등, 교통정리 등

㉡ 생산자가 긍정적인 외부효과를 고려하지 않기 때문에, 사회적으로 바람직한 수준보다 부족하게 생산

③ 부정적 외부효과(외부불경제) : 과다생산 및 과다소비

㉠ 의도치 않게 제3자에게 손해가 발생하는 경우

예 공장의 미세먼지(과다생산), 자원고갈에 따른 공유지의 비극(과다소비) 등

㉡ 생산자나 소비자가 부정적인 외부효과를 고려하지 않기 때문에, 사회적으로 바람직한 수준보다 과다하게 생산하거나 소비

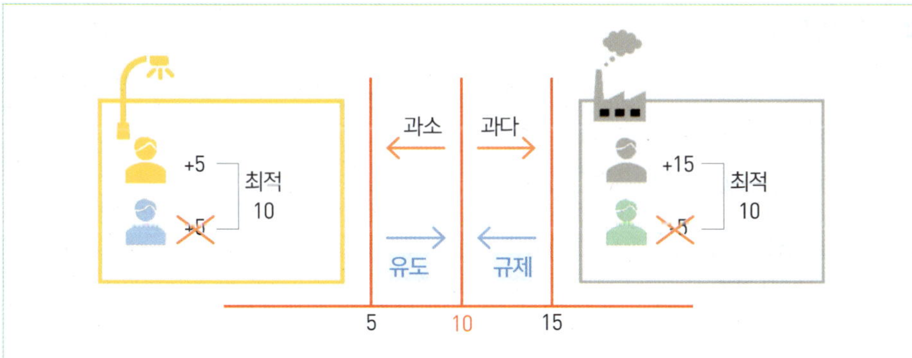

(3) 자연독점

① 특정 기업의 대량생산에 따라 비용이 감소하는 규모의 경제가 나타나는 경우, 가격을 하락시켜 시장을 장악하는 자연독점 현상 발생

② 자연독점 기업은 생산량과 가격의 자의적인 조정을 통해 자원배분의 비효율성 초래

(4) 불완전 경쟁

소수 기업이 과점하는 불완전경쟁의 경우에도 가격의 담합 등을 통해 과소생산의 문제 발생

(5) 정보의 비대칭성

① 완전경쟁시장은 소비자와 생산자가 모두 완벽한 정보를 보유하는 경우 기능하지만 현실적으로 불가능

② 불완전한 정보에 따른 정보의 비대칭성은 역선택, 도덕적 해이 등의 문제를 유발시켜 자원배분의 비효율성 초래

㉠ 역선택 : 정보의 불균형으로 인해 나에게 불리한 선택을 하는 상황

㉡ 도덕적 해이 : 정보를 가진 측이 정보를 가지지 못한 측의 이익에 반하는 행동을 취하는 경향

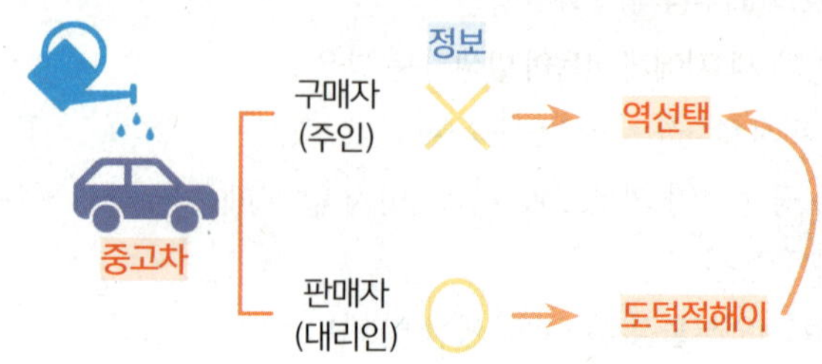

(6) 소득의 불공정한 분배

유산, 타고난 능력 등에 의해 소득 불균형이 발생하여 '기여에 따른 보상'이라는 시장기제가 작동하지 않는 상태

3 정부의 대응

	공적 공급	공적 유도	정부 규제
공공재의 존재	○		
외부효과의 발생		○ (긍정적 외부효과)	○ (부정적 외부효과)
자연독점	○		○
불완전 경쟁			○
정보의 비대칭성		○	○

체크포인트

행정학의 가장 기본적인 문제해결논리를 체크하는 문제입니다. 공공재와 같은 요인으로 시장실패가 발생하면, 시장을 통한 문제해결이 곤란해지고, 이럴 경우 시장의 역할을 감소시키면서 정부가 개입하는 방식으로 문제를 해결한다는 논리가 자연스럽게 연결될 수 있어야 합니다. 반대로 정부실패가 발생하면 정부의 역할을 줄이고 시장의 역할을 강화하는 방식으로 대응한다는 논리 역시 중요합니다.

기출 CHECK

1 시장실패에 대한 설명으로 옳지 않은 것은? 2024 국가직 9급

① 민영화를 강조하는 작은 정부론은 시장실패에 대한 대응으로 제기되었다.
② 시장기구를 통해 자원을 효율적으로 배분할 수 없는 상태를 말한다.
③ 정부는 시장개입 및 규제를 통해 시장실패를 교정한다.
④ 공공재의 존재는 시장실패를 야기하는 요인이다.

① X 시장실패에 대한 적절한 대응은 정부의 역할을 강화하는 것이다. 반면 민영화를 강조하는 작은 정부론은 정부가 아닌 시장의 역할을 강조하는 것이므로 시장실패에 대한 적절한 대응이라고 볼 수 없다.
② O 시장실패란 개인과 개인 간의 자발적 거래인 시장기구를 통해 자원배분의 효율성을 달성할 수 없는 상태를 의미한다.
③ O 시장실패를 교정하기 위해서는 정부가 시장에 개입하여 문제를 해결해야 한다. 정부는 공적 공급, 공적 유도, 정부 규제 등의 방식을 통해 시장실패를 해결할 수 있다.
④ O 공공재는 비배제성과 비경합성의 특성을 가진 재화로, 시장에 맡겨 두면 무임승차에 따른 과소공급의 문제가 발생한다. 따라서 공공재는 시장에서 자원이 효율적으로 배분되지 못하는 시장실패의 원인이 된다. 공공재, 외부효과, 자연독점, 불완전 경쟁, 정보의 비대칭성, 소득의 불공정한 분배 등이 시장실패의 원인으로 꼽힌다.

정답 ①

2 정부실패(작은 정부의 등장) ⓢ

9급 20지, 17지, 16국, 16지
7급 22국, 20지, 17지

1 개념

(1) 시장실패에 대응하는 개념으로, **정부개입으로 초래된 의도하지 않은 결과** 때문에 자원배분 상태가 정부개입 전보다 오히려 더 악화되는 현상

(2) 1930년대 대공황 이후 1960년대 복지국가를 거쳐 꾸준히 팽창한 정부의 규모와 영향력으로 인해 부작용 발생 → 석유파동에 따른 경기침체(1973)

2 원인

(1) 내부성(사적 목표의 설정)

① 조직에서 **비공식적 목표가 공식적 목표를 대체**하는 현상으로, **공익보다는 조직 또는 관료의 이익을 반영**

② 시장과 달리 **정부는 산출물의 측정이 곤란**하기 때문에 공무원 고용증가나 예산확대 등 **관료의 이익을 반영하는 내부목표**를 설정

(2) X-비효율성

① **독점적**인 정부 특성상 **생산성 제고 의욕 등이 취약**하여 나타나는 **관리활동상의 비효율성**

② **조직 구성원의 나태와 방만**으로 인해 최대한의 효율적인 생산이 이루어지지 않고 있는 상태

③ **조직 내부의 이유**로 인해, 모든 생산요소를 가장 효율적으로 투입했을 때 생산이 가능한 재화의 조합인 **생산가능성 곡선에 도달하지 못한 상태**

X [9급] X-비효율성은 과열된 경쟁에서 나타나는 정부의 과다한 비용발생을 의미한다.
O X-비효율성은 독점적인 정부의 특성에 따른 방만과 나태(과열된 경쟁 ×)로부터 나타나는 정부의 과다한 비용발생을 의미한다.

(3) 파생적 외부효과

① 시장실패를 해결하기 위해 정부가 개입하지만 **의도하지 않게 부작용을 창출**하는 상황

② 정책결정자들의 상징적이고 선동적인 정책과 높은 시간할인율에 대한 선호로 인해 예기치 못한 부정적 파급효과 발생

③ 즉각적이고도 강력한 정부 개입에 대한 요청은 시간의 부족과 지식의 제한적 활용을 야기

(4) 권력의 편재

① 정부의 **권력적인 행위가 불공평하게 행사**될 경우 비효율 발생

② 정부의 정책과정에 참여하는 다양한 참여자들 간의 **권력적 격차로 분배적 불평등이 발생**하는 상태

권력의 편재

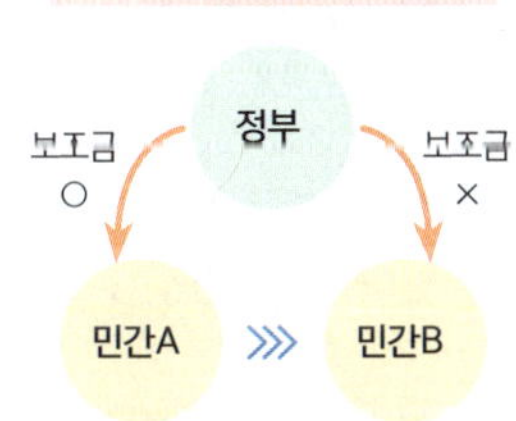

(5) 비용과 편익의 괴리

① 공공서비스에서는 **비용부담자와 편익수혜자가 분리**돼 있어 정부가 공공지출에 따른 순편익 극대화 방향으로 지출활동을 한다는 보장이 없는 상태

② **괴리 CASE 1** : 조세를 납부하는 시민(비용부담자)이 원하는 바를, 해당 조세를 이용하여 공공재를 공급하는 공무원(편익수혜자)이 정확히 반영하기 어려운 상황 발생

비용과 편익의 괴리

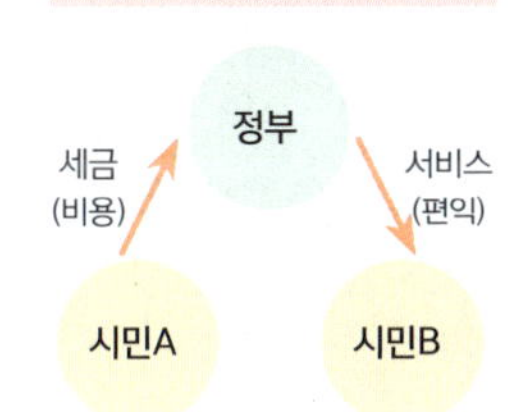

③ 괴리 CASE 2 : 조세를 납부하는 시민(비용부담자)이 아닌 다른 시민(편익수혜자)에게 공공재가 공급되는 상황 발생

(6) 지대추구 행위

① **정부의 독점**으로 인한 특권에 따른 이익인 '지대' 발생

② 정부 개입에 의해 발생하는 **인위적 지대를 획득**하기 위해 민간기업의 로비행위와 같은 **자원이 낭비**되는 현상

3 정부의 대응

	민영화	정부보조 삭감	규제 완화
사적 목표의 설정	○		
X-비효율성	○	○	○
파생적 외부효과		○	○
권력의 편재	○		○

체크포인트

큰 정부론과 작은 정부론은 별개의 주제가 아니라, 시장실패와 정부실패를 다르게 표현하는 것입니다. 시장이 실패했다면 정부가 중요하므로 큰 정부론이 등장하는 것이고, 정부가 실패했다면 시장이 중요하고 정부가 줄어들기 때문에 작은 정부론이 등장하는 것입니다. 이런 주제들은 묶어서 처리하면 보다 효율적이고 올바른 수험이 됩니다.

기출 CHECK

1 큰 정부론과 작은 정부론의 논쟁에 대한 설명으로 옳지 않은 것은? 2014 지방직 9급

① 작은 정부론은 민영화의 확대를 주장하지만, 또다른 시장실패를 유발할 수 있다는 점에서 네트워크 거버넌스의 필요성이 제기되기도 한다.

② 공공재는 시장에서 적절하게 제공되지 못하므로 정부가 제공해야 한다는 주장은 시장에 대한 정부의 개입을 강조한다.

③ 작은 정부론은 정부의 개입이 초래하는 대표적 정부실패의 사례로 독점으로 인해 발생하는 X-비효율성을 제시한다.

④ 큰 정부론자는 "비용과 편익이 괴리되어 시장실패가 발생하는 경우, 정부가 시장에 개입해야 한다"라고 주장한다.

① o 작은 정부론자들은 정부실패의 문제를 제기하면서 기존의 정부 기능을 시장에 이양하는 민영화의 확대를 주장한다. 하지만 시장을 활용하는 방안 역시 시장실패의 가능성이 있으므로, 최근에는 정부와 시장 등 다양한 주체들이 참여하는 네트워크 거버넌스도 활용되고 있다.

② o 공공재는 비배제성과 비경합성의 특징을 갖는 재화로, 시장에 맡겨둘 경우 무임승차에 따른 과소공급의 문제가 발생한다. 즉 공공재는 시장실패의 원인이 되므로, 공공재는 시장이 아닌 정부가 직접적으로 공급해야 한다는 주장이 가능하다.

③ o X-비효율성은 정부의 독점성으로 인한 나태와 방만과 같은 비효율로, 정부실패의 원인이다. 따라서 정부가 아닌 시장에서 문제를 해결해야 한다는 의견이 가능하며, 이는 곧 정부를 줄여야 한다는 것이므로 작은 정부론자들의 주장이다.

④ x 비용과 편익의 괴리는 비용납부자와 편익수혜자가 괴리되는 문제점으로 시장실패가 아닌 정부실패의 원인이다. 정부실패가 발생할 경우 정부가 시장에 개입해서는 안 된다는 주장이 타당하며, 이는 큰 정부론자가 아닌 작은 정부론자의 주장이어야 적합하다.

정답 ④

3 정부규모이론 B

1 정부규모 결정기준

(1) 외적 규모

정부의 재정규모, 인력규모, 인건비 등

(2) 실질적 영향력

정부가 행사하는 권력의 크기, 정부의 개입 정도 등

2 큰 정부 VS 작은 정부

(1) 큰 정부

① 1930년대 대공황에 따른 **뉴딜정책**, 1960년대 '위대한 사회(Great Society)'에 따른 **복지국가** 등

② **큰 정부론의 주장** : 공공재는 시장에서 적절하게 제공되지 못하므로 정부가 제공해야 한다고 주장하는 등 시장에 대한 정부의 개입을 강조

(2) 작은 정부

① **1970년대 석유파동**에 따른 경기침체시 무력한 정부 → 1980년대 이후 영국 · 미국을 중심으로 작은 정부를 표방하는 **신자유주의 추진**

② 작은 정부론의 주장

㉠ 작은 정부론은 정부의 개입이 초래하는 대표적 정부실패의 사례로 독점으로 인해 발생하는 X-비효율성을 제시

㉡ 작은 정부론자는 "비용과 편익이 괴리되어 정부실패가 발생하기 때문에, 정부는 시장에 개입하지 말아야 한다"라고 주장

3 정부규모 축소이론

(1) 갤브레이스(Galbraith)의 의존효과

시장재에 비해 공공재는 **홍보가 미흡**하여 소비욕구를 자극시키지 못하고, 공공재에 대한 투자 부족으로 이어져 과소 공급

(2) 머스그레이브(Musgrave)의 조세저항

수익과 비용이 절연되는 공공재의 특성 때문에, 시민들은 자신들이 부담한 **조세(비용)보다 적은 편익(수익)을 누린다고 인식**하여 조세에 대한 저항이 발생하고 공공재가 과소 공급

(3) 다운스(Downs)의 합리적 무지

공공재에 대한 고비용의 정보수집 문제에 따라 합리적으로 정보를 수집하지 않게 되고, 결국 공공재에 대해 무지하게 되어 조세 부담을 가져오는 공공재 확대에 저항

9급 23지, 22국
7급 19지

보충

	야경국가(작은정부)	복지국가(큰정부)
정부성격	제한된 정부	개입주의적 정부
공공기능	방어적 기능(치안 · 실서 · 국방 · 외교)	방대한 기능(소식화 · 촉신 · 발전 기능)
개입범위	보조 · 사후 · 임시	중심 · 예방 · 체계
상징표현	국가는 필요악	요람에서 무덤까지

4 정부규모 팽창이론

(1) **파킨슨(Parkinson) 법칙** : 공무원의 수는 **업무와 무관하게 일정비율로 증가(상승하는 피라미드의 법칙)**

① **부하 배증의 법칙** : 업무의 양이 증가한다고 느끼면 동료보다 **부하 직원을 충원**

② **업무 배증의 법칙** : 혼자 일하던 때와는 달리 지시, 보고, 승인, 감독 등의 **파생적 업무가 창조**되어 본질적 업무의 증가 없이 **업무량 증가**

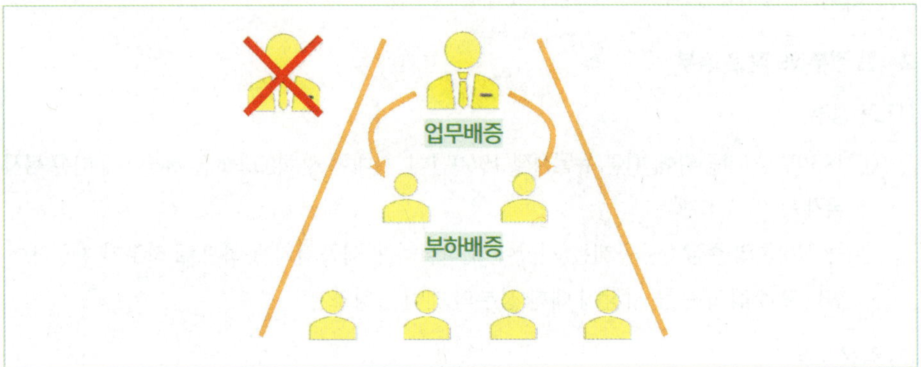

(2) **바그너(Wagner) 법칙** : **1인당 국민소득이 증가**할 때 국민경제에서 차지하는 공공부문의 상대적 크기가 증대

(3) **피콕과 와이즈맨(Peacock & Wiseman)의 전위효과** : **사회혼란기**에 공공지출이 늘어나면 위기상황 종료 후에도 공공지출이 민간지출을 대체

(4) **니스카넨(Niskanen)의 예산극대화 가설** : 관료들이 권력의 극대화를 위해 **자기부서의 예산 극대화 추구**

(5) **리바이어던 모델(관료제국주의)** : 정부는 사업 확대와 조세 극대화를 통해 **지속적으로 팽창**하면서 성경 속 바다괴물인 **리바이어던처럼 강력**해지고, 시민들은 이에 저항할 수 없기 때문에 **관료가 제국주의를 건설**

(6) **보몰병(Baumol's Disease)**

① **정부 부문의 공공서비스**는 민간 부문보다 **노동집약적 성격**을 갖고 있어 **규모와 비용을 줄이기 어렵기 때문에 지속적으로 팽창**

② 정부 부문은 노동집약적인 특성상 **생산성 증가속도가 느리기 때문에**, 공공부문이 팽창하게 되는 경우 **사회 전체 경쟁력이 저하되는 문제점** 발생

보충

① **정부기관의 치고 빠지기식(take-it-or-leave-it) 예산요구** : 정부의 독점적 성격에 따른 감시의 어려움, 비용과 효과를 측정하기 쉽지 않은 특성

② **재정환상(fiscal illusion)** : 세금 원천징수, 세금 부담주체를 개인에서 기업으로 이전하는 방식을 통해 세금 부담액, 즉 정부규모를 속이는 현상

③ **규제피라미드** : 비현실적인 규제를 회피하기 위한 노력 및 규제를 지키지 않는 사람들을 통제하기 위한 새로운 규제를 신설

④ **지대추구이론** : 규제나 개발계획과 같은 정부의 시장개입이 클수록 **지대추구행태가 증가**하고 그에 따른 사회적 손실도 증가

⑤ **묶음(bundling) 공급** : 독점자로서의 정부는 공공서비스를 묶어서 공급하기 때문에 효율적인 수준 이상으로 생산

PART 1

기출 CHECK

1 파킨슨의 법칙(Parkinson's Law)에 대한 설명으로 옳지 않은 것은? 2019 지방직 7급

① 관료는 본질적인 업무가 증가하지 않으면 파생적인 업무도 줄이려는 무사안일의 경향을 가진다.
② 업무의 강도나 양과는 관계없이 공무원의 수는 항상 일정한 비율로 증가한다.
③ 공무원은 업무의 양이 증가하면 비슷한 직급의 동료보다 부하직원을 충원하려는 경향이 강하다.
④ 브레넌과 뷰캐넌(Brennan&Buchanan)의 리바이어던 가설(Leviathan Hypothesis)처럼, 관료제가 '제국의 건설'을 지향한다는 입장이다.

① x 파킨슨의 법칙이란 공무원의 수가 업무와 무관하게 일정비율로 증가한다는 법칙으로, 부하가 늘어나고 이에 따른 파생적인 업무도 늘어나면서 정부규모가 팽창한다는 주장이다. 그렇기 때문에 파생적인 업무를 줄이려는 경향과는 방향성이 다르다.
② o 파킨슨의 연구에 따르면, 공무원들은 업무의 강도나 양이 실제로 증가하지 않았음에도 불구하고 자신이 주관적으로 업무가 증가했다고 느낄 경우 부하를 충원하는 방식으로 대응하게 된다. 따라서 공무원의 수는 항상 일정한 비율로 증가하면서 상승하는 피라미드의 법칙을 따른다.
③ o 파킨슨의 법칙 중 부하배증의 법칙에 의하면, 업무의 양이 증가했다고 느낀 공무원은 동료보다는 부하 직원을 충원하면서 대응한다. 이를 부하배증의 법칙이라고 한다. 여기에 더해 부하직원의 증가는 파생적 업무인 보고·지시·감독 등도 증대시키는 업무배증의 법칙으로 연결되어 정부규모가 더욱 팽창하게 된다.
④ o 리바이어던 가설도 파킨슨의 법칙과 같이 정부규모가 팽창한다는 입장이다. 리바이어던 가설은 국가를 괴물로 실징하고, 사입 확대와 조세 극대화를 통해 지속적으로 팽창하면서 제국주의를 건설한다는 주장이다.

정답 ①

축소	① 의존효과 : 광고 의존 ② 조세저항 : 비용과 편익의 괴리 ③ 합리적 무지 : 공공서비스 필요성 공감 ×
팽창	① 파킨슨 법칙 : 공무원↑(부하배증, 업무배증) ② 바그너 법칙 : 1인당 소득 ↑ ③ 전위효과 : 위기시 공공 > 민간 ④ 예산극대화 가설 : 예산↑ ⇒ 권력↑ ⑤ 리바이어던 : 정부목표는 이익극대화 ⑥ 보몰병 : 노동집약적 성격 ⇒ 생산성↓

체크포인트

파킨슨의 법칙은 중요한 주제이므로 단독으로 출제될 가능성이 높습니다. 정부규모 팽창이론 중 하나라는 점을 알고 계셔야 하고, 왜 그런지도 논리적으로 이해해야 시험에 출제되는 문장을 읽어낼 수 있습니다. 키워드를 암기하는 것도 중요하지만, 키워드를 풀어서 설명할 때 독해하지 못하면 문제를 맞힐 수 없다는 점을 항상 기억해야 합니다.

1 1세대 행정학(1887~1930)

1 행정 탄생 이전 C

7급 19국, 17국

1 미국의 정치철학

건국(1776. 7. 4) 이후 미국의 정치 체제는 **자유주의**와 **민주주의**를 상징하는 **제퍼슨-잭슨 철학**이 지배

ⓧ [7급] 건국 직후 미국 정치체제는 행정의 효율성을 지향하는 해밀턴주의가 지배했다.

ⓞ 건국 직후 미국 정치체제는 행정의 효율성을 지향하는 해밀턴주의가 아닌, 분권화와 자유주의를 지향하는 제퍼슨주의가 지배했다.

2 주요인물

(1) 제퍼슨(Jefferson)

미국 3대 대통령으로, **분권주의**를 강조하며 개인의 **자유를 극대화**하는 **소박하고 단순한 정부** 중시

(2) 해밀턴(Hamilton)

초대 재무장관으로, **중앙집권주의**를 주장하며 **연방정부**의 적극적 역할을 강조

(3) 매디슨(Madison)

미국 4대 대통령으로, **이익집단**의 요구에 대한 조정에 따른 **견제와 균형**을 중시

(4) 잭슨(Jackson)

미국 7대 대통령으로, **민주주의**를 강조하며 **정당정치**와 **엽관제**를 확산

엽관주의

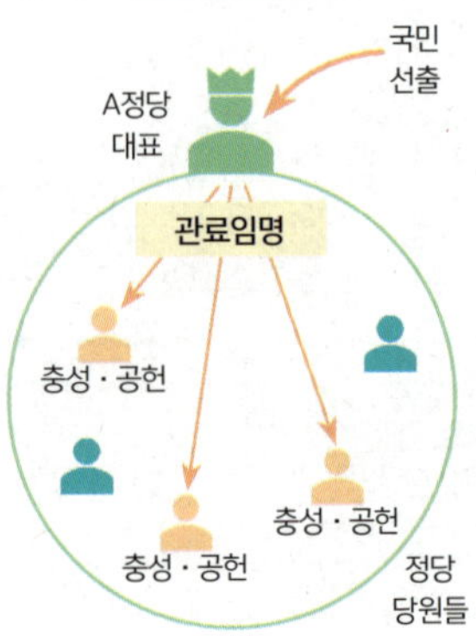

행정 탄생(1887) 이전

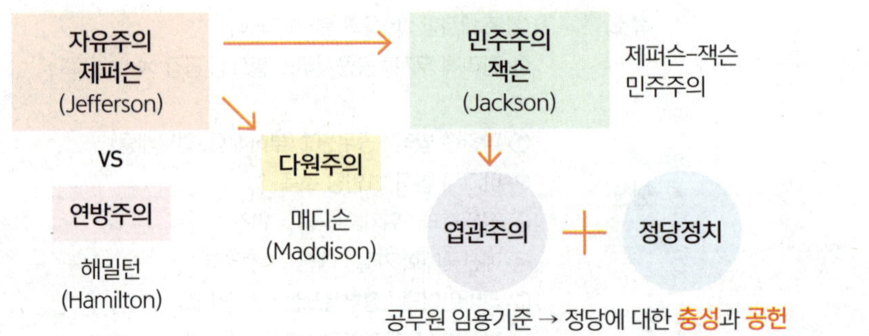

2 정치행정이원론 B

7급 24국, 22국, 16지

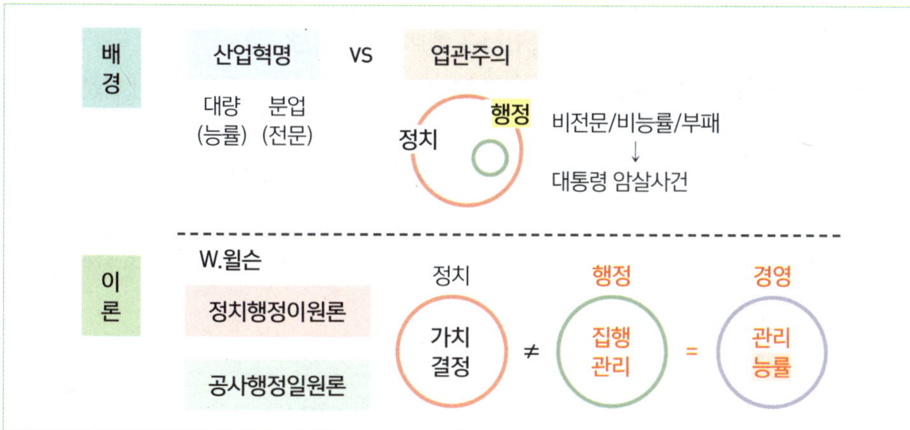

1 등장 배경

(1) 1829, 잭슨 대통령, '엽관제(spoils system)' 도입 : 정당에 대한 봉사와 정치적 후원을 기준으로 공직자를 임용하고, 정권의 교체와 동시에 공직자도 교체하는 시스템 확산

(2) 1881, 엽관주의자에 의한 가필드(Garfield) 대통령 암살 사건 발생, 엽관주의의 폐해를 통해 정치에 예속된 행정에 대한 비판 제기

(3) 1883, '펜들턴법(Pendleton Act)' 제정 : 엽관제 폐지, 실적제(merit system) 도입, 초당적 인사위원회 설치, 공개경쟁시험, 공무원의 정치활동 금지 등

2 정치행정이원론 → 공사행정일원론

(1) 학자

① 우드로 윌슨(W. Wilson) : '행정연구(The Study of Administration, 1887)'

㉠ 정치학도들이 헌법적 이슈에만 몰두하고, 성장하는 정부기관의 실질적 운영에는 소홀하다고 비판

㉡ 정부부문의 행정을 체계적으로 연구할 필요가 있음을 직접적으로 제기하면서 행정학의 출발을 촉구

㉢ 행정은 정치영역의 밖에 있는 상세하고 체계적인 집행으로, 행정의 영역은 정치적인 문제가 아닌 경영의 영역

② 굿노(Goodnow) : '정치와 행정(1900)'에서 정치는 국가의 의지를 표명하고 정책을 구현하는 것이며, 행정은 이를 실천하는 것으로 정치와 행정을 명확히 구별

보충

행정학 탄생 시기의 주요 사건

① 지방정부의 부패추방을 목적으로 한 **'전국도시연맹'**의 설립(1894)
② 과학적 관리론을 제시한 테일러의 **'공장관리'** 출간(1903)
③ 과학적 관리론을 정부에 적극 도입하려고 했던 **'뉴욕시 도시연구소'** 설립(1906)
④ 태프트 대통령의 **'절약과 능률에 관한 위원회'** 구성(1912)
④ 시라큐스 대학교에 **'행정대학원'** 창설(1924)

체크포인트

정치행정이원론이 어떤 흐름 속에서 등장했는지를 체크하는 문제입니다. 정치행정이원론은 엽관주의를 비판하면서 등장했는데, 그렇다면 그 엽관주의는 또 어떤 이론을 비판하면서 등장했는지, 이렇게 꼬리에 꼬리를 무는 이론의 흐름을 이해하고 있어야 문제가 어떤 식으로 출제된다고 해도 풀어낼 수 있습니다.

(2) 특징

① **정치와 행정을 엄격히 분리**하여, 정치의 역할인 가치판단 및 정책결정을 행정의 역할에서 배제하고, 행정은 전문성과 중립성을 확보할 것을 강조
② 행정을 **비정치적인 관리현상**으로 이해함으로써 행정학을 하나의 독자적인 학문으로 발전하게 하는 토대 제공
③ 행정(공행정)의 분야는 경영(사행정)의 분야라고 주장하며, **행정과 경영의 유사성을 강조**하면서 행정의 관리적 성격에 주목 → **공사행정일원론**
④ '과학적 관리론'에 따른 기업의 관리원칙을 정부에 적용해서, 정부기관 운영의 **능률성(efficiency) 확보에 중점**

기출 CHECK

1 윌슨(Wilson)의 '행정연구(The Study of Administration, 1887)'에 대한 설명으로 옳지 않은 것은?

2016 지방직 7급

① 정부개혁을 통해 특정지역 및 계층 중심의 관료파벌을 해체하고자 했다.
② 행정과 경영의 유사성을 강조했다.
③ 정치와 행정을 분리하고자 했다.
④ 효율적 정부 운영에 관심을 두었다.

① X 정부개혁을 통해 특정지역 및 계층 중심의 관료파벌을 해체하고자 한 것은 윌슨이 아닌, 민주주의와 엽관주의를 강조한 잭슨이다. 잭슨은 기존의 기득권이 공직을 독차지하는 현상을 비판하면서, 사람의 배경이 아니라 정당에 대한 충성과 공헌만 충분히 하면 관료가 될 수 있는 엽관주의를 도입하였다.
② O 윌슨은 정치행정이원론을 주장했다. 정치로부터 행정이 분리되어야 하고, 행정은 정치에서 결정된 것들을 효율적으로 집행하고 관리하면 된다고 보았다. 이에 따라 행정은 관리 중심의 경영과의 유사성이 강조되었다.
③ O 윌슨은 엽관주의에서 비롯된 정치에 예속된 행정의 문제점을 비판하면서 정치행정이원론을 제시하였다. 가치를 판단하고 정책을 결정하는 정치의 역할과, 가치중립적으로 정책을 집행하는 행정의 역할이 다르기 때문에 정치와 행정은 분리되어야 한다고 주장했다.
④ O 윌슨은 행정의 분야는 경영의 분야라고 주장하며, 행정과 경영의 유사성을 강조하면서 행정의 관리적 성격에 주목했고, 기업의 관리원칙을 정부에 적용해서 정부기관 운영의 효율성을 증진시키고자 하였다. 정답 ①

3 과학적 관리론과 행정관리학파 A

9급 23국, 23지, 21국, 18지

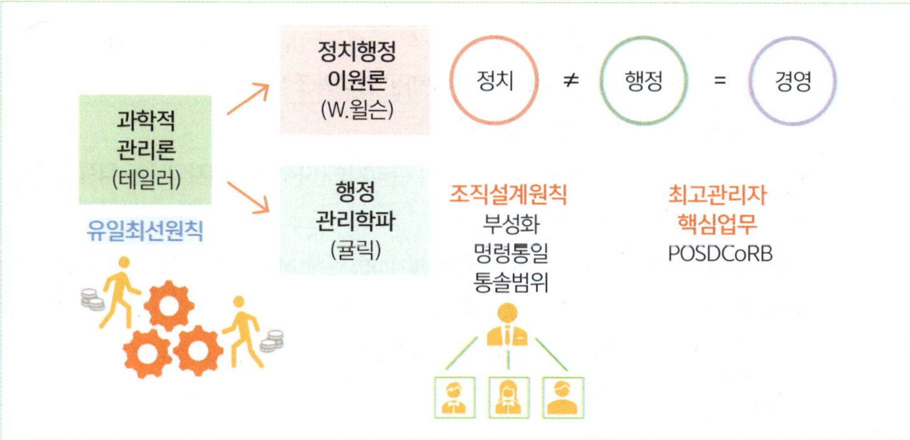

1 과학적 관리론(테일러, Taylor)

(1) 주요 내용

① **최선의 관리는 원칙에 바탕**을 둔 진정한 과학으로, 조직의 관리자는 과학적 분석을 통해 업무에 적용할 '**유일 최선의 방법**(one best way)'을 발견하고자 함.

② 조직 내 인간은 **경제적 유인**에 의해 동기가 유발되는 **타산적 존재**이므로, 근로자에 대한 성과급을 통한 동기부여가 작업능률의 향상을 가져올 것임.

③ 주요 분석기법 : **시간과 동작 연구, 차별적 성과급제도, 직무분석,** 과업관리, 공구의 표준화 등 → 현재까지도 기업 · 정부 등 많은 조직에서 능률성 향상을 위해 적용

(2) 한계

① 근로자를 **단순 도구 및 기계**로 인식하였으며, 단순 작업이 아닌 복잡하고 비반복적인 업무에는 적용 곤란

② 동기부여 수단으로 **물질적 요인만을 제시**함으로써 동료 간 사회적 유대와 같은 비물질적 요인의 중요성 간과

③ 실제로 검증된 과학적인 원칙이 아닌, **형식적 수준의 원리**에 불과하다는 비판

X [9급] 과학적 관리론에서 조직 내의 인간은 사회적 욕구에 의해 동기가 유발된다고 전제한다.

O 과학적 관리론에서 조직 내의 인간은 경제적 (사회적 ×) 욕구에 의해 동기가 유발된다고 전제한다.

2 행정관리학파(원리주의)

(1) 주요 내용

① 대규모 조직의 능률적 운영을 위한 **조직설계 원칙 개발**에 관심

② 행정학의 출범 초기에 학문적 기초를 쌓는 데 크게 기여

③ 주요 학자 : **귤릭**(Gulick), 어윅(Urwick), 페이욜(Fayol), 화이트(White), 윌로비(Willoughby)

(2) 행정관리학파의 원칙

① **조직설계 원칙(분업 + 조정)**

㉠ **부성화(departmentalization)의 원칙** : 목적, 과정, 대상, 장소 등에 따라 **업무를 분화**

㉡ **명령통일(unity of command)의 원칙** : **분화된 업무의 조정**을 위해 모든 하급자에게 명령을 내리는 **상급자는 한 명**이어야 함.

㉢ **통솔범위(span of control)의 원칙** : 하나의 관리자가 다루는 **하급자의 수는 적절**해야 함.

② **최고관리자 핵심업무(POSDCoRB)**

㉠ POSDCoRB : 기획(Planning), 조직(Organizing), 인사(Staffing), 지휘(Directing), 조정(Coordination), 보고(Reporting), 예산(Budgeting)

㉡ 최고관리자는 전체적인 조정 업무를 수행해야 하며, 사소하고 실제적인 작업이나 지나친 의회의 간섭에서 자유로울 것을 주문

(3) 한계

① 조직과 구성원 간의 관계를 합리적 존재로만 봄으로써 조직을 일종의 **기계 장치처럼 설계**하려 시도

② 제시된 **원칙들의 모호성 및 상충**의 문제 발생

㉠ **모호** : 어느 정도로 분화해야 하는가, 적절한 부하는 몇 명인가 등

㉡ **상충** : 부성화의 원칙과 명령통일의 원칙 간 갈등의 존재 등

체크포인트

언제나 이론과 이론은 맞부딪히게 되어 있습니다. 따라서 부딪히는 이론을 정확하게 구분할 수 있는지가 출제포인트가 됩니다. 과학적관리론은 이후 등장할 인간관계론과 비교되는 이론입니다. 과학적관리론이든 인간관계론이든 출제된다면 반대되는 이론의 성격이 포함되어 있는 선지가 오답이 된다는 점을 미리 인지하고 문제를 해결해야 합니다.

기출 CHECK

1 테일러(Taylor)의 과학적관리론에 대한 설명으로 옳지 않은 것은? 2021 국가직 9급

① 관리자는 생산증진을 통해서 노 · 사 모두를 이롭게 해야 한다.
② 조직 내의 인간은 사회적 욕구에 의해 동기가 유발된다고 전제한다.
③ 업무와 인력의 적정한 결합은 노동자가 아닌 관리자에 의해 결정되어야 한다.
④ 업무수행에 관한 유일 최선의 방법을 찾기 위해 동작연구와 시간연구를 사용한다.

① O 대표적 기업관리 경영학이었던 과학적관리론에서는 조직의 생산성 증진을 위한 효율적 관리방안을 모색하는 것에 집중했다.

② X 사회적 욕구에 관심을 기울이는 것은 과학적관리론을 비판하면서 등장한 인간관계론이다. 과학적 관리론은 합리적이고 경제적인 욕구에 관심을 가졌다.

③ O 과학적관리론은 최선의 관리에 집중을 하는 것이므로 노동자가 아닌 관리자에 의한 효율적이고 생산적인 관리에 주목했다.

④ O 과학적관리론에서는 가장 효율적인 관리 방식인 유일 최선의 방법을 찾기 위한 동작연구, 시간연구, 직무분석 등의 기법을 사용한다.

정답 ②

4 인간관계론(신고전 행정이론) B

1 대두 배경

(1) 테일러의 과학적 관리법에 대한 반발로, 고전적 행정이론의 **기계적 조직관을 비판**하고 조직 내 인간의 **사회적 관계의 중요성**을 주장

(2) 1930년대 메이요(Mayo) 등이 행한 **호손실험**(Hawthorne Studies)이 실증적 근거

9급 24지

보충

버나드(Barnard)의 인간관계론

인간적 요소의 중요성을 강조하고, 권력의 상향적 흐름과 같은 비공식적 관계를 중시하면서 **호손 실험 이후의 인간관계론 발전**에 기여

2 주요 내용

(1) 메이요 등은 호손실험에서 과학적 관리법을 규명하려고 했으나, 본래 의도와는 다르게 **비공식적 환경, 사회심리적 요인, 사회적 관계 및 규범** 등의 중요성 발견

(2) 물리적 작업 환경이나 경제적 보상보다는 **사회적 · 심리적 보상, 비공식적 집단 활성화, 감독자와의 의사소통 및 신뢰 형성** 등이 근로자의 사기 진작과 생산성 향상에 긍정적인 영향력 행사 → 조직적 인본주의(organizational humanism)의 출발이라는 평가

(3) 과학적 관리론에서 중시한 **기계적 능률을 비판**하면서, 조직구성원의 사회적 욕구 충족도를 지칭하는 **사회적 능률을 강조**

3 한계 : 여전히 관리적 시각에 매몰 → 젖소사회학*

인간관계론의 궁극적인 목적은 과학적 관리론과 마찬가지로 **능률성 및 생산성의 향상**으로, 이를 위해 근로자의 감정적 · 사회적 요인을 조작하는 세련된 착취방법

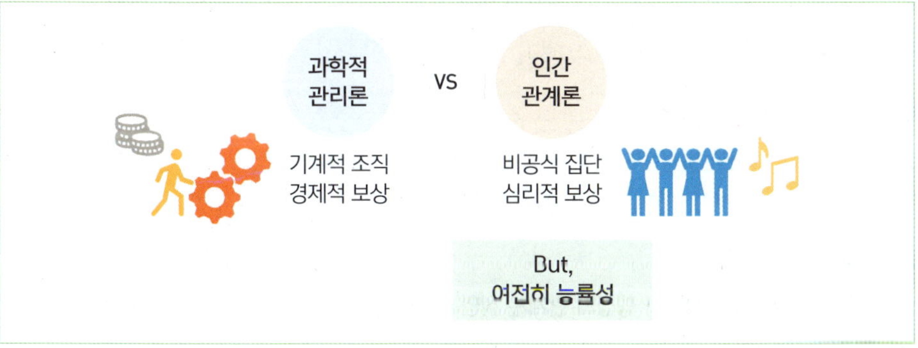

* **젖소사회학**(cow sociology)

농장주가 표면적으로는 젖소에게 잘해주지만, 질 좋은 우유를 생산해내기 위한 것이 본래의 목적임을 나타내는 용어

9급 21지, 20지
7급 22지, 16국

2 2세대 행정학(1930~1970)

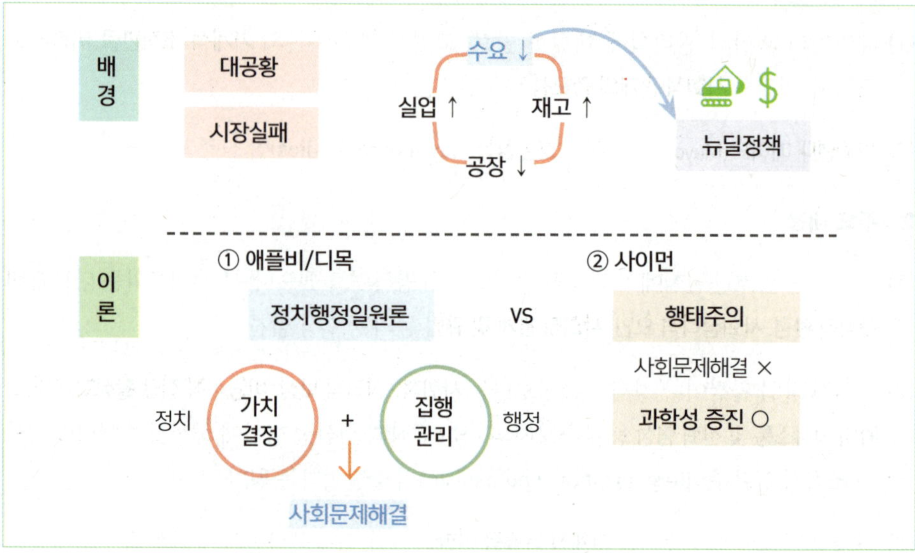

1 정치행정일원론 B

1 대두 배경

대공황(1929)에 따른 **뉴딜정책***, 2차 세계대전(1939~1945) 등을 거치며 **정부의 역할이 확대**됨에 따라 정치행정이원론의 비현실성과 일반원리의 단순성에 따른 문제 인식

2 주요 학자

(1) 디목(Dimock)

통치를 정치(정책결정)와 행정(정책집행)의 결합으로 보면서, 두 과정은 배타적이 아닌 **상호보완적 관계**이므로 행정과정에서도 정책결정이 이루어진다고 주장

(2) 애플비(Appleby)

현실의 정부에서 **정치와 행정의 관계는 정합·연속·순환적**이기 때문에 양자를 구별하는 것은 적절치 않다고 주장

3 주요 내용

① 내부관리를 위한 행정의 전문성보다는 **공공목적을 달성하려는 행정의 활동**이 더욱 중요함을 주장

② 행정에 내포되어 있는 정치적 기능, 즉 **정책형성기능**을 강조

③ 정부가 적극적으로 **사회문제를 해결**하는 것에 주목하는 **행정국가가 등장**하면서 정치행정일원론의 중요성 증진

④ 경험적으로 볼 때 **정치와 행정이 현실에서는 쉽게 분리되지 않음**을 지적 → 행정의 문제는 곧 정치의 문제이며, 정치와 행정은 협조적

*뉴딜정책
대공황 극복을 위해 미국의 **루즈벨트** 대통령이 추진한 **대규모 공공투자정책.** 노동자들의 구매력인 **유효수요가 충족**돼야 한다는 **케인즈**(Keynes)의 이론을 기초로, 국가가 주도하는 공공투자사업에 실업자들을 고용하면서 실업의 감소와 구매력 증대를 추진

보충
정치행정일원론은 통치기능설이라고 불리기도 함. **행정을 정치와 연속적인 통치과정의 일부**로 보고, 행정이 **통치 중에서 핵심적 부분을 차지**하고 있다고 봄.

기출 CHECK

1 정치·행정 일원론에 대한 설명으로 옳은 것은? 2021 지방직 9급

① 행정국가의 등장과 연관성이 깊다.
② 윌슨(Wilson)의 「행정연구」가 공헌하였다.
③ 정치는 의사결정의 영역이고, 행정은 결정된 내용을 집행한다고 보았다.
④ 행정은 경영과 비슷해야 하며, 행정이 지향하는 가치로 절약과 능률을 강조하였다.

① O 정치행정일원론은 정부의 역할이 강화되는 것에 주목하며, 정부가 적극적으로 사회문제를 해결하는 행정국가의 등장과 깊은 관련이 있다.
② X 윌슨의 행정연구는 정치행정일원론이 아닌, 정치와 행정을 분리하자는 정치행정이원론을 최초로 주장했던 논문이다.
③ X 정치는 결정을, 행정은 집행을 담당한다고 보는 시각은 정치와 행정을 이분법적으로 나누는 정치행정이원론에 대한 설명이다. 정치행정일원론에서는 행정이 집행뿐만 아니라 결정의 역할도 적극적으로 담당해야 한다고 주장한다.
④ X 정치로부터 행정을 분리시키면서 행정과 경영의 유사성을 강조한 것은 정치행정이원론과 밀접한 관련이 있다. 관리과정에서의 비용절약과 이에 따른 능률성을 강조한 정치행정이원론과 달리, 정치행정일원론은 정부의 가치판단과 문제해결을 강조하므로 형평성과 민주성 등의 가치를 중시한다. 정답 ①

체크포인트
정치행정일원론과 정치행정이원론을 비교하는 가장 고전적인 문제입니다. 행정을 정치로부터 독립시키면서 그 역할을 집행으로 한정한다면 이원론, 행정도 적극적으로 문제를 해결해야 하므로 정치적 판단을 해야 한다고 주장한다면 일원론이 되는 것입니다.

2 행태주의 B

9급 23국, 23지, 17지
7급 23지, 18국

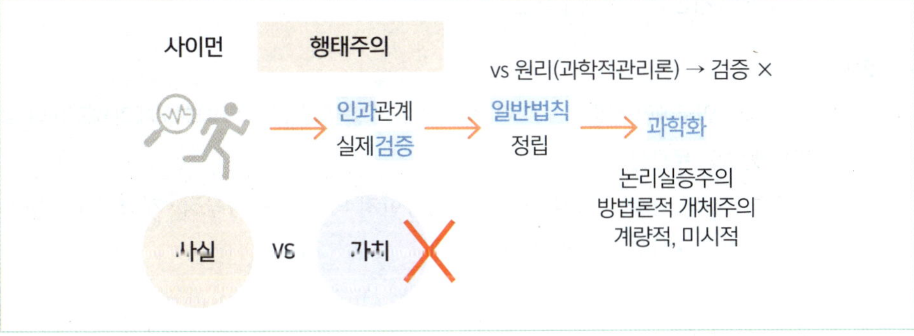

1 대두 배경

① 기존의 **과학적 관리론 및 행정관리학파가 제시한 원리**들은 과학적인 검증 절차를 거치지 않은 **속담·격언(proverb)에 불과**하다고 비판
② 철저하고 엄격한 **인과관계 검증**을 통해 어떤 상황에서도 적용가능한 **과학적 일반법칙을 정립**하는 것이 중요함을 지적하면서 행태주의가 대두

2 연구 방법

① **논리실증주의(과학화)** : 사회현상도 자연현상과 동일하므로, **인과관계를 규명**하고 검증된 이론의 **일반법칙성을 추구**하는 과학적 연구 가능

② 방법론적 개체주의 : 연구방법론적으로 집단이 아닌 개인들의 행태에 집중

③ 행정행태의 계량적·미시적 분석에 중점을 두고 개념의 조작적 정의를 통해 행정현상을 분석

④ 인접학문과의 협동연구 : 사회과학이 행태에 공통된 관심을 갖고 있기 때문에 통합된다고 봄.

3 연구 특징

(1) 인간행태 연구*

① 행정의 실체는 제도나 법률이 아니라고 주장하며 행정인의 인간행위, 즉 행태를 연구대상으로 정립

② 행태의 규칙성 및 인과성을 경험적으로 입증·설명할 수 있다는 입장을 통해 행정이론의 과학화 추구

* 인간행태의 핵심 → 의사결정
① 인간은 조직 내에서 끊임없는 의사결정 수행 → 조직에 계속 남을 것인지, 조직 내에서 어떻게 행동할 것인지 등
② 행정과정은 의사결정이 핵심이며, 인간의 집합체인 조직 역시 일련의 의사결정체제로 기능

(2) 가치와 사실 분리

① 가치와 사실을 명백히 구분하고, 관찰 가능한 '사실' 중심으로 가치중립적인 객관적 분석 실시

② 가치중립적인 연구를 통해 가치판단의 영역을 배제한 능률적인 업무 수행을 강조하면서 정치행정이원론에 가까운 입장을 취함.

③ 고전적인 정치행정이원론과는 달리 대공황에 따른 행정의 정책결정 기능의 필요성이나 가치판단적인 요소의 중요성을 인정하긴 하지만, 관찰이 불가능한 영역이므로 실제 연구대상에서 배제

④ 행태주의는 심리학적 행동주의와는 달리 특정 질문에 따른 반응을 통해 파악해 볼 수 있는 태도, 의견, 개성 등도 행태에 포함

4 한계

① 가치중립적인 연구에만 집중함으로써 지속적으로 발생하고 있는 사회문제의 해결이나 실질적인 처방에는 무관심

② 현실에서 가치와 사실의 명백한 구분이 가능한지 의문이며, 과학적·계량적 연구방법론의 강조로 연구대상과 범위의 제한 초래

심화 행태주의의 인간관

1. 제한된 합리성

인간은 합리적이고자 하지만, 제한된 능력으로 인해 완전한 합리성이 아닌 '제한된 합리성(bounded rationality)' 추구

2. 행정인

① 과거의 경제인에서, 조직에의 참여를 통해 보다 합리적인 목표달성을 도모하는, 제도화된 인간인 '행정인(administrative man)'으로 변화

② 제한된 합리성의 행정인은 '만족모형'에 따른 의사결정 수행 : 제한된 대안 탐색과 결과 예측을 통해 모든 대안의 분석이 아닌 만족할 만한 수준의 결정

기출 CHECK

1 행태적 접근방법에 대한 설명으로 옳지 않은 것은? 2018 국가직 7급

① 사회현상을 관찰 가능한 객관적 대상으로 보며, 인간의 주관이나 의식을 배제하고 인식론적 근거로서 논리실증주의를 신봉한다.

② 연구에서 가치와 사실을 구분하지 않는다.

③ 행태의 규칙성, 상관성 및 인과성을 경험적으로 입증하고 설명할 수 있다고 본다.

④ 집단의 고유한 특성을 인정하지 않는 방법론적 개체주의의 입장을 취한다.

① o 행태론은 사회현상도 자연현상과 동일하다고 가정하면서 가치중립적인 과학적 연구를 중시한다. 이에 따라 실제로 검증하면서 인과관계를 규명하는 논리실증주의를 신봉한다.

② x 행태론은 가치와 사실을 명백히 구분하고, 관찰 가능한 사실 중심으로 가치중립적인 객관적 분석을 실시했다.

③ o 행태론은 눈으로 관찰할 수 있는 행태의 규칙성 및 인과성을 경험적으로 입증하고 설명하려고 시도함으로써 행정학의 과학화에 기여하였다.

④ o 행태론은 관료 개개인의 행동과 태도를 관찰하면서 객관적 분석을 실시한다. 따라서 연구방법론적으로 개체주의의 입장을 취하며, 이는 집단에 초점을 맞추는 방법론적 집단주의와는 다른 연구방식이다. 정답 ②

체크포인트

행태주의의 가장 중요한 특징인 '과학성'을 체크하는 문제입니다. 사실 중심의 연구, 논리실증주의, 방법론적 개체주의 등행태주의의 모든 표현과 키워드는 과학성으로 연결됩니다. 키워드를 암기하는 것도 필요하겠지만, 행태주의가 과학적 연구를 지향했다는 본질로부터 출발해야 새로운 표현이 나온다고 해도 당황하지 않고 문제를 풀어낼 수 있습니다.

3 신행정학(후기 행태주의) ⓢ

9급 25국, 23국, 23지, 22국, 19지, 17국
7급 22국, 15지

배경

전쟁과 복구 (1940~1950) / 사회문제 폭발 (1960년대) 인종/빈부/반전 → 위대한 사회 (존슨)

이론

신행정학 왈도/마리니/프레드릭슨

ⓐ 가치판단 ↓ 정치행정일원론 ↓ 행태주의 비판 ↓ 후기행태주의

ⓑ 문제해결, 처방, 실천, 행동주의

ⓒ 사회적 형평성, 고객 지향성

1 대두 배경

(1) 현실적 배경

① 1960년대 미국 사회의 인종갈등 심화, 빈부격차 확대, 베트남 전쟁 등 사회적 문제로 인한 사회적 혼란 발생

② 이를 해결하기 위해 미국 존슨(Johnson) 대통령은 '위대한 사회(Great Society)' 건설을 슬로건으로 복지 정책을 추진했으며, 이에 대한 이론적 기반이 요구됨.

(2) 이론적 배경

① 미노부르크(Minnowbrook) 회의(1968)

㉠ 격동적인 시대변화에 대응하지 못하는 기존 행정이론을 탈피하여 새로운 접근방법을 모색할 것을 주장

㉡ 주요 학자 : 왈도(Waldo), 마리니(Marini), 프레드릭슨(Frederickson)

② 행태주의 비판

㉠ 가치로부터 구분된 순수한 사실이란 존재하지 않는다고 주장하면서 실증주의적 이론인 행태주의의 한계를 지적

㉡ 전통적 접근을 비판했다는 점에서 신행정학을 비판행정학이라고 부르기도 함.

2 주요 내용

(1) 적극적 정치행정일원론

① 사회문제 해결을 위해 정치뿐 아니라 행정이 나서서 현실에 적합한 결정을 해야 한다는 규범적·당위적 접근 → VS 1930년대 : 소극적 정치행정일원론

② 행정관리론이나 행태주의에 따른 도구적 차원의 행정이 아닌, 정치와 결정의 주축으로서의 행정의 역할 강조

(2) 가치지향적 행정

① **적실성(relevant)** : 행정학의 실천적이고 처방적인 성격에 주목하면서, 적실성 있는 지식과 정책의 창출 지향

② **행동주의(activism)** : 행정가 · 지식인 등에게 사회문제 해결을 위한 주창자의 역할과 책임성을 주문

③ **이스턴(Easton)의 후기 행태주의(post-behavioralism) 일환**

㉠ 신행정학은 기존의 행태주의를 비판하면서 등장했으므로 가치판단과 사회문제 해결을 중시하는 후기 행태주의적 성격

㉡ 다만 신행정학이나 후기 행태주의는 사회문제 해결을 위해 과학적·분석적 기술을 사용하기도 하므로 실증주의를 완전히 배제하거나 부정하는 것은 아님.

(3) 사회적 형평성

① **사회적 가치의 배분**에 있어서 현존하는 불균형을 바로 잡기 위해 사회적 형평성에 기반한 행정을 연구

② 롤스의 정의론 등에 근거하여 서로 다른 욕구나 이해관계를 고려한 차별적 조치(differential treatment), 사회적 규제 등을 수행

(4) 분권화 및 참여

① 사회문제의 적극적인 해결을 위해서는 상위 결정권자뿐만 아니라 **조직 하위구성원의 의사결정 참여**와 같은 **조직구조의 분권화**가 필요

② 시민들이 처한 문제를 적극적으로 해결하는 **고객지향 행정** 및 실제 정책결정에서의 **시민 참여** 강조

3 한계

① 행정의 사회문제 해결 측면만 강조함으로써 행정이 지닌 관리적 역동성을 도외시하는 불균형 초래

② 행정의 적극적 역할에 따른 강력한 행정국가의 탄생이 바람직한지, 신행정학이 주장하는 분권과 참여가 행정국가에서 조화될 수 있을지 의문

기출 CHECK

1 미국에서 등장한 행정이론인 신행정학(New Public Administration)에 대한 설명으로 옳지 않은 것은? 2019 지방직 9급

① 신행정학은 미국의 사회문제 해결을 촉구한 반면 발전행정은 제3세계의 근대화 지원에 주력하였다.

② 신행정학은 정치행정이원론에 입각하여 독자적인 행정이론의 발전을 이루고자 하였다.

③ 신행정학은 가치에 대한 새로운 인식을 기초로 규범적이며 처방적인 연구를 강조하였다.

④ 신행정학은 왈도(Waldo)가 주도한 1968년 미노브룩(Minnowbrook) 회의를 계기로 태동하였다.

① O 신행정학은 1960년대 동시다발적으로 터진 미국의 사회문제 해결을 위해 등장했다. 동시대에 등장한 발전행정은 정치경제 발전이 더딘 제3세계의 근대화를 지원하는 데 초점을 두었다.

② X 신행정학은 사회문제 해결을 위해 정부가 앞장서야 한다는 이론으로, 적극적으로 가치판단을 하고 이에 기반하여 현실에 적합한 해결책을 제시해야 함을 강조하였다. 이는 행정이 정치의 역할인 가치판단과 결정을 해야 한다고 보는 정치행정일원론의 입장과 일맥상통한다.

③ O 신행정학은 정부가 시민들의 문제를 해결해야 한다는 의무적이고 당위적인 접근방법이다. 이를 규범적인 연구라고 한다. 또한 실제로 시민들의 문제를 해결하기 위한 정책을 처방하는 것 역시 중시한다. 이를 처방적인 연구라고 한다. 신행정학은 규범적 연구와 처방적 연구를 모두 강조하였다.

④ O 신행정학은 왈도, 마리니, 프레드릭슨 등이 주도한 1968년 미노브룩회의를 계기로 등장했다. 이 회의에서 왈도 등은 격동적인 시대변화에 대응하지 못하는 기존 행정이론을 탈피하여 새로운 접근방법을 모색할 것을 주장했다. 정답 ②

체크포인트

특정 행정이론이 정치행정이원론인지, 정치행정일원론인지를 판단하는 훈련을 해두어야 합니다. 정치와 행정을 분리하고 행정을 효율적 집행으로 보는 시각이라면 이원론, 행정이 적극적으로 가치판단을 하고 결정을 해야 한다는 시각이라면 일원론이 됩니다. '신행정학은 정치행정일원론이다', 이런 식의 결론 암기보다는, 어떤 이유로 신행정학을 정치행정일원론으로 평가할 수 있는지에 대한 논리적 흐름을 이해하는 것이 필요합니다.

3 3세대 행정학(1970~1990)

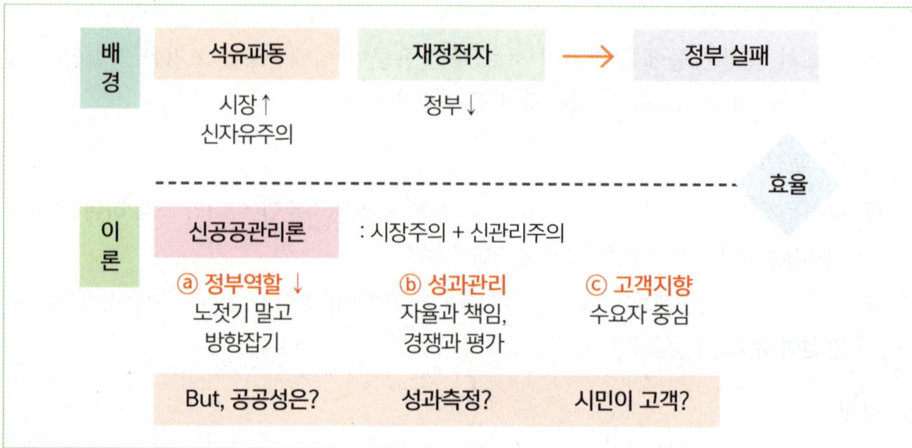

1 신공공관리론 S

9급 24국, 23국, 23지, 20지, 18국, 15국
7급 24국, 20지, 19지, 17지

1 개념

① **시장 메커니즘**과 **민간부문의 관리기법**을 정부에 도입하여 행정의 **효율성을 향상**시키기 위한 노력

② **시장주의와 신관리주의를 결합**하여 전통적 관료제 패러다임의 한계를 극복하기 위한 다양한 시도

2 등장 배경

(1) 현실적 배경

① 영·미권을 중심으로 추진된 **신자유주의 정부혁신**의 일환으로, **정부규모 축소, 재정적자 감축** 등 행정의 효율성 제고를 위하여 채택

② 비효율적인 관료제 정부 대신 수익자 부담 원칙 강화, 경쟁 원리 도입 등 혁신을 통해 **기업형 정부**로 변환되어야 한다는 요구 증가

③ 민영화와 민간위탁, 정부보조금 삭감 내지 폐지, 규제 완화 등 **작은 정부론**이 실천방안으로 제시

> **보충**
> **넥스트 스텝(Next Step)**
> ① **영국** 정부가 **1988년 이후 추진한 신공공관리론** 개혁 프로그램
> ② 집행적 성격의 정부 기능을 **책임운영기관**이 수행하도록 분리
> ③ **시민헌장제**를 통한 고객지향성, 의무경쟁입찰제, 시장성 테스트를 통한 효율성 등 강조

(2) 이론적 배경

① **하이예크(Hayek)의 '노예로의 길'**과 같은 신자유주의 강조 사상

② **관료 역시 사익을 추구하는 존재로 가정**하는 공공선택론, 주인-대리인이론, 거래비용이론, 경제학의 신제도주의, 경영학의 성과관리 등

③ 기업가적 정부를 제시하는 **오스본과 게블러**(Osborne & Gaebler)의 **'정부 재창조론'**

PART 1

3 주요 내용

(1) 정부의 역할 → 노젓기 아닌 방향잡기

① 전통적인 관료제 정부의 역할은 주로 노젓기(rowing)인 데 반하여, 신공공관리에 따른 **기업가적 정부에서는 방향잡기(steering)**

② 정부와 시장기능의 재정립을 통해 정부역할을 축소하며, 정부는 **공급자 역할보다는 촉매작용자, 촉진자, 중개자 역할을 수행**

③ **정책과 집행 기능을 분리**하여, 집행적 성격의 사업기능은 전문적 책임운영기관으로 이관시키고 정부는 조정역할 및 정책능력 강화

④ **민간에 대한 권한부여**

㉠ 전통적인 관료제 정부에서는 직접적인 서비스 제공에 중점을 두지만, 기업가적 정부에서는 권한부여(empowerment)를 중시

㉡ 정부의 활동은 민간부문 등에 할 수 있는 권한을 부여하는 것이라고 보며, **공공서비스의 소유권과 통제권을 관료로부터 시민에게 넘겨주어야 한다**고 주장

㉢ 주민을 공공서비스 공급 주체의 일원으로 참여시키는 등 민간부문의 적극적인 역할 분담 강조

(2) 성과의 의한 관리

① **관료 재량권 확대 및 책임 강화**

㉠ 규정과 절차의 강화가 아닌, 기업가적 목표 달성을 위해 **폭넓은 행정 재량을 공무원에게 허용**

㉡ 관리자들에게 자율적 권한을 부여하여 혁신과 창의를 고취시키되 **결과적 책임 강화**

㉢ 법규나 규정보다는 **목표와 임무가 중심**이 된 관리 중시

② **목표 및 성과 측정의 강화**

㉠ 업무성과의 측정을 강화하고 그에 따른 산출과 결과에 따라 자원배분을 결정하는 성과에 의한 관리 도입

㉡ 효율적 감시와 통제를 위하여 **측정 가능한 성과목표와 기준을 제시**하고 이의 달성을 중시

㉢ 예산지출 위주의 정부운영방식에서 탈피하여 **수입 확보**를 강조

> ✗ [7급] 신공공관리론은 투입 중심의 예산제도를 통해 예산을 관리한다.
> O 전통적 관료제(신공공관리론 ×)는 투입 중심의 예산제도를 통해 예산을 관리한다.

(3) 경쟁 체제 도입

① 공공부문을 일종의 **준시장**(quasi-market)으로 전환

② 전통적인 관료제 정부는 서비스 공급이 독점적인 데 반하여, 기업가적 정부는 **민영화·민간위탁·바우처** 등 가격메커니즘과 경쟁원리를 활용한 공공서비스의 제공을 강조

③ **내부관리에 대해서도 경쟁원리 적용 : 개방형 임용제도***, 성과급의 차별적 지급, 납세자가 제공한 세금의 가치를 높이기 위한 공공부문 내 내부공급에 대한 가격책정 등

> * **개방형 임용제도**
> 외부의 민간전문가와 내부 공무원을 경쟁시켜 임용하는 인사제도

(4) 고객 지향성

① 시민을 고객으로 인식해 **고객만족 극대화**를 추구하는 고객지향적인 공공서비스 제공 추진

② 공공서비스 제공을 기존의 공급자 중심에서 **수요자 중심으로 전환**하여 시민에 대한 대응성 향상

③ **행정서비스의 품질을 향상시키기 위한 노력** : 시민헌장제(英), 고객서비스기준(美), 총체적 품질관리(TQM)*, 업무재설계(BPR)* 등

* **총체적 품질관리(TQM)**
조직에서 산출하는 서비스의 품질을 향상시키기 위해, 전체 구성원이 참여해 업무 수행 방식을 개선하는 조직 운영 방식

* **업무재설계(BPR)**
업무성과 증진을 위해 모든 업무 처리 과정을 개혁하는 방식

(5) 정치행정이원론적 성격

① 행정을 **정치적 영향에서 독립된 전문적 관리 활동**으로 보면서, 정치적 논리보다는 **능률성과 효과성을 극대화하는 관리 기법**을 통해 운영되어야 함을 강조

② **민간 기업의 경영 기법을 공공 부문에 적용**하기 때문에 정치적 논리보다는 **시장 경쟁과 성과 중심의 관리 방식**이 필요하다는 입장

4 한계

(1) 행정의 공공성 상실

① **정부의 정체성을 무시**하고 정부와 기업을 동일시함으로써 민간부문의 관리 기법을 그대로 정부에 이식한다는 비판

② 능률성(수단)에 치중함에 따라 **공공성(목적)을 간과**하는 목표대치(goal displacement) 현상 발생

③ 관료를 자기이익의 극대화를 추구하는 **경제적 인간으로 가정**함으로써 금전적 보상이 아닌 애국심, 사명감, 봉사정신 등 설명 불가

(2) 성과 측면

① 민간기업의 성과인 이윤과는 달리 **정부활동의 성과는 질적 성격**을 띠는 경우가 많기 때문에 **계량적 측정 곤란**

② 성과를 위해 관료에게 주어지는 기업가적 재량권은 **민주적 책임성 또는 정치적 책임성과 갈등**

(3) 경쟁 측면

① 개별 부처들의 경쟁을 강조하다는 점에서 **부처 간 상호의존성**, 조정 및 협조의 중요성을 간과

② 민간위탁이 독과점의 폐해를 야기할 수 있는 등 시장유사기제의 적용이 반드시 효율성을 보장하지 않음.

시민	VS	고객
능동		수동
정치		경제
주창		소비

(4) 고객 측면

고객 중심 논리는 국민을 관료주도의 행정서비스 제공에 의존하는 **수동적 존재로 전락**시킬 우려

(5) 신관리주의의 역설

정부기능 구분에 따라 부여된 관리적 자율성에 대해 정치지도자가 더 많은 통제를 갈망하면서 중앙집권적 개입을 강화

심화 탈(脫)신공공관리의 등장

1. 의의

신공공관리론의 역기능적 측면을 교정하고 통치 역량을 강화하여, 정치·행정 체제의 통제와 조정을 개선하기 위해 재집권화와 재규제를 주창

2. 특징

재규제, 정치적 통제, 민영화의 신중한 접근, 분권화와 집권화의 조화, 민간 – 공공부문 간 파트너십 강조, 인사관리의 공공책임성 중시 등

기출 CHECK

1 신공공관리론에 입각한 정부개혁의 내용으로 옳지 않은 것은? 2024 국가직 9급

① 효율성 대신 형평성에 초점을 맞춘 고객지향적 정부 강조
② 수익자 부담 원칙의 강화
③ 정부 부문 내의 경쟁 원리 도입
④ 결과 혹은 성과 중심주의의 강조

① O 신공공관리론은 시장 중심 행정개혁으로, 시장 메커니즘과 민간부문의 관리기법을 정부에 도입하여 행정의 효율성을 향상시키기 위한 다양한 시도를 총칭한다. 따라서 형평성이 아닌 효율성에 초점을 맞춘 고객지향적 정부를 강조하는 것이 신공공관리론에 입각한 정부개혁으로 적절하다. 또한 수익을 얻는 사람이 비용을 부담한다는 시장 중심 논리인 수익자 부담 원칙, 독점이 아닌 경쟁, 투입이 아닌 결과 및 성과의 강조 등도 신공공관리론이 강조하는 개혁 방향과 일치한다. 정답 ①

체크포인트

모든 행정이론은 정부의 역할을 강조하느냐, 시장의 역할을 강조하느냐로 정리할 수 있습니다. 신자유주의는 정부보다는 시장의 역할을 강조하는 것이고, 이에 기반한 신공공관리론 역시 마찬가지입니다. 다양한 표현들이 등장할 수 있는데, 해당 표현이 정부의 역할을 강조하는지, 시장의 역할을 강조하는지를 평소에 충분히 생각하고 판단하는 학습이 중요합니다.

2 다음 중 신공공관리론자들이 지향하는 가치와 거리가 먼 것을 모두 고른 것은? 2014 지방직 9급

ㄱ. 하이예크의 노예에로의 길
ㄴ. 미국의 '위대한 사회(The Great Society)' 정책
ㄷ. 성과에 의한 관리
ㄹ. 오스본과 게블러의 정부 재창조
ㅁ. 유럽식의 '최대의 봉사자가 최선의 정부'

① ㄱ, ㄴ ② ㄱ, ㄷ ③ ㄴ, ㄹ ④ ㄴ, ㅁ

ㄱ. O 하이예크의 「노예에로의 길」은 신공공관리론의 이론적 배경인 신자유주의를 대표하는 저서이다. 하이예크는 개인에게 자유가 없다면 결국 노예로 전락할 것이라고 주장하였다.

ㄴ. X 미국의 위대한 사회 정책은 1960년대 미국 사회 문제 해결을 위해 정부가 적극적인 역할을 해야 한다는 이론으로 신공공관리론이 아닌 신행정론과 관련이 깊다.

ㄷ. O 신공공관리론은 정부를 기업처럼 운영하는 관리방식을 강조하면서, 민간기업가처럼 관료에게도 자율을 주되 성과에 대한 책임을 묻는 관리방식을 선호한다.

ㄹ. O 오스본과 게블러의 「정부 재창조」는 기업가 정신과 기업경영 원리를 행정에 도입함으로써 정부의 효율성을 높일 수 있음을 강조한 미국의 이론이다. 오스본과 게블러의 정부 재창조는 1990년대 클린턴 행정부의 신공공관리론에 이론적 영향을 주었다.

ㅁ. X 유럽의 '최대의 봉사자가 최선의 정부' 이념은 유럽식 복지국가를 표현하는 것으로, 시장실패를 교정하기 위해 정부의 적극적인 역할을 추구하는 큰 정부와 관련이 깊다. 정답 ④

체크포인트

특정 학자나 정책이 정부와 시장 중 어떤 것을 강조했는지에 대한 기본적 지식을 갖추고 있어야 합니다. 자유를 중시한 하이예크나, 정부의 역할을 중시한 위대한 사회 등은 시험에 여러 차례 출제되었으므로 명확하게 정리해두고 있어야 할 것입니다.

9급 23지, 22국, 21지

2 신공공관리 유형 A

1 영국 · 뉴질랜드 → make managers manage : 관리자가 관리하게 만들 것

(1) 英 대처(Thatcher) 수상, 강력한 신자유주의적 개혁 정책 추진

① 기존의 정부 역할을 시장 기능으로 적극적으로 대체

② 개혁에 걸림돌이 되는 기존 관료들에게 **관리적 권한만을 부여**하고 계약제, 개방임용제 등 혁신적인 인사기법 채택

③ 정부의 독점적 특성에 따른 비효율 시정을 위해 관료들의 인센티브 체계를 시장 방식으로 전환하는 방법 모색

(2) 정부기능을 세분화한 후 기능별로 적합한 관리기법 도입

① '정부가 하지 않아도 될 일'은 민간부문으로 이양

② '정부가 해야 하지만 잘 할 수 없는 없는 일'은 기업화

③ '정부가 해야 하고 잘 할 수 있는 일'은 민간관리기법과 시장메커니즘을 도입하여 능률성을 제고

2 미국 · 호주 · 스웨덴 → let managers manage : 관리자가 관리하게 해줄 것

(1) 초창기 **미국 레이건(Reagan) 대통령**의 신공공관리 개혁도 영국과 같이 **직업관료에 대한 강한 통제** 등을 바탕으로 추진되어 **부작용 초래**

(2) 정부의 비능률을 관료 개인의 문제가 아닌, 체제의 문제로 파악

① **美 클린턴(Clinton) 대통령 개혁방식** : 블랙스버그 선언*(1987, Blacksburg Manifesto), 정부재창조론(1992, Osborne & Gaebler) 등에 기인

② 관리자는 올바른 업무방식을 알고 있으나, **기존 절차와 규칙 때문에 소극적**이므로 문제해결에 집중할 수 있는 **재량 부여에 초점**

③ 관리는 관료제가 아닌 시민 중심으로 이루어져야 한다는 **고객중심적 사고**를 바탕으로, 상향식 접근방식인 총체적 품질관리(TQM) 강조

미국식 신공공관리의 흐름

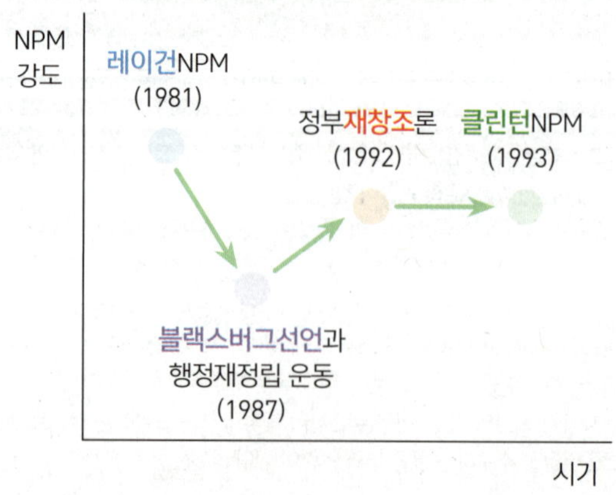

* **블랙스버그 선언과 행정재정립운동 (1987)**

① 1970~1980년대에 나타난 **행정과 행정가에 대한 과도한 공격(관료후려치기)을 비판**

② 관료제가 민간기업보다 비효율적이라는 명백한 증거는 없으며, **행정의 정당성이 추락한 이유는 공공의 의식이 왜곡되어 있기 때문**이라고 주장

③ **직업공무원제를 옹호**하는 등 행정이 스스로 정당성과 위상을 회복할 수 있는 방안을 제안하고, **정부를 '재창조'하기보다는 '재발견'해야 함**을 제시

(3) 美 오스본과 게블러(Osborne & Gaebler), '정부재창조론'

① '기업가 정신'과 '기업경영 원리'를 행정에 도입함으로써 정부의 효율성과 효과성을 높일 수 있음을 강조

② **기업가적 정부 운영원리 제시** : **촉진적** 정부(노젓기보다 방향잡기), **경쟁적** 정부(서비스 제공에 경쟁 도입), **고객 지향적** 정부, **성과 지향적** 정부, **분권적** 정부, **지역사회가 주도**하는 정부(권한 부여) 등

기준	전통적 관료제 정부	기업가적 정부
정부의 역할	노젓기 역할	방향 잡아주기 역할
정부의 활동	직접적 서비스 제공	할 수 있는 권한 부여
행정의 가치	형평성, 민주성	경제성, 효율성, 효과성
공공서비스	독점적 공급	경쟁 도입 : 민영화, 민간위탁
공급 방식	행정 메커니즘	시장 메커니즘
행정관리 방식	**법령, 규칙 중심 관리**	**임무 중심 관리**
	투입 중심 예산	성과 연계 예산
	지출 지향	수익 창출
	사후 대처	**예측과 예방**
	명령과 통제	참여, 팀워크, 네트워크 관리
행정 주도 주체 및 책임성	관료 및 행정기관 중심	고객 중심
	계층제적 책임 확보	참여적 대응성 확보

기출 CHECK

1 전통적인 관료제 정부와 기업가적 정부모형을 대비하여 비교한 조합 중 옳지 않은 것은?

2007 국가직 9급

〈전통적 관료제〉	〈기업가적 정부모형〉
① 행정 메커니즘	시장 메커니즘
② 투입 중심 예산	성과 연계 예산
③ 권한 부여(empowering)	직접적인 서비스 제공
④ 계층제적 책임 확보	참여적 대응성 확보

① O 전통적 관료제가 투입과 규칙 중심의 행정 메커니즘이라면, 기업가적 정부모형은 자율과 성과 중심의 시장 메커니즘이다.

② O 전통적 관료제의 예산 체계가 통제 중심의 투입 중심 예산이라면, 기업가적 정부 모형은 재량에 따른 책임을 묻는 성과 연계 예산이다.

③ X 전통적 관료제는 정부를 공공재의 독점적인 공급자로 보고 직접적인 서비스 제공에 중점을 두지만, 기업가적 정부모형에서는 정부의 권한을 민간에게 적절하게 위임해야 하고, 조직의 구성원인 관료들에게도 통제가 아닌 재량을 부여할 것을 강조한다.

④ O 전통적 관료제가 상명하복식의 계층제적 책임 확보를 추구한다면, 기업가적 정부모형은 유연하고 개방적인 참여적 대응성 확보에 중점을 둔다.

정답 ③

체크포인트

신공공관리론이나 기업가적 정부는 기존의 관료제와 그 특징을 구분할 수 있는지가 기본적인 출제포인트가 됩니다. 두 이론은 비교를 해야 하기 때문에, 키워드를 외운다기보다는 두 가지 키워드가 등장했을 때 상대적으로 어디에 가까운지를 판단하는 훈련이 훨씬 더 중요합니다. 이렇게 공부해야 학습부담도 줄어들고, 행정학의 본질에 맞는 수험이 될 수 있습니다.

9급 24지, 18지, 18지, 16지
7급 22지, 20국, 17지, 17지

3 공공선택론 S

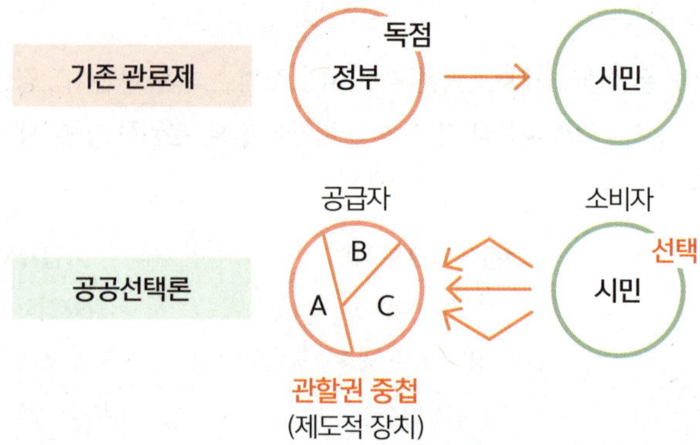

1 주요 내용

(1) 공공재의 효율적 공급 강조

① 행정기능을 공공재(재화와 서비스)의 공급으로 파악하고, **정부를 공공재의 생산자**로, **시민들을 공공재의 소비자**로 규정

② 공공서비스를 독점적으로 공급하는 전통적인 정부관료제는 시민의 요구에 민감하게 반응을 보일 수 없는 제도적 장치라고 비판

③ 공공서비스의 효율적 공급을 위해서는 대안적 서비스 전달 체계로서의 분권화된 조직 장치가 필요하다는 입장 제시

④ 공공재 공급의 효율성 향상을 위해 **관료제의 중첩적 관할권을 활용**할 것을 제안하는 등 제도적 장치의 설계를 중시

> ✕ [7급] 공공선택이론은 권한이 분산된 여러 작은 조직들에 의해 공공서비스가 공급되는 것보다 단일의 대규모 조직에 의해 독점적으로 공급되는 것을 선호한다.
>
> ○ 공공선택이론은 권한이 분산된 여러 작은 조직들에 의해 공공서비스가 공급되는 것을(보다 ×) 단일의 대규모 조직에 의해 독점적으로 공급되는 것보다(을 ×) 선호한다.

(2) 시민들의 선택 존중

① 공공선택론의 사상적 연원은 정부 서비스 공급에서 **시민의 선택과 선호를 존중**해야 한다는 생각

② 시민들의 선택을 존중한 서비스의 생산 및 공급은 **행정의 대응성을 향상**시키기 때문에 시민들의 선호에 민감하게 부응하는 제도는 **민주행정의 구현**에도 의의

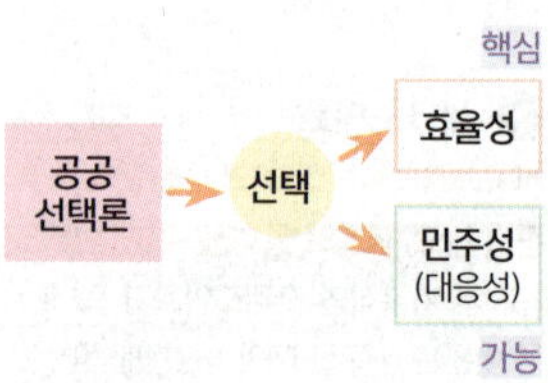

(3) 정치적 문제에 대한 경제학적 연구

① 비시장적 의사결정인 정치적 문제를 경제학적으로 연구하는 것으로, 정치 역시 **합리적 개인들 간의 자발적 교환작용**이라 인식

② 경제학적인 분석도구를 공공재 공급, 국가이론, 투표, 규칙, 투표자 행태, 정당정치, 관료행태, 이익집단 등의 정치현상에 적용

③ 뷰캐넌(J. Buchanan)이 창시하고 오스트롬(V. Ostrom)이 발전

(4) **분석 단위** : 개인(방법론적 개인주의)

① **분석의 단위는 개인**이며, 개인은 이기적 · 합리적이어서 사회 전체의 공공이익이 아닌 **자신의 이익을 중심으로 행동**한다고 가정

② **관료**로서의 개인 역시 **일반적인 개인과 같은 이기적 · 합리적 행태**를 보인다고 가정

③ 정당이나 국가, 사회전체적 신호를 연구대상으로 하는 유기체적 접근법보다는 개인이나 그들의 선호가 연구대상

2 평가

(1) 시사점

① **모든 인간은 사익에 의해서 지배되며, 관료 및 정치가도 동일**

㉠ 관료는 부처예산의 극대화, 정치가는 투표의 극대화를 위해 행동

㉡ 정치적 시장에서의 사익 추구는 바람직하지 않은 결과를 초래(지대추구행위, 개인 자유 침해, 지속적 예산 확대, 선거구민 이익 희생 등)

② **국가의 적극적 역할에 대한 보수적 입장 견지**

㉠ 국가역할의 최소화, 민영화 등 경쟁구도 형성, 정책입안 및 집행의 분리, 정치가들의 권력 남용을 억제하는 헌법 개정 등을 제안

㉡ 1980년대 OECD 국가들의 신공공관리적 행정개혁의 이론적 토대

(2) 한계

① 자유시장의 논리를 공공부문에 도입함으로써 **시장실패의 문제점** 발생

② 효용극대화를 추구하는 **합리적 개인에 대한 가정은 현실에서 부적합**

③ 역사적으로 누적 및 형성된 **개인의 기득권을 유지하는 보수적인 접근**에 불과하다는 비판

④ 정부활동의 성과를 **지나치게 시장적 가치로 환원**하려는 경향

X [9급] 공공선택이론에서의 효용극대화를 추구한다는 합리적 개인에 대한 가정은 현실적합성이 높다고 평가받는다.

O 공공선택이론에서의 효용극대화를 추구한다는 합리적 개인에 대한 공공선택론의 가정은 현실적합성이 낮다고 (높다고 ×) 평가받는다.

체크포인트
신공공관리론의 이론적 배경이 되는 것이 공공선택론이므로, 신공공관리론과 마찬가지로 이를 공공영역에 적용했을 때 발생하는 문제점을 정확히 인지하고 있는지를 체크합니다. 시장을 중시하는 행정이론은 장점뿐만 아니라 그 한계에도 주목해야 합니다.

기출 CHECK

1 공공선택론에 대한 설명으로 옳지 않은 것은? 2016 지방직 9급

① 공공선택론은 역사적으로 누적 및 형성된 개인의 기득권을 타파하기 위한 접근이다.
② 공공선택론은 공공재의 공급에서 경제학적인 분석도구를 적용한다.
③ 공공선택론에서는 공공서비스를 독점 공급하는 전통적인 정부관료제가 시민의 요구에 민감하게 대응할 수 없는 장치라고 본다.
④ 공공선택론은 공공서비스의 효율적 공급을 위해서 분권화된 조직 장치가 필요하다는 입장이다.

① X 공공선택론은 경제학에 기반을 둔 접근법이어서 개인을 이기적이고 합리적인 존재로 가정한다. 경제학적 인간은 사회 전체의 공익이 아니라 자신의 사익을 위해 행동하는 것이다. 따라서 공공선택론은 사익이 무엇보다도 중요하다는 접근법이며, 개인의 기득권을 타파하기 위한 접근법이 아니라 여태까지 누적되어 온 개인의 기득권을 유지하려는 보수적인 접근방법이다.
② O 공공선택론은 정치적인 현상을 경제학적인 분석도구를 이용해 분석하려는 시도이다. 정치적인 현상인 공공재 공급, 국가이론, 투표, 규칙, 투표자 행태, 정당정치, 관료행태, 이익집단 등의 연구에 경제학적인 분석기법을 적용한다.
③ O 경제학적 접근방법인 공공선택론은 공공의 영역을 시장처럼 운영해야 한다는 주장이다. 시장처럼 개인이 합리적으로 선택할 수 있도록 만들고, 이것이 시민들의 요구에 민감하게 대응할 수 있는 방식이라고 본다. 이런 공공선택의 입장에서 보면, 기존의 정부관료제는 공공서비스를 독점적으로 공급하면서 개인의 선택을 제약하고 시민들에 대한 대응성도 떨어진다는 비판을 받게 된다.
④ O 공공선택론은 공공의 영역을 시장처럼 운영하기 위해 시민들의 선택이 가능할 것을 주문한다. 이를 위해서는 독점적인 조직 장치가 아니라, 선택을 위한 분권화된 조직 장치가 요구된다. 분권화되어 있어야 선택과 경쟁이 가능하기 때문이다.

정답 ①

3 주요 모형

(1) 니스카넨의 예산극대화 모형

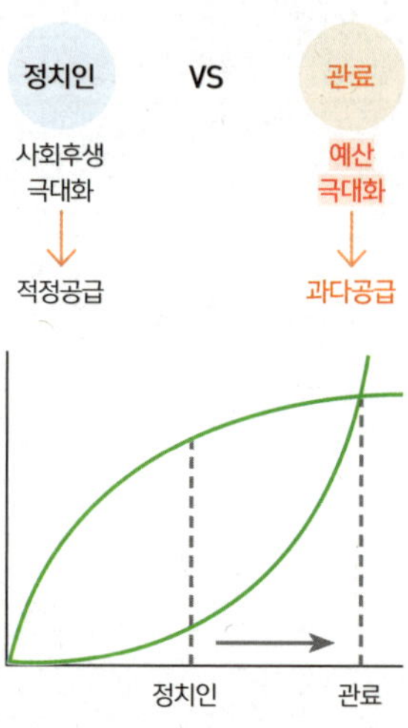

① 가정 : 관료는 자신의 효용을 극대화하려는 합리적 경제인으로, 자신이 사용할 수 있는 예산이 극대화될수록 자신의 효용이 극대화

② 정치인과 관료의 결정 비교

㉠ 정치인은 사회후생의 극대화를 추구하는 존재로, 총편익과 총비용의 차이인 순편익이 최대가 되는 수준에서 공공서비스를 최적공급

㉡ 반면 관료는 자신의 효용극대화를 위한 예산극대화를 추구하므로, 총편익과 총비용이 일치하는 수준까지 공공서비스를 과다공급

정치인의 결정수준 : 사회후생 극대화	관료의 결정수준 : 예산극대화
① 총편익과 총비용의 차이인 순편익이 최대 ② 한계편익과 한계비용이 일치 ③ 한계편익곡선과 한계비용곡선이 교차	① 총편익과 총비용이 일치 ② 총편익곡선과 총비용곡선이 교차

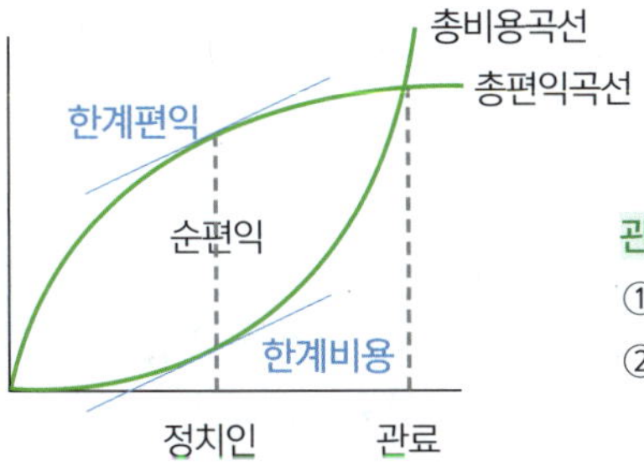

관료

① 총편익곡선과 총비용곡선 교차

② 총편익과 총비용 일치

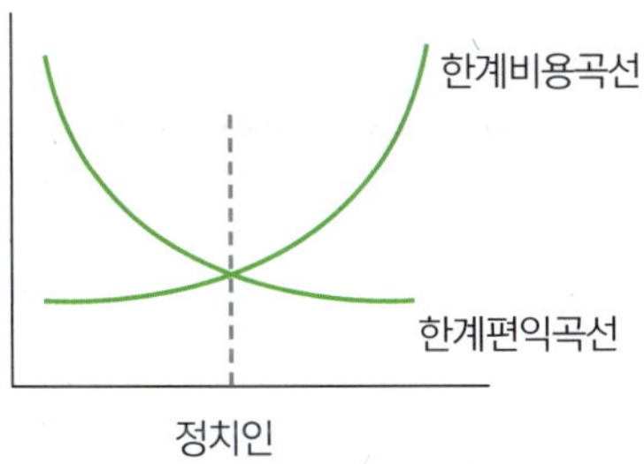

정치인

① 총편익과 총비용 차이인 순편익 최대

② 한계편익과 한계비용 일치

③ 한계편익곡선과 한계비용곡선 교차

(2) 던리비의 관청형성 모형

① **니스카넨의 예산극대화 모형을 비판**하면서, 관료의 유형 등에 따라 예산관련 행태가 달라진다고 주장

② **중·하위직 관료(전달·봉사·규제·계약기관)** : 니스카넨이 주장한 바와 같이 **예산(핵심예산)을 증액하려는 성향**이 높게 나타남.

③ **고위직 관료(통제기관)** : **실질적 권력 증대**와 관련된 **관청예산 증액**에 관심

㉠ 금전적 편익보다는 수행하는 **업무의 성격과 업무환경에서 오는 효용을 증진**시키는 데 더 큰 관심

㉡ 합리적인 고위 관료들은 예산극대화보다는 **정치권력 중심 부서**에서 **참모 기능을 수행하는 것을 선호**

㉢ 고위 관료의 **선호에 맞지 않는 기능은 민영화나 위탁계약** 등을 통해 지방정부나 준정부기관으로 이전

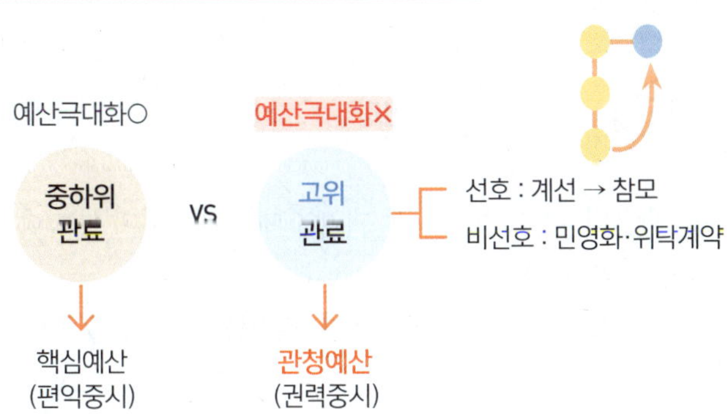

ⓧ [7급] 니스카넨에 따르면 예산극대화 행동은 예산유형과 직위의 관계, 기관유형, 시대적 상황 등의 측면에서 다양하게 나타날 수 있다.

o 던리비(니스카넨 ×)에 따르면 예산극대화 행동은 예산유형과 직위의 관계, 기관유형, 시대적 상황 등의 측면에서 다양하게 나타날 수 있다.

(3) **티부 모형** : 발로 하는 투표(voting with feet)

① **가정**

㉠ 충분히 많은 수의 지방정부가 존재

㉡ 주민들은 언제나 자유롭게 이동

㉢ 주민들은 지방정부들의 세입과 지출 패턴에 관하여 완전히 알고 있음.

㉣ 지역재정프로그램의 혜택은 그 지역주민만이 누릴 수 있어야 함.

㉤ 공공서비스로 인한 지방정부 간 파급효과 및 외부효과는 없음.

㉥ 지방자치단체의 주된 재원은 재산세가 되어야 함.

② **결론**

㉠ 관할권이 다른 지방정부로 이주하는 것은 개인의 **지방정부에 대한 선호를 표시**하는 것

㉡ **분권화된 체제**에서 **효율적인 자원배분**의 달성 가능

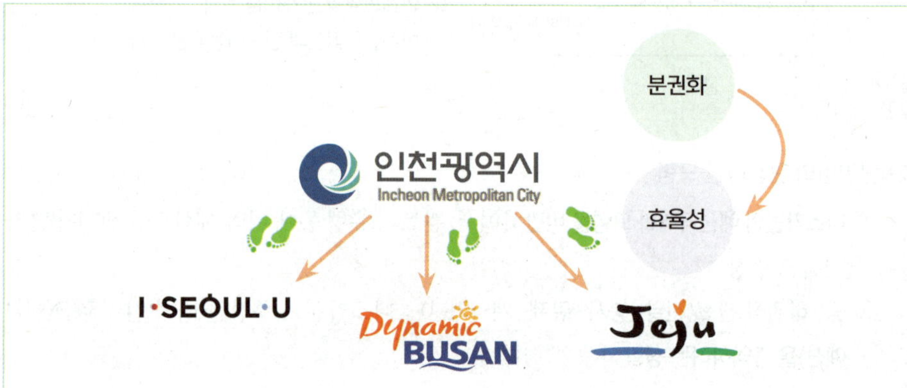

(4) **애로우의 불가능성 정리**

① **바람직한 집합적 의사결정 방법의 기본조건** → 투표의 공정성 보장을 위해 충족되어야 할 조건

㉠ **비제한성** : 개인은 어떠한 선호체계도 가질 수 있어야 함.

㉡ **이행성*** : 각 개인은 의사결정 대안들에 대해 기회주의적 선택이 아닌 이행적 선호를 가져야 함.

* A>B이고, B>C이면, A>C여야 한다.

㉢ **비독재성** : 어느 누구도 집합적인 선택의 과정에 대해서 결정적인 영향력을 행사해서는 안 됨.

㉣ **만장일치의 원칙** : 하나의 대안이 만장일치로 선택된 경우 그 외의 대안은 고려하지 않음.

㉤ **무관한 대안에서의 독립의 원칙*** : 두 대안에 대한 개개인의 선호 순위는 다른 제3의 대안의 영향을 받아서는 안 됨.

* A>B>C에서 B가 탈락하는 경우 A<C가 되어서는 안 된다.

② **결론** : 위의 조건을 **모두 만족시키는 투표방식이 불가능**하다는 것을 증명

투표의 공정성 조건

① 비제한성
② 이행성
③ 비독재성
④ 만장일치의 원칙
⑤ 무관한 대안에서의 독립

→ 불가능

(5) 뷰캐넌과 털럭의 비용극소화 모형

① **개념** : 의사결정과정에서 발생하는 **의사결정비용(내부비용)과 외부비용을 최소화**하는 최적의 의사결정 지점을 모색

② 의사결정비용(내부비용)과 외부비용

㉠ 의사결정비용(내부비용) : **다수의 동의와 합의**를 이끌어내는 과정에서 발생하는 비용

㉡ 외부비용 : **내가 원하지 않는 대안이 통과**되었을 때 **감수**해야 하는 비용

③ 시사점

㉠ **만장일치방식은 의사결정비용이 많이 발생**하고, **소수의 찬성만으로 의안을 통과시킬 때는 외부비용이 많이 발생**

㉡ **의사결정비용과 외부비용 간의 균형**을 고려하여 **최적의 찬성자 비율을 설정**하는 것이 중요

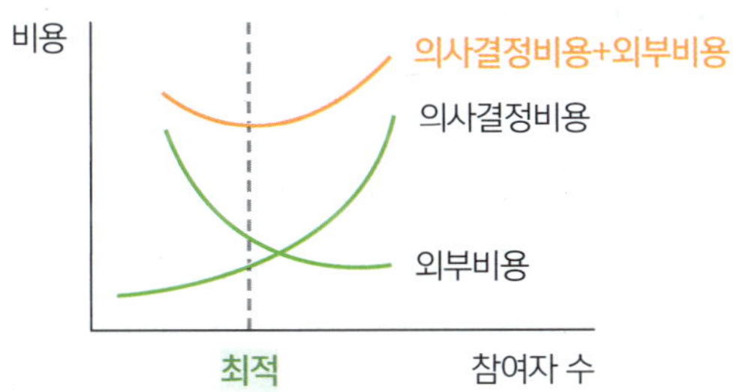

(6) 다운스의 중위투표자 정리

① 선거나 정책결정과정에서 **중위투표자의 선호가 최종 결과를 결정**

② **중위투표자는 유권자 선호의 중앙에 위치한** 사람으로, 정치인이나 정당은 중위투표자의 선호에 맞춰 정책을 조정하려는 경향이 강하기 때문에 **정책이 중도적으로 수렴**

③ **모든 투표자의 선호를 고려하지는 않기 때문에** 자원배분의 효율성을 보장하지는 못한다는 문제도 발생

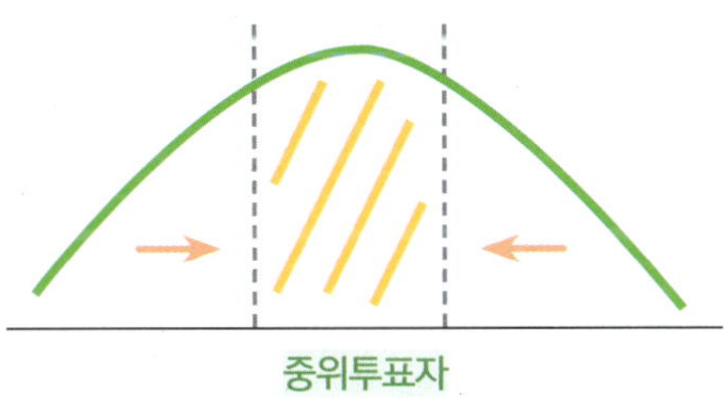

체크포인트

니스카넨의 예산극대화 모형의 주요 출제포인트는 정치인과 관료의 비교입니다. 따라서 해당 선지의 표현이 정치인 또는 관료의 특징을 제대로 나타내고 있는지를 비교하면서 판단해야 합니다. 정치인에 대한 설명인데 관료의 특징을 넣어놨다면 그 선지가 오답이 되는 것입니다. 물론 니스카넨의 예산극대화 모형은 공공선택론이므로, 공공선택론의 기본적인 가정이 적용된다는 사실 역시 놓쳐서는 안 됩니다.

기출 CHECK

1 니스카넨(Niskanen)의 예산극대화모형(budget-maximization model)에 대한 설명으로 옳지 않은 것은? 2011 지방직 7급

① 정치가는 사회후생의 극대화를 추구한다고 가정한다.

② 정치가는 총편익과 총비용의 차이인 순편익이 최대가 되는 수준에서 공공서비스를 공급하려 한다고 본다.

③ 관료는 자신의 효용을 극대화하려는 합리적 경제인이라고 가정한다.

④ 관료는 한계편익곡선과 한계비용곡선이 교차하는 점에서 공공서비스를 공급하려 한다고 본다.

① O 니스카넨의 예산극대화모형에 따르면, 정치가는 사회후생의 극대화를 추구하는 반면 관료는 개인효용의 극대화를 추구한다.

② O 정치가는 사회후생의 극대화를 추구하므로, 총편익과 총비용의 차이인 순편익이 최대가 되는 수준에서 공공서비스를 공급한다. 이는 한계편익과 한계비용이 일치하는 지점이며, 동시에 한계편익곡선과 한계비용곡선이 교차하는 지점이다.

③ O 니스카넨의 예산극대화모형은 공공선택론의 모형 중 하나이다. 즉 정부관료 역시 민간에서의 개인처럼 사익을 추구한다고 가정한다. 즉 관료를 자신의 사익인 효용을 극대화하려는 합리적 경제인으로 가정하는 것이다.

④ X 관료는 자신의 효용극대화를 위한 예산극대화를 추구하므로, 총편익곡선과 총비용곡선이 교차하는 점에서 공공서비스를 공급한다. 예산을 쓸 수 있을 만큼 최대로 쓰는 수준까지 공공서비스를 공급하는 것이다. 이는 정치가의 최적 공급보다 과다한 수준이다. 정답 ④

체크포인트

던리비의 관청형성 모형의 주요 출제포인트는 고위직 관료와 중하위직 관료의 행태를 비교하는 것입니다. 예산의 극대화를 추구하는 중하위직 관료와 실질적인 권력의 극대화를 추구하는 고위직 관료를 구분하는 것이 가장 중요합니다. 또한 던리비의 관청형성 모형이 니스카넨의 예산극대화 모형을 비판하면서 등장했다는 것도 빈출되는 포인트니 잘 챙겨가야 합니다.

2 던리비(Dunleavy)의 관청형성 모형에 대한 설명으로 가장 옳은 것은? 2018 지방직 9급

① 고위 관료의 선호에 맞지 않는 기능을 민영화나 위탁계약을 통해 지방정부나 준정부기관으로 넘긴다.

② 합리적인 고위직 관료들은 소속기관의 예산극대화를 추구한다.

③ 중하위직 관료는 주로 관청예산의 증대로 이득을 얻는다.

④ 관료들이 정책결정을 할 때 사적이익보다는 공적이익을 우선시한다.

① O 던리비의 관청형성 모형에 따르면, 통제기관의 고위 관료는 금전적 편익보다는 수행하는 업무의 성격과 업무환경에서 오는 효용을 증진시키는 데 더 큰 관심이 있다. 이에 따라 합리적 고위 관료들은 정치권력의 중심부에 있는 부서에서의 참모 기능 수행을 희망한다. 또한 고위 관료의 선호에 맞지 않는 기능은 민영화나 위탁계약을 통해 지방정부나 준정부기관으로 이전하려고 한다고 본다.

② X 합리적인 고위직 관료는 금전적 편익이나 소속 기관의 예산이 아닌, 수행하는 업무의 성격과 업무환경에서 오는 효용인 관청예산을 증진시키는 데 더 큰 관심이 있다. 자신이 소속되어 있는 소속기관의 예산극대화를 추구하는 집단은 고위 관료가 아닌 중하위직 관료이다.

③ X 전달·봉사·규제·계약기관의 중하위직 관료들은 관청예산이 아닌 자신이 소속된 소속기관의 예산극대화를 추구한다. 이처럼 중하위직 관료들이 관심을 갖는 예산을 핵심예산이라고 한다. 관청예산의 증대에 관심을 기울이는 것은 중하위직 관료가 아닌 고위 관료이다.

④ X 던리비의 관청형성 모형은 공공선택론의 모형 중 하나이다. 따라서 관료도 민간영역에서의 개인처럼 공적이익보다는 사적이익을 우선시한다고 가정한다. 정답 ①

4 신제도주의 Ⓢ

9급 21지, 17지, 15지
7급 20국, 20지, 19지

0 신제도주의 주요내용

(1) 구제도주의 VS 신제도주의

① 공통점 : **제도를 연구의 중심개념으로 사용**한다는 점에서 공통된 시각

② 차이점

㉠ 구제도주의

ⓐ 1950년대까지 정치와 정부연구의 주류를 이루었던 전통적 제도주의는 **정부의 공식적 구조에만 관심**

ⓑ 행정부 · 입법부 · 사법부 등 제도 간의 관계에 관해 법규를 중심으로 연구 진행

ⓒ **제도에 관한 정태적 기술**에 그쳐 제도를 둘러싼 다양한 변수들과의 인과관계를 설명하지 못함.

㉡ 신제도주의

ⓐ 1970년대 이후 부활한 신제도주의에서는 제도를 개별 행위자들의 행태를 지배하고 그에 제약을 가하는 규칙의 집합이라고 봄.

ⓑ 구제도주의는 공식적 · 법적 측면의 기술에 치우친 반면, 신제도주의는 **공식적 측면뿐만 아니라 비공식적 측면도 포함**

ⓒ 제도와 제도, 제도와 개인, 제도와 정책 간의 **역동적인 상호작용을 중시하는 동태적 접근**

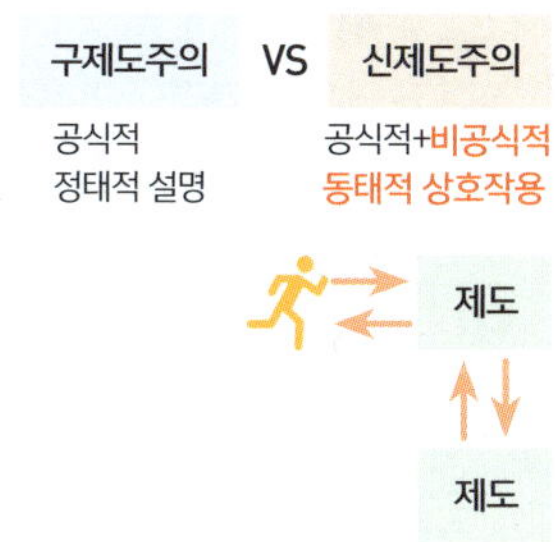

(2) 신제도주의의 관점

① 행태주의 비판

㉠ 신제도주의는 **기존의 행태주의**가 국가별 · 시대별 정책적 차이나 **다양성을 설명하지 못하는 한계**를 가지고 있다는 점에 주목

㉡ 행태주의에서 규명하고자 했던 개인의 선호체계와 행위결과 간의 **직선적 인과관계에 의문 제기**

② 제도에 대한 새로운 관점

㉠ 제도가 수행하는 기능, 제도와 개인행태 사이의 관계, 제도의 성립과 변화 등을 설명

㉡ 제도는 개인행위를 제약하지만, 개인 간 상호작용의 결과 제도가 변할 수 있다고 간주하므로, **제도는 독립변수이기도 하며 종속변수**이기도 함.

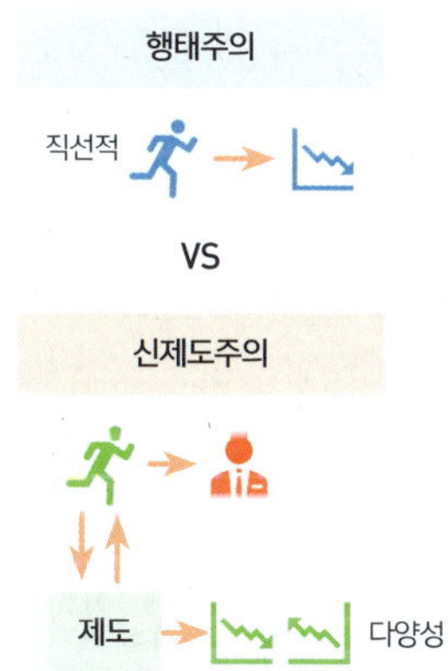

③ **제도와 개인 간의 상호작용에 초점**

㉠ 개인의 선호는 제도에 의해서 제약이 되기도 하지만, **제도가 개인들 간의 상호작용의 결과에 의해서 변화할 수도 있다고 봄.**

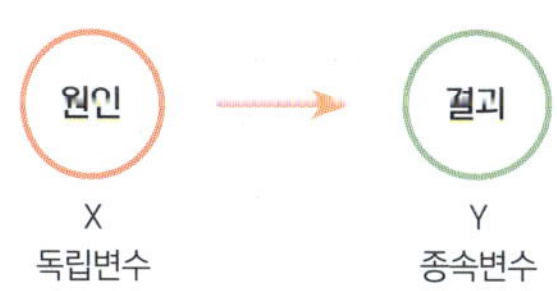

㉡ 신제도주의는 원자화된 개인이 아니라 제도라는 맥락 속에서 전개되는 개인 행위에 초점

㉢ 행위 주체의 의도적이고 전략적인 행동이 제도에 영향을 미칠 수 있다는 점을 인정하고, 제도의 안정성보다는 제도설계와 변화에 관심

④ 문화론적 · 집합주의적 접근방법

㉠ 제도는 문화의 산물이며 경로의존성을 지닌 현상이라고 본다는 점에서 문화론적 접근방법

㉡ 조직과 종단적 · 횡단적으로 연결된 제도들 사이의 영향관계를 전체적으로 파악하려 한다는 점에서 집합주의적 접근방법

⑤ 신제도주의의 분파

㉠ 역사적 신제도주의, 사회학적 신제도주의, 합리적 선택 신제도주의

㉡ 신제도주의에는 여러 학파와 다양한 분류가 존재하기 때문에, 접근방법의 범위가 넓고 느슨한 경계를 가지고 있음.

㉢ 각 분파는 행태주의 등에 대한 공통된 문제인식으로부터 출발하여 독립적으로 발전하다가, 비판과 상호 교류를 거치면서 전통적인 구분이 점차 희석

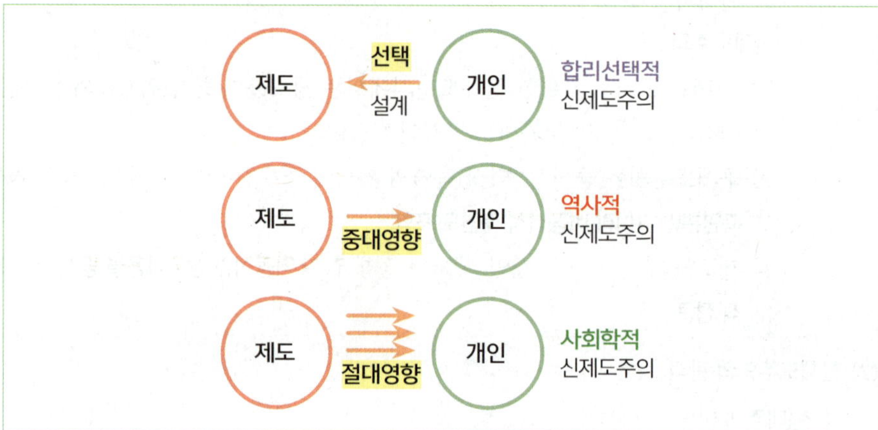

	역사적 신제도주의	사회학적 신제도주의	합리선택적 신제도주의
개념	제도가 개인에게 중대한 영향	제도가 개인에게 절대적 영향	개인이 제도를 선택하고 설계
선호형성	내생성 (제도 안)	내생성 (제도 안)	외생성 (제도 밖 형성 → 설명 대상 ×)
제도 변화	경로의존성 (역사적 맥락)	동형화 · 배태성 (사회적 정당성)	의도적 설계 (집단행동의 딜레마 해결)
방법론	전체주의	전체주의	개체주의
연구방식	종단면적 (같은 대상, 다른 시점)	횡단면적 (다른 대상, 같은 시점)	연역적 (원인 → 결과)
한계	제도결정론	제도결정론	권력 · 문화 무관심

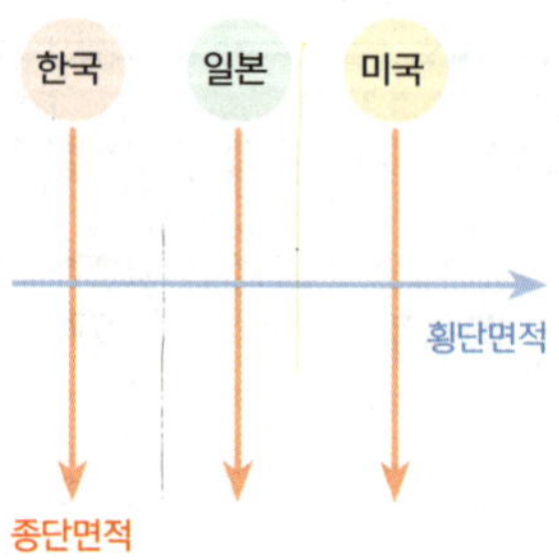

1 역사적 신제도주의

(1) 특징

① **공식적 제도에 초점** : 비공식적 제도인 절차 · 관례 · 관습 등도 포함하나, 주로 제도의 공식적 측면에 초점

② **선호형성의 내생성**

㉠ **제도는 개인의 선호형성과 제약에 중대한 영향**을 미치므로, 각 개인의 선호는 주어진 것이 아니라 설명해야 할 대상으로 간주

㉡ **합리적 선택 제도주의(선호의 외생성 가정)와 가장 대비되는 부분**

㉢ 정치행위자를 합리적 극대화론자라기보다는 규칙을 준수하는 **만족화주의자**(satisficer)로 가정

③ **제도와 시간과의 관계**

㉠ **지속성**

ⓐ 현재의 제도는 오랜 역사의 산물이기 때문에 사회경제적 환경이 변화되더라도 지속되는 경향

ⓑ 제도에 의해 의도되지 않은 결과는 비효율적

㉡ **경로의존성(path dependency)***

ⓐ 제도의 중단 및 변화가능성을 부정하는 것은 아니며, 급격한 외부 변동시 전혀 다른 새로운 제도가 생성되는 **'단절균형점(punctuated equilibrium)'의 상황**이 있을 수 있음.

ⓑ 하지만 기존 경로를 이탈했다고 하더라도 새로운 제도는 **기존 경로의 연장선상에 위치하는 '경로의존성'**을 가짐.

ⓒ 기존 경로를 유지하려는 경로의존성에 의해 정책선택이 제약

㉢ **전후배열의 중요성**

ⓐ t 시점에서 형성된 제도가 t + 1 시점에서는 최적이 아닐 수 있으며, 오히려 역기능을 유발할 수도 있음.

ⓑ 특정 경로가 선택된 이후에는 보다 효율적인 다른 경로의 선택가능성은 배제

④ **역사적 · 사회적 맥락 중시**

㉠ 변수 간의 인과관계는 다양한 요인들이 결합되는 맥락 속에서 형성

㉡ 동일한 변수들의 결합이라도 역사적 시점과 상황에 따라 전혀 다른 결과가 나타날 수 있다는 점을 지적

⑤ **권력관계의 불균형 강조** : 사회에 존재하는 권력관계에 따라 제도의 형성이 달라지며, 특정 제도의 형성과 운영에 따라 집단 간 권력관계 변화

⑥ **연구방법**

㉠ **집단으로서의 국가**가 역사적으로 형성해 온 제도를 연구하기 때문에 **방법론적 전체주의(holism) 및 중범위 수준의 연구*** 수행

㉡ 역사적 맥락을 중시하므로 **비교연구과 사례연구** 활용

㉢ 제도의 **종단면적 측면**(다른 시점, 같은 대상)을 중시하면서 국가마다 고유한 특성을 가진다는 점을 강조

*

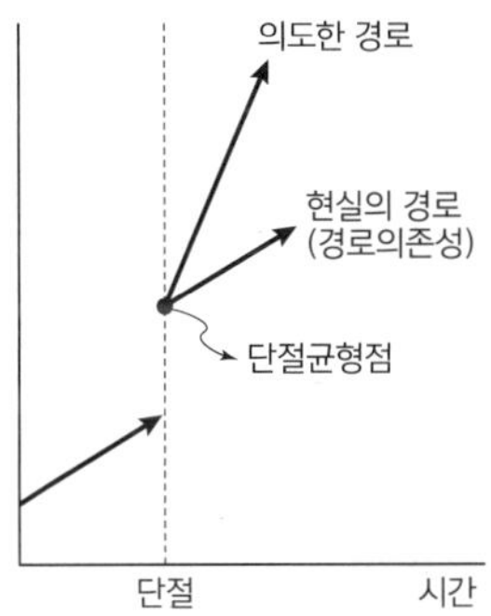

*** 연구범위에 따른 연구대상**

① **소범위 수준의 연구대상** : 개개인

② **중범위 수준의 연구대상** : 집단 또는 국가

③ **대범위 수준의 연구대상** : 어느 국가에나 적용되는 체제(자본주의/마르크스주의 등)

(2) 한계

① 개인의 의도를 설명할 수 있는 미시적 기초가 없으며, 자칫 **'제도결정론'으로 전락**할 우려

② 제도의 안정성과 지속성 규명에 치중되어 제도의 변화는 충분히 설명하지 못함.

③ 사례중심의 귀납적 연구 특성상 정형화된 분석과 과학적 엄밀성이 부족

X [9급] 사회학적 제도주의는 적절성의 논리보다 결과성의 논리를 중시한다.

O 사회학적 제도주의는 합리선택적 제도주의에서 중시하는 결과성의 논리보다 적절성의 논리(결과성의 논리 ×)를 중시한다.

2 사회학적 신제도주의

(1) 특징

① **비공식적 제도에 초점** : 제도의 공식적 측면보다는 **문화, 상징, 인지구조, 신념** 등 비공식적 측면에 초점

② **개인은 사회 제도에 종속**

㉠ 사회가 개인을 창조하기 때문에 제도의 변화에 있어서도 개인의 역할을 거의 인정하지 않음.

㉡ 개인은 제도를 형성 및 변화시킬 수 없으며, **사회적 제도와 문화에 종속되는 배태(embedded)된 개인**임.

㉢ 개인은 제도를 넘어선 효용극대화의 합리성에 따라 행동하기보다 주어진 제도 안에서 적합한 방식을 찾아 행동할 가능성이 높음.

③ **선호형성의 내생성**

㉠ 문화와 의식의 공유를 통해 자신의 선호를 발견하기 때문에, **개인의 선호**는 주어진 것이 아니라 **사회적으로 형성**된 것

㉡ 역사적 제도주의와 같고, **합리적 선택 제도주의와는 구분**되는 특징

④ **제도의 변화 → 동형화의 과정**

㉠ 효율성의 추구(결과성의 논리)가 아닌, **사회적 정당성을 인정받는 구조를 닮아가는 과정(정당성 · 적절성의 논리)**, 즉 **동형화**로 인해 제도변화 발생

㉡ 동형화(강압적 · 모방적 · 규범적)* 는 특정 조직이 환경에 있는 다른 조직을 닮는 것으로, 제도적으로 조직이 동형화될 경우 조직이 교란되는 것을 방지할 수 있음.

⑤ **연구방법**

㉠ 초기에는 실증적인 연구방법을 채택했으나, 최근에는 귀납적이나 해석학적인 연구방법에 더 많이 의존

㉡ **횡단면적 시각**(같은 시점, 다른 대상)에 따라 국가 간 또는 조직 간에 유사한 제도의 형태를 취하는 이유에 대해 관심

㉢ 개개인이 아닌 전체 사회 및 국가 간 비교에 집중하는 **방법론적 전체주의**를 취함.

(2) 한계

① 사회학적 신제도주의가 강조하는 동형화에 따르면 유사한 기능을 수행하는 조직의 형태는 비슷해야 하지만, 현실에서는 유사한 기능을 수행하는 다양한 형태의 조직들 발견

② 제도의 변화는 효과적으로 설명할 수 없으며, **지나친 제도결정론**이라는 비판 존재

*

① **강압적(coercive) 동형화** : 조직이 자신의 자원을 통제하는 다른 조직들의 **공식 · 비공식 압력**에 순응하는 과정

② **모방적(mimetic) 동형화** : 조직이 **자발적**으로 성공사례를 벤치마킹하여 모방하는 과정

③ **규범적(normative) 동형화** : **전문가 직업사회**에서 직업적 자율성을 취득하기 위한 인지적 기초와 정당화를 확립하기 위한 집합적 노력

3 합리선택적 신제도주의

(1) 특징

① **공식적 제도에 초점** : 제도의 공식적 측면과 비공식적 측면을 모두 포함하지만, 제도의 공식적 측면에 초점

② **제도의 역할 → 집합적 행동의 딜레마 해결** : 개인의 합리적 선택이 사회 전체적으로는 합리적 선택을 가져오지 못하는 딜레마 현상을 제도를 통해 해결할 수 있다고 봄.

예 '공유재의 비극'을 해결하기 위한 명확한 경계 설정, 사용자들에 대한 감시제도 등

③ **선호형성의 외생성**

㉠ 개인의 선호는 안정적이고 선험적으로 주어지는 것이므로 **설명대상이 아님.**

㉡ 제도는 개인의 선호형성에 아무런 역할을 하지 않음.

④ **제도의 설계와 변화**

㉠ **제도의 의도적 설계** : 제도는 정치적 · 경제적 · 사회적 상호작용을 결정짓는 개인들 간의 전략적 상호작용을 통해 고안된 제약

㉡ **균형(equilibrium) 개념 강조** : 집합적 행동의 딜레마를 해결한 상태에서는 더 이상 변화할 이유가 없으며, 이러한 균형 상태를 유지하는 데 제도의 역할이 중요하다고 봄.

㉢ **제도의 변화** : 편익이 비용보다 큰 경우와 같이 개인의 합리적 선택과 전략적 의도가 제도를 변화시킬 수 있음.

⑤ **연구방법** : 합리적 개인에 집중하는 **방법론적 개체주의** 및 연역적 연구

⑥ **관련 이론** : 공공선택론, 거래비용이론, 공유재 이론 등

(2) 한계

① 개인 선호형성 관련 이론이 없어 역사적 · 사회학적 제도주의로부터 비판

② 사회의 권력관계나 문화와 제도와의 상호작용에 대해 무관심

③ 연역적 연구에 매몰되어 사례 적용 및 경험적 설명이 부족

X [7급] 합리적 선택 제도주의는 개인이 합리적이며 선호는 제도와 밀접하게 연관되어 변화하는 것으로 가정한다.

O 합리적 선택 제도주의는 개인이 합리적이며 선호는 제도와 (밀접하게 ×) 연관되어 변화하지 않는(하는 ×) 것으로 가정한다.

체크포인트

신제도주의의 가장 기본적 출제포인트는 구제도주의와의 비교입니다. 해당 문제에서 묻고 있는 연구범위뿐만 아니라, 정태적인 기술에 그치고 있는지 아니면 동태적인 상호작용에 집중하는지도 알고 있어야 할 구제도주의와 신제도주의의 차이점입니다. 이렇게 차이점이 중요하지만, 두 이론이 결국 '제도'에 집중하면서 연구했다는 공통점도 기억해두어야 합니다.

기출 CHECK

1 신제도주의 이론에 대한 설명으로 옳지 않은 것은? 2014 국가직 7급

① 역사적 제도주의에서는 제도의 경로의존성(path dependency)을 강조한다.

② 신제도주의는 이론적 배경을 달리하는 역사적 제도주의, 합리적 선택이론, 사회학적 제도주의 등으로 구별된다.

③ 신제도주의는 기존의 행태주의가 시대별 정책적 차이나 다양성을 설명하지 못하는 한계를 가지고 있다는 점에 주목한다.

④ 구제도주의와 신제도주의의 공통점은 제도의 개념을 동태적인 것으로 파악하면서, 국가 간 차이에 대한 설명을 시도하는 것이다.

① O 역사적 제도주의에서는 기존 경로를 이탈했다고 하더라도 새로운 제도가 기존 경로의 연장선상에 위치하는 경로의존성을 가진다는 점을 강조한다.

② O 신제도주의에는 여러 학파와 다양한 분류가 존재하는데, 역사적 신제도주의, 사회학적 신제도주의, 합리적 선택 신제도주의가 대표적이다.

③ O 행태주의는 과학적 연구를 통해 특정 원인과 특정 결과 간의 직선적인 인과관계를 정립하려는 방식이다. 반면 신제도주의는 특정 원인이 반드시 특정 결과를 가져오지 않을 수 있다는 다양성을 가정한다. 개인이 제도를 만들 수도 있지만, 제도 역시 개인을 바꿀 수 있고, 제도끼리도 상호작용한다고 본다. 따라서 신제도주의는 행태주의에 비해 시대별 정책적 차이나 다양성을 설명하기에 용이하다.

④ X 공식적인 제도를 단순히 설명하는 것에 그치는 구제도주의와 달리, 신제도주의는 공식적인 제도와 비공식적인 제도를 아우르면서 제도와 제도, 제도와 개인, 제도와 정책 간의 역동적인 상호작용을 중시하는 동태적 접근이다.

정답 ④

체크포인트

신제도주의에는 세 가지 분파가 있기 때문에, 세 분파의 특징을 정확하게 알고 있는지, 또는 세 분파를 명확하게 비교할 수 있는지가 주요 출제포인트입니다. 해당 문제에서는 세 분파의 특징을 하나하나 체크하고 있지만, 세 분파의 특징을 바꿔서 출제했을 경우에도 알아차릴 수 있도록 훈련해두어야 합니다.

2 신제도주의에 대한 설명으로 옳지 않은 것은? 2021 지방직 9급

① 제도는 법률, 규범, 관습 등을 포함한다.

② 역사적 제도주의는 제도가 경로의존성을 따른다고 본다.

③ 사회학적 제도주의는 적절성의 논리보다 결과성의 논리를 중시한다.

④ 합리적 선택 제도주의는 제도가 합리적 행위자의 이기적 행태를 제약한다고 본다.

① O 신제도주의에서는 공식적 제도뿐만 아니라, 규범이나 관습과 같은 비공식적 제도들도 제도에 포함시킨다.

② O 역사적 제도주의에서는 경로의존성을 중시하면서, 누적되어 온 역사적 경로가 제도의 형성과 변화에 상당한 영향을 미친다고 주장한다.

③ X 사회학적 제도주의에서는 개인이 집단과 비슷해지는 동형화를 강조하는데, 이는 개인이 집단의 구성원으로서 정당하고 적절한지가 중요하기 때문이다. 사회학적 제도주의에서는 경제적인 결과보다 사회구성원으로서의 정당성과 적절성이 더욱 중요하다. 반면 결과성의 논리를 중시하는 것은 제도를 통해 얻어지는 비용의 절감과 같은 경제적인 결과에 주목하는 합리적 선택 제도주의이다.

④ O 신제도주의는 제도와 개인 간의 상호작용을 중시한다. 따라서 개인이 제도를 변화시킬 수도 있지만 제도도 개인을 제약하고 변화시킬 수 있다. 이는 신제도주의 분파 중 하나인 합리적 선택 제도주의에서도 마찬가지로 적용되는 특징이다.

정답 ③

5 주인 - 대리인 이론 B

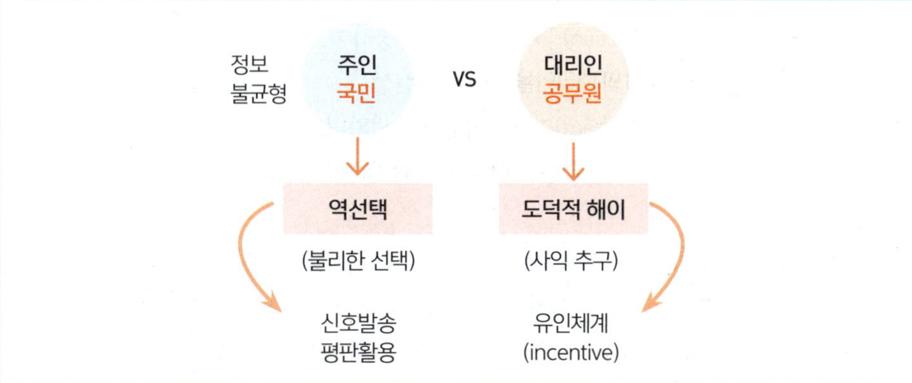

9급 18지, 17국
7급 23국, 20지

PART 1

1 개념

정보의 비대칭 상황에서, 정보를 갖지 못한 측(주인)에서 볼 때 **바람직하지 못한 상대방(대리인)과 거래**를 할 가능성이 높아지는 현상

2 특징

(1) 개인 : 효용극대화

① 주인과 대리인 모두 자신의 이익을 극대화하려는 **합리적 행위자**

② 대리인의 선호가 주인의 선호와 불일치할 가능성 존재

(2) 정보의 비대칭성

① 주인(국민)과 대리인(공무원) 간에는 정보의 비대칭성(asymmetry of information)이 존재

② 대리인에 대한 주인의 정보부족으로 '대리손실'이 발생하며, 이를 해소하기 위해 주인은 '대리인 비용'을 초래

③ 조직이 투자한 **자산이 고정적이고 특정적**일수록 **외부의 특정 대리인과의 관계가 고착**되며, 이를 대체할 수단이 마땅치 않기 때문에 **대리인 문제가 심화**

자산특징성 (특정 대리인 자산 독점)	높음 : 대리인 소수 → 대리인 문제↑ 낮음 : 대리인 다수 → 대리인 문제↓

④ 일반적으로 대리인은 주인보다 우월한 정보와 능력을 가지므로 주인은 대리인의 재량에 의존하고, 이 경우에 나타나는 **대리인의 '기회주의적 행동'**으로 인해 **역선택과 도덕적 해이가 발생**

X [9급] 대리인이론 - 주인·대리인의 정보 비대칭 문제를 해결하기 위해 대리인에게 대폭 권한을 위임한다.
O 대리인이론 - 주인·대리인의 정보 비대칭 문제를 해결하기 위해 대리인의 권한을 제약한다.(대리인에게 대폭 권한을 위임한다 ×)

(3) 역선택과 도덕적 해이

① 개념

㉠ **역선택(adverse selection)** : 계약 이전에 발생하며, 주인이 대리인의 능력을 충분히 알지 못해 기준 미달의 대리인을 선택하는 현상

㉡ **도덕적 해이(moral hazard)** : 계약 이후에 발생하며, 주인이 대리인의 숨겨진 행동을 관찰할 수 없다는 점을 활용해 대리인이 자신의 효용을 극대화하는 현상

② 해결 방안*

㉠ 역선택 해결방안

ⓐ **신호발송(signaling)** : 대리인 스스로 자신의 정보를 주인에게 노출

ⓑ **평판(reputation) 활용** : 대리인의 능력에 대한 사전 정보 활용

ⓒ 공동정보체계 구축 등 정보의 비대칭성을 완화

㉡ 도덕적 해이 해결방안

ⓐ 대리인의 이기적인 결정이 주인의 효율성 제고에 지향되도록 **유인체계**를 제공하는 방안 연구

ⓑ **성과 중심의 보상체계** : 대리인의 업무성과가 증가할수록 대리인의 인센티브도 증가하게 설계한다면 대리인의 도덕적 해이 문제 감소

* **이기적 개인을 가정한 해결방안 강조**
① 위임자와 대리인 간의 정보불균형과 불확실성의 해소, 대리인을 움직이는 유인체계 등 외부통제 방안을 중시
② 관료적 통제, 규범과 신념의 내재화 등의 내부통제 방안도 처방

3 시사점과 한계

(1) 시사점

① 우리의 정치적·사회적 일상이 주인과 대리인 간 계약관계로 이해될 수 있음을 제시

② 조직 내의 인간이 일하게 되는 이유를 설명하고, 조직의 병리를 설명하는 데 도움을 주며, 조직 내부 관리문제 외에 다양한 분야에도 적용

③ 신공공관리론에 기반한 행정개혁의 이론적 토대 제공

㉠ 관료들이 피규제집단의 입장을 옹호하는 '관료포획현상'은 도덕적 해이의 사례

㉡ 공기업의 민영화는 시장경쟁요소를 도입함으로써 도덕적 해이를 방지하고자 하는 노력

(2) 한계

① 이기적 인간모형에 대한 전제가 항상 적절할 수 없으며, 비경제적 요인에 대한 고려를 소홀히 한다는 비판

② 민간부문보다 정부부문에 적용하는 것이 더 어려움.

③ 주인 – 대리인의 관계가 항상 대등하지는 않으며, 주인이 상대적으로 월등한 지위에 있는 비대칭적인 관계도 상당수

4 4세대 행정학(1990~)

배경

다원화
세계화, 민주화
지방화, 정보화

신공공관리론 한계
→ 협력, 봉사, 시민사회

이론

뉴거버넌스 : 새로운 국정운영 방식

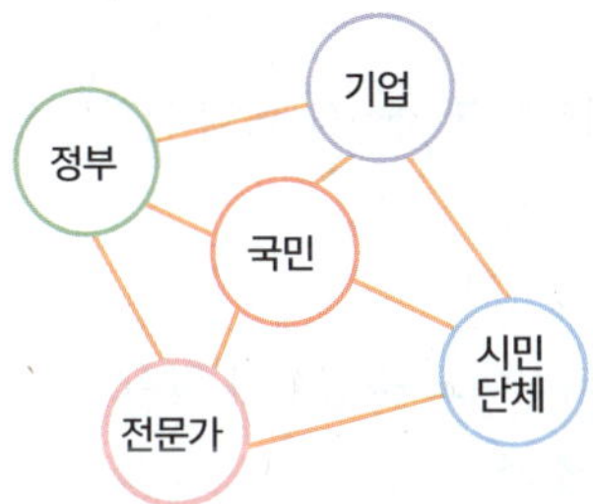

협력, 신뢰, 네트워크

But,
책임 소재 → 공허한 국가

1 뉴거버넌스 Ⓢ

9급 22국, 21국
7급 24지, 18지, 14국

1 뉴거버넌스 개관

(1) 개념 및 등장 배경

① 거버넌스 VS 뉴거버넌스

㉠ 거버넌스 = 광의의 거버넌스

ⓐ 통치방식이나 통치구조

ⓑ 정부 중심, 시장 중심, 시민사회 중심의 거버넌스를 모두 포함

㉡ 뉴거버넌스 = 협의의 거버넌스 = 미래국정관리

ⓐ 새로운 방식으로 개혁된 통치방식이나 통치구조

ⓑ 일반적으로 정부, 시장, 시민사회 사이의 협력적 네트워크를 의미

② 뉴거버넌스 등장배경

㉠ **정부실패 문제 극복** : 세계화 · 지방화 등에 따라 **국가의 권한이 약화되는 현상**이 발생함에 따라 **다양한 세력이 협력**하여 사회문제를 해결할 필요성 대두

㉡ **신공공관리론 비판** : 뉴거버넌스도 문제 해결의 효율성을 중시하지만, **시장지향적 정부개혁에 매몰**되어 있는 **신공공관리론의 한계를 극복**하기 위해서도 등장

㉢ **주요 학자** : 피터스와 피에르(G.Peter & J.Pierre), 로즈(Rhodes)

ⓧ [9급] 뉴거버넌스의 관리 기구는 시장이다.

ⓞ 신공공관리(뉴거버넌스 ×)의 관리 기구는 시장이며, 뉴거버넌스의 관리 기구는 네트워크이다.

(2) 특징

① 정부의 역할 → 조정자

㉠ **다양한 행위자들을 조정**하고 **방향을 제시**해주는 관료의 역할상을 강조

㉡ 다양한 행위자 간의 타협 · 조정 등 정치적 과정을 중요하게 인식하는 **정치 · 행정일원론**의 성격

② 네트워크 강조

㉠ 공공문제 해결의 기제로서 정부와 **민간부문 및 비영리부문 간의 네트워크**를 활용

㉡ 다양한 행위자간의 협력이 중요하므로 분석단위로 **조직 내 연구가 아닌 조직 간 연구를 강조**

㉢ 국가의 역할을 부정하지 않고 네트워크 양식을 통해 민간의 역량을 동원하여 공적인 문제를 해결

③ 참여자 간 신뢰와 협력

㉠ 정부영역과 민간영역을 상호배타적이고 경쟁적인 관계로 보지 않으면서 **정부 · 시장 · 시민사회** 간의 신뢰와 협력을 강조

㉡ 정부만이 공공서비스를 독점적으로 생산하고 공급한다고 보지 않으며, **국민**을 고객으로만 보는 것을 넘어 **국정의 파트너로 인식**

④ **관련 제도** : 참여예산제도, 사회적 연계망, 주민평가제도, 시민재창조 등

(3) 한계

① 결과에 대한 **책임의 소재가 불분명**하고, 책임전가 등이 발생할 가능성

② 소극적인 정부의 역할은 국가의 전반적인 국정능력을 떨어뜨려 **'공허한 국가(hollow state)'를 초래**할 우려

③ 내재화된 변수가 많고 변수 간의 유기적 관계를 강조하기 때문에 모형화가 어려움.

2 신공공관리론 VS 뉴거버넌스

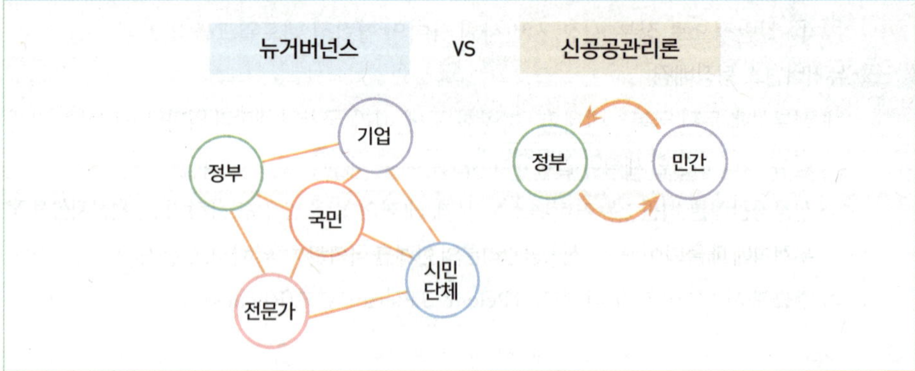

PART 1

(1) 공통점

① **정부관료제에 대한 비판적 인식**과 **정부실패를 이념적 토대**로 설정하고 대응책을 마련하고자 함.

② 정부의 역할로서 **노젓기(rowing)보다는 방향잡기(steering)를 강조**하면서 정부 역할의 축소를 제시

③ **분권적인 정부구조를 선호**하며 이에 따라 **투입보다는 산출 및 성과** 강조

④ **시민에 대한 대응성** 강조

(2) 차이점

구분	신공공관리론	뉴거버넌스
인식론적 기초	신자유주의	공동체주의
관리 기구	시장	네트워크
관리 가치	결과	신뢰
관료 역할	공공기업가	조정자
작동 원리	경쟁	협력
서비스	민영화, 민간위탁 등	공동 공급
관리 방식	고객 지향	임무 중심
분석 수준	조직 내	조직 간

기출 CHECK

1 신공공관리론과 뉴거버넌스론에 대한 설명으로 옳은 것은? 2013 지방직 9급

① 신공공관리론에서 관료의 역할은 조정자이며, 뉴거버넌스론에서 관료의 역할은 공공기업가이다.

② 신공공관리론과 뉴거버넌스론에서는 정부의 역할로서 노젓기(rowing)보다는 방향잡기(steering)를 강조한다.

③ 신공공관리론과 뉴거버넌스론에서는 산출(output)보다는 투입(input)에 대한 통제를 강조한다.

④ 신공공관리론에서는 부문 간 협력에, 뉴거버넌스론에서는 부문 간 경쟁에 역점을 둔다.

① x 신공공관리론은 정부를 기업처럼 관리하려는 이론이므로 관료의 역할을 공공기업가로 본다. 반면 뉴거버넌스는 다양한 주체들 간의 협력이 중요하기 때문에 정부가 이를 적절하게 조정하는 조정자의 역할을 담당해야 한다고 본다.

② o 신공공관리론과 뉴거버넌스 모두 정부실패를 토대로 구성된 이론이라는 공통점이 있다. 정부가 실패했으므로 기존 정부의 역할을 축소해야 한다고 보는 것이다. 따라서 정부가 직극적으로 노젓기를 하는 것보다는, 방향잡기 정도의 역할만 담당해야 한다고 본다.

③ x 신공공관리론과 뉴거버넌스 모두 기존 정부의 운영방식을 수정하려고 한다. 기존의 정부는 투입에만 초점을 맞추고 산출이나 성과에는 큰 관심을 기울이지 않았다. 반면 신공공관리론과 뉴거버넌스는 모두 투입보다는 산출과 성과에 초점을 맞춰 그에 맞는 관리전략을 도입하는 것을 중시한다.

④ x 신공공관리론은 시장 중심 운영방식이므로 부문 간 경쟁을 강조한다. 반면 뉴거버넌스는 다양한 행위자 간의 협력이 중요하므로 부문 간 협력을 강조한다. 정답 ②

체크포인트

뉴거버넌스는 신공공관리론 이후에 등장한 보완적 이론이므로, 두 이론의 공통점과 차이점을 잘 정리해두어야 합니다. 차이점을 발견해내는 것은 상대적으로 어렵지 않은데, 공통점을 물어봤을 때 난이도가 상승할 수 있으므로 좀 더 주의해야 합니다. 개념을 비교할 때 특히 공통점을 놓치기 쉽다는 점을 유념해야 할 것입니다.

9급 24지, 17국
7급 19국

2 피터스(Guy Peters)의 뉴거버넌스 모형 B

	전통적정부	시장정부	참여정부	신축적정부	탈내부규제정부
목표	권위	독점 타파	계층제 타파	불변성 타파	내부규제 타파
조직구조	계층제	분권화	평면조직	가상조직	-
관리방식	절차	성과급	MBO, 팀제	신축적 관리	자율적 관리
결정방식	정치행정 구분	시장적 동기	협상, 협의	실험	기업가적 정부
공익	안정, 평등	저비용	관여, 협의	저비용, 조정	창의성, 능동성

1 종류

X [7급] 시장모형은 정치지도자들의 권력을 약화시키고 기업가적 관료들의 정책결정자로서의 역할을 제고하는 결과를 가져왔다.
O 탈규제모형(시장모형 ×)은 정치지도자들의 권력을 약화시키고 기업가적 관료들의 정책결정자로서의 역할을 제고하는 결과를 가져왔다.

(1) 시장정부 모형

① 독점적인 전통적 관료제에 대해 계층 수의 축소와 정책 형성 및 집행의 **분권화**를 처방

② 민간부문의 관리활동이 전통적인 관료제 모형보다 본질적으로 우월하다는 가정에 입각해서, **민간부문의 경쟁 원리**를 관료제에 도입할 것을 처방

③ 전통적인 인사 방식을 수정해 **성과에 따른 보상의 차등 지급** 등 민간 부문의 관리기법을 적용

④ 공공서비스가 **얼마나 저렴하게 공급되느냐**가 주된 공익의 판단 기준이며, 서비스 이용권 등 **소비자의 선택권**을 중시

(2) 참여정부 모형

① 관료제의 계층제를 문제로 지적하고, 계층제 구조하에서 소외됐던 **하급 구성원들**과 **고객으로서의 시민 참여가 확대**될 수 있게 정책체계를 구조화

② 다양한 위원회와 자문집단 등 구성원들의 참여를 촉진하고 **계층 수가 적은 평평한 구조**를 제시

③ 국정 운영에 대한 사회적 이해관계 집단의 관여를 좀 더 명백하게 하려고 하고, 정책과정의 **상향적 접근 방법** 선호

④ 의사 결정 과정에 관료조직의 **하급 구성원과 시민들의 참여가 최대한 보장될 때 공익이 확보**된다고 가정

(3) 신축적정부 모형(유연모형)

① 전통적 관료제 구조의 항구성이 현상 유지 관행을 고착화함으로써 조직의 역동성을 저해하고 정책을 보수화한다고 지적

② **기존 조직의 신속한 종식**과 **조직구조의 신축성을 강조**하며 조직 구조로 **가상 조직**을 제시

③ 상근직보다는 **시간제 근무**와 **임시직의 확대** 등 신축적 관리를 강조

④ 대규모 조직의 고정적 장치들을 제거하면 **다양한 실험**을 통해 정책 아이디어가 자율적으로 개발될 수 있음을 강조

(4) 탈내부규제정부 모형(저통제모형)

① 내부통제를 위한 규제가 제거되면 정부관료제가 역동적이고 효율적으로 기능하면서 기업가적 정부가 될 것이라고 가정

② 관료제 내부의 규제만 제거하면 되기 때문에 조직구조에 대해서는 특별한 관심을 갖지 않음.

③ 정부관료제는 공공봉사 의지를 지닌 대규모의 헌신적인 구성원으로 구성되어 있으므로, 행정통제를 덜 받는 적극적인 정부는 공익의 확보에 기여

2 평가

(1) 상호모순적 개혁방안의 혼합 적용으로 일관성이 결여되기도 하나, 특정 모형의 우위성 강조보다는 선택가능한 여러 대안의 모색에 의미

(2) 피터스, "네 모형의 비교를 통해 기존 정부모형의 역기능에 대한 확신은 강해진 반면, 대안적 모형들의 장점에 대한 신뢰는 약화됐다."

기출 CHECK

1 피터스(B. Guy Peters)가 제시한 정부개혁모형에 대한 설명으로 옳은 것은? 2017 국가직 9급

① 시장모형(market model)에서는 조직의 통합을 통한 집권화를 처방한다.
② 참여정부모형(participatory model)에서는 조직 하층부 구성원이나 고객들의 의사결정 참여기회가 확대될수록 조직이 효과적으로 기능한다고 본다.
③ 신축적 정부모형(flexible government)에서는 정규직 공무원의 확대를 통하여 비용을 절감하고 공익을 증진시킬 수 있다고 본다.
④ 탈규제적 정부모형(deregulated government)에서는 경제적 규제 완화를 통한 시장 활성화를 추구하기 위하여 정부의 권한을 축소해야 한다고 본다.

① x 시장모형에서는 전통적 정부의 집권화를 비판하면서 분권화된 조직구조를 처방한다. 분권화를 통해 소비자의 선택권을 중시하며 민간부문의 경쟁원리를 도입하려는 모형이다.
② o 참여정부모형은 상위 계층에만 의사결정권이 집중되는 전통적 정부의 계층제를 비판한다. 그동안 의사결정 과정에서 소외되었던 하급 구성원들과 고객들도 적극적으로 참여할 수 있는 수평적인 조직을 처방하는 모형이다.
③ x 신축적 정부모형은 전통적 정부의 불변성과 경직성을 비판한다. 전통적 정부가 신분보장을 받는 정규직 공무원 중심으로 경직적인 인사관리를 해왔다면, 신축적 정부모형은 시간제 근무와 임시직의 확대를 통한 유연한 인사관리를 제시하는 모형이다.
④ x 탈규제적 정부모형은 경제적 규제 완화와 같은 외부 규제가 아닌, 관료제 내부의 업무처리절차나 규정과 같은 내부규제를 타파해야 한다는 모형이다. 내부규제를 타파하면서 관료에게 재량을 부여하는 것에 초점을 맞추며, 이를 통해 관료들이 적극적으로 공익을 형성할 것이라고 주장한다. 정답 ②

체크포인트
피터스의 네 가지 모형의 용어를 통해 핵심내용을 추론하는 훈련을 평소에 하는 것이 중요합니다. 시장, 참여, 신축, 탈규제. 이 네 가지 용어에 모든 내용이 들어가 있습니다. 시장이므로 집권화가 아닌 분권화, 신축이므로 정규직이 아닌 임시직, 이런 식의 사고훈련이 필요합니다. 또한 탈규제가 외부규제가 아닌 내부규제의 탈피라는 점도 주의해야 할 포인트입니다.

9급 24지, 21국, 17지, 15국
7급 18지

3 신공공서비스론 S

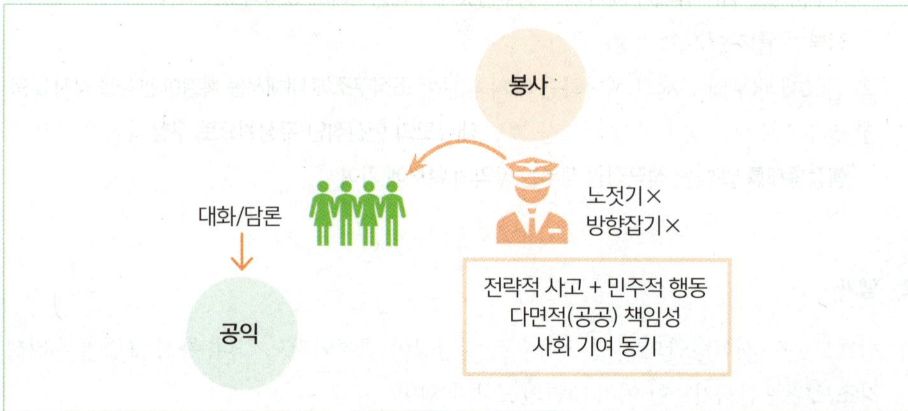

1 신공공서비스론 개관

(1) 개념

공익을 추구하려는 시민들의 적극적 역할을 존중하면서, **정부의 역할**은 이러한 시민들을 **지원하고 봉사**하는 것이라는 주장

(2) 등장 배경

① 신공공관리론 비판

㉠ **신공공관리론적 정부혁신의 한계점을 지적**하면서 제시

㉡ 기업가적 신관리주의가 평등성 · 공정성 · 대표성 · 참여 등의 가치를 약화시킨다고 주장하면서, 신공공관리론이 간과한 **행정의 공공성 재조명**

② **이론적 배경** : 민주적 시민이론, 포스트모던 행정이론, 조직인본주의, 신행정학, 지역공동체와 시민사회모형, 조직인본주의, 민주주의 이론, 비판이론, 해석학, 실증주의, 담론 이론 등

(3) 핵심 원리(덴하르트, Denhardt)

① 고객이 아닌 시민에 봉사

㉠ 관료들은 단지 고객의 요구에 대응하는 것이 아니라 시민들과의 신뢰와 협력의 관계 확립에 초점

㉡ 공무원의 반응대상은 고객보다는 시민임.

② 공익의 추구

㉠ 공익은 정부서비스에 있어서의 핵심 개념

㉡ 공익은 사익의 단순한 총합이 아니며, **공유하고 있는 가치에 대하여 대화와 담론을 통해 얻은 결과물**

㉢ 공익과 공유가치간의 관계를 강조하여, **행정가의 역할은 공익을 추구할 수 있도록 촉진하는 것이라 봄.**

Ⓧ [9급] 신공공서비스론은 공익은 개인적 이익의 집합체이기 때문에 시민들과 신뢰와 협력의 관계를 확립해야 한다.

Ⓞ 신공공서비스론은 공익을 개인적 이익의 집합체가 아닌, 시민들의 대화와 담론을 통해 형성되는 결과물로 보기 때문에 시민들의 신뢰와 협력의 관계를 확립해야 한다.

③ **시민의식의 강조** : 정부에 대한 시민참여는 민주적 거버넌스의 필수적인 요건으로, 정부는 정책과정에 대한 적극적인 시민참여의식을 촉진시켜야 함.

④ **전략적인 사고와 민주적인 행동**

㉠ 정책과정에 있어서 공동체사회에 대해 전략적으로 생각하고 민주적으로 행동해야 함을 강조

㉡ **전략적 사고** : 공동체사회의 개방성과 접근성을 보장하기 위한 다양한 참여자들의 정책네트워크에 대해 전략적으로 사고

㉢ **민주적 행동** : 모든 정책단계에서 시민참여의 기회를 제공하여 민주적인 정책수행을 도모

⑤ **책임성의 다양성**

㉠ **법, 공동체, 정치규범, 전문성, 시민이익** 등 다양한 책임성 기제의 중요성을 강조

㉡ 신공공서비스론에서는 시장메커니즘보다 공동체 가치를 중시하는 **공공책임성의 강화**를 중요하게 인식

⑥ **방향잡기보다는 봉사**

㉠ 관료의 역할로 방향잡기보다는 시민들로 하여금 공유된 가치를 표명하고 그것을 충족시킬 수 있도록 **힘을 실어주고 봉사**해야 함을 강조

㉡ 봉사의 역할을 다하기 위해 관료는 사용가능한 내부자원을 파악·관리하고, 시민과의 연계를 통해 외부자원 파악 및 유기적 지원관계 확립

⑦ **생산성보다는 사람에게 가치 부여**

㉠ 신공공서비스론에서는 단순한 생산성보다 **사람에 대한 가치 부여**를 중요하게 인식

㉡ 공무원의 동기유발수단은 보수·편익·기업가 정신이 아닌 **사회봉사 및 사회 기여 욕구**이므로 이를 지원·보상하는 동기체제를 구축할 필요

㉢ 행정조직 내외적으로 공유된 리더십을 갖는 협동적이고 수평적인 관계가 중요하며, 이것이 정부규모를 일방적으로 축소해야 한다는 의미는 아님.

(4) 신공공서비스론의 한계

① 신공공서비스론은 행정의 규범적 특성과 가치가 지나치게 강조됨으로써 **행정의 전문성과 효율성 등 수단적인 가치가 위축**될 수 있음.

② 신공공서비스론은 규범적 가치들을 구현하는 데 필요한 **구체적 처방을 제시하지 못하고** 있음.

2 신공공관리론 VS 신공공서비스론

구분	신공공관리론	신공공서비스론
인식론적 기초	신고전학파 경제이론	민주주의, 실증주의, 해석학, 비판이론, 포스트모더니즘 등
합리성	기술적 · 경제적 합리성	전략적 합리성
공익	개인 이익의 총합	공유 가치에 따른 담론의 결과
반응 대상	고객	시민
정부 역할	방향잡기	봉사
책임성 확보 방안	기업가적 책임성 (시장 지향)	다면적 책임성 (법, 공동체, 정치규범, 전문성, 시민 이익 등)
재량	기업가적 목표 달성을 위해 폭넓은 재량 허용	재량이 필요하지만 제약과 책임 수반
조직 구조	분권화된 조직	리더십을 공유하는 협동적 조직구조
공무원 동기 유발	기업가 정신 정부 규모 축소 욕구	사회 봉사 사회에 기여하려는 욕구

체크포인트

신공공서비스론은 기존의 관료제뿐만 아니라 시장 중심적 행정개혁인 신공공관리론을 비판하면서 등장한 이론입니다. 즉 기존의 관료제에 대한 표현이나, 신공공관리론을 나타내는 표현이 들어간 선지는 오답선지가 되는 것입니다.

기출 CHECK

1 신공공서비스론의 주장으로 보기 어려운 것은? 2017 지방직 9급 하반기

① 관료가 반응해야 하는 대상은 고객이 아닌 시민이다.
② 정부의 역할은 방향제시(steering)가 아닌 노젓기(rowing)이다.
③ 관료의 동기부여 원천은 보수나 기업가 정신이 아닌 공공서비스 제고이다.
④ 공익은 개인이익의 단순한 합산이 아닌 공유하고 있는 가치에 대해 대화와 담론을 통해 얻은 결과물이다.

① O 신공공서비스론은 기존의 시장중심적 접근법인 신공공관리론의 주장들을 비판한다. 신공공관리론이 고객에의 반응을 중시했다면, 신공공서비스론에서 중요한 대상은 적극적으로 참여하고 직접적으로 공익을 형성하는 시민이다.

② X 신공공서비스론은 신공공관리론을 비판했으므로, 신공공관리론이 제시하는 정부역할인 방향제시를 비판한다. 하지만 신공공서비스론은 기존의 정부처럼 노젓기를 주장하는 것도 아니다. 정부의 역할은 노젓기와 방향잡기가 아니라, 시민들이 스스로 가치를 공유하고 공익을 형성할 수 있도록 시민들에게 봉사하고 지원하는 것이라고 본다.

③ O 신공공관리론은 관료를 사익추구존재로 가정하면서 보수나 기업가 정신을 동기부여 원천이라고 본다. 반면 신공공서비스론은 이를 비판하면서, 시민들의 공익형성을 위해 필요한 공공서비스를 제공하려는 사회봉사 및 사회 기여 욕구가 관료의 동기부여 원천이라고 본다.

④ O 신공공관리론은 사익을 중시하는 관점이므로 공익을 개인이익의 단순한 합산이라고 본다. 반면 신공공서비스론은 시민들이 공유하고 있는 가치에 대해 대화하고 담론하여 얻어낸 결과물이 공익이라고 본다. 따라서 관료의 역할은 시민들이 공익을 추구할 수 있도록 촉진하는 것이라고 보는 것이 신공공서비스론의 시각이다.

정답 ②

4 공공가치관리론 A

9급 25지, 24지, 23지

PART 1

1 개념

① 신공공관리론에 따른 행정의 공공성 약화를 극복하기 위한 대안적인 패러다임

② 능률성을 중시하는 신공공관리론을 비판적으로 접근하는 모형이며, 관리 효율성을 강조하는 전통적 행정이론과도 다른 접근

2 무어(Moore)의 공공가치창출론

① 민간분야의 관리자들이 주어진 자산을 통해 가치를 창출하는 것처럼, 정부의 관리자들은 공공자산을 활용하여 시민을 위한 공공가치를 창출해야 함을 강조

② 공공가치창출을 위한 전략적 삼각형

㉠ **정당성과 지원** : 시민의 지지, 선출직 대표에 대한 책무성, 미디어 평판

㉡ **공공가치** : 조직 비전과 미션, 전략적 목표, 목적과 산출의 연계성, 조직에 대한 신뢰

㉢ **운영 역량** : 재정적 역량, 인적자원 역량, 조직혁신 역량, 조직의 생산성

③ 공공기관에 의해 창출된 순공공가치를 추정하기 위한 공공가치 회계를 제안하며, 다음의 세 가지 전제를 기반으로 함.

㉠ 민주적 과정을 통해 집단적으로 정의된 공공집단이 공공가치를 결정

㉡ 정부는 공적 자금뿐만 아니라 국가의 권위를 포함하여 공공가치를 창출

㉢ 개인의 물질적 욕구 등 공리주의적 가치뿐만 아니라 정당한 사회가 이루어지도록 노력하는 의무론적 가치도 포함

3 보우즈만(Bozeman)의 공공가치실패론

① **공공가치실패** : 시장이 효율적으로 작동하는데도 공공부문의 핵심가치*를 제공하지 못하는 현상

② 시장행위자 혹은 공공부문의 행위자가 공공가치에 부합한 서비스를 제공하지 못하는 경우를 공공가치실패가 발생한 것으로 간주 → 정부 개입의 근거

③ 효율성에 집중하는 기존의 경제적 모형에 의문을 제기하면서 정책의 공공가치 전제들을 식별하고 이들을 주석하기 위한 접근법으로 공공가치 지도그리기를 제안

공공가치 실패 기준	개념 정의
가치의 표출과 결집 메커니즘의 왜곡	· 공공가치 결집을 위한 의사소통 및 사회적 응집력 부족
불완전 독점	· 정부 독점이 공익에 부합함에도 민간의 서비스 공급 허용
혜택 숨기기	· 공공서비스 제공이 특정 집단에 집중
제공자의 부족	· 공공서비스 제공자를 확보할 수 없는 상황
단기적 시계	· 장기적 고려의 실패
자원의 대체 가능성 VS 자원 보존	· 만족할 만한 대체재가 없는데도 민간으로 대체하려는 문제
최저 생활과 인간 존엄에 대한 위협	· 핵심 가치의 위반

* **공공부문의 핵심가치** : 인간존엄, 지속가능, 시민참여, 개방, 기밀, 타협, 온전성, 강건성 등

구분	전통적 공공행정론	신공공관리론	공공가치관리론
공익	정치인이나 전문가가 정의	개인 선호의 집합	**숙의를 거친 공공의 선호**
성과목표	정치적으로 정의	효율성 (고객 대응성과 경제성)	**공공가치 달성** (서비스 만족, 사회적 결과, 신뢰)
책임성 확보	정치인에 대한 책임, 정치인을 통한 의회에 대한 책임	성과계약을 통한 책임, 고객에 대한 책임	**다원적 차원** (시민, 고객, 납세자)
서비스 전달체계	계층조직, 자율규제하는 전문직	민간조직, 책임행정기관	**대안적 전달체계의 실용적 선택** - 공공부문, 공공기관, 책임행정기관, 민간기업, 공동체
관리자의 역할	규칙과 절차의 준수를 보장	동의하는 성과목표 정의	숙의 절차와 전달 네트워크 운영, 전체 시스템의 역량 유지
공공서비스 정신	공공부문이 독점	공공서비스 정신에 대해 회의적	공공서비스 정신 독점보다는 **공유한 가치를 통한 관계 유지**
민주적 과정 기여	책임성의 전달 : 선거를 통한 조직 리더 선출 경쟁으로 책임성 확보	목표의 전달 : 목표의 형성 및 성과 점검으로 한정	대화의 형성과 전달 : 지속적인 민주적 소통 과정이 필수적
공공참여	투표, 선출직 정치인에 대한 압박으로 제한	고객만족도조사 등을 제한적으로 허용	다원적(소비자, 시민, 이해관계자 등) 참여 보장

9급 24국
7급 15국

시민 참여

민주주의
공감/지지
정책 순응
지역 특성

대표성?
전문성?
능률성?
정부 유착?

5 시민참여와 NGO C

1 시민참여

(1) 의의

① 시민의식 성숙과 시민의 참여욕구 증대로 정부와 시민사회의 새로운 파트너십이 요구

② 정부주도의 성장 과정에서 초래된 사회적 부작용을 완화하는 방안으로 시민사회의 역할이 강조

③ 시민사회의 역량이 커지고 정부 중심의 통치에서 거버넌스로 관점이 변화되면서 심판자로서의 정부 역할이 약화

④ 좋은 거버넌스에서는 시민단체의 역할이 강조되며, 정부와 시민단체 간의 균형을 위해서는 정보의 공유가 필요

(2) 장단점

① **장점** : 대의민주주의 결함 보완, 정책에 대한 공감과 지지 확보, 정책순응 강화, 정책집행의 용이, 지역특성의 반영 등

② **단점**

㉠ 행정에 참여하는 시민의 **대표성과 공정성 확보의 어려움**

㉡ 행정에 참여하는 **시민의 전문성 결여**로 인한 의사결정의 지연과 부실

㉢ 공동체 전체 이익보다는 **지엽적인 특수이익에 집착**할 가능성

㉣ 시민참여에 따른 **시간과 비용의 과다**로 행정의 지체와 비능률 초래

㉤ **정부와 시민단체의 지나친 유착**은 시민단체의 정체성 문제를 야기

2 비정부조직(NGO : Non-Governmental Organization)

(1) 개관

① **개념** : **국가와 시장이 아닌 비영리섹터**에서 비영리적 목적을 추구하며 자발적으로 조직된 결사체로, **비공식적 통제자** 역할 수행

② **특징** : **자발성, 자율성, 이익의 비배분성(비영리성), 공익성** 등

③ **기능** : 정부나 시장에 대한 감시와 견제, 사회적 약자의 권익 대변, 정책결정의 투입 및 조정 · 타협, 시민의식 교육 등

(2) 정부와의 관계 유형 I

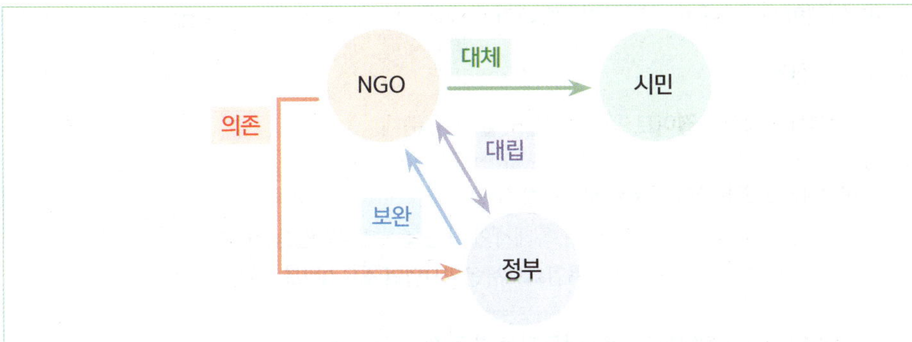

① **대체적 관계** : NGO가 **정부 대신** 공공재의 공급을 담당

② **보완적 관계** : NGO가 생산하는 공공재의 **비용을 정부가 지원**

③ **대립적 관계** : NGO와 정부 간에 공공재 공급에 대한 근본적 시각 차이

④ **의존적 관계** : 정부가 특정 NGO의 성장을 지지하고 지원

(3) 정부와의 관계 유형 II

구분		정부의 태도	
		거부	수용
NGO의 전략	경쟁	대립형	NGO주도형
	협력	정부우위형	상호의존형

① **대립형**

㉠ 정책결정과정에서 정부의 지배력이 절대적이며 정보에 대한 접근이 제약된 상태에서 NGO가 비판과 저항으로 맞서는 형태

㉡ 급진적인 환경운동, 대규모개발계획에 대한 반대운동 등

② **상호의존형**

㉠ 정부와 NGO 간에 권력의존성이 높고 상호 신뢰와 협력체계가 형성된 형태

㉡ 정부와 NGO가 재원을 분담하여 사회복지서비스를 전달하는 사례

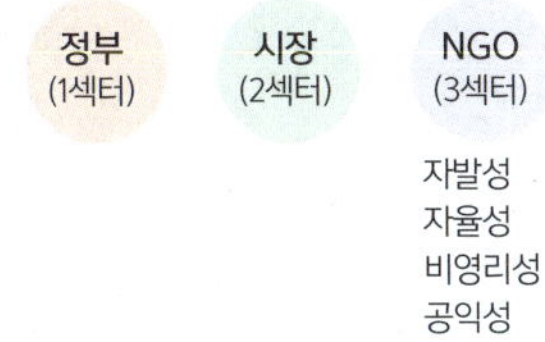

보충

NGO 형성 배경 이론

① **시장실패 – 정부실패모형(자원부문실패모형)** : 시장실패와 정부실패가 동시에 발생하는 현대행정에서 그 해결책으로 등장

② **공공재이론** : 시장에서 공급될 수 없는 공공성이 강한 재화는 주로 행정기구가 공급하여야 하지만, 기존의 공공재 공급체계하에서 공급되지 못한 수요를 충족시키기 위해서 발생

③ **소비자통제이론** : 소비자인 시민이 국가권력을 감시하고 통제하기 위한 수단으로 발생

④ **기업가이론** : 정부와 NGO는 이질적이고 이들간의 관계는 경쟁과 갈등관계라는 기업가적 관점

⑤ **계약실패이론** : 거래비용이론에 근거한 것으로, 서비스의 성격상 영리기업 서비스의 양과 질을 정확하게 파악하지 못할 때 비영리성을 띤 준(비)정부조직의 서비스를 더 신뢰

⑥ **다원화이론** : 사회서비스의 생산은 정부만이 아니라 사회의 다양한 주체에 의하여 가능

⑦ **관청형성모형** : 관료들은 예산극대화를 추구하기보다는 집행위주의 계선조직을 정책위주의 참모조직으로 개편하려는 의도로 준정부조직 등 다양한 관청을 형성

⑧ **정책연결망모형** : 이익집단에 의한 집단정치는 시민들의 이익이나 선호를 균형있게 반영하지 못하므로 이에 정책문제들을 중심으로 상호 연결된 조직들의 복합체인 정책연결망이 대두

⑨ **보조금 이론** : 정부의 보조금에 의하여 탄생되고 유지

⑩ **상호의존 이론** : 정부와 NGO가 상호의존적 협력관계를 유지

⑪ **사회기원론** : NGO가 사회의 기원

③ 정부우위형

㉠ 권력자원에 우세한 정부가 NGO의 주장이나 요구를 거부하거나 무관심한 상태에서 정책결정을 주도하는 형태

㉡ 정부의 필요성에 의해 특정한 비정부조직분야의 성장을 유도하여 형성된 의존적 관계로 개발도상국에서 많이 나타남.

④ NGO주도형

㉠ 정부와 정책경쟁 상황에서 NGO가 정치적 지지와 운동역량을 토대로 경쟁전략으로 맞서고 이를 정부가 수용하는 형태

㉡ 영월댐 건설 백지화, 의약분업 정책의 사례

⑤ **타협형** : 현실에서는 정부가 NGO의 주장과 요구를 부분적으로 수용하는 형태도 존재

(4) NGO의 한계

① **재정상 독립성의 결여**로 독립성 및 자율성에 문제

> **비영리민간단체지원법 제6조(보조금의 지원)**
>
> ① 행정안전부장관, 시 · 도지사나 특례시의 장은 등록비영리민간단체에 다른 법률에 따라 보조금을 교부하는 사업 외의 사업으로서 **공익사업의 소요경비를 지원**할 수 있다.

② **소수의 의사가 지나치게 과잉 대표**되는 대표성 저하의 문제

③ **도덕성 및 전문성에 대한 회의적** 시각 존재

④ **이상주의**에 치우쳐 결과에 무책임하다는 비판

심화 비영리민간단체 지원법

> **비영리단체법 제4조(등록)**
>
> ① 이 법이 정한 **지원을 받고자 하는 비영리민간단체**는 그의 주된 공익활동을 주관하는 **중앙행정기관의 장, 시 · 도지사나 인구 100만 이상 대도시(특례시)의 장에게 등록을 신청**하여야 하며, 등록신청을 받은 중앙행정기관의 장, 시 · 도지사나 특례시의 장은 그 **등록을 수리**하여야 한다.
>
> **동법 제6조(보조금의 지원)**
>
> ① 행정안전부장관, 시 · 도지사나 특례시의 장은 등록비영리민간단체에 다른 법률에 따라 보조금을 교부하는 사업 외의 사업으로서 **공익사업의 소요경비를 지원**할 수 있다.
>
> **동법 제7조(지원사업의 선정등)**
>
> ① 행정안전부장관, 시 · 도지사나 특례시의 장은 매년 등록비영리민간단체가 참여할 수 있는 공익사업의 지원에 관한 사회적 수요를 파악하여 대통령령이 정하는 기준에 따라 제6조에 따른 **지원을 할 수 있는 공익사업의 유형을 결정**한다.
>
> ② 행정안전부장관, 시 · 도지사나 특례시의 장은 제1항에 따른 사업유형에 해당하는 공익사업 중에서 **공익사업선정위원회가 결정**하는 바에 따라 **개별적인 지원사업 및 지원금액**을 정한다. 이 경우 개별적인 지원사업의 선정은 **공개경쟁방식을 원칙**으로 한다.

동법 제8조(사업계획서 제출)

등록비영리민간단체가 공익사업을 추진하기 위하여 보조금을 교부받고자 할 때에는 사업의 목적과 내용, 소요경비, 기타 필요한 사항을 기재한 사업계획서를 해당 회계연도 2월 말까지 행정안전부장관, 시 · 도지사나 특례시의 장에게 제출하여야 한다.

동법 제9조(사업보고서 제출 등)

① 등록비영리민간단체는 제8조의 사업계획서에 따라 사업을 완료한 때에는 다음 회계연도 1월 31일까지 사업보고서를 작성하여 행정안전부장관, 시 · 도지사나 특례시의 장에게 제출하여야 한다.

3 숙의민주주의

(1) **개념** : 시민의 **깊이 있는 참여와 심사숙고** 과정인 **숙의(deliberation)가 중심**이 되는 시민참여 방식

(2) 유형

① **공론조사 : 대표 시민들에 정보를 제공하고 토론** → 신고리원전 5 · 6호기 건설 추진 여부 결정(2017)

② **합의회의** : 시민들이 전문가에게 질의하고 의견 청취

③ **시민회의** : 시민이 참여하여 도출한 결정을 의회 동의를 얻어 입법화

④ **주민배심** : 대표 시민들이 정책 질의 및 심의과정에 참여한 후 정책 권고안 제시

심화 공론조사(deliberative polling)

1. 여론조사 VS 공론조사

① 여론조사 : 일반시민의 단순한 의견을 조사하는 것이므로, 응답자들의 지식과 관심 부족으로 인한 잘못된 응답 가능성 높음.

② 공론조사 : 충분하고 균형된 정보제공과 숙의를 거쳐 도출되는 것으로, 다양한 관점과 주장에 대한 상호토론을 통해 의견 형성

2. 공론조사의 단점

① 조사 대상자들을 한 곳에 모아 일정기간의 공론화 과정을 거쳐야 하므로 많은 비용과 시간 소요

② 2~3일 정도의 토론을 거쳐야 하므로 조사 대상자가 중간에 탈락하는 경우가 많아, 여론 조사에 비해 대표성 측면에서 취약

③ 토론문화에 친숙하지 않은 경우 집단 내 다수의견에 대한 동조현상 발생 가능성 높음.

3. 공론조사 사례

우리나라의 경우 신고리 5·6호기 건설 중단 여부에 대한 공론조사(2017년) 등에서 활용

9급 17국
7급 21국, 15지

6 사회자본 A

1 개념 및 이론

(1) 개념

① **참여자들이 협력하도록 함**으로써 공유한 목적을 보다 효과적으로 성취하게 만드는 **신뢰, 규범, 네트워크**와 같은 사회조직의 특징

② 대의민주주의의 결함을 보완하는 거버넌스 형성에 긍정적인 영향

(2) 물적자본과의 비교

물적자본

사회자본

	물적자본	사회자본
형성과정	과정 확실	과정 불확실
교환방식	등가교환	등가교환 × (호혜주의)
동시성	동시성 전제	동시성 전제 ×
소유여부	소유	공유
자본성격	사적재	공공재
감소여부	감소	감소 ×
형성기간	단기적 노력	장기적 노력

(3) 이론적 논의

① **부르디외(Bourdieu)** : 서로 알고 지내는 사이에 지속적으로 존재하는 관계의 네트워크를 통해 얻을 수 있는 실제적이고 잠재적인 자원의 합계

② **콜먼(Coleman)** : 네트워크 참여로 특정한 행동을 가능하게 만들어주는 사회적 구조의 한 측면으로, 실재적 · 잠재적으로 얻어지는 자원

③ **푸트남(Putnam)**

㉠ **이탈리아 지방정부 제도적 성과 차이**를 사회자본(공동체의식) 차이로 설명

㉡ 미국의 사회자본 감소 근거로 단독 볼링 증가, 모임 참여 감소 등 제시

④ **후쿠야마(Fukuyama)** : 국가의 복지수준과 경쟁력은 사회에 내재하는 신뢰수준이 결정한다고 보며, **한국을 저신뢰사회로 규정**하며 한국에서는 사회자본의 형성이 어려울 것이라고 평가

2 주요 속성

(1) 신뢰

① 정밀한 사회적 연결망은 **신뢰를 강화**하고, **거래비용을 감소**시키며, **혁신을 가속화**함으로써 경제 발전을 촉진

② 공동체 의식의 강화를 통하여 지식의 공유와 네트워크의 강화를 기대

(2) 네트워크 · 규범을 통한 협동

① 사회자본은 **행위자들 간의 관계 속에 존재하는 자본**으로, 네트워크 내에서 개인 간의 협동을 촉진

② 사회적 관계에서 **상호이익(호혜주의)*을 위해 집합행동을 촉진시키는 규범과 네트워크**로, 네트워크에 참여하는 당사자들이 공동으로 소유

보충

사회자본 형성사례

① 많은 사람들이 알고 지내는 관계를 유지하는 가운데 대화 · 토론하면서 서로에게 도움을 줌.

② 이웃과 동료에 대한 기본적인 믿음이 존재하며 공동체 구성원들이 서로 신뢰

③ 지역 구성원들이 삶과 세계에 대한 도덕적 · 윤리적 규범을 공유

* **호혜주의**
서로 대등한 이익을 주고받는 것으로, 일방적으로 주거나 받는 관계와는 다름.

(3) 구성원의 적극적 참여

① 행위자가 자신이 소속한 집단과 네트워크에 있는 자원에 접근함으로써 얻을 수 있는 자산에 초점

② 사회적 네트워크 또는 사회구조의 구성원이 됨으로써 확보할 수 있는 행위자의 능력 중시

③ 사회적 자본 축적을 위해서는 자발적 결사체의 결성과 활동이 촉진될 수 있는 여건 중요

3 평가

(1) 순기능

① **민주주의의 유지와 발전**을 위한 토대가 되면서도 **사회적 규범**으로서 효과적인 사회적 제재력을 제공

② 구성원 간 신뢰 강화는 **거래비용을 감소**시키면서 **효율성을 제고**시키고, 협력적 행태의 촉진은 조직의 혁신과 발전을 추동

(2) 한계*

① 집단에 대한 **동조성(conformity)을 강요**하면서 개인의 행동이나 **사적 선택을 제약**할 위험성

② **집단결속력에 따른 대외적 폐쇄성**은 다른 집단과의 관계에 있어서 부정적 효과를 발생시킬 가능성

③ 단기간에 형성되기 어렵고, 상당한 학습비용을 수반하며, 추상적이기에 객관적으로 계량화하기 곤란

X [7급] 사회적 자본이 증가하면 제재력이 약화되는 역기능이 있다.
O 사회적 자본이 증가하면 내부 결속력이 강화되므로 사회적 제재력이 강화(약화 ×)되는 특징이 있다.

*
① 사회자본은 결속적(bonding) 사회자본과 교량적(bridging) 사회자본으로 구분되며, 일반적으로 둘은 상이하지만 배타적이지 않음.
② 하지만 높은 결속적 사회자본과 낮은 교량적 사회자본의 결합은 다른 집단에 대한 혐오 및 공격 등을 낳을 수 있음.

기출 CHECK

1 사회자본이론(social capital theory)에 대한 설명으로 옳지 않은 것은? 2017 국가직 9급

① 사회자본은 참여자들이 협력하도록 함으로써 공유한 목적을 보다 효과적으로 성취하게 만드는 신뢰, 규범, 네트워크와 같은 사회조직의 특징으로 정의할 수 있다.
② 푸트남(R. D. Putnam) 등은 이탈리아에서 사회자본(시민공동체 의식)이 지방정부의 제도적 성과 차이를 잘 설명한다고 주장했다.
③ 정밀한 사회적 연결망은 신뢰를 강화하고, 거래비용을 낮추며, 혁신을 가속화함으로써 경제 발전을 촉진할 수 있다.
④ 신뢰와 네트워크를 통한 과도한 대외적 개방성에 대하여 많은 비판을 받고 있다.

① O 사회자본은 물적자본 및 인적자본과는 구분되는 자본으로, 사회적 관계 내에 존재하면서 공유한 목적을 보다 효과적으로 성취하게 만드는 신뢰, 규범, 네트워크와 같은 사회조직의 특징이다.
② O 푸트남은 이탈리아 지방정부의 제도적 성과 차이를 공동체의식과 같은 사회자본 차이로 설명했다.
③ O 정밀한 사회적 연결망과 같은 사회자본은 공동체 안의 다른 구성원들을 신뢰하게 한다. 이는 타인을 감시하고 감독하는 데 들어가는 거래비용을 감소시키며, 비용의 감소는 혁신의 가속화와 경제 발전의 촉진으로도 연결될 수 있다. 즉 사회자본은 경제적 효율성을 증진시키는 것에도 긍정적인 영향력을 행사한다.
④ X 사회자본은 우리 공동체 안의 구성원들끼리는 끈끈하게 결속시킨다. 하지만 이는 외부의 다른 집단에 대해서는 폐쇄적이고 배타적인 입장이 되기도 한다. 즉 사회자본은 과도한 대외적 개방성이 아닌, 대외적 폐쇄성에 따른 문제점이 한계로 지적된다.

정답 ④

체크포인트
사회자본의 출제포인트는 크게 세 가지입니다. 사회자본과 물적자본의 특징을 비교하는 것, 사회자본을 주장한 학자들을 알아둘 것, 마지막으로 사회자본의 문제점입니다. 사회자본은 보통 긍정적인 특징이 많지만 대외적 폐쇄성이나 사적 선택의 제약과 같은 한계도 존재한다는 것도 이해해두어야 합니다.

5 기타 행정학 이론

1 역사적 접근 C

(1) 고전적인 접근 방법으로, 각종 정치 · 행정제도의 진정한 성격과 그 제도가 형성되어온 특수한 방법을 인식하는 수단을 제공

(2) 그 결과 이들 연구는 일종의 사례연구 형식이며, 과거와 현재의 사건이 무수한 방식으로 연결되어 있다는 **발생론적 설명방식**을 주로 사용

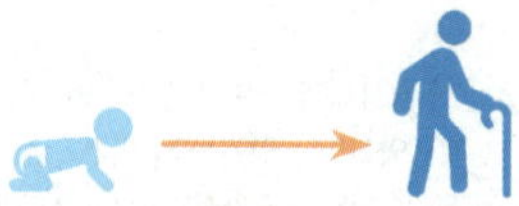

발생론적 설명

(3) 과거를 이해하면 현재의 문제를 해결할 수 있다고 인식하며, 제도 · 정책의 기원과 발전과정을 설명하는 데 활용

2 환경적 접근 B

9급 12국
7급 24국, 22지, 21지, 16지, 15국

Ⓧ [9급] 후기 행태주의 접근 방법은 행정을 자연·문화적 환경과 관련하여 이해하면서 행정체제의 개방성을 강조한다.

O 생태론적(후기 행태주의 ×) 접근 방법은 행정을 자연·문화적 환경과 관련하여 이해하면서 행정체제의 개방성을 강조한다.

1 생태론

(1) 특징

① 행정 현상을 **자연 · 사회 · 문화적 환경과 관련시켜 이해**하려는 방법으로, 서구 행정제도가 후진국에서 작동되지 않는 이유는 사회문화적 환경이 다르기 때문이라고 인식

② 행정 체제의 **개방성을 강조**하고, 행위자 개인보다는 집합적 행위나 제도에 맞춘 **거시적 분석**의 성격

③ 행정현상을 하나의 **유기체**로 보아 행정을 둘러싸고 있는 다른 환경적 요소와의 관련성 속에서 행정상태를 연구하려는 개방체제적 접근법

생태론

(2) 대두 배경

① 1947, **가우스**(Gaus), 정치학과 문화인류학에서 발전된 생태론적 접근 방법을 행정학에 도입

② 행정에 영향을 미치는 환경적 요인으로 **국민, 장소, 과학기술, 욕구와 사조, 재난, 개성**을 제시

(3) 평가

① **후진국의 행정 현상을 설명**하는 데 크게 기여했으며, 행정의 보편적 이론보다는 **중범위 이론의 구축**에 자극을 줘 행정학의 과학화에 기여

② 하지만 행정을 환경적 요소에 의해 영향을 받는 것으로만 보고 있어 행정환경에 대한 **행정의 주체적인 역할을 경시**하고 행정이 추구해야 할 **목표나 방향을 제시하지 못했다는 비판**

기출 CHECK

1 행정학의 주요 접근방법인 생태론적 접근방법의 특징에 대한 설명으로 옳지 않은 것은?

2010 지방직 7급

① 생태론적 접근방법을 행정학에 도입한 것은 1947년 가우스(J. M. Gaus)이다.
② 행정현상을 자연 · 사회 · 문화적 환경과 관련시켜 이해하려고 한다.
③ 행정이 추구해야 할 목표나 방향을 명확히 제시하고 있다.
④ 서구 행정제도가 후진국에서 잘 작동하지 않는 이유는 사회 문화적 환경이 다르기 때문이라고 본다.

① O 가우스는 1947년에 정치학과 문화인류학에서 발전된 생태론적 접근방법을 행정학에 도입하였다.
② O 생태론은 행정 현상을 자연·사회·문화적 환경과 관련시켜 이해하려는 방법으로, 행정현상을 하나의 유기체로 보아 행정을 둘러싸고 있는 환경적 요소와의 관련성 속에서 행정상태를 연구하려는 개방체제적 접근법이다.
③ X 생태론은 행정을 환경적 요소에 의해 영향을 받는 것으로만 보고 있어 행정환경에 대한 행정의 주체적인 역할을 경시한다는 문제가 있다. 환경 변화에 따라 행정의 목표가 유동적으로 변한다고 보기 때문에 행정이 추구해야 할 목표나 방향을 제시하지 못했다는 비판을 받는다.
④ O 생태론은 환경의 영향력을 강조하는 접근법으로, 사회 문화적 환경이 다르다면 같은 제도를 도입하더라도 효과가 다르게 나타난다고 보았다. 서구 행정제도가 후진국에서 잘 작동하지 않는 이유도 사회문화적 환경이 다르기 때문이라고 주장한다.

정답 ③

체크포인트
생태론적 접근방법처럼 환경의 영향력을 강조하는 이론의 문제점은 대체적으로 비슷합니다. 행정의 주도적인 역할을 제시하지 못한다는 것입니다. 이는 행정학에서 존재하는 환경 중심적 이론에서 모두 발견할 수 있는 특징이 되기 때문에, 적절히 활용한다면 학습의 효율성을 높일 수 있는 지점이 될 것입니다.

2 비교행정론

(1) 개념 및 대두배경

① **서로 다른 문화적 · 환경적 배경**에서의 조직 · 관리 · 정책의 **유사점과 차이점을 비교 · 분석**
② 선진국(美)의 행정이론을 도입하여 발전을 이룩하고자 했던 **개발도상국들의 실패원인을 규명**하고 해결책을 모색하려는 시도
③ 국가의 경계를 넘어 **행정에 대한 일반법칙을 정립**하려는 **과학성 제고**를 위한 접근

비교행정론

(2) 연구 방법

① 경험적(empirical), 법칙정립적(nomothetic), 생태론적(ecological) 접근
② 전통적 연구방법을 완전히 배제한 것이 아닌, 상호보완적 접근 추구

(3) 연구 대상

① 정부 행정체계의 비교 기준
② 문화적 · 환경적 제약을 넘어서는 보편타당한 과학적 지식의 도출
③ 개발도상국가의 행정능력 발전을 위한 주요 전망
④ 범문화적이고 전세계적으로 공유할 수 있는 적절한 행정구조와 운영방식
⑤ 비교행정이 미래의 행정체제를 변화시킴에 있어 제공할 수 있는 정책적 시사점

(4) 일반체제 모형(리그스, Riggs) - 프리즘적 사회(프리즘적 사랑방 모형)

① 사회 특성에 따라 **융합 사회, 프리즘적 사회, 분화 사회**로 행정체제 구분
② 후진국의 행정행태를 사회문화적 맥락에서 파악하였으나, 행정의 독자성을 인정하지 않고 **환경에 대한 종속변수로 취급**

③ **프리즘적 사회의 특성** : 고도의 **이질혼합성, 형식주의, 다규범성** 등

	융합 사회	프리즘적 사회	분화 사회
특성	농업·전통적·미발전	전이·과도기·발전도상	산업·현대적·발전
행정체제	안방(chamber)	사랑방(sala)	사무실(office)

(5) 시사점

① 행정에 있어서 **환경의 중요성**을 부각하고 **국가 간 비교연구 촉진**

② 미국 국내에 한정됐던 행정연구 범위를 확대하여 **학문의 과학성 및 보편성 추구**

(6) 한계

① **환경결정론**에 따라 신생국 발전에 비관적 입장을 취했으며, 서구 선진국의 행정체제를 무조건 발전된 형태로 인식

② **환경과 행정의 교류적 관계를 경시한 정태적 접근**으로, 동태적인 사회변동을 고려하지 못함.

③ 행정을 지나치게 과소평가함으로써 행정의 독자성을 무시하고 행정의 종속성을 강조하여 **행정엘리트의 주도에 의한 발전가능성 경시**

체크포인트

프리즘적 모형의 특성은 아직 9급에서는 기출된 논점은 아니지만, 충분히 출제될 수 있으므로 준비해두어야 합니다. 프리즘적 모형의 키워드를 알고 있는 것도 좋지만, 융합 사회나 분화 사회처럼 다른 사회의 특징과 비교할 수 있어야 좀 더 명확하게 정답을 찾을 수 있을 것입니다.

기출 CHECK

1 리그스(Riggs)의 프리즘적 모형(Prismatic Model)에서 설명하는 프리즘적 사회의 특성으로 옳지 않은 것은? 2015 국가직 7급

① 고도의 이질혼합성 ② 형식주의

③ 고도의 분화성 ④ 다규범성

③ X 리그스가 제시한 프리즘적 사회는 전통적인 융합 사회에서 현대적인 분화 사회로 넘어가는 과도기적 사회이다. 따라서 과도기적 사회의 특징인 고도의 이질혼합성, 형식주의, 다규범성 등을 특징으로 한다. 고도의 분화성은 현대적 사회인 분화 사회의 특징이다. 정답 ③

3 발전행정론

(1) 주요 내용

① **에스만(Esman), 와이드너(Weidner)** : 1960년대 **개발도상국의 발전**을 위한 행정관리체계를 연구

② 실용주의에 입각, 목표지향적이고 **동태적인 행정이론** 모색

③ 우리나라의 경우 박정희 정권 시절 고도경제성장을 추진하면서 발전행정론에 큰 관심

(2) 특징

① **행정을 독립변수**로 두고, 계획적이고 의도적인 사회변동을 유도하고 관리하는 데 초점

② 효과성을 추구하는 목표지향적 행정으로, 국가발전을 위한 자원 동원, 조직화, 내부 관리 등을 포함

③ 경제적 측면에 집중하면서 발전엘리트인 정부 관료의 적극적이고 쇄신적인 역할 강조

(3) 시사점

① 내부 관리에 중심을 둔 기존 연구범위를 행정의 주도적이고 동태적인 영역으로 확대

② 개발도상국의 사회경제적 발전과 정책 개발에 일정부분 공헌

(4) 한계

① 행정권의 비대화를 초래해 통제가 어려워졌으며, 정치 · 사회 · 경제의 균형성장 저해

② 외형적인 목표달성에 치중해 가치배분의 형평성 등 본질적 가치를 고려하지 못함.

③ 서구 선진국의 입장에서 개발도상국의 발전모형을 모색함으로써 상황의 차이에 따른 부적합성 노출

4 체제론

(1) 특징

① 사회 현상을 전체의 한 부분으로 보고, 행정 현상을 분석하기 위해 환경을 포함한 다양한 변수들을 거시적으로 접근

② 체제는 유기체로서 자기 고유의 속성을 유지하려는 항상성을 가지기 때문에, 혼란을 주는 요소가 들어오면 본래의 자기 상태로 돌아가려고 하는 균형화를 추구(부정적 엔트로피)

③ 체제의 변화나 성장은 기존의 균형 상태에서 일어나지 않고, 구성 요소 중 어느 하나에 변화가 생기거나 새로운 이질적 요소가 투입될 때 발생

(2) 주요 개념

① 이스턴(D. Easton) : 체제적 접근 방법을 도입하면서 정치체제를 설명할 때 요구, 지지, 산출, 환류의 개념을 사용

② 샤칸스키(Sharkansky)의 행정체제론

㉠ 환경 : 체제에 대한 요구나 지지를 발생시키는 체제 밖의 모든 영역

㉡ 투입 : 국민의 지지나 반대 등의 요구

㉢ 전환 : 목표를 설정하고 필요한 정책을 결정하는 과정

㉣ 산출 : 전환과정을 거쳐 다시 환경에 응답하는 결과물

㉤ 환류 : 산출을 반영하여 체제에 새로운 투입이 일어나는 과정

체제론

행정+환경
거시적
항상성

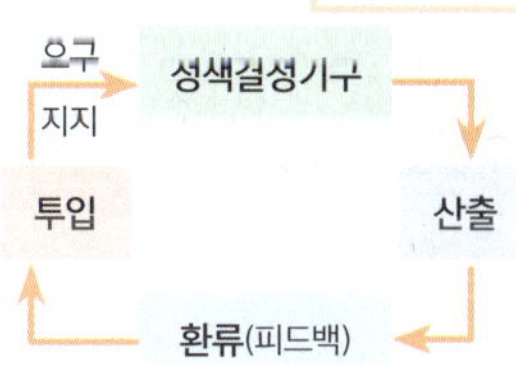

(3) 한계

① 균형 유지에 따른 정태성과 현상 유지적 성격을 띠고 있어 변화나 발전을 적절하게 설명하지 못함.

② 행정과 환경의 교호작용을 강조하지만 이는 선진국에 국한되며, 행정이 독립변수로서 환경에 영향을 미치는 개발도상국의 사례는 설명하기 곤란

③ 거시적 접근 방법이므로 체제의 구체적인 운영이나 행태 측면은 다루지 못함.

④ 정치 · 행정 현상에서 특수한 인물의 성격 · 개성 · 리더십, 정책결정, 가치판단, 권력, 의사전달 등이 큰 비중을 차지하는 경우 이를 과소평가하기 쉬움.

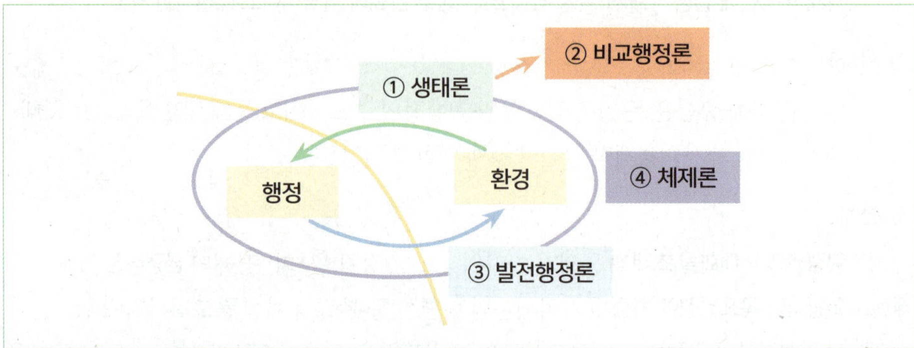

9급 10국, 09국
7급 20지, 17지

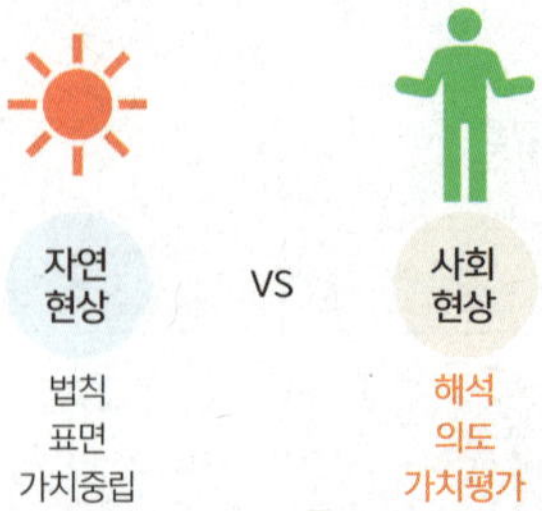

3 가치적 접근 B

1 현상학

(1) 특징

① 사회 현상은 사람과 동떨어진 자연 현상이 아니라 **상호 주관적인 사람들의 의식 · 생각 · 언어 · 개념으로 구성**된다고 전제

② 실증주의나 행태주의와 같은 **과학적 방법이 아닌 해석학적 방법을 선호**하며, 선험적 의식 또는 순수이성에 바탕을 둔 **직관적 포착이 중요**하다고 강조

③ 인간 자아의 능동적 · 사회적 본성을 분석의 기초단위로 보고, 행정학 연구 방향을 행정가의 일상적이고 실제적인 측면을 강조하는 미시적 관점으로 전환

④ 기존의 단편적 관찰이나 믿음을 받아들이지 않고, 잠정적으로 이를 거부하기 위해 '괄호 안에 묶어두기' 또는 '현상학적 판단정지'가 중요

(2) 조직에 대한 해석

① 조직내외의 인간들은 자신의 행위나 다른 사람들의 행위에 **의미를 부여함으로써 조직을 설계**

② 조직의 중요성은 겉으로 나타난 구조성에 있는 것이 아니라 **그 안에 있는 가치, 의미 및 행동**에 있음.

(3) 시사점

① 일상생활의 상식적 생각 속에서 인간 행위를 이해하고, **표출된 행위보다는 현상의 본질인 의도된 행위**에 관심을 가지면 인간 행위를 풍부하게 이해할 수 있음을 제시

② 가치중립적인 연구에서 벗어나 가치비판적이고 **가치평가적인 연구**가 가능

기출 CHECK

1 행정학의 접근방법 중 현상학적 접근방법에 관한 설명으로 옳지 않은 것은? 2009 국가직 9급

① 행정현실을 이해하는 데 과학적 방법보다 해석학적 방법을 선호한다.
② 조직을 인간의 의도적인 행위에 의해 구성되는 가치함축적인 행위의 집합물로 이해한다.
③ 인간행위의 가치는 행위 자체보다 그 행위가 산출한 결과에 있다.
④ 조직 내외의 인간들은 자신 또는 다른 사람의 행위에 의미를 부여함으로써 조직을 설계한다.

① o 현상학은 행정학적 현상을 자연현상이 아닌 사회현상으로 규정하고, 사회현상에 적합한 방식으로 연구해야 한다고 본다. 자연현상에 대한 연구는 가치중립적인 과학적 방법이 적합하지만, 사회현상에 대한 연구는 인간의 의도를 해석해야 하는 가치판단적이고 해석학적 방법이 적합하다고 주장한다.
② o 현상학은 조직에 대한 접근 역시 가치중립적 관점보다는 가치판단적 관점을 중시한다. 현상학에 따르면 조직은 사람들이 부여한 가치와 의도에 의한 집합물로 만들어진다. 따라서 겉으로 드러난 구조가 중요한 것이 아니라, 조직에 부여된 가치와 의도가 본질적으로 중요한 것이다.
③ x 현상학은 겉으로 보이는 표면이 아니라 숨겨진 의도를 해석하는 것에 집중한다. 행위가 산출한 결과는 겉으로 보이는 표면이므로 이는 과학적인 연구가 적합한 반면, 행위 자체는 본질적인 부분이므로 행위 자체에 집중하면서 그 의도를 파악하는 것이 사회현상에 적합한 가치판단적인 연구방법이 된다.
④ o 현상학에 따르면 조직은 사람들의 의도와 의미로 구성된 집합물이다. 조직내외의 인간들은 자신의 행위나 다른 사람들의 행위에 의미를 부여함으로써 조직을 설계한다. 정답 ③

체크포인트

현상학은 까다로운 주제이지만, 결국 그 본질은 자연현상과 사회현상을 비교하는 것입니다. 현상학은 자연현상에 대한 연구방식인 표면적이고 과학적인 연구가 아니라, 사회현상에 맞는 가치평가적이고 해석적인 연구를 해야 한다는 주장입니다. 따라서 자연현상에 대한 연구 방식을 표현한 문장을 적절하게 걸러내는 훈련을 하는 것이 좋습니다.

2 포스트 모더니즘

모더니즘	VS	포스트모더니즘
인간, 이성, 합리성		"맥락 의존적" ← 담론 ① 상상 : 규칙 × ② 해체 : 이론·설화 × ③ 영역해체 : 고유영역 × ④ 타자성 : 인식적 객체 × 노닉석 타사

(1) 특징

① **모더니즘(절대성)** : 인간이 세상의 중심에 있고, 인간이 세상의 많은 일을 합리적으로 인식하고 판단할 수 있다고 주장

② **포스트 모더니즘**

㉠ **상대주의와 다원주의** : 진리의 기준은 맥락 의존적이라고 보면서, 담론을 통해서 발전 가능성을 모색하는 촉매 역할을 중시

㉡ **구성주의** : 객관적 사실이 있다는 객관주의를 배척하면서 사회적 현실은 우리들의 마음속에서 구성된다고 주장

㉢ **해방주의** : 개인들은 조직과 사회적 구조의 지시와 제약으로부터 해방되어야 한다고 주장

③ **포스트 모더니즘이 부인하는 것들** : 주체가 중심에 서 있다는 것, 근본주의적인 연구사업과 인식론적인 연구사업, 이성의 성격과 역할, 행정이 객관적으로 연구될 수 있다는 거시이론, 거대한 설화, 거시정치 등

X [7급] 포스트모더니티에서는 관점에 따라 다양한 가능성이 허용되는 상상보다는 과학적 합리성이 더 중요하다.
O 포스트모더니티에서는 관점에 따라 다양한 가능성이 허용되는 상상이 과학적 합리성보다(상상보다 과학적 합리성 ×) 더 중요하다.

(2) 주요 개념

① **상상** : 규칙에 얽매이지 않는 행정의 운영이나 특수성의 인정
② **해체** : 몸짓, 언어, 이야기, 설화, 이론 등의 근거를 파헤쳐 보는 것
③ **영역 해체** : 모든 지식이 그 성격과 조직에서 가지는 고유 영역을 해체
④ **타자성** : 나 아닌 다른 사람을 **인식적 객체가 아닌 도덕적인 타자**로 인정하는 것으로, 이는 **타인에 대한 개방성**, 다양성의 선호, 기존 질서에 대한 반대 등을 의미

체크포인트
포스트모더니즘의 특징을 알고 있는지를 물어보는 가장 고전적인 방식은, 포스트모더니즘이 비판한 기존의 모더니즘과 비교하는 것입니다. 따라서 특정 키워드나 표현이 모더니즘에 대한 것인지 아니면 포스트모더니즘에 대한 것인지를 상대적으로 구분할 수 있어야 합니다.

기출 CHECK

1 파머(Farmer)가 주장한 포스트모더니티 행정이론의 내용으로 옳지 않은 것은? 2020 지방직 7급

① 나 아닌 다른 사람을 인식적 객체가 아닌 도덕적인 타자(他者)로 인정한다.
② 관점에 따라 다양한 가능성이 허용되는 상상(imagination)보다는 과학적 합리성(rationality)이 더 중요하다.
③ 행정에서도 지식과 학문의 영역 간 경계가 사라지는 탈영역화(deterritorialization)가 나타난다.
④ '행정은 객관적으로 연구될 수 있다'는 설화는 해체(deconstruction)를 통해 더 잘 이해할 수 있다.

① O 기존의 절대주의적 모더니즘과는 달리 포스트모더니즘은 상대방을 포용하는 상대주의적이고 다원주의적인 입장이다. 기존의 모더니즘이 타인을 주체가 아닌 객체로 인식하면서 부정했던 것과는 달리, 포스트모더니즘은 타인을 상대적인 도덕적 가치를 갖고 있는 도덕적 타자로 인정한다.
② X 과학적 합리성을 중시한 것은 절대적인 진리를 추구했던 모더니즘이다. 포스트모더니즘은 모더니즘이 강조했던 과학적 합리성과 이성을 비판하면서 등장한 것으로, 기존의 진리를 부정하면서 다양한 가능성이 허용되는 상상, 해체, 영역해체 등 진리의 상대성을 제시한다.
③ O 포스트모더니즘은 기존의 지식이 갖고 있는 고유한 영역을 해체하면서 절대적 진리라고 믿었던 것들을 부정하고 의심하는 접근방법이다. 이에 따르면 지식과 학문의 영역 간 경계도 사라지게 되면서 새로운 시각이 등장할 수 있게 된다.
④ O 기존의 모더니즘은 누구가 절대적으로 믿는 설화나 진리가 있다고 가정한다. 포스트모더니즘은 이런 시각을 비판하면서, 절대적인 설화는 없으며 이를 해체해 볼 수 있어야 본질에 더 다가설 수 있다고 주장한다. 정답 ②

9급 17지
7급 24지, 23국, 22지, 19국

4 새로운 접근 C

1 딜레마 이론

(1) 개념

딜레마 상황이란 관련 참여자, 선택 기회, 문제 등의 **모호성 여부와는 상관없이**, 대안들의 표면화된 가치를 비교할 수 없기 때문에 **선택이 어려운 상황**에 처해 있는 상태

(2) 딜레마 구성 요건

① **분절성** : 대안들이 완전히 끊어져 있어 **절충이 불가능**

② **상충성** : 대안의 상충으로 인해 **하나의 대안만 선택**해야 함.

③ **균등성** : 대안이 가져올 **결과가치가 균등**해야 함.

④ **선택 불가피성**

㉠ 최소한 **하나의 대안은 반드시 선택**해야 함.

㉡ 시간의 제약이 존재하기 때문에 **어떤 식의 결정이든** 해야 함.

(3) 딜레마 해결방안

① **소극적 · 단기적 방안** : 회피, 지연, 무시, 형식주의적 무마용 자원강화 등

② **적극적 · 장기적 방안** : 새로운 딜레마 조성, 문제 재규정, 동시 선택 후 조정, 절차적 합리성 모색 등

(4) 딜레마의 종류

① **일치된 딜레마** : 주어진 딜레마를 주관적으로도 딜레마로 설정하는 경우

② **무시된 딜레마** : 주어진 딜레마를 주관적으로 딜레마로 파악하지 못하는 경우

③ **의사(疑似) 딜레마** : 딜레마가 아닌 상황을 딜레마로 파악하는 경우

딜레마 이론

딜레마 발생요건
분절성
상충성
균등성
선택불가피성

기출 CHECK

1 딜레마 이론에 대한 설명으로 옳은 것은? 2017 지방직 9급 하반기

① 부정확한 정보와 의사결정자의 결정 능력 한계로 인해 발생하는 딜레마 상황에 주목한다.

② 대안을 선택하지 않는 비결정도 딜레마에 대한 하나의 대응형태로 볼 수 있다.

③ 두 대안이 추구하는 가치 간 충돌이 있는 경우 결국 절충안을 선택하게 된다.

④ 딜레마의 구성 요건으로서 단절성(discreteness)이란 시간의 제약이 존재하므로 어떤 식의 결정이든 해야 함을 의미한다.

① x 딜레마 이론은 관련 참여자, 선택 기회, 문제 등의 모호성 여부와는 상관없이 발생하는 딜레마 상황에 주목한다. 즉 부정확한 정보와 의사결정자의 결정 능력 한계로 인한 상황이 아니라, 모호하지 않은 상황 속에서도 딜레마가 발생할 수 있다는 것에 초점을 둔다.

② o 딜레마의 발생 요건 중 선택불가피성에 따르면, 우리는 시간의 제약 때문에 어떤 식의 결정이든 해야 한다. 따라서 대안을 선택하지 않는 비결정도 딜레마가 발생했을 때 가능한 선택지가 될 수 있다.

③ x 딜레마의 발생 요건 중 단절성 또는 분절성에 따르면, 대안들이 완전히 끊어져 있어 절충이 불가능해야 한다. 만약 대안들을 섞어서 절충안을 마련할 수 있다면 이도저도 선택하지 못하는 딜레마가 발생하지 않기 때문이다. 따라서 딜레마가 발생하기 위해서는 절충안을 선택하지 못하는 대안 간의 분절성이 필요하다.

④ x 딜레마의 구성 요건인 단절성은 대안 간 절충이 불가능한 상황을 의미한다. 어떤 식의 결정이든 해야 하는 딜레마의 구성 요건은 선택 불가피성이다.

정답 ②

체크포인트

딜레마이론은 여태까지 딱 한 번 기출된 주제이고, 내용이 명확하게 정립되지는 않은 이론이기 때문에 기출된 범위 내에서 준비하면 충분합니다. 또한 '선택불가피성'이라는 개념에 대한 해석이 두 가지로 갈릴 수 있다는 점을 주의하시면 됩니다.

시차이론

도입순서
선후관계
순서의 변화
충분한 성숙기간

2 시차 이론

① 그동안 행정학이나 정책학 연구에서 크게 관심을 기울이지 않던 **'시간' 변수를 중요한 분석 요소로 도입**

② 정책이나 제도의 개혁은 제도의 도입 과정에서 발생하는 **시차적 요소**(도입순서, 선후관계, 순서의 변화 등)**에 의해 결과가 달라질 수 있음.**

③ 새로운 제도나 정책이 기대하는 효과를 얻기 위해서는 **내적 정합성을 확보하기 위해 충분한 성숙 기간**을 두어야 한다고 주장

④ 시간적 차이를 두고 행정 주체들의 속성과 행태가 변화하는 사실을 연구하는 방법으로, 특히 **한국의 정부개혁이 효과를 거두지 못한 이유를 파악**하려는 데서 시작

넛지이론

- 정부 : 독점적 개입
- 시장 : 선택 (완전한 합리성)
- 넛지 : 선택 + 부드러운개입 (제한적 합리성)

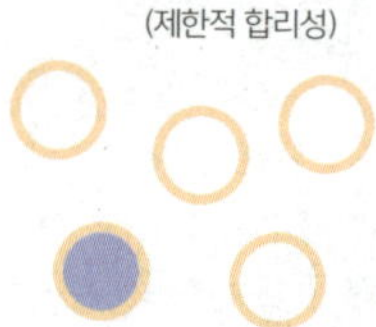

부드러운 개입주의

3 넛지 이론

(1) 개념

① 사람들의 **선택적 자유를 존중**하면서 보다 나은 의사결정을 하도록 **정부가 간접적으로 개입**

② **자유주의적 개입주의**, 부드러운 개입주의, 수단 개입주의

(2) 이론적 배경

① 사이먼의 **제한된 합리성**

② **카너먼 · 트버스키의 전망이론** : 불확실한 상황에서의 판단과 선택

③ **세일러 · 선스타인의 행동경제학** : 인간은 예측 가능한 형태로 **일관성 있게 비합리적으로 행동**

㉠ 인간은 휴리스틱(직관 · 경험 · 습관)을 활용한 의사결정 과정에서 **인지적 오류와 행동 편향** 발생

㉡ 시장실패를 지적하는 전통적 논의는 정부와 법체계를 통한 해결방안에만 초점을 두고, **개인의 인지적 오류나 행동 편향은 고려하지 않는다는 점에서 한계**

㉢ 전통적 시장실패에서는 제3자에게 영향을 미치는 외부효과가 시장실패의 핵심 요소라면, **행동경제학**에서는 자신의 인지적 오류로 인해 **스스로 손실을 초래하는 내부효과**가 핵심 요소

(3) 구체적 방안

① **정부의 역할** : 행동적 시장실패 해결을 위한 **선택 설계자** → 개인의 의사결정에서 발생하는 비합리성을 분석하고 **바람직한 결정을 유도**하기 위한 대안 제시

② **넛지의 활용** : **다양한 선택 설계** → 전통적 수단인 법률, 규제, 경제적 유인 등과 구별

㉠ **선택을 금지하거나 경제적 유인을 변화시키지 않으면서** 예측 가능한 방향으로 행동 변화 유도

㉡ 개인의 **인지적 편향을 전략적으로 활용**하는 선택설계와, 개인의 합리적 선택을 제약하는 **환경적 요인의 개선**을 통해 행동 변화를 유도하는 선택설계로 구분

㉢ **사례** : **디폴트 옵션**(거부 의사 없으면 자동 가입), **정보와 선택 대안의 단순화**, **눈에 잘 띄는 현저성과 주목 효과**, 사회적 규범의 활용, 정보공개 및 시각정보를 활용한 경고, 자발적인 공적 약속, 기억의 환기, 과거 선택의 특성과 결과 제공 등

③ 사람들의 **인지적 오류와 행동편향들을 지속적으로 관찰**하고 **엄격하고 검증된 증거에 기반**하여 정책을 결정하는 **귀납적 분석**을 지향

(4) 평가

① **급진적 점증주의 관점에 기초** → 소규모 변화의 축적으로 혁신적 변화를 달성

② **OECD, 정부영역 적용** : BASIC 모델 제시(Behavior – Analysis – Strategy – Intervention – Change)

③ **한계** : 국가 개입 확대를 위한 근거로 작용하거나, 효과가 단기간에 그칠 수 있다는 비판

구 분	신공공관리론	넛지 이론
이론의 학문적 토대	신고전학파 경제학, 공공선택론	행동경제학
합리성	완전한 합리성, 경제학 합리성	제한된 합리성, 생태적 합리성
정부 역할의 이념적 기초	신자유주의, 시장주의	자유주의적 개입주의
정부 역할의 근거와 한계	시장실패와 제도실패, 정부실패	행동적 시장실패와 정부실패
공무원상	정치적 기업가	선택설계자
정부 정책의 목표	고객주의, 개인의 이익 증진	행동 변화를 통한 삶의 질 제고
정책 수단	경제적 인센티브	넛지
정부개혁 모델	기업가적 정부	넛지 정부

기출 CHECK

1 다음 대화에서 옳지 않은 말을 한 사람은? 2023 국가직 7급

A: 신공공관리론의 학문적 토대는 신고전학파 경제학인데, 넛지이론은 공공선택론이야.

B: 신공공관리론은 효율성을 증대하여 고객 대응성을 높이자는 목표를 가지는데, 넛지이론은 행동변화를 통해서 삶의 질을 높이는 것이 목표야.

C: 신공공관리론에서는 경제적 합리성을 가정하지만, 넛지이론에서는 제한된 합리성을 가정하지.

D: 신공공관리론에서는 공무원이 정치적 기업가가 되길 원하지만 넛지이론에서는 선택설계자가 되길 바라지.

① A ② B ③ C ④ D

① x 신고전학파 경제학과 공공선택론 모두 시장중심 행정개혁이론인 신공공관리론의 이론적 토대이다. 반면 넛지이론은 인간이 예측가능한 형태로 일관성 있게 비합리적으로 행동한다는 행동경제학에 기반하고 있다.

② o 시장중심 행정개혁이론인 신공공관리론은 관리의 효율성을 통해 고객수요에 대한 대응성을 강조한다. 반면 넛지이론은 인간이 보여주는 인지적 오류와 행동편향을 교정하는 것에 주목한다.

③ o 신공공관리론은 비용과 편익을 완벽하게 비교해서 최선의 선택을 할 수 있다고 보는 경제적 합리성을 가정한다. 반면 넛지이론에서의 인간은 제한적 합리성을 갖는다. 그렇기 때문에 인지적 오류나 행동편향이 발생하게 된다.

④ o 신공공관리론은 공무원에게 재량을 부여하고 성과책임을 강조하면서 정치적 기업가의 역할을 제시한다. 반면 넛지이론에서는 사람들의 선택적 자유를 존중하면서 보다 나은 의사결정을 하도록 정부가 간접적으로 개입하는 선택설계를 강조한다. 정답 ①

Public Administration

CHAPTER 4 행정과 행정개혁

보충

행정학의 성격

① 행정학은 **시민사회·정치집단·시장과의 상호작용** 속에서, 공공가치의 달성을 위해 정부가 수행하는 정책이나 관리활동에 대한 지식과 이론을 연구

② 행정학은 원인과 결과의 규칙성을 발견하는 **과학성**을 중시

③ 행정학은 **실천적이고 도구적** 성격이 강한 응용 학문으로, **전문직업적** 성격을 포함

④ 행정학은 다른 학문으로부터 많은 이론과 지식을 받아들여 **종합 학문적** 성격을 지니고 있으며, 이에 따라 행정학의 정체성에 대한 논란도 제기

1 행정의 개념 C

(1) 행정의 목적

공공서비스의 생산·공급·분배를 통해, 국민들의 공공 욕구를 충족시키고, 국민들의 삶의 질을 증대시키며, 국가 경쟁력을 제고

(2) 협의의 행정

① **공공목적의 달성을 위한 정부의 활동**으로, 가장 좁게는 정부의 조직과 공무원의 활동

② **'공(公, Public administration)행정'만을 의미** → '사(私, Business administration)행정'은 제외

(3) 광의의 행정

① **공통의 목표를 달성**하기 위한 **협동적 인간 노력**의 형태

② 정부·기업 등 **대규모 조직에서 보편적으로 나타나는 집단활동**

③ **공행정과 사행정 모두 포함**

(4) 개념의 유동성

① 시대적 상황 등 환경과의 상호작용을 통해 역동적으로 변화

② 과거의 행정은 정부가 단독으로 행하는 국정운영(government)에 초점

③ 최근의 행정 개념에서는 다양한 공·사조직들 간의 연결 네트워크를 통한 공공문제의 해결, 즉 거버넌스(협치, governance)를 강조하는 경향

Only 공행정 — 협의 vs 광의 — 공행정+사행정

협의	광의
공공목적 달성 정부의 활동	공통의 목표 달성 협동적 인간노력

행정학

과학성 / 실천성 / 도구성 / 전문직업성 / 종합학문

심화 과학성 vs 기술성

① 과학성(scientific) : 가치중립적인 인과관계 정립 → 정치행정이원론적 시각

② 기술성

- 수단(methods) : 구체적 도구와 방법
- 설명(description) : 구체화되는 과정의 묘사
- 예술(art) : 창의적이고 실천적인 처방, 가치판단 → 정치행정일원론적 시각

2 행정과 경영 B

9급 14국

	행정	경영
핵심가치	공익 추구	이윤 추구
관심대상	국민	고객
형평성	공공서비스 공급 평등	고객에 따라 서비스 차별
법적구속성	엄격한 법적 규제	비교적 덜한 법적 규제
권력성	강한 권력수단 보유	비교적 덜한 권력성
독점성	일반적으로 경쟁자 부존재	수많은 경쟁자 존재
정치성	일반적으로 정치성 포함	일반적으로 정치성 배제

1 행정과 경영의 개념

(1) **행정** : 정부가 공공목적을 달성하기 위하여 행하는 활동

(2) **경영** : 기업 등의 조직을 효율적으로 관리하고 운영하는 활동

2 행정과 경영의 비교

(1) 유사점

① **조직형태** : 행정과 경영 모두 **관료제적 성격**을 갖는 대규모 조직

② **관리기법** : **인적·물적 자원을 동원**하며 기획, 조직화, 통제방법, 사무자동화 등 제반 **관리기술을 활용**

③ **의사결정방식** : 조직 내 의사결정과정에서 가능한 한 **많은 대안 중 최선의 대안을 선택**하고 결정하려는 협동 행위 발생

④ **최근** : 전 세계적인 정부개혁에 따라 행정과 경영 간의 유사성 점차 증대

(2) 차이점

① **공익성** : **행정의 핵심가치**는 공익추구, 경영의 핵심가치는 이윤추구

② **형평성** : 행정은 모든 국민에 대한 **공공서비스 공급이 평등**해야 하지만, 경영은 고객에 따라 서비스 정도가 상이

③ **법적 구속성** : 행정은 **경영보다 엄격한 법적 규제**를 받으며, 의회·정당·이익단체로부터 더욱 강한 비판과 통제 적용

④ **권력성** : 행정은 **국민의 권리를 제한하고 의무를 부과**, 경영보다 더 강한 권력수단을 보유

⑤ **독점성** : 일반적으로 행정은 **공공서비스 제공 시 경쟁자가 존재하지 않으나**, 경영은 자유로운 시장진입 가능성으로 경쟁에 노출

⑥ **정치성** : 행정은 **일반적으로 정치성**을 갖지만, 경영은 정치로부터 분리

체크포인트

행정과 경영의 공통점과 차이점 중에서 공통점을 체크하는 문제입니다. 지속적으로 말씀드리지만, 두 개념의 비교에서 차이점보다는 공통점을 물어봤을 때 난이도가 높아집니다. 차이점도 잘 찾아내셔야 하지만, 공통점도 주목해야 한다는 점을 항상 잊지 않아야 합니다.

기출 CHECK

1 경영과 구분되는 행정의 속성이라고 보기 어려운 것은? 2014 국가직 9급

① 행정은 사익이 아닌 공익을 우선적으로 추구한다.
② 행정은 모든 시민을 평등하게 대우하여야 한다.
③ 행정조직 구성원은 원칙상 법령에 의해 신분이 보장된다.
④ 행정은 효과적인 업무수행을 위해 관리성이 강조된다.

① O 사익을 추구하는 경영과는 달리, 행정은 공익의 추구가 궁극적인 목적이다.
② O 경영은 비용의 지불 정도에 따라 고객에 대한 차별을 두지만, 행정은 모든 시민을 평등하게 대우하여야 한다.
③ O 경영의 구성원들이 일반적으로 법에 의한 신분보장을 받지 못하는 반면, 행정조직의 구성원인 공무원은 공무수행의 안정성 등을 위해 원칙적으로 법적 신분보장을 받는다.
④ X 행정과 경영 모두 효과적인 업무수행을 위해 인적 자원과 물적 자원을 능률적으로 운영해야 하는 관리성이 강조된다. 이는 경영과 구분되는 행정의 속성이 아닌 행정과 경영의 공통점이다. 정답 ④

9급 15국
7급 21국

접근방법

사업 구조 과정
행태 문화 통합

3 행정개혁 C

1 행정개혁의 접근방법

(1) 사업중심적 접근방법

① **개념** : **행정산출**의 정책목표, 내용, 소요자원 등에 초점을 두어 **행정활동의 목표를 개선**하고 **서비스의 양과 질을 개선**하려는 방법

② **주요도구** : 각종 정책분석과 평가, 생산성 측정, 직무감사, 행정책임평가 등

(2) 구조적 접근방법

① **개념** : 조직의 **구조적 요인**을 대상으로 하는 접근으로, 행정체제의 **구조설계를 개선**하려는 방법

② **관심문제** : 규모의 축소 또는 확대, 분권화의 확대, 통솔범위 재조정, 권한배분 수정, 명령계통 수정 등

(3) 과정적 접근방법

① **개념** : **과정 또는 일의 흐름을 개선**하려는 것으로, 행정과정에서 사용하는 **기술의 개선까지 포함**하는 과정적 · 기술적 방법

② **개선대상** : 의사결정 · 의사전달 · 통제과정, 일의 흐름, 거기에 결부된 기술 등

(4) 행태적 접근방법

① **개념** : **인간중심적 접근방법**으로, 조직의 목표에 개인의 성장의욕을 결부시킴으로써 조직을 개혁하려는 방법(조직발전(OD)이 대표적)

② **구성요소** : 진단 → 개입 → 과정 유지

(5) 문화론적 접근방법

행정문화를 개혁함으로써 **근본적이고 장기적**인 개혁을 성취하려는 방법

(6) 통합적 접근방법

개방체제 관념에 입각하여 **개혁대상의 구성요소들을 포괄적으로 관찰**하고, **접근방법들을 통합**하여 해결방안을 탐색

2 행정개혁에 대한 저항극복방법

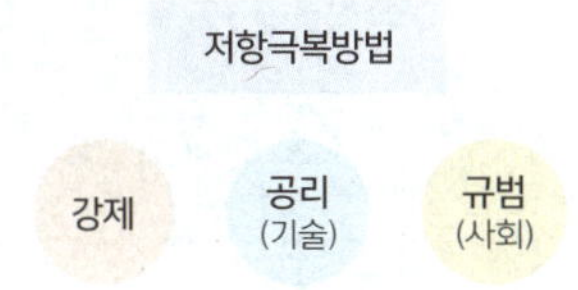

(1) 강제적 방법

① 개념 : 개혁추진자가 **강압적 권력으로 제재**를 가하거나, 직위에 부여된 **명령권의 일방적 행사**를 통해 저항을 극복하는 방법

② 장점 : **긴급을 요하는 상황**이나 **강력한 권한**을 갖고 있을 때는 유용

③ 단점 : **단기적 또는 피상적**으로 억압하는 대증요법이라는 한계

(2) 공리적 · 기술적 방법

① 개념 : 관련자들의 **이익침해를 방지 또는 보상**하고 개혁과정의 **기술적 요인을 조정**하는 방법

② 장점 : 손실을 입게 될 집단이 **강력하게 저항하는 경우 효과적**

③ 단점 : **비용**이 많이 들고, **장기적인 효과를 기대하기 곤란**하며, 본질적인 극복이 아닌 **저항에 양보하는 결과**를 낳는 문제 발생

(3) 규범적 · 사회적 방법

① 개념 : 개혁의 **규범적 정당성**에 대한 인식을 높이고 **사회적 · 심리적 지원**을 제공함으로써 **자발적 협력과 개혁의 수용을 유도**하려는 방법

② 장점 : **가장 근본적인 해결책**으로써 조직의 인간화를 주장하는 측면에서 가장 선호

③ 단점 : **끈기 있는 노력과 많은 시간**이 소요

행정개혁에 대한 유형별 저항극복방법의 예시

강제적 방법	· 직위에 부여된 공식적 권한에 의한 명령 · 신분상의 불이익 처분이나 물리적 제재 · 신상의 손실 · 권력구조의 개편에 의한 저항집단의 세력약화
공리적·기술적 방법	· 경제적 손실에 대한 보상 · 신분과 보수를 유지해 준다는 약속 · 개혁이 가져올 가치와 개인적 이득의 실증 · 개혁의 시기조절 · 개혁절차와 방법의 적응성 있는 운영
규범적·사회적 방법	· 개혁지도자의 신망 또는 카리스마 개선 · 의사전달과 참여의 원활화 · 사명감 고취와 자존적 욕구의 충족 · 불만 노출과 해소 기회 제공 · 개혁수용에 필요한 시간의 허용 · 개혁의 가치와 기존 가치의 양립가능성 강조 · 교육훈련과 자기계발 촉진

PART 2
정책

- 정책유형과 참여자
- 정책의제설정
- 정책결정
- 정책집행
- 정책평가
- 정책변동

- 정책과 정책학 C
- 정책유형
  - 로위의 분류 S
  - 알몬드와 파우얼의 분류 B
  - 리플리와 프랭클린의 분류 A
- 정책참여자
  - 공식적·비공식적 참여자 B
  - 권력모형 S
  - 정책네트워크모형 S

- 정책의제설정 영향요인 B
- 정책의제설정 과정 B
- 정책의제설정 모형 A

- 정책결정모형
  - 정책결정요인론 C
  - 개인적 정책결정모형 S
  - 집단적 정책결정모형 S
- 합리적 정책결정
  - 합리적 정책결정 개관 C
  - 정책문제 파악과 정의 A
  - 정책목표의 설정 C
  - 정책대안의 탐색과 개발 C
  - 정책대안의 결과예측
    - 주관적 방법 S
    - 이론적 방법과 연장적 방법 C
    - 불확실성하에서의 결과예측 B
  - 정책대안의 비교·평가 및 선택 S

- 정책결정자 – 정책집행자 관계 B
- 정책집행이론
  - 고전적 집행론 VS 현대적 집행론 C
  - 하향적 접근방법 A
  - 상향적 접근방법 A
  - 일선집행관료이론 B
  - 통합모형 – 정책지지연합모형 B
  - 통합모형 – 적응적 집행이론 C
- 정책순응 C

- 정책평가 개관 C
- 정책평가 종류 B
- 정책평가의 타당성 및 위협요인 S
- 실험 A
- 정부업무평가 기본법 S

- 정책변동의 유형 B
- 정책변동 모형 A

CHAPTER 1 정책유형과 참여자

9급 24지, 13국
7급 22지

1 정책과 정책학 C

1 정책의 개념

바람직한 사회상태를 이룩하려는 **정책목표**와, 이를 달성하기 위해 필요한 **정책수단**에 대하여, 권위 있는 **정부기관이 공식적으로 결정**한 기본방침

2 정책학의 대두배경

정책(Policy) – Lasswell(1951)

But, 행태주의 → 후기행태주의(1960)
① 문제지향
② 역사적 맥락
③ 범학문성
④ 규범적+실증적

(1) 1951, **라스웰(Lasswell)의 '정책지향(Policy Orientation)'**

2차 세계대전 등을 통해 정책이 인류에 끼치는 영향 및 합리적인 정책결정의 중요성 인식

(2) 1950년대에는 미국정치학계를 휩쓸던 행태주의에 밀려 주목받지 못했으나, 1960년대 말 **후기행태주의(Post Behavioralism) 배경** 아래 재출발

(3) 1960년대 인종갈등, 월남전 여파 등 美 사회적 문제의 대두에 따라 정책학 발전

3 정책학의 특성

(1) **문제지향성** : 사회문제 해결이라는 실천적인 목표 추진

(2) **맥락성** : 시간적 · 공간적 상황이나 역사성 등을 강조

(3) **범학문성** : 문제해결에 필요한 이론과 논리 등을 여러 학문분야로부터 활용

(4) **규범지향성 및 실증적 접근 융합** : 가치판단 및 사실판단을 종합하여 처방적 접근을 시도하며, 순수과학과 응용과학의 논리를 융합

심화 라스웰의 '정책지향' 강조점

1. 정책과정에 '관한' 지식
   ① 개념 : 과학적 방법을 통해 정책과정을 연구하여 도출한 실증적·경험적 지식
   ② 목적 : 정책과정 자체의 개선을 통해 실제적인 정책지식의 활용도 향상
   ③ 연구방법 : 사회과학 및 심리학의 연구방법 사용
2. 정책과정에 '필요한' 지식
   ① 개념 : 정책과정에 대한 처방적·규범적 지식 및 실질적 지식
   ② 목적 : 정책결정자들이 이용하는 정보의 구체적 내용과 해석을 개선하여 정책과정의 합리성 향상
   ③ 연구방법 : 범학문적인 연구방법 사용
3. '민주주의의 정책학' 강조
   눈앞에 닥친 문제가 아니라, 사회 속에서의 인간의 존엄성을 실현시키기 위한 지식의 개발이 중요

2 정책유형

1 로위(Lowi)의 분류 : 배분정책, 규제정책, 구성정책, 재분배정책 ⓢ

9급 24국, 21국, 19지, 15지
7급 20국, 19지, 17지, 16지

강제력 적용대상 / 강제력 행사방법	개별적 행위	행위의 환경
간접적	배분정책 (Distributive Policy)	구성정책 (Constitutional Policy)
직접적	규제정책 (Regulatory Policy)	재분배정책 (Redistributive Policy)

1 배분정책

배분정책

(1) 개념

국민들에게 **권리와 이익을 배분**하는 정책으로, 국민들이 필요로 하는 재화와 서비스를 적극적으로 산출 · 제공

예 고속도로 · 항만 · 공항 등 사회간접자본(SOC) 구축, 국 · 공립학교를 통한 교육서비스 제공, 주택자금 대출, 택지 분양, 국유지 불하, 직업훈련사업, 지방자치단체 · 기업 등에 대한 보조금 지원, 수출특혜 금융, 연구개발사업 등

(2) 특징

① 비용부담자는 자신의 부담을 정확히 인지하지 못해 반발이 제한적이며, 수혜 집단의 혜택은 쟁점화되지 않아 **안정적인 절차 확립**에 용이

② **세부단위로 쉽게 구분**되어 각각의 단위가 골고루 나누어질 수 있는 정책이 배분정책에 유리

③ 대체로 국민 다수에게 혜택이 돌아가지만, 사회간접자본과 같이 특정지역에 보다 직접적인 편익이 돌아가는 경우에는 **정치적 협상** 발생

(3) 정치적 현상

① **로그롤링(log rolling) = 밀어주기, 갈라먹기** : 이권 법안을 의원들이 **담합하여 통과**시키거나, 특정이익을 대가로 상대방이 원하는 정책에 동의하는 현상

② **포크배럴(pork barrel) = 구유통 정치, 나눠먹기, 갈라먹기** : 각종 개발 사업 관련 법안이나 교부금 등 혜택을 의원들이 **서로 나누어 가지려는 현상**

로그롤링
담합

포크배럴
나눠먹기

2 규제정책

규제정책

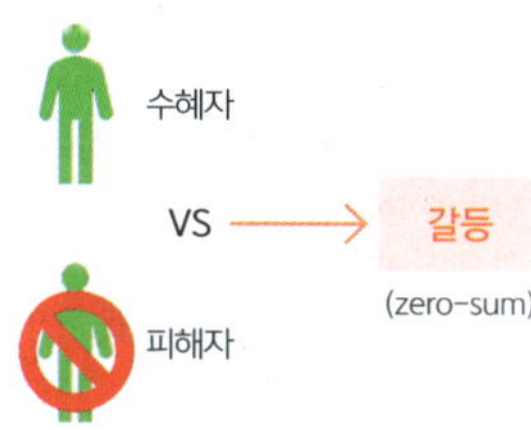

(1) 개념

법령에서 제시하는 기준을 근거로 국민들에게 **강제적으로 특정한 부담**을 지우는 정책

예 공해배출업소 단속, 기업의 대기오염 방지시설 의무화, 그린벨트 내 공장 건설 금지, 독과점 규제, 가격담합 기업에 대한 공정거래위원회의 시정명령, 공정거래법, 공공건물 금연, 최저임금제도 등

(2) 특징

① 정책결정시 정책으로부터 혜택을 보는 자와 피해를 보는 자를 선택하므로, **분배정책에 비해 피규제자(피해자)와 수혜자가 명백하게 구분**

② **강제력을 행사**하면서 국민의 권리와 자유를 제한하기 때문에, 원칙적으로 의회의 의결을 받은 **법률의 형태**로 집행

③ 규제의 수혜자와 피해자 간의 **제로섬(zero-sum) 게임(영합게임)**이 발생하는 등 정책결정과정에서의 갈등 심각

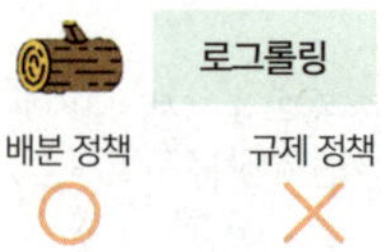

④ 배분정책과는 달리 정책관련자들이 서로 **결탁(log-rolling)하여 정책을 결정하는 것이 어려움.**

3 구성정책

(1) 개념

헌정수행에 필요한 국가기구 운영규칙 등 **체제 내부를 정비**하는 정책

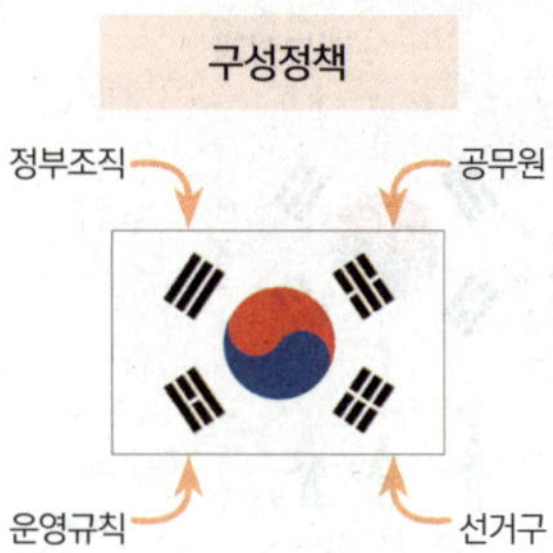

예 정부조직 설립 및 개편(국토해양부를 국토교통부와 해양수산부로 분리, 과학기술정보통신부 신설 등), 선거구 조정, 공직자 보수, 공무원연금 개정 등

(2) 특징

① 정당이 중요한 영향을 미친다고 지적했으며, 그 외의 내용은 불명확

② 대외적 가치배분에는 큰 영향이 없으나 대내적으로는 게임의 법칙 발생

4 재분배정책

(1) 개념

계층 간의 소득을 재분배하여 **소득격차를 해소하는 정책**으로, 고소득층으로부터 저소득층으로 재산·소득·권리 등의 일부를 이전

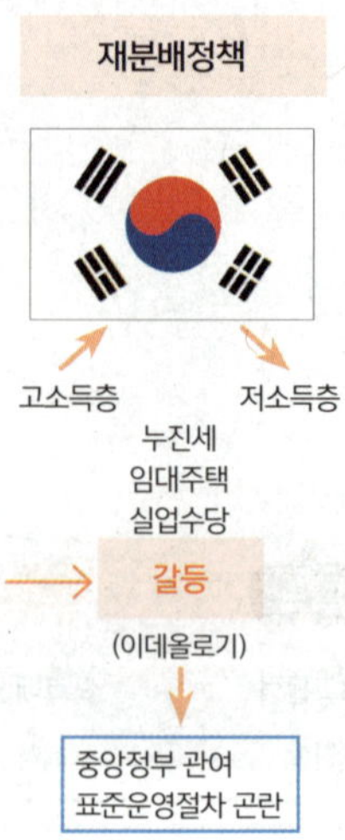

예 누진세, 누진소득세, 영세민을 위한 임대주택 건설, 무주택자에 대한 아파트 우선 분양, 영세민에 대한 취로사업, 근로소득보전세제, 근로장려금 제도, 생활보호 대상자에 대한 의료보호, 실업수당 등

(2) 특징

① 재산권의 행사가 아닌 재산 자체를, 평등한 대우가 아니라 평등한 소유를 문제 삼으며, **부와 권리의 편중 해소**로 **소득계층 분포를 인위적으로 변화**

② 사회계급적 접근을 기반으로 **이데올로기가 적용**되므로, 정책참여자들 간 이해 대립에 따른 **갈등 발생 가능성 농후**

③ 국민적 공감대 형성 시 **중앙정부 수준에서의 정책결정 및 변화가 가능**하며, 상례적 절차나 **표준운영절차로는 원활하게 집행될 가능성이 낮음.**

5 로위의 분류평가

(1) 의의

다원주의와 엘리트주의의 통합 시도(규제정책의 경우 다원주의, 재분배정책의 경우 엘리트주의)*

(2) 한계

① 상호배타성이 없어 유형 간 중복 발생 : 농업 보조금의 경우 농업발전이 목적이라면 배분정책, 저소득층 농민 보조가 목적이라면 재분배정책

* 규제정책의 경우 피규제자인 이익집단들이 갈등하는 다원주의의 모습을 가지나, 재분배정책의 경우 국가가 주도하는 엘리트주의의 모습을 가짐. 분배정책은 상황에 따라 다름.

② 여러 성격을 갖는 정책을 특정 유형으로 분류할 때, '정책과정의 참여자가 갖는 기대'라는 추상적이고 모호한 기준 제시

③ 모든 정책을 포함하지 못함 : 징병제도 등 알몬드와 파우얼의 추출정책 대부분은 로위의 정책유형에 포함되지 않음.

④ 기본개념의 모호성은 조작화(operationalization)를 어렵게 만들어 이론 검증 불가능

PART 2

기출 CHECK

1 로위(Lowi)의 정책분류와 그 특징을 연결한 것 중 옳지 않은 것은? 2014 지방직 9급

① 배분정책 – 재화와 서비스를 사회의 특정 부분에 배분하는 정책으로 수혜자와 비용부담자 간 갈등이 발생한다.

② 규제정책 – 특정 개인이나 집단에 대한 선택의 자유를 제한하는 유형의 정책으로 정책불응자에게는 강제력을 행사한다.

③ 재분배정책 – 고소득층으로부터 저소득층으로의 소득이전을 목적으로 하기 때문에 계급대립적 성격을 지닌다.

④ 구성정책 – 정부기관의 신설과 선거구 조정 등과 같이 정부기구의 구성 및 조정과 관련된 정책이다.

① x 배분정책은 특정 부분에 속해 있는 구성원들이 골고루 수혜를 입으면서 골고루 비용을 분담하기 때문에 안정적으로 운영될 가능성이 높다. 수혜자와 비용부담자 간 갈등이 발생하는 유형은 규제정책이나 재분배정책이다.

② o 규제정책은 법령에서 제시하는 기준을 근거로 국민들에게 강제적으로 특정한 부담을 지우는 정책이다.

③ o 재분배정책은 고소득층에게 징수해서 저소득층에게 나누어주려는 정책으로 고소득층과 저소득층 간의 계급대립이 극심하다.

④ o 구성정책은 정부조직의 설립 및 개편, 선거구 조정, 공직자 보수 등 정부를 구성하고 체제 내부를 정비하는 정책이다.

정답 ①

체크포인트

로위의 정책분류를 체크하는 첫 번째 포인트는 네 가지 정책유형의 특징을 정확하게 구분할 수 있는지 입니다. 특히 배분정책과 재분배정책을 비교하는 문제가 빈번하게 출제될 것입니다. 두 정책 모두 나누어주는 것은 동일한데, 국민 전체에게 골고루 나누어주면서 안정적인지, 특정 계층에게만 나누어주어서 갈등이 발생하는지를 확인해야 합니다.

2 로위(Lowi)가 제시한 구성정책의 사례로 옳지 않은 것은? 2019 지방직 9급

① 공직자 보수에 관한 정책 ② 선거구 조정 정책

③ 정부기관이나 기구 신설에 관한 정책 ④ 국유지 불하 정책

① o 구성정책은 정부조직의 설립 및 개편, 선거구 조정, 공직자 보수 등 정부를 구성하고 체제 내부를 정비하는 정책이다. 공직자 보수에 관한 정책은 국가기구의 인적 자원인 공무원에 관한 정책이므로 구성정책에 해당한다.

② o 선거구 조정 정책 역시 국가의 운영과 관련된 정책이므로 구성정책에 해당한다.

③ o 정부기관이나 기구 신설에 관한 정책도 국가기구의 운영과 관련되어 있으므로 구성정책에 해당한다.

④ x 국유지 불하 정책은 국가가 소유한 토지를 국민들에게 분배하는 것으로, 국민들에게 권리와 이익을 배분하는 배분정책에 해당한다.

정답 ④

체크포인트

로위의 정책분류를 체크하는 두 번째 포인트는 각 유형의 대표적인 사례를 연결시킬 수 있는지 입니다. 특히 구성정책은 독특한 성격이므로 대표적인 사례들에 대한 정리가 필요합니다. 네 가지 선지 중 하나가 다른 정책이라는 점을 발견하는 것도 문제풀이를 할 때 활용해야 할 테크닉이 될 수 있습니다.

9급 23지, 22국
7급 23지, 14국

2 알몬드와 파우얼(Almond & Powell)의 분류 : 배분정책, 규제정책, 상징정책, 추출정책 B

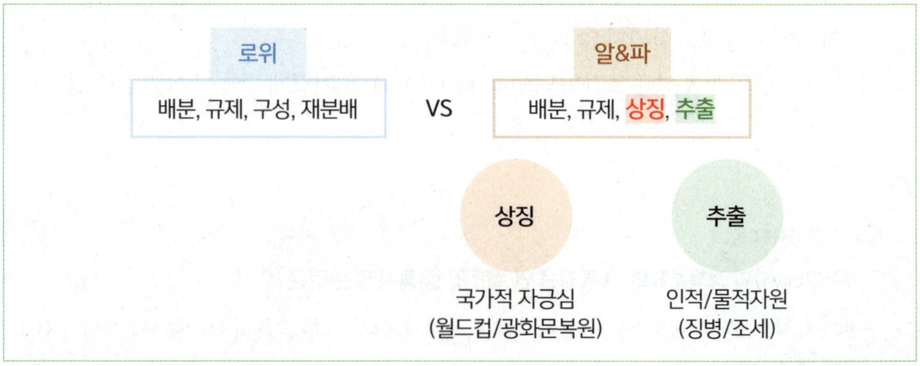

1 특징

(1) 정치체제의 산출을 업적(performance)이라 부르면서 이를 **배분 · 규제 · 상징 · 추출**로 분류

(2) 로위의 정책 유형 중 재분배정책(누진세 등)은 추출정책에, 사회보장비 지출은 배분정책에 포함

2 상징정책 · 추출정책

(1) 상징정책

정치가들이 **국가적 자긍심**과 같은 이념에 호소하고 미래의 보상을 약속하는 정책

예 한글날 공휴일 지정, 광화문 복원, 2002 월드컵 개최 등

(2) 추출 정책

민간부문에서 **인적 · 물적 자원을 추출**하는 정책

예 조세정책, 징병제도, 부담금, 성금, 토지수용 등

(3) 공통점

추출정책과 상징정책 모두 정치체제에 대한 **일반국민 지지 확보가 목적**

3 한계

(1) 정치체제의 산출물을 단순히 나누어 본다는 의미 이외의 목적은 없음.

(2) 로위의 분류보다는 포괄적이나, 중요한 유형인 **재분배정책 제외**

기출 CHECK

1 정책과 정책유형이 바르게 짝지어진 것은? 2011 국가직 9급

> ㄱ. 영세민을 위한 임대주택 건설
> ㄴ. 기획재정부를 재정경제부와 기획예산처로 분리
> ㄷ. 기업의 대기오염 방지 시설 의무화
> ㄹ. 광화문 복원

	ㄱ	ㄴ	ㄷ	ㄹ
①	분배정책	구성정책	추출정책	상징정책
②	상징정책	추출정책	규제정책	구성정책
③	규제정책	재분배정책	추출정책	상징정책
④	재분배정책	구성정책	규제정책	상징정책

ㄱ. 영세민을 위한 임대주택 건설은 취약계층인 영세민에게만 특히 배분되는 정책이므로 재분배정책에 해당한다.
ㄴ. 정부기관의 신설과 폐지는 국가운영과 관련된 구성정책에 해당한다.
ㄷ. 기업의 대기오염 방지 시설 의무화는 국민에게 강제적으로 부담을 지우는 규제정책에 해당한다.
ㄹ. 광화문 복원은 국가의 상징인 문화재와 관련된 것으로, 알몬드와 파우얼이 제시한 상징정책에 해당한다.

정답 ④

체크포인트
정책의 유형과 관련된 문제는 로위의 분류, 알몬드와 파우얼의 분류, 리플리와 프랭클린의 분류를 섞어서 출제되기도 합니다. 이 문제에서는 알몬드와 파우얼이 제시한 상징정책과 추출정책의 대표적인 사례를 연습해 두시면 좋습니다. 상징정책은 국가의 상징과 관련된 정책이고, 추출정책은 인적·물적자원을 추출하는 정책입니다.

3 리플리와 프랭클린(Ripley & Franklin)의 분류 : 배분정책, 재분배정책, 경쟁적 규제정책, 보호적 규제정책 Ⓐ

9급 25국, 18지
7급 22국, 21지, 18지

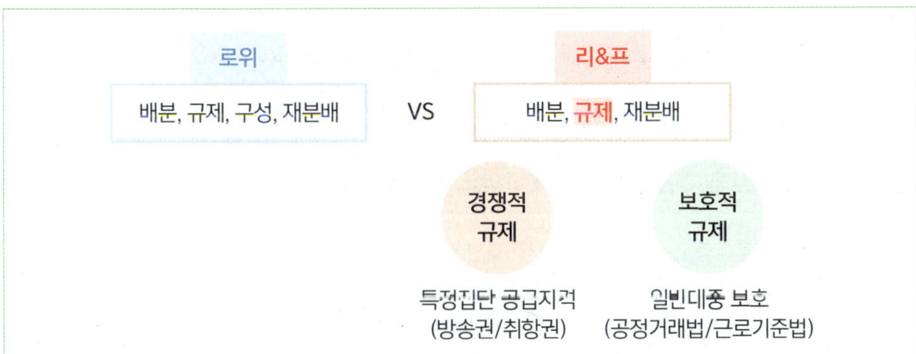

ⓧ [7급] 종합편성 채널의 운영권을 부여하고, 이를 확보한 방송사에 대한 규제는 리플리와 프랭클린의 보호적 규제 정책을 시행한 것으로 볼 수 있다.
ⓞ 종합편성 채널의 운영권을 부여하고, 이를 확보한 방송사에 대한 규제는 리플리와 프랭클린(Ripley & Franklin)의 경쟁적(보호적 ×) 규제 정책을 시행한 것으로 볼 수 있다.

1 경쟁적 규제정책

(1) 개념 : 특정 개인이나 집단에게 **일정 서비스를 공급하도록 제한**하고 일정 기간 이후 **자격조건을 재심사**함으로써 공익을 위한 서비스 제공을 유도하는 정책

예 TV · 라디오 방송권 부여, 항공노선 취항권 및 고속버스 운행권 부여 등

(2) 특징

① **배분정책적 성격**(공급권 부여)과 **규제정책적 성격**(특정집단 수혜, 규정 준수 의무 적용, 재심사 후 탈락)을 동시에 지니고 있으나, **규제정책으로 보는 것이 일반적**

② 정부로부터 재화나 서비스의 독점적인 공급권을 획득하려는 **소수의 집단들이 치열하게 경쟁**하는 양상 발생

2 보호적 규제정책

(1) 개념 : 사적인 활동을 제약하는 조건을 설정함으로써 **일반대중을 보호**하는 것으로, 해로운 것은 금지하고 도움이 되는 것은 허용하는 정책

예 공정거래법, 근로기준법, 작업장 안전을 위한 기업 규제, 국민건강보호를 위한 식품위생 규제, 개발제한구역 설정 등 대다수 규제정책이 해당

(2) 특징

① **소수의 비용부담집단은 조직화가 용이**하여 적극적으로 반대활동을 펼치지만, **다수의 수혜집단은 무임승차 경향**이 나타나며 적극적인 지지활동을 벌이는 데 한계

② **다수 시민들을 대신**하여 환경단체나 소비자 보호단체와 같은 **공익집단의 활동**이 활발하게 전개되는 사례 발생

체크포인트

리플리와 프랭클린은 규제정책을 두 가지로 구분했기 때문에, 경쟁적 규제정책과 보호적 규제정책의 특징과 사례를 정확하게 비교할 수 있는지를 주로 물어볼 것입니다. 특히 분배정책과 규제정책의 성격을 동시에 갖고 있는 경쟁적 규제정책의 특징이 보다 중요하므로, 대표적인 사례를 꼭 정리해두어야 합니다.

기출 CHECK

1 정책유형과 그 사례를 바르게 연결한 것은? 2013 지방직 9급

① 분배정책(distribution policy) – 사회간접자본의 구축, 환경 오염방지를 위한 기업 규제
② 경쟁적 규제정책(competitive regulatory policy) – TV · 라디오 방송권의 부여, 국공립학교를 통한 교육서비스
③ 보호적 규제정책(protective regulatory policy) – 작업장 안전을 위한 기업 규제, 국민건강보호를 위한 식품위생 규제
④ 재분배정책(redistribution policy) – 누진세를 통한 사회보장 지출 확대, 항공노선 취항권의 부여

① X 사회간접자본의 구축은 국민들에게 골고루 분배되는 분배정책이 맞으나, 환경 오염방지를 위한 기업규제는 강제적으로 부담을 지우는 규제정책이다.
② X 특정 개인이나 집단에게만 일정 서비스를 공급하도록 제한하는 경쟁적 규제정책의 예로는 TV·라디오 방송권 부여, 항공노선 취항권 및 고속버스 운행권 부여 등이 있다. 국공립학교를 통한 교육서비스는 국가가 국민들에게 골고루 제공하는 것이므로 분배정책에 해당한다.
③ O 보호적 규제정책은 사적인 활동을 제약하는 조건을 설정함으로써 일반대중을 보호하는 정책으로, 작업장 안전을 위한 기업 규제, 국민건강보호를 위한 식품위생 규제 등이 이에 해당한다.
④ X 재분배정책은 계층 간 소득이전을 위해 고소득층에게 징수하여 취약계층에게 나누어주는 것으로 누진세를 통한 사회보장 지출 확대는 이에 해당한다. 하지만 항공노선 취항권의 부여는 일부에게만 공급하도록 제한하는 경쟁적 규제정책에 해당한다. 정답 ③

3 정책참여자

1 공식적·비공식적 참여자 B

9급 24국, 17지
7급 17지

1 공식적 참여자

① **국회** : 국민에 의하여 선출된 대표자들의 모임

② **대통령과 대통령 비서실** : 국민에 의하여 선출된 행정수반과 그를 보좌하는 기관

③ **행정기관** : 신분보장을 받는 행정관료들과 행정수반에 의하여 임명된 장·차관으로 구성된 행정 각 부처

④ **사법부** : 신분보장을 받는 법관들에 의하여 구성된 사법기관

공식	VS	비공식
입법부 사법부 행정부		일반국민 NGO 전문가 언론기관 정당

2 비공식적 참여자

① **정당** : 정권획득을 목적으로 결성되어 정책과정에 참여

② **이익집단** : 공통의 이익을 위하여 결성된 집단

③ **NGO** : 비정부기구로서 공익목적을 위해서 자발적으로 결성된 시민들의 결사체

④ **일반국민** : 개인으로서나 조직화되지 않은 대중으로서 참여

⑤ **전문가 및 학자** : 정책을 분석·평가하여 정책대안을 제시

⑥ **언론기관** : 국민들, 참여자들 간에 의사전달 담당

기출 CHECK

1 우리나라의 정책과정 참여자에 대한 설명으로 옳지 않은 것은? 2017 지방직 9급

① 대통령은 국회와 사법부에 대한 헌법상의 권한을 통하여 영향력을 행사하며, 행정부 주요 공직자에 대한 임면권을 통하여 정책과정에서 주도적 역할을 수행한다.

② 행정기관은 법률 제정과 사법적 판단을 통하여 정책집행과정에서 실질적인 영향력을 행사한다.

③ 국회는 국정조사나 예산 심의 등을 통하여 행정부를 견제하고, 국정감사나 대정부질의 등을 통하여 정책집행과정을 평가한다.

④ 사법부는 정책집행으로 인한 사회적 갈등상황이 야기되었을 때 판결을 통하여 정책의 합법성이나 정당성을 판단한다.

① O 대통령은 공식적 참여자로, 헌법과 법률에 의거하여 입법부와 사법부와 같은 공식적인 기관들에 영향력을 행사한다.

② X 법률의 제정은 주로 입법부인 국회에서, 사법적인 판단은 사법부가 독자적으로 행사하며 행정기관의 사법적 판단은 엄격히 금지된다. 행정기관은 법률에 기반하여 정책을 집행하는 역할을 주로 수행한다.

③ O 국회는 공식적 참여자로, 국민들의 위임권을 받아 행정부를 견제하며 평가한다.

④ O 사법부는 공식적 참여자로, 법률에 근거한 판결을 통하여 정책과정에 참여한다. 정답 ②

체크포인트

우리나라의 삼권분립을 체크하는 기본적인 문제입니다만, 해당 출제포인트를 생각보다 발견하기 어려울 수도 있습니다. 행정부, 입법부, 사법부의 역할을 바꿔서 출제할 수 있다는 사실을 알고 있어야 이런 문제들을 실수 없이 정확하게 해결할 수 있음을 꼭 기억하길 바랍니다.

9급 23국, 23지, 17국, 17지, 16국, 15지
7급 20지, 19지, 16국

2 권력 모형 ⑤

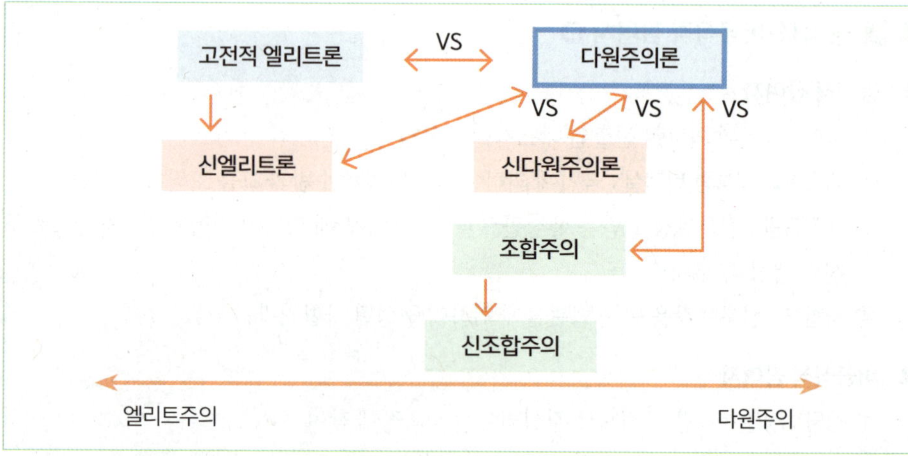

1 고전적 엘리트론과 다원주의론

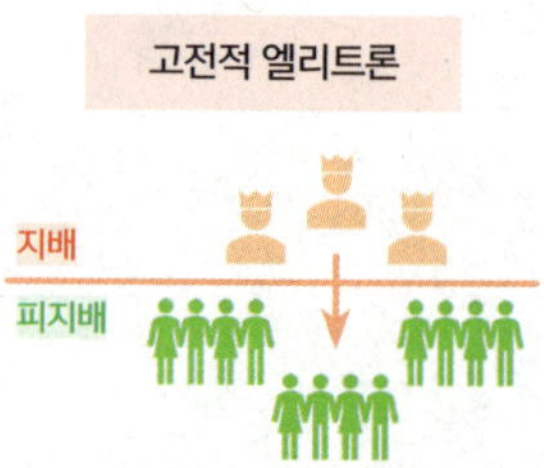

(1) 고전적 엘리트론

① 대두배경

㉠ 19세기 말, 고전적 자유민주주의론에 대한 회의가 제기되면서, 어느 조직이나 사회에서든 집단이 구성되면 **소수 엘리트에 의한 과두지배체제**가 필연적으로 대두

㉡ 주요 학자

ⓐ **미헬스**(Michels) : 사회조직을 지배하는 가설로 **'과두지배의 철칙'** 주장

ⓑ **모스카**(Mosca) : 엘리트 통제의 핵심은 소수집단의 조직화 능력에 있음.

ⓒ **파레토**(Pareto) : 엘리트는 통치엘리트와 비통치엘리트로 구분되며, 엘리트계층의 구성원은 사회적 유동성에 의해 바뀔 수도 있음.

② 주요 내용

㉠ 사회는 **지배계급인 엘리트 계급**과 **피지배계급인 대중**으로 구분되며, 소수의 엘리트들이 한 사회를 지배하고 다수 대중들은 엘리트들의 의사에 따름.

㉡ 엘리트들은 **동질적이고 폐쇄적**이어서 집단의식과 응집성이 강함.

㉢ 엘리트들은 **자율적**이며 다른 계층에 대해 책임을 지지 않기 때문에, 공익이나 대중들의 이익과는 상관없이 **엘리트의 가치와 선호에 의해 의사결정**

③ 실증 분석(1950년대 미국)

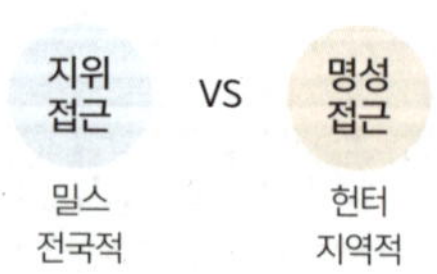

㉠ **밀스(Mills)의 지위접근법** : **전국적 차원**의 분석으로, **정치적으로 중요**한 기관(**기업, 군대, 정치**)들은 공통의 사회적 배경과 이해관계를 공유하고 있으며, 특히 '군 – 기업 복합체'가 중요한 역할 담당

㉡ **헌터(Hunter)의 명성접근법** : **지역사회 차원**의 분석으로, **사회적 명성이 있는 40명의 소수자**들이 '담배연기 자욱한 방'에서 결정한 정책을 일반대중이 그대로 수용

(2) 다원주의론

① 대두배경

㉠ 달(Dahl)이 1950년대 **엘리트론 연구를 비판**하면서, 사회중심적 접근을 통해 미국은 과두적인 사회에서 **다원주의 사회로 변화**하여 왔다고 주장

㉡ 주요 학자 : 달(Dahl), 폴스비(Polsby), 린드블롬(Lindblom) 등

② 주요 내용

㉠ 이익집단론(벤틀리와 트루먼, Bentley&Truman)

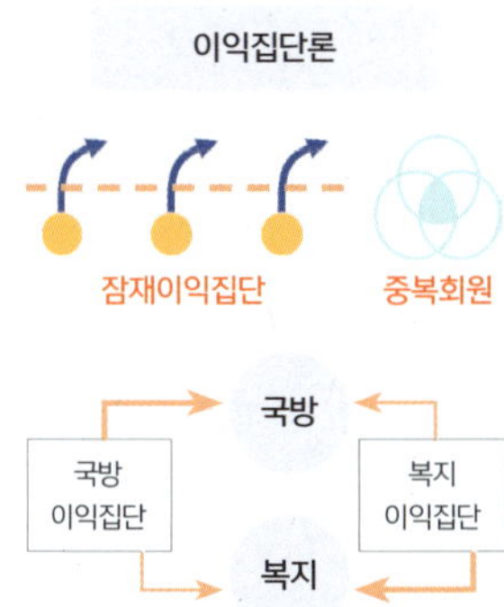

ⓐ 정책은 다양한 **이익집단들 간 경쟁과 타협**의 산물이며, 이익집단들의 요구에 따라 정책을 결정하고 집행하는 것이 가장 민주적

ⓑ 미국의 정치체제는 **'잠재이익집단'**과 **'중복회원'**으로 인해 특수이익에 좌우되지 않고 다양한 이익집단의 요구에 부응

- 잠재이익집단(potential interest group) : 가시적으로 조직화되어 있지는 않지만 이해관계를 공유하고 있어서 만약 지배집단이 **자신들의 이익을 침해할 경우 조직화**될 수 있는 집단
- 중복회원(multiple membership) : 이익집단의 구성원은 하나의 집단에 소속된 것이 아니라 **여러 집단에 소속**되어 있어서, 특정 집단의 이익 극대화를 위해 다른 집단의 이익을 손상시키는 것은 불가능

ⓒ 이익집단들은 정책과정에 **동등한 접근기회**를 가지고 있으나, 이익집단들간 **영향력에 차이는 존재**하며, **전체적으로 균형을 유지**

㉡ 다원적 권력이론(달, Dahl)

ⓐ 엘리트가 존재하긴 하지만, 민주주의 체제에서는 **엘리트가 보유한 자원이 분산**되어 있어서 권력 역시 다양한 세력에 분산

ⓑ 동일한 엘리트가 모든 정책영역에서 지배적인 영향력을 행사하는 것은 아니며, **각 정책영역별로 영향력을 행사하는 엘리트들이 상이**

ⓒ **엘리트 집단은 대중의 요구에 민감**하게 움직이며, 대중의 선호가 최대한 정책에 반영

ⓓ **정부와 관료**의 역할은 이익집단들 간 갈등을 조정하는 **소극적 · 중립적**인 중개인 또는 심판자

2 신엘리트론

(1) 대두 배경

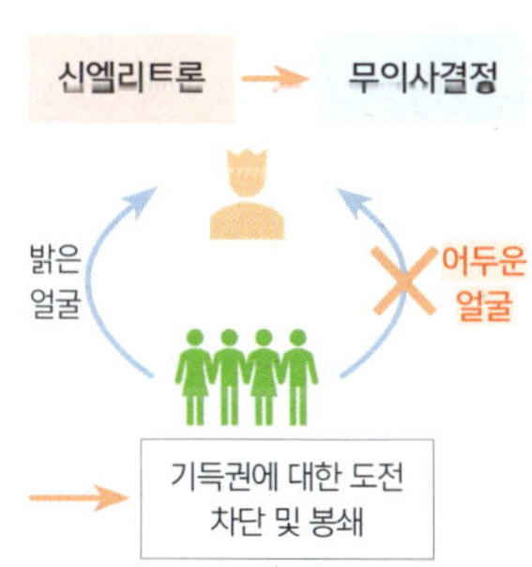

① 바흐라흐와 바라츠(Bachrach & Baratz), **다원주의 연구**가 엘리트들의 권력행사 중 **'밝은 측면'만 고려했다고 비판**

② 정치권력의 두 가지 얼굴(two faces of power)

㉠ 밝은 측면 : 정책문제를 해결하기 위해 엘리트들이 영향력 행사

㉡ 어두운 측면 : 엘리트들에게 **불리한 문제의 거론 자체를 봉쇄**하는 **'무의사결정(non-decision making)' 발생**

(2) 무의사 결정

① 정책문제화 억제

㉠ 무의사결정은 특정 사회적 쟁점이 공식적 정책과정에 진입하지 못하도록 하는 엘리트집단의 행동

㉡ 정치과정에 진입하려는 요구를 제한하거나, 문제상황이 조성되었더라도 그것이 문제화되는 것을 차단

② 기득권에 대한 도전 차단

㉠ 기득권 세력의 특권이나 이익, 가치관이나 신념에 대한 잠재적 또는 현재적 도전을 좌절시키거나 억압

㉡ 사회의 현존 이익과 특권적 분배 상태를 변화시키려는 요구가 표현되기도 전에 질식·은폐되거나, 그러한 요구가 국가의 공식 의사결정 단계에 이르기 전에 소멸되기도 함.

㉢ 실제 정책과정은 기득권의 이익을 수호하려는 보수적인 성격을 나타낼 가능성이 높으며, 가치의 재배분을 추구하는 사람들에게 불리하게 작용

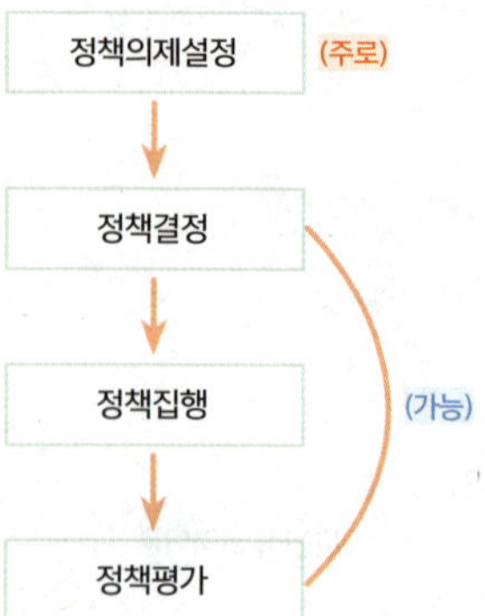

③ 적용 범위

㉠ 특정 문제의 거론 자체를 봉쇄하는 것이므로 정책과정 중에서 **주로 정책의제설정단계에서 발생**

㉡ 다만 넓은 의미의 무의사결정은 정책의제설정단계 뿐만 아니라 **정책결정이나 정책집행 단계 등에서도 발생 가능**

④ 실행방법

㉠ **지배적인 규범, 절차, 가치, 신념, 미신** 등을 통해 변화 주장 요구 차단

㉡ 정치체제의 규범, 규칙, 절차 자체를 **수정·보완하여 정책요구를 봉쇄**

㉢ 변화의 주창자에 대해서는 현재 부여되고 있는 **혜택을 박탈**하거나, **새로운 이익으로 매수**

㉣ **폭력이나 테러행위** 등도 사용될 수 있음.

기출 CHECK

1 바흐라흐(Bachrach)와 바라츠(Baratz)의 무의사결정론에 대한 설명으로 옳지 않은 것은?

2023 국가직 9급

① 무의사결정의 행태는 정책과정 중 정책문제 채택단계 이외에서도 일어난다.
② 기존 정치체제 내의 규범이나 절차를 동원하여 변화 요구를 봉쇄한다.
③ 정책문제화를 막기 위해 폭력과 같은 강제력을 사용하기도 한다.
④ 엘리트의 두 얼굴 중 권력행사의 어두운 측면을 고려하지 못한다고 비판했기 때문에 신다원주의로 불린다.

① o 무의사결정이란 엘리트들에게 불리한 문제를 의제로 설정하지 못하도록 봉쇄하는 것이므로, 정책과정 중에서 주로 정책의제설정단계에서 나타난다. 다만 엘리트들에게 불리한 정책결정이나 정책집행을 못하도록 하는 것도 가능하기 때문에, 정책의제설정 이후 단계인 정책결정과 정책집행 등에서도 무의사결정이 발생할 수 있다.
② o 엘리트들에게 불리한 문제를 거론하지 못하도록 봉쇄하기 위해서 다양한 수단이 쓰일 수 있다. 지배적인 규범, 절차, 가치, 신념, 미신 등을 통해 변화를 주장하는 요구를 차단하는 것도 엘리트들이 무의사결정을 위해 활용하는 방안 중 하나이다.
③ o 특정 사회적 쟁점이 공식적 정책과정에 진입하지 못하도록 하기 위해 폭력이나 테러행위 등의 강제력도 충분히 사용할 수 있다.
④ x 무의사결정론은 신다원주의가 아닌 신엘리트주의이다. 신엘리트주의는 기존의 다원주의가 엘리트의 두 얼굴 중 밝은 측면만 고려한 것을 비판하면서, 자신들에게 불리한 문제는 거론 자체를 봉쇄하는 엘리트들의 어두운 측면의 얼굴에 집중한다.

정답 ④

체크포인트

무의사결정 관련 주제에서 나올 수 있는 주요 출제포인트를 상당수 담고 있는 문제입니다. 무의사결정이 신엘리트론이라는 점, 엘리트들에게 불리한 이슈를 거론하지 못하게 한다는 점, 모든 정책과정에서 일어날 수 있다는 점 등 빈번하게 출제되고 있는 내용의 숙지가 필요합니다.

PART 2

3 신다원주의

(1) 대두 배경

① 기존 **다원주의처럼 이익집단 간 경쟁의 중요성을 가정**하고 정치이익의 균형과 조정을 주장하면서도, **다원주의에 대한 비판을 수용**하고 새로운 관점을 제시

② 다원주의가 이익집단의 중요성을 지나치게 강조하기 때문에 **관료와 정부의 이해관계를 무시**하고, 정책과정에서 발생하는 **이데올로기의 영향력을 간과**했다고 비판

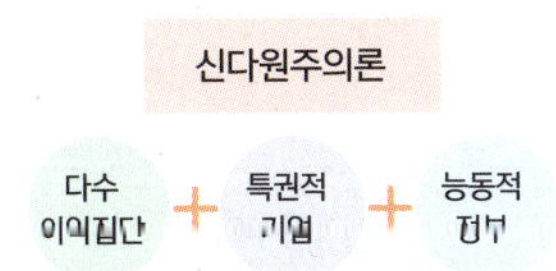

(2) 주요 내용

① 이익집단 간 균형을 주장하는 다원주의와는 달리 자본주의 국가에서는 **기업가 집단에 특권적 지위를 부여**할 수밖에 없음을 인정

② 정부를 소극적 · 중립적으로 보는 다원주의와는 달리 **정부를 능동적 · 전문적인 존재로 인정**하면서, 특히 기업의 이익에 더욱 반응하므로 **중립적 조정자가 아닐 수 있음**을 주장

조합주의

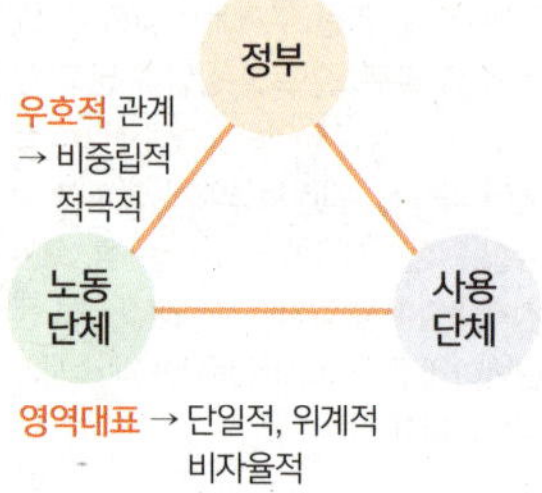

신조합주의

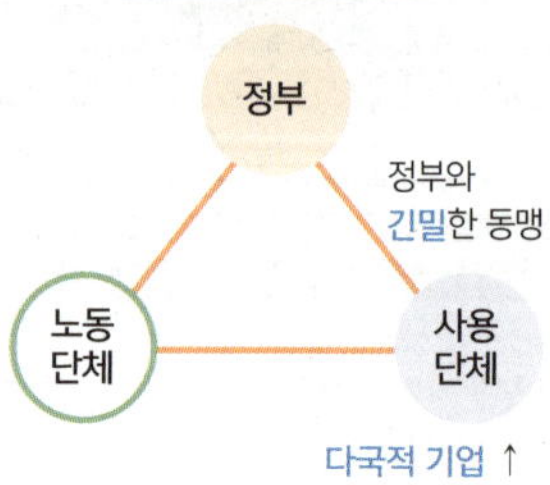

4 조합주의와 신조합주의

(1) 조합주의

① 개념

㉠ **노동자 대표 이익집단, 사용자 대표 이익집단, 정부**가 연합을 구성하여 주요 정책을 결정하는 방식으로, **다원주의에 대한 대안**적 이익대표모델(슈미터(Schmitter))

㉡ 선진국 **민주정치에서의 이익대표체제(사회조합주의)**뿐만 아니라, 후진국의 **권위정치에서의 이익대표체제(국가조합주의)** 특성까지 포괄

ⓐ **사회조합주의** : 사회경제체제의 변화에 순응하려는 **이익집단의 자발적 시도**로부터 생성

ⓑ **국가조합주의** : **국가가 일방적으로 제도적 장치를 강압적으로 부과**하는 데서 생성

② 이익집단의 성격

㉠ 다원주의적 시각과는 달리 **대표 이익집단만 참여하여 결정**하고 나머지는 이 결정을 따르게 되므로, **단일적 · 비경쟁적 · 강제적 · 비자율적 · 위계적** 성격

㉡ 이익집단은 **상호경쟁보다는 국가 및 다른 이익집단에 협조**함으로써 자신의 요구를 정책 과정에 투입하는 것에 집중

㉢ 이익집단 결성에는 **사회적 합의를 유도하려는 정부의 의도**가 크게 작용하고, 이에 따라 사회적 책임, 협의, 조화 등의 가치 중시

③ 국가의 성격

㉠ 다원주의적 시각과는 달리 **국가는 비중립적**이라는 관점으로, 정부와 관료는 **소극적 중재에 머물지 않고 독자성을 보유**하면서 지도 및 개입

㉡ 국가이익이나 사회의 공동선을 달성하기 위해 **중요 이익집단과 우호적 협력관계**를 유지

④ 참여자 간 합의의 성격

㉠ 정부와 이익집단 간 **합의는 공식화된 제도 속에서 형성**되며, **참여자 간의 합의는 존중**됨.

㉡ 이익집단은 **합의내용을 집행하면서 조합원들을 규제**하므로, 조합주의에서의 이익집단을 준정부기구 또는 확장된 정부의 일부로 보는 시각도 존재

(2) 신조합주의

① **다국적기업과 같은 중요 산업조직**이 **국가와 긴밀한 동맹관계**를 형성하고 함께 경제 · 산업정책을 만들어낸다는 시각

② 조합주의이론보다 **기업들의 큰 영향력을 강조**하는 것으로, 자본주의 사회에서의 관재유착(官財癒着)에 주목

기출 CHECK

1 조합주의(corporatism)에 대한 설명으로 옳지 않은 것은? 2016 국가직 7급

① 정부활동은 다양한 이익집단 간 이익의 소극적 중재자 역할에 한정된다.
② 이익집단은 단일적 · 위계적인 이익대표체계를 형성한다.
③ 정부는 사회적 공동선을 달성하기 위해 중요 이익집단과 우호적 협력관계를 유지한다.
④ 이익집단은 상호 경쟁보다는 국가에 협조함으로써 특정 영역에서 자신의 요구를 정책과정에 투입한다.

① x 정부를 소극적인 중재자 역할에 한정하는 것은 다원주의적 시각이다. 반면 조합주의는 정부가 집단 간 이익의 소극적 중재에 머물지 않고 독자적이고 적극적인 권한을 가지면서 다른 이익집단들과 협력하고 때로는 지도하는 역할을 담당한다고 본다.

② o 다양한 이익집단이 골고루 영향력을 행사한다고 보는 다원주의와는 다르게, 조합주의에서의 이익집단은 특정 영역의 대표 이익집단만 조합의 구성원으로 참여한다. 대표 이익집단이 결정한 사항에 대해서 다른 이익집단들이 의무적으로 수용해야하기 때문에 조합주의의 이익집단은 단일적이고 위계적이며 강제적인 특성을 갖는다.

③ o 정부를 중립적인 존재로 가정하는 다원주의와는 달리, 조합주의에서의 정부는 사회적 공동선을 달성하고 사회문제를 해결하기 위해 조합의 다른 구성원인 대표 노동자단체 및 대표 사용자단체와 우호적인 관계 속에서 긴밀하게 협력한다.

④ o 이익집단이 상호 경쟁한다고 보는 관점은 다원주의적 시각이다. 반면 조합주의에서의 이익집단은 상호 경쟁보다는 국가나 다른 이익집단인 사용자단체와 우호적으로 협조함으로써 자신의 요구를 정책 과정에 투입하려고 노력한다.

정답 ①

체크포인트

조합주의는 다원주의의 대안적 모델이므로, 다원주의와 조합주의를 비교할 수 있는지가 핵심 체크포인트입니다. 특히 이익집단에 대한 관점과 정부의 역할에 대한 시각이 다르다는 것을 반드시 정리해두어야 할 것입니다. 따라서 선지를 읽어나갈 때, 해당 내용이 조합주의에 해당하는 내용인지, 다원주의에 해당하는 내용인지를 판단하면서 독해한다면 훌륭한 풀이가 될 것입니다.

9급 24국, 19국, 17국, 17지, 16국
7급 24국, 23국, 20지, 15지

3 정책네트워크모형 S

1 정책네트워크모형 개관

(1) 대두 배경

① 1980년대 이후 비정부조직 등이 정책과정에 참여, 다양한 참여자 간 동태적인 상호작용 및 정책결정의 부분화와 전문화를 설명하는 새로운 모형 필요

② 다양한 정책참여자 간 **공식적 관계뿐만 아니라 비공식적 관계를 포괄하는 모형**으로 정책네트워크 모형 등장

③ 기존 권력모형(엘리트주의 · 다원주의 · 조합주의)의 대안으로, 정책네트워크모형의 세부모형인 **하위정부모형, 정책공동체, 이슈네트워크** 등을 제시

(2) 연구 방법

사회학이나 문화인류학의 연구에서 쓰이는 사회연결망(네트워크) 분석방법을 정책과정 연구에 적용

(3) 주요 내용

① 기본적으로 **행위자(이해관계자)들 간의 관계를 중시**하므로, 정책형성과정에서 행위자를 정확하게 파악하는 것을 강조

㉠ 행위자들 사이에 나타나는 상호작용의 패턴을 찾아내는 데 사용되며, 관계의 밀도와 중심성을 통해 네트워크를 표현

㉡ 정부와 민간의 협력이 증대할수록 정책네트워크에 대한 관심도 증가

② 정책네트워크를 구성하는 행위자들 간의 **관계 형성 동기는 소유 자원의 상호의존성**에 기인

㉠ 행위자들 간의 연계는 의사소통 · 전문지식 · 신뢰 및 자원 교환 통로로 작용

㉡ 참여자들의 상호 작용을 규정하는 **공식적 · 비공식적 규칙**이 있으며, **참여자와 비참여자를 구분하는 경계가 존재**

(4) 평가

① **의의** : 정책형성뿐만 아니라 정책집행까지 설명하는 유용한 도구로, 정책과정에 대한 **국가중심 접근방법과 사회중심 접근방법이라는 이분법적 논리 극복**

② **한계** : 현상에 대한 기술과 설명은 뛰어나나, 인과관계를 밝히는 데에는 한계

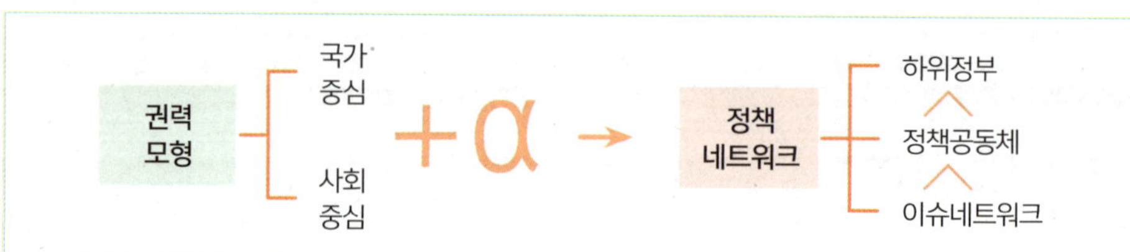

2 하위정부 모형(Subgovernment Model)

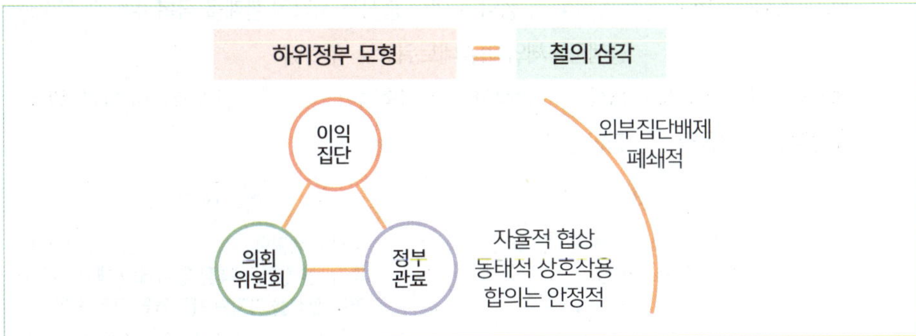

(1) 개념

① 소수의 엘리트인 **정부관료, 의회의원(의회 위원회), 이익집단**이 연계해 특정한 정책영역의 정책결정을 지배하는 정책네트워크모형

② **대통령의 관심이 약한 분야**나, **일상화 수준이 높은 정책결정과정**을 설명하는 데 유효

③ 정책분야별로 결정권의 행사 주체가 다를 수 있고, 다양한 집단에 결정권이 분산되어 있다는 측면에서 다원론의 한 모형으로 보는 시각도 존재

(2) 특징

① **공식적 참여자**(정부관료 · 의회의원)와 **비공식적 참여자**(이익집단) 간 **상호작용**에 따른 **동태적 정책결정** 묘사

② 참여자들이 각기 추구하는 이해관계가 다를 수 있지만 이를 상호양립시키기 위해 **자율적이고 독립적으로 협상과 합의를 진행**

③ **합의된 사항은 견고한 안정성**을 가지고, **외부개입이나 다른 이익집단의 참여를 배제**하는 **폐쇄적** 관계를 강조

(3) 하위정부 모형 VS 철의 삼각

① **유사점 :** 이익집단, 의회 위원회, 관료조직 간 **3자 동맹** 형성

② **차이점 :** **철의 삼각(iron triangle)**은 소수 엘리트 행위자들의 지배를 강조하는 **부정적 의미**인 반면, 하위정부 모형은 중립적 의미

(4) 한계

① **이익집단을 지나치게 강조 :** 이익집단이 활성화되지 않은 영역을 설명하기 어렵고, 이익집단이 활성화되어 있더라도 현실적 역할에는 한계

② **헤클로**(Heclo), 이익집단의 증대와 경쟁의 격화, 사회의 다원화가 **하위정부모형의 적실성을 약화**시킨다고 지적하며 **'이슈 네트워크 모형'을 제안**

Ⓧ [7급] 하위정부 모형은 철의 삼각 모형의 경험적 타당성에 대해 의문을 제기하면서 참여자의 범위를 대폭 확대하였다.

ⓞ 하위정부 모형과 철의 삼각 모형은 같은 현상을 설명하는 모형이며, 하위정부 모형은 중립적인 의미를 갖는 반면 철의 삼각 모형은 부정적인 의미를 갖고 있다.

3 정책공동체(Policy Community) VS 이슈 네트워크(Issue Network)

① 로즈(Rhodes), 영국 정책과정에서 정당과 의회 중심적 시각의 한계를 극복하기 위해 정책네트워크모형 발전 → 정책공동체와 이슈네트워크로 유형화

② 정책공동체는 비교적 폐쇄적이고 안정적이며 지속적인 네트워크인 반면, 이슈네트워크는 개방적이고 유동적이며 불안정적인 네트워크

	정책공동체	이슈 네트워크
개방성	<	
참여자	<	
변동성	<	
안정성	>	
결과수용성	>	

	정책공동체	이슈 네트워크
정책행위자	① 정부부처, 의회 상임위원회, 특정 이익집단, 전문가 집단으로 한정	① 정부 고위관료, 의회 의원, 기업가, 로비스트, 학자, 언론인 등 특정 영역에 이해관계가 있거나 관심을 가지는 사람들을 모두 포함하는 네트워크로, 이들은 특정 이슈에 대해 공식적, 비공식적 채널을 통해 영향력 행사
	② 의식적으로 일부 집단의 참여를 배제하므로 행위자 포함 범위가 비교적 안정적이고 지속적	② 다양한 행위자들이 참여하며 개방적이기 때문에 매우 유동적이고 불안정하며, 이슈의 성격에 따라 중요 자원의 종류 및 주요 행위자가 수시로 변화
	③ 모든 행위자가 상호 교환할 수 있는 자원과 권력을 보유하고, 정책에 대한 기본적인 이해를 공유	③ 행위자 중 일부만 상호 교환할 수 있는 자원과 권한을 소유
행위자 간 관계	① 관계 형성 동기 : 이슈네트워크와 마찬가지로 자원의 상호의존성에 기인하여 관계 형성	① 관계 형성 동기 : 다른 행위자들이 필요로 하는 자원을 보유하고 있어야 관계가 형성되고, 이러한 자원의존 관계에 근거하여 상호작용
	② 관계의 기본 속성 : 행위자 간 근본적 관계는 자원의 교환관계로, 상호협력적·의존적 속성을 가진 정합(positive game) 게임	② 관계의 기본 속성 : 자원·권력배분의 편차가 심한 배타적 관계이며, 경쟁에 따른 영합(negative sum) 게임이 다수여서 제한적 합의가 기본
	③ 관계의 지속성 : 행위자들은 언어·가치관·문화 등을 공유하며 관계를 안정화시키고, 자원을 보유하고 게임의 규칙을 준수한다면 안정적으로 잔류	③ 관계의 지속성 : 행위자 간 관계는 불안정하고 유동적이며, 관계의 방향이나 의존 정도 역시 가변적
	④ 국가와 이익집단 간 관계 : 국가기구 중 정부부처와 의회 상임위원회, 이익집단 중 기업 이익집단과 전문 이익집단을 중심으로 밀접한 관계 형성	④ 국가와 이익집단 간 관계 : 관련된 모든 이익이 망라되므로, 다양한 행위관계의 하나에 불과
상호작용 방식	① 행위자들 간 안정적이고 폐쇄적인 관계를 강조하지만, 제도화된 관계를 설정하는 것은 아님.	① 행위자들 간 상호작용에 일정한 유형이 있거나 안정적인 것으로 가정하지 않으며, 상호작용의 빈도 역시 상황에 따라 가변적임.
	② 행위자들이 정책공동체에 참여하는 이유는 공익을 위해서가 아닌 자신의 이해를 달성하는 데 유익하기 때문이며, 갈등을 일으킬 가능성도 배제할 수 없음.	② 대체로 이익집단들 간에 경쟁하고 갈등하지만, 이해관계가 일치하는 행위자들 간에는 지지연합을 형성하기도 함.
정책결과	① 처음 의도한 정책내용과 정책산출이 크게 다르지 않으며, 정책산출을 예측하기에도 용이	① 정책 결정내용이 변동되는 경우가 많고, 누구의 이해가 반영될 것인지 예측이 어려우며, 산출된 정책과 집행 결과가 상이할 수 있음.
	② 도출된 결론에 대한 수용성이 높고, 정책산출과 정책집행의 결과가 크게 다르지 않아 정책공동체와 집행공동체가 동일한 경우 다수	② 행위자 간 가치관 공유 정도가 낮고, 성과의 정통성을 수용할 확률도 낮음.

기출 CHECK

1 정책네트워크에 대한 설명으로 옳은 것은? 2017 지방직 9급 하반기

① 정책공동체(policy community)의 참여자는 하위정부(subgovernment)에 비해 제한적이다.
② 정책공동체(policy community)는 일시적이고 느슨한 형태의 집합체다.
③ 이슈네트워크(issue network)에서는 비교적 소수의 엘리트들이 협력하여 특정한 영역의 정책 결정을 지배한다.
④ 하위정부(subgovernment)의 주된 참여자는 정부관료, 선출직 의원, 이익집단이다.

① X 정책네트워크 모형은 하위정부, 정책공동체, 이슈네트워크의 순서대로 참여자가 증가한다. 하위정부는 참여자가 가장 적은 모형으로, 정부관료, 의회의원, 이익집단의 3자에 그친다. 반면 정책공동체의 참여자는 여기에 전문가집단 등이 추가된다. 따라서 참여자가 제한적인 모형은 하위정부가 된다.
② X 정책공동체는 의식적으로 일부 집단의 참여를 배제하는 모형으로 행위자 포함 범위가 비교적 안정적이고 지속적이다. 일시적이고 느슨한 형태의 집합체는 가장 넓은 범위의 참여자를 가정하는 모형을 설명하는 것이므로, 정책공동체가 아닌 이슈네트워크에 대한 내용이다.
③ X 비교적 소수의 엘리트들이 협력하는 모형은 이슈네트워크가 아닌 정책공동체이다. 가장 넓은 범위의 참여자를 가정하는 이슈네트워크는 특정 영역에 이해관계가 있거나 관심을 가지는 사람들을 모두 망라한다.
④ O 하위정부모형을 구성하는 3자 연합은 정부관료, 선출직 의원(의회위원회), 이익집단이다. 정답 ④

2 정책네트워크모형에 대한 설명으로 옳지 않은 것은? 2015 지방직 7급

① 로즈와 마쉬(Rhodes & Marsh)에 따르면, 이슈네트워크는 비교적 폐쇄적이고 안정적인 반면 정책공동체는 개방적이고 유동적이다.
② 헤클로(Heclo)는 하위정부모형에 대한 비판적 입장에서 이슈네트워크모형을 제안했다.
③ 많은 학자들은 1960년대에 등장한 하위정부모형이나 1970년대에 등장한 이슈네트워크모형이 정책네트워크모형의 기원이라고 본다.
④ 정책공동체의 경우, 모든 참여자가 자원을 가지며 참여자 사이의 근본적인 관계는 교환관계이다.

① X 정책공동체보다 이슈네트워크의 참여자의 수가 상대적으로 더 많다. 따라서 두 모형 중 비교적 폐쇄적이고 안정적인 모형은 정책공동체이며, 이슈네트워크는 보다 더 개방적이고 유동적이다.
② O 헤클로는 이익집단의 증대와 경쟁의 격화, 사회의 다원화가 하위정부모형의 적실성을 약화시킨다고 지적하며 하위정부모형보다 더 많은 참여자를 가정하는 정책공동체와 이슈네트워크 같은 모형을 제안했다. 정책공동체와 이슈네트워크를 합쳐서 이슈네트워크모형이라고 부르기도 한다.
③ O 기존의 엘리트주의, 다원주의, 조합주의가 정책과정의 참여자들을 모두 포함하지 못한다는 점을 비판하며 1960년대 하위정부모형 및 1970년대 이슈네트워크모형이 등장한다. 해당 모형들은 참여자의 범위를 넓게 보는 정책네트워크 모형의 기반을 이룬다.
④ O 이슈네트워크에 비해 정책공동체는 참여자의 수가 제한적이다. 정책공동체에 속해있는 구성원들은 비교적 동질적이며, 구성원 모두가 서로 교환할 수 있는 자원을 보유하고 있기 때문에 안정적으로 운영될 수 있다. 정답 ①

체크포인트

정책네트워크에 속하는 세 가지 모형인 하위정부, 정책공동체, 이슈네트워크의 순서대로 참여자의 수가 늘어난다는 것에 주목해야 합니다. 이에 따라 세 모형의 성격이 달라지는 것이기 때문입니다. 문제에서는 반드시 세 모형을 비교하면서 출제되므로, 어떤 모형에서의 참여자의 수가 더 많은지 꼭 정리해두어야 합니다. 또한 하위정부모형의 세 가지 참여자는 암기해두어야 할 부분입니다.

체크포인트

앞서 언급한 것처럼, 정책네트워크 관련 문제는 모형들을 참여자의 수에 따라 비교하는 것이 가장 중요합니다. 이슈네트워크와 정책공동체를 비교했을 때, 이슈네트워크가 참여자의 수가 더 많기 때문에 개방적이고 유동적인 것이고, 상대적으로 참여자가 적은 정책공동체는 폐쇄적이고 안정적인 것입니다. 이런 문제는 암기로 해결하는 것이 아니라, 두 개념을 상대적으로 비교한 후 선지를 읽고 판단하는 것입니다. 평소 훈련이 필요한 부분입니다.

CHAPTER 2 정책의제설정

9급 15국
7급 24국, 13국

문제2
문제1 문제4
문제3
정책의제설정
주도집단 : 강력/조직화
문제특성 : 선례/단순
극적사건

1 정책의제설정 영향요인 B

(1) 정책의제설정

① **개념**

㉠ 다양한 사회문제 중 **특정 문제를** 정부의 정책으로 해결하기 위해 **하나의 의제로 채택**하는 과정이나 행위

㉡ 특정 사회문제가 **공적문제로 취급**되어 **정책문제로 전환**되는 과정이나 행위

② **기능 및 성격**

㉠ 정책의제설정을 통해 정책목표를 설정하고 적절한 정책수단을 선택

㉡ 설정된 정책의제는 **정치성, 주관성, 동태성** 등의 성격을 내포

(2) 정책의제설정 영향요인

① **주도집단과 참여자**

㉠ 문제 해결을 위한 **주도집단이 정치적으로 강력**하면 정책의제화에 **유리**

㉡ 정책의제화를 요구하는 **집단의 규모가 크거나**, 이해관계자의 **조직화 정도가 높은 경우** 정책의제화에 **유리**

㉢ 이해관계자의 **분포가 넓고 조직화의 정도가 낮은 경우**에는 정책의제화에 **불리**

② **문제의 특성과 사건**

㉠ **사회적 유의성, 극적인 사건이나 위기, 선례**가 있거나 **단순한 문제**의 경우, 문제해결이 상대적으로 **쉬울 것으로 인지**될 경우 **의제화에 유리**

㉡ 정책문제에 대한 **통계지표의 오류** 등은 **의제화에 불리**

㉢ 크렌슨(Crenson), 선출직 지도자들이 공장공해 등 전체적인 문제에 민감하게 반응하지 않아 이를 정책의제화하지 않는다고 주장

③ **정치적 요소**

㉠ 정치체제의 구조, 정치적 분위기와 이념, 정치적 사건, 정치체제의 가용자원 정도 등이 영향력 행사

㉡ 우리나라의 1960년대 경제제일주의가 노동문제를 정부의제로 공식 검토되지 않게 한 사례

(3) 정책의제설정 관련 오류 → 3종 오류

① **3종 오류** : **정책문제를 잘못 인지**하고 채택하여 **문제가 여전히 해결되지 않는 오류**

② **1종 오류** : 정책효과가 없음에도 있다고 판단하는 오류(옳은 귀무가설* 을 기각)

③ **2종 오류** : 정책효과가 있음에도 없다고 판단하는 오류(틀린 귀무가설을 채택)

* 귀무가설(또는 영가설)
→ 정책의 효과가 없을 것이라고 가정하는 가설

기출 CHECK

1 다음 중 어떠한 정책문제가 정책의제로 채택될 가능성이 가장 낮은 경우는? 2015 국가직 9급

① 정책문제의 해결가능성이 높은 경우
② 이해관계자의 분포가 넓고 조직화 정도가 낮은 경우
③ 선례가 있어 관례화(routinized)된 경우
④ 정책의제화를 요구하는 집단의 규모가 큰 경우

① × 관료의 입장에서 정책문제의 해결가능성이 높은 상황이라고 판단한다면 정책의제로 채택될 가능성이 높다.
② ○ 이해관계자의 분포가 넓고 조직화 정도가 낮다면, 정책과 관련된 관계자들이 결집되지 않고 분산되는 상황이 발생한다. 이렇게 되면 정책의제로 채택되게 만들 외부적 압력의 정도가 약하므로 정책의제로 채택될 가능성이 낮다.
③ × 선례가 있어 관례화된 경우 관료의 입장에서 정책문제의 해결가능성이 높은 상황이므로 정책의제로 채택될 가능성이 높아진다.
④ × 정책의제화를 요구하는 집단의 규모가 큰 경우, 이들의 영향력이 정책과정에 반영될 가능성이 높기 때문에 정책의제로 채택될 가능성이 역시 높아진다. 정답 ②

체크포인트
정책의제설정과 관련된 영향요인은 생각보다 헷갈릴 수 있는 주제이므로 주의가 필요합니다. 기출이 되었던 사례들을 정확하게 정리하는 것이 가장 안전한 방법이 됩니다. 특히 선례가 있거나 단순한 문제가 의제화에 더 유리하다는 것은 관료의 입장에서 이해해보는 것이 좋습니다. 문제를 해결해야 하는 관료의 입장에서는 복잡한 문제보다는 선례가 있거나 단순한 문제가 의제설정을 하는 데 동기부여가 될 수 있기 때문입니다.

2 정책의제설정 과정 B

7급 15지

1 콥과 엘더(Cobb & Elder) : 사회문제 → 사회적 이슈 → 체제의제 → 정부의제

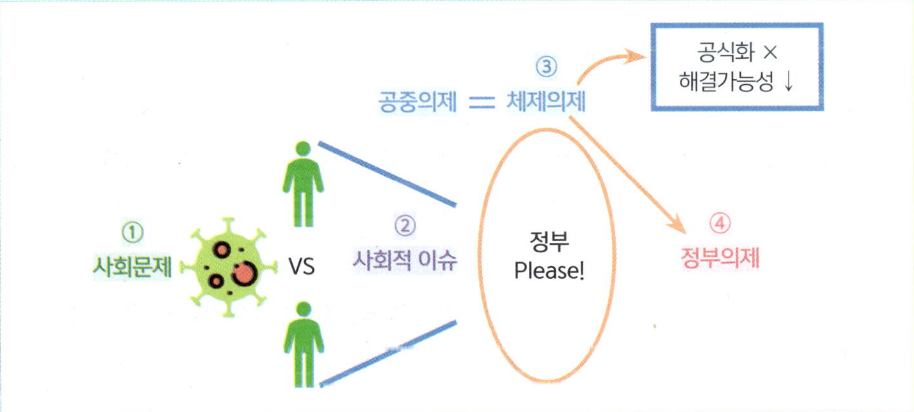

(1) 사회 문제(Social Problem)

개인의 문제가 **다수로부터 공감**을 얻게 되어 많은 사람들의 문제로 인식된 상태

(2) 사회적 이슈(Social Issue)

① 문제 성격 및 해결방안에 대해 집단들 간 의견의 일치를 보기 어려워, **논쟁과 갈등의 대상**이 되어 다수의 주목을 받는 사회문제
② 모든 사회문제가 사회적 이슈가 되는 것은 아니며, 주도자(initiator)와 점화장치(triggering device)가 있어야 함.

(3) 체제의제=공중의제(Systemic Agenda)

① 일반대중의 주목을 받을 만한 가치가 있으며 **정부가 문제를 해결하는 것이 마땅한 것으로 공감**하고 인정하는 사회문제

② 사회적 이슈가 체제의제가 되기 위한 전제조건

㉠ **다수의 사람들**이 알고 있으며 관심을 갖고 있는 문제

㉡ 어떤 방식이든 **정부의 조치가 필요하다는 사람들이 상당수**인 문제

㉢ 정부의 적절한 고려대상이 될 뿐 아니라, 개인이나 민간차원에서 쉽게 해결될 수 없어 **정부의 권한에 속한다고 믿는 문제**

③ 정부의제와 달리 체제의제는 **아직 문서화되거나 공식화되지 않은 의제**로, 정부가 문제해결을 고려하기로 공식적으로 밝히지 않아 **아직까지는 해결 가능성이 높지 않은 문제**

④ 체제의제 = 공중의제 = 공공의제 = 토론의제 = 토의의제 = 환경의제

보충

정부의제 VS 위장의제(pseudo agenda)

① 위장의제 : 정부가 불만세력의 무마를 위해 겉으로만 관심을 나타내는 사회문제

② 위장의제에서도 정부가 표면적으로는 진실로 해결을 의도하는 듯이 노력하기 때문에 실제에 있어서 정부의제와 위장의제를 구분하는 것은 어려움.

(4) **정부의제**(Governmental Agenda)

① 정부가 **공식적인 의사결정**을 통해 그 해결을 심각하게 고려하기로 **명백하게 밝힌 문제**로, 정책의제설정 활동의 산출물(좁은 의미의 정책문제)

② 공중의제 중에서 공식적 정부기관으로 침투한 것이 정부의제이며, 어떤 공중의제가 정부의제로 채택 또는 방치되는지가 의제설정이론의 핵심

③ 정부의제 = 제도적 의제 = 공식의제 = 정책의제

2 아이스톤(Eyestone) : 사회문제 → 사회논제 → 공공의제 → 공식의제

(1) **사회문제**(social problem)

개인의 문제가 **다수로부터 공감**을 얻게 되어 많은 사람들의 문제로 인식된 상태

(2) **사회논제**(social issue)

사회문제가 여러 가지 다른 견해를 갖는 다수의 집단들로 하여금 **논쟁을 야기**하며, 일반인의 관심을 집중하고 여론을 환기시키려는 상태

(3) **공공의제**(public agenda)

일반대중의 주목을 받을 가치는 있고, **정부가 문제 해결을 하는 것이 정당한 것으로 인정**되는 상태

(4) **공식의제**(official agenda)

여러 가지 공공의제들 중에서 정부가 그 해결을 위하여 심각하게 관심과 행동을 집중하는 **정부의제로 선별되는 상태**

기출 CHECK

1 정책의제설정과정에서 일반대중의 관심과 주의를 받고 있으며, 정부가 개입하여 문제를 해결하여야 한다고 인정되지만, 정부가 문제 해결을 고려하기로 공식적으로 밝히지 않은 것은?

2015 지방직 7급

① 사회문제(social problem)
② 사회적 쟁점(social issue)
③ 공중의제(public agenda) 또는 체제의제(systemic agenda)
④ 정부의제(governmental agenda) 또는 제도의제(institutional agenda)

③ ○ 문제의 설명은 체제의제로, 일반대중의 주목을 받을 만한 가치가 있으며 정부가 문제를 해결하는 것이 마땅한 것으로 공감하고 인정하는 사회문제이다. 또한 정부의제와 달리 체제의제는 아직 문서화되거나 공식화되지 않은 의제로, 정부가 문제해결을 고려하기로 공식적으로 밝히지 않은 의제이다. 정답 ③

체크포인트

공중의제의 개념을 물어보는 문제는 아직 9급에서는 출제되지 않았지만, 매우 중요한 개념이므로 잘 준비해두어야 합니다. 정책의제설정과정에서 특히 공중의제는 최종적 단계인 정부의제와 그 성격을 정확하게 비교할 수 있어야 합니다. 국민들이 정부가 해결해야 한다고 공감하는 단계이지만, 아직은 정부가 공식적으로 의제화한 것은 아니므로 제도화되었거나 문제해결가능성이 높아진 것은 아니라는 점을 주의해야 합니다.

PART 2

3 정책의제설정 모형 Ⓐ

9급 25국, 22지
7급 22지, 21지, 20국, 16지

1 콥과 로스(Cobb & Ross)의 모형

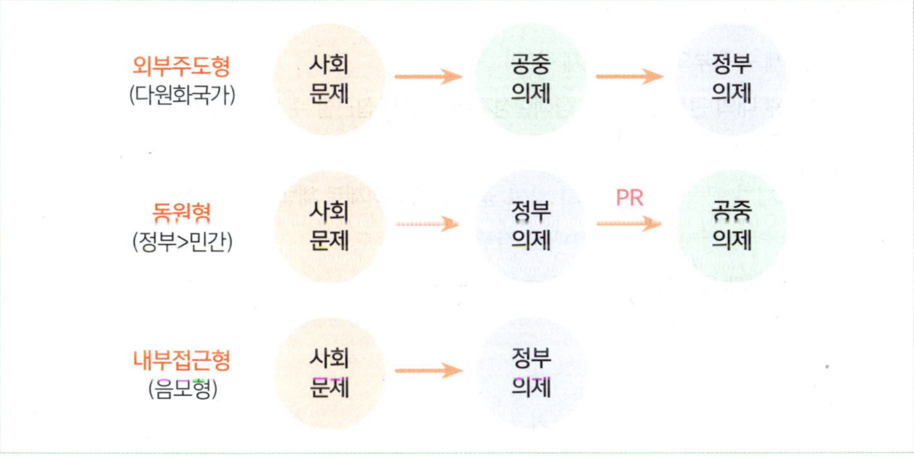

(1) 외부주도형(Outside Initiative Model)

① **사회문제 → 공중의제 → 정부의제**

② **외부의 민간집단에 의해 이슈가 제기**되어 공중의제화한 이후 정책 결정자의 관심을 끌게 되면 정부의제로 전환되는 유형

③ **이익집단**이 발달하고 정부가 외부의 요구에 민감하게 반응하는 **다원화되고 민주화된 정치체제**에서 주로 발생

④ 외부집단이 주도하여 정책의제 채택을 정부에게 강요하는 경우로, 허쉬만(Hirschman)이 말하는 **강요된 정책문제**에 해당

⑤ 정치과정을 통해 사회적 이슈가 공식 정책의제로 채택되는 전략적 과정을 설명하며, **상징 활용**(symbol utilization)이나 **매스미디어** 등을 통해 쟁점 확산

(2) 동원형(Mobilization Model)

① **사회문제 → 정부의제 → 공중의제**

② **정부 내의 정책결정자들의 주도**로 정부의제를 먼저 설정하고, 대중의 지지와 순응을 위해 **정부홍보(PR) 및 공공관계 캠페인**(public relation campaign)으로 공중의제화

③ 사회문제가 바로 정책의제로 채택되고, **정부의 힘이 강하고 민간부문의 이익집단이 취약한 국가**에서 주로 나타나는 모형

④ **국민을 의도적·일방적으로 무시하는 모형은 아니며,** 올림픽이나 월드컵 유치 등 국민들이 적극적인 관심을 보인 사례가 이에 해당

⑤ **정부의 정책결정자들이 채택한 의제**가 추후 **홍보를 통해 공중의제로 확산**되는 것과 관련되기 때문에 허쉬만이 말하는 **채택된 정책문제**에 해당

(3) 내부접근형(Inside Access Model)

① **사회문제 → 정부의제(공중의제×)**

② **정부기관 내의 관료집단**이나 **정책결정자에게 쉽게 접근할 수 있는 외부집단**에 의해 정책의제화가 진행되는 유형

③ 정부의제가 공중의제가 되지 않고 **곧바로 정책의제로 채택**되며, 주도집단이 정책의 내용을 미리 결정하고, 이를 그대로 집행하려고 시도

④ **일반대중에게 알리지 않으려는 일종의 음모형**에 속하며, 부나 권력 등이 집중된 나라에서 흔히 발생

⑤ **동원형과의 비교**

㉠ **주도세력** : 동원형의 경우 최고 통치자나 고위정책결정자인 데 비해 **내부접근형의 경우 이들보다 낮은 지위에 있는 고위 관료**

㉡ **공중의제화 여부** : 동원형은 정부PR 등을 통해 공중의제화하는 데 비해 **내부접근형은 공중의제화하는 것을 방지**

보충

굳히기형

대중의 지지가 높게 형성된 이슈에 대해 정부가 그 과정을 주도하여 지지의 공고화를 추진하고 해결을 시도하는 유형

메이(May)의 정책의제설정 모형

	대중관심 높음	대중관심 낮음
민간 주도	외부주도형	내부주도형
정부 주도	굳히기형	동원형

기출 CHECK

1 정책의제의 설정에 대한 설명으로 옳지 않은 것은? 2010 국가직 7급

① 체제 의제(systematic agenda)란 개인이나 민간 차원에서 쉽사리 해결될 수 없어서 정부가 이를 해결해야 한다고 많은 사람들이 생각하는 정책적 해결 필요성이 있는 의제를 의미한다.

② 동원형은 정부의 힘이 강하고 민간부문의 힘이 취약한 후진국에서 많이 나타나며, 의도적이고 일방적으로 국민을 무시하는 정부에서 나타날 수 있는 유형이다.

③ 외부주도형은 정책담당자가 아닌 외부 사람들의 주도에 의해 정책문제의 정부 귀속화가 이루어지는 유형이다.

④ 내부접근형은 정책담당자들에 의해 자발적으로 정책의제화가 진행되는 유형이다.

① o 체제의제 또는 공중의제는 일반대중의 주목을 받을 만한 가치가 있으며 정부가 문제를 해결하는 것이 마땅한 것으로 공감하고 인정하는 사회문제이다.

② x 동원형은 사회문제가 바로 정부의제로 설정되는 유형이므로 민간보다는 정부의 힘이 강한 후진국에서 주로 나타나는 모형이다. 다만 정부의제 설정 이후 사후적으로 공중의제 과정을 통해 국민들을 설득하는 과정을 거치기 때문에, 의도적이고 일반적으로 국민을 무시하는 모형은 아니다. 의도적이고 일방적으로 국민을 무시하는 유형은 내부접근형에 가깝다.

③ o 외부주도형은 외부의 이익집단들이나 대중들이 주도하여 사회문제를 공중의제화한 다음 공식적인 정부의제로 전환하는 유형이다. 따라서 다수의 이익집단 간 상호경쟁과 타협을 중시하는 다원주의적 국가에서 주로 나타나는 방식이다.

④ o 내부접근형은 정부기관 내의 관료집단 또는 관료집단과 결탁한 일부 외부집단에 의해 특정 사회문제가 곧바로 정부의제화되는 유형이다. 정부의제 이후에는 따로 국민들에게 알리면서 공중의제화하는 과정을 거치지 않으므로 음모형이라고도 불린다.

정답 ②

체크포인트

외부주도형, 동원형, 내부접근형을 비교하는 문제는 어떤 시험에서든 빈번하게 출제되는 주제입니다. 특히 동원형과 내부접근형은 공통점과 차이점이 있기 때문에 이 두 개념을 비교할 수 있는지가 가장 중요합니다. 두 개념은 모두 정부의제로 먼저 설정된다는 점에서 공통점을 갖지만, 동원형은 나중에라도 홍보를 통해 공중의제화하는 반면 내부접근형은 정부내부에서의 의사결정으로 끝낸다는 것을 알고 있어야 합니다.

ⓧ [9급] 무의사결정론은 조직의 주의집중력과 가용자원은 한계가 있어 일부 사회문제만이 정책의제로 선택된다고 주장한다.

ⓞ 의사결정론(무의사결정론 ×)은 조직의 주의집중력과 가용자원은 한계가 있어 일부 사회문제만이 정책의제로 선택된다고 주장한다.

2 기타 이론

(1) 의의

왜 어떤 문제는 정부에서 해결하려고 노력하는데, 어떤 문제는 공식적인 거론도 없이 방치하는가에 대한 연구

(2) 의사결정론

① **사이먼(Simon)**이 주장한 모형으로 **조직의 주의집중력 한계**로 일부 사회문제만 정책의제로 채택

② 그러나 왜 특정 문제가 정책문제로 채택되고 다른 문제는 제외되는가에 대한 설명 부재

(3) 체제이론

① 정부 고위 당국자와 같은 체제의 **문지기(gate-keeper)가 선호하는 문제**가 정책의제로 채택

② 정치체제 내의 전체업무량을 줄이기 위해서 정책문제의 숫자를 줄여야 한다는 입장

③ 그러나 어떤 문제를 문지기가 선호하는지에 대한 설명은 생략

(4) 다원주의론

① **이익집단들이나 일반 대중**이 정책의제설정에 상당한 영향력을 행사

② 어떠한 사회문제든지 정치체제로 침투할 수 있으며, 정책문제가 되는 과정은 본질적으로 무작위

(5) 무의사결정론

다원주의론자들을 반박하는 **신엘리트론**으로, 대중 억압과 통제로 엘리트에게 유리한 이슈만 정책의제화된다고 주장

(6) 정책의 창 모형

킹던(Kingdon)이 주장한 모형으로, 문제, 정책, 정치라는 세 변수가 각기 다른 맥락에서 흐르다가 어떤 기회가 주어져서 만나면 정책의제화

의사결정론	체제이론	다원주의론	무의사결정론	정책의 창
조직의 주의집중력 한계	문지기가 선호하는 문제	이익집단/대중들의 영향력	대중억압과 봉쇄	문제 + 정책 + 정치

Public Administration

CHAPTER 3 정책결정

1 정책결정모형

1 정책결정요인론 C

7급 22국
9급 14국

1 정책결정요인

(1) 정치적 요인 : 정치체제의 특성, 정책결정자의 능력과 같이 정치체제의 영향을 강조하는 요인

(2) 사회경제적 요인 : 산업발전의 정도, 국민소득 수준과 같이 사회경제적 특성과 관련된 요인

2 정책결정요인론의 전개

(1) 1950년대 이전 : 정치학자를 중심으로 정치적 요인이 정책결정에 핵심적인 영향력을 행사한다고 주장

(2) 1960년대 이후

① 경제학자를 중심으로 정치적 요인보다는 사회경제적 요인이 정책결정에 핵심적인 영향력을 행사한다고 주장

② 와그너(Wagner), 패브리컨트(Fabricant), 브레이저(Brazer) 등은 주정부 예산, 가구소득, 인구밀도 등 사회경제적 요인이 정책결정요인임을 제시

③ 한계 : 정치적 요인은 과소평가하고 사회경제적 요인은 과대평가했다는 비판

3 주요 정책결정요인론

(1) 키-로커트(Key-Lockard) 참여경쟁모형

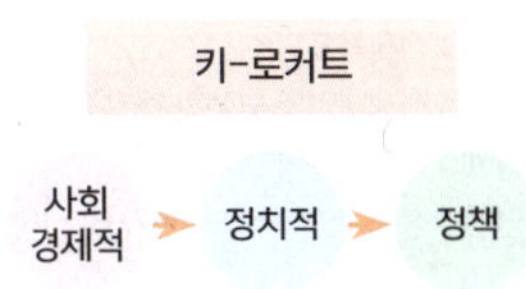

① 사회경제적 요인이 정치적 요인에 영향을 미치고, 이 정치적 요인이 정책에 영향을 미친다고 주장

② 순차적 관계 : 경제가 발전할수록(사회경제적 요인) → 정당 간 경쟁이 심해지고(정치적 요인) → 이를 통해 복지지출 증가(정책)

③ 정치적 요인이 일종의 매개변수로 작용

(2) 도슨-로빈슨(Dawson-Robinson) 경제자원모형

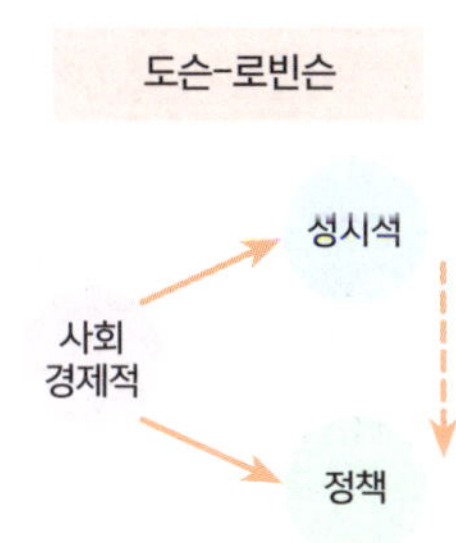

① 사회경제적 요인이 정치적 요인에도 직접적인 영향을 미치며, 사회경제적 요인이 정책에도 직접적인 영향을 미친다고 주장

② 사회경제적 요인을 통제하면 정치적 요인과 정책 간의 관계가 사라지며, 이는 정치적 요인과 정책 간의 관계가 허위상관에 불과함을 의미

③ 순차적 관계를 부정하면서, 정치적 요인은 매개변수의 역할도 하지 못한다고 주장

루이스-벡

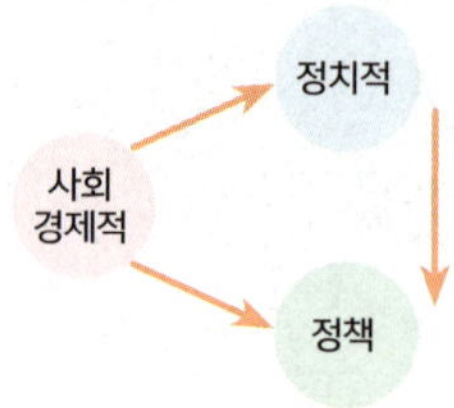

9급 23지, 22국, 20지, 19지, 18국, 17국
7급 24지, 23국, 22지, 21지, 19국, 18국, 17지, 15국

(3) 루이스-벡(Lewis-Beck) 혼합모형

① **사회경제적 요인이 정치적 요인을 통해 정책에 영향을 미치는 간접적 효과**가 있음을 제시하면서 정치적 요인도 영향력을 행사함을 제시

② 그럼에도 불구하고 여전히 **정치적 요인보다는 사회경제적 요인이 정책에 더 큰 영향**을 미치고 있음을 확인

2 개인적 정책결정모형 S

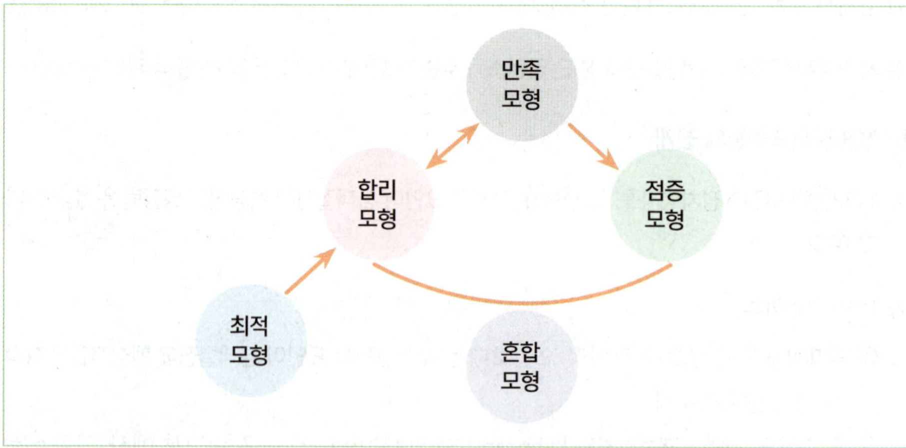

1 합리모형

(1) 특징

① **분석적·합리적 정책결정의 다섯 단계***를 명백히 밟으면서 결정하는 모형으로, **모든 대안의 결과를 예측**하여 **최선의 대안을 선택**하는 **총괄적·포괄적 모형**

② 문제 상황, 달성하고자 하는 목표, 각 대안 간의 우선순위, 각 대안의 비용과 편익 등이 **모두 명확하다고 전제**

③ **모든 대안**을 한꺼번에 파악하고 동시에 검토하는 **병렬적 탐색**이 가능

④ 합리모형에서 말하는 합리성은 일반적으로 **경제적 합리성**을 의미하며, 이에 따라 정책을 결정하는 의사결정자를 **경제인**(economic man)이라고 부름.

예 게임이론, 가격이론, 통계적 결정이론, 독점기업들의 생산량 상호조절이론, 공공선택론, 관리과학적·정책분석적 논리 등

*
1단계 : 정책문제의 파악과 정의
2단계 : 정책목표의 설정
3단계 : 정책대안의 탐색과 개발
4단계 : 정책대안의 결과 예측
5단계 : 정책대안의 비교·평가 및 선택

(2) 한계

① 실제 의사결정은 경제적 합리성이나 분석적 결정이 아니라 습관, 직관 등에 따른다는 점에서 **현실에 대한 설명력 낮음**(Simon, Lindblom).

② 합리모형은 **불가능한 일을 정책결정자에게 강요**하여 비용과 시간을 낭비시키는 등 **바람직한 정책결정에 도움을 주지 못함**(Braybrooke, Lindblom).

③ 인간의 제한된 분석 능력을 보완할 수 있는 기능에 관심이 없음.

2 만족모형

(1) 특징

① 제한된 합리성

㉠ **사이먼(Simon)**, 결정자의 인지능력 한계, 결정상황의 불확실성, 시간의 제약 등 현실적 제약 조건을 고려하여 **제한된 합리성(bounded rationality)**을 추구하는 모형 제시

㉡ 의사결정의 심리적 인지과정에 주목하여, 의사결정자는 최적(optimum) 대안이 아닌 **만족할만한(satisficing) 대안**을 선택

② 행정인

㉠ **행정인(administrative man)** : 만족모형에서 합리성의 제약을 받는 의사결정자로, 합리모형의 경제인과 대비

㉡ 경제인은 목표 달성의 극대화를 도모하여 모든 가능한 대안 중 최선의 대안을 선택하지만, **행정인은 만족할만한 대안의 선택에 그침.**

㉢ 경제인은 동태적 상황을 고려하여 대안의 결과예측을 시도하지만, 행정인은 불확실성이나 불충분한 정보 등으로 대안의 결과를 예측하지 못함.

③ 현실적 설명

㉠ 모든 대안이 아닌 **몇 개의 대안만을 탐색**하며, **대안의 탐색은 무작위적이고 순차적**으로 **시행착오**를 거쳐 이루어지고, 만족할만한 결과를 가져오는 대안을 찾을 때까지 계속됨.

㉡ **복잡한 상황을 단순화**시키고, 가장 적절하고 중요하다고 생각하는 요소들만을 고려하여 대안의 결과를 예측하려고 함.

합리모형: 객관적 합리성, 모든 대안, 경제인
만족모형 (사이먼): 제한적 합리성, 만족할만한 대안, 행정인

합리모형: 병렬적 탐색 (A, B, C, D, E)
만족모형: 무작위·순차적 탐색 (A → E → B)

(2) 평가

① 장점

㉠ **합리모형에 대한 심각한 도전**이자, 인간의 **인지능력이라는 기본적인 요소에서 출발**했기에 이론적 영향이 컸음. → **점증모형**, 회사모형, 사이버네틱스 모형 등에 영향

㉡ 의사결정이 실제로 이루어질 때 일어나는 현상을 정확하게 설명하는 실증적 · 경험적 연구를 최초로 시도

㉢ 규범적 · 처방적 측면에서도 의사결정에 비용이 들어간다는 사실을 명백히 인식시켜, 비용과 효과를 비교하여 대안의 추가적 탐색을 추진하는 아이디어 제공

② 단점

㉠ 만족할만한 대안을 찾은 후 대안 탐색이 중단되므로 **훨씬 더 최선의 대안이 선택되지 않을 가능성 높음.**

㉡ 만족 여부는 주관적인 기대수준에 달려 있으므로 대안 선택의 객관적 기준을 제시하기 어려워 규범적 · 처방적으로는 유용한 이론이 될 수 없음.

㉢ 일반적이고 가벼운 의사결정에서는 만족모형의 설명력이 높지만, 중대하고 차별적인 의사결정에서는 합리모형에 의한 분석적 결정이 이루어져야 함.

3 점증모형

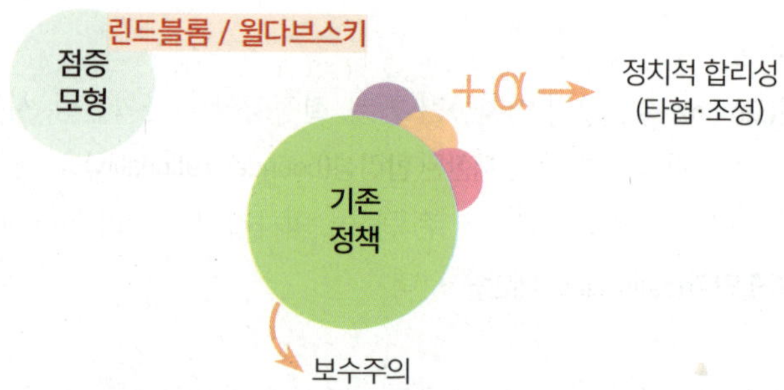

(1) 의의와 조건

① 의의

㉠ **린드블롬(Lindblom) · 윌다브스키(Wildavsky)**, 정책은 **실제로 점증적으로 결정**될 뿐만 아니라 **점증적으로 결정되는 것이 바람직**하다고 주장

㉡ 점증모형은 이상적이고 규범적인 합리모형과는 대조적으로 실제의 결정상황에 기초한 현실적이고 기술적인 모형이나, 규범적 · 처방적 성격도 지니고 있음.

㉢ 정책결정상황을 연역적으로 설명하는 것이 아니라 귀납적으로 분석

② 조건 : 정책결정자는 **제한된 합리성**을 가지고 있으며, 시간과 정보가 부족하고, 회수할 수 없는 성격의 비용도 있으며, 대안비교를 위한 기준도 불명확

(2) 특징

① 현존정책 ± α

㉠ **현존의 정책에서 소폭적인 변화만을 가감**하여 약간 수정 · 보완된 것만을 정책대안으로 하여 정책결정

㉡ 과거 정책 혹은 다른 정부의 정책도 점증주의 정책대안의 중요한 원천이지만, 중요하고 훌륭한 대안이라도 현존 정책과 전혀 다르다면 고려대상 아님.

㉢ 합리모형이 모든 대안의 결과를 포괄적으로 예측한다면, 점증주의에서는 분석을 대폭적으로 제한하기 때문에 중요한 결과라도 예측에서 누락될 가능성

② 계속적 정책결정

㉠ 능력 · 시간 · 정보의 부족을 극복하고 상황적 특성을 고려하기 위해 한꺼번에 정책을 결정하기 않고 **조금씩 정책을 수정 · 보완**

㉡ **시행착오**를 거치면서 환류되는 정보를 수집 · 분석하여 불충분한 사전예측을 보충하는 계속적 비교, 연속적 평가와 분석, **연속적 · 순차적 정책결정** 발생

㉢ **불완전한 예측**을 전제로 정책대안을 실시하고, 그 때 나타나는 결과가 잘못된 점이 있으면 그 부분만 다시 수정 · 보완하는 방식을 택하기도 함.

③ 목표와 수단의 상호의존성

㉠ 합리모형에서 정책목표가 먼저 결정된 후 수단을 탐색하는 것과 달리, 현실의 정책결정에서는 **목표와 수단이 동시에 결정**됨.*

*
① 달성하고자 하는 목표에 대한 합의가 어렵고,
② 상충하는 목표를 통합할 수 있는 지표의 작성이 불가능하며,
③ 목표의 결정은 채택 가능한 수단이 존재하는가에 의해서도 좌우되기 때문

㉡ 정책목표를 먼저 선택하고 그에 상응하는 정책대안을 선택하는 것이 아니라 **정책대안을 고려하면서 정책목표를 설정**

④ 타협과 조정 → 정치적 합리성

㉠ 경제적 합리성보다는 **정치적 합리성을 추구**하여 **타협과 조정**을 중시

㉡ 정책에 대한 동의(agreement)를 기준으로 최선의 정책 판단

ⓐ 일방적 지배가 아닌 타협에 의한 결정이라는 상대주의와 민주주의의 이념과 **다원주의의 정치적 정당성** 반영

ⓑ 목표와 수단이 분리될 수 없으며 전체를 하나의 패키지로 하여 정치적 지지와 협의를 이끌어내는 것이 중요

(3) 평가

① 장점

㉠ **기술적 측면** : 현실에서 이루어지는 정책결정의 실상을 가장 정확하게 기술

㉡ **처방적 측면** : 의사결정비용을 감소시키고, 불확실성을 극복하는 훌륭한 전략이 될 수 있고, 정책의 안정성 및 정치적 실현가능성 확보에 용이

② 단점

㉠ 기술적 측면

ⓐ 얼마만큼의 변화를 소폭의 변화로 볼 것인가가 불명확

ⓑ 실제로는 정책이 점증적으로 결정되지 않는 경우도 다수(예산부문에서의 비점증적 결정, 안정적 사회에서의 비점증적 결정 등)

㉡ 처방적 측면

ⓐ **정책의 혁신·축소·종결이 어려워** 정책의 쇄신보다는 **반혁신적 보수주의**를 옹호할 가능성

ⓑ **근본적 문제**에 대해서는 점증주의가 아닌 **합리모형에 따른 포괄적 방법**에 의한 정책결정 필요

ⓒ 처음의 결정이 잘못되면 **근본적인 수정이 불가능**하며, 잘못된 정책이 반복될 수 있고, 부분적 정책결정의 특성 때문에 정책의 일관성이 상실

ⓓ 다원적 사회가 아닐 경우 **점증주의에 따른 합의는 사회적 약자에 대한 억압**으로 악용(오도된 합의)

ⓔ 정책목표와 수단이 뚜렷이 구분되지 않아 **목표와 수단 사이의 관계 분석에 한계** 존재

보충

점증모형 VS 다른 모형

① VS 합리모형

합리모형	점증모형
포괄적 검토 (근본적 방법)	현존정책 ± α (지엽적 방법)
이론의존 정책결정	계속적 정책결정
통합적 정책결정	분할적 정책결정
목표와 수단의 순차성	목표와 수단의 상호의존성
경제적 합리성	정치적 합리성

② VS 만족모형

㉠ **유사점** : 합리모형의 비판으로부터 출발

㉡ **차이점**

ⓐ **만족모형** : 인간의 인지과정의 제약에 따른 개인적 의사결정에 중점

ⓑ **점증모형** : 개인적 의사결정의 기초 위에서 벌어지는 정책결정에 초점

4 혼합탐사모형

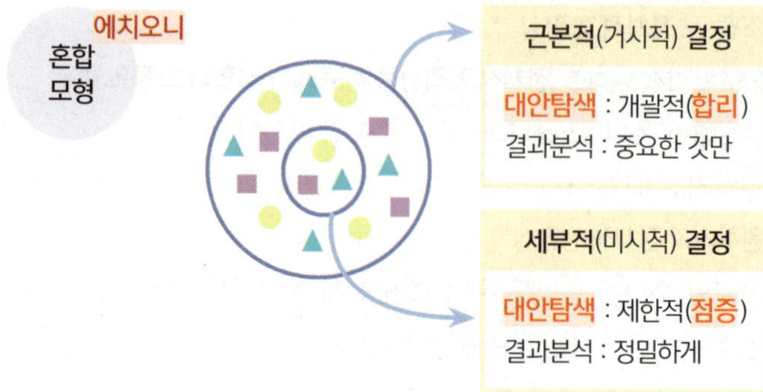

ⓧ [7급] 혼합주사 모형에서 세부적 결정은 합리 모형의 의사결정 방식으로 개선된 대안을 제시한다.

ⓞ 혼합주사 모형에서 근본적(세부적 ×) 결정은 합리 모형의 의사결정 방식으로 개선된 대안을 제시한다.

(1) 특징

① 합리모형 + 점증모형

㉠ **에치오니(Etzioni)**, 합리모형의 이상주의적 특성에 따른 단점과 점증모형의 지나친 보수성이라는 약점을 극복하기 위해 제시

㉡ 거시적이고 장기적인 안목에서 대안의 방향성을 탐색하는 한편, 그 방향성 안에서 심층적이고 대안적인 변화를 시도

② 근본적(거시적) 결정*

㉠ **전반적이고 근본적인 방향**을 설정하고, 세부적 결정이 이루어질 **테두리나 맥락을 결정**

㉡ **대안탐색은 합리모형에 따라 광범위하게 수행**하되, 결과분석은 광범위한 대안 중 중요한 것만 실시하는 점증주의적 분석 수행

③ 세부적(미시적) 결정

㉠ 근본적 결정이 설정한 맥락 안에서 이루어지는 **구체화 작업**

㉡ **대안탐색**은 근본적 결정의 범위에서 **약간의 수정·보완만 하는 점증주의**를 취하되, 결과분석은 선택된 대안에 대해 정밀하게 실시하는 합리모형적 분석 수행

* 근본적 결정과 세부적 결정 중 어느 쪽에 보다 집중할 것인지는,
① 전체적 조감을 하지 않아서 발생할 가능성이 있는 피해의 크기(기대가치)
② 추가적인 탐사에 필요한 경비와 시간의 크기를 고려

(2) 평가

① 장점

㉠ 합리모형과 점증주의의 약점을 극복할 수 있는 전략 제시

㉡ 근본적 결정과 세부적 결정 사이에 다양한 결정이 존재할 수 있음을 제시하여 의사결정 간의 상호작용 규명

② **단점** : 합리모형과 점증모형의 통합이 아닌 합리모형의 변형이라는 비판 존재

5 최적모형

드로어 최적모형	① 합리모형 보완 → 초합리성(직관) / 질적 분석 ② 초정책결정 강조 → 정책결정을 위한 체계 및 전략 설계

(1) 특징

① 합리모형 보완

㉠ 드로어(Dror), 기본적으로는 경제적 합리성을 중시하는 **합리모형의 성격**이지만, **이상적인 합리모형의 비현실성을 지적**

㉡ 합리적 결정의 효과가 합리적 결정의 비용보다 큰 경우에만 합리모형을 적용하는 등, 합리적 · 종합적 분석에 의한 정책결정이 달성하기 어려운 조건과 상황에서 순수한 합리성에 대한 **현실적인 차선책(second base)을 제시**

㉢ 정책결정에 투입되는 노력 · 시간 · 자원 등의 효율적인 배분도 경제적 합리성에 포함

② 초합리성 강조

㉠ 경제적 합리성뿐만 아니라 **직관과 같은 초합리성(extra-rationality)**도 중요하며, 양자가 모두 이용되어야 바람직한 정책결정 가능

ⓐ 직관의 활용, 가치판단, 창의적 사고, 브레인스토밍을 통한 초합리적인 아이디어까지 고려할 것을 주장

ⓑ 정책결정의 모든 국면에서 초합리성이 필요하지만, 초합리성이 합리성보다 중요한 역할을 한다고 주장하는 것은 아님.

㉡ 합리모형이 지나치게 수리적 완벽성을 추구해 현실성을 잃었다는 점을 지적하고, 양적 분석뿐만 아니라 **질적 분석결과도 중요 고려 요인**으로 인정

③ 정책결정단계

㉠ **정책결정과정을 3단계, 18개 국면으로 구분 : 초정책결정**(meta-policymaking), 정책결정(policymaking), 후정책결정(post-policymaking) 단계

ⓐ 바람직한 정책결정을 위해서는 투입 자원 · 노력 · 시간을 정책결정의 3단계와 세부적 18국면 중 어디에 얼마만큼 배분해야 하는지가 중요

ⓑ 정책결정을 **체계론적 시각에서 파악**하고 정책성과를 최적화

㉡ **초정책결정(meta-policymaking)의 역할 강조**

ⓐ **'정책결정을 위한 정책결정'**으로 최적모형의 가장 큰 특징이며, 보다 **바람직한 정책을 결정하기 위한 전략을 결정**하는 것

ⓑ 정책과 관련된 **정책문제, 가치, 자원 등을 확인**하고 이들을 **정책결정기관에 할당**

ⓒ 보다 바람직한 정책결정을 가능하게 하는 **정책결정체제를 설계**하고, 현존 정책결정체제의 분석 · 평가 · 개선을 위해 정책결정체제를 재설계

Ⅹ [9급] 최적모형 - 정책결정자의 직관적 판단은 정책결정의 중요한 요인으로 인정되지 않는다.

O 최적모형 - 정책결정자의 직관적 판단은 정책결정의 중요한 요인으로 인정된다.(인정되지 않는다 ×)

초정책결정	정책결정	후정책결정
① 가치처리 ② 현실처리 ③ 문제처리 ④ 자원의 조사·처리·개발 ⑤ 정책결정체제의 설계·평가·재설계 ⑥ 문제·가치·자원 등의 배분 ⑦ 정책결정전략의 결정	⑧ 자원의 하위배분 ⑨ 우선순위에 입각한 구체적 목표 설정 ⑩ 우선순위에 입각한 중요가치군 설정 ⑪ 좋은 안을 포함한 주요 대안군 마련 ⑫ 대안이 초래할 주요 편익과 비용에 대한 신빙성 있는 예측 ⑬ 대안이 초래할 예상편익과 예상비용의 비교 및 최선 대안 발견 ⑭ 최선의 대안이 초래할 편익과 비용에 대한 평가 및 그것이 좋은 것인지에 대한 결정	⑮ 정책집행을 위한 동기부여 ⑯ 정책 집행 ⑰ 집행 후 정책평가 ⑱ 위 모든 국면을 상호연결하는 작업

(2) 평가

① 장점

㉠ 초합리적 요소, 초정책결정, 후정책결정 등을 새롭게 부각

㉡ 정책결정의 여러 국면과 의사결정 간의 관계를 포괄적인 정책결정과정으로 체계화하고 종합하여 하나의 정책학 패러다임을 완성

② 단점

㉠ 초합리적 요소의 지나친 강조에 따른 신비주의 및 주먹구구식 결정 발생

㉡ 내용의 광범위성으로 인한 최적(optimal)의 의미 불분명

기출 CHECK

1 정책결정모형에 대한 설명으로 옳지 않은 것은? 2017 국가직 9급

① 점증모형 – 기존의 정책을 수정 보완해 약간 개선된 상태의 정책 대안이 선택된다.
② 최적모형 – 정책결정자의 직관적 판단은 정책결정의 중요한 요인으로 인정되지 않는다.
③ 혼합주사모형 – 거시적 맥락의 근본적 결정에 해당하는 부분에서는 합리모형의 의사결정방식을 따른다.
④ 쓰레기통모형 – 조직화된 무질서 상태에서 어떠한 계기로 인해 우연히 정책이 결정된다.

① O 점증모형은 기존의 정책을 대부분 유지하면서 약간의 수정과 보완을 통해 개선하는 현실적인 정책결정모형이다.
② X 최적모형은 합리모형을 보완하는 모형이다. 합리모형이 중시하는 경제적 합리성뿐만 아니라, 필요한 경우에는 정책결정자의 직관적 판단과 같은 초합리성도 적극적으로 활용해야 함을 강조한다.
③ O 혼합주사모형은 합리모형과 점증모형을 혼합하는 모형이다. 거시적 맥락의 근본적 결정에 해당하는 부분은 합리모형에 의한 대안탐색을, 미시적 맥락의 세부적 결정에 해당하는 부분은 점증모형에 의한 대안탐색을 진행한다.
④ O 쓰레기통모형은 극도로 불합리한 상황 속에서의 의사결정방식이다. 조직화된 무정부 상태와 같은 무질서 상태에서 우연한 계기로 갑작스럽게 정책이 결정되는 현상을 설명하는 모형이다. 정답 ②

체크포인트
각각의 정책결정모형의 기본적인 특징을 묻는 문제입니다. 특히 대부분의 모형들이 합리모형을 비판하는 것과 달리, 최적모형은 합리모형을 보완하는 성격을 갖고 있다는 사실을 알고 있어야 합니다. 관련된 키워드인 초합리성과 초정책결정에 해당하는 내용들에 대한 명확한 정리도 필요합니다.

2 정책결정모형에 대한 설명으로 옳지 않은 것은? 2019 지방직 9급

① 린드블롬(Lindblom) 같은 점증주의자들은 합리모형이 불가능한 일을 정책결정자에게 강요함으로써 바람직한 정책결정에 도움을 주지 못한다고 주장한다.
② 사이먼(Simon)의 만족모형은 합리모형에 대한 심각한 도전이자, 인간의 인지능력이라는 기본적인 요소에서 출발했기에 이론적 영향이 컸다.
③ 에치오니(Etzioni)는 합리모형과 점증모형의 단점을 극복하기 위하여 최적모형을 주장하였다.
④ 스타인부르너(Steinbruner)는 시스템 공학의 사이버네틱스 개념을 응용하여 관료제에서 이루어지는 정책결정을 단순하게 묘사하고자 노력하였다.

① O 린드블롬과 윌다브스키와 같은 점증주의자들은 이상적인 합리모형을 비판한다. 완전한 합리성을 가정하는 합리모형은 인간의 제한적 합리성을 고려하지 않으므로 비현실적이라고 비판한다. 또한 제한적 합리성을 갖고 있는 인간에게 완벽한 합리성에 기반한 정책결정을 강요하는 것은 바람직하지도 않다고 본다.
② O 사이먼의 만족모형은 인간의 완전한 합리성에 대항하는 제한된 합리성을 제시하면서 합리모형을 비판하는 모형이다. 이처럼 만족모형은 인간의 제한된 인지능력을 기반으로 점증모형, 회사모형, 사이버네틱스 모형 등에 이론적인 영향력을 행사했다.
③ X 합리모형과 점증모형의 단점을 극복하기 위해 에치오니가 제시한 것은 최적모형이 아닌 혼합탐사모형이다. 혼합탐사모형은 합리모형의 비현실성과 점증모형의 보수성이라는 단점을 극복하고 장점만을 결합하기 위해 합리모형과 점증모형을 혼합하는 모형이다.
④ O 스타인부르너가 주장한 사이버네틱스 모형은 단순하고 습관적인 의사결정 방식이다. 정책결정과정을 자동온도조절장치와 같이 사전에 프로그램화된 단순 체제로 보고 주요 변수를 유지하는 것만을 목표로 하는 모형이다.
정답 ③

체크포인트
정책결정모형의 경우 해당 모형을 제시한 학자들이 문제에 자주 등장할 것입니다. 학자를 바꿔서 출제한 사례는 없고, 앞으로도 그럴 가능성이 높지만, 그래도 옳은 선지로 나왔을 때 확실하게 읽어낼 수 있으려면 각 모형에 해당하는 학자를 정확하게 알고 있어야 할 것입니다.

9급 25지, 23국, 23지, 22국, 21지, 20지, 19국, 18국, 18지, 16국
7급 24국, 21국, 16국, 16지

3 집단적 정책결정모형 S

1 회사모형(조직모형)

(1) 초기조직모형

① 조직의 의사결정 : 사이먼과 마치(Simon & March), 개인적 의사결정론을 집단에 유추 · 적용하여 집단적 의사결정론 연구

② 조직의 의사결정 특징

㉠ 조직은 합리성이 제약된 인간들로 구성되며 최적화 대신 만족화 추구

㉡ 대안이나 대안의 결과는 탐색과정에 의해 순차적으로 발견

㉢ 행동 프로그램(action program)의 목록(repertory)이 개인과 조직에 의해 개발되어 선택의 대안으로 계속 이용

㉣ 개별적 행동 프로그램은 한정된 범위의 상황과 결과만을 취급

㉤ 행동 프로그램들은 서로 느슨하게 연계되어 다른 것들과 반독립적으로 집행될 수 있음.

③ 프로그램 방식의 의사결정

㉠ 조직의 의사결정은 대부분 프로그램화된 의사결정 : 상례화된(routinized) 의사결정으로, 주어진 자극이 반복적으로 경험된 것이어서 습관적으로 의사결정

ⓐ 분업의 원리 : 프로그램을 기본 단위로 요소분해하여 하위부서들에 분담

ⓑ 계층화 : 프로그램의 기본 단위가 피라미드식 상하관계를 갖는 프로그램 구조(program structure) 형성

㉡ 일부 비프로그램화된 의사결정 : 문제해결식(problem-solving) 의사결정으로, 새로운 자극이 발생하였을 때에는 새로운 대안을 채택하며, 조직의 기억과 반복을 통해 프로그램화된 의사결정으로 안착

④ 갈등 해결방안

㉠ 분석적 방법으로는 문제해결과 설득, 비분석적 방법으로는 흥정, 정치

㉡ 집단 간 갈등은 비분석적 방법인 흥정이나 정치에 의해 해결될 가능성 높음.

(2) 회사모형

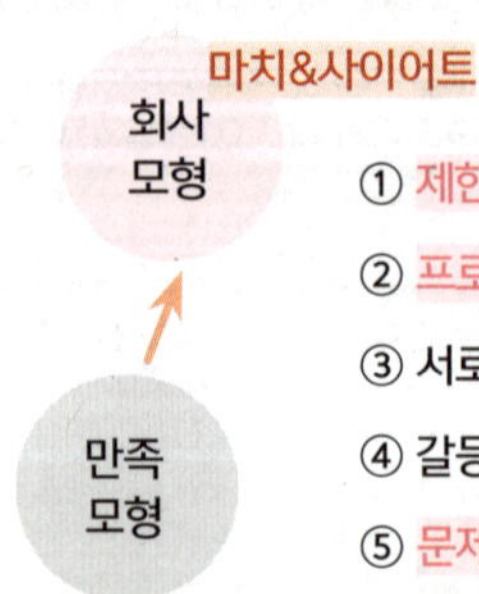

① 제한된 합리성 → 만족화

② 프로그램화된 의사결정 → SOP

③ 서로 다른 목표 → 느슨한 연합체

④ 갈등의 준해결

⑤ 문제중심 탐색 / 단기적 대응책

⑥ 반복적 경험을 통한 학습

① **조직모형 보완 : 마치와 사이어트(March & Cyert)**, 조직모형을 보완하여 회사모형을 제시

② **합리모형 비판**

㉠ 기업의 목표는 이윤만이 아니라 다른 목표들도 있으며, **목표의 극대화가 아니라 만족할 만한 수준의 달성으로 충분**

㉡ **인간의 제약된 합리성**으로 인해 실제 회사의 결정은 합리모형의 가정처럼 최선의 대안을 선택하지 못할 가능성

③ **갈등의 준해결**

㉠ 회사조직은 **서로 다른 목표들을 지닌 구성원들의 느슨한 연합체**(coalition)로, 상이한 목표 간에 발생하는 **갈등의 완전한 해결은 불가능**하며 **준해결(quasi-resolution)에 그침**.

㉡ 각각의 하위부서들은 다른 부서의 목표를 제약조건으로 전제하고 자신들의 목표를 추구하는 경향이 있으며, 상이한 목표로 인한 **갈등은 협상을 통해 해결**

㉢ 부분적(국지적) 합리성, 받아들일 만한 수준의 의사결정, 목표에 관한 순차적 관심 등으로 갈등을 어느 정도 해소

④ **문제중심 탐색**

㉠ **문제에 의해 탐색이 시작**되어 해결책을 찾는 문제지향적 탐색

㉡ 문제 징후의 근처에서부터 시작해 멀리 떨어진 부분으로 확장되는 탐색

㉢ 각각의 하위조직마다 경험, 기대 등이 달라 다른 방식의 탐색이 이루어지는 탐색상의 편견(bias in search) 존재

⑤ **불확실성 회피전략**

㉠ 문제 상황의 복잡성과 동태성에 따른 불확실성을 회피하기 위해 **단기적인 환류를 통한 단기적인 대응책** 강조

㉡ 환경의 불확실성을 제거하기 위해 환경을 통제할 수 있는 방법 사용(경쟁기업과의 계약, 카르텔 형성 등)

⑥ **조직의 학습**

㉠ **지속적 경험과 시행착오를 통해 학습**을 하면서 시간이 흐름에 따라 적응적 행태를 보임.

㉡ 목표를 변화시키고(목표의 적응), 관심 대상을 변화시키고(주의집중 규칙상에서의 적응), 탐색을 위한 절차를 수정(탐색규칙상에서 적응)

㉢ 반복적인 의사결정의 경험이 전수되어 결정수준이 개선되고 목표달성도 향상

⑦ **표준운영절치(SOP; Standard Operating Procedures)**: 조직이 **장기적인 적응과정에서 학습한 결과**로, 구성원 통제 수단이며, 단기적인 의사결정을 좌우하는 것*

Ⓧ [9급] 갈등의 준해결과 표준운영절치의 활용은 최적모형의 특징이다.

Ⓞ 갈등의 준해결과 표준운영절차의 활용은 회사모형(최적모형 ×)의 특징이다.

*

① **일반적 SOP** : 단기적으로는 주어진 것으로 보지만 장기적인 환류에 의해 서서히 변화하여 장기적 합리성을 도모

② **구체적 SOP** : 일반적 SOP를 집행하기 위해 구체화시킨 것으로, 단기적인 환류에 의해 변화(과업수행규식, 기록과 보고, 정보처리규식, 계획과 기획에 관한 규칙 등)

PART 2

기출 CHECK

1 정책결정모형 중에서 회사모형에 대한 설명으로 옳지 않은 것은? 2015 국가직 9급

① 회사조직이 서로 다른 목표를 지닌 구성원들의 연합체(coalition)라고 가정한다.
② 연합모형 또는 조직모형이라고 불리기도 한다.
③ 조직이 환경에 대해 장기적으로 대응하고 환경 변화에 수동적으로 적응한다고 한다.
④ 문제를 여러 하위문제로 분해하고 이들을 하위조직에게 분담시킨다고 가정한다.

① O 회사모형은 제한적 합리성을 가정하는 만족모형의 영향을 받는다. 제한적 합리성을 가진 사람들이 모여서 만든 조직이 회사조직이기 때문에, 회사조직의 의사결정 역시 제약되는 특징을 갖게 된다. 따라서 회사조직은 구성원들이 동일한 목표를 통해 결속되는 것이 아니라, 서로 다른 목표를 지니고 있으면서 느슨하게 연결되어 있는 연합체가 된다.
② O 회사모형은 조직 또는 집단의 의사결정을 다루기 때문에 연합모형 또는 조직모형이라고 불리기도 한다.
③ X 회사모형은 제한적 합리성이 바탕을 이루기 때문에, 환경에 대해서도 단기적이고 제한적으로만 대응할 수 있다고 본다. 환경에 대해 장기적으로 대응할 수 있다고 보는 모형은 완벽한 합리성을 가정하는 이상적인 합리모형이다.
④ O 회사모형은 제한적 합리성을 가정하기 때문에, 최고결정자 역시 정보와 능력이 부족하며 목표를 명확하게 설정하지 못한다. 따라서 문제를 여러 하위문제로 분해하고, 이를 하위조직들이 분담하면서 현실적인 목표와 문제 해결방안을 모색하는 것이 최선이 된다. 정답 ③

체크포인트
앞서 언급한 것처럼 정책결정모형은 합리모형과 정확하게 비교할 수 있는지가 가장 중요한 포인트입니다. 회사모형은 합리모형을 비판하는 만족모형의 영향을 받았기 때문에, 합리모형에 해당하는 표현이 섞여 있는지 민감하게 인지하면서 문장을 읽어야 합니다. 이는 회사모형뿐만 아니라 점증모형, 사이버네틱스모형, 쓰레기통모형 등에서도 똑같이 적용되는 훈련포인트입니다.

2 사이버네틱스 모형

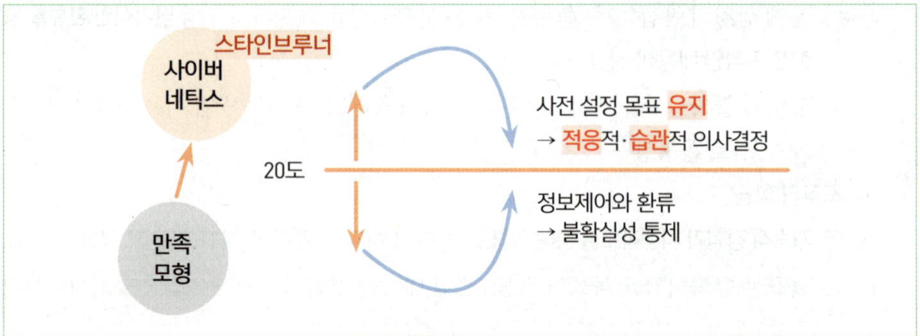

(1) 개념

① 사전에 설정된 목표달성을 위한 정보제어와 환류과정을 통해 자신의 행동을 조정해 나간다고 가정하는 모형
② 합리모형과 극단적으로 대립되는 모형으로, 분석적 합리성이 완전히 존재하지 않는 상태에서의 습관적 의사결정을 설명

보충
사이버네틱스 모형의 주요 학자
① **위이너(Wiener)**: 사전에 프로그램된 '자동대공포'를 예시로 들며 사이버네틱스를 '기계 및 동물에 있어서의 제어와 통신에 관한 이론'이라 정의
② **스타인부르너(Steinbruner)**: 시스템 공학의 사이버네틱스 개념을 응용하여 관료제에서 이루어지는 정책결정을 단순하게 묘사
③ **도이취(Deutsch)**: 사이버네티스적 관점을 이용하여 정치현상을 분석

(2) 특징

① 환류와 적응

㉠ 고차원적인 목표가 반드시 사전에 존재하는 것은 아니며, **일정 중요변수의 유지**를 위한 끊임없는 환류와 적응에 초점

㉡ **자동온도조절장치**처럼, 어떤 결과 상태를 기대하거나 특정 가치의 실현을 염두에 두는 것이 아니라 **환류를 통한 중요변수(온도)의 유지**에만 관심

㉢ 중요변수의 유지를 통해 궁극적으로는 목표와 가치에 영향을 주지만 이는 의사결정자의 당초 의도가 아니라는 점에서 **비목적적 적응모형**

② 불확실성 통제

㉠ 사전에 설정된 범위에서의 **이탈 여부만 고려**하면서, 끊임없이 시행착오만을 되풀이하며 그에 상응하는 행동 반응목록을 찾아내는 것에 그침.

㉡ **복잡한 상황을 단순화**시켜 대안의 중요한 결과만을 예측하므로, 대안에 따른 결과를 알지 못해 발생하는 불확실성 때문에 영향을 받는 일은 없음.

③ 집단적 의사결정에의 적용 : 회사모형 및 앨리슨 모형 Ⅱ 등에 적용

④ 도구적 학습

㉠ 의사결정자가 가지고 있는 프로그램 목록이 바뀌면서 **보나 나은 해결 노구에 내한 학습**이 일어나는 도구적 학습(instrumental learning) 발생 가능

㉡ 다만 프로그램 목록이나 표준운영절차가 좀처럼 쉽게 변경되지 않는다는 점에서 **학습은 매우 느리게 일어남**.

X [9급] 사이버네틱스 모형은 문제를 해결하고 목표를 달성하기 위해 정보와 대안의 광범위한 탐색을 강조한다.

O 합리모형(사이버네틱스 모형 ×)은 문제를 해결하고 목표를 달성하기 위해 정보와 대안의 광범위한 탐색을 강조한다.

기출 CHECK

1 사이버네틱스(cybernetics) 의사결정 모형에 대한 설명으로 옳지 않은 것은? 2018 국가직 9급

① 주요 변수가 시스템에 의하여 일정한 상태로 유지되는 적응적 의사결정을 강조한다.
② 문제를 해결하고 목표를 달성하기 위해 정보와 대안의 광범위한 탐색을 강조한다.
③ 자동온도조절장치와 같이 사전에 프로그램된 메커니즘에 따라 의사결정이 이루어진다.
④ 한정된 범위의 변수에만 관심을 집중함으로써 불확실성을 통제하려는 모형이다.

① O 사이버네틱스 모형은 단순하고 습관적인 의사결정 방식이다. 정책결정과정을 자동온도조절장치와 같이 사전에 프로그램화된 단순 체제로 보고 주요 변수를 유지하면서 적응하는 것만을 목표로 하는 모형이다.

② X 문제의 해결과 목표 달성을 위해 대안의 광범위한 탐색을 강조하는 모형은 합리모형이다. 사이버네틱스 모형은 합리모형과 극단적으로 대립되는 모형으로, 어떤 결과 상태를 기대하거나 특정 가치의 실현을 염두에 두는 것이 아니라 설정된 범위 내에서의 제한적인 환류를 통한 중요변수의 유지에만 관심을 둔다.

③ O 사이버네틱스 모형은 자동온도조절장치처럼 사전에 설정된 목표를 유지하기 위한 정보제어와 환류과정을 통해 의사결정이 이루어진다.

④ O 사이버네틱스 모형은 기본적으로 제한적 합리성에 바탕을 둔 모형이다. 따라서 합리모형처럼 모든 변수를 탐색하는 것이 아니라 한정된 범위의 변수만 탐색하면서 불확실성을 통제하려고 한다. 정답 ②

체크포인트

사이버네틱스 모형은 합리모형을 비판하면서 등장한 만족모형의 영향을 받았습니다. 따라서 사이버네틱스 모형은 제한적 합리성을 가정하는 만족모형의 성격과 비슷한 것이고, 완벽한 합리성을 가정하는 합리모형과는 대척점에 있는 모형이 됩니다. 따라서 사이버네틱스 모형에 대한 설명 중에서 합리모형에 해당되는 키워드나 표현이 있다면, 해당 설명은 틀린 내용이 되는 것입니다. 정책결정모형에서 가장 중요한 출제 포인트는 이처럼 특정 모형과 합리모형을 정확하게 비교할 수 있는기입니다.

3 쓰레기통 모형

쓰레기통 — 코헨 & 마치 & 올슨

① 조직화된 **무정부** 상태 → 혼란

② **합리성 제약** 조건 → 문제성 있는 선호

불명확한 기술

수시적 참여자

③ 극적사건 → 우연히 결정
(**점화계기**)

(1) 개념

① **코헨(Cohen) · 마치(March) · 올슨(Olsen)**, 조직응집성이 아주 약해 **불확실성과 혼란이 극심한 '조직화된 무정부상태'**에서의 의사결정에 주목

② **합리성을 극도로 제약**하는 전제조건하에서 의사결정의 네 가지 요소가 우연히 결합하여 의사결정이 이루어지는 **극도로 불합리한 정책결정 모형**

③ 상하관계가 분명하지 않은 대학조직, 다당제, 의회 · 사법부 · 행정부가 모두 관련되는 정책결정, 행정부의 여러 부처가 관련되는 정책결정 등에 적용

> X [7급] 문제성 있는 선호는 목표와 수단 사이의 인과관계가 명확하지 않음을 의미한다.
>
> O 불명확한 기술(문제성 있는 선호 ×)은 목표와 수단 사이의 인과관계가 명확하지 않음을 의미한다.

(2) 합리성 제약조건

① **문제성 있는 선호** : 의사결정 참여자들 간에 **어떤 선택이 바람직한가에 대한 합의가 없고,** 자신이 무엇을 선호하는지도 모르면서 의사결정에 참여

② **불명확한 기술** : 목표 달성을 위해 **어떤 수단을 선택해야 하는지 불명확**

③ **수시적 참여자** : 의사결정 참여자들이 **어떤 때는 참여하고 어떤 때는 불참**

(3) 의사결정 방식

① 의사결정의 네 요소

㉠ **해결할 문제, 문제의 해결책, 의사결정의 참여자, 의사결정의 기회**

㉡ 의사결정의 네 요소가 아무 관계없이 **독자적으로 움직이다가,** 극적 사건이나 정치적 사건 등 **점화계기(triggering event)**에 의해 **우연히 만나 정책결정**

② 쓰레기통 모형에서 나타나는 의사결정방식

㉠ **진빼기 결정(choice by flight)** : 문제가 해결되지 않다가 힘이 빠져 스스로 다른 의사결정기회를 찾아서 떠날 때까지 기다려서 결정을 하는 것

㉡ **날치기 통과(choice by oversight)** : 관련된 다른 문제들이 제기되기 전에 재빨리 의사결정을 하는 것

(4) 의사결정 사례

① **대형 참사**를 계기로 그동안 해결하지 못했던 정책문제에 대한 대책을 마련하게 되는 상황

② 조직에 공유된 목표가 없는 상황에서 결정을 내리거나 조직의 일부 구성원만이 현안에 대해 관심을 가지고 결정과정에 참여하는 경우

4 정책의 창 모형

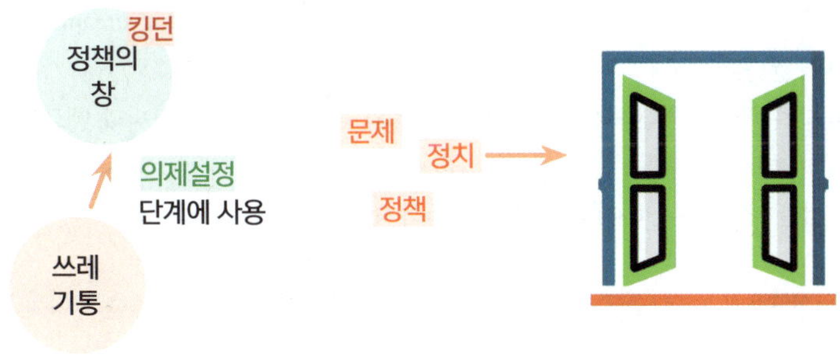

(1) 개념

킹던(Kingdon), 정책결정모형인 쓰레기통 모형을 발전시켜 정책과정 중 정책의제설정 단계에 적용

(2) 특징

① 의사결정의 세 가지 흐름 : 서로 무관하게 흘러 다니는 문제의 흐름(problem stream), 정치적 흐름(political stream), 정책적 흐름(policy stream)

㉠ 문제의 흐름 : 어떤 문제가 정책결정자의 관심을 끌게 되는지가 초점으로, 정책결정자의 인지수단, 문제정의 방법, 지표, 사건이나 위기, 환류 등이 영향을 미침.

㉡ 정치적 흐름 : 여론의 변화, 국가적 분위기 전환, 선거에 따른 행정부나 의회의 인적 교체, 이익집단들의 로비활동과 압력행위 등

㉢ 정책적 흐름 : 문제를 검토하여 해결방안들을 제안하는 전문가 · 분석가 · 정책공동체 등으로 구성되며, 여러 가능성들이 탐색되고 그 범위가 좁혀짐.

② 정책의 창 : 의사결정의 세 가지 흐름이 독자적으로 흘러 다니다가 점화계기(triggering event)에 의해 만날 때, '정책의 창'이 열리고 의사결정 진행

㉠ 정책의 창은 정책의제설정에서부터 최고의사결정에 이르기까지 필요한 여러 가지 여건이 성숙될 때 열림.

㉡ 정책의 창은 국회의 예산주기, 정기회기 개최 등의 규칙적인 경우뿐 아니라, 때로는 우연한 사건에 의해 열리기도 함.

㉢ 문제에 대한 대안이 존재하지 않을 경우 정책의 창이 닫힐 수 있으며, 한번 닫히면 다음에 다시 열릴 때까지 많은 시간이 걸리는 편

㉣ 정책선도자는 각 흐름을 결합시켜 정책의 창을 적극적으로 열려는 존재로, 정책선도자가 존재할 경우 정책의제설정 또는 정책변동이 발생

X [9급] 정책의 창 이론에서는 문제 흐름, 이슈 흐름, 정치 흐름이 만날 때 '정책의 창'이 열린다고 본다.

O 정책의 창 이론에서는 문제 흐름, 정책(이슈 ×) 흐름, 정치 흐름이 만날 때 '정책의 창'이 열린다고 본다.

체크포인트

킹던의 정책의 창 모형은 쓰레기통모형과 마찬가지의 논리구조를 갖고 있다는 사실을 활용하면 좋습니다. 쓰레기통모형에서도 네 가지 요소가 상호독립적으로 흘러다닌다고 본 것처럼, 정책의 창 모형에서도 세 가지 흐름이 상호독립적으로 흘러다닌다고 봅니다. 쓰레기통모형에서의 네 가지 요소를 암기해두어야 하는 것처럼, 정책의 창 모형에서의 세 가지 흐름도 암기해두어야 합니다.

기출 CHECK

1 킹던(J. Kingdon)의 '정책의 창(policy windows) 이론'에 대한 설명으로 옳지 않은 것은?

2018 국가직 9급

① 마치(J. G. March)와 올슨(J. P. Olsen)이 제시한 쓰레기통 모형을 발전시킨 것이다.

② 문제 흐름(problem stream), 이슈 흐름(issue stream), 정치 흐름(political stream)이 만날 때 '정책의 창'이 열린다고 본다.

③ '정책의 창'은 국회의 예산주기, 정기회기 개회 등의 규칙적인 경우뿐 아니라, 때로는 우연한 사건에 의해 열리기도 한다.

④ 문제에 대한 대안이 존재하지 않을 경우 '정책의 창'이 닫힐 수 있다.

① o 킹던의 정책의 창 모형은 정책의제설정모형으로, 정책결정모형인 쓰레기통 모형의 접근방법을 활용하여 발전시킨 모형이다.

② x 킹던의 정책의 창 모형에서 제시하는 의사결정의 세 가지 흐름은 문제의 흐름(problem stream), 정치적 흐름(political stream), 정책적 흐름(policy stream)이다. 이슈 흐름은 포함되지 않는다.

③ o 정책의 창이 열리는 시기는 명확하지 않으며 유동적이다. 필요한 여러 여건이 성숙되면 갑작스럽게 열리며, 규칙적인 경우뿐 아니라 때로는 우연한 사건에 의해 열리기도 한다.

④ o 정책의 창은 언제 열리고 닫힐지 예측하기 어렵다. 문제에 대한 대안이 존재하지 않을 경우 정책의 창이 닫힐 수 있으며, 한번 닫히면 다음에 다시 열릴 때까지 많은 시간이 걸리는 편이다.

정답 ②

5 앨리슨 모형

(1) 개념

앨리슨(Allison), 1960년대 쿠바 미사일 위기*에 대한 분석을 통해, 집단적 의사결정을 세 가지 상호배타적 모형으로 분류하여 국가 정책결정에 적용

* **쿠바 미사일 위기**
쿠바가 소련으로부터 미사일을 도입하려고 했을 때, 케네디 대통령을 비롯한 미국의 최고정책결정자들이 모여서 여러 가지 대안을 논의한 끝에 미사일을 실은 배가 소련에서 쿠바로 오지 못하도록 해안봉쇄를 결정

(2) 모형별 특징

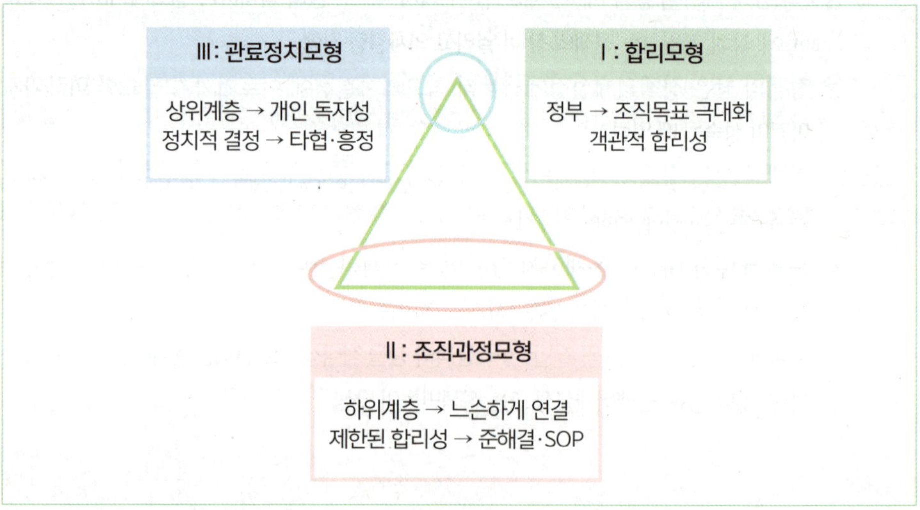

① 모델 Ⅰ: 합리모형

㉠ 정책결정의 주체 : 정부(최고지도자)

ⓐ 정부(최고지도자)는 합리적이고 단일적인 결정자이며, 일관된 선호 · 목표 · 평가기준을 가지고 국가 목표를 극대화시키는 대안을 선택

ⓑ 극대화해야 할 목표는 조직목표이며, 조직목표는 모든 참여자가 공유하기 때문에 이해관계 충돌이 없고, 개인의 이익은 전혀 고려되지 않음.

㉡ 합리적 결정 : 조직구성원은 합리적인 정책을 결정하기 위해 최선을 다하고, 참여자의 능력도 충분하여 정책의 일관성 유지

㉢ 적용 가능 분야 : 외교 · 국방정책에 있어서 설득력이 있을 수 있으나, 일반적으로는 적용이 어려운 비현실적인 모형

② 모델 Ⅱ: 조직과정 모형(회사모형)

㉠ 정책결정의 주체 : 하위집단(각각의 부처)

ⓐ 정부는 단일적 결정주체가 아니라 느슨하게 연결된 반독립적인 하위조직들의 집합체

ⓑ 하위조직은 기능적(전문적) 권위를 갖고 있어서 상급자에 완전히 종속되지 않으며, 반독립적인 하위조직들의 내부절차에 의해 정책이 결정

㉡ 합리성의 제약 : 하위조직의 구성원들은 국가적 목표보다 하위조직의 목표를 달성하려고 하며, 갈등은 준해결의 상태에 그침.

㉢ 표준운영절차(SOP)에 의한 의사결정 : 표준운영절차와 프로그램 목록에 따른 상례화된 절차에 따라 의사결정

③ 모델 Ⅲ : 관료정치 모형

㉠ 정책결정의 주체 : 참여자 개개인

ⓐ 국가정책을 결정하는 주체는 단일주체로서의 정부나 하위조직으로서의 부처들의 연합체가 아니라, 독자성이 강한 다수 행위자 개개인들의 집합

ⓑ 정책은 각각의 참여자들이 갖고 있는 정치적 자원을 활용한 타협 · 갈등 · 흥정 등의 정치적 결과

ⓒ 대통령을 포함한 각료들과 고위정책결정자들이 상이한 목표를 지니고 정치적 게임을 한 결과로 정책이 결정

㉡ 정치적 결정 : 목표의 공유도가 극히 약하기 때문에 정치적 게임규칙에 따른 목표달성 추진

(3) 모형의 적용

① 동시 적용

㉠ 하나의 정책결정에 한 가지 모형이 아니라 세 가지가 모두 적용 가능

㉡ 합리모형으로 설명되지 않는 상당 부분을 조직과정모형으로 설명하고, 조직과정모형으로도 설명되지 않는 부분은 관료정치모형으로 설명

㉢ 국제정치적 사건과 위기적 사건에 대응하는 정책결정을 설명하기 위한 모형으로 고안되었으나, 일반정책에도 적용 가능

X [9급] 정책결정모형 중 앨리슨 모형의 Model Ⅰ은 표준운영절차에 따른 의사결정을 가정한다.

O 정책결정모형 중 앨리슨 모형의 Model Ⅱ (Model Ⅰ ×)는 표준운영절차에 따른 의사결정을 가정한다.

② 조직계층 적용

㉠ **조직 상위계층(공식적 권위)** : 관료정치모형(모델 Ⅲ)

㉡ **조직 하위계층(기능적 권위)** : 조직과정모형(모델 Ⅱ)

㉢ **조직 전체** : 합리모형(모델 Ⅰ)

③ 응집성 적용

㉠ **강한 응집성** : 합리모형(모델 Ⅰ) → 정부는 잘 조정된 유기체

㉡ **보통의 응집성** : 조직과정모형(모델 Ⅱ) → 정부는 반독립적인 하위조직들이 느슨하게 연결된 집합체

㉢ **약한 응집성** : 관료정치모형(모델 Ⅲ) → 정부는 독립적인 정치적 참여자들의 집합체

체크포인트

앨리슨 모형은 세 가지 모델의 종합이기 때문에 시험에 출제될 요소가 많은 주제입니다. 기본적으로 세 가지 모델의 특징을 정확하게 구분할 수 있어야 합니다. Ⅰ모델은 합리모형의 성격을, Ⅱ모델은 회사모형의 성격을 갖고 있다고 기억하시면 학습부담이 줄어들 것입니다. 앨리슨 모형에서 추가되는 Ⅲ모델은 특히 상위관료의 정치적 결정에 주목한다는 점을 잘 기억해두면 좋습니다.

기출 CHECK

1 앨리슨(Allison) 모형에 대한 설명으로 옳은 것은? 2019 국가직 9급

① 합리적 행위자 모형에서는 국가전체의 이익과 국가목표 추구를 위해서 개인의 이익을 고려하지 않는 것을 경계하며 국가가 단일적인 결정자임을 부정한다.

② 조직과정모형에서 조직은 불확실성을 회피하기 위하여 정책결정을 할 때 표준운영절차(SOP)나 프로그램 목록(program repertory)에 의존하지 않는다.

③ 관료정치모형은 여러 다양한 문제에 관심을 갖는 다수의 행위자를 상정하며 이들의 목표는 일관되지 않는다.

④ 외교안보문제 분석에 있어서 설명력을 높이기 위한 대안적 모형으로 조직과정모형을 고려하지는 않는다.

① X 앨리슨 모형Ⅰ인 합리적 행위자 모형은 정부를 합리적이고 단일적인 결정자라고 본다. 정부는 조직이 극대화할 목표를 명확하게 설정할 수 있는 존재이며, 조직의 구성원들도 이에 동의하며 결속한다. 조직의 목표를 달성하는 과정에서 조직의 이익이 최우선으로 고려되며 개인의 이익은 고려되지 않는 것도 해당 모형의 특징이다.

② X 앨리슨 모형 Ⅱ인 조직과정모형은 제한적 합리성을 가정하는 회사모형과 동일하다. 해당 모형에 따르면 합리성이 제약된 조직 구성원들은 기존에 정립된 일반적인 표준운영절차 또는 프로그램 목록과 같은 상례화된 절차에 따라 현실적인 의사결정을 한다.

③ O 앨리슨 모형 Ⅲ인 관료정치모형에서는 독자적인 각각의 참여자들에 집중한다. 이들은 독립성이 매우 강하기 때문에 목표가 모두 다르며, 자신이 갖고 있는 자원을 전략적으로 교환하면서 정치적인 타협이나 흥정을 통해 문제를 해결한다.

④ X 앨리슨 모형은 쿠바 미사일 위기 사건과 같은 외교안보문제 분석모형으로 출발하였다. 또한 세 가지 모형인 합리적 행위자 모형, 조직과정모형, 관료정치모형이 모두 적용된다는 점을 규명했다는 점에서도 의의가 있다.

정답 ③

6 집단적 의사결정의 장단점

(1) 평가

① 실제 조직의 의사결정은 하향식(top-down)과 상향식(bottom-up)이 혼합되어 나타나는 집단적 성격을 가짐.

② **집단적 의사결정의 이점** : 풍부한 정보와 다양한 시각의 활용, 결과에 대한 높은 수용도와 실행가능성, 결정의 정당성 확보 및 책임 분산 등

③ **집단적 의사결정의 한계** : 무임승차, 동조압력, 소수파 영향력, 집단극화, **집단사고** 등

(2) 집단사고(group think)

① **재니스**(Janis), 집단응집성과 합의에 대한 압력으로 **비판적 사고가 억제**되고 대안들에 대한 찬반이 충분히 검토되지 못한 채 **잘못된 의사결정에 도달**됨을 지적

② 집단사고에 취약한 집단은 **맹목적 의견일치를 요구**하는 일치지향적 특성을 가지며, 응집력이 강하고 권위적 지도자가 있으며 대안 검토 절차가 확보되어 있지 않음.

③ 집단사고에 빠지게 되면 **동형화에 대한 압력, 이의제기에 대한 자기 검열, 만장일치에 대한 환상** 등의 증상이 나타나면서 **리더의 비합리적인 결정을 옹호**

④ **집단사고 방지 방안** : **반대의견을 개진**할 수 있는 **독립적 하위집단 설치, 조직의 세부 집단화,** 격려, 공평, 중립 등이 필요

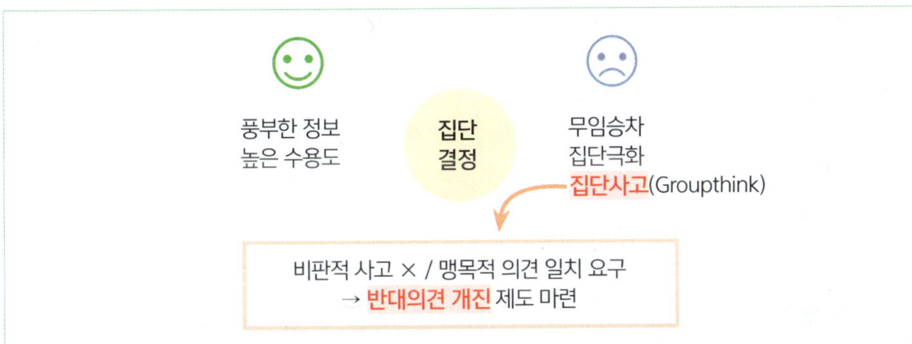

심화 불확실성 하에서의 의사결정 – 휴리스틱스(heuristics)

1. 개념 : 불확실한 의사결정 상황에서 사용하는 직관적 판단, 상식, 시행착오 등을 총칭

2. 휴리스틱스에 따른 오류

① 사례의 연상가능성 : 사건이 친숙할수록, 현저할수록, 최근의 것일수록 연상하기 쉬운 오류

② 탐색의 용이성 : 사례를 탐색할 때 그 탐색이 용이할수록 높은 빈도로 나타날 것이라고 생각하는 오류

③ 상상의 용이성 : 적절한 예를 쉽게 상상할 수 있을수록 높은 빈도로 나타날 것이라고 생각하는 오류

④ 허위상관 : 실제 상관관계가 없음에도 두 변수 간 상관관계가 높을 것이라고 착각하는 오류

⑤ 고착화와 조정 휴리스틱스 : 추정을 시작하는 초기 값이 서로 다르기 때문에 이후의 조정 과정에서 서로 다른 대답을 유발하는 오류

2 합리적 정책결정

0 합리적 정책결정 개관 C

1 개념

이상적 정책결정방법으로, 정책목표와 정책수단을 합리적으로 결정하는 것

2 합리적 정책결정의 5단계

1단계		2단계		3단계		4단계		5단계
정책문제 파악과 정의	→	정책 목표 설정	→	정책대안 탐색과 개발	→	정책대안 결과 예측	→	정책대안 비교 평가

① 1단계 : 정책문제의 파악과 정의

② 2단계 : 정책목표의 설정

③ 3단계 : 정책대안의 탐색과 개발

④ 4단계 : 정책대안의 결과 예측

⑤ 5단계 : 정책대안의 비교 · 평가 및 선택

9급 24지, 17지, 14국
7급 11지

1 1단계 : 정책문제 파악과 정의 A

1 정책 문제의 개괄

(1) 정책문제의 특성

① 복잡다양, 상호의존, 동태적, 역사적이며, 특정 문제의 발생원인 및 해결방안은 다른 문제들과 연관

② 공익적, 주관적, 인공적이며, 당위론적 가치관의 입장에서 정의하는 것이 중요

(2) 정책문제 파악 → 정책문제 정의

① **정책문제의 파악** : 정책문제의 원인, 결과, 인과관계, 관련요소, 역사적 맥락, 문제의 심각성, 피해계층, 미래의 모습 등을 파악

② **정책문제의 정의** : 정책문제 파악을 통해 '무엇이 문제인지'를 밝히는 것

(3) 정책문제 정의의 오류(3종오류)

① 문제의 파악에 필요한 정보 부족과, 중요성을 판단할 때 작용하는 편견이나 선입견 때문에 **문제를 잘못 정의하는 오류**

② **정책대안이 아무리 훌륭하더라도** 정책문제를 잘못 인지하고 채택하여 정책문제가 여전히 **해결되지 않은 상태로 남아 있는 현상**

③ **메타오류**라고도 하며, 정책대안만이 중요하다는 기술적인 접근의 무비판적인 수용을 경계하는 근거

2 정책문제의 구조화

(1) 개념 및 분류

① **문제 감지 → 문제 탐색 → 문제 정의 → 문제 구체화**의 과정으로, 정책결정을 위한 첫 단계

② 던(Dunn), 정책문제를 구조화가 잘 된 문제, 어느 정도 구조화된 문제, 구조화가 잘 안 된 문제로 분류

㉠ 구조화가 잘 된 문제(정형화된 문제) : **완전히 전산화**된 의사결정의 문제로, 모든 정책대안의 모든 결과는 사전에 프로그램화

㉡ 어느 정도 구조화된 문제(준정형화된 문제) : **정책모의실험** 또는 게임 등

㉢ 구조화가 잘 안 된 문제(비정형화된 문제) : 모든 대안에 우선하여 선호되는 **유일한 정책대안을 선택하는 것이 불가능**한 결정

정책문제 구조화		
구조화가 잘 된 문제	어느정도 구조화된 문제	구조화가 잘 안 된 문제
정형화 전산화	준정형화 모의실험	비정형화 유일 대안 ×

기출 CHECK

1 정책분석에 있어서 문제구조화에 대한 설명으로 옳지 않은 것은? 2017 지방직 9급

① 던(Dunn)은 정책문제를 구조화가 잘된 문제(well-structured problem), 어느 정도 구조화된 문제(moderately structured problem), 구조화가 잘 안된 문제(ill-structured problem)로 분류한다.

② 구조화가 잘된 문제의 해결을 위해서 분석가는 전통적인(conventional) 방법을 사용하기도 한다.

③ 문제구조화는 상호 관련된 4가지 단계인 문제의 감지, 문제의 정의, 문제의 추상화, 문제의 탐색으로 구성되어 있다.

④ 문제구조화의 방법으로는 경계분석, 분류분석, 가정분석 등이 있다.

① O 던은 구조화의 정도를 기준으로 정책문제를 구조화가 잘된 문제(정형화된 문제), 어느 정도 구조화된 문제(준정형화된 문제), 구조화가 잘 안 된 문제(비정형화된 문제)로 구분한다.

② O 구조화가 잘된 문제는 이미 모두 구체화되어 분석이 완료된 문제이다. 완전히 전산화된 의사결정의 문제로, 모든 정책대안의 모든 결과를 사전에 프로그램화할 수 있다. 따라서 가장 전형적으로 쓰이는 전통적인 방법을 쓰더라도 문제를 충분히 해결할 수 있다.

③ X 문제구조화의 단계는 문제의 감지 → 문제의 탐색 → 문제의 정의 → 문제의 구체화 순서로 진행된다. 문제구조화는 문제를 구체화하는 과정이므로 문제의 추상화라는 단계는 적절하지 않다.

④ O 문제구조화의 방법으로 경계분석, 분류분석, 계층분석, 가정분석, 유추분석 등이 활용된다. 정답 ③

체크포인트

문제구조화는 합리적 정책결정을 하기 위한 첫 단계로, 추상적인 문제를 구체화하는 단계입니다. 문제구조화의 4단계를 암기할 필요는 없지만, 적어도 문제의 추상화는 어울리지 않는다는 것을 판단할 수 있어야 합니다. 행정학에서는 암기해두어야 할 것과 문장을 읽고 판단해야 할 것을 구분하는 것도 학습의 효율을 위해서 중요한 부분입니다.

(2) 구조화 기법

① 경계분석

㉠ **문제의 경계를 설정**함으로써 문제의 위치 및 범위 등을 명확히 하여 문제의 주요국면을 간과하는 일이 없도록 하기 위한 기법

㉡ 정책문제의 존속기간 및 형성과정을 파악하기 위해 사용하는 기법으로 **포화표본추출***을 통해 관련 이해당사자를 선정

* **포화표본추출** : 표본을 충분히 추출하여 문제의 경계와 범위를 설정하는 방식

② 분류분석

㉠ 문제상황을 명료하게 정의하기 위해 당면문제를 그 **구성요소들로 분해**하는 기법

㉡ 논리적 추론을 통해 추상적인 정책문제를 구체적인 요소들로 구분

③ 계층분석

㉠ 문제에 대한 간접적이고 불확실한 원인에서 직접적이고 확실한 원인을 **차례차례 계층적으로 확인**해 나가는 기법

㉡ 인과관계 파악이 주된 목적으로, 문제의 원인을 여러 차원에서 구분하여 분석

④ **가정분석** : 문제상황과 관련된 여러 대립적이고 **구조화되지 않은 가정들의 창조적 통합**을 위해 사용하는 기법으로, 이전에 건의된 정책부터 분석

⑤ **유추분석** : 과거의 유사문제에 대한 **비교와 유추**를 통해 특정 문제를 명확하게 정의하는 기법

기출 CHECK

1 정책문제의 구조화기법과 설명이 바르게 연결된 것은? 2014 국가직 9급

A. 경계분석(boundary analysis)	B. 가정분석(assumption analysis)
C. 계층분석(hierarchy analysis)	D. 분류분석(classification analysis)

ㄱ. 정책문제와 관련된 여러 구조화되지 않은 가설들을 창의적으로 통합하기 위해 사용하는 기법으로 이전에 건의된 정책부터 분석한다.
ㄴ. 간접적이고 불확실한 원인으로부터 차츰 확실한 원인을 차례로 확인해 나가는 기법으로 인과관계 파악을 주된 목적으로 한다.
ㄷ. 정책문제의 존속기간 및 형성과정을 파악하기 위해 사용하는 기법으로 포화표본추출(saturation sampling)을 통해 관련 이해당사자를 선정한다.
ㄹ. 문제상황을 정의하기 위해 당면문제를 그 구성요소들로 분해하는 기법으로 논리적 추론을 통해 추상적인 정책문제를 구체적인 요소들로 구분한다.

	A	B	C	D		A	B	C	D
①	ㄱ	ㄷ	ㄴ	ㄹ	②	ㄱ	ㄷ	ㄹ	ㄴ
③	ㄷ	ㄱ	ㄴ	ㄹ	④	ㄷ	ㄱ	ㄹ	ㄴ

ㄱ. (B) 구조화되지 않은 가설들의 창조적인 통합을 통해 문제를 구조화하는 기법은 가정분석이다.
ㄴ. (C) 간접적이고 불확실한 원인으로부터 직접적이고 확실한 원인으로 차례차례 계층적으로 확인하면서 문제를 구조화하는 기법은 계층분석이다.
ㄷ. (A) 포화표본추출은 문제가 어디까지 경계를 이루고 있는지를 구체적으로 살펴보기 위해 충분한 수의 표본을 추출하는 기법으로, 경계분석에서 흔히 쓰인다.
ㄹ. (D) 논리적 추론을 통해 추상적인 정책문제를 구체적인 요소들로 구분하는 기법은 분류분석이다. 정답 ③

체크포인트

정책문제의 구조화기법은 까다로워하는 주제입니다. 하지만 낯설어 보이는 용어 자체에 핵심적인 내용이 모두 담겨 있다는 것을 꼭 기억해야 합니다. 경계분석은 경계와, 가정분석은 가정과, 계층분석은 계층과, 분류분석은 분류와 어울리는 문장을 찾아낼 수 있으면 됩니다. 행정학에서 쓰이는 용어는 그냥 만들어진 것이 아니라는 점을 활용하면 좋겠습니다.

PART 2

2 2단계 : 정책목표의 설정 C

1 정책목표

(1) 개념

정책을 통해서 달성하고자 하는 바람직한 상태

(2) 특징

목표들 간에는 상하관계, 보완관계, 모순·충돌관계, 경쟁관계 등이 존재하며, 이를 고려해 목표들 간 우선순위를 결정

2 소망성(desirability) 평가기준

(1) 적합성(타당성, appropriateness)

달성할 가치가 있는 목표들 중 가장 바람직한 것들을 채택했는지 여부

(2) 적절성(adequacy)

목표달성 수준이 지나치게 높거나 낮지 않고 적당한 수준인지 여부

(3) 일관성(consistency)

하위목표가 상위목표의 수단이 되는 **연쇄관계가 유지**되는지, 목표 간 상충 없이 전체적인 정책방향에 일관성이 있는지 여부

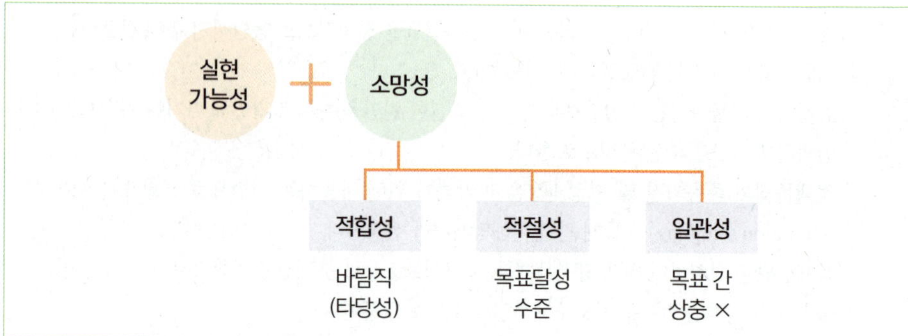

3 3단계 : 정책대안의 탐색과 개발 C

1 정책대안

(1) 정책대안의 개념

정책목표와 이를 달성하기 위한 정책수단의 배합

(2) 정책대안 탐색 · 개발의 원천

과거 또는 현존 정부의 정책, 다른 정부 또는 다른 국가의 정책, 이론 또는 모형의 활용 등

(3) 정책대안의 탐색 및 개발 순서

① **정의된 정책문제 확인** : 정책목표 명확화
② **여러 정책수단의 광범위한 탐색**
③ **정책대안 개발** : 정책수단과 정책목표 결합
④ **정책대안 예비분석** : 실현가능성과 소망성

2 정책대안 개발 → 정책분석

(1) 정책분석(PA: Policy Analysis)의 개념

정책결정자들이 더 나은 판단을 할 수 있도록 필요한 정보를 창출하고 제시하는 일체의 지적 · 인지적 활동

(2) 일반적인 정책분석은 정책대안의 선택에 초점을 두고 아래의 기능 수행

① 정책대안이 가져올 비용과 효과의 사회적 분배 측면을 분석
② 정책대안의 실현가능성 및 정치 · 경제 · 사회적 영향을 분석
③ 정책분석은 체제분석과는 달리 가치의 문제를 포함

정책분석

① 비용과 효과 → 객관적 분석
② 사회적 영향 +
③ 가치의 문제 → 정치적 합리성

④ 과학적 · 객관적 분석에 기반을 두며, 협상이나 타협, 권력 작용이 이루어지는 정치적 접근은 포함하지 않음.

(3) 정책분석 VS 체제분석

	정책분석	체제분석
초점	비용 · 효과의 사회적 배분	자원배분의 효율성
평가기준	정치적 합리성	경제적 합리성
기반학문	정치학, 행정학, 사회학	경제학, 응용과학
분석방법	질적 분석	양적 분석

3 정책대안 예비검토

(1) 예비검토(스크린)

본격적 **정책대안 분석작업 이전에 수행**하는 것으로, 무수한 정책대안 중 실제 분석의 대상이 될 몇 개의 대안만을 선별

(2) 예비검토 대상 기준

① **정책대안의 실현가능성(feasibility)** : 정책대안이 정책으로 채택될 가능성 및 정책으로 집행될 가능성

② **정책대안의 소망성(desirability) 측면에서의 지배가능성(dominance)** : 다른 대안에 지배당하는 대안은 실제 분석에서 제외

4 4단계 : 정책대안의 결과예측

주관적 방법	이론적 방법	연장적 방법
사람 → 추측	모형 → 예견	추세 → 투사

1 주관적 방법(추측) Ⓢ

9급 24지, 19지, 17국, 16지
7급 23지, 21국, 20국, 17지

(1) 브레인스토밍(Brainstorming)

① 개념

㉠ 즉흥적이며 자유분방하게 **여러 가지 기발한 아이디어를 창안**하는 활동으로, 집단토의라고도 불리며, 오스본(Osborn)에 의해 제안

㉡ 정책대안의 결과 예측 단계뿐 아니라, 정책문제의 구조화 및 정책대안의 탐색 · 개발 단계에서도 사용

② 특징

㉠ 브레인스토밍 집단은 조사되고 있는 문제상황의 본질에 따라 구성되며, 관련 분야 전문가뿐 아니라 독창적인 사람 및 정책 관련자들을 널리 포함

브레인스토밍

① 자유롭게 아이디어 총망라
③ 1단계 : 비판·평가 금지
2단계 : 평가·종합 후 우선순위 부여

ⓛ 아이디어의 개발과 평가는 단계적으로 이루어짐.

ⓐ **1단계(개발)** : 개방적이고 자유로운 분위기 속에서 **모든 아이디어가 총망라**되어야 하며, 타인의 아이디어에 대한 **비판과 평가는 금지**

ⓑ **2단계(종합)** : 1단계에서 제시된 대안들을 **평가·종합**하며, 비슷한 아이디어는 취합하고 실현가능성이 없는 대안들은 제거하여 **우선순위 부여**

ⓒ 피력된 의견이나 판단에 대한 비판보다는 창조적인 대안 제시에 집중하며, 이미 제안된 여러 아이디어들을 종합하여 새로운 아이디어를 만들어내는 **편승기법(piggy backing)의 사용**도 가능

③ **한계** : 외향적이고 공격적인 소수의 발언 독점, 다른 사람의 의견에 대한 공개적 반대 표명의 어려움, 한번 공개된 의견 제시의 수정 곤란 등

(2) 델파이(Delphi)

ⓧ [9급] 전통적 델파이 기법은 전문가들의 다양성을 고려해 의견일치를 유도하지 않는다.

ⓞ 전통적 델파이 기법은 전문가들의 다양성을 고려하지만 의견일치를 유도한다.(유도하지 않는다 ×).

① 개념

㉠ 일반인이 아닌 **전문가들의 의견을 종합**하여 보다 합리적인 아이디어를 만들고 미래를 예측하려는 시도로, **美 랜드(Rand) 연구소**에서 개발

ⓛ **브레인스토밍의 약점**인 소수의 발언 독점, 다수의견의 횡포, 공개적인 반대 표명의 어려움, 감정대립, 집단사고(group think) 등을 **극복하는 데 용이**

ⓒ 개인의 이해관계나 가치판단과는 관계없이 객관적인 입장에서 아이디어를 모으는 것이 목적이며, 정책 대안의 결과 예측 이외에도 정책대안의 탐색·개발에 사용

② 특징

㉠ 익명성

ⓐ 의견의 제시는 대면 접촉이 아닌 **서면으로 진행**되면서 **익명성 보장**

ⓑ 익명성을 유지하면서 **상호토론 없이** 각각 독자적으로 피력하는 의견이나 판단을 조합·정리

ⓛ 반복성과 환류

ⓐ 전문가집단의 의사소통은 **구조화된 설문지를 통해 반복적**으로 이루어짐.

ⓑ 다른 사람들의 의견을 검토하고 다시 자신의 의견을 제시하는 과정을 몇 차례 되풀이하면서 **자신의 답변을 수정**할 수 있음.

ⓒ **합의** : 설문의 반복을 통해 특정 주제에 대한 합의를 유도

(3) 정책델파이(Policy Delphi)

ⓧ [7급] 정책델파이는 정책대안에 대한 주장들이 표면화된 후에는 참가자들로 하여금 비공개적으로 토론을 벌이게 한다.

ⓞ 정책델파이는 정책대안에 대한 주장들이 표면화된 후에는 참가자들로 하여금 공개적(비공개적 ×)으로 토론을 벌이게 한다.

① **개념** : 델파이의 기본 논리를 적용하되, **전문가뿐 아니라 대립되는 정책관계자들의 의견을 표출**시켜 정책의 결과를 다양하게 예측하려는 목적으로 사용

② 특징

㉠ 선택적 익명성

ⓐ **1단계(개발)** : 정책대안 및 결과 제시 단계에서는 익명성 보장

ⓑ **2단계(종합)** : 의견이 종합되어 몇 가지 대립되는 정책대안과 결과가 표면화된 이후에는 **공개적인 토론**을 진행해 의견 조율

㉡ **정책관계자 의견 중시** : 델파이와 달리 개인의 **이해관계와 가치판단 개입**

㉢ **의견 대립을 유도** : **대립된 견해를 최대한 활용**하여 여러 가지 정책대안을 창출하고 결과를 예측

델파이	VS	정책 델파이
전문가		전문가+정책관계자
익명성(서면)		선택적 익명성
합의 유도		의견대립 유도
→ 설문 반복		

(4) 기타 주관적 방법

① **교차영향분석**(cross-impact analysis) : 연관사건의 발생 여부에 따라 **대상사건이 발생할 가능성에 관한 주관적 판단**을 구하고 그 관계를 분석하는 기법

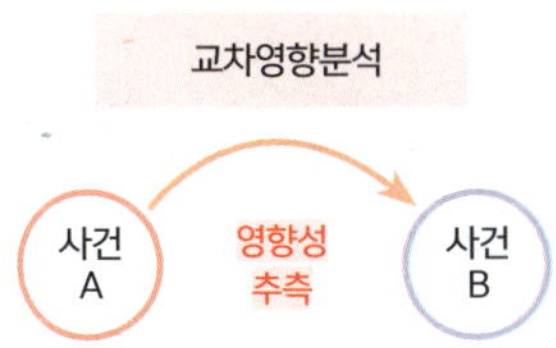

② **명목집단기법**(nominal group method)

㉠ 문제해결에 참여하는 개인들이 개별적으로 해결방안을 구상하고 집단토론을 거쳐 해결방안에 대해 표결하는 방법

㉡ 집단구성원 간 의사소통 없이 **서면으로 의견을 제출**하고, 모든 아이디어가 제시된 이후 **제한적으로 토론**하고 최종적으로 **표결하여 결정**

㉢ 익명성 보장을 위해 개인 의견 입력 및 표결에 컴퓨터 활용

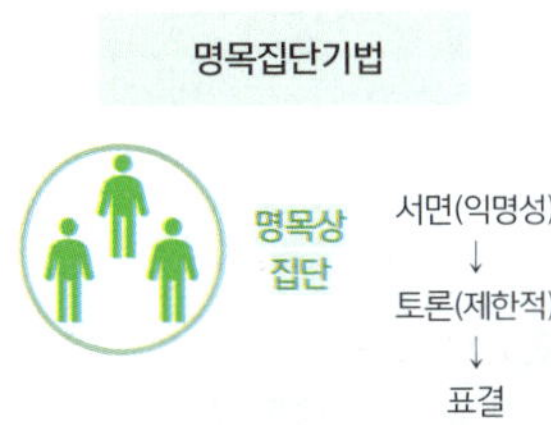

③ **지명반론자기법**(devil's advocate method)

㉠ 특정 집단을 **반론제기 집단으로 작위적으로 지정**해, 이들이 제기하는 반론과 이에 대한 제안자의 옹호 과정을 통해 의사결정을 유도하는 기법

㉡ 지명반론자기법의 성공을 위해서는 반론자들이 고의적으로 대안의 단점과 약점을 적극적으로 지적하여야 함

④ **변증법적 토론**(dialectical inquiry) : **두 집단으로 나누어 토론**을 하기 때문에 특정 대안의 장점과 단점이 최대한 노출

⑤ **표적집단면접기법**(focus group interview method) : 특정 주제에 대한 관심이 있는 이해당사자 중 **소수의 인원만을 선별**하여 조사자의 진행 아래 **토론을 유도**하고 그 과정에서 자료를 수집하는 **집단심층면접법**

체크포인트

정책대안의 결과예측 기법들을 하나하나 보기 전에, 각각의 기법들이 어떤 카테고리에 속하는지를 먼저 확인해야 합니다. 주관적 방법에 속하는지, 이론적 방법에 속하는지, 연장적 방법에 속하는지 역시 주요 출제포인트입니다. 사람들의 의견을 구한다면 주관적 방법, 객과적 모형을 활용한다면 이론적 방법, 시간적 추세를 활용한다면 연장적 방법으로 위치시킬 수 있어야 합니다.

기출 CHECK

1 미래 예측을 위한 일반적 델파이기법에 대한 설명으로 옳지 않은 것은? 2017 국가직 9급

① 전문가들의 의견을 종합하여 보다 합리적인 아이디어를 만들려는 시도이며, 정책대안의 결과예측뿐 아니라 정책대안의 개발 · 창출에도 사용된다.

② 전문가집단의 의사소통은 구조화된 설문지를 통해 반복적으로 이루어진다.

③ 불확실한 먼 미래보다는 가까운 미래를 예측하기 위하여 통계 분석을 활용하는 객관적 미래예측방법이다.

④ 전문가집단은 익명성이 보장된 상태에서 답변하며 자신의 답변을 수정할 수 있다.

① O 델파이 기법은 전문가들의 의견을 구하는 기법으로, 정책대안의 결과를 예측하기 위해 전문적으로 정제된 아이디어를 활용하는 방식이다. 전문가를 활용하는 델파이 기법은 정책대안의 개발과 창출 등 다른 영역에서도 충분히 사용될 수 있다.

② O 델파아 기법에서 전문가집단의 의사소통은 서면으로만 이루어진다. 구조화된 설문지를 통해 반복적으로 의견을 교환하며, 다른 사람들의 의견을 검토하고 다시 자신의 의견을 제시하는 과정을 몇 차례 되풀이하면서 합의를 유도하는 방식이다.

③ X 델파이 기법은 전문가들의 주관적인 의견을 구하는 기법이므로 객관적 미래예측방법이 아닌 주관적 미래예측방법이다. 가까운 미래를 예측하기 위해 통계분석을 활용하는 객관적 방법은 회귀분석과 같은 이론적인 모형을 활용하는 방식이다.

④ O 델파이 기법에서 전문가들의 의견 제시는 대면 접촉이 아닌 서면으로만 진행된다. 따라서 전문가들은 익명성이 보장된 상태에서 설문지와 같은 서면으로 자신의 의견을 표출하며, 설문지가 반복적으로 환류되면서 자신의 답변을 수정할 수도 있다.

정답 ③

체크포인트

정책대안의 결과예측 주제에서 가장 빈출되는 것이 정책델파이와 일반적 델파이를 구분하는 출제포인트입니다. 참여자가 전문가뿐 아니라 이해관계자도 포함되는지, 익명성인지 선택적 익명성인지, 최종 결론을 합의로 도출하는지 대립시키는지를 항상 비교하면서 개념학습을 해두어야 할 것입니다.

2 정책 델파이에 대한 설명으로 옳지 않은 것은? 2012 지방직 9급

① 일반적인 델파이와 달리 개인의 이해관계나 가치판단이 개입될 수 있다.

② 정책문제 해결을 위한 정책대안을 개발하고 그 결과를 예측하기 위해 만들어진 방법이다.

③ 대립되는 정책대안이나 결과가 표면화되더라도 모든 단계에서 익명성이 보장되어야 한다.

④ 정책문제의 성격이나 원인, 결과 등에 대해 전문성과 통찰력을 지닌 사람들이 참여한다.

① O 전문가들만 참여하는 일반적 델파이와는 달리, 정책 델파이는 전문가뿐만 아니라 정책과 관련된 이해관계자들도 참여하여 의견을 제시할 수 있다. 따라서 정책 델파이에서는 개인적 이해관계나 가치판단이 개입될 수 있다.

② O 정책 델파이는 일반적 델파이나 브레인스토밍과 같이 정책대안의 개발 및 정책결과의 예측을 위해 고안된 방법 중 하나이다.

③ X 모든 단계에서 익명성을 보장하는 일반 델파이와는 달리, 정책 델파이는 선택적 익명성으로 운영된다. 정책대안 및 결과제시 단계에서는 익명성을 보장하지만, 의견이 종합되어 몇 가지 대립되는 정책대안과 결과가 표면화된 이후에는 공개적인 토론을 진행하게 된다.

④ O 정책 델파이는 일반 델파이처럼 전문성을 가진 전문가들도 참여하며, 통찰력을 가진 이해관계자들도 참여할 수 있다.

정답 ③

2 이론적 방법(예견)과 연장적 방법(투사)* C

주관적 방법	이론적 방법	연장적 방법
사람 → 추측	모형 → 예견	추세 → 투사
	경제적 분석 이론적 모형	시계열 분석 추세적 경향

(1) 이론적 방법(예견)

① 개념

㉠ **인과관계 분석**이라고도 하며, 해당분야에 대한 체계적인 이론과 지식이 풍부할 때 유용한 **객관적 정책분석 방법**

㉡ 불확실한 먼 미래보다는 **가까운 미래를 예측**하기 위해서 **통계분석을 활용**하는 객관적 미래예측방법

② 분석기법

㉠ 선형계획법

ⓐ 의사결정에 제약이 있는 상황하에서 최선의 대안을 찾는 기법

ⓑ 최선의 결정은 목적함수로 표현되며, 제약조건 하의 결과를 최적 상황의 결과로 간주 → $2x + y < 90$(제약조건)에서 $2x + y$(목적함수)를 극대화하는 x와 y의 값

ⓒ 모형 작성자의 철학과 가치관에 따라 중요한 변수가 누락될 수 있으며, 모형에 필요한 자료를 구하기 어려운 경우가 많음.

㉡ **회귀분석** : 독립변수와 종속변수 간의 관계 형태를 측정

㉢ **이론지도 작성** : 분석가가 이론이나 인과적 논증 속에 있는 주요 가정들을 식별하고 정리할 수 있도록 도와주는 기법

㉣ **인과관계모델링** : 이론들로부터 모형을 개발

(2) 연장적 방법(투사)

① **개념** : 과거로부터 현재까지의 **추세에 기초**하여 미래를 예측하는 방법

② **분석기법**

㉠ **전통적 시계열분석** : 장기적 추세, 순환적 파동, 계절적 변동, 불규칙변화의 네 가지 요소를 가지고 있는 전통적인 시계열자료를 활용하는 방법

㉡ **이동평균법** : 최근 몇 개의 관찰값의 단순평균값을 다음 기간의 예측값으로 추정하는 방법

㉢ **지수평활법** : 과거의 모든 자료를 사용하여 평균을 구하되 최근의 자료에 가중치를 높게 부여하는 방법

㉣ **선형경향추정** : 회귀분석을 이용하여 관찰된 시계열의 관찰값을 기초로 미래사회 상태에 대하여 통계적으로 신뢰할 수 있는 추정치를 얻는 방법

7급 23국

* 이론적 방법과 연장적 방법은 모두 양적 방법에 해당

PART 2

회귀분석

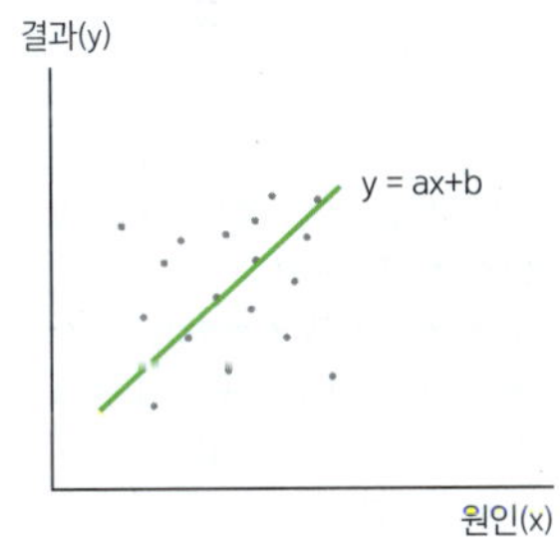

선형경향추정

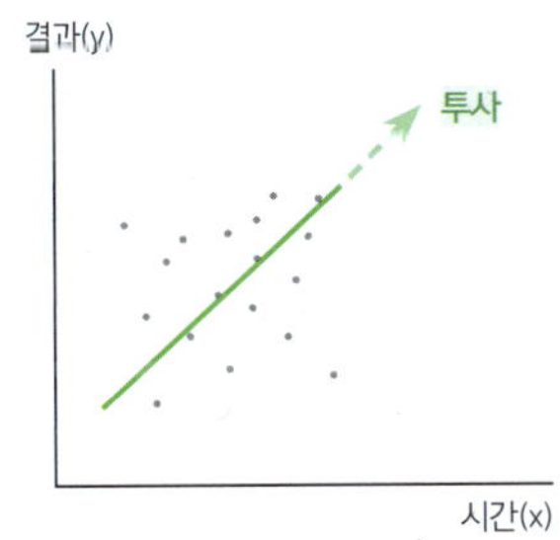

9급 19지
7급 14지

3 불확실성하에서의 결과예측 B

(1) 불확실성 개관

① 개념

㉠ 올바른 의사결정을 위해 알아야 할 것과 실제로 알고 있는 것과의 차이

㉡ 불확실성을 느끼는 대상 : 정책목표로서 바람직한 것, 정책문제의 내용과 원인, 정책대안의 결과, 정책대안의 비교평가 기준 등

② 원인

㉠ **모형의 불확실성** 및 모형에 포함된 변수에 대한 **자료 부족**

㉡ 모형을 작성하고 이용하는 사람의 **지식 · 시간 · 경비 등의 부족**

㉢ 정책문제 상황의 **복잡성과 동태성**의 증가

In 불확실성

적극적 방안	VS	소극적 방안
상황통제 정책실험 이론개발 델파이		분석 지연과 회피 가외성

(2) 불확실성 극복방안

① **적극적 방법** : 불확실한 것을 **확실하게** 만드는 방법

㉠ **이론과 모형의 개발**

ⓐ 정책대안이 현실에 적용될 때 개입할 수 있는 조건에 대한 **정보를 획득**하여 **정책결과를 확실히 예측**하는 방법

ⓑ 시행착오를 인정하는 **정책실험**이나, 전문가의 주관적 판단에 의존하는 **정책델파이 · 집단토의** 등도 포함

㉡ **불확실성 발생 상황 자체의 통제** : 국가 간의 조약과 같이, 통제하게 어려운 외적 환경을 통제 가능하도록 하여 대응하는 방법

② **소극적 방법** : 불확실성을 **주어진 것으로 보고** 대처하는 방법

㉠ **보수적 결정** : 불확실성하에서 발생될 **최악의 경우를 전제**하고 최선의 대안을 선택하는 방법

㉡ **민감도 분석**

ⓐ 불완전한 정보를 가지고 있는 **모형 내의 파라미터**에 대해 **이들의 값이 달라질 때 대안의 결과가 어떻게 변화**되는가를 보는 방법

ⓑ 어떤 기업에서 생산하고 있는 **제품 A에 대한 시장가격이 변함**에 따라 **그 기업의 수입은 어떻게 달라지는가**를 분석

ⓒ 우리나라는 **예비타당성조사**에서 **경제성 분석**을 할 때 민감도 분석을 활용

㉢ **악조건 가중분석** : **우수한 정책대안에 대해서는 최악의 상태**가 발생할 것이라 가정하고, **나머지 대안들은 최선의 상태**가 발생할 것이라는 가정 하에 결과를 예측하는 방법

㉣ **분기점 분석** : **악조건가중분석의 결과** 대안의 **우선순위가 달라질 경우**, 동등한 결과를 가져오기 위해 어떤 가정이 필요한지를 분석

㉤ **가외성 확보** : **중복된 기능을 여분으로 보유**하고, 이 때 발생할 비용을 다른 대안들과 비교

보충

예비타당성조사 수행 총괄지침 제51조(민감도 분석)
수행기관은 **경제성 분석** 시 내재된 불확실성에 대처하기 위해 경제성에 영향을 미칠 수 있는 **사업비, 운영비, 교통수요, 할인율** 등의 **주요 변수**가 **일정량만큼 변화**되었을 때 **경제성이 어떻게 변화**하는지를 파악하기 위하여 **민감도 분석**(sensitivity analysis)을 시행하여야 한다.

기출 CHECK

1 정책 환경의 불확실성을 극복하는 대처방안 중 소극적인 방법에 해당하는 것은? 2019 지방직 9급

① 상황에 대한 정보의 획득 ② 정책실험의 수행
③ 협상이나 타협 ④ 지연이나 회피

④ ○ 불확실성을 극복하는 적극적인 방법은 불확실성 발생 자체를 통제하려는 방법이고, 소극적인 방법은 불확실성을 주어진 것으로 보고 대처하는 방법이다. 지연이나 회피도 불확실성을 극복하는 방안은 될 수 있으나, 불확실성을 주어진 것으로 보고 대처하는 방법이므로 소극적인 방법에 해당된다. 정답 ④

체크포인트
불확실성 극복방안을 적극적 방법과 소극적 방법으로 구분하는 포인트도 종종 출제됩니다. 적극적 방법은 불확실성 자체를 없애려는 것이고, 소극적 방법은 불확실성을 주어진 것으로 보고 대응하는 것입니다. 이렇게 비교하면서 문제를 해결해도 좋고, 주어진 네 가지 선지 중에서 가장 소극적인 것을 고르는 것도 괜찮은 문제해결 방식입니다. 행정학은 이렇게 상대적인 판단이 중요하고, 다양한 문제를 통해 감각을 길러 놓아야 합니다.

5 5단계 : 정책대안의 비교·평가 및 선택 S

9급 25지, 21국, 20지, 16지
7급 22지, 18국

1 정책대안 비교·평가 기준

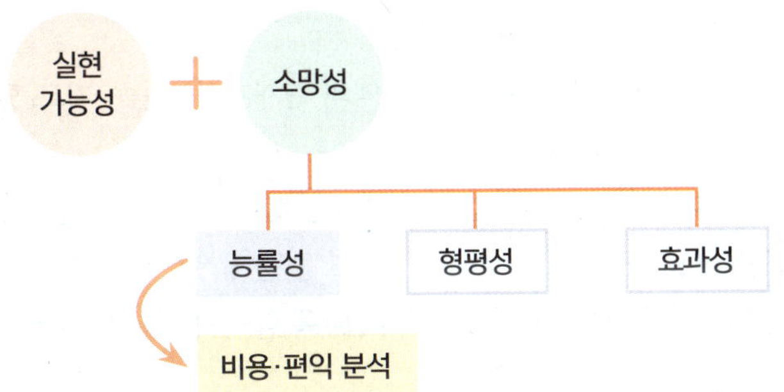

(1) 실현 가능성

① 정책으로의 **채택가능성**과 채택된 후의 **집행가능성**을 기준으로 비교·평가

② 기준 : 기술적, 재정적, 행정적, 법적, 윤리적, 정치적 실현가능성 등

(2) 소망성

① 정책대안이 **얼마나 바람직스러운가**를 기준으로 비교·평가

② 기준 : **효과성, 형평성, 능률성** 등

2 비용-편익분석(B/C 분석)

(1) 개념

① 소망성 기준 중 **능률성을 비교·평가**하기 위한 접근방법으로, **비용과 편익의 가치를 화폐 단위로 측정**

② **이론적 기초** : 파레토 최적(Pareto Optimum), 칼도-힉스(Kaldor-Hicks) 기준, 미시경제학 등

X [9급] 비용편익분석은 직접적이고 유형적인 비용과 편익은 반영하고, 간접적이고 무형적인 비용과 편익은 포함하지 않는다.
O 비용편익분석은 직접적이고 유형적인 비용과 편익뿐만 아니라, 간접적이고 무형적인 비용과 편익도 포함한다.(포함하지 않는다 ×)

PART 2

(2) 특징

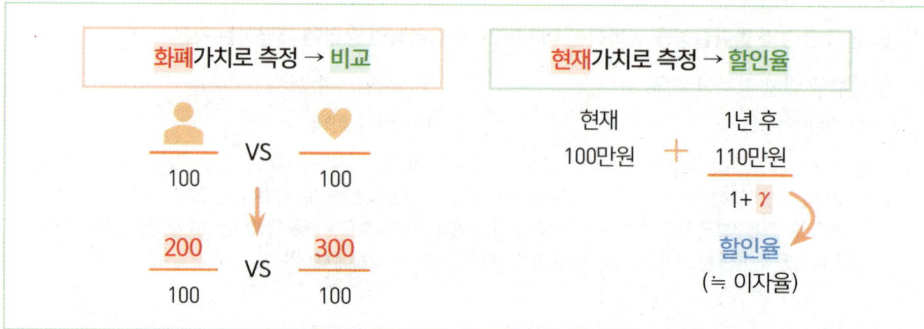

① 비용과 편익을 화폐가치로 환산

㉠ 비용과 편익을 모두 화폐가치로 환산하기 때문에 **단일 정책뿐만 아니라 이종 사업 간 우선순위 비교**에도 사용 가능

㉡ 직접적이고 유형적인 비용과 편익뿐만 아니라 **간접적이고 무형적인 비용과 편익도 모두 포함**하여 화폐가치로 환산

② 미래가치를 현재가치로 평가

㉠ **서로 다른 시점에서 산출**되는 비용과 편익의 미래가치를 현재가치로 평가하는 **장기적인 안목의 접근**으로, **할인율(γ)*** 적용

㉡ 적용되는 **할인율이 낮을수록** 미래 금액의 현재가치는 높아지고, **할인율이 높을수록** 미래 금액의 현재가치는 낮아짐.

㉢ **할인율이 높다면** 사업을 단기간에 종료하는 것이 필요하므로 **단기투자사업이 유리**하며, **할인율이 낮다면** 사업을 오래 지속해도 큰 문제가 없으므로 **장기투자사업이 유리**

㉣ 할인율이 동일할 경우, **사업의 기간이 길수록** 할인의 기간이 길어지므로 **현재가치가 감소**

㉤ 미래가치를 현재가치로 환산할 때는 **복리계산법**에 의해 할인하며, 편익이 발생하는 기간은 물리적 수명보다는 **경제적 수명**으로 설정

*
㉠ 현재가
$\frac{\text{1년후의 (100만)}}{1+\gamma}$
㉡ 편익현재가
$B_0+\frac{B_1}{1+\gamma}+\frac{B_2}{(1+\gamma)^2}+\cdots+\frac{B_n}{(1+\gamma)^n}$
㉢ 비용현재가
$C_0+\frac{C_1}{1+\gamma}+\frac{C_2}{(1+\gamma)^2}+\cdots+\frac{C_n}{(1+\gamma)^n}$

(3) 세부 측정기준

순현재가치 (NPV)	편익현재가 – 비용현재가 (할인율 적용) 0보다 커야 타당
비용편익비 (B/C ratio)	편익현재가 / 비용현재가 (할인율 적용) 1보다 커야 타당
내부수익률 (IRR)	할인율 대체 → 투자의 수익률 → [최소한 이자율 수준 / 최소한 편익 = 비용] → NPV = 0으로, B/C = 1로 만드는 할인율

① 순현재가치(NPV : Net Present Value)

㉠ **편익현재가-비용현재가**로, 순현재가치가 **0보다 큰 사업이 경제적**으로 타당

㉡ 미래가치를 현재가치로 환산하여 계산하므로 **할인율의 크기에 영향**을 받음.

② 비용편익비(B/C ratio)

㉠ **편익현재가/비용현재가**로, 비용편익비가 **1보다 큰 사업이 경제적**으로 타당

㉡ **비용편익비가 1보다 크다**는 것은 **순현재가치가 0보다 크다**는 것과 동일

㉢ 미래가치를 현재가치로 환산하여 계산하므로 **할인율의 크기에 영향**을 받음.

③ 내부수익률(IRR : Internal Rate of Return)

㉠ 공공사업에 적용하는 **사회적 할인율이 알려져 있지 않을 때 대안**으로 활용하는 기준

㉡ 민간영역에서 비교적 간편하게 도출할 수 있는 **투자의 수익률**을 의미하며, 이는 곧 **순현재가치를 0으로 만들고 비용편익비를 1로 만드는 할인율**

㉢ 일반적으로 내부수익률이 **이자율보다 높아야 투자할 가치**가 있는 사업이며, 내부수익률이 높을수록 경제적 타당성이 큰 사업

㉣ 내부수익률에 의한 사업의 우선순위는 **사회적 할인율을 적용했을 때의 우선순위와 다를 수 있으며,** 사업의 성격이 변화하면 내부수익률 역시 달라질 수 있음.

기출 CHECK

1 공공사업의 경제성분석에 대한 설명으로 옳은 것만을 모두 고르면? 2021 국가직 9급

ㄱ. 할인율이 높을 때는 편익이 장기간에 실현되는 장기투자 사업보다 단기간에 실현되는 단기투자사업이 유리하다.
ㄴ. 직접적이고 유형적인 비용과 편익은 반영하고, 간접적이고 무형적인 비용과 편익은 포함하지 않는다.
ㄷ. 순현재가치(NPV)는 비용의 총현재가치에서 편익의 총현재가치를 뺀 것이며 0보다 클 경우 사업의 타당성을 인정할 수 있다.
ㄹ. 내부수익률은 할인율을 알지 못해도 사업평가가 가능하도록 하는 분석기법이다.

① ㄱ, ㄴ ② ㄱ, ㄹ ③ ㄴ, ㄷ ④ ㄱ, ㄷ, ㄹ

ㄱ. O 할인율은 미래가치가 현재가치로 할인되는 비율로, 할인율이 높은 경우라면 사업을 오래 할수록 현재가치가 지속적으로 큰 폭으로 감소될 것이 예상된다. 따라서 할인율이 높다면 사업기간을 길게 가져가는 장기투자사업보다는 사업기간을 단기에 종료하는 단기투자사업이 유리하다.

ㄴ. X 공공사업의 경제성분석인 비용편익분석은 정책대안들을 객관적으로 비교하기 위해 모든 비용과 편익을 화폐가치로 환산한다. 비용과 편익은 직접적이고 유형적인 것뿐만 아니라 간접적이고 무형적인 만족감, 행복감과 같은 것들도 모두 포함된다.

ㄷ. X 순현재가치는 순이익의 개념이다. 따라서 비용의 총현재가치에서 편익의 총현재가치를 빼는 것이 아니라, 편익의 총현재가치에서 비용의 총현재가치를 뺀 값이어야 한다. 이렇게 계산된 순현재가치가 0보다 크면 사업의 타당성이 있다.

ㄹ. O 내부수익률은 투자의 수익률로 비교적 손쉽게 구할 수 있다. 내부수익률은 공공사업에 대한 사회적 할인율을 구하기 어려울 때 대체하여 사용할 수 있는 분석기법이다. 정답 ②

체크포인트

비용편익분석은 시험에 나올 포인트가 많기 때문에 꼼꼼하게 준비해야 하는 주제입니다. 모든 편익과 비용을 화폐가치로 환산한다는 특징, 미래가치를 현재가치로 환산하기 위해 적용하는 할인율의 속성, 비용편익분석의 세부 기법인 순현재가치, 비용편익비, 내부수익률의 특징까지 모두 정확하게 학습해 두어야 합니다.

체크포인트

내부수익률의 독특한 특징을 정확하게 알고 있는지 체크하는 문제입니다. 기본적으로 내부수익률은 투자의 수익률로, 비교적 계산해내기 용이하기 때문에 사회적 할인율을 구하지 못할 때 대안으로 쓰는 것입니다. 그리고 투자의 수익률이란 결국 비용과 편익이 일치해서 손해는 보지 않는 지점이 되므로, 이를 구해봤더니 결국 순현재가치를 0으로 만들고, 비용편익비를 1로 만드는 할인율이 되더라는 과정을 이해해두시면 더욱 좋습니다.

2 정책대안의 비교평가기준 중 내부수익률(IRR : Internal Rate of Return)에 대한 설명으로 옳지 않은 것은? 2010 국가직 9급

① 여러 가지 정책대안들을 비교할 때, 내부수익률이 낮은 대안일수록 좋은 대안이다.

② 정책대안의 순현재가치를 0으로 만드는 할인율을 의미한다.

③ 사업이 종료된 후 또다시 투자비가 소요되는 변이된 사업 유형에서는 복수의 내부수익률이 존재할 수 있다.

④ 내부수익률에 의한 사업의 우선순위는 사회적 할인율을 적용한 순현재가치에 의한 사업의 우선순위와 다를 수 있다.

① X 내부수익률은 투자의 수익률을 의미한다. 따라서 내부수익률이 높은 대안일수록 수익률이 높다는 의미이므로 좋은 대안이다.

② O 내부수익률은 순현재가치를 0으로 만들고 비용편익비를 1로 만드는 할인율이다.

③ O 내부수익률은 투자의 수익률이므로, 사업 유형이 바뀌게 되는 경우 투자의 수익률 역시 변경될 수 있다. 즉 변이된 사업 유형이 존재하는 경우 복수의 내부수익률이 존재할 수 있다.

④ O 내부수익률은 공공사업에 대한 사회적 할인율을 구하기 어려울 때 대체하여 사용할 수 있는 분석기법이다. 따라서 투자의 수익률을 의미하는 내부수익률에 의한 우선순위는 바람직한 사회적 가치를 고려한 사회적 할인율을 적용한 우선순위와 상이할 수 있다.

정답 ①

3 비용 - 효과분석

(1) 개념

① 비용과 편익이 **화폐가치로 측정될 수 없을 때** 사용되는 방법

② 각 대안들의 비용이 동일하여 산출물의 효과만 비교하면 되는 경우나, 각 대안들의 효과가 동일하여 비용만 비교하면 되는 경우에 활용

(2) 분석방법

① 효과의 최고 수준을 정하고, 이 수준에 도달하는 대안들 중 가장 적은 비용의 대안 선정

② 비용의 최고 한도를 정하고, 이 한도를 넘는 대안들은 제거한 후 최대효과를 발휘하는 대안 선정

(3) 평가

① **비용과 효과가 서로 다른 단위**(비용은 화폐단위, 효과는 만족도 · 행복감 등 무형의 단위)로 측정되기 때문에, 비용과 효과 중 **어떤 것이 더 큰지에 대한 객관적 비교 불가능**

② 특정 공공사업이 달성해야 할 효과의 수준이나 지출 한도가 확정되어 있을 경우 대안 선택의 복잡성을 감소시키는 방안이 될 수 있음.

심화 증거기반 정책결정

1. 개념

① 정책결정 과정에서 관련 증거에 기반하여 정책대안을 선택하고 결정하는 것

② 다소 추상적이고 객관성이 떨어지는 이념, 신념, 의견 등에 기반한 정책결정이나 과학적 사실이 부족한 담론에 의거한 정책결정을 지양

③ 정치적 정책결정 과정을 증거기반 정책결정으로 대체하자는 주장은 아니며, 증거기반 정책결정이 강조하는 과학적 지식을 활용하자는 취지

2. 성공적 도입 조건

① 관련 정책 영역에서 상당한 수준의 정보를 활용할 수 있는 정보기반이 갖추어져 있어야 함.

② 관련 데이터를 분석하고 가공하여 정책대안 및 기존 정책성과 등을 평가할 수 있는 전문가가 확보되어야 함.

③ 증거기반 각종 분석을 수행하고 조언을 수행할 수 있는 조직 차원의 인센티브 구조 필요

④ 정책분석을 수행하는 연구자, 일선 정책 담당자, 정책 결정자 사이의 확고한 상호 이해 과정 필요

3. 용이한 적용 분야

① 보건정책 분야, 사회복지정책 분야, 교육정책 분야, 형사정책 분야 등 소위 휴먼 서비스 정책 관련 분야

② 다른 영역보다 증거 분석이 가능한 접근방법이 더 확고하게 정립되어 있고, 인간의 보편적 존엄을 구현한다는 관점에서 이념적 다툼이 상대적으로 적어 성공 가능성이 큰 것으로 간주

CHAPTER 4 정책집행

9급 22국, 19국
7급 24국, 17지

1 정책결정자 – 정책집행자 관계 B

0 개괄

① 나카무라(Nakamura)와 스몰우드(Smallwood), 정책결정자로부터 정책집행자로의 **권한 위임의 정도**에 따라 정책결정자와 정책집행자의 관계를 **다섯 유형**으로 분류

② 유형별로 정책결정자의 역할, 정책집행자의 권한과 요구되는 역량, 정책집행의 실패 원인 등을 설명

결정자		집행자
고전적 기술관료형	>>	충실히 집행
지시적 위임형	>	관리권한 위임
협상형	=	타협과 흥정
재량적 실험가형	<	구체적 결정
관료적 기업가형	<<	결정자 설득/강제

1 고전적 기술관료형(Classical Technocracy)

(1) 개념

정책결정과 정책집행이 업무성격 및 담당주체 측면에서 엄격하게 분리되며, **정책집행자는 정책결정자가 결정한 정책내용을 충실히 집행**

(2) 특징

① **정책결정자가 정책목표를 설정**하고 정책집행자는 이러한 목표를 지지함.

② 정책결정자는 계층제적인 통제구조를 구축하여 정책수단을 집행할 수 있는 **기술적인 권위를 특정 정책집행자에게 위임**

③ 정책집행자는 정책목표를 달성할 수 있는 기술적인 역량을 보유

(3) 집행실패 원인

① 정책집행자가 정책을 집행하는 데 필요한 기술이 부족

② 정책집행자가 정책목표를 지지하지 않아 집행이 실패하는 경우는 가정하지 않음.

2 지시적 위임형(Instructed Delegation)

(1) 개념

정책결정자가 정책목표를 달성하는 데 필요한 **관리적 행위에 필요한 권한들을 정책집행자에게 위임**하기 때문에 정책집행자가 상당한 재량을 행사

(2) 특징

① 고전적 기술관료형과 마찬가지로, **정책결정자가 정책목표를 명확하게 설정**하고 정책집행자도 이러한 목표의 바람직성에 동의

② 정책결정자는 정책집행자에게 정책목표를 달성할 것을 지시하고, 정책목표를 달성하기 위한 **정책수단을 결정할 수 있는 관리적 권한을 정책집행자에게 위임**

③ 다수의 정책집행자가 참여하는 경우에는 어떠한 수단을 선택할 것인가에 대해 **정책집행자 간의 합의**가 필요하므로, **정책집행자는 목표 달성에 필요한 기술적·관리적 역량과 함께 협상력을 보유**

(3) 집행실패 원인

① 정책집행자의 기술적 역량 부족(고전적 기술관료형과 동일)

② 다수의 집행기관이 참여하는 경우 정책수단에 대한 합의 실패

③ 애매모호한 정책결정자의 지시

3 협상형(Bargaining)

(1) 개념

정책결정자가 정책을 결정하지만 독단적으로 채택하는 것이 아니라, 정책목표와 정책수단에 대해서 **정책결정자와 정책집행자 간에 타협과 흥정**

(2) 특징

① 공식적 정책결정자가 정책목표를 설정

② 고전적 기술관료형과 지시적 위임형과 달리, 정책결정자와 정책집행자 간에 정책의 소망성에 대한 합의를 반드시 이루는 것은 아님.

③ 정책집행자가 정책목표에 동의를 하지 않을 경우 불응 또는 불집행 등으로 영향력을 행사할 수 있기 때문에, 정책집행자의 권력이 증가할 수 있음.

④ 정책집행자들은 정책목표와 정책수단에 대해 정책결정자와 협상하고, **협상의 결과는 상대적 권력배분에 따라 결정**

(3) 집행실패 원인

① 집행자의 기술적 역량 부족

② 협상 실패시 정책집행자의 불만에 따른 타성, 교착상태, 불집행 등이 발생

③ 정책집행자가 겉으로만 정책결정자의 목표를 추구하는 척하고 실제로는 자신의 목적을 위해서 자원을 사용하는 적응적 흡수(co-optation) 발생

4 재량적 실험가형(Discretionary Experimentation)

(1) 개념

정책결정자가 정책의 구체적인 내용을 수립할 수 없어서 **정책집행자에게 광범위한 재량을 위임**

(2) 특징

① 공식적인 **정책결정자는 추상적이고 일반적인 정책목표를 지지**하지만 지식의 부족 또는 불확실성 등으로 **구체적인 정책목표는 설정 불가**

② 정책결정자는 **정책집행자에게 광범위한 재량을 위임**하고, 정책결정자가 아닌 **정책집행자가 구체적인 정책목표를 설정**

③ 정책집행자는 기꺼이 임무를 수행할 수 있는 능력을 보유하며, 우선 실험적으로 결정 · 추진한 후 집행과정에서 환류되는 정보를 이용하여 문제 해결

④ 정책결정자가 구체적인 내용을 결정하는 권한과 책임을 동시에 집행자에게 떠넘겨서 책임을 회피하는 행태도 발생

⑤ 책임회피와 같은 위험이 존재하지만 불확실성이 높은 상황에서는 가장 혁신적인 집행방법이 될 수 있음.

(3) 집행실패 원인

① 정책집행자의 전문성과 지식 부족

② 애매모호한 정책결정의 결과 발생되는 집행상의 혼란

③ 집행자가 자원을 자기의 목적을 위해 마음대로 사용하거나 정책결정자를 기만

④ 집행자에게 광범위한 재량을 위임하고 실험적인 집행과정을 반복하였을 때 발생하는 책임의 분산으로 인해 정책결정자와 정책집행자 모두 책임 회피

5 관료적 기업가형(Bureaucratic Entrepreneurship)

(1) 개념

가장 광범위한 재량을 갖는 정책집행자의 유형으로, **정책집행자가 정책결정자의 결정권을 장악**하고 정책과정 **전반을 완전히 통제**

(2) 특징

① **정책집행자가 정책목표를 결정**하고 **공식적 정책결정자를 설득 또는 강제**

② 정책집행자는 정책목표 달성에 **필요한 정책수단을 확보하기 위하여 정책결정자와 협상**

③ 정책집행자는 자신이 설정한 정책목표를 달성하려 하고 필요한 능력 보유

④ 정책집행자에게 권한이 이전되는 이유

㉠ 정책집행자가 정책을 결정하는 데 필요한 정보를 생성하고 통제하는 능력을 갖고 있어 정책과정 전반을 지배

㉡ 행정조직의 계층제가 가지는 안전성과 연속성으로 인하여 정책집행자가 정책결정자보다 오래 자리를 유지하고 임무를 수행

㉢ 정책집행자의 진취적인 성향과 정치적인 기술 등 개인적 성향에 따라 정책결정과정을 지배

기출 CHECK

1 나카무라(Nakamura)와 스몰우드(Smallwood)의 정책결정자와 정책집행자의 관계 유형 중 다음 설명에 해당하는 것은? 2019 국가직 9급

> • 정책집행자는 공식적 정책결정자로 하여금 자신이 결정한 정책목표를 받아들이도록 설득 또는 강제할 수 있다.
> • 정책집행자는 목표를 달성하기 위한 수단을 획득하기 위해 정책결정자와 협상한다.
> • 미국 FBI의 국장직을 수행했던 후버(Hoover) 국장이 대표적인 예이다.

① 지시적 위임형 ② 협상형
③ 재량적 실험가형 ④ 관료적 기업가형

④ O 정책집행자가 정책목표를 결정하고 공식적 정책결정자를 설득 또는 강제하는 유형은 관료적 기업가형이다. 관료적 기업가형은 가장 광범위한 재량을 갖는 정책집행자의 유형으로, 정책집행자가 정책결정자의 결정권을 장악하고 정책과정 전반을 완전히 통제한다. 이 과정에서 정책집행자는 정책목표 달성에 필요한 정책수단을 확보하기 위하여 정책결정자와 협상한다. 정답 ④

체크포인트
나카무라와 스몰우드의 구분은 최근 9급 시험에서 꽤 까다롭게 출제되기도 했습니다. 두문자만 외워서 들어간다면 풀 수 없는 문제가 출제될 수 있으니, 5가지 유형의 흐름을 이해해두는 것이 필요합니다. 고지협재관의 순서대로 결정자로부터 집행자로 위임의 정도가 커진다는 점이 중요합니다. 특히 정책목표를 누가 정하고 정책수단을 누가 정하는지에 주목해서 학습한다면 정확한 이해와 함께 암기에 대한 부담도 많이 줄어들게 될 것입니다.

PART 2

2 정책집행이론

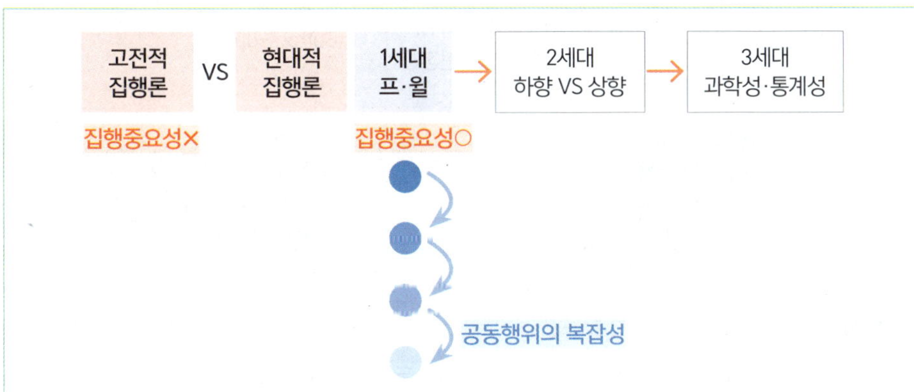

9급 12지
7급 21지

0 고전적 집행론 VS 현대적 집행론 C

(1) 고전적 집행론(1970년대 이전) : 집행의 중요성 무시

① **先정책결정, 後정책집행**의 단일방향적(unidirectional) 특성으로, 정책결정과 정책집행은 이질적이며, 정책집행상의 의사결정은 기술적 · 전문적 · 비정치적

② **정책결정자와 정책집행자는 엄격히 분리**되며, 정책결정자의 결정과 지시에 따라 정책집행자는 전문적 기술을 충실히 집행

보충
정책집행연구의 흐름
① 1세대: 프레스만&윌다브스키
② 2세대: 하향식&상향식
③ 3세대: 연구의 과학성 · 통계성 제고 (고긴, 오툴)

X [7급] 프레스먼과 윌다브스키에 따르면, 정책집행은 정책결정과 분리되어 독립적으로 수행해야 한다.
O 프레스먼과 윌다브스키에 따르면, 정책집행은 정책결정과 분리되지 않고(분리되어 ×) 연속적(독립적 ×)으로 수행되는 것이다.

(2) **현대적 집행론(1970년대 이후)** : 집행의 중요성 인지

① **등장배경** : **프레스만(Pressman)과 윌다브스키(Wildavsky)**, 집행론(Implementation, 1973)을 통해 오클랜드 사업(The Oakland Project)의 실패요인 등을 분석하면서 정책의 성공적인 집행이 얼마나 어려운지 설명

② **특징**

㉠ 정책집행도 정치성 등을 가지고 있으므로 정책결정과 본질적인 차이 없음.

㉡ 정책집행 과정에서 실질적인 정책의 내용이 결정되는 경우 다수

㉢ 정책결정자와 집행자의 관계는 다양하며, 정책집행은 자동적 · 기계적인 것으로 수행되는 것이 아님.

③ **정책집행 실패요인**

㉠ **공동행위의 복잡성**(complexity of joint action)

ⓐ 정책집행을 위해서는 여러 집단의 동의와 결정이 필요하므로 **의사결정점**이 많아지고, 각각의 의사결정점은 **거부점(veto point)으로 기능***

ⓑ 각각의 의사결정점에서 정책의 내용이 수정 · 변경될 가능성이 크며 이에 따라 원래의 의도에서 벗어난 집행 발생

㉡ 중요한 지위에 있는 자들의 교체, 실현가능성 있는 수단에 대한 고려 부족, 적절하지 않은 기관의 정책집행 담당 등

* 하나의 의사결정점에서 결정이 만들어질 확률이 90%(0.9)라고 해도, 의사결정점이 7개일 경우 집행의 성공가능성은 $(0.9)^7$=48%에 불과

9급 24지, 20지, 17지
7급 23국, 22국, 20국, 17지, 15국

1 하향적 접근방법(Top-Down) Ⓐ

하향적 (Top-down)	↓ 정책결정자(고위) / 정책집행자(현장) ↑	상향적 (Bottom-up)
· 전방향접근법 · 통제와 순응 강조 · 효과적 집행조건 관심 (명확, 안정, 법률)		· 후방향접근법 · 정책목표 일관성 부인 · 일선집행관료 역할 ↑ (재량과 자율)

(1) 특징

① **사바티어(Sabatier)와 마즈매니언(Mazmanian)** 등이 제시한 **단계주의적 모형**으로, 정책집행을 정책결정단계에서 채택된 **정책목표를 달성하는 과정**으로 인식

② **전방향접근법(forward mapping)** : **최고결정자부터 시작**하여 하위계급의 집행단계로 내려가면서 **통제와 순응을 강조**하는 모형

③ 정책결정과 정책집행이 엄숙히 구분된다는 **정치 · 행정이원론적인 시각**에서 출발하며, 정책결정을 정책집행보다 선행하는 상위의 기능으로 간주

④ 정책이나 법령에 나타난 정책목표를 달성하는 데 영향을 주는 **집행요인들을 연역적으로 도출**하고, 이를 법령 등에 어떻게 제도화시킬 것인지 연구

⑤ 집행과정에 대한 자세한 기술보다는 바람직한 집행이 일어날 수 있는 규범적 처방을 정책결정자에게 제시

(2) 효과적 집행조건

① 정책결정의 내용은 **타당한 인과이론**에 바탕을 둔 것이어야 함.

㉠ 정책목표, 정책수단, 정책산출 간에 얼마나 **긴밀한 인과관계가 있는가**에 관한 것으로, **정책집행자의 순응**을 위해서도 필요

㉡ 정책목표와 정책수단이 명확하고, 정책의 내용이 바람직하며, 정책집행을 위한 자원이 충분히 확보되어야 함.

② 정책내용으로서의 **법령은 명확한 정책지침**을 갖고 있어야 하며, 대상집단의 순응을 극대화할 수 있도록 구성

③ **결정자의 지시를 충분히 따르는 유능하고 헌신적인 집행관료**가 정책집행을 담당하여야 하며, 집행기관의 장은 정치적 · 관리적 역량을 가지고 있어야 함.*

④ 결정된 정책에 대해 조직화된 이익집단, 유권자 집단, 주요 입법가, 행정부의 장으로부터의 **지속적 지지**

⑤ **정책목표는 안정적**이어서 집행과정 동안 법령에 규정된 목표의 **우선순위가 변하지 않아야 하며**, 상충되는 정책이나 사회경제적 상황의 변화에 의해 기존의 정책이 현저하게 달라지지 않아야 함.

(3) 평가

① 장점

㉠ 정책결정단계에서 발생할 수 있는 변수들을 예견할 수 있도록 해주는 **체크리스트**로서 유용

㉡ 법적으로 명시된 정책목표의 달성정도를 평가하므로 **정책집행의 객관적 평가** 가능

② 단점

㉠ **다원화된 사회**에서는 **하향적 접근이 불가능**한 경우가 다수이며, 실제 정책결정은 다수 이해관계자들이 참여한다는 측면에서 현실성 낮음.

㉡ 정책결정자만을 주요 행위자로 보고 다른 행위자들은 기본적으로 방해물로 간주하므로 민간부문이나 **일선관료 등의 전략적 행위에 대한 관심 부족**

㉢ 하향식 접근은 **하나의 정책에만 초점**을 맞추므로 여러 정책이 동시에 집행되는 현실의 집행현장을 설명하기 곤란

심화 반 미터(Van Meter) & 반 호른(Van Horn)의 집행연구

1. 하향식 모형으로 분류되며, 정책 집행을 정책이 결정되어 산출로 이어지는 연속적 과정으로 파악하고 그 과정에서 발생하는 일들을 6가지 변수로 모형화

① 정책의 목표와 기준 ② 가용자원 ③ 조직간 관계 ④ 집행기관의 특성 ⑤ 경제·정치·사회적 환경의 특징 ⑥ 집행자의 성향 및 반응

2. 정책변화의 정도가 효과적 집행의 가능성에 결정적인 영향을 미친다고 보며, 목표에 대한 합의도 중요하다고 보는 등 하향적 집행론의 주류와는 약간 다른 주장도 포함

X [9급] 정책집행연구의 하향론자들은 복잡한 조직구조가 정책의 성공적 집행을 도와준다고 주장한다.

O 정책집행연구의 하향론자들은 단순한(복잡한 ×) 조직구조가 정책의 성공적 집행을 도와준다고 주장한다.

PART 2

*

① 정책집행자의 능력 : 지적 능력, 관리적 능력, 정치적 능력

② 합리적 관료규범은 지적·윤리적 측면에서 정당화되면서 기술적으로 문제해결을 할 수 있는 방법을 찾기 때문에 정책집행에 기여

9급 25지, 22지, 17국
7급 20국

ⓧ [9급] 상향적 접근방법은 정책결정과 정책집행은 뚜렷하게 구분된다고 본다.
ⓞ 하향적 접근방법(상향적 접근방법 ×)은 정책결정과 정책집행은 뚜렷하게 구분된다고 본다.

2 상향적 접근방법(Bottom-Up) A

하향적 (Top-down) ↓	정책결정자(고위) 정책집행자(현장)	↑ 상향적 (Bottom-up)
· 전방향접근법 · 통제와 순응 강조 · 효과적 집행조건 관심 (명확, 안정, 법률)		· 후방향접근법 · 정책목표 일관성 부인 · 일선집행관료 역할 ↑ (재량과 자율)

(1) 특징

① **후방향접근법(backward mapping)**으로, 집행과정에 가장 큰 영향력을 행사하는 집단은 정책결정권자가 아니라 정책문제 해결에 필요한 **전문성과 지식을 가진 일선집행권자**

㉠ 집행성패의 판단기준은 '정책결정권자의 의도에 얼마나 순응하였는가'가 아니라 **'일선집행관료의 바람직한 행동이 얼마나 유발되었는가'**

㉡ **집행이 일어나는 현장에 초점**을 맞추고 그 현장을 미시적 · 현실적 · 상호작용적인 차원에서 관찰

② 집행과정의 정확한 이해를 위해서는 **일선집행관료와 대상집단의 행태를 고찰**해야 한다는 인식

㉠ 정책문제를 둘러싸고 있는 행위자들의 동기, 전략, 행동, 상호작용 등에 주목하며 일선공무원들의 재량, 자율, 전문지식, 문제해결능력 중시

㉡ 말단집행 계층부터 차상위 계층으로 올라가면서 바람직한 행동과 조직운용절차를 유발하기 위하여 필요한 재량과 자원을 파악

③ **분명하고 일관된 정책목표의 존재가능성을 부인**하고, 집행문제의 해결에 논의의 초점

④ 실제의 정책결정은 일선집행권자의 집행과정에서 구체화되므로 **정책결정과 정책집행 간의 엄밀한 구분에 의문 제기**

(2) 평가

① **장점**

㉠ 정책집행과정의 인과관계를 규명하여 문제의 근원이 되는 **집행현장의 문제와 해결책 등을 파악**하는 데 용이

㉡ 공식적 정책목표에 초점을 두지 않고 **집행현장을 있는 그대로 파악**하기 때문에 의도하지 않은 효과까지 분석

㉢ 민간조직 및 시장의 역할과 정부프로그램의 상대적 중요도 평가 가능

㉣ 여러 정책들이 동시에 추진되어 어느 하나의 정책도 지배적이지 못한 채 다양한 공적 또는 사적인 정책 프로그램이 교차하는 집행영역의 특성에 적합

㉤ 광범위한 행위자들이 추구하는 전략에 초점을 맞추기 때문에 시간의 경과에 따른 전략적 상호작용이 어떻게 형성되고 변화하는지 파악 가능

② 단점

㉠ 일선집행관료의 영향력이 지나치게 강조되고, 집행관료의 행태에 간접적인 영향을 미치는 **거시적 변수들의 중요성 경시**

㉡ 공식적 정책목표를 도외시하고 중요한 변수로 취급되지 않아 **집행 실적의 객관적 평가가 어려워짐**.

㉢ 집행현장의 수많은 요인들을 일반화하여 모형화하기 어려워 일부 요소들만 연구대상으로 삼기 때문에 일관된 연역적 분석틀 제시가 곤란

㉣ 정책결정과 정책집행의 구분이 불필요하다는 관점은 국민투표로 선출된 정책결정자에 의한 정책결정과 책임이라는 민주주의 기본가치에 위배

심화 상향적 접근방법의 주요 연구

1. 엘모어(Elmore)

① 집행연구를 전방향적(하향식)과 후방향적(상향식)으로 구분하고 후자에 주목

② 정책집행 성공의 관건은 일선집행관료의 지식과 전문성이 충분히 발휘될 수 있도록 적절한 재량을 부여하는 것

③ 정책결정권자의 의도에 대한 순응 정도가 아니라 일선집행관료들의 바람직한 행동이 얼마나 유발되었는가가 중요

④ 일선관료의 지식과 능력을 강조하면서, 계서제적 통제가 아니라 문제에 가장 근접한 지점에서의 재량을 극대화하는 것이 요구

2. 히언과 헐(Hjern & Hull)

① 집행과정에서 나타나는 제도적 구조를 발견하는 데 초점

② 집행과정의 올바른 이해는 집행 참여자들 간에 나타나는 접촉에 근거하여 집행네트워크를 발견하고, 그 특징을 밝히는 것

③ 집행네트워크에 있는 민간부문의 행위자들까지 포함하여 민간과 정부의 상대적인 문제해결능력 평가 가능

체크포인트
이 문제 역시 제시된 설명이 하향적 접근에 가까우냐, 상향적 접근에 가까우냐를 판단할 수 있는지 체크하고 있습니다. 각각의 선지들이 두 접근방법 중 어디로 연결되는 적이 적절한지를 생각하면서 문제를 푼다면 정확하고 빠르게 해결할 수 있을 것입니다.

체크포인트
상향적 접근방법에 대한 문제라고 할지라도 결국 출제포인트는 하향적 접근방법과 상향적 접근방법을 명확하게 구분할 수 있는가입니다. 따라서 네 가지 선지 중 오답선지는 상향적 접근방법이 아닌 하향적 접근방법에 대한 설명이 될 것입니다. 이런 문제의 구성을 활용하는 것도 객관식 문제를 푸는 현명한 방법입니다.

기출 CHECK

1 정책집행의 하향식 접근(top-down approach)에 대한 설명으로 옳은 것만을 모두 고르면?

2020 지방직 9급

ㄱ. 집행이 일어나는 현장에 초점을 맞춘다.
ㄴ. 일선공무원의 전문지식과 문제해결능력을 중시한다.
ㄷ. 하위직보다는 고위직이 주도한다.
ㄹ. 정책결정자는 정책집행에 영향을 미치는 정치적 · 조직적 · 기술적 과정을 충분히 통제할 수 있다.

① ㄱ, ㄴ ② ㄱ, ㄷ ③ ㄴ, ㄹ ④ ㄷ, ㄹ

ㄱ. X 집행 현장에 초점을 맞추는 것은 상향식이다. 반면 하향식은 집행이 일어나는 현장보다는 결정된 정책이 그대로 집행될 수 있는 효과적인 집행조건에 초점을 맞춘다.
ㄴ. X 일선공무원의 전문지식과 문제해결능력을 중시하는 것은 상향식이다. 반면 하향식은 정책을 결정하는 최고결정자에 초점을 맞춘다.
ㄷ. O 하향식은 정책을 결정하는 고위직이, 상향식은 정책을 집행하는 하위직이 주도한다.
ㄹ. O 하향식에 의하면 최고 결정자부터 시작된 정책을 하위 공무원들이 충실하게 집행해야 하며, 정책결정자는 이런 과정을 충분히 통제할 수 있는 역량을 갖추어야 한다. 정답 ④

2 정책집행에 대한 연구방법 중 상향적 접근방법(bottom-up approach 또는 backward mapping)에 대한 설명으로 옳지 않은 것은?

2010 국가직 9급

① 분명하고 일관된 정책목표의 존재가능성을 부인하고, 정책목표 대신 집행문제의 해결에 논의의 초점을 맞춘다.
② 집행의 성공 또는 실패의 판단기준은 '정책결정권자의 의도에 얼마나 순응하였는가'가 아니라 '일선집행관료의 바람직한 행동이 얼마나 유발되었는가'이다.
③ 말단집행계층부터 차상위계층으로 올라가면서 바람직한 행동과 조직운용절차를 유발하기 위하여 필요한 재량과 자원을 파악한다.
④ 일선집행관료의 재량권을 축소하고 통제를 강화한다.

① O 상향적 접근방법은 하향적 접근방법이 제시하는 분명하고 일관된 정책목표의 존재가능성을 부인하고, 실제 집행이 일어나는 현장에서의 문제 해결에 논의의 초점을 둔다.
② O 상향적 접근방법에 따르면 집행과정에 가장 큰 영향력을 행사하는 집단은 정책결정권자가 아니라 정책문제 해결에 필요한 전문성과 지식을 가진 일선집행권자가 된다.
③ O 상향적 접근방법은 후방향접근법(backward mapping)으로, 현장의 말단집행계층부터 상위계층으로 거슬러 올라가면서 집행을 위해 필요한 재량과 자원을 파악하게 된다.
④ X 상향적 접근방법의 핵심 행위자는 일선집행관료이므로, 이들의 재량·자율·전문지식·문제해결능력 등을 중시한다. 일선집행관료의 재량권을 축소하고 통제를 강화하는 것은 하향적 접근방법에 가깝다. 정답 ④

3 일선집행관료이론 B

9급 22국, 18국
7급 23국, 14지

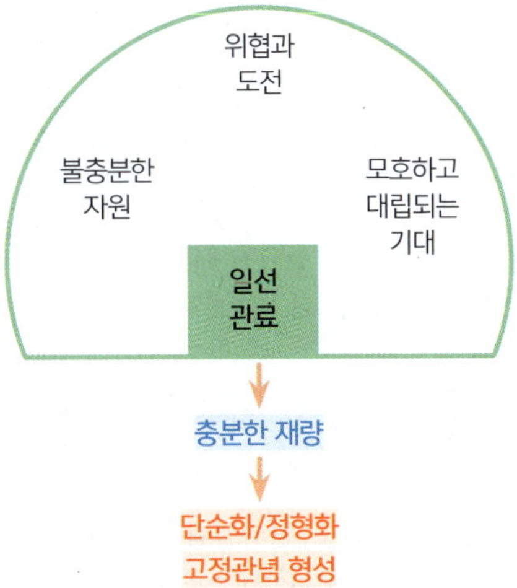

(1) 개념

① **립스키(Lipsky), 상향적 접근방법**을 주장하면서 분명한 정책목표의 가능성을 부인하고 집행문제 해결에 초점

② **일선관료**는 **충분한 재량권**을 가지고 시민들과 직접 대면하면서 정책을 집행하는 사람들로, 일선관료가 처한 업무환경으로 인해 그들만의 **특수한 적응 메커니즘이 발생**

(2) 문제성 있는 업무환경

① 불충분한 자원

㉠ 직무수행에 필요한 자원이 만성적으로 부족하나, 서비스 수요의 증가 등으로 과중한 업무를 부담

㉡ 자원의 부족으로 일선관료의 순간적인 판단에 의존하는 즉흥적인 집행과 피상적인 집행 발생

② 위협과 도전

㉠ 경찰 · 교사 등 일선관료의 집행현장은 육체적 · 정신적 위협 만연

㉡ 위험이 커질수록 일선관료들은 자신들의 권위가 하락하는 것으로 인식하며, 이에 따라 자신들의 권위를 과시하려는 경향 증가

③ 모호하고 대립되는 기대

㉠ 시민들을 공평하게 대해야 한다는 이상과 개별 사례에 대한 특별한 고려가 필요하다는 현실적 요구간의 괴리 발생

㉡ 업무를 수행하는 기관에 대한 목표기대가 애매모호하고 갈등적이며, 성과의 측정도 곤란

㉢ 현실에서는 특정 집단의 이해관계를 반영하거나, 대립되는 사회적 기대 중 하나를 선택하게 되어 재량을 발휘할 여지 증가

보충

현장과 재량권

① **집행현장의 중요성**

㉠ 문제가 발생한 현장으로, 정책수단이 적용되어 정책의도가 실현

㉡ 정책의 내용이 실질적으로 결정되므로 집행결과에 따른 문제점을 파악하여 신축적인 대응 필요

② **집행담당자 재량권 강화가 필요한 경우** : 정책내용이나 정책지침이 불명확하거나, 다수의 집행관련자들이 참여하는 경우 등

③ **재량권 강화의 문제점** : 일선집행 담당자의 횡포 가능성, 목표의 대치 발생 등

(3) 일선관료 적응방식

① 단순화와 정형화

㉠ 부족한 자원에 대처하기 위해 **빠른 결정**을 내리거나, **부분적 · 간헐적인 법집행**을 하거나, 정책고객과 문제상황을 **미리 범주화 · 구조화**시켜 관심을 집중

㉡ 위협에 대처하기 위해 잠재적 공격자의 특징을 사전에 정의하거나, 간여를 최소한으로 줄이거나, 법률 또는 내부규정에 스스로 순응하면서 권위를 유지

㉢ 모호하고 상반된 역할기대에 적응하기 위해 역할기대와 고객집단을 재정의*

㉣ **단순화와 정형화의 제도적 사례** : 특수조직의 설치, 자격조건의 복잡화 등

② 고정관념 형성

㉠ 고정관념(stereotype) : 단순화 · 정형화 등 일선관료의 행태와 제도적 장치들이 만들어지는 데 가장 중요한 영향을 미치는 요소

㉡ 일선관료들이 가지고 있는 편견이나 선입견 등을 통한 유형화 또는 분류 작업 수행(흑인과 백인, 부유와 가난, 전과자와 일반인 등)

*
① **역할기대에 대한 재정의** : 일선관료 자신들이 원하는 역할만을 수행하며 스스로 만족하는 것으로, 특정 이해관계에만 관심을 집중하는 결과 초래
② **고객집단에 대한 재정의** : 결과의 모든 책임을 고객에게 전가시키거나 사회적 문제의 탓으로 돌려 관료집단이 해줄 수 있는 일이 없다고 주장

체크포인트

립스키의 일선관료제 이론을 묻는 문제는 해당 이론의 독특한 논리구조를 정확하게 이해하고 있는지를 체크합니다. 일선관료는 문제성 있는 업무환경에 처해 있는데, 그래도 업무처리방식을 결정할 수 있는 재량은 있기 때문에, 고객의 범위를 고정관념에 기반하여 단순화 · 정형화시켜 업무를 처리한다는 것입니다.

기출 CHECK

1 립스키(M. Lipsky)의 일선관료제(Street-Level Bureaucracy) 이론에 대한 설명으로 옳은 것은?
2018 국가직 9급

① 일선관료는 고객에 대한 고정관념(stereotype)을 타파함으로써 복잡한 문제와 불확실한 상황에 대처한다.
② 일선관료가 업무를 수행하는 기관에 대한 고객들의 목표기대는 서로 일치하고 명확하다.
③ 일선관료는 집행에 필요한 자원이 부족할 경우 대체로 부분적이고 간헐적으로 정책을 집행한다.
④ 일선관료는 계층제의 하위에 위치하기 때문에, 직무의 자율성이 거의 없고 의사결정에 있어서 재량권의 범위가 좁다.

① X 일선관료는 고객에 대한 고정관념을 타파하는 것이 아니라, 고정관념을 형성하면서 문제성 있는 업무환경에 대처한다. 고정관념을 기반으로 민원인들을 단순화·정형화함으로써 문제성 있는 업무환경 속에서 적절하게 업무를 처리하려고 노력한다.
② X 일선관료제 이론에서 제시한 문제성 있는 업무환경 중 하나는 고객들의 목표기대가 애매모호하고 갈등적이라는 것이다. 고객들의 목표기대가 서로 일치하고 명확하다면 문제성 있는 업무환경이라고 볼 수 없다.
③ O 일선관료제 이론에서 제시한 문제성 있는 업무환경 중 하나는 일선관료들이 사용할 수 있는 물적·인적 자원이 부족하다는 것이다. 이렇게 문제성 있는 업무환경 속에서 일선관료들은 순간적인 판단에 의존하는 부분적이고 간헐적인 집행으로 대응하며, 이는 고정관념을 통한 단순화·정형화와도 연결된다.
④ X 일선관료제 이론은 일선관료들이 문제성 있는 업무환경 속에서 대처할 수 있는 방안을 재량에 따라 자율적으로 선택할 수 있다고 본다. 계층제의 하위에 위치하는 것은 맞지만 직무의 자율성이나 재량의 정도가 높다고 가정하기 때문에 문제성 있는 업무환경 속에서 부분적 집행이나 고정관념에 따른 단순화된 집행을 선택할 수 있는 것이다.

정답 ③

4 통합모형 – 정책지지연합모형 Ⓑ

9급 11국
7급 14지

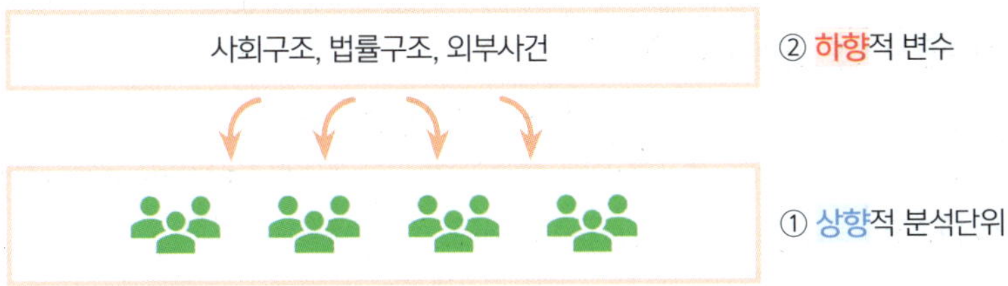

정책하위시스템
↓
신념체계에 따른 지지연합
↓
갈등/타협으로 정책채택/조정
↓
정책학습과 정책변동(장기적)

(1) 접근방식

① **사바티어(Sabatier), 상향적 접근방법과 하향적 접근방법을 통합**

㉠ **상향적 접근방법의 분석단위를 채택**하고, 여기에 영향을 미치는 요인으로 **하향적 접근방법의 여러 변수**와 사회경제적 상황, 법적 수단 등 결합

㉡ 종전의 정책과정 단계모형의 한계를 극복하기 위하여 개발

② **구체적 방법**

㉠ 상향적 접근론자들의 관점에 의거하여 정책문제나 하부시스템에서 논의 시작

㉡ 다양한 공공부문과 민간부문에서의 행위자들의 전략적 행위에 초점

㉢ 하향적 접근론의 관점에서 법적·사회경제적 요소들이 행위자들의 전략에 미치는 영향을 검토

㉣ 특정 정책과 전략 간의 인과적 가정의 타당성에 대해 검토

(2) 상향적 접근방법

① **정책하위시스템(policy subsystem)의 지지연합(advocacy coalition)**

㉠ 특정 정부기관이 아니라 정책문제나 쟁점에 적극적으로 관심을 가지는 **공공 및 민간조직의 행위자들로 구성된 정책하위시스템**에서 논의 시작

㉡ 정책하위시스템의 행위자들 중 **신념체계(belief system)**에 따라 단순화한 **지지연합(advocacy coalition)**이라는 행위자 집단에 초점

② **목표 달성을 위한 지지연합 간 전략적 과정**

㉠ 목표달성을 위해 정책의 법적 속성을 조정하려는 **지지연합 간 갈등과 타협** 등 전략적 과정 강조

㉡ 지지연합 간 갈등관계에 놓이게 되는 전략은 타협을 중시하는 **정책중개인**의 도움을 받아 갈등 해소

㉢ 법령 등으로 정책이 결정되면 집행관료들이 정책을 채택, 대상집단에 대해 집행이 이루어지고 이는 다시 정책결정과정으로 환류

X [9급] 정책옹호연합모형에서는 정책학습을 통해 행위자들의 기저 핵심 신념을 쉽게 변화시킬 수 있다.

O 정책옹호연합모형에서는 정책학습을 통해 행위자들의 핵심 신념이 변화할 가능성이 있으나, 신념의 근간이 되는 기저 핵심 신념은 쉽게 변화시킬 수 없으며(쉽게 변화시킬 수 있다 ×), 장기간이 소요된다.

③ 정책학습(policy learning)과 정책변동(policy change)

㉠ 지지연합 간 갈등과 타협의 과정에서 시행착오나 정책실패를 통해 **더 나은 정책 결정 방법을 얻는 정책학습 발생***

㉡ 정책집행에 대한 **시간관을 최소 10년 내지 20년으로 연장**하여 정책집행을 단순히 정책결정 이후 한 번의 과정을 거쳐 완료되는 것이 아니라 **장기적인 정책변동의 차원에서 재조명**

*

① **수단적 정책학습** : 정책개입이나 집행설계의 실행가능성

② **사회적 정책학습** : 단순한 프로그램 관리의 조정수준을 넘어서 정책의 목적들과 정부 행동들의 성격과 적합성까지 포함하는 것으로, 성공적으로 적용되면 정책문제에 내재된 인과관계 이해에 용이

③ **정치적 학습** : 주어진 정책적 사고나 문제를 주장하여 주장의 정교함을 향상

(3) 하향적 접근방법

① **정책하위체제에 영향을 미치는 외생변수**가 존재하며, 정책하위체제의 행위자들은 외생변수로 인해 기회를 얻을 수도 있고 행동에 제약을 받을 수도 있음.

② 외생변수는 **안정적 변수와 역동적 변수**로 구분

㉠ **안정적 변수** : 문제의 기본 속성, 자원의 분포, 근본적인 사회구조, 사회문화적 가치, 법과 제도 등으로, 장기간에 걸쳐 행위자들에게 지속적으로 영향

㉡ **역동적 변수** : 사회경제적 조건의 변화, 여론의 변화, 지배집단의 변화 등으로, 정치 · 경제 · 사회적 충격이나 급격한 외적 혼란에 따라 정책의 핵심 내용이 변화

(4) 한계

① 여러 변수들이 나열되어 있을 뿐, 변수들 간 유기적인 연계성 발견 곤란

② **정책과정 전반을 대상으로 한 정책변화 또는 정책학습모형**의 성격이 강하며, 정책집행에 초점을 맞춘 이론모형이라고 보기 어려움.

③ 분석단위인 정책하위시스템 내 지지연합집단의 대상범위를 파악하기가 어려움.

보충

매틀랜드(Matland)의 통합모형

모호성(ambiguity)과 갈등(conflict)이라는 두 차원에 따라 네 가지 정책집행 상황 분류

		갈등	
		낮음	높음
모호성	낮음	관리적 집행 (하향적)	정치적 집행 (하향적)
모호성	높음	실험적 집행 (상향적)	상징적 집행 (상향적)

심화 각 접근방법이 유용한 조건

1. 하향적 접근법이 유용한 조건
   ① 특정한 지배적인 공공정책이 집행현장을 좌우하는 경우
   ② 연구자금 등이 제한되어 연구자가 평균적·일반적인 과정과 반응에만 관심을 가지는 경우
   ③ 성공적 정책집행을 위한 조건들을 상대적으로 잘 충족하고 있는 경우
   ④ 실제 집행이 이루어지기 전에 예비평가나 예측을 잘 하는 경우
2. 상향적 접근법이 유용한 조건
   ① 지배적인 정책이나 법규가 없고, 공공부문과 민간부문의 다양한 참여자들이 존재하는 경우
   ② 상이한 지역적 상황과 중앙·지방 간 역학관계에 관심을 갖는 경우
   ③ 성공적 정책집행을 위한 조건이 상대적으로 잘 충족되지 않고, 지역 간 다양성에 연구의 초점이 있는 경우

5 통합모형 – 적응적 집행이론 C

9급 18지
7급 12국

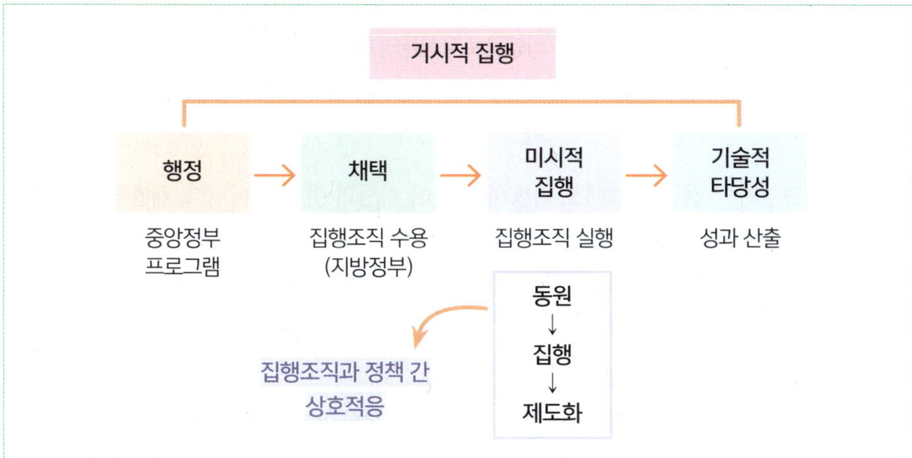

(1) 개념

① **버만(Berman), 적응(adaptation)의 관점**에서 집행 현장의 중요성을 강조

② 정책집행의 문제는 정책과 제도적 환경 사이의 상호작용에 의해 발생한다고 보며, 집행의 제도적 환경을 거시집행구조와 미시집행구조로 구분

㉠ **거시집행구조** : 중앙정부에서 지방정부의 집행조직까지 포괄 → 하향식 접근

㉡ **미시집행구조** : 서비스 전달조직(지방정부)에 한정 → 상향식 접근

③ 성공적인 집행은 **미시집행 국면에서 발생하는 정책과 집행조직**(중앙정부와 지방정부) **사이의 상호적응(mutual adaptation)** 과정에서 발생

(2) 거시집행구조

① 개념 : **다양한 정책참여자들이 느슨하게 연계된 연합체**로, 실질적인 집행과 의도한 효과가 발생될 수 있게 프로그램을 어느 정도 구체화

② 거시적 집행구조의 통로

㉠ **행정** : 정책결정을 구체적인 정부 프로그램으로 전환

㉡ **채택** : 정부 프로그램이 집행을 담당하는 지방정부의 사업으로 수용

㉢ **미시적 집행** : 지방정부가 채택한 사업을 실행사업으로 변화

㉣ **기술적 타당성** : 실행사업의 정책성과 산출

(3) 미시집행구조

① 개념 : 서비스를 전달하거나 규제를 직접 담당하는 **일선집행기관**이나 **지방정부의 하위수준에서 발생하는 집행단계**

② **특성** : 집행관료와 수혜집단 간 끊임없이 상호작용하고, 산출에 대한 측정이 어려우며, 집행조직이 처한 환경은 개방적

③ 미시적 집행의 세 가지 국면

㉠ **동원** : 집행조직에서 **사업을 채택**하고 실행계획을 세우는 국면

㉡ **전달자의 집행** : 채택사업을 **집행관료 자신들의 행태(표준운영절차)에 맞출 것인지** 선택*

㉢ **제도화** : 관리자의 의도와 실행에 따라 **집행조직 내의 일부로 정형화**

*

① **불집행** : 사업이나 표준운영절차 어느 것에서도 적응이 발생하지 않음.

② **흡수** : 기존 표준운영절차에 사업이 적응

③ **기술적 학습** : 기존 표준운영절차가 채택된 사업에 맞게 적응하는 것으로, 하향적 집행론자들이 가장 바람직한 집행유형으로 제시

④ **상호적응** : 사업과 조직이 모두 서로에게 적응하는 것으로, 버만(Berman)은 상호적응 경로를 따를 때 가장 효과적인 결과가 나타난다고 주장

(4) 평가

① 정책결정자의 결정을 그대로 집행하는 것이 최선의 집행이 아니라, **개별적인 집행환경에 부합하는 적응적 정책이 필요**함을 주장

㉠ 집행기관의 표준운영절차가 변하는 조직의 적응(organization adaptation)과,

㉡ 집행환경의 특수성에 따른 정책프로그램의 적응(project adaptation)이 동시에 일어나는 상호적응적 집행이 가장 바람직

② 교육 · 의료 · 사회복지 등 **공공서비스 제공을 목적으로 하는 정책유형에 적합**

㉠ 전문적 집행관료와 수혜자 간의 상호작용이 필수적이고, 정책 산출 측정이 어려우며, 불확실하고 통제가 어려운 환경에서 집행이 일어나는 정책에 적합

㉡ 지역에 따라 달리 적용될 수 없는 징병제 · 금융실명제 등에는 부적합

심화 통합모형 – 엘모어 모형

(1) 개념

엘모어(Elmore)가 제시한 모형으로, 하향적(전방향적) 접근방법과 상향적(후방향적) 접근방법의 적절한 통합이 필요하다고 주장

(2) 주요 내용

① 우선 하향적 접근방법에 따라 정책결정자가 정책목표를 명확히 설정하고 각 집행단계에서 실적을 평가할 수 있는 기준을 제시

② 이후 상향적 접근방법에 따라 일선집행관료 차원에서 가장 집행가능성이 높은 정책수단을 발견하고, 이러한 발견과정이 정책결정계층까지 이르도록 진행

기출 CHECK

1 버먼(Berman)의 '적응적 집행'에 대한 설명으로 옳은 것은? 2018 지방직 9급

① 미시집행 국면에서 발생하는 정책과 집행조직 사이의 상호적응이 이루어질 때 성공적으로 집행된다.

② 거시적 집행구조는 동원, 전달자의 집행, 제도화의 세 단계로 구분된다.

③ '행정'은 행정을 통해 구체화된 정부프로그램이 집행을 담당하는 지방정부의 사업으로 받아들여지는 것을 의미한다.

④ '채택'은 지방정부가 채택한 사업을 실행사업으로 변화시키는 것을 의미한다.

① o 버먼은 집행의 제도적 환경을 거시집행구조와 미시집행구조로 구분하고, 성공적인 집행은 미시집행 국면에서 발생하는 정책과 집행조직 사이의 상호적응(mutual adaptation) 과정에서 발생한다고 보았다. 이는 중앙정부 차원에서 결정된 정책을 지방정부 차원에서 그대로 받아들여 집행하는 것이 아니라, 지방정부가 자신의 상황에 맞는 방식으로 수용하는 것이 중요함을 의미한다.

② x 동원, 전달자의 집행, 제도화의 세 단계로 구분되는 것은 거시적 집행구조가 아닌 미시적 집행구조이다. 거시적 집행구조는 행정, 채택, 미시적 집행, 기술적 타당성의 단계로 구분된다.

③ x '행정'은 거시집행 국면 중 하나로, 정책결정을 구체적인 정부 프로그램으로 전환하는 것이다. 정부 프로그램이 집행을 담당하는 지방정부의 사업으로 수용되는 것은 '채택'이다.

④ x 지방정부가 채택한 사업을 실행사업으로 변화시키는 것은 거시집행 국면 중 하나인 '미시적 집행'이다.

정답 ①

체크포인트

버먼의 적응적 집행이론은 9급과 7급에 각각 한 번만 출제된 개념으로 중요도는 떨어집니다. 다만 해당 이론의 결론과 함께, 비교할 수 있는 포인트를 정리해 두는 것은 필요합니다. 버먼의 적응적 집행이론은 중앙정부의 정책과 지방정부의 집행이 상호적응해야 한다고 보는 것이고, 이 과정에서 등장하는 거시적 집행과 미시적 집행을 비교할 수 있으면 충분합니다.

3 정책순응 C

7급 22국

1 순응의 의미

(1) 순응이란 정책이나 법규에서 요구하는 행동에 따르는 행위로, 이를 따르지 않는 행위는 불응

(2) 정책집행을 위해서는 정책대상집단의 순응뿐만 아니라 정책집행을 담당하는 일선관료 또는 중간매개집단의 순응도 중요

2 순응확보수단(에치오니, Etzioni)

(1) 도덕적 설득

① 정책에 순응하는 것이 국가·사회적 또는 윤리·도덕적 차원에서 올바르고 좋은 것임을 인식시키기 위한 설득

② 일선집행관료나 중간매개자는 적극적으로 정책집행을 해야 할 도덕적·윤리적·법적 책임이 있기 때문에 도덕적 설득에 대한 큰 저항이 없음.

③ 피해를 받게 되는 정책대상집단은 정책의 타당성·일관성·정통성·신뢰성에 의문을 품고 불응할 수 있으므로 도덕적 설득을 통해 이를 충족시켜 주는 것이 필요

(2) 지원 : 유인 또는 보상

① **순응을 하는 경우 혜택을 제공**함으로써 순응자가 순응하도록 하는 방법으로, **특별한 권리를 부여**하거나 **경제적 보상을 제시**

② 돈을 받기 때문에 순응한다는 사실이 **도덕적 자부심과 명예를 손상**시켜, 이타주의적 고려에 의해 **자발적으로 순응했던 사람들을 타락**시킬 가능성 존재

③ 경제적 유인이 순응에 미치는 **영향력을 정확하게 확인하기 곤란**하고, **비용이 많이 소요**된다는 문제점도 발생

(3) 처벌 또는 강압

① **순응하지 않는 행위에 대해서 처벌하거나 위협**하여 순응을 확보하는 방법으로, 금전적 처벌이나 징역 또는 혜택의 박탈 등이 여기에 포함

② 경제적 유인과 달리 처벌은 **정책담당자의 비용이 들지 않는 것이 장점**이나, **개인의 인권 또는 재산을 침해하고 감정적인 적개심을 유발시키는 문제점** 발생

③ 처벌을 위해서는 불응의 형태를 정확하게 파악할 수 있어야 하는데, 비위생적인 음식을 파는 행위나 폐수를 방류하는 행위 등 **불응의 행위를 정확하게 파악하는 것이 곤란**

심화 정책대상집단의 사회적 구성 모형(잉그람과 슈나이더)

사회적 형상(Social Image) / 정치적 권력(Political Power)	긍정적	부정적
높음	수혜집단(Advantaged)	주장집단(Contenders)
낮음	의존집단(Dependents)	이탈집단(Deviants)

1. 정책결정과정에서 사회적 형상과 정치적 권력이 중요한 역할을 한다는 점을 강조
   ① 사회적 형상 : 정책대상집단이 사회적으로 긍정적 또는 부정적으로 인식되는가
   ② 정치적 권력 : 정책대상집단이 정책결정과정에서 얼마나 영향력을 행사할 수 있는가
2. 정책대상집단의 분류
   ① 수혜집단 : 사회적 이미지가 긍정적이고 권력이 강한 집단
      ⓐ 정부는 이들에게 주로 편익을 제공하며 이들의 요구를 충족시키기 위해 노력
      ⓑ 과학자, 퇴역군인, 노인
   ② 주장집단 : 사회적 이미지가 부정적이지만 권력이 강한 집단
      ⓐ 비용을 부과하는 정책이 정당성을 가지며, 편익 제공은 일반 대중에게 드러나지 않는 방식으로 은밀하게 진행
      ⓑ 부자, 거대 노조, 문화 엘리트
   ③ 의존집단 : 사회적 이미지는 긍정적이지만 권력이 약한 집단
      ⓐ 정부는 이들에게 편익을 제공하지만 그 정도는 수혜집단보다 작음.
      ⓑ 아동, 부녀자, 장애인
   ④ 이탈집단 : 사회적 이미지가 부정적이고 권력이 약한 집단
      ⓐ 정부가 이들에게 비용을 부과하는 것이 정당하며 이들의 저항을 쉽게 물리칠 수 있음.
      ⓑ 약물중독자, 범죄집단

CHAPTER 5 정책평가

0 정책평가 개관 C

9급 20지
7급 21국

1 대두 배경

(1) 1960년대 美 '위대한 사회' 건설사업 효과 부진

국립무료유아원사업(Head start program) 등 사회정책사업에 대한 평가 필요성 대두

(2) 1960년대 기획예산제도(PPBS)의 실패

사업의 효과에 대한 자료가 부족해 효과성 높은 사업을 우선하려는 PPBS 제도 폐기

(3) 1980년대 신보수주의의 등장

민간부분의 확대, 정부사업의 능률성 향상, 정부지출에 대한 감사 철저, 세금 감소 등

2 목적

(1) 정책결정과 집행에 필요한 정보제공(환류)

정책의 추진 여부 결정, 정책의 내용수정, 보다 효율적인 집행전략수립 등

(2) 집행과정상의 책임성 확보

법적 책임성, 관리적 책임성, 정치적 책임성 등

(3) 수단과 목표 간의 인과관계 규명

① **시간적 선행성의 원칙** : 정책수단(원인)이 정책목표(결과)보다 선행되어야 함.

② **공동변화의 원칙** : 정책수단의 변화는 필연적으로 정책목표의 변화를 수반하여야 함.

③ **경쟁가설 배제 원칙** : 정책수단과 정책목표 간의 인과관계를 왜곡하는 내적타당성 위협요인(성숙요인, 역사요인 등)을 배제해야 함.

3 절차

정책평가의 절차(종합평가 기준) : 정책평가의 목적 확인 → 정책평가 대상 및 기준의 확정 → 평가방법 결정 → 자료 수집 및 분석 → 평가 결과 제시 및 환류

보충

정책평가의 활용

① **활용방식**

㉠ **도구적 이용** : 정책평가의 결과를 구체적인 문제해결을 위해 직접적으로 이용하는 것으로, 주로 단기적인 활용으로 나타남.

㉡ **관념적 이용** : 정책결정자의 사고방식이나 관념에 변화를 일으켜서 간접적으로 영향을 미치는 계몽적 특성으로, 주로 장기적인 활용으로 나타남.

② **정책평가의 활용 가능성** : **평가자와 활용자가 일치**할 때 활용 가능성이 높아짐.

㉠ 정책담당자인 **공무원이 내부적으로 평가하여 그 평가결과를 스스로 활용**할 때 **활용성이 높아짐.**

㉡ 반면 정책담당자가 아닌 **시민단체나 외부 전문가에 의한 외부평가**의 경우 그 결과를 정책담당자인 **공무원들이 온전히 수용하지 못할 가능성**이 높음.

9급 25국, 24국, 17국
7급 24국, 23국, 17지, 16국

1 정책평가 종류 B

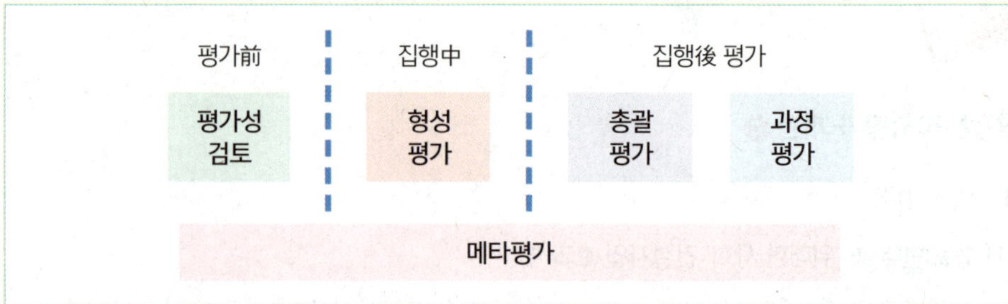

1 총괄평가

(1) 개념

① 정책평가의 핵심으로, **정책 집행 이후**에 사회에 미친 **정책효과를 추정**하는 판단활동

② 정책수단과 정책목표 사이에 존재하는 **인과관계의 유무를 검증**하는 것이 총괄평가의 **본질적 목적**

③ 정책이 실제로 미친 영향과, **정책이 아닌 다른 요인이 미친 영향을 분리**하는 것이 가장 중요

(2) 종류

① **효과성 평가**

㉠ 의도했던 정책효과가 그 정책 때문에 발생했는가? (의도하지 않은 부수효과 포함)

㉡ 정책효과의 크기는 정책목표와 대비하여 어느 정도인가? (효과성 판단)

㉢ 정책효과의 크기는 정책문제의 해결에 충분할 정도인가? (효과의 적절성)

② **능률성 평가**

㉠ 효과성만이 아니라 사업이나 정책추진의 비용까지 고려

㉡ 경제학자들이 중심이 되어 주로 비용 – 편익분석에 의해 수행

③ **공평성 평가** : 정책효과와 비용이 사회집단 간에 공평하게 배분되었는지 여부

④ 대응성 평가, 적절성 평가 등 총괄평가의 종류는 다양할 수 있음.

2 과정평가

(1) 개념

① **집행과정을 평가대상**으로 하는 것으로, 정책집행 및 활동을 분석하여 이를 근거로 보다 효율적인 집행전략을 수립하거나 정책내용을 수정 · 변경

② **정책효과나 부작용 등이 발생한 경로**를 밝혀 총괄평가를 보조하는 기능 수행

(2) 협의의 과정평가

① **총괄평가를 보완**하기 위해 수행되는 것으로, **정책수단이 구체적으로 어떠한 경로를 거쳐서 정책효과를 발생시켰는지 파악**

㉠ 정책이 집행되었어도 효과가 없는 것은 정책수단과 목표 간의 인과관계에 대한 잘못된 판단 때문

㉡ 과정평가를 통해 정책효과가 어떤 경로를 거쳐 발생되었는지, 보다 강한 영향을 미치는 경로는 없는지, 어떤 경로에 잘못이 있는지 등 규명

② 정책효과를 결과로 하고 정책수단을 원인으로 하여 인과관계를 파악하되, 도중에 개입되는 매개변수도 확인함으로써 인과관계의 경로를 검증·확인

(3) 집행과정평가(집행분석)

① 정책이 의도한 대로 집행되었는지 확인·점검하는 것

② 계획된 활동의 수행 여부, 계획된 시간에의 자원 투입 여부, 의도한 정책대상에의 실시 여부, 관련 법률 및 규정 순응 여부 등을 점검

㉠ 집행활동의 설계상의 약점을 파악하고, 보다 바람직한 절차를 제시하여 효율적 집행전략을 수립

㉡ 정책집행상의 여러 상황을 점검하여 정책수단의 수정·변경을 도모하고, 이를 통해 바람직한 정책내용을 위한 정보를 제공

㉢ 법률이나 규정에의 적합성을 점검하여 책임성 확보에 기여

3 형성평가

① 집행 도중에 이루어지는 평가로서, 집행 관리와 전략의 수정 및 보안을 위해 수행

② 과정의 적절성과 수단·목표 간 인과성 등을 평가하기 위해 주로 내부 평가자 및 외부 평가자의 자문 등 진행

③ 과정평가와 중복되는 것이 많아 과정평가에서 함께 논의되는 것이 일반적

4 평가성검토

(1) 개념

① 본격적인 평가를 시작하기 전에 바람직하면서도 실시가능한 평가대상이 무엇인지 검토하는 작업으로, 평가성사정(evaluability assessment)이라고도 함.

② 일종의 예비평가로, 평가가능 여부, 평가 결과의 사업 개선가능성, 어떤 사업을 평가하여야 유용한 평가가 될 것인지 등을 결정하기 위한 개략적 검토

(2) 유용성

① 여러 가능한 평가로부터 얻을 수 있는 정보수요를 사정하고, 실행가능하고 유용한 평가 설계를 선택하도록 함으로써 평가의 공급과 수요를 합치

② 한정된 예산과 인력을 가장 유용한 평가를 위해 사용하게 하며, 정책관련자에게는 추진하는 사업의 평가가능성을 향상시키기 위한 노력 유도

③ 사업의 목표·활동 등에 대한 수정·보완을 유도하고, 평가성검토에서 밝혀진 내용은 향후 본평가에서 길잡이 역할 수행

5 목표모형 VS 논리모형

(1) 목표모형

정책이 달성하려는 **장기목표와 중단기목표들을 잘 달성했는지**에 초점을 둔 평가모형

(2) 논리모형

① 정책 프로그램이 특정 성과를 산출하기 위해 **어떤 논리적 인과구조를 가지고 있는지**를 명시적으로 보여줌.

② 해결하려는 정책문제 및 정책의 결과물이 무엇인지를 명확히 해주기 때문에 정책형성과정의 인과관계에 대한 가정의 오류와 정책집행의 실패의 구분 가능

③ 프로그램 논리의 분석 및 정리과정이 관계자의 정책 프로그램에 대한 이해를 향상

6 메타평가

① **평가에 대한 평가**로, 평가결과들을 종합하는 평가

② 평가활동과 평가체제 등 평가의 실제 자체를 보다 정확하게 이해하고 평가활동의 질적 수준을 향상시키기 위한 목적으로 실시

③ 평가계획에 대한 진단적 메타평가, 평가의 실행과정에 대한 형성적 메타평가, 그리고 평가결과에 대한 총괄적 메타평가 등으로 구분

7 모니터링

① **집행 모니터링** : 프로그램 투입 또는 활동을 측정하고 기대하였던 기준값과 비교

② **성과 모니터링** : 산출물들을 측정하고 기대하였던 기준값과 비교

심화 우리나라의 특수평가제도

1. 종류

① 환경영향평가(1977년 도입) : 정책이 환경에 미치는 영향을 조사·예측·평가하는 활동으로, 「환경영향평가법」에 근거하여 시행 중

② 교통영향평가(1987년 도입) : 정책이 교통에 미치는 영향을 조사·예측·평가하는 활동으로, 「도시교통정비촉진법」에 근거하여 시행 중

③ 규제영향분석(1997년 도입) : 규제가 국민의 일상생활과 사회·경제에 미치는 영향을 예측·분석하는 활동으로, 「행정규제기본법」에 근거하여 시행 중

④ 성별영향평가(2012년 도입) : 정책이 성평등에 미치는 영향을 평가하는 활동으로, 「성별영향평가법」에 근거하여 시행 중

2. 특징

정책평가 또는 정책분석의 특수 사례들로, 일반적으로 사전에 실시하는 성격을 갖고 있으나 경우에 따라서는 진행 중이나 사후에 실시하기도 함.

2 정책평가의 타당성 및 위협요인 ⓢ

1 정책평가의 타당성

내적 타당성	외적 타당성	구성적 타당성	통계적 타당성
수단 → 목표 인과관계	일반화	평가를 위한 조작	연구설계의 정밀성

(1) 내적 타당성

① **정책평가의 제1차적 목표**로, 특정 정책과 그 효과 간에 **진정한 인과관계가 존재하는지**를 검토

② 정책 집행 후 발생한 변화가 **다른 경쟁적 요인들이 아닌 해당 정책에 기인**한 것이라고 판단할 수 있는 정도

(2) 외적 타당성

① 특정한 상황에서 내적 타당성을 확보한 정책평가가 **다른 상황에서도 적용될 가능성**

② 조작화된 구성요소들 중 관찰된 효과가 원래의 연구가설 외에 다른 이론적 구성요소에도 **일반화될 수 있는 정도**

③ 인위적 상황이 아닌 자연상태에서 정책을 집행할 때에도 타당할 것인가의 문제

(3) 구성적 타당성

처리, 결과, 모집단 및 상황들에 대한 **이론적 구성요소들이 연구 과정에 성공적으로 조작된 정도**

(4) 통계적 결론의 타당성

① 표본자료의 **통계적 검증에서 도출한 결론이 얼마나 정확한가**를 의미

② 정책의 결과가 존재하고 이것이 제대로 조작화되었다고 할 때, 이에 대한 효과를 찾아낼 만큼 충분히 **정밀하고 강력하게 연구설계가 된 정도**

③ **통계적 결론의 타당성 확보에 있어서 발생할 수 있는 오류**

㉠ **제1종 오류** : 정책이나 프로그램의 효과가 실제로 발생하지 않았음에도 불구하고 통계적으로 효과가 나타난 것으로 결론을 내리는 경우

㉡ **제2종 오류** : 정책이나 프로그램의 효과가 실제로 발생하였음에도 불구하고 통계적으로 효과가 나타나지 않은 것으로 결론을 내리는 경우

㉢ **제3종 오류** : 정책의 대상이 되는 문제 자체에 대한 정의를 잘못 내리는 경우

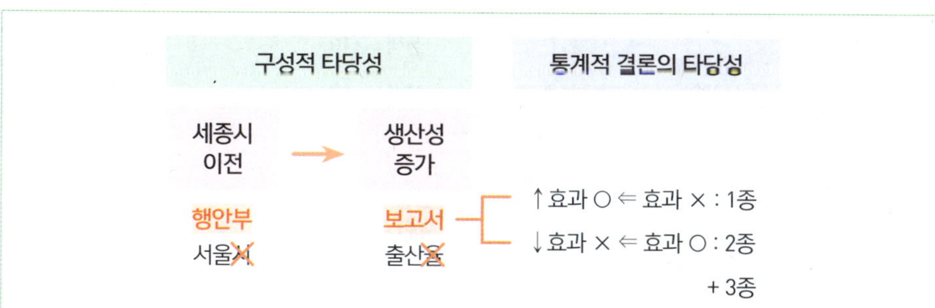

9급 25지, 23국, 22국, 21국, 21지, 16국, 15국
7급 22국, 21국, 20지, 19국, 16국

ⓧ [7급] 정책집행과 정책효과 사이의 인과관계를 정확히 파악할 수 있는 평가는 외적 타당성을 갖추었다고 볼 수 있다.

o 정책집행과 정책효과 사이의 인과관계를 정확히 파악할 수 있는 평가는 내적(외적 ×) 타당성을 갖추었다고 볼 수 있다.

PART 2

2 내적 타당성 위협요인

(1) 일반적 위협요인

위협요인		내용	통제방안
외재적 요인 (평가 전)	선발요인 (selection)	· 실험집단과 통제집단을 잘못 선발했기 때문에 나타나는 차이	· 무작위배정 · 사전측정
내재적 요인 (평가과정)	성숙요인 (maturation)	· 시간의 경과에 따른 대상집단의 특성 변화	· 통제집단 구성 · 실험기간의 제한 · 빠른 성숙을 보이는 표본 회피
	역사요인 (history)	· 실험기간 중 일어난 외부적 사건에 의한 대상집단의 특성 변화	· 통제집단 구성 · 실험기간의 제한
	상실요인 (mortality)	· 실험기간 중 실험대상의 중도포기 또는 탈락 때문에 나타나는 차이	· 무작위배정 · 사전측정
	회귀요인 (regression)	· 실험대상이 극단적인 값을 갖기 때문에 재측정시 평균으로 회귀하려는 경향으로 나타나는 차이	· 극단적 측정값을 갖는 집단 회피 · 신뢰성 있는 측정도구 사용
	검사요인 (testing)	· 사전검사에 대한 친숙도가 사후측정에 미치는 영향에 따른 차이	· 사전검사를 하지 않는 통제집단과 실험집단 활용 · 사전검사의 위장 · 눈에 뜨이지 않는 관찰방법
	측정수단요인 (instrumentation)	· 측정기준과 측정수단이 변화함에 따라 나타나는 차이	· 표준화된 측정도구 사용

ⓧ [7급] 성숙효과는 실험 대상자들이 사전측정의 내용에 대해 친숙하게 되어 사후 측정값이 달라지는 것이다.
ⓞ 검사요인(성숙효과 ×)은 실험 대상자들이 사전측정의 내용에 대해 친숙하게 되어 사후 측정값이 달라지는 것이다.

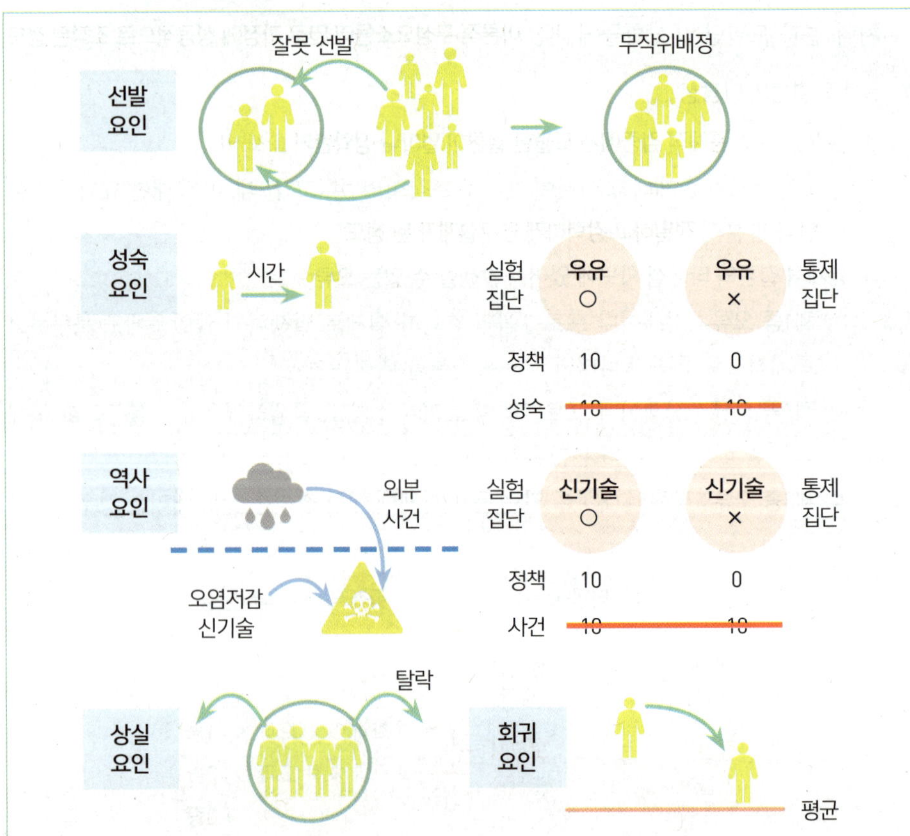

(2) 내적타당성 위협 변수

① 허위변수*

㉠ 정책(독립변수)과 결과(종속변수) 사이에 **아무런 인과관계가 없으나** 마치 인과관계가 존재하는 것처럼 **착각하게 만드는 변수**

㉡ **정책효과의 전부**가 정책수단이 아닌 **다른 변수에 기인**하는 경우 그 인과관계를 설명하기 위하여 사용되는 개념

㉢ 독립변수와 종속변수 모두에게 영향을 미치며, 이들 사이의 공동변화를 설명하는 제3의 변수

* 허위변수

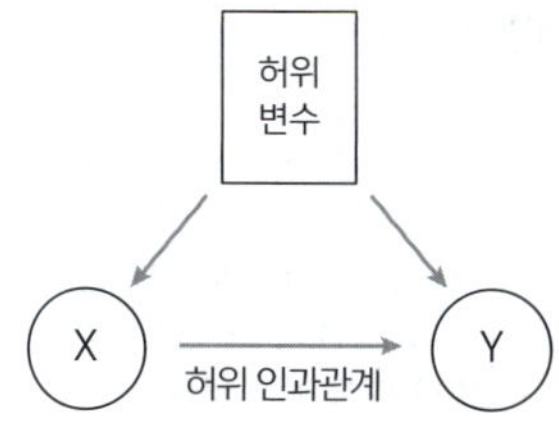

② 혼란변수*

㉠ 정책(독립변수)과 결과(종속변수) 사이에 **상관관계가 일부 존재하기는 하나** 실제보다 **과대 혹은 과소평가하게 만드는 변수**

㉡ **정책효과의 일부**가 정책수단이 아닌 **숨어있는 다른 변수에서 기인**하였을 때 그 인과관계를 설명하기 위한 개념

㉢ 독립변수와 종속변수 모두에게 영향을 미치며, 이들 사이의 공동변화를 설명하는 제3의 변수

* 혼란변수

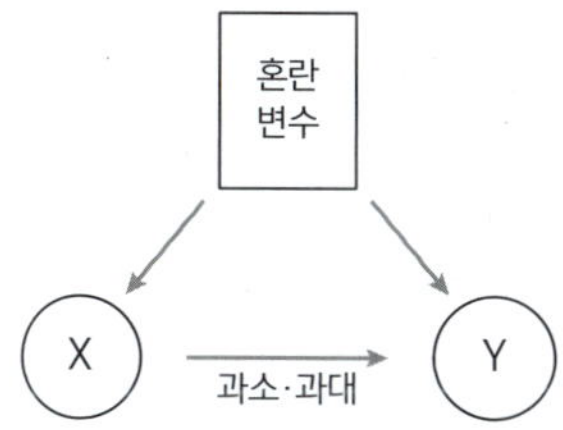

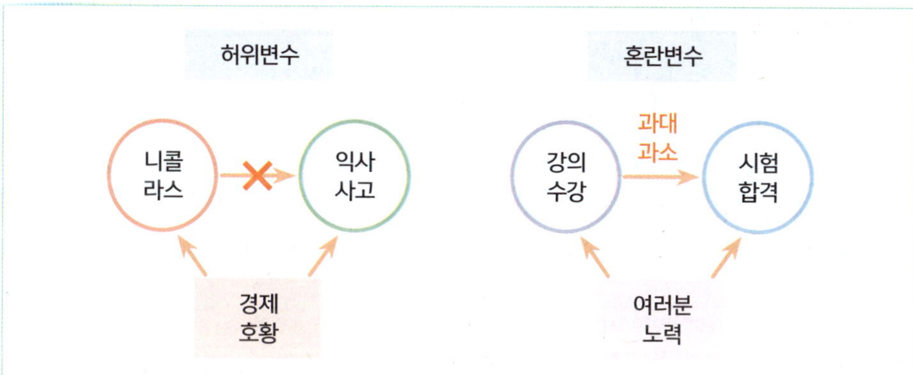

③ 기타변수

㉠ **선행변수** : 독립변수에 선행하여 작용함으로써 독립변수에 영향을 미치는 변수

㉡ **매개변수*** : **독립변수와 종속변수의 사이**에서 독립변수의 결과인 동시에 종속변수의 원인이 되는 변수

* 매개변수

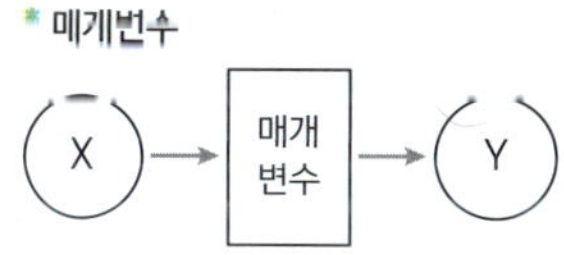

㉢ **억제변수** : X · Y 두 변수가 서로 상관관계가 있는데도 없는 것으로 나타나게 하는 제3의 변수

㉣ **조절변수** : 독립변수와 종속변수 간에 상호작용 효과를 나타나게 하는 제3의 변수

체크포인트

내적타당성 위협요인의 대표적인 사례는 학습해두는 것이 좋습니다. 유류가격의 급등이나 갑작스러운 홍수처럼 바깥의 사건이 발생해 인과관계를 왜곡하는 것은 역사요인의 대표적인 사례가 됩니다. 나머지 요인들 역시 기출되었던 사례 중심으로 정리해두어야 합니다.

체크포인트

정책평가의 타당도 중에서 내적 타당도와 외적 타당도를 비교하는 문제가 가장 빈번하게 출제됩니다. 내적 타당도는 수단과 목표 간의 인과관계를, 외적 타당도는 일반화시킬 수 있는지를 나타내는 개념입니다. 또한 내적 타당도를 검증하기 위한 인과관계가 성립하기 위해서는 단순히 A라는 정책 집행 이후 B라는 목표가 달성되었다는 표면적 상황으로만 판단할 수 없다는 것도 다시 한 번 점검해야 합니다.

기출 CHECK

1 다음 내용에서 정책평가의 내적 타당성을 위협하는 요인은? 2016 국가직 9급

> 정부는 혼잡통행료 제도의 효과를 측정하기 위해 혼잡 통행료 실시 이전과 실시 후의 도심의 교통 흐름도를 측정, 비교하였다. 그런데 두 측정시점 사이에 유류가격이 급등하는 상황이 발생하였다.

① 상실요인(mortality) ② 회귀요인(regression)
③ 역사요인(history) ④ 검사요인(testing)

③ O 측정시점 사이에 유류가격이 급등하는 상황이 발생한 것은, 실험기간 중 일어난 사건에 의해 대상집단의 특성이 변화하는 역사요인과 관련된 상황이다. 정부가 혼잡통행료 제도를 시행(정책수단의 실현)했을 때 교통 흐름도가 변화(정책목표의 달성)한 것처럼 보이지만, 사실은 유류가격의 급등이라는 외부의 사건 때문에 교통 흐름도가 변화했을 수 있는 것이다. 이처럼 정책수단의 실현과 정책목표의 달성 간의 인과관계를 왜곡하는 요인을 내적타당성 위협요인이라고 한다. 정답 ③

2 정책평가에 대한 설명으로 옳지 않은 것은? 2012 국가직 9급

① 정책평가의 외적 타당도란 특정한 상황에서 얻은 정책평가의 결과를 일반화할 수 있는 정도를 말한다.
② 정책평가의 내적 타당도란 관찰된 결과가 다른 경쟁적 요인들보다는 해당 정책에 기인하는 것이라고 판단할 수 있는 정도를 의미한다.
③ A라는 정책이 집행된 이후에 그 정책의 목표 B가 달성된 것을 발견한 경우, 정책평가자는 A와 B 사이에 인과관계가 존재한다고 결론을 내릴 수 있다.
④ 신뢰도는 동일한 측정도구를 반복하여 사용했을 때 동일한 결과를 얻을 확률을 의미한다.

① O 외적 타당도란 특정한 상황에서 내적 타당성을 확보한 정책평가가 다른 상황에서도 적용될 가능성으로, 일반화할 수 있는지의 정도를 나타낸다.
② O 내적 타당도란 특정 정책과 효과 간에 진정한 인과관계가 존재하는지를 검토하는 것이다. 특히 성숙요인이나 역사요인과 같은 외부의 다른 경쟁적 요인이 아닌, 정부가 실시한 특정 정책으로 인해 발생한 효과 간의 인과관계를 의미한다.
③ X 정책 A의 집행으로 인해 목표 B가 달성되었다는 결론을 내릴 수 있으려면, 성숙요인이나 역사요인과 같은 외부의 다른 경쟁적 요인들이 목표 B에 영향을 미치지 않았음을 추가적으로 입증해야 한다. 신기술의 적용으로 수질이 개선된 것처럼 보이지만, 사실은 큰 비가 내려 수질이 개선되었을 수도 있기 때문이다.
④ O 신뢰도란 측정 도구가 측정 대상을 일관성 있는 측정하는 정도를 나타낸다. 정답 ③

3 외적 타당성 위협요인

(1) 상황별 유형

상황별 유형	위협요인	통제방안
일반화가 가능한 실험상황	· 관찰된 X의 효과는 실험상황의 배열의 요소와 결합되어 나타남.	· 상호작용의 검증을 위하여 복수의 집단을 실험에 포함시켜 확인함.
일반화가 가능한 맥락	· 관찰된 X의 효과는 사회적 또는 물리적 환경의 요소와 결합되어 나타남.	· 다른 유형의 상황에 대한 반복연구를 통하여 확인 · 상황의 사실성을 제고함.
일반화가 가능한 시기	· 관찰된 X의 효과는 최근의 특정사건 또는 특정 시기와 결합되어 나타남.	· 다른 시기에 반복연구를 통하여 확인함.
일반화가 가능한 모집단의 범위	· 관찰된 X의 효과는 특정 연구대상 표본의 특성과 결합되어 나타남.	· 표본의 대표성 제고 · 다른 모집단의 표본에 대한 반복연구를 통하여 확인

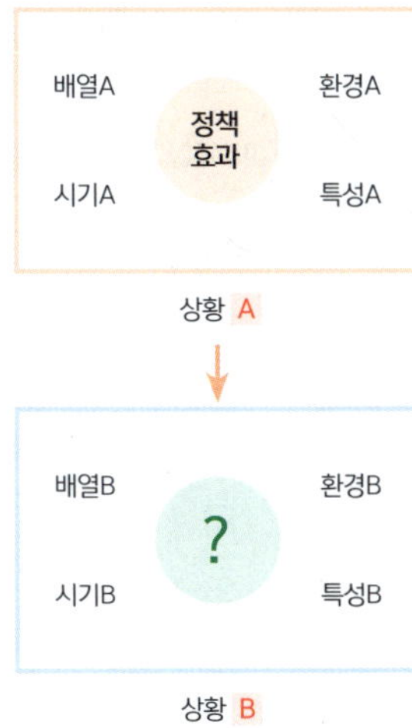

(2) 구체적 위협요인

① **크리밍 효과** : **조건이 양호한 집단**을 대상으로 정책수단을 실시한 후, 그 결과가 좋게 나타난 정책수단을 다른 상황에 적용하려고 하는 경우에 발생

② **호손효과(실험조작의 반응효과)** : 실험대상자들이 실험의 대상으로서 그들이 관찰되고 있다는 사실을 알게 되어 **평소와는 다른 행동**을 하게 되는 현상

③ **다수 처리의 간섭** : 한 집단에 **여러 번의 실험적 처리**를 반복할 경우, 실험에 익숙해져서 영향을 받게 되는 현상

④ **실험조작과 측정의 상호작용** : 실험 대상에서 발생한 결과를 **측정을 받지 않은 대상**에게 적용했을 때 발생하는 차이

⑤ **표본추출의 대표성 문제** : 모집단에서 추출한 표본집단에서는 효과가 있으나, **표본집단의 대표성이 부족**하여 모집단에서는 효과가 없는 현상

9급 23국, 19지, 17국, 16지
7급 23지, 22국, 21지, 20국, 20지, 18국, 18지, 16지

3 실험 A

1 비실험 VS 실험

(1) 비실험

① **개념** : 비실험적 설계(전실험적 설계, pre-experimental design)에 의해 자료를 수집한 후 통계적 방법을 이용하여 분석하는 방법

② **설계** : **단일집단**을 정책집행 **전과 후로 비교**하는 설계(**단일집단 사전사후측정설계**)

③ **약점 → 내적 타당성 위협**

㉠ **선정효과(선발요인)**

ⓐ 정책대상집단에 배치되게 만든 요인인 선정변수(성적 · 주거지역 · 희망여부 등)로 인해 발생하는 효과

ⓑ 선정효과를 사업효과로 착각하기 쉬우며, 자기선정(self-selection)의 경우 거의 언제나 선정효과가 존재

㉡ **성숙효과** : 정책과는 관계없이 시간이 지남에 따라 정책대상집단이 자연스럽게 변화하는 효과

(2) 실험*

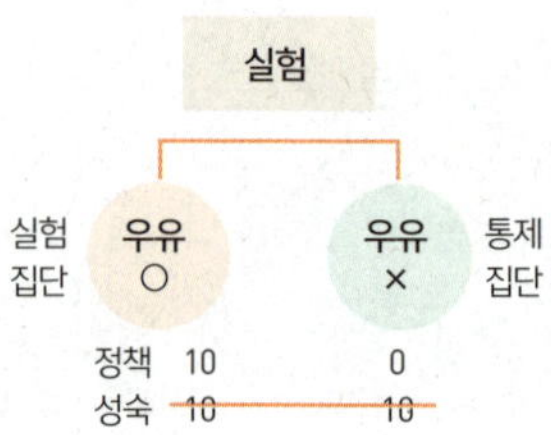

* 이 때의 실험은 **'사회실험'**으로, 실험자가 **인위적으로 실험상황을 만들어 실시**한다는 측면에서 비인위적 방식인 자연실험과 구분

① **개념 및 설계**

㉠ 실험 실시 전에 **실험집단**(experimental group)과 **통제집단**(control group)을 확보하고 의도적으로 구분

㉡ **실험집단에만 일정한 처리**(정책)를 가하고, 통제집단에는 처리를 가하지 않음.

㉢ 일정한 시간이 지난 후에 **실험집단과 통제집단이 나타내는 결과의 차이를 처리(정책)의 효과**라고 판단

② **장점** : 비실험적 방법의 약점인 **내적 타당성 위협 요인**(선정효과 · 성숙효과 · 허위변수 · 혼란변수 등)**에 따른 문제점을 제거**

③ **종류** : **준실험**과 **진실험**

2 준실험 VS 진실험

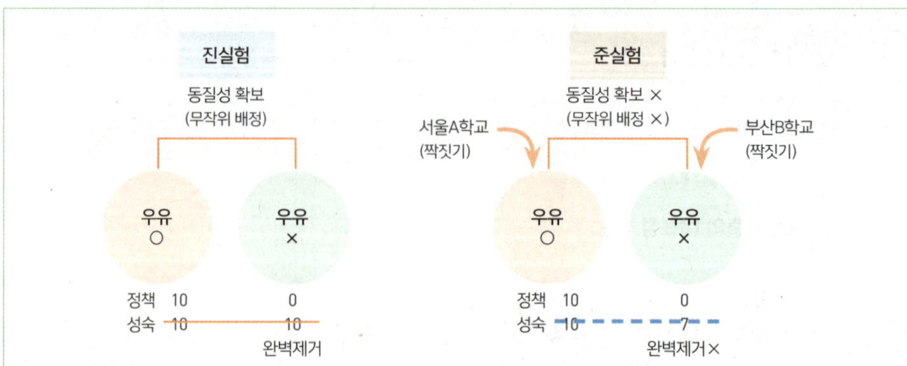

(1) 준실험

1) 개념 및 특징

① 비실험적 설계와는 달리 **실험집단과 통제집단을 구성**하는 실험 중 하나로, 통제집단을 사전에 미리 확보한 후 실험집단에만 처리를 가하는 방식

② 실험집단과 통제집단을 비교하여 성숙효과 및 선정효과 같은 **내적타당성 위협요인을 어느 정도 제거**함으로써 정책효과를 도출

③ 실험집단과 통제집단의 구성원을 **무작위로 배정하지 않아 동질성은 확보하지 못하는 방식**으로, 일반적으로 **짝짓기(matching)에 따른 비동질적 통제집단설계**로 진행

㉠ **짝짓기** : 비슷해 보이는 두 대상을 **실험자가 작위적으로 선발**하여 하나는 실험집단에, 하나는 통제집단에 배정한 후 비교하는 방식

㉡ **비동질적 통제집단설계** : 통제집단을 설계하여 실험집단과 비교하기는 하나, 실험집단과 통제집단 간 **동질성은 확보하지 못하는 설계방식**

㉢ **기타 준실험 설계 방식** : **단절적 시계열 설계, 회귀불연속 설계**

ⓐ **단절적 시계열 설계**

- **처리 이전의 사전 검사를 통제집단**으로, **처리 이후의 사후검사를 실험집단**으로 구성하여 비교하는 방식
- **동일 정책대상집단을 대상으로 여러 번의 사전·사후측정**을 하여 충분한 비교자료를 확보한 후 정책효과를 추정하는 방식도 가능

ⓑ **회귀불연속 설계** : **분명하게 알려진 자격 기준**(성적)을 통해 **실험집단과 통제집단을 구분**하여 비교하는 방식

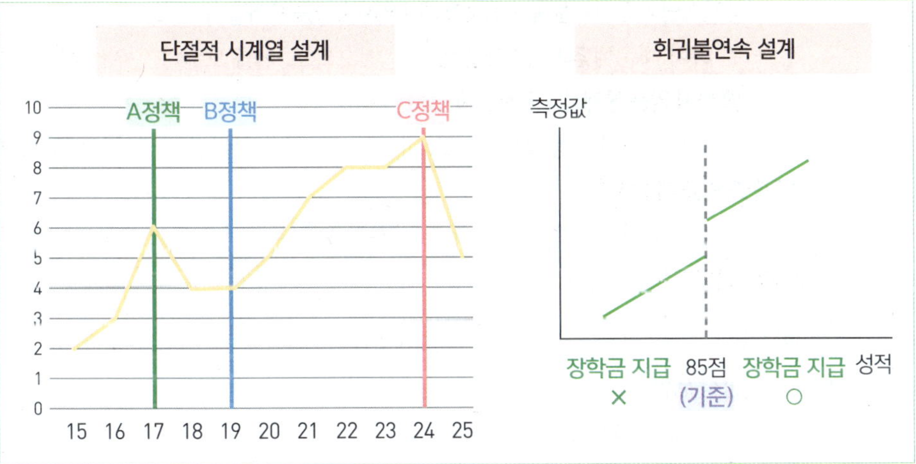

2) 약점 및 보완

① 내적 타당성 위협

㉠ **선정과 성숙의 상호작용**(selection-maturation interaction) : 실험집단과 통제집단의 구성원을 **선정할 때 무작위 배정을 하지 못해** 동질성이 확보되지 않아, 두 집단의 **성숙효과가 다르게 발생하는 현상**

보충

- **준실험** → 작위배정 → 기존 집단 활용 ⇒ **과거지향**
- **진실험** → 무작위배정 → 동질한 집단 생성 ⇒ **미래지향**

PART 2

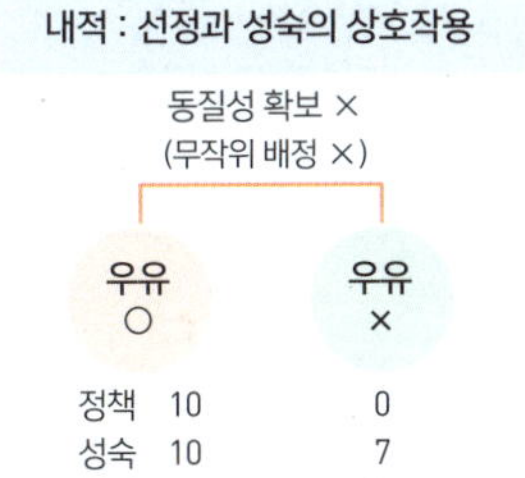

㉡ **집단 특유의 사건**(intra-session history) : 실험집단과 통제집단이 동질하지 않아 **어느 한 쪽만 실험 도중 커다란 사건**에 부딪혀 **사건효과가 다르게 발생하는 현상**

② **외적 타당성 위협 : 크리밍 효과**(creaming effect)

㉠ **조건이 양호한 집단**을 대상으로는 효과가 있었으나, 일반적인 상황에서는 효과가 발생하지 않아 일반화할 수 없는 현상

㉡ 조건이 양호한 상황과 일반적인 상황이 **동질하지 않기 때문에 발생**하는 준실험에서의 외적 타당성 위협요인

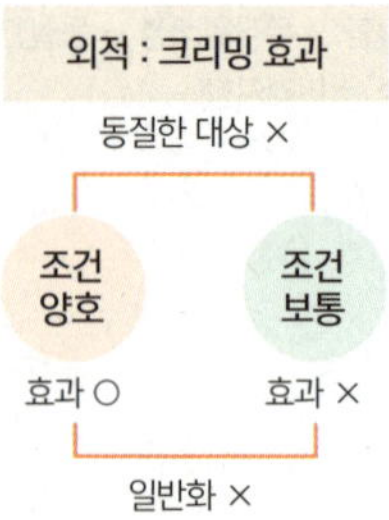

③ **보완 방안**

㉠ **가급적 동질성을 확보**할 수 있도록 실험집단과 통제집단을 구성

㉡ 실험집단과 통제집단에 실험대상을 배정할 때 **명백한 기준을 이용**(단절적 시계열 설계, 회귀불연속설계 등)

(2) 진실험

1) 개념 및 특징

① 실험대상을 **무작위로 실험집단과 통제집단에 배정**하여 **두 집단 간의 동질성을 확보**하는 방식

㉠ **통제집단 사전사후설계 : 무작위 배정**을 통해 실험집단과 통제집단을 구성하고, 처치를 받은 실험집단과 처치를 받지 않은 통제집단의 **사전-사후 결과를 비교**하여 독립변수의 효과를 평가

㉡ **솔로몬의 4집단 설계**

ⓐ **통제집단 사전사후설계와 통제집단 사후설계를 결합**한 가장 강력한 진실험설계

ⓑ **통제집단 사전사후설계**는 **성숙효과나 역사효과를 제거**할 수 있으나 실험을 여러 번 하기 때문에 **검사효과가 발생**할 수 있으므로, 이를 보완하기 위해 **사전검사를 하지 않는 통제집단 사후설계**도 같이 활용

② 실험집단과 통제집단이 동질적이므로, 비실험이나 준실험에서 발생하는 **내적 타당성 위협요인을 대부분 제거**

③ 실험집단과 통제집단을 완벽하게 동질하게 만들기 위한 수단들이 총동원되는 **인위적이고 통제적**인 실험 방식

2) 약점 및 보완

① **내적 타당성 위협**

㉠ **오염현상(확산효과**, contamination)

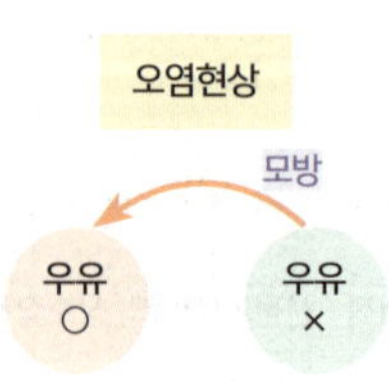

ⓐ 정책집행이 실험집단만이 아니라 **통제집단에게도 누출**(leakage)되거나, **통제집단이 실험집단을 모방**하는 모방효과(initation effect)로 동질성 저하

ⓑ 실험집단과 통제집단이 접촉하게 될 때 발생하는 현상으로, 진실험뿐만 아니라 준실험에서도 나타날 수 있음.

㉡ 보완방안 : 실험집단과 통제집단이 서로 접촉하지 않게 하거나, **상당히 격리된 두 집단을 이용**하는 **사실상의 준실험**을 설계하는 방안 활용

② 외적 타당성 위협

㉠ 호손효과(실험조작의 반응효과, Hawthorne effect)

ⓐ 실험대상자들이 실험의 대상으로서 그들이 관찰되고 있다는 사실을 알게 되어 **평소와는 다른 행동**을 하게 되는 현상

ⓑ **실험대상이 동질**함에도 불구하고, **실험실에서는 효과가 있는 반면 실제에서는 효과가 없는 것**이므로 진실험에서 발생하는 외적 타당성 위협요인

㉡ 보완방안 : 실험을 최대한 조용히 추진

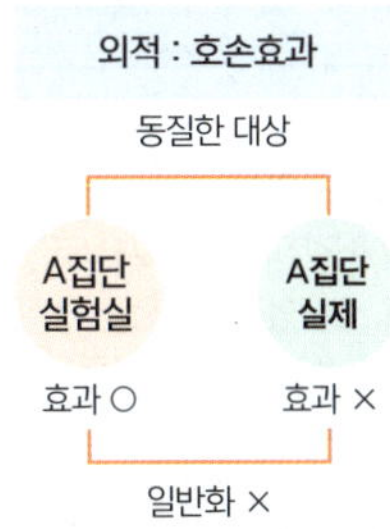

③ 실행 가능성 문제

㉠ 실험집단에만 혜택을 주거나 불이익을 주는 진실험은 **정치적 · 도의적으로 불가능한 경우가 다수**

㉡ 보완방안 : 정치적 반대자들에 대한 설득이나, **실험대상자가 자발적으로 실험집단이나 통제집단을 선택**하도록 하는 방안

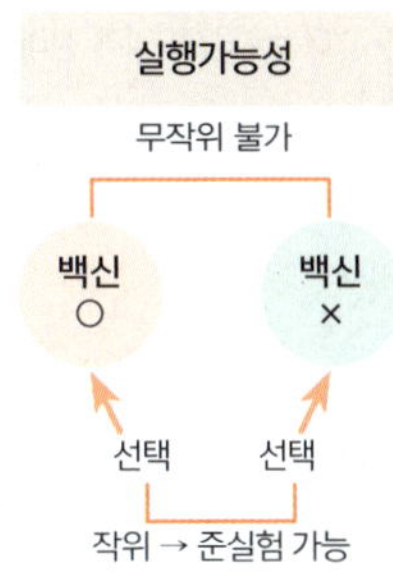

(3) 준실험 VS 진실험

① **내적타당성 측면** : 준실험 < 진실험

② **외적타당성 측면** : 준실험 ≥ 진실험

③ **실행가능성 측면** : 준실험 > 진실험

심화 자연실험(Natural Experiment)

1. 개념

① 자연스러운 사건이나 급작스러운 정치적·경제적 충격을 통해 실험여건이 조성되는 것으로, 비인위적 실험이라는 측면에서 인위적 실험인 사회실험과 구분

② 자연스러운 사건을 통해 구분된 실험집단과 통제집단을 비교하는데, 이 과정에서 무작위배정을 하지는 않으므로 진실험이 아닌 준실험에 가까움.

2. 장점

① 사회실험에서 발생할 수 있는 윤리적 문제나 비용문제에 대한 우려가 낮음.

② 독립변수와 종속변수가 서로 영향을 주고받는 동시적 관계에 있을 때 이를 통제하기 위한 수단으로 이용

㉠ 정책수단(독립변수)에 대한 예측이 가능하면 정책효과의 대상집단(종속변수)이 미리 정책수단에 영향력을 행사할 수 있고, 이런 경우 정책효과에 대한 추정이 왜곡

㉡ 이를 방지하기 위해 갑작스러운 충격을 활용하면 정책대상집단이 미리 영향력을 행사하지 못하므로 정책수단에 따른 정책효과 추정이 상대적으로 용이

3. 단점

인위적 실험인 사회실험과는 달리 갑작스러운 사건에 따라 실험여건이 달라지므로 실험자가 원하는 방식대로 실험설계를 할 수 없음.

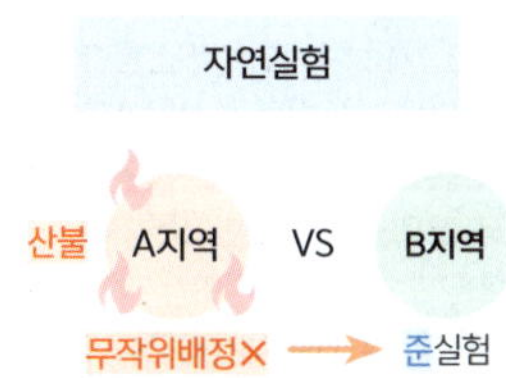

체크포인트

진실험과 준실험을 비교할 수 있어야 합니다. 진실험과 준실험은 모두 비교대상인 통제집단을 설정하므로 내적타당성 저해요인을 제거할 수 있지만, 동질성을 확보하는 진실험이 보다 완벽하게 제거할 수 있습니다. 반면 외적타당성이나 실현가능성은 준실험이 좀 더 나을 수 있다는 사실도 함께 정리가 필요합니다.

체크포인트

진실험설계는 무작위배정을 통한 동질적 통제집단을, 반면 준실험설계는 무작위배정을 하지 못하기 때문에 비동질적 통제집단을 구성한다는 것이 가장 중요한 포인트입니다. 또한 각 실험에서 발생할 수 있는 내적타당성 위협요인과 외적타당성 위협요인을 바꿔서 출제했을 때 알아차릴 수 있어야 할 것입니다.

기출 CHECK

1 정책평가에서 내적 타당성에 대한 설명으로 옳지 않은 것은? 2019 지방직 9급

① 준실험설계보다 진실험설계를 사용할 때 내적 타당성의 저해 요인이 다양하게 나타난다.

② 정책의 집행과 효과 사이에 존재하는 인과관계의 추론이 가능한 평가가 내적 타당성이 있는 평가이다.

③ 허위변수나 혼란변수를 배제할 수 있다면 내적 타당성을 높일 수 있다.

④ 선발요인이나 상실요인을 통제하기 위해서는 무작위배정이나 사전측정이 필요하다.

① X 내적 타당성 측면에서 우위를 보이는 방법은 실험집단과 통제집단의 동질성이 확보된 진실험설계이다. 무작위배정을 통해 동질성이 확보되면 내적 타당성 위협요인을 완벽하게 제거할 수 있다. 반면 준실험은 무작위배정을 하지 못해 동질성을 확보하지 못했으므로, 실험집단과 통제집단의 성숙효과 등이 다르게 발생할 수 있어 내적 타당성 위협요인을 완벽하게 제거하기는 어렵다.

② O 내적 타당성이란 특정 정책과 그 효과 간에 진정한 인과관계가 존재하는지를 검토하는 것이다.

③ O 허위변수와 혼란변수는 인과관계를 왜곡하는 변수들이다. 따라서 내적 타당성을 위협하는 요인이 되기 때문에, 이러한 변수들을 배제할 수 있다면 내적 타당성을 높일 수 있다.

④ O 선발요인이나 상실요인은 내적 타당성을 위협하는 요인이다. 무작위배정을 하게 된다면 주관이 개입하여 실험대상자들을 잘못 선발하는 선발요인을 통제할 수 있다. 또한 사전측정을 하게 되면 중간에 탈락할 실험대상자들을 어느 정도 사전에 가려낼 수 있으므로 상실요인을 통제할 수 있다. 정답 ①

2 정책평가방법에 대한 설명으로 옳지 않은 것은? 2014 지방직 9급

① 진실험설계는 정책을 집행하는 실험집단과 집행하지 않는 통제집단을 구성하되, 두 집단이 동질적인 집단이 되도록 한다.

② 정책의 실험과정에서 실험대상자와 통제대상자들이 서로 접촉하는 경우에는, 모방효과가 나타날 수 있다.

③ 준실험설계는 짝짓기(matching) 방법으로 실험집단과 통제집단을 구성하여 정책영향을 평가하거나, 시계열적인 방법으로 정책영향을 평가한다.

④ 준실험설계는 자연과학 실험과 같이 대상자들을 격리시켜 실험하기 때문에, 호손효과(Hawthorne effects)를 강화시킨다.

① O 진실험설계는 실험대상을 무작위로 배정하여 실험집단과 통제집단 간의 동질성을 확보함으로써 내적 타당성을 증가시키는 방식이다.

② O 실험에서 나타날 수 있는 내적 타당성 위협요인으로, 정책집행이 실험집단만이 아니라 통제집단에게도 누출되거나, 통제집단이 실험집단을 모방하는 모방효과가 발생할 수 있다. 이럴 경우 인과관계의 왜곡이 발생할 수 있다.

③ O 준실험설계는 작위적 배정 방식 중 하나인 짝짓기 방법으로 실험집단과 통제집단을 구성한다. 또한 단절적 시계열 설계처럼 특정 시점을 기준으로 설정하고, 특정 시점 이전과 이후의 집단을 작위적으로 비교하는 방식도 준실험설계 중 하나이다.

④ X 호손효과는 같은 성질의 집단이라도 실험실에서 관찰되는 상황에서는 효과가 있으나, 관찰되고 있음을 인지한 현실의 상황에서는 효과가 없는 외적타당성 위협요인이다. 두 상황의 대상이 동질함에도 발생하는 것이므로 준실험설계가 아닌 진실험설계에서 나타나는 외적타당성 위협요인이다. 준실험설계에서 발생하는 외적타당성 위협요인은 크리밍효과이다. 정답 ④

4 정부업무평가 기본법 S

9급 22국, 19국, 18지, 17국, 17지
7급 24지, 23지, 19국

(1) 목적

정부업무평가 기본법 제1조(목적)

이 법은 정부업무평가에 관한 기본적인 사항을 정함으로써 중앙행정기관·지방자치단체·공공기관 등의 **통합적인 성과관리체제의 구축**과 **자율적인 평가역량의 강화**를 통하여 **국정운영의 능률성·효과성 및 책임성을 향상**시키는 것을 목적으로 한다.

(2) 평가원칙

동법 제7조(정부업무평가의 원칙)

① 정부업무평가를 실시함에 있어서는 그 **자율성과 독립성이 보장**되어야 한다.

② 정부업무평가는 **객관적이고 전문적인 방법**을 통하여 결과의 **신뢰성과 공정성이 확보**되어야 한다.

③ 정부업무평가의 과정은 가능한 한 평가대상이 되는 정책등의 **관련자가 참여할 수 있는 기회가 보장**되고 그 **결과가 공개되는 등 투명**하여야 한다.

(3) 평가대상

동법 제2조(정의)

2. "정부업무평가"라 함은 국정운영의 능률성·효과성 및 책임성을 확보하기 위하여 다음 각 목의 기관·법인 또는 단체가 행하는 정책등을 평가하는 것을 말한다.
   가. **중앙행정기관**
   나. **지방자치단체**
   다. **중앙행정기관 또는 지방자치단체의 소속기관**
   라. **공공기관**

(4) 정부업무평가위원회

동법 제9조(정부업무평가위원회의 설치 및 임무)

① 정부업무평가의 실시와 평가기반의 구축을 체계적·효율적으로 추진하기 위하여 **국무총리** 소속하에 **정부업무평가위원회**를 둔다.

동법 제10조(위원회의 구성 및 운영)

① 위원회는 **위원장 2인**을 포함한 15인 이내의 위원으로 구성한다.

② 위원장은 **국무총리**와 제3항제2호의 자 중에서 **대통령이 지명하는 자**가 된다.

③ 위원은 다음 각 호의 자가 된다.

1. **행정안전부장관, 기획예산처장관, 국무조정실장**
2. 다음 각 목의 어느 하나에 해당하는 자로서 **대통령이 위촉하는 자**
   가. **평가관련 분야를 전공**한 자로서 대학이나 공인된 연구기관에서 부교수 이상 또는 이에 상당하는 직에 있거나 있었던 자
   나. 1급 이상 또는 이에 상당하는 공무원의 직에 있었던 자

다. 그 밖에 평가 또는 행정에 관하여 가목 또는 나목의 자와 동등한 정도로 학식과 경험이 풍부하다고 인정되는 자

⑤ 공무원이 아닌 위원의 **임기는 2년**으로 하되, **1차에 한하여 연임**할 수 있다.

⑥ 위원회의 회의는 **재적위원 과반수의 출석으로 개의**하고 **출석위원 과반수의 찬성으로 의결**한다.

정부업무평가기본계획 (총리, 3년)
↓
정부업무평가시행계획 (총리, 연도별)
↓
자체평가계획 (각 기관, 매년)

(5) 정부업무평가기본계획

동법 제8조(정부업무평가기본계획의 수립)

① **국무총리**는 위원회의 심의 · 의결을 거쳐 정부업무의 성과관리 및 정부업무평가에 관한 정책목표와 방향을 설정한 **정부업무평가기본계획을 수립**하여야 한다.

② 국무총리는 정부업무평가기본계획에 다음 각 호의 사항을 포함하여야 하고 **최소한 3년마다 그 계획의 타당성을 검토**하여 수정 · 보완 등의 조치를 하여야 한다.

③ **국무총리**는 **정부업무평가기본계획에 기초**하여 전년도 평가결과를 고려하고 평가대상기관의 의견을 들은 후 위원회의 심의 · 의결을 거쳐 … **정부업무평가에 관한 연도별 시행계획(정부업무평가시행계획)을 수립**하고, 이를 평가대상기관에 통지하여야 한다.

(6) 평가의 종류

① 자체평가

동법 제2조(정의)

3. "**자체평가**"라 함은 **중앙행정기관 또는 지방자치단체가 소관 정책등을 스스로 평가**하는 것을 말한다.

동법 제14조(중앙행정기관의 자체평가)

① **중앙행정기관의 장**은 그 **소속기관의 정책등을 포함**하여 **자체평가를 실시**하여야 한다.

② 중앙행정기관의 장은 자체평가조직 및 **자체평가위원회를 구성 · 운영**하여야 한다. 이 경우 평가의 공정성과 객관성을 확보하기 위하여 **자체평가위원의 3분의 2이상은 민간위원**으로 하여야 한다.

동법 제15조(중앙행정기관의 자체평가계획의 수립)

중앙행정기관의 장은 **정부업무평가시행계획에 기초**하여 당해 정책등의 성과를 높일 수 있도록 다음 각 호의 사항이 포함된 **자체평가계획을 매년 수립**하여야 한다.

동법 제18조(지방자치단체의 자체평가)

① **지방자치단체의 장**은 그 **소속기관의 정책등을 포함**하여 **자체평가를 실시**하여야 한다.

② 지방자치단체의 장은 자체평가조직 및 **자체평가위원회를 구성 · 운영**하여야 한다. 이 경우 평가의 공정성과 객관성을 담보하기 위하여 **자체평가위원의 3분의 2이상은 민간위원**으로 하여야 한다.

③ 지방자치단체의 장은 **정부업무평가시행계획에 기초**하여 소관 정책등의 성과를 높일 수 있도록 **자체평가계획을 매년 수립**하여야 한다.

② 재평가

동법 제2조(정의)

5. "**재평가**"라 함은 이미 실시된 평가의 결과 · 방법 및 절차에 관하여 **그 평가를 실시한 기관 외의 기관이 다시 평가**하는 것을 말한다.

동법 제17조(자체평가결과에 대한 재평가)

국무총리는 중앙행정기관의 **자체평가결과를 확인 · 점검 후** 평가의 객관성 · 신뢰성에 문제가 있어 다시 평가할 필요가 있다고 판단되는 때에는 위원회의 심의 · 의결을 거쳐 **재평가를 실시할 수 있다.**

③ 특정평가

동법 제2조(정의)

4. "**특정평가**"라 함은 **국무총리**가 **중앙행정기관을 대상**으로 **국정을 통합적으로 관리하기 위하여 필요한 정책등을 평가**하는 것을 말한다.

동법 제20조(특정평가의 절차)

① 국무총리는 **2 이상의 중앙행정기관 관련 시책, 주요 현안시책, 혁신관리 및 대통령령이 정하는 대상부문**에 대하여 **특정평가를 실시**하고, 그 **결과를 공개**하여야 한다.

④ 합동평가

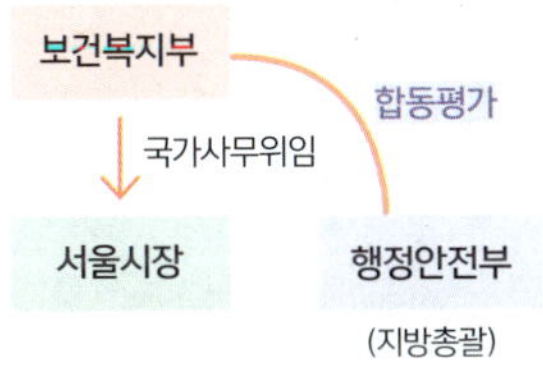

동법 제21조(국가위임사무등에 대한 평가)

① **지방자치단체 또는 그 장이 위임받아 처리하는 국가사무**, 국고보조사업 그 밖에 대통령령이 정하는 국가의 주요시책 등(**국가위임사무**)에 대하여 국정의 효율적인 수행을 위하여 평가가 필요한 경우에는 **행정안전부장관이 관계중앙행정기관의 장과 합동으로 평가(합동평가)를 실시**할 수 있다.

④ 행정안전부장관은 지방자치단체에 대한 합동평가를 효율적으로 추진하기 위하여 **행정안전부장관 소속**하에 **지방자치단체합동평가위원회**를 설치 · 운영할 수 있다.

동법 시행령 제18조(지방자치단체합동평가위원회의 구성·운영 등)

① **지방자치단체합동평가위원회**는 **위원장 1인**을 포함한 20인 이하의 위원으로 구성하되, 평가의 객관성 및 공정성을 확보하기 위하여 **위원의 3분의 2이상**은 평가에 관한 전문적인 지식과 경험이 풍부한 **민간전문가로 구성**하여야 한다.

② 지방자치단체합동평가위원회의 **위원장**은 **민간위원 중**에서 **행정안전부장관이 지명**한다.

⑤ 공공기관평가

동법 제22조(공공기관에 대한 평가)

① 공공기관에 대한 평가는 공공기관의 특수성 · 전문성을 고려하고 평가의 객관성 및 공정성을 확보하기 위하여 **공공기관 외부의 기관이 실시**하여야 한다.

공공기관의 운영에 관한 법률 제48조(경영실적 평가)

① **재정경제부장관**은 연차별 보고서, 계약의 이행에 관한 보고서, 경영목표와 경영실적보고서를 기초로 하여 **공기업 · 준정부기관의 경영실적을 평가**한다.

⑥ 평가결과의 활용

동법 제27조(평가결과의 보고)

① **국무총리**는 매년 각종 **평가결과보고서를 종합**하여 이를 **국무회의에 보고**하거나 **평가보고회를 개최**하여야 한다.

② **중앙행정기관의 장**은 전년도 정책등에 대한 **자체평가결과**를 지체 없이 **국회 소관 상임위원회에 보고**하여야 한다.

동법 제28조(평가결과의 예산·인사 등에의 연계·반영)

③ **기획예산처장관**은 **평가결과**를 중앙행정기관의 다음 연도 **예산편성시 반영**하여야 한다.

정부업무평가기본법

대상	중앙행정기관, 지방자치단체, 소속기관, 공공기관
업무 체계	정부업무평가위원회(국무총리 소속/위원장 2인) 국무총리 : 기본계획 수립(3년마다 수정·보완)
평가 종류	① **자체**평가 : 중앙행정기관/지방자치단체 → 자체평가위원회, 매년 자체계획 수립 ② **재**평가 : 문제 있는 자체평가 → 국무총리 ③ **특정**평가 : 중요 시책 관련 → 국무총리 ④ **합동**평가 : 국가위임사무 → 행정안전부장관+관계중앙행정기관 ⑤ **공공기관**평가 : 재정경제부장관 실시

기출 CHECK

1 「정부업무평가 기본법」상 정부업무평가제도에 대한 설명으로 옳은 것은? 2017 지방직 9급 하반기

① 정부업무평가의 평가대상기관에 지방자치단체의 소속기관은 포함되지 않는다.
② 자체평가는 국무총리가 중앙행정기관을 대상으로 국정을 통합적으로 관리하기 위하여 필요한 정책 등을 평가하는 것이다.
③ 정부업무평가의 실시와 평가기반의 구축을 체계적·효율적으로 추진하기 위하여 국무총리 소속하에 정부업무평가위원회를 둔다.
④ 특정평가는 중앙행정기관 또는 지방자치단체가 소관 정책 등을 스스로 평가하는 것이다.

① X 중앙행정기관과 지방자치단체의 소속기관도 정부업무평가의 평가대상기관에 포함된다.

> **정부업무평가 기본법 제2조(정의)**
> 2. "정부업무평가"라 함은 국정운영의 능률성·효과성 및 책임성을 확보하기 위하여 다음 각 목의 기관·법인 또는 단체가 행하는 정책등을 평가하는 것을 말한다.
> 가. 중앙행정기관
> 나. 지방자치단체
> 다. 중앙행정기관 또는 지방자치단체의 소속기관
> 라. 공공기관

② X 자체평가가 아닌 특정평가에 대한 설명이다.

> **동법 제2조(정의)**
> 4. "특정평가"라 함은 국무총리가 중앙행정기관을 대상으로 국정을 통합적으로 관리하기 위하여 필요한 정책등을 평가하는 것을 말한다.

③ O

> **동법 제9조(정부업무평가위원회의 설치 및 임무)**
> ① 정부업무평가의 실시와 평가기반의 구축을 체계적·효율적으로 추진하기 위하여 국무총리 소속하에 정부업무평가위원회를 둔다.

④ X 특정평가가 아닌 자체평가에 대한 설명이다.

> **동법 제2조(정의)**
> 3. "자체평가"라 함은 중앙행정기관 또는 지방자치단체가 소관 정책 등을 스스로 평가하는 것을 말한다.

정답 ③

체크포인트

정부업무평가의 대상이 누구인지, 평가의 종류는 어떤지, 평가를 위한 추진기구는 어디인지와 같이, 정부업무평가기본법이 규정해 놓은 내용을 정확하게 알고 있는지 지속적으로 체크하고 있습니다. 특히 법령의 원문을 통해 각 평가를 담당하는 주체는 누구이고, 평가의 대상은 누구인지를 꼼꼼하게 봐두는 것이 필요합니다. 법령 문제는 원문 그대로 출제되기 때문입니다.

Public Administration

CHAPTER 6 정책변동

9급 25국, 22지, 20국
7급 18국, 17지

1 정책변동의 유형(호그우드와 피터스) B

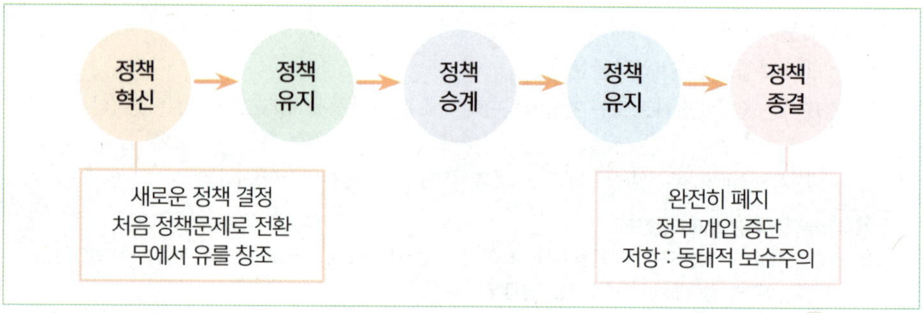

1 정책변동 개관

(1) 정책변동 개념

① 환경의 변화에 따른 문제의 변화가 인지되고, 이것이 환류(feedback)되어서 정책의 변동을 일으키는 것

② 합리적 정책변경을 위해서는 정책평가 작업의 선행 필요

(2) 정책변동 절차 : 문제의 파악 → 기존 정책 영향 분석(총괄평가) → 변경 대상의 파악(과정평가 및 집행분석)

2 유형

(1) 정책혁신(policy innovation)

① 정부가 관여하지 않고 있던 분야에 개입하기 위해 **새로운 정책을 결정**하는 것

② 사회문제가 처음으로 정책문제로 전환되고, 이것을 해결하기 위한 정책 · 활동 · 예산 · 조직 등이 없는 **무(無)에서 새로운 것을 만드는 것**

(2) 정책유지(policy maintenance)

① 정책의 **기본적 성격은 유지**한 채 **정책수단인 사업이나 담당조직 등을 바꾸는 것**

② 정책 대상집단의 범위나 정책 수혜수준의 변동 등 주로 **정책산출 부분이 변화**

예 저소득층 자녀에 대한 교육비 보조를 바로 위 계층의 자녀에게 확대

Ⓧ [9급] 실질적인 정책내용이 변하더라도 정책목표가 변하지 않는다면 이를 정책유지라 한다.
ⓞ 실질적인 정책내용이 변하더라도 정책목표가 변하지 않는다면 이를 정책승계(정책유지 ×)라 한다.

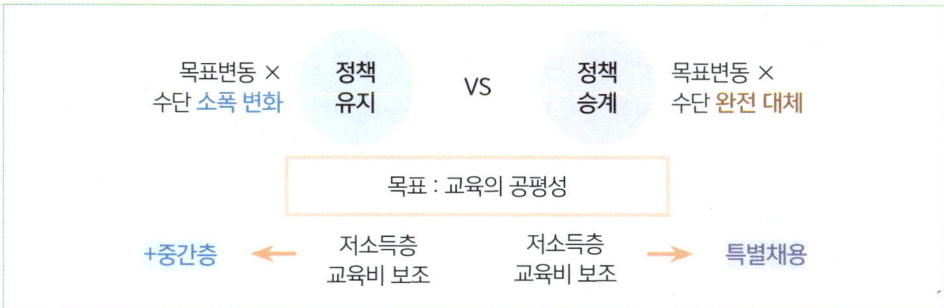

(3) 정책승계(policy succession)

① **개념** : 정책목표는 변하지 않으면서 **정책수단의 핵심이 되는 내용의 일부 또는 전부를 변경**하는 것

② **세부 유형**

㉠ **정책대체** : **선형적(linear) 승계**로, 정책목표를 변경시키지 않는 범위 내에서 정책내용을 완전히 새로운 것으로 바꾸는 것

㉡ **부분종결** : 정책의 일부를 유지하면서 일부는 완전히 폐지하는 것으로, 정책유지와 종결이 배합된 것

㉢ **복합적 정책승계** : 비선형적(non-linear) 승계로, 정책유지 · 대체 · 종결 · 추가 등에서 3개 이상이 복합적으로 나타나는 것

㉣ **정책통합** : 동일하거나 비슷한 목표를 지니고 있는 두 개의 정책이 하나의 정책으로 통합되는 것

㉤ **정책분할** : 정책담당기관의 분리 등으로 하나의 정책이 두 개 이상으로 분리되는 것

(4) 정책종결(policy termination)

① **개념** : **현존하는 정책을 완전히 폐지**하고, 이들을 대체할 다른 정책도 결정하지 않으며, **정부의 개입을 완전히 중단**하는 것

② **원인**

㉠ **정책의 정통성 상실** : 정책문제가 소멸되는 경우

㉡ **환경적 엔트로피 감소** : 환경적 지지의 축소로, 조세 납부의 감소로 정부 예산이 축소되고 이로 인해 일부 정책이 폐지되는 경우

㉢ **집행조직의 약점** : 조직의 기술적 능력 부족으로 조직이 위축되거나 조직의 이미지 및 지도층의 리더십 약화로 인해 정치적 취약성이 발생하는 경우

㉣ **정책의 일관성 상실** : 다른 정책과 모순 · 충돌하거나 수시로 변화해 국민들이 여러 정책의 내용을 착각하는 정책혼란 상황이 발생하는 경우

③ **저항원인**

㉠ **동태적 보수주의** : 정책담당조직의 저항으로, 목표가 달성된 후에도 비슷한 목표의 정책을 개발하거나 다른 것으로 대체하여 조직을 유지

㉡ **매몰비용** : 정책종결을 통해 문제가 개선될 것인지에 대한 확실성이 없으면서 이미 투입된 사회적 비용을 그대로 버리는 것에 대한 비판

㉢ **법적 제약** : 정책종결을 위해 필요한 관련 법령의 대폭적 수정이 곤란

보충

정책종결의 세부 유형

① **폭발형** : 단일의 중대한 결정에 의해 종결

② **점감형** : 서서히 정책이 소멸되는 과정을 거쳐 종결

③ **혼합형** : 정책을 의도적으로 종결시키려고 할 때 사용하는 방법으로, 서서히 감소시켜서 충격이 적다고 판단되는 시점에 기시 일시에 종결

④ 저항극복전략

㉠ **동태적 전략** : 정책수혜집단의 무마, 정책변동 필요성 홍보 등

㉡ **제도적 전략** : 사업 시작 전에 미리 정책종결을 명시한 제도적 장치 마련(영기준예산, 일몰법 등)

3 정책변동 유형간 상호관계

(1) 처음으로 정책이 만들어지면 (**정책혁신**) →

(2) 정책의 기본골격을 유지하면서 일부 정책수단을 수정 · 보완하다가 (**정책유지**) →

(3) 변화가 누적되면 정책을 대폭적으로 수정 · 변경하거나 새로운 것으로 대체하고 (**정책승계**) →

(4) 승계된 정책은 다시 변화에 적응하면서 유지되며 (**정책유지**) →

(5) 필요 없는 정책으로 판단되는 시점에는 폐지되어 종결 (**정책종결**)

체크포인트

정책유지와 정책승계를 구분할 수 있는지가 가장 중요한 출제포인트이긴 하지만, 정책혁신과 정책종결의 개념 역시 정확하게 알고 있어야 합니다. 정책혁신은 무에서 유를 창조한다는 특징을, 정책종결은 완전히 끝내는 것이고 대체하는 다른 수단도 결정하지 않는다는 특징에 주목해야 합니다.

기출 CHECK

1 호그우드(Hogwood)와 피터스(Peters)의 정책변동에 대한 설명으로 옳지 않은 것은?

2018 국가직 7급

① 정책유지는 현재의 정책을 기본적으로 유지하면서 정책수단의 부분적인 변화만 이루어지는 경우를 말한다.

② 과속차량 단속이라는 목표를 변경하지 않고 기존에 경찰관이 현장에서 직접 단속하는 수단을 무인 감시카메라 설치를 통한 단속으로 대체하는 것은 정책승계 중 선형적(linear) 승계에 해당한다.

③ 정책종결은 현존하는 정책을 완전히 소멸시키는 것으로 정책수단이 되는 사업과 지원 예산을 중단하고 이들을 대체할 다른 수단을 결정하지 않은 경우이다.

④ 정책혁신은 기존의 조직과 예산을 활용하여 이전에 관여한 적이 없는 새로운 정책분야에 개입하는 것이다.

① O 정책유지는 정책의 기본적 성격은 유지한 채 정책수단을 소폭 바꾸거나 정책대상집단의 범위를 소폭 확장하는 것이다. 저소득층 자녀에 대한 교육비 보조를 바로 위 계층의 자녀에게 확대하는 것처럼 대상의 범위를 약간 확장하는 것이 대표적인 정책유지의 사례이다.

② O 정책승계 중 선형적 승계(정책대체)란, 정책목표를 변경시키지 않는 범위 내에서 정책수단을 완전히 새로운 것으로 바꾸는 것이다. 과속차량 단속이라는 정책목표를 변경시키지 않으면서, 정책의 내용은 경찰관의 현장 단속에서 무인 감시카메라 설치로 완전히 대체한 것이므로 이는 선형적 승계로써의 정책승계에 해당한다.

③ O 정책종결은 현존하는 정책을 완전히 폐지하고, 이들을 대체할 다른 정책도 결정하지 않으며, 정부의 개입을 완전히 중단하는 것이다.

④ X 정책혁신은 정부가 관여하지 않고 있던 분야에 개입하기 위해 새로운 정책을 결정하는 것이므로, 기존의 조직과 예산을 활용하는 것이 아닌, 기존에 없던 조직·인사·예산 수단을 새롭게 창조하는 것이다. 정답 ④

심화 정책혁신의 확산

1. 혁신 확산 연구의 수준

   미시수준에서 개인의 혁신적 행태, 중위수준에서 조직의 혁신, 거시수준에서 국가간 또는 지방정부간 비교연구를 통해 규명하려고 시도

2. 확산의 구분

   (1) 계층적 확산과 공간적 확산

   ① 계층적 확산 : 선진산업국가인 선발국가로부터 저개발지역의 추종자로의 전파

   ② 공간적 확산 : 이웃지역으로부터 모방

   (2)과도한 확산과 준확산

   ① 과도한 확산 : 혁신적인 프로그램이 정착할 수 있는 기능적 기초가 전혀 없는 상태에서의 순수한 확산

   ② 준확산 : 기초가 갖추어진 사회에 국한하여 이루어지는 혁신의 확산

3. 로저스의 혁신확산이론

   혁신수용시간에 따라 수용자 수의 분포는 정규분포를 따르며, 이들 수용자의 누적도수는 S자의 형태를 띤다고 주장

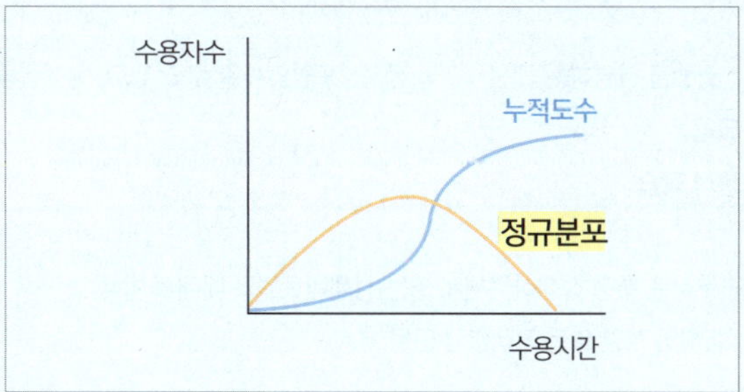

2 정책변동 모형 Ⓐ

9급 24지, 23지, 21지, 19지, 16국, 16지
7급 24지

1 정책지지연합모형(사바티어, Sabatier)

(1) 정책지지연합의 **신념체계**(규범적 핵심, 정책핵심, 2차적 측면)가 **정책학습에 의해 변경될 가능성** 존재

① **규범적 핵심 : 모든 정책에 적용되는 근본으로, 변경가능성 매우 희박**

② **정책핵심** : 규범적 핵심 달성을 위한 **정책입장**으로, **쉽게 변화하는 것은 아니나**, 심각한 사회경제적 상황이 있을 경우 변화 가능

③ **2차적(부차적) 측면** : 정책핵심 집행을 위해 필요한 **규정해석·예산배분 등 도구적 결정과 정보탐색과 관련**된 것으로 **비교적 쉽게 변화** 가능

신념체계구조

- 규범적 핵심
- 정책핵심
- 2차적 측면

근본적 (변화 어려움)

(2) 정책하위체제에 영향을 미치는 외생변수 중, **사회경제적 조건의 변화**와 같은 **역동적 외생변수가 변화**하여 외적인 동요가 발생해 정책변동 발생

(3) 정책지지연합모형은 **장기간에 걸친 정책변화를 설명**하는 데 유용

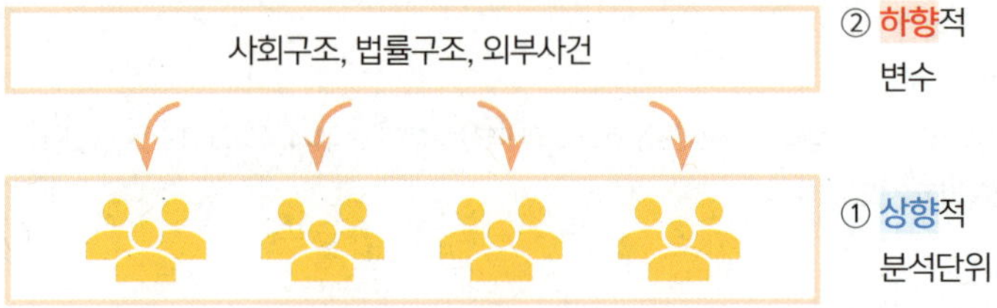

정책하위시스템

↓

신념체계에 따른 지지연합

↓

갈등/타협으로 정책채택/조정

↓

정책학습과 정책변동(장기적)

심화 정책학습

1. 정책학습의 주체

   정책을 결정하거나 집행을 담당하는 개인, 조직, 정책창도연합체일 수도 있고, 정책집행의 대상이 되는 개인이나 조직일 수도 있음.

2. 내생적 학습과 외생적 학습

   (1) 내생적 학습

   ① 비교적 규모가 작은 특정 정책하위체계 또는 정책네트워크 내에서 발생

   ② 학습 대상 : 정책의 환경 또는 정책의 수단들

   (2) 외생적 학습

   ① 보다 광범위한 공동체에서 이루어지며 문제에 대한 해석 또는 그것을 달성하기 위해 설계된 정책의 목적들에 대한 의문을 포함

   ② 학습 대상 : 문제에 대한 인지, 정책목적, 아이디어 등

3. 교훈얻기와 사회적 학습

   (1) 교훈얻기

   ① 다른 지역에서 효과가 발생한 프로그램을 조사하는 데에서 시작하여 이 프로그램을 자기 지역으로 이전해서 채택한다면 어떠한 결과가 나올지 평가하는 것으로 종료

   ② 공식적인 정책네트워크 내에서 시작

   (2) 사회적 학습

   ① 정책과정 외부에서 시작되며, 정책결정자가 사회를 바꾸거나 변화시키는 데 제약으로 작용하거나 그러한 능력을 신장시키는 데 영향을 미침.

   ② 외생적 학습과 같은 맥락에서 이해할 수 있으며, 목적들 그 자체에 대한 학습이므로 가장 근본적인 유형

2 정책흐름모형(킹던, Kingdon)

(1) 정책흐름모형의 세 가지 흐름 중 정책대안의 흐름에서, 특히 **정책선도자***는 자신이 선호하는 정책대안의 채택을 위해 적극적으로 활동

(2) 정책의 창문이 열리기를 기다리는 수동적 존재가 아닌, 각 흐름을 결합시켜 정책의 창문을 열려는 적극적 존재인 **정책선도자에 의해 정책변동 발생**

* **정책선도자(policy entrepreneur)** 선호하는 미래의 정책을 위하여 그들의 자원을 투자하기를 원하는 자, 아이디어의 전파와 활동을 통하여 정책변동을 유도하는 사람들

3 패러다임 변동모형(홀, Hall)

(1) 정책목표, 정책수단, 정책환경의 세 가지 변수 중 **정책목표와 정책수단에 급격한 변화**가 발생하는 정책변동을 **패러다임 변동(paradigm shift)으로 개념화***

(2) **정책변동의 과정**

변이요소들의 축적 → 기존 정책 조정 실험 → 기존 패러다임 권위 손상 → 새로운 패러다임 경쟁 → 새로운 패러다임 정착 및 안정

*
① **1차적 변동** : 정책수단의 수준만이 변동되는 점증주의적 성격
② **2차적 변동** : 새로운 정책수단의 개발
③ **3차적 변동** : 정책목표 및 정책수단의 급격한 변화로 패러다임 변동 초래

4 단절균형모형(바움가트너, Baumgartner)

(1) 정책은 이익집단 간 정치권력의 균형 속에서 오랜 기간 동안 안정 속에서 유지되는데, **어떤 사건으로 갑작스럽게 권력 균형이 깨지면 안정이 끝나면서 단절 발생**

① 새로 제기된 주장이나 문제정의에 대한 이익집단 간의 갈등 조정 과정을 거쳐 새로운 권력 균형이 만들어지면서 정책이 변동

② 새로운 정책은 새로운 균형점에서 다시 오랜 기간 안정을 보이게 됨.

(2) **점증주의적 정책변동 모형을 비판***하면서 등장했으며, 정책의 변동이 서서히 일어나는 것이 아니라 특정 시점에 급격하게 발생할 수 있음을 제시

*
① **점증적 정책변동 : 항상성을 유지**하는 것으로, 균형에서 벗어나려는 힘을 제어하는 **부정적 환류**가 작동
② **비점증적 정책변동** : 기존의 균형이 파괴되어 **급격한 변화**가 일어나는 것으로, 예측하기 어려운 변화를 촉진하려는 **긍정적 환류**가 작동

5 이익집단 위상변동모형(무치아로니, Mucciaroni)

(1) 정책과정에 참여하는 **이익집단의 위상에 따라 정책변동의 방향 결정**

(2) 이슈 맥락(issue context)과 제도적 맥락(institutional context)으로 이익집단 위상변동 설명

① **이슈 맥락** : 정치체제 **외부의 상황적** 요소

② **제도적 맥락** : **입법부나 행정부의 구성원들**이 가지고 있는 정책선호 및 행태

(3) 이슈 맥락과 제도적 맥락이 다른 방향으로 작용할 때는 **제도적 맥락이 더 큰 영향력 행사**

		제도적 맥락	
		유리	불리
이슈 맥락	유리	위상 상승	위상 저하
	불리	위상 유지	위상 쇠락

체크포인트

정책유지와 정책승계를 구분할 수 있는지는 정책변동에서 가장 중요한 출제 포인트입니다. 정책목표가 변하지 않는다는 것은 공통점이지만, 소폭의 변화를 추구하는 것이 정책의 유지이고, 완전한 대체를 통해 실질적인 정책내용이 변한다면 이는 정책의 승계가 됩니다. 또한 무치아로니의 이익집단 위상변동모형은 선지로만 출제되었으나, 이슈 맥락과 제도적 맥락의 비교나 제도적 맥락이 더 큰 영향력을 행사한다는 내용은 앞으로 출제가 예상되는 부분이므로 정리해두면 도움이 될 것입니다.

기출 CHECK

1 정책변동에 대한 설명으로 옳지 않은 것은? 2020 국가직 9급

① 킹던(Kingdon)의 정책흐름이론에 따르면 정책변동은 정책문제의 흐름, 정치의 흐름, 정책대안의 흐름이 결합하여 이루어진다.

② 무치아로니(Mucciaroni)의 이익집단 위상변동모형에서 이슈 맥락은 환경적 요인과 같이 정책의 유지 혹은 변동에 영향을 미치는 정책요인을 말한다.

③ 실질적인 정책내용이 변하더라도 정책목표가 변하지 않는다면 이를 정책유지라 한다.

④ 정책목표를 달성하기 위한 전반적인 정책수단을 소멸시키고 이를 대체할 다른 정책을 마련하지 않는 것을 정책종결이라 한다.

① O 킹던의 정책흐름이론에 따르면, 정책변동은 정책문제의 흐름, 정치의 흐름, 정책대안의 흐름이 우연히 만나서 정책의 창이 열릴 때 발생한다.

② O 무치아로니의 이익집단 위상변동모형에서는 이슈 맥락과 제도적 맥락이 이익집단의 위상에 영향을 미친다. 이슈 맥락은 정치체제 외부의 상황적 요소이고, 제도적 맥락은 입법부나 행정부의 구성원들이 가지고 있는 정책선호 및 행태이다.

③ X 정책목표는 변하지 않으나 실질적인 정책내용이 바뀌는 정책변동은 정책유지가 아닌 정책승계이다. 정책유지는 정책수단을 소폭적으로 변화시키는 정책변동이다.

④ O 정책종결은 현존하는 정책을 완전히 폐지하고, 이를 대체할 다른 정책도 결정하지 않으며, 정부의 개입을 완전히 중단하는 정책변동이다.

정답 ③

정책지지 연합모형	정책흐름 모형	패러다임 변동모형	단절균형 모형	이익집단 위상변동모형
외생변수 신념(학습)	정책선도자	정책목표 정책수단 정책환경	외부충격	이슈맥락 제도적맥락

memo

PART 3 조직

- 기계적 구조
  - 고전적 조직이론
    - 과학적 관리론과 행정관리학파 B
    - 분화의 원리와 조정의 원리 S
    - 관료제 S
  - 신고전적 조직이론 B
- 유기적 구조
  - 대프트의 조직유형 분류 S
  - 민츠버그의 조직성장경로모형 B
  - 애드호크라시 B
  - 현대적 조직이론 : 거시조직이론 S
  - 지식정보화 사회의 조직 C
- 기계적 구조 VS 유기적 구조
  - 구조 변수 : 복잡성·공식성·집권화 B
  - 상황 변수 : 규모·기술·환경 B

- 조직 관리
  - 조직 목표
    - 조직 목표의 의의와 변동 C
    - 조직 목표의 관리 S
    - 조직 효과성 평가모형 C
  - 조직 문화 B
- 사람 관리
  - 동기부여 : 내용이론 S
  - 동기부여 : 과정이론 S
  - 리더십 S
  - 내부관리
    - 조직 내 권력 B
    - 조직 내 갈등관리 B
    - 조직 내 의사전달 C

- 정부조직구조 A
- 위원회 A
- 책임운영기관 A
- 정부부처 형태의 공기업 B
- 공공기관 B
- 정보화와 전자정부 S

Public Administration

CHAPTER 1 조직 구조

1 기계적 구조

1 고전적 조직이론

① **개념** : 1900~1930년대의 이론으로, 조직을 **외부 환경과 단절된 폐쇄 체제**로 보면서, 조직 구성원들은 **합리적·기계적인 존재**로 간주하는 **폐쇄-합리적 조직이론**

② **종류** : 과학적 관리론, 행정관리학파, 관료제 등

9급 21지

ⓧ [9급] 고전적 조직이론은 조직 내 사회적 능률을 강조하고, 조직 속의 인간을 자아실현인으로 간주한다.

ⓞ 고전적 조직이론은 조직 내 기계적 능률(사회적 능률 ×)을 강조하고, 조직 속의 인간을 경제적·합리적 인간(자아실현인 ×)으로 간주한다.

1 과학적 관리론과 행정관리학파 Ⓑ

(1) 과학적 관리론(테일러, Taylor)

① 조직구성원이 조직 내의 직무를 수행하기 위한 **유일 최고의 방법**을 규명하고, 시간 및 동작연구에 주로 의존하는 직무과정 분석의 중요성 강조

② 조직 내의 인간은 경제적 유인에 의해 동기가 유발되는 **타산적·합리적 존재**이며, 조직의 목표는 명확하게 알려져 있고, 과업은 반복적이라는 점 등을 가정

(2) 행정관리학파

① 페이욜(Fayol)

㉠ 행정조직을 관리하기 위한 일반원칙을 **분화와 조정**의 두 차원을 중심으로 제시

㉡ 분업의 원칙, 명령통일의 원칙, 통솔범위의 원칙, 계층제의 원칙, 보고의 원칙 등

② 귤릭과 어윅(Gulick & Urwick)

㉠ 최고관리자가 반드시 수행해야 할 일곱 가지 기능을 제시

㉡ POSDCoRB*(기획, 조직, 인사, 지휘, 조정, 보고, 예산)

* POSDCoRB
① 기획(Planning)
② 조직(Organizing)
③ 인사(Staffing)
④ 지휘(Directing)
⑤ 조정(Coordination)
⑥ 보고(Reporting)
⑦ 예산(Budgeting)

(3) 평가

① **장점** : 행정조직학 출범 초기에 기초를 쌓는 데 크게 기여했으며, 조직설계의 운영에 대해 중요한 기준을 제시

② **단점**

㉠ 관리를 **정태적**이고 **비인간적 과정**으로 파악해, 비공식적 집단의 생성이나 조직 내 갈등, 조직목표의 형성 등 동적인 조직현상의 설명이 어려움.

㉡ 유일 최고의 조직관리법을 개발하려고 하는 등 조직을 환경과 무관한 **폐쇄 체제로 간주**했고, 조직구성원을 합리적 존재로만 봄으로써 조직을 일종의 **기계장치처럼 설계**

㉢ 과학적 관리론과 행정관리학파가 제시하는 원리들은 경험적으로 검증되지 않은 것들이 다수

2 분화의 원리와 조정의 원리 S

9급 20지, 18국, 17지, 16국
7급 21국, 16국

(1) 분화의 원리

수평적 분화

① 직무의 전문화 → 분업

② 사람의 전문화 → 부문화

(기능, 제품, 지역 등)

수직적 분화

조직구조의 깊이 → 계층

1) 수평적 분화

① 직무의 전문화(분업)

㉠ 직무의 전문화는 곧 분업(division of labor)으로, 직무가 전문화될수록, 즉 **분업이 증가할수록 조직의 복잡성 증가**

㉡ 분업을 선호하는 이유

ⓐ **능률** : **업무 반복**으로 숙련도가 높아지고, 업무 기간 단축과 작업전환에 드는 시간의 단축으로 훈련비용이 절약되는 등 기능자의 능력 최대 활용

ⓑ **지식과 능력의 한계** : 개인이 가지고 있는 지식은 한계가 있으며, 한 사람이 모든 업무를 수행할 수 있는 능력 부족

ⓒ 분업의 심화는 작업도구 · 기계와 그 **사용방법을 개선**하는 데 기여

㉢ **분업의 단점** : 작업의 **단순화**에 따른 불만족, 인간의 **기계화**와 **비인간화**, 분업 고도화에 따른 기능자 대체 곤란, 전문성을 가진 부서 간 업무협조 곤란 등

② **사람의 전문화(부문화)** : 사람의 전문화인 부문화(부성화, departmentation)는 분업으로 생겨난 전문가 집단들을 유사한 직무에 따라 **수평적으로 집단화하는 방법**이며, **부문화가 많아질수록 조직의 복잡성은 증가**

> **보충**
> **분업이 유지되기 위한 조건**
> ① 분업을 할 수 있는 수준의 충분한 업무량, 세분화시킬 수 있는 업무, 업무량 · 원료의 공급량과 업무 · 제품의 표준 · 기술 등의 안정
> ② 분업 악화 요인 : 업무량의 심한 변동, 원자재 공급의 불안정, 업무 · 제품 생산의 비표준화, 기술의 잦은 변동, 생산시설 · 기술자의 빈번한 대체 등

2) 수직적 분화

① **조직구조의 깊이**로, 계층제의 원리에 따른 권한 계층이 최상층부터 최하층에 이르는 계층의 수 또는 책임과 권한의 계층적 분화를 의미

② 수평적 분화와 밀접하게 관련되어 있으며, **수평적 분화의 정도가 높을수록 수직적 분화에서 담당해야 할 영역**(통합 · 조정 · 감독 등)은 커지고 **복잡해짐.**

3) 공간적 분화

조직의 구성원과 물리적인 시설이 **지역적으로 분산**되어 있는 정도

PART 3

(2) 조정의 원리

수직적 방법	⋙	수평적 방법
① 계층제 ② 명령통일의 원칙 ③ 통솔범위의 원칙		① 연락역할담당자 ② 연결핀모형 ③ 태스크 포스 ④ 임시 팀조직 ⑤ 위원회 조직

1) 개념

① **통합**(integration) : 조직의 과업을 수행할 때 여러 **하위 체계 사이의 노력을 통일**시키는 과정으로, 조직의 목표와 연관되어 수행되는 의식적 과정

② **조정**(coordination) : 상호 분화된 **조직의 활동을 동시화**시키는 노력

2) 필요성

① **분화가 심화될수록** 분화된 하위조직 간 의사소통에 장애가 발생하기 때문에 **통합과 조정 필요**

② 개인의 과업 수행이 조직 전체 과업 수행에 기여할 수 있도록 분화된 직무활동들을 서로 연결시키기 위한 통합과 조정 필요

③ 조직은 과업의 분화와 통합이라는 두 기능이 효율적으로 작용할 수 있는 구조를 확립하는 것이 중요

3) 수직적 조정

① 계층제, 규칙과 계획, 수직정보시스템 등 상위계층의 관리자가 하위계층의 관리자를 통제하고 하위계층 간 활동을 조정

② **명령통일**(unity of command)**의 원칙** : 분화된 업무의 조정을 위해 모든 하급자에게 **명령을 내리는 상급자는 한 명**이어야 함.

③ **통솔범위**(span of control)**의 원칙** : 하나의 관리자가 다루는 **하급자의 수는 적절**해야 함

㉠ 통솔범위가 **좁을수록** 조직의 구조가 상하로 늘어나는 **고층(수직)구조** 형성

㉡ 통솔범위가 **넓을수록** 조직의 형태가 옆으로 퍼지는 **저층(평면)구조** 형성

좁은 통솔범위 (고층구조) / 넓은 통솔범위 (저층구조)

4) 수평적 조정*

① **연락 역할 담당자**(liaison roles)

㉠ 부서 간 의사전달 문제가 있을 때, 종적(수직적) 경로를 거치지 않고 **부서 간의 직접적인 의사전달**로 효과적인 조직활동이 가능하게 하는 방법

* 기계적 조직구조에서는 일반적으로 수직적 조정이 이루어지며, 수평적 조정은 보완적으로 활용됨. 수평적 조정방법은 주로 유기적 구조에서 주로 활용

㉡ 조직 내 두 부문 사이의 접촉이 증가할 경우 **전문화된 정보연락 조직**을 만들어 일과 정보의 흐름을 촉진시키는 방식

㉢ 연락 역할 담당자는 공식적인 권한은 없으나 **비공식적인 권한**을 상당히 부여받아 업무를 수행하므로,

ⓐ 이에 필요한 전문지식을 가지고 있느냐에 따라 업무 수행의 성공 여부가 결정되며,

ⓑ 관련 부서의 특성에 적합한 목표 지향성 및 원활한 대인 관계 능력 요구

② **연결핀(linking pin) 모형(리커트, Likert)**

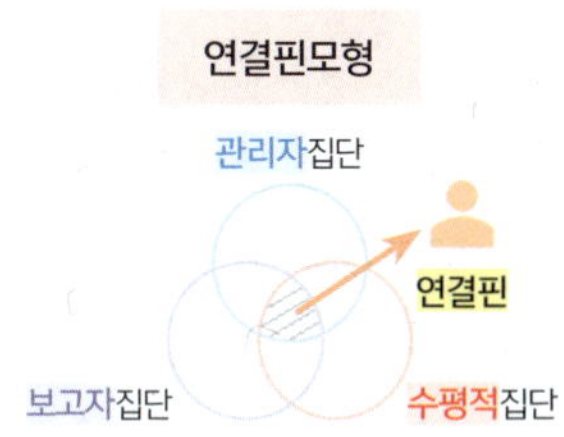

㉠ 조직을 집단 간의 관계 체제로 보고, **개인을 조직의 여러 부문 사이의 연결핀으로 삼아** 결합을 촉진시키는 방법 제시

㉡ 조직은 중첩된 집단들로 구성되며, 모든 관리자는 연결핀(linking pin)으로서

ⓐ 자신이 **관리하는 집단의 구성원**인 동시에,

ⓑ 상사에게 **보고하는 관리자 집단의 구성원**이 되며,

ⓒ **수평적인 연락을 취해야 하는 집단의 구성원**이 되기도 하는 등 상하 계층 간에 수직적이면서도 수평적인 역할을 수행

㉢ **연결핀 모형의 장단점**

ⓐ **장점** : 목표 및 계획 설정에 참여하여 원활한 의사전달과 통합된 의사결정에 유리

ⓑ **단점** : 의사결정의 속도가 느릴 수 있으며, 한 집단의 실패가 조직 전체에 부정적 영향을 미칠 수 있어 결국 전체적으로 가장 약한 연결핀만큼의 힘밖에 갖지 못하게 만들 수 있음.

③ **태스크 포스(task force)**

㉠ 연락 역할의 통합 능력이 한계에 직면할 때 대안으로 구성되는 것으로, 특정 과업을 수행하기 위해 소집되는 **임시위원회** 구성

㉡ 공식적 또는 비공식적으로 소집되며, 여러 집단의 대표들이 일정 기간 동안 집중적으로 의사소통하며 문제를 검토한 후 **문제가 해결되면 해체**

㉢ 과업의 성공 여부가 조직의 생존에 결정적이거나, 시간적 제약 때문에 여러 전문가들이 상호 의존성의 효과를 최대한 살려야 하는 상황에 효과적

④ **임시 팀(team) 조직**

㉠ 환경 변화에 적응하기 위해 기술 핵심 조직이 **유기적인 형태로 운영되는 구조**로, 단기적으로 운영되는 태스크 포스에서 발생하는 문제에 대한 대안

㉡ 태스크 포스와 같은 임시조직이며, 태스크 포스처럼 집단 사이의 통합을 위한 것이지만, **문제 해결보다는** 장기적 프로젝트 수행을 위한 **기능의 통합에 초점**

㉢ 특정 과업이 완수되면 해산하고 새로운 사업에는 새로운 팀이 구성

⑤ **위원회 조직(committee organization)**

㉠ 조직의 업무 수행상 발생하는 의견의 불일치·불화·마찰 등 일반적인 관심 사항을 처리하기 위해 **다수의 위원들**을 대상으로 **정기적으로 소집**되는 조직

ⓛ 위원회 조직이 효과적인 경우

ⓐ 업무 수행상 **책임을 분산**시키는 것이 필요한 경우

ⓑ **광범위한 경험과 배경**을 가진 사람들이 필요한 경우(차관회의 등)

ⓒ 의사결정에 영향을 받는 부서의 대표자를 참가시켜 요구 사항을 반영시키고자 할 경우

ⓓ 관리상 과도기여서 한 개인이 조직을 이끌기가 곤란한 경우

체크포인트

고전적 조직이론에서는 조직설계의 원리에 집중하면서 분화의 원리뿐만 아니라 조정의 원리도 함께 제시하고 있습니다. 분화하다 보면 갈등이 생길 가능성이 많고, 이에 따른 통합이 필요하기 때문입니다. 문제에서는 이러한 논리를 이해하고 있는지를 체크하고 있습니다. 분화의 원리와 조정의 원리의 세부 내용을 아는 것도 중요하지만, 두 원리 간의 관계 역시 정리해두어야 합니다.

기출 CHECK

1 조직의 원리에 대한 설명으로 옳지 않은 것은? 2017 지방직 9급

① 계층제의 원리는 조직 내의 권한과 책임 및 의무의 정도가 상하의 계층에 따라 달라지도록 조직을 설계하는 것이다.

② 통솔범위란 한 사람의 상관 또는 감독자가 효과적으로 통솔할 수 있는 부하 또는 조직단위의 수를 말하며, 감독자의 능력, 업무의 난이도, 돌발 상황의 발생 가능성 등 다양한 요소를 고려하여 정해진다.

③ 분업의 원리에 따라 조직 전체의 업무를 종류와 성질별로 나누어 조직구성원이 가급적 한 가지의 주된 업무만을 전담하게 하면, 부서 간 의사소통과 조정의 필요성이 없어진다.

④ 부성화의 원리는 한 조직 내에서 유사한 업무를 묶어 여러 개의 하위기구를 만들 때 활용되는 것으로 기능부서화, 사업부서화, 지역부서화, 혼합부서화 등의 방식이 있다.

① O 계층제의 원리는 조직의 책임과 권한을 최상층부터 최하층까지 계층적으로 분화시켜 조직을 설계하는 원리를 말한다.

② O 통솔범위는 한 사람의 관리자가 직접 관리할 수 있는 부하의 수로, 다양한 요소를 고려하여 정해진다. 이러한 통솔범위가 적절하게 설정되어야 한다는 원리가 통솔범위의 원리이다.

③ X 분업의 원리는 직무를 전문화시켜 각 구성원 또는 각 부서가 각자의 업무만 수행하도록 하는 방식이다. 철저한 분업은 부서 간 의사소통을 어렵게 만들기 때문에, 분업에 따른 분화가 심화될수록 부서 간 의사소통을 위한 조정과 통합의 원리의 필요성이 확대된다.

④ O 부성화의 원리는 분업으로 생겨난 전문가 집단들을 유사한 직무에 따라 수평적으로 집단화하는 방법으로, 기능별, 제품별, 지역별, 공정별, 고객별 등의 방식이 존재한다.

정답 ③

2 조직구조의 설계에 있어서 '조정의 원리'에 대한 설명으로 옳지 않은 것은? 2018 국가직 9급

① 수직적 연결은 상위계층의 관리자가 하위계층의 관리자를 통제하고 하위계층 간 활동을 조정하는 것을 목적으로 한다.

② 수직적 연결방법으로는 임시적으로 조직 내의 인적·물적 자원을 결합하는 프로젝트 팀(project team)의 설치 등이 있다.

③ 수평적 연결은 동일한 계층의 부서 간 조정과 의사소통을 목적으로 한다.

④ 수평적 연결방법으로는 다수 부서 간의 긴밀한 연결과 조정을 위한 태스크포스(task force)의 설치 등이 있다.

① O 조정의 원리 중 수직적 연결은 계층적 논리에 기반하여 조직 내 상위계층의 관리자가 하위계층의 관리자를 통제하여 조정하는 방식이다.

② X 팀원 간 수평적 업무 관계를 특징으로 하는 프로젝트 팀은 수직적 연결방법이 아닌 수평적 연결방법이다.

③ O 조정의 원리 중 수평적 연결은 동일한 계층의 부서 간 조정과 의사소통이 목적이다. 수평적 연결의 방식으로 태스크 포스, 팀 조직, 위원회 조직 등이 있다.

④ O 태스크포스는 수평적 연결방법 중 하나로, 특정 과업을 수행하기 위해 여러 집단의 수평적인 대표들로 조직되는 임시위원회의 일종이다.

정답 ②

체크포인트

분화의 원리와 조정의 원리는 모두 수평적 방식과 수직적 방식으로 구분됩니다. 어떠한 원리가 분화의 원리인지 조정의 원리인지도 알고 있어야 하지만, 그 중에서도 수평적 방식에 해당하는지 수직적 방식에 해당하는지도 주요 체크포인트가 되는 것입니다. 이처럼 전체적인 체계를 확실하게 정립해 놓은 다음에 내용을 학습해야 중구난방이 되지 않습니다.

PART 3

3 관료제 S

9급 25국, 23국, 22지, 17국, 16지
7급 22국, 21지, 17지, 16국, 16지, 15국

(1) 개념

① 계층제의 원리에 따라 조직 내의 직무를 전문적·계층적으로 나누고, 합리적인 규칙에 따라 목표를 능률적으로 실현하면서 대규모 행정관리 활동을 수행하는 조직 유형

② 막스 베버(Max Weber)

㉠ 권한(authority)의 형태에 따라 조직을 전통적 형태(가부장제), 카리스마적 형태(신권정치), 합리적·법적 형태로 나누고, 관료제를 합리적·법적 권한을 가진 조직으로 제시

㉡ 실제로 존재하는 관료제에 관한 것이 아니라 추상적으로 상상할 수 있는 이념형(ideal type)으로서의 관료제를 근대 산업사회의 조직형태로 제시

관료제

① 권한을 법규로 규정
② 계서제
③ 문서화
④ 비개인성(impersonality)
⑤ 전문화
⑥ 분업화
⑦ 직업화

(2) 특징

① **권한과 관할 범위의 규정** : 권한의 남용이나 임의성을 최소화하기 위해 모든 직위의 권한과 관할 범위는 법규에 의해 규정되며, 권한은 사람이 아니라 직위에 부여

② **계서제적 구조** : 권한의 계층이 뚜렷하게 구획되는 계서제 속에서 모든 직위가 배치되고, 상명하복의 질서정연한 체제에서 상위직은 하위직을 감독하며, 상관이 임명권 행사

㉠ **계선(line)** : 상하 명령복종관계를 가진 수직적·계층적 구조

㉡ **참모(staff)** : 계선의 업무를 보좌하면서 자문·권고·조정 등의 기능을 수행하는 막료기관

③ **문서화의 원리** : 의사소통의 책임 소재를 분명히 하고 의사결정을 공식화하기 위해 문서화 강조

* 비정의성(非情誼性)
정(情)이나 의(誼)와 같은 주관적인 요소에 의해 행정을 수행하면 안 된다는 관료제의 특징

④ **임무 수행의 비개인성** : 관료들의 공식적인 업무 수행에 개인적 특성이나 기호 같은 **주관적 요소가 영향을 주지 않는** 비개인성(impersonality) 또는 **비정의성*** 요구

⑤ **관료의 전문화와 분업화** : 임무 수행에 필요한 전문적 훈련을 받은 사람들을 채용하고, 업무를 분업화하여 능률을 극대화

⑥ **관료의 직업화** : 관료는 직업공무원으로서의 **고정적인 보수와 연금**을 받고, **근무연한에 따라 승진**하면서 안정적인 업무 수행

관료제 병리현상

① 비인간성
② 무사안일주의
③ 할거주의
④ 형식주의
⑤ 목표대치 → 과잉동조
⑥ 훈련된 무능력
⑦ "피터의 원리"

(3) 한계 : 관료제 병리현상

① **비인간성** : **지나친 표준화**의 추구로 **조직구성원이 기계의 부품**으로 전락되는 현상

② **무사안일주의** : **계서제적 구조**로 인해 관료들이 **정해진 규칙 안에서 최소한의 행태만 추구**하며 선례만을 중시하고 **상관의 지시에 무조건 영합**하면서 현실에 안주(굴드너)

③ **번문욕례(형식주의)** : **규칙**이 너무 **세세하고 번잡하여 비능률적**인 현상

④ **목표대치와 과잉동조**(머튼)

㉠ **목표대치** : 조직 목표 그 자체보다는 목표를 달성하는 **수단인 규정이나 절차를 중시**

㉡ **과잉동조** : 목표대치의 정도가 심해져 **규칙을 절대적인 것**으로 믿게 만드는 현상

⑤ **훈련된 무능력** : **지나친 전문화와 분업화**로 인해 **한 가지 기술만 훈련**받은 관료가 다른 업무에 대해서는 문외한이 되는 현상(베블런)

⑥ **부처할거주의** : **지나친 전문화와 분업화**로 인해 **자기 부서만을 생각**하고 다른 부서와는 협조나 조정이 되지 않는 현상(셀즈닉)

⑦ **피터의 원리** : '계층제에서는 구성원들이 **자신의 무능의 수준까지 승진**한다'는 원칙으로, 관료제에서는 **승진 기준이 연공서열**이기 때문에 무능한 자가 능력 이상의 자리를 맡게 되어 비효율을 초래하는 현상

심화 목표대치의 주요 요인

① 지나친 유형목표의 추구 : 계량화가 어려운 무형목표나 상위목표보다 유형적 성격이 좀 더 강한 하위목표에 집중

② 소수 지도자의 권력욕 : 최고관리자나 지도자가 본인의 권력과 지위를 강화하기 위해 본래의 조직목표가 아닌 각종 수단적 조치만을 강조(미헬스의 과두 지배의 철칙)

③ 정책·규칙·절차 등에 대한 지나친 집착 : 형식주의와 의식주의에 집착하여 수단이 목표처럼 되어버리는 현상

④ 조직 전체적인 문제나 외부 환경의 변화 등은 과소평가하면서 조직 내부 문제만을 중시 : 전문화 같은 수단적이고 기술적인 내부 문제는 중시하면서 조직의 나아가야 할 목표 같은 거시적이고 가치지향적인 문제는 망각

기출 CHECK

1 베버(M. Weber)가 주장한 이념형(ideal type)으로서의 근대 관료제에 대한 설명으로 옳지 않은 것은? 2017 국가직 9급

① 관료는 계급과 근무연한에 따라 정해진 금전적 보수를 받는다.
② 관료는 객관적 · 중립적 입장보다는 민원인의 입장에서 판단하고 결정한다.
③ 모든 직위의 권한과 관할범위는 법규에 의하여 규정된다.
④ 관료의 업무 수행은 문서에 의한다.

① O 근대 관료제에서는 관료가 안정적으로 업무를 수행하기 위한 직업화를 중시한다. 이에 따라 직업공무원으로서 고정적인 보수와 연금을 받고, 근무연한에 따라 승진하면서 안정적인 업무를 수행하는 것을 제시한다.
② X 근대 관료제에서는 관료들의 공식적인 업무 수행에 주관적 요소가 영향을 주지 않는 비개인성을 중시한다. 관료는 민원인의 입장에서 판단하고 결정하는 자의적이고 주관적인 행정이 아닌, 엄격한 규칙과 절차에 따른 객관적이고 중립적인 방식으로 행정업무를 수행해야 한다고 본다.
③ O 근대 관료제에서는 권한의 남용이나 임의성을 최소화하기 위해 모든 직위의 권한과 관할범위를 공식적인 법규에 의해 규정하며, 이를 벗어난 업무의 수행은 금지된다.
④ O 근대 관료제에서는 의사소통의 책임 소재를 분명히 하고 의사결정을 공식화하기 위해 문서화를 강조한다.

정답 ②

체크포인트

베버가 제시한 이념형 관료제에서 가장 많이 출제되는 것이 비개인성 또는 비정의성이라는 특성입니다. 주관적인 기준이나 감정으로 업무를 수행하면 안 되고 객관적인 법규에 따라 중립적인 업무를 수행해야 함을 의미합니다. 현대의 시각에서 본다면 민원인의 입장에서 판단해야 할 필요도 있겠지만, 베버가 관료제의 개념을 제시했던 근대 산업혁명 시대에서 적합한 특징이라는 점도 오해가 없어야 합니다.

2 베버(Weber)의 관료제 모형에 대한 설명으로 옳지 않은 것은? 2015 국가직 7급

① 관료에게 지급되는 봉급은 업무수행 실적에 대한 평가에 따라 결정된다.
② 관료제 모형은 계층제의 원리를 근간으로 한다.
③ 베버(Weber)는 정당성을 기준으로 권위의 유형을 전통적 권위, 카리스마적 권위, 법적 · 합리적 권위로 나누었는데 근대적 관료제는 법적 · 합리적 권위에 기초를 두고 있다고 주장한다.
④ 관료제 모형은 '전문화로 인한 무능(trained incapacity)' 등 역기능을 초래할 수도 있다.

① X 근대 관료제에서는 관료가 안정적으로 업무를 수행하기 위한 직업화를 중시한다. 이에 따라 관료의 봉급은 업무수행 실적에 대한 평가에 따라 결정되는 성과급보다는, 계급이나 근무연한에 따라 주어지는 고정급이 관료의 안정적인 업무수행을 보장하게 된다.
② O 관료제는 계층제의 원리에 따라 조직 내의 직무를 전문적·계층적으로 나누고, 합리적인 규칙에 따라 조직의 목표를 능률적으로 실현하면서 대규모 행정관리 활동을 수행한다.
③ O 베버는 권한의 형태에 따라 조직을 전통적 형태(가부장제), 카리스마적 형태(신권정치), 합리적·법적 형태로 나누고, 근대 산업사회에서 필요한 관료제를 합리적 법적 권한을 가진 조직으로 제시했다.
④ O 관료제의 병리현상 중 하나인 전문화로 인한 무능은 지나친 전문화 추구가 다른 분야에 대한 몰이해로 바뀌어져 오히려 무능이 촉진되는 현상이다.

정답 ①

체크포인트

베버가 관료제 모형의 특징으로 안정적 직업성을 제시했다는 부분을 놓치기 쉽습니다. 실적에 따라 평가하는 성과급이 아닌 안정적인 고정급을 선호했다는 점, 퇴직 후 연금의 지급과 퇴직관리 등을 중시했다는 점도 베버의 관료제에서 빠뜨리지 않아야 할 부분입니다.

9급 24국, 21지, 15지
7급 22국

2 신고전적 조직이론 : 인간관계론 B

(1) 개념

① 고전적 조직이론인 폐쇄 - 합리적 조직이론의 **비인간성 · 경직성 등의 문제해결**을 위해 1930~1940년대에 영향력을 행사했던 이론

② **메이요(Mayo) :** **호손 연구**를 통해 당시 기계적이고 전문화된 작업 방식을 비판

(2) 주요 내용

① 조직은 인간들로 구성된 사회적 체제로, 조직 생산성 향상을 위해서는 공식조직뿐 아니라 조직구성원들의 태도 결정에 핵심적인 역할을 하는 **비공식집단이 매우 중요**

② 인간은 경제적 유인뿐 아니라 **사회적 · 심리적 유인**에 의해서도 영향을 받는 존재이므로, 사회적 규범과 비경제적 보수 및 제재도 중요

③ 권위주의적 리더십보다는 **민주적 리더십**이 더욱 효과적이며, 조직구성원의 조직에 대한 만족감을 증진시키는 것이 중요

(3) 비판

① 만족한 젖소가 더욱 많은 우유를 생산해 내듯이, 만족한 근로자들이 더욱 많은 생산을 한다는 **'젖소사회학'식의 교묘한 착취 도구**에 불과 → 여전히 **능률성 · 생산성 추구**

② 고전적 조직이론과 마찬가지로 **조직을 폐쇄 체제적인 관점**으로 바라봄으로써 경제적 환경, 노동시장의 조건 등 외부 조직환경의 영향을 적절히 고려하지 못함.

③ 근로자들의 만족을 중시하면서도, 근로자들을 관리층이 수립한 목적을 수행하는 존재로 봄으로써 관리층만을 합리적인 존재로 가정

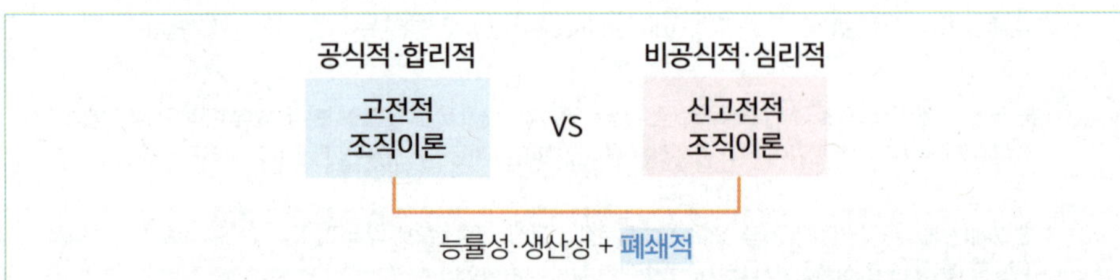

기출 CHECK

1 조직이론에 대한 설명 중 옳지 않은 것은? 2014 국가직 9급

① 고전적 조직이론에서는 조직 내부의 효율성과 합리성이 중요한 논의 대상이었다.
② 신고전적 조직이론은 인간에 대한 관심을 불러 일으켰고 조직행태론 연구의 출발점이 되었다.
③ 신고전적 조직이론은 인간의 조직 내 사회적 관계와 더불어 조직과 환경의 관계를 중점적으로 다루었다.
④ 현대적 조직이론은 동태적이고 유기체적인 조직을 상정하며 조직발전(OD)을 중시해 왔다.

① O 고전적 조직이론은 조직을 기계장치처럼 설계해서 조직 내부의 효율성과 합리성을 증진시키는 것에 관심을 두었다.
② O 신고전적 조직이론은 고전적 조직이론의 인간소외 현상 등을 지적하면서 등장한 것으로, 조직 내의 인간과 비공식적 조직 등에 주목했다.
③ X 신고전적 조직이론이 인간의 조직 내 사회적 관계를 중점적으로 다룬 것은 맞으나, 조직과 환경의 관계를 중점적으로 다룬 개방적 이론은 아니다. 신고전적 조직이론은 여전히 고전적 이론과 같이 환경의 영향을 배제한 폐쇄적 조직이론에 그친다는 한계가 있다.
④ O 현대적 조직이론은 고전적 조직이론의 폐쇄적 특성을 비판하면서 등장한 이론으로, 환경과 상호작용하면서 동태적이고 유기체적인 조직을 상정한다.

정답 ③

체크포인트

총론의 과학적 관리론과 인간관계론의 비교와 마찬가지로, 조직론의 고전적 조직이론과 신고전적 조직이론도 공통점과 차이점이 주요 출제포인트입니다. 두 이론은 비교 지점이 물론 많지만, 여전히 생산성을 중시했다는 점과 외부환경의 변화를 고려하지 않은 폐쇄성을 가졌다는 점이 공통된 부분임을 인지하고 있는지 빈번하게 물어보고 있습니다.

2 유기적 구조

9급 24국, 24지, 23국, 22국, 21국, 20지, 17국, 17지, 15국
7급 20국, 20지, 18지, 15지

1 대프트(Daft)의 조직유형 분류 ⓢ

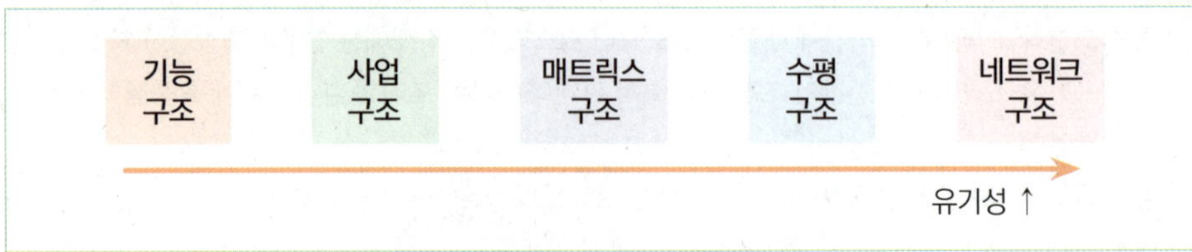

1 기능 구조(functional structure)와 사업 구조(divisional structure)

(1) 기능 구조

① **개념** : 조직의 업무를 **특정 기능별(기획 · 제작 · 회계 등)로 부서화**한 조직 구조

② **장점** : 특정 기능에 대한 구성원들의 지식을 통합적으로 활용하여 **전문성을 제고**하고, 기능별 중복을 방지해 **효율성을 극대화**하며, 기능별로 대규모 생산이 가능해 **규모의 경제**를 달성

③ **단점** : 같은 부서 내 상급자와 하급자 간에는 의사소통이 원활하지만, **다른 부서와의 의사소통은 어렵기 때문**에 수평적 조정의 필요성이 낮을 때 효과적

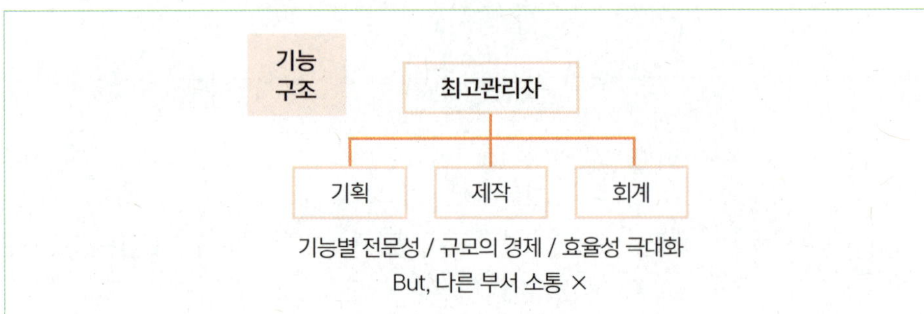

기능 구조	vs	사업 구조
효율성	>	
전문성	>	
자율성	<	
유연성	<	
대응성	<	

(2) 사업 구조

① **개념** : **산출물에 기반**을 두고 각 사업부를 자율적으로 운영하는 구조

② **장점**

㉠ 각 사업부서는 **독자적으로 필요한 기능(기획 · 제작 · 회계 등)**을 가진 자기완결적 구조이기 때문에, **사업부서 내의 기능 간 조정이 용이**

㉡ 환경의 불확실성, 비정형적 기술, 외부지향적인 조직목표를 가진 조직에 유리

③ **단점**

㉠ 기능구조와는 달리 **기술적 전문성이 저하**될 수 있으며, **사업부서 간 갈등**도 존재

㉡ 사업부서 간 **기능 중복**과 **규모의 비경제**로 인해 비효율성이 발생

사업
구조

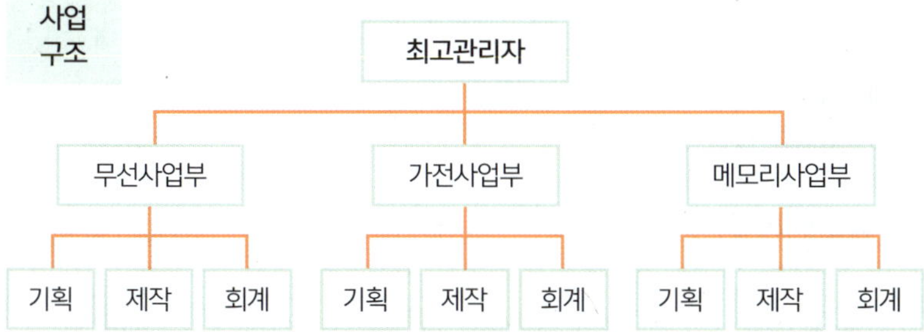

산출물 기반 / 사업부 자율성
But, 기능 중복, 사업부 간 갈등

기능 구조 VS 사업 구조

기능 구조	사업 구조
안정적 환경 일상적 기술 내적 능률성 기능별 전문지식 수직적 계층제에 의한 통제 수평적 조정 곤란	불확실한 환경 비일상적 기술 외부지향 목표 성과중심 관리 분권화된 자기완결적 조직구조 비용중복, 비전문성

기출 CHECK

1 조직구조의 유형에 대한 설명으로 옳지 않은 것은? 2023 국가직 9급

① 사업(부)구조는 조직의 산출물에 기반을 둔 구조화 방식으로 사업(부) 간 기능 조정이 용이하다.
② 매트릭스구조는 수직적 기능구조에 수평적 사업구조를 결합시켜 조직운영상의 신축성을 확보한다.
③ 네트워크구조는 복수의 조직이 각자의 경계를 넘어 연결고리를 통해 결합 관계를 이루어 환경변화에 대처한다.
④ 수평(팀제)구조는 핵심업무 과정 중심의 구조화 방식으로 부서 사이의 경계를 제거하여 의사소통을 원활하게 한다.

① x 사업구조의 경우 각 사업부서가 독자적으로 필요한 기능을 갖고 있기 때문에 사업부서 내에서의 기능 조정은 유리하지만, 다른 사업부서 간의 기능 조정은 여전히 곤란하다는 한계가 있다.
② o 매트릭스구조는 대표적인 유기적 구조로, 기능구조의 전문성과 사업부서의 신속한 대응성을 결합시킨다.
③ o 네트워크 구조는 여러 개의 조직 단위가 유동적으로 결합한 유기적 구조로, 업무처리의 신속성과 유연성을 확보하는 데 유리하다.
④ o 수평구조는 팀조직으로, 구성원들을 핵심적인 업무과정 중심으로 조직화한 구조이다. 수직적 계층과 부서 간 경계를 제거하는 유기적 구조의 특징을 갖는다.

정답 ①

체크포인트

기능구조와 사업구조의 특성을 비교하는 문제가 빈번하게 출제됩니다. 기능구조의 문제점을 개선하기 위한 구조가 사업구조이기 때문에, 기능구조의 어떤 단점을 사업구조가 보완하고 있는지가 가장 중요한 출제포인트입니다. 그럼에도 불구하고 여전히 사업구조에 어떤 문제점이 남아있는지 역시 중요할 것이니, 같이 정리해두어야 합니다.

2 매트릭스 구조(matrix structure)

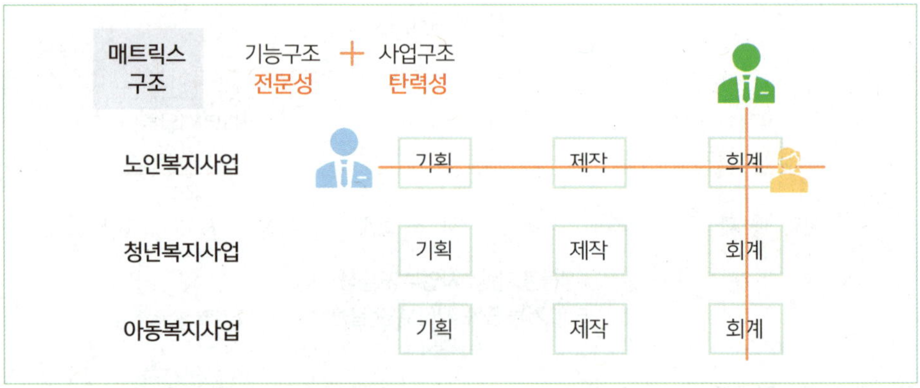

> Ⓧ [7급] 매트릭스 조직은 기능 중심의 수직적 계층구조에 수평적 조직구조를 결합한 조직으로 명령통일의 원리에 부합한다.
> Ⓞ 매트릭스 조직은 기능 중심의 수직적 계층구조에 수평적 조직구조를 결합한 조직으로 명령통일의 원리를 위반한다.(부합한다 ×)

(1) 개념

① **기능구조와 사업구조를 화학적(chemical)으로 결합**한 이중적 구조

② 조직구성원이 기능을 담당하는 상관과 사업을 담당하는 상관에게 모두 보고하는 **이중명령체계**

③ 환경의 불확실성에의 대응을 위해 **기능부서의 전문성과 사업부서의 신속한 대응성**을 결합

(2) 매트릭스 구조 형성 조건

① 조직의 규모가 너무 크거나 너무 작지 않은 **중간 정도**의 크기일 것

② 기술적 전문성이 높고 산출의 변동도 빈번해야 한다는 **이원적 요구**가 강력할 것

③ 조직이 사용하는 **기술이 비일상적**일 것

④ 사업부서들이 사람과 장비 등을 **함께 사용해야 할 필요**가 클 것

(3) 장점

① 수평적 조정 곤란이라는 **기능구조의 단점**과, 비용 중복 및 전문성 부족이라는 **사업구조의 단점을 해소**

② 불확실하고 급변하는 **환경변화에 탄력적으로 대응**하면서, 경직적인 대규모 관료제 조직에 융통성을 부여해 줄 수 있는 조직구조

③ 목표나 과업의 복잡성 또는 불확실성이 높은 경우나 시장성이 불명확한 새로운 제품 생산에 적합

④ 구성원들은 다양한 경험을 통해 전문기술을 개발하면서, 넓은 시야와 목표관을 가질 수 있음.

(4) 단점

의사결정의 지연, 구성원 간의 역할갈등, 역할모호성, 과업조정의 어려움 등이 발생할 우려

(5) 사례

① **특수대학원** : **행정대학원과 같은 특수대학원**이 보유하고 있는 **연구·강의·관리와 같은 기능은 기능별 관리자가 관리**하고(기능구조), **특수대학원 자체의 사업은 특수대학원의 사업관리자가 관리**(사업구조)

② **재외공관** : 중국의 재외공관에서 근무하는 경찰주재관이 수행하는 **재외국민 보호 기능은 외교부의 기능별 관리자가 관리**하고(기능구조), 중국 재외공관 자체의 사업인 **중국과의 외교 사업은 중국 재외공관장이 관리**(사업구조)

기출 CHECK

1 매트릭스(matrix) 조직구조의 특징으로 옳지 않은 것은? 2014 지방직 9급

① 잦은 대면과 회의를 통해 과업조정이 이루어지기 때문에 신속한 결정이 가능하다.
② 구성원들은 다양한 경험을 통해 전문기술을 개발하면서, 넓은 시야와 목표관을 가질 수 있다.
③ 급변하는 환경변화에 탄력적으로 대응할 수 있다.
④ 경직화되어 가는 대규모 관료제 조직에 융통성을 부여해 줄 수 있다.

① x 매트릭스 조직구조는 기능구조의 상관과 사업구조의 상관 모두에게 보고를 해야 하는 복합체계를 가지고 있어서 잦은 대면과 회의가 발생할 수 있는데, 이로 인해서 신속한 결정보다는 결정의 지연이 발생할 가능성이 높다.
② o 매트릭스 조직에서 기능구조와 사업구조에 모두 속해있는 구성원들은 다양한 경험을 할 수 있다. 기능구조의 장점인 전문기술의 개발뿐만 아니라, 사업구조의 장점인 탄력성과 유연함에 따른 넓은 시야 등을 가질 수 있다.
③ o 매트릭스 조직은 기계적 구조인 관료제의 경직성을 보완하기 위해 유연성을 가미한 유기적 조직구조로, 급변하는 환경변화에 탄력적으로 대응하기 용이하다.
④ o 유기적 구조로서의 매트릭스 조직은 대규모 관료제 조직의 경직성에 유연성과 융통성을 부여해 줄 수 있다.

정답 ①

체크포인트
조직유형 중에서 가장 많이 출제되는 주제가 매트릭스 조직입니다. 매트릭스 조직은 기능구조와 사업구조가 결합된 조직이므로, 기계적 구조가 아닌 유기적 구조의 성격입니다. 시험에서는 이처럼 매트릭스 구조가 유기적 구조라는 점을 다양한 문장을 통해 체크하고 있습니다. 명령통일의 원리를 따르지 않는다든지, 비일상적 기술과 어울린다든지 등의 문장을 결국 매트릭스 구조가 유기적 구조라는 의미입니다.

3 수평 구조(horizontal structure) : 팀조직

(1) 개념

구성원을 **핵심적인 업무과정 중심으로 조직화**한 구조

(2) 특징

수직적 계층과 부서 간 경계를 제거하고 구성원들을 팀 단위로 조직화하여, 의사소통과 조정을 용이하게 하고 서비스를 신속히 제공하는 **유기적 구조**

수평구조

핵심업무 중심
계층/경계 제거
신속한 서비스 제공

4 네트워크 구조(network structure)

(1) 개념

① 독립적인 **여러 개의 조직 단위가 유동적으로 결합**한 형태로, 전략 · 계획 · 통제와 같은 **핵심기능만을 수행**하고 **생산 · 집행과 같은 부차기능**은 **다른 조직에 위임**하기 때문에 **공동조직**(hollow organization)이라고도 지칭

② 전통적 위계조직을 대체하는 **유기적 유형**으로, 자유시장적 관점을 수용하여 계층과 조직 간의 벽이 거의 없으며, 부문 간 교류가 활발하게 이뤄지는 조직

(2) 특징

① **공동의 목표** 아래 핵심기능을 수행하는 소규모의 조직을 중심에 두고, **외부계약**을 통해 다수의 협력업체를 네트워크로 묶어 과업 수행

네트워크 구조

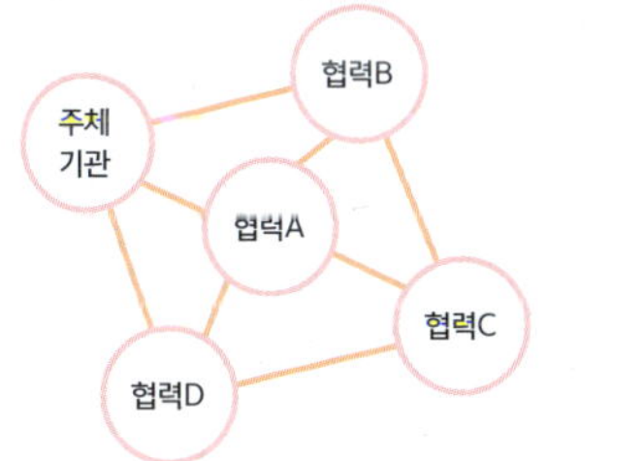

위임
신뢰/협력/개방
But, 책임의 문제

② 네트워크의 개방적 특성은 **변동적이고 불확실한 상황에서 유용**하며, 암묵적 지식이나 기술적 혁신과 같은 무형의 **자산을 이용하고 학습**하는 데 적합

③ 인간을 사회적 관계 속에서 협동을 추구하는 존재로 인식하여 네트워크 구성원들 간의 교류를 통한 **신뢰관계 형성**을 중시

④ 업무처리의 신속성과 유연성을 확보하는 데 유리하며, 수평적 · 공개적 의사전달이 강조되는 동시에 수직적 통합 지향

⑤ 초기 투자 없는 신속한 생산이 가능하며, 전 지구적으로 최고품질과 최저비용의 자원들을 활용할 수 있고, 직접 감독에 필요한 관리인력 불필요

(3) 단점

① 다양한 행위자들이 존재하기 때문에 문제가 발생했을 경우 **책임이 불분명**해질 수 있고, 갈등 해결을 위한 최고 권위가 존재하지 않을 수 있음.

② 여러 개의 조직 단위가 유동적으로 결합된 형태이므로, 기계적 구조인 관료제처럼 **응집력 있고 몰입감 있는 조직문화를 형성하기에는 불리**

③ 외부기관과의 협력이 강화되기 때문에 적절한 관리감독이 이루어지지 않으면 외부기관의 사익추구 행위와 같은 **대리인 문제가 발생**할 가능성

체크포인트

대프트의 조직유형의 개념을 기본적인 수준에서 체크할 수 있습니다. 각 구조를 상대적으로 연결시키시되, 대표적인 키워드를 발견해낼 수 있다면 정확한 풀이가 가능합니다. '규모의 경제'는 기능구조, '자기완결적 기능'은 사업구조, '핵심업무과정'이라면 수평구조, '외부계약관계'라면 네트워크구조가 됩니다. 이처럼 문장을 독해할 때 키워드를 중심으로 강약조절을 할 수 있으려면 꾸준한 훈련이 필요할 것입니다.

기출 CHECK

1 조직구조의 모형에 대한 설명으로 바르게 연결된 것은? 2012 국가직 9급

> ㄱ. 수평적 조정의 필요성이 낮을 때 효과적인 조직구조로서 규모의 경제를 제고할 수 있다.
> ㄴ. 자기완결적 기능을 단위로 기능간 조정이 용이하여 환경변화에 대한 대응이 신축적이다.
> ㄷ. 조직구성원을 핵심 업무과정 중심으로 조직화하는 방식이다.
> ㄹ. 조직 자체 기능은 핵심역량 위주로 하고 여타 기능은 외부계약관계를 통해서 수행한다.

① ㄱ - 사업구조
② ㄴ - 매트릭스구조
③ ㄷ - 수직구조
④ ㄹ - 네트워크구조

ㄱ. 기능구조에 대한 설명이다. 기능구조는 특정 기능별로 부서화한 조직구조이므로 기능별 중복을 방지하고 기능별로 대규모로 생산할 수 있어 규모의 경제를 제고할 수 있다. 기능구조는 철저한 기능별 분업화를 따르기 때문에 수평적 조정이 곤란하며, 따라서 수평적 조정의 필요성이 낮을 경우 효과적으로 활용될 수 있다.
ㄴ. 사업구조에 대한 설명이다. 사업구조는 각각의 사업부가 독자적으로 필요한 기능들을 갖고 있기 때문에 사업부 내에서의 기능 간 조정이 용이하며, 이에 따라 환경변화에 대한 대응도 신축적이다.
ㄷ. 수평구조인 팀조직에 대한 설명이다. 팀조직은 수직적 계층과 부서 간 경계를 제거하고 구성원들을 핵심적인 업무과정 중심으로 조직화한 유기적 구조이다.
ㄹ. 네트워크구조에 대한 설명이다. 독립적인 여러 개의 조직 단위가 유동적으로 결합한 형태로, 중심조직은 전략·계획·통제의 핵심기능을 수행하고 생산·집행과 같은 부차적인 기능은 외부 협력조직에 위임하는 구조이다.

정답 ④

5 유기적 구조(organic structure) : 학습조직(learning organization)

학습조직

지식정보화 시대

구성원의 학습 + 문제해결 + 조직역량

수평/분권/전문가 　 절차 최소화 　 조직적 지식

지식행정 : 지식관리시스템

매뉴얼, 보고서, 프로그램 — **형식지** ← **암묵지** — 숙련된 기능, 개인적 노하우, 조직의 경험

(1) 의미

① 지식정보화시대에 관료제의 대안으로 모색된 조직

② 조직의 모든 구성원이 끊임없이 새로운 지식을 창조 · 습득 · 전파해서, 미래를 만드는 자신의 능력을 지속적으로 확대시키는 조직

(2) 특징

① 조직구조

㉠ **능률성보다는 문제해결**이 필수적 가치로, **기능보다 업무 프로세스** 중심으로 조직을 구조화

㉡ **유기적 · 수평적 · 분권적**이며 업무에 대한 **최소한의 공식화된 절차**를 가지고 있는 조직

② 리더와 구성원

㉠ **리더**에게는 구성원들이 공유할 수 있는 **미래비전을 창조**하는 역할과 **사려 깊은 리더십** 요구

㉡ **조직구성원**에게는 **권한 강화와 학습기회**를 제공하여 불확실한 환경에서 조직 스스로 문제해결을 할 수 있는 기반 형성

㉢ 외부의 특정 전문가를 중시하기보다는 **조직구성원 모두가 맡은 분야의 전문가**가 될 수 있도록 제도적으로 지원

㉣ 공식적 · 정규적인 교육 · 훈련활동보다는 **관계 지향성과 집합적 행동의 장려**를 통한 비공식적 · 비정규적인 학습활동을 강조하며, 참여를 촉진하고 학습을 보상하는 체제 구비

③ 학습

㉠ 자신과 타인의 경험, 정보공유, 시행착오 등을 통한 학습활동을 높게 평가하며, **시행착오를 범하는 과정을 학습이 발생하는 출발점**으로 인식

㉡ 문제 지향적 학습, 집단적 학습, 의식적 학습, 통찰력 등 모든 수준에서 학습이 이뤄지는 **병렬적 학습**

㉢ 공동참여와 공동생산에 기반하며, **적응적 학습**(수동적 · 현재지향적)과 **생성적 학습**(적극적 · 미래지향적)의 의미를 모두 포함

보충

셍그(Senge)의 학습조직

① **학습조직의 개념**

㉠ 규범이 개인적 자치에 의해 결정되고,

㉡ 업무에 대한 의미 부여와 판단은 관리자가 아닌 전문가인 동료들과의 관계 속에서 이뤄지고,

㉢ 초점은 문제의 발견과 해결, 개선을 위한 지식의 습득에 두는 조직

② **학습조직 구축에 필요한 기반**

㉠ **전문적 소양** : 무엇이 중요한지 규명하고 실체를 파악하는 방법을 지속적으로 학습

㉡ **세계관** : 현실인식과 행동양식에 영향을 주는 치밀한 인식 유형과 세계를 보는 관점

㉢ **비전 공유** : 일체감과 사명에 대한 공감대

㉣ **팀학습** : 구성원이 달성하고자 하는 결과를 만들어내는 팀의 역량 구축과 개발

㉤ **시스템적 사고** : 조직의 노력은 상호 연결된 행동의 보이지 않는 구조라고 이해

④ 지식행정 → 지식관리시스템(KMS)

㉠ 개념 : 조직 내 **지식자원의 가치를 극대화**하기 위하여 통합적인 지식관리 프로세스를 지원하는 정보기술시스템을 활용한 관리 방식

㉡ 운영 : 조직구성원의 **지식 자산에 대한 평가 및 보상체계**를 확립하고, 지식을 **조직차원에서 공유**하며, 소프트웨어 등 **정보기술 인프라**를 구축

㉢ 지식을 형식지와 암묵지로 구분할 때, **암묵지를 형식지로 확산**시키는 데 긍정적인 영향

ⓐ 형식지(explicit knowledge) : **문서나 매뉴얼** 등을 통해 외부적으로 표출되어 여러 사람에게 공유될 수 있는 지식

ⓑ 암묵지(tacit knowledge) : **학습과 경험**으로 체화되어 겉으로는 드러나지 않는 지식이나 노하우

관료제 VS 학습조직

구분	관료제	학습조직
가정 상황	조직의 자기정체성 및 안정성	안정적 상태의 상실
목표 확인	계획된 일정 및 단위 부서 통제	공유된 의문과 통합된 인식
행동	합리적 목적	변화를 위한 학습
업무 기초	독점적 권한	공동생산
업무 배분	원자적 구조	관계적 접근
의사결정틀	개인적 학습	조직적 학습
미래행동 기반	최근의 과거 경험	온라인 학습
업무 수행	자율적 행동	집합적 행동
편익	조직적 권력	개인적 권력
지향	업무	설계
관리개선 결과	통제된 생산성	강력한 생산성

9급 23지, 11지
7급 22지, 21지, 19국, 18지, 16국

2 민츠버그(Mintzberg)의 조직성장경로모형 B

(1) 의의

① 민츠버그(Mintzberg) : 조직의 역사 · 규모 · 기술 · 환경 · 권력 등 **상황변수에 의해 조직구조가 결정**되며, 상황변수와 조직구조 간의 적합도(fit)를 높이는 것이 조직효과성을 높이는 방법이라고 주장

② 조직에는 다섯 가지 기본 부문이 있으며, **상황변수에 따라 특정 부문이 강조**되면서 조직구조를 형성

㉠ 전략 부문 : 조직을 가장 포괄적인 관점에서 관리하고 **전략을 형성하는 최고관리층**으로 구성

㉡ 핵심운영 부문 : 조직의 제품이나 서비스를 **생산해 내는 기본적인 일들이 발생**하는 부문

㉢ **중간관리 부문 :** 전략 부문과 핵심운영 부문 간을 직접적으로 연결시키는 라인에 위치한 모든 중간관리자로 구성

㉣ **기술구조 부문 :** 조직 내의 과업 과정과 산출물이 표준화되는 시스템을 설계하는 기술관료(분석가)층으로 구성

㉤ **지원스태프 부문 :** 기본적인 과업 흐름 외에 발생하는 조직의 문제에 대해 지원을 하는 모든 전문가로 구성

(2) 조직 구조 유형

상황요인	**역사**	신생 조직	오래된 조직	가변적	오래된 조직	신생 조직
	규모	소규모	대규모	가변적	대규모	가변적
	기술	단순	비교적 단순	복잡	가변적	매우 복잡
	환경	단순, 동태	단순, 안정	복잡, 안정	단순, 안정	복잡, 동태
	권력	최고관리자	기술관료	전문가	중간관리	전문가

↓

		단순 구조	기계적 관료제 구조(Weber)	전문적 관료제 구조	사업부제 구조 (할거적 구조)	애드호크라시 (임시체제)
강조부문		**전략 부문**	**기술구조 부문**	**핵심운영 부문**	**중간관리 부문**	**지원스태프 부문**
조정방식		직접 감독	과업과정 표준화	작업기술 표준화	산출물 표준화	상호조정
구조요인	**전문화**	낮음	높음	높음	중간	높음
	공식화	낮음	높음	낮음	높음	낮음
	통합·조정	낮음	낮음	높음	낮음	높음
	집권·분권	집권화	제한된 수평적 분권화	수평·수직적 분권화	제한된 수직적 분권화	선택적 분권화
	예시	신생 조직	행정부	학교	재벌조직	연구소

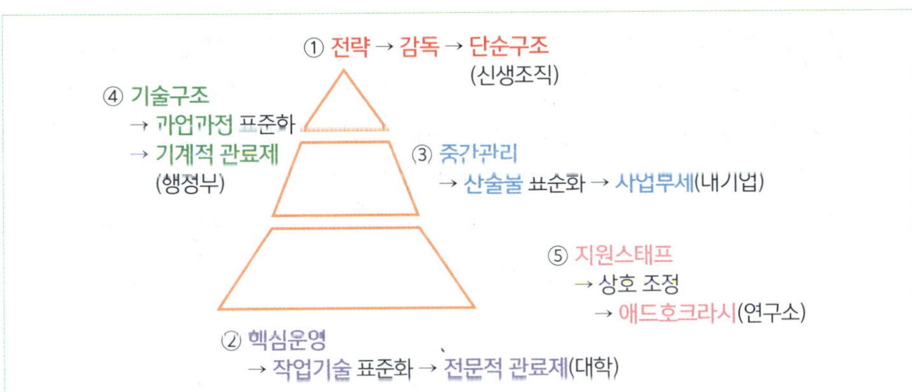

체크포인트
민츠버그의 조직성장경로모형은 9급에서는 빈출되는 주제는 아닙니다. 준비는 해두되, 꼭 필요한 부분에 집중해야 효율적인 학습이 될 것입니다. '강조부문-조정방식-조직구조'의 묶음을 5가지로 정리해둔다면 문제를 해결할 때 많은 도움이 됩니다. 이 중에서도 마지막에 등장하는 애드호크라시는 단독출제도 가능한데, 우리가 이미 학습한 유기적 구조의 특성을 그대로 적용하면 된다는 점을 기억해두면 좋습니다.

기출 CHECK

1 민츠버그(H. Mintzberg)가 제시한 조직구조 유형에 대한 설명으로 옳은 것은? 2011 지방직 9급

① 기계적 관료제(machine bureaucracy)는 막스 베버의 관료제와 유사하다.
② 임시조직(adhocracy)은 대개 단순하고 반복적인 문제를 해결하기 위해 생성된다.
③ 폐쇄체계(closed system)적 관점에서 조직이 수행하는 기능을 기준으로 유형을 분류하였다.
④ 사업부 조직(divisionalized organization)은 기능별, 서비스별 독립성으로 인해 조직전체 공통관리비의 감소효과가 크다.

① O 기술구조 부문이 강조될 때 등장하는 기계적 관료제는 단순하고 안정적인 환경 속에서 대규모 조직의 과업과정을 표준화하는 구조로, 막스 베버가 제시한 근대산업사회의 기계적 구조인 관료제와 유사하다.
② X 임시조직인 애드호크라시는 지원스태프 부문이 강조될 때 등장하는 구조로, 전문적인 문제를 융통성 있고 빠르게 해결하기 위해 수평적인 전문가들로 구성되는 유기적 조직이다.
③ X 민츠버그의 조직성장경로모형은 역사·규모·기술·환경·권력 등 상황변수에 의해 조직구조가 결정된다고 보기 때문에, 환경에 따라 조직구조가 변할 수 있다는 개방체계적 관점을 취한다.
④ X 중간관리 부문이 강조될 때 등장하는 사업부 구조는 각각의 사업부가 필요한 기능들을 모두 독립적으로 갖고 있다. 따라서 조직전체적으로 보았을 때는 기능의 중복이 발생하며, 규모의 경제도 발생하지 않으므로 비용의 절감이 어려워 관리비가 증가한다는 문제점이 발생할 수 있다.

정답 ①

3 애드호크라시(adhocracy) B

(1) **개념***: 관료제의 반대 개념으로, **융통성**이 있고 **적응성**이 높으며 **혁신적**인 성격을 갖는 **유기적인 조직**인 '특별임시위원회'

예 매트릭스 구조, 태스크 포스, 위원회 조직 등

* **베니스(Bennis)의 정의**
다양한 전문기술을 가진 비교적 이질적인 전문가들이 프로젝트를 중심으로 집단을 구성하여 문제를 해결하는, 변화가 빠르며 적응적이며, 일시적인 체계

(2) 특성

① **낮은 수준의 복잡성**: 고도의 수평적 분화가 이뤄진 구조이나, 전문요원들이 행동규범을 내면화하고 있어 감독 필요성이 높지 않아 **수직적 분화는 아주 낮음.**
② **낮은 수준의 공식화**: 규칙이 거의 없어 공식화의 성격이 약한 반면에 전문성이 강하며, 새로운 방법으로 문제를 해결하기 때문에 **표준화가 부적합**
③ **낮은 수준의 집권화**: 거의 모든 의사결정권이 전문가로 구성된 팀에 분화되어 있으며, 지위에 따른 **권위가 아닌 전문지식이 영향력 행사**

(3) 장단점

① **장점**: 신속한 대응 능력, 기술혁신의 촉진, 다양한 전문요원들의 조정 촉진 등
② **단점**
㉠ 업무의 **표준화 결여**로 인한 갈등의 불가피성
㉡ **권한과 책임의 명확한 구분이 없어** 모호성 존재
㉢ 작업 구획과 세분화가 어렵고, 정확성과 편리성이 결여되어 비효율적
㉣ 급속한 변화에 대처하고 책임이 분담된다는 측면에서 스트레스 유발

보충
애드호크라시 적용 가능 상황
① 위험 부담이 크고 다양한 조직전략을 수행해야 하는 경우
② 비일상적이고 동태적이고 복잡한 환경의 경우
③ 조직의 수명주기 가운데 초기 단계인 경우
④ 품질 경쟁이 극심해 제품 자체에 대한 혁신이 요구되는 경우

4 현대적 조직이론 : 거시조직이론 ⑤

	환경결정론	임의론
개별조직	[체제구조적 관점] - 구조적 상황이론	[전략적 선택 관점] - 전략적 선택이론 - 자원의존이론
조직군	[자연적 선택 관점] - 조직경제학 - 조직군 생태학이론	[집단적 행동 관점] - 공동체 생태학이론

9급 23국, 18국, 18지, 17국
7급 24지, 23지, 22지, 21국, 20국, 17국

1 구조적 상황이론(contingency theory)

(1) 의미

① 모든 조직을 동일하게 보는 **폐쇄적 조직이론을 비판**하면서, 조직마다 처한 상황이 다르다고 가정하는 **상황적응적 접근방법**

② 체제론에서와 같이 조직을 일정한 경계를 가지고 환경과 구분되는 체제의 하나로 보면서, **소식과 환경 간의 적합노**가 유지될 경우에 조직의 효과성이 제고된다고 수장

(2) 특징

① 조직에는 유기적 구조와 기계적 구조가 있으며, **어느 형태를 취할 것인지**는 그 조직이 속해 있는 **환경적 특성에 의존**

㉠ **안정된 환경에서는 기계적 구조**를, **안정되지 않은 환경에서는 유기적 구조**를 선택하는 것이 효과적

㉡ 상황변수로 기술 · 규모 · 전략뿐만 아니라 문화도 포함

② 구조적 상황이론은 환경을 고려하는 거대이론인 **체제론을 간단하게 축소하여 적용**하는 모형으로, 특정 집단이나 국가에 한정된 **중범위적 연구방법**을 사용

ⓧ [9급] 상황이론은 모든 상황에서 적용되는 유일·최선의 조직구조를 찾는다.
ⓞ 상황이론에 따르면 모든 상황에서 적용되는 유일·최선의 조직구조는 없다. (유일·최선의 조직구조를 찾는다 ×)

(3) 평가

① **장점** : 가장 지배적인 현대적 조직이론으로, 체제이론적 관점에서 **유일 최고의 방법은 존재하지 않는다**는 점을 주장*

② **단점** : 환경의 영향에 대한 **조직관리자의 역할을 수동적**으로 보면서, 조직관리자가 수행하는 **전략적 선택의 중요성을 무시**한다는 비판 존재

2 조직경제학(organizational economics) : 거래비용이론(윌리엄슨, Williamson)

(1) 의미

① 대리인 이론(agency theory)에 기반한 거래비용이론(transaction cost theory)을 의미하며, 시장 및 위계이론이라고도 지칭

② 본인과 대리인 간의 상충적인 이해관계로 인해 발생하는 **대리손실(agency loss)을 최소화**하는 방안을 조직이론에 적용

(2) 특징

① **환경이 효율성의 추구를 요구**하기 때문에, 조직이 업무를 수행할 때 발생하는 **비용을 최소화**하는 것이 관건

㉠ **거래비용**(transaction cost) : **외부 대리인**에게 업무를 맡겼을 때 그들의 **활동을 통제하는 데 필요한 비용**으로, 통제·감독·거래유지비용 등을 포괄

㉡ **조정비용**(coordination cost) : 외부 대리인을 활용하지 않고 기존 조직인 **관료적 계층제 내부**에서 업무를 수행할 때 발생하는 비용

② **거래비용과 조정비용을 비교**하여 그에 맞는 선택을 하는 것이 필요

㉠ **조정비용이 거래비용보다 크다면,** 내부 계층제를 활용하는 것보다 시장에서 **외부 대리인을 활용하는 외부화 전략**이 유리

㉡ **거래비용이 조정비용보다 크다면,** 거래비용을 최소화하기 위해 **외부 대리인을 내부화**하는 전략이 효과적

ⓐ 외부 대리인에 대한 **수직적 결합이나 합병과 같은 내부화 전략**을 통해 외부 대리인에 대한 **통제·감독비용 등의 거래비용을 절감**

ⓑ 외부 대리인의 **기회주의적 행동을 제어**하기 위해서는 해당 대리인을 외부에 두는 것보다는 **내부에 결합하여 감시**하는 방식 더욱 효율적

ⓒ 기업들이 수직적 결합과 합병 등 **내부화 전략을 통한 대규모화를 추구**하는 이유는 **거래비용의 최소화**를 위한 행위

(3) 비판

① 조직의 계서제적 구조와 수직적 통합은 효율성 때문이 아니라 **과점적 통제를 은폐**하기 위한 전략으로 활용

② 사회적 비용, 형평성, 이타주의적 인간관 등을 고려하지 못한다는 점에서 **공공조직 적용에는 한계**

---

*

① **동일귀착성**(equifinality) : 최종 상태에 도달하는 데 다양한 방법이 가능하다는 원리

② **필요다양성**(requisite variety) : 체제가 직면한 환경의 복잡성만큼 체제 내부구조도 다양해야 한다는 원리

X [7급] 기회주의적 행동을 제어하는 데에는 시장이 계층제보다 효율적인 수단이다.

O 대리인의 기회주의적 행동을 제어하는 데에는 내부의 계층제(시장 ×)가 외부의 시장(계층제 ×)보다 효율적인 수단이다.

보충

거래비용이론의 적용

① **윌리엄슨** : M형 구조(multidivisionalized form, 사업조직)가 U형 구조(unitary form, 기능조직)보다 효율적 구조

㉠ **U형(기능조직)** : 조직 규모가 확대되고 사업 영역이 다양화됨에 따라 개별 부서의 목표만을 추구하는 등 부문 간 조정 곤란

㉡ **M형(사업조직)** : 사업별로 이익극대화를 위한 합리적 행동을 추구하므로, 대규모 조직에서 발생하기 쉬운 불합리한 요인들이 제거되며 조정 용이

② 오스트롬(Ostrom)의 다중공공관료제, 민츠버그(Mintzberg)의 분화 형태 등이 M형 구조와 유사하며, 오우치(Ouchi)는 M형 가설의 사회 전체 적용 주장

3 조직군 생태학이론(population ecology theory)

(1) 의미

① 생물학의 자연도태이론을 적용하여, **분석 수준을 개별 조직에서 조직군으로 이동**시킨 이론

② 조직군 내의 개별 조직들이 생성하고 소멸하는 비율에 영향을 미치는 요소들을 설명하려고 시도

③ 개별 조직은 **외부 환경의 선택에 좌우되는 수동적 존재**로, 환경의 절대성이 강조되는 **극단적 환경결정론적 관점** → 전략적 선택과 집단적 행동의 중요성 경시

(2) 전제

① 조직학의 지배적 관점인 적응관에 따르면 조직은 '구조적 타성'에 빠지기 쉽기 때문에, **적응의 관점이 아닌 선택의 관점**을 중시

② **동형화의 원칙**(principle of isomorphism) : 조직구조와 환경적소(環境適所)* 간에 1:1의 관계가 존재하며, 조직구조는 환경적소에 편입되거나 도태

③ 환경 변화가 빈번하거나 장기적일 경우 조직의 적응 결과에 대한 예측이 어렵기 때문에, 단기적으로 합리적인 전략도 장기적으로는 비합리적일 수 있음.

* 환경적소(environmental niche)
- 특정 조직군이 다른 조직군과 경쟁하여 생존할 수 있는 공간
- 초기 조직들이 서식하는 적소의 규모는 대개 작으며, 시간이 흐름에 따라 조직이 성공하게 되면 적소의 규모도 확장
- 적절한 적소를 발견하지 못한 조직은 쇠퇴하거나 도태

심화 조직군 변화과정

1. 변이(variation) : 새로운 조직 형태가 조직군 안에 출현
   ① 계획적 변화 : 환경에 대한 적응이나 전략적 선택(구조적 상황이론·자원의존이론 등)
   ② 우연적 변화 : 조직군 생태학이론에서 추가된 것으로, 우연한 사건이나 행운
2. 선택(selection) : 변이가 발생한 조직구조는 환경과의 적합도 수준에 따라 환경에 편입되거나 도태되는 '동형화의 원칙'
   ① 환경의 필요를 충족시키는 조직변이 : 생존에 필요한 자원을 환경으로부터 공급받아 생존 → 환경적소 편입
   ② 환경의 필요를 충족시키지 못하는 조직변이 : 도태되어 사멸
3. 보존(retention) : 선택된 조직이 환경에 제도화되어 유지되는 것으로, 보존 메커니즘 중 하나인 관료제화는 구조적 타성을 유발시켜 조직의 적응성을 저하

4 임의론적 관점

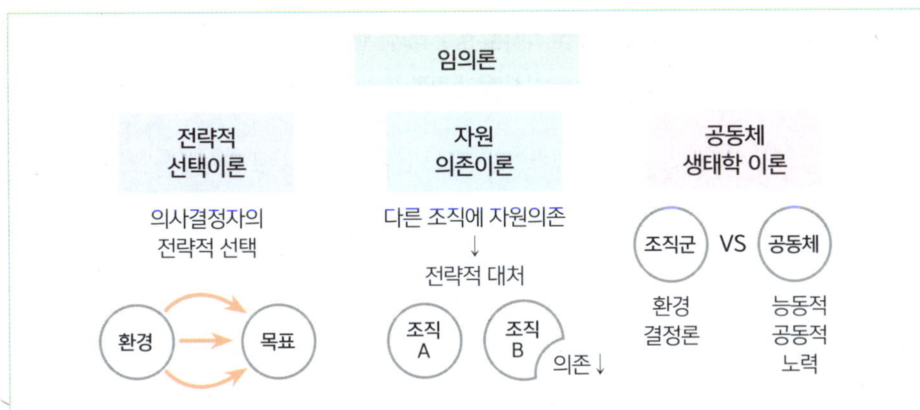

(1) 전략적 선택이론

① 조직의 구조를 설계하는 **의사결정자의 역할을 강조**

② 전략적 선택의 중요성을 무시한 **구조적 상황이론을 비판**하면서 대두

㉠ 이인동과성(equifinality) : 조직과 환경은 어느 정도 느슨하게 연결되어 있고, 동일한 환경하에서도 주어진 목표에 도달할 수 있는 방법은 다양

㉡ 상황판단과 전략 : 상황에 적합한 조직 설계 외에도, 기술혁신이나 동기부여 등 여러 대안들이 존재하며, 이에 대해 관리자는 재량을 갖고 전략적 선택

㉢ 환경 그 자체보다도 조직과 환경의 연결 역할을 하는 **관리자의 환경에 대한 인지와 가치관이 중요**하기 때문에, 구조적 상황이론이 전제하는 것처럼 조직과 환경이 긴밀하게 연결된 것으로 볼 수 없음.

(2) 자원의존이론

① 조직의 목표는 환경으로부터 희소한 자원을 공급받을 때 **다른 조직에 대한 의존도를 최소화**하고, **자원 확보를 위해 다른 조직에 영향을 미치는 방법**을 찾는 것

② 구조적 상황이론을 발전시킨 이론으로, **조직은 주도적 · 능동적으로 환경에 대처**하며, 그 환경을 조직에 유리하도록 관리하려는 존재로 전제

㉠ 조직은 상황에 단지 반응하는 것이 아니라 전략적인 조정을 통해 상황적 제약 조건들을 어느 정도까지는 완화시킬 수 있는 존재

㉡ 정책결정자의 환경에 대한 선택적 인식과 전략적 선택을 강조한다는 점에서 전략적 선택이론의 범주에 속한다고도 볼 수 있음.

ⓧ [7급] 조직군 생태학은 조직을 외부환경의 선택에 영향을 받을 뿐만 아니라 적극적으로 영향을 끼치는 능동적인 존재로 이해한다.

ⓞ 공동체 생태학(조직군 생태학 ×)은 조직을 외부환경의 선택에 영향을 받을 뿐만 아니라 적극적으로 영향을 끼치는 능동적인 존재로 이해한다.

(3) 공동체 생태학이론

① 조직을 생태학적 공동체 속에서 상호의존적인 조직군들의 한 구성원으로 파악하고, 이에 따른 조직의 행동과 환경 적응 과정을 설명하려는 **가장 거시적인 관점**

② 조직군 생태학이론처럼 거시적인 분석 수준을 택하고 있으나,

㉠ 환경결정론적 관점인 조직군 생태학이론과는 달리,

㉡ 공동체 생태학이론은 조직들의 **능동적이고 공동적인 노력**에 초점

③ 자원의존이론처럼 조직 간 관계에 대한 논의를 전개하나,

㉠ 자원의존이론이 개별 조직에 초점을 맞추고 자원의존 탈피를 위한 전략적 수단으로서 조직 간 네트워크를 고려하고 있는 것과 달리,

㉡ 공동체 생태학이론은 좀 더 거시적인 **조직 간 관계 그 자체에 연구**의 초점

기출 CHECK

1 조직이론에 대한 설명으로 옳지 않은 것은? 2017 국가직 9급

① 자원의존이론에 따르면, 조직은 환경으로부터 필요한 자원을 획득하기 위하여 환경에 피동적으로 순응하여야 한다.

② 주인-대리인이론에 따르면, 주인과 대리인 간에는 정보의 비대칭으로 인해 대리인의 도덕적 해이와 주인의 역선택이 발생할 수 있다.

③ 거래비용이론에 따르면, 시장의 자발적인 교환행위에서 발생하는 거래비용이 관료제의 조정비용보다 클 경우 거래를 내부화하는 것이 효율적이다.

④ 상황론적 조직이론에 따르면, 모든 상황에 적용되는 유일·최선의 조직구조나 관리방법은 없다.

① x 자원의존이론은 임의론 중 하나로, 다른 조직에 대한 의존도를 최소화하기 위한 전략을 적극적으로 찾으려는 접근방법이다. 따라서 조직이 환경에 피동적으로 순응하는 것이 아니라 주도적이고 능동적으로 대처하면서, 환경을 조직에 유리하도록 관리하는 존재라고 본다.

② o 주인-대리인 이론은 주인과 대리인 간의 정보 비대칭으로 인해 주인이 잘못된 대리인을 뽑는 역선택이나 대리인이 자신의 이익을 위해 행동하는 도덕적 해이가 발생할 수 있다고 본다. 주인-대리인 이론은 대리인을 선택하고 감시하기 위한 거래비용에 주목한다는 점에서 거래비용이론(조직경제학)에 영향을 주게 된다.

③ o 거래비용이론은 관료제 내부에서 문제를 해결할 때 필요한 조정비용과, 외부 대리인을 활용하여 문제를 해결할 때 필요한 거래비용을 비교한다. 거래비용이 조정비용보다 클 때는, 외부 대리인과 거래하고 감시하기 위한 거래비용을 최소화하기 위해 외부 대리인을 내부로 결합하는 거래의 내부화가 효과적이다. 수직적 결합이나 합병이 거래의 내부화의 사례가 된다.

④ o 상황론적 조직이론은 환경결정론으로, 조직의 형태는 환경에 의해 결정된다고 보기 때문에 모든 상황에 적용되는 유일 최고의 방법은 존재하지 않는다고 본다.

정답 ①

체크포인트

거시조직이론에서 많이 출제되는 주제는 조직경제학(거래비용이론), 조직군생태론, 자원의존이론입니다. 조직경제학에서는 거래비용과 조정비용의 비교를 통한 조직의 선택에, 조직군생태론은 공동체생태론과의 비교, 자원의존이론은 환경결정론이 아닌 임의론이라는 것에 출제포인트가 맞춰져 있습니다. 이렇게 세 주제는 오답선지로 구성될 가능성이 높습니다.

PART 3

5 지식정보화 사회의 조직 C

1 혼돈이론(chaos theory)

9급 25지, 11지
7급 11지

(1) 특징

① 혼돈 체제는 안정 상태를 보이는 **평형 상태**와, 모든 체제에 내재된 결정론적 혼돈 행태를 보이는 **비평형 상태를 포괄하는 체제**

② 비평형 상태에서는 **작은 요동들**이 체제의 구조를 파괴하는 **거대한 파동으로 증폭**되어 혁명적인 변화 초래

③ 작은 입력으로 막대한 효과를 유발시키는 **비선형 관계, 순환고리적 상호 관계**, 시간의 흐름에 더욱 민감한 **일시성** 등에 주목

④ 잡음에 의한 무질서와 달리, **질서는 혼돈의 일부**

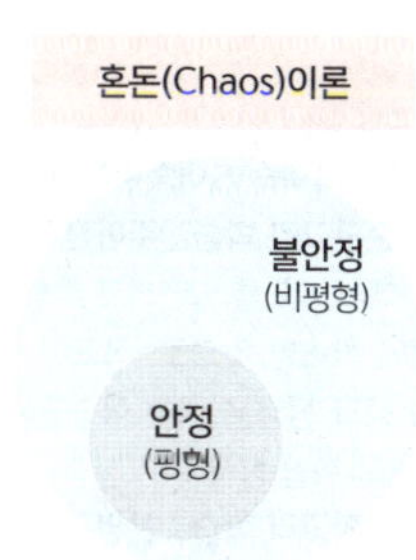

작은 요동 → 거대한 파동

비선형 / 순환고리적 상호관계

질서는 혼돈의 일부
→ 수용&자기혁신 기회

(2) 전제

① **개방 체제** : 인간 체제를 포함한 사회 체제는 환경을 통해 물질과 에너지를 받고, 다시 환경으로 산출

② **비선형 체제** : 개인의 행태와 조직의 행동은 특정 변수에 비선형적 효과를 유발

(3) 균형모형 비판

① 균형모형(체제론)에서는 체제의 균형을 파괴할 우려가 있는 변화를 위기로 인식하지만, **비균형모형에서는 자기 혁신의 기회**로 활용

② 균형모형은 체제와 환경에 경계가 있다고 주장하지만, 혼돈이론에서의 **환경은 체제의 일부분**이며, **체제는 살아 있는 유기체**라고 인식

㉠ 체제는 자율성 · 순환성 · 자기준거성을 기반으로, 자기창조적이고 자기혁신적으로 자생(autopoiesis)하는 능력 보유

㉡ 체제는 스스로의 자기 생산을 촉진시키는 방식으로 환경과 상호작용

2 혼돈이론에서의 조직

(1) 자기조직화(self-organization)

① 조직의 **완전성을 유지**하기 위해 계속해서 **스스로 새로워지려는 특성**으로, 조직이 조직 그 자체를 만들어간다는 진화 과정에 초점

② 자기조직화 관점에서 보면 무질서와 혼돈에서 초래되는 요동은 새로운 동태적 질서를 추구할 수 있는 기회

③ **혼돈과 복잡성**이라는 현대 사회의 특징은 조직이 해결해야 할 대상이라기보다는, 조직이 '자기조직화'를 통해 **적응하고 공존해 나가야 할 과정**

(2) 자기조직화 실현방법 → 홀로그래픽 조직설계(holographic design)

① **전체로써 기능할 수 있는 구조가 조직의 각 부문에 존재하는 설계**로, 조직 전체가 자기조직화를 통한 지속적인 재탄생 가능

② **홀로그래픽 조직의 성공 원칙**

㉠ **가외성의 원칙** : 관료제적 전문화 원칙에 어긋난 것이지만, 자기조직화를 위한 창의성, 대응성, 신뢰성, 융통성을 확보

㉡ **필요다양성의 원칙** : 환경에 의해 제기된 문제의 다양성과 복잡성에 대처하기 위해서는, 체제의 내부적 다양성이 필요

㉢ **최소한의 구체화 원칙** : 절대적으로 필요한 핵심적인 상황 이외에는 세부적인 표준운영 절차 지정 금지(재량권의 남용 부작용 초래 가능)

㉣ **학습을 위한 학습 원칙** : 재량권 남용과 같은 부작용 방지를 위한 것으로, **이중 순환고리 학습** 능력에 의존(제안 제도, 내부자 고발, 개방적 관료제 확립 등)

(3) 자기조직화 평가

① **장점** : 자기조직화를 통해 조직학습을 창출할 수 있는 방법과 지식정보사회에서 필요한 조직의 진화 방향을 제시

② **단점** : 변화에 저항하려는 조직의 정치적 속성과 충돌할 수 있으며, 실제 적용이 어려운 이상에 불과

자기 조직화

스스로 새로워지려는 특성

↓

홀로그래픽 조직설계

조직 각 부문이 전체로 기능

입체적 조직설계

보충

단순순환고리 학습 VS 이중순환고리 학습

- **단순 순환고리 학습** : 주어진 운영규범 하에서 착오를 발견하고 수정하는 능력에 기초한 것으로, 목표에 대한 조직 성과 점검을 위한 학습활동 → 관료제의 학습 방식
- **이중 순환고리 학습** : 운영규범의 적절성에 의문을 가져봄으로써 상황에 대한 이중적인 관찰을 할 수 있는 능력에 의존하는 학습활동

심화 지식정보사회 조직의 기타 유형

1. 삼엽조직
   ① 정규직원을 소규모로 유지하면서도 산출의 극대화를 도모하는 조직
   ② 소규모 전문직 근로자, 계약직 근로자, 신축적 근로자로 구성된 조직
2. 가상조직
   ① 전자적 연계에 의존하는 지리적으로 분산된 조직 단위의 일시적·지속적 집합
   ② 분산성, 권한위임, 끊임없는 변화의 수용, 상호 의존성, 총체적 연계성의 특징
3. 자생조직
   사이버네틱스에 토대를 두고 있는 유형으로, 환경 변화에 바람직하게 조직의 상태 및 산출물 조정
4. 공동(hollow)조직
   민영화·민간위탁이 선호되고 정부는 기획·조정·통제·감독 등 핵심적 기능으로 축소
5. 후기기업가조직
   ① 경직적 구조에 얽매이지 않고 좀 더 유연하고 신축적인 조직이 되어야 함을 강조 → '이음매 없는 조직(Seamless organization)'과 유사
   ② 신속한 행동, 창의적 탐색, 신축성, 직원과 고객과의 밀접한 관계 등을 강조하는 조직형태
6. 이음매 없는 조직(린덴)
   '경계 없는 조직'이라는 의미로, 다양하고 완전한 통합 서비스를 제공하는 유기적 조직

	분산적 조직 (fragmented organization)	이음매 없는 조직 (seamless organization)
성격	기계적 구조	유기적 구조
직무	협소·단편·구획	폭넓음
자율성	낮음	높음
업적평가	투입 중심	성과와 만족 중심
기술	통제지향	분권지향
내부구조	기능 분산	통합과정
시간 감수성	둔감함	예민함
역할구분	구분이 뚜렷함	명확성 낮음
산출특성	표준화	소비자중심

보충

그림자국가
준정부기관 등이 공공서비스를 생산하고 공급하되, 정부가 그림자처럼 통제와 감독권을 행사하는 조직 형태

9급 15국, 13지
7급 23국, 17국, 15국

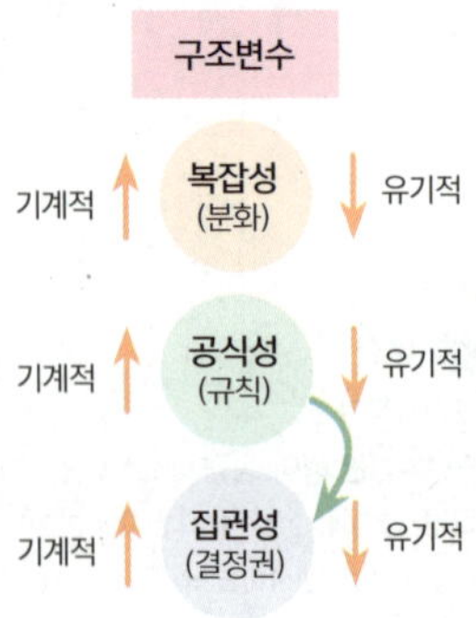

3 기계적 구조 VS 유기적 구조

1 구조 변수 : 복잡성·공식성·집권화 B

기계적 구조의 복잡성 · 공식성 · 집권화 > 유기적 구조의 복잡성 · 공식성 · 집권화

1 복잡성

(1) 개념

조직이 **얼마나 나누어지고 흩어져 있는가**의 **분화 정도**(degree of differentiation)로, 조직이 인적 · 물적 자원을 과업에 할당하고 업무와 권위를 세분화하는 과정

(2) 종류

① **수평적 분화**(horizontal differentiation) : 단위 부서 사이의 횡적 분화 정도로, 조직이 수행하는 업무의 세분화

② **수직적 분화**(vertical differentiation) : 조직의 계층화 정도

③ **공간적 분화** : 조직의 시설과 구성원이 물리적으로 분리되어 있는 정도

2 공식성

(1) 개념

① 구성원들의 업무와 행동을 미리 **규칙이나 절차로 규정해 두는 정도**로, 업무의 흐름을 규정하는 표준화와 규칙과 절차를 강조하는 관료제의 개념 포괄

② 공식화가 높다는 것은 개인의 재량권과 분권화의 수준이 낮다는 것을 의미하므로, **공식화의 정도는 집권화 · 분권화의 정도와 깊은 상관관계**

(2) 장점

① 조직구성원의 행동을 정형화하여 통제를 용이하게 하고, 예측가능성이 향상되며, 표준화된 지침으로 인해 혼란과 분쟁 감소

② 구성원들의 자유재량은 더 많은 판단력이 요구되는 등 비용을 증가시킬 수 있으나, 문서화된 절차에 의한 업무 수행은 자유재량에 따른 비용 감소

(3) 단점

① 조직구성원들의 자율성이 축소되고, 모든 것을 문서에 의존하는 문서주의 야기

② 규칙 준수의 강요, 조직구성원의 기계화와 소외감 증대, 변화에 대한 기피 등 관료제의 병리 현상 만연

3 집권화 · 분권화

(1) 개념

① **집권화**는 의사결정의 권한이 **조직계층의 상부에 집중**되는 것을 의미하고, **분권화**는 의사결정이 **조직계층의 하부에 위임**되는 것

② 조직 내 자원 배분과 직무수행에 관련된 의사결정에 대한 상하직위 간의 권한 분배 정도

(2) 형성 요인

집권화의 형성 요인	분권화의 형성 요인
① 조직의 규모가 작을수록(최고관리자 직접 관리 가능) ② 역사가 짧을수록(선례가 없어 설립자의 지시에 의존) ③ 위기의 발생 ④ 특정 개인의 리더십에 의존하는 정도가 높을수록 ⑤ 하급조직구성원의 자주적 관리 능력이 부족할수록 ⑥ 특정한 활동의 전문화가 필요한 경우 ⑦ 결정 사항의 중요도가 높을수록 ⑧ 교통·통신의 발달(상급자에게 필요한 정보 집중) ⑨ 정부 조직이 집권적이면서, 집권적으로 통제할수록	① 최고관리자가 장기계획에 집중할수록 ② 업무를 신속하게 처리할 필요가 있는 경우 ③ 관리자를 육성하고 동기를 부여하고자 하는 분위기 ④ 조직의 규모가 커지고 복잡성이 높아질수록 ⑤ 급격한 기술발전과 대량생산 체계를 갖출수록 ⑥ 조직이 처한 환경이 동태적이고 복잡할수록 ⑦ 지역의 특수성을 고려할수록 ⑧ 시기의 적절성을 고려할수록 ⑨ 분권화를 이끌 수 있는 유능한 관리자가 많을수록

(3) 집권화

① 장점

㉠ 집권화는 신속한 위기 대처를 가능하게 해 경비 절약에 도움이 되고, 집권화에 의한 통일성의 촉진은 부문 간 성과 비교에 용이

㉡ 집권화에 따라 권력이 집중된 최고관리층이 전문가의 능력을 충분히 활용할 수 있어서 조직의 전문화를 높이는 데 기여

㉢ 집권화는 통합·조정의 역할을 효과적으로 수행하여 행정 기능의 중복과 혼란을 피할 수 있고 분열을 억제

② 단점

㉠ 조직의 관료주의·권위주의·형식주의·획일주의를 초래하고, 모든 결정권이 최고관리자에게 집중되어 구성원들의 창의력 발휘를 억제

㉡ 조직의 규모가 커지고 관리 기술이 복잡해지면서 집권화 적용에 한계

X [7급] 고객에 대한 신속한 서비스 제공 요구는 집권화를 촉진한다.

O 고객에 대한 신속한 서비스 제공 요구는 분권화(집권화 ×)를 촉진한다.

(4) 분권화

① 장점

㉠ 대규모의 조직에 효용이 크며, 권한의 위임을 통해 최고 관리층의 업무를 감소시켜 좀 더 중요한 일에 전념할 수 있도록 기여

㉡ 분권화에 따라 의사결정 기간이 단축되어 신속한 업무처리 가능

㉢ 참여의식을 권장하고 자발적 협조를 유도하며, 조직 내 자유로운 의사전달을 통해 구성원들의 민주성·만족감·사기 제고

㉣ 현장의 관리자들에 의한 직접 업무 수행으로 실정에 맞는 업무 처리 가능

② 단점

㉠ 중앙의 지휘·감독이 약화되고, 업무의 중복이 초래되며, 조직구성원들의 힘이 분산됨에 따라 협동심이 감소되어 조정이 어려워질 수 있음.

㉡ 전문직 양성보다는 현장 업무 경험을 강조하기 때문에 전문화가 어려울 뿐 아니라 전문직의 기술을 활용하는 것도 어려움.

심화 조직을 바라보는 8가지 시각(모건)

① 기계장치로서 조직 : 테일러의 과학적 관리론, 페이욜의 일반관리원칙, 베버의 이념형 관료제
② 유기체로서 조직 : 1930년대 호손실험, 머슬로의 욕구계층 5단계, 민츠버그의 조직성장경로이론
③ 두뇌로서 조직 : 작은 변화를 통한 끊임없는 개선(사이먼의 제한된 합리성, 사이버네틱스 모형, 학습조직, 홀로그래픽적 조직)
④ 문화로서 조직 : 조직구성원의 마음 속에서 사회적으로 구성되는 현실
⑤ 정치적 존재로서 조직 : 조직은 상호 대립적인 이익을 추구하는 다양한 세력의 경쟁과 갈등의 장이자 타협을 이뤄가는 장
⑥ 심리적 감옥으로서 조직 : 스스로 만들어 놓고도 그 속에 갇혀버리고 마는 심리적 감옥으로, 무의식 또는 무기력과 관련
⑦ 변화와 흐름으로서 조직 : 끊임없는 변화의 소용돌이 속에 있으므로 예측하고 통제하는 것이 불가능
⑧ 지배를 위한 도구로서 조직 : 지배계층이 자신의 이익을 위해 피지배계층을 조종하고 착취하는 존재

체크포인트

구조변수와 관련해서 공식화와 집권화 간의 긍정적인 상관관계를 알고 있는지 종종 물어볼 것입니다. 또한 이렇게 단순한 방식이 아니라, 문제에서처럼 '조직구성원들이 재량이 증가한다'는 방식으로 표현을 살짝 바꿔서 물어볼 수도 있습니다. 구성원들의 재량이 증가한다는 것은 집권화가 아닌 분권화라는 것을 해석할 수 있어야 하는 것입니다. 이처럼 행정학은 기출된 표현들을 꼼꼼하게 해석하면서, 이 표현이 결국 어떤 본질을 체크하고 있는지 정리해 두어야 합니다.

기출 CHECK

1 조직구조에 대한 설명으로 옳지 않은 것은? 2013 지방직 9급

① 공식화(formalization)의 수준이 높을수록 조직구성원들의 재량이 증가한다.
② 통솔범위(span of control)가 넓은 조직은 일반적으로 저층 구조의 형태를 보인다.
③ 집권화(centralization)의 수준이 높은 조직의 의사결정권한은 조직의 상층부에 집중된다.
④ 명령체계(chain of command)는 조직 내 구성원을 연결하는 연속된 권한의 흐름으로, 누가 누구에게 보고하는지를 결정한다.

① x 공식화란 구성원들의 업무와 행동을 미리 규칙이나 절차로 규정해 두는 정도이다. 공식화의 수준이 높을수록 구성원들의 재량은 감소하고 규칙에 의한 과업 수행의 비중이 높아진다. 이는 공식화가 증가할수록 분권화가 감소하고, 집권화가 증가한다는 의미이다.
② o 통솔범위란 상급 관리자가 하급 구성원들을 거느리고 있는 정도이다. 통솔범위가 넓은 조직은 하급 구성원들이 수평적으로 넓게 퍼져 있는 것이므로 계층의 수가 적은 저층 구조의 형태가 나타난다. 반면 통솔범위가 좁은 조직은 하급 구성원들이 수직적으로 좁게 집중되어 있는 것이므로 계층의 수가 많은 고층 구조의 형태가 나타난다.
③ o 집권화란 의사결정의 권한이 조직계층의 상부에 집중되는 것을 의미하므로, 집권화가 높은 조직의 의사결정권한은 조직의 상층부에 집중된다. 집권화의 반대는 분권화로, 분권화가 높은 조직의 의사결정권한은 모든 조직구성원들에게 골고루 위임된다.
④ o 명령체계란 계층제에서 발생하는 보고 시스템으로, 하급 구성원이 상급 관리자에게 연속적으로 보고하는 권한의 흐름이다.

정답 ①

2 외부환경의 불확실성에 대응하는 조직구조상의 특징에 따라 기계적 조직과 유기적 조직으로 구분하는 경우에, 유기적 조직의 특성에 해당하는 것만을 모두 고른 것은? 2015 국가직 9급

ㄱ. 넓은 직무범위	ㄴ. 분명한 책임관계
ㄷ. 몰인간적 대면관계	ㄹ. 다원화된 의사소통채널
ㅁ. 높은 공식화 수준	ㅂ. 모호한 책임관계

① ㄱ, ㄹ, ㅂ　　② ㄴ, ㄷ, ㅁ
③ ㄴ, ㄹ, ㅁ　　④ ㄱ, ㄷ, ㅂ

ㄱ. O 유기적 조직은 기계적 조직보다 공식화의 정도가 낮다. 규칙과 절차가 아닌 재량의 범위가 커지기 때문에, 구성원의 직무 범위는 넓어진다.

ㄴ. X 유기적 조직은 기계적 조직보다 공식화의 정도가 낮기 때문에, 엄격한 규칙과 절차에 따른 분명한 책임관계가 발생하지 않는다. 유기적 조직은 하위 구성원에게 폭넓은 재량을 위임하기 때문에, 책임을 질 일이 발생했을 때 조직구성원 간 갈등이 생길 여지가 있다.

ㄷ. X 기계적 조직은 공식화의 정도가 높기 때문에 규칙과 절차에 의해서만 업무를 수행하고, 인간적인 감정이나 인간관계에 따른 자의적 업무 수행은 엄격히 금지된다. 따라서 몰인간적 대면관계는 유기적 조직이 아닌, 기계적 조직의 특성이다.

ㄹ. O 유기적 조직은 기계적 조직보다 집권화의 정도가 낮고, 분권화의 정도는 높다. 기계적 조직이 조직 상층부에 의사결정 권한이 집중되어 있는 상명하복의 구조라면, 유기적 조직은 분권화되고 다원화된 의사소통채널을 통해 조직 전체 구성원들의 참여를 강조한다.

ㅁ. X 유기적 조직은 기계적 조직보다 복잡성, 공식화, 집권화의 정도가 모두 낮다.

ㅂ. O 유기적 조직의 낮은 공식화에 따른 광범위한 재량은, 명확한 규정에 따라 조직 구성원 간 업무 분담을 엄격하게 하는 기계적 조직보다 모호한 책임관계를 발생시키는 한계가 있다. 정답 ①

체크포인트

결국 조직구조는 기계적 구조냐, 유기적 구조냐의 결론으로 정리됩니다. 기계적 구조와 유기적 구조는 수험적으로 정반대의 성격을 갖고 있다고 보셔도 크게 문제가 없습니다. 따라서 출제된 표현이나 키워드가 두 구조 중에서 어디에 해당하는지를 상대적으로 판단하시는 것이 중요합니다. 유기적 구조의 특징을 물어보더라도, 기계적 구조의 특징을 제거하면 된다는 의미입니다.

PART 3

2 상황 변수 : 규모·기술·환경 B

9급 20지
7급 24국, 22국, 21지, 19국

1 규모

(1) 개념

① 전통적으로 조직의 규모는 조직구조에 큰 영향을 미치는 것으로 인식되었으며, 일반적으로 '조직구성원의 총수'를 조직 규모를 나타내는 지표로 정의

② 구조주의자들은 조직구조에 대한 조직 규모의 절대적 영향을 주장하기도 하지만, 이를 반박하는 견해들도 존재

상황변수 : 규모

복잡성 (분화) ↑

공식성 (규칙) ↑

집권성 (결정권) ↓

(2) 규모와 복잡성 – 조직 규모가 커질수록 복잡성 증가

① 조직의 규모가 커질수록 조직구조가 복잡해지고 구조의 분화 증대

② 복잡성이 증가할수록 조정활동도 증가되며, 이에 따라 관리계층이 더욱 정교화되고 구체화

③ 조직의 규모가 커질수록 조직의 지역적 분산을 초래하고, 최고관리자의 관리 능력을 제한하게 되어 통제권이 공식적 규칙과 절차로 대체되기도 함.

(3) 규모와 공식성 – 조직 규모가 커질수록 공식화 증가

① 조직의 규모가 커질수록 과업은 분업화되고, 조직 관리자들은 구성원들의 행동을 예측하기 위해 그들의 행동을 가급적 공식화

② 조직의 규모가 커질수록 관리자의 직접 감독비용이 증가하기 때문에 공식화된 규제 조치를 사용하는 간접 감독이 경제적 합리성 확보에 유리

③ 조직의 규모가 커질수록 내부 혼란이 발생하고 구성원 간 비인간적인 관계가 증가하기 때문에 규칙 · 절차 등 인간의 행동을 공식화하는 장치 개발

(4) 규모와 집권화 – 조직 규모가 커질수록 집권화 감소(분권화 증가)

① 조직의 규모가 커질수록 한 개인이 이해할 수 있는 범위를 넘는 과업이 발생하고, 이에 따라 권한의 위임이 불가피하여 분권화 증가

② **공식화와 분권화는 동시 증가** : 조직의 규모가 커질수록 공식화가 증가하며, 공식화 증가는 규칙과 규정에 따른 권한의 위임으로 이어져 분권화를 촉진

2 기술

(1) 개념

조직의 여러 투입물을 목표하는 산출물로 변환시키는 데 이용되는 지식 · 도구 · 기법 · 활동 등

(2) 분류 Ⅰ → 우드워드(Woodward)

① 생산기술을 복잡성(기계화 · 예측가능성)에 따라 세 가지 유형으로 분류

② 조직 기술에 따라 조직구조 형태가 달라진다는 기술결정론적 입장이며, 조직의 기술과 구조 간의 적합성이 조직의 효과성을 결정한다고 주장

	기술복잡성	작업방식	관리자 비중	의사소통	공식화·집권화·감독범위	조직구조
단위소량 생산기술	낮음 (맞춤양복)	비반복적 (숙련기술자)	낮음	언어	낮음	유기적
대량 생산기술	높음 (자동차)	일상적 · 반복적 (비숙련기술자)	높음	문서(표준화)	높음	기계적
연속공정 생산기술	더 높음 (석유정제)	연속적 · 기계적 (숙련기술자)	더 높음	언어	낮음	유기적

③ **평가** : 일정한 원리나 모형을 모든 조직에 획일적으로 적용하려는 전통적 조직이론에 타격을 주면서, 구조적 상황이론의 발전에 큰 기여

(3) 분류 Ⅱ → 톰슨(Thompson)

① 과업의 상호 의존성*이 조직의 기술과 구조에 미치는 영향에 대해 연구

② 기술 자체에 기준을 두어 분류하기보다는 사용하는 기술에 관계되는 상호 의존성에 따라 세 가지 유형으로 분류

㉠ **집합적 상호 의존성** : 상호 의존성이 가장 낮은 상태로, 단위 부서들 간 과업 관련성이 거의 없는 상태

* **과업의 상호 의존성**
개인이나 부서에서 과업을 수행하기 위해 다른 부서와 의존적인 관계를 유지하는 정도

㉡ **연속적 상호 의존성** : 상호 의존성이 중간인 상태로, 첫째 부서의 활동이 완전히 이뤄진 후 두 번째 부서의 활동이 가능하게 되는 상태

㉢ **교호적 상호 의존성** : 상호 의존성의 수준이 가장 높은 상태로, 모든 업무 담당자가 협력하여 동시에 제품을 제공하는 상태

	기술 분류	상호 의존성·의사전달 빈도	조정 형태	불확실성 감소 방안
집합적 상호 의존성	중개형 기술	낮음	규칙, 표준화	서비스 대상의 확대
연속적 상호 의존성	연속형 기술	중간	정기회의, 계획, 수직적 의사전달	수직적 통합 (불확실성 원천 통제)
교호적 상호 의존성	집약형 기술	높음	부정기회의, 상호조정, 수평적 의사전달	전문지식과 기술 습득, 처리대상의 조직내 유입

(4) 분류 Ⅲ → 페로(Perrow)

① 과업다양성과 문제의 분석 가능성에 따라 부서의 기술을 네 가지로 분류

㉠ **과업다양성** : 업무 수행의 과정에서 **예외적 사건의 발생 정도**

㉡ **문제의 분석가능성** : 과업의 예외에 대처하는 성공적인 방법을 찾는 탐색 과정의 난이도(업무 처리가 **표준화된 절차에 의해 수행되는 정도**)

		문제분석 가능성	
		높음	낮음
과업다양성	높음	공학적 기술 (다소 유기적)	비일상적 기술 (유기적)
	낮음	일상적 기술 (기계적)	장인 기술 (다소 유기적)

	과업 다양성	문제분석 가능성	공식화·집권화	스태프의 자격	통솔범위	조정·통제 방식	조직구조
일상적 기술	낮음	높음	높음	낮은 훈련·경험	넓음	수직적, 문서화	기계적
공학적 기술	높음	높음	보통	공식적 훈련	보통	문서, 언어	다소 유기적*
장인 기술	낮음	낮음	보통	작업경험	보통	수평적, 언어	다소 유기적
비일상적 기술	높음	낮음	낮음	훈련과 경험	좁음	수평적, 회의	유기적

* 공학적 기술의 조직구조는 '대체로 기계적'이라고 보기도 함.

② **평가** : 개념과 측정이 명료성으로 상당히 광범위한 적용가능성 제시

3 환경

(1) 개념

조직의 경계 밖에 존재하면서 조직 전체나 일부분에 영향을 미칠 가능성이 있는 모든 것

(2) 던컨(Duncan)의 연구

① 의사결정자가 환경의 복잡성과 환경의 동태성 중 어떤 차원에서 불확실성을 지각(知覺)하느냐에 따라 조직구조 형성

② 환경의 동태성 차원이 환경의 복잡성 차원보다 지각되는 불확실성에 더욱 많은 영향력 행사

		환경의 복잡성	
		단순	복잡
환경의 동태성	정태적	기계적 조직	기계적 조직
	동태적	유기적 조직	유기적 조직

(3) 로렌스(P. Lawrence)와 로쉬(J. Lorsch)의 연구

① 조직의 외부 환경(불확실성)과 내부 환경(차별화와 통합)의 적합 관계성 및 조화 주장

② 환경의 불확실성이 높은 산업 내에 있는 조직일수록 차별화의 정도가 높으며, 이를 조정하기 위한 통합 방법도 많아짐.

	플라스틱 산업	식료품 산업	컨테이너 산업
환경의 불확실성	높음	중간	낮음
차별화의 정도	높음	중간	낮음
관리자의 통합역할비중	22%	17%	0%

(4) 톰슨(Thompson)의 연구

① 조직이 합리성을 추구할 때 주된 문제는 불확실성이며, 불확실성의 원천은 기술과 환경

② 환경을 안정 – 불안정, 동질 – 이질의 두 차원으로 나누고 이에 따른 최적 구조 제시

	동질	이질
안정	관료제	관료제
불안정	관료제 속 유기적 조직	관료제 속 유기적 조직

심화 분류 IV → 정보기술

1. 집권화

① 집권화 증가 주장 : 조직 상부층이 정확한 정보를 즉시 이용 가능

② 집권화 감소 주장

㉠ 중하위 관리자들이 조직의 주요 정보에 접근이 용이해져 의사결정의 질 향상

㉡ 중하위 관리자들의 일상적·반복적 의사결정을 대체하여 비일상적·비반복적 의사결정에 대한 참여도 증진

③ 조직구조에 영향을 미치지 않는다는 주장

④ 조직의 집분권화(centrally decentralized) 현상 초래 주장 : 수평적 분화의 심화와 전문성의 강화로 분권화가 촉진되면서도, 통제가 용이해져 중요한 의사결정은 집권적으로 이루어지는 경향

2. 공식화

① 공식화 증가 주장 : 새로운 정보기술 도입 초창기에는 필요한 규범의 결여로 공식화 정도 증가

② 공식화 감소 주장 : 새로운 정보기술에 익숙해짐에 따라 공식화에 대한 영향 감소

기출 CHECK

1 조직기술을 과제다양성과 분석가능성의 정도에 따라 범주화할 때 이에 대한 설명으로 옳지 않은 것은? 2009 국가직 9급

① 일상기술은 과제다양성이 낮고 분석가능성이 높아 표준화 가능성이 크다.

② 비일상기술은 과업의 다양성이 높고 성공적인 방법을 발견하는 탐색절차가 복잡하여 통제·규격화된 조직구조가 필요하다.

③ 장인기술은 발생하는 문제가 일상적이지 않아 분권화된 의사결정구조가 필요하다.

④ 공학기술은 과제다양성이 높지만 분석가능성도 높아 일반적 탐색과정에 의하여 문제가 해결될 수 있다.

① O 페로가 제시한 일상기술은 과제다양성이 낮고, 문제분석 가능성이 높은 특성을 갖고 있다. 예외적 사건의 발생 빈도도 낮고 이미 분석도 완벽하게 끝나 있기 때문에 기술의 표준화 가능성이 높다. 따라서 일상기술은 기계적 구조에서도 문제없이 활용된다.

② X 비일상기술은 과업 다양성이 높고, 문제분석 가능성은 낮은 특성을 갖고 있다. 안정적인 일상기술이 활용되는 기계적 구조에서는 비일상기술을 활용하기 어렵다. 따라서 기계적 구조와 같은 통제·규격화된 조직구조가 아닌, 유연하고 탄력적인 유기적인 구조가 필요하다.

③ O 장인기술은 과업 다양성이 낮고, 문제분석 가능성도 낮은 특성을 갖고 있다. 장인기술은 문제분석 가능성이 낮기 때문에 일상적으로 활용되는 일상기술과는 다르며, 따라서 대체적으로 유기적이고 분권화된 의사결정 구조를 통한 문제해결이 필요하다.

④ O 공학기술은 과업 다양성이 높고, 문제분석 가능성도 높은 특성을 갖는다. 예외적 사건의 빈도가 높기 하지만 관련 전문가들에 의한 문제분석이 대체로 잘 되어 있기 때문에, 표준화된 문제 해결방식인 일반적 탐색과정에 의해 문제가 해결될 수 있다.

정답 ②

체크포인트

상황변수와 관련해서 가장 중요한 주제가 페로의 기술 분류입니다. 특히 이 주제는 논리적인 이해가 매우 중요합니다. 일상기술은 어떤 성격을 갖고 있기 때문에 기계적 구조와 어울리는지, 비일상기술은 어떤 성격을 갖고 있기 때문에 유기적 구조와 어울리는지를 논리적인 흐름에 따라 연결시킬 수 있어야 합니다. 행정학에서 변별력을 주는 방법 중에 대표적인 것이, A→B→C의 논리구조를 A→B→D로 바꾸거나, A→F→C로 바꾸는 것입니다. 이해가 필요한 주제는 논리적으로 훈련해두어야 합니다.

Public Administration

CHAPTER 2 조직과 사람 관리

1 조직 관리

1 조직 목표

9급 21국
7급 18지, 17국

1 조직 목표의 의의와 변동 C

(1) 의의

① **개념** : 인간의 사회집단인 조직이 실현하고자 하는 바람직한 상태

② **역할** : 합법성 및 정당성의 근거 제공, 조직구성원 행동의 지침과 동기부여, 의사결정의 불확실성 감소, 조직 효과성 평가의 기준 제공 등

(2) 조직 목표의 변동

① **목표의 대치(displacement)** : 원래의 목표가 다른 목표로 전환되는 것으로, 본래의 목표 추구가 심각하게 왜곡되어 **수단적 가치가 종국적 가치로 변하는 현상**

② **목표의 승계(succession)** : **처음에 설정한 조직의 목표가 달성되었거나 혹은 달성될 수 없을 경우** 조직이 **새로운 목표를 찾아서 계승**하는 현상

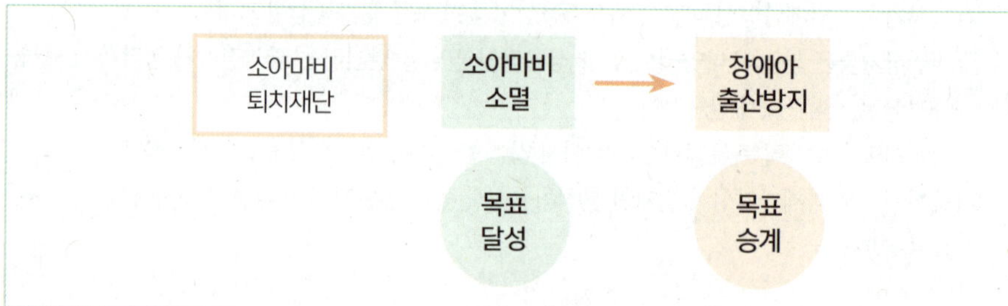

③ **목표의 다원화(multiplication)** : 기존 목표에 새로운 목표를 추가

④ **목표의 확대(expansion)** : 동일 목표의 범위가 넓어지는 현상

⑤ **목표의 축소(reduction)** : 동종 또는 이종 목표의 수나 범위가 줄어드는 현상

⑥ **목표 간 비중 변동** : 동일 유형의 목표 간에 비중이 변동되는 것으로, 전체적인 조직 목표는 변동이 없고 목표들 간 우선순위 또는 비중이 달라지는 현상

보충

일부 견해는 **목표의 승계**(succession)와 **목표의 전환**(diversion)을 **구분**하기도 함. 이러한 경우라면 **목표의 승계는 기존의 목표를 달성**하고 다른 목표로 바꾸는 것을 의미하며, **목표의 전환은 기존의 목표를 달성하지 못하고** 다른 목표로 바꾸는 것을 의미함.

심화 조직의 목표 모호성

① **지시적 모호성** : 조직의 목표가 구체적으로 명시되지 않거나, 목표 달성 방법이 명확하지 않은 경우 발생
② **우선순위 모호성** : 조직이 여러 목표를 동시에 추구할 때, 어떤 목표가 더 중요한지 명확하지 않은 경우 발생
③ **사명이해 모호성** : 조직의 근본적인 목적과 방향이 명확하지 않거나, 구성원들이 이를 제대로 이해하지 못하는 경우 발생
④ **평가적 모호성** : 조직이 목표를 설정했더라도 이를 평가하는 기준이 명확하지 않은 경우 발생
⑤ **위임적 모호성** : 책임과 권한이 명확하게 정의되지 않아 업무 수행에 혼란이 발생
⑥ **중점 목표 모호성** : 조직이 여러 목표를 동시에 추구할 때, 특정 목표에 집중해야 하는지 여부가 명확하지 않은 경우 발생
⑦ **시간적 모호성** : 목표를 언제까지 달성해야 하는지 알지 못해서 업무 우선순위를 정하기 어려울 때 발생

PART 3

2 조직 목표의 관리 Ⓢ

9급 22국, 21지, 17지, 15국
7급 21지, 20국, 18지

(1) 목표관리제(MBO : Management By Objectives)

목표 설정	→	목표 실행	→	평가 및 환류
상향식(참여)		단기목표(1년)		안정적 상황 + 계량적·객관적 목표

목표관리제(MBO)

협의 → 개인목표 설정
상향식 접근
개인목표 + 조직목표
목표 설정 → 실행/평가

1) 개념

개인이나 부서의 목표를 조직의 관리자가 일방적으로 제시하는 것이 아니라, **하급자와 상급자가 협의해 목표를 설정**하고, 이후 **목표달성도를 평가**해 그 결과를 연봉·인사 등에 반영하는 제도

2) 특징

하급자의 참여를 통한 협력적 목표 설정이라는 점에서 조직목표 달성을 위한 **상향식 접근**으로, **목표 설정** → **목표 실행** → **평가 및 환류** 단계로 구분

3) 성공 조건

① **목표 설정** : 계층적이고 집권적인 수직적 조직보다는 **하급자와 상급자가 협의**할 수 있는 **분권적이고 수평적인 조직**이 적합

② **목표 실행** : 일반적으로 **1년 정도의 단기목표를 설정**한 이후 달성여부를 평가하므로, 중·장기목표보다는 **단기목표를 강조**

③ **평가 및 환류**

㉠ 목표를 안정적으로 평가하기 위해서는 목표의 변동이 빈번한 불확실한 상황보다는, **목표의 변동이 없는 안정적이고 예측가능한 상황**이 필요

㉡ 목표의 달성 여부를 평가하기 위해서는 정성적이거나 주관적인 목표보다는, **계량적이고 객관적인 목표**가 유리

4) 장점

① 조직의 활동을 목표 지향적으로 변화시켜 효율적인 조직으로 변모시키고, 목표와 산출을 연계시키기 때문에 조직원에게 직무몰입을 위한 강한 유인을 제공

② 참여를 통한 목표설정 과정에서 조직 상하 간 의사소통이 원활해지고 민주적 조직 운영이 가능

③ 개인목표와 조직목표의 통합을 촉진해 목표 달성에 유리하게 조직을 재구조화

④ 산출에 대한 평가와 평가 결과의 환류를 통해 조직원과 부서를 통제하기 용이

5) 단점

① 바람직한 목표를 설정하는 것이 어렵고, 목표달성도인 성과를 측정하는 것이 곤란

② 목표관리 구현에 많은 시간과 비용이 소요되며, 조직문화가 민주적인 운영에 적합해야 함.

기출 CHECK

1 목표관리제(MBO)에 대한 설명으로 옳은 것만을 모두 고르면? 2022 국가직 9급

ㄱ. 부하와 상사의 참여를 통해 목표를 설정한다.
ㄴ. 중·장기목표를 단기목표보다 강조한다.
ㄷ. 조직 내·외의 상황이 안정적이고 예측가능한 조직에서 성공확률이 높다.
ㄹ. 개별 구성원의 직무 특수성을 반영하기 위하여 목표의 정성적, 주관적 성격이 강조된다.

① ㄱ, ㄴ ② ㄱ, ㄷ ③ ㄴ, ㄹ ④ ㄷ, ㄹ

ㄱ. O 목표관리제는 상사뿐만 아니라 목표를 실제로 달성해야 할 **부하가 함께 참여하여 목표를 설정**한다. 따라서 **상향적 성격**을 갖는다.
ㄴ. X 목표관리제에서는 일반적으로 **1년 정도의 단기 목표를 설정**한 이후 달성여부를 평가한다. 따라서 중·장기목표가 아닌, **단기목표를 보다 강조**한다.
ㄷ. O 목표관리제에서는 **목표를 안정적으로 달성하고 또한 객관적으로 평가**해야 하므로, **목표의 변동이 없는 안정적이고 예측가능한 상황이 필요**하다.
ㄹ. X **목표의 달성 여부를 정확하게 평가**하기 위해서는 측정이 어려운 정성적이거나 주관적인 목표보다는, **측정이 용이한 계량적이고 객관적인 목표가 필요**하다. 정답 ②

성과관리제(BSC)

조직목표 → 개인목표
하향식 접근
성과지표 개발 → BSC

(2) 성과관리제 : 균형성과표(BSC : Balanced Score Card)

1) 개념

성과관리는 조직의 비전과 목표로부터 이를 달성하기 위한 부서 단위의 목표와 성과지표, 개인 단위의 목표와 성과지표를 제시하는 **연역적·하향식 접근**

2) 도입배경

목표관리제에 따라 참여에 의해 수립된 목표가 조직의 전략·목표와 괴리되는 상황 발생

3) 성과지표 개발모형 → 균형성과표

① **개념** : 1990년대 초, 카플란과 노턴(Kaplan & Norton)이 개발한 지표로, 조직의 비전과 목표 및 전략으로부터 도출된 성과지표의 집합체

② **도입배경** : 기존의 재무적 관점 중심의 성과관리는 결과에만 초점을 두면서 미래 조직 상황을 예측하지 못했으며, 장기적 관점의 가치는 희생시키는 경향 발생

③ **네 가지 관점과 측정지표**

	관점	핵심	측정지표
상부구조 가치지향	고객	만족	고객만족도, 정책순응도
	재무	수익	매출, 수익률
하부구조 행동지향	내부 프로세스	절차	시민참여, 적법절차
	학습과 성장	역량	학습동아리 수, 내부 제안 건수

㉠ **고객(상부구조·가시지향적)** : 소식이 선날하는 가치를 고객에게 확인하는 것으로, 공공부문에서 가장 중요하게 고려하는 지표 → 측정지표 : 고객만족도, 정책순응도, 민원인의 불만율, 신규 고객의 증감 등

㉡ **재무(상부구조·가치지향적)** : 재정적 지표로서, 전통적 후행 지표 → 측정지표 : 매출, 자본수익률, 예산 대비 차이 등

㉢ **내부 프로세스(하부구조·행동지향적)** : 고객이 원하는 가치를 구현하기 위해 조직이 운영하는 내부 프로세스를 확인하는 것 → 측정지표 : 시민 참여, 적법절차, 조직 내 커뮤니케이션 구조, 공개 등

㉣ **학습과 성장(하부구조·행동지향적)** : 장기적인 관점으로, 조직이 보유한 인적자원의 역량, 지식의 축적, 정보시스템 구축 등과 관련 → 측정지표 : 학습동아리 수, 내부 제안 건수, 직무 만족도 등

④ **특징**

㉠ 재무적 관점 중심의 기존 성과관리 한계를 극복하고, 다양한 관점의 균형을 추구*

㉡ BSC의 지표들은 조직구성원들에게 조직의 전략 목표를 달성하기 위해 필요한 성과가 무엇인지 알려주는 의사소통의 도구

㉢ BSC는 과정과 결과 중 어느 하나를 강조하는 것이 아니라 이들 간의 인과성을 바탕으로 통합적 균형을 추구

㉣ 정부조직의 경우 고객을 정의하기가 쉽지 않다는 한계가 있으나, 지방자치단체와 공공기관 등에서 활용하고 있음.

*
① 재무적 지표(재무)와 비재무적 지표(고객, 내부 프로세스, 학습과 성장)의 균형
② 조직의 내부 요소(직원, 내부 프로세스)와 외부 요소(투자자, 고객)의 균형
③ 결과를 예측해 주는 선행지표(학습과 성장)와 후행지표(재무) 균형
④ 단기적 관점(재무)과 장기적 관점(학습과 성장)의 균형

체크포인트

균형성과표에서 가장 중요한 체크포인트는, 균형성과표의 취지입니다. 균형성과표는 네 가지 성과지표의 균형을 중시하는 것이 궁극적인 목적입니다. 따라서 특정 성과지표가 더 중요하다는 서술은 일반적으로 틀린 표현이라고 판단하실 수 있어야 합니다. 여기서 한 가지 주의해야 할 것이 있습니다. 그럼에도 불구하고 공공영역에 균형성과표를 적용했을 때, 그래도 가장 중요한 것을 뽑자면 '고객'이라는 것입니다.

기출 CHECK

1 균형성과표(BSC)에 대한 설명으로 옳은 것만을 모두 고른 것은? 2015 국가직 9급

ㄱ. 조직의 비전과 목표, 전략으로부터 도출된 성과지표의 집합체이다.
ㄴ. 재무지표 중심의 기존 성과관리의 한계를 극복하기 위한 것이다.
ㄷ. 조직의 내부요소보다는 외부요소를 중시한다.
ㄹ. 재무, 고객, 내부 프로세스, 학습과 성장이라는 네 가지 관점 간의 균형을 중시한다.
ㅁ. 성과관리의 과정보다는 결과를 중시한다.

① ㄱ, ㄴ, ㅁ ② ㄴ, ㄷ, ㄹ
③ ㄱ, ㄴ, ㄹ ④ ㄷ, ㄹ, ㅁ

ㄱ. O 균형성과표는 성과관리를 위해 필요한 성과지표를 균형적으로 제시한 모형으로, 조직의 비전, 목표, 전략을 고려해 도출된 성과지표의 집합체이다.
ㄴ. O 과거에 중시했던 재무적 관점 중심의 성과관리는 단기적인 결과에만 초점을 두면서 미래 조직 상황을 예측하지 못했으며, 장기적 관점의 가치는 희생시키는 경향이 발생했다. 이에 따라 기존 성과관리의 한계를 극복하기 위해 다양한 관점을 평가할 수 있는 성과지표인 균형성과표가 등장하였다.
ㄷ. X 균형성과표는 어느 한 쪽에 치우치지 않으면서 균형적으로 평가한다는 특징을 갖고 있다. 따라서 조직의 내부요소(직원, 내부 프로세스)와 외부 요소(투자자, 고객) 모두를 균형 있게 평가할 수 있다.
ㄹ. O 균형성과표의 지표는 고객, 내부 프로세스, 재무, 학습과 성장이며, 네 가지 관점의 균형을 추구한다.
ㅁ. X 균형성과표는 다양한 관점의 균형을 추구하는 성과지표이므로, 성과관리의 과정(내부 프로세스, 학습과 성장)과 결과(고객, 재무)를 모두 중시한다.

정답 ③

총체적 품질관리(TQM)

지속적 품질개선
For 고객만족
모든 직원 참여
집단적 노력

(3) 총체적 품질관리(TQM : Total Quality Management)

1) 개념

궁극적 목적인 고객만족과 관리개선을 위하여 **고객지향적인 서비스 품질**에 초점을 두고 **전직원의 참여**를 통하여 **지속적 서비스 개선**을 도모해 나가는 **집단적 통합관리체계**

2) 특징

① 주민의 기대에 부응하는 데 그치지 않고 그 기대를 초과하는 수준으로 품질을 향상시키며, **품질 개선을 지속적으로 추진**해 조직 자체의 역량을 유지하고 개선
② 품질은 고객에 의해 정의되며, 고객 감동을 창출하는 재화와 용역을 생산하는 과정을 중시해 인간 위주의 경영 시스템을 지향
③ 산출물의 일관성 유지를 위해 과정통제계획과 같은 계량화된 통제수단을 활용

3) 기대효과

조직의 절차를 표준화하고, 적실성 있게 개선해 고객만족을 달성하며, 궁극적으로는 조직의 장기 성장을 추구하면서 공무원의 행태를 고객 중심적으로 전환

기출 CHECK

1 총체적 품질관리(Total Quality Management)에 대한 설명으로 옳은 것만을 모두 고르면?

2020 국가직 9급

ㄱ. 고객의 요구를 존중한다.
ㄴ. 무결점을 향한 지속적 개선을 중시한다.
ㄷ. 집권화된 기획과 사후적 통제를 강조한다.
ㄹ. 문제해결의 주된 방법은 집단적 노력에서 개인적 노력으로 옮아간다.

① ㄱ, ㄴ ② ㄱ, ㄷ ③ ㄴ, ㄹ ④ ㄷ, ㄹ

ㄱ. O 총체적 품질관리의 궁극적 목적은 고객만족이다. 고객의 요구를 존중하고 만족시키기 위해 지속적으로 서비스 품질을 개선하는 집단적 노력을 의미한다.

ㄴ. O 총체적 품질관리는 고객의 기대에 부응하는 데 그치지 않고 그 기대를 초과하는 수준으로 품질을 향상시키며, 품질 개선을 지속적으로 추진해 조직 자체의 역량을 유지하고 개선하려는 시도이다.

ㄷ. X 총체적 품질관리는 조직의 모든 구성원들이 참여해서 고객만족을 위한 품질개선을 추구하는 방식이다. 구성원들이 자율적이고 적극적으로 참여하는 새로운 방식이라는 점에서, 기존의 전통적 관료제처럼 집권화된 기획이나 사후적 통제와는 다른 방향성을 갖는다.

ㄹ. X 총체적 품질관리는 조직구성원 개개인의 단절적인 노력이 아닌, 조직 전체의 집단적 노력이다. 따라서 집단적 노력에서 개인적 노력으로 옮아가는 것이 아니라, 개인적 노력에서 집단적 노력으로 옮아가는 것이 더 정확한 표현이다.

정답 ①

체크포인트

총체적 품질관리는 그 특징인 집단적 노력, 고객지향성, 지속적 개선 등을 파악하는 것이 가장 중요합니다. 여기서 더 확장해서 준비해야 할 논점 중 하나는 기존의 전통적 관료제와의 비교입니다. 집권화된 기획이나 사후적 통제가 전통적 관료제의 특징인 것처럼, 새로운 목표 관리방식인 총체적 품질관리와 기존의 전통적 관료제를 비교할 수 있는지도 준비해 두어야 할 주요 출제포인트입니다.

PART 3

심화 조직발전(OD : Organization Development)

1. 개념 및 특징
   ① 1960년대 계획적 변화 이론(planned change theory)에서 비롯된 것으로, 환경 변화에 대한 조직체의 적응 능력을 기르기 위해 구성원의 행태 개선에 초점을 맞춰 조직 전반의 변화를 추구
   ② 단기적·임시적 변화과정이 아니라 장기적으로 지속되는 영구적인 과정이며, 자율적·자발적 과정이라기보다는 전문가를 활용한 계획적이고 의도적인 훈련과 실험
   ③ 핵심 가치 기반 : 존중과 포용, 협력, 진정성, 자기이해, 권력이양, 민주주의와 사회 정의
2. 주요 수행기법
   ① 감수성 훈련
   ㉠ 목적
   ⓐ 훈련내용보다는 과정을, 개념보다는 감정의 개발에 초점을 두는 훈련으로, 자신의 행동이 타인에게 어떤 영향을 주는지를 파악하면서 구성원들 간 원활한 상호작용 도모
   ⓑ 주의 깊게 듣기, 자신의 감정과 타인의 감정 이해하기 등을 통해 자신의 실체에 대한 차원 높은 인식를 형성
   ⓒ 조직 구성원들이 서로 간의 감정관리를 제대로 하지 못하여 지조한 성과가 야기된다는 가정하에 이루어지며, 감정문제를 해결함으로써 성과 증진 방해요인을 제거
   ㉡ 절차
   ⓐ 훈련의 참가자는 보통 한 집단에 10~15명 정도로 하며, 구성원들의 직업, 나이, 출신 등을 다르게 구성
   ⓑ 훈련 동안 참가자들에게 특정한 과제는 주어지지 않으며 하고 싶은 것을 마음껏 할 수 있지만, 훈련집단을 참가자가 마음대로 떠날 수 없으며, 주기적으로 토의 시행

ⓒ 참가자들이 원래 속해 있던 훈련집단을 해체하고 각 집단의 구성원들을 바꾸어 새로운 훈련집단을 만들고 주기적으로 토의

ⓓ 새로운 훈련집단에서의 훈련이 끝나면 참가자들은 원래 훈련집단으로 복귀하는 데, 자신들이 원래 속해 있던 훈련집단에 더욱 애착을 갖게 만들어 줌으로써 훈련의 효과가 증대

② 교류분석

㉠ 개인의 성장과 변화를 위한 체계적인 심리 치료법으로, 사람들이 심리적으로 어떻게 구조화 되어 있는가에 대한 시각화 자료를 제공

㉡ 리더십 개발, 기업 혁신, 직장 활성화, 팀 구축 등을 위한 기법으로 사용

③ 팀빌딩 : 집단내 개인의 행동과 태도에 영향을 미치는 집단구성원간의 비공식적인 관계를 중시함으로써 집단과정에서의 손실을 최소화하고 집단의 장점을 최대한 활용

9급 22지
7급 17지

3 조직 효과성 평가모형 C

(1) 목표모형

① **개념** : 조직의 목표를 조직평가의 기준으로 삼는 것으로, **조직의 효과성은 조직이 추구하는 목표의 달성 정도**가 됨.

② **특징**

㉠ 조직에는 목표가 있고, 목표는 경험적으로 확인할 수 있을 뿐 아니라, 성취도가 측정 가능하다는 것이 전제

㉡ 전형적인 목표모형에서 효과성 평가의 기준으로 채택되는 목표는 공식적으로 표방된 생산목표

③ **한계** : 조직의 목표는 누구의 것이라고 단정하기 어렵고, 공식적 · 비공식적 목표가 존재하기 때문에 목표 측정 기준의 확정과 목표달성도를 평가하기 곤란

(2) 체제모형

① **개념** : 조직을 하나의 체제로 보고, **체제의 기능적 요건을 수행하는 능력**을 조직 효과성으로 파악

② **특징** : 조직체가 환경 변화에 얼마나 잘 적응하는가, 체제의 하위 구성 요소들을 얼마나 잘 통합하는가, 환경과 균형을 얼마나 잘 유지하는가 등을 평가

(3) 이해관계자모형

① **개념** : 조직에 참여하는 **내 · 외부의 이해관계자의 욕구를 만족**시키는 것을 조직의 효과성으로 규정

② **특징** : 조직관리자는 내 · 외부 이해관계자의 목록과 이들의 욕구를 정리하고, 이해관계자의 순위를 정하고, 그들의 만족도를 조사해 목표 달성을 평가

(4) 경합가치모형

① **개념** : **퀸과 로보그**(Quinne & Rohrbaugh)가 제시한 종합적 효과성 평가모형으로, **다양한 가치를 하나의 모형에 종합**해 행정조직의 목표 달성을 평가하는 모형

② 특징

㉠ 조직이 **내부·외부** 중 어디에 초점을 두고 있는가, 조직구조가 **통제·융통성** 중 어느 것을 강조하는가를 기준으로 네 가지 경쟁적인 모형을 도출

㉡ 각각의 모형은 목표와 효과성 수단을 두고 네 개의 경합적 가치가 조직 성장주기에 따라 성장하기도 하고, 쇠퇴하기도 함.

구조 / 초점	안정성(통제)	유연성(융통성)
내부 (구성원)	[내부과정모형] 목표 : 안정성, 균형 수단 : 정보관리 문화 : 위계지향	[인간관계모형] 목표 : 인적자원 개발 수단 : 응집력, 사기 문화 : 관계지향
외부 (조직)	[합리목표모형] 목표 : 생산성, 능률성 수단 : 기획, 목표 설정 문화 : 과업지향	[개방체제모형] 목표 : 성장, 자원 확보 수단 : 융통성, 외적 평가 문화 : 혁신지향

보충

조직 성장 단계에 따른 적용

① 창업 단계 : **개방체제**모형
② 집단공동체 단계 : **인간관계**모형
③ 공식화 단계 : **내부과정**모형 및 **합리목표**모형
④ 구조의 정교화 단계 : **개방체제**모형

PART 3

기출 CHECK

1 퀸과 로보그(Quinn & Rohrbaugh)는 조직이 초점을 어디에 두는가와 조직구조의 성격에 따라 네 가지 효과성가치모형을 제시하였다. ㉠~㉣모형에 대한 설명으로 옳은 것은? 2017 지방직 7급

구조 / 초점	안정성(통제)	유연성(융통성)
내부	㉠	㉡
외부	㉢	㉣

① ㉠모형은 조직의 생산성, 능률성, 수익성을 달성하는 것이 목표가치이며, 그 수단으로서 계획과 목표 설정이 강조된다.
② ㉡모형의 목표가치는 인적자원 개발이며, 그 수단으로서 조직구성원의 응집성, 사기 및 훈련 등이 강조된다.
③ ㉢모형의 목표가치는 성장과 자원 획득 등이며, 그 수단으로서 준비성과 외부평가 등이 강조된다.
④ ㉣모형은 조직의 균형을 확보하는 것이 목표가치이며, 그 수단으로서 정보관리와 의사소통 등이 강조된다.

① X ㉠ 모형은 내부과정모형으로, 안정성과 균형을 달성하는 것이 목표가치이며, 그 수단으로는 정보관리가 강조된다.
② O ㉡ 모형은 인간관계모형으로, 인적자원을 개발하는 것이 목표가치이며, 그 수단으로는 응집력과 사기가 강조된다.
③ X ㉢ 모형은 합리목표모형으로, 생산성과 능률성을 달성하는 것이 목표가치이며, 그 수단으로는 기획과 목표 설정이 강조된다.
④ X ㉣ 모형은 개방체제모형으로, 성장과 자원 확보가 목표가치이며, 그 수단으로는 융통성과 외적 평가가 강조된다.

정답 ②

체크포인트

경합가치모형은 그동안 7급에서만 출제되다가 2022년도에 처음으로 9급에도 등장했습니다. 앞으로는 언제든 출제될 주제가 되었으니 좀 더 꼼꼼하게 준비해 두어야 합니다. 그리고 그 기준은 기존에 출제됐던 기출문제이므로, 기출문제를 완벽하게 소화하는 것부터 출발해야 합니다.

보충

미션·비선·선략·핵심가치

① **미션**(mission) : 조직의 존재 이유 → "왜 우리 조직이 존재해야 하는가?"
② **비전**(vision) : 조직의 미래상 → "우리 조직은 무엇이 될 것인가?"
③ **전략**(strategy) : 조직의 행동 → "우리 조직은 어떻게 행동할 것인가?"
④ **핵심가치**(core value) : 조직의 업무원칙으로, 조직의 행동인 전략을 달성하기 위한 실천규범

9급 25국, 16국
7급 23지, 21국, 15국, 15지

호프스테드 문화모형	트롬페나르 문화모형
권력격차	보편주의-특수주의
개인주의	개인주의-공동체주의
남성성	부분성-전체성
불확실성 회피	감성-중립
장기 지향	성취-귀속
쾌락 추구	순차적-동시적시간관
	내부통제-외부통제

보충

셰인의 조직문화모형

조직활동에 대한 **기본적인 믿음**, 기본적인 믿음에서 파생되는 **가치관**, 가치관이 표출되어 나타나는 가시적이고 **인공적인 창작물**의 3계층으로 구성

① **기본적인 믿음** : 당연한 것으로 받아들이는 **잠재적 수준**의 선의식적 가치(관찰 불가능)

② **가치관** : 조직구성원들이 **일반적으로 인식하는 행동지침**(인식 수준이 높아짐)

③ **인공적인 창작물** : **보고 들을 수 있는 행동 양식**(관찰 가능)

2 조직 문화 B

(1) 개념

조직 구성원들이 공통적으로 갖고 있는 가치 체계로, 조직이 외부 환경에 적응하고 내부를 통합하는 과정에서 특정 집단이 고안·발견·개발하는 일정 양식에 대한 믿음

(2) 기능

① 조직구성원들에게 소속 조직구성원으로서의 정체성을 제공하고, 집단적 몰입을 선사

② 조직 체계의 안정성을 높이며, 조직구성원들의 행동을 형성

(3) 모형

① **호프스테드(Hofstede) 문화모형** : 70여개국 설문조사를 통해, 각 국가별로 일반화할 수 있는 문화적 차이를 6가지 기준으로 제시

㉠ **권력격차**(power distance) : 권력격차 지수가 높을수록 구성원 사이의 권력 배분 차이가 크며, 리더를 인정하고 복종하는 경향이 강함.

㉡ **개인주의**(individualism) : 개인이 집단으로부터 얼마나 독립적으로 행동하는가를 나타내는 지수로, 지수가 높을수록 개인이나 가족의 이익에 집중하며, 지수가 낮을수록 사회 전체에 대한 관심도가 높음.

㉢ **남성성**(masculinity) : 남성성 지수가 높을수록 경쟁, 성취, 승리를 중요하게 생각하고 의사결정이 명확하고 객관적이며, 지수가 낮을수록 인간관계나 삶의 질을 중요시 여기되 표면적인 성공은 큰 존경을 받지 못함.

㉣ **불확실성의 회피**(avoidance of uncertainty) : 이 지수가 높을수록 안정성과 미래에 대한 예측 가능성 등을 추구하고 불확실한 미래에 대한 두려움이 존재

㉤ **장기지향**(long term orientation) : 이 지수가 높을수록 과거의 전통을 중시하고 미래를 생각하는 긴 안목을 갖기 때문에 장기적인 보상에 대한 기대를 가지며, 지수가 낮을수록 전통보다는 현재 직면한 문제를 더 중요하게 생각하기 때문에 현실적응적이며 변화지향적임.

㉥ **쾌락추구**(indulgence) : 사회구성원이 자신의 욕구와 충동에 따라 행동하는 경향을 나타내는 지표로, 지수가 높을수록 낙관적이며, 지수가 낮을수록 비관적이고 냉소적이며 여가나 취미에 대한 욕구가 낮음.

② **트롬페나르(Trompenaars) 문화모형** : 문화를 7가지 측면에서 비교

㉠ **보편주의-특수주의** : 보편주의는 친구나 친척 등의 연고보다 원칙·기준·규칙·규범을 우선시하나, 특수주의는 인간관계의 특수성을 고려하여 법과 규칙을 유연하게 적용

㉡ **개인주의-공동체주의** : 개인주의는 개인의 행복이나 만족을 공동체의 이익보다 중요시하나, 공동체주의에서는 개인이 공동의 이익에 기여하면 개인의 이익도 증진

㉢ **부분성-전체성(구체성-모호성)** : 부분성은 전체를 부분으로 나누어 개별적으로 이해하고 이것을 종합하여 전체를 바라보나, 전체성은 전체의 시각에서 부분들의 관계를 이해

㉣ **감성-중립** : 감성문화에서는 감정의 표현을 억제하지 않으나, 중립문화는 감정을 공개적으로 보이는 것을 잘못된 것으로 이해

㉤ **성취-귀속** : 성취문화는 개인이 노력해서 얻은 것을 중시하나, 귀속문화에서는 사람의 출생 · 나이 · 성 · 부 · 학력 등에 의해 지위가 부여

㉥ **순차적-동시적 시간관** : 순차적 시간관은 시간이 과거-현재-미래의 선상에서 진행된다고 보나, 동시적 시간관은 시간을 순차적으로 인식하지 않기 때문에 동시에 여러 가지 일을 벌이는 것이 통상적

㉦ **내부통제-외부통제** : 내부통제 사회는 자연을 기계로 보고 자연을 통제할 수 있다고 믿으나, 외부통제 사회는 자연을 유기체로 보고 자연과의 조화를 강조

③ **파슨스(Parsons) AGIL 모형** : 사회의 모든 체제와 조직은 존립과 발전을 위해서 4가지 기능을 수행

㉠ **적응(adaptation)** : 환경에 효과적으로 적응하기 위해, 환경을 인식하고 변화를 파악한 후 그에 따라 적절한 조치를 취하는 것 → 기업

㉡ **목표달성(goal attainment)** : 목표를 구체적으로 정립하고 그것을 달성하기 위한 전략을 수립하는 것 → 행정기관

㉢ **통합(integration)** : 사회 체제가 하위 요소들을 하나로 묶어야 한다는 것 → 법원 · 경찰

㉣ **정당성(legitimacy)** : 잠재적 형상 유지라고도 하며, 사회 체제가 주변 환경의 여러 요소로부터 존립의 권한을 부여받아야 한다는 것 → 교육 · 종교

파슨스 AGIL 모형

A 적응 → 기업
G 목표달성 → 행정기관
I 통합 → 법원
L 정당성 → 교육/종교

심화 기타 조직모형

1. 블라우와 스캇의 조직모형

호혜적 조직	· 주된 수혜자 : 조직의 구성원들 · 구성원의 참여와 구성원에 의한 통제를 보장하는 민주적 절차를 조직 내에서 유지 · 정당, 노동조합, 전문직업단체, 종교단체
사업 조직	· 주된 수혜자 : 소유주 · 경쟁적인 상황에서 운영의 능률을 극대화 · 제조회사, 은행, 보험회사
봉사 조직	· 주된 수혜자 : 고객집단 · 고객에 대한 전문적 봉사와 행정적 절차 사이에서 생기는 갈등 · 사회사업기관, 병원, 학교
공익 조직	· 주된 수혜자 : 국민 일반 · 국민에 의한 외재적 통제가 가능하도록 민주적 장치를 발전 · 각종 행정기관, 군대조직, 경찰조직

2. 에치오니의 조직모형

강압적 조직	· 강압적 권한의 사용과 굴종적인 복종이 사용되는 조직 · 구성원들은 조직에 대하여 강한 소외감을 갖고 있음. · 강제수용소와 대부분의 교도소
공리적 조직	· 공리적 권한과 타산적 복종이 부합된 형태 · 보수나 근무조건 등 물질적 보상에 기초를 두고 구성원들을 통제 · 대부분의 사기업체
규범적 조직	· 애정·인격존중·사명감·도덕적 가치와 같은 규범적 권한과 도덕적 복종이 사용되는 조직 · 구성원의 통제에 원칙적으로 규범적 권한이 행사되고 그에 대응하여 소속원들은 조직에 강한 충성심 · 교회와 같은 종교단체, 이념정당, 대학, 병원

레빈 조직혁신모형

해빙 → 변화 → 재동결

④ **레빈(Lewin)의 조직혁신모형** : 조직에서 혁신을 불러일으키는 노력을 **해빙, 변화, 재동결**의 세 단계로 구분하여 제시

㉠ **해빙(unfreezing)** : 조직원들이 **변화의 필요성을 깨닫게 하는 과정**으로, **개인에게 작용하고 있는 힘을 재편성**해 얼음이 녹아 차차 풀리듯이 **태도나 감정을 완화**시키는 단계

㉡ **변화(moving)** : 예전의 방식에서 **새로운 방식으로 움직이는 자체**로, 새로운 방식에 대한 **조직원들의 동일시(identification) 또는 내면화(internalization)**에 의해 일어날 가능성이 높음.

㉢ **재동결(refreezing)** : **새롭게 형성된 행동이 정형화된 행동으로 굳어지는 과정**으로, 새로운 행태가 안정화되어 다른 형태로 변하지 않도록 만드는 단계

⑤ **조직시민행동**

㉠ **개념** : 조직의 **공식적인 보상 체계에 의해 보상되지는 않는 직무 외 행동**이지만, 조직의 **효과적인 활동에 기여**하는 조직구성원의 **자발적인 행동**

㉡ **5가지 차원**

ⓐ **이타주의** : 문제를 가진 특정 인물을 기꺼이 도와 주는 행동

ⓑ **성실성(양심성)** : 시간을 정확하게 지키고 규칙이 요구하는 수준 이상의 역할을 수행

ⓒ **예의성** : 다른 사람의 권리를 염두에 두고 존중

ⓓ **스포츠맨십** : 불평 · 불만 · 험담 · 과장을 하지 않는 정당한 행동

ⓔ **시민정신** : 조직생활에 책임감을 갖고 참여

㉢ **조직시민행동에 영향을 미치는 요인**

ⓐ **원만하고 성실성을 가진 성격**이 조직시민행동을 할 가능성이 큼.

ⓑ **조직의 공정성이 지각**될 때 조직시민행동을 증가시키며, 분배보다는 **절차공정성**이 그러한 경향이 더 강함.

ⓒ **직무만족 및 조직몰입**이 이뤄질 때 조직시민행동이 증가

⑥ **오우치(Ouchi) Z이론** : 문화적 차이로 인해 일본조직과 Z유형의 미국조직이 전형적 미국조직보다 조직 성과가 높다고 주장

기준	전형적 일본조직	Z유형 미국조직	전형적 미국조직
고용평가	종신고용 엄격한 평가와 느린 승진	장기고용 엄격한 평가와 느린 승진	단기고용 신속한 평가와 빠른 승진
경력경로 통제	비전문화된 경력 경로 비공식적 · 암시적 통제	다기능적 경력경로 비공식적 · 암시적 통제	전문화된 경력 경로 공식적 · 가시적 통제
의사결정 책임	집단적 의사결정 집단 책임	집단적 의사결정 개인 책임	개인적 의사결정 개인 책임
인간에 대한 관심	총체적 관심	총체적 관심	개인의 조직 내 역할에 관심

기출 CHECK

1 조직문화 및 변동의 이론에 대한 설명으로 옳은 것만을 모두 고르면? 2023 지방직 7급

ㄱ. 퀸(Quinn)은 경쟁가치모형을 활용해 '내부지향 – 외부지향'과 '유연성 – 통제(안정성)'라는 두 가지 차원에서 4가지 조직문화 유형을 도출하였다.
ㄴ. 홉스테드(Hofstede)는 '권력거리'의 크기가 큰 문화에서는 평등한 관계를 중시하기 때문에 조직 내 의사소통이 활발하고 분권화된 경우가 많다고 본다.
ㄷ. 레빈(Lewin)은 조직 변화의 과정을 현재 상태에 대한 해빙(unfreezing), 원하는 상태로의 변화(moving), 새로운 변화가 지속될 수 있도록 재동결(refreezing)하는 3단계로 제시하였다.

① ㄱ ② ㄱ, ㄷ ③ ㄴ, ㄷ ④ ㄱ, ㄴ, ㄷ

ㄱ. O 퀸-로보그의 경쟁가치모형은 '내부-외부', '유연-통제'의 기준을 통해 내부과정모형(위계지향문화), 인간관계모형(관계지향문화), 합리목표모형(과업지향문화), 개방체제모형(혁신지향문화)이라는 4가지 경쟁적인 모형 및 조직문화 유형을 도출한다.
ㄴ. X 홉스테드 문화모형에서 활용하는 권력거리 기준이란 권력의 격차를 의미한다. 권력격차 지수가 높을수록 구성원 사이의 권력배분 차이가 크기 때문에 평등한 관계보다는 수직적 관계가, 분권화보다는 집권화의 문화가 발생한다.
ㄷ. O 레빈은 조직 변화의 과정으로, 변화에 대한 필요성을 느끼게 하는 해빙, 현재 상태에서 새로운 상태로 바뀌는 변화, 변화된 상태를 지속할 수 있는 재동결의 3단계를 제시하였다. 정답 ②

체크포인트

조직문화와 관련된 주제들은 보수적인 접근이 필요합니다. 출제가 잘 되지 않는 주제이면서도 어떤 주제가 나올지 예측하기 어렵기 때문입니다. 따라서 기출된 주제 위주로 범위를 좁혀서 학습하는 것이 바람직하고, 시험장에서 새로운 주제가 나왔을 때 행정학의 기본 소양을 바탕으로 독해하고 판단하는 훈련을 꾸준히 하는 것이 적절한 접근방식입니다.

심화 SWOT 분석

1. 개념

(1) 조직이 강점(Strengths), 약점(Weaknesses), 기회(Opportunities), 위협(Threats)을 평가하여 전략을 수립하는 데 사용

(2) 내부요인(강점과 약점)과 외부요인(기회와 위협)을 분석하여 조직의 경쟁력을 강화하고 위험 요소를 최소화

2. 구체적 전략

내부요인 / 외부요인	S(강점)	W(약점)
O(기회)	SO(공격적 전략)	WO(방향전환 전략)
T(위협)	ST(다양화 전략)	WT(방어적 전략)

(1) 공격적 전략(SO 전략)

① 강점(Strengths)과 기회(Opportunities)를 활용하는 전략

② 조직이 가진 강점을 최대한 활용하여 외부 환경의 기회를 극대화하는 방식

③ 예시 : 기술력이 뛰어난 기업이 신흥 시장에 진출하여 점유율을 확대하는 전략

(2) 다양화 전략(ST 전략)

① 강점(Strengths)을 활용하여 위협(Threats)을 극복하는 전략

② 조직이 가진 강점을 활용하여 외부 환경의 위협을 최소화하는 방식

③ 예시 : 브랜드 인지도가 높은 기업이 경쟁 심화에 대응하기 위해 제품 라인을 확장하는 전략

(3) 방향전환 전략(WO 전략)

① 약점(Weaknesses)을 보완하여 기회(Opportunities)를 활용하는 전략

② 조직의 내부 약점을 개선하여 외부 환경의 기회를 잡는 방식

③ 예시 : 기술력이 부족한 기업이 연구개발에 투자하여 신기술을 확보하는 전략

(4) 방어적 전략(WT 전략)

① 약점(Weaknesses)과 위협(Threats)을 동시에 최소화하는 전략

② 조직이 가진 약점을 보완하고 외부 환경의 위협을 줄이는 방식

③ 예시 : 시장 경쟁이 심한 상황에서 비용 절감을 통해 생존력을 높이는 전략

2 사람 관리

1 동기부여 : 내용이론 S

9급 23지, 22지, 21국, 19국, 17국, 16지, 15지
7급 24지, 22국, 22지, 19국, 19지, 17국, 15국

1 내용이론 : 개관

(1) 개념

① 전통적 동기이론으로, 인간은 기본적으로 하나 또는 그 이상의 중요한 **욕구의 결함 때문에 동기가 부여**된다고 가정

② 인간의 욕구, 욕구에서 비롯되는 충동, 욕구의 배열과 유형화 등 **욕구의 내용**을 설명

(2) 모형

① 합리적 · 경제적 인간모형

㉠ 인간을 이기적 · 경제적 · 자기중심적 · 이해타산적으로 보는 모형으로, **경제적 유인의 제공에 의해 동기 유발**

㉡ 고정적이고 명확히 알려진 조직의 목표, 반복적인 조직의 업무, 불변하는 환경 등을 특징으로 하는 폐쇄체제 조직 관점으로 수단적 능률 중시

㉢ 인간의 가치적 측면을 경시하고 인간이나 환경적 책임 등 도덕적 가치들을 외면한다는 비판

㉣ 테일러(Taylor)의 과학적 관리론, 맥그리거(McGregor)의 X이론, 아지리스(Agyris)의 미성숙인 이론 등의 기반

② 사회적 인간모형

㉠ **메이요(Mayo)의 호손연구**에서 본격화된 모형으로, 경제적 욕구보다 **사회심리적 욕구를 강조**하며 비공식조직 · 리더십 · 커뮤니케이션 · 참여 등의 문제에 초점**(인간관계론)**

㉡ 생산성에 대한 구성원들 간 사회적 관계의 중요성을 확인한 것으로, 조직구성원은 비공식집단의 규범을 벗어나면서까지 생산량을 높이려고 하지 않음을 규명

㉢ 맥그리거(McGregor)의 Y이론과 밀접한 관계가 있으며, 합리적 · 경제적 인간관을 부정하기보다는 이를 수정 · 보완하려는 시도

㉣ 인간의 욕구 체계를 획일적으로 본다는 점, 동기부여를 외재적으로 본다는 점, 인간을 근본적으로 피동적으로 본다는 점 등 비판 존재

③ 자아실현 인간모형 → 성장이론(growth theory)

㉠ **인간이 복수 욕구를 지닌 존재**라는 것을 인식하고, 인간의 **자아실현 욕구 및 성장적 측면**을 강조하는 동기이론**(후기 인간관계론)**

㉡ 동기부여의 외재성뿐 아니라 내재성도 고려하며, 인간을 수동적 존재가 아닌 **능동적 존재로 간주**

㉢ 매슬로우(Maslow)의 욕구계층이론(자아실현 욕구), 앨더퍼(Alderfer)의 ERG이론(성장욕구), 맥클리랜드(McClelland)의 성취동기이론, 맥그리거(McGregor)의 XY이론(Y이론), 허즈버그(Herzberg)의 욕구충족요인이원론(만족요인), 아지리스(Agyris)의 성숙인 이론 등

합리·경제적 인간모형
경제적 유인
↓
사회적 인간모형
사회심리적 유인
↓
자아실현적 인간모형
성장 유인
↓
복잡인 모형
다양한 유인

④ 복잡인모형

㉠ 기존의 인간관이 인간의 본질을 단순하게 획일화했다고 보면서 등장한 모형으로, **인간의 욕구 체계는 복잡**하며 **지속적으로 변하는 특성**을 갖고 있다고 보는 모형

㉡ 사람들은 조직생활 경험을 통해 새로운 욕구를 배울 수도 있고, 역할과 상황에 따라 욕구가 달라질 수 있으며, 서로 다른 관리전략에 순응할 수 있다고 봄.

㉢ 모든 개인과 개별적 상황에 항상 적용할 수 있는 관리전략은 존재할 수 없음을 의미

㉣ 샤인(Schein)의 인간모형, 해크만과 올드햄(Hackman & Oldham)의 직무특성이론 등

체크포인트

동기이론 중 **내용이론은 부족한 욕구를 채우는 것에 집중**하고, 부족한 욕구는 사람을 어떤 관점으로 보는지에 따라 달라집니다. 이처럼 **인간관은 내용이론의 기반**이 되는 것이므로, 인간관 자체를 물어보는 문제도 간혹 출제되고 있습니다. 또한 인간관은 총론에서 학습했던 행정이론의 기반이 되기도 하므로, 다른 주제와의 유기적인 연결 역시 행정학에서 활용하면 좋은 학습방법이 될 것입니다.

기출 CHECK

1 다음 설명에 해당하는 조직의 인간관은? 2019 국가직 9급

- 인간을 자신의 이익을 극대화하기 위해 행동하는 존재로 본다.
- 인간은 조직에 의해 통제 · 동기화되는 수동적 존재이며, 조직은 인간의 감정과 같은 주관적 요소를 통제할 수 있도록 설계돼야 한다.

① 합리적 · 경제적 인간관　② 사회적 인간관
③ 자아실현적 인간관　④ 복잡한 인간관

① O **합리적·경제적 인간관**은 인간을 **이기적·경제적·자기중심적·이해타산적**으로 보는 모형으로, **경제적 유인의 제공에 의해 동기가 유발**된다고 본다. 합리적·경제적 인간은 **경제적 유인을 제공할 때 비로소 동기가 유발되는 수동적 존재**이며, 경제적 유인 외의 인간의 감정과 같은 **주관적 요소를 통제하는 것이 관리의 효율성을 증진**시킨다고 본다. 정답 ①

2 내용이론 : 성장이론

(1) 매슬로우(Maslow)의 욕구계층이론

1) 개념

① 인간의 동기는 **5단계 욕구계층**에 따라 **순차적**으로 유발

② **생리적** 욕구 → **안전** 욕구 → **사회적**(소속 · 애정) 욕구 → **존경** 욕구 → **자아실현** 욕구

2) 특징

① **동기로 작용하는 욕구는 충족되지 않은 욕구**이며, 충족된 욕구는 그 욕구가 다시 나타날 때까지 동기로서의 힘을 상실

② 최하위 계층인 생리적 욕구의 강도가 가장 강하고, 최고급 욕구인 자아실현 욕구의 우선순위는 가장 낮음.

③ 결핍의 욕구(생리적 · 안전 · 사회적)와 성장의 욕구(존경 · 자아실현)로 구분

④ 어느 한 단계의 욕구가 완전히 충족되어야만 다음 단계의 욕구를 추구하는 것은 아님.

욕구계층이론 (매슬로우)

3) 장점

인간의 기본적 욕구를 계층별로 분류하고 관계를 설명함으로써 인간의 행동에 대한 동기를 이해하고 구성원들의 문제를 해결하는 데 기여

4) 한계

① 모든 인간의 욕구 계층이 항상 동일한 것은 아니며(학습 · 문화 등), 인간의 행동이 항상 욕구 충족을 위해 수행되는 것도 아님(습관적 행동 등).

② 욕구 만족에 의해 욕구 발로가 단계적으로 전진할 뿐만 아니라 욕구가 좌절될 경우 욕구 발로가 후진적 · 하향적으로 진행될 수 있음.

③ 하나의 욕구가 아닌 두 가지 이상의 복합적인 욕구가 하나의 행동을 유발하는 경우도 있음.

(2) 앨더퍼(Alderfer)의 ERG 이론

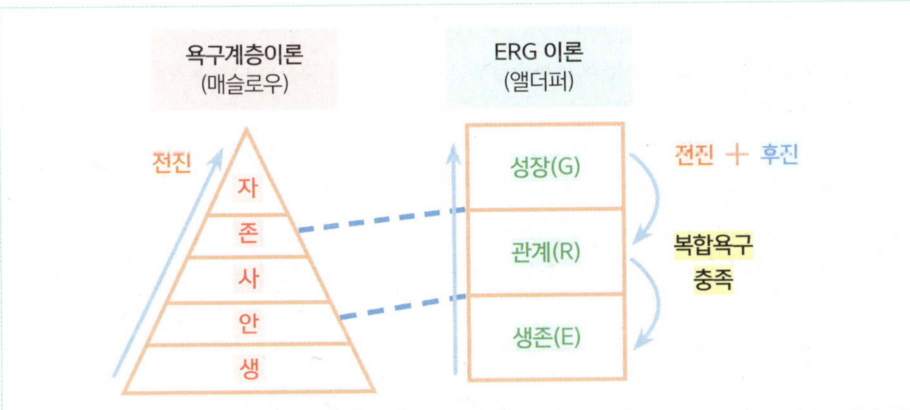

1) 개념

① 매슬로우의 욕구계층이론을 보완하기 위해 현장연구 실시

② 욕구 충족을 위한 행동이 얼마나 추상적인가를 기준으로, 매슬로우의 욕구계층 5단계를 줄여 생존욕구 · 관계욕구 · 성장욕구의 3단계로 분류

㉠ 생존(Existence)욕구 : 육체적 생존을 유지하려는 물리적 · 생리적 욕구로, 매슬로우의 생리적 욕구와 안전 욕구의 일부분

㉡ 관계(Relatedness)욕구 : 인간답게 살기 위해 타인과의 관계를 유지하려는 욕구로, 매슬로우의 안전 욕구, 사회적 욕구, 존경 욕구의 일부분

㉢ 성장(Growth)욕구 : 자기 발전을 도모하기 위한 인간의 노력과 관련된 욕구로, 매슬로우의 존경 욕구 일부분과 자아실현 욕구

2) 특징

① 매슬로우와의 공통점 : 인간은 복수의 욕구를 지니고 있고, 범주화되어 계층적 구조를 이루고 있으며, 욕구의 충족은 계층적 구조에 따라 순차적으로 진행

② 매슬로우와의 차이점

㉠ 욕구 만족 시 욕구 발로의 **전진적·상향적 진행(만족 – 진행)뿐만 아니라**, 욕구 좌절로 인한 욕구 발로의 **후진적·하향적 퇴행(좌절 – 퇴행)을 제시**

㉡ **두 가지 이상의 욕구가 동시에 작용**하여 복합적으로 하나의 행동을 유발한다는 복합연결형의 욕구단계를 주장하면서, 개인행동을 좀 더 현실적으로 설명

㉢ 한 계층의 욕구가 충분히 채워지지 않는 상태에서는 바로 하위욕구의 중요성이 훨씬 커진다고 주장

체크포인트

여러 동기이론이 등장하지만, 이론은 낱개로 이루어져 있지 않습니다. 대부분의 이론은 연결되어 있습니다. 비판을 하는 이론, 보완을 하는 이론, 영향을 받은 이론 등 연결고리를 통해 학습을 해야 합니다. 이는 학습의 효율성을 증진시키기 때문이기도 하지만, 문제에서 이러한 연결고리를 주로 체크하기 때문입니다. 앨더퍼와 맥클리랜드는 매슬로우를 비판하면서 등장했고, 그 비판의 지점을 정확하게 알고 있는지 묻는다는 것입니다.

기출 CHECK

1 동기이론에 대한 설명으로 옳지 않은 것은? 2016 지방직 9급

① 매슬로우(Maslow)는 상위 차원의 욕구가 충족되지 못하거나 좌절될 경우, 하위 욕구를 더욱 더 충족시키고자 한다고 주장하였다.

② 앨더퍼(Alderfer)는 ERG이론에서 매슬로우의 욕구 5단계를 줄여서 생존욕구, 대인관계 욕구, 성장욕구의 세 단계를 제시하였다.

③ 허츠버그(Herzberg)는 욕구충족요인 이원론에서 불만족 요인(위생요인)을 제거한다고 해서 만족을 보장하는 것은 아니라고 주장하였다.

④ 애덤스(Adams)는 형평성이론에서 자신의 노력과 그 결과로 얻어지는 보상과의 관계를 다른 사람의 것과 비교해 상대적으로 느끼는 공평한 정도가 행동동기에 영향을 준다고 본다.

① X 매슬로우의 욕구계층론에 따르면 욕구의 충족은 순차적으로 전진할 뿐, 상위 욕구에서 하위 욕구로 퇴행하지는 않는다. 하위 욕구로의 퇴행을 주장한 이론은 매슬로우를 비판한 앨더퍼의 ERG이론이다.

② O 앨더퍼의 ERG이론은 매슬로우의 욕구계층 5단계를 3단계로 줄여 생존욕구(E), 관계욕구(R), 성장욕구(G)로 분류했다.

③ O 허즈버그의 욕구충족요인 이원론에 따르면 직무 환경과 관련된 불만족 요인인 위생요인을 제거하면 불만족을 해소할 수는 있으나, 구성원을 만족하게 만들지는 못하기 때문에 동기가 유발되지는 않는다. 직무의 본질과 관련된 만족 요인인 동기요인을 충족시켜야 구성원들이 만족하면서 동기가 유발된다고 본다.

④ O 애덤스의 형평성 이론에 따르면, 사람은 타인과의 비교 후 자기 자신에 대한 처우가 공정하다고 느끼면 동기가 유발되지 않으며, 불공정하다고 느꼈을 때 공정성을 얻기 위해 동기가 유발된다.

정답 ①

(3) 맥클리랜드(McClelland)의 성취동기이론

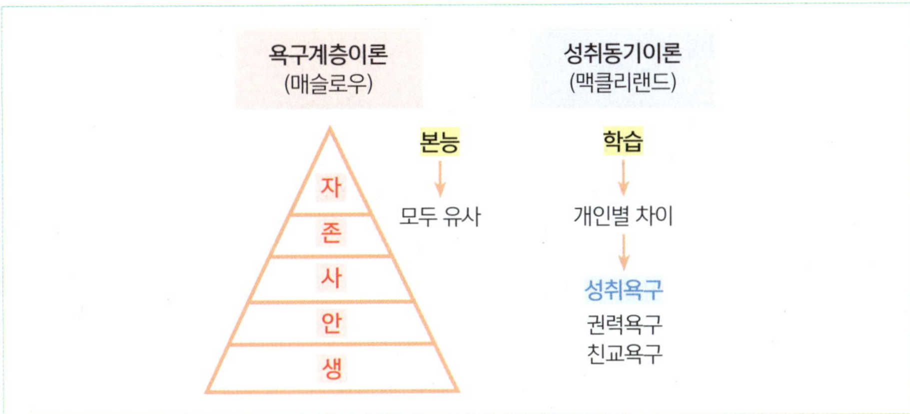

1) 개념

① 모든 사람이 비슷한 욕구계층을 갖고 있다는 **매슬로우를 비판**하며, 욕구는 **학습**되는 것이므로 **개인별 욕구계층에 차이가 있다**고 주장

② 개인의 동기는 사회문화와의 상호작용으로 취득되고, 학습을 통해 개발될 수 있다고 전제하며 **조직 내 성취 욕구의 중요성에 중점**을 둔 성취동기이론을 제시

2) 특징

① 개인의 욕구 중 **사회문화적으로 학습된 욕구**들을 **성취 욕구, 권력 욕구, 친교 욕구**로 분류

㉠ **성취(achievement)욕구** : 우수한 결과를 위해 높은 기준을 설정하고 이를 달성하려는 욕구로, **생산성 향상을 위해 가장 중요**

㉡ **권력(power)욕구** : 타인의 행동에 영향력을 미치거나 통제하려는 욕구

㉢ **친교(affiliation)욕구** : 자기의 의사결정이나 강력한 성취욕보다는 타인과의 따뜻하고 친근한 관계를 유지하는 데 많은 시간 할애

(4) 맥그리거(McGregor)의 XY이론

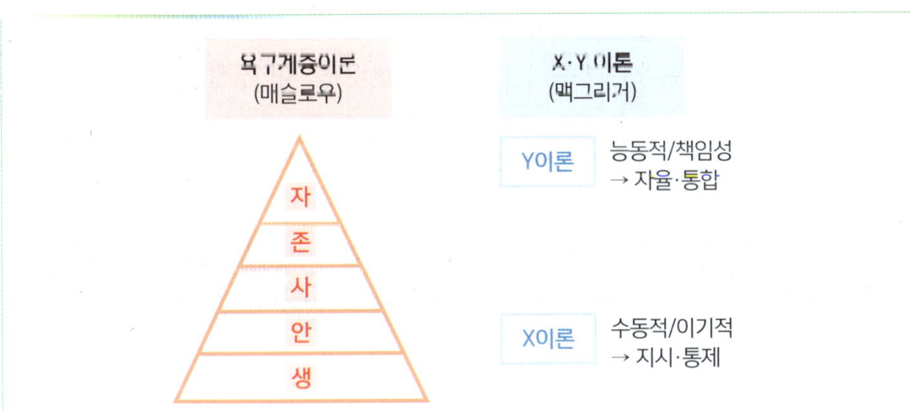

1) 개념

매슬로우의 욕구계층이론을 토대로 인간의 본질을 두 가지로 가정하고 각각 X이론과 Y이론으로 명명

2) X이론

① 인간관 : 수동적 · 타율적

㉠ 대부분의 사람은 본질적으로 일을 싫어하며, 야망이 없고, 외재적인 지도를 받으려 하며, 안전을 원하고 변화에 저항적

㉡ 자기중심적이고, 창의력을 발휘하지 못하며, 영리하지 못하며 속기 쉽고, 엉터리 사기극에 넘어가기 쉬움.

㉢ 동기 유발은 주로 생리적 욕구나 안전에 대한 욕구를 자극함으로써 가능

② 조직관리

㉠ 인간의 하급 욕구에 착안하여 권위적 통제에 입각한 관리전략을 처방하는 전통적 관점

㉡ 지시 · 통제의 방법 활용 : 경제적 보상체계의 강화, 권위주의적 리더십의 확립, 상부책임제도의 강화, 고층적 · 계층적 조직구조의 확립 등

3) Y이론

① 인간관 : 적극적 · 자율적

㉠ 대부분의 사람이 본질적으로 일을 싫어하는 것은 아니며, 작업 조건만 제대로 정비되면 일이란 극히 자연스러운 것이고 인간이 물리적 · 사회적 환경에 도전하는 여러 방법 중의 하나

㉡ 참여를 통해 자기표현과 자제의 기회를 발견하면 자기 행동의 방향을 스스로 정하고 자율적으로 자기 규제를 할 수 있는 존재

㉢ 비교적 높은 수준의 창의력과 상상력을 발휘하고, 적절한 조건만 갖춰지면 대부분의 사람은 책임 있는 행동을 수행하고자 노력

㉣ 대부분의 사람은 이기적으로만 행동하는 것이 아니라 사회 내의 타인을 위해 행동하기도 함.

㉤ 동기 유발은 모든 계층(생리 · 안전 · 사회 · 존경 · 자아실현)에서 가능

② 조직관리

㉠ 인간의 고급 욕구인 존경욕구 및 자아실현 욕구 등에 착안하여 통합형의 관리전략 처방

㉡ 통합의 원리 : 개인의 목표와 조직의 목표를 통합시키는 것으로, 조직구성원들의 노력을 조직의 성공에 지향시킴으로써 각자의 목표를 가장 잘 달성할 수 있는 조건을 형성해야 한다는 원리

(5) 아지리스(Argyris)의 미성숙-성숙이론

① 내용이론 중 하나로, 사람은 미성숙인에서 성숙인으로 발전해야 한다고 주장

② 인간의 성숙을 가로막는 고전적 관리전략이 아닌, 스스로 욕구를 충족시키고 성숙의 기회를 얻을 수 있는 Y이론적 분위기 조성이 필요

(6) 허즈버그(Herzberg)의 욕구충족요인이원론

1) 개념

주로 조직관리의 입장에서 조직구성원들의 동기에 관해 설명

2) 특징

봉급
대인관계
직위
위생요인

VS

동기요인
책임부여
승진
성취감

× → 불만족
○ → 동기 ×

○ → 만족/동기부여
× → 불만족 ×

① 위생요인(hygiene factors)

㉠ 직무 외적 환경에 관한 것으로, 직무에 불만족을 느끼게 하거나 예방하는 데 작용(불만족요인)

㉡ 봉급, 대인 관계, 직위, 근무조건, 조직의 방침과 진행 등

② 동기요인(motivators)

㉠ 직무 자체 또는 직무의 본질에 관한 것으로, 인간에게 만족을 주고 우수한 직무수행을 위한 동기 유발에 작용하는 것(만족요인)

㉡ 책임 부여, 승진, 성장 기회, 직무 그 자체, 직무에 대한 성취감, 직무 성취에 대한 인정 등

③ 위생요인 VS 동기요인

위생요인	동기요인
㉠ 위생요인이 없을 경우 구성원에게 극도의 불만족을 초래하니, ㉡ 위생요인이 잘 갖춰져 있다고 하더라도, 조직구성원의 직무 수행 동기를 유발시키는 것은 아님. ㉢ 즉, 불만족을 제거할 수는 있으나, 만족하게 만드는 것은 아님.	㉠ 동기요인이 있는 경우 더 나은 직무 수행과 노력을 위한 동기부여의 요인으로 작용하고, ㉡ 동기요인이 갖추어져 있지 않더라도 불만족을 초래하지는 않음.
만족을 주는 요인과 불만족을 주는 요인은 상호독립적으로, 만족의 반대는 불만족이 아니고 만족이 없는 상태이며, 불만족의 반대는 만족이 아니라 불만족이 없는 상태를 의미	

3) 평가

① 관리자는 구성원을 만족시키기 위해 위생요인과 동기요인을 모두 고려할 필요

② 직무요소와 동기 및 성과 간의 관계가 충분히 분석되어 있지 않고, 개인의 욕구 차이에 대한 충분한 고려가 없다는 비판 존재

X [7급] 허즈버그의 욕구충족 이원론은 '감독자와 부하의 관계'를 만족 요인 중 하나로 제시한다.
O 허즈버그의 욕구충족 이원론은 '감독자와 부하의 관계'를 위생 요인(만족 요인 ×) 중 하나로 제시한다.

체크포인트
허즈버그의 욕구충족요인이원론은 내용이론 중에서도 가장 많이 출제되는 주제입니다. 위생요인과 동기요인을 비교하는 것이 중요한데, 그 특성의 비교도 할 수 있어야 하고, 사례의 비교도 할 수 있어야 하고, 두 가지 요인 중 어떤 것이 더 중요한지에 대한 결론도 알고 있어야 하기 때문입니다.

기출 CHECK

1 허즈버그(Herzberg)의 욕구충족요인 이원론에 대한 설명으로 옳지 않은 것은? 2017 국가직 9급

① 욕구의 계층화를 시도한 점에서 매슬로(Maslow)의 욕구단계이론과 유사하다.
② 불만을 주는 요인과 만족을 주는 요인은 서로 다르다고 주장한다.
③ 무엇이 동기를 유발하는가에 초점을 두는 내용이론으로 분류된다.
④ 작업조건에 대한 불만을 해소한다고 하더라도 근무태도에 장기적인 영향을 미치지는 않는다고 본다.

① X 허즈버그의 욕구충족요인 이원론은 위생요인과 동기요인이 상호독립적이라는 것을 제시하는 이론으로, 위생요인과 동기요인이 계층적으로 구분되는 것은 아니다. 따라서 욕구를 5단계로 계층화한 매슬로의 욕구단계이론과는 성격이 다르다.
② O 불만을 주는 요인인 위생요인은 업무의 외적 환경과 관련된 것이며, 만족을 주는 요인인 동기요인은 직무 자체 또는 직무의 본질과 관련된 것이다. 위생요인과 동기요인은 서로 구분되며, 상호독립적으로 존재한다.
③ O 허즈버그의 욕구충족요인이원론은 동기를 유발하는 욕구가 무엇인지를 연구하는 내용이론이다.
④ O 작업조건은 업무의 외적 환경과 관련된 것이므로 위생요인에 해당한다. 위생요인에 대한 불만을 해소한다고 하더라도, 구성원의 불만족만 제거될 뿐 동기를 유발하지는 못해 근무태도에 장기적인 영향을 미치지는 않는다. 근무태도에 장기적인 영향을 미치기 위해서는 위생요인이 아닌 동기요인을 충족시켜야 한다. 정답 ①

3 내용이론 : 복잡인모형

복잡인 모형
(샤인)

다양한 인간의 욕구
개인차 고려
관리의 융통성 필요

(1) 샤인(Schein)의 인간모형

1) 인간관

① 인간관을 역사적 등장 순서에 따라 네 가지로 분류 : 합리적 · 경제적 인간모형 → 사회적 인간모형 → 자아실현적 인간모형 → 복잡한 인간모형

② 복잡한 인간모형에 의하면, 인간은 다양한 욕구와 잠재력을 지닌 복잡한 존재이며 복잡성의 유형은 사람마다 다름.

2) 관리 전략

① 조직구성원들의 개인차를 파악하고, 이를 배제나 무시가 아닌 존중하며, 욕구가 다른 부하들을 다르게 처방할 수 있는 융통성 필요

② 조직관리자들은 일종의 진단자가 되어 조직구성원의 다양한 욕구와 능력을 감지할 수 있는 감수성과 진단 능력을 구비

(2) 해크만과 올드햄(Hackman & Oldham)의 직무특성이론*

* 직무특성이론은 내용이론 중 복잡인 이론으로 보는 견해도 있으며, 과정이론으로 보는 견해도 있음.

1) 개념

직무의 특성이 직무 수행자의 성장 욕구 수준에 부합될 때 더 큰 의미와 책임감을 주고 동기 유발의 측면에서도 긍정적

2) 특징

① 핵심직무특성

㉠ **기술적 다양성** : 직무수행에 요구되는 기술 종류의 다양성 정도

㉡ **직무 정체성** : 직무의 내용이 하나의 제품이나 서비스를 처음부터 끝까지 완성시킬 수 있도록 구성되어 있는지의 정도

㉢ **직무 중요성** : 개인이 수행하는 직무가 조직 내 또는 조직 밖의 다른 사람들의 삶과 일에 얼마나 큰 영향을 미치는지의 정도

㉣ **자율성** : 개인이 자신의 직무에 대해 개인적으로 느끼는 책임감의 정도

㉤ **환류** : 직무 자체가 주는 직무수행 성과에 대한 정보의 유무

② 잠재적 동기지수(MPS)

$$\text{잠재적 동기지수} = \frac{(\text{기술 다양성} + \text{직무 정체성} + \text{직무 중요성})}{3} \times \text{자율성} \times \text{환류}$$

㉠ **다섯 가지 직무 특성이 모두 영향**을 미치며, 소중하게 생각하는 직무에 대해 일을 잘 해냈다고 알아차렸을 때 내부적인 보상을 획득

㉡ **가장 강조한 특성은 자율성과 환류**로, 둘 중 어느 한 가지만 없어도 잠재적으로 동기가 전혀 부여되지 않음.

③ 개인의 심리상태

㉠ **직무에 대해 느끼는 의미성** : 자신의 직무에 대해 '해볼 만한다', '가치가 있다'라고 느끼는 정도로, 기술 다양성, 직무 정체성, 직무 중요성이 영향

㉡ **직무에 대한 책임감** : 자신이 수행하는 일의 결과에 대해 개인적으로 느끼는 책임감과 부담감의 정도로, 자율성이 영향

㉢ **직무 수행 결과에 대한 지식** : 직무 수행 과정에서 직무를 얼마나 효과적으로 수행하고 있는지를 알고 이해하는 정도로, 환류가 영향

④ 성장욕구 수준

㉠ 개인의 성장 욕구 수준이 직무 특성과 심리 상태, 심리 상태와 성과 간의 관계를 조절해 주는 변인으로 작용

㉡ 직무특성이론은 구성원의 성장욕구가 강할 때 효과적인 이론으로,

ⓐ 성장욕구 수준이 높은 직무수행자의 경우에는 기술적 다양성과 업무의 정체성 · 중요성이 높은 직무를 제공하는 것이 바람직하며,

ⓑ 성장욕구 수준이 낮은 직무수행자의 경우 단순하고 정형화된 직무를 제공하는 것이 바람직

3) 평가

직무 수행자의 성장 욕구 수준이라는 개인차를 고려하고 직무 특성, 심리 상태 변수, 성과 변수 등의 관계를 제시했다는 측면에서 허즈버그의 욕구충족요인이원론보다 진일보

직무특성이론
(해크만&올드햄)

개인의 성장욕구 수준
+
직무의 특성
↓
동기 부여

PART 3

체크포인트

직무특성모델에서 가장 중요한 것은 이론의 제목에서 파악할 수 있는 것처럼 어떤 '직무특성'이 개인의 동기부여에 영향을 미치는가입니다. 따라서 다섯 가지 직무특성이 어떤 것이 있는지, 각각의 직무특성의 개념은 무엇인지, 그 중에서도 어떤 직무특성이 더 중요하다고 보는지 등을 꼼꼼하게 정리해두어야 합니다.

기출 CHECK

1 해크먼(J. Hackman)과 올드햄(G. Oldham)의 직무특성모델에 대한 설명으로 옳지 않은 것은?

2011 지방직 9급

① 잠재적 동기지수(Motivating Potential Score : MPS) 공식에 의하면 제시된 직무특성들 중 직무정체성과 직무중요성이 동기부여에 가장 중요한 역할을 한다.

② 허즈버그의 욕구충족요인이원론보다 진일보한 것으로 이해할 수 있다.

③ 직무정체성이란 주어진 직무의 내용이 하나의 제품 혹은 서비스를 처음부터 끝까지 완성시킬 수 있도록 구성되어 있는지에 관한 것이다.

④ 이 모델은 기술다양성, 직무정체성, 직무중요성, 자율성, 환류 등 다섯 가지의 핵심 직무특성을 제시한다.

① X 다섯 가지 직무 특성이 모두 잠재적 동기지수에 영향을 미치나, 특히 강조한 특성은 자율성과 환류이다. 둘 중 어느 한 가지만 없어도 잠재적으로 동기가 전혀 부여되지 않기 때문이다.

잠재적 동기지수 = (기술 다양성 + 직무 정체성 + 직무 중요성)/3 × 자율성 × 환류

② O 직무특성모델은 직무 수행자의 성장 욕구 수준과 더불어 다양한 직무 특성을 반영했다는 측면에서 허즈버그의 욕구충족요인이원론보다 진일보한 것으로 평가된다.

③ O 핵심 직무특성 중 하나인 직무정체성은 직무의 내용이 하나의 제품이나 서비스를 처음부터 끝까지 완성시킬 수 있도록 구성되어 있는지의 정도와 관련이 있다.

④ O 해크먼과 올드햄은 핵심 직무특성으로 기술다양성, 직무정체성, 직무중요성, 자율성, 환류를 제시하면서 직무의 특성이 직무 수행자의 성장욕구 수준에 부합될 때 더 큰 의미와 책임감을 주고 동기 유발의 측면에서 긍정적인 성과를 획득한다고 주장했다.

정답 ①

심화 공공서비스동기이론(PSM : Public Service Motivation)

1. 개념

① 페리·와이즈(Perry & Wise), 공공서비스 동기란 공공조직에서 우선적이거나 고유하게 나타나는 동기에 부응하려는 개인의 성향

② 민간과는 다른 공공부문 종사자들만이 갖는 특성으로, 신공공관리론에서 중시하는 외재적 보상보다는 내적 동기요인을 강조

③ 개인이 공공조직에 참여하기 이전부터 성장 과정에서 공직에 적합한 동기요인을 갖게 된다고 가정

2. 3가지 차원

① 합리적(rational) 차원 : 개인적 효용 극대화를 위한 차원으로, 정책형성과정에의 참여를 통한 개인적 욕구 만족이나 특정 이익 옹호를 위한 헌신 등이 포함

② 규범적(norm-based) 차원 : 공공부문 종사자들의 공익 추구 열망에 기초하는 것으로, 공익추구에 대한 의무, 정부 및 사회적 형평성에 대한 충성심 등이 포함

③ 정서적(affective) 차원 : 자비에 대한 애국심(patriotism of benevolence)으로, 보호받아야 할 기본적 권리를 가지고 있는 정치적 범위 안의 모든 사람들에 대한 광범위한 애정

X [9급] 페리와 와이스는 제도적 차원, 금전적 차원, 감성적 차원을 제시하였다.

O 페리와 와이즈는 공공봉사동기이론의 세 가지 차원으로 합리적 차원, 규범적 차원, 정서적 차원을 제시하였다.

차원	특징
합리적 차원	· 정책형성 과정의 참여 · 공공정책에 대한 동일시 · 특정 이해관계에 대한 지지
규범적 차원	· 공익 봉사의 욕구 · 의무와 정부 전체에 대한 충성 · 사회적 형평의 추구
감성적 차원	· 정책의 사회적 중요성에 기인한 정책 몰입 · 선의의 애국심

PART 3

9급 24지, 23지, 22국, 21국, 19국, 17지
7급 23지, 22국, 22지, 21국, 19국, 18국

2 동기부여 : 과정이론 ⑤

1 아담스(Adams)의 공정성 이론

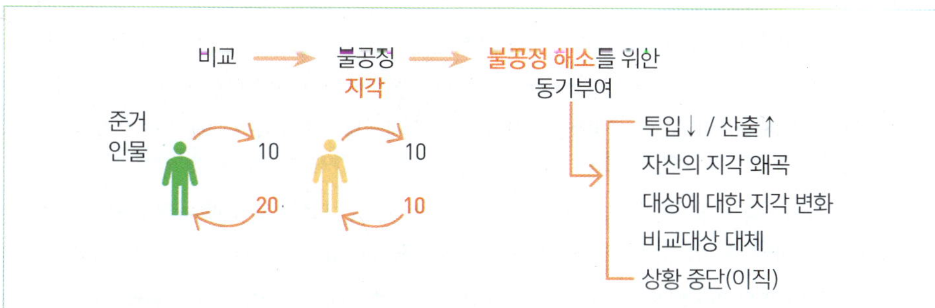

(1) 이론의 가정

① 사람들은 직무수행에 대한 자신의 기여에 부합되는 공정하고 형평성 있는 보상이 무엇인가에 관한 신념을 형성

② 사람들은 **자신의 투입(공헌도)에 대한 산출(보상)의 비율을 타인의 투입에 대한 산출의 비율과 비교**

③ 비교 후 자기 자신에 대한 처우가 **불공정하다고 느끼면** 공정성을 얻기 위해 **동기 유발**

④ 불공정하게 대우받고 있다고 느낀다면 불공정한 상태를 해소하기 위해 노력하며, **불공정한 상태가 크면 클수록 동기부여는 더욱 증가**

⑤ 준거인과 비교했을 때 **과소보상**뿐만 아니라 **과다보상**이 발생했을 때도 **불공정성을 지각**하여 이를 해소하기 위한 동기가 유발

(2) 불공정성 해소방안*

① **자신의 투입을 변화** : 보상이 적다고 생각하면 투입을 줄이고, 보상이 많다고 생각하면 투입을 늘림.

② **자신의 산출을 변화** : 제품의 양에 따라 보상을 받는 경우, 제품의 질보다는 양을 늘림으로써 급여를 더 받으려고 행동

* 특징

① 불공정성이 커질수록 심리적 불균형과 긴장이 더욱 커지고 이를 해소하려는 행동을 작동시키는 동기 유발 역시 증가

② 개인은 산출 시에 유의성이 강한 결과를 극대화시키려고 노력

③ 투입을 변화시킬 때 개인은 변화시키기 힘든 투입은 되도록 회피하는 경향

④ 자존심이나 자아 개념이 직접 개입되어 있을수록 이와 관련된 투입과 산출을 조정하거나 변경하는 것에 많은 저항감

⑤ 준거인물의 투입과 산출에 대한 자기의 지각을 변화시키기보다는 자신의 투입과 산출에 대한 지각을 변화시키는 데 더욱 큰 저항감

⑥ 준거인물은 오랜 기간이 지날수록 비교 대상으로 정착하며, 준거인물의 변화에 많은 저항감

⑦ 불공정성에 대한 민감성은 과대 보상보다도 과소 보상으로 인한 긴장과 불안감이 더 예민하게 나타남.

③ **자신의 지각을 왜곡** : 자신에 대한 최초의 평가 자체를 바꾸는 것으로, 자신이 실제로는 적은 시간을 일했다고 스스로 인정

④ **비교대상의 투입과 산출에 대한 자신의 지각을 변화** : 비교대상이 자신이 처음에 평가했던 것보다 훨씬 많은 시간을 일했다고 인정

⑤ **비교대상 대체** : 비교에 적합한 다른 사람으로 대체

⑥ **현재의 상황 중단** : 직장을 옮기거나 다른 부서로 자리 이동

(3) 조직관리 시사점

① 조직구성원 모두가 조직이 제공하는 보상의 기준이 무엇인가를 이해할 필요

② 조직구성원들은 자신의 보상에 대해 유형의 보상과 무형의 보상 등 다각적인 견해를 갖게 됨.

③ 조직구성원들의 행동은 **현실에 대한 지각(知覺)을 기초**로 함.

체크포인트

아담스의 공정성 이론은 동기부여이론 중에서도 과정이론입니다. 따라서 동기가 유발되는 과정을 정확하게 알고 있는지가 출제포인트가 됩니다. 다른 사람과 비교했을 때, 내가 불공정한 대우를 받고 있다고 지각하면, 동기가 유발된다는, 이 과정에 대한 정확한 학습이 필요합니다. 내용이론은 어떤 욕구가 부족한지에 집중하는 것이고, 과정이론은 동기가 유발되는 것에 집중함을 놓치지 않아야 할 것입니다.

기출 CHECK

1 동기요인 이론에 대한 설명으로 옳지 않은 것은? 2021 국가직 9급

① 아담스(Adams)의 공정성 이론에 따르면 공정하다고 인식할 때 동기가 유발된다.

② 매클리랜드(McClelland)의 성취동기이론에 따르면 개인들의 욕구가 학습을 통해 개발될 수 있다.

③ 브룸(Vroom)의 기대이론에서 기대감은 특정 결과는 특정한 노력으로 인해 나타날 수 있다는 가능성에 대한 개인의 신념으로 통상 주관적 확률로 표시된다.

④ 앨더퍼(Alderfer)의 ERG이론에 따르면 상위욕구 충족이 좌절되면 하위욕구를 충족시키고자 할 수 있다.

① x 아담스의 공정성 이론에 따르면, 준거인물과의 비교를 통해 자신에 대한 처우가 공정하다고 느끼면 동기가 유발되지 않는다. 자신에 대한 처우가 불공정하다고 느꼈을 때 불공정성을 제거하고 공정성을 획득하기 위해서 동기가 유발된다고 본다.

② O 매클리랜드는 성취동기이론을 통해 개인들의 욕구는 학습되는 것이므로 개인별 욕구계층에 차이가 있다고 주장한다. 이는 모든 사람에게 동일한 욕구계층이 주어진다고 보는 매슬로우를 비판하는 관점이다.

③ O 브룸의 기대이론에서의 기대감이란 노력이 성과로 이어질 것이라고 보는 과정에서 나타나는 개념으로, 인간의 주관적인 믿음으로 표시된다.

④ O 앨더퍼의 ERG이론은 욕구 계층의 순차적 상향만 주장하는 매슬로우를 비판하면서, 상위욕구 충족이 좌절되면 후퇴와 퇴행을 통해 하위욕구를 충족시킬 수 있다고 보았다.

정답 ①

2 브룸(Vroom)의 기대이론(expectancy theory)

(1) 의미

① 전통적 동기이론을 보완하는 이론으로, 욕구 충족과 직무 수행이 직접적으로 관계가 있다는 주장을 비판

② '욕구 → 만족 → 동기유발'의 기존 체계에 **'기대감(expectancy)'을 첨가**하여 동기 유발의 과정을 집중적으로 설명

(2) 주요 개념

① **기대감(Expectance)** : 일정한 **노력을 기울이면 성과를 가져올 수 있으리라는 가능성**에 대한 인간의 **주관적인 믿음** ($0 \leq$ 기대감 ≤ 1)

② **수단성(Instrumentality)** : 개인이 지각하기에 어떤 특정한 수준의 **성과를 달성하면 바람직한 보상이 주어지리라고 믿는 정도** ($-1 \leq$ 수단성 ≤ 1)

③ **유의성(Valence)** : 개인이 원하는 **특정한 보상에 대한 선호의 강도**로, 직무상에서 받을 수 있는 보상에 대해 개인이 느끼는 중요성 ($-n \leq$ 유의성 $\leq +n$)

(3) 조직관리

① 개인의 동기는 자신의 행동이 성과(1차적 결과)를 가져오리라는 기대감과, 성과에 의해 보상(2차적 결과)이 생길 것이라고 인식되는 수단성에 의해 결정

② **기대감 · 수단성 · 유의성**의 값이 모두 최댓값이 되면 최대의 동기부여가 되고, **하나라도 0이 되면 전체 값이 0이 되어 동기부여가 되지 않음.**

③ 노력에 따른 성과에 대한 기대가 있어야 하며, 성과에 따른 결과에 대한 기대가 있어야 하고, 기대하는 결과의 가치는 긍정적이어야 함.

(4) 한계

① 성장이론의 전제가 되는 인간의 내재적 동기 유발이 기대이론에서 제시하는 교환적 · 외재적 동기 유발과 상충

② 사람들이 모든 행동을 기대에 맞춰 선택하는 것이 아니고, 항상 합리적이고 객관적으로 행동을 선택하는 것도 아니라는 비판

③ 이론의 구조가 복잡해 여러 변수 간의 관계를 모두 실증적으로 검증하기 곤란

X [9급] 브룸의 기대이론에서 수단성은 특정한 결과에 대한 선호의 강도를 의미한다.

O 브룸의 기대이론에서 유의성(수단성 ×)은 특정한 결과에 대한 선호의 강도를 의미한다.

PART 3

체크포인트

브룸의 기대이론 역시 과정이론이기 때문에 동기가 유발되는 과정에 집중해야 하고, 그 과정에서 제시되는 기대감, 수단성, 유의성이라는 키워드의 정확한 개념을 알고 있어야 합니다. 또한 문제에서도 파악할 수 있는 것처럼, 다른 과정이론인 공정성 이론과의 비교가 출제 논점이 되기도 합니다. 이처럼 기출문제에서 뽑아낼 수 있는 논점은 하나도 빠뜨리지 않고 꼼꼼하게 정리해두어야 합니다.

기출 CHECK

1 브룸(Vroom)의 기대이론에 따를 경우 조직구성원의 직무수행 동기를 유발하기 위한 조건이 아닌 것은? 2017 지방직 9급

① 내가 노력하면 높은 등급의 실적평가를 받을 수 있다는 기대치(expectancy)가 충족되어야 한다.

② 내가 높은 등급의 실적평가를 받으면 많은 보상을 받을 수 있다는 수단치(instrumentality)가 충족되어야 한다.

③ 내가 받을 보상은 나에게 가치 있는 것이라는 유인가(valence)가 충족되어야 한다.

④ 내가 투입한 노력과 그로 인하여 받은 보상의 비율이, 다른 사람과 비교하여 공평해야 한다는 균형성(balance)이 충족되어야 한다.

① O 기대감은 일정한 노력을 기울이면 성과를 가져올 수 있으리라는 가능성에 대한 인간의 주관적인 믿음으로, 노력하면 높은 성과와 높은 평가를 받을 수 있는지와 관련이 있다.

② O 수단성은 개인이 지각하기에 어떤 특정한 수준의 성과를 달성하면 바람직한 보상이 주어지리라고 믿는 정도로, 자신이 높은 실적평가를 받았을 때 많은 보상을 받을 것이라는 믿음과 관련이 있다.

③ O 유의성은 개인이 원하는 특정한 보상에 대한 선호의 강도로, 직무상에서 받을 수 있는 보상에 대해 개인이 느끼는 중요성이다. 즉, 내가 받을 보상이 나에게 유의미한 가치가 있어야 하는 것이다.

④ X 균형성은 브룸의 기대이론이 아닌, 아담스의 공정성 이론에서 제시하는 개념이다. 아담스의 공정성 이론은 나의 보상과 타인의 보상을 비교하여 불공정하다고 느낄 때, 균형성을 충족하기 위해서 동기가 유발된다고 본다.

정답 ④

3 포터(Porter)와 롤러(Lawler)의 기대이론(업적 · 만족 이론)

(1) 의미

보상에 대한 개인의 만족감 등을 주요 변수로 삼아 **브룸의 기대이론을 보완**

(2) 주요 내용

① **노력**을 하는 정도는 잠재적 보상의 가치, 즉 **보상의 유의성**과 **노력을 하면 보상이 있을 것이라는 기대감에 의해 결정**됨.

② 노력에 의해 달성되는 **성과는 직원의 능력, 특성, 역할 인지의 수준**에 영향을 받음.

③ 성과에 따른 **보상은 내재적 보상**(성취감 등)과 **외재적 보상**(봉급/승진 등)으로 구분됨.

④ 보상을 받은 직원은 **다른 직원이 받는 보상과 비교**하여 그것이 **공정하다고 생각하면 만족**하며, 이렇게 결정된 **보상에 관한 만족도는 보상의 유의성에 다시 영향**을 줌.

⑤ **노력의 결과 거둔 성과는** 앞으로 **노력하면 성과가 있을 것이라는 기대감** 및 **보상의 공정성에 대한 지각에도 영향**을 줌.

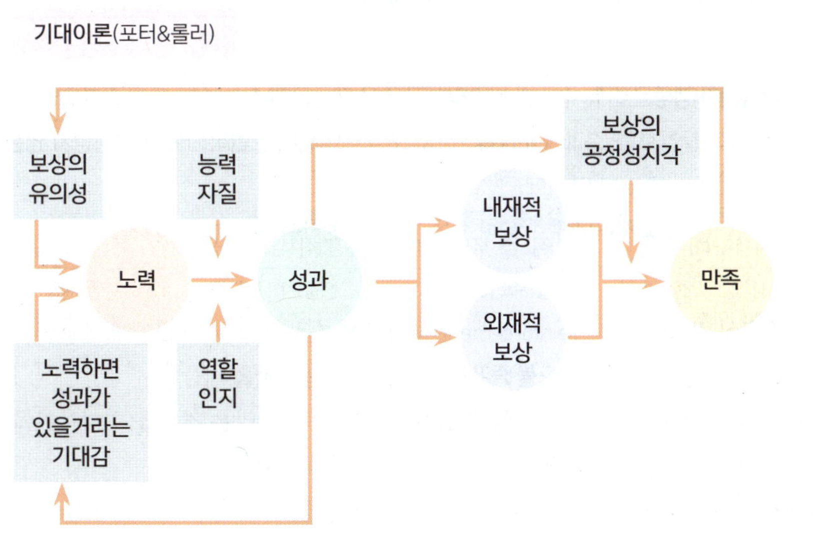

4 로크(Locke)의 목표설정이론(goal setting theory)

(1) 개념

인간의 행동은 의식적인 목표와 성취 의도에 의해 결정

(2) **기본 모형** : 목표의 난이도와 구체성에 의해 개인의 성과 결정

① **목표의 난이도** : 목표가 도전적이어서 목표 달성을 위해 노력을 요구하는 정도로, 대체로 **어려운 목표일 경우 더욱 노력**을 하는 경향

② **목표의 구체성** : 목표가 명확하게 규정되는 정도로, 일반적으로 **목표가 정량적으로 설정되면 구체적인 목표**

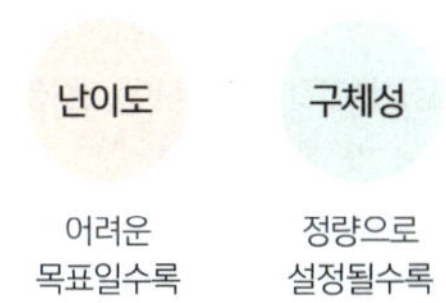

(3) **발전 모형** : 개인의 성과는 목표의 특성 및 목표의 종류에 의해 결정되며 그 영향의 정도는 상황요인에 따라 달라짐.

① **목표의 특성** : 목표의 난이도와 구체성이 중요한데, 어렵고 도전적인 목표일수록 성과가 높으며, 구체적인 목표일수록 성과가 높음.

② **목표의 종류** : 목표가 주어졌는지, 참여에 의해 결정됐는지가 중요하며, 주어진 목표의 경우 개인이 이를 수용하지 않으면 성과가 높아질 수 없음.

③ **상황요인**

㉠ **환류** : 목표가 성과를 높이려면 환류가 필수

㉡ **보상조건** : 목표달성에 따른 적절한 보상이 주어졌을 때 높은 성과

㉢ **직무복잡성** : 직무 복잡성이 증가함에 따라 목표의 성과에 대한 효과 하락

㉣ **능력** : 목표가 어려울수록 능력과 성과 간의 높은 상관관계

㉤ **경쟁상황** : 경쟁은 지시된 목표의 수용도를 높여주고 스스로 목표를 세우도록 하여 성과를 제고

5 스키너(Skinner)의 강화이론(reinforcement theory)

(1) 의미

① 바람직한 행동은 반복시키고, 바람직하지 않은 행동은 감소시키기 위해 강화요인들을 활용

② 행동의 원인보다 결과에 초점을 두며, 보상받는 행태는 반복되지만 보상받지 않는 행위는 중단된다는 효과의 법칙에 근거

③ 동기이론 중 과정이론에 속하며, 행태변화에 초점을 둔 행태주의자들의 동기이론

(2) 종류

① **적극적 강화(positive reinforcement)** : 자극에 따른 반응행동에 관해 제공되는 보상으로, 행동을 유지하고 빈도를 증가시키는 것(원하는 상황을 제공)

② **회피(avoidance)** : 부정적(소극적) 강화로, 바람직하지 않은 결과를 회피시켜 줌으로써 바람직한 행동의 빈도를 늘리는 것(싫어하는 상황을 제거)

③ **소거(extinction)** : 그 정도가 지나쳐 바람직하지 않게 된 행동의 빈도를 줄이고자 할 때 사용되는 것(지속되는 유인 기제 제공을 중단)

④ **처벌(punishment)** : 바람직하지 않은 행동의 빈도를 줄일 수 있는 것(어떤 상황과 결부시켜 원하는 상황을 제거하거나 싫어하는 상황을 제시)

	자극	반응행동	강화요인	결과
적극적 강화	봉급 인상의 가능성 제시	높은 성과 (바람직한 행동)	봉급 인상 (바람직한 결과 제공)	높은 성과 지속 (바람직한 행동 반복)
회피	지각에 대한 징계 통고	정시 출근 (바람직한 행동)	징계를 하지 않음. (바람직하지 않은 결과 제거)	정시 출근 지속 (바람직한 행동 반복)
소거 (중단)	부하의 자랑을 인정	계속 자랑 (바람직하지 않은 행동)	자랑을 인정하지 않음. (바람직한 결과 소거)	부하 자랑빈도 감소 (바람직하지 않은 행동 감소)
처벌	지각에 대한 징계 통고	계속 지각 (바람직하지 않은 행동)	징계 실시 (바람직하지 않은 결과 제공)	지각 빈도 감소 (바람직하지 않은 행동 감소)

(3) 강화 일정(schedules)

① **연속적 강화**

㉠ 행동이 일어날 때마다 강화 요인을 제공하는 것으로, 초기 단계의 학습에서 바람직한 행동의 빈도를 늘리는 데 효과적

㉡ 강화 요인이 제거되면 강화 효과 역시 빨리 소멸되기 때문에, 관리자에게 큰 도움을 주지 못한다는 단점 존재

② **고정 간격 강화** : 부하의 행동이 얼마나 발생하는지와 상관없이, 미리 결정되어 있는 일정한 간격으로 강화 요인을 제공

예 매월 특정일에 급여 지급, 일정 기간 기준으로 진급

③ 변동 간격 강화

㉠ 일정한 간격을 두지 않고 변동적인 간격으로 강화 요인을 사용

㉡ 칭찬이나 인정 같은 적극적 강화 요인과, 회피 같은 부정적 강화 요인을 사용할 때에 효과적

④ 고정 비율 강화 : 행동의 일정 비율에 의해 강화 요인을 제공

예 생산량 비례에 따라 급여를 지급하는 성과급제

⑤ 변동 비율 강화

㉠ 강화 요인을 제공하는 데 필요한 행동의 횟수가 시간에 따라 변화하는 것

㉡ 시간 간격을 너무 길지 않게 해서 부하들의 사기가 떨어지지 않도록 배려할 필요

㉢ 급여 인상이나 진급 같은 보상을 강화 요인으로 사용할 때에는 부적절

6 기타 과정이론

(1) 귀인이론

① 자기지각의 과정을 통해 자신의 행동이 내면적 요인에 대한 반응인지, 외면적 요인에 의한 반응인지를 관찰하고 판단

② 자신의 동기유발 요인을 외면적 요인이라고 믿는 사람은 봉급이나 승진 같은 외적 보상을 추구하고, 내면적 요인이라고 믿는 사람은 성취감 같은 내적 보상 추구

(2) 참여적 조직관리

① 구성원들이 일상적인 의사결정과 조직관리 과정에 관여하는 일종의 통합 관리 시스템

② 인적 자원을 중시하는 접근법으로 인간관계론과 깊은 관계

③ 의사결정에 참여하면 만족도가 높아지고, 그 영향으로 근무성과 역시 상승

④ 모든 조건에서 성과를 개선하는 확실한 방법은 아니며, 참여 의제들이 동기가 부여될 수 있을 정도로 관심을 끌 수 있어야 하고, 직원들이 조직에 기여하는 역량과 지식을 겸비하고 있어야 하며, 관리자와 직원들 사이에는 신뢰와 확신이 존재해야 함.

(3) 정보화 사회의 동기부여

① 복종과 근면보다는 상상력과 유연성, 결과에 대한 책임과 몰입이 이뤄지는 방향이어야 하며, 자율적인 부서를 운영하는 사내기업가(intrapreneur)를 허용

② 사명감, 계획의 조정, 학습, 평판, 가치 창조 활동에의 참여 등 강조

심화 조직몰입과 직무관여

1. 조직몰입(Organizational Commitment)

(1) 개념 : 사람과 조직의 일체화로, 구성원이 조직에 대해 느끼는 심리적 애착과 헌신

(2) 유형

① 태도적 몰입 : 조직의 목표와 가치를 수용하고 이에 동의하는 정도

② 행위적 몰입 : 조직 내에서 특정 행동을 지속적으로 수행함으로써 몰입이 형성

③ 타산적 몰입 : 조직을 떠날 경우 발생할 비용이나 손실을 고려하여 조직에 남아 있으려는 태도

④ 규범적 몰입 : 조직에 대한 도덕적 의무감이나 책임감 때문에 조직에 남아 있으려는 태도

⑤ 감정적 몰입 : 구성원이 조직에 대해 감정적으로 애착을 느끼고 조직의 목표와 가치를 자발적으로 수용

2. 직무관여(Job Involvement)

(1) 개념 : 사람과 직무의 일체화로, 구성원이 직무수행에 적극적으로 참여하려고 하는 태도의 수준

(2) 유형

① 행동적 직무관여 : 직무 수행 과정에서 적극적으로 참여하고, 업무에 대한 책임감을 강하게 느끼는 유형

② 인지적 직무관여 : 직무가 개인의 사고방식과 가치관에 깊이 영향을 미치는 유형

③ 정서적 직무관여 : 직무에 대한 감정적 애착이 강하며, 업무를 수행하는 과정에서 만족감과 즐거움을 느끼는 유형

9급 25지, 24지, 23지, 22지, 21지, 19국, 19지, 15지
7급 23국, 21지, 20국, 17지, 15지

3 리더십 S

1 전통적 리더십 이론

특성론	행태론	권력 영향력	상황론
자질/속성	행동/태도		환경

(1) 특성론(자질론)

① 특징

㉠ 리더들이 **공통적으로 가지고 있는 속성이나 자질**을 찾고자 하는 접근법으로, 리더는 일반적인 사람들과 다르다는 시각에서 출발

㉡ 리더의 특성으로 지능, 인성, 육체적 특성, 성격 특성, 능력 등을 제시

② **한계** : 리더의 특정 자질이 집단성과를 가져온다는 구체적 결과 도출에는 실패

(2) 행태론

① 특징

㉠ **리더의 행태와 효과성 사이의 관계**를 파악하고자 하는 시도로, 상이한 지도유형이 구성원의 과업 성과에 어떤 영향을 주는가를 분석

㉡ 리더는 타고난다는 **특성론을 비판**하면서, 어떤 사람이든 리더가 될 수 있으며 **리더십을 훈련시킬 수 있다**고 가정

② 주요 연구

㉠ 오하이오주립대학교의 연구

ⓐ 리더의 행동을 **배려(사람에 대한 관심)**와 **구조 주도(성취에 대한 관심)**로 구분

ⓑ 다만 **연구 결과가 미약**하고 일관되지 못했다는 비판

㉡ 미시간대학교의 연구

ⓐ 리더의 행동을 **과업 지향 행동과 관계 지향 행동**으로 분류

ⓑ 과업 지향 행동보다 **관계 지향 행동을 사용**하는 것이 **생산성과 부하들의 만족감**을 높이는 데 효과적이라고 주장

ⓒ **연결핀으로서의 리더의 역할**이 효과적일 때 부하와의 관계가 원활해지고 리더십 효과성도 제고

㉢ 블레이크와 머튼의 관리그리드(관리격자) 모형

ⓐ **생산에 대한 관심과 인간에 대한 관심**이라는 두 가지 차원을 이용

ⓑ **무관심형, 친목형, 과업형, 타협형, 단합형(팀형)**을 제시하고 **단합형이 가장 이상적**이라고 주장

㉣ 르윈(Lewin) · 리피트(Lippitt) · 화이트(White) 연구

ⓐ **권위형 리더** : **과업중심적**으로, 추종자들의 **참여를 배제**하고 지시 · 명령

ⓑ **민주형 리더** : **인간관계중심적**으로, 리더가 대상집단의 활동에 **참여하지만 이를 압도하지는 않고**, 인간은 자율규제적이고 창의적으로 일할 수 있다고 인지

ⓒ **방임형 리더** : 추종자들의 자유행동을 최대한 허용하며, **리더의 참여는 요청받았을 때만 가능**

③ 한계

㉠ 상황에 따라 효과적인 리더의 행동이 다를 수 있다는 점을 간과

㉡ 대부분의 연구가 리더의 행동과 집단성과를 동시에 측정하는 정태적 상관관계 분석 방법에 의존, 리더의 행동과 집단성과 간 인과관계 파악에는 한계

(3) 권력 – 영향력 이론

① 리더가 갖고 있는 권력의 크기 · 유형 · 행사방법 등을 통해 리더십의 효과성을 설명하는 것으로, 리더십을 **권력을 가진 리더가 부하에게 행사하는 영향력**으로 정의

② 리더와 부하 간의 관계에서 권력이 어떻게 획득되고 상실되는지를 설명

(4) 상황론

① 리더십은 개인의 속성이나 행태뿐만 아니라 **환경의 영향을 받는다는 점에 주목**하고, 상황에 따른 효과적인 리더의 특성 · 기능 · 행동에 초점을 두고 연구

② 모든 조직에 적용할 수 있는 가장 효과적인 지도자 유형은 존재하지 않는다고 가정

PART 3

관리그리드 모형

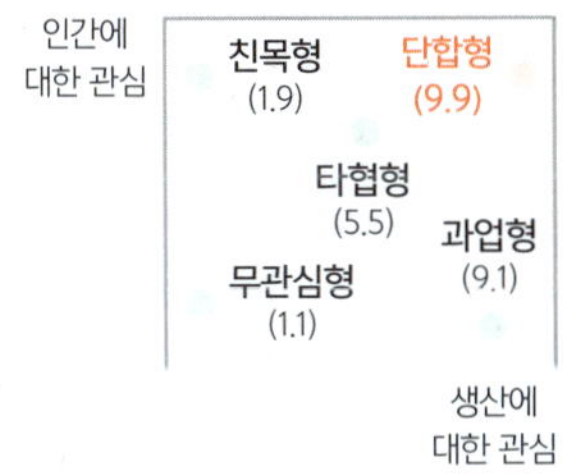

보충

상황론의 한계

① 한두 가지 상황변수만 편의적으로 선택

② 정태적 상관관계 분석으로 인과관계 파악 한계

③ 상황 분석의 비현실성

④ 각각의 상황이 아닌 일반적으로 적용할 수 있는 이론 제안에는 한계

2 전통적 리더십 이론 : 상황론

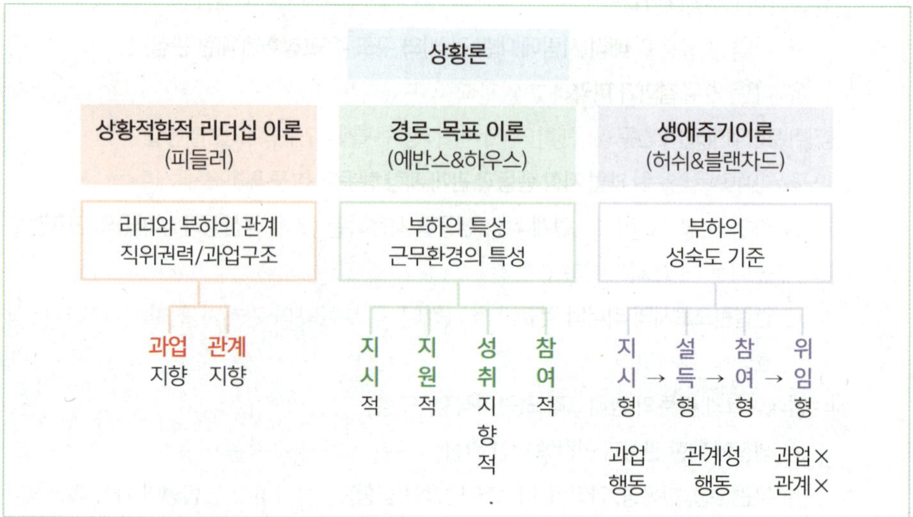

(1) 피들러(Fiedler)의 상황적합적 리더십이론

① 의미 : **리더의 효과성은 상황에 의해 결정**되며, 특정 상황에서는 효과적인 리더십도 다른 상황에서는 그렇지 않을 수 있음을 주장

② **특징**

> ✕ [7급] 피들러의 상황적합적 리더십 이론은 리더와 부하의 관계, 부하의 성숙도, 과업구조의 조합에 따라 리더의 상황적 유리성을 설명한다.
>
> ○ 피들러의 상황적합적 리더십 이론은 리더와 부하의 관계, 직위권력(부하의 성숙도 ×), 과업구조의 조합에 따라 리더의 상황적 유리성을 설명한다.

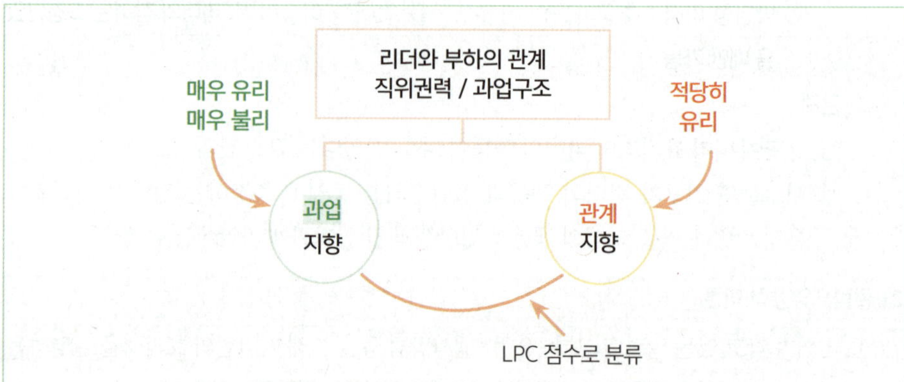

㉠ 리더십 효과성에 중요한 영향을 미치는 **상황 변수로 '리더와 부하의 관계', '직위 권력', '과업구조'를 제시**

㉡ '가장 좋아하지 않는 동료(LPC : the least preferred coworker)'를 평가하는 척도를 사용해 리더를 **'과업지향적 리더'와 '관계지향적 리더'**로 구분

㉢ **세 가지 상황 변수가 어떤 방법으로 결합**하느냐에 따라 과업지향적 리더가 유리한지, 관계지향적 리더가 유리한지, 즉 리더의 **상황적 유리성 결정**

- **상황이 매우 유리하면** 과업 지향적 리더가, **적당히 유리하면 관계 지향적 리더**가, **매우 불리하면 과업 지향적 리더**가 효과적

㉣ 리더십의 효과성을 제고하기 위해서는 리더의 스타일을 정확히 파악하고 상황에 맞춰 리더를 배치하는 것이 필요

③ **한계** : 연구결과의 비일관성, LPC 점수의 타당성 결여, 리더의 행동을 변화시킬 수 없다는 가정의 비현실성 등의 한계

(2) 에반스(Evans)와 하우스(House)의 경로-목표이론

① **의미**

㉠ 동기의 기대이론에 근거하여 부하의 동기는 그들의 기대감에 영향을 미치는 리더의 행동에 영향을 받는다고 주장

㉡ 리더는 부하가 바라는 보상(목표)을 받게 해 줄 수 있는 행동(경로)이 무엇인지를 명확하게 해 줌으로써 부하의 성과를 증대

② **특징** : 상황변수인 '**부하의 특성**'과 '**근무환경의 특성**'에 따라 효과적인 리더의 행동이 네 가지로 구분되고, 이들은 **상호배타적이 아닌 복합적으로 나타날 수 있음**.

③ **리더십의 구분**

㉠ **지시적 리더십** : 부하들의 역할 모호성이 높은 상황에서 필요

㉡ **지원적 리더십** : 부하의 욕구를 배려하고 우호적인 작업 풍토를 조성하며, 부하의 불안감을 감소시켜 노력의 수준을 높일 수 있도록 지원

㉢ **성취 지향적 리더십** : 부하에게 도전적인 목표를 설정해주고 확신을 보여줌.

㉣ **참여적 리더십** : **구조화되지 않은 과업 수행에 필요한 유형**으로, 의사결정 참여와 의견 반영을 통해 과업 및 역할기대 등의 학습과 역할 명료성을 향상

(3) 허시(Hersey)와 블랜차드(Blanchard)의 생애주기이론

① **의미** : 부하의 성숙도에 따라 리더의 역할이 달라져야 한다고 주장

㉠ 리더의 행동을 **과업 행동과 관계성 행동으로 구분**하고, **부하의 성숙도를 상황 변수**로 채택

㉡ 성숙도는 직무상 성숙도(과업기술 및 지식의 정도)와 심리적 성숙도(자신감과 자존심의 정도)를 포함

② **특징** : 부하의 성숙도 증가에 따라 리더는 **지시형 → 설득형 → 참여형 → 위임형**으로 변화

㉠ **지시형** : 부하의 성숙도가 낮은 상황에서는 지시적 과업 행동이 효과적

㉡ **설득형·참여형** : 부하의 성숙도가 중간 정도의 상황에서는 관계성 행동이 효과적

㉢ **위임형** : 부하의 성숙도가 높은 상황에서는 부하에게 권한을 대폭 위임해 주어 스스로 과업을 수행할 수 있도록 배려

> X [7급] 허시와 블랜차드는 부하의 성숙도가 높은 경우 지시적 리더십이 효과적이라고 보았다.
> O 허시와 블랜차드는 부하의 성숙도가 높은 경우 참여형이나 위임형(지시적 X) 리더십이 효과적이라고 보았다.

(4) 커와 저미어(Kerr&Jermier)의 리더십 대체물 접근법

① **의미** : 리더십의 중요성을 감소시키는 상황적 요인을 '**대체물(substitutes)**'과 '**중화물(neutralizers)**'로 구분

② **특징**

㉠ **대체물** : 리더의 행동을 **필요 없게 하는** 부하의 특성, 과업, 조직의 특성 같은 상황요인

예 부하의 높은 경험·능력·훈련 수준, 구조화·일상적·애매하지 않은 과업, 수행하는 과업의 결과에 대한 빈번한 환류 등

㉡ **중화물** : 리더가 취한 행동의 효과를 **약화 내지 중화**시키는 상황요인

예 조직이 제공하는 보상에 대한 무관심, 리더와 부하 간의 공간적 거리, 리더의 낮은 지위 권력 등

체크포인트

리더십에는 여러 이론들이 등장하지만, 각각의 내용들에 접근하기 전에 반드시 전체적인 체계를 먼저 파악해야 합니다. 리더십은 크게 전통적 리더십과 현대적 리더십으로 나눌 수 있고, 이 중 전통적 리더십은 다시 특성론, 행태론, 상황론으로 나누어지는 것입니다. 즉, 특성론, 행태론, 상황론을 비교하는 것이 큰 틀에서의 체크포인트가 됩니다. 개별적인 이론들의 내용을 암기하는 것도 필요하지만, 이처럼 큰 틀에서의 논점도 빈번하게 물어보기 때문에 인지하고 있어야 할 것입니다.

기출 CHECK

1 리더십이론에 대한 설명으로 옳지 않은 것은? 2015 지방직 9급

① 피들러(Fiedler)는 리더의 행태에 따라 권위주의형, 민주형, 자유방임형의 세 가지 유형으로 구분하였다.

② 행태이론은 리더의 자질보다 리더의 행태적 특성이 조직성과에 영향을 미친다고 본다.

③ 허시(Hersey)와 블랜차드(Blanchard)는 부하의 성숙도에 따라 리더의 역할이 달라져야 한다고 주장한다.

④ 하우스(House)의 경로 – 목표 이론에 의하면 참여적 리더십은 부하들이 구조화되지 않은 과업을 수행할 때 필요하다.

① X 피들러는 상황론자로, 리더의 행태에 초점을 맞추는 것이 아닌 상황에 따른 리더십에 초점을 맞추는 상황적합적 리더십을 제시했다. 선지의 설명은 르윈·리피트·화이트의 행태론적 리더십이다.

② O 리더십 행태이론은 리더의 자질에 초점을 둔 특성론을 비판하면서 등장했으며, 리더의 특정한 행동과 태도가 조직성과에 영향을 미친다고 보았다.

③ O 상황론적 리더십 이론인 허시와 블랜차드의 생애주기이론은 상황변수로 부하의 성숙도를 제시하며, 부하의 성숙도가 증가함에 따라 리더의 역할은 지시형 → 설득형 → 참여형 → 위임형으로 변화한다고 본다.

④ O 상황론적 리더십 이론인 하우스와 에반스의 경로–목표 이론은 상황변수인 부하의 특성과 근무환경의 특성에 따라 리더십을 4가지로 구분한다. 그 중 참여적 리더십은 구조화되지 않은 과업 수행에 필요한 유형으로, 구조화되지 않아 명확성과 구체성이 떨어져 상사가 정확한 지시를 내리기 어려운 경우 부하의 의사결정 참여를 통해 문제를 해결해야 한다고 본다.

정답 ①

심화 리더–구성원 교환이론(Leader Member Exchange Theory: LMX)

1. 특징

① 리더가 구성원에게 이익을 제공하면 구성원은 리더의 영향력에 의해 그에 상응한 일을 해야 하는 교환이 발생

② 기존 리더십 이론과는 다르게 리더가 모든 구성원에게 동일한 행동을 하는 것은 아니라는 것을 제시

③ 리더가 모든 구성원을 차별 없이 대우하는 것을 가정하지 않으며, 리더가 구성원 개개인과 서로 다른 유형의 관계를 맺는다는 개별적인 상호작용을 가정

2. 내집단과 외집단의 구분

① 내집단의 구성원들은 리더와의 깊은 신뢰와 존중을 기반으로 상호작용하는 사람들로, 이들은 책임과 자율성이 있는 특별임무를 수행하기 때문에 업무의 성과가 높아지고 스트레스나 이직률도 낮음.

② 외집단의 구성원들은 통제와 지시를 기반으로 공식적인 관계만 유지하는 사람들로, 리더와 함께하는 시간이 적고 리더의 관심을 적게 받음.

3. 리더–구성원 간 관계의 발전(리더십 만들기)

① 이방인 단계 : 리더와 구성원 간 정형적 관계를 의미하며 구성원은 자기 자신의 발전만 생각

② 면식 단계 : 리더와 구성원 간 정보가 공유되고 구성원이 조직 문제에 대해서도 주의를 기울임.

③ 파트너십 단계 : 리더와 구성원 간 신뢰와 존중이 강해지며 조직에 대한 이해를 더욱 중요시

3 현대적 리더십 이론

전통적 리더십	VS	현대적 리더십
교환		감정, 가치, 상징
↓		↓
거래적 리더십		변혁적 리더십
		① 카리스마적 리더십 ② 영감적 리더십 ③ 개별적 배려 ④ 지적 자극

전통적 리더십	현대적 리더십
① 조건적 보상을 강조하는 거래적·교환적 리더십 ② 기준 성과에 미달했을 때에만 개입하는 예외관리	① 추종자들의 입장에서 리더가 어떻게 보여지는가에 관심 ② 감정, 가치관, 상징적 행태, 의미부여 등의 역할 강조

(1) 카리스마적 리더십(Charismatic leadership)(베버, Weber · 바스, Bass)

① 카리스마적 리더는 모든 사람에게 열성을 다하게 하고, 조직에 대한 충성심을 고취시키며, 존경을 받고, 무엇이 중요한지를 알아내는 능력을 갖고 있으며, 사명감을 갖고 부하들에게 흥분을 일으키는 사람

② 카리스마는 리더의 속성, 상황 조건, 리더와 추종자들 간의 영향력 행사 과정, 추종자의 욕구 등으로부터 발현

(2) 변혁적 리더십(Transformational leadership)(번스, Burns)

① 의미

㉠ 인본주의 · 평등 · 평화 · 정의 · 자유와 같은 **포괄적이고도 높은 수준의 도덕적인 가치와 이상에 호소**하여 부하들의 의식을 더 높은 단계로 끌어올리려는 시도

㉡ 변혁적 리더십은 하나의 과정으로, 리더와 부하와의 관계뿐만 아니라 동료들 간이나 하위 리더들 간에도 발휘

㉢ 보수적이고 현상유지적인 거래적 리더십과 달리 **변화를 주도**하는 리더십

② **특징** : 변혁적 리더십은 카리스마적 리더십, 영감적 리더십, 개별적 배려, 지적 자극이 네 가지 요인으로 구성

㉠ **카리스마적 리더십** : 현상에 대한 각성을 확고하게 표명하고 난관을 극복함으로써 부하에게 자긍심과 신념을 배양

㉡ **영감적 리더십** : 부하로 하여금 도전적 목표와 임무, 미래에 대한 비전을 열정적으로 받아들이고 계속 추구하도록 격려

㉢ **개별적 배려** : 부하에게 특별한 관심을 보이고 각 부하의 특정한 요구를 이해해 줌으로써 부하들을 개인적으로 존중한다는 것을 전달

㉣ **지적 자극** : 부하로 하여금 형식적 관례와 사고를 다시 생각하게 함으로써 새로운 관념을 촉발

X [9급] 변혁적 리더십은 리더와 부하의 관계를 경제적 교환관계로 인식하고, 보상에 관심을 둔다.

O 변혁적 리더십은 기계적 리더십과는 달리 적극적으로 변화를 주도(경제적 교환관계 ×)하고, 높은 수준의 도덕적인 가치(보상 ×)에 관심을 둔다.

PART 3

(3) 서번트 리더십(Servant leadership)

① **구성원들을 섬기는 리더십**으로, 인간 존중을 바탕으로 구성원들이 업무 수행에서 잠재력과 기량을 충분히 발휘할 수 있도록 도와주며, 공동의 목표를 이뤄 나갈 수 있도록 환경을 조성해 주는 리더십

② 리더는 최우선적으로 **추종자들에 대해 봉사**하여야 하며, 봉사에는 부하들을 육성하고 지지하고 위임하는 것이 포함

③ 리더를 그룹 내에서 권력의 핵심에 두고 있지 않으며, 모든 인간의 존엄성과 가치에 대한 믿음에서 출발하는 민주적 원칙에 입각한 리더십으로, **그린리프(Greenleaf)는 존중·봉사·정의·정직·공동체 윤리** 등을 강조

(4) 기타

① **셀프 리더십(self leadership)** : 리더만이 아니라 구성원 모두가 자기방향성과 통제력으로 스스로를 관리하고 이끌어가는 리더십

② **수퍼 리더십(super leadership)** : 다른 사람들이 스스로 자신들을 리드해 갈 수 있도록 확신을 주고 능력을 이끌어내는 리더십

③ **팔로워십(followership)** : 리더십의 또 다른 측면으로, 추종자들이 적극적이고 책임적인 자세로 리더와 상호작용을 하는 것을 강조

④ **윤리적 리더십** : 리더가 행동에 모범을 보이고, 원활한 의사소통과 적절한 강화물을 제공하여 부하들에게 적합한 행동을 하도록 촉진하는 리더십

⑤ **진성(authentic) 리더십** : 리더가 정직성·가치의식·도덕성을 바탕으로 팔로워들의 믿음을 이끌고, 팔로워들이 리더의 윤리성과 투명성을 믿으며 긍정적 감정을 느끼는 리더십

보충

켈리의 팔로워십 유형

① **모범형(Exemplary)** : 적극적이고 독립적
② **순응형(Conformist)** : 참여하지만 의존적이며 예스맨
③ **수동형(Passive)** : 참여하지 않으며 책임감 결여
④ **소외형(Alienated)** : 비판적이고 냉소적
⑤ **실무형(Pragmatist)** : 지시받은 일만 하며 안정 추구

체크포인트

변혁적 리더십은 기본적으로 현대적 리더십이므로, 반대되는 개념인 전통적 리더십으로써의 교환적 리더십과 비교할 수 있어야 합니다. 두 개념의 내용을 바꿔서 출제하는 것이 가장 전통적인 출제포인트가 됩니다. 따라서 변혁적 리더십에 대한 문제가 출제되었을 때, 특정 선지나 특정 표현이 전통적 리더십에 가까운 표현인지를 판단할 수 있어야 합니다. 기출된 전형적인 표현은 충분히 연습해 두어야 하고, 새로운 표현이 나온다고 해도 당황하지 않고 판단할 수 있도록 다양한 훈련이 필요합니다.

기출 CHECK

1 '변혁적 리더십(transformational leadership)'에 대한 설명으로 옳지 않은 것은? 2019 지방직 9급

① 조직참여의 기대가 적은 경우에 적합하며 예외관리에 초점을 둔다.
② 리더가 부하에게 특별한 관심을 보이거나 자긍심과 신념을 심어준다.
③ 리더가 부하들의 창의성을 계발하는 지적 자극(intellectual stimulation)을 중시한다.
④ 리더가 인본주의, 평화 등 도덕적 가치와 이상을 호소하는 방식으로 부하들의 의식수준을 높인다.

① X 변혁적 리더십은 부하로 하여금 도전적 목표와 임무, 미래에 대한 비전을 열정적으로 받아들이고 계속 추구하도록 격려하고, 부하 한명 한명을 개인적으로 존중한다는 것을 지속적으로 전달한다. 선지의 설명은 변혁적 리더십이 아닌 전통적 리더십인 거래적 리더십으로, 조직참여의 기대가 적은 경우에 적합하거나 문제가 되는 부하만을 관리하는 예외관리에 초점을 둔다.
② O 변혁적 리더십에서의 리더는 개별적 배려를 통해 부하에게 특별한 관심을 보인다.
③ O 변혁적 리더십에서의 리더는 부하로 하여금 형식적 관례와 사고를 다시 생각하게 함으로써 새로운 관념을 촉발하게 하는 지적 자극을 준다.
④ O 변혁적 리더십에서의 리더는 단순히 성과와 보상을 거래하는 것이 아닌, 포괄적이고도 높은 수준의 도덕적인 가치와 이상을 호소하면서 부하들의 의식수준을 고양시킨다.

정답 ①

4 정보화 사회의 리더십(탭스콧, Tapscott)

(1) 의미

① 정보화 사회는 단순한 지식이나 정보의 차원을 넘어선 **네트워크화된 지능의 시대**로, 리더나 리더십 또한 상호 연계성을 지녀야 함.

② 리더는 한 명의 총명한 최고관리자만이 아니라, 파급 효과를 지닌 비전과 집합적 행동력을 가진 인간 지능의 결합 그 자체

(2) 특징

① 예측 불가능한 정보화 사회의 리더십은 특정 리더가 아닌 여러 원천을 기반으로 하고 있으므로 **상호 연계적 리더십을 체득**하는 것이 개인의 책임이자 기회

② 조직구성원 각자가 복잡한 정보사회에 대한 이해를 바탕으로 한 명백하고 공유된 비전을 가지며, **조직구성원 전체**가 끊임없는 학습 의지를 보유

③ 상호 연계적 리더십을 통해 다양한 개인들의 역량이 효과적으로 결합되어야 창조적 사고가 충만해지고 바람직한 조직문화가 형성

④ 상호 연계적 리더십을 형성하고 발휘하는 데는 **최고관리자의 지원과 관심**이 필수적

⑤ 조직구성원 누구나 리더로서 기능을 수행해야 하는 네트워크화된 지능의 시대에는 적절하고 효과적으로 기술을 사용하는 것이 변혁의 원동력

(3) 조직 인간주의

① 정보화 사회에서의 리더는 조직구성원들의 사고 형태와 가정들을 조직 인간주의의 방향으로 변화시킬 필요

② 조직 인간주의의 가정

㉠ 인간은 완전성을 향한 꾸준한 경향이 있음.

㉡ 평등한 기초 위에서 인간의 존엄성이 보호되고, 인성이 개발되어야 함.

㉢ 조직구성원들은 정책을 결정하고 통제하는 데 합의의 근원이 되어야 함.

㉣ 조직의 변화는 대안에 대한 충분한 인식과 참여자에 의한 합의의 결과로 이뤄져야 함.

㉤ 조직의 이익은 근본적으로 조직구성원들의 이익이므로, 되도록 공평하게 배분되어야 함.

네트워크화 지능

상호연계적 리더십
조직구성원 전체의 학습의지
최고관리자의 지원과 관심

4 내부관리

1 조직 내 권력 B

(1) 권력의 의미

어떤 사람이나 집단이 다른 사람이나 집단에게 영향력을 미칠 수 있는 잠재적인 능력

(2) 권력의 유형 : 프렌치와 레이븐(French & Raven) → '권력의 원천' 기준

준거적 권력	전문적 권력	합법적 권력	보상적 권력	강압적 권력
닮고자 하는 카리스마	고도의 지식/전문성	합법적 권한	보상 제공능력	공포에 기반

① **준거적 권력** : 자신보다 뛰어나다고 생각하는 사람을 닮고자 할 때 발생하는 것으로, **카리스마의 개념과 유사**하며 공식적 직위와 일치하지 않을 수 있음.

② **전문적 권력** : 특정 분야나 상황에 대해 **고도의 지식과 전문성**을 갖고 있다고 인지할 때 발생하며, 직위와 직무를 초월하여 조직 내 누구나 보유 가능

③ **합법적 권력**

㉠ **권한(authority)과 유사한 개념**으로, **상사가 보유하고 있는 직위에 기반**을 두기 때문에 조직에 의해 부여되는 특성

㉡ 합법성의 한계는 직위의 공식적인 속성과 비공식적인 규범 및 전통에 의해 결정

④ **보상적 권력** : 다른 사람들에게 **보상을 제공**할 수 있는 능력

⑤ **강압적 권력** : 인간의 **공포에 기반**을 둔 것으로, 처벌의 부정적 유인이 클수록, 복종 시 처벌의 회피 가능성이 클수록 권력이 증대

기출 CHECK

1 프렌치와 레이븐이 주장하는 권력의 원천에 대한 설명으로 옳지 않은 것은? 2020 국가직 9급

① 합법적 권력은 권한과 유사하며 상사가 보유한 직위에 기반한다.
② 강압적 권력은 카리스마 개념과 유사하며 인간의 공포에 기반한다.
③ 전문적 권력은 조직 내 공식적 직위와 항상 일치하는 것은 아니다.
④ 준거적 권력은 자신보다 뛰어나다고 생각하는 사람을 닮고자 할 때 발생한다.

① O 합법적 권력은 권한과 유사한 개념으로, 상사가 보유하고 있는 직위에 기반을 두기 때문에 조직에 의해 공식적으로 부여되는 특성을 가지고 있다.
② X 강압적 권력이 인간의 공포에 기반한 것은 맞으나, 카리스마적 개념과 유사한 것은 자신보다 뛰어나다고 생각하는 사람을 닮고자 할 때 발생하는 준거적 권력이다.
③ O 전문적 권력은 특정 분야나 상황에 대해 고도의 지식과 전문성을 갖고 있을 때 발생하는 것이므로, 직위와 직무를 초월하여 조직 내 누구나 보유가 가능하다. 즉, 공식적 직위와 전문적 권력이 항상 일치하는 것은 아니다.
④ O 준거적 권력은 자신보다 뛰어나다고 생각하는 사람을 닮고자 할 때 발생하는 것으로, 카리스마의 개념과 유사하다.

정답 ②

9급 20국, 18국

보충

직위권력 VS 개인권력

① **직위 권력(fornal power)** : 직무를 가지고 있는 사람과는 관계없이 직위 자체로 부여받은 권력
② **개인 권력(personal power)** : 조직 내의 직위와 관계없이 그 개인 자체로 발생하는 권력
③ 직위 권력과 개인 권력을 모두 보유한 리더가 가장 강한 권력을, 모두 없는 리더가 가장 약한 권력을 가지고 있다고 평가

보충

권력에 대한 부하의 반응

① **몰입** : 부하가 상사를 인정하고 본인과 상사를 동일시하는 경우에 보이는 반응
② **복종** : 부하가 추가적인 노력을 하지 않는 범위에서 상사가 원하는 것을 수행하는 것으로, 일상적인 지시는 따르나 초과근무는 거부 가능
③ **저항** : 부하가 상사의 제안에 반대해서 직무를 수행하지 않는 것

체크포인트

프렌치와 레이븐의 권력의 원천은 9급에서 좀 더 비중을 두고 출제된 주제입니다. 첫 번째 출제포인트는 5가지 권력의 원천을 알고 있는가이므로 암기가 필요한 부분입니다. 두 번째는 5가지 권력의 원천의 속성을 비교할 수 있어야 합니다. 설명을 바꿔서 출제할 수 있다는 점을 인지하고 있다면 어렵지 않게 해결할 수 있습니다.

2 조직 내 갈등관리 B

9급 24국, 20국
7급 16지

(1) 갈등론

(~1940) 갈등역기능론		(1940~1970) 갈등수용론		(1970~) 갈등조장론
전통적 견해	→	행태론적 견해	→	상호작용적 견해

① 전통적 견해(~1940년대) : 갈등역기능론으로, 갈등은 부정적이며 역기능을 초래하므로 바로잡아야 할 대상으로 보는 견해

② 행태론적 견해(1940~1970년대) : 갈등수용론으로, 갈등은 모든 집단에서 자연적으로 발생하고 피할 수 없기 때문에 갈등의 존재를 인정해야 한다는 견해

③ 상호작용적 견해(1970년대~)

㉠ 갈등조장론으로, 갈등을 긍정적인 갈등과 부정적인 갈등으로 분류

㉡ 부정적 갈등은 해소해야 하나, 긍정적인 갈등은 조직 내에서 하나의 추진력으로 작용할 수 있으므로 이러한 갈등은 조성할 필요가 있다는 견해

㉢ 정적이고 조용한 조직은 무사안일에 빠지거나 변화와 혁신의 필요성에 무감각해지기 쉬우므로 갈등을 장려해야 한다고 주장

기출 CHECK

1 조직 내부에서 발생하는 갈등에 대한 설명으로 옳지 않은 것은? 2013 국가직 9급

① 갈등은 양립할 수 없는 둘 이상의 목표를 추구하는 상황에서도 발생한다.
② 고전적 조직이론에서는 갈등을 중요하게 고려하지 않는다.
③ 행태론적 입장에서는 모든 갈등이 조직성과에 부정적 영향을 미치므로 제거되어야 한다고 본다.
④ 현대적 접근방식은 갈등을 정상적인 현상으로 보고 경우에 따라서는 조직 발전의 원동력으로 본다.

① O 양립할 수 없는 둘 이상의 목표를 추구할 경우, 각 목표를 추진하는 집단들은 양보 없이 첨예하게 대립할 것이므로 갈등이 심각하게 발생할 가능성이 높다.
② O 고전적 조직이론은 기계적 조직관을 가정했기 때문에, 모든 구성원들은 마치 기계의 부속품처럼 갈등 없이 안정적으로 업무에 매진한다고 보았으므로 갈등을 중요하게 고려하지 않았다.
③ X 행태론적 입장은 갈등수용론으로, 갈등은 모든 집단에서 자연적으로 발생하고 피할 수 없기 때문에 갈등이 존재를 인정해야 한다는 견해이다. 선지의 설명은 갈등역기능론으로, 모든 갈등을 부정적으로 보면서 제거해야 한다고 보는 전통적 견해이다.
④ O 현대적 접근방식은 상호작용적 견해로, 부정적 갈등은 해소해야 하나 조직 내에서 추진력으로 작용할 수 있는 긍정적인 갈등은 조성할 필요가 있다는 견해이다. 정답 ③

체크포인트
갈등과 관련된 주제는 80% 정도가 상식적인 수준에서 출제되나, 20% 정도는 모르면 풀기 어렵게 출제되고 있습니다. 20%에 해당하는 내용 중 가장 빈출되는 내용이 갈등론의 변천입니다. 전통적 견해, 행태론적 견해, 상호작용적 견해의 순서로 갈등론이 어떻게 변화해 왔는지는 지식적으로 정리해두어야 합니다.

보충

갈등의 단계(폰디, Pondy)

① **잠재적 갈등**(latent) : 갈등의 기본 조건
② **인지된 갈등**(perceived) : 갈등상황 지각
③ **느껴진 갈등**(felt) : 심리적 감정
④ **명백한 갈등**(manifest) : 노골적 행동
⑤ **갈등 여파**(aftermath) : 갈등 이후 관리

(2) 갈등의 원인

① 개인적 차원

㉠ **접근 - 접근 갈등** : 긍정적 결과가 기대되는 둘 이상의 대안들 중에서 하나만을 선택하는 경우

㉡ **회피 - 회피 갈등** : 부정적인 결과가 기대되는 둘 이상의 대안들 중에서 하나만을 선택해야 하는 경우

㉢ **접근 - 회피 갈등** : 긍정적인 결과와 부정적인 결과가 함께 기대될 경우

㉣ **비비교성** : 각 대안의 결과를 알고는 있으나 대안 간 비교 결과 어떤 것이 최선의 결과인지를 알 수 없는 경우

㉤ 본능, 욕구 좌절, 방어 메커니즘, 성격 · 가치관의 차이, 학습과 경험의 차이 등

② 조직적 차원

㉠ **과업의 상호의존성** : 상호의존성이 높을수록 갈등이 증가

㉡ **분업 구조** : 조직이 세분화되고 전문화될수록 갈등이 증가

㉢ **제한된 자원** : 가용 자원 확보를 위해 집단 간 갈등이 증가

㉣ **지위부조화** : 행동주체 간의 교호작용을 예측불가능하게 하여 갈등을 야기

(3) 갈등관리 전략

① 갈등해소 전략

㉠ **문제 해결** : 문제점을 발견하고 그것을 해결하기 위해 솔직한 토론을 통해 직접 대면하여 토론

㉡ **상위 목표** : 갈등의 상대방 도움 없이는 달성할 수 없는 같은 목표를 설정

㉢ **자원의 증대** : 예산 · 승진 · 기회 · 공간과 같은 자원의 부족에 의해 갈등이 생길 때 자원 자체를 증대

㉣ **회피** : 갈등을 회피하거나 억누르는 것

㉤ **완화** : 갈등 당사자 간의 공동 이익을 강조하고 차이는 작게 취급하는 것

㉥ **절충** : 갈등의 각 당사자가 가치가 있는 것을 포기하는 것

㉦ **권위적 명령** : 권위 있는 자가 갈등을 해결을 위해 공식적인 권위를 사용하고 난 후 자신이 원하는 바를 상대방에게 알리는 것

㉧ **인정 변수의 변화** : 갈등의 원인이 되는 태도와 행동을 바꾸기 위해 대안관계 훈련과 같은 행동 변화 기법을 사용

㉨ **구조적 변수의 변화** : 공식적 조직 구조와 갈등 당사자의 상호작용 형태를 직업 재설계, 이동, 조정 지위들을 만들어 변화시키는 것

② 갈등조성 전략

㉠ **커뮤니케이션** : 갈등 단계를 높이기 위해 모호하고 위협적인 메시지를 사용

㉡ **외부인의 투입** : 배경 · 가치관 · 태도 · 관리하는 스타일이 기존의 멤버들과 다른 외부인을 집단에 투입

㉢ **조직의 재구조화** : 혼란을 주기 위해 집단 규칙 변경, 상호 의존 증가, 구조의 분화 등 구조적 변화를 주는 것

갈등 해소	VS	갈등 조성
문제 해결 상위 목표 자원 증대 회피/완화/절충 명령		모호한 메시지 외부인 투입 조직 재구조화 의도적 반대자 정보 억제/과다

㉣ **의도적 반대자 지정** : 대다수의 입장에 고의적으로 반대하는 비평가를 지정

㉤ 정보전달의 억제 또는 과다한 정보전달, 의사전달통로의 변경, 인사이동 또는 직위 간 관계의 재설정 등

(4) 상황별 해결유형(토마스, Thomas)

경쟁	순응	회피	타협	협동
내 주장 관철	내 몫 희생	서로 못 본 척	중간정도 만족	모두를 만족

① **경쟁** : 상대방을 압도해 **자기의 주장을 관철**하는 것으로, **상대방의 이익을 희생**해 자신의 이익을 추구하는 방안

예 신속하고 결단력이 필요한 경우, 인기 없는 조치를 실행할 경우

② **순응** : 자신을 희생하더라도 상대방의 이해관계를 우선시하는 것으로, **자신의 이익은 희생하면서 상대방의 이익을 만족**시키는 방안

예 한 문제는 사소하고 다른 문제는 중요한 경우, 사람들의 생각을 가다듬게 할 필요가 있는 경우

③ **회피** : 갈등은 존재하지만 그 **상황을 피하거나 억누르는 것**으로, 자신의 이익이나 상대방의 이익 모두에 무관심한 방안

예 문제가 복잡해 잠정적으로 해결할 경우, 임기응변적 해결이 요구될 경우

④ **타협** : 당사자들이 뭔가를 양보하려고 할 때 서로 나눌 수 있는 유형으로, **자신과 상대방의 이익의 중간 정도를 만족**시키는 방안이며 **승자와 패자가 없음**.

예 논제가 타인에게 중요한 의미를 지닌 경우, 다음 논제에 대한 사회적 신용 획득을 위한 경우

⑤ **협동** : 갈등 당사자가 상대방의 필요를 충족시키기 위해 **상호이익을 추구**하는 것으로, **자신과 상대방의 이익 모두를 만족**시키려는 방안

예 양쪽 관심사가 너무 중요해 타협이 안 되는 경우, 양쪽의 관여가 필요한 경우

(5) 협상 전략

갈등은 **협상에 의해 사전에 해결**되기도 하는데, 협상은 배분적 협상과 통합적 협상으로 구분

	배분적 협상	통합적 협상
개념	파이를 나누는 협상	파이를 늘리는 협상
이용가능 자원	고정적인 양	유동적인 양
주요 동기	승 - 패 게임(영합)	승 - 승 게임(정합)
이해관계	서로 상반	조화, 상호수렴
관계의 지속성	단기간	장기간

PART 3

체크포인트

토머스의 갈등관리 방안은 자주 나오지는 않지만, 기출포인트는 명확하므로 현명한 준비가 필요합니다. 5가지 유형 중 가장 헷갈리는 타협과 협동을 구분할 수 있는지가 출제의 주요 관심사항이 됩니다. 이처럼 빈출되는 주제가 아닐 때에는, 기출포인트부터 학습의 중점을 두신 다음에 회독을 늘려 나가면서 내용을 좀 더 파생시키는 학습이 유용할 것입니다.

기출 CHECK

1 갈등관리 유형에 대한 설명으로 옳지 않은 것은? 2024 국가직 9급

① 회피(avoiding)는 갈등이 존재함을 알면서도 표면상으로는 그것을 무시하거나 인정하지 않음으로써 갈등 상황에 소극적으로 대응한다.

② 수용(accommodating)은 자신의 이익을 양보하고 상대방의 이익을 배려해 협조한다.

③ 타협(compromising)은 갈등 당사자 간 서로 존중하고 자신과 상대방 모두의 이익을 극대화하려는 유형으로 'win – win' 전략을 취한다.

④ 경쟁(competing)은 갈등 당사자가 자기 이익은 극대화하고 상대방의 이익은 최소화한다.

① O 회피는 갈등은 존재하지만 그 상황을 피하거나 억누르는 것으로, 자신의 이익이나 상대방의 이익 모두에 무관심한 방안이다.

② O 수용(순응)은 상대방의 이해관계를 우선시하는 것으로, 자신의 이익은 희생하면서 상대방의 이익을 만족시키는 방안이다.

③ X 타협이 아닌 협동에 대한 설명이다. 협동은 갈등 당사자가 상대방의 필요를 충족시키기 위해 상호이익을 추구하는 것으로, 자신과 상대방의 이익 모두를 만족시키려는 방안이기 때문에 모두가 승자가 될 수 있다. 반면 타협은 자신과 상대방의 이익의 중간 정도를 만족시키는 방안이며 승자와 패자가 없다.

④ O 경쟁은 상대방을 압도해 자기의 주장을 관철하는 것으로, 상대방의 이익을 희생해 자신의 이익을 추구하는 방안이다.

정답 ③

3 조직 내 의사전달 C

9급 16지
7급 23국

공식적 의사전달	VS	비공식적 의사전달
하향/상향 수평/대각선		소문/풍문 인간적 유대
↓		↓
책임소재 명확 BUT 경직성		긴장해소 유익한 정보 BUT 왜곡/무책임

(1) 의사전달 구분

① 공식적 의사전달

㉠ 종류

ⓐ **하향적 의사전달** : 조직의 계층구조에 따라 상급자로부터 하급자에게 전달되는 의사전달

ⓑ **상향적 의사전달** : 하급자의 보고 · 제안 등의 상향적 전달로, 상의하달의 오류를 시정할 수 있는 반면, 여과효과(filtering effect)* 로 인한 정확성 훼손 우려

ⓒ **수평적 의사전달** : 위계 수준이 같은 구성원이나 부서 간의 의사전달을 의미하는 상호작용적 의사전달

* **여과효과**
정보수신자에게 긍정적인 느낌을 줄 수 있도록 정보를 조작하는 행위

ⓓ **대각선적 의사전달** : 조직의 기능과 계층을 가로지르는 의사전달로, 공식 업무를 촉진하거나 개인적 · 사회적 욕구충족을 위해 발생

ㄴ **장점** : 책임소재 명확, 상관의 권위 유지, 정책결정 활용에 용이, 객관적인 의사소통 확보 등

② 비공식적 의사전달

㉠ 특성

ⓐ 포도덩굴(grapevine) 커뮤니케이션 또는 소문 · 풍문으로, 구성원 간 직종과 계급을 넘어서 **인간적 유대를 기반**으로 흘러가는 자생적 의사전달

ⓑ 필연적이고 자연적인 현상으로, 공식적 의사전달에 비해 **전달 속도가 매우 빠르고 융통성을 보유**

㉡ 장점

ⓐ 일반 직원들의 **정서적 긴장을 해소**하고, 공식적 의사전달 체계가 공급하지 못하는 **유익한 정보를** 전달

ⓑ 관리층의 딱딱한 명령이나 지시를 인간적이고 부드러운 것으로 옮겨놓은 역할을 하며, 직원들의 동태 파악에도 일조

㉢ **단점** : 왜곡된 사실의 유포 가능성, 무책임성, 공식적 권위의 손상 등

(2) 의사전달 과정

① 과정

㉠ **발신자** : 정보를 보내는 사람

㉡ **코드화** : 정보를 특정형태로 변화

㉢ **발송** : 발신자가 수신자에게 코드화된 정보를 전달

㉣ **통로** : 발신자와 수신자를 이어주는 연계

㉤ **수신자** : 정보를 받는 사람

㉥ **해독** : 수신자가 자신에게 전달된 정보를 어떤 개념이나 생각 등으로 변화시키는 사고과정

㉦ **환류**

ⓐ 의사소통이 일방적으로 끝나는 것이 아니라 수신자가 정보에 대해 응답하는 것

ⓑ **환류의 차단은 의사전달의 신속성은 확보**할 수 있지만, **정확성은 저해**할 수 있음.

② 장애요인

어의상 문제, 의사전달 기술의 부족, 매체의 불완전성, 수신자의 선입관, 시간의 압박, 의사전달의 분위기, 계서제적 문화, 지나친 전문화와 할거주의, 개인들의 상이한 경험, 전달자의 고의, 정보의 홍수, 수신자의 낮은 신뢰 정도 등

의사전달 과정

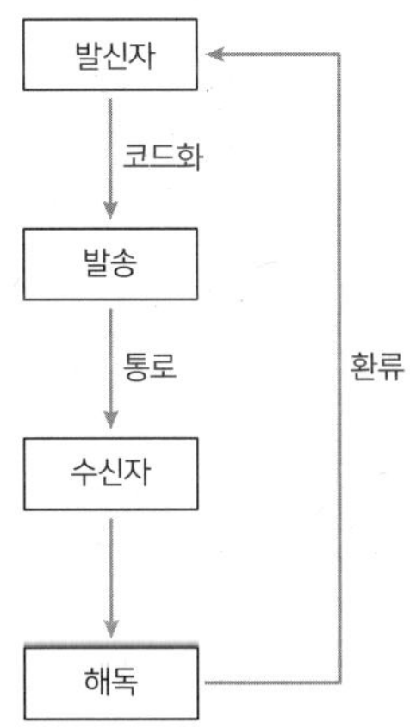

(3) 의사전달 네트워크

① **연쇄형(chain) 네트워크** : 자신의 직속상사나 직속 부하와는 의사를 전달하고, 그 위나 아래와는 의사가 전달되지 않는 형태

② **윤형(wheel) 네트워크** : 수레바퀴의 바퀴살에서 반대편에 있는 사람과 수레바퀴의 중간에 있는 사람들 사이에 정보가 전달되는 형태

③ **원형(circle) 네트워크** : 자신의 좌우 사람과 의사전달을 하지만 다른 사람들과는 의사전달이 되지 않는 형태

④ **개방형(all-channel) 네트워크** : 모든 구성원과 의사전달을 하는 형태

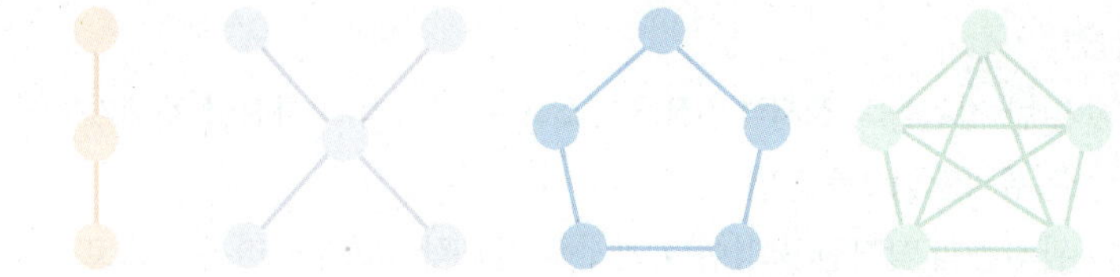

체크포인트

기출된 선지에 대해서는 정확하게 이해하는 것뿐만 아니라, 해당 선지가 어떻게 변형되어서 출제될지도 관심을 가져야 합니다. 4번 선지의 경우, 환류를 차단하면 신속성이 저해되는 것이 아니라 증진된다든지, 환류를 차단하면 신속성이 아닌 정확성이 저해된다든지, 충분히 옳은 선지로도 앞으로 기출될 가능성이 있습니다.

기출 CHECK

1 조직 내 의사전달과 의사결정현상에 대한 설명으로 옳지 않은 것은? 2009 국가직 9급

① 조직 내 의사전달에는 공식적 · 비공식적 전달유형이 있다.
② 대각선적 의사전달은 공식업무를 촉진하거나 개인적 · 사회적 욕구충족을 위해 나타난다.
③ 의사전달의 과정은 발신자, 코드화, 발송, 통로, 수신자, 해독, 환류로 이루어진다.
④ 의사전달 과정에서 환류의 차단은 의사전달의 신속성을 저해할 수 있다.

① O 조직 내 의사전달은 절차와 계층에 따른 공식적 의사전달과, 인간적 유대에 기반한 비공식적 의사전달이 있다.
② O 대각선적 의사전달은 조직의 기능과 계층을 가로지르는 의사전달로, 공식 업무를 촉진하거나 개인적·사회적 욕구충족을 위해 발생한다.
③ O 의사전달의 과정은 발신자 → 코드화 → 발송 → 통로 → 수신자 → 해독 → 환류이다.
④ X 의사전달 과정에서 환류는 의사소통이 일방적으로 끝나는 것이 아니라 수신자가 정보에 대해 응답하는 것으로, 환류가 차단된다는 것은 의사전달 과정 중 하나가 생략되는 것이므로 의사전달의 신속성은 증진시킬 수 있다. 하지만 환류의 차단은 피드백 과정이 제거되는 것이므로 의사전달의 정확성은 저해하게 된다. 정답 ④

심화 조직 내 협력관리와 조직PR

1. 협력관리
   ① 개념 : 둘 이상의 부문이 공동성과를 얻기 위해 조직의 자원과 역량을 연결하고 공유하는 활동
   ② 협력관리 구성 요소 : 협업 인프라, 구조, 절차와 수단, 리더십, 문화, 역량, 갈등 및 조정
2. 조직PR
   ① 개념 : 행정조직이 대중을 대상으로 우호적인 협력관계를 형성하는 조직 외부적 활동
   ② 특징 : 위기관리 방안으로 강조 → 위기 상황에 대한 부정적 인식 완화 및 합리적 대응 제고

Public Administration

CHAPTER 3 우리나라 정부조직

1 정부조직구조 A

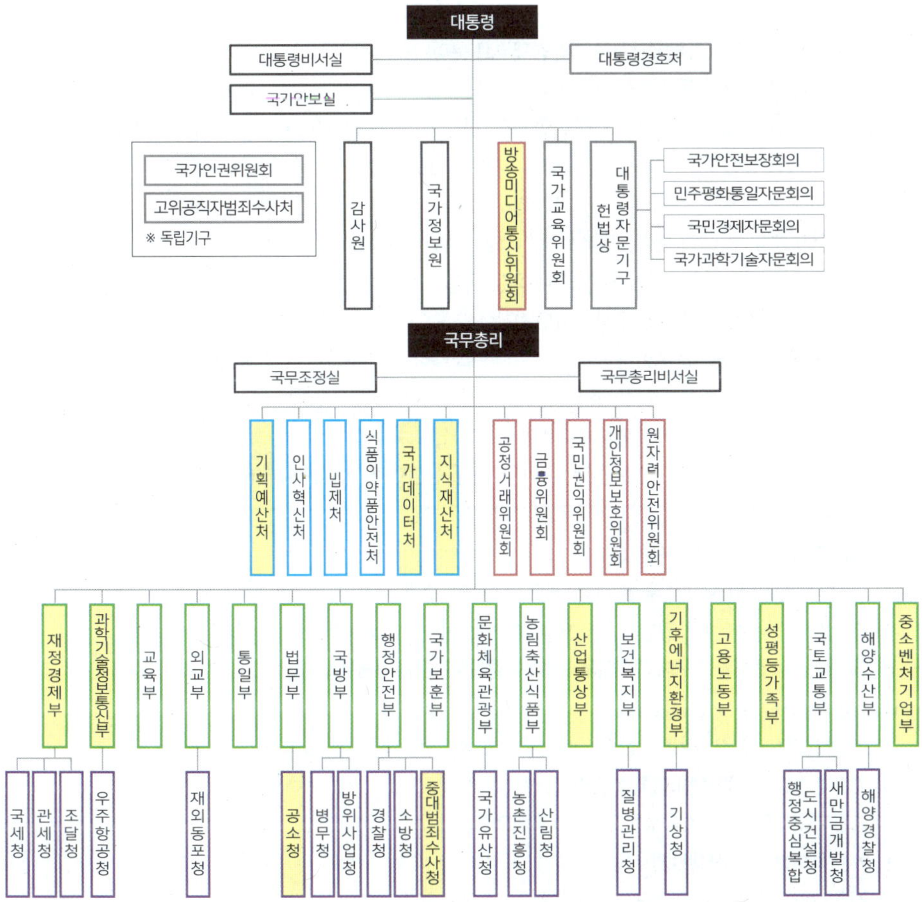

9급 25국, 19지, 18국, 18지
7급 18국

* 「정부조직법」상 중앙행정기관
→ 19부 6처 19청 6위원회

※ 이재명 정부의 정부조직개편 주요내용

	부	처	청	위원회	총계
기존	19부	3처	20청	6위원회	48개
이재명 정부	19부	6처	19청	6위원회	50개

1. 기존 기획재정부 → **기획예산처와 재정경제부로 분리**
   (1) **예산** 기능 : **기획예산처** 신설(국무총리 소속)
      ① 균형적 예산편성 및 상호견제 강화 목적 : 중장기 국가발전전략수립, 재정정책의 수립, 예산·기금의 편성·집행·성과관리, 민간투자 및 국가채무에 관한 사무 관장
      ② 기획예산처장관은 국무위원으로 보임
   (2) **경제정책** 등 기능 : **재정경제부**로 개편(재정경제부장관이 경제부총리 겸임)
      ① 경제정책의 수립·총괄·조정, 화폐·외환·국고·정부회계·내국세제·관세·국제금융, 공공기관 관리, 경제협력 및 국유재산에 관한 사무 관장
      ② 공공기관 관리를 위한 공공기관운영위원회를 재정경제부의 소속기관으로 둠
      ※ 해당 개편내용은 2026년 1월부터 시행
2. 기존 산업통상자원부 → **산업통상부**로 변경
   ① 주요 에너지 기능은 환경부로 이관 : 에너지 기능을 담당했던 제2차관 폐지(복수차관제 미적용)
   ② 특허청은 지식재산처로 승격 후 국무총리 소속으로 변경
3. 기존 환경부 → **기후에너지환경부**
   ① 환경, 기후변화, 에너지 등 탄소중립 관련 핵심 기능 수행
   ② 산업부로부터 에너지 기능 이관 → 이를 담당하는 제2차관 신설(복수차관제 적용)
   ③ 재원운용 일원화를 위해 기후대응기금과 녹색기후기금을 기재부로부터 이관
4. 기존 여성가족부 → **성평등가족부**
   종합적 균형고용, 경제활동 촉진 등 근본적 성평등 정책 추진을 위한 기능 보강
5. 기존 통계청 → **국가데이터처**로 승격
   기존 기획재정부장관 소속에서 국무총리 소속으로 변경
6. 기존 특허청 → **지식재산처**로 승격
   기존 산업통상자원부장관 소속에서 국무총리 소속으로 변경
7. 기존 방송통신위원회 → **방송미디어통신위원회**
   분산 수행되었던 방송 관련 기능 총괄
8. 부총리제 수정
   ① 기존 사회부총리(교육부장관 겸임) 폐지
   ② 과학기술부총리 신설 → 과학기술정보통신부장관 겸임
9. 일부 부처 기능 강화
   ① 과학기술정보통신부 : AI 기반 정책 강화를 위한 전담부서 설치
   ② 중소벤처기업부 : 소상공인 전담을 위해 제2차관 신설(복수차관제 적용)
   ③ 고용노동부 : 기존 실장급 산업안전보건본부를 차관급으로 격상
10. 기존 검찰청 폐지 → 공소청 및 중대범죄수사청 신설
   ① 공소 제기 및 유지 등을 수행하기 위해 법무부장관 소속으로 공소청 신설
   ② 중대범죄 등 수사를 위해 행정안전부장관 소속으로 중대범죄수사청 신설
   ※ 해당 개편내용은 2026년 10월부터 시행(26년 시험까지는 미적용)

1 「정부조직법」상 중앙행정기관*: 19부 6처 19청 6위원회

(1) 부(部) : 기능별로 국가행정사무를 수행

① 대통령 및 국무총리의 통할하에 **국가행정사무를 수행**하기 위해 **기능별 또는 대상별로 설치**한 기관

② **각부 장관**은 국무위원 중에서 국무총리의 제청으로 대통령이 임명하며, 소관사무통할권, 소속공무원에 대한 지휘·감독권, 부령제정권, 법률안 또는 대통령령안 국무회의 제출권 등의 권한 보유

1	**재정경제부**	· 경제정책의 수립·총괄·조정, 화폐·외환·국고·정부회계·내국세제·관세·국제금융, 공공기관 관리, 경제협력 및 국유재산에 관한 사무 등	· **경제부총리** · **복수차관**, 차관보 · **소속청(3개) : 국세청, 관세청, 조달청**
2	**과학기술 정보통신부**	· 과학기술정책, 과학기술의 연구개발, 과학기술인력 양성, 원자력 연구·개발, 인공지능 정책, 국가정보화 기획, 방송·통신의 융합, 정보통신산업, 우편에 관한 사무 등	· **과학기술부총리** · **복수차관** · 우정사업본부 · 과학기술혁신본부(차관급) · **소속청(1개): 우주항공청**
3	**교육부**	· 인적자원개발정책, 학교교육·평생교육, 학술에 관한 사무 등	· 차관보
4	**외교부**	· 외교, 경제외교 및 국제경제협력외교, 국제관계 업무에 관한 조정, 조약 기타 국제협정, 재외국민의 보호·지원 사무 등	· **복수차관**, 차관보 · **소속청(1개): 재외동포청**
5	**통일부**	· 통일 및 남북대화·교류·협력에 관한 정책의 수립 사무 등	
6	**법무부**	· 검사·행형·인권옹호·출입국관리 그 밖에 법무에 관한 사무 등	· **소속청(1개) : 공소청**
7	**국방부**	· 국방에 관련된 군정 및 군령과 그 밖에 군사에 관한 사무 등	· 차관보 · **소속청(2개) : 병무청, 방위사업청**
8	**행정안전부**	· 국무회의의 서무, 법령 및 조약의 공포, 정부조직과 정원, 상훈, 정부혁신, 전자정부, 정부청사의 관리, 지방자치제도, 안전 및 재난에 관한 정책의 수립·총괄·조정 사무 등	· 차관보 · 재난안전관리본부(차관급) · **소속청(3개) : 경찰청, 소방청, 중대범죄수사청**
9	**국가보훈부**	· 국가유공자 및 유족에 대한 보훈, 제대군인의 보상 사무 등	
10	**문화체육 관광부**	· 문화·예술·영상·광고·출판·간행물·체육·관광, 국정에 대한 홍보 및 정부발표에 관한 사무 등	· **복수차관**, 차관보 · **소속청(1개) : 국가유산청**
11	**농림축산 식품부**	· 농산·축산, 식량·농지·수리, 식품산업진흥, 농촌개발 및 농산물 유통에 관한 사무 등	· 차관보 · **소속청(2개) : 산림청, 농촌진흥청**
12	**산업통상부**	· 상업·무역·공업·통상, 통상교섭에 관한 총괄·조정, 외국인 투자, 산업기술 연구개발정책, 원자력 발전의 수출 및 지원 산업에 관한 사무 등	· 차관보 · 통상교섭본부(차관급)
13	**보건복지부**	· 보건위생·방역·의정(醫政)·약정(藥政)·생활보호·자활지원·사회보장·아동노인 및 장애인에 관한 사무 등	· **복수차관** · **소속청(1개) : 질병관리청**
14	**기후에너지 환경부**	· 기후변화 대응, 자연환경, 생활환경의 보전, 환경오염방지, 수자원의 보전·이용 및 개발, 하천 및 에너지 등	· **복수차관** · **소속청(1개) : 기상청** · **물관리위원회**
15	**고용노동부**	· 고용정책, 고용보험, 직업능력개발훈련, 근로자의 복지후생, 노사관계의 조정, 산업안전보건 사무 등	· 산업안전보건본부(차관급)

* 중앙행정기관
국가 행정사무를 담당하기 위하여 설치된 행정기관으로, **관할권의 범위가 전국**에 미치는 행정기관

보충
공소청과 중대범죄수사청은 26년 10월부터 적용되므로, 그 전까지는 현재의 검찰청(법무부장관 소속) 유지

PART 3

16	성평등가족부	· 성평등정책, 여성의 권익증진, 청소년 및 가족에 관한 사무 등	
17	국토교통부	· 국토종합계획, 국토의 보전·이용 및 개발, 도시·도로 및 주택의 건설, 해안 및 간척, 육운·철도 및 항공에 관한 사무 등	· 복수차관 · 소속청(2개) : 행복도시 건설청, 새만금개발청
18	해양수산부	· 해양정책, 어촌개발 및 수산물 유통, 해운·항만, 해양수산자원개발 사무 등	· 소속청(1개) : 해양경찰청
19	중소벤처기업부	· 중소기업 정책, 창업·벤처기업의 지원, 대·중소기업 간 협력 및 소상공인에 대한 보호·지원에 관한 사무 등	· 복수차관

보충

고위공직자범죄수사처(독립기관)
고위공직자의 범죄를 수사하는 차관급 기구로, 정부조직법상 중앙행정기관은 아님.

(2) 처(處) : 국무총리 소속으로 통합기능을 수행

① 국무총리 소속 중앙행정기관으로, **여러 부에 관련되는 기능을 통합하는 업무**를 수행하는 기관

② 처장은 소관사무통할권과 소속공무원 지휘·감독권을 가지며, 국무위원이 아닌 처는 의안제출권이 없으므로 국무총리에게 의안제출을 건의할 수 있으며, 국무회의 구성원은 아니지만 국무회의 출석·발언권을 가짐.

③ 소관사무에 관하여 직접적인 법규명령을 제정할 수 없으므로 국무총리를 통해 총리령을 제정할 수 있음.

1	기획예산처	· 장기 국가발전전략수립, 재정정책의 수립, 예산·기금의 편성·집행·성과관리, 민간투자 및 국가채무에 관한 사무를 관장	· 국무총리 소속 · 기획예산처장관(국무위원)
2	인사혁신처	· 공무원의 인사·윤리·복무 및 연금에 관한 사무를 관장	· 국무총리 소속 · 차관급
3	법제처	· 국무회의에 상정될 법령안·조약안과 총리령안 및 부령안의 심사와 그 밖에 법제에 관한 사무를 전문적으로 관장	· 국무총리 소속 · 차관급
4	식품의약품안전처	· 식품 및 의약품의 안전에 관한 사무를 관장	· 국무총리 소속 · 차관급
5	국가데이터처	· 통계의 기준설정과 인구조사, 통계·데이터의 총괄·조정 및 각종 통계에 관한 사무를 관장	· 국무총리 소속 · 차관급
6	지식재산처	· 지식재산에 관한 사무와 이에 대한 심사·심판사무를 관장	· 국무총리 소속 · 차관급

(3) 청(廳) : 집행적 사무를 독자적으로 처리

① 행정각부의 소관사무 중 **업무의 독자성이 높고 집행적인 사무를 독자적으로 관장**하기 위하여 **행정각부 소속으로 설치**되는 **중앙행정기관**

② **청장은 차관급**으로 소관사무 통할권과 소속공무원 지휘·감독권을 가지고, 국무회의에 직접 의안을 제출할 수 없어 소속장관에게 의안제출을 건의하여야 하며, 국무회의 구성원은 아니지만 출석발언권을 가짐.

③ 소관사무에 관하여 직접적인 법규명령을 제정할 수 없으므로 소속장관을 통해 부령을 제정할 수 있음.

1	국세청	· 내국세의 부과·감면 및 징수에 관한 사무를 관장	· 재정경제부장관 소속
2	관세청	· 관세의 부과·감면 및 징수와 수출입물품의 통관 및 밀수단속에 관한 사무를 관장	· 재정경제부장관 소속
3	조달청	· 정부가 행하는 물자의 구매·공급 및 관리에 관한 사무와 정부의 주요시설공사계약에 관한 사무를 관장	· 재정경제부장관 소속
4	우주항공청	· 우주항공기술 개발 및 우주항공산업 진흥에 관한 사무를 관장	· 과학기술정보통신부장관 소속
5	재외동포청	· 재외동포에 관한 사무 관장	· 외교부장관 소속
6	공소청	· 검사에 관한 사무를 관장	· 법무부장관 소속
7	병무청	· 징집·소집 그 밖에 병무행정에 관한 사무를 관장	· 국방부장관 소속
8	방위사업청	· 방위력 개선사업, 군수물자 조달에 관한 사무를 관장	· 국방부장관 소속
9	경찰청	· 치안에 관한 사무를 관장	· 행정안전부장관 소속
10	소방청	· 소방에 관한 사무를 관장	· 행정안전부장관 소속
11	중대범죄수사청	· 중대범죄 수사에 관한 사무를 관장	· 행정안전부장관 소속
12	국가유산청	· 국가유산에 관한 사무를 관장	· 문화체육관광부장관 소속
13	농촌진흥청	· 농촌진흥에 관한 사무를 관장	· 농림축산식품부장관 소속
14	산림청	· 산림에 관한 사무를 관장	· 농림축산식품부장관 소속
15	질병관리청	· 감염병에 관한 사무 및 각종 질병에 관한 조사·연구 등 사무 관장	· 보건복지부장관 소속
16	기상청	· 기상에 관한 사무를 관장	· 기후환경에너지부장관 소속
17	행복도시청	· 행정중심복합도시 건설업무를 효율적으로 추진	· 국토교통부장관 소속 · 근거법률 : 행복도시법
18	새만금개발청	· 새만금사업의 원활한 추진과 효율적인 관리	· 국토교통부장관 소속 · 근거법률 : 새만금사업법
19	해양경찰청	· 해양에서의 경찰 및 오염방제에 관한 사무를 관장	· 해양수산부장관 소속

(4) 위원회 : 합의제 기관

① 행정기관 소관사무 일부를 독립하여 수행할 필요가 있는 경우에 법률이 정하는 바에 의하여 행정위원회 등 합의제행정기관을 둘 수 있음.

② 소속에 따라 헌법상 설치기관, 대통령·총리소속 기관, 각 부처 소속기관으로 분류

1	방송미디어통신위원회	· 방송과 통신에 관한 규제와 이용자 보호 등의 업무를 수행	· 대통령 소속(장관급) · 근거법률 : 방통위법
2	공정거래위원회	· 공정한 거래에 관한 사무를 독립적으로 수행	· 국무총리 소속(장관급) · 근거법률 : 공정거래법
3	금융위원회	· 금융정책, 외국환업무 취급기관의 건전성 감독 및 금융감독에 관한 업무를 수행	· 국무총리 소속(장관급) · 근거법률 : 금융위법
4	국민권익위원회	· 고충민원의 처리와 이에 관련된 불합리한 행정제도를 개선하고, 부패의 발생을 예방하며 부패행위를 효율적으로 규제	· 국무총리 소속(장관급) · 근거법률 : 부패방지법
5	개인정보보호위원회	· 개인정보 보호에 관한 사무를 수행	· 국무총리 소속(장관급) · 근거법률 : 정보보호법
6	원자력안전위원회	· 원자력안전에 관한 업무를 수행	· 국무총리 소속(차관급) · 근거법률 : 원안위법

보충

1. **국가인권위원회(독립기관)**
   인권의 보호와 향상을 위한 업무를 수행하는 장관급 기구로, 정부조직법상 중앙행정기관은 아님.
2. **국가교육위원회(대통령 소속)**
   사회적 합의에 기반한 중장기 교육정책 및 교육발전계획 수립을 위한 기구로, 정부조직법상 중앙행정기관은 아님.

PART 3

보충

헌법상 대통령자문기구

① **국가안전보장회의** : 국가안전보장에 관련되는 대외정책·군사정책·국내정책 수립
② **민주평화통일자문회의** : 평화통일 정책 수립
③ **국민경제자문회의** : 국민경제 발전을 위한 중요정책 수립
④ **국가과학기술자문회의** : 과학기술 혁신과 정보 및 인력 개발

2 기타 주요 정부기관

(1) 원(院) : 국가안보·안위 관련 대통령 직속기관

1	감사원	· 국가의 세입·세출의 결산, 국가 및 법률이 정한 단체의 회계검사와 행정기관 및 공무원의 직무에 관한 감찰	· 부총리급 · 근거법률 : 헌법
2	국가정보원	· 국가안전보장에 관련되는 정보·보안에 관한 사무를 담당	· 장관급

(2) 실(室) : 대통령 또는 국무총리 보좌

1	대통령비서실	· 대통령의 직무를 보좌	· 대통령 보좌(장관급)
2	국가안보실	· 국가안보에 관한 대통령의 직무를 보좌	· 대통령 보좌(장관급)
3	국무조정실	· 각 중앙행정기관 행정의 지휘·감독, 정책 조정 및 사회위험·갈등의 관리에 관하여 국무총리를 보좌	· 국무총리 보좌(장관급)
4	국무총리비서실	· 국무총리의 직무를 보좌	· 국무총리 보좌(차관급)

예상문제 CHECK

1. 「정부조직법」상 행정기관의 소속으로 옳지 않은 것은?

① 기획예산처 – 국무총리
② 방송미디어통신위원회 – 대통령
③ 조달청 – 재정경제부장관
④ 지식재산처 – 산업통상부장관

① O 기획예산처는 인사혁신처, 법제처, 식품의약품안전처, 국가데이터처, 지식재산처와 함께 국무총리 소속 중앙행정기관이다.
② O 방송미디어통신위원회는 대통령 소속 중앙행정기관이다.
③ O 조달청은 국세청, 관세청과 함께 재정경제부장관 소속 중앙행정기관이다.
④ X 지식재산처는 기존 산업통상자원부장관 소속이었던 특허청이 승격된 것으로, 국무총리 소속 중앙행정기관으로 변경되었다.

정답 ④

2. 이재명 정부의 정부조직개편에 대한 내용으로 옳은 것을 모두 고르면?

> ㄱ. 기존의 통계청이 국무총리 소속 국가데이터처로 승격되었다.
> ㄴ. 국무총리 소속의 기획예산처가 신설되었으며 기획예산처장은 차관급으로 보한다.
> ㄷ. 부총리는 재정경제부장관, 교육부장관, 과학기술정보통신부장관이 각각 겸임한다.
> ㄹ. 기존의 환경부가 기후에너지환경부로 확대 개편되었다.

① ㄱ, ㄴ ② ㄱ, ㄹ ③ ㄴ, ㄷ ④ ㄷ, ㄹ

ㄱ. O 기존 기획재정부장관 소속이었던 통계청은 국무총리 소속의 국가데이터처로 승격되었다. 국가데이터처를 통해 국가통계 총괄·조정, 범정부 데이터 거버넌스 확립, 데이터 연계·활용 기능 강화 등을 추진한다.
ㄴ. X 기존의 기획재정부가 재정경제부와 기획예산처로 분리되면서 국무총리 소속의 기획예산처가 신설된 것은 옳다. 하지만 기획예산처에는 기획예산처장관을 두며, 기획예산처장관은 국무위원으로 보한다.
ㄷ. X 교육부장관이 겸임했던 사회부총리는 폐지하고, 과학기술정보통신부장관이 겸임하는 과학기술부총리를 신설하였다. 재정경제부장관이 겸임하는 경제부총리까지, 부총리는 2명이다.
ㄹ. O 기존의 환경부가 기후에너지환경부로 확대 개편되면서 환경, 기후변화, 에너지 등 탄소중립 관련 핵심 기능을 수행하게 되었다.

정답 ②

3 중앙행정기관의 세부 조직구조

산업통상부(중앙행정기관)

중앙행정기관 : 국가 행정사무를 담당하기 위하여 설치된 행정기관으로, 관할권의 범위가 전국에 미치는 행정기관

하부조직 : 보조기관 + 보좌기관

- 보조기관 : 행정기관의 의사 또는 판단의 결정이나 표시를 보조함으로써 행정기관의 목적달성에 공헌하는 기관
- 보좌기관 : 행정기관이 그 기능을 원활하게 수행할 수 있도록 그 기관장이나 보조기관을 보좌함으로써 행정기관의 목적달성에 공헌하는 기관

소속기관 : 부속기관 + 특별지방행정기관

- 부속기관 : 행정권의 직접적인 행사를 임무로 하는 기관에 부속하여 그 기관을 지원하는 행정기관(시험연구·교육훈련·문화·의료·제조·자문)
- 특별지방행정기관 : 특정한 중앙행정기관에 소속되어, 당해 관할구역 내에서 시행되는 소속 중앙행정기관의 권한에 속하는 행정사무를 관장하는 국가의 지방행정기관

보조기관		보좌기관	부속기관	특별지방행정기관
차관	←	차관보	국가기술표준원	동부광산안전사무소
산업정책실장	←	산업정책관		서부광산안전사무소
통상정책국장				
과장				

국세청(중앙행정기관)

하부조직			소속기관	
보조기관		보좌기관	부속기관	특별지방행정기관
차장	←	기획조정관	국세공무원교육원	서울지방국세청
국장			국세상담센터	부산지방국세청
과장				

(1) 중앙행정기관

행정기관의 조직과 정원에 관한 통칙 제2조(정의)

1. "중앙행정기관"이라 함은 국가의 행정사무를 담당하기 위하여 설치된 행정기관으로서 그 관할권의 범위가 전국에 미치는 행정기관을 말한다. 다만, 그 관할권의 범위가 전국에 미치더라도 다른 행정기관에 부속하여 이를 지원하는 행정기관은 제외한다.

X [9급] 보조기관이란 행정기관이 그 기능을 원활하게 수행할 수 있도록 그 기관장을 보좌함으로써 행정기관의 목적달성에 공헌하는 기관을 말한다.

O 보좌기관(보조기관 ×)이란 행정기관이 그 기능을 원활하게 수행할 수 있도록 그 기관장을 보좌함으로써 행정기관의 목적달성에 공헌하는 기관을 말한다.

(2) 하부조직

① 보조기관

조직통칙 제2조(정의)

6. "보조기관"이라 함은 행정기관의 의사 또는 판단의 결정이나 표시를 보조함으로써 행정기관의 목적달성에 공헌하는 기관을 말한다.

정부조직법 제2조(중앙행정기관의 설치와 조직 등)

③ 중앙행정기관의 보조기관은 이 법과 다른 법률에 특별한 규정이 있는 경우를 제외하고는 차관 · 차장 · 실장 · 국장 및 과장으로 한다.

② 보좌기관

조직통칙 제2조(정의)

7. "보좌기관"이라 함은 행정기관이 그 기능을 원활하게 수행할 수 있도록 그 기관장이나 보조기관을 보좌함으로써 행정기관의 목적달성에 공헌하는 기관을 말한다.

조직통칙 제12조(보좌기관의 설치)

① 보좌기관은 전문적 지식을 활용하여 정책의 기획, 계획의 입안, 연구 · 조사, 심사 · 평가 및 홍보와 행정개선 등에 관하여 행정기관의 장이나 그 보조기관을 보좌한다.

정부조직법 제2조(중앙행정기관의 설치와 조직 등)

⑤ 행정각부에는 대통령령으로 정하는 특정 업무에 관하여 장관과 차관을 직접 보좌하기 위하여 차관보를 둘 수 있으며, 중앙행정기관에는 그 기관의 장, 차관 · 차장 · 실장 · 국장 밑에 정책의 기획, 계획의 입안, 연구 · 조사, 심사 · 평가 및 홍보 등을 통하여 그를 보좌하는 보좌기관을 대통령령으로 정하는 바에 따라 둘 수 있다.

(3) 소속기관

① 부속기관

조직통칙 제2조(정의)

3. "부속기관"이라 함은 행정권의 직접적인 행사를 임무로 하는 기관에 부속하여 그 기관을 지원하는 행정기관을 말한다.
4. "자문기관"이라 함은 부속기관 중 행정기관의 자문에 응하여 행정기관에 전문적인 의견을 제공하거나, 자문을 구하는 사항에 관하여 심의 · 조정 · 협의하는 등 행정기관의 의사결정에 도움을 주는 행정기관을 말한다.

정부조직법 제4조(부속기관의 설치)

행정기관에는 그 소관사무의 범위에서 필요한 때에는 대통령령으로 정하는 바에 따라 시험연구기관 · 교육훈련기관 · 문화기관 · 의료기관 · 제조기관 및 자문기관 등을 둘 수 있다.

② 특별지방행정기관

조직통칙 제2조(정의)

2. "특별지방행정기관"이라 함은 특정한 중앙행정기관에 소속되어, 당해 관할구역내에서 시행되는 소속 중앙행정기관의 권한에 속하는 행정사무를 관장하는 국가의 지방행정기관을 말한다.

정부조직법 제3조(특별지방행정기관의 설치)

① 중앙행정기관에는 소관사무를 수행하기 위하여 필요한 때에는 특히 법률로 정한 경우를 제외하고는 대통령령으로 정하는 바에 따라 지방행정기관을 둘 수 있다.

② 제1항의 지방행정기관은 업무의 관련성이나 지역적인 특수성에 따라 통합하여 수행함이 효율적이라고 인정되는 경우에는 대통령령으로 정하는 바에 따라 관련되는 다른 중앙행정기관의 소관사무를 통합하여 수행할 수 있다.

PART 3

기출 CHECK

1 행정기관에 대하여 관계법령에 규정된 내용으로 옳은 것은? 2018 국가직 9급

① 부속기관이란 행정권의 직접적인 행사를 임무로 하는 기관에 부속하여 그 기관을 지원하는 행정기관을 말한다.

② 보조기관이란 행정기관이 그 기능을 원활하게 수행할 수 있도록 그 기관장을 보좌함으로써 행정기관의 목적달성에 공헌하는 기관을 말한다.

③ 하부기관이란 중앙행정기관에 소속된 기관으로서, 특별지방행정기관과 부속기관을 말한다.

④ 방송미디어통신위원회, 공정거래위원회, 소청심사위원회 등은 행정기관의 소관 사무에 관하여 자문에 응하거나 조정, 협의, 심의 또는 의결 등을 하기 위해 복수의 구성원으로 이루어진 합의제 기관으로서 행정기관이 아니다.

① O

조직통칙 제2조(정의)

3. "부속기관"이라 함은 행정권의 직접적인 행사를 임무로 하는 기관에 부속하여 그 기관을 지원하는 행정기관을 말한다.

② X 기관장을 보좌하는 기관은 보조기관이 아닌 보좌기관이다. 반면 보조기관은 행정기관의 의사결정을 보조하는 기관이다.

조직통칙 제2조(정의)

6. "보조기관"이라 함은 행정기관의 의사 또는 판단의 결정이나 표시를 보조함으로써 행정기관의 목적달성에 공헌하는 기관을 말한다.

③ X 중앙행정기관에 소속된 기관으로 특별지방행정기관과 부속기관을 말하는 개념은 하부기관이 아닌 소속기관이다.

④ X 방송미디어통신위원회, 공정거래위원회, 소청심사위원회가 합의제 기관인 것은 맞으나, 방송미디어통신위원회와 공정거래위원회는 중앙행정기관, 소청심사위원회는 중앙행정기관(인사혁신처)의 소속기관으로 모두 행정기관이다.

정답 ①

체크포인트

중앙행정기관의 세부조직구조와 관련한 개념들도 기본적인 지식으로서 준비해 두어야 합니다. 하부조직과 소속기관으로 크게 구분되고, 하부조직은 보조기관과 보좌기관으로, 소속기관은 부속기관과 특별지방행정기관으로 구분될 수 있습니다. 그리고 각 기관의 성격은 용어에 정답이 있습니다. 보조기관은 보조하는 기관이고, 보좌기관은 보좌하는 기관입니다. 법령을 학습하실 때도 이런 핵심 키워드를 발견해내면서 독해하시는 것이 필요합니다.

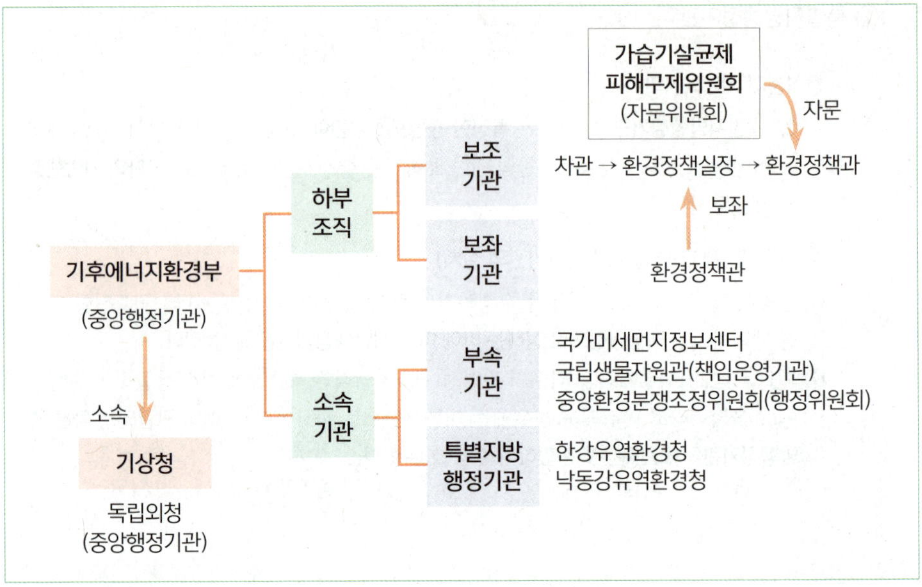

9급 25지, 22지, 19국, 15지
7급 13국

2 위원회 A

1 이론적 논의

(1) 개념

단독제 · 독임형 조직에 대응하는 조직으로서 **민주적 결정과 조정을 촉진**시키기 위해 **복수의 구성원**으로 구성되는 **합의제 행정기관**

(2) 특징

① 계층제 조직에 비해 수평화된 **유기적 · 탈관료제적 조직**의 일종으로, 다수에 의한 결정이라는 점에서 행정의 민주성과 조정력을 제고

② 전문가의 참여로 행정의 효율성 및 전문성을 제고할 수 있는 **분권적 · 참여적 조직**

(3) 이론적 구분

① **자문위원회** : 개인 또는 조직 전체에 대한 자문에 응하게 하고 시민의 의견을 집약하여 행정당국에 반영시키는 합의제 기관

② **조정위원회** : 각 기관 혹은 개인의 상이한 의견을 통합 · 조정할 것을 목적으로 설치된 합의제 기관

③ **행정위원회** : 어느 정도 중립성 · 독립성을 부여받고 설치되는 **행정관청적 성격**의 위원회로서, 그 결정은 법적 구속력을 가지며 원칙적으로 법률에 의하여 설치

④ **독립규제위원회** : 19세기 말 미국에서 경제 · 사회문제 규제를 위해 행정부로부터 독립하여 준입법권 · 준사법권을 가지고 특수 업무를 수행하기 위하여 설치된 합의제 기관

(4) 평가

① 장점

㉠ 한 사람에게 너무 많은 권한을 줌으로써 발생할 수 있는 **권한 남용을 방지**할 수 있으며, 이는 행정의 공정성 확보와 연결

㉡ **토론과 타협**을 통해 이해관계를 조정할 수 있기 때문에 정책 · 기획 등과 관련하여 갈등을 해소하고 의견 충돌을 사전에 방지하는 기능을 수행

㉢ 정책과 관련되는 이해관계자들에게 의견을 개진할 수 있는 기회를 제공함으로써 **정책에 대한 정당화**를 유도

㉣ 전문적 지식의 도입을 가능하게 함으로써 **외부 전문성을 보강**할 수 있고 합리적인 정책결정과 이로 인한 정책적 능률성을 제고

② 단점

㉠ 독임제 형태에 비해 위원 개개인은 책임감을 덜 느끼게 되고 **결정에 무책임**하게 될 가능성이 높으며, 타협적인 결정이 행해질 수 있음.

㉡ 정부부처에 의해 설립되는 위원회는 흔히 그 부처의 이익을 보호하는 입장을 취하는 경향도 있어 부처 간 갈등의 원인을 제공

㉢ 문제해결을 하기보다는 **문제해결을 지연하는 수단**으로 활용

2 한국의 위원회 제도(정부조직법 · 행정기관위원회법 등)

	중앙행정기관인 위원회	행정기관 소속 위원회
행정위원회	· 대통령 소속 : 방송미디어통신위원회	· 대통령 소속 : 규제개혁위원회, 군사망사고진상규명위원회 등
	· 국무총리 소속 : 금융위원회, 공정거래위원회, 국민권익위원회, 개인정보보호위원회, 원자력안전위원회	· 국무총리 소속 : 사행산업통합감독위원회, 공무원재해보상연금위원회 등
		· 각 부처 소속 : **소청심사위원회(인사혁신처)**, 중앙환경분쟁조정위원회(기후에너지환경부) 중앙토지수용위원회(국토교통부) 등
자문위원회	-	· 대통령 소속 : 경제사회노동위원회 등
		· 국무총리 소속 : 외국인정책위원회 등
		· 각 부처 소속 : 정보공개위원회(행정안전부) 주식백지신탁심사위원회(인사혁신처) 등

X [9급] 국민권익위원회는 의사결정의 권한이 없는 자문위원회에 해당된다.
O 국민권익위원회는 중앙행정기관으로써 의사결정의 권한이 있는(없는 ×) 행정위원회(자문위원회 ×)에 해당된다.

(1) 행정기관 소속 위원회 中 행정위원회 → **구속력 ○, 집행력 ○**

① 설립 목적

> **정부조직법 제5조(합의제행정기관의 설치)**
> 행정기관에는 그 소관사무의 일부를 독립하여 수행할 필요가 있는 때에는 법률로 정하는 바에 따라 **행정위원회 등 합의제행정기관을 둘 수 있다.**

② 적용범위

> **행정기관위원회법 제3조(적용범위)**
> ① 이 법은 다음 각 호의 행정기관 소속 위원회에 대하여 적용한다.
> 1. 대통령과 그 소속 기관
> 2. 국무총리와 그 소속 기관
> 3. 「정부조직법」에 따른 중앙행정기관과 그 소속 기관
>
> ② 제1항에도 불구하고 「헌법」에 따라 설치되는 위원회(선거관리위원회) 및 「정부조직법」에 따라 다른 법률에 의하여 중앙행정기관으로 설치되는 위원회(국민권익위원회 등)에 대하여는 이 법을 적용하지 아니한다. 다만, 중앙행정기관으로 설치되는 위원회 내에 위원회를 설치·운영하는 경우에는 그러하지 아니하다.*

* 국민권익위원회의 소속위원회(중앙행정심판위원회) 등

③ 설치요건

> **동법 제5조(위원회의 설치요건)**
> ① 「정부조직법」 제5조에 따라 합의제행정기관(행정위원회)을 설치할 경우에는 다음 각 호의 요건을 갖추어야 한다.
> 1. 업무의 내용이 전문적인 지식이나 경험이 있는 사람의 의견을 들어 결정할 필요가 있을 것
> 2. 업무의 성질상 특히 신중한 절차를 거쳐 처리할 필요가 있을 것
> 3. 기존 행정기관의 업무와 중복되지 아니하고 독자성(獨自性)이 있을 것
> 4. 업무가 계속성·상시성(常時性)이 있을 것

보충

행정위원회 중 의결위원회

① **구속력 ○, 집행력 × → 소청심사위원회**, 공직자윤리위원회 등
② **행정위원회**에 속하는 것으로, 국민의 권리나 의무와 관련된 사무에 대한 의결적 기능을 수행
③ 일부 견해 : **의결위원회**를 행정위원회에서 분리하여 **별도로 구분**하는 견해도 존재

④ 설치절차

> **동법 제6조(위원회의 설치절차 등)**
> ① 행정기관의 장은 위원회를 설치하려면 미리 행정안전부장관과 협의하여야 한다. 이 경우 협의 대상 위원회의 범위는 대통령령으로 정한다.

⑤ 설치 제한

> **동법 제7조(중복 위원회의 설치 제한 등)**
> ① 행정기관의 장은 그 기관 또는 관련 기관 내에 설치되어 있는 위원회와 성격과 기능이 중복되는 위원회를 설치·운영하여서는 아니 된다.

(2) 자문위원회

① 구속력 ×, 집행력 ×

② 구속력 없는 의사결정을 통해 단순한 의견을 제시

기출 CHECK

1 정부의 위원회 조직에 대한 설명으로 옳지 않은 것은? 2019 국가직 9급

① 결정에 대한 책임의 공유와 분산이 특징이다.

② 복수인으로 구성된 합의형 조직의 한 형태다.

③ 국민권익위원회는 의사결정의 권한이 없는 자문위원회에 해당된다.

④ 소청심사위원회는 행정관청적 성격을 지닌 행정위원회에 해당된다.

① o 위원회는 복수의 구성원으로 이루어진 합의제 행정기관이므로 다수의 위원들이 합의해서 결정한다. 따라서 결정에 대한 책임의 공유와 분산이 특징이다.

② o 위원회는 단독제·독임형 조직에 대응하는 조직으로서 민주적 결정과 조정을 촉진시키기 위해 복수의 구성원으로 이루어지며 이들의 합의를 통해 의사를 결정한다.

③ x 국민권익위원회는 중앙행정기관인 위원회로, 의사결정 권한이 있는 행정위원회에 해당된다.

④ o 소청심사위원회는 중앙행정기관인 인사혁신처의 소속기관이다. 소청심사위원회의 결정은 구속력이 있기 때문에 행정위원회에 해당된다.

정답 ③

체크포인트

위원회 주제는 두 가지 출제포인트로 출제됩니다. 첫 번째는 위원회의 이론적 특징입니다. 다수가 합의하는 구조이므로 장점도 있지만 단점도 있는데, 이를 이해하고 있는지 물어봅니다. 두 번째는 우리나라의 위원회 제도를 알고 있는지입니다. 특히 국민권익위원회와 같은 중앙행정기관이 행정위원회에 속하는지, 자문위원회에 속하는지를 잘 준비해두어야 합니다. 중앙행정기관은 구속력이 있는 결정을 하므로 모두 행정위원회가 됩니다.

	구속력	집행력
행정위원회	○	○
(의결위원회)	○	×
자문위원회	×	×

3 책임운영기관 A

1 책임운영기관의 개념

① 정부가 수행하는 사무 중 공공성(公共性)을 유지하면서도,

② **경쟁 원리**에 따라 운영하는 것이 바람직하거나 **전문성**이 있어 **성과관리**를 강화할 필요가 있는 사무에 대하여

③ 책임운영기관의 장에게 **행정 및 재정상의 자율성을 부여**하고 그 운영 성과에 대하여 **책임을 지도록 하는 행정기관**

공공성 + 경쟁 / 전문 / 성과 → 행정/재정상 자율 부여 + 책임

소속 책임운영기관 | 중앙 책임운영기관

9급 19국, 17국
7급 24지

보충

책임운영기관 등장 배경

① 영국 등 주요 선진국 : 1980년대 경제위기 타개를 위한 정부부문의 구조조정 방안으로 민영화·아웃소싱 등과 함께 책임운영기관(Executive Agency) 제도를 도입

② 우리나라(1999) : IMF 경제위기 이후 정부 업무 중 효율적 성과관리가 가능한 집행 기능을 분리하여 민간 경영기법을 접목시킨 책임운영기관 제도를 도입

문화체육관광부

국립현대미술관

소속책임운영기관

보건복지부

국립재활원

소속책임운영기관

2 책임운영기관의 구분

		소속책임운영기관(47) : 중앙행정기관의 소속기관 (특별회계(12) + 일반회계(32) + 기타특별회계(3))	중앙책임운영기관 : 중앙행정기관(청)
조사 연구형	특별회계	없음	
	일반회계	국립재난안전연구원, 국립종자원, 국토지리정보원, 항공교통본부, 국립수산과학원, 국립해양측위정보원, 통계개발원, 국립소방연구원, 국립문화재연구원, 국립해양문화재연구소, 국립원예특작과학원, 국립축산과학원, 국립산림과학원, 국립수목원, 항공기상청, 국립기상과학원, 국립과학수사연구원	
	기타법률 특별회계	국립생물자원관, 화학물질안전원	
교육 훈련형	특별회계	없음	
	일반회계	국립국제교육원, 국립통일교육원, 한국농수산대학, 해양수산인재개발원, 관세인재개발원	
문화형	특별회계	국립중앙과학관, 국립과천과학관	
	일반회계	국방홍보원, **국립중앙극장**, **국립현대미술관**, 한국정책방송원, 궁능유적본부	
	기타법률 특별회계	국립아시아문화전당	
의료형	특별회계	국립정신건강센터, 국립나주병원, 국립부곡병원, 국립춘천병원, 국립공주병원, 국립마산병원, 국립목포병원, **국립재활원**, 경찰병원	
	일반회계	없음	
시설 관리형	특별회계	국립자연휴양림관리소	
	일반회계	국방전산정보원, 국가정보자원관리원, 해양경찰정비창	
기타 유형	특별회계	없음	
	일반회계	고용노동부고객상담센터, 국세상담센터	

3 책임운영기관의 운영

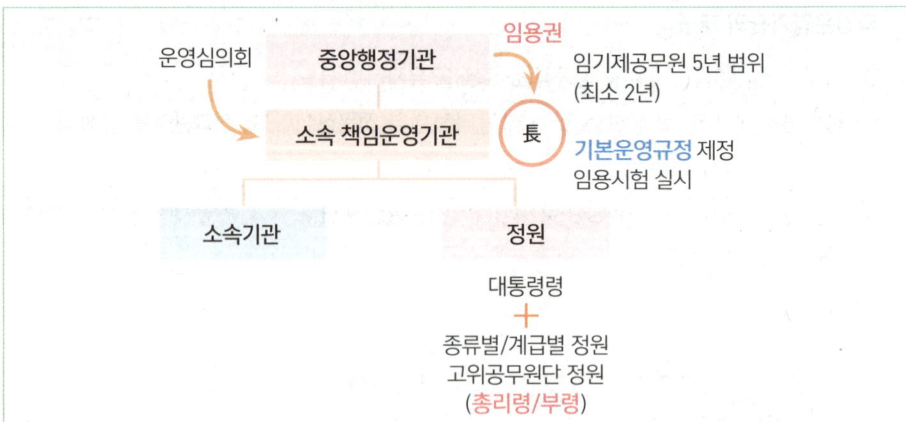

(1) 운영 원칙

> **책임운영기관의 설치·운영에 관한 법률 제3조(운영 원칙)**
>
> ① 책임운영기관은 그 기관이 소속된 중앙행정기관(소속중앙행정기관) 또는 국무총리가 부여한 사업목표를 달성하는 데에 필요한 **기관 운영의 독립성과 자율성이 보장**된다.
>
> ② 책임운영기관의 장(기관장)은 그 기관의 경영혁신을 위하여 필요한 조치를 하여야 한다.
>
> ③ 소속중앙행정기관의 장은 기관장이 제2항에 따른 조치를 성실히 이행할 수 있도록 지원하여야 한다.

(2) 설치 및 해제

> **동법 제4조(책임운영기관의 설치 및 해제)**
>
> ① 책임운영기관은 그 사무가 다음 각 호의 기준 중 어느 하나에 맞는 경우에 대통령령으로 설치한다.
>
> 1. 기관의 주된 사무가 **사업적·집행적 성질의 행정 서비스를 제공하는 업무**로서 **성과 측정기준**을 개발하여 **성과를 측정할 수 있는 사무**
> 2. 기관 운영에 필요한 **재정수입의 전부 또는 일부를 자체적으로 확보**할 수 있는 사무
>
> ② **행정안전부장관**은 **기획예산처장관 및 해당 중앙행정기관의 장과 협의**하여 제1항에 따른 책임운영기관을 **설치하거나 해제**할 수 있다. 이 경우 행정안전부장관은 해당 중앙행정기관의 장의 의견을 존중하여야 한다.
>
> ③ **중앙행정기관의 장은** 소관 사무 중 책임운영기관이 수행하는 것이 효율적이라고 인정되는 사무에 대하여는 책임운영기관의 **설치를**, 책임운영기관이 그 설치 목적을 달성할 수 없다고 인정하는 경우에는 책임운영기관의 **해제를 행정안전부장관에게 요청할 수 있다.**

4 소속책임운영기관

(1) 기관장

① 기관장 임용

> **동법 제7조(기관장의 임용)**
>
> ① **소속중앙행정기관의 장은 공개모집 절차**에 따라 행정이나 경영에 관한 **지식·능력 또는 관련 분야의 경험이 풍부한 사람 중에서 기관장을 선발**하여 「국가공무원법」에 따른 **임기제공무원**으로 임용한다.
>
> ③ **기관장의 근무기간은 5년의 범위**에서 소속중앙행정기관의 장이 정하되, **최소한 2년 이상**으로 하여야 한다. 이 경우 소속책임운영기관의 사업성과의 평가 결과가 우수하다고 인정되는 때에는 총 근무기간이 **5년을 넘지 아니하는 범위**에서 대통령령으로 정하는 바에 따라 근무기간을 **연장할 수 있다.**
>
> **동법 제18조(임용권자)**
>
> **중앙행정기관의 장**은 소속책임운영기관 소속 공무원에 대한 **일체의 임용권을 가진다.** 이 경우 중앙행정기관의 장은 대통령령으로 정하는 바에 따라 **그 임용권의 일부를 기관장에게 위임할 수 있다.**

소속중앙행정기관장
(or 중앙행정기관장)
문화체육관광부장관

국립현대미술관장
소속책임운영기관장
(or 기관장)

② 기본운영규정

> **동법 제10조(기본운영규정)**
> ① 기관장은 법령에서 정하는 범위에서 소속책임운영기관의 조직 및 운영에 관한 기본운영규정을 제정하여야 한다.

③ 임용시험

> **동법 제19조(임용시험)**
> ① 소속책임운영기관 소속 공무원의 임용시험은 기관장이 실시한다. 다만, 기관장이 단독으로 실시하기 곤란한 경우에는 중앙행정기관의 장이 실시할 수 있으며, 다른 시험실시기관의 장과 공동으로 실시하거나 대통령령으로 정하는 다른 기관의 장에게 위탁하여 실시할 수 있다.

(2) 운영

① 운영심의회

> **동법 제12조(소속책임운영기관운영심의회)**
> ① 소속책임운영기관의 사업성과를 평가하고 소속책임운영기관의 운영에 관한 중요 사항을 심의하기 위하여 중앙행정기관의 장의 소속으로 소속책임운영기관운영심의회를 둔다.

② 공무원 정원

> **동법 제16조(공무원의 정원)**
> ① 소속책임운영기관에 두는 공무원의 총 정원 한도는 대통령령으로 정한다. 이 경우 다음 각 호의 정원은 총리령 또는 부령으로 정하되, 대통령령으로 정하는 바에 따라 통합하여 정할 수 있다.
> 1. 공무원의 종류별 · 계급별 정원
> 2. 고위공무원단에 속하는 공무원의 정원
>
> **동법 시행령 제16조(공무원의 정원)**
> ② 소속책임운영기관에 두는 공무원의 직급별 정원은 법 제16조제1항에 따른 계급별 정원의 범위에서 기본운영규정으로 정한다. 다만, 고위공무원단에 속하는 공무원의 경우에는 종류와 정원을 구체적으로 정한다.

5 책임운영기관 평가

(1) 위원회

> **동법 제49조(책임운영기관운영위원회의 설치 및 기능 등)**
> ① 책임운영기관의 존속 여부 및 제도의 개선 등에 관한 중요 사항을 심의하기 위하여 행정안전부장관 소속으로 책임운영기관운영위원회를 둔다.

보충

중앙책임운영기관

① 기관장 임기

> **동법 제40조(중앙책임운영기관의 장의 임기)**
> 중앙책임운영기관의 장의 임기는 2년으로 하되, 한 차례만 연임할 수 있다.

② 운영

> **동법 제42조(사업목표 및 사업운영계획 등)**
> ① 국무총리는 중앙책임운영기관별로 재정의 경제성 제고와 서비스 수준의 향상 및 경영합리화 등에 관한 사업목표를 정하여 중앙책임운영기관의 장에게 부여하여야 한다.
>
> **동법 제43조(중앙책임운영기관운영심의회)**
> ① 중앙책임운영기관의 사업성과를 평가하고 기관의 운영에 관한 중요 사항을 심의하기 위하여 중앙책임운영기관의 장 소속으로 중앙책임운영기관운영심의회를 둔다.
>
> **동법 제46조(조직 및 정원)**
> 중앙책임운영기관의 조직 및 정원에 관한 사항은 「정부조직법」이나 그 밖의 정부조직 관계 법령에서 정하는 바에 따른다.

(2) 종합평가

> **동법 제51조(책임운영기관의 종합평가)**
> ① 위원회는 책임운영기관제도의 운영과 개선, 기관의 존속 여부 판단 등을 위하여 **책임운영기관에 대한 종합평가**를 한다. 다만, 종합평가 결과가 2회 연속 특별히 우수하다고 인정하는 기관에 대하여는 2년의 범위에서 대통령령으로 정하는 바에 따라 종합평가를 유예할 수 있다.
>
> **동법 제52조(종합평가 결과의 활용)**
> ① 책임운영기관의 장은 **종합평가 결과를 그 기관 운영의 개선에 반영**하여야 한다.
> ② 행정안전부장관은 대통령령으로 정하는 바에 따라 **종합평가 결과를 공표**하여야 한다.

PART 3

기출 CHECK

1 「책임운영기관의 설치·운영에 관한 법률」상 책임운영기관에 대한 설명으로 옳지 않은 것은?

2019 국가직 9급(수정)

① 책임운영기관은 기관장에게 재정상의 자율성을 부여하고 그 운영성과에 대해 책임을 지도록 하는 행정기관의 특성을 갖는다.
② 소속책임운영기관에 두는 공무원의 총 정원 한도는 총리령으로 정하며, 이 경우 고위공무원단에 속하는 공무원의 정원은 부령으로 정한다.
③ 소속책임운영기관 소속 공무원의 임용시험은 기관장이 실시함을 원칙으로 한다.
④ 소속책임운영기관장의 근무기간은 5년의 범위에서 소속중앙행정기관의 장이 정하되, 최소한 2년 이상으로 하여야 한다.

① o 책임운영기관은 정부가 수행하는 사무 중 공공성을 유지하면서도, 경쟁원리에 따라 운영하는 것이 바람직하거나 전문성이 있어 성과관리를 강화할 필요가 있는 사무에 대하여 책임운영기관의 장에게 행정 및 재정상의 자율성을 부여하고 그 운영 성과에 대하여 책임을 지도록 하는 행정기관이다.
② x 소속책임운영기관에 두는 공무원의 총 정원 한도는 총리령이 아닌 대통령령으로 정하며, 고위공무원단에 속하는 공무원의 정원은 총리령 또는 부령으로 정한다.

> 책임운영기관법 제16조(공무원의 정원)
> ① 소속책임운영기관에 두는 공무원의 총 정원 한도는 대통령령으로 정한다. 이 경우 다음 각 호의 정원은 총리령 또는 부령으로 정하되, 대통령령으로 정하는 바에 따라 통합하여 정할 수 있다.
> 1. 공무원의 종류별·계급별 정원
> 2. 고위공무원단에 속하는 공무원의 정원

③ o

> 동법 제19조(임용시험)
> ① 소속책임운영기관 소속 공무원의 임용시험은 기관장이 실시한다.

④ o

> 동법 제7조(기관장의 임용)
> ③ 기관장의 근무기간은 5년의 범위에서 소속중앙행정기관의 장이 정하되, 최소한 2년 이상으로 하여야 한다.

정답 ②

체크포인트
책임운영기관은 독특한 정부조직구조 중 하나이므로, 책임운영기관의 개념과 노입취지부터 꼼꼼하게 학습해 두어야 합니다. 그러면서 책임운영기관이 어떻게 운영되는지에 대한 구체적인 제도를 법령을 통해 정리해 두어야 할 것입니다. 특히 책임운영기관에 두는 공무원의 정원이 어떤 법령에 근거하고 있는지가 주요 출제논점이므로 정확한 암기가 필요합니다.

9급 21국, 19국, 17지

공기업

정부기업 (정부조직 ○) | 공공기관 (정부조직 ×)

4 정부부처 형태의 공기업 : 정부기업 B

우편 | 우체국 예금 | 양곡 관리 | 조달

정부기업예산법
+
책임운영기관
(특별회계기관)

(1) 개념

① **일반 부처조직과 같은 형태**의 공기업으로, **정부조직인 행정관청**이며, **정부가 직접 경영**하는 기업

② **근거법률** : 「정부기업예산법」 및 「책임운영기관법」

(2) 종류

① **정부기업예산법** : **우편**사업(과학기술정보통신부 우정사업본부), **우체국예금**사업(과학기술정보통신부 우정사업본부), **양곡관리**사업(농림축산식품부), **조달**사업(조달청)

② **책임운영기관법에 따른 책임운영기관특별회계기관** : 국립중앙과학관, 국립재활원, 경찰병원, 국립자연휴양림관리소, 국립과천과학관, 국립정신건강센터, 국립나주병원, 국립부곡병원, 국립춘천병원, 국립공주병원, 국립마산병원, 국립목포병원

(3) 관련 법령

① 정부기업 종류

> **정부기업예산법 제2조(정부기업)**
> 이 법에서 "**정부기업**"이란 기업형태로 운영하는 **우편사업, 우체국예금사업, 양곡관리사업 및 조달사업**을 말한다.
>
> **책임운영기관법 제30조(정부기업예산법의 적용 등)**
> ① **책임운영기관특별회계기관의 사업**은 「정부기업예산법」 제2조에도 불구하고 **정부기업으로 본다.**

② 특별회계 설치

> **정부기업예산법 제3조(특별회계의 설치)**
> 정부기업을 운영하기 위하여 다음 각 호의 **특별회계를 설치**하고 그 **세입으로써 그 세출에 충당**한다.
> 1. **우편**사업특별회계
> 2. **우체국예금**특별회계
> 3. **양곡관리**특별회계
> 4. **조달**특별회계

기출 CHECK

1 공공서비스의 공급 주체 중 정부 부처 형태의 공기업에 해당하는 것은? 2019 국가직 9급(수정)

① 한국철도공사 ② 한국소비자원 ③ 국립재활원 ④ 한국연구재단

① x 한국철도공사는 정부 부처 형태의 공기업이 아닌 공공기관으로, 공공기관 중 준시장형 공기업에 해당한다.
② x 한국소비자원은 정부 부처 형태의 공기업이 아닌 공공기관으로, 공공기관 중 위탁집행형 준정부기관에 해당한다.
③ o 국립재활원은 책임운영기관 중 특별회계로 운영되는 책임운영기관특별회계기관으로, 책임운영기관법에 의거해서 정부부처 형태의 공기업, 즉 정부기업으로 본다.

> 책임운영기관법 제30조(정부기업예산법의 적용 등)
> ① 책임운영기관특별회계기관의 사업은 「정부기업예산법」 제2조에도 불구하고 정부기업으로 본다.

④ x 한국연구재단은 정부 부처 형태의 공기업이 아닌 공공기관으로, 공공기관 중 위탁집행형 준정부기관에 해당한다.

정답 ③

체크포인트

공기업이 출제된다면, 해당 공기업이 정부기업으로서의 공기업인지, 아니면 공공기관으로서의 공기업인지를 먼저 구분할 수 있어야 합니다. 문제에서처럼 정부 부처 형태의 공기업이라면 공공기관이 아닌, 정부기업으로서의 공기업이 됩니다. 또한 정부기업으로서의 공기업에 특별회계로 운영되는 책임운영기관이 포함된다는 점 역시 놓치지 않아야 합니다.

PART 3

5 공공기관 B

9급 17국
7급 23지, 18국, 17국

1 공공기관의 운영에 관한 법률

(1) 공공기관의 개념

① 일반 개념 : **행정기관과 유사한 공익적 목적으로 설립**되고, **정부로부터 출연금이나 보조금** 또는 정부위탁사업 수행으로 인한 수입으로 운영됨으로써, **국민 세금에 직·간접적으로 의존**하여 공공 재화나 서비스를 생산·공급하는 기관

② 법적 개념

> 공공기관운영법 제4조(공공기관)
> ① 재정경제부장관은 **국가·지방자치단체가 아닌 법인·단체 또는 기관**으로서 다음 각 호의 어느 하나에 해당하는 **기관을 공공기관으로 지정**할 수 있다.
> 1. 다른 법률에 따라 직접 설립되고 **정부가 출연**한 기관
> 2. **정부지원액이 총수입액의 2분의 1을 초과**하는 기관
> 3. 정부가 100분의 50 이상의 지분을 가지고 있거나 100분의 30 이상의 지분을 가지고 임원 임명권한 행사 등을 통하여 해당 기관의 **정책 결정에 사실상 지배력을 확보**하고 있는 기관

심화 공공기관의 이론적 구분

1. 정부기업형 : 정부부처형으로, 일반행정기관의 조직·인사·예산원칙이 적용
2. 주식회사형
   ① 특별법 또는 회사법에 의해서 설립되며, 정부가 주식의 일부를 소유하는 유형
   ② 일반행정기관의 조직·인사·예산원칙이 적용되지 않음.
3. 공사형
   ① 특별법에 의해 설립되며, 정부가 전액 출자하여 설립하는 유형
   ② 정부소유의 기업이지만 독자적인 법인격을 가지며, 일반행정기관의 조직·인사·예산원칙이 적용되지 않음.

- ✕ [7급] 재정경제부장관은 매년 직원 정원 100인 이상의 공공기관 중에서 공기업과 준정부기관을 지정한다.
- ○ 재정경제부장관은 매년 직원 정원 300인(100인 ×) 이상, 총 수입액 200억 원 이상, 총 자산규모 30억 원 이상의 공공기관 중에서 공기업과 준정부기관을 지정한다.

(2) 공공기관의 구분(총 331개)

<table>
<tr><th colspan="2">구분</th><th>기준</th><th>자체수입액</th><th>세부 기준</th></tr>
<tr><td rowspan="4">공기업
(31)</td><td rowspan="2">시장형
공기업
(14)</td><td rowspan="8">① 정원 :
300명 이상
② 총수입액 :
200억 이상
③ 자산규모 :
30억 이상</td><td rowspan="4">총수입액의
1/2 이상</td><td>· 자산규모 2조원 이상
· 총수입액 중 자체수입액이 대통령령이 정하는 기준(85%) 이상인 공기업</td></tr>
<tr><td>(산업부) 한국가스공사, 한국석유공사, 한국전력공사, 한국지역난방공사, 주식회사 강원랜드, 한국남동발전(주), 한국남부발전(주), 한국동서발전(주), 한국서부발전(주), 한국중부발전(주), 한국수력원자력(주)
(국토부) 인천국제공항공사, 한국공항공사, 한국도로공사</td></tr>
<tr><td rowspan="2">준시장형
공기업
(17)</td><td>· 시장형 공기업이 아닌 공기업</td></tr>
<tr><td>(재경부) 한국조폐공사
(문체부) 그랜드코리아레저(주)
(농식품부) 한국마사회
(산업부) 한국광해광업공단, (주)한국가스기술공사, 한국전력기술(주), 한전KDN(주), 한전KPS(주)
(국토부) 한국철도공사, 한국토지주택공사, 제주국제자유도시개발센터, 주택도시보증공사, 한국감정원, 주식회사 에스알
(해수부) 해양환경공단
(방통위) 한국방송광고진흥공사
(기후부) 한국수자원공사</td></tr>
<tr><td rowspan="4">준정부기관
(57)</td><td rowspan="2">기금관리형
준정부기관
(12)</td><td rowspan="4">총수입액의
1/2 미만</td><td>· 「국가재정법」에 따라 기금을 관리하거나 기금의 관리를 위탁받은 준정부기관</td></tr>
<tr><td>· 국민체육진흥공단, 근로복지공단, 국민연금공단, 공무원연금공단, 신용보증기금, 예금보험공사, 한국무역보험공사, 한국자산관리공사, 한국주택금융공사, 기술보증기금, 중소기업진흥공단, 소상공인진흥공단</td></tr>
<tr><td rowspan="2">위탁집행형
준정부기관
(45)</td><td>· 기금관리형 준정부기관이 아닌 준정부기관</td></tr>
<tr><td>· 한국소비자원, 한국연구재단, 국민건강보험공단, 한국가스안전공사, 한국산업인력공단, 대한무역투자진흥공사, 한국고용정보원, 한국농어촌공사, 한국도로교통공단 등</td></tr>
<tr><td colspan="2" rowspan="2">기타 공공기관
(243)</td><td rowspan="2">상기 기준 미만</td><td rowspan="2">기준 없음</td><td>· 공기업과 준정부기관을 제외한 기관</td></tr>
<tr><td>· 부산항만공사, 인천항만공사, 대한석탄공사, 경제·인문사회연구회, 한국교육과정평가원, 한국수출입은행, 서울대학교병원 등</td></tr>
</table>

(3) 공공기관운영법 주요 내용

① 목적

공공기관운영법 제1조(목적)

이 법은 공공기관의 운영에 관한 기본적인 사항과 자율경영 및 책임경영체제의 확립에 관하여 필요한 사항을 정하여 경영을 합리화하고 운영의 투명성을 제고함으로써 공공기관의 대국민 서비스 증진에 기여함을 목적으로 한다.

② 지정불가기관

동법 제4조(공공기관)

② 재정경제부장관은 다음 각 호의 어느 하나에 해당하는 기관을 공공기관으로 지정할 수 없다.

1. 구성원 상호 간의 상호부조 · 복리증진 · 권익향상 또는 영업질서 유지 등을 목적으로 설립된 기관
2. 지방자치단체가 설립하고, 그 운영에 관여하는 기관
3. 「방송법」에 따른 한국방송공사(KBS)와 「한국교육방송공사법」에 따른 한국교육방송공사(EBS)

③ 지정 절차

동법 제6조(공공기관 등의 지정 절차)

① 재정경제부장관은 매 회계연도 개시 후 1개월 이내에 공공기관을 새로 지정하거나, 지정을 해제하거나, 구분을 변경하여 지정한다.

④ 운영위원회

동법 제8조(공공기관운영위원회의 설치)

공공기관의 운영에 관하여 다음 각 호에 관한 사항을 심의 · 의결하기 위하여 재정경제부장관 소속하에 공공기관운영위원회를 둔다.

⑤ 임원

동법 제24조(임원)

① 공기업 · 준정부기관에 임원으로 기관장을 포함한 이사와 감사를 둔다.
② 이사는 상임 및 비상임으로 구분한다.

동법 제25조(공기업 임원의 임면)

① 공기업의 장은 임원추천위원회가 복수로 추천하여 운영위원회의 심의 · 의결을 거친 사람 중에서 주무기관의 장의 제청으로 대통령이 임명한다.
② 공기업의 상임이사는 공기업의 장이 임명한다.
③ 공기업의 비상임이사는 임원추천위원회가 복수로 추천하는 다음 각 호에 해당하는 사람 중에서 운영위원회의 심의 · 의결을 거쳐 재정경제부장관이 임명한다. 이 경우 제2호에 해당하는 사람 1명을 포함하여야 한다.

1. 경영에 관한 **학식과 경험이 풍부**한 사람
2. 3년 이상 재직한 **해당 기관 소속 근로자** 중에서 근로자대표의 추천이나 근로자 과반수의 동의를 받은 사람

⑤ **공기업의 감사**는 임원추천위원회가 복수로 추천하여 운영위원회의 심의 · 의결을 거친 사람 중에서 재정경제부장관의 제청으로 **대통령이 임명**한다. 다만, 기관 규모가 대통령령으로 정하는 기준 이하인 공기업의 감사는 임원추천위원회가 복수로 추천하여 운영위원회의 심의 · 의결을 거친 사람 중에서 재정경제부장관이 임명한다.

⑥ **공기업의 장**은 그 **임명권자가 해임**하거나 정관으로 정한 사유가 있는 **경우를 제외하고는 임기 중 해임되지 아니한다.**

동법 제21조(선임비상임이사)

① 공기업 · 준정부기관에 **선임비상임이사 1인**을 둔다.

② 선임비상임이사는 비상임이사 중에서 호선(互選)한다.

⑥ 평가 및 감독

㉠ 경영실적평가

동법 제48조(경영실적 평가)

① **재정경제부장관**은 연차별 보고서, 계약의 이행에 관한 보고서, 경영목표와 경영실적 보고서를 기초로 하여 **공기업 · 준정부기관의 경영실적을 평가**한다. 다만, 제6조의 규정에 따라 공기업 · 준정부기관으로 지정(변경지정을 제외한다)된 해에는 경영실적을 평가하지 아니한다.

㉡ 감독

동법 제51조(공기업 · 준정부기관에 대한 감독)

① 재정경제부장관과 주무기관의 장은 공기업 · 준정부기관의 자율적 운영이 침해되지 아니하도록 **이 법이나 다른 법령에서 그 내용과 범위를 구체적으로 명시한 경우에 한하여 감독**한다.

② **재정경제부장관**은 **공기업**의 **경영지침 이행에 관한 사항**을 **감독**한다.

③ **주무기관의 장**은 다음 각 호의 사항에 대하여 **공기업 · 준정부기관을 감독**한다.

1. 법령에 따라 주무기관의 장이 공기업 · 준정부기관에 위탁한 사업이나 소관 업무와 직접 관련되는 사업의 적정한 수행에 관한 사항과 그 밖에 관계 법령에서 정하는 사항
2. 준정부기관의 경영지침 이행에 관한 사항

㉢ 감사

동법 제52조(감사원 감사)

① **감사원**은 「감사원법」에 따라 **공기업 · 준정부기관의 업무**와 **회계**에 관하여 **감사를 실시할 수 있다.**

심화 공공기관 지배구조 모델

누가 기업지배의 주체로서 핵심적인 역할을 수행하느냐를 기준으로 주주 자본주의 모델(shareholder capitalism model)과 이해관계자 자본주의 모델(stakeholder capitalism model)로 구분

구분	주주 자본주의 모델	이해관계자 자본주의 모델
기업의 본질	주주 주권주의 (주주가 기업의 주인)	기업공동체주의 (기업은 하나의 공동체)
경영목표	주주이익 극대화	이해관계자들의 이익 극대화
경영상의 문제점과 원인	대리인 문제, 주주의 통제력 부족	이해관계자의 참여 부재, 이해관계자들의 이해관계 반영 실패
기업규율방식	이사회의 경영감시, 시장에 의한 규율	조직에 의한 통제, 주거래은행의 경영감시 및 통제, 이해관계자 경영 참여
기업성과 측정 방법	기업의 시장가치(주식가격)	기업의 시장가치, 고용 관계, 공급자와 구매자와의 거래관계 등
근로자 경영 참여	종업원지주제, 연금펀드를 통한 지분 참여	이사회를 통한 근로자 경영 참여, 공동결정제도
기업의 사회적 책임	주주이익 우선주의, 경제적 가치 추구, 단기업적주의	기업의 사회적 책임과 이해관계자 전체 이익 추구, 장기적 성장 추구

기출 CHECK

1 공공서비스 공급주체의 유형과 예시를 바르게 연결한 것은? 2017 국가직 9급

① 준시장형 공기업 – 한국방송공사
② 시장형 공기업 – 한국마사회
③ 기금관리형 준정부기관 – 한국연구재단
④ 위탁집행형 준정부기관 – 한국소비자원

① X 한국방송공사는 공공기관으로 지정될 수 없다.

> 공공기관운영법 제4조(공공기관)
> ② 재정경제부장관은 다음 각 호의 어느 하나에 해당하는 기관을 공공기관으로 지정할 수 없다.
> 3. 「방송법」에 따른 한국방송공사와 「한국교육방송공사법」에 따른 한국교육방송공사

② X 한국마사회는 준시장형 공기업이다.
③ X 한국연구재단은 위탁집행형 준정부기관이다.
④ O 한국소비자원은 위탁집행형 준정부기관이다. 정답 ④

체크포인트
공공기관의 유형을 짝짓는 문제는 자주 출제되므로 준비를 하되, 기출된 범위 안에서 준비를 하면 충분합니다. 350개 공공기관의 유형을 모두 알 필요는 없습니다. 기출이 되는 공공기관은 정해져 있기 때문에 범위를 넓히지 않는 것이 합리적일 것입니다. 또한 한국방송공사처럼 공공기관이 될 수 없는 사례도 함께 정리해 두어야 합니다.

2 「공공기관의 운영에 관한 법률」상 공공기관에 대한 설명으로 옳지 않은 것은? 2018 국가직 7급(수정)

① 위탁집행형 준정부기관은 기금관리형 준정부기관이 아닌 준정부기관을 의미한다.
② 기금관리형 준정부기관은 국가재정법에 따라 기금을 관리하거나 기금의 관리를 위탁받은 준정부기관을 의미한다.
③ 재정경제부장관은 공공기관을 공기업·준정부기관과 기타 공공기관으로 구분하여 지정한다.
④ 재정경제부장관은 지방자치단체가 설립하고 그 운영에 관여하는 기관을 공공기관으로 지정할 수 있다.

체크포인트
공공기관이 어떻게 구분되는지도 기본적인 출제포인트가 됩니다. 공기업, 준정부기관, 기타 공공기관을 구분하는 기준을 꼼꼼하게 알고 있어야 합니다. 또한 이렇게 공기업을 지정하고, 운영하고, 평가하는 주체가 재정경제부장관이라는 점도 체크해두어야 합니다. 해당 내용은 지방 파트에서 다루게 될 지방공기업의 관리 주체가 행정안전부장관이라는 점에서 비교되어 출제되기도 합니다.

① O

> **공공기관운영법 제5조(공공기관의 구분)**
> 2. 준정부기관
> 나. 위탁집행형 준정부기관 : 기금관리형 준정부기관이 아닌 준정부기관

② O

> **동법 제5조(공공기관의 구분)**
> 2. 준정부기관
> 가. 기금관리형 준정부기관 : 「국가재정법」에 따라 기금을 관리하거나 기금의 관리를 위탁받은 준정부기관

③ O

> **동법 제5조(공공기관의 구분)**
> ① 재정경제부장관은 공공기관을 다음 각 호의 구분에 따라 지정한다.
> 1. 공기업 · 준정부기관 : 직원 정원, 수입액 및 자산 규모가 대통령령으로 정하는 기준에 해당하는 공공기관
> 2. 기타공공기관 : 제1호에 해당하는 기관 이외의 기관

④ X 지방자치단체가 설립하고 그 운영에 관여하는 지방직영기업, 지방공사, 지방공단 등은 재정경제부장관이 공공기관으로 지정할 수 없다.

> **동법 제4조(공공기관)**
> ② 재정경제부장관은 다음 각 호의 어느 하나에 해당하는 기관을 공공기관으로 지정할 수 없다.
> 2. 지방자치단체가 설립하고, 그 운영에 관여하는 기관

정답 ④

9급 24국, 23국, 22국, 21지, 20지, 17국, 17지, 16국, 15국
7급 23국, 21국, 21지, 20국, 18지, 17국, 16지, 15국

6 정보화와 전자정부 S

지능 정보화

과학기술정보통신부

지능정보화기본법

과기부는 3년마다 지능정보사회종합계획 수립,
중앙행정기관(지자체)의 장은 매년 시행계획 수립
기관마다 지능정보화책임관 임명(정보화 업무 총괄)
공공/지역정보화 추진, 민간 분야 정보화 지원

전자 정부

행정안전부

전자정부법

행안부장관은 5년마다 전자정부기본계획 수립,
각 부처는 5년마다 해당 기관 기본계획 수립 및 제출
행안부장관은 정보기술아키텍처 기본계획 수립
유비쿼터스, 정보공동이용, 보편적 활용(지역정보화)

1 지능정보화 기본법(소관부처 : 과학기술정보통신부)

(1) 지능정보화의 정의

> **지능정보화 기본법 제2조(정의)**
>
> 5. "**지능정보화**"란 정보의 생산·유통 또는 활용을 기반으로 **지능정보기술이나 그 밖의 다른 기술을 적용·융합**하여 사회 각 분야의 활동을 가능하게 하거나 그러한 활동을 효율화·고도화하는 것을 말한다.

(2) 종합계획 및 실행계획의 수립

> **동법 제6조(지능정보사회 종합계획의 수립)**
>
> ① 정부는 지능정보사회 정책의 효율적·체계적 추진을 위하여 **지능정보사회 종합계획**을 **3년 단위**로 수립하여야 한다.
>
> ② 종합계획은 **과학기술정보통신부장관**이 관계 중앙행정기관의 장 및 지방자치단체의 장의 의견을 들어 수립하며, 정보통신 전략위원회의 심의를 거쳐 수립·확정한다. 종합계획을 변경하는 경우에도 또한 같다.
>
> **동법 제7조(지능정보사회 실행계획의 수립)**
>
> ① **중앙행정기관의 장과 지방자치단체의 장**은 종합계획에 따라 **매년 지능정보사회 실행계획을 수립·시행**하여야 한다.

지능정보사회 종합계획
(과기부장관, 3년)

↓

지능정보사회 실행계획
(각 기관, 매년)

(3) 지능정보화책임관

> **동법 제8조(지능정보화책임관)**
>
> ① 중앙행정기관의 장과 지방자치단체의 장은 해당 기관의 **지능정보사회 시책의 효율적인 수립·시행**과 지능정보화 사업의 조정 등 대통령령으로 정하는 **업무를 총괄하는 책임관을 임명**하여야 한다.

(4) 분야별 지능정보화

> **동법 제14조(공공지능정보화의 추진)**
>
> ① **국가기관**등은 공공서비스의 지능정보화를 도모하고 국민 편익 증진 등을 위하여 행정, 보건, 사회복지, 교육, 문화, 환경, 교통, 물류, 과학기술, 재난안전, 치안, 국방, 에너지 등 소관 업무에 대한 **지능정보화를 추진하여야 한다.**
>
> **동법 제15조(지역지능정보화의 추진)**
>
> ① **국가기관과 지방자치단체**는 **지역 주민의 삶의 질 향상**, 주민의 역량강화와 **지역 간 균형발전, 정보격차 해소** 등을 위하여 하나 또는 여러 개의 지역·도시에 대하여 행정·생활·산업 등의 분야를 대상으로 하는 **지능정보화를 추진할 수 있다.**
>
> **동법 제16조(민간 분야 지능정보화의 지원)**
>
> 정부는 산업·금융·의료 등 민간 분야의 생산성 향상, 부가가치 창출, 국민생활의 균등한 향상, 국가경쟁력 확보 등을 위하여 기업의 지능정보화 및 초연결지능정보통신기반의 구축·이용 등 **민간 분야의 지능정보화에 필요한 사항을 지원할 수 있다.**

(5) 초연결지능정보통신망

동법 제34조(초연결지능정보통신기반 시책의 마련 등)

① 정부는 지능정보서비스가 안전하고 안정적으로 제공·이용될 수 있도록 **초연결지능정보통신기반 구축·운용에 관한 시책**을 마련하여 시행하여야 한다.

체크포인트

정보화 업무와 전자정부 업무를 각각 어떤 부처에서 담당하고 있는지가 중요합니다. 정보화 업무는 국가 전체적인 정보화 정책이므로 과학기술정보통신부에서 담당하고 있고, 전자정부는 정부의 조직 형태 중 하나이므로 행정안전부에서 담당하고 있습니다. 그렇다면 정보화와 관련된 구체적인 계획은 과학기술정보통신부에서, 반면 전자정부와 관련된 구체적인 계획은 행정안전부에서 담당하게 될 것입니다. 이렇게 체계를 잘 잡아서 정리해두어야 헷갈리지 않습니다.

기출 CHECK

1 정보화와 전자정부에 대한 설명으로 옳지 않은 것은? 2015 국가직 9급(수정)

① 행정안전부장관은 관계 행정기관 등의 장과 협의하여 정보기술아키텍처를 체계적으로 도입하고 확산시키기 위한 기본계획을 수립하여야 한다.

② 행정안전부장관은 국가와 지방자치단체의 부문계획을 종합하여 5년마다 지능정보사회 종합계획을 수립하여야 한다.

③ 박근혜 정부가 중점적으로 추진한 정부3.0은 개방, 공유, 소통, 협력의 핵심가치들을 통해 국정과제를 해결하고 국민행복을 추구하는 것이다.

④ 스마트워크(smart work)란 영상회의 등 정보통신기술을 이용해 시간과 장소의 제약 없이 업무를 수행하는 유연한 근무 형태이다.

① O

전자정부법 제45조(정보기술아키텍처 기본계획의 수립 등)

① 행정안전부장관은 관계 행정기관 등의 장과 협의하여 정보기술아키텍처를 체계적으로 도입하고 확산시키기 위한 기본계획을 수립하여야 한다.

② X 지능정보사회 종합계획을 수립하는 주체는 행정안전부장관이 아닌 과학기술정보통신부장관이며, 5년 단위가 아닌 3년 단위로 수립한다.

지능정보화 기본법 제6조(지능정보사회 종합계획의 수립)

① 정부는 지능정보사회 정책의 효율적·체계적 추진을 위하여 지능정보사회 종합계획을 3년 단위로 수립하여야 한다.

② 종합계획은 과학기술정보통신부장관이 관계 중앙행정기관의 장 및 지방자치단체의 장의 의견을 들어 수립하며, 정보통신 전략위원회의 심의를 거쳐 수립·확정한다. 종합계획을 변경하는 경우에도 또한 같다.

③ O 정부3.0은 기존의 일방향적 정부서비스 전달에서 벗어나, 정보통신 기술을 활용하여 쌍방향적 정부서비스 제공과 소통을 추진하는 정부정책 방향이다.

④ O 스마트워크는 물리적 사무공간에 모여서 업무를 수행하는 것이 아니라 정보통신기술을 활용해 영상회의, 스마트워크공간의 활용, 재택근무 등 시간과 장소의 제약 없는 유연한 근무 형태를 말한다. 정답 ②

2 전자정부법(소관부처 : 행정안전부)

(1) 개념

전자정부법 제2조(정의)

1. "**전자정부**"란 **정보기술을 활용**하여 행정기관 및 공공기관의 **업무를 전자화**하여 행정기관 등의 상호 간의 행정업무 및 국민에 대한 **행정업무를 효율적으로 수행**하는 정부를 말한다.

12. "**정보기술아키텍처**"란 **일정한 기준과 절차**에 따라 업무, 응용, 데이터, 기술, 보안 등 **조직 전체의 구성요소들을 통합적으로 분석**한 뒤 이들 간의 **관계를 구조적으로 정리한 체제** 및 이를 바탕으로 정보화 등을 통하여 구성요소들을 최적화하기 위한 방법을 말한다.

(2) 원칙

동법 제4조(전자정부의 원칙)

① 행정기관등은 전자정부의 구현 · 운영 및 발전을 추진할 때 **다음 각 호의 사항을 우선적으로 고려**하고 이에 필요한 **대책을 마련**하여야 한다.

1. 대민서비스의 전자화 및 국민편익의 증진
2. 행정업무의 혁신 및 생산성 · 효율성의 향상
3. 정보시스템의 안전성 · 신뢰성의 확보
4. 개인정보 및 사생활의 보호
5. 행정정보의 공개 및 공동이용의 확대
6. 중복투자의 방지 및 상호운용성 증진

② 행정기관등은 전자정부의 구현 · 운영 및 발전을 추진할 때 **정보기술아키텍처를 기반**으로 하여야 한다.

③ 행정기관등은 상호간에 **행정정보의 공동이용을 통하여 전자적으로 확인할 수 있는 사항을 민원인에게 제출하도록 요구하여서는 아니 된다.**

(3) 기본계획

동법 제5조(전자정부기본계획의 수립)

① **행정안전부장관**은 전자정부의 구현 · 운영 및 발전을 위하여 **5년마다** 행정기관 등이 기관별 계획을 종합하여 **전자정부기본계획을 수립**하여야 한다.

동법 제5조의2(기관별 계획의 수립 및 점검)

① **행정기관 등의 장**은 **5년마다** 해당 기관의 전자정부의 구현 · 운영 및 발전을 위한 **기본계획(기관별 기본계획)을 수립**하여 **행정안전부장관에게 제출**하여야 한다.

동법 제45조(정보기술아키텍처 기본계획의 수립 등)

① **행정안전부장관**은 관계 행정기관 등의 장과 협의하여 **정보기술아키텍처**를 체계적으로 도입하고 확산시키기 위한 **기본계획을 수립**하여야 한다.

동법 시행령 제53조(기본계획의 내용 등)

① **행정안전부장관**은 **정보기술아키텍처**를 체계적으로 도입하고 확산시키기 위한 **기본계획**을 3년 단위로 **수립**하여야 한다.

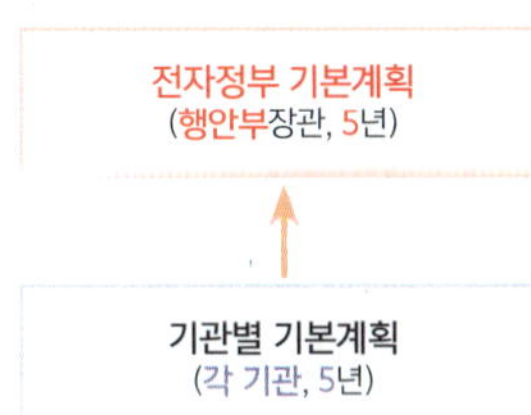

(4) 유비쿼터스

동법 제18조(유비쿼터스 기반의 전자정부서비스 도입·활용)

① 행정기관등의 장은 **첨단 정보통신기술을 활용**하여 국민 · 기업 등이 **언제 어디서나 활용할 수** 있는 행정 · 교통 · 복지 · 환경 · 재난안전 등의 서비스(**유비쿼터스 기반의 전자정부서비스**)를 **제공**하여야 하며, 이에 필요한 시책을 마련하여야 한다.

(5) 정보공동이용

동법 제36조(행정정보의 효율적 관리 및 이용)

① 행정기관 등의 장은 수집 · 보유하고 있는 행정정보를 필요로 하는 다른 행정기관 등과 공동으로 이용하여야 하며, 다른 행정기관 등으로부터 신뢰할 수 있는 행정정보를 제공받을 수 있는 경우에는 **같은 내용의 정보를 따로 수집하여서는 아니 된다.**

동법 제37조(행정정보 공동이용센터)

① 행정안전부장관은 행정정보의 원활한 공동이용을 위하여 **행정안전부장관 소속**으로 **행정정보 공동이용센터**를 두고 대통령령으로 정하는 바에 따라 공동이용에 필요한 시책을 추진하게 할 수 있다.

동법 제38조(공동이용 행정정보)

① 공동이용센터를 통하여 **공동으로 이용할 수 있는 행정정보**는 다음 각 호와 같다.
  1. **민원사항** 등의 처리를 위하여 필요한 행정정보
  2. 통계정보, 문헌정보, 정책정보 등 **행정업무의 수행에 참고가 되는 행정정보**
  3. 행정기관 등이 법령 등에서 정하는 소관 업무의 수행을 위하여 불가피하게 필요하다고 인정하는 행정정보

② **국가의 안전보장**과 관련된 행정정보, 법령에 따라 **비밀로 지정된 행정정보** 또는 이에 준하는 행정정보는 **공동이용 대상정보에서 제외**할 수 있다.

(6) 보편적 활용

동법 제19조(전자정부서비스의 보편적 활용을 위한 대책)

행정기관 등의 장은 국민이 **경제적 · 지역적 · 신체적 또는 사회적 여건** 등으로 인하여 전자정부서비스에 접근하거나 이를 활용하는 데 **어려움이 발생하지 아니하도록 필요한 대책을 마련**하여야 한다.

동법 제65조(지역정보화사업의 추진 및 지원)

① 국가 및 지방자치단체는 **지역의 경쟁력 강화** 및 **지역주민의 삶의 질 향상**을 위하여 다음 각 호의 **지역정보화사업을 추진**할 수 있다.
  1. 지역의 역사, 문화, 복지, 환경 등의 지역정보서비스 개발과 보급
  2. 정보시스템 구축 및 지역의 정보화기반 조성
  3. 정보화 낙후지역의 집중 지원
  4. 정보시스템 및 정보서비스의 통합관리 등 정보자원의 효율적 관리
  5. 그 밖에 지역정보화를 위하여 필요한 사항

(7) 우리나라 전자정부 사례

1) G2C : Government To Citizen

① **정부24** : 민원서비스 통합 제공

② **국민신문고** : 정부에 대한 불편사항 제기

2) G2B : Government To Business

① **나라장터** : 공공기관 물품 조달

② **전자통관시스템** : 수출입신고 원스톱 서비스

3) G2G : Government To Government

① **온나라시스템** : 행정기관 내부 업무관리 시스템

② **디브레인** : 디지털 예산회계 시스템

3 정보화시대 주요 개념

(1) 4차 산업혁명

① **정보통신기술의 다양한 융합**으로 이루어지는 차세대 산업혁명

② 1 · 2차 산업혁명이 기계 중심, 3차 산업혁명이 컴퓨터 중심이었다면, 4차 산업혁명은 다양한 기술들의 **융합이 핵심**

③ 빅데이터, 사물인터넷(IoT), 블록체인, 가상현실(VR), 인공지능(AI) 등을 포함

(2) 빅데이터

① 대량의 **정형 및 비정형의 데이터**로부터 가치를 추출하고 결과를 분석하는 기술

② 3V : 양(Volume), 속도(Velocity), 다양성(Variety)

(3) 사물인터넷

① **각종 사물**에 센서와 통신 기능을 내장하여 **인터넷에 연결**하는 기술

② 사물인터넷을 통해 **수집된 빅데이터를 분석**하는 것이 핵심

(4) 블록체인

① 중앙 집중형 서버에 거래 기록을 보관하지 않고 **모든 거래 참여자에게 수많은 블록으로 거래내역을 분산**

② 일부 블록이 해킹되더라도 그 외의 **블록들을 통해 거래를 검증**할 수 있기 때문에 중앙 집중형 서버보다 **해킹으로부터 안전**

(5) 업무재설계(BPR : Business Process Reengineering)

정보기술을 활용하여 **업무처리 절차를 근본적으로 개신**

체크포인트

정보화와 전자정부 관련 주제는 사실 90% 이상이 상식적인 수준에서 출제됩니다. 최근의 시대적 흐름과 관련된 시사이슈들이 종종 출제되는데, 여러분의 상식으로 충분히 해결할 수 있으므로 학습의 범위를 늘리지 않아도 됩니다. 또한 이런 시사이슈들은 합의된 개념 정의가 없습니다. 빅데이터의 특징 역시 그러한 영역입니다. 빅데이터의 3대 특징은 공식적으로 합의되어 있지 않은 부분이므로 굳이 암기하지 않아도 됩니다. 빅데이터가 정형적 데이터보다는 비정형적 데이터가 어울린다는 정도로만 익혀두면 되는 것입니다.

기출 CHECK

1 정보화와 전자정부 등에 대한 설명으로 옳지 않은 것은? 2016 국가직 9급

① e-거버넌스는 모범적인 거버넌스를 실현하기 위하여 다양한 차원의 정부와 공공부문에서 정보통신기술의 잠재력을 활용하기 위한 과정과 구조의 실현을 추구한다.
② 웹 접근성이란 장애인 등 정보 소외계층이 웹사이트에 있는 정보에 접근할 수 있도록 편의를 제공하는 것을 말한다.
③ 빅데이터(big data)의 3대 특징은 크기, 정형성, 임시성이다.
④ 지역정보화 정책의 기본 목표는 지역경제의 활성화, 주민의 삶의 질 향상, 행정의 효율성 강화이다.

① O e-거버넌스는 정보기술을 활용한 국정운영을 뜻하는 것으로, 다양한 차원의 공공부문과 다양한 행위자들이 정보기술 네트워크를 활용하여 협력하며 그 인프라를 구축하기 위한 실천도 병행한다.
② O 웹 접근성이란 웹사이트에 접근해서 정보를 획득할 수 있도록 편의를 제공하는 것으로, 특히 정보 소외계층의 웹 접근성을 개선하기 위한 노력이 요구되고 있다.
③ X 빅데이터는 기존 데이터보다 월등히 크고, 비정형적이고 유동적이며, 가변적이고 임시적이라는 특징을 갖고 있다.
④ O 지역정보화 정책은 지역 주민의 삶의 질 향상, 지역 간 균형 발전, 정보 격차 해소, 지역 경쟁력 강화 등을 목표로 추진된다.

정답 ③

체크포인트

유비쿼터스는 전자정부 중에서 가장 중요하고 빈출되는 개념이므로 신경을 써야 하는 주제입니다. 다만 유비쿼터스와 관련된 다양한 표현들을 읽고 익혀두는 수준으로 준비를 해야지, 암기를 해야 하는 주제는 아닙니다. 유비쿼터스는 언제 어디서나 공공서비스를 요청하고 제공받을 수 있다는 개념입니다. 이것과 어울리는 표현들을 유연하게 연결하는 것이 훨씬 중요합니다. 특히 정보화와 관련된 기출된 문장은 다시 그대로 출제되지 않습니다.

2 유비쿼터스 전자정부에 대한 설명으로 옳은 것만을 모두 고르면? 2020 지방직 9급

> ㄱ. 기술적으로 브로드밴드와 무선, 모바일 네트워크, 센싱, 칩 등을 기반으로 한다.
> ㄴ. 서비스 전달 측면에서 지능적인 업무수행과 개개인의 수요에 맞는 맞춤형 서비스를 제공한다.
> ㄷ. Any-time, Any-where, Any-device, Any-network, Any-service 환경에서 실현되는 정부를 지향한다.

① ㄱ, ㄴ　② ㄱ, ㄷ
③ ㄴ, ㄷ　④ ㄱ, ㄴ, ㄷ

ㄱ. O 유비쿼터스 전자정부는 기술적으로 언제 어디서나 연결될 수 있어야 하므로, 이와 관련된 광역인프라, 무선시스템, 사물인터넷 등의 기술기반이 갖춰져야 한다.
ㄴ. O 유비쿼터스 정부에 의하면 시민들은 정보통신 기기를 통해 자신들의 요구사항을 정부에 전달하고, 이에 대해 정부가 반응하는 쌍방향적 행정이 가능해진다.
ㄷ. O 유비쿼터스 정부는 정보통신기술을 활용해 언제 어디서나 행정서비스를 제공받을 수 있는 정부의 형태이다.

정답 ④

심화 데이터기반행정 활성화에 관한 법률

제1조(목적)

이 법은 데이터를 기반으로 한 행정의 활성화에 필요한 사항을 정함으로써 객관적이고 과학적인 행정을 통하여 공공기관의 책임성, 대응성 및 신뢰성을 높이고 국민의 삶의 질을 향상시키는 것을 목적으로 한다.

제2조(정의)

2. "데이터기반행정"이란 공공기관이 생성하거나 다른 공공기관 및 법인·단체 등으로부터 취득하여 관리하고 있는 데이터를 수집·저장·가공·분석·표현하는 등의 방법으로 정책 수립 및 의사결정에 활용함으로써 객관적이고 과학적으로 수행하는 행정을 말한다.

제5조(데이터기반행정 활성화 정책의 심의·조정)

데이터기반행정 활성화 정책 추진에 관한 다음 각 호의 사항은 「공공데이터의 제공 및 이용 활성화에 관한 법률」에 따른 공공데이터전략위원회(국무총리 소속)에서 심의·조정한다.

제6조(데이터기반행정 활성화 기본계획)

① 행정안전부장관은 데이터기반행정을 체계적으로 추진하기 위하여 데이터기반행정 활성화를 위한 기본계획을 3년마다 수립하여야 한다.

제7조(데이터기반행정 활성화 시행계획)

① 중앙행정기관의 장 및 지방자치단체의 장은 기본계획에 따라 매년 데이터기반행정 활성화 시행계획을 수립하고, 대통령령으로 정하는 바에 따라 행정안전부장관에게 제출하여야 한다.

제17조(데이터기반행정 표준화)

① 행정안전부장관은 데이터기반행정 활성화를 위하여 관계 중앙행정기관의 장과 협의하여 다음 각 호의 사항에 대한 표준을 제정·시행하여야 한다.

제18조(데이터통합관리 플랫폼)

① 행정안전부장관은 공공기관이 데이터를 효율적으로 제공·연계 및 공동활용할 수 있도록 다음 각 호의 사항을 포함한 데이터통합관리 플랫폼을 구축·운영하여야 한다.

제19조(데이터기반행정 책임관)

① 공공기관의 장은 해당 기관의 데이터기반행정 활성화에 관한 업무를 총괄하는 데이터기반행정 책임관을 임명하여야 한다.

제24조(데이터 관련 전문인력 양성)

① 행정안전부장관과 과학기술정보통신부장관은 데이터 관련 전문인력 양성을 위하여 필요한 시책을 마련할 수 있다.

PART 3

INDEX

찾아보기

번호

A~Z

ㄱ

ㄴ

ㄷ

ㄹ

ㅁ

ㅅ

ㅇ

ㅈ

ㅊ

ㅋ

ㅌ

ㅍ

ㅎ

황철곤 행정학

인사 · 재무 · 지방 2

넥스트스터디

Public Administration

CONTENTS

1권

2권

PART 4
인사

공무원 분류

공무원 임용

공무원 관리

공무원 통제

- 공무원의 구분
  - 경력직 VS 특수경력직 S
  - 국가공무원 VS 지방공무원 C
- 계급제와 직위분류제
  - 계급제 VS 직위분류제 S
  - 직위분류제의 기본 개념 B
  - 직무평가 A
- 임용 이론
  - 엽관제와 실적제 S
  - 직업공무원제 A
  - 대표관료제 S
- 중앙인사기관 B
- 내부임용 B
- 채용시험 A
- 교육훈련 B
- 경력개발 C
- 근무성적평정
  - 근무성적평정의 의의 C
  - 근무성적평정의 유형 A
  - 근무성적평정의 오류 S
  - 우리나라 근무성적평정 제도 B
- 새로운 인사관리
  - 개방형 임용 A
  - 고위공무원단 S
  - 유연인사제도 A
  - 총액인건비제도 B
  - 전략적 인적자원관리 C
  - 다양성 관리 C
- 사기 관리
  - 보수 C
  - 공무원 연금 B
  - 제안제도 C
  - 적극행정 장려 C
- 행정윤리와 통제
  - 부패의 유형 B
  - 행정윤리와 행정책임 B
  - 행정통제
    - 길버트의 분류 S
    - 옴부즈만과 국민권익위원회 A
- 법률적 통제
  - 공무원의 의무 : 국가공무원법 B
  - 공직자윤리법 S
  - 공직자의 이해충돌 방지법 A
  - 공무원 헌장 C
  - 부패방지권익위법 A
  - 청탁금지법 B
  - 징계 및 신분변경 S
  - 소청심사제도와 고충처리제도 A
  - 정치적 중립과 공무원 단체
    - 정치적 중립 B
    - 공무원 노동조합 B
    - 공무원직장협의회 C

Public Administration

CHAPTER 1 공무원 분류

1 공무원의 구분

9급 25지, 21지, 18국, 18지, 17지
7급 22국, 19지, 16국

1 경력직 VS 특수경력직 S

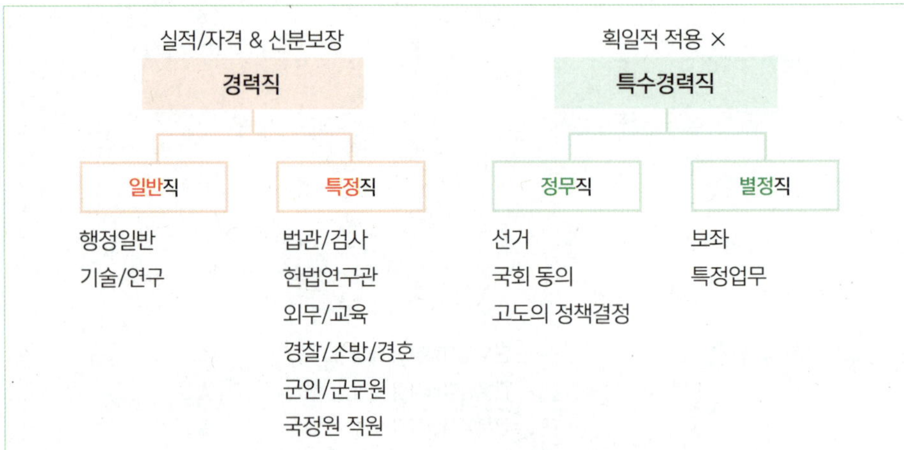

> **국가공무원법 제2조(공무원의 구분)**
>
> ① **국가공무원**은 **경력직공무원**과 **특수경력직공무원**으로 구분한다.
>
> **지방공무원법 제2조(공무원의 구분)**
>
> ① **지방자치단체의 공무원**은 **경력직공무원**과 **특수경력직공무원**으로 구분한다.

1 경력직 공무원

(0) 개념

① 경력직 공무원이란 **실적과 자격에 따라 임용**되고 그 **신분이 보장**되며 평생 동안 공무원으로 근무할 것이 예정되는 공무원

② 경력직 공무원은 **일반직 공무원과 특정직 공무원으로 구분**

> **국가공무원법 제2조(공무원의 구분)**
>
> ② **"경력직공무원"**이란 실적과 자격에 따라 임용되고 그 신분이 보장되며 평생 동안 공무원으로 근무할 것이 예정되는 공무원을 말하며, 그 종류는 다음 각 호와 같다.
>
> 1. **일반직공무원 : 기술 · 연구** 또는 **행정 일반에 대한 업무**를 담당하는 공무원
> 2. **특정직공무원 : 법관, 검사, 외무공무원, 경찰공무원, 소방공무원, 교육공무원, 군인, 군무원, 헌법재판소 헌법연구관, 국가정보원의 직원, 경호공무원**과 **특수 분야의 업무**를 담당하는 공무원으로서 다른 법률에서 특정직공무원으로 지정하는 공무원

(1) 일반직 공무원

① 기술 · 연구 또는 행정 일반에 대한 업무를 담당하는 공무원

② 일반적으로 1급에서 9급까지의 계급으로 구분하지만, 직군 · 직렬에 따라 다양하게 구분

	종류	세부 구분
행정·기술직군으로 분류되는 공무원	일반직 국가공무원	9계층(고위공무원, 3~9급)
	일반직 지방공무원	9계급(1~9급)
특수 업무 분야에 종사하는 공무원	전문경력관*	가~다군
연구·지도·특수기술 직렬의 공무원	연구 · 지도	2계급(연구관, 연구사)
	의무	5계급(1~5급)
	약무	7계급(1~7급)
	수의	7계급(1~7급)
	간호 · 보건진료	8계급(1~8급)
인사관리의 효율성·기관 성과를 높이기 위한 기관에 속한 공무원	우정공무원	9계급(우정1급~우정9급)
임기제 공무원*	일반임기제	9계급(1~9급)
	전문임기제	5등급(가~마급)
	한시임기제	5등급(5~9호)
전문직 공무원	수석전문관 · 전문관	2계급(3 · 4~5급)

* 전문경력관
소속 장관은 해당 기관의 **일반직공무원 직위 중 순환보직이 곤란하거나 장기 재직 등이 필요한 특수 업무 분야의 직위**를 인사혁신처장과 협의하여 전문경력관직위로 지정

* 임기제 공무원

국가공무원법 제26조의5(근무기간을 정하여 임용하는 공무원)
① 임용권자는 **전문지식 · 기술이 요구되거나 임용관리에 특수성이 요구**되는 업무를 담당하게 하기 위하여 **경력직공무원을 임용**할 때에 **일정기간을 정하여 근무하는 공무원(임기제공무원)을 임용**할 수 있다.

전문경력관 관련 법령

국가공무원법 제4조(일반직공무원의 계급 구분 등)

① 일반직공무원은 **1급부터 9급까지의 계급으로 구분**하며, 직군과 직렬별로 분류한다. 다만, 고위공무원단에 속하는 공무원은 그러하지 아니하다.

② 다음 각 호의 공무원에 대하여는 대통령령등으로 정하는 바에 따라 **제1항에 따른 계급 구분이나 직군 및 직렬의 분류를 적용하지 아니할 수 있다.**

1. **특수 업무 분야**에 종사하는 공무원

전문경력관 규정 제1조(목적)

이 영은 「국가공무원법」 및 「공무원임용령」에 따라 **계급 구분과 직군 및 직렬의 분류를 적용하지 아니하는 직위에 임용되는 일반직공무원**의 임용, 임용시험 및 성과평가 등에 관한 특례를 정하는 것을 목적으로 한다.

동규정 제3조(전문경력관직위 지정)

① 소속 장관은 해당 기관의 **일반직공무원 직위 중 순환보직이 곤란하거나 장기 재직 등이 필요한 특수 업무 분야의 직위를 전문경력관직위로 지정**할 수 있다.

동규정 제4조(직위군 구분)

① 제3조에 따른 전문경력관직위의 군은 **직무의 특성 · 난이도 및 직무에 요구되는 숙련도** 등에 따라 **가군, 나군 및 다군**으로 구분한다.

동규정 제17조(전직)

① 임용권자는 다음 각 호의 어느 하나에 해당하는 경우에는 전직시험을 거쳐 전문경력관을 다른 일반직 공무원으로 전직시키거나 다른 일반직공무원을 전문경력관으로 전직시킬 수 있다.

1. 직제나 정원의 개정 또는 폐지로 인하여 해당 직의 인원을 조정할 필요가 있는 경우
2. 전문경력관 경력경쟁채용시험등의 응시요건을 갖춘 경우(전문경력관이 아닌 일반직공무원이 전문경력관으로 전직하는 경우로 한정)

(2) 특정직 공무원

① 실적과 자격에 의해 임용되고 신분이 보장된다는 점에서 일반직 공무원과 동일하나, 담당 직무가 특수해서 자격·복무규율·보수체계 등에서 특수성을 인정할 필요가 있어 별도로 분류한 공무원

② 개별법이 우선적으로 적용되며, 개별법이 없거나 개별법에 적용 기준이 없을 때에는 국가·지방공무원법 적용

	국가공무원	지방공무원
법관	· 대법원장-대법관-판사	
검사	· 검찰총장-검사	
헌법재판소 헌법연구관	· 헌법연구관	
외무공무원	· 고위외무공무원(공사급 이상)-외무공무원	
교육공무원	· 교원 및 조교 · 장학관-장학사-교육연구관-교육연구사 · 고등교육법상 대학 : 총장-교수-부교수-조교수 · 경찰대학 : 교수-부교수-조교수	· 공립대학 및 전문대학에 근무하는 교육공무원 · 교육감 소속의 교육전문직
경찰공무원	· 치안총감-치안정감-치안감-경무관-총경-경정-경감-경위-경사-경장-순경(11계급)	· 제주특별자치도 자치경찰공무원(7계급)
소방공무원	· 소방총감-소방정감-소방감-소방준감-소방정-소방령-소방경-소방위-소방장-소방교-소방사(11계급)	※ 국가직 전환(2020. 4)
경호공무원	· 특정직 국가공무원(1~9급)	
군인	· 장교-준사관-부사관 · 사관학교 교장 및 교수 · 국방대학교 총장 및 교수	
군무원	· 일반군무원(1~9급)	
국가정보원 직원	· 특정직 직원(1~9급) · 전문관 : 특정직 4급 또는 5급에서 임용	

기출 CHECK

1 공무원의 구분에 대한 설명으로 옳은 것은? 2017 지방직 9급 하반기(수정)

① 일반직 공무원은 경력직과 특수경력직으로 구분된다.
② 소방사는 특정직공무원에 해당된다.
③ 행정부 국가공무원 중에서는 일반직 공무원의 수가 가장 많다.
④ 국가정보원 7급 직원은 특수경력직 공무원에 해당된다.

① x 국가공무원법과 지방공무원법은 공무원을 경력직과 특수경력직으로 구분하고, 경력직 공무원을 일반직 공무원과 특정직 공무원으로 구분한다.
② o 소방사는 소방공무원이므로, 경력직 공무원 중 특정직 공무원에 해당한다.
③ x 행정부 국가공무원 중에서는 경찰 공무원, 교육 공무원, 군인 등을 포함하는 특정직 공무원의 수가 가장 많다.
④ x 국가정보원의 7급 직원은 국가정보원의 직원이므로, 경력직 공무원 중 특정직 공무원이다. 정답 ②

체크포인트
공무원의 구분에서 가장 많이 물어보는 것이 특정직 공무원에 해당되는 공무원입니다. 소방사라는 직급에 신경쓰지 말고, 소방공무원이라는 점만 체크하시면 충분합니다. 특정직 공무원이 가장 중요하긴 하지만, 공무원 구분의 체계 역시 기본적으로 정리해둬야 하는 부분입니다. 가장 크게 경력직과 특수경력직으로 구분되고, 이후 세부적인 분류가 들어가는 것이므로 순서대로 학습해 두어야 합니다.

2 전문경력관제도에 대한 설명으로 옳지 않은 것은? 2018 국가직 9급

① 소속 장관은 해당 기관의 일반직 공무원 직위 중 순환보직이 곤란하거나 장기 재직 등이 필요한 특수 업무 분야의 직위를 전문경력관직위로 지정할 수 있다.
② 일반직 공무원과 마찬가지로 계급 구분과 직군 및 직렬의 분류를 적용한다.
③ 전문경력관직위의 군은 직무의 특성 · 난이도 및 직무에 요구되는 숙련도 등에 따라 구분한다.
④ 임용권자는 일정한 경우에 전직시험을 거쳐 전문경력관을 다른 일반직 공무원으로 전직시킬 수 있다.

② x 전문경력관은 일반직 공무원 중 특수 업무 분야에 종사하는 공무원으로, 일반직 공무원이 따르는 9계급과 직군 및 직렬의 구분을 따르지 않는다. 전문경력관은 직무의 특성·난이도 및 숙련도 등에 따라 가군, 나군, 다군으로 구분한다.

전문경력관규정 제3조(전문경력관직위 지정)
① 소속 장관은 해당 기관의 일반직공무원 직위 중 순환보직이 곤란하거나 장기 재직 등이 필요한 특수 업무 분야의 직위를 전문경력관직위로 지정할 수 있다.

동규정 제4조(직위군 구분)
① 제3조에 따른 전문경력관직위의 군은 직무의 특성 · 난이도 및 직무에 요구되는 숙련도 등에 따라 가군, 나군 및 다군으로 구분한다.

동규정 제17조(전직)
① 임용권자는 다음 각 호의 어느 하나에 해당하는 경우에는 전직시험을 거쳐 전문경력관을 다른 일반직 공무원으로 전직시키거나 다른 일반직공무원을 전문경력관으로 전직시킬 수 있다.

정답 ②

체크포인트
전문경력관제도는 최근 9급에서 두 번 체크했던 논점이므로 충분한 대비가 필요합니다. 전문경력관이라는 것이 일반직 공무원 중 하나라는 것에서부터 출발해야 합니다. 그리고 일반직 공무원은 원칙적으로 9계급제를 따르지만, 전문경력관은 일반직 공무원임에도 불구하고 계급제를 따르지 않음을 기억해 두어야 합니다.

PART 4

2 특수경력직 공무원

(0) 개념

① 경력직 공무원 외의 공무원을 말하며, 실적제와 직업공무원제의 획일적인 적용을 받지 않는 공무원으로 **정치적이거나 특수한 직무 수행**을 위해 임용

② 특수경력직 공무원은 **정무직 공무원**과 **별정직 공무원**으로 구분

> **국가공무원법 제2조(공무원의 구분)**
>
> ③ "**특수경력직공무원**"이란 경력직공무원 외의 공무원을 말하며, 그 종류는 다음 각 호와 같다.
>
> 1. **정무직공무원**
>
>   가. **선거로 취임**하거나 임명할 때 **국회의 동의**가 필요한 공무원
>
>   나. **고도의 정책결정 업무를 담당**하거나 이러한 업무를 보조하는 공무원으로서 법률이나 대통령령에서 정무직으로 지정하는 공무원
>
> 2. **별정직공무원** : **비서관 · 비서** 등 보좌업무 등을 수행하거나 특정한 업무 수행을 위하여 법령에서 별정직으로 지정하는 공무원

보충

- 대법원장 · 대법관은 국회의 동의가 필요한 공무원이지만, 법관이므로 정무직 공무원이 아닌 특정직 공무원으로 분류
- 검찰총장 · 경찰청장 · 소방청장 · 해양경찰청장 등은 고도의 정책결정업무를 담당하는 공무원으로 국회의 인사청문 대상이지만, 법관 · 소방 · 경찰이므로 특정직 공무원으로 분류

(1) 정무직 공무원

① **선거로 취임**하거나 임명할 때 **국회의 동의가 필요**한 공무원

② **고도의 정책결정 업무**를 담당하거나 이러한 업무를 보조하는 공무원으로서 법률이나 대통령령에서 정무직으로 지정하는 공무원

		국가공무원	지방공무원
선거에 의해 취임하는 공무원		· **대통령** · **국회의원**	· **지방자치단체장** · 지방의회 의원 · 시 · 도 교육감
국회(지방의회)의 동의가 필요한 공무원		· **국무총리**, 감사원장, 헌법재판소장 · 국회에서 선출하는 헌법재판관(3인) ※ 대법원장 · 대법관은 특정직 공무원	· 제주특별자치도 감사위원회 위원장
고도의 정책결정 업무 담당 공무원	국회 인사청문 대상 ○	· 대통령이 임명하는 헌법재판관(3인) · 대법원장이 지명하는 헌법재판관(3인) · 중앙선거관리위원회 상임위원 · **국무위원(각부 장관)**, 방송미디어통신위원장, 국세청장, 공정거래위원장, 금융위원장, 국가인권위원장, 국가정보원장 ※ 검찰총장 · 경찰청장 · 소방청장 등은 특정직 공무원	
	국회 인사청문 대상 ×	· **중앙행정기관 차관**, 처의 처장, 청의 청장 · 국무총리 국무조정실장 · 차장 · 국가정보원 차장 · 기획조정실장 · 대통령 비서실장, 국가안보실장, 대통령 경호처장 · 차관급 상당 이상의 보수를 받는 비서관 (대통령비서실 정책실장, 수석비서관 등) · 감사원 감사위원 · 사무총장 · 국회 사무총장 · 입법차장 · 사무차장 · 도서관장 · 예산정책처장 · 입법조사처장 · 헌법재판소 사무처장 · 사무차장 · 중앙선거관리위원회 사무총장 · 사무차장 · 공정거래위원회 · 금융위원회 부위원장	

ⓧ [9급] 차관에서 3급 공무원까지는 특정직 공무원에 해당한다.

ⓞ 차관은 특수경력직 공무원 중 정무직(특정직 ×) 공무원에 해당하며, 3급 공무원은 대체로 경력직 공무원 중 일반직(특정직 ×) 공무원에 해당한다.

		· 국가인권위원회 상임위원 · 방송미디어통신위원회 위원 · 국민권익위원회 위원장·부위원장 · 중앙노동위원회 위원장 · 소청심사위원회 위원장 · 서울특별시 행정부시장	

(2) 별정직 공무원

① 비서관·비서 등 **보좌업무 등을 수행**하거나 **특정한 업무 수행**을 위하여 법령에서 별정직으로 지정하는 공무원

구분	국가공무원	지방공무원
보좌 업무	· 비서, 비서관, 장관정책보좌관	· 비서, 비서관
특정 업무	· 국회위원회 수석전문위원, 국회 교섭단체 정책연구위원 · 중앙·지방해양안전심판원의 원장 및 심판관 · 중앙행정기관의 차관보, 실·국장(일부), 이에 상당하는 보좌기관 · 헌법재판소 비서실장, 헌법연구관보 · 사법연수생	· 지방의회 전문위원 · 광역시·특별자치시의 정무부시장 및 도·제주특별자치도의 정무부지사

② 계급 체계는 일반직 공무원에 준하고 있으며, 임용권은 일반직 국가공무원 3~5급 상당 보수를 받는 경우 소속 장관이, 일반직 6급 이하 상당 보수를 받는 공무원은 각 기관의 장이 행사

㉠ **보좌 업무 별정직**은 인사주관기관장과의 협의와 공고 등의 **채용절차와 채용시험을 거치지 않고 임용 가능**(기구의 개편과 직제의 변경 등으로 해당 별정직 공무원이 계속 임용되는 경우와 채용시험에 비용이 지나치게 많이 드는 경우에도 적용)

㉡ **특정 업무를 수행하는 직위의 별정직** 공무원은 일정한 자격을 갖추고 **원칙적인 공고의 절차와 채용시험**을 거쳐 임용

기출 CHECK

1 다음 중 특정직 공무원에 해당하는 것만을 모두 고르면? 2019 지방직 7급

ㄱ. 국가인권위원회 상임위원
ㄴ. 검사
ㄷ. 헌법재판소의 헌법연구관
ㄹ. 도지사의 비서
ㅁ. 국가정보원의 직원

① ㄱ, ㄷ, ㄹ ② ㄱ, ㄹ, ㅁ ③ ㄴ, ㄷ, ㄹ ④ ㄴ, ㄷ, ㅁ

ㄱ. X 국가인권위원회의 상임위원은 특수경력직 공무원 중 정무직 공무원이다.
ㄴ. O 검사는 경력직 공무원 중 특정직 공무원이다.
ㄷ. O 헌법재판소의 헌법연구관은 경력직 공무원 중 특정직 공무원이다.
ㄹ. X 도지사의 비서는 특수경력직 공무원 중 별정직 공무원이다.
ㅁ. O 국가정보원의 직원은 경력직 공무원 중 특정직 공무원이다.

정답 ④

체크포인트

앞서 언급한 것처럼 특정직 공무원을 골라내는 문제가 가장 많이 출제됩니다. 이런 문제를 풀 때 좀 더 정확하려면, 특정직이 아닌 공무원의 대표적인 사례도 같이 학습해두어야 할 것입니다. 특히 비서는 별정직 공무원의 대표적인 케이스입니다. 또한 위원회의 상임위원과 같이 정치적 결정을 하는 공무원은 일반적으로 정무직 공무원에 해당한다는 점 역시 판단하면 좋습니다.

PART 4

9급 25지
7급 14국

2 국가공무원 VS 지방공무원 C

<table>
<tr><th>구분</th><th colspan="2">국가공무원</th><th colspan="2">지방공무원</th></tr>
<tr><td>법적근거</td><td colspan="2">국가공무원법 등</td><td colspan="2">지방공무원법 등</td></tr>
<tr><td>임용권자</td><td colspan="2">대통령, 국회의장, 대법원장,
중앙선거관리위원장, 헌법재판소장 등</td><td colspan="2">지방자치단체의 장, 지방의회 의장</td></tr>
<tr><td>보수재원</td><td colspan="2">국비</td><td colspan="2">지방비</td></tr>
<tr><td rowspan="4">공무원 구분</td><td rowspan="2">경력직
공무원</td><td>일반직 국가공무원</td><td rowspan="2">경력직
공무원</td><td>일반직 지방공무원</td></tr>
<tr><td>특정직 국가공무원</td><td>특정직 지방공무원</td></tr>
<tr><td rowspan="2">특수경력직
공무원</td><td>정무직 국가공무원</td><td rowspan="2">특수경력직
공무원</td><td>정무직 지방공무원</td></tr>
<tr><td>별정직 국가공무원</td><td>별정직 지방공무원</td></tr>
</table>

체크포인트

국가공무원과 지방공무원을 비교하는 문제는 많이 기출되는 주제는 아니지만, 다른 내용들을 같이 점검할 수 있는 문제이므로 학습에 활용하시면 좋습니다. 국가공무원법과 지방공무원법이 각각 있다는 점, 고위공무원단 제도가 국가공무원에만 적용된다는 점, 특별지방행정기관은 국가의 소속기관 중 하나이므로 여기에서 일하는 공무원은 국가공무원이라는 점을 확인할 수 있을 것입니다.

기출 CHECK

1 우리나라의 국가공무원과 지방공무원에 대한 설명으로 옳은 것은? 2014 국가직 7급

① 인사관리에 적용하는 기본 법률이 동일하다.

② 고위공무원단제도는 동일하게 시행되고 있다.

③ 모두 공무원연금법의 적용을 받는다.

④ 특별지방행정기관에 소속된 공무원은 국가직이 아니다.

① X 국가공무원은 국가공무원법이, 지방공무원법은 지방공무원법이 적용되므로 인사관리에 적용하는 기본 법률이 다르다.

② X 고위공무원단 제도는 국가공무원에 한해서만 시행되고 있으며 지방공무원은 제외된다.

③ O 국가공무원과 지방공무원은 동일하게 공무원연금법의 적용을 받는다.

④ X 특별지방행정기관은 중앙행정기관에 소속된 지방행정기관으로 국가의 소속기관이다. 따라서 특별행정기관 소속 공무원은 국가직 공무원이다.

정답 ③

2 계급제와 직위분류제

1 계급제 VS 직위분류제 ❺

9급 25지, 23지, 20지, 17국
7급 23지, 22지, 15국

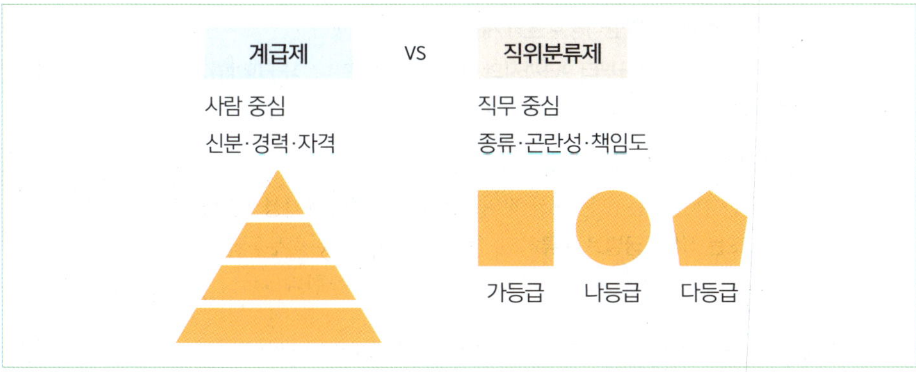

1 개념

(1) 계급제(rank-in-person system, rank classification system)

① **사람 중심**의 분류 제도로, **신분·학력·경력·자격 등을 기준**으로 유시한 특성의 사람들을 하나의 집단으로 구분해 계급을 형성하는 제도

② 정치적 민주화가 꽃을 피우기 훨씬 전부터 국가체제를 유지하기 위한 공직분류 체계의 기본 틀로 형성

(2) 직위분류제(rank-in-position system, position classification system)

① **직무 중심**의 분류 제도로, 조직에 있는 수많은 직위를 **직무의 종류와 곤란도, 책임도를 기준**으로 분류해 관리하는 제도

② **과학적 관리론, 보수의 형평성 요구, 실적주의 요구** 등이 직위분류제의 발달에 큰 영향을 미쳤으며 개방형 인사의 엽관제 요소도 포함

계급제 VS 직위분류제

계급제	직위분류제
사람의 자격과 능력	직무곤란성과 책임성
수직적 폐쇄성	수평적 폐쇄성
폐쇄형 충원	개방형 충원
일반행정가 양성 신분보장 용이	전문가 양성 신분보장 불리
탄력적 인사관리	비탄력적 인사관리
연공급	직무급
교육훈련 수요 파악 곤란	교육훈련 수요 파악 용이
높은 근무의욕	낮은 근무의욕

PART 4

(3) 최근 경향

① **우리나라는 계급제적 토대 위에 직위분류제적 요소가 가미된 혼합형 인사체계로, 기본적으로 계급제**를 채택하고 있으며, 채용 · 승진 · 전직 등에서 **직위분류제의 요소를 부분적으로 활용**

> **국가공무원법 제4조(일반직공무원의 계급 구분 등)**
>
> ① 일반직공무원은 **1급부터 9급까지의 계급으로 구분**하며, **직군(職群)과 직렬(職列)별로 분류**한다.
>
> **동법 제22조(직위분류제의 원칙)**
>
> 직위분류를 할 때에는 모든 대상 직위를 **직무의 종류와 곤란성 및 책임도**에 따라 **직군 · 직렬 · 직급 또는 직무등급별로 분류**하되, 같은 직급이나 같은 직무등급에 속하는 직위에 대하여는 동일하거나 유사한 보수가 지급되도록 분류하여야 한다.

② **계급제적 전통이 강한 영국은 직위분류제적 요소를 강화**해 나가면서 공직전문성을 높이려 하고 있으며, **직위분류제적 전통이 강한 미국은 계급제적 요소를 강화**해 일반행정가적 역량을 보완하려고 시도

ⓧ [9급] 계급제는 정치적 중립 확보를 통해 행정의 전문성을 제고할 수 있다.
ⓞ 계급제는 정치적 중립을 확보하기에 용이하나, 행정의 전문성을 제고하기에는 불리하다.(전문성을 제고할 수 있다 ×)

2 장단점

	계급제	직위분류제
장점	· 계급이 동일하면 보수 변동 없이 전직 · 전보가 가능하며, 승진도 동일 분야에서만 이뤄지는 것이 아니므로 **인사관리의 탄력성**이 큼. · 폐쇄적 운영으로 **장기근속 보장**, 직업공무원제 확립과 신분보장 · 연대의식 · 일체감 형성에 용이 · 폭넓은 안목과 이해력을 가진 **일반행정가** 양성에 유리 · 분류 구조와 보수 체계가 **단순**하고 **융통성**이 있어 인사관리의 **효율성**을 높이고 비용 절감 · **장기적 시각**에서 발전 가능성을 지닌 사람 채용	· **동일 직무에 대한 동일 보수** 원칙에 입각한 직무급 체계 확립 · 직위가 요구하는 직무성격에 따라 채용 · 교육 · 승진 등을 시행해 인사행정의 **합리적 기준** 제공 · 직무의 내용이나 수준을 명확하게 나타내 주므로 직위 간의 **권한과 책임의 한계 명확** · 동일 직렬에 따라 장기간 근무하는 것을 원칙으로 하기 때문에 **전문직업인 양성**에 유리 · 조직계획의 **단기적 합리성** 확보에 유리하며, 직업훈련의 필요성이 계급제보다 덜함.
단점	· 동일 계급에 대해 직무의 종류나 성격과 관계없이 동일한 보수가 지급 · 순환보직을 통해 여러 직무를 수행하기 때문에 특정 분야의 전문적 지식과 기술을 갖지 못해 **행정의 전문화에 부응하지 못함**. · 계급 간의 차별이 심하므로 독단적 의사결정 가능성이 높고 **엘리트 의식**에 빠지기 쉬움. · 채용시험 · 신규임용 · 승진 · 전직 · 보직 등이 직무의 내용에 따라 이뤄지지 않기 때문에 **직위에 적합한 적임자를 채용 · 배치하지 못해 행정의 능률성 저하** · 직무 경계가 불명확해 갈등이 생길 소지가 많으며 업무를 다른 사람에게 미루거나 전가할 가능성이 높아 행정 업무가 지연 · **신분보장**에 따른 관료들의 **무사안일**, 행정 권력을 이용한 국민 지배, 자신들의 집단이익을 옹호하는 **특권집단화**의 가능성	· 특정 직위의 전문가를 요구하므로 일반적 관리 능력을 가진 **일반행정가 양성 및 상위 직급에서의 업무 통합이 어려움**. · 조직이나 직무의 변화, 새로운 직무의 부과 등 **변화하는 상황에 신속하게 대응하지 못함**. · 동일 직렬에서의 승진이나 전보는 가능하나 다른 직렬로의 전직이 어렵기 때문에 **인사관리의 탄력성과 신축성 결여** · 조직개편이나 직무의 불필요성 등으로 직무 자체가 없어지는 등 공무원의 **신분보장에 위협** · 공무원의 인간적 요소가 고려되지 않는 분류 체계이므로 조직에 대한 자발적 헌신이나 구성원들의 **단결심을 조장하기 어려움**. · 정부의 직위를 분류하는 작업은 매우 **주관적**이 될 가능성 존재 · 개방형 임용, 전문가 채용 등은 **직업공무원제의 확립을 어렵게 함**.

기출 CHECK

1 공직의 분류에 대한 설명으로 옳지 않은 것은? 2013 지방직 9급

① 계급제는 사람을 중심으로, 직위분류제는 직무를 중심으로 공직을 분류하는 인사제도이다.
② 직위분류제에 비해 계급제는 인적 자원의 탄력적 활용이라는 측면에서 유리한 제도이다.
③ 직위분류제에 비해 계급제는 폭넓은 안목을 지닌 일반행정가를 양성하는 데 유리한 제도이다.
④ 계급제에 비해 직위분류제는 공무원의 신분을 강하게 보장하는 경향이 있는 제도이다.

① o 계급제는 신분·학력·경력·자격 등 사람 중심의 분류제도이며, 직위분류제는 직무의 종류와 곤란도, 책임도 등 직무 중심의 분류제도이다.
② o 계급제의 경우 계급이 동일하면 보수 변동 없이 전직·전보가 가능하며, 승진도 동일 분야에서만 이뤄지는 것이 아니므로 인사관리의 탄력성이 크다. 반면 직위분류제는 동일 직렬에서의 승진이나 전보는 가능하나 다른 직렬로의 전직이 어렵기 때문에 인사관리의 탄력성과 신축성이 결여된다.
③ o 계급제는 장기적 시각에서 발전 가능성을 지닌 사람을 채용하여 여러 보직을 경험하게 한다는 측면에서 일반행정가 양성에 유리하다. 반면 직위분류제는 동일 직무에 장기간 근무하는 것을 원칙으로 하기 때문에 전문행정가 양성에 유리하다.
④ x 계급제는 폐쇄적인 충원과 연공 중심 승진 등을 통해 공무원의 신분을 강하게 보장하지만, 직위분류제는 직무 전문성을 기준으로 개방적으로 충원하기 때문에 신분 보장에는 불리하다. 정답 ④

체크포인트
계급제와 직위분류제는 항상 같이 출제되는 개념이므로, 개념학습을 할 때부터 둘을 비교하면서 정리해야 합니다. 비교할 때는 상대적인 판단이 중요합니다. 공무원의 신분 보장이 둘 중 어떤 것에서 좀 더 두드러지는지, 일반행정가의 양성이 둘 중 어떤 것에서 좀 더 두드러지는지를 상대적으로 비교해야 한다는 의미입니다.

2 직위분류제의 장점에 대한 설명으로 옳지 않은 것은? 2015 국가직 7급

① 동일 직렬에서 장기간 근무하기 때문에 전문가 양성에 도움이 된다.
② 동일 직무를 수행하는 직원이 동일한 보수를 받도록 하는 직무급체계를 확립하는 것이 용이하다.
③ 직무의 성질·내용에 따라 공직을 분류하므로 채용·승진 등 인사배치를 위한 합리적 기준을 제공해 준다.
④ 특정 직위에 맞는 사람을 배치하는 제도이기 때문에 직위나 직무의 변화 상황에 신속히 대처할 수 있는 상황적응적인 인사제도라고 할 수 있다.

① o 직위분류제는 직무의 종류·곤란도·책임도를 기준으로 동일 직렬에서 동일 직무를 장기간 수행하는 것이 특징이다. 따라서 특정 분야의 전문가를 양성하는 데 유리하다.
② o 직위분류제는 철저한 직무분석을 통해 난이도가 높은 업무와 난이도가 낮은 업무를 분리하고, 난이도가 높은 업무는 높은 직무급을, 난이도가 낮은 업무는 낮은 직무급을 부여한다. 이는 동일 직무, 동일 보수 원칙 수립에 기여한다.
③ o 근무기간에 따른 계급으로 분류하는 계급제와는 달리, 직위분류제는 직무의 종류·곤란도·책임도를 분석하여 직무의 전문성을 기반으로 공직을 분류한다. 따라서 구성원들의 채용이나 승진 등 인사를 할 때 전문성을 기준으로 합리적 배치가 가능하다.
④ x 직위분류제가 특정 직위에 맞는 사람을 배치하는 제도인 것은 맞으나, 그렇기 때문에 특정 직위에 맞는 전문성이 있는 사람만을 배치할 수 있다. 이는 인사관리의 경직성을 초래해서 상황 변화에 탄력적으로 대응하기에는 한계가 있다. 정답 ④

체크포인트
계급제와 직위분류제를 비교할 때 반드시 출제되면서 까다로운 내용이 '인적 자원의 탄력적 활용'입니다. 계급제는 한 계급 안에서 사람을 유연하게 활용할 수 있지만, 직위분류제는 특정 직무에만 종사하므로 경직적이라는 것입니다. 그렇기 때문에 계급제는 탄력적이고, 상황적응적인 인사제도라는 결론이 가능합니다. 이렇게 결론으로 나아가는 과정을 되짚어 보면서 학습하는 것이 좋습니다.

PART 4

9급 22국, 16국
7급 13지

2 직위분류제의 기본 개념 B

직위	• 1명의 공무원에게 부여할 수 있는 직무와 책임 (position)	공공데이터관리
↓		
직급	• 직무의 종류와 곤란성·책임도가 상당히 유사한 직위의 군 (class)	고급전산직급
↓		
직렬	• 직무의 종류가 유사하고 곤란성·책임도가 서로 다른 직급의 군 (series)	전산직렬
직류	• 같은 직렬 내에서 담당 분야가 같은 직무의 군 (sub-series)	정보관리직류
↓		
직군	• 직무의 성질이 유사한 직렬의 군 (group)	기술직군
+		
직무 등급	• 직무의 곤란성·책임도가 상당히 유사한 직위의 군 (직무의 종류 상이) ※ VS 직급 : 직무의 종류와 곤란성·책임도가 상당히 유사한 직위의 군	가등급 (행정직군 + 기술직군)

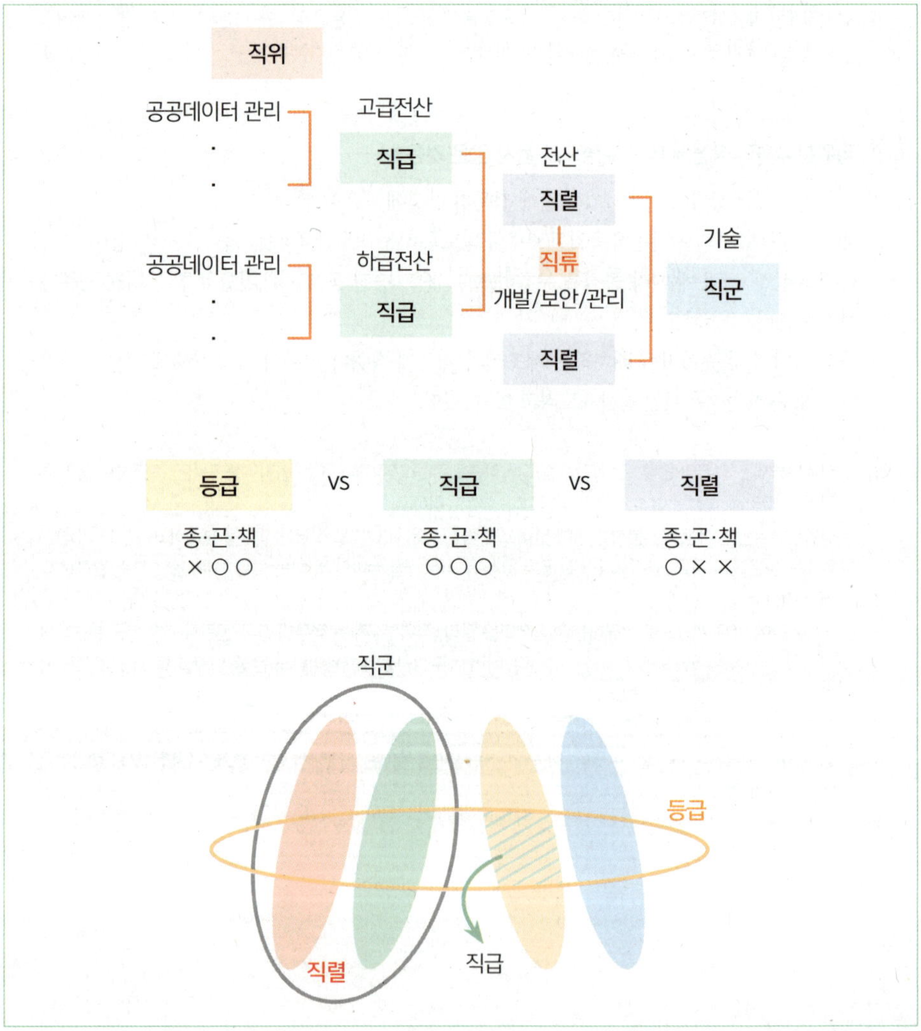

기출 CHECK

1 직위분류제의 주요 개념에 대한 설명으로 옳지 않은 것은? 2022 국가직 9급

① '직위'는 한 사람의 공무원에게 부여할 수 있는 직무와 책임을 의미한다.
② '직급'은 직무의 종류가 유사하고 곤란도 · 책임도가 서로 다른 군(群)을 의미한다.
③ '직류'는 동일 직렬 내에서 담당분야가 동일한 직무의 군(群)을 의미한다.
④ '직무등급'은 직무의 곤란도 · 책임도가 유사해 동일 보수를 줄 수 있는 직위의 군(群)을 의미한다.

① O

> 국가공무원법 제5조(정의)
> 1. "직위(職位)"란 1명의 공무원에게 부여할 수 있는 직무와 책임을 말한다.

② X 직급은 직무의 종류가 유사하면서, 곤란도와 책임도도 서로 유사한 직위의 군이다. 직무의 종류가 유사하고 곤란도와 책임도가 서로 다른 군은 직급이 아닌 직렬이다.

> 동법 동조
> 2. "직급(職級)"이란 직무의 종류 · 곤란성과 책임도가 상당히 유사한 직위의 군을 말한다.
> 8. "직렬(職列)"이란 직무의 종류가 유사하고 그 책임과 곤란성의 정도가 서로 다른 직급의 군을 말한다.

③ O

> 동법 동조
> 9. "직류(職類)"란 같은 직렬 내에서 담당 분야가 같은 직무의 군을 말한다.

④ O

> 동법 동조
> 10. "직무등급"이란 직무의 곤란성과 책임도가 상당히 유사한 직위의 군을 말한다.

정답 ②

체크포인트

직위분류제의 주요 개념은 행정학에서도 가장 헷갈리는 내용 중 하나입니다. 시험에서 반드시 비교하는 세 개념인 직급, 직렬, 등급을 어떻게 구분하는지에 집중하면 좋습니다. 특히 직급을 기준으로 삼는 것이 편리한 방법입니다. 직급은 종류, 책임성, 곤란도가 모두 유사하기 때문입니다. 반면 직렬은 종류만 유사한 것이고, 등급은 종류가 다른 것입니다. 문제는 전형적으로 출제될 것이기 때문에 연습만 해 두면 시험장에서 충분히 해결할 수 있습니다.

9급 24지, 23국, 17지, 16국, 15국
7급 20국, 17지

직무 분석	→	직무 평가
종류		곤란성 책임도
↓		↓
직렬 직군		직급 등급

3 직무평가 A

1 직무분류 단계

직무조사	→	직무분석	→	직무평가	→	직급명세서 작성	→	정급
자료수집		직무를 종류별로 구분해 직렬과 직군을 형성		직무를 수준별로 구분해 직급과 등급을 형성		직급별 특성 설명		분류 대상 직위를 해당 직급에 배치

2 직무분석 VS 직무평가

(1) 직무분석

① 직무를 종류별로 분류하는 작업

② 직무의 종류가 같거나 유사한 직위들을 묶어 직렬을 형성하고, 다시 동일하거나 유사한 직렬들을 묶어 직군을 형성하는 작업이므로 수직적인 분류

(2) 직무평가

① 각 직위의 상대적 수준과 등급을 수평적으로 분류하는 작업

② 직무를 수준별로 구분해 직급과 등급을 형성하는 작업

3 직무평가 방법

	서열법	분류법	점수법	요소비교법
사용빈도	가장 적음	둘째나 셋째	가장 많음	둘째나 셋째
비교방법	직무와 직무	직무와 기준표	직무와 기준표	직무와 직무
특징	서열을 전체적으로 평가	등급기준표에 직무를 배치	직무평가기준표에 따른 평가요소별 배점	대표 직위의 선정과 요소별 보수액 배분
요소의 수	없음	없음	평균 11개	보통 5~7개
척도의 형태	서열	등급	요소별 점수	대표 직위별 점수
평가 방법	비계량적 방법	비계량적 방법	계량적 방법	계량적 방법
평가 대상	직무 전체	직무 전체	직무의 평가 요소	직무의 평가 요소
다른 방법과의 관계	요소비교법의 조잡한 형태	점수법의 조잡한 형태	분류법의 발전된 형태	서열법의 발전된 형태

(0) 의미

① 직무를 수준별로 구분해 직무의 난이도와 책임의 경중에 따라 직급과 등급을 형성하는 작업

② 직무평가의 일차적 목적은 직무의 상대적 수준에 따른 보수를 결정하는 데 있으나, 최근에는 임용·교육훈련·근무성적평정 등 인사관리 전반에 확대 적용

③ 비계량적 방법으로 서열법과 분류법, 계량적 방법으로 점수법과 요소비교법

(1) 서열법

① **개념 : 비계량적 방법**으로, 각 직위가 지니고 있는 직무의 곤란성과 책임성을 전체적으로 평가해 직위 간 서열을 정하는 **가장 간단한 방법***

② **서열법의 장점 :** 작업이 단순해 이해하기 쉽고, 신속하며, 비용이 적게 발생

③ **서열법의 단점**

㉠ 분류 직위가 복잡하고 많으면 적용하기 어려우며, 직무의 경중은 알아도 얼마의 차이가 있는가를 판단하기 곤란

㉡ 직무를 구성요소별로 나누지 않고 전체적 · 종합적으로 평가하기 때문에 평가가 피상적이므로, 소규모 조직을 제외하고는 거의 사용하지 않음.

* **서열법의 종류**
① **단순서열법 :** 평가직무의 기술서를 미리 읽고 직무의 곤란성, 책임성 및 복잡성과 자격 요건의 순서로 각 직위를 배열
② **쌍쌍비교법 :** 두 개 직위의 직무기술서를 비교해 상대적 가치가 높다고 판단되는 직위를 선택

(2) 분류법

① **개념 : 비계량적 방법**으로, 미리 작성된 **등급기준표**에 따라 직위의 등급을 분류

② 분류 대상 직무를 구체적 구성 요소에 따라 분류하지 않고 **포괄적으로 평가**한다는 점에서 **서열법과 동일**하나, **미리 작성된 등급기준표**가 있다는 점에서 **서열법과 차이**

③ **분류법의 장점 :** 절차가 비교적 간단하고, 전체적으로 평가하기 때문에 분류 작업이 용이하며, 직무 내용이 충분히 표준화되지 않았더라도 등급 적용이 가능해 정부 부문에서 많이 사용

④ **분류법의 단점**

㉠ 직무를 포괄적으로 평가하기 때문에 분류가 부정확하게 될 가능성이 있고, 직무가 복잡하고 평가 대상 직위가 많으면 유용성이 떨어짐.

㉡ 등급 정의 작업이 곤란해 등급기준표를 작성하는 것이 어렵고, 어떤 직위의 직무는 두 개 등급에 걸쳐 중복될 가능성이 있음.

(3) 점수법

① **개념 : 계량적 방법**으로, 직무평가기준표의 **평가 요소별 배점**에 따라 **총점을 도출**하여 비교하는 방법이며 직무평가 방법 중 **가장 많이 사용**

② **점수법의 장점**

㉠ **체계적이고 과학적**인 방법으로 타당성과 신뢰성이 인정되며, 공통적이며 중요한 특성을 보누 평가 요소로 사용하여 평가 결과를 쉽게 수용

㉡ 계량적 방법이므로 표시된 숫자에 따른 등급 결정이 용이하고, 직무평가기준표가 안정성을 가지므로 일관성 있는 직무평가 가능

③ **점수법의 단점**

㉠ **절차가 대단히 복잡하고 까다로우며** 많은 시간이 소요되며, **상당한 전문지식**과 기술을 요구

㉡ 평가 요소의 단계 구분과 비중 결정 및 점수 부여가 명확한 객관성을 가진다는 근거는 없음.

(4) 요소비교법

① **개념 : 계량적 방법**으로, 가장 늦게 고안된 직무평가 방법이며, 점수법의 단점인 평가 요소의 비중 결정과 단계 구분에 따른 점수 부여의 임의성을 극복하고자 개발

② **요소비교법의 장점**

㉠ 주관적인 직무평가 기준표와 비교하는 것이 아닌 **대표 직위와 비교하는 것**으로 평가 결과의 정확도 증진

㉡ 평가의 범위가 넓어 분류 대상 직위가 많은 경우에도 폭넓게 활용

③ **요소비교법의 단점**

㉠ 대표 직위의 선택이 잘못되면 전체 분류 대상 직위의 평가가 잘못될 가능성 존재

㉡ **고도의 기술이 필요**하고, 대표 직위의 평가 요소별 서열 결정에 평가자의 편견 개입 가능

심화 점수법과 요소비교법

1. 점수법

평가직위	평가요소	비중	단계		
			1	2	3
개별직위	응용력	50	50	100	150
	육체노력	30	30	60	90
	위험성	20	20	40	60

2. 요소비교법

평가요소 / 대표직위	응용력		육체노력		위험성	
	서열	요소보수	서열	요소보수	서열	요소보수
대표직위A	1	100	3	30	2	30
대표직위B	2	150	1	10	3	45
대표직위C	3	200	2	20	1	10

기출 CHECK

1 직무분석과 직무평가에 대한 설명으로 옳은 것은? 2020 국가직 7급

① 직무분석은 직무들의 상대적인 가치를 체계적으로 분류하여 등급화하는 것이다.
② 직무자료 수집방법에는 관찰, 면접, 설문지, 일지기록법 등이 활용된다.
③ 일반적으로 직무평가 이후에 직무 분류를 위한 직무분석이 이루어진다.
④ 직무평가 방법으로 서열법, 요소비교법 등 비계량적 방법과 점수법, 분류법 등 계량적 방법을 사용한다.

① x 직무들의 상대적인 가치를 체계적으로 분류하여 등급화하는 것은 직무분석이 아닌 직무평가로, 수준별로 구분해 직급과 등급을 형성하는 작업이다. 직무분석은 직무를 종류별로 구분해 직렬과 직군을 형성하는 작업이다.
② o 직무를 분석하고 평가하기 위해서는 우선적으로 관련 자료를 다양하게 수집해야 한다. 직무자료를 수집하는 방법으로는 관찰법, 면접법, 설문지법, 체험법, 결정적 사건법 등이 있다.
③ x 큰 덩어리의 종류를 나누는 직무분석 이후에 구체적인 곤란도와 책임도를 구분하는 직무평가가 진행된다.
④ x 서열법과 분류법이 비계량적 방법이며, 점수법과 요소비교법이 계량적인 방법이다. 정답 ②

체크포인트
직무분석과 직무평가는 세 가지 논점이 중요합니다. 우선 직무분석이 이뤄진 다음에 직무평가가 진행된다는 순서를 알고 있어야 합니다. 그 다음으로는 직무평가 단계에서 비로소 곤란도와 책임도에 따른 분류가 이루어진다는 것입니다. 마지막으로 직무평가를 하는 구체적인 4가지 방법이 각각 비계량적 방법인지 계량적 방법인지를 비교할 수 있어야 합니다.

2 직무평가방법과 설명이 바르게 연결된 것은? 2016 국가직 9급

A. 서열법(job ranking)	B. 분류법(classification)
C. 점수법(point method)	D. 요소비교법(factor comparison)

ㄱ. 직무 전체를 종합적으로 판단해 미리 정해 놓은 등급기준표와 비교해가면서 등급을 결정한다.
ㄴ. 대표가 될 만한 직무들을 선정하여 기준직무(key job)로 정해놓고 각 요소별로 평가할 직무와 기준 직무를 비교해가며 점수를 부여한다.
ㄷ. 비계량적 방법을 통해 직무기술서의 정보를 검토한 후 직무 상호 간에 직무전체의 중요도를 종합적으로 비교한다.
ㄹ. 직무평가표에 따라 직무의 세부 구성요소들을 구분한 후 요소별 가치를 점수화하여 측정하는 데, 요소별 점수를 합산한 총점이 직무의 상대적 가치를 나타낸다.

	A	B	C	D
①	ㄱ	ㄴ	ㄷ	ㄹ
②	ㄱ	ㄷ	ㄹ	ㄴ
③	ㄷ	ㄴ	ㄱ	ㄹ
④	ㄷ	ㄱ	ㄹ	ㄴ

ㄱ. 등급기준표에 따라 직무를 등급별로 분류하는 것은 비계량적 방법 중 하나인 분류법이다. (B)
ㄴ. 대표적인 기준직무를 선정하고, 선정한 기준직무들을 요소별로 비교하여 점수를 매기는 것은 계량적 방법 중 하나인 요소비교법이다. (D)
ㄷ. 직무들을 상호 간에 종합적으로 비교하는 방법은 비계량적 방법 중 하나인 서열법이다. (A)
ㄹ. 직무의 세부 요소들을 점수화하여 총점을 비교하는 것은 계량적 방법 중 하나인 점수법이다. (C) 정답 ④

체크포인트
직무평가를 위한 구체적인 4가지 방법을 구분할 수 있는지도 빈출되는 주제입니다. 우선 큰 틀에서 비계량적 방법에는 서열법과 분류법이, 계량적 방법에는 점수법과 요소비교법이 들어간다는 것부터 출발해야 합니다. 따라서 서열법과 분류법은 점수를 매기지 않고 직관적인 분류가 가능한 방법을 연결시켜야 하고, 점수법과 요소비교법은 점수를 매기는 방법을 연결시켜야 할 것입니다.

PART 4

CHAPTER 2 공무원 임용

9급 24국, 21지
7급 24국, 23국, 22국, 21국, 21지, 19지, 17국, 16지

1 임용 이론

1 엽관제와 실적제 ⓢ

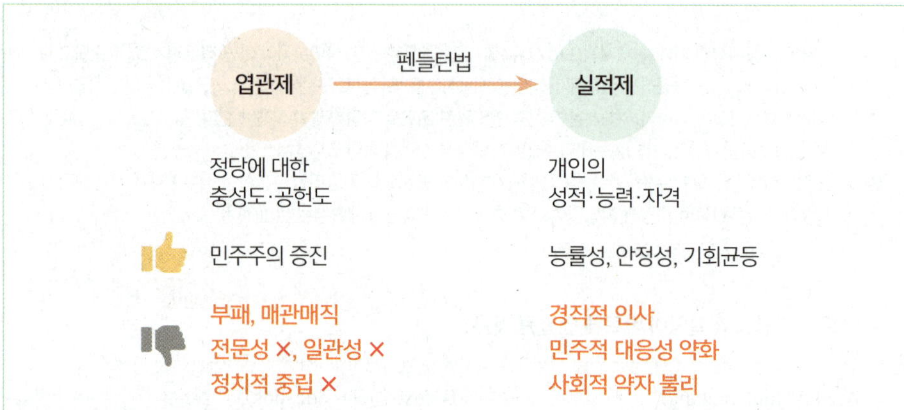

1 엽관제(spoils system)

(1) 개념과 발달

① **정당에의 충성도와 공헌도** 등을 관직 임용의 기준으로 삼는 인사제도

② 관료기구와 집권정당의 동질성을 확보하기 위한 수단으로, **정당정치의 발달**과 깊은 관련

(2) 엽관주의와 정실주의의 비교

① 엽관주의(1829, 美 7대 대통령 잭슨, Jackson)

㉠ 엽관제를 미국 인사행정 기본원리로 채택하고 공직의 대중화를 추진

㉡ 모든 공직은 누구나 수행할 수 있기 때문에 특정인이 공직을 장기간 점유하는 것은 역기능이 크다고 지적

㉢ 상류 계층에 독점되어 있던 공직을 서부 개척민을 포함한 **일반 대중에게 공개**하고, 엽관제의 추진을 "**민주주의의 실천적 정치 원리**", "선거의 자유와 모순되는 특권적 임용을 바로잡는 개혁과제"라고 선언

㉣ 남북전쟁(1861~1865)을 거치며 "전리품은 승자에게 속한다"는 엽관제적 슬로건이 미국의 공직사회를 지배

② 정실주의

㉠ 정실주의는 정치적 요인뿐만 아니라 인사권자와의 개인적인 **연고 관계, 학연, 혈연, 지연, 개인적 신임, 친분관계** 등을 기준으로 공무원을 임용하는 제도

㉡ 절대군주국가시대의 유럽에서 왕이나 귀족이 자신의 측근을 관직에 등용하는 방식 → 민주주의적 대표성 ×

(3) 장점

① 특권적 정부관료제를 대중에게 공개하여 민주정치의 발달과 행정의 민주화에 공헌

② 정당에 대한 공헌도나 충성도를 임용 기준으로 삼아 정당의 대중화와 정당정치의 발달에 기여

③ 국민에 의해 선출된 정치지도자의 국정지도력을 강화하여 선거공약이나 공공정책의 실현에 용이

④ 선거를 통해 집권한 정당에 정부관료제를 예속시켜 국민의 요구에 대한 관료의 대응성을 향상

⑤ 관료집단에 대한 정치적 통제를 용이하게 하고 집권정치인들이 공무원을 통솔하는 데 일조

(4) 단점

① 정당의 과두적 지배를 촉진해 공직의 사유화·상품화 경향을 야기하여 매관매직이나 뇌물 수수 등 정치적·행정적 부패 초래

② 능력 이외의 요인을 임용 기준으로 삼기 때문에 행정의 전문성이 저하되고 비능률성을 야기

③ 정권이 바뀔 때마다 대규모의 인력 교체가 일시에 이뤄지게 되어 행정의 계속성·일관성·안정성 등을 훼손하고 공무원의 정치적 중립 저해

④ 정권 창출에 공헌한 사람들을 임용하기 위해 불필요한 공직을 증설하게 되어 재정상의 낭비를 초래

⑤ 공직 취임이나 신분 유지가 전적으로 소속 정당이나 집권자에 대한 충성에 의존하므로 행정의 공정성 보장이 어려움.

⑥ 사회의 다원화 등에 따른 정당의 국민대표성 약화로 더 이상 특정 정당이 국민의 전체적인 이익을 대변하기를 기대할 수 없음.

2 실적제(merit system)

(1) 의미

① 개인의 성적, 능력, 자격 등을 기준으로 공직에 임명하는 인사제도

② 자본주의와 산업화의 진전에 의한 국가 기능의 양적 확대와 질적 부화에 따른 행정국가의 등장 및 정당의 본질 변화로 등장

③ 실적제의 주요 구성 요소 : 기회 균등, 실적에 의한 임용, 정치적 해고로부터의 신분보장, 정치적 중립

(2) 도입배경

① 美, 펜들턴 법(1883, Pendleton Act)을 계기로 실적제 확립

㉠ 1850년대부터 꾸준히 지속된 엽관제에 대한 개혁운동과 엽관주의자에 의한 가필드(Garfield) 대통령 암살사건(1881) 등이 영향

㉡ 주요 내용 : 독립적 연방인사위원회 설치, 공개경쟁채용시험에 의한 임용, 공무원 정치활동 금지, 시험 합격 공무원에 대한 시보임용 기간 적용 등

X [9급] 엽관주의는 개인의 능력, 적성, 기술을 공직 임용 기준으로 한다.
O 실적주의(엽관주의 ×)는 개인의 능력, 적성, 기술을 공직 임용 기준으로 한다.

모숑
영국의 경우 정실주의를 방지하고 실적주의를 도입하기 위해 추밀원령(1차 1855년, 2차 1870년)을 제정

PART 4

② **분류법**(1923, Classification Act) **및 해치법**(1939, Hatch Act) **제정**

㉠ **분류법** : 실적제의 적용을 받는 분류직 공무원의 수를 급격히 증가

㉡ **해치법** : 공직에 대한 정당의 지배와 **공무원의 정치활동 금지**

(3) 장점

① 실적제의 기본 원칙인 공개경쟁채용시험은 **공직 취임에의 기회 균등**이라는 민주적 요청을 충족

② **실적을 기준**으로 공무원을 임용하므로 **행정능률성의 향상**에 기여

③ 공무원의 **정치적 중립을 요구**하기 때문에 **행정의 공정성**을 보장

④ 정치적인 해고로부터 공무원의 신분을 보호해 주기 때문에 **행정의 안정성과 계속성**을 유지하고, 나아가 전문적인 직업공무원제의 수립에도 기여

⑤ 실적제는 공직의 상품화를 근원적으로 봉쇄하며, 그로 인한 **정치·행정적 부패를 감소**

(4) 단점

① 엄격한 채용시험 및 임용 이후 신분보장이라는 **경직적 수단에 집착**할 경우 **소극적이고 형식적**인 인사행정 발생

② 관료에 대한 신분보장은 정치인에 의한 관료통제를 어렵게 만들고, 엽관주의에 비해 **시민들에 대한 대응성이 약화**되는 요인으로 작용

③ **채용시험 기회 균등은 형식적인 차원**에 불과하며, 시험을 통해 높은 성적을 거두는 집단은 결국 주류 집단일 가능성이 높아 **사회적 약자에게 현실적으로 불리**

기출 CHECK

1 엽관주의와 실적주의에 대한 설명으로 옳은 것만을 모두 고르면? 2014 국가직 9급

ㄱ. 엽관주의는 실적 이외의 요인을 고려하여 임용하는 방식으로 정치적 요인, 혈연, 지연 등이 포함된다.
ㄴ. 엽관주의는 정실임용에 기초하고 있기 때문에 초기부터 민주주의의 실천원리와는 거리가 멀었다.
ㄷ. 엽관주의는 정치지도자의 국정지도력을 강화함으로써 공공정책의 실현을 용이하게 해준다.
ㄹ. 실적주의는 정치적 중립에 집착하여 인사행정을 소극화·형식화시켰다.
ㅁ. 실적주의는 국민에 대한 관료의 대응성을 높일 수 있다는 장점이 있다.

① ㄱ, ㄷ　② ㄴ, ㄹ
③ ㄴ, ㅁ　④ ㄷ, ㄹ

ㄱ. X 혈연, 지연 등으로 임용하는 방식은 엽관주의가 아닌 정실주의이다. 엽관주의는 정당에의 충성도와 공헌도 등을 관직 임용의 기준으로 삼는 인사제도이다.

ㄴ. X 엽관주의는 정당에의 충성도와 공헌도를 기준으로 관료를 임용하므로, 혈연이나 지연을 기준으로 하는 정실임용에 기초하는 것이 아니다. 엽관주의는 국민들의 정치적 이익을 대표하는 정당을 기반으로 공무원을 선발한다는 점에서 민주주의의 실천원리와 밀접한 관련이 있다.

ㄷ. O 엽관주의는 정당의 지도자가 공직 임명권을 행사한다. 따라서 자신과 정치적 지향점이 일치하는 사람들을 관료로 임명하기 용이하고, 그들에 대한 통제권한도 강하게 행사할 수 있다. 이는 정치지도자의 국정지도력의 강화와 이에 따른 공공정책의 용이한 실현에 기여하게 된다.

ㄹ. O 실적주의는 엽관주의를 비판하면서 등장했기 때문에 객관적인 성적과 실적으로 관료를 선발하고, 선발한 후에는 정치적 중립을 지키며 신분을 보장하는 특징을 갖는다. 이는 객관적인 선발이라는 측면에서 장점이지만, 형식적이고 경직적이어서 상황변화에 탄력적으로 대응하기 어렵다는 단점으로도 연결된다.

ㅁ. X 실적주의는 국민들의 선택이 아닌 객관적인 성적에 따라 관료가 임명되고, 임명된 후에는 신분이 보장된다. 따라서 국민에 대한 대응성 여부가 관료 입장에서 크게 중요하지 않다. 국민에 대한 관료의 대응성을 높일 수 있는 방식은 엽관주의이다. 국민들이 선출한 정치지도자가 관료를 임명하는 방식이며, 정치지도자의 임기가 지속되어야 그들이 선발한 관료의 임기도 지속될 수 있으므로 관료들은 평소에 국민에 대한 대응성을 높이려고 노력하게 된다.

정답 ④

체크포인트

엽관주의와 실적주의는 보통 함께 출제됩니다. 엽관주의의 문제점을 보완하면서 등장한 것이 실적주의이기 때문입니다. 그렇다고 해도, 엽관주의 역시 민주적 대응성의 증진과 같은 장점이 있다는 점과 실적주의 역시 인사행정의 소극화와 같은 단점이 있다는 점을 간과해서는 안 됩니다. 아울러 엽관주의 이전에 존재했던 정실주의의 개념도 종종 출제되고 있으니, 정실주의와 엽관주의를 비교하는 포인트도 준비해 두어야 합니다.

9급 22국, 20지, 19지
7급 24국, 21국, 17국

2 직업공무원제(career civil service system) Ⓐ

평생직업 → 신분보장 / 일체감 → 무사안일/보수성

다양한 경험 → 일반행정가 → 전문성×

내부승진 → 장기발전/교육훈련 → 폐쇄적 임용

최하위 계급 임용

(1) 개념

① 직업공무원제란 **우수한 젊은 인재**들을 공직에 유치하고, 그들이 공직에 근무하는 것을 명예로 인식하고 **정년퇴임 시까지 장기간에 걸쳐 성실하게 근무**하도록 하는 임용제도

② 절대왕정시기의 관료제에 연원을 두고 있으며, 우리나라는 **직업공무원제도를 헌법상의 제도보장**으로 선언

보충
실적제 VS 직업공무원제
① **실적제** : 정치적 중립을 주요 요소로서 포함하고 있으나, 유럽 절대군주국가 시대부터 발달한 직업공무원제는 반드시 정치적 중립을 요구하지는 않음.
② **직업공무원제** : 계급제와 폐쇄형 임용 체계 및 일반행정가주의에 입각하고 있으나, 실적제가 확립된 미국의 공무원제도는 직위분류제와 개방형 공무원제 및 전문가주의에 입각

(2) 특성 : 본질적으로 계급제, 폐쇄형 임용체계, 일반행정가를 중시

① 원칙적으로 **젊은 인재를 최하위 계급**으로 임용해, 장기간에 걸쳐 근무하도록 하면서 **단계적으로 승진**

② 상위 계급은 원칙적으로 **내부승진에 의해 충원**되며, 외부로부터의 유입은 허용하지 않음.

③ 응시자의 학력과 연령은 엄격히 제한되며, 선발 기준으로는 전문적인 직무 수행 능력보다는 **장기적인 발전 가능성을 중시**하여 **교육훈련과 경력 발전**에 관심

④ 오랜 기간에 걸쳐 공직에 근무하면서 여러 분야에서 다양한 경험을 쌓게 하므로, 폭넓은 시각과 안목을 가진 **일반행정가 양성에 유리**

⑤ 장기간 근무를 통해 공직에 대한 **직업적 연대 의식과 일체감과 단결성**을 형성하고, **신분보장**을 통해 공직의 **안정성과 행정의 일관성** 확보

(3) 장점

① 공직에서의 장기 근무를 격려하기 때문에 공직 근무를 평생의 직업으로 인식하는 경향이 강하며, 공직을 하나의 전문 직업 분야로 확립하는 데 유리

② 공직에 대한 자부심과 일체감이 강화되며, 따라서 높은 수준의 봉사정신과 행동규범을 유지하는 데 도움

③ 능력 발전이 폭넓게 이루어지므로, 정책결정 및 행정관리를 담당하는 고급공무원 양성에 유리

④ 공무원의 장기 근무를 유도하므로 행정의 계속성과 일관성을 유지

(4) 단점

① **폐쇄적 임용**으로 인해 공무원집단이 보수화되거나 관료주의화되는 경향이 강함.

② **공직의 분위기가 침체**되어 공무원의 전반적인 질적 수준이 저하될 우려

③ **공무원에 대한 신분보장**은 외부환경의 급격한 변화에 신속하게 대응하지 못하고 무사안일에 빠지거나 변화에 저항적인 관료적 병리 현상을 초래

④ 일반행정가 양성은 **전문행정가의 양성을 저해함**으로써 행정의 전문화 요구에 역행

보충
직업공무원제의 단점 보완 : 계급정년제와 연령정년제
① **계급정년제** : 일정한 계급에 도달한 후 일정 기간 동안 승진하지 못하면 자동으로 퇴직
② **연령정년제** : 일정한 연령에 도달하면 직급이나 직종과 관계없이 퇴직

기출 CHECK

1 직업공무원제에 대한 설명으로 옳지 않은 것은? 2019 지방직 9급

① 젊고 우수한 인재가 공직을 직업으로 선택해 일생을 바쳐 성실히 근무하도록 운영하는 인사제도이다.
② 폐쇄적 임용을 통해 공무원집단의 보수화를 예방하고 전문행정가 양성을 촉진한다.
③ 행정의 안정성을 확보할 수 있고, 높은 수준의 행동규범을 유지하는 데 도움이 된다.
④ 조직 내에 승진적체가 심화되면서 직원들의 불만이 증가할 수 있다.

① o 직업공무원제란 우수한 젊은 인재들을 공직에 유치하고, 그들이 공직에 근무하는 것을 명예로 인식하고 정년퇴임 시까지 장기간에 걸쳐 성실하게 근무하도록 하는 임용제도이다.
② x 직업공무원제는 내부승진과 신분보장이라는 폐쇄적 임용에 기반을 두고 있기 때문에 보수화를 심화시킬 수 있다. 또한 내부승진을 하는 과정에서 다양한 업무를 수행하기 때문에 전문행정가보다는 일반행정가의 양성을 촉진한다.
③ o 직업공무원제는 신분보장을 통해 장기간 공직을 수행하기 때문에 행정의 안정성을 확보할 수 있고, 같은 조직에서 오랫동안 근무하기 때문에 조직일체감에 따른 높은 수준의 행동규범을 유지할 수 있다.
④ o 직업공무원제는 정년까지 신분보장이 되기 때문에, 중간에 퇴직하는 공무원이 적어 승진적체가 심화되고 직원들의 불만이 증가할 수 있다.

정답 ②

체크포인트

직업공무원제는 계급제, 폐쇄형 임용체제, 일반행정가를 중시한다는 점을 기본적으로 정리해두어야 합니다. 이런 내용과 어울리지 않는 전문행정가라든지 직무급과 같은 표현을 찾아내는 훈련이 필요합니다. 우리가 합격해서 일하게 될 공무원 조직의 기본적인 성격을 상식적인 수준에서 활용하시는 것도 괜찮은 방법입니다.

3 대표관료제(representative bureaucracy) S

9급 25지, 23지, 19지, 17국
7급 21국, 20국, 15국

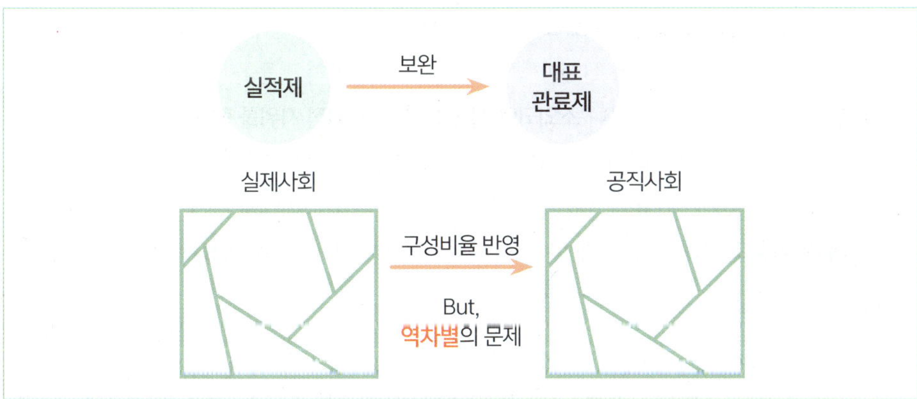

(1) 개념

① **관료제의 인적 구성 비율을 사회의 각 집단에 비례**하도록 구성하는 인사제도
② 사회를 구성하는 모든 주요 집단으로부터 인구비례에 따라 관료를 충원하고 이들을 정부 내의 모든 계급에 비례적으로 배치하여 정부가 그 사회의 모든 계층과 집단에 공평하게 대응토록 하는 인사제도

(2) 등장배경

① **킹슬리(Kingsley), 실적주의의 폐단**과 **직업공무원제의 한계**를 극복하고 **사회적 약자를 보호**하기 위해 등장

x [9급] 대표관료제는 엽관주의 폐단을 시정하기 위해 등장하였으며 역차별의 문제를 완화할 수 있다.
o 대표관료제는 실적제의 문제점(엽관주의 폐단 ×)을 시정하기 위해 등장하였으며 역차별의 문제를 심화(완화 ×)할 수 있다.

② 국민에 의해 직접 선출되지 않았으나 신분보장을 받고 있는 관료집단을 어떻게 민주적 방법으로 행동하도록 만들 것인가에 대한 고민

③ 크랜츠(Kranz)는 관료제 내의 모든 직무와 계급에 대표관료제를 적용할 것을 주장했으며, 라이퍼(Riper)는 사회적 가치까지도 대표관료제의 요소로 포함

(3) 기본 전제

적극노력

흑인 20% 임용
- 흑인집단(출신집단)을 위해 O
- 백인을 위해 ×
- 모든 국민을 위해 ×

① 관료들은 누구나 **자신의 사회적 배경**과 **출신 집단의 가치나 이익**을 정책 과정에 반영시키려고 노력

㉠ 관료들의 객관적 책임은 매우 비현실적이며, 행정책임은 기본적으로 주관적이거나 심리적

㉡ 주관적 책임은 주로 개인의 성장 배경, 사회화 과정 및 조직 내부나 외부에 존재하는 사회집단 등에 의해 형성

소극적 대표성 (구성) → 적극적 대표성 (행동)

② 대표성을 소극적(상징적) 측면과 적극적(행동적) 측면으로 구분하고, **소극적 대표성이 자동적으로 적극적 대표성을 보장한다는 가정**하에 대표관료제 전개

㉠ **소극적 대표성** : 국가의 사회 · 경제적 **인구구성의 특징**이 관료제의 구성에 그대로 반영되는 것

㉡ **적극적 대표성** : 관료제 안에서 자신의 **출신 집단의 이익을 적극적으로 대변**하는 것

(4) 효용성

① 다양한 집단을 참여시킴으로써 국민의 다양한 요구에 대한 **정부관료의 대응성**을 향상

② **기회균등의 원칙을 실질적으로 보장**함으로써 관료제의 국민대표성과 사회적 형평성의 제고라는 민주적 이념을 실현 (기회의 평등보다 결과의 평등을 강조)

③ 전통적으로 차별을 받거나 **소외되던 집단의 사회 · 경제적 지위를 향상**시킴으로써 소외집단 구성원들에 의한 반사회적 행위를 감소

④ 정부정책에 대한 관료의 책임성을 제고시키며, 공직사회 내부 구성원 간 견제를 통해 **내부통제를 강화**하고, 정부가 좀 더 합리적인 정책을 선택할 수 있도록 영향력 행사

(5) 비판

① 우수한 능력을 지닌 개인이 혜택을 받았던 집단 출신이라는 이유로 불이익을 받는 **역차별**이 발생, 천부적 자유 및 기회 균등의 원칙과 괴리

② 할당제를 강요하는 결과를 초래하여 **실적제를 훼손**하고, **행정 능률을 저하**시켜 행정의 전문성과 생산성 저해

③ **소극적 대표가 적극적 대표를 보장하지 못할 수 있으며,** 오히려 적극적 대표가 집단이기주의 등 새로운 갈등을 유발해 민주주의에 위협 요소로 작용

④ 공무원의 **정치적 중립 윤리와 상호 모순**

(6) 한국의 제도 : 통합인사제도(균형인사정책)

국가공무원법 제26조(임용의 원칙)

공무원의 임용은 시험성적 · 근무성적, 그 밖의 능력의 실증에 따라 행한다. 다만, 국가기관의 장은 대통령령등으로 정하는 바에 따라 **장애인 · 이공계전공자 · 저소득층 · 다자녀양육자 등에 대한 채용 · 승진 · 전보 등 인사관리상의 우대**와 **실질적인 양성 평등을 구현**하기 위한 **적극적인 정책을 실시**할 수 있다.

① **양성평등 : 관리직 및 주요직위에서의 성별 임용 현황을 지속적으로 관리**하고, **일과 생활의 균형**을 위한 제도를 활성화하는 등 공직 내 성별에 따른 차별요소를 해소

② **장애인** : 국가공무원 공개경쟁채용의 **장애인 구분모집**과 **중증장애인 국가공무원 경력경쟁채용**을 통해 장애인의 공직 진출을 지원

③ **지방인재 : 지방인재 채용목표제**를 통해 서울시를 제외한 **지방소재 학교 출신** 합격자가 일정비율에 미달할 경우 선발예정인원 외에 추가로 선발

④ **지역인재 : 전국 지역인재 추천채용제도**를 통해 **학교추천** 등으로 선발하여 일정기간 수습근무 후 공무원 임용여부를 결정하는 **인턴제 방식**으로 운영

⑤ **이공계** : 5급 신규 국가공무원 및 중앙부처 고위공무원의 **일정 비율 이상을 이공계 공무원으로 임용**

⑥ **사회통합인재 : 저소득층 공직 진출제도**를 통해 공채 및 경채 인원의 일정 비율 이상을 저소득층으로 채용

기출 CHECK

1 대표관료제에 대한 설명으로 옳지 않은 것은? 2019 지방직 9급

① 소극적 대표가 적극적 대표를 촉진한다는 가정하에 제도를 운영해 왔다.
② 엽관주의 폐단을 시정하기 위해 등장하였으며 역차별의 문제를 완화할 수 있다.
③ 소극적 대표성은 전체 사회의 인구 구성적 특성과 가치를 반영하는 관료제의 인적 구성을 강조한다.
④ 우리나라는 균형인사제도를 통해 장애인 · 지방인재 · 저소득층 등에 대한 공직진출 지원을 하고 있다.

① O 소극적 대표는 인적구성의 비율을 반영하는 측면이며, 적극적 대표는 출신집단의 이익을 위해 행동하는 측면이다. 대표관료제가 운영되는 궁극적인 목적은 취약계층의 사회·경제적 지위 향상이다. 비율에 따른 할당을 통해 취약계층을 공직사회로 진입시키면 그들이 자신의 출신집단을 위해서 적극적으로 노력해야 대표관료제가 목적에 맞게 운영될 수 있다. 즉 대표관료제는 소극적 대표가 적극적 대표를 촉진한다는 가정하에 운영된다.
② X 엽관주의의 폐단을 시정하기 위해 등장한 것은 실적주의이다. 대표관료제는 실적주의의 문제점을 보완하기 위해 등장하게 된다. 또한 대표관료제는 취약계층에 대한 적극적 할당조치이므로, 주류집단이 거꾸로 차별받는 역차별의 문제가 발생할 가능성이 높다.
③ O 소극적 대표성은 인적구성의 비율을 공직임용에도 반영하는 것으로, 국가의 사회·경제적 인구구성의 특징을 관료제의 구성에 그대로 반영하는 것이다.
④ O 우리나라는 대표관료제에 기반을 둔 균형인사제도를 운영하고 있으며, 여성, 장애인, 과학기술인재, 지방인재, 저소득층 등 다양한 계층을 대상으로 적용된다.

정답 ②

체크포인트

임용 이론에서 언제나 체크하는 것이 임용 이론의 커다란 흐름입니다. 엽관주의의 문제점을 지적하면서 실적주의가 등장했고, 실적주의의 문제점을 지적하면서 대표관료제가 등장합니다. 물론 예팅 문제에서는 대표관료제의 취지, 특성, 한계도 골고루 체크하고 있습니다. 대표관료제는 단독문제로 빈번하게 기출되고 있으므로 반드시 해결해야 하는 주제로 정리해야 합니다.

9급 16지, 14국
7급 21지

2 중앙인사기관 B

1 역할

정부 전체의 **인사행정을 총괄하는 범정부적 인사행정기관**으로, 준입법 · 준사법 · 감사 · 집행 · 보좌 기능 등을 수행

2 유형

	합의성	단독성
독립성	**독립합의형(위원회형)**	독립단독형
비독립성	비독립합의형	**비독립단독형(집행부형)**

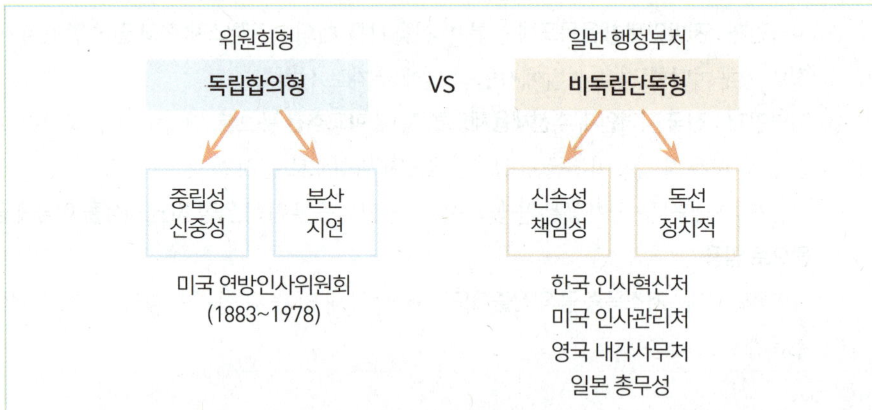

(1) 독립합의형(위원회형)

① **개념** : 엽관제나 정실제의 폐해를 방지하고 **인사행정의 정치적 중립성을 보장**하기 위한 조직 형태로, **복수의 위원으로 구성**되며 **행정부 및 행정수반으로부터 독립**

예 **미국 연방인사위원회**(1883~1978, FCSC), 미국 실적제 보호위원회, 영국의 인사위원회, 일본의 인사원

② 장점

㉠ **인사행정의 정치적 중립을 보장**해 **인사행정의 공정성 확보**에 따른 실적제를 발전시키는 데 유리

㉡ 다수의 위원의 합의에 따른 **신중한 의사결정 가능**

㉢ 위원들을 부분적으로 교체할 경우 인사행정의 계속성 확보

㉣ 중요한 이익집단의 대표자를 합의체에 참여시켜 인사행정에 대한 이익집단의 요구를 균형 있게 수용

③ 단점

㉠ 인사행정의 **책임이 분산**되고, 결정 주체가 확연히 드러나지 않아 책임 소재가 불분명

㉡ 합의 과정을 통해 결정되므로 인사정책의 **결정이 지나치게 지연**

㉢ 합의체의 구성원들이 대개 정치적 영향력에서 자유롭지 못해 인사행정의 중립성 확보에 제약을 받을 가능성

㉣ 엽관제 방지 목적이기 때문에 인사행정의 적극화가 곤란

㉤ 행정수반이 자신의 정책을 강력하게 추진하기 곤란

(2) 비독립단독형(집행부형)

① 개념 : 일반 행정부처와 같은 조직 형태로 한 사람이 의사결정을 하며, 행정부에 소속되어 행정수반의 직접적 통제를 받는 유형

예 미국의 인사관리처(OPM), 영국의 내각사무처, 일본의 총무성, 한국의 인사혁신처

② 장점

㉠ 인사행정의 책임 소재 분명

㉡ 한 사람의 기관장이 신속하게 결정하고 변화에 신축적으로 대응

㉢ 행정수반은 인사행정을 자신의 국정관리 수단으로 삼아 국가의 주요 정책을 신속하고 강력하게 추진함으로써 능률적 행정 수행

③ 단점

㉠ 인사행정의 정치적 중립성이 결여되므로 공정성이 저해될 수 있으며, 인사행정의 엽관화 및 정실화를 막기 어려움.

㉡ 기관장의 독선적 · 자의적 결정을 견제하기 곤란

㉢ 중앙인사기관장이 바뀔 때마다 정책 방향이 달라질 수 있어 일관성과 계속성이 결여되고, 인적 자원을 안정적 · 합리적으로 관리하기 어려움.

㉣ 양당적이거나 초당적인 문제를 반영하고 해결하는 데 어려움.

(3) 절충형

독립합의형과 비독립단독형을 절충하는 유형으로, 실제 적용되는 사례는 거의 없음.

보충

중앙인사위원회(1999~2008)

① **이명박 정부** 시기 중앙인사기관

② **합의제** 형태

③ **대통령 소속** 장관급 기구

기출 CHECK

1 현재 우리나라와 같은 유형의 중앙인사기관이 갖는 특성으로 적절한 것은? 2014 국가직 9급(수정)

① 인사에 대한 의사결정이 신속하고, 책임소재의 명확화가 가능한 유형이다.

② 행정수반의 적극적인 지원을 받고 있어 인사상의 공정성 확보가 용이하다.

③ 복수 위원들 간의 합의에 의한 결정방식을 특징으로 한다.

④ '1883년 펜들톤(Pendleton)법'에 의해 창설된 미국의 연방인사기구가 이 유형에 속한다.

① O 우리나라의 중앙인사기관인 인사혁신처는 비독립단독형으로 국무총리 소속의 중앙행정기관이다. 국무총리 소속이므로 비독립형이며, 기관장인 처장이 결정하므로 단독형이다. 비독립단독형은 다수의 위원이 아닌 기관장이 결정하기 때문에 인사행정의 책임 소재가 분명하고 신속하게 결정할 수 있다는 장점이 있다.

② X 비독립단독형은 대통령이나 국무총리와 같은 행정수반에 소속되어 있기 때문에 행정수반의 적극적인 지원을 받을 수 있다. 다만 그렇기 때문에 행정수반의 정치적 압력과 자의적 판단이 많은 영향을 미쳐 인사상의 공정성 확보에는 불리할 가능성이 높다.

③ X 비독립단독형은 복수 위원들 간의 합의로 결정하는 합의형과는 달리, 기관장이 단독으로 결정하는 특징을 갖는다.

④ X 1883년에 제정된 미국의 펜들톤법은 기존의 엽관주의를 비판하고 실적주의를 정착시키기 위한 다양한 제도를 제시한다. 그 중 하나가 객관적이고 중립적인 인사를 위한 연방인사위원회(FCSC)를 창설한 것이다. 미국의 연방인사위원회는 정치적 중립을 기반으로 신중한 의사결정을 하기 위한 독립합의형으로 운영되었다. 정답 ①

체크포인트

중앙인사기관 주제에서는 독립합의형과 비독립단독형을 비교하는 것이 중요합니다. 특히 이 주제는 문장에 대한 해석이 중요한데, 각각의 선지의 문장이 독립합의형과 비독립단독형 중 어디에 연결되는 것이 적절할지에 대한 훈련을 평소에 해 두는 것이 필요합니다. 독립합의형은 독립되어 있고 합의에 의한 결정을 하므로 이에 따른 장단점이 있을 것이고, 비독립단독형은 독립되어 있지 않고 단독으로 결정하므로 이에 따른 장단점이 있을 것이므로 논리적으로 선지를 독해하면서 학습해야 할 부분입니다.

9급 25국, 24지, 15국

3 내부임용 B

공무원임용령 제2조(정의)

1. "임용"이란 신규채용, 승진임용, 전직(轉職), 전보, 겸임, 파견, 강임(降任), 휴직, 직위해제, 정직, 강등, 복직, 면직, 해임 및 파면을 말한다.

수직적 이동	수평적 이동	해직과 복직
승진, 승급, 강임, 강등	전직, 전보, 겸임, 파견, 전입	휴직, 직위해제, 정직, 면직, 해임, 파면

1 수직적 이동

(1) 승진

① **하위 계급에서 상위 계급으로 이동**하는 것으로, 일반적으로 직무의 곤란도와 책임의 증대를 의미하며 보수의 증액을 수반

② 단순한 결원 보충의 의미뿐만 아니라, 구성원의 **동기를 유발**하고 **사기를 진작**시키는 수단으로, 합리적인 승진제도의 확립은 직업공무원제의 발전에 중요

③ **승진의 장단점**

㉠ **장점** : 신규채용보다 임용 비용이 적게 소요되며, 선발의 과오가 감소될 수 있고 행정조직의 안정을 꾀할 수 있음.

㉡ **단점** : 승진의 비율이 높을 경우 조직의 침체를 가져오고 공무원의 질적 저하를 초래할 우려

(2) 승급

같은 계급 내에서 **호봉이 높아지는 것**으로, 계급이나 직책의 변동을 수반하지 않기에 승진과 구분

보충

승진의 종류

① **일반승진** : 승진후보자명부의 순위에 의하여 적격자를 승진 임용

② **특별승진** : 특별한 공적이 있다고 인정받는 공무원 등에 대하여 승진 소요 최저연수의 단축, 승진시험 우선 응시 권한 부여, 승진후보자명부 순위에 관계없이 승진 임용

(3) 강임

국가공무원법 제5조(정의)

4. "강임"이란 같은 직렬 내에서 하위 직급에 임명하거나 하위 직급이 없어 다른 직렬의 하위 직급으로 임명하거나 고위공무원단에 속하는 일반직공무원을 고위공무원단 직위가 아닌 하위 직위에 임명하는 것을 말한다.

① 현재의 계급에서 일시적으로 하위 계급으로 이동하는 것으로, 징계가 아님.

② 본인이 원할 경우, 직제와 정원이 변경되거나 예산의 감소 등으로 폐직이 될 경우, 상급기관이나 다른 기관으로의 전입 시 해당 직급의 정원이 없어서 일시적으로 낮은 직급이라도 감수하고 전입을 원할 경우 등에 가능

③ 강임된 자는 상위 직급에 결원이 발생하면 우선 승진시키고 승진시험을 면제

2 수평적 이동 → 배치전환

(1) 전직 · 전보

① 개념

㉠ 전직 : 상이한 직렬의 동일한 계급 또는 등급으로 수평 이동

㉡ 전보 : 동일한 직급 내에서 직위만 바꾸는 것

국가공무원법 제5조(정의)

5. "전직"이란 직렬을 달리하는 임명을 말한다.
6. "전보"란 같은 직급 내에서의 보직 변경 또는 고위공무원단 직위 간의 보직 변경을 말한다.

② 전직과 전보의 장점 및 악용

㉠ 장점 : 적재적소 배치, 능력 발전과 교육훈련, 조직 침체의 방지와 근무 의욕의 자극, 할거주의 타파와 부처 간 협력의 조성 등

㉡ 악용 : 징계의 수단, 해고의 방편, 특정 구성원에게 혜택을 베푸는 정실 인사의 수단 등

(2) 겸임

① 직위 및 직무 내용이 유사하고 담당 직무 수행에 지장이 없다고 인정되는 경우에 한 사람의 공무원에게 둘 이상의 직위를 부여하는 것

② 필요한 인력을 확보할 준비가 안 된 경우나 교육훈련기관의 교관 요원을 임용하는 경우 등에 이용되는 잠정적 임용 방법

공무원임용령 제40조(겸임)

① 임용권자 또는 임용제청권자는 다음 각 호의 어느 하나에 해당하는 경우에는 법 제32조의3에 따라 겸임하게 할 수 있다.

1. 임용예정 직위에 관련되는 전문인력의 확보가 필요한 경우
2. 각급 교육훈련기관의 교수요원을 임용하는 경우
3. 관련 기관 간 긴밀한 협조가 필요한 특수업무를 공동으로 수행하기 위하여 필요한 경우
4. 그 밖에 다른 법령에서 겸임하도록 하는 경우

Ⓧ [9급] 강임은 한 계급 아래로 직급을 내리는 것으로 징계의 종류 중 하나이다.

Ⓞ 강임은 한 계급 아래로 직급을 내리는 것이지만, 징계는 아니다.(징계의 종류 중 하나이다 ×)

보충

전직과 전보의 제한

전직을 위해서는 일부 예외 규정을 제외하고는 **전직시험을 거쳐야 하며, 전보 및 전직을 위해서는 최저 재임 기간을 채워야 함.**→ 과장급 미만 공무원의 필수보직기간은 3년, 과장급 2년, 고위공무원 2년

(3) 파견

① 국가적 사업의 수행을 위하여 **공무원의 소속을 바꾸지 않고** 일시적으로 다른 기관이나 국가기관 이외의 기관 및 단체에서 근무하게 하는 것

② 보수도 원래의 소속 기관에서 받는 임시적인 배치전환으로 긴급한 인력 수요에 신속히 대응

> **국가공무원법 제32조의4(파견근무)**
>
> ① 국가기관의 장은 국가적 사업의 수행 또는 그 업무 수행과 관련된 행정 지원이나 연수, 그 밖에 능력 개발 등을 위하여 필요하면 **소속 공무원을 다른 국가기관·공공단체·국내외의 교육기관·연구기관, 그 밖의 기관에 일정 기간 파견근무**하게 할 수 있으며, 국가적 사업의 공동 수행 또는 전문성이 특히 요구되는 특수 업무의 효율적 수행 등을 위하여 필요하면 **국가기관 외의 기관·단체의 임직원을 파견받아 근무**하게 할 수 있다.

(4) 전입

인사 관할을 달리하는 입법부·행정부·사법부 사이에 **다른 기관 소속 공무원을 이동**시켜 받아들이는 것

> **국가공무원법 제28조의2(전입)**
>
> **국회, 법원, 헌법재판소, 선거관리위원회 및 행정부 상호 간에 다른 기관 소속 공무원을 전입**하려는 때에는 **시험을 거쳐 임용**하여야 한다.

체크포인트

내부임용 중 빈출되는 개념은 전직과 전보의 비교입니다. 전직은 상이한 직렬 간의 이동을, 전보는 같은 직렬 내에서의 이동을 의미합니다. 두 개념을 바꿔서 출제하는 사례가 많으므로 선지를 읽으실 때 주의가 필요합니다. 또한 내부임용이 가장 크게는 수직적 이동과 수평적 이동으로 구분된다는 점, 내부임용 중 강임은 징계가 아니라는 점도 중요한 포인트이므로 정리해 둘 수 있어야 합니다.

기출 CHECK

1 내부임용에 대한 설명으로 옳지 않은 것은? 2016 국가직 7급 인사·조직론

① 승진은 일반적으로 직무의 곤란도와 책임의 증대를 의미하며 보수의 증액을 수반한다.
② 전직은 동일한 직렬·직급 내에서 직위를 바꾸는 것을 의미한다.
③ 승급은 계급이나 직책의 변동을 수반하지 않기에 승진과 구분된다.
④ 겸임은 필요한 인력을 확보할 준비가 안된 경우나 교육훈련기관의 교관 요원을 임용하는 경우 등에 이용되는 방법이다.

① O 승진은 내부임용 중 수직적 이동으로 하위 계급에서 상위 계급으로 이동하는 것이다, 따라서 일반적으로 직무의 곤란도와 책임의 증대를 의미하며 보수의 증액을 수반한다.
② X 전직은 상이한 직렬의 동일한 계급 또는 등급으로 수평적 이동이다. 동일한 직렬·직급 내에서 직위만 바꾸는 것은 전직이 아닌 전보이다.
③ O 승급은 내부임용 중 수직적 이동으로, 같은 계급 내에서 호봉이 높아지는 것이며, 계급이나 직책의 변동을 수반하지 않기에 승진과 구분된다.
④ O 겸임은 내부임용 중 수평적 이동으로, 직위 및 직무 내용이 유사하고 담당 직무 수행에 지장이 없다고 인정되는 경우에 한 사람의 공무원에게 둘 이상의 직위를 부여하는 것이다.

정답 ②

4 채용시험 A

9급 20국
7급 22지, 18국, 17지

1 채용시험의 종류

(1) 형식 기준

① **서류 전형** : 제출한 서류를 바탕으로 하여 적격성을 가리는 방법

② **필기시험** : 표준화와 객관성이 높으며 시험관리가 용이하고 비용이 적게 드는 방법으로, 주관식 시험과 객관식 시험으로 나뉨.

③ **면접시험** : 공무원으로서의 자세 및 태도, 해당 직무 수행에 필요한 능력 및 적격성 등을 검정하며, **소통 · 공감, 헌신 · 열정, 창의 · 혁신, 윤리 · 책임**의 평정요소로 평가

④ **실기시험** : 직무 수행에 필요한 실제적인 기술과 능력을 평가하는 시험

(2) 응시자격 기준

① **공개경쟁 채용시험** : 공무원은 특별한 학력과 경력의 제한 없이 **누구나 응시할 수 있는 공개경쟁 채용시험으로 채용하는 것이 원칙**

② **경력경쟁 채용시험** : 특정한 경우에는 **특정 사유에 해당하는 사람들만을 대상으로 경쟁시켜 채용**하는 **경력경쟁 채용시험**도 가능

> **국가공무원법 제28조**(신규채용)
> ① **공무원은 공개경쟁 채용시험으로 채용**한다.
> ② 제1항에도 불구하고 다음 각 호의 어느 하나에 해당하는 경우에는 **경력 등 응시요건을 정하여 같은 사유에 해당하는 다수인을 대상으로 경쟁의 방법**으로 채용하는 시험(**경력경쟁 채용시험**)으로 공무원을 채용할 수 있다.

2 채용시험의 효용성

1 타당도(Validity)

(1) 개념

측정하고자 하는 요소를 정확하게 측정하는 정도로, 요구되는 직무 수행 능력과 함께 장래의 발전 가능성도 예측해 줄 수 있는 시험이 타당도 높음.

(2) 유형

기준타당도	내용타당도	구성타당도
시험 성적 ↓ 업무 실적	직무 필수내용 ↓ 시험 반영 (전문가 검증)	이론적 추정 ↓ 실제 시험 구성

X [7급] 내용타당성은 시험 성적이 직무수행실적과 얼마나 부합하는가를 판단하는 타당성으로 두 요소 간 상관계수로 측정된다.

O 기준타당성(내용타당성 X)은 시험 성적이 직무수행실적과 얼마나 부합하는가를 판단하는 타당성으로 두 요소 간 상관계수로 측정된다.

PART 4

① 기준타당도

㉠ **시험성적과 근무실적 간의 상관관계**로, 시험성적이 다른 실적 기준과 얼마나 부합하느냐 하는 경험적 차원에서 판단되는 정도

㉡ **우수한 성적을 받고 합격**한 사람들이 **실제 임용 후에도 일을 잘하는 것으로 조사**되었다면 **시험의 타당성이 높다**고 봄.

㉢ 하나의 측정도구를 이용하여 측정한 결과(채용시험)와 다른 기준을 적용하여 측정한 결과(업무실적)를 비교했을 때 도출된 연관성의 정도

㉣ 기준타당도는 **예측적 타당성 검증**과 **동시적 타당성 검증**으로 구분

ⓐ **예측적 타당성 검증** : 시험성적과 근무실적을 시험합격자를 대상으로 시차를 두고 수집하여 비교하는 것으로 **시험합격자를 대상**으로 하기 때문에 시험성적은 바로 구할 수 있으나 근무실적은 일정기간 기다려야 함.

ⓑ **동시적 타당성 검증** : 시험성적과 근무실적에 대한 자료를 동시에 수집하여 상관관계를 검토하는 것으로, **근무중인 재직자**에게 응시자용 문제를 가지고 시험을 실시한 후, 근무실적이 좋은 재직자가 시험성적도 좋았는지를 확인

	시험성적	근무실적	
예측적 타당성 검증	○	×	합격자
동시적 타당성 검증	○	○	재직자

ⓧ [7급] 동시적 타당성 검증에서는 시험합격자를 대상으로 시험성적과 일정기간을 기다려야 나타나는 근무실적을 시차를 두고 수집하여 비교하는 것이다.

ⓞ 예측적(동시적 ×) 타당성 검증에서는 시험합격자를 대상으로 시험성적과 일정기간을 기다려야 나타나는 근무실적을 시차를 두고 수집하여 비교하는 것이다.

② 내용타당도

㉠ **직무수행에 필요한 능력요소와 시험문제의 부합 정도**로, 시험을 통해 측정하는 내용이 직무 수행의 중요한 요소를 대표할 수 있는지의 정도

예 특정 직무 수행과정에서 법률해석과 조문작성능력이 요구된다면, 이러한 능력을 시험에서 어느 정도 반영하여 측정할 수 있느냐와 관련

㉡ 시험이 특정한 직위의 의무와 책임에 직결되는 요소들을 어느 정도 측정할 수 있느냐에 대한 타당성의 개념

㉢ **직무에 정통한 전문가 집단**이 시험의 구체적 내용이나 항목이 직무의 성공적 임무 수행에 얼마나 적합한지를 **판단하여 검증**

③ 구성타당도

㉠ **이론적으로 추정한 능력요소와 시험문제의 부합 정도**로, 연구에서 이용된 이론적 구성개념과 이를 측정하는 측정 수단이 일치하는 정도

예 법률해석과 조문작성을 어떻게 실제 시험문항으로 조작화했는지와 관련

㉡ **추상적 개념과 측정지표 간의 일치 정도**로, 시험이 이론적 구성 또는 가설과 얼마나 부합하는가 하는 문제

㉢ 새로 만든 시험방법을 통해 측정한 점수와 기존의 시험방법으로 측정한 결과 간의 상관관계를 분석

보충

차별적 타당도
서로 다른 이론적 구성개념을 나타내는 측정지표 간의 관계로, 지표 간의 상관관계가 낮을수록 차별적 타당성이 높음.

수렴적 타당도
동일한 개념을 다른 측정방법으로 측정했을 때 측정된 값 간의 상관관계

2 신뢰도(Reliability)

(1) 개념

① **측정 도구가 측정 대상을 일관성 있게 측정하는 정도**로, 동일한 사람이 동일한 시험을 시간을 달리하여 치렀을 때, 성적의 차이가 적을수록 신뢰도 높음.

② 시험이 측정수단으로서 갖는 일관성을 의미하는 것으로, 시험문제의 내적 일관성을 확인하여 시험내용의 동질성을 분석

(2) 검증방법

① **재시험법** : 동일한 시험을 동일한 대상 집단에게 **시간 간격을 두고 2회 이상 실시**하여 그 성적을 비교하는 방법

② **복수양식법(동질이형법)** : 동일한 내용의 시험을 **양식을 달리하여** 치른 뒤 성적을 비교하는 방법

③ **이분법** : 시험은 한 번 치르되 **각 문항을 반으로 나누어** 성적 간의 상관관계를 살펴보는 방법

④ **내적 일관성 검증** : **하나의 시험유형 내**에서 **각 문항 간의 상관관계를 종합**하여 시험의 일관성을 검증하는 방법

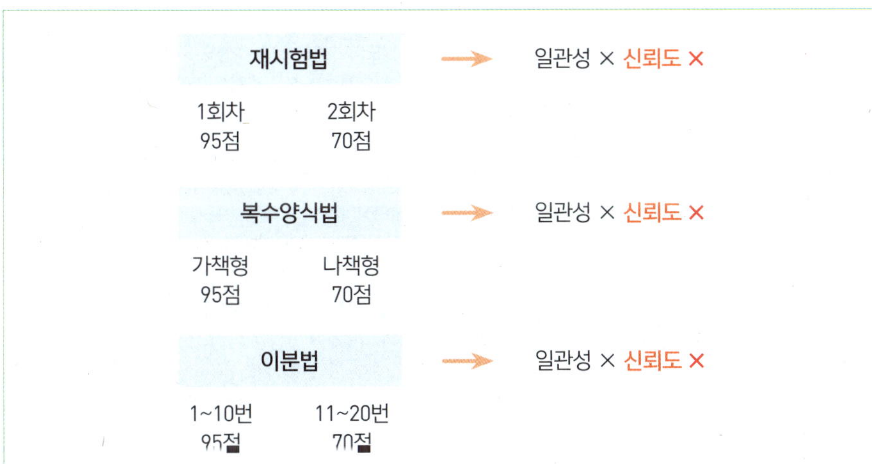

3 타당도와 신뢰도와의 관계

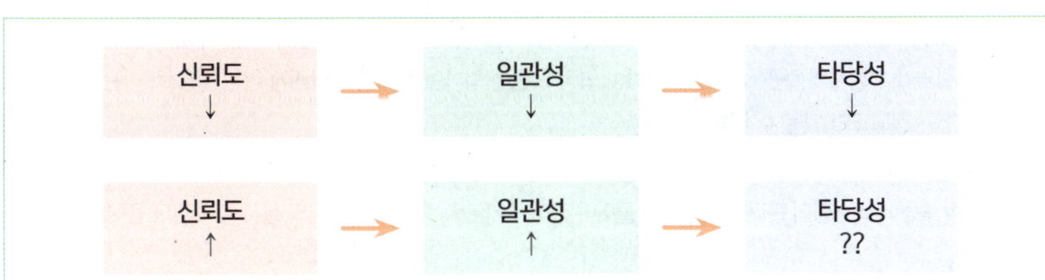

① 타당도가 높으면 신뢰도는 반드시 높음.

② **신뢰도가 낮으면 타당도는 반드시 낮음.** → 일관성이 없는 시험은, 측정하고자 하는 바를 제대로 측정할 수 없음.

③ 타당도가 낮다고 해도 신뢰도가 높을 수 있음.

④ **신뢰도가 높다고 해서 반드시 타당도가 높지 않을 수 있음.**

㉠ 시험에서 일관적으로 높은 점수를 받아왔던 사람이 실제 근무실적은 좋지 않을 수도 있음.

㉡ **신뢰도**는 타당도를 위한 **필요조건**이지, **충분조건은 아님.**

체크포인트

채용시험의 타당도와 신뢰도는 까다로운 주제이므로 평소에 많은 훈련이 요구되는 부분입니다. 물론 타당도와 신뢰도와의 관계는 전형적인 표현이 있지만, 해당 표현을 무조건 외우려고 하지 말고 논리를 따라가 보려고 해야 합니다. 그래야 문제가 어떤 식으로 출제되더라도 풀어낼 수 있습니다. 이해하는 과정이 있어야 암기도 정확해진다는 것을 기억하면 좋겠습니다.

기출 CHECK

1 정책평가를 위한 측정도구의 타당성과 신뢰성에 대한 설명으로 옳지 않은 것은? 2020 국가직 9급

① 타당성은 없지만 신뢰성이 높은 측정도구가 있을 수 있다.
② 신뢰성이 없지만 타당성이 높은 측정도구는 있을 수 없다.
③ 신뢰성은 측정도구의 타당성을 담보할 수 있는 충분조건이다.
④ 타당성이 없는 측정도구는 제1종 오류를 범하는 원인이 될 수 있다.

① O 타당성은 측정하고자 하는 요소를 정확하게 측정하는 정도이며, 신뢰성은 측정도구가 측정대상을 일관성 있게 측정하는 정도이다. 정확하게 측정하지는 못해도, 일관되게 측정하는 측정도구가 있을 수 있다. 즉 타당성은 없지만 신뢰성이 높은 측정도구는 있을 수 있다.

② O 일관되게 측정하지 못한다는 것은, 정확하게 측정하지도 못한다는 뜻이다. 즉, 신뢰성은 없지만 타당성이 높은 측정도구는 있을 수 없다.

③ X 신뢰도가 낮은 측정도구는 타당성을 지닐 수 없지만, 신뢰성이 높다고 해서 반드시 타당성이 높다고는 볼 수 없다. 일관된 측정도구라고 해서 정확도가 반드시 높지는 않을 수도 있기 때문이다. 즉, 신뢰성이 높다는 조건은 타당성을 위한 필요조건이긴 하지만, 타당성을 담보하기에 충분하지 않으므로 충분조건은 되지 못한다.

④ O 제1종 오류는 효과가 없는 정책을 효과가 있다고 판단하는 오류이다. 타당성이 없어서 측정하고자 하는 요소를 정확하게 측정하지 못했을 때, 1종 오류와 같은 오류가 다양하게 발생할 수 있다. 정답 ③

심화 채용시험의 기타 효용성

1. 난이도

시험이 어려운 정도로, 유능한 사람과 무능한 사람을 쉽게 분별할 수 있도록 출제되어야 함.

2. 객관성

시험 결과가 채점자의 주관적 편견이나 시험 외적 요인에 의하여 차이를 나타내지 않는 정도로, 객관성이 없는 시험은 신뢰도가 있을 수 없음.

3. 실용성

경제적 측면에서 시험의 관리비용이 적게 들어야 하며, 시험관리 측면에서 시험의 실시 및 채점이 용이해야 함.

Public Administration

CHAPTER 3 공무원 관리

1 교육훈련 B

9급 24국, 19국, 15지
7급 19국, 16지, 15지

1 교육훈련 방식

(1) 감수성 훈련

① **개념** : 사전에 과제나 사회자를 정해 주지 않고 10명 내외의 이질적이거나 동질적인 피훈련자끼리 자유로운 토론을 통해 문제의 해결 방안이나 상대방에 대한 이해를 얻도록 하는 방법

② **장점** : 대인 간 **정서적인 접촉**과 **인간관계 개선** 등에 목적으로, **집단 내 감수성**이 높아지며, 타인의 성격 · 행동을 이해하는 것을 도우며, 인간관계에 긴요한 태도 · 행동의 변경에 도움

③ **단점** : 한번에 다수 인원이 참여할 수 없다는 점

④ 조직개혁이 **행태적 접근 방법**인 **조직 발전***(OD : Organization Development)**의 대표적 기법**으로, 실험실 훈련 또는 T-훈련이라고도 불림.

* **조직발전(OD)**
구성원의 **행태 개선**에 초점을 맞춰 조직의 변화를 추구하는 것으로, **장기적 · 영구적** 과정이며, **전문가**를 활용한 계획적인 훈련

(2) 액션러닝

① **개념** : 교육 참가자들이 소규모 팀을 구성해 개인 또는 조직에 중요한 의미를 갖는 **현안 문제를 해결**하는 동시에 해결 과정에 대한 성찰을 통해 학습하도록 지원하는 행동학습(learning by doing)

② **활용** : 정부에서 2005년 처음으로 도입, 주로 관리자 훈련에 사용

(3) 현장 훈련(OJT : On the Job Training, 직장훈련 또는 견습)

① **개념** : 교육원 훈련*과 달리 **실제 직무를 수행**하면서 감독자 또는 선임자로부터 **직무 수행에 관한 지식과 기술을 배우는 것**으로, 지도(coaching)가 훈련의 핵심이며, 훈련의 성과는 감독자의 지도에 의존

② **장점** : 직책의 성격이 고도의 기술 · 전문성 · 정밀성을 요구하는 경우의 훈련에 적합해 실무적 훈련에 유리하고, 피훈련자의 습득도와 능력에 맞게 훈련할 수 있음.

③ **단점** : 적은 수의 인원을 훈련할 수밖에 없으며, 현장 상황에 따라 당초 계획이 변경될 가능성 존재

* **교육원 훈련(OFFJT: OFF the Job Training)**
공무원 교육을 진행하는 **전문적 교육기관에서 교육훈련을 진행하는 것**으로, **다수의 인원을 대상으로 계획된 프로그램을 안정적으로 진행하는 데 유리**

(4) 서류함기법

관리자급 이상에 널리 활용되는 훈련기법으로, **서류함에 들어 있는 상사의 메모, 직원이 올린 보고서, 협조공문, 이익집단의 민원** 등 실제 문제 상황과 유사한 **자료들을 통해 문제를 정의하고 처리하는 역량을 개발**시키는 데 목적

(5) 역할 연기

① **개념** : 어떤 사례를 그대로 몇 명의 피훈련자가 나머지 피훈련자들 앞에서 실제 행동으로 연기하고, 사회자가 청중들에게 비평 · 토론하도록 한 후 설명을 하는 방법으로, 인간관계 훈련에 이용

② 문제를 빠르게 이해시키고 참여자들의 태도변화와 민감한 반응을 촉진시킴.

(6) 사례 연구

① **개념** : 사전에 선정된 특수한 사례를 여러 사람이 사회자의 지도에 따라 토의하는 것

② **장점** : 피훈련자 전원이 능동적으로 참가할 수 있으며, 주입식 학습을 탈피하고, 독립적 · 분석적 사고 능력과 문제 해결 능력을 발전시킬 수 있음.

③ **단점** : 작은 집단 내에서만 가능하며, 상당 시간이 소요되고, 적합한 사례를 구하기 쉽지 않음.

(7) 모의 연습

① **개념** : 실제와 유사한 가상 상황을 꾸며놓고 피훈련자가 거기에 대처하도록 하는 훈련 방법(시뮬레이션)

② 모의연습을 넓게 보면 사례연구 · 역할연기 · 감수성훈련 등을 포함

(8) 순환보직

① **개념** : 피훈련자를 일정한 시일의 간격을 두고 여러 다른 직위 · 직급에 전보 또는 순환보직시키면서 훈련을 시키는 방법

② **장점** : 시야와 경험을 넓히고 관리 능력을 향상

③ **단점** : 전보가 빈번히 이뤄지는 경우 업무 수행의 전문성과 능률성을 저하시키고 행정의 일관성을 해칠 우려

(9) 실무수습

실제 조직 상황에서 업무 수행에 관한 지식과 기술을 배우게 하는 훈련 방법으로 현장훈련과 유사하지만, **정식으로 공무원의 신분을 획득하지 않은 사람들에 대한 훈련**이라는 점에서 차이

(10) 강의

① **개념** : 한 사람의 강사가 여러 사람을 대상으로 말로 정보를 전달하는 방법으로, 가장 일반적으로 사용되고 있는 경제적인 방식이며, 신규채용자 기초훈련에 특히 적합

② **장점** : 강사가 훈련 내용을 신축성 있게 조절할 수 있고, 체계적이고 논리적인 정보 전달이 가능하며, 일시에 많은 사람을 대상으로 할 수 있음.

③ **단점** : 수강자들이 강의 내용을 얼마나 이해하고 있는지 알 수 없고, 수강자들이 능동적으로 참여할 기회가 없어 수강자들이 흥미를 잃기 쉬움.

(11) 회의

① **개념** : 사회자의 사회로 토의를 하는 것을 의미

② **장점** : 여러 사람의 정보와 생각을 모으는 데 효과적이고, 참가자들이 능동적으로 참여함으로써 독창적인 사고 능력을 기를 수 있으며, 실제 직무 수행에 적용하려는 의욕이 강해짐.

③ **단점** : 참여자들이 어느 정도의 사전 지식을 가지고 있어야 하고, 참여자의 숫자에 제약을 받으며, 시간이 많이 소요되고, 새로운 정보를 조직적 · 체계적으로 전달하는 데 부적합

(12) 토론회

피훈련자들을 대상으로 소수의 연사들이 발표 · 토론하거나 일부 청중이 토론에 참여하는 방법

(13) 시찰

① **개념** : 피훈련자가 실제로 현장에 가서 직접 관찰하는 방법

② **장점** : 실제 그대로의 모습을 관찰할 수 있어 피훈련자의 흥미를 유발

③ **단점** : 시간과 비용이 많이 들 뿐만 아니라 치밀한 사전 준비를 하지 않을 경우 효과가 반감

(14) 시청각 훈련

피훈련자들에게 영화 · 텔레비전 · 사진 · 비디오 등 시청각 자료를 보여주는 훈련방법

(15) 사이버학습

인터넷을 매개로 진행하는 학습활동

(16) 프로그램화 학습

일련의 질의와 응답을 통해 학습이 가능하도록 진도별 학습지침을 제공하는 책자나 컴퓨터 프로그램을 이용

(17) 혼합학습

온라인 교육과 오프라인 교육을 병행

2 교육훈련에 대한 저항

(1) 저항 이유

① **입법부의 비호의적 태도** : 교육훈련 예산의 효과에 대해 부정적

② **관리자의 저항** : 업무 수행 지장 우려

③ **피훈련자의 저항** : 불리한 인사 조치로 이해하거나, 필요성에 대한 의문 등

(2) 극복 방안

① 교육훈련의 유용성 홍보
② 참여에 의한 교육훈련계획의 수립
③ 교육훈련 결과의 반영
④ 피훈련자 · 관리자 등의 교육훈련관 확립
⑤ 피훈련자의 참여적 선발
⑥ 훈련 방법의 개선

체크포인트

공무원 교육훈련 방법 중에 빈출되는 세 가지에 집중하는 것이 좋습니다. 가장 많이 출제되는 개념이 경청하고 감정을 개발하는 감수성 훈련입니다. 특히 감수성 훈련은 조직 파트에서 다뤘던 조직발전(OD)과 연관되니 함께 정리해두어야 합니다. 액션러닝은 직접 현안 문제를 해결한다는 점, 교육원 훈련이 아닌 현장훈련은 실제 직무를 수행하면서 훈련한다는 점에 집중하면 좋습니다.

기출 CHECK

1 공무원 교육훈련 방법에 대한 설명으로 옳지 않은 것은? 2016 지방직 7급

① 현장훈련(on the job training)은 피훈련자가 실제 직무를 수행하면서 직무수행에 관한 지식과 기술을 배우는 방법이다.
② 강의, 토론회, 시찰, 시청각교육 등은 태도나 행동의 변화를 주된 목적으로 한다.
③ 액션러닝(action learning)은 소규모로 구성된 그룹이 실질적인 업무현장의 문제를 해결해 내고 그 과정에서 성찰을 통해 학습하도록 하는 행동학습(learning by doing) 교육훈련 방법이다.
④ 감수성훈련(sensitivity training)은 대인관계의 이해와 이를 통한 인간관계의 개선을 목적으로 한다.

① o 현장훈련은 실제 직무를 수행하면서 교육훈련을 받는 것으로, 감독자 또는 선임자로부터 직무 수행에 관한 지식과 기술을 배우는 것이다.
② x 강의, 시찰, 시청각교육 등은 지식과 정보의 전달이 주된 목적인 소극적 교육의 성격이다. 태도나 행동의 변화가 주된 목적인 교육훈련은 역할연기, 감수성 훈련, 액션러닝 등이다.
③ o 액션러닝은 교육 참가자들이 소규모 팀을 구성해 개인 또는 조직에 중요한 의미를 갖는 현안 문제를 해결함과 동시에 해결 과정에 대한 성찰을 통해 학습하도록 지원하는 행동학습이다.
④ o 감수성훈련은 대인 간 정서적인 접촉과 인간관계 개선 등이 목적으로, 10명 내외의 이질적이거나 동질적인 피훈련자끼리 자유로운 토론을 통해 문제의 해결 방안이나 상대방에 대한 이해를 얻도록 하는 방법이다.

정답 ②

2 경력개발 C

7급 14지

공무원임용령 제8조(소속 공무원 인력관리계획의 수립 등)

① 소속 장관은 조직목표의 달성에 필요한 효율적인 인적자원 관리를 위하여 소속 공무원의 채용·승진·배치 및 **경력개발 등이 포함된 인력관리계획을 수립**하여야 한다.

(1) 의미

① **개념 :** 개인의 경력욕구와 조직의 목표를 조화시켜 직무만족도를 제고하고, 나아가 조직의 목표를 효율적으로 달성하기 위한 장기적이며 계획적인 인사관리 활동

② **최근 :** 경력개발제도는 최근 들어 조직 주도형에서 **개인 주도형으로 바뀌고 있음.**

(2) 경력개발 원칙

① **적재적소의 원칙 :** 구성원의 적성·지식·경험·능력과 조직의 목표 달성에 필요한 직무가 잘 조화되도록 관리

② **승진경로의 원칙 :** 조직의 모든 직위를 전문 분야와 공통 분야로 구분, 특정 공무원의 경력·전공·적성 등을 종합적으로 고려해 전문 분야를 지정

③ **인재양성의 원칙 :** 인재를 외부에서 영입하는 것보다 **내부에서 자체적으로 양성**하는 것이 기본 원칙

④ **직무와 역량 중심 원칙 : 직급이 아닌 직무 중심**의 경력계획을 세우고, 직무에서 요구되는 필요 역량의 개발에 중점을 두어야 한다는 원칙

⑤ **개방성 및 공정경쟁 원칙 :** 경력개발의 기회는 공평하게 제공되어야 하고, 공정한 경쟁을 통해 보직 이동의 기회가 제공되어야 한다는 원칙

⑥ **자기 주도의 원칙 :** 조직구성원 스스로 적극적인 정보 수집을 통해 경력개발계획을 작성하고 능동적으로 학습을 실시

(3) 한계

비현실적 경력 목표의 설정, 빠른 승진 경로의 선호, 프로그램에의 지나친 의존, 경력 정체 및 침체, 순환보직의 문제, 유능한 인재에 대한 상사의 욕심, 지원 인프라 부족 등

보충

경력경로 설정유형

① ㅗ형 : 상·하위 직급에서 어느 정도 순환보직을 거치며, 중간 직급에서 전문화하는 모형

② T형 : 하위 직급에서는 전문화하고 상위 직급에서는 폭넓은 순환보직을 거치면서 넓은 시야를 갖게 하는 모형

③ ⊥형 : 하위 직급에서 폭넓은 순환보직을 거친 뒤 상위 직급에서 전문화하는 모형

④ I형 : 입직 이래로 좁은 전문분야에서만 경력을 발전시키는 모형

직무 중심	인재 양성	자기 주도
직급중심 ×	외부영입 ×	조직주도 ×

기출 CHECK

1 공무원 경력개발 시 준수해야 할 기본 원칙에 해당되지 않는 것은? 2014 지방직 7급

① 적재적소의 원칙 ② 직급중심의 원칙

③ 인재양성의 원칙 ④ 자기주도의 원칙

② × 경력개발은 직급 중심이 아닌, 구성원이 수행하고 있는 직무 및 적성, 지식, 경험, 능력 등을 중심으로 이루어져야 한다. 경력개발의 원칙으로는 적재적소의 원칙, 승진경로의 원칙, 인재양성의 원칙, 직무와 역량 중심의 원칙, 개방성 및 공정경쟁 원칙, 자기 주도의 원칙 등이 있다. 정답 ②

체크포인트

공무원 경력개발 원칙은 정해져 있는 것이 아니므로 상식적인 수준에서 해결하면 충분합니다. 직급이 아닌 직무와 역량 중심의 원칙과, 외부인재가 아닌 내부인재를 양성해야 한다는 원칙 정도는 주의가 필요합니다.

3 근무성적평정

1 근무성적평정의 의의 C

(1) 개념

조직구성원의 **근무 실적, 근무 수행 능력, 근무 수행 태도** 등을 **체계적 · 정기적으로 평가**해 인사관리에 반영하는 제도

(2) 목적

① **전통적 목적** : 직무 수행 실적을 측정해 그것을 보수나 승진 등에 활용하는 소극적 · 통제적 목적

② **현대적 목적** : 피평정자의 동기 유발과 직무에 대한 헌신적 노력 촉진, 직무 수행 개선과 행정 발전에 기여해야 한다는 적극적 · 발전적인 목적

(3) 용도

① 공무원 개인의 능력, 가치, 근무성적을 평가하여 보수와 승진 등의 인사행정에 반영

② 감독자로서의 상급자와 하급자 간의 의사 전달과 인간관계 개선에 도움

③ 공무원의 능력 발전을 촉진하는 수단

④ 시험의 타당성 측정

2 근무성적평정의 유형 A

9급 17국
7급 23국, 23지, 22지, 20국, 15지

1 평정자 기준

(1) 자기평정법

① **개념** : 피평정자가 자신의 근무성적을 스스로 평가하는 방법

② **장점** : 자신의 직무 수행에 대한 체계적 반성의 기회를 제공하여 능력 발전을 도모

③ **단점** : 자기 평정만으로는 평정의 객관성을 확보하기 곤란

(2) 동료평정법

① **개념** : 집단 내에서 동등한 위치에 있는 피평정자들이 서로를 평정하는 일종의 집단평정 방법

② **장점** : 감독자가 놓칠 수 있는 부분들을 동료들이 파악할 수 있기 때문에 객관성과 공정성 기대

③ **단점** : 자기평정과 마찬가지로 감독자평정 등 다른 평정 방법을 보완하는 수단으로 활용하는 것이 바람직

(3) 감독자평정법

피평정자의 상관인 감독자가 평정하는 방법

(4) 부하평정법

부하들이 상관을 평정하는 방법이며, 정부기관에서는 사용 빈도 낮음.

(5) 다면평정법(다면평가제)

① **개념** : 직속상사에 의한 일방향의 평가가 아닌 피평정자의 **직무 수행과 관련된 여러 분야의 사람들이 평정**하는 방법으로, **상급자·동료·부하·고객** 등이 참여

② **장점**

㉠ 여러 사람을 평정자로 활용하여 평가에 참여하는 소수인의 주관과 편견, 그리고 이들 간의 개인편차를 줄임으로써 **객관성과 공정성** 향상

㉡ 조직구성원들에게 조직내외의 모든 사람과 원활한 인간관계를 증진시키려는 강한 동기를 부여해 업무수행의 효율성을 제고하고 **상호이해의 폭** 증진

㉢ 감독자 이외의 다른 구성원에게도 평정에 참여할 기회를 제공함으로써 **참여감과 조직에 대한 일체감** 증진

㉣ 평가의 **수용성 확보가 용이**하며, 평가결과 환류를 통하여 평가대상자의 **자기역량 강화**에 활용

③ **단점**

㉠ 능력보다는 **인간관계에 따른 친밀도로 평가**할 수 있어, 상급자가 업무추진보다는 부하의 눈치를 의식하는 행정이 발생할 가능성

㉡ 피평가자를 업무목표의 성취보다 **원만한 대인관계 유지에 급급**하도록 만들 우려

㉢ 참여하는 평가자의 범위가 크면 클수록 평가의 정확성이 저하

④ **고려사항** : 계층구조 완화와 팀워크가 강조되는 조직유형에 적합하며, 평가항목을 부처별·직급별·직종별 특성에 따라 다양하게 설계하는 것이 바람직

기출 CHECK

1 우리나라의 다면평가제도에 대한 설명으로 옳지 않은 것은? 2017 국가직 9급

① 해당 공무원에게 평가정보를 다각적으로 제공하는 경우에는 능력개발을 유도할 수 있다.
② 다면평가의 결과는 승진, 전보, 성과급 지급 등에 참고자료로 활용될 수 있다.
③ 다면평가의 결과는 해당 공무원에게 공개할 수 있다.
④ 민원인은 해당 공무원에 대한 다면평가에 참여할 수 없다.

① O 다면평가제도란 직속상사에 의한 일방향의 평가가 아닌 피평정자의 직무 수행과 관련된 여러 분야의 사람들이 평정하는 방법으로, 상급자·동료·부하·고객 등이 참여한다.
② O 다면평가 결과는 승진·전보·성과급 지급 등에 참고 자료로 활용되고 있다.
③ O 공무원 성과평가 등에 관한 규정에 따르면, 다면평가의 결과는 해당 공무원에게 공개할 수 있다.
④ X 공무원 성과평가 등에 관한 규정에 따르면, 고객으로서의 민원인도 공무원에 대한 다면평가에 참여할 수 있다.

> **공무원 성과평가 등에 관한 규정 제28조(다면평가)**
> ① 소속 장관은 소속 공무원에 대한 능력개발 및 인사관리 등을 위하여 해당 공무원의 상급 또는 상위 공무원, 동료, 하급 또는 하위 공무원 및 민원인 등에 의한 다면평가를 실시할 수 있다.

정답 ④

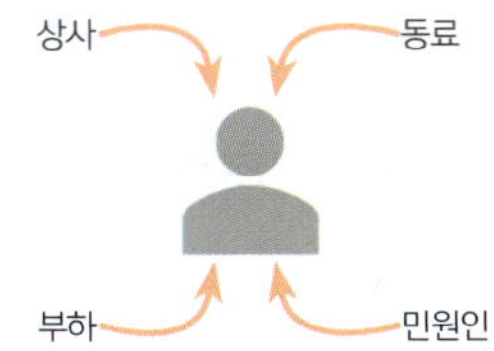

보충

한국 정부의 다면평가제

① 평가자 집단은 다면평가 대상 공무원의 실적·능력 등을 잘 아는 업무 유관자로 구성
② 다면평가 결과는 해당 공무원에게 공개
③ **각 부처가 반드시 실시해야 하는 것은 아님** → 2010년부터 다면평가 결과는 역량개발·교육훈련 등에만 활용하고, 승진·전보·성과급 지급 등에는 **참고 자료로 활용**

> **공무원 성과평가 등에 관한 규정 제28조**(다면평가)
> ① 소속 장관은 소속 공무원에 대한 능력개발 및 인사관리 등을 위하여 해당 공무원의 **상급 또는 상위 공무원, 동료, 하급 또는 하위 공무원 및 민원인** 등에 의한 **다면평가를 실시할 수 있다.**

PART 4

체크포인트

근무성적평정의 유형 중에 가장 많이 출제되는 주제가 다면평가제도입니다. 다면평가제도는 상급자뿐만 아니라 다양한 구성원들의 평가이므로, 이를 정확하게 알고 있는지를 체크할 것입니다. 특히 외부의 고객인 민원인도 평가를 할 수 있다는 점이 중요합니다. 아울러 우리나라의 다면평가제도는 의무가 아닌 재량사항이고, 참고자료로 활용된다는 것도 종종 물어보고 있으므로 함께 정리해두어야 합니다.

2 평정의 방법 기준

도표식 평정척도법

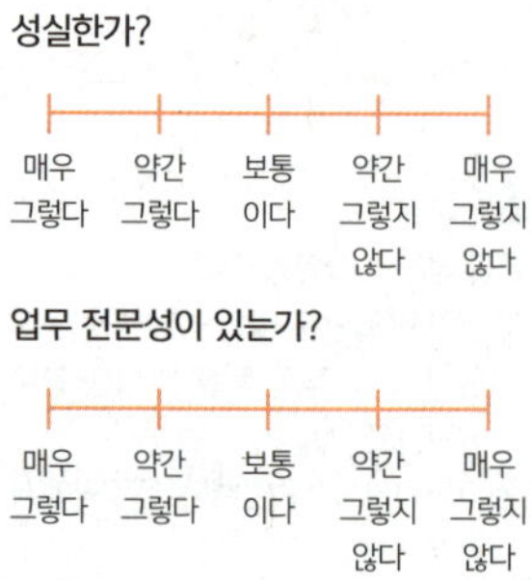

(1) 도표식 평정척도법

① **개념 :** 가장 많이 이용되는 방법으로, **도표로 된 평정표를 사용**하여 평정 요소에 따라 피평정자의 **등급을 매기는 방식**

② **장점 :** 직관과 선험에 근거하여 평가요소를 결정하기 때문에 **작성이 빠르고 쉬우며, 경제적**이라는 장점

③ **단점**

㉠ 평정 요소의 합리적 선정이 어렵고, 평정 요소에 대한 **등급을 정하는 기준이 추상적**이어서 평정자의 자의적 해석에 의한 평가 발생 위험

㉡ 어느 하나의 평정 요소에 대한 평정자의 판단이 다른 요소의 평정에 영향을 주거나, 피평정자에 대한 막연한 인상이 모든 평정 요소에 영향을 미치는 **연쇄 효과(halo effect) 발생 우려**

강제배분법

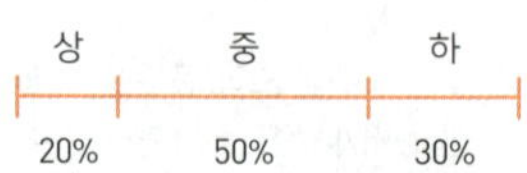

(2) 강제배분법

① **개념 :** 근무성적평정 결과 피평정자들의 성적 분포가 과도하게 집중되거나 관대화되는 것을 막기 위해 **성적 분포의 비율을 미리 정해놓는 평정 방법**

② **장점 :** 근무성적평정의 오류 중 **관대화 경향, 엄격화 경향, 집중화 경향을 방지**할 수 있는 방법 중 가장 효과적

③ **단점 :** 미리 정해진 비율에 따라 평정대상자를 각 등급에 분포시키고, 그 다음에 역으로 등급에 해당하는 점수를 부여하는 역산식 평정을 할 가능성이 높음.

(3) 사실기록법

사실기록법

① **개념 : 객관적인 사실**에 기초를 두고 평가하는 방법

② **사실기록법의 종류**

㉠ **산출기록법 : 전체 평정 기간**에 걸쳐 공무원이 달성한 작업량을 평가 대상으로 하는 방법(1년 120개 → 1달 평균 10개)

㉡ **주기적 검사법 :** 평정 기간 중 **일정 시간에 한정**해 작업량을 조사하고 그것으로 전 기간의 성적을 추정해 평정하는 방법(1달 10개 → 1년 120개 추정)

㉢ **근태기록법 :** 공무원의 지각 빈도, 결근 일수 등의 기록을 주요 요소로 평정하는 방법

㉣ **가감점수법 :** 피평정자의 직무 사항에 나타난 긍정적인 요소와 부정적인 요소를 점수로 환산해 가점 또는 감점을 주는 방법으로, 고도로 표준화된 단순 업무의 평정에 적합

③ **장점 :** 공무원이 **달성한 작업량이 평가 대상**이 되기 때문에 객관적

④ **단점 :** 작업량을 측정하기 어려운 업무에 대해서는 적용하기 곤란

서열법

(4) 서열법

① **개념 : 피평정자 간의 근무성적을 서로 비교**해서 서열을 정하는 방법

② **종합적 순위법과 분석적 순위법**

㉠ **종합적 순위법** : 피평정자의 전체적인 근무 상황을 포괄적으로 비교

㉡ **분석적 순위법** : 평정 요소를 선정하고 각 요소별로 피평정자를 비교해 통합

③ **대인비교법과 쌍쌍비교법**

㉠ **대인비교법** : 평정 요소를 산정해 각 요소별로 평정 등급을 정한 후, 표준 인물을 선택해 비교 평가하는 방법으로, 구체적인 인물을 활용한다는 점에서 평정의 추상성을 극복

㉡ **쌍쌍비교법** : 두 사람씩 짝을 지어 비교를 되풀이해 평정하는 방법

④ **단점** : 다른 집단과 비교할 수 있는 객관적인 자료는 제시하지 못함.

(5) 목표관리제 평정법

① **개념** : 조직 계층의 **상·하급자 간에 협의**를 통해 부서 및 **개인의 목표를 명확히 설정**하고, 그 결과를 보상 체제에 반영하는 관리제도

② **특징** : 목표 설정과정에 개인의 능력 및 태도가 반영되지만 실제 평가대상은 활동결과

③ **장점** : 상사와 부하 직원이 함께 참여함으로써 객관적인 평가가 가능

④ **단점** : 평정에 대한 개인 간 비교는 불가능

목표관리제 평정법

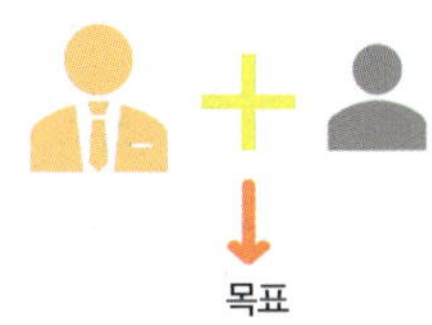

(6) 체크리스트 평정법

① **개념** : 피평정자를 평가하는 데 적절하다고 판단되는 **표준 행동목록을 미리 작성**해 두고, 이 목록에 **단순히 가부를 표시**해 평가하는 방법

② **장점** : **평정 요소가 명확하게 제시**되어 있고, 평정 항목마다 유무 또는 가부만을 판단하기 때문에 **평정이 비교적 쉬움.**

③ **단점** : 평정 항목을 만들기가 힘들고 질문 항목이 많을 경우 평정자가 곤란

체크리스트 평정법

	YES	NO
근태	✓	
대인관계	✓	
전문성		✓
용모단정		✓

(7) 강제선택법

① **개념** : 피평정자의 **특성에 가까운 요소들을 강제적으로 골라 표시**하는 강제선택식 체크 리스트 방법

② **장점** : 어떤 항목이 피평정자에게 유리한지 모르고 평정하도록 되어 있기 때문에 평정자의 편견이나 정실을 배제할 수 있으며, 신뢰도와 타당도가 높음.

③ **단점**

㉠ 평정 기술 항목들을 만들기 어려울 뿐만 아니라 작성 비용도 많이 들며, 각 평정 항목이 어떻게 계산되는지 모르기 때문에 평정에 관해 상의하기 곤란

㉡ 어떤 항목들이 피평정자와 전혀 관계가 없다고 생각하거나 모든 항목이 관계있다고 생각할 때에도 그 중 하나를 반드시 선택해야 함.

강제선택법

소속 공무원을 가장 잘 나타내는 문장을 하나만 고르시오.

1. 업무처리를 지연하지 않는다.
2. 자부심을 갖고 업무를 수행한다.
3. 민원인 응대가 친절하다.

ⓧ [9급] 중요사건기록법은 평정대상자로 하여금 자신의 근무실적을 스스로 보고하도록 하는 방법이다.
ⓞ 중요사건기록법은 평정자(평정대상자가 스스로 ×)가 평정대상자의 주요 사건을 기록하는 방법이다.

(8) 중요사건기록법

① **개념** : 피평정자의 근무 실적에 큰 영향을 주는 **중요 사건들을 평정자가 기술**하게 하거나, 미리 작성해 둔 사건에 평정자가 표시하게 하는 방법

② **장점**

㉠ 사실에 초점을 두고 있으며, 피평정자와의 상담을 촉진하는 데 유용

㉡ 피평정자의 행동이 기대했던 것과 다른 경우, 평정자인 감독자와 피평정자인 부하가 그 사건을 서로 토의하면서 피평정자의 직무 수행 능력과 태도를 개선시킬 수 있음.

③ **단점** : 평균적이고 전형적인 행동은 무시하고 **이례적인 행동을 지나치게 강조**하게 될 위험이 있음.

(9) 행태기준 평정척도법

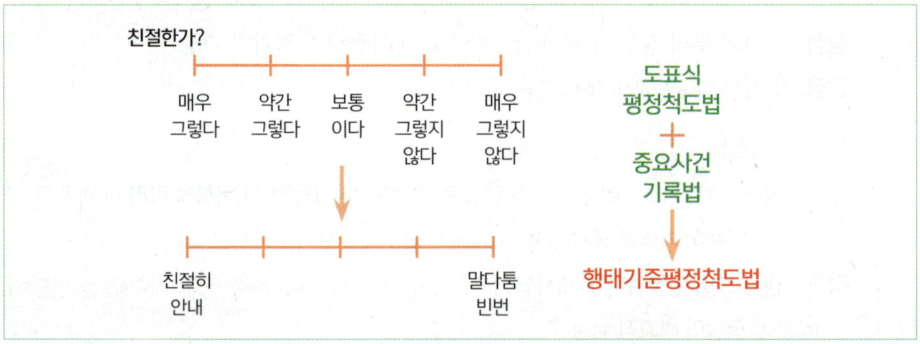

① **개념** : 평정의 임의성과 주관성을 배제하기 위하여 **도표식평정척도법에 중요사건기록법을 가미한** 방식*

② **장점**

㉠ 평정 대상자의 행태를 관찰해 **척도상의 유사한 과업 행태를 찾아 표시**하면 되기 때문에 평정자의 오류를 줄일 수 있음.

㉡ 척도 설계 과정에서 평정 대상자가 참여하므로 그의 신뢰와 적극적인 관심 및 참여를 기대

③ **단점**

㉠ 직무가 다르면 별개의 평정 양식이 있어야 하며, 동일 직무에서도 과업마다 별도의 행태 기준을 작성해야 하는 등 개발에 많은 시간과 비용 필요

㉡ 평정 대상자의 가장 대표적인 행태 하나만을 선택하는 것이 논리적으로 모순

* **세부 방식**
① 통합방식 : 도표식 평정척도법의 단점인 평정 요소 및 등급의 주관성·모호성과, 중요 사건 기록법의 단점인 상호 비교의 곤란성을 보완하기 위해 두 방법을 통합
② 직무분석에 기초해 직무와 관련된 중요한 과업 분야를 선정, 각 과업 분야에 대해서는 가장 이상적인 과업 행태에서부터 가장 바람직하지 못한 행태까지를 몇 개의 등급으로 구분, 등급마다 중요 행태를 명확하게 기술하고 점수를 할당

(10) 행태관찰 척도법

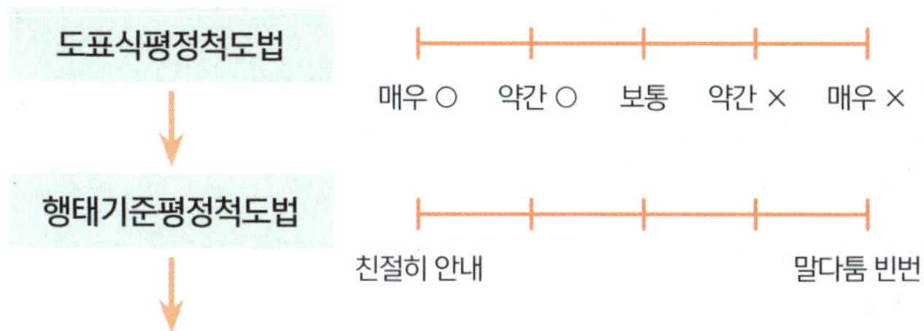

행태관찰척도법

	5	4	3	2	1
소속과 이름을 밝힌다		✓			
민원인의 말을 끝까지 듣는다	✓				
민원인과 말다툼을 한다				✓	
전화기를 먼저 내려 놓는다					✓

① **개념** : 행태기준 평정척도법에서 발생하는 바람직한 행태와 바람직하지 않은 행태와의 상호 배타성을 극복하고자 개발

② **특징** : 행태기준 평정척도법과 마찬가지로 직무성과와 관련이 있는 중요 행위를 사전에 나열한 후, 그러한 **행위를 얼마나 자주 하는가**에 대한 **빈도를 표시하는 척도**를 만들어 평가

③ **장점** : 평정 요소가 직무와의 관련성이 높으며, 피평정자에게 행태변화에 유용한 정보를 제공해 줄 수 있으며, 평정의 주관성과 임의성을 줄일 수 있음.

④ **단점** : 도표식 평정척도법이 갖는 등급과 등급 간의 모호한 구분과 연쇄효과의 오류 발생 가능

체크포인트

근무성적평정방법의 개념을 알고 있는지는 가장 기본적인 출제 유형입니다. 근무성적평정방법 두 가지를 서로 바꿔 놓았을 때 발견해 낼 수 있도록 개념의 숙지와 함께 비슷한 문제들을 훈련하면서 감각을 길러 놓아야 할 것입니다.

기출 CHECK

1 근무성적평정 방법에 대한 설명으로 옳지 않은 것은? 2015 지방직 7급

① 도표식 평정척도법(graphic rating scale)에서는 연쇄효과(halo effect)가 나타나기 쉽다.

② 대인비교법(man-to-man comparison)은 평정기준으로 구체적인 인물을 활용한다는 점에서 평정의 추상성을 극복할 수 있다.

③ 산출기록법(production records)은 일정한 시간당 달성한 작업량과 같이 객관적 사실에 기초를 두고 평가하는 방법이다.

④ 체크리스트법(CHECK list)은 피평정자의 근무실적에 큰 영향을 주는 사건들을 평정자로 하여금 기술하게 하는 방법이다.

① O 도표식 평정척도법은 도표로 된 평정표를 사용하여 성실성, 전문성 등 평정 요소에 따라 피평정자의 등급을 매기는 방식이다. 도표식 평정척도법의 경우 성실성이 높은 직원을 전문성도 높다고 평가하는 것처럼, 어느 하나의 평정 요소에 대한 평정자의 판단이 다른 요소의 평정에 영향을 주는 연쇄 효과가 발생할 위험성이 높다.

② O 대인비교법은 사람을 비교해서 평가하는 서열법 중 하나이다. 표준 인물을 기준으로 비교·평가하는 방법으로 구체적인 인물을 활용한다는 점에서 평정의 추상성을 극복할 수 있다.

③ O 산출기록법은 사실기록법 중 하나로, 전체 평정 기간에 걸쳐 공무원이 달성한 작업량을 평가 대상으로 하는 방법이다.

④ X 체크리스트법은 피평정자를 평가하는 데 적절하다고 판단되는 표준 행동목록을 미리 작성해 두고 이 목록에 단순히 가부를 표시해 평가하는 방법이다. 선지의 설명은 중요사건기록법으로, 피평정자에게 발생한 중요 사건들을 평정자가 기술하는 방식이다.

정답 ④

9급 25국, 23지, 21국, 20지, 19국, 19지, 18국
7급 24국, 18지

연쇄효과(후광효과)

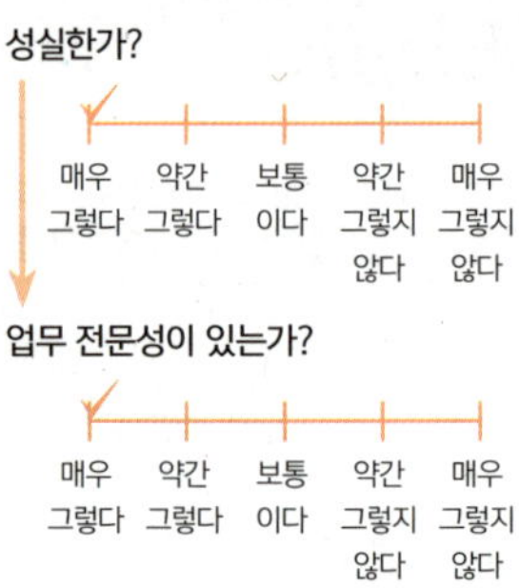

3 근무성적평정의 오류 S

(1) 연쇄효과(halo effect, 또는 후광효과)

① **개념 :** **한 평정 요소에 대한 평정자의 판단이 연쇄적으로 다른 요소의 평정에도 영향을 주는 현상**으로, 근무성적평정의 **타당성 · 객관성을 떨어뜨리는 중대한 요인**

② **특징 :** 쉽게 관찰할 수 없는 평정 요소가 선정된 경우, 각 평정 요소의 의미가 중복되거나 모호한 경우, 평정자가 부하를 잘 모르는 경우에 발생

③ **해결**

㉠ 연쇄 효과를 줄이기 위해 **강제선택법 사용**

㉡ 피평정자에게 유리하거나 불리한 평정 항목을 불규칙하게 배열해 놓고 체크하게 하는 **프로브스트식 체크리스트 방법** 사용

㉢ 피평정자별로 평가하는 것이 아닌, **평정요소별**(성실성 · 전문성 등)로 피평정자를 순차적으로 평정

㉣ 평정 요소의 의미를 명확하게 하고, 유사한 요소의 배치를 멀리 떨어뜨리는 등 요소별 배열 순서에 유의

(2) 집중화 경향(central tendency)

① **개념** : 평정자가 모든 피평정자들에게 대부분 **중간 수준의 점수를 주는 심리적 경향**으로, 아주 높은 평정 또는 아주 낮은 평정을 피하는 것

② **특징** : 피평정자를 잘 모를 때나 비공식 집단적 유대 때문에 심리적 부담을 느끼는 평정자가 책임 회피의 수단으로 사용

③ **해결** : 집중화 경향을 줄이기 위해 **강제배분법 적용**

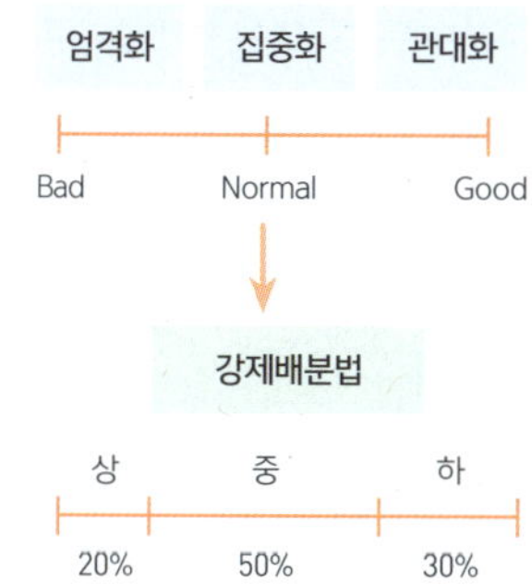

(3) 관대화 경향 · 엄격화 경향

① **관대화 경향** : 평정 결과의 분포가 **우수한 쪽에 집중**되는 경향

② **엄격화 경향** : 평정 결과의 점수 분포가 **낮은 쪽에 집중**되는 경향

③ **해결** : 관대화 · 엄격화 경향을 줄이기 위해 **강제배분법** 적용

(4) 규칙적 오류(systemic error)

① **개념** : 어떤 평정자가 다른 평정자들보다 **언제나 후한 점수 또는 나쁜 점수**를 주는 것

② **해결** : **강제배분법**을 사용하거나, 평균치에서 이탈되는 정도를 평정자에게 알려줌으로써 스스로 시정하게 만드는 방법도 가능

규칙적 오류

규칙적으로 편향

(5) 총계적 오류(total error)

① **개념** : 평정자의 평정 기준이 일정치 않아 **관대화 및 엄격화 경향**이 **불규칙하게** 나타나는 경우

② **해결** : 평정 기준이 일정치 않아 발생하는 문제이므로 사후적 조정이 어렵다는 견해도 있으며, 평균치에서 이탈되는 정도를 평정자에게 알려줌으로써 스스로 시정하게 만드는 방식 등도 가능하다는 견해도 있음.

총계적 오류

불규칙적으로 편향

(6) 시간적 오류

① **첫머리 효과** : 초기의 업적에 영향을 크게 받는 현상

② **막바지 효과(근접효과로 인한 오류)** : 최근의 실적이나 사건을 중심으로 평가하는 경향

③ **해결** : 평소에 중요한 사건을 기록하는 **중요사건기록법** 사용

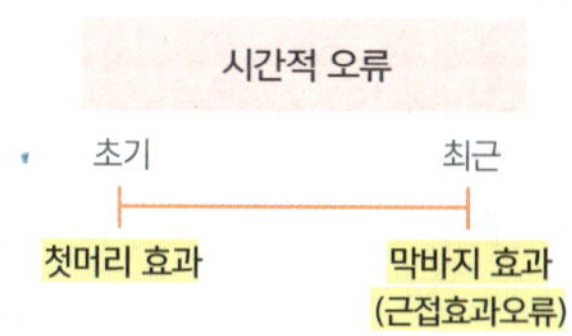

(7) 선입견에 의한 오류

① **개념** : 평정의 요소와 관계가 없는 성별 · 출신학교 · 출신지방 · 종교 · 연령 등에 대해 **평정자가 갖고 있는 편견**이 평정에 영향을 미치는 것

② **고정관념에 의한 오류(상동적 오차)** : 선입견에 의한 오류 중 가장 대표적인 것으로, 피평정자이 **배경이나 속해 있는 집단이 특성**을 피평정자이 특성으로 간주해버리는 것

선입견에 의한 오류

성별·학벌·지역·연령

↓

상동적 오차
(고정관념에 의한 오류)

집단 특성 = 개인 특성

(8) 투사의 오류

① **개념** : **자기 자신의 감정이나 특성**을 **다른 사람에게 투사** 또는 전가하는 데서 오는 착오로, **유사성 착오**나 **주관의 객관화**라고도 표현

② **특징** : 평정자는 **자신과 유사한 피평정자**에게 높은 평점을 줄 가능성이 큼.

(9) 대비효과

① **개념** : 평정자가 본 **다른 사람 또는 사물의 특성과 대조**되기 때문에 저지르는 착오

② **특징** : 열등한 사람을 먼저 본 다음 우수한 사람을 보면 뒤에 본 사람의 우수성이 더 돋보일 수 있는 것으로, 객관적 기준에 따른 평가가 필요

심화 근본적 귀속의 오류와 이기적 오차

① 근본적 귀속의 오류 : 타인의 행동을 설명할 때 상황적 요인보다는 개인적 특성을 과도하게 강조하는 경향

② 이기적 오차 : 자신의 성공은 나의 능력이나 노력과 같은 내부요인 덕분이고, 실패는 환경이나 운과 같은 외부요인 탓이라고 해석하는 경향

체크포인트

근무성적평정의 오류는 개념을 정확히 알고 있는지에 대한 단답형 출제가 많이 이루어지고 있습니다. 특히 집중화 경향이나 관대화 경향과 같이 어떤 한 쪽으로 쏠리게 되는 오류를 시정하기 위해 비율을 강제로 배분하는 강제배분법이 쓰인다는 사실을 알고 있어야 합니다. 또한 이 문제에는 등장하지 않았지만 강제배분법과 강제선택법을 헷갈리지 않는 것도 주의해야 하는 부분입니다.

체크포인트

규칙적 오류와 총계적 오류를 비교하는 것도 매우 중요한 출제포인트입니다. 두 오류 모두 편향되는 오류인데, 규칙적 오류는 그 편향성이 규칙적이라는 것이고, 총계적 오류는 어떨 때는 좋은 점수, 어떨 때는 나쁜 점수처럼 편향성이 불규칙적이라는 것입니다. 또한 이렇게 편향되는 오류를 시정할 수 있는 방법이 위에서 살펴본 강제배분법이라는 점도 연결시킬 수 있다면 좋습니다.

기출 CHECK

1 근무성적평정에서 나타나기 쉬운 집중화 경향과 관대화 경향을 시정하기 위한 방법으로 적절한 것은? 2019 국가직 9급

① 자기평정법 ② 목표관리제 평정법
③ 중요사건기록법 ④ 강제배분법

④ O 강제배분법은 근무성적 평정 결과 피평정자들의 성적 분포가 과도하게 집중되거나 관대화되는 것을 방지하기 위해 성적 분포의 비율을 미리 정해 놓는 평정 방법이다. 편향되는 오류인 관대화 경향, 엄격화 경향, 집중화 경향을 방지할 수 있는 방법 중 가장 효과적이다. 정답 ④

2 근무성적평정상의 오류 중 평가자가 일관성 있는 평정기준을 갖지 못하여 관대화 및 엄격화 경향이 불규칙하게 나타나는 것은? 2018 국가직 9급

① 연쇄 효과(halo effect) ② 규칙적 오류(systematic error)
③ 집중화 경향(central tendency) ④ 총계적 오류(total error)

① X 연쇄효과는 어느 하나의 평정 요소에 대한 평정자의 판단이 다른 요소의 평정에 영향을 주는 오류이다.
② X 규칙적 오류는 규칙적으로 편향되는 오류로, 어떤 평정자가 다른 평정자들보다 언제나 후한 점수 또는 나쁜 점수를 주는 것이다.
③ X 집중화 경향은 평정자가 모든 평정자들에게 중간 수준의 점수를 주는 오류이다.
④ O 총계적 오류는 불규칙적으로 편향되는 오류로, 평정자의 평정 기준이 일정치 않아 관대화 및 엄격화 경향이 불규칙하게 나타나는 것이다. 정답 ④

3 국내 최고 대학을 졸업했기 때문에 일을 잘했을 것이라고 생각하여 피평정자에게 높은 근무성적평정 등급을 부여할 경우 평정자가 범하는 오류는? 2020 지방직 9급

① 선입견에 의한 오류
② 집중화 경향으로 인한 오류
③ 엄격화 경향으로 인한 오류
④ 첫머리 효과에 의한 오류

① o 국내 최고 대학을 졸업했기 때문에 일을 잘했을 것이라는 것은 선입견에 해당한다. 이처럼 평정의 요소와 관계가 없는 성별·출신학교·출신지방·종교·연령 등에 대해 평정자가 갖고 있는 편견이 평정에 영향을 미치는 것을 선입견의 오류라고 한다. 출신집단과 그 구성원을 동일하다고 간주하는 것이므로 상동적 오차라고도 한다.
② x 집중화 경향이란 평정자가 모든 피평정자들에게 중간 수준의 점수를 주는 심리적 경향으로, 아주 높은 평정 또는 아주 낮은 평정을 피하는 것이다.
③ x 엄격화 경향이란 평정 결과의 점수 분포가 낮은 쪽에 집중되는 경향이다.
④ x 첫머리 효과란 시간적 오류 중 하나로, 초기의 업적에 큰 영향을 받는 현상이다. 정답 ①

체크포인트
대학이라는 집단과 그 집단의 구성원의 특성이 동일할 것이라고 보는 선입견에 의한 오류입니다. 선입견에 의한 오류는 고정관념에 의한 오류 또는 상동적 오차라고도 표현되므로 함께 정리해둘 필요가 있습니다.

PART 4

4 우리나라 근무성적평정 제도 B

9급 19지
7급 17국, 15국

(1) 체계

① 일반직(연구직 · 지도직 공무원과 전문직 공무원 포함) 공무원 전원 대상
② 직급에 따라 **평가자와 확인자가 이중으로 평정**하는 **2중 평정제** 실시

	성과계약 등 평가	근무성적평가
대상	· 4급 이상 공무원(고위공무원단 포함)과 연구관·지도관 및 전문직 공무원 · 다만, 소속장관이 성과계약평가가 적합하다고 인정하는 경우 5급 이하도 가능	· 5급 이하 공무원, 우정직 공무원, 연구직 및 지도직 공무원
시기	· 12월 31일 기준으로 다음해 초에 연 1회 실시	· 정기평가 : 연 2회(6월 30일, 12월 31일) · 수시평가 : 승진후보자명부의 조정 사유가 발생한 경우에 실시
방식	① 소속 장관은 평가 항목을 정하고, 평가 대상자와 평가자 간에 성과목표 및 지표에 관해 합의한 후, 성과목표 추진 결과 등을 평가해 인사관리에 반영	① 매년 초 평가 대상 공무원은 평가 대상 기간 중 업무 등을 기반으로 평가자 및 확인자와 협의해 성과목표 등을 선정
	② 절차 : 전략계획 수립 → 목표 설정 및 성과계약 체결 → 중간 점검 → 최종 평가	② 평가 항목 : 근무 실적과 직무 수행 능력을 기본 항목으로 하며(어느 한쪽 최대 70%), 소속 장관이 판단하여 직무 수행 태도의 평가 또는 부서 단위의 운영평가 추가 가능
조정신청	-	확인자의 결정 내용에 불복하는 근무성적평가 대상 공무원은 근무성적평가위원회에 근무성적평가 결과의 조정을 신청할 수 있음.
이의신청	평가자의 근무성적평정 결과에 이의가 있는 경우 확인자에게 이의신청을 할 수 있음.	

보충
직무성과계약제(학술적) = 성과계약 등 평가(법률상)
① 장·차관 등 기관 책임자와 실·국장, 과장 간에 업무수행과 관련된 성과목표 및 지표 등의 내용을 사전에 협약토록 하고, 이를 토대로 하여 승진, 보상 등 인사관리에 반영하는 제도
② 직무성과계약제는 주로 개인의 성과평가제도로 조직 전반의 성과관리를 중심으로 하는 균형성과지표(BSC)와 구분
③ 직무성과계약제는 기관의 상위 목표로부터 하향적으로 성과목표가 도출된다는 점에서 상하 간 합의를 통해 상향식으로 목표를 체결하는 목표관리제(MBO)와 차이

(2) 활용

상황에 따라 신축적인 운영이 가능하며, 결과는 승진 · 보직관리 · 성과급 지급 등에 활용

9급 15지
7급 21국, 17지

ⓧ [7급] 개방형은 재직자의 승진기회가 많고 경력발전의 기회가 많다.
ⓞ 폐쇄형(개방형 ×)은 재직자의 승진기회가 많고 경력발전의 기회가 많다.

4 새로운 인사관리

1 개방형 임용 Ⓐ

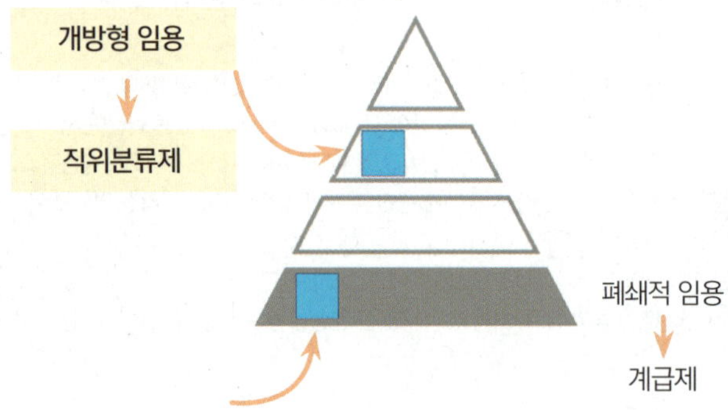

1 폐쇄형 임용 VS 개방형 임용

폐쇄형 임용	개방형 임용
① 신규채용이 최하위 계층에서만 허용되며 내부승진을 통해 상위 계층까지 올라갈 수 있는 인사 체계로, 대체로 **계급제에 바탕**	① 모든 계층의 직위를 불문하고 신규채용이 허용되는 인사 체계로, 대체로 **직위분류제에 바탕**
② 개방형에 비해 **내부승진**의 기회가 많고 공무원의 지위 향상이나 경력 발전에 관심	② 외부 전문가에 대한 **공직 개방**으로 공직사회의 침체를 막고 행정의 효율성을 높이는 데 초점

2 한국의 개방형 임용제도

구분	개방형 직위(공무원 + 민간인)	공모 직위(공무원만)
개념	· 업무의 성질이 **고도의 전문성을 요구**하거나 **효율적 정책수립이 필요**하다고 판단되어 **공직 내외의 공개경쟁**을 통해 적임자를 임용	· **효율적인 정책 수립 또는 관리**를 위해 필요하다고 판단되는 직위에 **기관 내부 또는 외부의 공무원** 중에서 공개 모집에 의해 직무 수행 요건을 갖춘 적격자를 임용하는 제도
대상	· 소속 장관별로 **고위공무원단 직위 총수의 20% 범위, 과장급 직위 총수의 20% 범위**에서 개방형 직위 지정 가능 · 일반직·특정직·별정직 대상으로, 공개모집에 의한 시험을 거쳐 선발	· 소속 장관별로 **고위공무원단 직위 총수의 30% 범위, 과장급 직위 총수의 20% 범위**에서 공모직위 지정 가능 · 과장급이 아닌 **4급 및 5급 경력직공무원의 일부 직위**도 직무 성격에 따라 **인사혁신처장과의 협의**를 통해 **공모 직위로 지정 가능**
특징	· **경력개방형 직위 : 공직 외부에서만 적격자를 선발** · 1급부터 3급까지의 공무원 또는 이에 상당하는 공무원으로 보할 수 있는 직위 중 임기제 공무원으로도 보할 수 있는 직위는 개방형 직위로 지정된 것으로 봄. · 개방형 직위에 임용되는 공무원의 임용 기간은 최소한 2년 이상으로 5년의 범위 안에서 정하되, 5년 범위 안에서 연장 가능	
평가	① 장점 : 공직의 침체, 무사안일주의 등 관료제의 병리를 억제	
	② 한계 : 승진 기회 축소, 사기 저하, 정실주의 전락 가능성 등	

3 인사교류

(1) 비교류형 VS 교류형

구분	비교류형	교류형
개념	· 공무원의 근무와 경력 발전 계통이 하나의 기관에 국한되는 인사 체계 · 부처주의에서 연원하며 일반행정가주의를 지향하는 관행에서 비롯	· 담당 업무의 성격이 같은 범위 내에서의 기관 간 이동이 자유스러운 인사 체계 · 중앙부처 간 이동뿐만 아니라 중앙정부와 지방정부 간 이동도 포함
장점	· 안정성 · 예측가능성	· 고립주의를 탈피한 융통성 있는 인력 활용 · 공무원 경력개발 · 기관 간 배타성과 파벌성 극복을 통한 기관 간 협조와 조정
단점	· 정부 전체의 통합적 행정 활동을 제약 · 인력 활동의 경직성 · 부처 간 승진 기회의 형평성 차이에 따른 사기 저하 및 경력 발전의 기회 제약	· 업무의 전문화를 어렵게 함. · 공무원 이동에 따른 복잡한 인사관리 초래 · 공통적인 보수 체계와 계급구조 또는 직위분류제가 수립되어 있지 않으면 적용이 어려움.

(2) 한국의 인사교류제도

정부기관의 교류		민간기관과의 교류
정부기관 상호간 교류	지방자치단체 상호간 교류	
· 중앙부처 상호간 · 정부-공공기관 간 · 정부-대학·연구기관 간 · 중앙-지방자치단체 간	· 교육담당·자치담당 중앙부처-지방자치단체 간 · 광역자치단체-기초자치단체 간 · 광역자치단체 내의 기초자치단체 간 · 자치단체-교육·연구기관 및 공공기관 간 · 이웃 자치단체 간	· 민간근무 휴직제 · 민간 전문가 파견근무제도

기출 CHECK

1 개방형인사제도에 대한 설명으로 옳지 않은 것은? 2015 지방직 9급

① 폭넓은 지식을 갖춘 일반행정가를 육성하는 데에 효과적이다.
② 기존 관료들에게 승진 기회가 축소될 수 있다는 불안감을 주고 사기를 저하시킬 수 있다.
③ 정실주의로 진락할 가능성이 있다.
④ 기존 내부 관료들에게 전문성 축적에 대한 자극제가 된다.

① x 개방형 인사제도는 모든 계층의 직위를 불문하고 외부인의 채용이 허용되는 인사 체계로, 전문성이 중요하기 때문에 대체로 직위분류제에 바탕을 두고 있다. 즉, 각 직무가 요구하는 전문성을 지닌 전문가를 육성하는 데 효과적이다. 일반행정가를 육성하는 데 효과적인 것은 계급제에 기반한 폐쇄형 인사제도이다.
② o 개방형 인사제도는 전문성을 기준으로 외부인을 수시 채용하는 방식이다. 이는 내부 구성원들의 승진기회 축소 및 신분보장에 대한 불안감 등으로 연결되어 사기 저하를 유발할 수 있다.
③ o 개방형 인사제도는 전문가를 수시 채용하는 방식으로, 폐쇄형 인사제도에 비해 유연하고 탄력적인 기준이 적용된다. 이에 따라 기관장이 자신의 측근을 자의적으로 임명하는 정실주의나 정치적 요소에 의해 임명하는 엽관주의 등이 발생할 가능성이 계급제보다 높아질 수 있다.
④ o 개방형 인사제도는 외부 인사 채용을 통해 내부 경쟁을 촉진시키므로 기존 내부 관료들에게는 전문성 축적에 대한 자극제가 될 수 있다.

정답 ①

체크포인트

개방형 인사제도는 기존의 폐쇄형 인사제도와 상대적으로 비교할 수 있는지가 관건입니다. 선지를 독해할 때 해당 내용이 개방형 인사제도에 더 적합한지, 폐쇄형 인사제도에 더 적합한지를 판단할 수 있어야 하는 것입니다. 기출된 선지들은 판단을 끝내 놓아야 하고, 시험장에서 새로운 표현이 나온다고 할지라도 판단할 수 있도록 다양한 문제풀이 훈련이 필요합니다.

체크포인트
문제에서의 개방형 직위와 공모 직위를 합친 개념이 개방형 임용이 됩니다. 세부 내용으로 들어가기 전에, 반드시 이처럼 개념의 위계질서를 먼저 파악하는 작업을 해두어야 정확한 학습이 가능하다는 점을 알아둬야 할 것입니다. 그 다음에 개방형 직위와 공모 직위를 비교하면서 각각의 특성을 정리하는 것이 올바른 학습의 순서입니다.

2 우리나라 개방형 직위제도에 대한 설명으로 옳은 것은? 2009 지방직 7급

① 모든 직급과 계급에서 개방형 직위를 지정하여 임용할 수 있다.
② 개방형 직위의 규모는 중앙행정기관과 지방자치단체에서 동일하다.
③ 개방형 직위는 업무 수행상 고도의 전문성이 요구된다고 판단되는 직위에 한정하고 있다.
④ 개방형 직위는 공직 내부와 외부에서 적격자를 공개모집에 의한 시험을 거쳐 선발한다.

① X 우리나라의 개방형 직위제도는 원칙적으로 과장급 직위 이상에서 적용된다. 중앙행정기관을 기준으로 소속 장관별로 고위공무원단 직위 총수의 100분의 20의 범위, 과장급 직위 총수의 100분의 20의 범위에서 개방형 직위의 지정이 가능하다. 따라서 모든 직급과 계급에서 개방형 직위를 지정하는 것이 아니다.
② X 지방자치단체는 중앙행정기관과 개방형 직위의 규모가 다르다. 지방자치단체의 개방형 직위는 광역자치단체의 경우 1~5급 공무원 직위 총수의 100분의 10의 범위로, 기초자치단체의 경우 2~5급 공무원 직위 총수의 100분의 10의 범위로 지정할 수 있다.
③ X 개방형 직위는 업무의 성질이 고도의 전문성을 요구하거나, 효율적 정책수립이 필요하다고 판단되는 직위에 도입되어 시행되고 있다.
④ O 개방형 직위는 공직 내부의 공무원과 외부 전문가가 함께 경쟁하는 것으로, 공개모집에 의한 시험에 의해 선발한다.

정답 ④

9급 21지, 18지, 17국, 17지, 16국, 16지
7급 18지, 17국, 17지

2 고위공무원단 S

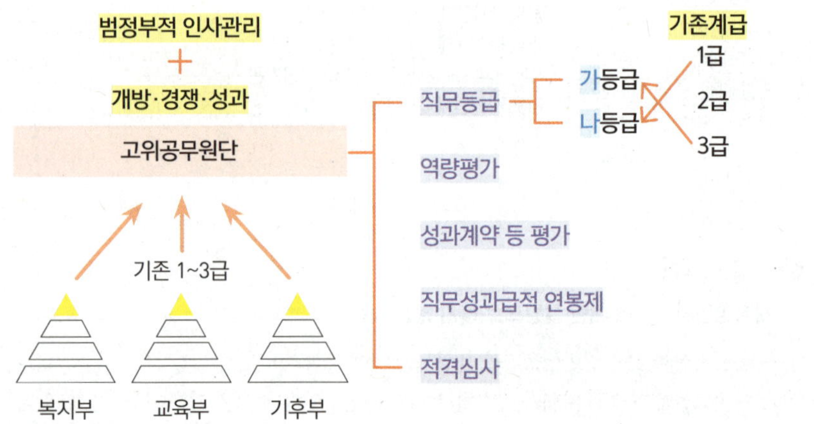

국가공무원법 제2조의2(고위공무원단)

① 국가의 고위공무원을 범정부적 차원에서 효율적으로 인사관리하여 정부의 경쟁력을 높이기 위하여 고위공무원단을 구성한다.
③ 인사혁신처장은 고위공무원단에 속하는 공무원이 갖추어야 할 능력과 자질을 설정하고 이를 기준으로 고위공무원단 직위에 임용되려는 자를 평가하여 신규채용·승진임용 등 인사관리에 활용할 수 있다.

동법 제4조(일반직공무원의 계급 구분 등)

① 일반직공무원은 1급부터 9급까지의 계급으로 구분하며, 직군(職群)과 직렬(職列)별로 분류한다. 다만, 고위공무원단에 속하는 공무원은 그러하지 아니하다.

1 고위공무원단의 의미

(1) 한국의 제도

① **전(全) 정부적으로 통합 관리되는 고위공무원 집단**으로, 고위공무원을 범정부적 차원에서 효율적으로 인사관리하기 위하여 **2006년(노무현 정부)**부터 도입

② 계급제가 아닌 **직무등급제를 기반으로 운영**되는 등 범정부적으로 개방과 경쟁을 확대하고 성과와 책임을 강화하기 위한 노력의 일환

③ **계급제나 직위분류제적 제약을 완화**하고, 직업공무원제의 단점을 보완해 인사 운영의 융통성을 강화

㉠ **계급제의 단점인 전문성 부족**을 고위공무원단의 **직무등급제를 통해 보완**

㉡ **직위분류제의 단점인 일반행정가적 시각의 부족**을 고위공무원단의 **범정부적 인사관리를 통해 보완**

ⓧ [7급] 고위공무원단 제도는 연공서열에 의한 인사관리를 강화하여 직위의 안정을 도모하였다.
ⓞ 고위공무원단 제도는 연공서열에 의한 인사관리를 약화(강화 ×)시키고 직위의 전문성(안정 ×)을 도모하였다.

(2) 외국의 제도

① 미국

㉠ 1978, 카터 행정부의 공무원제도개혁법에 의거해 고위공무원단 제도인 SES(Senior Executive Service) 도입

㉡ 직위분류제적 요소가 강한 미국 공직사회의 단점을 보완하기 위해 전정부적 시각에서 정책을 이해하는 것에 초점

㉢ 엽관주의적 요소 포함

② **영국** : 계급제에 기반한 일반행정가 중심의 관료사회를 전문가 중심의 관료사회로 바꾸고 정치적 통제를 강화하기 위해 도입

PART 4

2 고위공무원단 대상과 충원

(1) 대상

국가공무원법 제2조의2(고위공무원단)

② 제1항의 "고위공무원단"이란 직무의 곤란성과 책임도가 높은 다음 각 호의 직위에 임용되어 재직 중이거나 파견·휴직 등으로 인사관리되고 있는 일반직공무원, 별정직공무원 및 특정직공무원(특정직공무원은 다른 법률에서 고위공무원단에 속하는 공무원으로 임용할 수 있도록 규정하고 있는 경우만 해당한다)의 군(群)을 말한다.

1. 「정부조직법」 제2조에 따른 **중앙행정기관의 실장·국장 및 이에 상당하는 보좌기관**
2. 행정부 각급 기관(감사원은 제외한다)의 직위 중 제1호의 직위에 상당하는 직위
3. 「지방자치법」 및 「지방교육자치에 관한 법률」에 따라 **국가공무원으로 보하는 지방자치단체** 및 지방교육행정기관의 직위 중 제1호의 **직위에 상당하는 직위**
4. 그 밖에 다른 법령에서 고위공무원단에 속하는 공무원으로 임용할 수 있도록 정한 직위

구분	예시
1. 「정부조직법」 제2조에 따른 중앙행정기관의 실장·국장 및 이에 상당하는 보좌기관	· 중앙행정기관의 실장·국장 : 재경부 기획조정실장 등 · 이에 상당하는 보좌기관 : 재경부 차관보 등
2. 행정부 각급 기관(감사원은 제외한다)의 직위 중 제1호의 직위에 상당하는 직위	· 위원회(금융위원회 등)의 위원장·상임위원·사무처장 등 ※ 감사원 제외
3. 「지방자치법」 및 「지방교육자치에 관한 법률」에 따라 국가공무원으로 보하는 지방자치단체 및 지방교육행정기관의 직위 중 제1호의 직위에 상당하는 직위	· 행정부시장·부지사(광역시·도·특별자치시·특별자치도) · 기획관리실장(실·국장 중 기획업무 담당) · 부교육감(지방교육자치단체), 농업기술원장(도) 등 ※ 지방공무원 제외

고위공무원단 대상

- 국가공무원 O
- 지방공무원 ×
- 국가공무원 in 지방자치단체 O

(2) 충원

① **후보자 교육과정(각 부처 재량으로 규정)** : 4급 이상 공무원, 고위공무원이 아닌 연구관·지도관 및 수석전문관을 대상

> **고위공무원단 인사규정 제8조(고위공무원단후보자 교육)**
>
> ① 인사혁신처장은 4급 이상 공무원(고위공무원이 아닌 연구관·지도관과 수석전문관을 포함한다)을 대상으로 고위공무원에게 필요한 역량을 함양하기 위한 교육과정(고위공무원단후보자교육과정)을 운영하여야 한다.
>
> ② 소속 장관은 해당 기관의 교육 대상자를 선발하여 인사혁신처장에게 추천할 수 있으며, 인사혁신처장은 소속 장관별 고위공무원단 직위의 정원, 고위공무원단 직위로의 승진 예정 인원 등을 고려하여 교육 대상자 수를 결정해야 한다.

② 역량평가

> **고위공무원단 인사규정 제9조(역량평가)**
>
> ① 역량평가는 고위공무원으로 신규채용되려는 사람 또는 4급 이상 공무원(수석전문관을 포함)이 고위공무원단 직위로 승진임용되거나, 전보(고위공무원이 아닌 연구관·지도관)되려는 사람을 대상으로 신규채용, 승진임용 또는 전보 전에 실시하여야 한다.
>
> **동규정 제7조(고위공무원단후보자)**
>
> ① 제9조에 따른 역량평가를 통과한 사람으로서 다음 각 호의 어느 하나에 해당하는 사람은 고위공무원단후보자가 된다.

㉠ **대상** : 고위공무원단 직위로 승진임용되려는 3·4급, 공무원 및 고위공무원단 직위로 전보되려는 고위공무원이 아닌 연구·지도관, 고위공무원단 직위인 일반직·별정직 공무원으로 신규채용되려는 사람 등

㉡ **목적** : 고위공무원에게 요구되는 자질과 능력 등 핵심 역량에 대한 실행 과제를 제시하고 행동 특성을 평가하여, 미래 행동에 대한 잠재력을 측정

㉢ **방식** : 다양한 평가기법을 활용하여 실제 업무와 유사한 모의상황에서 나타나는 평가대상자의 행동 특성을 다수의 평가자가 평가

㉣ **평가** : 문제인식, 전략적 사고, 성과지향, 변화관리, 고객만족, 조정·통합의 6가지 역량 평가

보충

과장급 후보자에 대한 역량평가제도

① 과장급 직위로 신규채용 또는 전보되려는 자
② 정책기획, 성과관리, 조직관리, 의사소통, 이해관계조정 평가
③ 2015년부터 과장급 역량평가 의무화

③ 임용방법

> **국가공무원법 제32조(임용권자)**
> ① 행정기관 소속 5급 이상 공무원 및 고위공무원단에 속하는 일반직공무원은 소속 장관의 제청으로 인사혁신처장과 협의를 거친 후에 국무총리를 거쳐 대통령이 임용하되, 고위공무원단에 속하는 일반직공무원의 경우 소속 장관은 해당 기관에 소속되지 아니한 공무원에 대하여도 임용제청할 수 있다.

㉠ 임용권은 대통령이 행사하며, 장관은 타 부처 공무원에 대해서 임용제청 가능
㉡ 소속 장관별로 개방형 직위 20%, 공모 직위 30%, 기관 자율 직위 50%로 운영

3 고위공무원단 관리

(1) 기본 방식

① 고위공무원단 소속 공무원이라는 하나의 풀(pool)로 관리
② 직무 등급 : 가-나급의 직무 등급을 부여해 인사 관리

(2) 근평 및 보수

① 근무성적평정 : 4급 이상에게 적용되는 '성과계약 등 평가'에 의하며 1년 단위로 성과계약 체결

> **국가공무원법 제20조(고위공무원의 근무성적평정)**
> ① 고위공무원단 직위에 근무 중인 고위공무원에 대한 근무성적평정은 「공무원 성과평가 등에 관한 규정」에 따른 성과계약등 평가에 따른다.
> ② 성과계약등 평가는 개인의 성과목표 달성도 등 객관적 지표에 따라 매우우수 · 우수 · 보통 · 미흡 또는 매우미흡 중 하나의 등급으로 한다.

② 직무성과급적 연봉제 적용 : 기본연봉(기준급 + 직무급) + 성과연봉(성과급)
㉠ 기본연봉 : 기준급(개인의 경력 및 누적성과) + 직무급(직무의 곤란성 및 책임성)
㉡ 성과연봉 : 전년도 업무 실적에 따라 지급하며, 미흡 및 매우 미흡 등급에 해당하는 인원은 성과연봉 지급하지 않음.
㉢ 연봉 외 급여 : 가족수당, 자녀학비보조수당, 연가보상비, 직급보조비, 정액급식비 등

(3) 적격심사

> **동법 제70조의2(적격심사)**
> ① 고위공무원단에 속하는 일반직공무원은 다음 각 호의 어느 하나에 해당하면 고위공무원으로서 적격한지 여부에 대한 심사(적격심사)를 받아야 한다.
> ② 적격심사는 제1항 각 호의 어느 하나에 해당하게 된 때부터 6개월 이내에 실시하여야 한다.
> ⑤ 적격심사는 고위공무원임용심사위원회에서 실시한다.
> ⑥ 소속 장관은 소속 공무원이 제1항 각 호의 어느 하나에 해당되면 지체 없이 인사혁신처장에게 적격심사를 요구하여야 한다.

① 대상

> **동법 제70조의2(적격심사)**
>
> 2. 근무성적평정에서 최하위 등급의 평정을 총 2년 이상 받은 때
> 3. 대통령령으로 정하는 정당한 사유 없이 직위를 부여받지 못한 기간이 총 1년에 이른 때
> 4. 다음 각 목의 경우에 모두 해당할 때
>   가. 근무성적평정에서 최하위 등급을 1년 이상 받은 사실이 있는 경우
>   나. 대통령령으로 정하는 정당한 사유 없이 6개월 이상 직위를 부여받지 못한 사실이 있는 경우
> 5. 제3항 단서에 따른 조건부 적격자가 교육훈련을 이수하지 아니하거나 연구과제를 수행하지 아니한 때

② 조건부 적격자

> **동법 제70조의2**
>
> ③ 교육훈련 또는 연구과제 등을 통하여 근무성적 및 능력의 향상이 기대되는 사람은 조건부 적격자로 결정할 수 있다.

③ 부적격자

> **동법 제70조의2**
>
> ③ 적격심사는 근무성적, 능력 및 자질의 평정에 따르되, 고위공무원의 직무를 계속 수행하게 하는 것이 곤란하다고 판단되는 사람을 부적격자로 결정한다.

(4) 신분 보장

> **국가공무원법 제68조(의사에 반한 신분 조치)**
>
> 공무원은 형의 선고, 징계처분 또는 이 법에서 정하는 사유에 따르지 아니하고는 본인의 의사에 반하여 휴직 · 강임 또는 면직을 당하지 아니한다. 다만, 1급 공무원과 직무등급이 가장 높은 등급의 직위에 임용된 고위공무원단에 속하는 공무원은 그러하지 아니하다.

4 고위공무원단의 성과와 과제

(1) 성과

① 민간 전문가 및 타부처 공무원 임용 등 공직사회에 경쟁과 개방 확대

② 직무성과연봉제, 성과계약 등 평가, 자율적 인사관리 등에 따른 성과주의 강화

③ 후보자 교육, 역량 평가 등 역량 기반 인사관리 체계의 확립

(2) 과제

① 직무 등급을 처음의 5등급에서 2등급으로 축소, 직무 중심의 인사관리에서 기존의 계급 중심의 인사관리로 회귀할 수 있다는 우려

② 직무 등급이 너무 단순해 직무 중심의 인사관리에서 벗어날 가능성

③ 실제 성과보다 높은 수준으로 평가하는 온정주의, 근무연한에 따라 역으로 결정되는 연공서열 관행 여전

기출 CHECK

1 고위공무원단제도에 대한 설명으로 옳지 않은 것은? 2016 국가직 9급

① 전(全)정부적으로 통합 관리되는 공무원 집단이다.

② 계급제나 직위분류제적 제약이 약화되어 인사 운영의 융통성이 강화된다.

③ 고위공무원단에 속하는 모든 일반직 공무원의 신규채용 임용권은 각 부처의 장관이 가진다.

④ 성과계약을 통해 고위직에 대한 성과관리가 강화된다.

① O 고위공무원단 제도는 통합적으로 관리되는 고위공무원 집단으로, 고위공무원을 범정부적 차원에서 효율적으로 인사관리하기 위하여 2006년 노무현 정부 시기에 도입되었다.

② O 고위공무원단 제도는 계급제의 단점과 직위분류제의 단점을 동시에 보완할 수 있다. 계급제의 단점인 전문성 부족을 고위공무원단의 직무등급제를 통해 보완할 수 있으며, 직위분류제의 단점인 일반행정가적 시각의 부족을 고위공무원단의 범정부적 인사관리를 통해 보완할 수 있다.

③ X 고위공무원단은 범정부적으로 관리되기 때문에, 고위공무원에 대한 임용권은 대통령이 행사한다. 각 부처의 장관은 임용권이 아닌 임용제청권을 행사할 수 있다.

> **국가공무원법 제32조(임용권자)**
> ① 행정기관 소속 5급 이상 공무원 및 고위공무원단에 속하는 일반직공무원은 소속 장관의 제청으로 인사혁신처장과 협의를 거친 후에 국무총리를 거쳐 대통령이 임용하되, 고위공무원단에 속하는 일반직공무원의 경우 소속 장관은 해당 기관에 소속되지 아니한 공무원에 대하여도 임용제청할 수 있다.

④ O 고위공무원단은 기존의 1~3급 상당의 공무원을 통합적으로 관리하는 제도이다. 따라서 4급 이상에게 적용되는 성과계약 등 평가가 적용되어 성과관리를 강화하는 것이 특징이다. 정답 ③

체크포인트

고위공무원단제도는 기존의 계급중심의 관리와는 다른 성격이므로, 이를 반영한 다양한 제도적 특징을 전반적으로 정리해 두어야 합니다. 기존의 계급제 중심이었다면 각 부처의 장관이 임용권을 가졌겠지만, 정부 전체적인 집단으로서 고위공무원단을 관리하게 된다면 그 임용권을 대통령이 가지는 것이 적합합니다. 이렇게 고위공무원단의 특징과 주요 내용을 논리적으로 연결하면서 학습하는 것이 중요합니다.

2 우리나라 고위공무원단제도에 대한 설명으로 옳지 않은 것은? 2011 지방직 9급

① 국가의 고위공무원을 범정부적 차원에서 효율적으로 인사관리하기 위하여 도입하였다.

② 개방형직위 방법, 직위공모 방법, 자율임용 방법을 실시한다.

③ 국가공무원으로 보하는 부시장, 부지사, 부교육감 등은 해당되지 않는다.

④ 원칙적으로 직무성과급적 연봉제를 적용한다.

① O 고위공무원단 제도는 통합적으로 관리되는 고위공무원 집단으로, 고위공무원을 범정부적 차원에서 효율적으로 인사관리하기 위하여 2006년 노무현 정부 시기에 도입되었다.

② O 고위공무원단 제도는 소속 장관별로 고위공무원단 직위 총수의 20%는 공직 내부 공무원과 외부 인사가 경쟁하는 개방형 직위로, 30%는 공직 내부 공무원들끼리 경쟁하는 공모 직위로, 50%는 기관 자율 직위로 임용한다.

③ X 고위공무원단제도는 지방공무원이 아닌 국가공무원을 대상으로 적용된다. 국가기관인 중앙행정기관에 속해 있는 국가공무원뿐만 아니라, 지방자치단체에 속해 있는 국가공무원도 고위공무원단제도의 적용을 받는다. 각 지방자치단체의 부시장, 부지사, 부교육감 중 국가공무원으로 보하는 직위들이 이에 해당된다.

④ O 5급 이상의 공무원에게는 성과급적 연봉제가 적용된다. 고위공무원단은 계급이 아닌 직무등급에 따라 운영되기 때문에, 직무급이 추가된 성과급적 연봉제인 직무성과급적 연봉제의 적용을 받는다. 정답 ③

체크포인트

고위공무원단에서 가장 많이 출제되는 포인트가 고위공무원단에 포함되는 대상을 정확하게 알고 있는지입니다. 기본적으로 고위공무원단에는 국가공무원이 포함됩니다. 따라서 지방공무원단은 포함되지 않습니다. 가장 주의해야 할 것은, 지방자치단체에서 근무하는 국가공무원은 포함된다는 것입니다. 부시장, 부지사, 부교육감 등이 여기에 포함되므로 사례까지 함께 꼼꼼하게 학습해두어야 합니다.

PART 4

심화 역량기반 인적자원관리

1. 역량의 개념
   ① 평균적인 성과자의 행동특성이 아닌, 우수성과자의 인사 관련 행태
   ② 기존의 능력 개념이 개인 측면의 보유 자질에 초점을 맞춘 것이라면, 역량은 조직 측면에서 조직의 성과 창출을 위한 자질
   ③ 스펜서와 스펜서(Spencer & Spencer)에 따르면, 역량이란 특정한 상황이나 직무 수행 과정에서 미리 설정된 준거 기준에 비추어 볼 때 효과적이거나 또는 우수한 성과의 원인이 되는 개인의 내재적 특성으로, 동기(motives), 특질(traits), 자아인식(self-concept), 지식(knowledge), 실무기술(skill)의 다섯 가지를 포함
2. 역량기반 인적자원관리의 특징
   ① 기존의 직무기반 인적자원관리와는 달리 역량기반 인적자원관리는 조직구성원의 우수한 역량을 찾아내고 그것을 인적자원관리의 모든 측면에서 활용
   ② 역량모델은 전체 구성원에게 적용되는 공통역량, 원활한 조직운영을 위한 조직역량, 전문적 직무수행을 위한 직무역량으로 구성
   ③ KSAs : 미국에서 특정 직위가 갖춰야 할 직무 요건으로 사용되며, 지식, 실무기술, 실무능력을 포함

9급 22지, 19국, 18지
7급 17지

3 유연인사제도 A

1 유연근무제(「국가공무원 복무 · 징계 관련 인사혁신처 예규」 기준)

탄력근무제	시차출퇴근형	근무시간선택형	집약근무형
	8시간/ 5일 8시~17시	4~12시간 5일 4/12/4/12/8	4~12시간 3.5~4일 12/12/12/4
재량근무제	프로젝트 수행(출퇴근×)		
원격근무제	재택근무형	스마트워크근무형	

(1) 탄력근무제 : 주 40시간 근무하되, 출퇴근시각 · 근무시간 · 근무일 자율 조정
   ① **시차출퇴근형** : 1일 8시간 근무체제 유지, 출퇴근시간 자율 조정
   ② **근무시간선택형** : 일 8시간에 구애받지 않음(일4~12시간 근무), 주 5일 근무 준수
   ③ **집약근무형** : 일 8시간에 구애받지 않음(일4~12시간 근무), 주 3.5~4일 근무

(2) 재량근무제 : 출퇴근 의무 없이 프로젝트 수행으로 주 40시간 인정
   ① 근무시간, 근무장소 등에 구애받지 않고 구체적인 업무성과를 토대로 근무한 것으로 간주하는 근무형태
   ② 고도의 전문적 지식과 기술이 필요해 업무수행 방법이나 시간배분을 담당자의 재량에 맡길 필요가 있는 분야

(3) **원격근무제** : 특정한 근무장소를 정하지 않고 정보통신망을 이용하여 근무

① **재택근무형** : 사무실이 아닌 자택에서 근무 (초과근무는 사전에 부서장의 긴급 초과 근무명령을 받은 경우에만 예외적으로 인정)

② **스마트워크근무형** : 자택 인근 스마트워크센터 등 별도 사무실에서 근무 (초과근무는 사전에 부서장 승인시에만 인정)

2 시간선택제 공무원

① 가족친화적 인사정책과 일자리 나누기 등을 위한 유연인사제도의 일환으로, 통상적인 근무시간인 40시간보다 짧은 시간(15시간~35시간) 근무하는 공무원

② 신규 공무원의 시간선택제채용공무원 임용 및 기존 공무원의 시간선택제전환공무원 지정 가능

공무원임용령 제3조의3(시간선택제채용공무원의 임용)

① 임용권자 또는 임용제청권자는 통상적인 근무시간보다 짧은 시간을 근무하는 일반직공무원을 신규채용할 수 있다.

② 제1항에 따라 채용된 시간선택제채용공무원의 주당 근무시간은 「국가공무원 복무규정」에도 불구하고 15시간 이상 35시간 이하의 범위에서 임용권자 또는 임용제청권자가 정한다. 이 경우 근무시간을 정하는 방법 및 절차 등은 인사혁신처장이 정한다.

③ 시간선택제채용공무원을 통상적인 근무시간 동안 근무하는 공무원으로 임용하는 경우에는 어떠한 우선권도 인정하지 아니한다.

동령 제57조의3(시간선택제 근무의 전환 등)

① 임용권자 또는 임용제청권자는 통상적인 근무시간을 근무하는 공무원이 시간선택제 근무로 전환을 신청하는 경우 통상적인 근무시간보다 짧은 시간을 근무하는 공무원으로 지정할 수 있다.

② 시간선택제전환공무원의 근무시간은 「국가공무원 복무규정」에도 불구하고 주당 15시간 이상 35시간 이하의 범위에서 소속 장관이 정한다.

3 임기제 공무원

경력직 공무원으로 실적과 자격에 의하여 임용되며, 정해진 임용 기간 동안 신분 보장

국가공무원법 제26조의5(근무기간을 정하여 임용하는 공무원)

① 임용권자는 전문지식 · 기술이 요구되거나 임용관리에 특수성이 요구되는 업무를 담당하게 하기 위하여 경력직공무원을 임용할 때에 일정기간을 정하여 근무하는 공무원(임기제공무원)을 임용할 수 있다.

공무원임용령 제3조의2(임기제공무원의 종류)

임기제공무원의 종류는 다음 각 호와 같다.

1. 일반임기제공무원 : 직제 등 법령에 규정된 경력직공무원의 정원에 해당하는 직위에 임용되는 임기제공무원
2. 전문임기제공무원 : 특정 분야에 대한 전문적 지식이나 기술 등이 요구되는 업무를 수행하기 위하여 임용되는 임기제공무원

PART 4

3. **시간선택제임기제공무원** : 통상적인 근무시간보다 짧은 시간(주당 15시간 이상 35시간 이하의 범위)을 근무하는 공무원으로 임용되는 일반임기제공무원(시간선택제일반임기제공무원) 또는 전문임기제공무원(시간선택제전문임기제공무원)
4. **한시임기제공무원** : 다음 각 목의 어느 하나에 해당하는 공무원의 업무를 대행하기 위하여 1년 6개월 이내의 기간 동안 임용되는 공무원으로서 통상적인 근무시간보다 짧은 시간을 근무하는 임기제공무원

체크포인트

탄력근무제 중에서 근무시간선택형과 집약근무형을 비교하는 문제가 가장 까다롭습니다. 개념을 학습할 때부터 어떤 개념들을 비교해서 출제하는지 인지한다면 까다로운 문제들도 충분히 시험장에서 풀어낼 수 있을 겁니다.

기출 CHECK

1 다음 설명에 해당하는 유연근무제의 유형은? 2022 지방직 9급

- 탄력근무제의 한 유형
- 1일 8시간에 구애받지 않음
- 주 3.5~4일 근무

① 재택근무형 ② 집약근무형
③ 시차출퇴근형 ④ 근무시간선택형

① X 재택근무형은 탄력근무제가 아닌, 원격근무제의 한 유형이다.
② O 탄력근무제 중 하나인 집약근무형은 1일 4~12시간 근무하되, 주3.5일~4일 동안 집약해서 근무할 수 있는 유형이다.
③ X 시차출퇴근형은 탄력근무제의 한 유형이긴 하지만, 출퇴근 시간을 자율적으로 조정하는 것이지 1일 8시간 근무해야 하고, 주 5일 근무해야 한다.
④ X 근무시간선택형은 탄력근무제 중 하나고, 1일 4~12시간 근무하므로 1일 8시간에 구애받지 않으나, 주5일 근무해야 하는 유형이다.

정답 ②

4 총액인건비제도 B

행정기관의 조직과 정원에 관한 통칙 제29조(총액인건비제의 운영에 관한 특례)

① 중앙행정기관의 **조직 및 정원 운영의 자율성을 보장**하고 합리화를 도모하기 위하여 행정안전부장관이 지정하는 중앙행정기관의 경우 중앙행정기관별 **인건비 총액의 범위 안**에서 **조직 또는 정원을 운영하는 총액인건비제**를 운영할 수 있다.

1 개념

(1) 행정기관의 **인력과 예산 운영의 효율성 제고와 조직성과 향상**을 위해 각 행정기관이 **총액인건비 범위 안에서 조직, 정원, 보수, 수당 등의 운영에 관한 자율성**을 가지고 그 **결과에 대해 책임**을 지는 제도

(2) **2007년(노무현 정부) 도입**된 제도이며, 시행여부는 시행기관이 **자율적으로 결정**

2 주관부처 및 시행기관

(1) **분야별 주관부처** → 조직 · 정원 : **행정안전부**, 예산 : **기획예산처**, 보수 : **인사혁신처**

(2) **시행기관** : **중앙행정기관** 또는 중앙행정기관에 준하는 기관, **책임운영기관**

행정기관의 조직과 정원에 관한 통칙 제29조(총액인건비제의 운영에 관한 특례)

① **중앙행정기관의 조직 및 정원 운영의 자율성을 보장**하고 합리화를 도모하기 위하여 **행정안전부장관이 지정하는 중앙행정기관**의 경우 중앙행정기관별 **인건비 총액의 범위안**에서 **조직 또는 정원을 운영하는 총액인건비제를 운영**할 수 있다.

⑥ **행정안전부장관**은 총액인건비제를 운영하는 중앙행정기관의 조직 및 정원의 운영실태를 점검하여 그 적정성 및 타당성 등에 대한 **평가를 실시**하고, 그 **결과를 기획예산처장관과 협의**하여 해당 기관의 **다음 연도 총액인건비에 반영**되도록 하는 등 필요한 조치를 하여야 한다.

책임운영기관의 설치·운영에 관한 법률 시행령 제30조(총액인건비제의 운영에 관한 특례)

① **책임운영기관의 조직 · 정원 및 보수 운영의 자율성을 보장**하고 합리화를 도모하기 위하여 **행정안전부장관이 지정하는 책임운영기관**의 경우 책임운영기관별 **인건비 총액의 범위**에서 **조직 · 정원 및 보수의 결정에 자율성을 부여하는 총액인건비제를 운영**할 수 있다.

공무원보수규정 제74조(총액인건비제의 운영에 관한 특례)

① 중앙행정기관 및 책임운영기관의 업무특성과 인력운영 상황에 적합한 보수제도를 운영하기 위하여 중앙행정기관 및 책임운영기관의 경우 **인건비 총액의 범위**에서 **보수 결정에 자율성을 부여하는** 총액인건비제를 운영할 수 있다.

공무원수당 등에 관한 규정 제23조(총액인건비제의 운영에 관한 특례)

① **총액인건비제를 운영하는 중앙행정기관 및 책임운영기관의 장**은 인사혁신처장이 정하는 범위에서 소속 공무원에 대한 **수당지급액 · 지급범위 또는 지급방법을 달리 정하거나, 필요한 경우에는 수당을 신설 · 통합 또는 폐지**할 수 있다.

9급 11지
7급 24지, 20국

기존

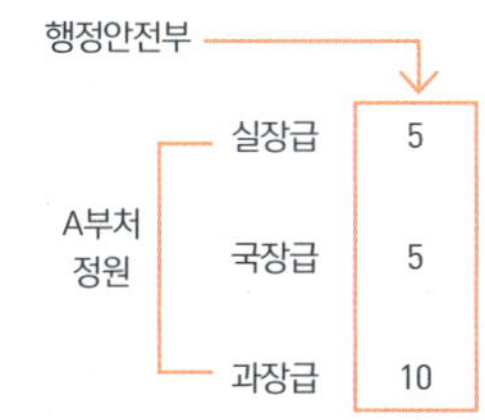

총액인건비제도

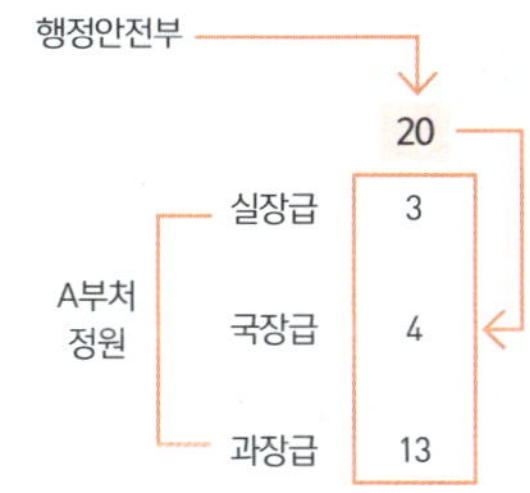

자율, 분권, 효율

직급 인플레이션

3 평가

(1) 장점 : 관료들의 자율성과 재량권을 강화하는 분권화 개혁

(2) 단점 : 직급 인플레이션 등 우려(도덕적 해이)

(3) 보완 : 자율성이 남용되지 않으면서 조직목표를 달성하고 성과를 극대화할 수 있도록 자율성 위임에 상응하는 책임성 확보 장치 등이 필요

기출 CHECK

1 총액인건비제도에 대한 설명으로 옳지 않은 것은? 2020 국가직 7급

① 정원관리에 대한 각 부처의 자율성 확대를 목표로 한다.
② 김대중 정부에서 중앙행정기관 및 지방자치단체에 처음 도입되었으며, 공공기관으로 확대되었다.
③ 보수관리에 대한 각 부처의 자율성이 확대되었다.
④ 시행기관은 성과중심의 조직운영을 위하여 총액인건비제도를 활용할 수 있다.

① O 총액인건비제도는 각 부처에 편성된 총액인건비 예산의 범위 안에서 각 부처가 정원관리 등의 운영에 대한 자율성을 갖는 제도이다.
② X 총액인건비제도는 김대중 정부가 아닌 2007년 노무현 정부에서 도입되었다.
③ O 각 부처는 총액인건비 한도 내에서 기구·정원·보수·예산 등에 대한 운영의 자율성을 갖는다.
④ O 총액인건비 예산 내에서 자율적으로 사용하되, 그에 대한 성과를 평가하여 책임을 지는 제도이므로 총액인건비제도를 시행하는 기관은 성과중심적으로 운영될 수 있다.

정답 ②

체크포인트

총액인건비제도는 기본적으로 총액으로서 인건비를 주고, 그 안에서 각 부처의 재량을 인정해주는 제도입니다. 기존의 경직적인 제도가 아니라 재량과 성과를 중시하는 요즘 추세의 제도라는 감각을 가지는 것도 좋은 방법입니다. 또한 이처럼 재량이나 혁신과 관련된 제도가 일반적으로 노무현 정부에서 대거 도입되었다는 것도 행정학의 주요 출제포인트가 되니 정리해 둘 필요가 있습니다.

5 전략적 인적자원관리 C

9급 25국, 17국
7급 24지, 16국

(1) 개념

① 조직의 비전 및 목표, 조직 내부 상황, 조직 외부환경을 모두 고려해, 가장 적합한 인력을 개발 · 관리하여 조직의 목표를 극대화하는 인사관리

② 인사관리를 조직체의 전략기획 과정과 연계시키고, 인사관리 방식 간에도 조화를 이루게 해 조직체의 전략과 목적을 효율적으로 달성시키는 과정

③ 전략적 인적자원관리는 사람을 '인적 자원(human resource)'의 개념으로 보기보다는 **'인적 자본(human capital)'의 개념**으로 보고, **사람에 대한 '투자(invest)'와 '개발(develop)'의 필요성**을 강조

(2) 전통적 VS 전략적

① **전통적 인적자원관리** : 채용, 교육, 훈련, 평가, 보상과 같은 인사관리 방식들을 **미시적 시각**에서 **개별적**으로 나누어 접근

② **전략적 인적자원관리** : 거시적 시각에서 **개별적 인사관리 방식을 통합하려는 시도**

전통적 인적자원관리	VS	전략적 인적자원관리
인사관리방식 개별적 접근		거시적 시각에서 통합적 접근 전략기획과 연계 인적자본의 개념 → 투자와 개발

기출 CHECK

1 전략적 인적자원관리에 대한 설명으로 옳지 않은 것은? 2017 국가직 9급

① 장기적이며 목표 · 성과 중심적으로 인적자원을 관리한다.
② 개인의 욕구는 조직의 전략적 목표달성을 위해 희생해야 한다는 입장이다.
③ 인사업무 책임자가 조직 전략 수립에 적극적으로 관여한다.
④ 조직의 전략 및 성과와 인적자원관리 활동 간의 연계에 중점을 둔다.

① O 전략적 인적자원관리는 조직의 비전과 목표를 고려해 이에 적합한 인적자원관리 계획을 전략적으로 수립하는 것이 핵심이다.
② X 개인의 욕구와 조직의 전략을 일치시키는 방안에 대해서 연구하는 것이 전략적 인적자원관리이다. 개인의 욕구를 희생해야 한다는 입장은 고전적인 전통적 관리방식에 가깝다.
③ O 인사업무 책임자가 조직의 전체적인 전략 계획 수립에 적극적으로 관여함으로써 인사관리와 조직전략의 통합을 추구한다.
④ O 전략적 인적자원관리는 인사관리를 조직의 전략기획 과정과 연계시키고, 인사관리 방식 간에도 조화를 이루게 해 조직의 전략과 목적을 효율적으로 달성시키는 과정이다.

정답 ②

체크포인트

전략적 인적자원관리는 기존의 전통적 인적자원관리와 비교할 수 있도록 훈련해 두면 됩니다. 기존의 전통적 인적자원관리는 조직 중심적이고 각 수단의 통합이 어려웠다면, 최근의 전략적 인적자원관리는 구성원들을 중시하면서 구성원들을 관리하는 각 수단들을 전략적으로 통합하는 데 집중합니다. 선지의 표현이 두 관리방식 중 어디에 더 가까운지를 판단하는 훈련이 필요한 것입니다.

PART 4

7급 21국

6 다양성 관리 C

(1) 개념

이질적인 구성원들을 채용하고 유지하며, 역량 개발의 증진을 위한 조직의 체계적인 노력

(2) 다양성 관리의 필요성

① 다양성 증대는 정보의 양과 질을 향상시키고 조직의 탄력성을 제고하기도 하지만, 이질적 집단의 확산으로 인한 조직의 응집력 저해와 같은 문제점도 발생

② 조직 내 다양성에 따른 부정적 효과를 완화하고, 긍정적 파급효과를 최대한 증진시키기 위한 관리적 노력 요구

③ 미국의 경우 오래전부터 적극적 우대조치 및 고용평등정책 등을 도입했으며, 우리나라 역시 다문화사회로의 진전과 함께 다양성 관리 필요성 증대

(3) 다양성 관리에 대한 접근방법

① 멜팅팟(melting pot) 접근 : 문화적 동화에 근거

㉠ 구성원 간의 이질성을 지배적인 주류에 의해 동화시키는 방법

㉡ 다양성으로 인한 조직응집성의 저하를 방지하기 위한 소극적인 접근방법

② 샐러드볼(salad bowl) 접근 : 문화적 다원주의에 근거

㉠ 각기 다른 특성을 갖는 구성원들이 자신의 특성을 유지할 수 있도록 지원하는 방법

㉡ 다양성을 통한 조직의 탄력성을 극대화하기 위한 적극적인 접근방법

멜팅팟

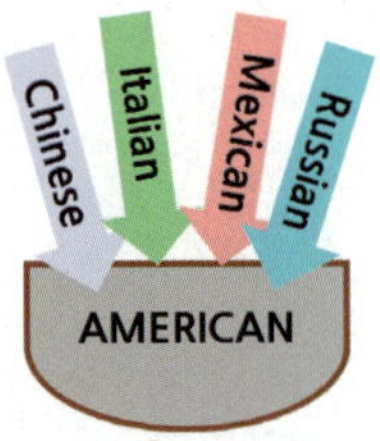

샐러드볼

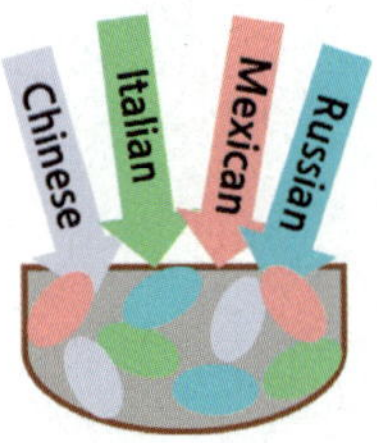

기출 CHECK

1 다양성 관리(diversity management)에 대한 설명으로 옳지 않은 것은? 2021 국가직 7급

① 오늘날 개인의 성격, 가치관의 차이와 같은 내면적 다양성의 중요성이 커지고 있다.

② 다양성 관리란 내적·외적 차이를 가진 다양한 조직구성원을 공평하고 효율적으로 활용하기 위한 체계적인 인적자원관리과정이다.

③ 균형인사정책, 일과 삶 균형정책은 다양성 관리의 방안으로 볼 수 없다.

④ 대표관료제를 통한 조직 내 다양성 증대는 실적주의와 충돌할 가능성이 있다.

① o 다인종, 다문화 등 외면적 다양성뿐만 아니라 성격과 가치관 등 내면적 다양성의 중요성도 커지고 있기 때문에, 이를 적절하게 관리하여 다양성에 따른 부정적 효과를 완화하고, 긍정적 파급효과를 최대한 증진시키기 위한 노력이 요구되고 있다.

② o 다양성 관리란 이질적인 구성원들을 채용하고 유지하며, 역량 개발의 증진을 위한 조직의 체계적인 노력이다.

③ x 대표관료제와 같은 균형인사정책, 일과 삶의 균형정책과 같은 제도들은 다양한 조직구성원을 공평하고 효율적으로 활용하기 위한 다양성 관리의 방안으로 충분히 사용될 수 있다.

④ o 대표관료제는 사회 내 취약계층들을 적극적으로 임용하는 할당제로, 객관적인 성적이 부족하더라도 임용될 수 있기 때문에 실적주의와 충돌할 가능성이 높다는 문제점이 있다.

정답 ③

체크포인트

다양성 관리는 최근 중요도가 높아지고 있는 주제입니다. 상식적인 주제이므로 글을 읽는 독해로 문제를 푸는 연습을 하는 것이 중요합니다. 또한 다양성을 관리할 수 있는 여러 방안들을 대체로 긍정적으로 인식한다는 측면에서 특정 대안을 부정하는 선지는 주의해야 합니다.

5 사기 관리

1 보수 C

9급 25국, 23국, 22지
7급 24지, 20지, 16지

1 보수 결정 원칙

국가공무원법 제46조(보수 결정의 원칙)

① 공무원의 보수는 직무의 곤란성과 책임의 정도에 맞도록 계급별 · 직위별 또는 직무등급별로 정한다.

② 공무원의 보수는 일반의 표준 생계비, 물가 수준, 그 밖의 사정을 고려하여 정하되, 민간 부문의 임금 수준과 적절한 균형을 유지하도록 노력하여야 한다.

③ 경력직공무원 간의 보수 및 경력직공무원과 특수경력직공무원 간의 보수는 균형을 도모하여야 한다.

⑤ 이 법이나 그 밖의 법률에 따른 보수에 관한 규정에 따르지 아니하고는 어떠한 금전이나 유가물(有價物)도 공무원의 보수로 지급할 수 없다.

2 보수의 구성

(1) 봉급

① 직무의 곤란성 및 책임의 정도에 따라 직책별로 지급되는 기본 급여

② 또는 직무의 곤란성 및 책임의 정도와 재직 기간 등에 따라 계급별 및 호봉별로 지급되는 기본 급여

(2) 수당

① 직무 여건 및 생활 여건 등에 따라 지급되는 부가 급여

② 보수제도의 탄력성을 확보해 기본급이 가진 한계점을 보완

3 보수의 분류

(1) 이론

① **연공급** : 연공과 같은 인적 요소 기준에 의한 임금 형태로서 속인급(屬人給) 혹은 근속급이라고 하며, 대체로 근속 연수에 따라 기본급 상승

② **직무급** : 직무의 곤란도와 책임도 등을 상대적으로 분석 · 평가해 결정되며, 동일 직무에 대한 동일 보수 원칙에 근거한 속직급(屬職給) 형태

③ **직능급** : 직무 수행 능력을 기준으로 한 것으로, 연공급의 속인적 요소와 직무급의 속직적 요소를 결합한 혼합 형태이며, 최근에는 역량급으로 발전

④ **성과급** : 개인이나 집단의 근무실적과 보수를 연결시킨 것

⑤ **생활급** : 생계비를 기준으로 하는 보수로서 공무원과 그 가족이 기본적인 생활을 보장하기 위한 것

PART 4

보충

한국의 공무원 보수

기본적으로 직종·직급·근무여건 및 재직기간에 따른 연공급·직무급 중심이나, 여러 가지 기준을 복합적으로 배합하는 종합 결정급 제도로 운용

(2) 한국

① 보수 형태

㉠ **고정급** : 정액으로 보수를 지급하는 제도로, 월급 및 고정급적 연봉제 등

㉡ **성과급** : 변동 가능한 보수로, 우리나라의 경우 5급 이상을 대상으로 하는 성과급적 연봉제와, 6급 이하를 대상으로 하는 성과상여금으로 구분

㉢ **연봉제**

ⓐ **고정급적 연봉제** : 직위별로 고정액을 지급하며, **정무직 공무원** 대상

ⓑ **성과급적 연봉제** : 경력 등에 따라 최초 연봉을 설정하고 성과에 따라 연봉을 조정하는 것으로, **1~5급 공무원** 및 임기제 공무원 등 대상

ⓒ **직무성과급적 연봉제** : 경력·직무값·성과 등에 따라 연봉을 설정하는 것으로, 기준급과 직무급으로 구성되며, **고위공무원단** 소속 공무원 대상

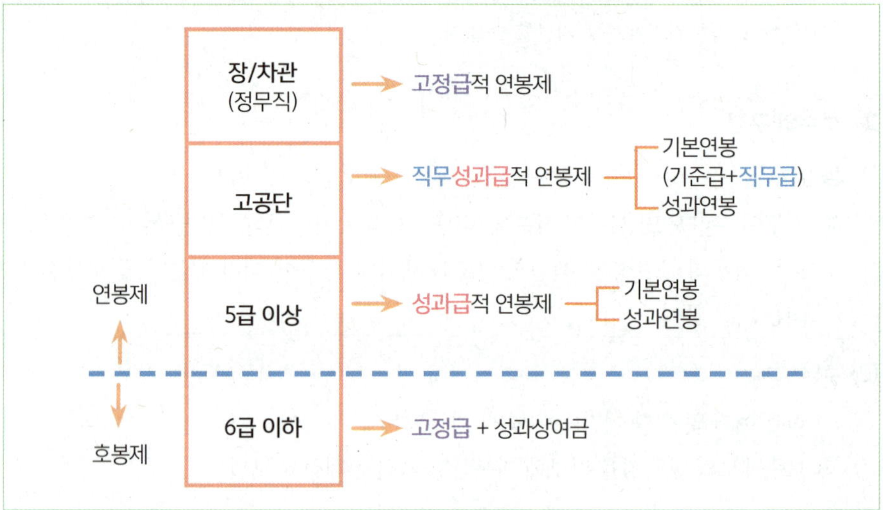

② 보수 성격

㉠ **연공급** : 기본급, 정근수당, 장기근속 수당, 대우공무원 수당 등

㉡ **직무급** : 관리 업무 수당, 직급 보조비 등

㉢ **생활급** : 가족수당, 정액급식비, 명절휴가비 등

기출 CHECK

1 공무원 보수제도 중 연봉제에 대한 설명으로 옳지 않은 것은? 2016 지방직 7급

① 직무성과급적 연봉제는 고위공무원단 소속 공무원에게 적용된다.
② 고정급적 연봉제에서 연봉은 기본연봉과 성과연봉으로 구성된다.
③ 직무성과급적 연봉제에서 기본연봉은 기준급과 직무급으로 구성된다.
④ 성과급적 연봉제와 직무성과급적 연봉제의 성과연봉은 전년도의 업무실적에 따른 평가결과에 따라 차등지급된다는 점에서 유사한 면이 있다.

① o 고위공무원단은 계급이 아닌 직무등급에 따라 운영되기 때문에, 직무급이 추가된 성과급적 연봉제인 직무성과급적 연봉제의 적용을 받는다.
② x 고정급적 연봉제는 정해진 고정액을 지급하는 연봉제이기 때문에, 매년 성과에 따라 변동되는 성과연봉은 포함되지 않는다.
③ o 직무성과급적 연봉제는 기본연봉과 성과연봉으로 구분된다. 이 중 기본연봉은 개인의 경력과 누적성과가 반영된 기준급과, 직무의 곤란성 및 책임성으로 구분되는 직무등급에 따라 지급되는 직무급으로 구성된다.
④ o 성과급적 연봉제와 직무성과급적 연봉제는 모두 성과연봉이 포함된다는 공통점이 있다. 성과연봉은 전년도의 업무실적을 기준으로 차등지급된다. 정답 ②

체크포인트

공무원 보수제도 중 연봉제는 세 가지로 구분되므로 각 연봉제의 특징을 알고 있는지 체크하게 됩니다. 용어에 모든 특징이 들어가 있음을 활용할 수 있어야 학습 부담도 줄어들고, 시험장에서도 정확하게 풀어낼 수 있습니다. '고정'급적 연봉제는 연봉제가 고정되어 있다는 것이므로, 매년 성과에 따라 달라지는 성과급이 포함되지 않는 것입니다. '직무'성과급적 연봉제는 직무급이 추가로 포함된다는 것이므로, 고위공무원단에게 적용되는 것입니다.

PART 4

2 공무원 연금 B

9급 22지, 17지, 13국
7급 20지, 19국, 16국

1 공무원 연금 개관

(1) 특징

① 국가의 책임하에 공무원들을 위해 운영하는 사회보장제도로, 사회보험의 원리와 부양원리에 의해 운영되는 장기 소득보장 시스템

② 국민연금과 마찬가지로 넓은 의미의 공적 연금으로 분류되지만, 퇴직 이후 생활을 보장하기 위한 퇴직연금의 성격도 가진다는 점에서 군인연금이나 사립학교교직원연금과 같은 특수직역연금으로 분류

(2) 재정확보 방식

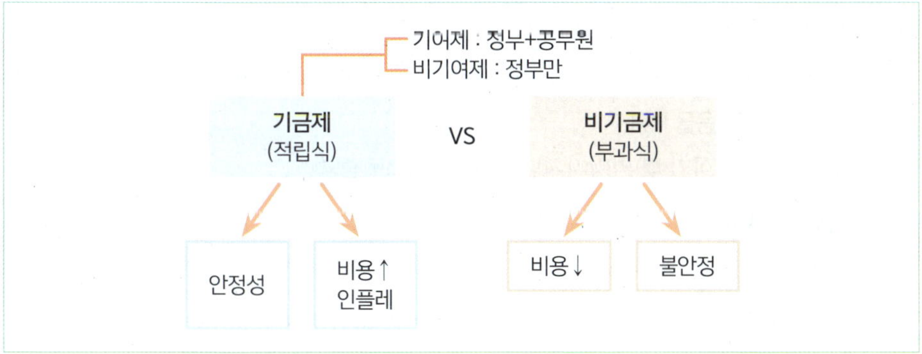

구분	기금제(적립식)	비기금제(부과식)
개념	① 기금을 미리 장기적으로 마련하는 적립 방식으로, 보험적립방식이라고도 함. ② 기금의 운용과 투자로 나오는 이자와 사업 수익을 통해 연금 지급	기금을 미리 적립하지 않고 상황에 따라 필요한 재원을 부과해 조성하는 방식으로, 현금 지출제라고도 함.
평가	① 장점 : 미리 기금을 조성하므로 비용과 지출의 평준화와 안정적 연금 보장에 유리 ② 단점 : 출발 비용이 많이 들고, 인플레이션이 심할 경우 연금 급여의 가치가 저하되며, 연금의 관리가 복잡	① 장점 : 출발 비용 및 운용·관리 비용이 적게 소요 ② 단점 : 시간이 지날수록 비용이 많이 들며, 연금관리기관의 재정 형편이 어려울 때 연금을 지급하지 못할 우려
재원 확보 방안	① 기여제(한국) : 기금 조성의 비용을 정부와 공무원이 공동으로 부담하는 제도로, 호혜의 원칙에 입각 ② 비기여제 : 기금 조성의 비용을 정부에서 단독 부담하는 제도	-

보충

우리나라의 경우

10년 이상 근무했을 때 지급되는 **퇴직연금은 기여제**이나, **퇴직수당은 비기여제**로 운영

> **공무원연금법 제66조(비용부담의 원칙)**
> ① 퇴직급여(**퇴직연금** 등), 퇴직유족급여 및 비공무상 장해급여에 드는 비용은 **공무원과 국가 또는 지방자치단체가 부담**한다.
> ② **퇴직수당** 지급에 드는 비용은 **국가나 지방자치단체가 부담**한다.

2 한국의 공무원 연금제도

(1) 목적

한국 공무원연금제도는 1960년 공포·제정된 공무원연금법에 의거하며, 인사혁신처가 관장하고 공무원연금공단에서 집행

X [7급] 공무원연금제도는 행정안전부가 관장하고, 그 집행은 공무원연금공단에서 실시하고 있다.

O 공무원연금제도는 인사혁신처(행정안전부 ×)가 관장하고, 그 집행은 공무원연금공단에서 실시하고 있다.

> **공무원연금법 제1조(목적)**
> 이 법은 공무원의 퇴직, 장해 또는 사망에 대하여 적절한 급여를 지급하고 후생복지를 지원함으로써 공무원 또는 그 유족의 생활안정과 복지 향상에 이바지함을 목적으로 한다.

(2) 대상

> **동법 제3조(정의)**
> 가. 「국가공무원법」, 「지방공무원법」, 그 밖의 법률에 따른 공무원. 다만, 군인과 선거에 의하여 취임하는 공무원은 제외한다.

(3) 설계

① **적립식 + 기여제** : 공무원연금기금을 조성해 공무원과 사용자인 국가 또는 지방자치단체가 공동으로 비용을 부담

② 부족한 금액은 국가 및 지방자치단체의 보전금으로 충당

보충

퇴직급여의 종류

① 퇴직연금
② 퇴직연금일시금
③ 퇴직연금공제일시금
(①~③ 10년 이상 근무)
④ 퇴직일시금(10년 미만 근무)

(4) 2015년 연금개혁

① 배경

㉠ 보전금 증가에 따른 국민 세부담의 증가, 국민연금과의 형평성 논란 등에 따라 추진

㉡ 국회 내에 '국민대타협기구'와 '공무원연금 개혁특위' 등 관련 위원회를 설치하여 사회적 합의를 통해 이루어진 연금개혁

② 주요 내용

㉠ **기여율 인상** (7% → 9%) 및 **지급률 인하** (1.9% → 1.7%)

㉡ 공무원 전체의 **평균 기준소득월액 상한을 하향** (1.8배 → 1.6배)

㉢ 퇴직연금 수급요건 완화 (20년 이상 재직 → 10년 이상 재직)

㉣ **연금 개시 연령은 최대 5년 연장** (60세 → 65세)

㉤ 기여금 납부기간 상한을 상향 (최대 33년 → 최대 36년)

㉥ 이혼배우자에 대한 분할연금제도 도입, 비공무상 재해보상제도 도입 등 사회보장성 강화

㉦ 선거직 공무원 재임용 시나 정부 · 지방자치단체 전액 출자 · 출연기관 채용 시 연금 전액 정지 등 연금액을 감소하거나 제한

PART 4

2015년 공무원 연금개혁 주요 내용

구분	종전	개정
기여율(공무원) · 부담률(국가)	기준소득월액의 7%	기준소득월액의 9%(단계적)
연금지급률	재직기간 1년당 1.9%	재직기간 1년당 1.7%(단계적)
기준소득월액 상한	1.8배(전체 평균기준소득월액 기준)	1.6배(전체 평균기준소득월액 기준)
퇴직연금 수급요건	20년	10년
연금 지급 개시 연령	2009년 이전 임용자 60세 2010년 이후 임용자 65세	모든 공무원 65세(단계적)
유족연금지급률	2009년 이전 임용자 70% 2010년 이후 임용자 60%	전 · 현직 공무원 모두 60%
기여금 납부기간	최대 33년	최대 36년(단계적)

2015년 연금개혁

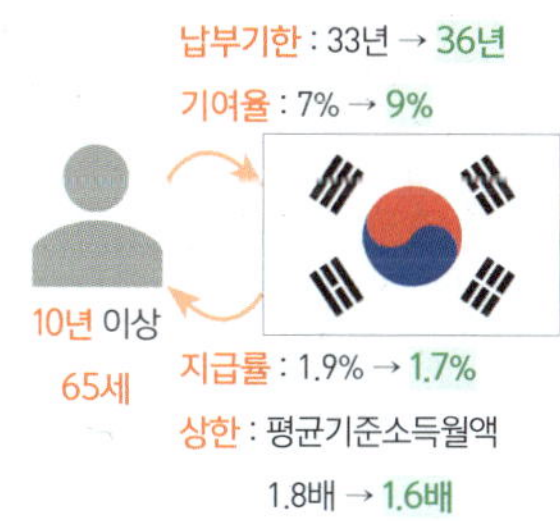

기출 CHECK

1 공무원연금은 재원의 형성방식에 따라 부과방식과 적립방식으로 나눌 수 있다. 부과방식과 비교한 적립방식의 장점이 아닌 것은? 2017 지방직 9급 하반기

① 인구구조의 변화나 경기 변동에 영향을 덜 받는다.

② 인플레이션이 심하더라도 연금급여의 실질가치를 유지할 수 있다.

③ 연금재정 및 급여의 안정성을 꾀할 수 있다.

④ 기금 수익을 통해 장기 비용부담을 덜어 제도의 안정적인 운영이 가능하다.

① o 적립방식은 기금을 미리 장기적으로 적립해 놓는 방식이다. 미리 기금을 조성하기 때문에 안정적이며, 인구구조의 변화나 경기 변동에 영향을 덜 받을 수 있다.

② x 적립방식은 현재 적립한 금액이 미래의 가치와 달라질 수 있다는 단점이 있다. 특히 물가상승률이 높아 인플레이션이 심할 경우 현재 적립한 금액의 가치보다 미래에 돌려받을 연금 급여의 가치가 감소할 수 있다.

③ o 적립방식은 미리 기금을 적립하는 방식이므로 연금재정 및 급여의 안정성을 꾀할 수 있다.

④ o 적립방식의 경우 적립한 기금을 운용하고 투자해서 이자와 사업수익을 창출할 수 있다. 이러한 기금 수익으로 비용을 절감할 수 있기 때문에 안정적인 운영이 가능하다.

정답 ②

체크포인트

공무원연금에 대한 이론적 논점은 기금제(적립식)와 비기금제(부과식)를 정확하게 비교할 수 있는가입니다. 특히 우리나라에서 적용되고 있는 기금제의 특징을 논리적으로 이해하고 있는 것이 좋습니다. 미리미리 적립해서 연금기금을 마련하기 때문에 안정적이지만, 지금 적립해 둔 연금이 물가 상승에 따라 나중에는 가치가 떨어질 수도 있다는 점도 중요한 특징입니다.

체크포인트

2015년도에 중요한 연금개혁이 있었기 때문에 해당 내용을 알고 있는지 체크할 수 있습니다. 숫자를 암기해 두는 것이 중요한데, 무작정 외우게 되면 막상 긴장된 시험장에서 생각이 나지 않을 수도 있습니다. 따라서 연금개혁의 흐름을 논리적으로 이해해 둔 다음에, 숫자를 대입하면서 암기하는 방식이 좋습니다. 연금개혁은 더 내고 덜 받는 방식으로 바뀌었습니다. 이에 따라 기여율과 지급률이 어떻게 되었는지, 상한선은 어떻게 바뀌었는지, 기여금 납부기간은 어떻게 되었는지를 연결해보면 좋을 것입니다.

2 2015년 공무원연금 개혁에 대한 설명으로 옳지 않은 것은? 2022 지방직 9급

① 퇴직연금 지급률을 1.7 %로 단계적 인하

② 퇴직연금 수급 재직요건을 20년에서 10년으로 완화

③ 퇴직연금 기여율을 기준소득월액의 9 %로 단계적 인상

④ 퇴직급여 산정 기준은 퇴직 전 3년 평균보수월액으로 변경

① o 연금개혁에 따라 퇴직연금 지급률은 기존의 1.9%에서 1.7%로 단계적으로 인하되었다.

② o 연금개혁에 따라 퇴직연금 수급 재직요건이 기존의 20년에서 10년으로 완화되었다.

③ o 연금개혁에 따라 퇴직연금 기여율은 기존의 7%에서 9%로 단계적으로 인상되었다.

④ x 퇴직급여 산정 기준은 퇴직 전 3년의 평균이 아닌, 전체 재직기간의 평균보수월액이다. 정답 ④

9급 17지
7급 12국

창의적 제안 → 뚜렷한 실적 → 상여금/특별승진/승급

3 제안제도 C

(1) 개념

① **공무원에게 창의적인 개선안을 제안**하게 해서 이를 심사하고, 행정의 생산성이나 능률성을 제고하는 데 **도움이 되면 보상을 하는 제도**

② 행정 운영의 능률화와 경제화를 위한 공무원의 창의적인 의견이나 고안을 계발하고 이를 채택하여 행정 운영의 개선에 반영하는 목적

③ 1973년 범정부적 제안제도 운영을 위한 공무원 제안 규정 제정

> **국가공무원법 제53조(제안 제도)**
>
> ① **행정 운영의 능률화와 경제화**를 위한 공무원의 창의적인 의견이나 고안(考案)을 계발하고 이를 채택하여 행정 운영의 개선에 반영하도록 하기 위하여 제안 제도를 둔다.
>
> ② 제안이 채택되고 시행되어 국가 예산을 절약하는 등 **행정 운영 발전에 뚜렷한 실적이 있는 자**에게는 **상여금을 지급**할 수 있으며 **특별승진이나 특별승급을 시킬 수 있다.**

(2) 심사 및 특전

① 중앙행정기관의 장은 공무원제안의 채택 여부를 결정하기 위해서는 실시 가능성, 창의성, 효율성 및 효과성, 적용 범위, 계속성을 고려하여 심사

② 제안이 채택되고 시행되어 국가 예산을 절약하는 등 행정 운영 발전에 뚜렷한 실적이 있는 자에게는 상여금을 지급할 수 있으며 특별승진이나 특별승급을 시킬 수 있음.

(3) 효용

① 행정절차의 간소화, 경비 절감 등의 업무 개선

② 조직구성원의 자기개발능력을 자극하여 창의력, 문제해결능력 신장

③ 참여의식의 조장으로 조직구성원의 사기 제고

4 적극행정 장려 C

(1) 적극행정과 소극행정

적극행정운영규정 제2조(정의)

1. "적극행정"이란 공무원이 불합리한 규제를 개선하는 등 공공의 이익을 위해 창의성과 전문성을 바탕으로 적극적으로 업무를 처리하는 행위를 말한다.
2. "소극행정"이란 공무원이 부작위 또는 직무태만 등 소극적 업무행태로 국민의 권익을 침해하거나 국가 재정상 손실을 발생하게 하는 행위를 말한다.

(2) 적극행정 실행계획 수립

동규정 제7조(적극행정 실행계획의 수립 등)

① 중앙행정기관의 장은 적극행정 실행계획을 매년 수립 · 시행해야 한다.

② 인사혁신처장은 중앙행정기관의 장에게 적극행정 실행계획과 그 성과에 관한 자료의 제출을 요구할 수 있다.

(3) 적극행정위원회

동규정 제11조(적극행정위원회)

적극행정 추진에 관한 사항을 심의하기 위하여 각 중앙행정기관에 적극행정위원회를 둔다.

(4) 적극행정에 따른 우대 조치

동규정 제15조(인사상 우대 조치 등)

① 중앙행정기관의 장은 선발된 우수공무원 또는 유공공무원에게 적극행정의 성과, 선발된 공무원의 희망, 인사운영 여건 등을 종합적으로 고려하여 다음 각 호의 인사상 우대 조치 중 하나 이상을 부여해야 한다.

1. 특별승진임용
2. 대우공무원 선발을 위한 근무기간 단축
3. 근속승진기간 단축
4. 특별승급
5. 성과상여금 최고등급 부여, 성과계약등 평가 최상위 등급 부여
6. 가점 부여
7. 포상휴가
8. 그 밖에 희망 부서로의 전보, 교육훈련 우선 선발 등 인사혁신처장이 정하는 인사상 우대 조치

(5) 적극행정에 따른 면책 및 면제

동규정 제5조(의견 제시 요청)

① 자체감사 대상기관의 장은 소속 공무원이 인가 · 허가 · 등록 · 신고 등과 관련한 규제나 불명확한 법령 등으로 인해 업무를 적극적으로 추진하기 곤란한 경우에는 감사기구의 장에게 해당 업무의 처리 방향 등에 관한 의견의 제시(사전컨설팅)를 요청할 수 있다.

동규정 제16조(징계요구 등 면책)

① 공무원이 적극행정을 추진한 결과에 대해 그의 행위에 고의 또는 중대한 과실이 없는 경우에는 「감사원법」 및 「공공감사에 관한 법률」에 따라 징계 요구 또는 문책 요구 등 책임을 묻지 않는다.

② 공무원이 사전컨설팅 의견대로 업무를 처리한 경우에는 제1항에 따른 면책 요건을 충족한 것으로 추정한다. 다만, 공무원과 대상 업무 사이에 사적인 이해관계가 있거나 감사원이나 감사기구의 장이 사전컨설팅을 하는 데 필요한 정보를 충분히 제공하지 않은 경우에는 그렇지 않다.

동규정 제17조(징계 등 면제)

① 공무원이 적극행정을 추진한 결과에 대해 그의 행위에 고의 또는 중대한 과실이 없는 경우에는 징계 관련 법령에 따라 징계의결 또는 징계부가금 부과의결을 하지 않는다.

② 공무원이 사전컨설팅 의견대로 업무를 처리한 경우에는 징계 관계 법령에 따라 징계의결등을 하지 않는다. 다만, 공무원과 대상 업무 사이에 사적인 이해관계가 있거나 감사원이나 감사기구의 장이 사전컨설팅을 하는 데 필요한 정보를 충분히 제공하지 않은 경우에는 그렇지 않다.

Public Administration

CHAPTER 4 공무원 통제

1 행정윤리와 통제

1 부패의 유형 B

9급 25국, 18국
7급 23국, 20지, 15국, 13국

1 부패의 주체

부패의 주체

개인 부패 VS 조직 부패

(1) 개인 부패

공무원 개인이 저지르는 부패로, 외부에 잘 드러남.

예 공금 횡령, 금품 수수 등

(2) 조직 부패

조직적으로 이루어지는 부패로, 외부에 잘 드러나지 않음.

2 부패의 구조화 정도

부패의 구조화 정도

일탈형 부패 VS 제도적 부패

특정업소만 단속 제외 / 언제나 커미션

(1) 일탈형(우발적) 부패

사건의 연속성이 없으며 구조화되지 않은 부패로, 개인 부패에서 많이 발생

예 금품을 제공하는 특정 업소에 대해서만 단속 제외

(2) 제도적 부패

① 부패가 실질적인 규범의 위치를 차지하고 공식적 행동규범이 예외적인 것으로 전락

② 내부에서 잘 지켜지지 않는 공식적 행동규범을 대외적으로 내세우나, 이러한 공식적 행동규범의 위반을 조장·방조·은폐

③ 공식적 행동규범을 고수하는 사람은 제재, 공식적 행동규범을 위반하는 사람은 보호하고 부패 사실이 외부 노출되는 경우 관대한 처분

예 인·허가 관련 업무 처리시 급행료 지불, 은행에서 자금 대출시 커미션 지불 등

3 거래 여부

거래 여부

거래 VS 비거래

뇌물 ⇄ 특혜 / 공금횡령

(1) 거래형 부패

금전적 이익을 보는 사람과 이를 대가로 특혜를 제공받은 사람 간에 발생하는 부패

예 뇌물과 특혜의 교환

(2) 비거래형(사기형) 부패

거래당사자 없이 공무원에 의해 일방적으로 발생하는 부패

예 공금 횡령, 개인적 이익 편취, 회계 부정

사회의 관용 정도

백색 부패	회색 부패	흑색 부패
선의의 거짓말	과도한 선물 수수	심각한 위법행위

4 사회의 관용 정도

(1) 백색부패

① 이론상 일탈행위로 규정될 수 있으나 **다수가 어느 정도 용인**하는 관례화된 부패

② 선의의 목적으로 행해지는 부패로 사회에 심각한 영향을 미치지 않으나, 부패에 포함

예 심각한 금융위기임에도 국민 동요를 막기 위해 공직자가 거짓말을 하는 것

(2) 회색부패

① 사회 체제에 파괴적 영향을 미칠 수 있는 **잠재성을 지닌 부패**

② 사회구성원 가운데 일부 집단은 처벌을 원하지만, 일부 집단은 처벌을 원치 않는 부패

③ 윤리강령에 규정될 수는 있지만 형법이나 공직자윤리법 등에 규정하는 것은 반론이 있는 부패

예 과도한 선물의 수수

(3) 흑색부패

사회에 **명백하고 심각한 해를 끼치는 부패**로, 구성원 모두가 인정하고 처벌을 원하는 부패

예 형법, 공직자윤리법 등에 규정되는 위법한 사익추구행위

5 생계형 부패와 권력형 부패

① 생계형 부패

주로 **하위직 공무원**에게서 발생하는 것으로, 소득의 부족 등에 따른 **생계 유지**를 위해 저지르는 부패

② 권력형 부패

주로 **고위직 공무원**에게서 발생하는 것으로, 막대한 이익을 부당하게 얻기 위해 **정치권력을 활용**하는 부패

6 부패의 원인에 대한 접근

① **도덕적 접근** : 부패를 저지르는 **관료 개인의 윤리 의식**과 자질

② **제도적 접근** : **법과 제도상의 결함**이나 운영의 미숙

③ **사회문화적 접근**

㉠ 관료 부패를 지배적 관습이나 경험적 습성 등 **사회문화적 환경의 결과**로 보는 접근

㉡ 공식적인 법규나 규범보다 사회문화적 관습을 우선시하는 발전도상국 등의 부패 현상을 설명하는 데 유용

④ **체제론적 접근**

㉠ 관료 부패 현상을 관료 개인의 속성과 제도, 사회문화적 환경 등의 **여러 요인이 복합적으로 상호작용**한 결과로 이해

㉡ 여러 변수들 간의 구조적 메커니즘에 의해 설명하는 관점

⑤ **시장 · 교환 접근** : 부패 행위를 경제적 자원을 획득하는 하나의 수단으로 인식

⑥ **권력관계 접근** : 법 집행 단계에서의 영향력 행사 등 사회 내의 권력 관계

⑦ **권력문화적 접근** : 미분화된 권력문화와 권력의 남용

기출 CHECK

1 공무원 부패의 사례와 그 유형을 바르게 연결한 것은? 2018 국가직 9급

> ㄱ. 무허가 업소를 단속하던 공무원이 정상적인 단속활동을 수행하다가 금품을 제공하는 특정 업소에 대해서는 단속을 하지 않는다.
> ㄴ. 금융위기가 심각함에도 불구하고 국민들의 동요나 기업활동의 위축을 방지하기 위해 금융위기가 전혀 없다고 관련 공무원이 거짓말을 한다.
> ㄷ. 인·허가와 관련된 업무를 담당하는 공무원의 대부분은 업무를 처리하면서 민원인으로부터 의례적으로 '급행료'를 받는다.
> ㄹ. 거래당사자 없이 공금 횡령, 개인적 이익 편취, 회계 부정 등이 공무원에 의해 일방적으로 발생한다.

	ㄱ	ㄴ	ㄷ	ㄹ
①	제도화된 부패	회색 부패	일탈형 부패	생계형 부패
②	일탈형 부패	생계형 부패	조직 부패	회색 부패
③	일탈형 부패	백색 부패	제도화된 부패	비거래형 부패
④	조직 부패	백색 부패	생계형 부패	비거래형 부패

ㄱ. 일탈형 부패란 사건의 연속성이 없으며 구조화되지 않은 부패로, 개인 부패에서 많이 발생한다. 정상적인 단속활동을 하다가 금품을 제공하는 특정 업소만 단속하지 않는 것은 일탈형 부패에 해당한다.
ㄴ. 백색부패란 사회구성원 다수가 어느 정도 용인하는 관례화된 부패이다. 국민들의 동요를 막기 위해 금융위기가 없다고 거짓말을 하는 것은 선의의 목적으로 행해지는 부패로서 어느 정도 용인되는 백색부패에 해당한다.
ㄷ. 제도화된 부패란 부패가 실질적인 규범의 위치를 차지하고 공식적 행동규범이 예외적인 것으로 전락하는 상황이다. 의례적으로 민원인으로부터 급행료를 받는 것은 제도화된 부패에 해당한다.
ㄹ. 비거래형 부패란 거래당사자 없이 공무원에 의해 일방적으로 발생하는 부패로 공금 횡령, 개인적 이익 편취, 회계 부정 등이 이에 해당한다.

정답 ③

체크포인트

공무원 부패의 유형은 비슷한 것들을 묶어서 학습하고, 대표적인 사례를 챙겨 두는 것이 필요합니다. 일탈형 부패와 제도화된 부패는 반대되는 개념이므로 구분하라는 논점이 출제될 것이고, 각각에 맞는 사례를 짝지을 수 있어야 합니다. 마찬가지로 백색부패, 회색부패, 흑색부패를 구분하는 것, 거래형 부패와 비거래형 부패를 구분하는 것, 이처럼 바꿔 출제할 수 있는 비교개념을 활용한다면 정확하게 문제를 풀어낼 수 있습니다.

PART 4

심화 정부신뢰의 유형

① 신탁적 신뢰(fiduciary trust) : 정보의 부족과 비대칭성으로 주인이 대리인을 무한정으로 믿는 상태에서 발생하는 신뢰
② 상호적 신뢰(mutual trust) : 반복적으로 교류하는 사람들 사이에서 생성되는 대칭적·대인적 신뢰
③ 사회적 신뢰(social trust) : 개인들이 공통적으로 알고 있고 당연하다고 여기는 제도들에 배태되어 있는 신뢰

9급 25국, 23국, 21지, 16지
7급 20지

의무론	VS	결과론
반드시 해야 할 것		결과가 중요

2 행정윤리와 행정책임 B

1 행정윤리

(1) 개념

공무원이 국민 전체에 대한 봉사자로서 공공 목적을 달성할 수 있도록 전문적 능력을 최대한 발휘하여 준수하여야 할 행동규범(code of conduct)

(2) 의무론 VS 결과론

① 의무론 : 의무나 도덕 법칙을 준수하는 행위를 윤리로 보는 관점으로, 동기가 바람직하면 옳은 행위로 평가

② 결과론(목적론) : 이익을 창출하는 행위를 윤리로 보는 관점으로, 결과가 좋으면 옳은 행위로 평가

(3) 소극적 VS 적극적

① 소극적 의미 : 부패의 방지, 법적 의무 준수

② 적극적 의미 : 공익성, 봉사정신, 정책 내용의 윤리성, 업무 수행과 관련된 전문지식의 확보 등

(4) 특징 : 행정의 양적 증대와 재량권 확대로 행정윤리가 중요해지고 있으나, 과도한 정부규제 및 비현실적 법규, 낮은 정치발전 수준 등이 행정윤리를 저해

2 행정책임

(1) 개념

행정관료가 도덕적 · 법률적 규범에 따라 행동해야 하는 의무

제도적 책임성	VS	자율적 책임성
제도적 통제 타율적/수동적		윤리와 내적가치 자발적/적극적

(2) 제도적 책임성 VS 자율적 책임성

① 제도적 책임성(accountability) : 공식적인 각종 제도적 통제를 통해 공무원들이 임무를 수행하게 하는 타율적 · 수동적 행정책임

② 자율적 책임성(responsibility) : 공무원이 전문가로서 직업윤리 · 책임감 · 내면의 가치에 기초해서 자발적으로 적극적인 재량을 발휘해 확보되는 행정책임

파이너	VS	프리드리히
외부통제(타율)		내부통제(자율)

(3) 파이너(Finer) VS 프리드리히(Friedrich)

① 파이너 : 소극적이고 타율적인 책임에 집중하면서 법적 · 제도적인 외부통제를 강조

② 프리드리히 : 적극적이고 자율적인 책임을 제시하면서 자발적인 내부통제를 강조

(4) 듀브닉과 롬젝(Dubnick and Romzek)의 분류*

① 관료적 책임성 : 관료들이 상급자의 명령이나 지시 및 표준운영절차나 내부 규칙을 지킬 책무

② 법적 책임성 : 관료들이 입법가가 제정한 강제력 있는 성격의 법률을 지킬 책무

③ 전문가적 책임성 : 관료들은 전문가로서의 기술과 재량뿐만 아니라, 스스로 내재화시킨 규범을 지킬 책무

④ 정치적 책임성 : 기관 외부의 대중, 정치인, 고객 등에 대한 관료의 반응성을 강조

*

	내부통제	외부통제
높은 통제수준	관료적 책임성	법적 책임성
낮은 통제수준	전문가적 책임성	정치적 책임성

기출 CHECK

1 행정윤리에 대한 설명으로 옳지 않은 것은? 2016 지방직 9급

① 제도적 책임성이란 공무원이 전문가로서의 직업윤리와 책임감에 기초해서 자발적인 재량을 발휘해 확보되는 행정책임을 의미한다.
② 행정윤리는 사익보다는 공익과 밀접한 관계가 있다.
③ 결과주의에 근거한 윤리평가는 사후적인 것이며 문제의 해결보다는 행위 혹은 그 결과에 대한 처벌에 중점을 둔다.
④ 공무원 부패의 원인을 사회문화적 접근으로 보는 관점에서는 특정한 지배적 관습이나 경험적 습성이 부패를 조장한다는 입장이다.

① x 제도적 책임성이란 공식적인 각종 제도적 통제를 통해 공무원들이 임무를 수행하게 하는 타율적·수동적 행정책임이다. 선지는 자율적이고 적극적인 행정책임인 자율성 책임성에 대한 설명이다.
② o 행정윤리는 공무원이 국민 전체에 대한 봉사자로서 준수해야 할 행동규범이므로 공익성, 봉사정신, 윤리성 등 공익과 밀접한 연관이 있다.
③ o 사후적인 결과를 가지고 옳고 그름을 판단하는 것은 결과에 대한 처벌에 중점을 두는 결과주의적 방식이다. 반면 동기가 바람직한가로 옳고 그름을 판단하는 것은 의무론적 방식이다.
④ o 부패에 대한 사회문화적 접근은 관료 부패를 특정한 지배적 관습이나 경험적 습성 등 사회문화적 환경의 결과로 보는 접근이다. 정답 ①

체크포인트

행정윤리나 행정책임과 같이 이론적인 주제는 바라보는 시각에 따라 주목하는 부분이 다르기 때문에, 비교되는 두 개념을 함께 학습해 두어야 합니다. 시험에서는 두 개념을 정확하게 구분할 수 있는지 체크할 것이기 때문입니다. 따라서 제도적 책임성이 출제됐을 때는 자율적 책임성과, 결과주의가 출제됐을 때는 의무론과 바꿔서 출제되었을 수 있음을 알고 선지를 읽는다면 빠르고 정확하게 문제를 해결할 수 있을 것입니다.

심화 더러운 손의 딜레마

① 공무원 자신의 이익과 사회의 이익이 충돌할 경우 공무원은 자신의 이익에 앞서 사회의 이익을 충족시켜야 함.
② 공무원은 자신에게 공무 처리에 대한 권한을 위임한 다수를 대표하여 선택을 해야 함.
③ 공무원 개인의 가치관이나 윤리관에서는 수용할 수 없는 결정일지라도, 대표성을 지닌 공무원이기 때문에 수용할 수밖에 없는 수많은 정당하지 않은 결정, 즉 더러운 손이 되는 딜레마 상황에 처하게 됨.

3 행정통제

9급 21국, 20지, 17지, 15지
7급 24국, 22지, 18지, 16국

1 길버트(Gilbert)의 분류 S

	내부	외부
공식	· 행정수반(대통령·국무총리) · 독립통제기관(감사원) · 중앙행정기관(국민권익위원회) · 교차기능조직(법제처·인사혁신처) · 계층제(상관) 및 인사관리제도(평가)	· 입법부(국회) · 사법부(대법원·헌법재판소) · 옴부즈만
비공식	· 동료집단 · 행정윤리	· 시민 및 여론 · 정당 및 이익집단 · 언론

독립통제기관

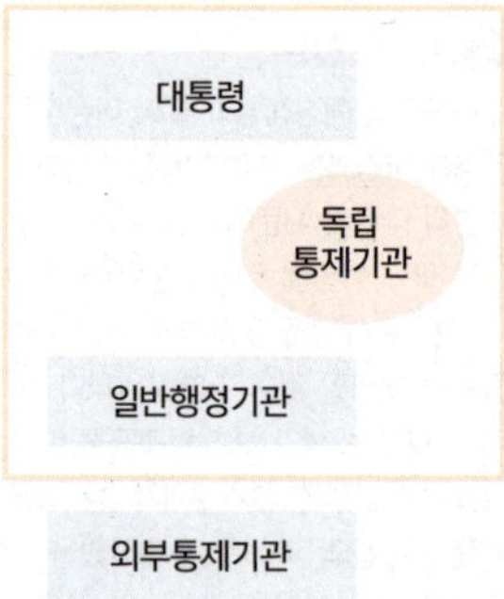

(1) 독립통제기관(공식 · 내부)

① **개념** : 일반행정기관 · 대통령 · 외부통제기관의 **중간쯤에 위치**하면서 **상당한 수준의 독자성과 자율성**을 누리는 조직

② **특징** : **일반행정기관과는 어느 정도 분리**된 위치에 있으면서, 행정수반의 행정통제작용을 돕고, 외부통제기관을 보완

③ **사례** : 우리나라의 **감사원**이 전형적인 사례이며, 옴부즈만 기능을 담당하는 **국민권익위원회**도 포함된다는 견해 존재

교차기능조직

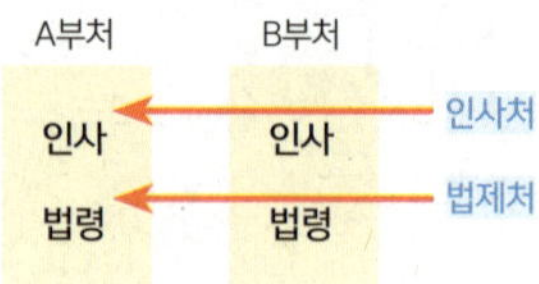

(2) 교차기능조직(공식 · 내부)

① **개념** : 행정 업무 중 **관리 부분을 분담**하여 수행하는 **참모조직**으로, 인사 · 조직 · 재무 등에 관한 관리기능을 수평적으로 지원 또는 조정하는 정부부처

② **사례** : 인사혁신처, 법제처 등

(3) 입법부 : 인사청문회(공식 · 외부)

① **개념** : 고위 공직에 지명된 사람이 자신이 맡을 공직을 수행해 나가는 데 적합한 업무능력과 인성적 자질을 갖추었는지를 국회에서 검증받는 제도로, 2000년 6월 도입(인사청문회법)

② **절차** : 정부가 국회에 임명동의안을 제출 → 국회는 임명동의안을 받은 날로부터 20일 이내에 처리

③ 구분

㉠ 인사청문특별위원회

ⓐ 청문회 이후 **국회의 임명 동의가 반드시 필요**

ⓑ **대상** : **국무총리**, 감사원장, 대법원장, 헌법재판소장, 대법관, 국회에서 선출하는 헌법재판소 재판관, 국회에서 선출하는 중앙선거관리위원회 위원

㉡ 소관상임위인사청문회

ⓐ **청문회 이후 국회 인준 필요 없음** : 상임위원회는 인사청문 후 경과보고서를 만들지만, **대통령이 이를 법적으로 지켜야 할 의무는 없음.**

ⓑ **대상**

- **국무위원**, 대통령이 임명하는 헌법재판소 재판관, 중앙선거관리위원회 위원, 방송미디어통신위원회 위원장, 국가정보원장, 공정거래위원회 위원장, 금융위원회 위원장, 국가인권위원회 위원장, 국세청장, 검찰총장, 경찰청장, 합동참모의장, 한국은행 총재, 특별감찰관 또는 한국방송공사 사장의 후보자
- 대통령당선인이 지명하는 국무위원 후보자
- 대법원장이 지명하는 헌법재판소 재판관 또는 중앙선거관리위원회 위원 후보자

국회 인사청문회

인사청문
특별위원회

국무총리 등
임명동의 필수
VS

소관상임위
인사청문회

각부 장관 등
대통령이 따를 법적 의무 ×

기출 CHECK

1 행정부에 대한 외부통제에 해당하는 것만을 모두 고르면? 2021 국가직 9급

> ㄱ. 행정안전부의 각 중앙행정기관 조직과 정원 통제
> ㄴ. 국회의 국정조사
> ㄷ. 기획예산처의 각 부처 예산안 검토 및 조정
> ㄹ. 국민들의 조세부과 처분에 대한 취소소송
> ㅁ. 국무총리의 중앙행정기관에 대한 기관평가
> ㅂ. 환경운동연합의 정부정책에 대한 반대
> ㅅ. 중앙행정기관장의 당해 기관에 대한 자체평가
> ㅇ. 언론의 공무원 부패 보도

① ㄱ, ㄷ, ㅁ, ㅅ ② ㄴ, ㄷ, ㄹ, ㅁ
③ ㄴ, ㄹ, ㅁ, ㅇ ④ ㄴ, ㄹ, ㅂ, ㅇ

ㄱ. X 행정안전부는 행정부 내부의 정부부처이므로 내부통제에 해당된다.
ㄴ. O 국회는 행정부 외부의 입법부이므로 외부통제에 해당된다.
ㄷ. X 기획예산처는 행정부 내부의 정부부처이므로 내부통제에 해당된다.
ㄹ. O 국민은 행정부 외부의 주체이므로 외부통제에 해당된다.
ㅁ. X 국무총리는 행정부 내부의 기관이므로 내부통제에 해당된다.
ㅂ. O 환경운동연합과 같은 비정부조직은 행정부 외부의 주체이므로 외부통제에 해당된다.
ㅅ. X 중앙행정기관장의 평가는 행정부 내부 인물의 평가이므로 내부통제에 해당된다.
ㅇ. O 언론은 행정부 외부의 주체이므로 외부통제에 해당된다. 정답 ④

체크포인트

길버트의 분류에서 가장 기본적으로 출제되는 논점으로, 내부통제기관과 외부통제기관을 구분하는 것입니다. 정부 내부의 기관과 관련된 통제라면 내부통제기관으로 분류하면 됩니다. 여기에서도 우리나라 중앙행정기관을 정확하게 알고 있는지가 중요할 수 있기 때문에, 조직 파트에서 강조했던 우리나라 정부조직도를 빠삭하게 소화할 수 있도록 훈련해 두어야 합니다.

2 행정통제에 대한 설명으로 옳지 않은 것은? 2017 지방직 9급

① 독립통제기관(separate monitoring agency)은 일반행정기관과 대통령 그리고 외부적 통제중추들의 중간 정도에 위치하며, 상당한 수준의 독자성과 자율성을 누린다.
② 헌법재판제도는 헌법을 수호하고 부당한 국가권력으로부터 국민의 권리와 자유를 보호하는 과정에서 행정에 대한 통제기능을 수행한다.
③ 교차기능조직(criss-cross organizations)은 행정체제 전반에 걸쳐 관리작용을 분담하여 수행하는 참모적 조직단위들로서 내부적 통제체제로부터 완전히 독립되어 있다.
④ 국무총리 소속 국민권익위원회는 옴부즈만적 성격을 가지며, 국민권익위원회의 위원장과 부위원장은 국무총리의 제청으로 대통령이 임명한다.

① O 독립통제기관은 상당한 수준의 독자성과 자율성을 갖고 행정통제 기능을 수행하는 공식적·내부적 기관이다. 우리나라의 감사원이 독립통제기관과 유사한 기능을 수행한다.
② O 헌법재판제도는 공식적·외부적 통제방식으로 3권 분립에 따라 재판 등 사법부의 기능을 통해 행정부를 통제한다.
③ X 교차기능조직은 행정 업무 중 관리 부분을 분담하여 수행하는 참모조직으로, 인사·조직·재무 등에 관한 관리 기능을 수평적으로 지원 또는 조정하는 정부부처이다. 인사혁신처나 법제처가 교차기능조직의 사례로, 내부적이고 공식적인 통제방식이다.
④ O 우리나라 국민권익위원회는 국민을 대신하여 고충민원을 해결해주는 옴부즈만의 역할을 수행한다. 국민권익위원회는 국무총리 소속이며, 위원과 위원장은 국무총리의 제청으로 대통령이 임명한다. 정답 ③

체크포인트

행정통제 수단들 중에서도 특히 자주 체크하는 개념들은 따로 정리를 해 두어야 합니다. 독립통제기관, 교차기능조직, 옴부즈만 등이 여기에 해당합니다. 또한 출제된 선지의 표현이 다소 어렵더라도 기출이 된 선지들은 꼼꼼하게 읽고 그 의미를 이해할 수 있도록 학습해 두어야 합니다. 그래야 그 기출선지가 파생되는 다른 표현이 등장했을 때에도 쉽게 적용할 수 있습니다.

9급 19지, 16지
7급 21국, 17지, 16지

옴부즈만
(Ombudsman)

의회/정부 → 외부 대리인 → 민원 해결
공식 / 외부

2 옴부즈만과 국민권익위원회 A

(1) 옴부즈만(공식 · 외부)

① **개념** : 1809년 스웨덴 의회에서 처음 창설된 제도로, 위법부당한 행정행위로 인하여 국민의 권리나 이익이 침해되었을 때 정부나 의회에 의해 임명된 대리인이 이를 신속히 조사하여 시정케 함으로써 민원을 해결해 주는 제도

② 기능

㉠ 국민을 대신하여 행정부를 통제, 국민과 행정기관과의 분쟁을 조정 · 중재하여 국민의 권리를 구제

㉡ 국민의 요청에 의해 행정기관을 조사할 수 있으며, 직권조사도 가능

㉢ 행정행위의 합법성뿐만 아니라, 위법하지는 않지만 부당한 행위인지에 대한 합목적성 여부도 다룰 수 있음.

③ 법적구제와의 비교

㉠ 엄격한 업무처리 절차에 구애받지 않고 간단하고 신속하게 민원을 접수처리할 수 있기 때문에 일반국민이 이용하기 편리

㉡ 민원사항에 대하여 제3자적 입장에서 공정하고 중립적인 조사를 실시

㉢ 사법적 절차에 의하지 않은 비공식적인 조사의 성격이 강하며, 일반적으로 법적 강제력이 없는 권고의 권한 부여 → 무효 · 취소 · 변경 불가

④ 유형

소속·임명권자에 따른 분류	순수의회형(스웨덴)	전적으로 의회에 책임
	행정부형(미국)	의회에 책임을 지되 행정부 수반에 대해서도 다소 책임
	절충형(프랑스)	행정수반과 의회에 대등하게 책임
업무관할 범위에 따른 분류	일반형	일반적인 행정 전반을 관할
	특수형	행정통제보다는 행정구제에 중점을 두며 특정한 행정분야 또는 특정 기관만을 관할
의사결정의 방식에 따른 분류	독임형	대부분의 국가에서 채택하는 유형으로 단독으로 처리하여 간이 · 신속성을 확보
	합의형	여러 옴부즈만이 합의하여 보다 신중한 결정을 하기 위하여 운영

⑤ **평가** : 기존 행정구제제도와 민원처리제도가 가진 복잡한 절차와 경직성을 극복하고, 조정과 협력을 통해 국민의 권익을 신속하게 구제한다는 점에서 효율적인 제도

(2) 국민권익위원회(공식 · 내부)

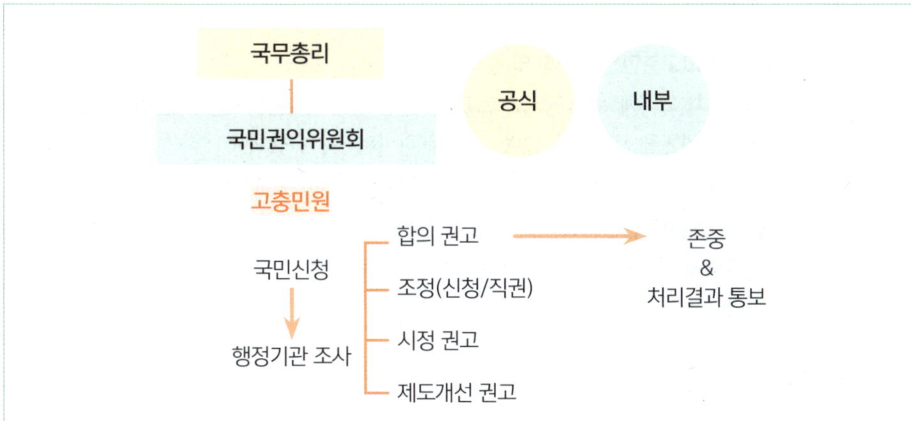

① 설치

부패방지 및 국민권익위원회의 설치와 운영에 관한 법률 제11조(국민권익위원회의 설치)

① 고충민원의 처리와 이에 관련된 불합리한 행정제도를 개선하고, 부패의 발생을 예방하며 부패행위를 효율적으로 규제하도록 하기 위하여 **국무총리 소속**으로 **국민권익위원회**를 둔다.

② 기능

동법 제12조(기능) 위원회는 다음 각호의 업무를 수행한다.

1. **국민의 권리보호 · 권익구제 및 부패방지**를 위한 정책의 수립 및 시행
2. **고충민원의 조사와 처리** 및 이와 관련된 **시정권고 또는 의견표명**
3. 고충민원을 유발하는 관련 행정제도 및 그 제도의 운영에 개선이 필요하다고 판단되는 경우 이에 대한 권고 또는 의견표명
4. 위원회가 처리한 고충민원의 결과 및 행정제도의 개선에 관한 실태조사와 평가

③ 위원회 구성

동법 제13조(위원회의 구성)

① 위원회는 **위원장 1명**을 포함한 15명의 위원(부위원장 3명과 상임위원 3명을 포함한다)으로 구성한다. 이 경우 부위원장은 각각 고충민원, 부패방지 업무 및 중앙행정심판위원회의 운영업무로 분장하여 위원장을 보좌한다.

③ **위원장 및 부위원장**은 **국무총리의 제청**으로 **대통령이 임명**하고, 상임위원은 위원장의 제청으로 대통령이 임명하며, 상임이 아닌 위원은 대통령이 임명 또는 위촉한다.

동법 제16조(직무상 독립과 신분보장)

② 위원장과 위원의 **임기는 각각 3년**으로 하되 **1차에 한하여 연임**할 수 있다.

동법 제19조(위원회의 의결)

① 위원회는 **재적위원 과반수의 출석으로 개의**하고 **출석위원 과반수의 찬성으로 의결**한다.

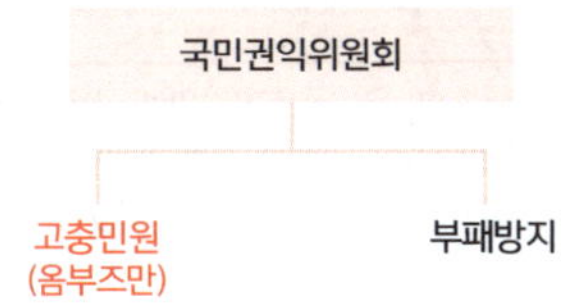

X [9급] 우리나라의 국민권익위원회는 헌법상 독립성을 보장하기 위해 대통령 소속으로 설치되었다.

O 우리나라의 국민권익위원회는 국무총리(대통령 ×) 소속으로 설치되었다.

PART 4

④ 고충민원의 처리

㉠ 신청 및 조사*

* 우리나라 국민권익위원회는 국민들의 **고충민원 신청**에 의한 조사만 가능하며, **직권조사는 불가능**

동법 제39조(고충민원의 신청 및 접수)

① 누구든지(국내에 거주하는 외국인을 포함한다) 권익위원회 또는 시민고충처리위원회에 고충민원을 신청할 수 있다. 이 경우 하나의 권익위원회에 대하여 고충민원을 제기한 신청인은 다른 권익위원회에 대하여도 고충민원을 신청할 수 있다.

동법 제41조(고충민원의 조사)

① 권익위원회는 고충민원을 접수한 경우에는 지체 없이 그 내용에 관하여 필요한 조사를 하여야 한다.

㉡ 권고 및 조정

동법 제44조(합의의 권고)

권익위원회는 조사 중이거나 조사가 끝난 고충민원에 대한 공정한 해결을 위하여 필요한 조치를 당사자에게 제시하고 합의를 권고할 수 있다.

동법 제45조(조정)

① 권익위원회는 다수인이 관련되거나 사회적 파급효과가 크다고 인정되는 고충민원의 신속하고 공정한 해결을 위하여 필요하다고 인정하는 경우에는 당사자의 신청 또는 직권에 의하여 조정을 할 수 있다.

동법 제46조(시정의 권고 및 의견의 표명)

① 권익위원회는 고충민원에 대한 조사결과 처분 등이 위법 · 부당하다고 인정할 만한 상당한 이유가 있는 경우에는 관계 행정기관등의 장에게 적절한 시정을 권고할 수 있다.

동법 제47조(제도개선의 권고 및 의견의 표명)

권익위원회는 고충민원을 조사 · 처리하는 과정에서 법령 그 밖의 제도나 정책 등의 개선이 필요하다고 인정되는 경우에는 관계 행정기관등의 장에게 이에 대한 합리적인 개선을 권고하거나 의견을 표명할 수 있다.

㉢ 결정 통지

동법 제49조(결정의 통지)

권익위원회는 고충민원의 결정내용을 지체 없이 신청인 및 관계 행정기관등의 장에게 통지하여야 한다.

동법 제50조(처리결과의 통보 등)

① 제46조 또는 제47조에 따른 권고 또는 의견을 받은 관계 행정기관등의 장은 이를 존중하여야 하며, 그 권고 또는 의견을 받은 날부터 30일 이내에 그 처리결과를 권익위원회에 통보하여야 한다.

동법 시행령 제42조(고충민원의 처리기간)

① 권익위원회는 접수된 고충민원을 접수일부터 60일 이내에 처리하여야 한다. 다만, 조정이 필요한 경우 등 부득이한 사유로 기간 내에 처리가 불가능한 경우에는 60일의 범위에서 그 처리기간을 연장할 수 있다.

⑤ 기타

㉠ 시민고충처리위원회 : 지방 옴부즈만 제도

동법 제32조(시민고충처리위원회의 설치)

① 지방자치단체 및 그 소속 기관에 관한 고충민원의 처리와 행정제도의 개선 등을 위하여 각 지방자치단체에 시민고충처리위원회를 둘 수 있다.

㉡ 국민감사청구

동법 제72조(감사청구권)

① 18세 이상의 국민은 공공기관의 사무처리가 법령위반 또는 부패행위로 인하여 공익을 현저히 해하는 경우 대통령령으로 정하는 일정한 수 이상의 국민의 연서로 감사원에 감사를 청구할 수 있다.

동법 시행령 제84조(감사청구인)

법 제72조제1항 본문에서 "대통령령으로 정하는 일정한 수"란 300명을 말한다.

기출 CHECK

1 옴부즈만(Ombudsman) 제도에 대한 설명으로 옳은 것만을 모두 고른 것은? 2016 지방직 9급

ㄱ. 옴부즈만 제도는 설치주체에 따라 크게 의회 소속형과 행정기관 소속형으로 구분된다.
ㄴ. 옴부즈만 제도는 정부 행정활동의 비약적인 증대에 따른 시민의 권리침해 가능성에 대해 충분한 구제제도를 두기 위하여 핀란드에서 최초로 도입되었다.
ㄷ. 옴부즈만은 행정행위의 합법성뿐만 아니라 합목적성 여부도 다룰 수 있다.
ㄹ. 우리나라의 경우 대통령 직속의 국민권익위원회가 옴부즈만에 해당한다.

① ㄱ, ㄴ ② ㄱ, ㄷ
③ ㄷ, ㄹ ④ ㄴ, ㄹ

ㄱ. O 옴부즈만은 이론적인 개념으로, 의회 소속형과 행정기관 소속형 등 다양한 형태로 구분될 수 있다. 우리나라에서 옴부즈만의 기능을 수행하는 국민권익위원회는 국무총리 소속이므로 행정기관 소속형에 해당한다.
ㄴ. X 옴부즈만 제도는 핀란드가 아닌 1809년 스웨덴 의회에서 최초로 도입되었다.
ㄷ. O 옴부즈만은 행정행위의 합법성뿐만 아니라, 위법하지는 않지만 부당한 행위인지에 대한 합목적성 여부도 다룰 수 있다.
ㄹ. X 우리나라에서 옴부즈만의 기능을 수행하는 국민권익위원회는 대통령 소속이 아닌 국무총리 소속의 중앙행정기관이다.

정답 ②

체크포인트

옴부즈만 제도는 최초 시행 국가, 유형, 특징, 단점 등을 광범위하게 물어보는 주제이므로 빠지는 논점 없이 학습해 두어야 합니다. 주의해야 할 것은 옴부즈만 제도와 우리나라의 국민권익위원회의 성격이 어떤 점에서 같고 어떤 점에서 다른지 알고 있어야 한다는 것입니다. 특히 우리나라의 국민권익위원회는 명확하게 행정부 소속이라는 점, 직권조사는 불가능하다는 점 등 이론적인 옴부즈만과의 차이점에 집중할 필요가 있습니다.

2 법률적 통제

국가 공무원법	공직자 윤리법	이해충돌 방지법	부패 방지법	청탁 금지법
13대 의무	재산등록·공개 주식백지신탁 부동산취득제한 선물신고 퇴직공직자 취업·행위제한	사적이해 회피신청	내부고발보호 비위면직자 취업제한 공무원 행동강령	부정청탁금지 금품수수금지

9급 21국
7급 24국, 23지, 20지, 15지

1 공무원의 의무 : 국가(지방)공무원법 B

국가공무원법 제55조(선서)

공무원은 **취임할 때**에 소속 기관장 앞에서 대통령령등으로 정하는 바에 따라 **선서하여야 한다**. 다만, 불가피한 사유가 있으면 취임 후에 선서하게 할 수 있다.

동법 제56조(성실 의무)

모든 공무원은 **법령을 준수**하며 **성실히 직무를 수행**하여야 한다.

동법 제57조(복종의 의무)

공무원은 직무를 수행할 때 **소속 상관의 직무상 명령에 복종**하여야 한다.

동법 제58조(직장 이탈 금지)

① 공무원은 소속 상관의 허가 또는 정당한 사유가 없으면 **직장을 이탈하지 못한다**.

② **수사기관이 공무원을 구속**하려면 **그 소속 기관의 장에게 미리 통보**하여야 한다. 다만, **현행범은 그러하지 아니하다**.

동법 제59조(친절·공정의 의무)

공무원은 **국민 전체의 봉사자**로서 **친절하고 공정**하게 직무를 수행하여야 한다.

동법 제59조의2(종교중립의 의무)

① 공무원은 **종교에 따른 차별 없이** 직무를 수행하여야 한다.

② 공무원은 **소속 상관이 제1항에 위배되는 직무상 명령**을 한 경우에는 **이에 따르지 아니할 수 있다**.

동법 제60조(비밀 엄수의 의무)

공무원은 **재직 중은 물론 퇴직 후에도** 직무상 알게 된 **비밀을 엄수**하여야 한다.

동법 제61조(청렴의 의무)

① 공무원은 **직무와 관련하여 직접적이든 간접적이든 사례·증여 또는 향응을 주거나 받을 수 없다**.

② 공무원은 **직무상의 관계가 있든 없든 그 소속 상관에게 증여하거나 소속 공무원으로부터 증여를 받아서는 아니 된다**.

동법 제62조(외국 정부의 영예 등을 받을 경우)

공무원이 외국 정부로부터 영예나 증여를 받을 경우에는 대통령의 허가를 받아야 한다.

동법 제63조(품위 유지의 의무)

공무원은 직무의 내외를 불문하고 그 품위가 손상되는 행위를 하여서는 아니 된다.

동법 제64조(영리 업무 및 겸직 금지)

① 공무원은 공무 외에 영리를 목적으로 하는 업무에 종사하지 못하며 소속 기관장의 허가 없이 다른 직무를 겸할 수 없다.

동법 제65조(정치 운동의 금지)

① 공무원은 정당이나 그 밖의 정치단체의 결성에 관여하거나 이에 가입할 수 없다.

② 공무원은 선거에서 특정 정당 또는 특정인을 지지 또는 반대하기 위한 다음의 행위를 하여서는 아니 된다.

1. 투표를 하거나 하지 아니하도록 권유 운동을 하는 것
2. 서명 운동을 기도(企圖)·주재(主宰)하거나 권유하는 것
3. 문서나 도서를 공공시설 등에 게시하거나 게시하게 하는 것
4. 기부금을 모집 또는 모집하게 하거나, 공공자금을 이용 또는 이용하게 하는 것
5. 타인에게 정당이나 그 밖의 정치단체에 가입하게 하거나 가입하지 아니하도록 권유 운동을 하는 것

동법 제66조(집단 행위의 금지)

① 공무원은 노동운동이나 그 밖에 공무 외의 일을 위한 집단 행위를 하여서는 아니 된다. 다만, 사실상 노무에 종사하는 공무원은 예외로 한다.

국가(지방)공무원법

직장이탈 금지	비밀 엄수	청렴	외국정부 영예
공무원 구속 → 미리 통보 (현행범 제외)	퇴직 후에도	사례·증여·향응 × (상관 증여 ×)	대통령 허가 필수
영리·겸직 금지	**정치운동 금지**	**집단행위 금지**	
기관장 허가 → 겸직 가능	정당 가입 ×	노동운동 ×	

체크포인트

국가공무원법의 의무는 그 원칙도 중요하지만, 예외를 정확하게 알고 있는지가 더 중요합니다. 겸직금지의 의무가 원칙이지만 기관장의 허가를 받으면 의무위반이 아니고, 직장이탈금지 원칙에 따라 공무원을 수사하려면 기관장에게 통보해야 하지만 현행범이면 그렇지 않아도 되는 것입니다. 법령과 관련된 주제는 이처럼 원칙과 예외를 균형있게 학습해 두는 것이 필요합니다.

기출 CHECK

1 국가공무원법상 공직윤리에 위배되는 행위는? 2020 지방직 7급

① 공무원 甲은 소속 상관에게 직무상 관계가 없는 증여를 하였다.
② 공무원 乙은 소속 기관장의 허가를 받아 다른 직무를 겸하였다.
③ 수사기관이 현행범인 공무원 丙을 소속 기관의 장에게 미리 통보하지 않고 구속하였다.
④ 공무원 丁은 대통령의 허가를 받고 외국 정부로부터 증여를 받았다.

① O 청렴의 의무와 관련된 내용이다. 공무원은 직무상의 관계가 있든 없든 소속 상관에게 증여하거나 소속 공무원으로부터 증여를 받으면 안 된다.
② X 영리 업무 및 겸직 금지 의무와 관련된 내용이다. 공무원은 소속 기관장의 허가 없이 다른 직무를 겸할 수 없다. 즉, 기관장의 허가가 있다면 다른 직무를 겸할 수 있다.
③ X 직장이탈 금지 의무와 관련된 내용이다. 수사기관이 공무원을 구속하려면 그 소속 기관의 장에게 미리 통보하여야 한다. 다만, 현행범은 미리 통보하지 않고 구속할 수 있다.
④ X 대통령의 허가를 받았다면 공무원이 외국 정부로부터 영예나 증여를 받을 수 있다. 정답 ①

9급 24지, 23국, 22지, 17국
7급 24국, 21지, 20국, 19지, 17지

2 공직자윤리법 S

공익 ↔ 사익 이해충돌 방지

재산 등록	재산 공개	주식 백지신탁	선물 신고	퇴직자 취업제한
4급 이상 (일부 5~7급)	1급 이상	3천만원 초과	100달러 이상 (10만원)	3년간
본인·배우자 직계존속·직계비속		→ 매각 &백지신탁	→ 신고&인도	→ 퇴직 전 5년 동안 업무관련 없으면 가능

1 목적 및 공직자윤리위원회

(1) 목적

공직자윤리법 제1조(목적)

이 법은 공직자 및 공직후보자의 **재산등록, 등록재산 공개** 및 재산형성과정 소명과 공직을 이용한 재산취득의 규제, 공직자의 **선물신고** 및 **주식백지신탁, 퇴직공직자의 취업제한 및 행위제한** 등을 규정함으로써 공직자의 부정한 재산 증식을 방지하고, 공무집행의 공정성을 확보하는 등 **공익과 사익의 이해충돌을 방지**하여 국민에 대한 봉사자로서 가져야 할 공직자의 윤리를 확립함을 목적으로 한다.

(2) 공직자윤리위원회

동법 제9조(공직자윤리위원회)

① 다음 각 호의 사항을 심사·결정하기 위하여 국회·대법원·헌법재판소·중앙선거관리위원회·정부(인사혁신처)·지방자치단체 및 특별시·광역시·특별자치시·도·특별자치도교육청에 각각 공직자윤리위원회를 둔다.

1. 재산등록사항의 심사와 그 결과의 처리
3. 취업제한 여부의 확인 및 취업승인과 퇴직공직자의 업무취급의 승인 등

③ 공직자윤리위원회는 위원장과 부위원장 각 1명을 포함한 13명의 위원으로 구성하되, 위원장을 포함한 9명의 위원은 판사·검사·변호사, 교육자, 학식과 덕망이 있는 사람 또는 시민단체에서 추천한 사람 중에서 선임하여야 한다.

2 재산등록

(1) 재산등록 의무자

① 일반직 4급 이상의 공무원과 법관, 검사, 대령 이상의 장교 등

공직자윤리법 제3조(등록의무자)

① 다음 각 호의 어느 하나에 해당하는 공직자는 이 법에서 정하는 바에 따라 재산을 등록하여야 한다.

1. 대통령·국무총리·국무위원·국회의원 등 국가의 정무직공무원
2. 지방자치단체의 장, 지방의회의원 등 지방자치단체의 정무직공무원
3. 4급 이상의 일반직 국가공무원(고위공무원단에 속하는 일반직공무원을 포함한다) 및 지방공무원과 이에 상당하는 보수를 받는 별정직공무원(고위공무원단에 속하는 별정직공무원을 포함한다)
4. 대통령령으로 정하는 외무공무원과 4급 이상의 국가정보원 직원 및 대통령경호처 경호공무원
5. 법관 및 검사
6. 헌법재판소 헌법연구관
7. 대령 이상의 장교 및 이에 상당하는 군무원
8. 교육공무원 중 총장·부총장·대학원장·학장 및 전문대학의 장과 대학에 준하는 각종 학교의 장, 특별시·광역시·특별자치시·도·특별자치도의 교육감 및 교육장
9. 총경 이상의 경찰공무원과 소방정 이상의 소방공무원
10. 이에 상당하는 직위에 임용된 임기제공무원
11. 「공공기관의 운영에 관한 법률」에 따른 공기업의 장·부기관장·상임이사 및 상임감사, 한국은행의 총재·부총재·감사 및 금융통화위원회의 추천직 위원, 금융감독원의 원장·부원장·부원장보 및 감사, 농업협동조합중앙회·수산업협동조합중앙회의 회장 및 상임감사
12. 공직유관단체의 임원

12의2. 「한국토지주택공사법」에 따른 한국토지주택공사 등 부동산 관련 업무나 정보를 취급하는 대통령령으로 정하는 공직유관단체의 직원

PART 4

② 부패 상황에 노출되기 쉬운 특정 분야의 5급~7급 공무원 등

동법 시행령 제3조(등록의무자)

4. 감사원 소속 공무원 중 5급 이하 7급 이상의 일반직공무원과 이에 상당하는 별정직공무원
6. 경찰공무원 중 경정, 경감, 경위, 경사와 자치경찰공무원 중 자치경정, 자치경감, 자치경위, 자치경사
7. 소방공무원 중 소방령, 소방경, 소방위, 소방장. 다만 소방위, 소방장 중 화재진압·구조·구급 등의 현장 업무 또는 상황관리 업무를 전담하는 공무원으로서 관할 공직자윤리위원회의 승인을 받은 사람은 제외한다.
8. 국세청 및 관세청 소속 공무원 중 5급 이하 7급 이상의 일반직공무원과 이에 상당하는 별정직공무원
9. 법무부 및 검찰청 소속 공무원 중 5급 이하 7급 이상의 검찰직공무원 및 마약수사직공무원 등

9의3. 공정거래위원회 소속 공무원 중 기업에 대한 조사·심사, 시정조치 또는 과징금 부과 등 사건 관련 업무를 담당하는 부서에 근무하는 5급 이하 7급 이상의 일반직 공무원과 이에 상당하는 별정직 공무원

11. 중앙행정기관 소속 공무원이나 지방자치단체 소속공무원 중 건축·토목·환경·식품위생 분야의 대민 관련 인·허가, 승인, 검사·감독, 지도단속 업무(대민업무)를 담당하는 부서에 근무하는 5급 이하 7급 이상의 일반직공무원 등
12. 지방자치단체 소속 공무원 중 조세의 부과·징수·조사 및 심사에 관계되는 업무를 담당하는 부서에 근무하는 5급 이하 7급 이상의 일반직공무원 등

(2) 등록대상 재산

동법 제4조(등록대상재산)

① 등록의무자가 등록할 재산은 다음 각 호의 어느 하나에 해당하는 사람의 재산으로 한다.

1. 본인
2. 배우자
3. 본인의 직계존속·직계비속. 다만, 혼인한 직계비속인 여성과 외증조부모, 외조부모, 외손자녀 및 외증손자녀는 제외한다.

② 등록의무자가 등록할 재산은 다음 각 호와 같다.

1. 부동산에 관한 소유권·지상권 및 전세권
2. 광업권·어업권·양식업권, 그 밖에 부동산에 관한 규정이 준용되는 권리
3. 다음 각 목의 동산·증권·채권·채무 및 지식재산권
4. 합명회사·합자회사 및 유한회사의 출자지분
5. 주식매수선택권
6. 가상자산

동법 제6조(변동사항 신고)

① 등록의무자는 매년 1월 1일부터 12월 31일까지의 재산 변동사항을 다음 해 2월 말일까지 등록기관에 신고하여야 한다. 다만, 최초의 변동사항 신고의 경우에는 등록의무자가 된 날부터 그 해 12월 31일까지의 재산 변동사항을 등록기관에 신고하여야 한다.

② 퇴직한 등록의무자는 퇴직일부터 2개월이 되는 날이 속하는 달의 말일까지 그 해 1월 1일부터 퇴직일까지의 재산 변동사항을 퇴직 당시의 등록기관에 신고하여야 한다.

동법 제6조의2(주식 및 가상자산 거래내역의 신고)

① **공개대상자에 해당하는 등록의무자**는 **재산 변동사항 신고 시**에 제4조제1항 각 호의 어느 하나에 해당하는 사람의 **주식 및 가상자산의 취득 또는 양도에 관한 거래 내용을 등록기관에 신고**하여야 한다.

3 재산공개

동법 제10조(등록재산의 공개)

① 공직자윤리위원회는 관할 **등록의무자 중 다음 각 호의 어느 하나에 해당**하는 **공직자 본인과 배우자 및 본인의 직계존속·직계비속의 재산**에 관한 등록사항과 제6조에 따른 변동사항 신고내용을 등록기간 또는 신고기간 만료 후 1개월 이내에 관보(공보 포함) 및 인사혁신처장이 지정하는 정보통신망을 통하여 **공개하여야 한다.**

1. **대통령, 국무총리, 국무위원, 국회의원, 국가정보원의 원장 및 차장** 등 국가의 정무직공무원
2. **지방자치단체의 장, 지방의회의원** 등 지방자치단체의 정무직공무원
3. 일반직 **1급 국가공무원 및 지방공무원**과 이에 상응하는 보수를 받는 별정직공무원
4. 대통령령으로 정하는 외무공무원과 **국가정보원의 기획조정실장**
5. 고등법원 **부장판사급 이상**의 법관과 대검찰청 검사급 이상의 검사
6. **중장 이상의 장성급 장교**
7. 교육공무원 중 총장·부총장·학장 및 전문대학의 장과 대학에 준하는 각종 학교의 장, 특별시·광역시·특별자치시·도·특별자치도의 교육감
8. **치안감 이상의 경찰공무원** 및 특별시·광역시·특별자치시·도·특별자치도의 지방경찰청장

8의2. **소방정감 이상의 소방공무원**

9. **지방 국세청장** 및 3급 공무원 또는 고위공무원단에 속하는 공무원인 세관장
10. 이에 상당하는 직위에 임용된 **임기제공무원**
11. **공기업의 장·부기관장 및 상임감사,** 한국은행의 총재·부총재·감사 및 금융통화위원회의 추천직 위원, 금융감독원의 원장·부원장·부원장보 및 감사, 농업협동조합중앙회·수산업협동조합중앙회의 회장 및 상임감사

13. 제1호부터 제12호까지의 직(職)에서 **퇴직한 사람**

4 주식백지신탁

(1) 목적

공직자의 재산과 그가 담당하는 직무 사이에 발생하는 **이해충돌을 사전에 회피**

(2) 방식

공직자윤리법 제14조의4(주식의 매각 또는 신탁)

① **등록의무자 중 공개대상자**와 **재정경제부 및 금융위원회 소속 공무원 중 대통령령으로 정하는 사람**은 **본인 및 그 이해관계자 모두가 보유한 주식의 총 가액**이 1천만원 이상 5천만원 이하의 범위에서 대통령령으로 정하는 금액(**3천만원**)을 **초과**할 때에는 초과하게 된 날부터 **2개월 이내**에 다음 각 호의 어느 하나에 해당하는 **행위를 직접 하거나** 이해관계자로 하여금 하도록 하고 그 행위를 한 사실을 등록기관에 신고하여야 한다. 다만, **주식백지신탁 심사위원회(인사혁신처 소속)**로부터 **직무관련성이 없다는 결정을 통지받은 경우에는 그러하지 아니하다.**

X [7급] 공무원의 주식백지신탁 의무는 부패방지 및 국민권익위원회의 설치와 운영에 관한 법률에 규정되어 있다.

O 공무원의 주식백지신탁 의무는 공직자윤리법(부패방지 및 국민권익위원회의 설치와 운영에 관한 법률 ×)에 규정되어 있다.

1. 해당 주식의 매각
2. 주식백지신탁에 관한 계약의 체결

동법 시행령 제27조의4(주식백지신탁대상 주식의 하한가액)

법 제14조의4제1항 각 호 외의 부분 본문에서 "대통령령이 정하는 금액"이란 **3천만원**을 말한다.

(3) 의무불이행시 조치

동법 제14조의5(주식백지신탁 심사위원회의 직무관련성 심사 등)

⑪ **주식백지신탁 심사위원회** 또는 등록기관의 장은 공개대상자등이 **심사청구 또는 매각이나 백지신탁 계약 등을 기한 내에 하지 못하거나** 정당한 사유 없이 자료 제출을 거부하는 경우에는 관할 공직자윤리위원회에 통보하여야 하며, 통보를 받은 공직자윤리위원회는 해당 공개대상자등에 대하여 다음 각 호의 **어느 하나의 조치**를 하여야 한다.
1. **경고** 및 **시정조치**
2. **과태료** 부과
3. **해임 또는 징계의결 요구**

5 기관별 주식 · 부동산 · 가상자산 취득 및 보유 제한

공직자윤리법 제14조의15(기관별 주식취득의 제한)

① 국가기관의 장 및 지방자치단체의 장은 기업 등에 대한 정보를 획득하거나 영향력을 행사하는 등 **공익과 사익의 이해충돌이 발생할 우려가 있는 업무를 수행한다고 인정되는 부서의 공무원**이 **관련 분야의 주식을 새로 취득하는 것을 제한**할 수 있다.
② 각 기관의 장은 제1항에 따라 소속 공무원의 주식 취득을 제한하려는 경우에는 그 **제한방안을 관할 공직자윤리위원회에 보고**하여야 한다.

동법 제14조의16(기관별 부동산취득의 제한)

① 국가기관의 장, 지방자치단체의 장 및 공직유관단체의 장은 **부동산에 대한 정보를 획득하거나 이와 관련된 업무를 수행한다고 인정되는 부서의 공직자** 본인 및 그 이해관계자가 관련 업무 분야 및 관할의 **부동산을 새로 취득하는 것을 제한**할 수 있다.
② 각 기관의 장은 제1항에 따라 소속 공직자의 부동산 취득을 제한하려는 경우에는 그 **제한방안을 관할 공직자윤리위원회에 보고**하여야 한다.

동법 제14조의17(기관별 가상자산 보유의 제한)

① 국가기관의 장 및 지방자치단체의 장은 **가상자산에 대한 정보를 획득하거나 영향력을 행사하는 업무를 수행한다고 인정되는 부서 또는 직위의 공직자** 본인 및 그 이해관계자가 **가상자산을 보유하는 것을 제한**할 수 있다.
② 각 기관의 장은 제1항에 따라 소속 공직자의 가상자산 보유를 제한하려는 경우에는 그 **제한방안을 관할 공직자윤리위원회에 보고**하여야 한다.

6 선물신고

(1) 신고방식

> **공직자윤리법 제15조(외국 정부 등으로부터 받은 선물의 신고)**
>
> ① 공무원(지방의회의원 포함) 또는 공직유관단체의 임직원은 외국으로부터 선물을 받거나 그 직무와 관련하여 외국인에게 선물을 받으면 지체 없이 소속 기관·단체의 장에게 신고하고 그 선물을 인도하여야 한다. 이들의 가족이 외국으로부터 선물을 받거나 그 공무원이나 공직유관단체 임직원의 직무와 관련하여 외국인에게 선물을 받은 경우에도 또한 같다.

(2) 선물가액

> **동법 시행령 제28조(선물의 가액)**
>
> ① 신고하여야 할 선물은 그 선물 수령 당시 증정한 국가 또는 외국인이 속한 국가의 시가로 미국화폐 100달러 이상이거나 국내 시가로 10만원 이상인 선물로 한다.

7 퇴직공직자 취업 및 행위 제한

(1) 취업제한

> **공직자윤리법 제17조(퇴직공직자의 취업제한)**
>
> ① 재산 등록 의무자인 4급 이상의 공무원 및 공직 유관 단체의 임원 등은 퇴직일부터 3년간 취업심사대상기관에 취업할 수 없다. 다만, 관할 공직자윤리위원회로부터 취업심사대상자가 퇴직 전 5년 동안 소속하였던 부서 또는 기관의 업무와 취업심사대상기관 간에 밀접한 관련성이 없다는 확인을 받거나 취업승인을 받은 때에는 취업할 수 있다.

X [7급] 취업심사대상자는 퇴직 전 3년 동안 소속하였던 부서의 업무와 밀접한 관련이 있는 기관에 퇴직일로부터 5년간 취업할 수 없다.

O 취업심사대상자는 퇴직 전 5년(3년 ×) 동안 소속하였던 부서의 업무와 밀접한 관련이 있는 기관에 퇴직일로부터 3년간(5년간 ×) 취업할 수 없다.

(2) 행위제한

> **동법 제18조의4(퇴직공직자 등에 대한 행위제한)**
>
> ① 퇴직공직자는 본인 또는 제3자의 이익을 위하여 퇴직 전 소속 기관의 공무원과 임직원에게 법령을 위반하게 하거나 지위 또는 권한을 남용하게 하는 등 공정한 직무수행을 저해하는 부정한 청탁 또는 알선을 해서는 아니 된다.

체크포인트

공직자윤리법에 담겨 있는 이해충돌방지제도들은 모두 빈번한 출제가 이루어지므로 꼼꼼하게 학습해 두어야 합니다. 기출문제를 중심으로 법조문의 어떤 부분을 바꿔서 내는지를 확인하면서 학습한다면 방향성을 잃지 않고 정리할 수 있습니다. 또한 옳은 선지라고 할지라도 여러 번 풀어보면서 틀린 선지로 출제된다면 어떻게 나올 수 있을지 스스로 생각해 보는 것도 좋은 학습 방법이 됩니다.

체크포인트

공무원 통제와 관련된 법령에 어떤 내용들이 포함되어 있는지를 물어보는 기본적인 주소찾기 유형입니다. 국가공무원법, 공직자윤리법, 부패방지권익위법 등에 포함되어 있는 제도들을 정확하게 구분할 수 있어야 합니다. 특히 4번 선지의 퇴직공직자의 취업제한(공직자윤리법)과 비위면직자의 취업제한(부패방지권익위법)이 헷갈릴 수 있습니다. 헷갈릴 수 있다는 것은 문제에서 체크한다는 뜻이므로, 미리 준비해 두어야 합니다.

기출 CHECK

1 「공직자윤리법」의 내용으로 옳지 않은 것은? 2017 지방직 7급 하반기

① 공무원의 가족이 외국 혹은 외국인으로부터 받은 선물은 신고절차를 거친 후 지체 없이 당사자에게 반환하여야 한다.

② 취업심사대상자는 관할 공직자윤리위원회의 승인을 받지 않고는 취업제한기관에 퇴직일로부터 3년간 취업할 수 없다.

③ 한국은행과 공기업은 정부 공직자윤리위원회에 의해서 공직 유관단체로 지정될 수 있다.

④ 공개대상자등 및 그 이해관계인이 보유하고 있는 주식의 직무관련성을 심사·결정하기 위하여 인사혁신처에 주식백지신탁 심사위원회를 둔다.

① X 선물은 기관장에게 신고 후 관련 부서에 인도하는 것이지, 당사자에게 반환하는 것은 아니다.

> 공직자윤리법 제15조(외국 정부 등으로부터 받은 선물의 신고)
> ① 공무원 또는 공직유관단체의 임직원은 외국으로부터 선물을 받거나 그 직무와 관련하여 외국인에게 선물을 받으면 지체 없이 소속 기관·단체의 장에게 신고하고 그 선물을 인도하여야 한다.

② O

> 동법 제17조(퇴직공직자의 취업제한)
> ① 재산 등록 의무자인 4급 이상의 공무원 및 공직 유관 단체의 임원 등은 퇴직일부터 3년간 취업심사대상기관에 취업할 수 없다.

③ O

> 동법 제3조의2(공직유관단체)
> ① 정부 공직자윤리위원회는 정부 또는 지방자치단체의 재정지원 규모, 임원선임 방법 등을 고려하여 다음 각 호에 해당하는 기관·단체를 공직유관단체로 지정할 수 있다.
> 1. 한국은행
> 2. 공기업 …

④ O

> 동법 제14조의5(주식백지신탁 심사위원회의 직무관련성 심사 등)
> ① 공개대상자등 및 그 이해관계인이 보유하고 있는 주식의 직무관련성을 심사·결정하기 위하여 인사혁신처에 주식백지신탁 심사위원회를 둔다.

정답 ①

2 국민에 대한 봉사자로서 공직자가 지녀야 할 윤리를 확립할 목적으로 제정된 우리나라의 현행 공직자윤리법이 포함하고 있지 않는 내용은? 2012 국가직 9급

① 내부고발자 보호 ② 재산등록 및 공개
③ 선물신고 ④ 퇴직공직자의 취업제한

① X 내부고발자 보호제도는 공직자윤리법이 아닌 부패방지권익위법에 규정되어 있다. 공직자윤리법은 재산등록 및 공개, 주식백지신탁제도, 선물신고제도, 퇴직공직자의 취업 및 행위 제한 등을 규정하고 있다. 정답 ①

3 공직자의 이해충돌 방지법 A

1 목적

> **이해충돌방지법 제1조(목적)**
> 이 법은 공직자의 직무수행과 관련한 **사적 이익추구를 금지**함으로써 공직자의 직무수행 중 발생할 수 있는 **이해충돌을 방지**하여 공정한 직무수행을 보장하고 공공기관에 대한 국민의 신뢰를 확보하는 것을 목적으로 한다.

2 대상

국회, 법원, 중앙행정기관, 지방자치단체, 교육청, 공직유관단체, 각급 국립·공립학교 등 **모든 공공기관의 공직자**

3 총괄기관 : 국민권익위원회

> **동법 제17조(공직자의 이해충돌 방지에 관한 업무의 총괄)**
> **국민권익위원회**는 이 법에 따른 다음 각 호의 사항에 관한 업무를 관장한다.
>
> **동법 제18조(위반행위의 신고 등)**
> ① 누구든지 이 법의 위반행위가 발생하였거나 발생하고 있다는 사실을 알게 된 경우에는 다음 각 호의 어느 하나에 **해당하는 기관에 신고**할 수 있다.
> 1. 이 법의 **위반행위가 발생한 공공기관** 또는 그 감독기관
> 2. **감사원** 또는 **수사기관**
> 3. **국민권익위원회**

4 공직자의 이해충돌 방지 및 관리

(1) 사적이해관계자의 신고·회피·기피 신청

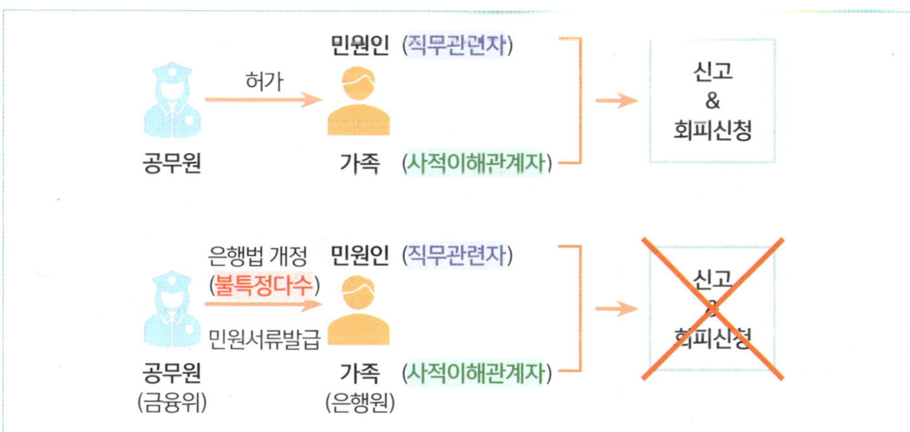

9급 24국, 23국

보충

이해충돌의 이론적 분류

① **실질적 이해충돌** : 현재 발생하고 있는 이해충돌
② **외견상 이해충돌** : 관련 문제는 드러났지만 영향을 미치지는 않는 상태
③ **잠재적 이해충돌** : 미래의 일에 연루되는 것

동법 제5조(사적이해관계자의 신고 및 회피·기피 신청)

① 다음 각 호의 어느 하나에 해당하는 직무를 수행하는 공직자는 직무관련자가 사적이해관계자임을 안 경우 안 날부터 14일 이내에 소속기관장에게 그 사실을 서면으로 신고하고 회피를 신청하여야 한다.

1. 인가·허가·면허·특허·승인·검사·검정·시험·인증·확인, 지정·등록, 등재·인정·증명, 신고·심사, 보호·감호, 보상 또는 이에 준하는 직무 등

③ 다음 각 호의 어느 하나에 해당하는 경우에는 제1항을 적용하지 아니한다.

1. 제1항 각 호에 해당하는 직무와 관련하여 불특정다수를 대상으로 하는 법률이나 대통령령의 제정·개정 또는 폐지를 수반하는 경우
2. 특정한 사실 또는 법률관계에 관한 확인·증명을 신청하는 민원에 따라 해당 서류를 발급하는 경우

동법 제2조(정의) 이 법에서 사용하는 용어의 뜻은 다음과 같다.

5. "직무관련자"란 공직자가 법령·기준에 따라 수행하는 직무와 관련되는 자로서 다음 각 목의 어느 하나에 해당하는 개인·법인·단체 및 공직자를 말한다.
   가. 공직자의 직무수행과 관련하여 일정한 행위나 조치를 요구하는 개인이나 법인 또는 단체
   나. 공직자의 직무수행과 관련하여 이익 또는 불이익을 직접적으로 받는 개인이나 법인 또는 단체
   다. 공직자가 소속된 공공기관과 계약을 체결하거나 체결하려는 것이 명백한 개인이나 법인 또는 단체
   라. 공직자의 직무수행과 관련하여 이익 또는 불이익을 직접적으로 받는 다른 공직자
6. "사적이해관계자"란 다음 각 목의 어느 하나에 해당하는 자를 말한다.
   가. 공직자 자신 또는 그 가족
   나. 공직자 자신 또는 그 가족이 임원·대표자·관리자 또는 사외이사로 재직하고 있는 법인 또는 단체
   다. 공직자 자신이나 그 가족이 대리하거나 고문·자문 등을 제공하는 개인이나 법인 또는 단체
   라. 공직자로 채용·임용되기 전 2년 이내에 공직자 자신이 재직하였던 법인 또는 단체
   마. 공직자로 채용·임용되기 전 2년 이내에 공직자 자신이 대리하거나 고문·자문 등을 제공하였던 개인이나 법인 또는 단체
   바. 공직자 자신 또는 그 가족이 대통령령으로 정하는 일정 비율 이상의 주식·지분 또는 자본금 등을 소유하고 있는 법인 또는 단체
   사. 최근 2년 이내에 퇴직한 공직자로서 퇴직일 전 2년 이내에 제5조제1항 각 호의 어느 하나에 해당하는 직무를 수행하는 공직자와 국회규칙, 대법원규칙, 헌법재판소규칙, 중앙선거관리위원회규칙 또는 대통령령으로 정하는 범위의 부서에서 같이 근무하였던 사람
   아. 그 밖에 공직자의 사적 이해관계와 관련되는 자로서 국회규칙, 대법원규칙, 헌법재판소규칙, 중앙선거관리위원회규칙 또는 대통령령으로 정하는 자

(2) 공공기관 직무 관련 부동산 보유·매수 신고

동법 제6조(공공기관 직무 관련 부동산 보유·매수 신고)

① **부동산을 직접적으로 취급하는 공공기관의 공직자**는 다음 각 호의 어느 하나에 해당하는 사람이 소속 **공공기관의 업무와 관련된 부동산을 보유하고 있거나 매수**하는 경우 **소속기관장에게 그 사실을 서면으로 신고**하여야 한다.

1. **공직자 자신, 배우자**
2. 공직자와 **생계를 같이하는 직계존속·비속**

③ 제1항에 따른 신고는 **부동산을 보유한 사실을 알게 된 날부터 14일 이내**, 매수 후 등기를 완료한 날부터 14일 이내에 하여야 한다.

(3) 고위공직자의 민간 부문 업무활동 내역 제출 및 공개

동법 제8조(고위공직자의 민간 부문 업무활동 내역 제출 및 공개)

① **고위공직자(1급 이상)**는 그 직위에 임용되거나 임기를 개시하기 전 **3년 이내에 민간 부문에서 업무활동**을 한 경우, 그 활동 내역을 그 직위에 임용되거나 임기를 개시한 날부터 30일 이내에 **소속기관장에게 제출**하여야 한다.

④ 소속기관장은 다른 법령에서 정보공개가 금지되지 아니하는 **업무활동 내역을 공개**할 수 있다.

(4) 직무관련자와의 거래 신고

동법 제9조(직무관련자와의 거래 신고)

① 공직자는 **자신, 배우자 또는 직계존속·비속** 또는 특수관계사업자가 **공직자 자신의 직무관련자와 다음 각 호의 어느 하나에 해당하는 행위**를 한다는 것을 사전에 안 경우에는 안 날부터 **14일 이내에 소속기관장에게 그 사실을 서면으로 신고**하여야 한다.

1. **금전을 빌리거나 빌려주는 행위** 및 유가증권을 거래하는 행위
2. 토지 또는 건축물 등 **부동산을 거래하는 행위**
3. 제1호 및 제2호의 거래 행위 외의 **물품·용역·공사 등의 계약을 체결하는 행위**

(5) 직무 관련 외부활동의 제한

동법 제10조(직무 관련 외부활동의 제한)

공직자는 다음 각 호의 행위를 **하여서는 아니 된다.**

1. 직무관련자에게 **사적으로 노무 또는 조언·자문** 등을 제공하고 **대가를 받는 행위**
2. 소속 공공기관의 소관 직무와 관련된 지식이나 정보를 타인에게 제공하고 **대가를 받는 행위**
3. 공직자가 소속된 공공기관이 당사자이거나 직접적인 이해관계를 가지는 사안에서 자신이 **소속된 공공기관의 상대방을 대리**하거나 그 상대방에게 조언·자문 또는 정보를 제공하는 행위
4. 외국의 기관·법인·단체 등을 대리하는 행위. 다만, 소속기관장이 허가한 경우는 제외한다.
5. 직무와 관련된 다른 직위에 취임하는 행위. 다만, 소속기관장이 허가한 경우는 제외한다.

보충

동법 제7조(사적이해관계자의 신고 등에 대한 조치)

① 제5조에 따른 신고·회피신청이나 제6조에 따른 부동산 보유·매수 **신고를 받은 소속기관장**은 해당 공직자의 직무수행에 지장이 있다고 인정하는 경우에는 다음 각 호의 **어느 하나에 해당하는 조치**를 하여야 한다.

1. 직무수행의 **일시 중지 명령**
2. **직무 대리자** 또는 직무 공동수행자의 지정
3. 직무 **재배정**
4. **전보**

(6) 기타 제한 사항

동법 제11조(가족 채용 제한)

① 공공기관은 다음 각 호의 어느 하나에 해당하는 공직자의 가족을 채용할 수 없다.
1. 소속 고위공직자
2. 채용업무를 담당하는 공직자
3. 해당 산하 공공기관의 감독기관인 공공기관 소속 고위공직자
4. 해당 자회사의 모회사인 공공기관 소속 고위공직자

동법 제12조(수의계약 체결 제한)

① 공공기관은 다음 각 호의 어느 하나에 해당하는 자와 물품 · 용역 · 공사 등의 수의계약을 체결할 수 없다. 다만, 해당 물품의 생산자가 1명뿐인 경우 등 대통령령으로 정하는 불가피한 사유가 있는 경우에는 그러하지 아니하다.
1. 소속 고위공직자
5. 소관 상임위원회 위원으로서 직무를 담당하는 국회의원
6. 해당 지방자치단체 등 공공기관을 감사 또는 조사하는 지방의회의원 등

동법 제13조(공공기관 물품 등의 사적 사용·수익 금지)

공직자는 공공기관이 소유하거나 임차한 물품 · 차량 · 선박 · 항공기 · 건물 · 토지 · 시설 등을 사적인 용도로 사용 · 수익하거나 제3자로 하여금 사용 · 수익하게 하여서는 아니 된다.

동법 제14조(직무상 비밀 등 이용 금지)

① 공직자는 직무수행 중 알게 된 비밀 또는 소속 공공기관의 미공개정보를 이용하여 재물 또는 재산상의 이익을 취득하거나 제3자로 하여금 재물 또는 재산상의 이익을 취득하게 하여서는 아니 된다.

동법 제15조(퇴직자 사적 접촉 신고)

① 공직자는 직무관련자인 소속 기관의 퇴직자와 사적 접촉을 하는 경우 소속기관장에게 신고하여야 한다. 다만, 사회상규에 따라 허용되는 경우에는 그러하지 아니하다.

기출 CHECK

1 공직자의 이해충돌에 대한 설명으로 옳지 않은 것은? 2023 국가직 9급

① 우리나라는 2021년 5월 「공직자의 이해충돌 방지법」을 제정하였다.

② 이해충돌은 그 특성에 따라 실제적, 외견적, 잠재적 형태로 분류할 수 있다.

③ 이해충돌 회피에 있어서는 '어느 누구도 자신이 연루된 사건의 재판관이 되어서는 안 된다'라는 원칙이 적용된다.

④ 「공직자의 이해충돌 방지법」의 위반행위는 감사원, 수사기관, 국민권익위원회 등에 신고할 수 있으나 위반행위가 발생한 기관은 제외된다.

① O 공직자의 직무수행과 관련된 사적 이익추구를 금지하고 이해충돌을 방지하기 위하여 2021년 공직자의 이해충돌 방지법이 제정되었고, 2022년부터 시행되고 있다.

② O 이해충돌은 실질적(actual), 외견상(apparent), 잠재적(potential)로 구분된다. 실질적 이해충돌은 현재 발생하고 있는 이해충돌이며, 외견상 이해충돌은 관련 문제는 드러났지만 영향을 미치지는 않은 상태이며, 잠재적 이해충돌은 미래의 일에 연루되는 경우이다.

③ O

> **이해충돌방지법 제4조(공직자의 의무)**
>
> ③ 공직자는 사적 이해관계로 인하여 공정하고 청렴한 직무수행이 곤란하다고 판단하는 경우에는 직무수행을 회피하는 등 이해충돌을 방지하여야 한다.
>
> **동법 제5조(사적이해관계자의 신고 및 회피·기피 신청)**
>
> ① 다음 각 호의 어느 하나에 해당하는 직무를 수행하는 공직자는 직무관련자가 사적이해관계자임을 안 경우 안 날부터 14일 이내에 소속기관장에게 그 사실을 서면으로 신고하고 회피를 신청하여야 한다.
>
> 1. 인가·허가·면허·특허·승인·검사·검정·시험·인증·확인, 지정·등록, 등재·인정·증명, 신고·심사, 보호·감호, 보상 또는 이에 준하는 직무

④ X 위반행위가 발생한 공공기관 또는 그 감독기관에도 이해충돌방지법의 위반행위를 신고할 수 있다.

> **동법 제18조(위반행위의 신고 등)**
>
> ① 누구든지 이 법의 위반행위가 발생하였거나 발생하고 있다는 사실을 알게 된 경우에는 다음 각 호의 어느 하나에 해당하는 기관에 신고할 수 있다.
>
> 1. 이 법의 위반행위가 발생한 공공기관 또는 그 감독기관
> 2. 감사원 또는 수사기관
> 3. 국민권익위원회

정답 ④

PART 4

9급 19국

4 공무원 헌장 C

(1) 특징

기존의 「공무원윤리헌장」을 변화된 시대 흐름과 국민 눈높이에 맞도록 정비하여 미래지향적인 공직가치를 제시하고 국민에 대한 봉사자로서의 공무원의 역할을 강조함으로써 국민에게 신뢰받는 바람직한 공직자상을 구현하기 위해 2016년에 개정(**대통령 훈령**)

(2) 주요 내용

> 우리는 자랑스러운 대한민국의 공무원이다.
> 우리는 헌법이 지향하는 가치를 실현하며 국가에 헌신하고 국민에게 봉사한다.
> 우리는 국민의 안녕과 행복을 추구하고 조국의 평화 통일과 지속 가능한 발전에 기여한다.
> 이에 굳은 각오와 다짐으로 다음을 실천한다.
> 하나. 공익을 우선시하며 투명하고 공정하게 맡은 바 책임을 다한다.
> 하나. 창의성과 전문성을 바탕으로 업무를 적극적으로 수행한다.
> 하나. 우리 사회의 다양성을 존중하고 국민과 함께 하는 민주 행정을 구현한다.
> 하나. 청렴을 생활화하고 규범과 건전한 상식에 따라 행동한다.

체크포인트

공무원 헌장은 출제될 요소가 많지 않은 주제이지만, 기출된 포인트를 중심으로 앞으로의 출제 방향을 예상해 볼 수는 있습니다. 출제포인트는 공무원 헌장이 대통령 훈령이라는 내부규칙이라는 점입니다. 내부규칙이기 때문에 법령보다는 자유로운 내용을 담을 수 있고, 따라서 다양한 가치들을 모두 포함할 수 있다는 것입니다. 공무원 헌장에 공익이 명시되어 있음을 물어봤다는 것은, 이처럼 공무원 헌장이 대통령 훈령의 성격임을 제대로 이해하고 있는지 체크할 수 있음을 보여주고 있습니다.

기출 CHECK

1 공익에 대한 설명으로 옳은 것은? 2019 국가직 9급

① 국가공무원법은 제1조에서 공무원은 국민 전체의 봉사자로서 공익을 추구해야 함을 명시하고 있다.
② 공무원 헌장은 공무원이 실천해야 하는 가치로 공익을 명시하고 있다.
③ 신공공서비스론에서는 공익을 행정의 목적이 아닌 부산물로 보아야 한다는 점을 강조한다.
④ 공익에 대한 실체설에서는 공익을 사익 간 타협 또는 집단 간 상호작용의 산물로 본다.

① X 국가공무원법은 공무원을 관리하여 행정의 능률성과 민주성을 확보하는 것을 목적으로 하며, 공익을 추구해야 한다는 것은 명시하지 않고 있다.
② O 공무원 헌장은 국민에게 신뢰받는 바람직한 공직자상을 구현하는 것을 목적으로 하며, 공무원이 실천해야 하는 가치 중 하나로 공익을 명시하고 있다. 공무원 헌장은 법률이 아닌 대통령 훈령이기 때문에 바람직한 가치들을 유연하게 포함할 수 있다.
③ X 시장중심 행정개혁인 신공공관리론이 공익을 부산물로 보는 것과 달리, 신공공서비스론은 사회구성원 간의 대화와 담론을 통해 공익을 형성하는 것이 행정의 궁극적인 목적이라고 본다.
④ X 공익을 사익 간 타협 또는 집단 간 상호작용의 산물로 보는 것은 공익에 대한 과정설이다. 공익에 대한 실체설은 사익을 초월하는 실체로서의 공익이 있다는 접근방법이다.

정답 ②

5 부패방지 및 국민권익위원회 설치와 운영에 관한 법률(부패방지권익위법) A

9급 16국
7급 24지

국민권익위원회

고충민원
(옴부즈만)

부패방지

1 내부고발보호제도

(1) 내부고발방식

① 신고의무

부패방지권익위법 제56조(공직자의 부패행위 신고의무)

공직자는 그 직무를 행함에 있어 다른 공직자가 부패행위를 한 사실을 알게 되었거나 부패행위를 강요 또는 제의받은 경우에는 지체 없이 이를 수사기관·감사원 또는 위원회에 신고하여야 한다.

② 성실의무

동법 제57조(신고자의 성실의무)

부패행위 신고를 한 자가 신고의 내용이 허위라는 사실을 알았거나 알 수 있었음에도 불구하고 신고한 경우에는 이 법의 보호를 받지 못한다.

③ 신고 방법

동법 제58조(신고의 방법)

신고를 하려는 자는 본인의 인적사항과 신고취지 및 이유를 기재한 기명의 문서로써 하여야 하며, 신고대상과 부패행위의 증거 등을 함께 제시하여야 한다.

동법 제58조의2(비실명 대리신고)

① 제58조에도 불구하고 신고자는 자신의 인적사항을 밝히지 아니하고 변호사를 선임하여 신고를 대리하게 할 수 있다. 이 경우 제58조에 따른 신고자의 인적사항 및 기명의 문서는 변호사의 인적사항 및 변호사 이름의 문서로 갈음한다.

② 제1항에 따른 신고는 위원회에 하여야 하며, 신고자 또는 신고자를 대리하는 변호사는 그 취지를 밝히고 신고자의 인적사항, 신고자임을 입증할 수 있는 자료 및 위임장을 위원회에 함께 제출하여야 한다.

③ 위원회는 제2항에 따라 제출된 자료를 봉인하여 보관하여야 하며, 신고자 본인의 동의 없이 이를 열람하여서는 아니 된다.

(2) 내부고발자 보호

① 불이익조치 금지

동법 제62조(불이익조치 등의 금지)

① 누구든지 신고자에게 신고나 이와 관련한 진술, 자료 제출 등을 한 이유로 불이익조치를 하여서는 아니 된다.

② 누구든지 신고등을 하지 못하도록 방해하거나 신고자에게 신고등을 취소하도록 강요해서는 아니 된다.

② 신분보장

동법 제62조의2(신분보장 등의 조치 신청 등)

① 신고자는 신고등을 이유로 불이익조치를 받았거나 받을 것으로 예상되는 경우에는 대통령령으로 정하는 바에 따라 위원회에 해당 불이익조치에 대한 원상회복이나 그 밖에 필요한 조치를 신청할 수 있다.

동법 제62조의3(신분보장 등의 조치 결정 등)

① 위원회는 조사 결과 신분보장신청인이 신고등을 이유로 불이익조치를 받았거나 받을 것으로 예상되는 경우에는 소속기관장등에게 30일 이내의 기간을 정하여 다음 각 호의 신분보장 등 조치를 취하도록 요구하는 결정을 하여야 하며, 소속기관장등은 정당한 사유가 없으면 이에 따라야 한다.

③ 비밀보장

동법 제64조(신고자의 비밀보장)

① 누구든지 이 법에 따른 신고자라는 사정을 알면서 그의 인적사항이나 그가 신고자임을 미루어 알 수 있는 사실을 다른 사람에게 알려주거나 공개 또는 보도하여서는 아니 된다. 다만, 이 법에 따른 신고자가 동의한 때에는 그러하지 아니하다.

④ 신변보호조치

동법 제64조의2(신변보호조치)

① 신고자는 신고를 한 이유로 자신과 친족 또는 동거인의 신변에 불안이 있는 경우에는 위원회에 신변보호조치를 요구할 수 있다. 이 경우 위원회는 필요하다고 인정한 때에는 경찰청장, 관할 지방경찰청장, 관할 경찰서장에게 신변보호조치를 요구할 수 있다.

⑤ 책임의 감면

동법 제66조(책임의 감면 등)

① 신고등과 관련하여 신고자의 범죄행위가 발견된 경우 그 신고자에 대하여 형을 감경하거나 면제할 수 있다.

③ 신고등의 내용에 직무상 비밀이 포함된 경우에도 다른 법령, 단체협약 또는 취업규칙 등의 관련 규정에 불구하고 직무상 비밀준수의무를 위반하지 아니한 것으로 본다.

⑥ 포상 및 보상

동법 제68조(포상 및 보상 등)

① 위원회는 위원회 또는 공공기관에 부패행위 신고를 하여 현저히 공공기관에 재산상 이익을 가져오거나 손실을 방지한 경우 또는 공익의 증진을 가져온 경우에는 신고를 한 자에 대하여 「상훈법」 등의 규정에 따라 포상을 추천할 수 있으며, 대통령령으로 정하는 바에 따라 포상금을 지급할 수 있다.

2 비위면직자 취업제한

(1) 대상

동법 제82조(비위면직자 등의 취업제한)

① **비위면직자** 등은 다음 각 호의 어느 하나에 해당하는 사람을 말한다.

1. 공직자가 재직 중 **직무와 관련된 부패행위로 당연퇴직, 파면 또는 해임**된 자
2. 공직자였던 사람으로서 재직 중 **직무와 관련된 부패행위로 벌금 300만원 이상**의 형의 선고를 받은 사람

(2) 주요 내용

동법 동조(비위면직자 등의 취업제한)

② 제1항에 따른 **비위면직자** 등은 제3항 각 호의 구분에 따른 날부터 **5년 동안** 다음 각 호의 **취업제한기관에 취업할 수 없다.**

1. **공공기관**(국·공립**학교** 포함)
2. 대통령령으로 정하는 **부패행위 관련 기관**
3. **퇴직 전 5년간** 소속하였던 부서 또는 기관의 **업무와 밀접한 관련이 있는 영리사기업체** 등

3 공무원 행동강령

(1) 이론

① **개념** : 특정한 조직이나 전문가 집단이 지향해야 할 바람직스러운 가치를 명문화한 것

② **유형** : 구체성의 정도에 따라 윤리강령(약) → **행동강령(중)** → 실천강령(강)

③ **행동강령의 특성**

㉠ **규범성** : 공무원에게 기대되는 바람직한 가치판단이나 의사결정을 담고 있음.

㉡ **실천** : 규범의 차원에만 머물지 않고 공무원들에 의해 실천될 때 유의미

㉢ **자율성** : 타율적 강제가 아닌, 공무원 스스로의 자발적 수용과 실천에 기초

㉣ **가이드라인** : 지나치게 세부적이 아닌, 포괄적이고 보편적인 내용에 대한 규정

㉤ **예방적 기능** : 사후적 처벌보다는, 사전적인 예방의 기능이 주된 목적

④ **해외사례** : OECD, 주로 법률의 형식으로 1990년대부터 집중적으로 제정

(2) 한국의 공무원 행동강령

① 근거

부패방지권익위법 제7조(공직자의 청렴의무)

공직자는 법령을 준수하고 친절하고 공정하게 집무하여야 하며 일체의 부패행위와 품위를 손상하는 행위를 하여서는 아니 된다.

동법 제8조(공직자 행동강령)

① 제7조에 따라 **공직자가 준수하여야 할 행동강령**은 **대통령령**·국회규칙·대법원규칙·헌법재판소규칙·중앙선거관리위원회규칙 또는 공직유관단체의 내부규정으로 정한다.

X [7급] 공직자 행동강령은 공무원이 준수하여야 할 행동기준으로 「국가공무원법」에 규정되어 있다.

O 공직자 행동강령은 공무원이 준수하여야 할 행동기준으로 부패방지권익위법(국가공무원법 ×)에 규정되어 있다.

PART 4

공무원 행동강령 제1조(목적) : 대통령령

이 영은 「부패방지 및 국민권익위원회의 설치와 운영에 관한 법률」 제8조에 따라 **공무원이 준수하여야 할 행동기준을 규정**하는 것을 목적으로 한다.

② 적용 범위

동령 제3조(적용 범위)

이 영은 **국가공무원**(국회, 법원, 헌법재판소 및 선거관리위원회 소속의 국가공무원은 제외한다)과 **지방공무원**(지방의회의원은 제외한다)에게 적용한다.

③ 주요 내용

㉠ **공정한 직무수행** : 특혜의 배제, 예산의 목적 외 사용금지 등

㉡ **부당이득 수수 금지** : 이권 개입 금지, 사적 노무 요구 금지 등

㉢ **건전한 공직풍토 조성** : 외부강의 사례금 수수 제한, 경조사 통지 제한 등

부패방지권익위법

내부고발보호제도	신고의무, 성실의무, 기명의 문서 + 증거 불이익조치 금지, 신분보장, 비밀보장, 책임의 감면
비위면직자 취업제한	5년 동안 취업제한기관 취업 금지 → 공공기관, 부패행위 기관, 연관 영리사기업체
공무원 행동강령	부패방지법 근거 → 공직자 행동강령(대통령령) → 공정 직무수행, 부당이득 ×, 건전한 공직풍토

6 부정청탁 및 금품등 수수의 금지에 관한 법률(청탁금지법) B

9급 18지, 17국

1 의의

(1) 배경

2016년, 대한민국의 부정부패를 막기 위해 **국민권익위원회 소관 법률**로 제정된 것으로, 김영란 전 국민권익위원장이 법안을 발의하여 속칭 **김영란법**이라고도 불림.

(2) 목적

> **청탁금지법 제1조(목적)**
> 이 법은 공직자 등에 대한 **부정청탁** 및 공직자 등의 **금품 등의 수수(收受)를 금지**함으로써 공직자 등의 공정한 직무수행을 보장하고 공공기관에 대한 국민의 신뢰를 확보하는 것을 목적으로 한다.

2 청탁금지 대상

(1) 공공기관

> **청탁금지법 제2조(정의)**
> 1. "공공기관"이란 다음 각 목의 어느 하나에 해당하는 기관·단체를 말한다.
>   가. **국회, 법원, 헌법재판소, 선거관리위원회, 감사원, 국가인권위원회, 고위공직자범죄수사처, 중앙행정기관**(대통령 소속 기관과 국무총리 소속 기관을 포함한다)과 그 소속 기관 및 **지방자치단체**
>   나. 「공직자윤리법」 제3조의2에 따른 **공직유관단체**
>   다. 「**공공기관**의 운영에 관한 법률」 제4조에 따른 기관
>   라. 「초·중등교육법」, 「고등교육법」, 「유아교육법」 및 그 밖의 다른 법령에 따라 설치된 **각급 학교** 및 「사립학교법」에 따른 **학교법인**
>   마. 「언론중재 및 피해구제 등에 관한 법률」 제2조제12호에 따른 **언론사**

(2) 공직자 등

> **동법 제2조(정의)**
> 2. "**공직자 등**"이란 다음 각 목의 어느 하나에 해당하는 공직자 또는 공적 업무 종사자를 말한다.
>   가. 「국가공무원법」 또는 「지방공무원법」에 따른 **공무원**과 그 밖에 다른 법률에 따라 그 자격·임용·교육훈련·복무·보수·신분보장 등에 있어서 공무원으로 인정된 사람
>   나. **공직유관단체** 및 기관의 장과 그 임직원
>   다. **각급 학교**의 장과 교직원 및 학교법인의 임직원
>   라. **언론사**의 대표자와 그 임직원

3 부정청탁 금지

(1) 금지사항

청탁금지법 제5조(부정청탁의 금지)

① 누구든지 직접 또는 제3자를 통하여 직무를 수행하는 공직자등에게 다음 각 호의 어느 하나에 해당하는 부정청탁을 해서는 아니 된다.

1. 인가·허가·면허·특허·승인·검사·검정·시험·인증·확인 등 법령(조례·규칙을 포함한다. 이하 같다)에서 일정한 요건을 정하여 놓고 직무관련자로부터 신청을 받아 처리하는 직무에 대하여 **법령을 위반하여 처리하도록 하는 행위**
2. 인가 또는 허가의 취소, 조세, 부담금, 과태료, 과징금, 이행강제금, 범칙금, 징계 등 각종 행정처분 또는 형벌부과에 관하여 **법령을 위반하여 감경·면제하도록 하는 행위**
3. 모집·선발·채용·승진·전보 등 공직자등의 **인사에 관하여 법령을 위반하여 개입**하거나 영향을 미치도록 하는 행위
4. 법령을 위반하여 각종 심의·의결·조정 위원회의 위원, 공공기관이 주관하는 시험·선발 위원 등 **공공기관의 의사결정에 관여하는 직위에 선정 또는 탈락되도록 하는 행위**
5. 공공기관이 주관하는 각종 수상, 포상, 우수기관 선정 또는 우수자 선발에 관하여 법령을 위반하여 **특정 개인·단체·법인이 선정 또는 탈락되도록 하는 행위**
6. 입찰·경매·개발·시험·특허·군사·과세 등에 관한 **직무상 비밀을 법령을 위반하여 누설하도록 하는 행위**
7. **계약 관련 법령을 위반**하여 특정 개인·단체·법인이 계약의 당사자로 선정 또는 탈락되도록 하는 행위
8. **보조금·장려금**·출연금·출자금·교부금·기금 등의 업무에 관하여 법령을 위반하여 **특정 개인·단체·법인에 배정·지원**하거나 투자·예치·대여·출연·출자하도록 개입하거나 영향을 미치도록 하는 행위
9. 공공기관이 생산·공급·관리하는 재화 및 용역을 특정 개인·단체·법인에게 법령에서 정하는 가격 또는 **정상적인 거래관행에서 벗어나** 매각·교환·사용·수익·점유하도록 하는 행위
10. **각급 학교의 입학·성적·수행평가**·논문심사·학위수여 등의 업무에 관하여 **법령을 위반하여 처리·조작**하도록 하는 행위
11. **병역판정검사**, 부대 배속, 보직 부여 등 병역 관련 업무에 관하여 법령을 위반하여 처리하도록 하는 행위
12. **공공기관이 실시하는 각종 평가·판정 업무**에 관하여 법령을 위반하여 평가 또는 판정하게 하거나 **결과를 조작**하도록 하는 행위
13. 법령을 위반하여 **행정지도·단속·감사·조사 대상**에서 특정 개인·단체·법인이 선정·**배제되도록 하거나** 행정지도·단속·감사·조사의 **결과를 조작하거나** 또는 **그 위법사항을 묵인하게 하는 행위**
14. **사건의 수사·재판**·심판·결정·조정·중재·화해 또는 이에 준하는 업무를 **법령을 위반하여 처리**하도록 하는 행위
15. 제1호부터 제14호까지의 부정청탁의 대상이 되는 업무에 관하여 **공직자등이 법령에 따라 부여받은 지위·권한을 벗어나 행사**하거나 **권한에 속하지 아니한 사항을 행사하도록 하는 행위**

(2) 예외

동법 제5조(부정청탁의 금지)

② 제1항에도 불구하고 **다음 각 호의 어느 하나에 해당하는 경우**에는 **이 법을 적용하지 아니한다.**

1. 「청원법」, 「민원사무 처리에 관한 법률」, 「행정절차법」, 「국회법」 및 그 밖의 다른 **법령 · 기준에서 정하는 절차 · 방법**에 따라 **권리침해의 구제 · 해결을 요구**하거나 그와 관련된 법령 · 기준의 제정 · 개정 · 폐지를 제안 · 건의하는 등 특정한 행위를 요구하는 행위
2. **공개적**으로 **공직자등에게 특정한 행위를 요구**하는 행위
3. 선출직 공직자, 정당, 시민단체 등이 공익적인 목적으로 제3자의 **고충민원을 전달**하거나 법령 · 기준의 제정 · 개정 · 폐지 또는 정책 · 사업 · 제도 및 그 운영 등의 개선에 관하여 제안 · 건의하는 행위
4. 공공기관에 직무를 **법정기한 안에 처리하여 줄 것을 신청 · 요구**하거나 그 진행상황 · 조치결과 등에 대하여 확인 · 문의 등을 하는 행위
5. 직무 또는 법률관계에 관한 **확인 · 증명 등을 신청 · 요구**하는 행위
6. **질의 또는 상담**형식을 통하여 직무에 관한 법령 · 제도 · 절차 등에 대하여 설명이나 해석을 요구하는 행위
7. 그 밖에 **사회상규(社會常規)에 위배되지 아니하는 것**으로 인정되는 행위

4 금품수수 금지

(1) 금지사항

청탁금지법 제8조(금품등의 수수 금지)

① 공직자등은 직무 관련 여부 및 기부 · 후원 · 증여 등 **그 명목에 관계없이** 동일인으로부터 **1회에 100만원** 또는 **매 회계연도에 300만원을 초과**하는 금품등을 받거나 요구 또는 약속해서는 **아니 된다.**

② 공직자등은 **직무와 관련하여 대가성 여부를 불문하고 제1항에서 정한 금액 이하의 금품등을 받거나 요구 또는 약속해서는 아니 된다.**

④ **공직자등의 배우자**는 공직자등의 직무와 관련하여 제1항 또는 제2항에 따라 공직자등이 받는 것이 금지되는 금품등을 받거나 요구하거나 제공받기로 약속해서는 **아니 된다.**

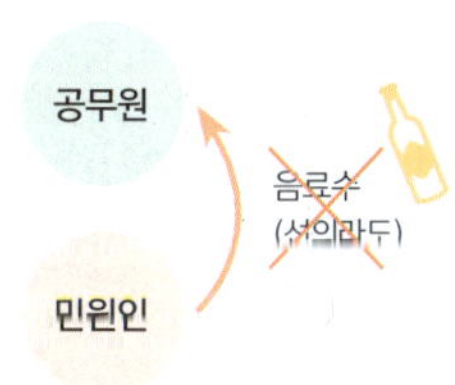

(2) 예외

동법 제8조(금품등의 수수 금지)

③ 제10조의 **외부강의등에 관한 사례금** 또는 **다음 각 호의 어느 하나에 해당하는** 금품등의 경우에는 제1항 또는 제2항에서 **수수를 금지하는 금품등에 해당하지 아니한다.**

1. 공공기관이 소속 공직자등이나 파견 공직자등에게 지급하거나 상급 공직자등이 **위로 · 격려 · 포상 등의 목적**으로 하급 공직자등에게 제공하는 금품등
2. **원활한 직무수행** 또는 **사교 · 의례 또는 부조의 목적**으로 제공되는 **음식물 · 경조사비 · 선물** 등으로서 **대통령령으로 정하는 가액 범위 안의 금품등.** 다만, **선물 중 농수산물 및 농수산가공품**은 대통령령으로 정하는 **설날 · 추석을 포함한 기간에 한정**하여 그 **가액 범위를 두배**로 한다.

<가액 범위>

구분	가액
음식물	· 5만 원
선물	· 5만 원
	· 단, 농수산물 · 가공품 : 15만 원(특정명절기간 : 30만 원)
	· 금전 불가 · 일부 상품권을 제외한 유가증권 불가
경조사비	· 5만 원
	· 단, 화환 · 조화 : 10만 원

3. 사적 거래(증여는 제외한다)로 인한 **채무의 이행** 등 정당한 권원(權原)에 의하여 제공되는 금품등
4. 공직자등의 **친족이 제공하는 금품**등
5. 공직자등과 관련된 **직원상조회 · 동호인회 · 동창회 · 향우회 · 친목회 · 종교단체 · 사회단체** 등이 정하는 기준에 따라 구성원에게 제공하는 금품등 및 그 소속 구성원 등 공직자등과 특별히 장기적 · 지속적인 친분관계를 맺고 있는 자가 **질병 · 재난 등으로 어려운 처지에 있는 공직자등에게 제공하는 금품등**
6. 공직자등의 직무와 관련된 공식적인 행사에서 주최자가 참석자에게 **통상적인 범위**에서 일률적으로 제공하는 **교통, 숙박, 음식물** 등의 금품등
7. **불특정 다수인에게 배포**하기 위한 **기념품 또는 홍보용품** 등이나 경연 · 추첨을 통하여 받는 보상 또는 상품 등
8. 그 밖에 다른 법령 · 기준 또는 **사회상규에 따라 허용되는 금품등**

5 외부강의 사례금

청탁금지법 제10조(외부강의등의 사례금 수수 제한)

① 공직자등은 자신의 직무와 관련되거나 그 지위 · 직책 등에서 유래되는 사실상의 영향력을 통하여 요청받은 교육 · 홍보 · 토론회 · 세미나 · 공청회 또는 그 밖의 회의 등에서 한 강의 · 강연 · 기고 등의 대가로서 **대통령령으로 정하는 금액을 초과하는 사례금을 받아서는 아니 된다.**

<외부강의 사례금 상한액>

구분	기존(2016)	변경(2018)
공무원, 공직유관단체 임직원	직급별 구분 있음 (시간당 20~50만원)	직급별 구분 없음 (시간당 40만원)
국공립학교 교직원	공무원과 동일 (시간당 20~50만원)	사립학교 교직원과 동일 (시간당 100만원)
공직유관단체인 언론사 임직원(KBS·EBS)	공직유관단체 임직원과 동일 (시간당 20~40만원)	일반 언론사 임직원과 동일 (시간당 100만원)

② 공직자등은 사례금을 받는 외부강의등을 할 때에는 대통령령으로 정하는 바에 따라 외부강의등의 요청 명세 등을 소속기관장에게 그 **외부강의등을 마친 날부터 10일 이내에 서면으로 신고**하여야 한다. 다만, 외부강의등을 요청한 자가 국가나 지방자치단체인 경우에는 그러하지 아니하다.

기출 CHECK

1 「부정청탁 및 금품등 수수의 금지에 관한 법률」상 금지하는 부정청탁에 해당하지 않는 것은?

2017 국가직 9급

① 각급 학교의 입학 · 성적 · 수행평가 등의 업무에 관하여 법령을 위반하여 처리 · 조작하도록 하는 행위
② 공개적으로 공직자등에게 특정한 행위를 요구하는 행위
③ 공공기관이 주관하는 각종 수상, 포상, 우수기관 선정 또는 우수자 선발에 관하여 법령을 위반하여 특정 개인 · 단체 · 법인이 선정 또는 탈락되도록 하는 행위
④ 채용 · 승진 · 전보 등 공직자등의 인사에 관하여 법령을 위반하여 개입하거나 영향을 미치도록 하는 행위

② X 공무원에게 법령을 위반하여 처리하도록 요청하는 행위가 부정청탁이지, 공무원에게 요구하는 모든 행위가 부정청탁은 아니다. 공개적으로 공직자에게 특정한 행위를 요구하는 행위는 정당한 요청이므로 부정청탁에 해당되지 않는다.

> **청탁금지법 제5조**
> ② 제1항에도 불구하고 다음 각 호의 어느 하나에 해당하는 경우에는 이 법을 적용하지 아니한다.
> 1. 「청원법」, 「민원사무 처리에 관한 법률」, 「행정절차법」, 「국회법」 및 그 밖의 다른 법령 · 기준에서 정하는 절차 · 방법에 따라 권리침해의 구제 · 해결을 요구하거나 그와 관련된 법령 · 기준의 제정 · 개정 · 폐지를 제안 · 건의하는 등 특정한 행위를 요구하는 행위
> 2. 공개적으로 공직자등에게 특정한 행위를 요구하는 행위
> 3. 선출직 공직자, 정당, 시민단체 등이 공익적인 목적으로 제3자의 고충민원을 전달하거나 법령 · 기준의 제정 · 개정 · 폐지 또는 정책 · 사업 · 제도 및 그 운영 등의 개선에 관하여 제안 · 건의하는 행위
> 4. 공공기관에 직무를 법정기한 안에 처리하여 줄 것을 신청 · 요구하거나 그 진행상황 · 조치결과 등에 대하여 확인 · 문의 등을 하는 행위
> 5. 직무 또는 법률관계에 관한 확인 · 증명 등을 신청 · 요구하는 행위
> 6. 질의 또는 상담형식을 통하여 직무에 관한 법령 · 제도 · 절차 등에 대하여 설명이나 해석을 요구하는 행위
> 7. 그 밖에 사회상규(社會常規)에 위배되지 아니하는 것으로 인정되는 행위

정답 ②

체크포인트

공무원에게 요청하는 모든 것이 부정청탁은 아닙니다. 따라서 부정청탁과 정상적인 요청을 구분할 수 있는지 문제에서 체크할 것입니다. 부정청탁이란 원칙적으로 해서는 안 될 일을 법령을 위반해서 해달라고 요구하는 것입니다. 반면 국민으로서 할 수 있는 정당한 요청과 민원은 부정청탁에 포함되지 않습니다.

PART 4

9급 23국, 22국, 18국, 18지, 17국, 15국
7급 24국, 24지, 23국, 22국, 19지, 15지, 14국, 13국

보충

공무원임용령 제32조(승진임용의 제한)
① 공무원이 다음 각 호의 어느 하나에 해당하는 경우에는 **승진임용될 수 없다.**
2. **징계처분의 집행이 끝난 날**부터 다음 각 목의 기간(소극행정, 음주운전, 성폭력, 성희롱 및 성매매에 따른 징계처분의 경우에는 각각 6개월을 더한 기간)이 **지나지 않은 경우**
가. **강등 · 정직: 18개월**
나. **감봉: 12개월**
다. **견책: 6개월**

7 징계 및 신분변경 S

1 징계

(1) 징계의 종류

국가공무원법 제79조(징계의 종류)
징계는 **파면 · 해임 · 강등 · 정직 · 감봉 · 견책**(譴責)으로 구분한다.

구분		인사	급여	승진·승급
중징계	파면	· 강제 퇴직 + 5년간 공무원 임용결격사유	· 재직기간 5년 이상 : 퇴직급여의 1/2 감액 · 재직기간 5년 미만 : 퇴직급여의 1/4 감액	-
	해임	· 강제 퇴직 + 3년간 공무원 임용결격사유	· 퇴직급여 전액 지급 · 금품 및 향응 수수, 공금의 횡령·유용으로 징계에 의하여 해임된 경우의 퇴직급여 – 재직기간 5년 이상 : 4분의 1 감액 – 재직기간 5년 미만 : 8분의 1 감액	-
	강등	· 1계급 강등 + 3개월 정직	· 정직 기간(3개월) 중 보수 전액 감액 · 공무원 신분 유지	18개월 제한
	정직	· 1~3개월 정직	· 정직 기간(1~3개월) 중 보수 전액 감액 · 공무원 신분 유지	
경징계	감봉	· 1~3개월 감봉	· 보수의 1/3 감액	12개월 제한
	견책	· 훈계와 회개	-	6개월 제한

(2) 징계방식

① 징계위원회

국가공무원법 제81조(징계위원회의 설치)
① 공무원의 **징계처분 등을 의결**하게 하기 위하여 대통령령등으로 정하는 기관에 **징계위원회를 둔다.**

공무원징계령 제3조(징계위원회의 설치)
① **중앙징계위원회(5급 이상)**는 **국무총리 소속**으로 둔다.
② **보통징계위원회(6급 이하)**는 **중앙행정기관**에 둔다. 다만, 중앙행정기관의 장이 필요하다고 인정할 때에는 그 소속기관에도 설치할 수 있다.

② 징계 절차

국가공무원법 제82조(징계 등 절차)
① **공무원의 징계처분**등은 **징계위원회의 의결**을 거쳐 **징계위원회가 설치된 소속 기관**의 **장**이 하되, **국무총리 소속으로 설치된 징계위원회에서 한 징계의결**등에 대하여는 **중앙행정기관의 장이 한다.** 다만, **파면**과 **해임**은 **징계위원회의 의결**을 거쳐 **각 임용권자** 또는 임용권을 위임한 **상급 감독기관의 장**이 한다.

③ 징계부가금

동법 제78조의2(징계부가금)

① 공무원의 징계 의결을 요구하는 경우 그 징계 사유가 다음 각 호의 어느 하나에 해당하는 경우에는 해당 징계 외에 다음 각 호의 행위로 취득하거나 제공한 금전 또는 재산상 이득의 5배내의 징계부가금 부과 의결을 징계위원회에 요구하여야 한다.

④ 감사원 조사와의 관계

동법 제83조(감사원의 조사와의 관계 등)

① 감사원에서 조사 중인 사건에 대하여는 조사개시 통보를 받은 날부터 징계 의결의 요구나 그 밖의 징계 절차를 진행하지 못한다.

② 검찰·경찰, 그 밖의 수사기관에서 수사 중인 사건에 대하여는 수사개시 통보를 받은 날부터 징계 의결의 요구나 그 밖의 징계 절차를 진행하지 아니할 수 있다.

2 직위해제

(1) 개념

공무원에 대하여 직위를 계속 유지시킬 수 없다고 인정되는 사유가 있는 경우에, 임용권자가 공무원으로서의 신분은 보존시키되 직위를 부여하지 않는 임용 행위

(2) 사유

국가공무원법 제73조의3(직위해제)

① 임용권자는 다음 각 호의 어느 하나에 해당하는 자에게는 직위를 부여하지 아니할 수 있다.

2. 직무수행 능력이 부족하거나 근무성적이 극히 나쁜 자
3. 파면·해임·강등 또는 정직에 해당하는 징계 의결이 요구 중인 자
4. 형사 사건으로 기소된 자(약식명령이 청구된 자는 제외한다)
5. 고위공무원단에 속하는 일반직공무원으로서 적격심사를 요구받은 자
6. 금품비위, 성범죄 등 대통령령으로 정하는 비위행위로 인하여 감사원 및 검찰·경찰 등 수사기관에서 조사나 수사 중인 자로서 비위의 정도가 중대하고 이로 인하여 정상적인 업무수행을 기대하기 현저히 어려운 자

보충

직위해제 사유의 경합

국가공무원법 제73조의3(직위해제)

⑤ 공무원에 대하여 제1항제2호의 직위해제 사유와 같은 항 제3호·제4호 또는 제6호의 직위해제 사유가 경합할 때에는 같은 항 제3호·제4호 또는 제6호의 직위해제 처분을 하여야 한다.

(3) 추가 조치

동법 제73조의3(직위해제)

② 제1항에 따라 직위를 부여하지 아니한 경우에 그 사유가 소멸되면 임용권자는 지체 없이 직위를 부여하여야 한다.

③ 임용권자는 제1항제2호에 따라 직위해제된 자(직무수행 능력이 부족하거나 근무성적이 극히 나쁜 자)에게 3개월의 범위에서 대기를 명한다.

④ 임용권자 또는 임용제청권자는 제3항에 따라 대기 명령을 받은 자에게 능력 회복이나 근무성적의 향상을 위한 교육훈련 또는 특별한 연구과제의 부여 등 필요한 조치를 하여야 한다.

(4) 특징

① 법적 징계조치는 아니며, 문제 해결 시간 부여를 위해 그 직위로부터 일시 격리시키는 행위

② 다만, 징계처분보다 간편하고 자의적 운영이 가능하다는 점에서 남용될 우려도 존재

3 퇴직

(1) 임의퇴직

① **의원면직** : 자발적 퇴직으로, 퇴직의사를 임용권자가 받아들이면 공무원 신분이 소멸

② **명예퇴직** : 20년 이상 근속한 공무원이 정년 전에 자진해서 퇴직하는 것으로, 정부는 예산의 범위 안에서 명예퇴직 수당을 지급할 수 있음.

(2) 강제퇴직

① **정년퇴직** : 법률에 규정된 계급별, 직무 종류별 정년에 도달해 자동적으로 퇴직하는 것

② 당연퇴직

동법 제69조(당연퇴직)

공무원이 다음 각 호의 어느 하나에 해당할 때에는 당연히 퇴직한다.

1. 제33조제2호부터 제6호까지, 제6호의2부터 제6호의4까지, 제7호 및 제8호 중 어느 하나에 해당하는 경우

동법 제33조(결격사유)

다음 각 호의 어느 하나에 해당하는 자는 공무원으로 임용될 수 없다.

1. 피성년후견인
2. 파산선고를 받고 복권되지 아니한 자
3. 금고 이상의 실형을 선고받고 그 집행이 끝나거나 집행이 면제된 날부터 5년이 지나지 아니한 자
4. 금고 이상의 형의 집행유예를 선고받고 그 유예기간이 끝난 날부터 2년이 지나지 아니한 자
5. 금고 이상의 형의 선고유예를 받은 경우에 그 선고유예 기간 중에 있는 자
6. 법원의 판결 또는 다른 법률에 따라 자격이 상실되거나 정지된 자

6의2. 공무원으로 재직기간 중 직무와 관련하여 「형법」에 규정된 죄를 범한 자로서 300만원 이상의 벌금형을 선고받고 그 형이 확정된 후 2년이 지나지 아니한 자

6의3. 다음 각 목의 어느 하나에 해당하는 죄를 범한 사람으로서 100만원 이상의 벌금형을 선고받고 그 형이 확정된 후 3년이 지나지 아니한 사람

가. 「성폭력범죄의 처벌 등에 관한 특례법」에 따른 성폭력범죄

나. 「정보통신망 이용촉진 및 정보보호 등에 관한 법률」에 규정된 죄

다. 「스토킹범죄의 처벌 등에 관한 법률」에 따른 스토킹범죄

6의4. 미성년자에 대하여 「성폭력범죄의 처벌 등에 관한 특례법」에 따른 성폭력범죄 또는 「아동·청소년의 성보호에 관한 법률」에 따른 아동·청소년대상 성범죄를 범한 사람으로서 다음 각 목의 어느 하나에 해당하는 날부터 20년이 지나지 아니한 사람

7. 징계로 파면처분을 받은 때부터 5년이 지나지 아니한 자
8. 징계로 해임처분을 받은 때부터 3년이 지나지 아니한 자

③ 직권면직

㉠ **개념** : 공무원의 의사와는 관계없이 임용권자의 일방적인 의사와 직권으로 공무원 신분을 박탈하여 공직으로부터 배제하는 면직행위로, 징계는 아님.

㉡ 사유

동법 제70조(직권 면직)

① 임용권자는 공무원이 다음 각 호의 어느 하나에 해당하면 직권으로 면직시킬 수 있다.

3. 직제와 정원의 개폐 또는 예산의 감소 등에 따라 폐직(廢職) 또는 과원(過員)이 되었을 때
4. 휴직 기간이 끝나거나 휴직 사유가 소멸된 후에도 직무에 복귀하지 아니하거나 직무를 감당할 수 없을 때
5. 직위해제에 따라 대기 명령을 받은 자가 그 기간에 능력 또는 근무성적의 향상을 기대하기 어렵다고 인정된 때
6. 전직시험에서 세 번 이상 불합격한 자로서 직무수행 능력이 부족하다고 인정된 때
7. 병역판정검사 · 입영 또는 소집의 명령을 받고 정당한 사유 없이 이를 기피하거나 군복무를 위하여 휴직 중에 있는 자가 군복무 중 군무(軍務)를 이탈하였을 때
8. 해당 직급 · 직위에서 직무를 수행하는 데 필요한 자격증의 효력이 없어지거나 면허가 취소되어 담당 직무를 수행할 수 없게 된 때
9. 고위공무원단에 속하는 공무원이 적격심사 결과 부적격 결정을 받은 때

직위해제	직권면직
업무 배제	신분 박탈
직무수행 능력 부족 중징계 의결 중 형사 사건으로 기소 고공단 → 적격심사 요구 중대비위 → 수사 중	폐직 또는 과원 휴직 끝 → 복귀× 직위해제 → 능력 향상× 전직시험 세 번 이상 불합 고공단 → 부적격 결정

체크포인트

공무원에 대한 징계는 암기가 필요한 부분입니다. 해당 주제는 전형적인 출제가 반복되고 있으니 기출에서 지속적으로 체크하는 포인트를 숙달하시면 됩니다. 징계의 종류는 기본적으로 알고 있어야 하고, 각 징계의 세부적인 내용도 정확한 지식이 필요합니다. 특히 보수의 전액을 감하는지, 1/3을 감하는지 등 숫자와 관련된 부분은 꼼꼼한 암기가 필요합니다.

기출 CHECK

1 국가공무원법상 징계에 대한 설명으로 옳은 것은? 2018 국가직 9급

① 징계는 파면 · 해임 · 정직 · 감봉 · 견책으로 구분한다.

② 정직은 1개월 이상 3개월 이하의 기간으로 하고, 정직 처분을 받은 자는 그 기간 중 공무원의 신분은 보유하나 직무에 종사하지 못하며 보수의 3분의 2를 감한다.

③ 감봉은 1개월 이상 3개월 이하의 기간 동안 보수의 3분의 1을 감한다.

④ 감사원에서 조사 중인 사건에 대하여는 조사개시 통보를 받은 후부터 징계 의결의 요구나 그 밖의 징계 절차를 진행할 수 있다.

① X 국가공무원법상 징계는 파면, 해임, 강등, 정직, 감봉, 견책의 6가지로 구분한다.

② X 정직이 1~3개월의 기간을 대상으로 하는 것은 맞으나, 정직된 기간에는 보수를 지급하지 않는 것이 타당하므로 보수는 전액을 감한다.

③ O 감봉은 1~3개월의 기간 동안 보수의 1/3을 감하는 징계이다.

④ X 감사원에서 먼저 조사 중인 사건이라면 징계 절차를 진행할 수 없으며, 감사원의 징계 절차가 마무리될 때까지 기다려야 한다.

> **국가공무원법 제83조(감사원의 조사와의 관계 등)**
> ① 감사원에서 조사 중인 사건에 대하여는 조사개시 통보를 받은 날부터 징계 의결의 요구나 그 밖의 징계 절차를 진행하지 못한다.

정답 ③

체크포인트

법적인 징계와 신분변경을 구분하는 논점도 빈번하게 물어보고 있습니다. 직위해제와 직권면직은 징계가 아닌 신분변경의 성격을 갖고 있음을 학습해 두어야 합니다. 추가적으로 직위해제와 직권면직의 사유를 구분하는 연습도 충분히 해야 하는데 법령의 사유를 암기할 필요는 없습니다. 징계 과정 중에 있거나 경미한 사항이라면 직위해제, 그것보다는 훨씬 중차대한 사유라면 직권면직이 되니 이러한 틀을 활용하여 법령을 여러 번 독해해 보면 충분합니다.

2 우리나라의 공무원 인사제도에 대한 내용으로 옳지 않은 것은? 2015 국가직 9급

① 공무원이 인사에 관하여 자신의 의사에 반한 불리한 처분을 받았을 때에는 소청심사를 청구할 수 있다.

② 임용권자는 직무수행 능력이 부족하거나 근무성적이 극히 나쁜 자에게 직위를 부여하지 아니할 수 있다.

③ 직권면직은 국가공무원법 상 징계의 한 종류로서, 임용권자가 특정한 사유에 해당되는 공무원을 직권으로 면직시키는 것이다.

④ 해임처분을 받은 때부터 3년, 파면처분을 받은 때부터 5년이 지나지 아니한 자는 공무원으로 임용될 수 없다.

① O 소청심사는 공무원이 징계 처분, 그 밖에 그 의사에 반하는 불리한 처분이나 부작위에 대하여 이의를 제기하는 경우 이를 심사·결정하는 특별행정심판제도이다.

② O 신분변경 중 하나인 직위해제에 대한 설명이다. 직위로부터 일시 격리시키는 행위로, 직무수행 능력 부족, 형사 사건으로 기소된 자 등 직위를 계속 유지시킬 수 없다고 인정되는 사유가 있는 경우에 임용권자가 공무원으로서의 신분은 보존시키되 직위를 부여하지 않는 행위이다.

③ X 직권면직은 특정한 사유에 해당하는 공무원을 임용권자가 직권으로 면직시키는 것으로, 법적 징계가 아닌 신분변경 중 하나이다.

④ O 파면과 해임은 모두 신분을 박탈시키는 징계로, 파면처분은 5년 동안, 해임처분은 3년 동안 공무원 임용 결격 사유가 된다.

정답 ③

8 소청심사제도와 고충처리제도 A

9급 24국, 17지, 15국, 15지
7급 21지, 18지, 17국

1 소청심사제도

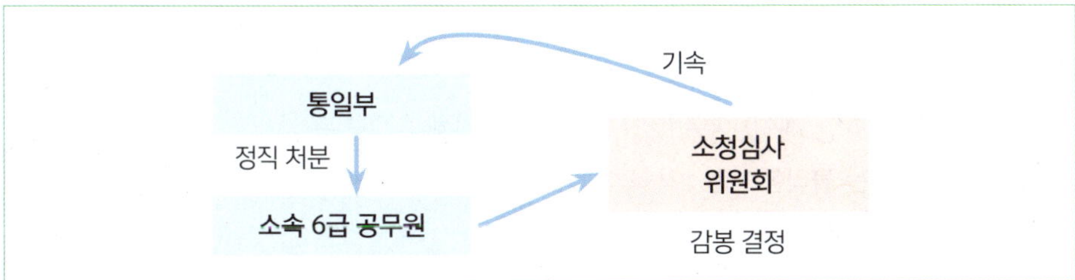

(1) 의의

① **개념** : 공무원이 **징계 처분**, 그 밖에 **그 의사에 반하는 불리한 처분**이나 **부작위**에 대하여 이의를 제기하는 경우 이를 심사·결정하는 특별행정심판제도

② **효용** : 위법·부당한 불이익 처분에 대한 구제라는 사법보완적 기능을 통해 직접적으로 **공무원의 신분을 보장**함으로써 직업공무원제도의 확립에 기여하고, 간접적으로는 행정의 자기통제 도모

(2) 특징

① 처분행정청 기속

> **국가공무원법 제15조(결정의 효력)**
> 소청심사위원회의 결정은 **처분 행정청을 기속(羈束)**한다.

X [7급] 소청심사위원회의 결정은 처분 행정청에 대해 권고와 같은 효력이 있다.
O 소청심사위원회의 결정은 처분 행정청에 대해 기속력(권고와 같은 효력 ×)이 있다.

② 필요적 전심 절차

> **동법 제16조(행정소송과의 관계)**
> ① 처분, 그 밖에 본인의 의사에 반한 불리한 처분이나 부작위에 관한 **행정소송은 소청심사위원회의 심사·결정을 거치지 아니하면 제기할 수 없다.**

③ 원징계보다 무거운 징계 불가

> **동법 제14조(소청심사위원회의 결정)**
> ⑦ 소청심사위원회가 징계처분 또는 징계부가금 부과처분을 받은 자의 청구에 따라 소청을 심사할 경우에는 **원징계처분보다 무거운 징계** 또는 원징계부가금 부과처분보다 무거운 징계부가금을 부과하는 **결정을 하지 못한다.**

(3) 소청심사위원회

> **동법 제9조(소청심사위원회의 설치)**
> ① **행정기관 소속 공무원**의 징계처분, 그 밖에 그 의사에 반하는 불리한 처분이나 부작위에 대한 소청을 심사·결정하게 하기 위하여 **인사혁신처**에 **소청심사위원회를 둔다.**

> ② 국회, 법원, 헌법재판소 및 선거관리위원회 소속 공무원의 소청에 관한 사항을 심사·결정하게 하기 위하여 국회사무처, 법원행정처, 헌법재판소사무처 및 중앙선거관리위원회사무처에 각각 해당 소청심사위원회를 둔다.

* 근무성적평정이나 승진 탈락 등에 대해서는 제기할 수 없다는 것이 다수 견해

(4) 심사대상*

① **징계 처분** : 파면, 해임, 강등, 정직, 감봉, 견책, 징계부가금 등

② **의사에 반하는 불리한 처분** : 강임, 휴직, 직위해제, 면직, 전보, 계고, 경고, 불문경고 등

③ **부작위** : 복직 청구 등

(5) 소청심사위원

① 위원임명

> **동법 제10조(소청심사위원회위원의 자격과 임명)**
>
> ① 소청심사위원회의 위원(위원장 포함)은 인사행정에 관한 식견이 풍부한 자 중에서 인사혁신처장의 제청으로 대통령이 임명한다.

② 위원 구성

> **동법 제9조(소청심사위원회의 설치)**
>
> ③ 인사혁신처에 설치된 소청심사위원회는 위원장 1명을 포함한 5명 이상 7명 이하의 상임위원과 상임위원 수의 2분의 1 이상인 비상임위원으로 구성하되, 위원장은 정무직으로 보한다.
>
> **인사혁신처와 그 소속기관 직제 제23조(소청심사위원회의 구성)**
>
> ① 소청심사위원회는 위원장 1명을 포함한 상임위원 5명과 7명의 비상임위원으로 구성한다.

③ 상임위원

> **동법 제10조(소청심사위원회위원의 자격과 임명)**
>
> ② 소청심사위원회의 상임위원의 임기는 3년으로 하며, 한 번만 연임할 수 있다.
>
> ④ 소청심사위원회의 상임위원은 다른 직무를 겸할 수 없다.

④ 결격사유

> **동법 제10조의2(소청심사위원회위원의 결격사유)**
>
> ① 다음 각 호의 어느 하나에 해당하는 자는 소청심사위원회의 위원이 될 수 없다.
>
> 1. 공무원 결격사유에 해당하는 자(파산선고를 받고 복권되지 아니한 자 등)
> 2. 「정당법」에 따른 정당의 당원
> 3. 「공직선거법」에 따라 실시하는 선거에 후보자로 등록한 자
>
> ② 소청심사위원회위원이 제1항 각 호의 어느 하나에 해당하게 된 때에는 당연히 퇴직한다.

(6) 심사절차

① 청구

동법 제76조(심사청구와 후임자 보충 발령)

① 처분사유 설명서를 받은 공무원이 그 처분에 불복할 때에는 그 설명서를 받은 날부터, 공무원이 본인의 의사에 반한 불리한 처분을 받았을 때에는 그 처분이 있은 것을 안 날부터 각각 30일 이내에 소청심사위원회에 이에 대한 심사를 청구할 수 있다.

② 심사

동법 제12조(소청심사위원회의 심사)

① 소청심사위원회는 이 법에 따른 소청을 접수하면 지체 없이 심사하여야 한다.

② 소청심사위원회는 제1항에 따른 심사를 할 때 필요하면 검증(檢證)·감정(鑑定), 그 밖의 사실조사를 하거나 증인을 소환하여 질문하거나 관계 서류를 제출하도록 명할 수 있다.

(7) 결정

동법 제14조(소청심사위원회의 결정)

① 소청 사건의 결정은 재적 위원 3분의 2 이상의 출석과 출석 위원 과반수의 합의에 따르되, 의견이 나뉠 경우에는 출석 위원 과반수에 이를 때까지 소청인에게 가장 불리한 의견에 차례로 유리한 의견을 더하여 그 중 가장 유리한 의견을 합의된 의견으로 본다.

② 제1항에도 불구하고 파면·해임·강등 또는 정직에 해당하는 징계처분을 취소 또는 변경하려는 경우와 효력 유무 또는 존재 여부에 대한 확인을 하려는 경우에는 재적 위원 3분의 2 이상의 출석과 출석 위원 3분의 2 이상의 합의가 있어야 한다.

보충

수청심사위원회위원 : 총 12명
→ 12명 출석 가정 → 7명 이상 합의

파	해	강	정	감	견
1	2	2	2	3	2
	3	5	7		

(8) 지방소청심사위원회

지방공무원법 제13조(소청심사위원회의 설치)

① 지방자치단체의 장 소속 공무원의 징계, 그 밖에 그 의사에 반하는 불리한 처분이나 부작위에 대한 소청을 심사·결정하기 위하여 시·도에 임용권자별로 지방소청심사위원회 및 교육소청심사위원회를 둔다.

② 지방의회의 의장 소속 공무원의 징계, 그 밖에 그 의사에 반하는 불리한 처분이나 부작위에 대한 소청은 제1항에 따른 지방소청심사위원회에서 심사·결정한다.

심화 소청심사 관할

<table>
<tr><td rowspan="18">행정부</td><td rowspan="15">국가 공무원</td><td rowspan="14">경력직</td><td>일반직</td><td colspan="3">인사혁신처 소청심사위원회</td></tr>
<tr><td rowspan="13">특정직</td><td>외무공무원</td><td colspan="2">인사혁신처 소청심사위원회</td></tr>
<tr><td>경찰공무원</td><td colspan="2">인사혁신처 소청심사위원회</td></tr>
<tr><td>소방공무원</td><td colspan="2">인사혁신처 소청심사위원회</td></tr>
<tr><td>검사</td><td colspan="2">소청제도 없음</td></tr>
<tr><td>교원</td><td colspan="2">교원소청심사위원회</td></tr>
<tr><td rowspan="4">군인</td><td rowspan="2">장교 및 준사관</td><td>국방부 중앙군인사 소청심사위원회</td></tr>
<tr><td>항고심사위원회</td></tr>
<tr><td rowspan="2">부사관</td><td>각 군 본부의 군인사 소청심사위원회</td></tr>
<tr><td>항고심사위원회</td></tr>
<tr><td rowspan="2">군무원</td><td colspan="2">국방부 군무원인사소청심사위원회</td></tr>
<tr><td colspan="2">항고심사위원회</td></tr>
<tr><td>국가정보원</td><td colspan="2">인사혁신처 소청심사위원회</td></tr>
<tr><td>대통령경호처</td><td colspan="2">인사혁신처 소청심사위원회</td></tr>
<tr><td>특수경력직</td><td colspan="4">원칙적으로 소청대상에 포함되지 않음</td></tr>
<tr><td rowspan="3">지방 공무원</td><td rowspan="2">경력직</td><td rowspan="2">일반</td><td colspan="3">각 시 · 도 지방공무원 소청심사위원회</td></tr>
<tr><td colspan="3">교육소청심사위원회(지방직 교육직렬)</td></tr>
<tr><td colspan="2">특수경력직</td><td colspan="3">원칙적으로 소청대상에 포함되지 않음</td></tr>
<tr><td>입법부</td><td colspan="6">국회사무처 소청심사위원회</td></tr>
<tr><td>사법부</td><td colspan="6">법원행정처 소청심사위원회</td></tr>
<tr><td>헌재소</td><td colspan="6">헌법재판소사무처 소청심사위원회</td></tr>
<tr><td>중선위</td><td colspan="6">중앙선거관리위원회사무처 소청심사위원회</td></tr>
</table>

2 고충처리제도

(1) 개념

공무원이 인사 · 조직 · 처우 등 각종 직무 조건과 그 밖에 신상 문제와 관련한 고충이 있는 경우, 책임 있는 인사권자에게 상담을 신청하거나 심사를 청구해 적절한 해결책을 강구해 주는 제도

> **국가공무원법 제76조의2(고충 처리)**
>
> ① 공무원은 인사 · 조직 · 처우 등 각종 직무 조건과 그 밖에 신상 문제와 관련한 고충에 대하여 상담을 신청하거나 심사를 청구할 수 있으며, 누구나 기관 내 성폭력 범죄 또는 성희롱 발생 사실을 알게 된 경우 이를 신고할 수 있다. 이 경우 상담 신청이나 심사 청구 또는 신고를 이유로 불이익한 처분이나 대우를 받지 아니한다.

(2) 체계

① **중앙고충심사위원회** : 인사혁신처 소청심사위원회에 설치

㉠ 보통고충심사위원회의 심사를 거친 재심청구와 5급 이상 공무원 및 고위공무원단에 속하는 일반직공무원의 고충을 처리

㉡ 위원장 1인을 포함한 상임위원 5인과 비상임위원 4인으로 구성

② **보통고충심사위원회** : 임용권자 단위(통일부 등)로 소속 6급 이하의 공무원의 고충을 심사

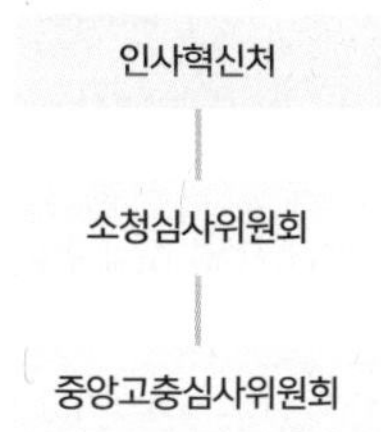

> **동법 제76조의2(고충 처리)**
>
> ④ 공무원의 고충을 심사하기 위하여 중앙인사관장기관에 중앙고충심사위원회를, 임용권자 또는 임용제청권자 단위로 보통고충심사위원회를 두되, 중앙고충심사위원회의 기능은 소청심사위원회에서 관장한다.
>
> ⑤ 중앙고충심사위원회는 보통고충심사위원회의 심사를 거친 재심청구와 5급 이상 공무원 및 고위공무원단에 속하는 일반직공무원의 고충을, 보통고충심사위원회는 소속 6급 이하의 공무원의 고충을 각각 심사한다.

(3) 결정의 처리 → 구속력 ×(일종의 권고)

> **동법 제76조의2(고충 처리)**
>
> ⑦ 중앙인사관장기관의 장, 임용권자 또는 임용제청권자는 심사 결과 필요하다고 인정되면 처분청이나 관계 기관의 장에게 그 시정을 요청할 수 있으며, 요청받은 처분청이나 관계 기관의 장은 특별한 사유가 없으면 이를 이행하고, 그 처리 결과를 알려야 한다. 다만, 부득이한 사유로 이행하지 못하면 그 사유를 알려야 한다.

체크포인트

고충처리제도와 소청심사제도는 공통점과 차이점이 있기 때문에 함께 출제되는 경우가 많습니다. 따라서 개념을 학습하는 단계에서부터 둘을 비교하면서 정리해야 하는 것입니다. 두 제도 모두 공무원의 권익보호를 위한 제도이지만, 고충처리제도는 구속력이 없고 소청심사제도는 구속력이 있다는 차이점이 중요합니다.

기출 CHECK

1 고충처리제도와 소청심사제도에 대한 설명으로 옳지 않은 것은? 2015 지방직 9급

① 양자 모두 공무원의 권익보호를 위한 제도이다.

② 고충심사위원회와 소청심사위원회의 결정은 관계기관의 장을 기속한다.

③ 중앙고충심사위원회의 기능은 인사혁신처 소청심사위원회에서 관장한다.

④ 소청심사제도는 공무원이 징계처분 기타 그 의사에 반하는 불이익 처분에 대해 이의를 제기하는 경우 이를 심사·결정하는 특별행정심판제도이다.

① O 고충처리제도는 공무원이 인사·조직·처우 등 각종 직무 조건과 그 밖에 신상 문제와 관련한 고충이 있는 경우, 소청심사제도는 공무원이 징계처분, 그 밖에 그 의사에 반하는 불리한 처분이나 부작위에 대하여 이의를 제기하는 경우 공무원의 권익보호를 위해 운영된다.

② X 소청심사위원회의 결정은 처분행정청을 기속하지만, 고충심사위원회의 결정은 권고에 불과하기 때문에 관계기관의 장을 기속하지는 않는다.

③ O

> **국가공무원법 제76조의2(고충 처리)**
> ④ 공무원의 고충을 심사하기 위하여 중앙인사관장기관에 중앙고충심사위원회를, 임용권자 또는 임용제청권자 단위로 보통고충심사위원회를 두되, 중앙고충심사위원회의 기능은 소청심사위원회(인사혁신처 소속)에서 관장한다.

④ O

> **동법 제9조(소청심사위원회의 설치)**
> ① 행정기관 소속 공무원의 징계처분, 그 밖에 그 의사에 반하는 불리한 처분이나 부작위에 대한 소청을 심사·결정하게 하기 위하여 인사혁신처에 소청심사위원회를 둔다.

정답 ②

9 정치적 중립과 공무원 단체

9급 22국

1 정치적 중립 B

(1) 의미

19세기 말 **실적제** 인사가 대두되면서 중요해진 가치로, 미국의 **펜들턴법**(1883), **해치법**(1939 · 1940) 등이 **공무원 정치활동을 명시적으로 금지**

(2) 필요성

① 공무원은 **국민 전체에 대한 봉사자**로서 불편부당한 자세로 공익을 옹호하고 증진시키는 임무를 수행할 의무

② 정치적 개입에 의한 부패와 낭비 방지 및 정권교체와 상관없이 **행정 업무의 계속성과 전문성** 확보

③ 정치적 중립 확보를 위한 **신분보장**은 실적주의 및 직업공무원제 정착에 기여

④ 신분보장을 통해 **직무 수행의 능률성**을 확보하고, 공무원 집단이 안정된 중립적 세력으로 기능함으로써 정치 체제 내의 세력 균형을 도모

(3) 한국의 제도

① **공직선거법** : 일부 공무원은 선거에 의하여 취임하는 직위에 겸임될 수 없으며, 선거에 입후보하려면 사전에 공직을 사임해야 함.

② 국가공무원법

> **국가공무원법 제65조(정치 운동의 금지)**
>
> ① 공무원은 정당이나 그 밖의 정치단체의 결성에 관여하거나 이에 가입할 수 없다.
>
> ② 공무원은 선거에서 특정 정당 또는 특정인을 지지 또는 반대하기 위한 다음의 행위를 하여서는 아니 된다.
>
> 1. 투표를 하거나 하지 아니하도록 권유 운동을 하는 것
> 2. 서명 운동을 기도(企圖)·주재(主宰)하거나 권유하는 것
> 3. 문서나 도서를 공공시설 등에 게시하거나 게시하게 하는 것
> 4. 기부금을 모집 또는 모집하게 하거나, 공공자금을 이용 또는 이용하게 하는 것
> 5. 타인에게 정당이나 그 밖의 정치단체에 가입하게 하거나 가입하지 아니하도록 권유 운동을 하는 것

③ 국가공무원 복무규정

> **공무원복무규정 제27조(정치적 행위)**
>
> 1. 시위운동을 기획·조직·지휘하거나 이에 참가하거나 원조하는 행위
> 2. 정당이나 그 밖의 정치단체의 기관지인 신문과 간행물을 발행·편집·배부하거나 이와 같은 행위를 원조하거나 방해하는 행위
> 3. 특정 정당 또는 정치단체를 지지 또는 반대하거나 공직선거에서 특정 후보자를 지지 또는 반대하는 의견을 집회나 그 밖에 여럿이 모인 장소에서 발표하거나 문서·도서·신문 또는 그 밖의 간행물에 싣는 행위
> 4. 정당이나 그 밖의 정치단체의 표지로 사용되는 기(旗)·완장·복식 등을 제작·배부·착용하거나 착용을 권유 또는 방해하는 행위
> 5. 그 밖에 어떠한 명목으로든 금전이나 물질로 특정 정당 또는 정치단체를 지지하거나 반대하는 행위

(4) 비판

① 헌법적 기본권 가운데 하나인 참정권 제한은 불공평하고, 민주정치의 원리에도 모순되며, 공무원 집단의 이익이 경시되는 결과 초래

② 공무원의 정치 참여 제한은 참여적 관료제의 발전을 저해하며, 정당정치의 발전과 정당인의 자질 향상을 위해서는 공무원의 정당 가입이 바람직

③ 정치적 중립의 엄격한 요구는 공무원들의 이념적 무관심을 초래하고, 정부 관료제를 국민의 요구에 민감하게 대응하지 못하는 폐쇄집단으로 만들 우려

PART 4

체크포인트

공무원의 정치적 중립과 관련된 문제는 독해 형태로 출제됩니다. 공무원의 정치적 중립이 요구되는 근거는 무엇인지, 또는 공무원이 정치적 중립을 지키는 것에 대한 비판적인 의견이 무엇인지를 논리적으로 판단할 수 있어야 합니다. 시험장에서는 새로운 문장이 출제되어 여러분들의 판단 능력을 체크할 것이므로, 기출선지의 암기가 아니라 왜 그런지에 대한 논리적 독해 훈련을 하는 것이 보다 적합합니다.

기출 CHECK

1 공무원의 정치적 중립의 정당화 근거로 옳지 않은 것은? 2022 국가직 9급

① 엽관주의의 폐해를 극복하여 행정의 안정성과 전문성을 제고 할 수 있다.
② 공무원은 국민 전체의 이익을 위해 공평무사하게 봉사해야 하는 신분이다.
③ 공무원의 정치적 기본권을 강화하여 공직의 계속성을 제고할 수 있다.
④ 공명선거를 통해 민주적 기본질서를 제고할 수 있다.

① o 정치적으로 편향되었던 엽관주의의 문제점을 극복하기 위해서 정치적 중립이 정당화된다. 엽관주의 이후 등장한 실적주의는 철저한 정치적 중립과 객관적 전문성을 통해 관료를 선발하며, 이를 통해 행정의 안전성과 전문성을 제고할 수 있다.
② o 특정 정파의 이익이 아닌 국민 전체의 이익을 위한 공평무사함은 공무원의 정치적 중립을 통해 얻어질 수 있는 장점 중 하나이다.
③ x 공무원의 정치적 중립은 공무원이 갖고 있는 정치적 의사를 표출하는 것을 허용하지 않으므로 공무원의 정치적 기본권을 약화시킨다. 따라서 공무원의 정치적 기본권을 중시하는 입장에서는 공무원의 정치적 중립을 완화해야 한다고 주장하기도 한다.
④ o 공무원이 정치적 중립을 지키면 공명정대한 선거가 가능해지고, 이에 따라 사회의 기본적인 민주적 질서가 지켜질 수 있다.

정답 ③

9급 10국
7급 17국

2 공무원 노동조합 B

(1) 이론적 논의

① **개념** : 공무원의 노동기본권 보장을 위해, 공무원들이 단결하여 근로 조건의 유지 개선과 복지 증진, 기타 경제적 · 사회적 지위의 향상을 목적으로 조직되는 단체

② **권리(노동3권)**

㉠ **단체구성권** : 공무원노동조합을 결성할 수 있는 권리

㉡ **단체교섭권** : 공무원의 이해관계에 직결되어 있는 보수, 근무 조건, 인사상의 문제 등에 대하여 관리층과 단체적으로 협의하여 해결할 수 있는 권리

㉢ **단체행동권** : 단체교섭이 여의치 않을 경우 태업이나 파업 등의 실력 행사를 할 수 있는 권한

③ **효용**

㉠ 공무원의 근로 조건 향상, 참여 의식, 가치 인정, 귀속감 등의 충족을 통해 동기부여 효과와 사기 앙양 기대

㉡ 하급 공무원과 관리층 간 쌍방향 의사전달 통로 제공을 통해 행정의 민주화와 행정 발전에 기여하며, 부당한 정치적 정실인사를 배제하는 데 기여

㉢ 올바른 직업윤리 확립 및 부패 방지에 기여하고, 직업적 행동규범으로부터 이탈되는 것을 막는 사회적 견제 작용 수행

④ **비판**

㉠ 공무원들의 단체 활동은 공적 업무를 수행하여 국민 다수의 이익에 크게 영향을 미친다는 특수성으로 인해 허용 불가

ⓒ 정치적 중립성의 훼손으로 전체 국민의 이익보다는 공무원 집단의 부분적 이익을 추구할 가능성이 높아 공익을 해치고, 보수 인상 등 복지 요구 확대는 국민 부담으로 이어짐.

ⓒ 공무원의 신분보장을 지나치게 강조하고 선임 위주의 인사 원칙을 내세워 실적제 인사 원칙 저해

ⓔ 생산성과 관계없는 동일 보수의 지급, 업무량의 최저 수준 가정, 관리층의 재량 제약 등을 요구해 행정의 능률성을 저해할 위험성

(2) 공무원의 노동조합 설립 및 운영 등에 관한 법률(공무원노조법)

① 가입범위

㉠ 가능*

공무원노조법 제6조(가입 범위)

① **노동조합에 가입할 수 있는 사람의 범위는** 다음 각 호와 같다.

1. **일반직공무원**
2. **특정직공무원 중 외무영사직렬·외교정보기술직렬 외무공무원, 소방공무원** 및 **교육공무원**(다만, **교원은 제외**한다)
3. **별정직공무원**
4. 제1호부터 제3호까지의 어느 하나에 해당하는 **공무원이었던 사람(퇴직공무원)**으로서 노동조합 규약으로 정하는 사람

㉡ 불가

동법 제6조(가입 범위)

② 제1항에도 불구하고 다음 각 호의 어느 하나에 해당하는 공무원은 **노동조합에 가입할 수 없다.**

1. 업무의 주된 내용이 다른 공무원에 대하여 **지휘·감독권을 행사**하거나 다른 공무원의 **업무를 총괄**하는 업무에 종사하는 공무원
2. 업무의 주된 내용이 **인사·보수** 또는 **노동관계의 조정·감독** 등 노동조합의 조합원 지위를 가지고 수행하기에 적절하지 아니한 업무에 종사하는 공무원
3. **교정·수사** 등 공공의 안녕과 **국가안전보장에 관한 업무**에 종사하는 공무원

* 기존에는 6급 이하의 공무원만 가입이 가능했으나, 2021년 이후 **계급제한 삭제**

보충

교원은 공무원노조에 가입할 수 없으나 교원노조에는 가입 가능

교원의 노동조합 설립 및 운영 등에 관한 법률 제4조의2(가입 범위)

노동조합에 가입할 수 있는 사람의 범위는 다음 각 호와 같다.

1. **교원**
2. 교원으로 임용되어 근무하였던 사람으로서 노동조합 규약으로 정하는 사람

② 교섭 및 체결

㉠ 대상

동법 제8조(교섭 및 체결 권한 등)

① 노동조합의 대표자는 그 **노동조합에 관한 사항** 또는 **조합원의 보수·복지, 그 밖의 근무조건**에 관하여 인사혁신처장 등과 각각 **교섭**하고 **단체협약을 체결할 권한**을 가진다.

㉡ 예외

동법 제8조(교섭 및 체결 권한 등) 단서

다만, 법령 등에 따라 국가나 지방자치단체가 그 권한으로 행하는 **정책결정에 관한 사항, 임용권의 행사** 등 **그 기관의 관리·운영에 관한 사항**으로서 **근무조건과 직접 관련되지 아니하는 사항은 교섭의 대상이 될 수 없다.**

③ 쟁의행위 금지 : **단체행동권 허용 불가**

동법 제11조(쟁의행위의 금지)

노동조합과 그 조합원은 **파업, 태업** 또는 그 밖에 업무의 정상적인 운영을 방해하는 어떠한 행위도 하여서는 **아니 된다.**

④ 조정신청

동법 제12조(조정신청 등)

① **단체교섭이 결렬된 경우**에는 당사자 어느 한쪽 또는 양쪽은 **중앙노동위원회에 조정을 신청**할 수 있다.

(3) 공무원 노동조합 근로시간면제제도(타임오프제)

동법 제7조(노동조합 전임자의 지위)

① 공무원은 **임용권자의 동의**를 받아 **노동조합으로부터 급여를 지급**받으면서 **노동조합의 업무에만 종사**할 수 있다.

② 제1항에 따른 동의를 받아 **노동조합의 업무에만 종사하는 사람(전임자)**에 대하여는 그 기간 중 「국가공무원법」 제71조 또는 「지방공무원법」 제63조에 따라 **휴직명령**을 하여야 한다.

동법 제7조의2(근무시간 면제자 등)

① 공무원은 단체협약으로 정하거나 정부교섭대표가 동의하는 경우 제2항 및 제3항에 따라 결정된 **근무시간 면제 한도를 초과하지 아니하는 범위에서 보수의 손실 없이 정부교섭대표와의 협의·교섭**, 고충처리, 안전·보건활동 등 이 법 또는 다른 법률에서 정하는 업무와 건전한 노사관계 발전을 위한 노동조합의 유지·관리업무를 할 수 있다.

② 근무시간 면제 시간 및 사용인원의 한도를 정하기 위하여 **공무원근무시간면제심의위원회**를 「경제사회노동위원회법」에 따른 **경제사회노동위원회에 둔다.**

보충

정부교섭대표 : 인사혁신처장

공무원노조법 제8조(교섭 및 체결 권한 등)

① **노동조합의 대표자**는 그 노동조합에 관한 사항 또는 조합원의 보수·복지, 그 밖의 근무조건에 관하여 국회사무총장·법원행정처장·헌법재판소사무처장·중앙선거관리위원회사무총장·**인사혁신처장(행정부를 대표한다)** … 중 어느 하나에 해당하는 사람**(정부교섭대표)**과 각각 **교섭하고 단체협약을 체결할 권한**을 가진다.

[7조] 노동조합 전임자

- 휴직
- 노조로부터 급여

[7조의2] 근무시간 면제자

- 6시간 → 근무
- 2시간 → 노조업무
  - 근무시간 면제
  - 보수손실 ×

(4) 사실상 노무에 종사하는 공무원(국가공무원법)

① 노동3권 허용

국가공무원법 제66조(집단 행위의 금지)

① 공무원은 노동운동이나 그 밖에 공무 외의 일을 위한 집단 행위를 하여서는 아니 된다. 다만, **사실상 노무에 종사하는 공무원은 예외로 한다**.

② 제1항 단서의 사실상 노무에 종사하는 공무원의 범위는 대통령령등으로 정한다.

③ 제1항 단서에 규정된 공무원으로서 노동조합에 가입된 자가 **조합 업무에 전임**하려면 **소속 장관의 허가**를 받아야 한다.

② 허용대상

국가공무원 복무규정 제28조(사실상 노무에 종사하는 공무원)

법 제66조에 따른 사실상 노무에 종사하는 공무원은 **과학기술정보통신부 소속 현업기관의 작업 현장에서 노무에 종사하는 우정직공무원**으로서 다음 각 호의 어느 하나에 해당하지 아니하는 공무원으로 한다.

1. 서무·인사 및 기밀 업무에 종사하는 공무원
2. 경리 및 물품출납 사무에 종사하는 공무원
3. 노무자 감독 사무에 종사하는 공무원
4. 「보안업무규정」에 따른 국가보안시설의 경비 업무에 종사하는 공무원
5. 승용자동차 및 구급차의 운전에 종사하는 공무원

기출 CHECK

1 「공무원의 노동조합 설립 및 운영 등에 관한 법률」상 단체교섭 대상은? 2017 국가직 7급

① 기관의 조직 및 정원에 관한 사항
② 조합원의 보수에 관한 사항
③ 예산·기금의 편성 및 집행에 관한 사항
④ 정책의 기획 등 정책결정에 관한 사항

② O 공무원노조법은 단체교섭 대상을 노동조합에 관한 사항, 보수, 복지, 그 밖의 근무조건으로 제한하고 있다. 기관의 조직 및 정원에 관한 사항, 예산·기금의 편성 및 집행에 관한 사항, 정책의 기획 등 정책결정에 관한 사항은 근무조건과 직접 관련되지 않은 사항이므로 교섭의 대상에서 제외된다.

공무원노조법 제8조(교섭 및 체결 권한 등)

① 노동조합의 대표자는 그 노동조합에 관한 사항 또는 조합원의 보수·복지, 그 밖의 근무조건에 관하여 인사혁신처장 등과 각각 교섭하고 단체협약을 체결할 권한을 가진다. 다만, 법령 등에 따라 국가나 지방자치단체가 그 권한으로 행하는 정책결정에 관한 사항, 임용권의 행사 등 그 기관의 관리·운영에 관한 사항으로서 근무조건과 직접 관련되지 아니하는 사항은 교섭의 대상이 될 수 없다.

정답 ②

체크포인트

우리나라 공무원 노동조합은 존재하긴 하지만 제한되는 지점이 많다는 점을 물어볼 수 있습니다. 단체를 구성할 수는 있지만, 단체교섭의 범위는 제한되고, 파업과 같은 단체행동권은 원치적으로 금지되어 있습니다. 특히 단체교섭의 범위가 제한된다는 것은, 교섭이 허용되는 범위가 있다는 의미입니다. 법령에 명확히 교섭이 허용되는 4가지 사유가 명시되어 있으므로 정리해 두어야 할 것입니다.

7급 23국

3 공무원직장협의회 C

(1) 목적

공무원직장협의회의 설립·운영에 관한 법률 제1조(목적)

이 법은 공무원의 근무환경 개선, 업무능률 향상 및 고충처리 등을 위한 직장협의회의 설립과 운영에 관한 기본적인 사항을 규정함을 목적으로 한다.

(2) 설립

동법 제2조(설립)

① 국가기관, 지방자치단체 및 그 하부기관에 근무하는 공무원은 직장협의회를 설립할 수 있다.

② 협의회는 기관 단위로 설립하되, 하나의 기관에는 하나의 협의회만을 설립할 수 있다.

동법 제2조의2(연합협의회)

① 협의회는 다음 각 호의 국가기관 또는 지방자치단체 내에 설립된 협의회를 대표하는 하나의 연합협의회를 설립할 수 있다.

1. 국회·법원·헌법재판소·선거관리위원회
2. 중앙행정기관과 감사원 및 그 밖에 대통령령으로 정하는 기관
3. 특별시·광역시·특별자치시·도·특별자치도 및 특별시·광역시·특별자치시·도·특별자치도의 교육청

(3) 가입범위

* 기존에는 6급 이하의 공무원만 가입이 가능했으나, 2022년 이후 **계급제한 삭제**

① 가능*

동법 제3조(가입 범위)

① 협의회에 가입할 수 있는 공무원의 범위는 다음 각 호와 같다.

1. 일반직공무원
2. 특정직공무원 중 다음 각 목의 어느 하나에 해당하는 공무원
   가. 외무영사직렬·외교정보기술직렬 외무공무원
   나. 경찰공무원
   다. 소방공무원
5. 별정직공무원

* 기존에는 **노동운동이 허용되는 공무원**은 직장협의회 가입이 불가했으나, 2022년 이후 **가입 허용**

② 불가*

동법 동조(가입 범위)

② 제1항에도 불구하고 다음 각 호의 어느 하나에 해당하는 공무원은 협의회에 가입할 수 없다.

2. 업무의 주된 내용이 지휘·감독권을 행사하거나 다른 공무원의 업무를 총괄하는 업무에 종사하는 공무원
3. 업무의 주된 내용이 인사, 예산, 경리, 물품출납, 비서, 기밀, 보안, 경비 및 그 밖에 이와 유사한 업무에 종사하는 공무원

(4) 기능

동법 제5조(협의회등의 기능)

① 협의회 및 연합협의회는 기관장과 다음 각 호의 사항을 협의한다.

1. 해당 기관 고유의 근무환경 개선에 관한 사항
2. 업무능률 향상에 관한 사항
3. 소속 공무원의 공무와 관련된 일반적 고충에 관한 사항
4. 소속 공무원의 모성보호 및 일과 가정생활의 양립을 지원하기 위한 사항
5. 기관 내 성희롱, 괴롭힘 예방 등에 관한 사항
6. 그 밖에 기관의 발전에 관한 사항

동법 제5조의2(협의회등의 활동)

협의회등의 활동은 근무시간 외에 수행하여야 한다. 다만, 다음 각 호의 사항은 근무시간 중에 수행할 수 있다.

1. 협의회등과 기관장과의 협의
2. 그 밖에 대통령령으로 정하는 사항

PART 4

PUBLIC ADMINISTRATION 함철곤 행정학

PART 5
재무

예산 제도

예산 이론

- **예산의 의의와 기능**
  - 예산의 의의와 기능 C
  - 머스그레이브의 정부 재정 기능 C
- **국가 재정의 구성**
  - 일반회계와 특별회계 S
  - 기금 A
  - 통합재정 B
  - 정부가 동원하는 공공재원 B
- **예산과정**
  - 예산의 편성
    - 예산의 주기 B
    - 예산의 종류 S
    - 예산 편성 절차 A
    - 예산 편성 방식 B
    - 예산 분류 방식 B
  - 예산의 심의
    - 예산심의의 특징 C
    - 예산심의 절차 A
  - 예산의 집행
    - 예산집행 과정 B
    - 예산집행의 신축성 유지방안 A
  - 결산 B
- **예산 관리 방식**
  - 재정건전성의 확보 S
  - 성과관리제도 B
  - 성인지 예산제도 B
  - 온실가스감축인지 예산제도 B
  - 자본예산제도 C
  - 정부 회계 관리 A

- **예산의 원칙**
  - 고전적 원칙과 현대적 원칙
    - 고전적 원칙 : 통제 지향 S
    - 현대적 원칙 : 관리 지향 C
- **예산결정이론**
  - 키의 문제제기 C
  - 루이스의 총체주의 C
  - 윌다브스키의 점증주의 B
  - 기타 예산결정모형 C
- **예산개혁이론**
  - 예산개혁의 기준 B
  - 예산개혁 이론의 변천
    - 품목별 예산제도 S
    - 성과주의 예산제도 A
    - 계획예산제도 A
    - 영기준 예산제도 A
    - 신성과주의 예산제도 B

Public Administration

CHAPTER 1 예산 제도

1 예산의 의의와 기능

'9급 11지
7급 23국, 19국

1 예산의 의의 C

1 예산 개관

(1) 개념

예산이란 **일정기간 동안**의 **정부의 수입과 지출**에 관한 계획

(2) 예산의 속성

① **정부가 추구하는 정책** : 정부가 달성하고자 하는 목적을 위해 소요될 것으로 예상되는 재원의 규모와 활용 계획을 구체적인 금액으로 표시

② **정부의 미래 계획** : 향후 일정기간 동안 정부가 추진하고자 하는 활동을 화폐단위로 표시

③ **정보** : 예산을 통해 국민들은 정부가 수행하는 활동 및 이에 수반되는 재원의 조달과 배분에 관한 정보를 얻을 수 있음.

④ **책무성 확보 기제** : 예산이 정해진 목표를 달성하고 있는지, 용도에서 벗어나지 않는지를 검토함으로써, 국민들이 정부활동에 대해 책임을 물을 수 있음.

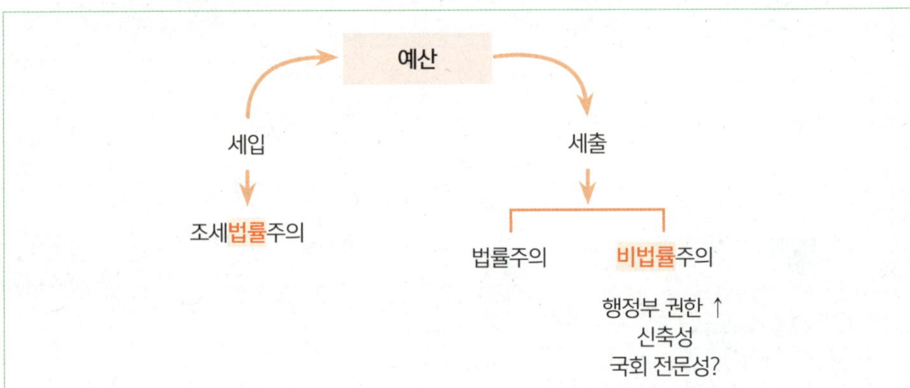

2 법률주의 VS 예산주의

(1) 법률주의

① 예산을 **법률의 형태**로 제정하는 것으로, **예산의 편성권을 국회에 주는 방식**(미국)

② 국회의 권한을 강화하여 재정민주주의에 기초하는 것이라는 견해도 있으나, 예산의 신축적 집행을 방해한다는 비판 등 존재

(2) 예산주의(비법률주의)

① 법률이 아닌 행정부의 문서를 통해 예산을 편성하고 추후 국회의 의결을 받는 방식으로, 우리나라가 채택

② 예산에 의한 법률의 변경은 불가능하며, 법률에 의한 예산의 수정도 불가능

㉠ 예산이 성립하더라도 지출을 위한 법적 근거 없이는 예산집행이 어려움.

㉡ 지출 법률이 제정되어도 예산편성이 없는 경우 법의 집행과 실효성을 기대할 수 없음.

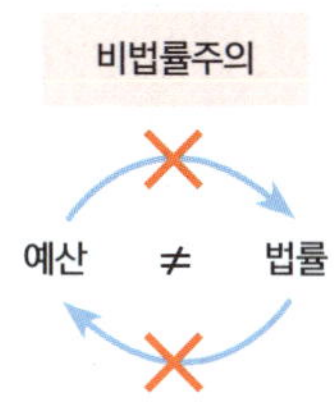

헌법 제54조

① 국회는 국가의 예산안을 심의·확정한다.

② 정부는 회계연도마다 예산안을 편성하여 회계연도 개시 90일전까지 국회에 제출하고, 국회는 회계연도 개시 30일전까지 이를 의결하여야 한다.

법률과 예산의 비교

		법률	예산
공통점		국회의결로 확정, 국가기관에 대한 효력 발생	
차이점	제출권	정부와 국회 모두 가능	오직 정부만 가능
	효력발생요건	국회의결 후 공포	국회의결
	국회심의거부	가능	사실상 불가
	대통령 거부권 행사	가능	불가
	제출시한	제한 없음	제한 있음
	효력대상	국가기관과 국민	국가기관에만
	효력기간	폐지 시까지	1년으로 한정

9급 18지

2 머스그레이브(Musgrave)의 정부 재정 기능 C

(1) **자원배분 기능** : 시장실패로 인해 시장에서 최적규모로 공급되지 않는 공공서비스를 생산하는 기능

(2) **소득분배 기능** : 형평이라는 사회적 가치에 기반해 적정 수준에서 공공서비스를 생산·공급하는 기능

(3) **경제안정 기능** : 환율·물가·실업률 등 경제지표를 안정적으로 조절하기 위한 정부 지출 기능

체크포인트

머스그레이브의 정부 재정 기능은 빈출되는 주제는 아니지만 정리해 두지 않으면 헷갈릴 수 있으므로 명확하게 알고 있어야 합니다. 세 가지 기능을 암기해두는 것도 좋지만, 사실 이 세 가지 기능은 정부가 하는 고유한 역할과 관련되어 있습니다. 자원배분을 통한 효율성, 소득분배를 통한 형평성, 그리고 경제안정은 기본적인 정부의 역할인 것입니다. 이렇게 논리적으로 이해한 다음에 암기를 하면 훨씬 수월하고도 고득점으로 연결되는 학습이 가능합니다.

기출 CHECK

1 머스그레이브(Musgrave)의 정부 재정 기능의 기본 원칙에 대한 설명으로 옳지 않은 것은?

2018 지방직 9급

① 시장실패를 교정하고 사회적 최적 생산과 소비수준이 이루어지도록 해야 한다.

② 세입 면에서는 차별 과세를 하고, 세출 면에서는 사회보장적 지출을 통해 소외계층을 지원해야 한다.

③ 고용, 물가 등과 같은 거시경제 지표들을 안정적으로 조절해야 한다.

④ 정부에 부여된 목적과 자원을 연계하여 소기의 성과를 거둘 수 있도록 관료를 통제해야 한다.

① O 머스그레이브가 제시한 자원배분 기능에 대한 설명이다. 시장실패로 인해 시장에서 최적규모로 공급되지 않는 공공서비스를 생산하는 기능이다.

② O 머스그레이브가 제시한 소득분배 기능에 대한 설명이다. 형평이라는 사회적 가치에 기반해 적정수준에서 공공서비스를 생산·공급하는 기능이다.

③ O 머스그레이브가 제시한 경제안정 기능에 대한 설명이다. 환율·물가·실업률 등 경제지표를 안정적으로 조절하기 위한 정부 지출 기능이다.

④ X 선지의 설명은 머스그레이브의 정부 재정기능 기본 원칙에 포함되지 않는다.

정답 ④

2 국가 재정의 구성

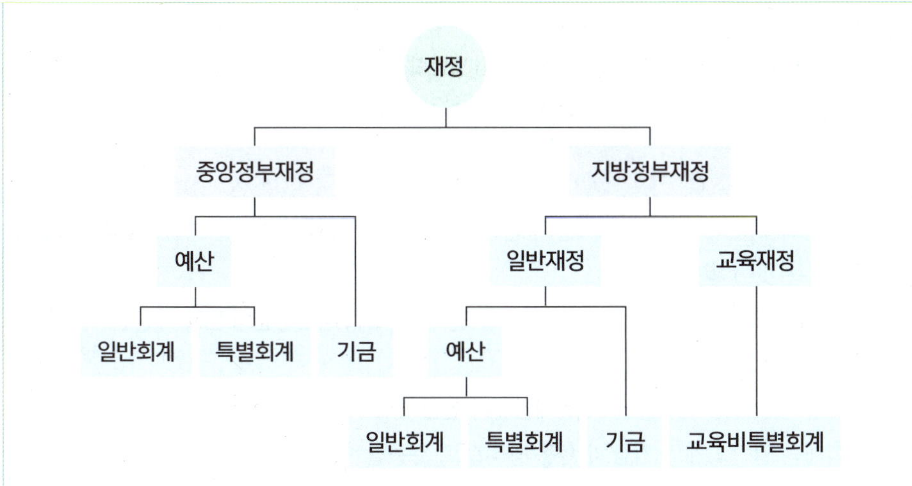

1 일반회계와 특별회계 ⓢ

9급 25국, 25지, 23지, 21지, 16국
7급 20지, 17국, 17지

> 국가재정법 제4조(회계구분)
> ① 국가의 회계는 **일반회계**와 **특별회계**로 구분한다.

1 일반회계

> 국가재정법 제4조(회계구분)
> ② **일반회계**는 **조세수입 등을 주요 세입**으로 하여 **국가의 일반적인 세출에 충당**하기 위하여 설치한다.

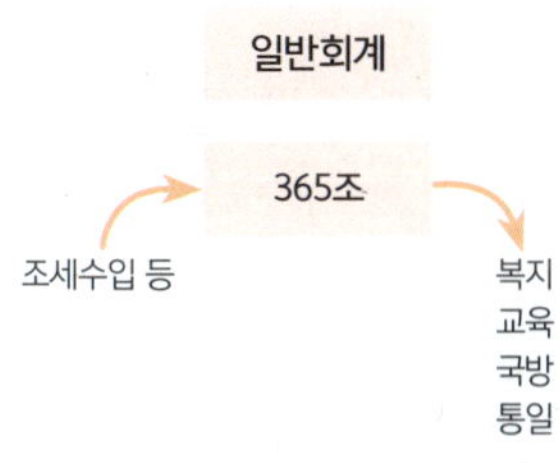

(1) 개념

기본적인 정부활동과 관련되는 **주요한 재정사업을 모두 포괄**하는 회계로, **국가의 일반적인 활동**을 위한 예산을 의미

(2) 세입(1년간 수입)과 세출(1년간 지출)

① **세입** : 원칙적으로 중앙정부가 징수하는 소득세 · 법인세 · 부가가치세 등 **조세수입으로 구성**되며, 정부출자수입 · 주식매각수입 등 **세외수입**, 국채발행수입 등도 포함

② **세출** : 국가정책을 위한 **기본적 경비지출**로 구성

(3) 특징

① 특정 세출을 위해 그 용도가 정해지는 것이 금지되어 있기 때문에, **세입은 모두 하나의 국고에 귀속**된 후 지출이 이루어짐.(**예산통일의 원칙**)

② **정부가 편성**한 후, **국회의 심의 · 의결**을 받아 확정

2 특별회계

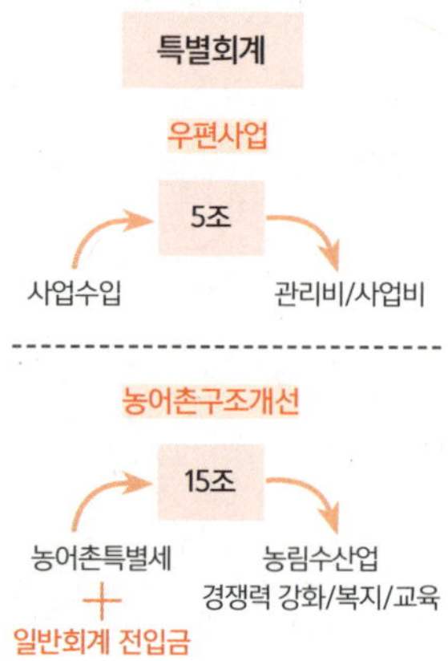

국가재정법 제4조(회계구분)

③ **특별회계**는 국가에서 **특정한 사업을 운영**하고자 할 때, **특정한 자금을 보유하여 운용**하고자 할 때, **특정한 세입으로 특정한 세출에 충당함으로써 일반회계와 구분하여 회계처리할 필요**가 있을 때에 **법률로써 설치**하되, 별표 1에 규정된 법률에 의하지 아니하고는 이를 설치할 수 없다.

(1) 특징

① 일반회계는 특정 수입과 지출의 연계를 배제하지만, 특별회계는 **특정 수입과 지출을 연계**하는 것이 원칙

② **예산통일의 원칙**(특정수입과 특정지출 연계 금지)과 **예산단일의 원칙**(예산은 하나만 존재)의 **예외**

③ 특별회계예산의 세입은 **자체 세입**이나 **일반회계로부터의 전입금**으로 구성되므로, 특별회계는 일반회계와 기금의 혼용 방식으로 운용할 수 있음.

④ 특정 사업을 위해 설치되므로 **임시적인 성격**이 강하나, 일반회계와 마찬가지로 **정부가 편성**한 후 **국회의 심의·의결**을 받아 확정

(2) 종류(중앙정부* 기준)

* 우리나라 재정체계
① **중앙정부재정** : 일반회계, 특별회계, 기금
② **지방정부재정** : 일반회계, 특별회계, 기금, **교육비특별회계**

① **기업특별회계** : **우편사업**특별회계, **우체국예금**특별회계, **양곡관리**특별회계, **조달**특별회계, **책임운영기관특별회계**

② **기타특별회계** : 특정 세입으로 특정 세출에 충당하여 **일반회계와 구분하여 회계처리 할 필요**가 있는 경우(농어촌구조개선특별회계, 주한미군기지이전특별회계, 지역균형발전특별회계 등)

(3) 장단점

① **장점** : **특정 사업**을 **안정적으로 추진**할 수 있고, 정부가 투자하여 운영하는 사업의 수지를 명확히 해 **경영의 합리화**를 기할 수 있으며, **예산운용의 자율성**을 부여

② **단점**

㉠ **특정 사업에 대해서만 활용**되므로 두루두루 사용할 수 있는 일반회계에 비해 **재정의 경직성이 심화**

㉡ **일반회계 이외의 특별회계가 다수 존재**한다면 **회계가 복잡**해져 한 눈에 파악하기 어렵고, 유사기능을 서로 다른 회계에서 **중복 수행**할 위험성

㉢ 일반회계와 특별회계 간 또는 특별회계 상호 간 **내부거래로 인한 재정활동의 투명성과 효율성 저하**

(4) 특별회계 제한

① 특별회계 신설의 심사

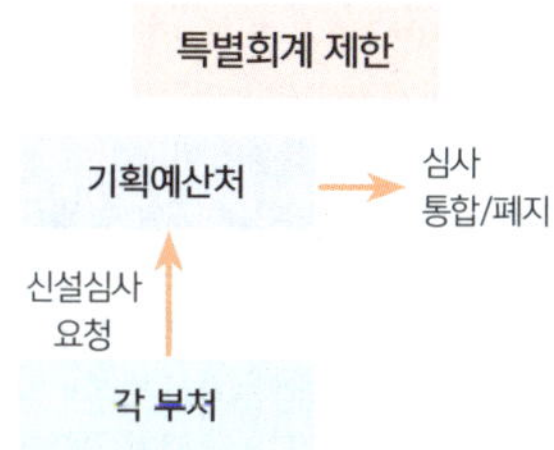

동법 제14조(특별회계 및 기금의 신설에 관한 심사)

① 중앙관서의 장은 소관 사무와 관련하여 특별회계 또는 기금을 신설하고자 하는 때에는 해당 법률안을 입법예고하기 전에 **특별회계** 또는 기금의 **신설에 관한 계획서**를 **기획예산처장관에게 제출**하여 그 신설의 타당성에 관한 **심사를 요청**하여야 한다.

② **기획예산처장관**은 제1항의 규정에 따라 심사를 요청받은 경우 특별회계에 대하여는 제4호 및 제5호의 **기준에 적합한지 여부를 심사**하여야 한다. 이 경우 미리 자문회의에 자문하여야 한다.

4. 일반회계나 기존의 특별회계 · 기금보다 **새로운 특별회계**나 기금으로 **사업을 수행하는 것이 더 효과적일 것**
5. 특정한 사업을 운영하거나 특정한 세입으로 특정한 세출에 충당함으로써 **일반회계와 구분하여 회계처리할 필요가 있을 것**

③ **기획예산처장관**은 제2항의 규정에 따른 심사 결과 특별회계 또는 기금의 신설이 제2항의 규정에 따른 심사기준에 부합하지 아니한다고 인정하는 때에는 계획서를 제출한 **중앙관서의 장에게 계획서의 재검토 또는 수정을 요청**할 수 있다.

② 특별회계의 통합 · 폐지

동법 제15조(특별회계 및 기금의 통합·폐지)

특별회계 및 기금이 다음 각 호의 어느 하나에 해당하는 경우에는 **이를 폐지**하거나 **다른 특별회계** 또는 기금과 **통합**할 수 있다.

1. **설치목적을 달성**한 경우
2. **설치목적의 달성이 불가능하다고 판단**되는 경우
3. 특별회계와 기금 간 또는 특별회계 및 기금 상호 간에 **유사하거나 중복되게 설치**된 경우
4. 그 밖에 재정운용의 효율성 및 투명성을 높이기 위하여 **일반회계에서 통합 운용하는 것이 바람직하다고 판단**되는 경우

체크포인트

국가 재정의 3요소 중 가장 많이 출제되는 것이 특별회계입니다. 특별회계는 일반회계와도 그 특성을 비교할 수 있고, 기금과도 그 특성을 비교할 수 있기 때문입니다. 해당 문제에서는 일반회계와의 비교 논점을 체크하고 있습니다. 기본적으로 특별회계는 특정 세입과 특정 세출을 연계시킨다는 점에서 일반회계와 다르지만, 특별회계의 세입이 부족할 때는 일반회계로부터 전입금을 받을 수 있다는 점도 놓치지 않고 정리해두어야 합니다.

기출 CHECK

1 우리나라 특별회계에 대한 설명으로 옳지 않은 것은? 2014 지방직 9급(수정)

① 예산 단일성과 예산 통일성 원칙에 대한 예외이다.
② 일반회계와 구분해 경리할 필요가 있을 때 설치하므로, 일반회계로부터의 전입은 금지된다.
③ 정부가 "2023년 세출예산은 약 600조원이다"라고 발표했다면, 여기에는 특별회계 지출이 포함된 규모이다.
④ 정부기업 특별회계로는 '양곡관리', '조달' 등이 운영되고 있다.

① O 특별회계는 일반회계 이외에 존재하는 것이므로 예산단일성 원칙의 예외이며, 특정 세입과 특정 세출을 연계시키므로 예산통일성 원칙의 예외이다.
② X 특별회계가 일반회계와 구분해 경리할 필요가 있을 때 설치하는 것은 맞으나, 특별회계의 재원이 부족할 경우 일반회계로부터 전입금을 받아서 운용될 수 있다.
③ O 세출예산은 1년 동안 지출하는 예산으로, 여기에는 일반회계뿐만 아니라 특별회계도 포함된다.
④ O 정부기업예산법에 따라 정부기업 특별회계로 우편, 우체국예금, 양곡관리, 조달 사업이 운영되고 있다.

정답 ②

체크포인트

일반회계와 특별회계의 차이점에 주목하면서 공부해야 하지만, 공통점 역시 정리해두어야 합니다. 일반회계와 특별회계 모두 국가예산이므로, 정부가 편성한 후에 국회의 심의를 반드시 거쳐야 한다는 것입니다. 이는 기금도 마찬가지입니다. 일반회계, 특별회계, 기금 모두 국회의 심의를 받는다는 포인트는 항상 물어보고 있으니 정확히 알고 있어야 합니다.

2 특별회계예산에 대한 설명으로 옳지 않은 것은? 2017 지방직 7급

① 임시적인 성격이 강하기 때문에 국회의 심의를 받지 않는다.
② 특별회계예산은 세입과 세출을 별도로 계리한다.
③ 특별회계의 경우 각각의 개별법이 마련되어 운영되는 것이 일반적이다.
④ 재정운영 주체의 자율성 증대를 통해 운영의 효율성을 높일 수 있을 때 필요하다.

① X 특별회계가 특정 사업을 위해 설치되므로 임시적인 성격이 강한 것은 맞으나, 정부 예산에 포함되기 때문에 일반회계와 마찬가지로 국회의 심의를 반드시 받아야 한다.
② O 특별회계는 특정 사업의 운영 등을 위해 일반회계와 구분하여 운영하는 회계이다. 따라서 세입과 세출을 별도로 계리하며, 세입과 세출을 연계하는 특징을 갖는다.
③ O 특별회계는 일반회계 이외로 운영되는 것이므로 특별회계마다 개별 법률에 근거하여 제한적으로 설치된다.
④ O 특별회계는 특정 사업을 위한 재정이 별도로 마련되는 것이므로, 사업을 운영하는 재정운영 주체가 재정을 자율적으로 운영할 수 있고 이에 따라 운영의 효율성을 높이는 데 기여한다.

정답 ①

2 기금 A

9급 23지, 21지
7급 15국

국가재정법 제5조(기금의 설치)

① 기금은 국가가 특정한 목적을 위하여 특정한 자금을 신축적으로 운용할 필요가 있을 때에 한정하여 법률로써 설치하되, 정부의 출연금 또는 법률에 따른 민간부담금을 재원으로 하는 기금은 별표 2에 규정된 법률에 의하지 아니하고는 이를 설치할 수 없다.
② 제1항의 규정에 따른 기금은 세입세출예산에 의하지 아니하고 운용할 수 있다.

1 기금 개관

(1) 개념

특정 분야에 대해 안정적으로 자금을 지원할 필요가 있거나, 특별한 행정수요에 탄력적으로 대응하기 위해 예산과 별도로 개별 법률에 근거하여 설치 및 운용

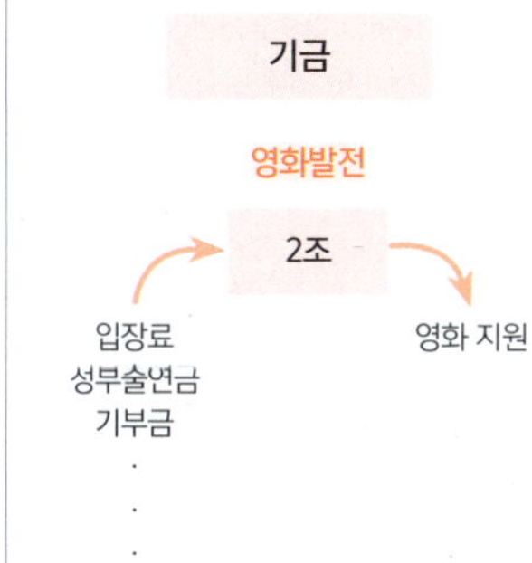

(2) 종류

사업성기금(남북협력기금 등), 사회보험성기금(공무원연금기금 등), 계정성기금(복권기금 등), 금융성기금(신용보증기금 등)

(3) 특징

① 특정 수입과 지출을 연계한다는 점에서 특별회계와 공통점(예산 통일의 원칙 예외)

② 과거에는 일반회계나 특별회계와 달리 국회의 심의를 요하지 않았으나 2002년부터 예산과 마찬가지로 국회의 심의·의결을 받도록 변경

③ 합목적성 차원에서 집행부의 재량이 상대적으로 큰 편으로, 사업의 실제 수행 중에 운용계획의 일부를 변경할 수 있는 자율성을 인정

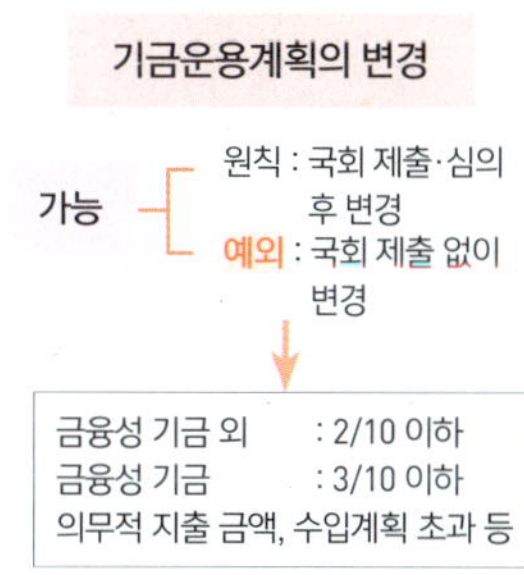

동법 제70조(기금운용계획의 변경)

① 기금관리주체는 지출계획의 주요항목 지출금액의 범위 안에서 대통령령으로 정하는 바에 따라 세부항목 지출금액을 변경할 수 있다.

② 기금관리주체는 기금운용계획 중 주요항목 지출금액을 변경하고자 하는 때에는 기획예산처장관과 협의·조정하여 마련한 기금운용계획변경안을 국무회의의 심의를 거쳐 대통령의 승인을 얻은 후 국회에 제출하여야 한다.

③ 제2항에도 불구하고 주요항목 지출금액이 다음 각 호의 어느 하나에 해당하는 경우에는 기금운용계획변경안을 국회에 제출하지 아니하고 대통령령으로 정하는 바에 따라 변경할 수 있다.

1. 금융성 기금 외의 기금은 주요항목 지출금액의 변경범위가 10분의 2 이하
2. 금융성 기금은 주요항목 지출금액의 변경범위가 10분의 3 이하. 다만, 기금의 관리 및 운용에 소요되는 경상비에 해당하는 주요항목 지출금액에 대하여는 10분의 2 이하로 한다.
3. 다른 법률의 규정에 따른 의무적 지출금액
4. 다음 각 목의 어느 하나에 해당하는 지출금액
   가. 기금운용계획상 여유자금 운용으로 계상된 지출금액
   나. 수입이 기금운용계획상의 수입계획을 초과하거나 초과할 것이 예상되는 경우 그 초과 수입과 직접 관련되는 지출금액
   다. 환율 및 금리의 변동, 기한 전 상환으로 인한 차입금 원리금 상환 지출금액
5. 기존 국채를 새로운 국채로 대체하기 위한 국채 원리금 상환
6. 일반회계 예산의 세입 부족을 보전하기 위한 목적으로 해당 연도에 이미 발행한 국채의 금액 범위에서 해당 연도에 예상되는 초과 조세수입을 이용한 국채 원리금 상환

④ 기금관리주체는 제1항부터 제3항까지의 규정에 따라 세부항목 또는 주요항목의 지출금액을 변경한 때에는 변경명세서를 재정경제부장관, 기획예산처장관 및 감사원에 각각 제출하여야 하며, 정부는 국회에 제출하는 국가결산보고서에 그 내용과 사유를 명시하여야 한다.

⑥ 각 기금관리주체가 제1항부터 제3항까지의 규정에 따라 세부항목 또는 주요항목의 지출금액을 변경한 경우에는 분기별로 분기만료일이 속하는 달의 다음 달 말일까지 그 변경 내역을 국회 소관 상임위원회와 예산결산특별위원회에 제출하여야 한다.

2 기금의 관리

* **기금운용계획안 수립**
중기사업계획서 제출 → 기획예산처 작성지침에 따른 기금운용계획안 제출 → 국무회의 심의 및 대통령 승인 → 국회 제출

(1) 기금운용계획안* → 예산안편성절차와 동일

국가재정법 제66조(기금운용계획안의 수립)

① **기금관리주체**는 **매년 1월 31일**까지 해당 회계연도부터 5회계연도 이상의 기간 동안의 신규사업 및 기획예산처장관이 정하는 주요 계속사업에 대한 **중기사업계획서를 기획예산처장관에게 제출**하여야 한다.

② **기획예산처장관**은 자문회의의 자문과 국무회의의 심의를 거쳐 대통령의 승인을 얻은 다음 연도의 **기금운용계획안 작성지침을 매년 3월 31일**까지 **기금관리주체에게 통보**하여야 한다.

③ 기획예산처장관은 국가재정운용계획과 기금운용계획 수립을 연계하기 위하여 제2항의 규정에 따른 기금운용계획안 작성지침에 기금별 지출한도를 포함하여 통보할 수 있다.

⑤ **기금관리주체**는 제2항의 규정에 따른 기금운용계획안 작성지침에 따라 다음 연도의 **기금운용계획안을 작성**하여 **매년 5월 31일**까지 **기획예산처장관에게 제출**하여야 한다.

⑥ **기획예산처장관**은 제5항의 규정에 따라 제출된 기금운용계획안에 대하여 기금관리주체와 협의·조정하여 **기금운용계획안을 마련한 후 국무회의의 심의**를 거쳐 **대통령의 승인**을 얻어야 한다.

⑦ 기획예산처장관은 제6항의 규정에 따라 기금운용계획안을 조정하는 경우에 과도한 여유재원이 운용되고 있는 기금에 대하여는 예산상의 지원을 중단하거나 해당 기금수입의 원천이 되는 부담금 등의 감소를 위한 조치를 취할 것을 기금관리주체에게 요구할 수 있다.

동법 제68조(기금운용계획안의 국회제출 등)

① **정부**는 **기금운용계획안**을 회계연도 개시 **120일 전까지 국회에 제출**하여야 한다.

동법 제69조(증액 동의)

국회는 정부가 제출한 기금운용계획안의 **주요항목 지출금액을 증액하거나 새로운 과목을 설치하고자 하는 때**에는 미리 **정부의 동의**를 얻어야 한다.

(2) 기금운용심의회

동법 제74조(기금운용심의회)

① **기금관리주체**는 기금의 관리·운용에 **관한 중요한 사항을 심의**하기 위하여 **기금별로 기금운용심의회를 설치**하여야 한다. 다만, 심의회를 설치할 필요가 없다고 인정되는 기금의 경우에는 기획예산처장관과 협의하여 설치하지 아니할 수 있다.

(3) 기금운용 평가

동법 제82조(기금운용의 평가)

① **기획예산처장관**은 회계연도마다 **전체 기금 중 3분의 1 이상의 기금**에 대하여 대통령령으로 정하는 바에 따라 그 **운용실태를 조사·평가**하여야 하며, 3년마다 **전체 재정체계를 고려하여 기금의 존치 여부를 평가**하여야 한다.

② 기획예산처장관은 제1항의 규정에 따른 기금운용실태의 조사·평가와 기금제도에 관한 전문적·기술적인 연구 또는 자문을 위하여 **기금운용평가단을 운영**할 수 있다.

③ 기획예산처장관은 제1항 또는 제2항에 따른 **평가결과를 국무회의에 보고**한 후 국회에 제출하는 국가결산보고서와 함께 **국회에 제출**하여야 한다.

3 기금의 제한 → 특별회계와 동일

(1) 기금신설 심사

국가재정법 제14조(특별회계 및 기금의 신설에 관한 심사)

① 중앙관서의 장은 소관 사무와 관련하여 특별회계 또는 **기금을 신설하고자 하는 때**에는 해당 법률안을 입법예고하기 전에 특별회계 또는 기금의 신설에 관한 **계획서를 기획예산처장관에게 제출**하여 그 신설의 타당성에 관한 **심사를 요청**하여야 한다.

② **기획예산처장관**은 제1항의 규정에 따라 심사를 요청받은 경우 기금에 대하여는 제1호부터 제4호까지의 **기준에 적합한지 여부를 심사**하여야 한다. 이 경우 미리 자문회의에 자문하여야 한다.

1. 부담금 등 기금의 재원이 **목적사업과 긴밀하게 연계**되어 있을 것
2. 사업의 특성으로 인하여 **신축적인 사업추진**이 필요할 것
3. **중 · 장기적으로 안정적인 재원조달**과 사업추진이 가능할 것
4. 일반회계나 기존의 특별회계 · 기금보다 **새로운** 특별회계나 **기금으로 사업을 수행하는 것이 더 효과적**일 것

③ **기획예산처장관**은 제2항의 규정에 따른 심사 결과 특별회계 또는 기금의 신설이 제2항의 규정에 따른 **심사기준에 부합하지 아니한다고 인정하는 때**에는 계획서를 제출한 중앙관서의 장에게 계획서의 **재검토 또는 수정을 요청**할 수 있다.

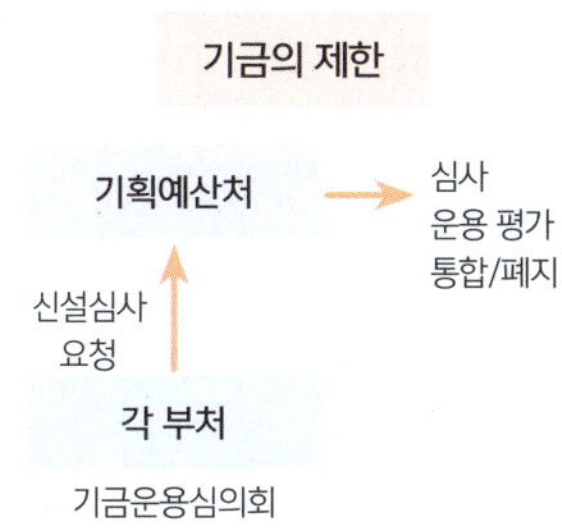

(2) 기금 통합 · 폐지

동법 제15조(특별회계 및 기금의 통합·폐지)

특별회계 및 **기금**이 다음 각 호의 어느 하나에 해당하는 경우에는 이를 **폐지하거나** 다른 특별회계 또는 **기금과 통합**할 수 있다.

1. **설치목적을 달성**한 경우
2. **설치목적의 달성이 불가능**하다고 판단되는 경우
3. 특별회계와 기금 간 또는 특별회계 및 기금 **상호 간에 유사하거나 중복되게 설치**된 경우
4. 그 밖에 재정운용의 효율성 및 투명성을 높이기 위하여 **일반회계에서 통합 운용하는 것이 바람직하다고 판단**되는 경우

보충

총지출 기준 재정규모는 일반회계 > 기금 > 특별회계의 순으로, 2025년 기준 일반회계(365조) > 기금(226조) > 특별회계(82조)

예산과 기금의 비교

	일반회계	특별회계	기금
설치 사유	국가 고유의 일반적 재정활동	특정 사업운영, 특정 자금운용, 특정 세입을 특정 세출에 충당	특정 목적을 위해 특정 자금 운용
재원 조달 및 운용 형태	공권력에 의한 조세수입과 무상급부 원칙	조세, 부담금 등의 수입으로 무상급부, 융자사업 등 수행	출연금·부담금 등 다양한 수입원으로 융자사업 등 기금 고유사업 수행
확정 절차	부처 예산요구 → 기획처의 예산안 편성 → 국회 심의·의결로 확정	부처 예산요구 → 기획처의 예산안 편성 → 국회 심의·의결로 확정	기금관리 주체가 계획안 수립 → 기획처 장관과의 협의·조정 → 국회 심의·의결로 확정
집행 절차	합법성에 입각하여 엄격히 통제	합법성에 입각하여 엄격히 통제	합목적성 차원에서 상대적으로 자율성과 탄력성 보장
수입과 지출의 연계	특정한 수입과 지출의 연계 배제	특정한 수입과 지출의 연계	특정한 수입과 지출의 연계
계획 변경	추경예산 편성	추경예산 편성	· 금융성 기금 : 주요 항목 지출 금액의 30% 이상 변경시 국회 심의·의결 필요 · 비금융성 기금 : 주요 항목 지출 금액의 20% 이상 변경시 국회 심의·의결 필요
결산	국회의 결산 심의와 승인	국회의 결산 심의와 승인	국회의 결산 심의와 승인

체크포인트

특별회계와 기금을 비교하는 문제입니다. 둘은 일반회계 이외라는 점, 특정 수입과 특정 지출을 연계시킨다는 점, 모두 국회의 심의를 받아야 한다는 점에서 공통점이 있습니다. 하지만 역시 차이점이 중요합니다. 특별회계보다는 기금이 훨씬 더 탄력적이고 유연합니다. 이처럼 일반회계, 특별회계, 기금 관련 문제는 대부분 비교논점으로 구성됩니다. 개념을 학습할 때에도 항상 비교하면서 체크해야 할 것입니다.

기출 CHECK

1 특별회계 예산과 기금에 대한 설명으로 옳지 않은 것은? 2021 지방직 9급

① 기금은 특정 수입과 지출의 연계가 강하다.
② 특별회계 예산은 세입과 세출이라는 운영 체계를 지닌다.
③ 특별회계 예산은 합목적성 차원에서 기금보다 자율성과 탄력성이 강하다.
④ 특별회계 예산과 기금은 모두 결산서를 국회에 제출하여야 한다.

① O 기금은 특정 수입과 특정 지출을 연계하면서 운영한다. 이는 일반회계와의 차이점이면서 특별회계와의 유사점이다.
② O 특별회계는 일반회계와 함께 세입세출예산에 해당하며, 1년 동안의 수입인 세입과 1년 동안의 지출인 세출로 운영된다.
③ X 합목적성 차원에서 특정 목적을 위해 탄력적으로 집행하거나 장기간 누적해서 사용할 수 있는 것은 기금이다. 특별회계는 세입세출예산 중 하나이므로, 원칙적으로 1년을 단위로 집행해야 하므로 기금보다는 자율성과 탄력성이 약하다.
④ O 국가재정은 모두 국회의 결산심의를 받아야 한다. 따라서 특별회계와 기금은 일반회계와 마찬가지로 결산서를 국회에 제출하고 결산심의를 받아야 한다.

정답 ③

3 통합재정 B

9급 23국, 19지
7급 16국

(1) 개념 및 특징

① **일반회계, 특별회계, 기금 등을 포괄**한 국가 전체 재정을 의미하는 것으로, 정부 전체의 재정규모를 파악하고 재정이 국민경제에 미치는 영향을 파악하고자 하는 제도

② 당해 연도의 순수한 수입에서 순수한 지출을 차감한 수지로, **국제적으로 통용**되는 기준

③ **총계가 아닌 순계**, 즉 순수한 재정활동을 파악하기 위해 회계 · 기금 간 **내부거래 및 차입 · 채무 상환 등 보전거래는 제외**하는 것이 특징

X [9급] 통합재정은 국민의 입장에서 느끼는 정부의 지출 규모이며 내부거래를 포함한다.
O 통합재정은 국민의 입장에서 느끼는 정부의 지출 규모이므로 내부거래를 제외(포함 ×)한다.

(2) 연혁

① 1974, IMF, 재정통계 작성기준인 '정부재정통계편람(GFSM : Government Finance Statistics Manual)' 처음 발간

② 1979, 우리나라는 **IMF의 권고**에 따라 연도별로 **통합재정수지 작성**

③ 2005, 통합재정의 범위에 지방재정 포함

(3) 통합재정수지 도출

① **총수입** : 세입(= 경상수입 + 자본수입) + 융자회수

② **총지출** : 세출(= 경상지출 + 자본지출) + 융자지출

③ **통합재정수지** : 총수입 − 총지출 = **세입 − 세출 − 순융자**

(4) 포괄 범위

① 1986년 재정통계편람 기준으로 작성되는 **통합재정수지**의 경우 **일반회계, 특별회계, 기금 등을 포함**하며, **중앙정부**뿐만 아니라 **지방정부**도 포함하여 작성

② 2001년 재정통계편람 기준으로 작성되는 **일반정부 재정수지**에서는 **금융성기금이 추가**되고, 공공기관 중 **비영리공공기관도 추가**하여 작성(**영리공공기관 및 금융공공기관은 제외**)

③ 정부는 통합재정의 작성범위로 1986년 기준과 2001년 기준을 **혼합하여 사용**

보충

관리재정수지

① 특징

㉠ 우리나라에서는 통합재정수지와는 별도로 **관리재정수지**라는 개념을 만들어 재정수지를 파악

㉡ 국민연금 · 산재보험 · 고용보험 등 **사회보장성 기금의 수지를 제외**하고 재정수지를 파악하는 기준

② 도출

→ 통합재정수지 − 사회보장성 기금 수지

통합재정 작성범위

구분		1986 GFSM (통합재정수지)	2001 GFSM (일반정부 재정수지)
중앙	회계	• 일반회계 1개, 기타특별회계 15개, 기업특별회계 5개	좌동
	기금	• 사업성 기금 등 58개	• 금융성기금 8개 추가 • 외국환평형기금 추가
	비영리 공공기관	제외	• 228개 기관 추가
지방	회계	• 일반회계 243개, 기타특별회계 1760개, 지방교육비특별회계 17개, 직영공기업특별회계 254개	좌동
	기금	• 지방재정법 대상 2576개 전체	좌동
	비영리공공기관	제외	• 114개 공사 · 공단 추가
작성기준		현금주의	발생주의

PART 5

체크포인트

통합재정은 출제되는 논점이 전형적입니다. 1979년부터 IMF의 권고에 의해 작성되기 시작했다는 점, 중앙정부와 지방정부가 포함된다는 점, 비영리공공기관이 포함된다는 점, 내부거래를 제외한 순계의 개념이라는 점 등을 정확히 알고 있는지 체크할 것입니다. 더불어 통합재정수지를 도출하는 공식도 정리해 둔다면 조금 어려운 문제가 나온다고 할지라도 해결할 수 있을 것입니다.

기출 CHECK

1 우리나라의 통합재정에 대한 설명으로 옳지 않은 것은? 2023 국가직 9급

① 세입과 세출은 경상거래와 자본거래로 구분하여 작성한다.
② 통합재정의 범위에는 일반정부와 공기업 등 공공부문 전체가 포함된다.
③ 정부의 재정이 국민 경제에 미치는 효과를 파악하고자 하는 예산의 분류체계이다.
④ 통합재정 산출 시 내부거래와 보전거래를 제외함으로써 세입 · 세출을 순계 개념으로 파악한다.

① O 통합재정은 일상적인 수입과 지출은 경상수입과 경상지출로, 일시적인 수입과 지출은 자본수입과 자본지출로 구분해서 표기한다.
② X 통합재정은 원칙적으로 중앙정부와 지방자치단체를 대상으로 작성하며, 일반정부 재정수지를 기준으로 작성했을 때는 공공기관 중 비영리기관이 포함되기도 한다. 따라서 모든 공기업 등 공공부문 전체가 포함되는 것은 아니다.
③ O 통합재정은 일반회계, 특별회계, 기금 등을 포괄한 국가 전체 재정규모를 파악하고 국민경제에 미치는 영향을 파악하려는 수치이다.
④ O 통합재정은 순수한 재정활동을 파악하기 위해 회계·기금 간 내부거래 및 보전거래를 제외한다. 이는 총계가 아닌 순계로 산출해서 국민들에게 보다 명확하게 알려주기 위한 취지이다. 정답 ②

9급 19국

4 정부가 동원하는 공공재원 B

1 조세

(1) 개념

중앙정부 지출을 뒷받침하는 가장 큰 재원으로, 국가가 재정권에 기초해 일반국민을 대상으로 강제로 징수하는 공공재원

(2) 재원으로서의 장점

① 이자 부담이 없으며, 부채관리와 관련된 재원관리 비용이 발생하지 않음.
② 납세자인 국민들은 정부지출을 통제하고 성과에 대한 직접적인 책임을 강하게 요구할 수 있음.
③ 현 세대의 의사결정에 대한 재정 부담이 **미래 세대로 전가되지 않음.**
④ 장기적으로 차입보다 비용이 저렴함.

(3) 재원으로서의 단점

① 미래 세대까지 혜택이 발생하는 자본 투자를 **현 세대만 부담**한다면 **세대간 비용 · 편익의 형평성 문제**가 발생
② 조세를 통해 투자된 자본시설은 **대가를 지불하지 않는 자유재로 인식**돼 **과다 수요 혹은 과다 지출**되는 비효율성 문제 발생
③ 일시적으로 대규모 재원 투자가 필요한 전략 투자사업에서는 조세 재원 동원의 시의성을 맞추지 못할 수 있음.

2 수익자 부담금

(1) 개념

정부 사업의 직접적인 혜택을 받는 개인과 기업에게 **그 대가로 사용료 등을 징수**함으로써 동원하는 사용자 중심 재원

(2) 재원으로서의 장점

① 시장기구와 유사한 메커니즘을 통해 공공서비스의 최적 수준을 결정할 수 있어 **자원 배분의 효율성**을 제고

② 형평성 측면에서 수익자부담금은 부담과 편익의 공평한 배분을 보장

③ 공공재의 공급과 수익 관계가 분명하고 부담의 용도가 확실하면 수익자 부담이 정당화될 수 있음.

3 국공채

(1) 개념

국가나 지방자치단체가 공공지출 경비의 재원을 조달하기 위해 부담하는 채무

(2) 재원으로서의 장점

① 편익을 얻게 될 **후세대도 비용을 분담**하기 때문에 **세대간 공평성**을 높일 수 있음.

② 민간부문에서 투자할 자본을 정부로 이전

4 민간자본투자유치

공공재의 공급을 위해 **민간부문의 자본을 유치**하는 것으로, 민간위탁 · 계약 · BTO · BTL 등이 운용

조세 VS 국공채

	현재세대 부담	미래세대 부담	형편성
조세	○	×	×
국공채	×	○	○

PART 5

체크포인트

조세와 국공채를 비교하는 논점은 행정학의 다양한 주제에 연계되어 나올 수 있습니다. 특히 국공채가 미래 세대에게 사용료를 부담시키는 방식이므로 재정부담의 세대 간 형평성을 증진시킨다는 특징을 이해하고 있는지 물어볼 것입니다. 국공채와 관련된 주제에서는 꼭 짚고 넘어갈 논점이기 때문에 준비를 잘 해 두어야 합니다.

기출 CHECK

1 정부가 동원하는 공공재원에 대한 설명으로 옳지 않은 것은? 2019 국가직 9급

① 조세로 투자된 자본시설은 개인이 대가를 지불하지 않는 것으로 인식되어 과다 수요 혹은 과다 지출되는 비효율성 문제가 발생할 수 있다.

② 수익자부담금은 시장기구와 유사한 매커니즘을 통해 공공서비스의 최적 수준을 지향하여 자원 배분의 효율성을 제고할 수 있다.

③ 국공채는 사회간접자본(SOC) 관련 사업이나 시설로 인해 편익을 얻게 될 경우 후세대도 비용을 분담하기 때문에 세대 간 형평성을 훼손시킨다.

④ 조세의 경우 납세자인 국민들은 정부지출을 통제하고 성과에 대한 직접적인 책임을 요구할 수 있다.

① O 조세를 통해 투자된 자본시설은 대가를 지불하지 않는 자유재로 인식돼 과다 수요 혹은 과다 지출되는 비효율성의 문제가 발생할 수 있다.

② O 수익자부담금은 정부 사업의 직접적인 혜택을 받는 개인과 기업에게 그 대가로 사용료 등을 징수함으로써 동원하는 사용자 중심 재원이므로, 시장 메커니즘에 따라 수요와 공급이 일치하는 지점에서 공공서비스가 공급되기 때문에 자원 배분의 효율성을 제고할 수 있다.

③ X 국공채를 통해서 교량과 같은 사회간접자본을 건설할 경우, 조세가 아닌 민간자본으로 건설하는 것이므로 현재 세대는 비용을 부담하지 않는다. 비용을 부담하는 주체는 미래에 건설되는 교량을 실제로 이용하는 후세대들이 되는데, 후세대들은 교량 통행 사용료 등을 지불하면서 교량을 이용하기 때문에 시설을 이용하는 비용을 부담하게 된다. 따라서 국공채로 사회간접자본을 건설할 경우, 해당 시설을 이용하지 않는 현재 세대는 비용을 부담하지 않고, 해당 시설을 실제로 이용하는 후세대는 비용을 부담하므로 비용부담에 대한 세대 간 형평성을 확보할 수 있다.

④ O 재정민주주의의 측면에서 모든 국민은 납세자로서 자신이 낸 세금이 제대로 쓰이도록 정부에 대한 책임을 물을 권리가 있다.

정답 ③

3 예산과정

1 예산의 편성

1 예산의 주기 B

9급 19지
7급 21지

(1) 회계연도

① **개념** : 예산이 효력을 갖는 일정기간을 회계연도(Fiscal Year)라고 함.

② **우리나라의 회계연도** : **1월 1일에 시작**해서 **12월 31일에 종료**

> **국가재정법 제2조(회계연도)**
> 국가의 회계연도는 매년 1월 1일에 시작하여 12월 31일에 종료한다.

보충
예산주기 : 총 3년
2026년 예산의 경우,
편성 : 2025년(d-1)
심의 : 2025년(d-1)
집행 : 2026년(d)
결산 : 2027년(d+1)

(2) **예산주기** : 예산편성(정부) → 예산심의(국회) → 예산집행(정부) → 결산(정부 → 국회)

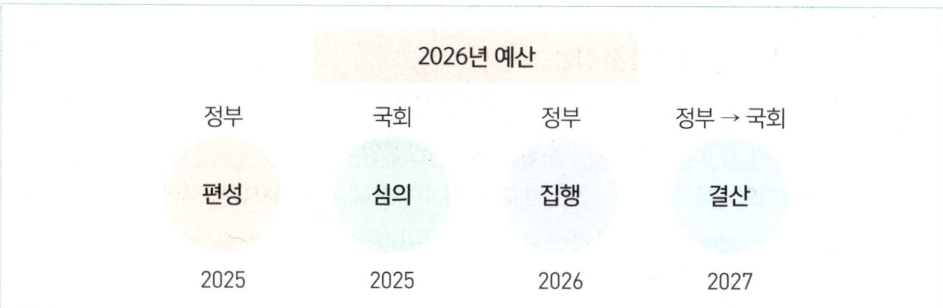

2 예산의 종류 S

9급 23지, 22국, 21국, 18국, 16국
7급 21국, 20지

(1) 성립시기(또는 변경형태)에 따른 종류

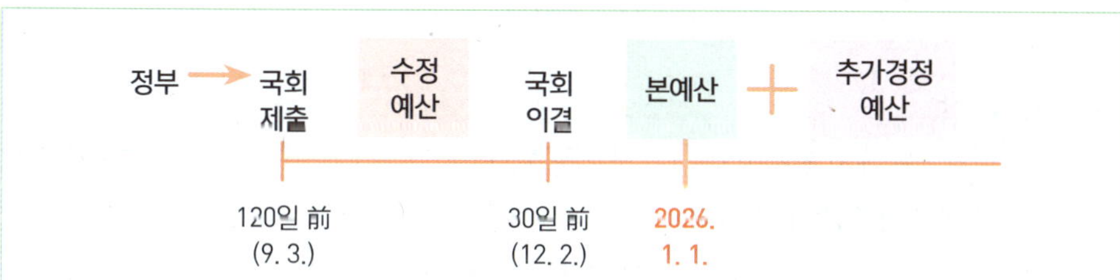

① **본예산** : 행정부가 편성하고 정기국회의 심의를 거쳐 성립되는 **최초의 예산**으로, **당초예산**이라고도 함.

② **수정예산**

> **국가재정법 제35조(국회제출 중인 예산안의 수정)**
> 정부는 예산안을 **국회에 제출한 후** 부득이한 사유로 인하여 **그 내용의 일부를 수정**하고자 하는 때에는 국무회의의 심의를 거쳐 대통령의 승인을 얻은 수정예산안을 국회에 제출할 수 있다.

PART 5

㉠ 예산안의 편성이 끝나고 정부가 국회에 예산안을 제출한 이후 **국회의 의결 전에 수정**하여 다시 제출하는 예산

㉡ 우리나라에서는 1970, 1981, 2009 회계연도 예산에 대해 수정예산을 제출한 바 있음.

③ **추가경정예산**

> **동법 제89조(추가경정예산안의 편성)**
> ① 정부는 다음 각 호의 어느 하나에 해당하게 되어 **이미 확정된 예산에 변경을 가할 필요**가 있는 경우에는 추가경정예산안을 편성할 수 있다.
> 1. **전쟁이나 대규모 재해**가 발생한 경우
> 2. 경기침체, 대량실업, 남북관계의 변화, 경제협력과 같은 **대내·외 여건에 중대한 변화**가 발생하였거나 발생할 우려가 있는 경우
> 3. **법령에 따라 국가가 지급하여야 하는 지출이 발생**하거나 증가하는 경우
>
> ② **정부는** 국회에서 추가경정예산안이 확정되기 전에 **이를 미리 배정하거나 집행할 수 없다.**

ⓧ [7급] 정부는 국회에서 추가경정예산안이 확정되기 전에 이를 미리 배정하거나 집행할 수 있다.
ⓞ 정부는 국회에서 추가경정예산안이 확정되기 전에 이를 미리 배정하거나 집행할 수 없다.(있다 ×)

㉠ **본예산이 국회의 의결을 거쳐 성립된 후** 추가·변경을 가하는 예산으로, 본예산과 마찬가지로 **국회의 의결 후 집행**

㉡ 회계연도의 예산총액은 **본예산과 추가경정예산을 합산**한 수치이고, 추가경정예산은 본예산과 별개로 성립되지만 **일단 성립되면 통합**하여 운용

㉢ **예산팽창의 원인**이 될 수 있으므로 국가재정법에서 **편성사유를 제한**하고 있으며, 대부분의 회계연도에 추가경정예산이 편성되나 그렇지 않은 연도도 존재

(2) 예산불성립시 예산의 종류

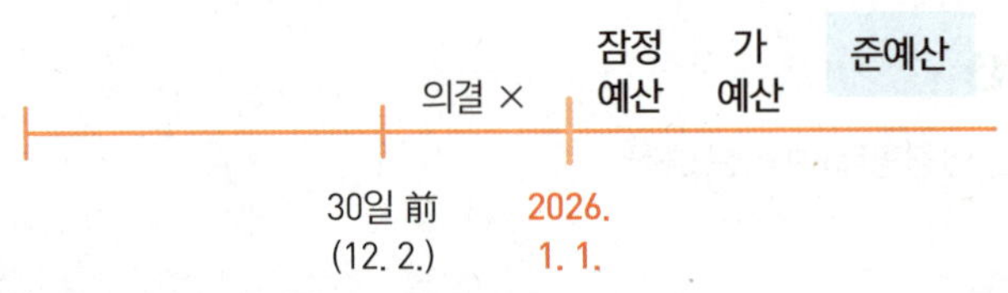

① **잠정예산**

㉠ 회계연도 개시 전까지 예산이 국회를 통과하지 못할 때, 상정된 예산의 **처음 몇 개월에 해당하는 액수**에 대해 국회에서 의결해 주는 예산

㉡ 미국, 영국, 캐나다, 일본 등에서 활용되며, 우리나라에서는 사용된 적이 없음.

② **가예산**

㉠ 회계연도 개시 전까지 예산이 국회를 통과하지 못할 때 **다음 회계연도의 처음 1개월분**만 국회에서 의결해 주는 예산으로, 프랑스에서 활용

㉡ 우리나라에서도 과거 제1공화국(1948~1960) 때 도입되어 **여섯 차례 가예산이 편성**된 바 있음.

③ 준예산

> **헌법 제54조**
>
> ③ 새로운 회계연도가 개시될 때까지 예산안이 의결되지 못한 때에는 정부는 국회에서 예산안이 의결될 때까지 다음의 목적을 위한 경비는 **전년도 예산에 준하여 집행**할 수 있다.
>
> 1. 헌법이나 법률에 의하여 설치된 **기관 또는 시설의 유지·운영** → 인건비, 관서운영비
> 2. **법률상 지출의무**의 이행 → 기초생활보장, 보훈보상금, 교부금
> 3. **이미 예산으로 승인된 사업의 계속** → 계속비

㉠ **현재 우리나라**에서 회계연도 개시 전까지 국회에서 예산안이 의결되지 못할 때 활용되는 제도

㉡ 국무회의 의결만으로 집행되고 **국회의 의결을 필요로 하지 않음.**

㉢ 1960년도에 도입하였으나 중앙정부 기준으로 **현재까지 활용된 경우는 없음.**

X [9급] 정부는 회계연도 개시 전까지 예산안이 의결되지 못한 때에는 전년도 예산에 준해 모든 예산을 편성해 운영할 수 있다.

O 정부는 회계연도 개시 전까지 예산안이 의결되지 못한 때에는 전년도 예산에 준해 일부(모든 ×) 예산을 편성해 운영할 수 있다.

기출 CHECK

1 다음 내용의 괄호 안에 해당하는 것은? 2016 국가직 9급

> 최근 미국은 의회의 연방예산처리 시한으로 예산편성 및 집행에 큰 어려움을 겪으면서 행정 업무가 마비되는 사태를 겪은 바 있다. 우리나라는 새로운 회계연도가 개시될 때까지 예산안이 국회에서 의결되지 못한 경우에 대비하여 (　　　　) 제도를 시행하고 있다.

① 준예산　　② 가예산　　③ 수정예산　　④ 잠정예산

① O 현재 우리나라에서 회계연도 개시 전까지 국회에서 예산안이 의결되지 못할 때 활용되는 예산불성립시의 예산은 전년도 예산에 준해서 집행하는 준예산 제도이다. 미국 등에서는 상정된 예산의 처음 몇 개월에 해당하는 잠정예산을 활용하고 있다. 가예산은 다음 회계연도의 처음 1개월분만 의결해 주는 것으로 우리나라가 과거 제1공화국에서 활용한 적이 있다. 정답 ①

체크포인트

우리나라에 존재하는 예산의 개념을 물어보는 기본적인 유형입니다. 특히 준예산은 본예산이 성립하지 않았을 때 활용된다는 것을 알고 있어야 합니다. 이 외에도 본예산, 본예산이 성립하기 전에 수정하는 수정예산, 본예산이 성립된 이후에 추가하는 추가경정예산도 개념의 비교가 가능하니 정확한 학습이 필요합니다.

2 추가경정예산에 대한 설명으로 옳지 않은 것은? 2013 지방직 9급

① 예산이 성립된 후에 생긴 사유로 이미 성립된 예산에 변경을 가할 필요가 있을 때 정부가 편성하는 예산이다.

② 예산 팽창의 원인이 될 수 있으므로, 국가재정법에서 그 편성사유를 제한하고 있다.

③ 과거에 추가경정예산이 편성되지 않은 연도도 있었다.

④ 본예산과 별개로 성립되므로 당해 회계연도의 결산에는 포함되지 않는다.

① O 추가경정예산은 정부가 국회로 예산안을 제출하고 국회에서 심의가 완료되어 본예산이 성립한 이후 추가적으로 변경하는 예산이다.

② O 추가경정예산은 이미 확정된 예산을 증액하는 성질이므로 남용된다면 예산 팽창의 원인이 될 수 있다. 이에 따라 국가재정법에서는 그 편성사유를 대규모 재해, 경기침체 등으로 제한하고 있다.

③ O 추가경정예산은 최근 들어 거의 매해 편성되고 있으나, 반드시 편성할 필요는 없으므로 편성되지 않은 연도도 있었다. 최근 20년 동안 2007년, 2010년, 2011년, 2012년, 2014년에는 추경이 편성되지 않았다.

④ X 추가경정예산이 본예산과 별개로 성립되는 것은 맞으나, 일단 성립되면 본예산과 통합하여 운용되며, 결산도 같이 받게 된다. 정답 ④

체크포인트

예산의 종류 주제에서 가장 많이 출제되는 주제가 추가경정예산입니다. 추가경정예산은 다양한 논점을 골고루 물어보고 있기 때문에 종합적인 학습이 필요합니다. 추가경정예산이 편성되는 시점, 추가경정예산의 편성 사유, 추가경정예산의 편성 횟수 여부, 성립 이후 결산 방식 등 기출된 모든 논점을 꼼꼼하게 학습할 수 있어야 합니다.

9급 25지, 24국, 24지, 15국
7급 23지, 22지, 21지, 18국, 17지

3 예산 편성 절차 A

기간	주요 내용	행위자
전년도 12월 말까지	국가재정운용계획 수립지침 통보	기획예산처 → 각 부처
1월 31일까지	중기사업계획서 제출	각 부처 → 기획예산처
3월 31일까지	예산안편성지침 통보 (국무회의 심의 및 대통령 승인 後)	기획예산처 → 각 부처
4월 ~ 5월	예산편성 및 예산요구서 작성	각 부처
5월 31일까지	예산요구서 제출	각 부처 → 기획예산처
6월 ~ 8월	정부예산안 작성	기획예산처
8월 말까지	예산안 확정 (국무회의 심의 및 대통령 승인 後)	기획예산처
회계연도 개시 120일 전까지(9월 3일)	예산안 국회 제출	정부

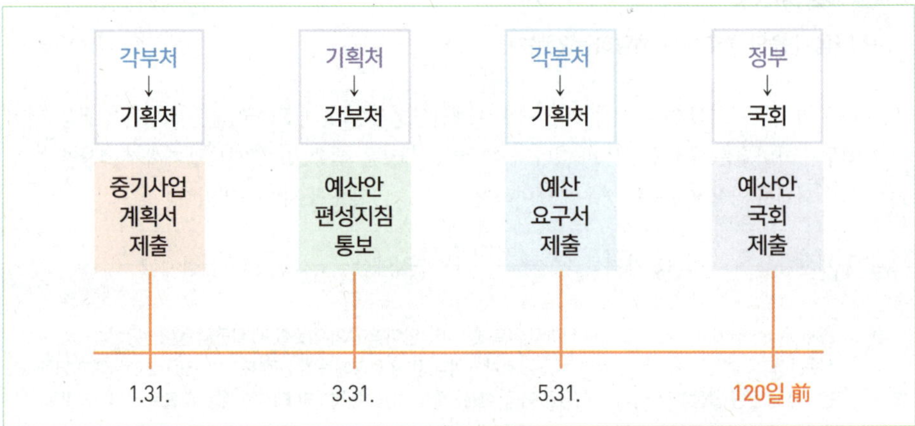

(1) 중기사업계획서 제출 → 1월 31일까지

국가재정법 제28조(중기사업계획서의 제출)
각 중앙관서의 장은 매년 **1월 31일까지** 해당 회계연도부터 **5회계연도 이상**의 기간 동안의 신규 사업 및 기획예산처장관이 정하는 주요 계속사업에 대한 **중기사업계획서를 기획예산처장관에게 제출**하여야 한다.

① **중기적 시각에서의 예산운용 기조를 반영**하여 기획예산처는 전년도 12월 말까지 다음 연도 국가재정운용계획 수립을 위한 지침을 작성하여 각 중앙관서로 통보

② 각 부처의 장은 이 지침을 토대로 매년 1월 31일까지 해당 회계연도로부터 5회계연도 이상의 기간 동안의 신규 사업 및 기획예산처 장관이 정하는 주요 계속사업에 대한 중기사업계획서를 기획예산처 장관에게 제출

(2) 예산안편성지침 통보 → 3월 31일까지

동법 제29조(예산안편성지침의 통보)

① 기획예산처장관은 국무회의의 심의를 거쳐 대통령의 승인을 얻은 다음 연도의 예산안편성지침을 매년 3월 31일까지 각 중앙관서의 장에게 통보하여야 한다.

② 기획예산처장관은 제7조의 규정에 따른 국가재정운용계획과 예산편성을 연계하기 위하여 제1항의 규정에 따른 예산안편성지침에 중앙관서별 지출한도를 포함하여 통보할 수 있다.

동법 제30조(예산안편성지침의 국회보고) 기획예산처장관은 각 중앙관서의 장에게 통보한 예산안편성지침을 국회 예산결산특별위원회에 보고하여야 한다.

(3) 부처 예산요구서 작성 및 제출 → 5월 31일까지

동법 제31조(예산요구서의 제출)

① 각 중앙관서의 장은 예산안편성지침에 따라 그 소관에 속하는 다음 연도의 세입세출예산 · 계속비 · 명시이월비 및 국고채무부담행위 요구서(예산요구서)를 작성하여 매년 5월 31일까지 기획예산처장관에게 제출하여야 한다.

② 예산요구서에는 대통령령으로 정하는 바에 따라 예산의 편성 및 예산관리기법의 적용에 필요한 서류를 첨부하여야 한다.

③ 기획예산처장관은 제출된 예산요구서가 예산안편성지침에 부합하지 아니하는 때에는 기한을 정하여 이를 수정 또는 보완하도록 요구할 수 있다.

① 계속비

동법 제23조(계속비)

① 완성에 수년이 필요한 공사나 제조 및 연구개발사업은 그 경비의 총액과 연부액(年賦額)을 정하여 미리 국회의 의결을 얻은 범위 안에서 수년도에 걸쳐서 지출할 수 있다.

② 제1항의 규정에 따라 국가가 지출할 수 있는 연한은 그 회계연도부터 5년 이내로 한다. 다만, 사업규모 및 국가재원 여건상 필요한 경우에는 예외적으로 10년 이내로 할 수 있다.

③ 기획예산처장관은 필요하다고 인정하는 때에는 국회의 의결을 거쳐 지출연한을 연장할 수 있다.

② 명시이월비

동법 제24조(명시이월비)

① 세출예산 중 경비의 성질상 연도 내에 지출을 끝내지 못할 것이 예측되는 때에는 그 취지를 세입세출예산에 명시하여 미리 국회의 승인을 얻은 후 다음 연도에 이월하여 사용할 수 있다.

예산안편성지침통보세부절차

- 통보 전 : 내부절차 (국무회의 심의 및 대통령승인)
- 통보 시 : 부처별 지출한도(총액) 통보
- 통보 후 : 예산결산특별위원회 보고

예산요구서항목

- 세입세출예산 → 1년
- 계속비, 명시이월비, 국고채무부담행위 → 1년 ×
- → 기획예산처 제출 → 국회 제출 → 국회 의결 → 집행 가능

PART 5

국고채무부담행위

25년 계약 → 27년 지출

당장 지출 ×
But 지출 예정 → 국회 사전의결

③ 국고채무부담행위

㉠ **개념** : 법률이나 해당년도의 세출예산 내지 계속비에 의하지 않고 **경비의 지출을 수반하는 계약을 체결**하는 것

㉡ **특징** : 연도 내에 계약을 체결하여야 하지만 **실제로 지출은 전부 또는 일부가 다음연도 이후**에 이루어지는 경우

예 토지나 가옥의 매입, 국제분담금의 인수, 원리금 보증 등

㉢ 국고채무부담행위는 **국가의 채무부담이라는 행위를 국회의 의결로 인정**하는 것이나, **지출 권한까지 부여하는 것은 아니므로** 실제 지출이 발생하는 시점에서 **해당 금액에 대해 다시 국회의 의결 필요**

동법 제25조(국고채무부담행위)

① 국가는 법률에 따른 것과 세출예산금액 또는 계속비의 총액의 범위 안의 것 외에 **채무를 부담하는 행위**를 하는 때에는 **미리 예산으로써 국회의 의결**을 얻어야 한다.

② 국가는 제1항에 규정된 것 외에 **재해복구를 위하여 필요한 때**에는 회계연도마다 국회의 의결을 얻은 범위 안에서 **채무를 부담하는 행위를 할 수 있다**. 이 경우 그 행위는 일반회계 예비비의 사용절차에 준하여 집행한다.

③ 국고채무부담행위는 사항마다 그 필요한 이유를 명백히 하고 그 행위를 할 연도 및 상환연도와 채무부담의 금액을 표시하여야 한다.

보충

예산총칙

국가재정법 제19조(예산의 구성)
예산은 **예산총칙 · 세입세출예산 · 계속비 · 명시이월비 및 국고채무부담행위를 총칭**한다.

동법 제20조(예산총칙)
① 예산총칙에는 세입세출예산 · 계속비 · 명시이월비 및 국고채무부담행위에 관한 **총괄적 규정**을 두는 외에 **다음 각 호의 사항을 규정**하여야 한다.
1. **국채와 차입금**의 한도액
2. **재정증권**의 발행과 **일시차입금**의 최고액
3. 그 밖에 예산집행에 관하여 필요한 사항

(4) 예산안의 편성 → 8월 말까지

동법 제32조(예산안의 편성)

기획예산처장관은 예산요구서에 따라 **예산안을 편성**하여 **국무회의의 심의**를 거친 후 **대통령의 승인**을 얻어야 한다.

동법 제40조(독립기관의 예산)

① 정부는 **독립기관(국회 · 대법원 · 헌법재판소 및 중앙선거관리위원회)의 예산을 편성**할 때 해당 **독립기관의 장의 의견을 최대한 존중**하여야 하며, 국가재정상황 등에 따라 **조정이 필요한 때에는 해당 독립기관의 장과 미리 협의**하여야 한다.

② 정부는 제1항의 규정에 따른 협의에도 불구하고 **독립기관의 세출예산요구액을 감액하고자 할 때**에는 **국무회의에서 해당 독립기관의 장의 의견**을 들어야 하며, 정부가 독립기관의 세출예산요구액을 **감액한 때**에는 그 규모 및 이유, 감액에 대한 **독립기관의 장의 의견을 국회에 제출**하여야 한다.

동법 제41조(감사원의 예산)

정부는 **감사원의 세출예산요구액을 감액**하고자 할 때에는 **국무회의에서 감사원장의 의견**을 들어야 한다.

(5) 예산안 확정 및 국회 제출 → 9월 3일까지(회계연도 개시 120일 전까지)

국가재정법 제33조(예산안의 국회제출)

정부는 대통령의 승인을 얻은 예산안을 **회계연도 개시 120일 전까지 국회에 제출**하여야 한다.

헌법 제54조

② 정부는 회계연도마다 예산안을 편성하여 **회계연도 개시 90일전까지 국회에 제출**하고, **국회는 회계연도 개시 30일전까지 이를 의결**하여야 한다.

기출 CHECK

1 우리나라의 예산과정에 대한 설명으로 옳지 않은 것은? 2015 국가직 9급

① 각 중앙관서의 장은 매년 1월 31일까지 당해 회계연도부터 5회계연도 이상의 기간 동안의 신규사업 및 기획예산처장관이 정하는 주요 계속사업에 대한 중기사업계획서를 기획예산처장관에게 제출하여야 한다.

② 국가가 특정한 목적을 위하여 특정한 자금을 신축적으로 운용할 필요가 있을 때에 법률로써 설치하는 기금은 세입세출예산에 의하지 아니하고 운용할 수 있다.

③ 예산안편성지침은 부처의 예산 편성을 위한 것이기 때문에 국무회의의 심의를 거쳐 대통령의 승인을 받아야 하지만 국회 예산결산특별위원회에 보고할 필요는 없다.

④ 정부는 회계연도마다 예산안을 편성하여 회계연도 개시 90일전까지 국회에 제출하도록 헌법에 규정되어 있다.

① O

국가재정법 제28조(중기사업계획서의 제출)

각 중앙관서의 장은 매년 1월 31일까지 당해 회계연도부터 5회계연도 이상의 기간 동안의 신규사업 및 기획예산처장관이 정하는 주요 계속사업에 대한 중기사업계획서를 기획예산처장관에게 제출하여야 한다.

② O 기금은 일반회계나 특별회계와 같은 세입세출예산과는 별도로 운용된다.

③ X 기획예산처장관은 국무회의 심의와 대통령의 승인을 얻은 다음 3월 31일까지 예산안편성지침을 각 중앙관서의 장에게 통보해야 하며, 지침을 통보한 후에는 국회 예산결산특별위원회에 보고하여야 한다.

국가재정법 제29조(예산안편성지침의 통보)

① 기획예산처장관은 국무회의의 심의를 거쳐 대통령의 승인을 얻은 다음 연도의 예산안편성지침을 매년 3월 31일까지 각 중앙관서의 장에게 통보하여야 한다.

동법 제30조(예산안편성지침의 국회보고)

기획예산처장관은 각 중앙관서의 장에게 통보한 예산안편성지침을 국회 예산결산특별위원회에 보고하여야 한다.

④ O 헌법에서는 정부의 예산편성 제출 시한을 회계연도 개시 90일 전까지로 규정하고 있으며, 국가재정법에서는 국회의 심의기간을 좀 더 보장해주기 위해 헌법 규정보다 30일 먼저인 120일 전까지 국회에 제출하도록 규정하고 있다.

정답 ③

체크포인트

예산편성절차는 까다롭고 복잡한 주제입니다. 하지만 종종 출제되기 때문에 준비해두어야 합니다. 처음 보면 복잡해 보이지만, 일종의 공식이 있기 때문에 이를 활용하면 생각보다 어렵지 않을 것입니다. 누가, 누구에게, 무엇을, 언제까지 전달하는지에 맞춰 각 절차를 훈련해 둔다면 여러분들만의 무기가 될 수 있는 주제입니다.

9급 18지, 17지, 15지
7급 22국

4 예산 편성 방식 B

(1) 이론적 접근

1) 상향적 예산편성(Bottom-up)

① **개념** : 전통적인 예산편성 방식으로, 각 부처에서 요구한 예산을 중앙예산기관에서 취합한 후 이를 조정함으로써 예산의 전체 규모와 배분이 결정되는 방식

② **특징 - 단점**

㉠ **게임으로서의 예산** : 일선 부처의 경우 사업을 지속하거나 확대하기를 원하고, 중앙예산기관은 항상 삭감에 주력하게 됨.

㉡ **지출의 지속적 증가** : 각 부처 내에서 실질적인 예산의 조정이나 삭감이 거의 이루어지지 않음.

㉢ **장기적 전략과 정치적 우선순위 반영 곤란** : 국가 전체적인 시각하에 재원배분의 우선순위를 반영해서 예산을 편성할 수 있는 여지가 상당히 줄어듦.

㉣ **부처의 자율성 제한** : 중앙예산기관이 각 부처의 사업과 예산에 대해 일일이 간섭하고 통제할 가능성 증대

2) 하향적 예산편성(Top-down)

① **개념** : 예산의 전체 규모, 예산의 전체적인 배분, 예산과 재정정책과의 관계, 예산배분의 우선순위 등을 미리 결정한 후 구체적인 사업 간 예산배분을 결정하는 방식

② **특징 - 장점**

㉠ **예산증가의 억제** : 미리 예산의 총액을 결정한 상태에서 예산편성이 진행되기 때문에 예산증가를 억제할 수 있음.

㉡ **예산배분을 위한 우선순위 설정** : 국가 전체적인 차원에서 우선순위를 명확히 한 상태에서 예산총액과 부처별 지출한도 결정

㉢ **자율성과 책무성의 연계** : 부처의 지출한도만 하향적으로 정해질 뿐 지출한도 내에서 어떻게 예산을 편성할 것인가는 각 부처의 자율적 판단과 결정에 따름.

㉣ **예산운용의 효율성 제고** : 부처별 지출한도 내에서 예산을 집행해야 하므로, 부처 내 사업 간 우선순위를 면밀하게 검토하여 효율성 제고

(2) 한국의 제도

Ⓧ [9급] 총액배분·자율편성제도에서 각 중앙부처는 소관 정책과 우선순위에 입각해 연도별 재정 규모, 분야별·부문별 지출한도를 제시한다.

Ⓞ 총액배분·자율편성제도에서 기획예산처(각 중앙부처 ×)는 소관 정책과 우선순위에 입각해 연도별 재정 규모, 분야별·부문별 지출한도를 제시한다.

1) 총액배분 · 자율편성 예산제도 : Top-down 예산제도

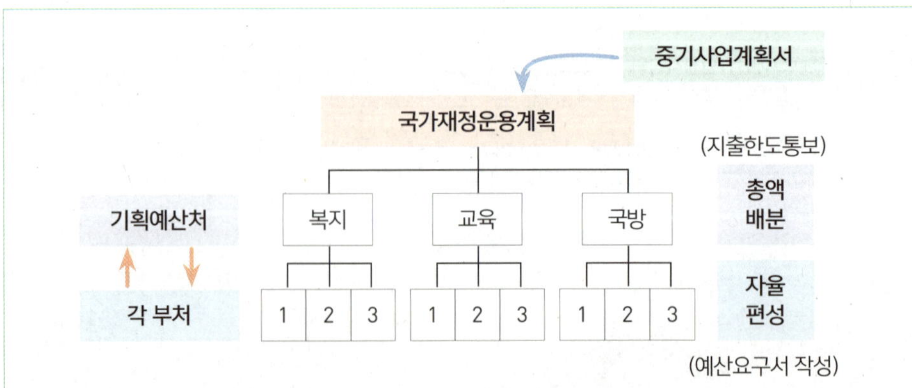

① 개념

㉠ 각 부처가 국가재정운용계획에 의해 설정된 **1년 예산상한선 내**에서 **자율적으로 예산을 편성**하는 제도

㉡ 사전에 결정된 예산의 지출한도 내에서 각 부처가 자율적으로 예산을 편성해 운영

② 특징

㉠ **전략기획**과 **분권 확대**를 예산편성 방식에 도입하기 위해 실시하고 있으며, 각 부처는 예산 총액 한도 내에서 자율과 책임을 갖게 함.

㉡ 분권화를 강조하지만 의사결정의 **주된 흐름은 하향적**이며, 기획예산처는 사업별 예산통제 기능을 유지

③ 장점

㉠ 한도액의 설정을 통해 각 부처의 **무분별한 예산 과다요구 등의 관행을 줄일 수 있음.**

㉡ 지출총액을 먼저 결정하므로 **국가의 전략적 정책기획**을 가능하게 하며, 미래예측을 강조함으로써 점증주의적 예산 편성 관행을 바꾸는 데 기여

㉢ 지출한도가 사전에 제시되기 때문에 부처의 재정사업에 대한 책임과 권한을 상화

㉣ 분야별 · 부처별 재원배분계획을 국무회의에서 함께 결정하기 때문에 예산결정과정의 투명성이 증가

④ **단점** : 재원배분 결정이 정치적 타협에 치우쳐 정책파행을 초래할 수 있으며, 국가재원의 전략적 배분을 위한 협의과정에서 갈등의 조정이 쉽지 않음.

기존 상향식(전통적 예산편성)

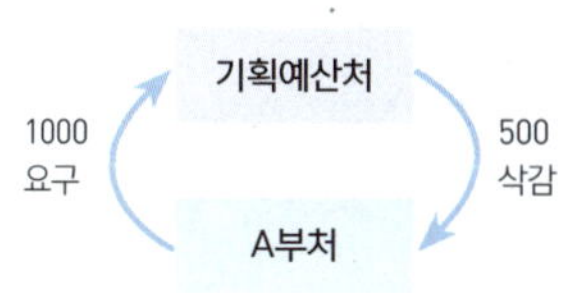

2) 국가재정운용계획*

① 개념

> **국가재정법 제7조(국가재정운용계획의 수립 등)**
>
> ① 정부는 재정운용의 효율화와 건전화를 위하여 매년 해당 회계연도부터 **5회계연도 이상의 기간**에 대한 **재정운용계획을 수립**하여 회계연도 개시 120일 **전까지 국회에 제출**하여야 한다.

② 특징

㉠ 국가재정운용계획에 포함된 재정배분 방향과 목표를 기초로 부처별 지출한도가 설정되고, 이에 따라 각 부처가 다음 회계연도의 예산을 편성

㉡ **국가재정운용계획**은 **총액배분 · 자율편성 예산제도**(Top down)와 **긴밀히게 연계**되어 운영

* 2004년 도입된 제도로, 근시안적인 단년도 예산운용 방식에서 벗어나 중장기적인 시각에서 전략적인 재원배분을 목적으로 하는 예산계획체계

PART 5

기출 CHECK

1 총액배분·자율편성제도에 대한 설명으로 옳지 않은 것은? 2018 지방직 9급

① 전략기획과 분권 확대를 예산편성 방식에 도입하기 위해 실시하고 있다.
② 각 중앙부처는 소관 정책과 우선순위에 입각해 연도별 재정 규모, 분야별 · 부문별 지출한도를 제시한다.
③ 지출한도가 사전에 제시되기 때문에 부처의 재정사업에 대한 책임과 권한을 강화할 수 있다.
④ 부처의 재량을 확대하였지만 기획예산처는 사업별 예산통제 기능을 유지하고 있다.

① O 총액배분·자율편성제도는 사전에 결정된 예산의 지출한도 내에서 각 부처가 자율적으로 예산을 편성해 운영하는 제도로, 전 정부적인 전략기획과 각 부처별 분권 확대를 모두 충족시키는 제도이다.
② X 연도별 재정 규모와 분야별 지출한도를 제시하는 것은 각 중앙부처가 아닌 국가예산 총괄부처인 기획예산처이다.
③ O 각 부처는 사전에 제시된 지출한도 내에서 사업을 자율적으로 운영하면서 이에 대한 책임과 권한을 갖게 된다.
④ O 총액배분·자율편성제도가 부처의 자율편성을 확대하는 것은 맞지만, 기획예산처가 설정한 한도 내에서 자율편성하는 것이고, 기획예산처는 예비타당성조사나 총사업비예산제도 등 다양한 수단을 통해 각 부처의 사업별 예산을 여전히 직·간접적으로 통제하고 있다. 정답 ②

체크포인트
우리나라의 제도를 체크할 때 가장 중요한 부분은 누가 어떤 역할을 하는가입니다. 그리고 각각의 역할을 바꿔 출제함으로써 수험생이 해당 부분을 정확하게 알고 있는지 체크할 수 있습니다. 총액배분·자율편성 예산제도는 기획재정부가 총액을 배분한 다음에, 각 부처가 자율적으로 편성하는 하향식 예산입니다. 기획예산처와 각 부처의 역할을 구분해서 정리해야 할 것입니다.

5 예산 분류 방식 B

9급 24지
7급 22지, 21지, 18지, 16국

(1) 이론적 접근

1) 의의

예산 분류 방식은 정책결정과 성과분석을 위한 기초로, 분야 · 부문 간 자원의 효율적 배분, 입법부에서 승인된 예산자원의 합목적적 사용, 회계책임의 명확화, 예산의 일상적 관리 등을 위해 중요

2) 분류 방식

① 소관(조직)별 분류

㉠ 교육부, 외교부 등 예산을 직접 사용하는 **조직을 중심**으로 예산을 분류하는 방식으로, 법적 통제와 책임성을 확보하는 데 적절
㉡ 소관별 분류를 통한 예산에 대한 통제는 지출의 대상에 따라 예산을 분류하는 품목별 분류와 결합됨으로써 더욱 강화
㉢ 정부가 어떤 일을 하고 있는가에 대한 정보를 제공하는 데는 미흡

조직별 VS 기능별

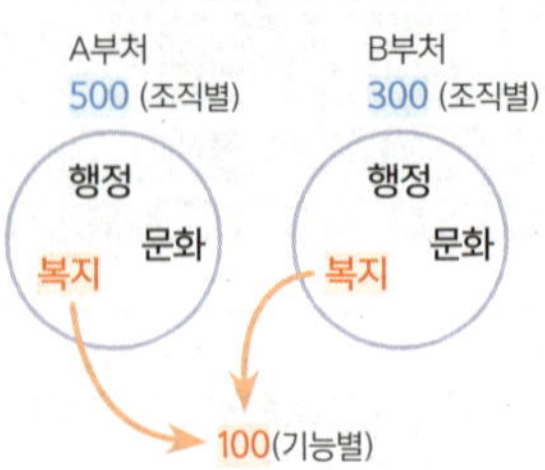

② 기능별 분류

㉠ 사회복지, 농림수산 등 **정부활동이 추구하는 궁극적인 사회경제적 목적**에 따라 예산을 분류하는 방식으로, 정부조직구조와는 독립적으로 이루어지는 것이 특징
㉡ 일반시민들이 정부의 활동에 관한 정보를 손쉽게 얻을 수 있기 때문에 **시민을 위한 분류**라고도 함.
㉢ 우리나라는 세출예산을 크게 16개 대기능(분야)으로 분류하고 이를 다시 세부기능(부문)으로 구분(문화 및 관광 분야 → 문화예술, 문화재, 체육 부문 등)

③ 경제적 분류

㉠ 인건비, 물건비, 고정자본 소비, 이자, 보조금, 보전금, 사회적 편익, 기타 경비 등 정부가 **재화와 서비스를 어떻게 제공**하고 **소득과 부를 어떻게 재분배**하는지를 기록하는 분류 방식

㉡ 국민경제활동의 구성과 수준에 미치는 영향을 파악하고, 고위정책결정자들에게 유용한 정보를 제공해 주는 방식

④ 성질별 분류

㉠ 지출 대상을 **유사한 성질별**로 묶어 분류하는 방법

㉡ 우리나라는 인건비, 물건비, 이전지출, 자산취득, 상환지출, 전출금, 예비비 및 기타 등 7가지 성질로 대분류하고 이를 다시 23개 목으로 세분류

⑤ 품목별 분류

㉠ 최하위 단위인 목에 의한 예산의 분류로, 정부활동을 위한 **투입, 즉 지출의 대상**에 초점을 맞추는 분류

㉡ 물건비(목) → 세목 : 운영비, 여비, 특수활동비, 업무추진비, 직무수행경비, 연구개발비 등

㉢ 소관별 분류나 성질별 분류의 세부항목으로 사용되는 것이 통상적

㉣ 사업의 지출성과와 결과에 대한 측정이 곤란

⑥ 프로그램 예산분류

㉠ 프로그램은 특정한 결과 혹은 정책목표를 달성하는 데 **필요한 사업들의 묶음**으로, 동일한 정책목표를 가진 단위사업들을 하나의 프로그램으로 묶어 예산 관리의 기본 단위로 삼는 방식

㉡ 프로그램의 구성 요소를 **프로그램 – 단위사업 – 세부사업** 등의 순서로 위계적으로 분류하는 것이 특징

㉢ 프로그램 예산분류는 지출의 결과에 초점을 맞춤으로써 지출의 우선순위 설정을 원활하게 할 수 있음.

㉣ 사업수행기관이 투입에 대한 세부적인 통제로부터 벗어나 사업의 수행방법에 대해 상당한 자율성을 갖게 됨.

㉤ 세부사업과 단위사업에 소요되는 비용의 주정을 통해 궁극적으로 프로그램에 소요되는 비용을 계산해 낼 수 있음.

품목별 VS 프로그램별

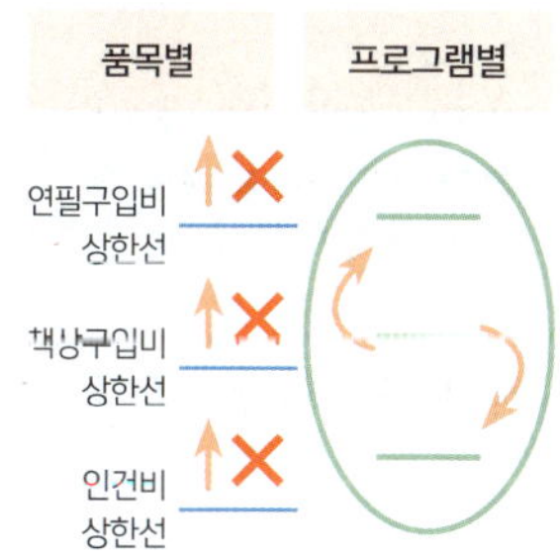

PART 5

(2) 우리나라의 제도

① 분류

소관별	기능별(프로그램)					품목별	
	장	관	항	세항	세세항	목	세목
	분야	부문	프로그램	단위사업	세부사업		
문화체육 관광부	문화 및 관광	문화예술 부문	콘텐츠 산업육성	문화 콘텐츠 산업육성	영상 콘텐츠 산업육성	여비	국내여비 국외여비
	3조	2조	5천억	3천억	3백억	5천만	2천/3천
	입법과목			행정과목			

② 특징

㉠ **전체 구조** : 세출예산을 **크게 소관별**로 분류한 다음, **기능별로 분류**하고, **최종적으로 품목**별로 분류하기 위한 분류체계

㉡ 소관별로 구분된 후 **기능을 중심으로 장 - 관 - 항 - 세항 - 세세항**으로 분류되고, 마지막으로 **경비 성질을 중심으로 목 - 세목**으로 분류

㉢ **2007년 프로그램 예산제도 도입**으로, 장(분야) - 관(부문) - 항(프로그램) - 세항(단위사업) - 세세항(세부사업)으로 구분

㉣ **장 - 관 - 항**은 국회의 의결을 거치는 **입법과목**이며, **세항 - 목**은 행정부의 자유재량에 맡겨져 있는 **행정과목**

보충

세입예산과 세출예산의 과목구분

세출예산은 장 · 관 · 항 · 세항 · 목으로 구분하나, 세입예산은 관 · 항 · 목으로 구분

> **국가재정법 시행령 제7조(예산의 과목구분)**
> **세입예산**의 **관 · 항 · 목**의 구분과 설정, **세출예산** 및 계속비의 **장 · 관 · 항 · 세항 · 목**의 구분과 설정, 국고채무부담행위의 사항 구분은 기획예산처장관이 정하는 바에 따른다.

체크포인트

우리나라 예산의 분류는 암기가 필요한 주제입니다. 특히 장-관-항 및 분야-부문 등의 예산의 분류와 관련된 순서는 정확한 암기가 필요하니 열심히 훈련해야 할 것입니다. 암기뿐만 아니라 프로그램 예산제도의 취지를 이해하는 것도 중요합니다. 기존의 품목별 예산을 프로그램으로 묶어서 관리하게 되었을 때, 어떤 장점이 발생하는지 학습하는 것이 필요합니다.

기출 CHECK

1 2000년대 초반 도입된 한국의 프로그램 예산제도에 대한 설명으로 옳지 않은 것은?

2018 지방직 7급

① 프로그램 예산제도는 현재 운영되지 않는 제도이다.
② 프로그램 예산분류(과목) 체계는 분야 - 부문 - 프로그램 - 단위사업 - 세부사업 등으로 구성된다.
③ 프로그램 예산제도 도입 시 비목(품목)의 개수를 대폭 축소함으로써 비목 간 칸막이를 최대한 줄였다.
④ 프로그램 예산제도는 정책과 성과중심의 예산운영을 위해 설계 · 도입된 제도이다.

① X 우리나라는 2007년 프로그램 예산제도를 도입한 후 지금까지 운영하고 있다.
② O 한국의 프로그램 예산제도는 예산분류를 분야, 부문, 프로그램, 단위사업, 세부사업으로 구성하고 있다.
③ O 프로그램 예산제도가 도입되기 전에는 대부분 품목별 예산제도로 운영되었다. 프로그램 예산제도 도입 후에는 여러 품목을 묶어 사업별 예산을 운영하기 때문에 품목의 개수가 대폭 축소되고 품목 간의 칸막이를 넘나드는 유기적 조정이 가능해졌다.
④ O 동일한 정책목표를 가진 단위사업들을 프로그램으로 묶어 예산 관리의 기본 단위로 삼는 방식이므로 정책과 성과중심의 예산운영에 도움이 된다.

정답 ①

심화 중앙예산기관의 변천

- 1948년 : 최초의 중앙예산기관인 기획처 예산국을 국무총리 직속으로 설치(예산을 제외한 수입·지출과 같은 재정업무는 1948년 신설된 재무부에서 담당)
- 1961년 : 기획처가 확대된 경제기획원이 중앙예산기관 역할 담당(재무부는 수입·지출의 총괄기능 담당)
- 1994년 : 경제기획원과 재무부를 재정경제원으로 통합
- 1998년 : 재정경제원을 재정경제부와 기획예산처로 분리
- 2008년 : 재정경제부와 기획예산처를 통합하여 기획재정부 설립(기획재정부의 예산실이 중앙예산기관의 역할을 담당)
- 2026년: 기획재정부를 재정경제부와 기획예산처로 분리

2 예산의 심의

1 예산심의의 특징 C

(1) 개념

① 예산심의는 행정부가 제출한 예산안을 **입법부가 검토**하고 예산을 최종적으로 조정 · 배분하는 과정

② 정부의 세입과 세출을 위해 **의회의 사전 승인**이 있어야 한다는 재정민주주의의 핵심

(2) 연혁

① 민주주의 발전 초기 단계에는 의회가 직접 예산을 편성한 후 행정부가 단순히 집행하는 형태

② 20세기 들어 행정부가 직접 예산안을 편성하고 이를 의회에 제출하여 의회에서 심의 · 의결하는 형태인 '행정부편성예산제도'가 등장

심화 상황별 예산심의의 성격

1. 정부형태
   ① 대통령중심제 : 대통령이 의회에 제출하는 예산안은 단순히 행정부가 의회에 추천하는 안일뿐이며, 의회가 예산안을 완전히 새롭게 편성할 수 있는 권한을 보유
   ② 의원내각제 : 의회 선거에서 승리한 정당이 정당의 의원들로 행정부를 구성하므로, 예산과정에서 의회의 역할은 미미
2. 정당형태 : 양당제보다는 다당제의 경우 의회의 역할이 강하게 나타나며, 단원제보다는 양원제 국가에서 의회의 역할이 강하게 나타남.

9급 16국, 13지
7급 16지, 15지

국회 심의 ＜ 감액 → 정부동의 ×
증액 → 정부동의 ○

2 예산심의 절차 Ⓐ

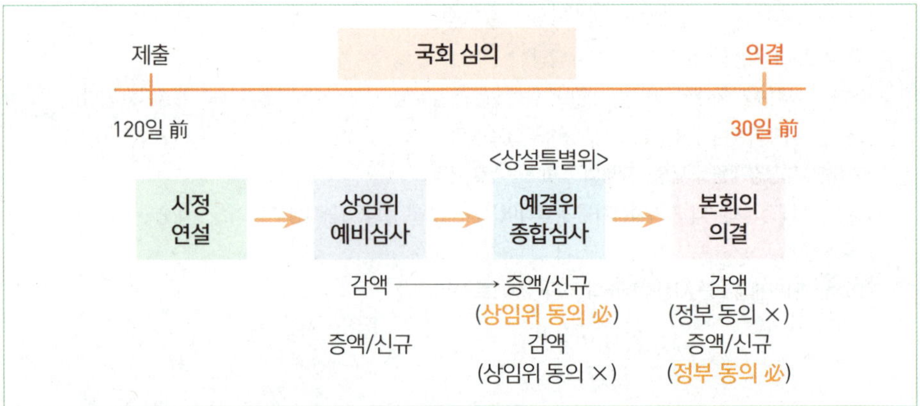

(1) 시정연설 및 상임위원회 예비심사

> **국회법 제84조(예산안·결산의 회부 및 심사)**
> ① 예산안과 결산은 **소관 상임위원회에 회부**하고, **소관 상임위원회는 예비심사**를 하여 그 결과를 의장에게 보고한다. 이 경우 예산안에 대해서는 본회의에서 **정부의 시정연설**을 듣는다.
> ⑥ **의장**은 예산안과 결산을 소관 상임위원회에 회부할 때에는 심사기간을 정할 수 있으며, **상임위원회가 이유 없이 그 기간 내에 심사를 마치지 아니한 때**에는 이를 바로 **예산결산특별위원회에 회부**할 수 있다.

① **시정연설** : 내년도 정부사업의 우선순위와 이에 따른 예산배분의 방향을 설명하고 국회의 협조를 요청

② **상임위원회 예비심사**

㉠ 각 부처를 담당하는 **소관 상임위원회별로 심사가 진행**되는데, 국회에서는 **본회의보다 상임위원회와 예산결산특별위원회를 중심**으로 예산을 심의

㉡ **절차** : 부처 장의 제안설명 → 전문위원 검토보고 → 대체토론 → 소위원회 심사 및 보고 → 찬반토론 → 의결

㉢ 예산심의 과정에서 국회 상임위원회가 소관 부처의 이해관계를 대변할 수도 있음.

(2) 예산결산특별위원회 종합심사

① **예산결산특별위원회** : 2000년 2월부터 **상설 특별위원회**로 운영

> **동법 제45조(예산결산특별위원회)**
> ① 예산안, 기금운용계획안 및 결산을 심사하기 위하여 **예산결산특별위원회**를 둔다.
> ② 예산결산특별위원회의 **위원 수는 50명**으로 한다. 이 경우 의장은 교섭단체 소속 의원 수의 비율과 상임위원회 위원 수의 비율에 따라 각 교섭단체 대표의원의 요청으로 위원을 선임한다.
> ③ 예산결산특별위원회 위원의 **임기는 1년**으로 한다. 다만, 국회의원 총선거 후 처음 선임된 위원의 임기는 선임된 날부터 개시하여 의원의 임기 개시 후 1년이 되는 날까지로 하며, 보임되거나 개선된 위원의 임기는 전임자 임기의 남은 기간으로 한다.

④ 예산결산특별위원회의 위원장은 예산결산특별위원회의 위원 중에서 임시의장 선거의 예에 준하여 본회의에서 선거한다.

② **절차** : 기획예산처 장관의 제안설명 → 전문위원의 검토보고 → 종합정책질의 → 부별 심사 → 예산안 등 조정소위원회 심사 및 보고 → 찬반토론 → 의결

동법 제84조(예산안·결산의 회부 및 심사)

② **의장은** 예산안과 결산에 제1항의 보고서를 첨부하여 이를 **예산결산특별위원회에 회부**하고 그 **심사가 끝난 후 본회의에 부의**한다.

③ 예산결산특별위원회의 예산안 및 결산 심사는 제안설명과 전문위원의 검토보고를 듣고 종합정책질의, 부별 심사 또는 분과위원회 심사 및 찬반토론을 거쳐 표결한다. 이 경우 위원장은 종합정책질의를 할 때 간사와 협의하여 각 교섭단체별 대표질의 또는 교섭단체별 질의시간 할당 등의 방법으로 그 기간을 정한다.

③ **특징** : 소관 상임위원회의 **예비심사과정에서 삭감한 사항을 예결위에서 원상회복**하는 경우 반드시 **소관 상임위원회의 동의**가 필요

동법 제84조(예산안·결산의 회부 및 심사)

⑤ 예산결산특별위원회는 **소관 상임위원회의 예비심사 내용을 존중**하여야 하며, 소관 상임위원회에서 **삭감한 세출예산 각 항의 금액을 증가**하게 하거나 **새 비목(費目)을 설치**할 경우에는 **소관 상임위원회의 동의**를 받아야 한다.

⑥ **의장**은 예산안과 결산을 소관 상임위원회에 회부할 때에는 심사기간을 정할 수 있으며, **상임위원회가 이유 없이 그 기간 내에 심사를 마치지 아니한 때**에는 이를 바로 **예산결산특별위원회에 회부**할 수 있다.

(3) 본회의 심의 및 의결 → 회계연도 개시 30일 전까지

① **절차** : 예결위원장의 심사보고 → 질의 및 토론 → 의결

② **특징**

㉠ 일반적으로 예산의 심의에서 **본회의는 형식적**인 경우가 많음.

㉡ 국회 심의 결과 정부예산이 삭감되기도 하고 증액되기도 하는데, 국회에서 당초 **정부예산을 증액하거나 새 비목을 실시**하려면 반드시 **정부의 동의**가 필요

헌법 제54조

② 정부는 회계연도마다 예산안을 편성하여 회계연도 개시 90일전까지 국회에 제출하고, **국회는 회계연도 개시 30일전까지 이를 의결**하여야 한다.

헌법 제57조

국회는 **정부의 동의없이** 정부가 제출한 지출예산 각 항의 **금액을 증가하거나 새 비목을 설치할 수 없다.**

ⓧ [7급] 국회에 제출된 법률안은 의결기한에 제한이 없으나, 예산안은 매년 12월 2일까지 예산결산특별위원회의 심사를 마쳐야 한다.

ⓞ 국회에 제출된 법률안은 의결기한에 제한이 없으나, 예산안은 매년 12월 2일까지 본회의(예산결산특별위원회 ×)의 심사를 마쳐야 한다.

체크포인트

예산의 심의는 크게 세 가지 출제포인트가 존재합니다. 우선 예산심의의 순서를 정확하게 알고 있어야 합니다. 그 다음으로는 예산 심의 과정에서 예산의 증액이 필요했을 때, 상임위 또는 정부의 동의가 필요하다는 점을 알고 있어야 합니다. 마지막으로 예산결산특별위원회가 상설위원회라는 점도 중요합니다.

기출 CHECK

1 국회의 예산심의에 대한 설명으로 옳지 않은 것은? 2016 국가직 9급

① 상임위원회의 예비심사를 거친 정부예산안은 예산결산특별위원회에 회부되고, 예산결산특별위원회에서 종합심사가 종결되면 본회의에 부의된다.

② 예산결산특별위원회는 소관 상임위원회의 동의 없이 상임위원회에서 삭감한 세출예산 각 항의 금액을 증액할 수 있다.

③ 국회는 정부의 동의 없이 정부가 제출한 지출예산 각 항의 금액을 증가하거나 새 비목을 설치할 수 없다.

④ 국회의장은 예산안을 소관 상임위원회에 회부할 때에는 심사 기간을 정할 수 있으며, 상임위원회가 이유없이 그 기간 내에 심사를 마치지 아니한 때에는 이를 바로 예산결산특별위원회에 회부할 수 있다.

① O 상임위원회의 예비심사 → 예산결산특별위원회 종합심사 → 본회의 부의의 순서대로 국회의 예산심의가 진행된다.

② X 예산결산특별위원회는 소관 상임위원회의 동의 없이 예산을 증액할 수 없다. 소관 상임위원회가 삭감한 사안을 원상회복하기 위해서는 소관 상임위원회의 동의가 필요하다.

③ O 헌법 제57조에 따라, 국회에서 당초 정부가 제출한 예산을 증액하거나 새로운 비목을 설치하려고 할 경우에는 정부의 동의를 받아야 한다.

④ O

> 국회법 제84조(예산안·결산의 회부 및 심사)
> ⑥ 의장은 예산안과 결산을 소관 상임위원회에 회부할 때에는 심사기간을 정할 수 있으며, 상임위원회가 이유 없이 그 기간 내에 심사를 마치지 아니한 때에는 이를 바로 예산결산특별위원회에 회부할 수 있다.

정답 ②

3 예산의 집행

9급 14국
7급 22국, 22지

1 예산집행 과정 B: 배정 · 재배정 → 지출원인행위 → 지출

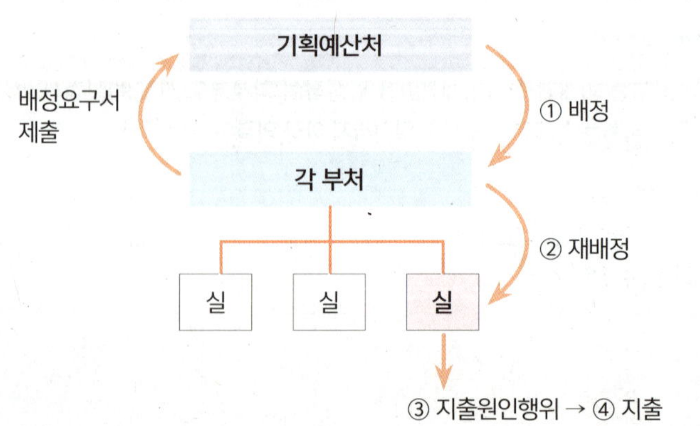

(1) 배정 · 재배정

1) 개념

① 예산의 배정 : **중앙예산기관**이 각 부처에게 **지출을 할 수 있는 권한을 부여**하는 행위

> **국가재정법 제42조(예산배정요구서의 제출)**
>
> **각 중앙관서의 장**은 예산이 확정된 후 사업운영계획 및 이에 따른 세입세출예산 · 계속비와 국고채무부담행위를 포함한 **예산배정요구서**를 **기획예산처장관에게 제출**하여야 한다.
>
> **동법 제43조(예산의 배정)**
>
> ① **기획예산처장관**은 예산배정요구서에 따라 **분기별 예산배정계획을 작성**하여 국무회의의 심의를 거친 후 **대통령의 승인**을 얻어야 한다.
>
> ② 기획예산처장관은 **각 중앙관서의 장에게 예산을 배정**한 때에는 재정경제부와 **감사원에 각각 통지**하여야 한다.
>
> ④ 기획예산처장관은 예산의 효율적인 집행관리를 위하여 필요한 때에는 제1항의 규정에 따른 분기별 예산배정계획에도 불구하고 개별사업계획을 검토하여 그 결과에 따라 예산을 배정할 수 있다.
>
> ⑤ 기획예산처장관은 재정수지의 적정한 관리 및 예산사업의 효율적인 집행관리 등을 위하여 필요한 때에는 제1항의 규정에 따른 분기별 예산배정계획을 조정하거나 예산배정을 유보할 수 있으며, 배정된 예산의 집행을 보류하도록 조치를 취할 수 있다.

② 예산의 재배정

㉠ **각 행정부처의 장**이 **각 실무부서**에게 지출을 할 수 있는 권한을 부여하는 행위

㉡ 국회에서 예산을 의결할 때는 예산의 장 - 관 - 항까지는 의결하지만(입법과목), 예산을 배정할 때는 이보다 더 세부적인 세항 - 목까지 분류해서 지출권한 부여(행정과목)

> **동법 제43조의2(예산의 재배정)**
>
> ① **각 중앙관서의 장**은 재무관으로 하여금 **지출원인행위**를 하게 할 때에는 **배정된 세출예산의 범위** 안에서 재무관별로 **세출예산재배정계획서를 작성**하고 이에 따라 **세출예산을 재배정**하여야 한다.
>
> ② 각 중앙관서의 장은 예산집행에 필요하다고 인정할 때에는 제1항에 따라 작성한 **세출예산재배정계획서를 변경**할 수 있고 이에 따라 세출예산을 재배정하여야 한다.

2) 특징

① 예산의 배정과 재배정 모두 **관리적 기능** 및 **거시경제적 기능**을 수행

② 각 부처가 모든 재원을 조기에 사용하지 못하게 함으로써 궁극적으로는 추가경정예산편성의 필요를 최소화하고, 지출과 지출원인행위의 시기와 속도를 조절함으로써 경기를 조절하고자 하는 목적도 포함

③ 필요한 때에는 **회계연도 개시 전에 예산배정** 가능

보충

예산배정 및 자금배정

① **예산배정** : 각 부처에서 **예산을 사용할 수 있는 권리를 부여**하는 것으로, **예산배정이 이루어져야 계약 등 지출원인행위가 가능**

② **자금배정** : 각 부처에서 **자금을 사용할 수 있는 권리를 부여**하는 것으로, **자금배정이 이루어져야 실제 현금지출이 가능**

> **국고금관리법 제30조(자금계획)**
>
> ① **예산이 성립**되면 **중앙관서의 장**은 수입 · 지출의 전망과 그 밖에 자금의 출납에 관한 사항을 종합적으로 고려한 **월별 자금계획서를 작성하여 재정경제부장관에게 제출**하여야 한다.
>
> ② **재정경제부장관**은 제1항에 따른 **계획서를 종합하여 월별 자금계획을 작성**한다.
>
> ③ **중앙관서의 장**은 제2항에 따라 작성된 월별 자금계획에 따라 **월별 세부자금계획서를 작성하여 매월 재정경제부장관에게 제출**하여야 한다.
>
> ④ **재정경제부장관**은 제3항에 따라 중앙관서의 장이 제출한 월별 세부자금계획서를 종합하여 **월별 세부자금계획을 작성**하고 이를 **중앙관서의 장 및 한국은행에 통지**하여야 한다.

(2) 지출 원인행위

현금의 지급을 수반하기 전에 지출이 궁극적으로 이루어지게끔 하는 원인행위로, 통상적으로 계약의 체결이나 재화의 주문의 형태

(3) 지출

실질적으로 계약체결의 당사자에게 계좌이제 혹은 현금 등을 지급하는 행위

심화 회계연도 개시 전 예산배정

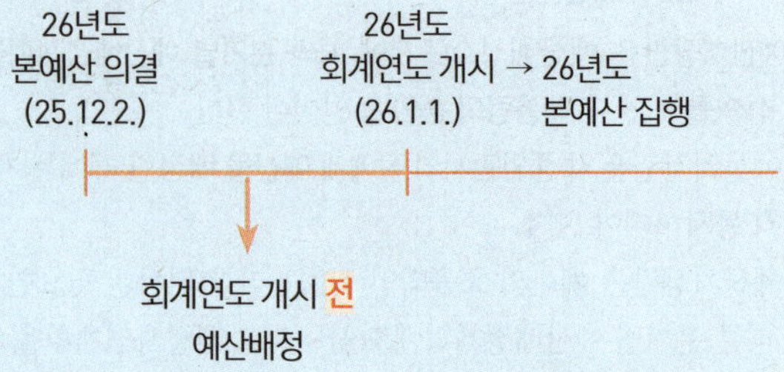

국가재정법 제43조

③ 기획예산처장관은 필요한 때에는 대통령령이 정하는 바에 따라 회계연도 개시 전에 예산을 배정할 수 있다.

동법 시행령 제16조

⑤ 회계연도 개시 전에 예산을 배정할 수 있는 경비는 다음 각 호와 같다.

1. 외국에서 지급하는 경비
2. 선박의 운영 · 수리 등에 소요되는 경비
3. 교통이나 통신이 불편한 지역에서 지급하는 경비
4. 각 관서에서 필요한 부식물의 매입경비
5. 범죄수사 등 특수활동에 소요되는 경비
6. 여비
7. 경제정책상 조기집행을 필요로 하는 공공사업비
8. 재해복구사업에 소요되는 경비

기출 CHECK

1 예산의 집행에 대한 설명으로 옳은 것은? 2020 국가직 9급

① 기획예산처장관은 각 중앙관서의 장에게 예산을 배정한 때에는 재정경제부와 감사원에 각각 통지하여야 한다.

② 기획예산처장관은 반기별 예산배정계획을 작성하여 국회의 심의를 받은 뒤에 예산을 배정한다.

③ 중앙관서의 장에게 자금을 사용할 수 있는 권한을 부여하는 것을 예산 재배정이라고 한다.

④ 기획예산처장관은 매년 2월 말까지 예산집행지침을 각 중앙관서의 장과 국회예산정책처에 통보하여야 한다.

① O

> **국가재정법 제43조(예산의 배정)**
> ② 기획예산처장관은 각 중앙관서의 장에게 예산을 배정한 때에는 재정경제부와 감사원에 각각 통지하여야 한다.

② X 기획예산처 장관은 반기별이 아닌 분기별로 예산배정계획을 작성한다. 또한 예산의 집행과정에서는 국회의 심의를 받는 것이 아니라, 정부내부 절차 중 하나인 국무회의의 심의를 받는다.

> **동법 제43조(예산의 배정)**
> ① 기획예산처장관은 예산배정요구서에 따라 분기별 예산배정계획을 작성하여 국무회의의 심의를 거친 후 대통령의 승인을 얻어야 한다.

③ X 중앙관서의 장에게 자금을 사용할 수 있는 권한을 부여하는 것은 예산의 배정이다. 반면 예산의 재배정은 각 행정부처의 장이 각 실무부서에게 지출을 할 수 있는 권한을 부여하는 행위이다.

④ X 예산집행지침은 기획예산처장관이 각 중앙관서의 장에게 매년 1월말까지 통보한다.

> **동법 시행령 제18조(예산집행지침의 통보)**
> ① 기획예산처장관은 예산집행지침을 매년 1월말까지 각 중앙관서의 장에게 통보하여야 한다.

정답 ①

체크포인트

예산의 집행을 가장 꼼꼼하게 물어봤던 문제이므로 학습할 때 도움을 많이 받을 수 있을 것입니다. 큰 틀에서 배정과 재배정을 비교하는 것도 중요하고, 예산을 배정한 다음에 재정경제부와 감사원에 통지한다는 세부 절차도 놓치지 않아야 합니다. 또한 국회의 심의가 이미 끝난 상태에서 정부의 예산 집행이 이루어지는 것이므로, 정부가 예산을 집행하는 과정에서는 국회의 심의는 필요 없다는 점도 논리적으로 이해해 두면 좋겠습니다.

9급 24지, 22국, 19국
7급 21국, 16지, 15국, 15지

예산 집행
- 원칙 : 통제(배정·재배정)
- 예외 : 신축
  - 원칙 : 국회승인 ○
  - 예외 : 국회승인 ×

2 예산집행의 신축성 유지방안 A

(1) 목적

계획의 본래 취지에 따라 예산이 집행될 수 있도록 행정기관이 **재량권을 행사**하는 것

(2) 신축성 유지방안

1) 이용·전용·이체

① 이용(移用) : **입법과목(장 – 관 – 항) 간의 상호융통**으로, 예산의 목적 외 사용을 금지하는 **한정성 원칙의 예외**적 장치(국회 승인 ○)

> **국가재정법 제47조(예산의 이용·이체)**
>
> ① 각 중앙관서의 장은 예산이 정한 각 기관 간 또는 각 **장·관·항 간에 상호 이용**(移用)할 수 없다. 다만, 다음 각 호의 어느 하나에 해당하는 경우에 한정하여 미리 예산으로써 **국회의 의결을 얻은 때에는 기획예산처장관의 승인**을 얻어 이용하거나 **기획예산처장관이 위임하는 범위 안에서 자체적으로 이용**할 수 있다.
>
> 1. 법령상 지출의무의 이행을 위한 경비 및 기관운영을 위한 필수적 경비의 부족액이 발생하는 경우
> 2. 환율변동·유가변동 등 사전에 예측하기 어려운 불가피한 사정이 발생하는 경우
> 3. 재해대책 재원 등으로 사용할 시급한 필요가 있는 경우
> 4. 그 밖에 대통령령으로 정하는 경우
>
> ③ 각 중앙관서의 장은 제1항 단서의 규정에 따라 예산을 자체적으로 이용한 때에는 **재정경제부장관, 기획예산처장관 및 감사원에 각각 통지**하여야 하며, 기획예산처장관은 제1항 단서의 규정에 따라 이용의 승인을 하거나 제2항의 규정에 따라 예산을 이용 또는 이체한 때에는 그 중앙관서의 장, 재정경제부장관 및 감사원에 각각 통지하여야 한다.
>
> ④ 각 중앙관서의 장이 제1항 또는 제2항에 따라 이용 또는 이체를 한 경우에는 분기별로 분기만료일이 속하는 달의 다음 달 말일까지 그 이용 또는 이체 내역을 **국회 소관 상임위원회와 예산결산특별위원회에 제출**하여야 한다.

ⓧ [9급] 예산의 전용을 위해서 정부 부처는 미리 국회의 승인을 받아야 한다.
ⓞ 예산의 이용(전용 ×)을 위해서 정부 부처는 미리 국회의 승인을 받아야 한다.

② 전용(轉用) : **행정과목(세항 – 목) 간의 상호융통**으로, **국회의 승인 없이** 정부 내부 절차만 요구(한정성 원칙 예외)

> **동법 제46조(예산의 전용)**
>
> ① 각 중앙관서의 장은 예산의 목적범위 안에서 재원의 효율적 활용을 위하여 대통령령으로 정하는 바에 따라 **기획예산처장관의 승인**을 얻어 각 **세항 또는 목의 금액을 전용**할 수 있다. 이 경우 사업 간의 유사성이 있는지, 재해대책 재원 등으로 사용할 시급한 필요가 있는지, 기관운영을 위한 필수적 경비의 충당을 위한 것인지 여부 등을 종합적으로 고려하여야 한다.
>
> ② 각 중앙관서의 장은 제1항에도 불구하고 회계연도마다 **기획예산처장관이 위임하는 범위** 안에서 **각 세항 또는 목의 금액을 자체적으로 전용**할 수 있다.
>
> ③ 제1항 및 제2항에도 불구하고 각 중앙관서의 장은 다음 각 호의 어느 하나에 해당하는 경우에는 **전용할 수 없다**.
>
> 1. **당초 예산에 계상되지 아니한 사업**을 추진하는 경우

2. 국회가 의결한 취지와 다르게 사업 예산을 집행하는 경우

④ 기획예산처장관은 제1항의 규정에 따라 전용의 승인을 한 때에는 그 전용명세서를 그 중앙관서의 장, 재정경제부장관 및 감사원에 각각 송부하여야 하며, 각 중앙관서의 장은 제2항의 규정에 따라 전용을 한 때에는 전용을 한 과목별 금액 및 이유를 명시한 명세서를 재정경제부장관, 기획예산처장관 및 감사원에 각각 송부하여야 한다.

⑤ 각 중앙관서의 장이 제1항 또는 제2항에 따라 전용을 한 경우에는 분기별로 분기만료일이 속하는 달의 다음 달 말일까지 그 전용 내역을 국회 소관 상임위원회와 예산결산특별위원회에 제출하여야 한다.

⑥ 제1항 또는 제2항의 규정에 따라 전용한 경비의 금액은 세입세출결산보고서에 이를 명백히 하고 이유를 기재하여야 한다.

③ **이체(移替)** : 정부조직 등에 변경이 있을 때 중앙관서장의 요구에 의하여 기획예산처장관이 허용하는 제도로, 국회의 승인이나 의결을 얻지 않아도 되는 것

동법 제47조(예산의 이용·이체)

② 기획예산처장관은 정부조직 등에 관한 법령의 제정·개정 또는 폐지로 인하여 중앙관서의 직무와 권한에 변동이 있는 때에는 그 중앙관서의 장의 요구에 따라 그 예산을 상호 이용하거나 이체(移替)할 수 있다.

④ 각 중앙관서의 장이 제1항 또는 제2항에 따라 이용 또는 이체를 한 경우에는 분기별로 분기만료일이 속하는 달의 다음 달 말일까지 그 이용 또는 이체 내역을 국회 소관 상임위원회와 예산결산특별위원회에 제출하여야 한다.

2) 예비비와 계속비

① **예비비** : 예산편성시에는 미처 예측할 수 없는 사태에 대처하기 위해 별도의 금액을 처음부터 계상해 놓는 비용(국회 승인 ○)

동법 제22조(예비비)

① 정부는 예측할 수 없는 예산 외의 지출 또는 예산초과지출에 충당하기 위하여 일반회계 예산총액의 100분의 1 이내의 금액을 예비비로 세입세출예산에 계상할 수 있다. 다만, 예산총칙 등에 따라 미리 사용목적을 지정해 놓은 예비비는 본문의 규정에 불구하고 별도로 세입세출예산에 계상할 수 있다.

② 제1항 단서의 규정에 불구하고 공무원의 보수 인상을 위한 인건비 충당을 위하여는 예비비의 사용목적을 지정할 수 없다.

동법 제51조(예비비의 관리와 사용)

① 예비비는 기획예산처장관이 관리한다.

② 각 중앙관서의 장은 예비비의 사용이 필요한 때에는 그 이유 및 금액과 추산의 기초를 명백히 한 명세서를 작성하여 기획예산처장관에게 제출하여야 한다. 다만, 대규모 재난에 따른 피해의 신속한 복구를 위하여 필요한 때에는 피해상황보고를 기초로 긴급구호, 긴급구조 및 복구에 소요되는 금액을 개산(概算)하여 예비비를 신청할 수 있다.

④ 일반회계로부터 전입받은 특별회계는 필요한 경우에는 일반회계 예비비를 전입받아 그 특별회계의 세출로 사용할 수 있다.

보충

목적예비비

① **개념** : 사용목적을 특정하지 않는 일반예비비와는 달리 사용목적을 미리 지정해 놓는 예비비

국가재정법 제22조(예비비)

① 정부는 예측할 수 없는 예산 외의 지출 또는 예산초과지출에 충당하기 위하여 일반회계 예산총액의 100분의 1 이내의 금액을 예비비로 세입세출예산에 계상할 수 있다. 다만, 예산총칙 등에 따라 미리 사용목적을 지정해 놓은 예비비는 본문에도 불구하고 별도로 세입세출예산에 계상할 수 있다.

② **사용목적** : 재해대책비, 환율변동으로 인한 원화부족액 보전 경비, 수출규제 및 국제통상 마찰에 대응하기 위한 재정지원 등 지정된 목적을 위해 사용

② **계속비** : 지출의 성격상 한 회계연도 내에 지출이 모두 이뤄지지 못하고 **수년에 걸쳐 지출**이 이루어지는 경우(국회 승인 ○)

> **동법 제23조(계속비)**
>
> ① 완성에 **수년이 필요한 공사나 제조 및 연구개발사업**은 그 경비의 총액과 연부액(年賦額)을 정하여 미리 **국회의 의결**을 얻은 범위 안에서 **수년도에 걸쳐서 지출**할 수 있다.
>
> ② 제1항의 규정에 따라 국가가 지출할 수 있는 연한은 **그 회계연도부터 5년 이내**로 한다. 다만, 사업규모 및 국가재원 여건을 고려하여 필요한 경우에는 **예외적으로 10년 이내**로 할 수 있다.
>
> ③ 기획예산처장관은 필요하다고 인정하는 때에는 국회의 의결을 거쳐 지출연한을 연장할 수 있다.

3) 이월

① **개념** : 매 회계연도의 세출예산은 다음 연도에 이월하여 사용할 수 없는 것이 원칙이나, 당해 회계연도의 예산을 **다음 연도의 예산으로 사용**할 수 있게 하는 것

② **명시이월**(국회 승인 ○)

> **동법 제24조(명시이월비)**
>
> ① 세출예산 중 경비의 성질상 연도 내에 지출을 끝내지 못할 것이 예측되는 때에는 그 취지를 세입세출예산에 명시하여 **미리 국회의 승인**을 얻은 후 **다음 연도에 이월**하여 사용할 수 있다.
>
> ② 각 중앙관서의 장은 명시이월비에 대하여 예산집행상 부득이한 사유가 있는 때에는 사항마다 사유와 금액을 명백히 하여 기획예산처장관의 승인을 얻은 범위 안에서 다음 연도에 걸쳐서 지출하여야 할 지출원인행위를 할 수 있다.
>
> ③ 기획예산처장관은 다음 연도에 걸쳐서 지출하여야 할 지출원인행위를 승인한 때에는 재정경제부장관과 감사원에 각각 통지하여야 한다.

㉠ 경비의 성격상 한 회계연도 내에 지출이 완료되지 못할 것이 **예산편성단계부터 예상되는 경비**

㉡ 원칙적으로 명시이월 승인을 얻은 연도의 **다음 연도에 한하여 집행**할 수 있다는 점에서 계속비와 차이점

③ **사고이월**(국회 승인 ×)

> **동법 제48조(세출예산의 이월)**
>
> ② 제1항에도 불구하고 다음 각 호의 어느 하나에 해당하는 경비의 금액은 **다음 회계연도에 이월하여 사용**할 수 있다. 이 경우 이월액은 다른 용도로 사용할 수 없으며, 제2호에 해당하는 경비의 금액은 재이월할 수 없다.
>
> 1. **명시이월비**
> 2. 연도 내에 지출원인행위를 하고 **불가피한 사유**로 인하여 연도 내에 지출하지 못한 경비와 지출원인행위를 하지 아니한 그 부대경비(**사고이월비**)
> 3. 지출원인행위를 위하여 입찰공고를 한 경비 중 **입찰공고 후 지출원인행위까지 장기간이 소요**되는 경우로서 대통령령으로 정하는 경비
> 4. 공익사업의 시행에 필요한 **손실보상비**로서 대통령령으로 정하는 경비
> 5. 경상적 성격의 경비로서 대통령령으로 정하는 경비

㉠ 불가피한 사유로 집행과정에서 다음 연도로 이월하지 않을 수 없게 된 경비

㉡ 지출원인행위를 할 당시에는 연도 내 지출이 가능하였으나 추진하는 과정에서 불가피한 사유 때문에 지출이 다음 연도로 이월된 경비

4) 기타

① **총액계상예산제도**

㉠ 세부내용을 미리 확정하기 곤란한 사업의 경우에는 이를 **총액으로만 예산에 계상**하는 것(국회 승인 ×)

㉡ 이론적으로는 **지출통제예산, 총괄예산** 등으로 지칭하기도 함.

② **국고채무부담행위** : 당해 연도 **예산확보 없이 국가가 채무를 지는 행위**로, 사업이나 공사 등에 대한 계약은 당해 연도에 체결해야 하나 지출은 다음 연도 이후에 이루어지는 경우에 활용(국회 승인 ○)

③ **추가경정예산** : 예산이 국회에서 통과된 이후 발생한 요인으로 인해 **추가적인 예산이 필요**하다고 판단될 때 편성하는 예산(국회 승인 ○)

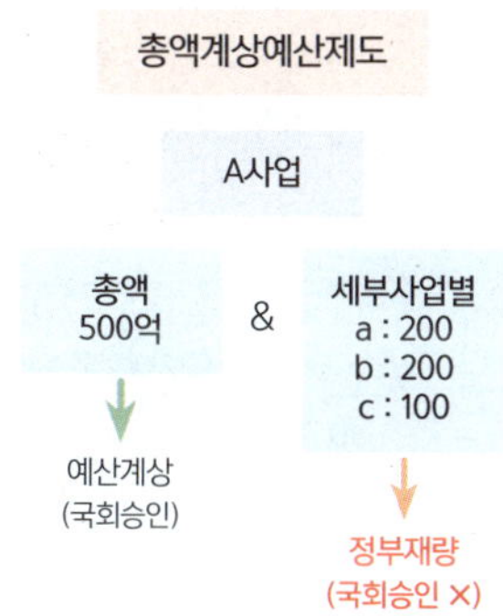

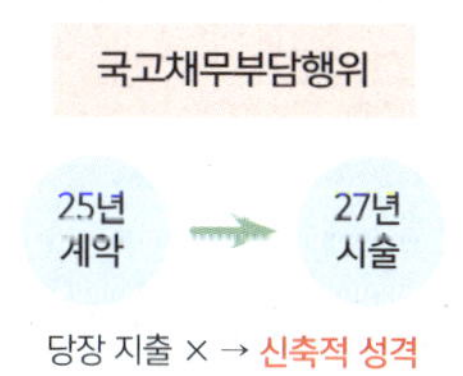

예산집행의 신축성 유지방안

이용	장/관/항 상호융통	국회승인 ○
전용	세항/목 상호융통	×
이체	조직폐지 등	×
예비비	예측 못 한 사태 대비 (일반회계 1/100 이내)	○
계속비	수년 간 지출	○
명시이월	다음 년도까지 지출	○
사고이월	불가피한 사유로 이월	×

체크포인트

예산집행의 신축성을 보장하는 장치에서 주의해야 할 것은, 정부에서 예산을 신축적으로 집행한다고 할지라도 원칙적으로는 국회의 승인을 받아야 한다는 것입니다. 물론 국회의 승인을 받지 않고 정부의 재량으로 신축적 집행이 가능한 몇 가지 수단도 존재합니다. 국회의 승인이 필요한 신축성 장치인지, 국회의 승인이 필요 없는 신축성 장치인지를 구분해서 꼼꼼하게 정리해 두어야 합니다.

기출 CHECK

1 예산집행의 신축성을 보장하기 위한 제도에 대한 설명 중 가장 옳은 것은? 2009 지방직 9급

① 예산의 이용은 입법과목 간 융통을 의미하는 것으로, 예산집행상 필요에 따라 미리 예산으로써 국회의 의결을 얻은 때에는 기획예산처장관의 승인을 얻어 이용할 수 있다.

② 예산의 이체는 정부조직 등에 관한 법령의 제정 · 개정 또는 폐지로 인하여 중앙관서의 직무와 권한에 변동이 있을 때 이루어지는 것으로 국회의 승인이 있어야 한다.

③ 예산의 이월은 당해 회계연도에 집행되지 않은 예산을 다음 연도의 예산으로 사용하는 것으로 각 중앙관서의 장이 자유롭게 이월 및 재이월할 수 있다.

④ 계속비는 원칙상 5년 이내로 국한하지만 필요하다고 인정하는 때에는 기획예산처장관의 승인을 통해 연장할 수 있다.

① O

> **국가재정법 제47조(예산의 이용·이체)**
> ① 각 중앙관서의 장은 예산이 정한 각 기관 간 또는 각 장 · 관 · 항 간에 상호 이용할 수 없다. 다만, 다음 각 호의 어느 하나에 해당하는 경우에 한정하여 미리 예산으로써 국회의 의결을 얻은 때에는 기획예산처장관의 승인을 얻어 이용하거나 기획예산처장관이 위임하는 범위 안에서 자체적으로 이용할 수 있다.

② X 예산의 이체는 정부조직 등에 변경이 있을 때 중앙관서장의 요구에 의하여 기획예산처 장관이 허용하는 제도로, 국회의 승인이나 의결을 얻지 않아도 된다.

③ X 예산의 이월을 위해서는 원칙적으로 국회의 승인을 미리 얻어야 한다.

④ X 계속비를 연장하기 위해서는 기획예산처장관의 승인이 아닌 국회의 의결을 거쳐야 한다. 정답 ①

9급 25지, 18국
7급 21지

4 결산 B

1 정부의 결산 과정

기간	주요 내용	행위자
2월 10일까지	총 세입부와 총 세출부 마감(출납사무 완결)	각 부처
2월 말까지	중앙관서 결산보고서 작성 및 제출	각 부처 → 재정경제부
4월 10일까지	국가결산보고서 작성 및 감사원 · 예산처 제출 (국무회의 심의 및 대통령 승인 후)	재정경제부 → 감사원 · 기획처
5월 20일까지	국가결산보고서 검사보고서 송부	감사원 → 재정경제부
5월 31일까지	최종 결산보고서 제출	정부 → 국회

각부처 → 재경부	재경부 → 감사원	감사원 → 재경부	정부 → 국회	상임위 → 예결위 → 본회의
부처결산 보고서 제출	국가결산 보고서 제출	검사 보고서 송부	최종결산 보고서 송부	결산 국회심의 완료
25. 2월말	4. 10.	5. 20.	5. 31.	정기회 개회 前

(1) 의미

① 예산과정의 마지막 단계로, 세입과 세출의 결과를 **확정된 계수로 표시**하는 행위

② 정부 예산집행의 결과가 정당한 경우 **집행 책임을 해제하는 법적 효과**를 가짐.

(2) 정부결산 과정(결산검사)

① 결산보고서 작성

> **국가재정법 제58조(중앙관서결산보고서의 작성 및 제출)**
>
> ① **각 중앙관서의 장**은 「국가회계법」에서 정하는 바에 따라 회계연도마다 작성한 **결산보고서를 다음 연도 2월 말일**까지 **재정경제부장관에게 제출**하여야 한다.
>
> ② 국회의 사무총장, 법원행정처장, 헌법재판소의 사무처장 및 중앙선거관리위원회의 사무총장은 회계연도마다 예비금사용명세서를 작성하여 다음 연도 2월말까지 재정경제부장관에게 제출하여야 한다.

② 감사원 제출

> **동법 제59조(국가결산보고서의 작성 및 제출)**
>
> **재정경제부장관**은 「국가회계법」에서 정하는 바에 따라 회계연도마다 작성하여 대통령의 승인을 받은 **국가결산보고서**를 다음 연도 **4월 10일**까지 **기획예산처장관과 감사원에 각각 제출**하여야 한다.

③ 결산검사

> **동법 제60조(결산검사)**
>
> **감사원**은 제출된 국가결산보고서를 검사하고 그 보고서를 다음 연도 **5월 20일까지 재정경제부장관에게 송부**하여야 한다.

④ 국회제출

> **동법 제61조(국가결산보고서의 국회제출)**
>
> **정부**는 감사원의 검사를 거친 국가결산보고서를 다음 연도 **5월 31일까지 국회에 제출**하여야 한다.

정기회 개회 전까지

25.9월
(정기회 개회)

← 24년도 결산 심의 | 26년도 예산 심의 →

2 국회의 결산 심의 과정

> **상임위원회** 예비심사 → **예산결산특별위원회** 종합심사 → **본회의** 심의·의결(**정기회 개회 전까지**) → **정부 이송**

① **국회는 결산 승인권**을 갖고 있고, 재정집행에 대한 **사후적 심의**를 통해 재정운용의 적법성과 타당성을 확인하고 재정집행을 최종 승인

② 집행과정에서 위법 또는 부당한 지출이 있었는지의 여부를 확인하는 **통제기능**과, 예산운용에 대한 평가결과를 다음 연도 예산 심의에 반영하는 **환류기능**을 수행

③ 결산의 심사 결과 위법 또는 부당한 사항이 있는 경우 **시정을 요구**할 수 있으며, 특정사안에 대하여 **감사원에 감사를 요구**할 수 있음.

④ 다만 국회의 결산으로 정부활동을 **무효나 취소로 만드는 것은 불가능**

국회법 제84조(예산안·결산의 회부 및 심사)

② **결산의 심사 결과 위법하거나 부당한 사항이 있는 경우**에 국회는 본회의 의결 후 정부 또는 해당 기관에 **변상 및 징계조치 등 그 시정을 요구**하고, 정부 또는 해당 기관은 시정 요구를 받은 사항을 지체 없이 처리하여 그 결과를 국회에 보고하여야 한다.

동법 제127조의2(감사원에 대한 감사 요구 등)

① **국회**는 의결로 감사원에 대하여 「감사원법」에 따른 **감사원의 직무 범위에 속하는 사항 중 사안을 특정하여 감사를 요구**할 수 있다. 이 경우 감사원은 감사 요구를 받은 날부터 3개월 이내에 감사 결과를 국회에 보고하여야 한다.

체크포인트

결산은 정부의 결산검사를 거쳐 국회의 결산심의를 통해 종료되는 것입니다. 이처럼 가장 거시적인 시각에서부터 출발해야 함정을 피할 수 있습니다. 그 다음 단계로 정부의 결산검사가 어떤 과정을 통해 이루어지는지, 국회의 결산심의는 어떤 과정을 통해 이루어지는지를 학습하는 것입니다. 특히 정부의 결산검사 과정은 예산편성절차와 마찬가지로 누가, 누구에게, 무엇을, 언제까지 전달하는지에 초점을 맞춰 여러 차례 훈련해야 합니다.

기출 CHECK

1 우리나라의 결산에 대한 설명으로 옳지 않은 것은? 2018 국가직 9급

① 결산은 한 회계연도의 수입과 지출 실적을 확정적 계수로 표시하는 행위이다.
② 정부는 감사원의 검사를 거친 국가결산보고서를 국회에 제출하여야 한다.
③ 결산은 국회의 심의를 거쳐 국무회의의 의결과 대통령의 승인으로 종료된다.
④ 각 중앙관서의 장은 회계연도마다 소관 기금의 결산보고서를 중앙관서결산보고서에 통합하여 작성하여야 한다.

① O 결산은 예산과정의 마지막 단계로, 세입과 세출의 결과를 잠정적 수치가 아닌 확정된 계수로 표시하는 행위이다.

② O

국가재정법 제61조(국가결산보고서의 국회제출)
정부는 감사원의 검사를 거친 국가결산보고서를 다음 연도 5월 31일까지 국회에 제출하여야 한다.

③ X 결산은 정부의 결산검사를 거쳐 국회의 결산심의로 종료된다. 즉 국무회의 의결 → 대통령의 승인 → 국회의 심의를 거쳐 종료된다.

④ O 결산보고서를 작성할 때에는 일반회계와 특별회계뿐만 아니라, 소관 기금의 결산보고서도 통합하여 작성하여야 한다.

정답 ③

4 예산 관리 방식

국가재정법 제1조(목적)

이 법은 **국가의 예산 · 기금 · 결산 · 성과관리 및 국가채무** 등 재정에 관한 사항을 정함으로써 **효율적이고 성과 지향적이며 투명한 재정운용과 건전재정의 기틀을 확립**하고 **재정운용의 공공성을 증진**하는 것을 목적으로 한다.

동법 제16조(예산의 원칙)

정부는 예산을 편성하거나 집행할 때 다음 각 호의 원칙을 준수하여야 한다.

1. 정부는 **재정건전성의 확보**를 위하여 최선을 다하여야 한다.
2. 정부는 **국민부담의 최소화**를 위하여 최선을 다하여야 한다.
3. 정부는 재정을 운용함에 있어 **재정지출 및 조세지출의 성과를 제고**하여야 한다.
4. 정부는 **예산과정의 투명성**과 **예산과정에의 국민참여를 제고**하기 위하여 노력하여야 한다.
5. 정부는 「성별영향평가법」에 따른 **성별영향평가의 결과를 포함**하여 **예산이 여성과 남성에게 미치는 효과를 평가**하고, 그 결과를 정부의 예산편성에 반영하기 위하여 노력하여야 한다.
6. 정부는 예산이 「저탄소 녹색성장 기본법」에 따른 **온실가스 감축에 미치는 효과를 평가**하고, 그 결과를 정부의 예산편성에 반영하기 위하여 노력하여야 한다.

PART 5

1 재정건전성의 확보 S

9급 22지, 20지, 19지, 17국, 15국, 14지
7급 23국, 22지, 21지, 18국, 14국

X [7급] 조세지출예산제도는 조세지출의 투명성과 항구성·지속성을 제고하는 장점이 있다.
O 조세지출예산제도는 조세지출의 투명성을 제고하고, 항구성·지속성은 억제(제고 ×)하는 장점이 있다.

1 조세지출예산제도

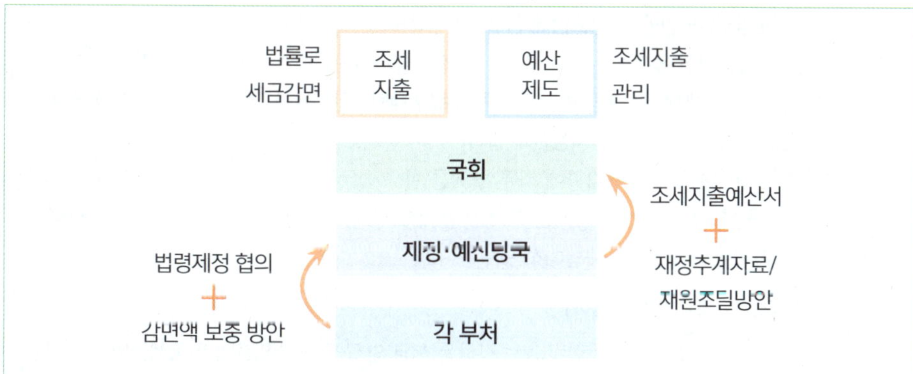

(1) 조세지출 개념

조세지출이란 **세금의 일부를 감면**해 줌으로써 **지출과 같은 효과**를 나타내는 것으로, 정부가 받아야 할 세금을 받지 않고 포기한 액수를 의미(특정 부문에 대한 사실상의 보조금)

예 조세감면, 비과세, 소득공제, 세액공제, 우대세율적용, 과세이연 등

(2) 정부직접지출과의 차이

① **조세지출은 법률로 집행**되기 때문에 **경직성**이 강하고, 조세지출을 할 수 있는 조항만 만들어 놓게 되면 **예산 편성 · 심의 등을 전혀 거치지 않아도 됨.**

② **그림자 지출**이라고도 불리며, 아예 수입을 걷지 않기 때문에 세입예산이나 세출예산 어디에도 포착되지 않아 **재정규모가 작게 나타나게 됨.**

③ **투명성의 측면에서 심각한 문제**를 야기하고, 눈에 띄지 않고 지속되기 때문에 항구화될 위험성이 있어 효율적인 자원배분을 저해할 가능성 높음.

(3) 한국의 조세지출 예산제도

① 조세지출이 갖는 위험성을 해소하기 위해 도입된 것으로, **조세지출의 내용과 규모를 주기적으로 공표**해 조세지출을 관리하는 제도

② 조세지출을 통해 예상되는 **세금 수입의 감소분을 기록하여 공개**하고 **의회에 제출**함으로써 예산과정을 통해 조세지출의 규모와 구성을 통제

> **국가재정법 제34조(예산안의 첨부서류)**
> 국회에 제출하는 **예산안**에는 다음 각 호의 **서류를 첨부**하여야 한다.
> 10. 「조세특례제한법」 제142조의2에 따른 **조세지출예산서**

③ 조세감면을 수반하는 법률안의 제 · 개정을 관리하고, 국세감면을 제한

> **동법 제87조(재정부담을 수반하는 법령의 제정 및 개정)**
> ① 정부는 **재정지출 또는 조세감면을 수반하는 법률안을 제출**하고자 하는 때에는 법률이 시행되는 연도부터 5회계연도의 **재정수입 · 지출의 증감액에 관한 추계자료**와 이에 상응하는 **재원조달방안을 그 법률안에 첨부**하여야 한다.
> ② **각 중앙관서의 장**은 입안하는 법령이 재정지출을 수반하는 때에는 대통령령으로 정하는 바에 따라 제1항의 규정에 따른 **추계자료와 재원조달방안을 작성**하여 그 법령안에 대한 입법예고 전에 **기획예산처장관과 협의**하여야 한다.
> ③ 각 중앙관서의 장은 제2항에 따른 협의를 한 후 법령안의 변경으로 대통령령으로 정하는 사항이 변경되는 경우에는 그 법령안에 대하여 추계자료와 재원조달방안을 작성하여 기획예산처장관과 재협의하여야 한다.
>
> **동법 제88조(국세감면의 제한)**
> ① 재정경제부장관은 대통령령으로 정하는 **해당 연도 국세 수입총액과 국세감면액 총액을 합한 금액**에서 **국세감면액 총액이 차지하는 비율**이 대통령령으로 정하는 비율 이하가 되도록 노력하여야 한다.
> ② 각 중앙관서의 장은 **새로운 국세감면을 요청하는 때**에는 대통령령으로 정하는 바에 따라 감면액을 보충하기 위한 기존 국세감면의 축소 또는 폐지방안이나 재정지출의 축소방안과 그 밖의 필요한 사항을 작성하여 **재정경제부장관에게 제출**하여야 한다.

X [7급] 국세감면율이란 당해 연도 국세 수입총액 대비 국세감면액 총액의 비율을 말한다.

O 국세감면율이란 당해 연도 국세 수입총액에 국세감면액을 더한 값 대비 국세감면액 총액의 비율을 말한다.

기출 CHECK

1 조세지출 예산제도에 대한 설명으로 옳지 않은 것은? 2020 지방직 9급

① 조세지출이란 세제 지원을 통해 제공한 혜택을 예산지출로 인정하는 것이다.
② 예산지출이 직접적 예산 집행이라면 조세지출은 세제상의 혜택을 통한 간접지출의 성격을 띤다.
③ 직접 보조금과 대비해 눈에 보이지 않는 숨겨진 보조금이라고 이해할 수 있다.
④ 세금 자체를 부과하지 않는 비과세는 조세지출의 방법으로 볼 수 없다.

① O 조세지출이란 세금의 일부를 감면해 주는 것으로, 정부가 받아야 할 세금을 받지 않고 포기한 액수를 의미한다.
② O 조세지출은 세금을 감면해줌으로써 정부의 지출과 같은 효과를 나타낸다. 일반적인 예산지출이 정부가 직접 재정을 집행하는 성격이라면, 조세지출은 정부의 직접적인 재정 집행은 없다는 측면에서 간접지출의 성격을 띤다.
③ O 조세지출은 특정 부문에 대한 사실상의 보조금으로, 직접적으로 주는 방식은 아니므로 숨겨진 보조금이라고 표현할 수 있다.
④ X 세금감면의 효과를 주는 모든 조치는 조세지출에 포함될 수 있다. 따라서 조세감면, 비과세, 소득공제, 세액공제, 우대세율적용 등은 모두 조세지출의 방법에 해당된다. 정답 ④

체크포인트

재정건전성을 관리하는 제도 중 가장 많이 출제되는 주제가 조세지출예산제도입니다. 세금의 감면을 관리하는 독특한 성질의 제도이기 꼼꼼하게 정리해 두어야 합니다. 정부의 직접 지출인 예산지출과 간접지출의 성격인 조세지출을 비교하는 것도 중요한 논점이니 훈련이 필요하고, 우리나라의 조세지출예산제도가 어떤 체계를 갖고 있는지를 법령을 통해 확인하는 것도 필요합니다.

2 공공투자관리제도

(1) 예비타당성조사

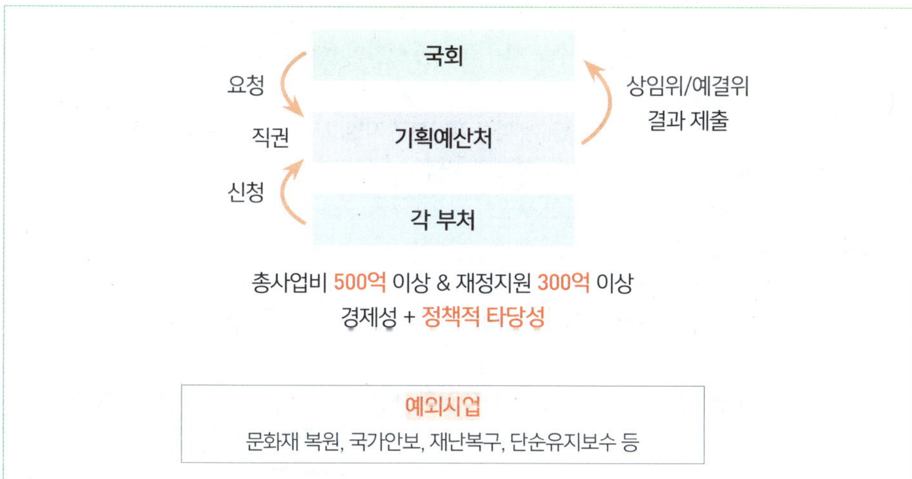

① 개념 · 특징

㉠ 대형 신규 사업에서 발생할 수 있는 **예산 낭비를 방지**하고 재정운용의 효율성을 제고하기 위해 **1999년도**에 도입

㉡ 조사대상 사업의 **경제성(타당성 조사)**뿐만 아니라, **정책적 필요성 등을 종합적으로 검토**하여 그 타당성 여부를 판단

㉢ **예비타당성 조사** → **타당성 조사** → 기본 및 실시 설계 → 보상 → 발주 → 시공 → 사후평가 실시

보충

예비타당성조사 수행절차

> **예비타당성조사 수행 총괄지침 제6조(기본 수행절차)**
>
> ① **예비타당성조사를 수행하는 기본적인 수행절차**는 다음 각 호의 순서와 같다.
>
> 1. 사업의 개요 및 기초자료 분석 등을 통한 사업의 쟁점 파악
> 2. **경제성 분석** : 수요·편익·비용 추정 등
> 3. **정책성 분석** : 해당 사업과 관련된 사업추진 여건, 정책 효과, 별도평가항목(선택) 등
> 4. **지역균형발전 분석** : 지역낙후도, 지역낙후도 개선효과, 지역경제 파급효과 등(다만 정보화사업의 경우에는 기술성 분석으로 대체 가능)
> 5. **종합평가** : 평가항목별 분석 결과를 토대로 **계층화분석법(AHP)을 활용**하여 도출한 결과 등

참고

계층화분석법(AHP: Analytic Hierarchy Process)

① **개념** : 사티(Saaty)가 개발한 기법으로, **복잡한 의사결정을 체계적으로 분석하고 최적의 대안을 선택하**는 방법

② **진행순서**

㉠ **계층 구조화** : 문제를 여러 단계로 나누어 계층적으로 정리

㉡ **상대적 비교** : 각 요소를 서로 비교하여 상대적 중요도 평가

㉢ **가중치 계산** : 비교 결과를 바탕으로 각 요소의 기여도 및 중요도를 수치화

㉣ **일관성 검증** : 평가의 논리적 일관성을 확인

② 대상 사업

> **국가재정법 제38조(예비타당성조사)**
>
> ① **기획예산처장관**은 **총사업비가 500억원 이상**이고 **국가의 재정지원 규모가 300억원 이상인 신규 사업**으로서 다음 각 호의 어느 하나에 해당하는 대규모사업에 대한 예산을 편성하기 위하여 미리 **예비타당성조사를 실시**하고, 그 결과를 요약하여 국회 소관 상임위원회와 예산결산특별위원회에 제출하여야 한다. 다만, 제4호의 사업은 재정지출이 500억원 이상 수반되는 신규 사업으로 한다.
>
> 1. **건설공사**가 포함된 사업
> 2. 「지능정보화 기본법」에 따른 **지능정보화 사업**
> 3. 「과학기술기본법」에 따른 **국가연구개발사업**
> 4. 그 밖에 사회복지, 보건, 교육, 노동, 문화 및 관광, 환경 보호, 농림해양수산, 산업·중소기업 분야의 사업

③ 예외 사업

> **동법 제38조(예비타당성조사)**
>
> ② 다음 각 호의 어느 하나에 해당하는 사업은 대통령령으로 정하는 절차에 따라 **예비타당성조사 대상에서 제외**한다.
>
> 1. 공공청사, 교정시설, 초·중등 교육시설의 **신·증축 사업**
> 2. **국가유산** 복원사업
> 3. **국가안보**와 관계되거나 보안이 필요한 국방 관련 사업
> 4. 남북교류협력과 관계되거나 국가 간 협약·조약에 따라 추진하는 사업
> 5. 도로 유지보수, 노후 상수도 개량 등 기존 시설의 효용 증진을 위한 단순개량 및 유지보수사업
> 6. 「재난 및 안전관리기본법」에 따른 **재난복구 지원**, 시설 안전성 확보, 보건·식품 안전 문제 등으로 시급한 추진이 필요한 사업
> 7. **재난예방**을 위하여 시급한 추진이 필요한 사업으로서 국회 소관 상임위원회의 동의를 받은 사업
> 8. **법령에 따라 추진**하여야 하는 사업
> 9. **출연·보조기관의 인건비 및 경상비** 지원, 융자 사업 등과 같이 예비타당성조사의 실익이 없는 사업
> 10. **지역 균형발전**, **긴급한 경제·사회적 상황 대응** 등을 위하여 국가 정책적으로 추진이 필요한 사업으로서 다음 각 목의 요건을 모두 갖춘 사업. 이 경우, 예비타당성조사 면제 사업의 내역 및 사유를 지체 없이 국회 소관 상임위원회에 보고하여야 한다.
>   가. 사업목적 및 규모, 추진방안 등 구체적인 사업계획이 수립된 사업
>   나. 국가 정책적으로 추진이 필요하여 국무회의를 거쳐 확정된 사업

④ 조사 과정

동법 제38조(예비타당성조사)

③ 예비타당성조사 대상사업은 기획예산처장관이 중앙관서의 장의 신청에 따라 또는 직권으로 선정할 수 있다.

④ 기획예산처장관은 국회가 그 의결로 요구하는 사업에 대하여는 예비타당성조사를 실시하여야 한다.

⑤ 기획예산처장관은 제2항제10호에 따라 예비타당성조사를 면제한 사업에 대하여 예비타당성조사 방식에 준하여 사업의 중장기 재정소요, 재원조달방안, 비용과 편익 등을 고려한 효율적 대안 등의 분석을 통하여 사업계획의 적정성을 검토하고, 그 결과를 예산편성에 반영하여야 한다.

⑥ 기획예산처장관은 제1항의 규정에 따른 예비타당성조사 대상사업의 선정기준 · 조사수행기관 · 조사방법 및 절차 등에 관한 지침을 마련하여 중앙관서의 장에게 통보하여야 한다.

동법 제38조의2(예비타당성조사 결과 관련 자료의 공개) 기획예산처장관은 예비타당성조사를 전문기관에 의뢰하여 실시할 수 있으며, 예비타당성조사를 의뢰 받은 전문기관의 장은 수요예측자료 등 예비타당성조사 결과에 관한 자료를 「공공기관의 정보공개에 관한 법률」에 따라 공개하여야 한다.

PART 5

기출 CHECK

1 예비타당성조사에 대한 설명으로 옳은 것은? 2019 지방직 9급

① 기존에 유지된 타당성조사의 문제점을 보완하기 위해 2013년부터 도입하였다.
② 신규 사업 중 총사업비가 300억 원 이상인 사업은 예비타당성 조사대상에 포함된다.
③ 중앙행정기관의 장은 예비타당성조사를 실시하고 기획예산처 장관과 그 결과를 협의해야 한다.
④ 조사대상 사업의 경제성, 정책적 필요성 등을 종합적으로 검토하여 그 타당성 여부를 판단한다.

① X 기존의 타당성조사가 경제적 측면에서의 비용편익분석에만 집중했다면, 예비타당성조사는 경제성 분석뿐만 아니라 정책적 필요성을 종합적으로 검토하기 위해 1999년부터 도입되었다.
② X 총사업비가 500억 원 이상이고 국가의 재정지원 규모가 300억 원 이상인 신규 사업이 대상이다.
③ X 예비타당성조사는 중앙행정기관의 장이 아닌 기획예산처 장관이 실시한다. 중앙행정기관의 장은 기획예산처 장관에게 예비타당성조사의 실시를 요청할 수 있다.
④ O 예비타당성조사는 주로 경제성의 여부를 검토하는 타당성 조사와 달리, 정책적 필요성 등도 종합적으로 검토한다.

정답 ④

체크포인트

예비타당성조사제도도 2~3년마다 출제되는 핵심제도입니다. 예비타당성조사 역시 재정의 건전성을 위한 제도라는 취지를 꼭 알고 있어야 하고, 우리나라의 제도이므로 어떻게 설계되어 있는지를 법령을 통해 구체적으로 확인해두어야 합니다. 예비타당성조사를 받아야 할 사업의 기준, 예비타당성조사를 시행하는 부처, 예비타당성조사를 시행하기 위한 절차 등을 공식적인 법령을 통해 여러 차례 학습해야 합니다.

(2) 총사업비관리제도

① 대규모 사업의 총사업비를 합리적으로 조정·관리함으로써 무분별한 사업비 증가를 방지하고 재정지출의 효율성을 제고하기 위한 목적

② 원칙적으로 예비타당성조사 대상 사업은 총사업비 관리 대상이 되며, 예비타당성조사 대상 사업보다 관리 범위가 넓음.

> **동법 제50조(총사업비의 관리)**
>
> ① 각 중앙관서의 장은 완성에 2년 이상이 소요되는 사업으로서 대통령령이 정하는 대규모 사업에 대하여는 그 사업규모·총사업비 및 사업기간을 정하여 미리 기획예산처장관과 협의하여야 한다. 협의를 거친 사업규모·총사업비 또는 사업기간을 변경하고자 하는 때에도 또한 같다.

(3) 타당성재조사 제도

이미 시행 중인 사업을 재검토하는 제도로, 분석방법은 예비타당성조사와 동일하며, 재조사 결과 타당성이 없는 것으로 판정이 될 경우 사업이 중단

> **동법 제50조(총사업비의 관리)**
>
> ② 기획예산처장관은 총사업비관리제도에 따른 사업 중 다음 각 호의 어느 하나에 해당하는 사업 및 감사원의 감사결과에 따라 감사원이 요청하는 사업에 대하여는 사업의 타당성을 재조사하고, 그 결과를 국회에 보고하여야 한다.
>
> 1. 총사업비 또는 국가의 재정지원 규모가 예비타당성조사 대상 규모에 미달하여 예비타당성조사를 실시하지 않았으나 사업추진 과정에서 총사업비와 국가의 재정지원 규모가 예비타당성조사 대상 규모로 증가한 사업
> 2. 예비타당성조사 대상사업 중 예비타당성조사를 거치지 않고 예산에 반영되어 추진 중인 사업
> 3. 총사업비가 대통령령으로 정하는 규모 이상 증가한 사업
> 4. 사업여건의 변동 등으로 해당 사업의 수요예측치가 대통령령으로 정하는 규모 이상 감소한 사업
> 5. 그 밖에 예산낭비 우려가 있는 등 타당성을 재조사할 필요가 있는 사업
>
> ③ 제2항에도 불구하고 다음 각 호의 어느 하나에 해당하는 경우에는 타당성재조사를 실시하지 아니할 수 있다.
>
> 1. 사업의 상당부분이 이미 시공되어 매몰비용이 차지하는 비중이 큰 경우
> 2. 총사업비 증가의 주요 원인이 법정경비 반영 및 상위계획의 변경 등과 같이 타당성재조사의 실익이 없는 경우
> 3. 지역 균형발전, 긴급한 경제·사회적 상황에 대응할 목적으로 추진되는 사업의 경우
> 4. 재해예방·복구 지원 또는 안전 문제 등으로 시급한 추진이 필요한 사업의 경우
>
> ④ 기획예산처장관은 국회가 그 의결로 요구하는 사업에 대하여는 타당성재조사를 하고, 그 결과를 국회에 보고하여야 한다.

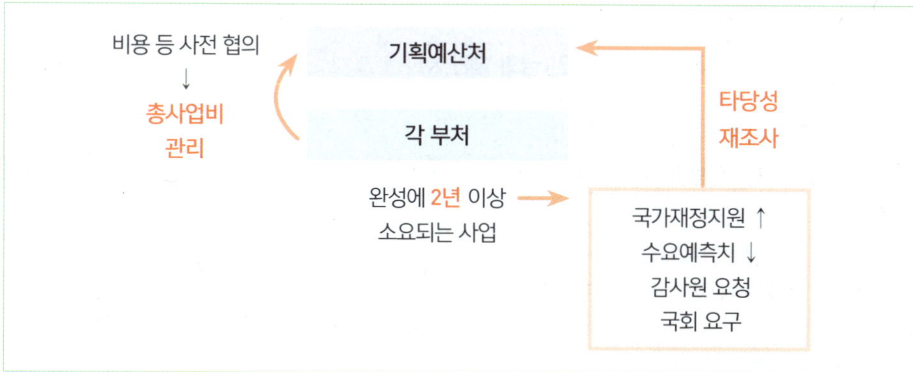

3 세계잉여금의 관리

(1) 개념 및 사용순서

① **세계잉여금** : 세입수납액에서 세출지출액을 공제한 것(기금 제외)

② **사용 순서**

㉠ 결산 시 발생하는 일반회계의 세계잉여금은 **지방교부세와 지방교육재정교부금 정산**에 우선 사용

㉡ 나머지 금액의 30% 이상은 **공적자금 상환기금**에 우선적으로 출연

㉢ 나머지 금액의 30% 이상을 **국가채무를 상환**하는 데 사용

㉣ 이를 모두 제외한 세계잉여금은 **추가경정예산안의 편성**에 사용할 수 있으며, 최종 잔액은 **다음 연도 세입에 이입**

> **국가재정법 제90조(세계잉여금 등의 처리)**
>
> ② 매 회계연도 세입세출의 결산상 잉여금 중 다른 법률에 따른 것과 제48조의 규정에 따른 이월액을 공제한 금액(세계잉여금)은 「**지방교부세법」에 따른 교부세의 정산** 및 「지방교육재정교부금법」에 따른 교부금의 정산에 사용할 수 있다.
>
> ③ 제2항의 규정에 따라 사용한 금액을 제외한 세계잉여금은 100분의 30 이상을 「공적자금상환기금법」에 따른 **공적자금상환기금**에 우선적으로 출연하여야 한다.
>
> ④ 제2항 및 제3항의 규정에 따라 사용하거나 출연한 금액을 제외한 세계잉여금은 100분의 30 이상을 다음 각 호의 채무를 상환하는 데 사용하여야 한다.
>
> 1. **국채 또는 차입금의 원리금**
> 2. 「국가배상법」에 따라 확정된 국가배상금
> 3. 「공공자금관리기금법」에 따른 공공자금관리기금의 융자계정의 차입금
> 4. 그 밖에 다른 법률에 따라 정부가 부담하는 채무
>
> ⑤ 제2항부터 제4항까지의 규정에 따라 사용하거나 출연한 금액을 제외한 세계잉여금은 **추가경정예산안**의 편성에 사용할 수 있다.
>
> ⑧ 세계잉여금 중 제2항부터 제5항까지의 규정에 따라 사용하거나 출연한 금액을 공제한 잔액은 **다음 연도의 세입**에 이입하여야 한다.

ⓧ [9급] 결산의 결과 발생한 세계잉여금은 전액 추가경정예산에 편성하여야 한다.

ⓞ 결산의 결과 발생한 세계잉여금은 국가재정법상 순서대로 사용되므로 전액 추가경정예산에 편성하는 것은 아니다. (전액 추가경정예산에 편성하여야 한다 ×)

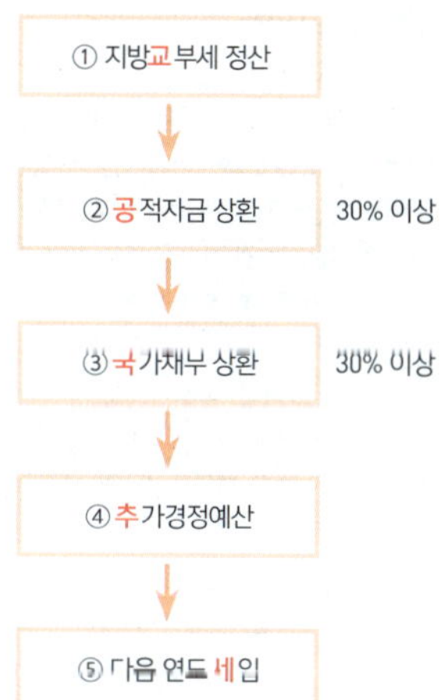

PART 5

(2) 관리방안

① 국무회의 심의 및 대통령의 승인(국회 승인 ×)

> **동법 제90조(세계잉여금 등의 처리)**
>
> ⑥ **제2항부터 제4항까지(국가채무까지)**의 규정에 따른 세계잉여금의 사용 또는 출연은 그 세계잉여금이 발생한 다음 연도까지 그 회계의 세출예산에 관계없이 이를 하되, **국무회의의 심의**를 거쳐 **대통령의 승인**을 얻어야 한다.
>
> ⑦ **제2항부터 제5항까지(추가경정예산안까지)**의 규정에 따른 세계잉여금의 사용 또는 출연은 다른 법률의 규정에 불구하고 「국가회계법」에 따라 **국가결산보고서에 대한 대통령의 승인을 얻은 때부터** 이를 할 수 있다.

② 정부결산보고서 부속서류로 국회에 제출

> **동법 제90조(세계잉여금 등의 처리)**
>
> ⑨ 정부는 매년 **국가결산보고서의 국회제출 전까지** 직전 회계연도에 발생한 **세계잉여금의 내역을 산출하고 그 사용계획을 수립**하여야 한다.
>
> **국가회계법 제15조의2(결산보고서의 부속서류)**
>
> ① **세입세출결산**에는 **다음 각 호의 서류가 첨부**되어야 한다.
>
> 11의2. 「국가재정법」에 따른 **세계잉여금의 내역 및 사용계획**

기출 CHECK

1 우리나라 세계잉여금에 관한 설명으로 옳지 않은 것은? 2008 국가직 7급

① 지방교부세 및 지방교육재정교부금의 정산에 사용할 수 있다.
② 추가경정예산안의 편성에 사용할 수 있다.
③ 사용하거나 출연한 금액을 공제한 잔액은 다음 연도의 세입에 이입하여야 한다.
④ 사용 또는 출연은 국회의 사전 동의를 받아야 한다.

① O 결산 시 발생하는 일반회계의 세계잉여금은 지방교부세와 지방교육재정교부금 정산에 우선 사용한다.
② O 우선 사용 항목을 모두 쓰고 남은 세계잉여금은 추가경정예산안의 편성에 사용할 수 있다.
③ O 추가경정예산의 편성에 사용되고 남은 최종 잔액은 다음 연도 세입에 이입한다.
④ X 세계잉여금의 사용 또는 출연에는 국회의 사전 동의가 필요 없으며, 대통령의 승인을 받아 국가재정법상의 순서대로 활용하면 된다.

정답 ④

체크포인트

세계잉여금은 세 가지 출제포인트가 중요합니다. 세계잉여금은 1년 간 수입에서 지출을 뺀 잉여금이기 때문에, 1년 단위로 운영되지 않는 기금이 제외된다는 점을 체크할 것입니다. 또한 세계잉여금은 국가재정법에서 정해진 바대로 쓰이기 때문에 그 순서를 정확하게 알고 있어야 합니다. 마지막으로 세계잉여금을 사용할 때 국회의 동의는 필요 없다는 것도 중요 체크포인트입니다.

4 국가채무의 관리

국가재정법 제86조(재정건전화를 위한 노력)

정부는 건전재정을 유지하고 국가채권을 효율적으로 관리하며 **국가채무를 적정수준으로 유지**하도록 노력하여야 한다.

동법 제91조(국가채무의 관리)

① **기획예산처장관**은 국가의 회계 또는 기금이 부담하는 금전채무에 대하여 **매년 국가채무관리계획을 수립**하여야 한다.

동법 제92조(국가보증채무의 부담 및 관리)

① 국가가 **보증채무를 부담**하고자 하는 때에는 **미리 국회의 동의**를 얻어야 한다.

② **재정경제부장관**은 매년 제1항에 따른 국가보증채무의 부담 및 관리에 관한 **국가보증채무관리계획을 작성**하여야 한다.

보충

국가채무

① 국가의 회계 또는 기금이 부담하는 금전채무로, 국채, 차입금, 국고채무 부담행위, 정부의 대지급 이행이 확정된 국가보증채무 포함

② 중앙정부가 발행하는 국채로는 국고채권, 국민주택채권, 외화표시 외국환평형기금채권, 재정증권이 존재

③ 금융성 채무란 정부가 자체적으로 상환할 수 있는 국가채무이며, 적자성 채무란 조세 등 국민의 부담으로 상환해야 하는 국가채무

심화 국가채무 VS 국가부채

1. 국가채무(D1)

   ① 국채, 차입금, 국고채무부담행위로 구성되며 지방자치단체 채무도 포함

   ② 정부예산 및 국가재정운용계획이 현금주의로 편성됨에 따라 현금주의 기준으로 산출

2. 일반정부 부채(D2)

   ① 국가채무에 비영리공공기관 부채를 포함(D2=D1+비영리공공기관 부채)

   ② 발생주의 기준으로 공공부문 내 상호 내부거래를 제거하여 산출

   ③ IMF, OECD 등 국제기구에서 국가 간 부채수준 비교시 일반정부 부채를 활용

3. 공공부문 부채(D3)

   ① 일반정부 부채에 비금융공기업 부채를 포함(D3=D2+비금융공기업 부채)

   ② 발생주의 기준으로 공공부문 내 상호 내부거래를 제거하여 산출

   ③ 다만 공공부문 부채를 산출하는 국가는 OECD 회원국 중 8개국에 불과

5 재정준칙

(1) 개념

재정규율을 확보하기 위한 것으로, **재정수입 · 재정지출 · 재정수지 · 국가채무** 등 총량적 재정지표에 대한 **구체적이고 법적 구속력이 있는 재정운용목표**

(2) 유형

① **수입준칙** : 정부의 **세수와 관련된 규칙**을 설정하여 **수입의 안정성과 예측 가능성**을 높이는 규칙

② **지출준칙** : **정부 지출의 총액이나 특정 지출 항목에 대한 규칙**을 설정하여 재정 건전성을 유지하는 규칙

③ **재정수지준칙** : 정부의 **예산 균형을 유지**하기 위한 규칙으로 **재정 적자나 흑자에 대한 목표**를 설정

④ **채무준칙** : **정부의 총채무나 일정 비율을 규제**하여 재정 건전성을 유지하는 규칙

PART 5

(3) 특징

① 목표치를 정하고 법적 구속력을 갖게 해서 **정부의 재정지출을 통제**

② 재정 규모 결정이 단순해지므로 **재정규율을 확립하는 데 용이**하며, **정치적 압력으로부터 재정 확대 압력을 방어**

③ 현재 **우리나라는 재정준칙 도입을 목표로 국가재정법 개정 추진 중**

심화 공공지출관리의 재정건전성을 위한 세 가지 규범

1. 총량적 재정규율
   ① 예산총액에 대한 효과적인 통제를 의미하는 것으로, 거시적 예산 결정을 토대로 자원배분을 이루려는 개념
   ② 정부지출의 지속적인 증가를 억제하면서 재정적자의 발생과 국가채무의 누적을 통제하는 것
2. 배분적 효율성
   ① 각 재정부문 간 재원배분을 통한 재정지출의 총체적 효율성을 도모하는 개념
   ② 주어진 예산 내에서 우선순위를 설정할 수 있고 우선순위와 사업의 효과성에 기반하여 재원을 배분할 수 있는 능력
3. 기술적(운영상) 효율성
   ① 정부 운영과 관련된 효율성으로, 정부를 효율적으로 운영하여 궁극적으로 정부의 운영비용과 서비스의 공급비용을 감소시킬 수 있는 능력
   ② 예산통제의 초점을 투입에서 산출로 바꾸고 예산운영의 책임을 분권화시키는 것이 필요

9급 23국, 19지
7급 22지, 17국, 16국

2 성과관리제도 B

국가재정법 제85조의2(재정사업의 성과관리)

① 정부는 **성과중심의 재정운용**을 위하여 다음 각 호의 성과목표관리 및 성과평가를 내용으로 하는 **재정사업의 성과관리를 시행**한다.
   1. **성과목표관리** : 재정사업에 대한 **성과목표, 성과지표 등의 설정** 및 그 달성을 위한 **집행과정 · 결과의 관리**
   2. **성과평가** : 재정사업의 계획 수립, 집행과정 및 결과 등에 대한 **점검 · 분석 · 평가**

② 재정사업 **성과관리의 대상이 되는 재정사업의 기준**은 성과관리의 비용 및 효과를 고려하여 **기획예산처장관**이 정한다. 다만, 개별 법령에 따라 실시되는 평가의 대상은 관계 중앙관서의 장이 별도로 정한다.

동법 제85조의4(재정사업 성과관리 기본계획의 수립 등)

① **기획예산처장관**은 재정사업 성과관리를 효율적으로 실시하기 위하여 **5년마다** 다음 각 호의 사항을 포함하여 **재정사업 성과관리 기본계획을 수립**하여야 한다.

② **기획예산처장관**은 제1항에 따른 재정사업 성과관리 기본계획에 기초하여 **매년 재정사업 성과관리 추진계획을 수립**하여야 한다.

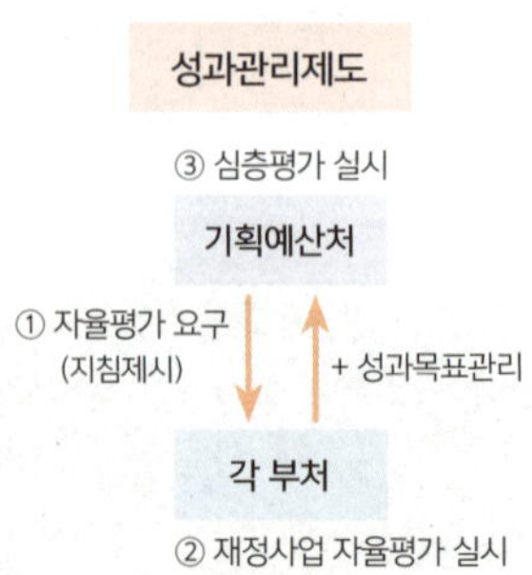

(1) 재정사업 성과목표관리

① 각 중앙관서는 성과목표관리를 담당하는 **재정성과책임관 등을 지정**하여 성과목표관리 업무를 효율적으로 수행

② 각 중앙관서는 성과목표 · 성과지표가 포함된 성과계획서 및 성과보고서를 작성하고, 이를 예산요구서와 함께 제출

국가재정법 제85조의5(재정사업 성과관리의 추진체계)

② 각 중앙관서의 장은 재정사업 성과관리 중 성과목표관리를 책임지고 담당할 공무원(재정성과책임관), 재정성과책임관을 보좌할 담당 공무원(재정성과운영관) 및 개별 재정사업이나 사업군에 대한 성과목표관리를 담당할 공무원(성과목표담당관)을 지정하여 재정사업 성과목표관리 업무를 효율적으로 수행하도록 하여야 한다.

동법 제85조의6(성과목표관리를 위한 성과계획서 및 성과보고서의 작성)

① 각 중앙관서의 장 및 기금관리주체는 재정사업 성과목표관리를 위하여 매년 예산 및 기금에 관한 성과목표 · 성과지표가 포함된 성과계획서 및 성과보고서를 작성하여야 한다.

동법 제85조의7(성과계획서 및 성과보고서의 제출)

각 중앙관서의 장은 예산요구서를 제출할 때 다음 연도 예산의 성과계획서 및 전년도 예산의 성과보고서를 함께 제출하여야 하며, 기금관리주체는 기금운용계획안을 제출할 때 다음 연도 기금의 성과계획서 및 전년도 기금의 성과보고서를 함께 제출하여야 한다.

PART 5

(2) 재정사업 성과평가

① 재정사업 자율평가제도

㉠ 기획예산처가 평가지침을 사전에 제시하고, 이에 기반하여 각 부처가 재정사업에 대한 자율평가를 실시

㉡ 2005년, 미국의 사업평가기법인 PART 제도를 참고하여 도입

② 재정사업 심층평가제도

2006년 도입된 것으로, 재정사업 자율평가 결과가 미흡한 사업 등 추가적으로 깊이 있는 분석과 평가가 필요한 사업을 대상으로 실시

국가재정법 제85조의8(재정사업 성과평가)

① 기획예산처장관은 대통령령으로 정하는 바에 따라 재정사업에 대한 성과평가를 실시할 수 있다.

동법 시행령 제39조의3(재정사업의 성과평가 등)

① 기획예산처장관은 각 중앙관서의 장과 기금관리주체에게 기획예산처장관이 정하는 바에 따라 주요 재정사업을 스스로 평가(재정사업자율평가)하도록 요구할 수 있으며, 다음 각 호의 어느 하나에 해당하는 사업에 대해서는 심층평가를 실시할 수 있다.

1. 재정사업자율평가 결과 추가적인 평가가 필요하다고 판단되는 사업
2. 부처간 유사 · 중복 사업이나 비효율적인 사업추진으로 예산낭비의 소지가 있는 사업
3. 향후 시속적 재정지출 급증이 예상되어 객관적 검증을 통해 지출효율화가 필요한 사업
4. 그 밖에 심층적인 분석 · 평가를 통해 사업추진 성과를 점검할 필요가 있는 사업

심화 기타 성과평가제도

1. 기금운용의 평가

국가재정법 제82조(기금운용의 평가)

① 기획예산처장관은 회계연도마다 전체 기금 중 3분의 1 이상의 기금에 대하여 대통령령으로 정하는 바에 따라 그 운용실태를 조사 · 평가하여야 하며, 3년마다 전체 재정체계를 고려하여 기금의 존치 여부를 평가하여야 한다.

② 기획예산처장관은 기금운용실태의 조사 · 평가와 기금제도에 관한 전문적 · 기술적인 연구 또는 자문을 위하여 기금운용평가단을 운영할 수 있다.

③ 기획예산처장관은 제1항 또는 제2항에 따른 평가결과를 국무회의에 보고한 후 국회에 제출하는 국가결산보고서와 함께 국회에 제출하여야 한다.

2. 예산성과금의 지급

국가재정법 제49조(예산성과금의 지급 등)

① 각 중앙관서의 장은 예산의 집행방법 또는 제도의 개선 등으로 인하여 수입이 증대되거나 지출이 절약된 때에는 이에 기여한 자에게 성과금을 지급할 수 있으며, 절약된 예산을 다른 사업에 사용할 수 있다.

② 각 중앙관서의 장은 성과금을 지급하거나 절약된 예산을 다른 사업에 사용하고자 하는 때에는 예산성과금심사위원회의 심사를 거쳐야 한다.

기출 CHECK

1 우리나라의 재정사업 성과관리에 대한 설명으로 옳지 않은 것은? 2023 국가직 9급

① 재정사업 성과관리의 내용은 성과목표관리와 성과평가로 구성된다.

② 재정사업 성과평가 결과는 지출 구조조정 등의 방법으로 재정운용에 반영될 수 있다.

③ 재정사업 심층평가 결과 기획예산처장관이 필요하다고 판단하면 재정사업 자율평가를 실시할 수 있다.

④ 재정사업 자율평가는 미국 관리예산처(OMB)의 PART(Program Assessment Rating Tool)를 우리나라 실정에 맞게 도입한 제도이다.

① O

> 국가재정법 제85조의2(재정사업의 성과관리)
> ① 정부는 성과중심의 재정운용을 위하여 다음 각 호의 성과목표관리 및 성과평가를 내용으로 하는 재정사업의 성과관리를 시행한다.
> 1. 성과목표관리 : 재정사업에 대한 성과목표, 성과지표 등의 설정 및 그 달성을 위한 집행과정 · 결과의 관리
> 2. 성과평가 : 재정사업의 계획 수립, 집행과정 및 결과 등에 대한 점검 · 분석 · 평가

② O

> 동법 제85조의10(재정사업 성과관리 결과의 반영 등)
> ② 기획예산처장관은 재정사업의 성과평과 결과를 재정운용에 반영할 수 있다.

③ X 각 기관이 재정사업자율평가를 실시한 후, 기획예산처장관의 입장에서 추가적인 평가가 필요하다고 판단되는 사업이 있다면 심층평가를 추가적으로 실시할 수 있다.

> 동법 시행령 제39조의3(재정사업의 성과평가 등)
> ① 기획예산처장관은 각 중앙관서의 장과 기금관리주체에게 기획예산처장관이 정하는 바에 따라 주요 재정사업을 스스로 평가(재정사업자율평가)하도록 요구할 수 있으며, 다음 각 호의 어느 하나에 해당하는 사업에 대해서는 심층평가를 실시할 수 있다.
> 1. 재정사업자율평가 결과 추가적인 평가가 필요하다고 판단되는 사업
> 2. 부처간 유사 · 중복 사업이나 비효율적인 사업추진으로 예산낭비의 소지가 있는 사업
> 3. 향후 지속적 재정지출 급증이 예상되어 객관적 검증을 통해 지출효율화가 필요한 사업
> 4. 그 밖에 심층적인 분석 · 평가를 통해 사업추진 성과를 점검할 필요가 있는 사업

④ O 재정사업자율평가제도는 미국의 정부업무평가제도인 PART제도를 참고하여 도입하였다. 정답 ③

체크포인트

재정사업 성과관리제도와 관련해서는 재정사업 자율평가제도와 재정사업 심층평가제도의 설계를 기본적인 수준에서 정리해 두면 충분합니다. 그리고 항상 용어에서부터 파생시키는 연습을 하는 것이 중요합니다. 자율평가제도는 자율적으로 하는 평가이므로 각 부처에서 진행하는 것이고, 심층평가제도는 심층적으로 평가하는 것이니 기획예산처에서 진행하는 것입니다.

9급 18국
7급 21국, 19국

3 성평등 관리 : 성인지 예산제도 B

(1) 개념

① 예산이 **여성과 남성에게 미치는 효과**를 예산과정에서 고려하여, 성평등한 방식으로 자원이 사용될 수 있도록 예산의 배분구조와 규칙을 변화시키고자 하는 활동

② 1984년 **호주에서 시작**되었으며, 우리나라는 「국가재정법」을 근거로 **중앙정부 기준 2010회계연도**부터, 「지방재정법」을 근거로 **지방자치단체 기준 2013회계년도**부터 예산에 반영

(2) 추진 방식

성인지 예산서 및 **성인지 결산서**의 작성 및 국회 제출

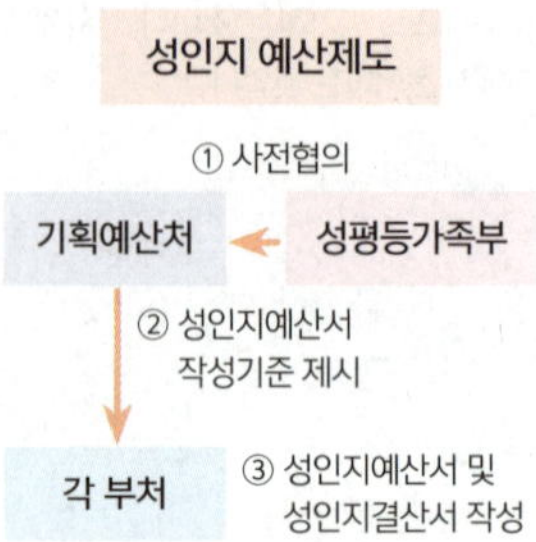

국가재정법 제34조(예산안의 첨부서류)

국회에 제출하는 예산안에는 **다음 각 호의 서류를 첨부**하여야 한다.

9. **성인지 예산서**

동법 제26조(성인지 예산서의 작성)

① 정부는 예산이 여성과 남성에게 미칠 영향을 미리 분석한 보고서**(성인지(性認知)예산서)를 작성**하여야 한다.

② 성인지 예산서에는 성평등 기대효과, 성과목표, 성별 수혜분석 등을 포함하여야 한다.

동법 시행령 제9조(성인지 예산서의 내용 및 작성기준 등)

① 법 제26조에 따른 성인지 예산서에는 다음 각 호의 내용이 포함되어야 한다.

1. 성인지 예산의 **개요**
2. 성인지 예산의 **규모**

2의2. 성인지 예산의 성평등 **기대효과**, 성과목표 및 성별 **수혜분석**

3. 그 밖에 기획예산처장관이 정하는 사항

② 성인지 예산서는 **기획예산처장관이 성평등가족부장관과 협의하여 제시한 작성기준 및 방식** 등에 따라 각 **중앙관서의 장이 작성**한다.

동법 제57조(성인지 결산서의 작성)

① 정부는 여성과 남성이 동등하게 예산의 수혜를 받고 예산이 성차별을 개선하는 방향으로 집행되었는지를 평가하는 보고서**(성인지 결산서)를 작성**하여야 한다.

② 성인지 결산서에는 집행실적, 성평등 효과분석 및 평가 등을 포함하여야 한다.

동법 제68조의2(성인지 기금운용계획서의 작성)

① 정부는 기금이 여성과 남성에게 미칠 영향을 미리 분석한 보고서**(성인지 기금운용계획서)를 작성**하여야 한다.

동법 제73조의2(성인지 기금결산서의 작성)

① 정부는 여성과 남성이 동등하게 기금의 수혜를 받고 기금이 성차별을 개선하는 방향으로 집행되었는지를 평가하는 보고서**(성인지 기금결산서)를 작성**하여야 한다.

X [9급] 성인지 예산서는 기획예산처 장관이 각 중앙관서의 장과 협의하여 제시한 작성기준 및 방식 등에 따라 여성가족부 장관이 작성한다.

O 성인지 예산서는 기획예산처 장관이 성평등가족부 장관(각 중앙관서의 장 ×)과 협의하여 제시한 작성기준 및 방식 등에 따라 각 중앙관서의 장(여성가족부 장관 ×)이 작성한다.

기출 CHECK

1 우리나라의 성인지 예산제도에 대한 설명으로 옳지 않은 것은? 2018 국가직 9급

① 정부는 예산이 여성과 남성에게 미치는 효과를 평가하고, 그 결과를 정부의 예산편성에 반영하기 위하여 노력하여야 한다.

② 성인지 예산서는 기획예산처 장관이 각 중앙관서의 장과 협의하여 제시한 작성기준 및 방식 등에 따라 성평등가족부 장관이 작성한다.

③ 성인지 예산서에는 성인지 예산의 개요, 규모, 성평등 기대효과, 성과목표 및 성별 수혜 분석 등의 내용이 포함되어야 한다.

④ 성인지 결산서에는 집행실적, 성평등 효과분석 및 평가 등이 포함되어야 한다.

① O

> **국가재정법 제16조(예산의 원칙)**
> 정부는 예산을 편성하거나 집행할 때 다음 각 호의 원칙을 준수하여야 한다.
> 5. 정부는 예산이 여성과 남성에게 미치는 효과를 평가하고, 그 결과를 정부의 예산편성에 반영하기 위하여 노력하여야 한다.

② X 성인지 예산서는 기획예산처장관이 성평등가족부장관과 협의하여 작성기준을 제시하며, 이에 따라 각 중앙관서의 장이 작성한다.

> **동법 시행령 제9조(성인지 예산서의 내용 및 작성기준 등)**
> ② 성인지 예산서는 기획예산처장관이 성평등가족부장관과 협의하여 제시한 작성기준 및 방식 등에 따라 각 중앙관서의 장이 작성한다.

③ O

> **동법 시행령 제9조(성인지 예산서의 내용 및 작성기준 등)**
> ① 성인지 예산서에는 다음 각 호의 내용이 포함되어야 한다.
> 1. 성인지 예산의 개요
> 2. 성인지 예산의 규모
> 2의2. 성인지 예산의 성평등 기대효과, 성과목표 및 성별 수혜분석

④ O

> **동법 제57조(성인지 결산서의 작성)**
> ② 성인지 결산서에는 집행실적, 성평등 효과분석 및 평가 등을 포함하여야 한다.

정답 ②

체크포인트

성인지 예산제도의 취지도 중요하지만, 우리나라에서 어떻게 운영되고 있는지를 정확하게 알고 있어야 합니다. 기획예산처 장관이 성평등가족부 장관과 협의를 하고, 이를 바탕으로 작성기준을 마련한 다음에, 각 부처로 내려 보내서 예산서를 작성하는 방식입니다. 우리나라의 제도 관련 주제는 제도가 어떻게 설계되어 있는지 법령을 바탕으로 구체적으로 정리해 두어야 합니다.

PART 5

9급 24국

4 온실가스 관리 : 온실가스감축인지 예산제도 B

(1) 개념

① **예산이 온실가스 감축에 미치는 효과를 평가**하고, 그 결과를 **정부의 예산편성과 집행에 반영**하기 위하여 온실가스감축인지 예 · 결산제도 도입

② **프랑스**에서 2021년 예산에 첨부한 '녹색예산'에서 비롯되었으며, 우리나라는 「국가재정법」을 근거로 **중앙정부 기준 2023회계연도**부터 예산에 반영

③ 「지방재정법」에는 관련 규정이 없어 지방자치단체의 의무사항은 아니며, 경기도 등 일부 지방자치단체가 「기후위기 대응을 위한 탄소중립 · 녹색성장 기본법」을 근거로 조례를 제정하여 시행하고 있음.

(2) 추진 방식

온실가스감축인지 예산서 및 결산서 등의 작성 및 **국회제출**

온실가스감축인지 예산제도

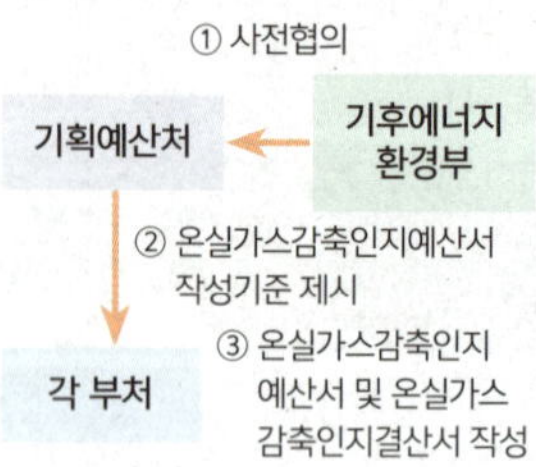

국가재정법 제34조(예산안의 첨부서류)

국회에 제출하는 예산안에는 **다음 각 호의 서류를 첨부**하여야 한다.

9의2. **온실가스감축인지 예산서**

동법 제27조(온실가스감축인지 예산서의 작성)

① 정부는 예산이 온실가스 감축에 미칠 영향을 미리 분석한 보고서(**온실가스감축인지 예산서**)를 작성하여야 한다.

② 온실가스감축인지 예산서에는 온실가스 감축에 대한 **기대효과, 성과목표, 효과분석** 등을 포함하여야 한다.

③ 온실가스감축인지 예산서의 작성에 관한 구체적인 사항은 대통령령으로 정한다.

동법 시행령 제9조의2(온실가스감축인지 예산서의 내용 및 작성기준 등)

② **각 중앙관서의 장은 기획예산처장관이 기후에너지환경부장관과 협의하여 제시한 작성기준** 및 방식에 따라 **온실가스감축인지 예산서를 작성**해야 한다.

동법 제57조의2(온실가스감축인지 결산서의 작성)

① 정부는 예산이 온실가스를 감축하는 방향으로 집행되었는지를 평가하는 보고서(**온실가스감축인지 결산서**)를 작성하여야 한다.

② 온실가스감축인지 결산서에는 **집행실적, 온실가스 감축 효과분석 및 평가** 등을 포함하여야 한다.

동법 제68조의3(온실가스감축인지 기금운용계획서의 작성)

① 정부는 기금이 온실가스 감축에 미칠 영향을 미리 분석한 보고서(**온실가스감축인지 기금운용계획서)를 작성**하여야 한다.

동법 제73조의3(온실가스감축인지 기금결산서의 작성)

① 정부는 기금이 온실가스를 감축하는 방향으로 집행되었는지를 평가하는 보고서(**온실가스감축인지 기금결산서)를 작성**하여야 한다.

5 거시경제 관리 : 자본예산제도 C

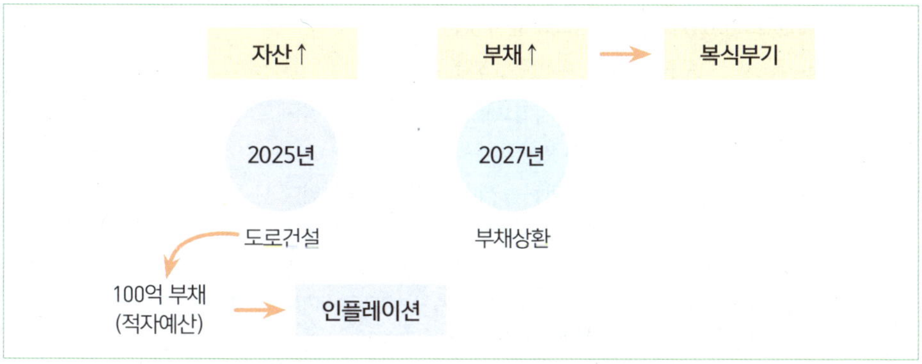

(1) 개념

정부예산을 **경상예산과 자본예산으로 구분**하는 **복식예산**

(2) 구분

① **경상예산** : 정부운영에 필요한 **반복적이고 단기적인 지출**로, 조세수입 등 경상적 수입으로 충당하여 수지균형을 이루게 함으로써 **균형예산으로 편성**

② **자본예산** : 토지매입, 사회간접자본 건설 등 **장기적이고 투자적인 지출**로, 관련 지출을 공채 등 채무로 충당함으로써 **적자예산으로 편성**

(3) 대두배경

1930년대 대공황 시기에 도입된 것으로, 자본예산에 입각하여 공채 발행 등을 통해 **경제를 활성화**시키기 위해 대두

(4) 특징

국가의 부채도 기록하는 **복식부기 · 발생주의 회계**를 사용하므로 자산상태를 명확히 파악할 수 있고, **중장기 재정운용이 가능**하다는 장점이 있는 반면, **인플레이션 조장 우려**도 존재

PART 5

체크포인트

자본예산제도는 인사혁신처에서는 아직까지 기출되지 않은 주제이지만, 앞으로 충분히 나올 수 있는 예상 주제이므로 국회직과 같은 다른 기관의 기출문제를 통해서 출제포인트를 익혀둘 필요가 있습니다. 특히 경상예산과 자본예산으로 구분하는 복식예산이라는 것과, 경기 활성화를 위해 활용되기 때문에 인플레이션 상황에서는 활용하기 어렵다는 점이 주요 체크포인트가 됩니다.

기출 CHECK

1 자본예산제도(CBS)에 대한 설명으로 옳지 않은 것은? 2019 국회직 9급

① 세입과 세출을 경상적인 것과 자본적인 것으로 구분한다.

② 자본적 지출은 대부분 공채발행 등 차입으로 충당하는 단식예산 제도의 일종이다.

③ 경제 안정을 해치고 인플레이션을 조장할 가능성이 있다.

④ 미래세대와 부채상환의 책임을 분담하여 세대 간 형평성을 높인다.

⑤ 부채의 증가는 예산관리의 경직화를 초래할 수 있다.

① O 자본예산제도는 정부예산을 경상예산과 자본예산으로 구분한다. 경상예산은 반복적이고 단기적인 균형예산이며, 자본예산은 장기적이고 투자적인 적자예산이다.

② X 자본적 지출은 경기 활성화를 위한 자금을 공채발행 등 부채로 충당하기 때문에 증가한 부채도 같이 기록해야 한다. 따라서 단식예산이 아닌 복식예산 제도가 적용된다.

③ O 자본예산제도는 경기부양을 목적으로 공채를 발행하여 경기를 활성화시키므로 물가 상승의 위험이 있다.

④ O 공채의 발행은 미래의 혜택을 현재 세대가 아닌 편익을 누리는 미래 세대들이 부담하게 하는 것이므로 재정부담의 세대 간 형평성을 제고시키는 방식이다.

⑤ O 공채의 발행을 통해 부채가 증가하게 되면 부채를 충당하는 데 예산 관리가 우선적으로 이루어지므로 예산관리가 경직화될 수 있다.

정답 ②

6 정부 회계 관리 A

9급 22국, 22지, 18국
7급 24지, 17지

단식부기 · 현금주의
+만 원 (수입)
−만 원 (지출)
+만 원 (국채)
−
−

복식부기	차변	대변
	만 원 (현금)	만 원 (수익)
	만 원 (비용)	만 원 (현금)
	만 원 (국채)	만 원 (부채)
발생주의	만 원 (계약)	만 원 (카드)
발생주의	만 원 (고지)	만 원 (카드)

1 회계 방식

(1) 우리나라 회계방식

① 우리나라는 단식부기 · 현금주의 회계로부터 **복식부기 · 발생주의 회계로 전환**

② 2007, 지방자치단체에 전면 도입

③ 2011 회계연도 결산부터 복식부기 · 발생주의 방식으로 작성된 국가결산보고서 국회 제출

보충

예산회계	재무회계
단기 예산에 적용	중장기 재정에 적용
통제 및 회계책임성 확보 목적	재정상태 및 성과 파악 목적
단식부기 · 현금주의	복식부기 · 발생주의

(2) 기장방식 : 단식부기 VS 복식부기

① **단식부기 : 거래의 한쪽 측면만**을 장부에 기록

㉠ **장점** : 거래의 기록이 용이하고, 이해하기 쉽고, 관리비용이 저렴

㉡ **단점**

ⓐ 정부의 재정상태에 대한 총괄적이고 체계적인 파악이 곤란

ⓑ 자산과 부채, 현금수지 등의 연계성을 찾기 어려움.

ⓒ 자기검증기능이 없어 오류를 확인하기가 곤란

② **복식부기** : 동일한 거래를 두 가지 측면에서 파악하여 대변과 차변에 동시에 기록하는 것으로, 거래의 이중성에 따라 거래의 인과관계를 기록*

㉠ **장점**

ⓐ 재정상태에 대한 총체적인 정보 제공

ⓑ 장부 간 연계성이 뛰어남.

ⓒ 모든 거래를 대차로 이중 기록하므로 자동적으로 오류를 발견하는 자기검증기능

㉡ **단점** : 이해하기 어렵고, 관리비용이 비쌈.

*

자산 = 자본 + 부채	
차변	대변
자산의 증가 부채의 감소 자본의 감소 비용의 발생	자산의 감소 부채의 증가 자본의 증가 수익의 발생

(3) **인식기준** : 현금주의 VS 발생주의

① **현금주의** : 현금의 수납과 지급을 기준으로 수입과 지출을 인식

㉠ **장점** : 예산의 통제기능에 적합하고, 내용 이해가 쉽고, 현금의 흐름을 파악하는 데 유용

㉡ **단점**

ⓐ 정부가 미래에 부채를 지고 있어도 현재의 계정이 균형된 것처럼 보이는 등 정부의 재정상태 파악 곤란

ⓑ 감가상각 등을 고려하지 못하므로, 자본의 소유비용을 인식하지 못함.

ⓒ 자산과 부채의 관리 책임에 대해서는 무감각하며, 현금 지급시기를 뒤로 미룸으로써 회계의 조작 가능성

② **발생주의** : 현금의 유출입과는 무관하게 거래 혹은 경제적 사건이 발생했을 때를 기준으로 수익과 비용을 인식

㉠ **장점**

ⓐ **정부 재정상태의 명확화** : 현금이 거래된 시점이 아니라 경제적 사건이 발생한 시점을 기준으로 비용 인식

ⓑ **장기적 시각** : 현금거래를 수반하지 않는 경제적 사건까지도 비용으로 인식

ⓒ **비용의 정확한 파악** : 감가상각과 기회비용 등 비화폐비용도 비용으로 포함

ⓓ **성과주의 예산제도에 적합** : 결과를 만들어내기 위해 필요한 모든 비용에 대한 충분한 정보 제공

ⓔ **자산관리의 효율화** : 대차대조표 작성으로 정부 자산과 부채가 명확하게 기록

㉡ **단점**

ⓐ 회계처리가 복잡하고, 많은 추정이 개입되어 예산운용에 대한 통제 약화

ⓑ 회수 불가능한 부실채권에 대한 정보왜곡의 우려가 있으며, 민주적 책무성에 초점을 맞추는 정부의 재정활동을 측정하는 데에는 부적합

㉢ **보완** : 수정발생주의 → 수입은 현금주의로, 지출은 발생주의로 기록 · 보고하는 방식

PART 5

현금주의	발생주의
이해와 통제가 용이	재정 건전성 확보가 용이
일반행정 부분에 적용 가능	사업적 성격이 강한 부분에 적용 가능
손해배상비나 부채성 충당금에 대한 인식 곤란	미지급비용과 미수수익을 부채와 자산으로 인식

체크포인트

우리나라의 정부회계가 원칙적으로 복식부기와 발생주의 방식을 취하고 있다는 결론은 알고 있어야 합니다. 여기에 더해서 복식부기의 반대인 단식부기, 발생주의의 반대인 현금주의를 비교하는 훈련을 평소에도 충분히 해 두어야 할 것입니다.

기출 CHECK

1 정부회계의 기장 방식에 대한 설명으로 옳지 않은 것은? 2018 국가직 9급

① 단식부기는 발생주의 회계와, 복식부기는 현금주의 회계와 서로 밀접한 연계성을 갖는다.
② 단식부기는 현금의 수지와 같이 단일 항목의 증감을 중심으로 기록하는 방식이다.
③ 복식부기에서는 계정 과목 간에 유기적 관련성이 있기 때문에 상호 검증을 통한 부정이나 오류의 발견이 쉽다.
④ 복식부기는 하나의 거래를 대차 평균의 원리에 따라 차변과 대변에 동시에 기록하는 방식이다.

① X 단식부기는 현금주의 회계와, 복식부기는 발생주의 회계와 서로 밀접한 연계성을 갖는다.
② O 단식부기는 현금의 증감과 같이 거래의 한쪽 측면만을 장부에 기록하는 방식이다.
③ O 복식부기는 모든 거래를 대차로 이중 기록하므로 자동적으로 오류를 발견하는 자기검증기능이 있기 때문에 부정이나 오류의 발견이 쉽다.
④ O 복식부기는 동일한 거래를 두 가지 측면에서 파악하여 대변과 차변에 동시에 기록하는 방식이다. 자산의 증가만 기록하는 것이 아니라 부채의 증가도 함께 기록하는 것이므로, 거래의 이중성에 따라 거래의 인과관계를 파악할 수 있다.

정답 ①

체크포인트

발생주의는 현금주의와 비교되는 개념입니다. 현금의 유출입 시점을 기준으로 기록하는 현금주의와는 달리, 발생주의는 사건의 발생 시점을 기준으로 기록합니다. 선지에서는 어떤 것이 사건의 발생인지를 체크하고 있습니다. 납세고지와 지출원인행위는 그 자체로 현금의 유출입이 이루어지지는 않지만, 추후 현금의 유출입이 이루어질 사건이 발생한 것이므로 발생주의의 기록 시점이 되는 것입니다.

2 다음 괄호 안에 들어갈 내용으로 바르게 짝지어진 것은? 2014 지방직 9급

> 정부회계의 '발생주의'는 정부의 수입을 (㉠) 시점으로, 정부의 지출을 (㉡) 시점으로 계산하는 방식을 의미한다.

	㉠	㉡		㉠	㉡
①	현금수취	현금지불	②	현금수취	지출원인행위
③	납세고지	현금지불	④	납세고지	지출원인행위

④ O 발생주의는 현금의 유출입과는 무관하게 거래 혹은 경제적 사건이 발생했을 때를 기준으로 수익과 비용을 인식하는 것이다. 즉, 정부의 수입을 현금수취가 아닌 납세고지의 시점으로, 정부의 지출을 현금지불이 아닌 지출원인행위 시점으로 계산하는 방식이다.

정답 ④

2 국가회계법

(1) 국가회계기준

국가회계법 제3조(적용범위)

이 법은 다음 각 호의 회계 및 기금에 대하여 적용한다.

1. 「국가재정법」 제4조에 따른 일반회계 및 특별회계
2. 「국가재정법」 제5조제1항에 따라 설치된 기금

(2) 사무의 관장

동법 제6조(국가회계에 관한 사무의 관장 등)

① 재정경제부장관은 국가회계에 관한 사무를 총괄하고, 중앙관서의 장과 기금관리주체는 그 소관의 회계에 관한 사무를 관리한다.

② 중앙관서의 장은 제1항에 따른 사무에 관한 법령을 제정 · 개정 또는 폐지하려는 때에는 재정경제부장관 및 감사원과 협의하여야 한다.

PART 5

(3) 국가회계기준

동법 제11조(국가회계기준)

① 국가의 재정활동에서 발생하는 경제적 거래 등을 발생 사실에 따라 복식부기 방식으로 회계처리하는 데에 필요한 기준(국가회계기준)은 재정경제부령(국가회계기준에 관한 규칙)으로 정한다.

② 국가회계기준은 회계업무 처리의 적정을 도모하고 재정상태 및 재정운영의 내용을 명백히 하기 위하여 객관성과 통일성이 확보될 수 있도록 하여야 한다.

(4) 결산의 수행

동법 제13조(결산의 수행)

① 중앙관서의 장은 회계연도마다 그 소관에 속하는 일반회계 · 특별회계 및 기금을 통합한 결산보고서(중앙관서결산보고서)를 작성하여야 한다.

③ 재정경제부장관은 회계연도마다 중앙관서결산보고서를 통합하여 국가의 결산보고서(국가결산보고서)를 작성한 후 국무회의의 심의를 거쳐 대통령의 승인을 받아야 한다.

(5) 결산보고서

동법 제14조(결산보고서의 구성)

결산보고서는 다음 각 호의 서류로 구성된다.

1. 결산 개요
2. 세입세출결산
3. 재무제표
   가. 재정상태표
   나. 재정운영표
   다. 순자산변동표
   라. 현금흐름표
4. 성과보고서

심화 국가회계기준에 관한 규칙(재정경제부령)

제4조(일반원칙)

국가의 회계처리는 복식부기 · 발생주의 방식으로 하며, 다음 각 호의 원칙에 따라 이루어져야 한다.

제5조(재무제표)

① 재무제표는 「국가회계법」에 따라 재정상태표, 재정운영표, 순자산변동표 및 현금흐름표로 구성하되, 재무제표에 대한 주석을 포함한다.

제7조(재정상태표)

① 재정상태표는 재정상태표일 현재의 자산과 부채의 명세 및 상호관계 등 재정상태를 나타내는 재무제표로서 자산, 부채 및 순자산으로 구성된다.

제24조(재정운영표)

재정운영표는 회계연도 동안 수행한 정책 또는 사업의 원가와 재정운영에 따른 원가의 회수명세 등을 포함한 재정운영결과를 나타내는 재무제표를 말한다.

제52조(순자산변동표)

① 순자산변동표는 회계연도 동안 순자산의 변동명세를 표시하는 재무제표를 말한다.

제53조의2(현금흐름표)

① 현금흐름표는 회계연도 동안의 현금의 유입 및 유출내역을 나타내는 재무제표를 말한다.

제53조의3(현금흐름표의 작성기준)

① 현금흐름표는 회계연도 중의 다음 각 호의 구분에 따른 활동으로 인한 현금흐름에 회계연도 초의 현금을 더하여 회계연도 말의 현금을 산출하는 형식으로 표시한다.

1. 운영활동 : 국가의 재정활동 중 제2호의 투자활동과 제3호의 재무활동에 속하지 않는 활동
2. 투자활동 : 자금의 융자와 회수, 투자증권과 유 · 무형자산의 취득 및 처분 등의 활동
3. 재무활동 : 자금의 차입과 상환, 국채의 발행과 상환 등 부채와 순자산에 영향을 미치는 활동

② 제1항제1호에 따른 운영활동의 경우에는 현금의 유입은 원천별로, 현금의 유출은 용도별로 각각 분류하는 직접법으로 작성하는 것을 원칙으로 한다.

기출 CHECK

1 우리나라의 국가재무제표에 대한 설명으로 옳지 않은 것은? 2017 지방직 7급 하반기(수정)

① 재무제표는 국가결산보고서에 포함되어 국회에 제출하도록 하고 있다.
② 국가회계법에 따르면 재무제표에는 재정상태표, 재정운영표, 순자산변동표가 포함된다.
③ 재정상태표는 재정상태표일 현재 국가 재정상태를 보여 주는 것이다.
④ 재정상태표에는 현금주의와 단식부기가, 재정운영표에는 발생주의와 복식부기가 각각 적용되고 있다.

① O 국가회계법에 따라 결산보고서는 재무제표를 포함한다.
② O 국가회계법은 재무제표의 구성으로 재정상태표, 재정운영표, 순자산변동표를 포함하고 있다.
③ O 재정상태표란 국가의 재정상태를 대차대조표를 통해 보여 주는 것이다.
④ X 재정상태표와 재정운영표 모두 발생주의와 복식부기가 적용된다.

정답 ④

체크포인트

우리나라 국가재무제표의 구성은 그동안 7급에서만 출제되다가 2022년도 9급에서도 최초로 출제되었습니다. 이처럼 7급 주제가 9급으로 넘어오는 사례들이 빈번하고, 이런 주제들이 변별력을 가르는 문제가 되므로 탄탄하게 준비해 두어야 할 것입니다. 7급 주제들 중에서도 9급에서 출제될 수 있는 주제들을 이 교재 등에서 정리하고 있으니 도움을 받으시면 좋겠습니다.

CHAPTER 2 예산 이론

1 예산의 원칙

1 고전적 원칙과 현대적 원칙

고전적 원칙	노이마르크(Neumark)가 제시한 전통적 예산 원칙으로, **입법부 우위**의 **통제 중심적** 예산원칙
현대적 원칙	스미스(Smith)가 제시한 원칙으로, 고전적 예산원칙의 통제지향성을 비판하면서 다양한 사업의 원활한 수행을 위한 **행정부 우위**의 **관리 중심적** 예산원칙

1 고전적 원칙 : 통제 지향 S

9급 25지, 22지, 17국, 17지, 16국, 15지
7급 24국, 24지, 19지, 16지, 14지

예산완전성의 원칙

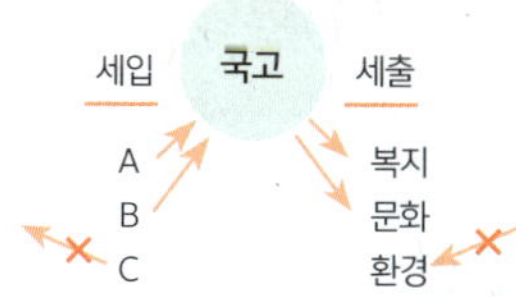

(1) 예산완전성의 원칙 → 예산총계주의

① **개념** : 정부의 모든 재정적 거래와 활동 내역, 즉 **모든 세입과 세출이 예산에 포함**되어야 한다는 원칙

> **국가재정법 제17조(예산총계주의)**
> ① 한 회계연도의 **모든 수입을 세입**으로 하고, **모든 지출을 세출**로 한다.

② **특징**

㉠ 예산완전성의 원칙을 통해 정부활동의 경제적 **결과를 측정**할 수 있고, 정부의 재정활동에 대한 **효과적인 통제**가 가능해짐.

㉡ 재정자원의 효율적인 사용을 가능하게 하고, 정부활동에 대한 **책무성을 강화**

③ **예산총계주의 원칙의 예외(국가재정법)**

㉠ **수입대체경비** : 용역 및 시설을 제공함으로써 발생하는 수입과 관련된 경비로, 지출 이상의 수입이 생길 경우 이를 관련 업무에 쓸 수 있도록 규정된 경비

예 여권 발급수수료

예외 : 수입대체경비

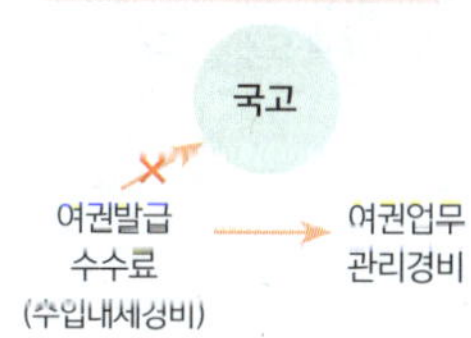

㉡ **현물출자** : 부동산·채권·유가증권·특허권 등 금전 이외의 재산을 자금으로 주는 일

예 부실은행에 대한 정부소유 주식 출자

㉢ **전대차관** : 국내 거주자가 수입 자금으로 대출할 것을 조건으로 외국의 금융 기관으로부터 외화 자금을 빌려 오는 차관

예 국내 영세 수입업체 대상 대출

㉣ **차관물자대** : 유상원조와 같이 외국의 실물자본(식량·건설자재 등)을 일정기간 사용하는 대가로 지불해야 하는 비용

보충

① **지방재정법**에서는 **예산총계주의의 예외**로 **기금**을 규정

> **지방재정법 제34조(예산총계주의의 원칙)**
>
> ③ 지방자치단체가 현물로 출자하는 경우와 「지방자치단체 기금관리기본법」에 따른 **기금을 운용**하는 경우 또는 그 밖에 대통령령으로 정하는 사유로 보관할 의무가 있는 현금이나 유가증권이 있는 경우에는 제2항에도 불구하고 이를 **세입·세출 예산 외로 처리**할 수 있다.

② 이론적 예외

㉠ **순계예산** : 징세비를 제외한 조세의 순수입만을 예산에 계상

㉡ **예산순계** : 일반회계 내의 계정 간 거래나 일반회계와 특별회계 간 거래 등에서 중복 계상된 내부거래를 제외

체크포인트

예산의 원칙에서 가장 많이 출제되는 것이 예산총계주의입니다. 그리고 예산의 원칙은 그 예외까지도 함께 출제되므로 원칙과 예외를 정확하게 연결시키는 훈련이 필요합니다. 특히 예산총계주의의 예외는 국가재정법에 명시되어 있기 때문에 시험에 좀 더 잘 나옵니다. 예산총계주의의 예외인 수입대체경비, 현물출자, 전대차관 등은 정확하게 기억해 두어야 할 요소입니다.

> **동법 제53조(예산총계주의 원칙의 예외)**
>
> ① 각 중앙관서의 장은 **용역 또는 시설을 제공하여 발생하는 수입과 관련되는 경비**로서 대통령령으로 정하는 경비(**수입대체경비**)의 경우 수입이 예산을 초과하거나 초과할 것이 예상되는 때에는 그 초과수입을 대통령령이 정하는 바에 따라 그 초과수입에 직접 관련되는 경비 및 이에 수반되는 경비에 초과지출할 수 있다.
>
> ② 국가가 **현물로 출자하는 경우**와 **외국차관을 도입하여 전대(轉貸)하는 경우**에는 이를 세입세출예산 외로 처리할 수 있다.
>
> ③ **차관물자대**(借款物資貸)의 경우 전년도 인출예정분의 부득이한 이월 또는 환율 및 금리의 변동으로 인하여 세입이 그 세입예산을 초과하게 되는 때에는 그 세출예산을 초과하여 지출할 수 있다.
>
> ④ **전대차관을 상환**하는 경우 환율 및 금리의 변동, 기한 전 상환으로 인하여 원리금 상환액이 그 세출예산을 초과하게 되는 때에는 초과한 범위 안에서 그 세출예산을 초과하여 지출할 수 있다.
>
> ⑥ 수입대체경비 등 예산총계주의 원칙의 예외에 관하여 필요한 사항은 대통령령으로 정한다.

기출 CHECK

1 다음 보기에서 ㉠과 ㉡에 해당하는 내용을 바르게 연결한 것은? 2016 국가직 9급

> (㉠)은(는) 국가가 특별한 용역 또는 시설을 제공하고 그 제공을 받은 자로부터 비용을 징수하는 경우의 당해 경비로서 대통령령으로 정하는 경비를 의미하며, 국가재정법 상 (㉡)의 예외로 규정되어 있다.

	㉠	㉡
①	수입대체경비	예산총계주의 원칙
②	전대차관	예산총계주의 원칙
③	전대차관	예산 공개의 원칙
④	수입대체경비	예산 공개의 원칙

① O 수입대체경비란 용역 및 시설을 제공함으로써 발생하는 수입과 관련된 경비로, 지출 이상의 수입이 생길 경우 이를 관련 업무에 쓸 수 있도록 규정된 경비이다. 이는 예산에 포함하지 않고 사용될 수 있다. 따라서 수입대체경비는 세입과 세출이 예산에 포함되어야 한다는 예산총계주의 원칙(완전성의 원칙)의 예외이다.

정답 ①

(2) 예산 단일의 원칙

① **개념** : 예산의 효율적인 통제와 효과적인 관리를 위해서는 **예산이 하나만 존재**해야 한다는 원칙으로, **일반회계만 존재**해야 한다는 것을 의미

② **예산완전성과의 관계** : 다수 예산 존재가 예산단일의 원칙에는 위배되지만, 모든 세입과 세출이 예산에 포함되어야 한다는 예산완전성의 원칙은 훼손하지 않을 수 있음.

③ **예외** : 특별회계, 기금, 추가경정예산 등

(3) 예산 통일의 원칙

① **개념** : **특정수입과 특정지출의 연계 금지**로, 세입과 세출이 연결되지 않는다는 원칙

② **특징**

㉠ 모든 수입은 국고에 편입된 후, 특정 칸막이 없이 지출이 이루어져야 함.

㉡ 비용의 부담자와 편익의 수혜자가 일치하지 않음.

③ **예외** : 특별회계, 기금, 목적세, 수입대체경비 등

(4) 예산 한정성의 원칙 → 목적 외 사용 금지

① **개념** : 예산은 주어진 **목표 · 규모 · 시간**에 따라서 집행되어야 한다는 원칙

> **동법 제45조(예산의 목적 외 사용금지)**
> 각 중앙관서의 장은 세출예산이 **정한 목적 외에 경비를 사용할 수 없다.**

② **예산한정성 원칙의 구분** : 상한을 상회해서 지출되면 안 되며(양적 한정성), 정해진 기간을 넘어서서 지출되면 안 되고(시간적 한정성), 항목 간을 이동해 지출되어서도 안 됨(질적 한정성).

③ **예외** : 예산의 이용과 전용, 예산의 이월, 계속비, 예비비, 추가경정예산, 지난 회계연도(과년도)수입 · 지출 등

(5) 예산 사전의결의 원칙

① **개념** : 예산이 **집행되기 전에 입법부의 의결**을 거쳐야 한다는 원칙으로, 회계연도 개시 전에 예산이 확정되어야 함을 의미

② **예외** : 긴급명령, 준예산 등

(6) 예산 명확성의 원칙

① **개념** : 예산문서를 국민들이 **명쾌하게 이해**할 수 있도록 세부 내역과 관련된 자료가 충분히 제공되어야 한다는 원칙

② **예외** : 총액계상예산제도 등

(7) 예산 투명성의 원칙(공개)

① **개념** : 예산 운영의 전반적인 내용이 **국민에게 공개**되어야 한다는 원칙

② **특징** : 예산완전성의 원칙과 예산단일의 원칙이 지켜지지 않으면 예산의 투명성은 낮아질 수밖에 없음.

③ **예외** : 국가정보원 예산의 비공개 등

예산 통일의 원칙

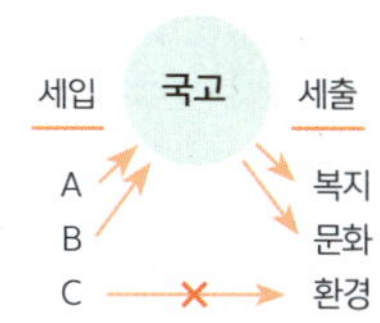

수입대체경비

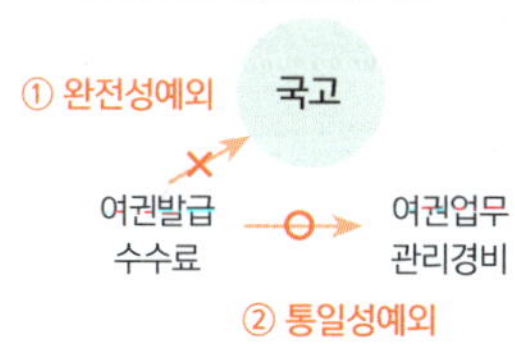

보충

> **긴급명령(헌법 제76조)**
> ① 대통령은 **내우 · 외환 · 천재 · 지변** 또는 **중대한 재정 · 경제상의 위기**에 있어서 국가의 안전보장 또는 공공의 안녕질서를 유지하기 위하여 **긴급한 조치가 필요**하고 국회의 집회를 기다릴 여유가 없을 때에 한하여 최소한으로 필요한 **재정 · 경제상의 처분**을 하거나 이에 관하여 **법률의 효력을 가지는 명령**을 발할 수 있다.

(8) 예산 정확성의 원칙

예산은 결산과 일치해야 한다는 엄밀성의 원칙

고전적 예산의 원칙

	내용	예외
예산완전성 (총계주의)	모든 세입 · 세출 → 예산 포함	수입대체경비, 현물출자, 전대차관, 차관물자대
예산 단일	일반회계만	특별회계, 기금, 추경
예산 통일	특정수입-지출 연계×	특별회계, 기금, 목적세
예산 한정성	목표 · 규모 · 시간	이용, 전용, 예비비
예산 사전의결	입법부 의결 필요	준예산, 긴급명령
예산 명확성	국민의 명쾌한 이해	총액계상예산
예산 투명성	국민에게 공개	국정원 예산

기출 CHECK

1 예산의 원칙과 그 내용, 예외사항을 순서대로 나열한 것으로 옳지 않은 것은? 2017 국가직 9급

① 사전의결의 원칙 – 회계연도 개시 전 예산 확정 – 준예산
② 통일성의 원칙 – 특정수입과 특정지출의 연계 금지 – 특별회계
③ 단일성의 원칙 – 세입과 세출 내역의 명시적 나열 – 이용과 전용
④ 완전성의 원칙 – 예산총계주의 – 전대차관

① O 사전의결의 원칙이란 예산이 집행되기 전에 입법부의 의결을 거쳐야 한다는 원칙으로, 회계연도 개시 전에 국회의 의결을 받아 예산이 확정되어야 함을 의미한다. 준예산은 입법부 의결 전 집행할 수 있으므로 사전의결 원칙의 예외이다.
② O 통일성의 원칙이란 특정수입과 특정지출의 연계 금지로, 세입과 세출이 연결되지 않는다는 원칙이다. 특별회계는 특정 사업을 위한 회계를 설치하는 것이므로 통일성의 원칙의 예외이다.
③ X 단일성의 원칙이란 예산의 효율적인 통제와 효과적인 관리를 위해서는 예산이 하나만 존재해야 한다는 원칙으로, 일반회계만 존재해야 한다는 것을 의미한다. 단일성의 원칙의 예외로는 특별회계, 기금, 추가경정예산이 있다. 이용과 전용은 예산항목을 상호 융통하는 것이므로 단일성의 원칙의 예외가 아닌, 한정성의 원칙의 예외이다.
④ O 완전성의 원칙이란 정부의 모든 재정적 거래와 활동 내역, 즉 모든 세입과 세출이 예산에 포함되어야 한다는 원칙으로 예산총계주의라고도 한다. 예산총계주의 원칙의 예외로 국가재정법은 전대차관, 수입대체경비, 현물출자, 차관물자대를 규정하고 있다. 정답 ③

2 예산의 원칙과 그 예외 사항에 대한 설명으로 옳은 것은? 2015 지방직 9급

① 특정 수입과 특정 지출이 연계되어서는 안 된다는 것은 '단일성의 원칙'이다.
② 예산은 주어진 목적, 규모 그리고 시간에 따라 집행되어야 한다는 원칙은 '예산총계주의'이다.
③ 예산구조나 과목은 이해하기 쉽도록 단순해야 한다는 것은 '통일성의 원칙'이다.
④ 특별회계는 '통일성의 원칙'과 '단일성의 원칙'의 예외적인 장치에 해당된다.

① X 특정 수입과 특정 지출이 연계되어서는 안 된다는 것은 통일성의 원칙이다. 단일성의 원칙이란 예산의 효율적인 통제와 효과적인 관리를 위해서는 예산이 하나만 존재해야 한다는 원칙이다.
② X 예산이 주어진 목적, 규모, 시간에 따라 집행되어야 한다는 원칙은 한정성의 원칙이다. 예산총계주의는 정부의 모든 재정적 거래와 활동 내역, 즉 모든 세입과 세출이 예산에 포함되어야 한다는 원칙이다.
③ X 예산구조나 과목이 이해하기 쉽도록 단순해야 한다는 것은 명확성의 원칙이다. 통일성의 원칙은 특정수입과 특정지출의 연계 금지로, 세입과 세출이 연결되지 않는다는 원칙이다.
④ O 특별회계는 특정 사업을 위한 회계를 설치하는 것이므로 특정 세입과 특정 세출을 연계한다. 따라서 통일성의 원칙에 대한 예외이다. 또한 특별회계는 일반회계 이외의 계정이므로 단일성의 원칙에 대한 예외이다. 정답 ④

체크포인트

앞서 언급한 것처럼 예산의 원칙은 그 예외까지도 세트로 정리해 두어야 합니다. 각 원칙의 기본적인 내용은 무엇이고, 그 원칙을 지키지 않는 실제 제도는 어떤 것이 있는지 하나하나 점검하면서 학습해 두어야 합니다.

체크포인트

예산의 원칙과 예외에서 가장 많이 물어보는 개념 중 하나가 예산 통일성의 원칙입니다. 우선 예산 통일성의 원칙은 예산 단일성의 원칙과 표면상 헷갈릴 수 있기 때문에 정확하게 구분할 수 있는지를 체크할 것입니다. 다음으로는 예산 통일성의 원칙의 예외를 정리해 두어야 합니다. 특정 수입과 특정 지출을 연계시키는 특별회계, 목적세, 수입대체경비가 여기에 포함되니 하나도 빠뜨리지 않고 학습해야 할 것입니다.

PART 5

9급 12지
7급 17지

고전적 원칙	VS	현대적 원칙
노이마르크 통제 중심 입법부 우위		스미스 관리 중심 행정부 우위

2 현대적 원칙 : 관리 지향 C

(1) 계획의 원칙

정부의 사업 계획과 예산 편성은 유기적으로 이루어져야 함.

(2) 책임의 원칙

예산을 능률적으로 집행할 책임이 있음.

(3) 보고의 원칙

예산의 편성 · 심의 · 집행은 재정보고 및 업무보고에 기초해야 함.

(4) 수단구비의 원칙

예산기관은 예산배정계획 수립권한 등 적절한 수단이 있어야 함.

(5) 다원적 원칙

일반 행정기관 이외에도 다양한 예산 형식과 절차를 구비해야 함.

(6) 재량의 원칙

상황변화에 적응할 수 있도록 행정부에 재량을 부여

(7) 시기 신축성의 원칙

시간적 제약에서 벗어나 융통성 있게 조정할 수 있어야 함.

(8) 예산기구 상호성의 원칙

중앙 예산기관과 각 부처 예산기구 간 협력관계 필요

체크포인트

현대적 예산원칙은 사실 전혀 중요하지 않습니다. 현대적 예산원칙을 물어보는 문제가 나온다고 할지라도, 고전적 예산원칙을 제거하고 정답을 골라내면 됩니다. 고전적 예산원칙이 훨씬 더 중요하기 때문에 빠삭하게 공부만 해 두시면 현대적 예산원칙과의 구분까지도 자연스럽게 해낼 수 있습니다.

기출 CHECK

1 현대적 예산원칙과 거리가 먼 것은? 2012 지방직 9급

① 사전승인의 원칙
② 보고와 수단구비의 원칙
③ 다원과 신축의 원칙
④ 계획과 책임의 원칙

① X 사전승인의 원칙은 예산을 집행하기 전 국회의 사전 의결을 받아야 한다는 원칙으로, 통제 지향적인 고전적 예산원칙에 해당한다. 반면 현대적 예산원칙은 다양한 사업의 원활한 수행을 위한 관리 중심적 예산원칙으로, 보고, 수단구비, 다원, 신축, 계획, 책임의 원칙 등을 포괄한다. 정답 ①

2 예산결정이론

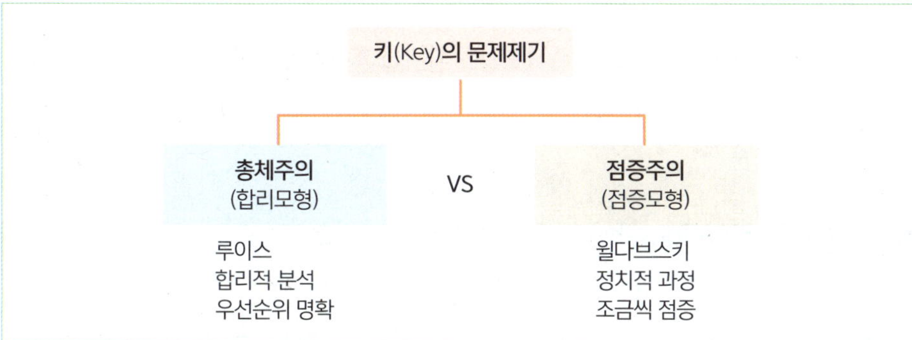

1 키(V. O. Key)의 문제제기 C

(1) 문제제기

1940년, '예산이론의 부재' 논문에서 **'X달러를 B사업 대신 A사업에 배분하는 근거가 무엇인가?'** 라는 문제를 제기

(2) 의의

예산 배분 기준에 대해 연구하면서, 그 기준으로 **예산의 합리성과 정치성**의 두 측면을 강조

2 루이스(Lewis)의 총체주의(합리모형) C

9급 23국
7급 17국

(1) 개념

① 예산의 목표와 목표 간 **우선순위를 명확하게 설정**하고, **합리적 분석**을 통한 효율적인 예산 배분을 지향하는 이론

② 1952년, Key의 논의 중 예산배분의 합리성 측면을 보다 발전시킨 것으로, 한계효용이론을 응용하여 예산배분에 대한 응용경제학적인 이론 구축 시도

(2) 특징 – 예산배분을 위한 세 가지 원칙

① **상대적 가치** : 희소한 자원의 배분이 제대로 이루어지기 위해서는, 모든 지출로부터 발생하는 편익이 적어도 그 지출의 기회비용은 되어야 함.

② **증분분석** : 예산을 몇 가지 용도로 배분할 때, 각각의 용도로부터 얻을 수 있는 한계편익이 동일할 수 있도록 예산배분이 이루어져야 함.

③ **상대적 효과성** : 공통의 목적을 달성하는 데 있어서의 상대적 효과성에 따라 지출의 비교가 이루어져야 함.

(3) 주요 제도

계획예산제도(PPBS)*, 영기준 예산제도(ZBB)* 등

* **계획예산제도**
장기적인 기획과 단기적인 예산을 유기적으로 연결시킴으로써 합리적인 자원 배분을 추구하는 예산제도

* **영기준예산제도**
모든 정부사업과 예산을 원점에서 재검토하는 제도로, 합리성 추구가 가장 강한 방식

(4) 한계

① 예산담당관이 보수적 성향을 가질 경우 합리적 모형에 따른 예산결정은 현실적으로 곤란

② 합리적 모형을 적용하면 계획 기능이 강화되는 효과를 창출하는 데 이는 집권화의 병리를 초래할 위험이 있음.

9급 23국, 17지, 16지
7급 14지

ⓧ [7급] 예산 결정에서 기존 사업에 대한 당위적 예산 배분을 제어할 수 있다는 점은 점증모형의 유용성이다.

ⓞ 예산 결정에서 기존 사업에 대한 당위적 예산 배분을 제어할 수 있다는 점은 합리모형(점증모형 ×)의 유용성이다.

3 윌다브스키(Wildavsky)의 점증주의(점증모형) B

(1) 개념

① 1960년대, 합리적 예산개혁의 흐름을 전면적으로 비판하며 **예산의 정치적 측면**에 관한 본격적인 논의 진행

② 정책결정모형으로 개발된 **린드블롬(Lindblom)의 점증주의를 예산과정에 창의적으로 적용**한 예산결정이론

(2) 주요 내용

① 예산은 기술적인 문제해결 과정이라기보다는 **정치적**인 의사결정과정

② 예산은 전년도 예산에 조금씩 더해 나가면서 **점증적으로 결정**되며, 복잡성에 대처하기 위해 의사결정을 단순화

③ 예산개혁은 계산의 부담을 늘리고 합의를 어렵게 만들기 때문에 정치적으로 중립적인 과정이 아니라는 시각

(3) 효과

① 정치적 협상과 타협, 단편적 결정 등을 통해 효율성보다는 형평성을 고려함으로써 사회의 중요한 가치가 무시될 수 있는 가능성을 줄이고 합의 가능성을 증대

② 예산과정 참여자들의 역할과 기대를 안정시켜 예산과정의 예측가능성을 높이고, 예산과정의 권력중심을 입법기관으로 옮겨주기 때문에 입법기관의 지지를 받을 수 있음.

(4) 한계

① 현실설명력은 높지만 본질적 해결이 아니므로 **기득권을 옹호**하고 **자원배분의 불공평을 초래**할 수 있으며, 개혁 시기에는 **보수적 저항 혹은 관료병리로 평가**될 수도 있음.

② 예산은 정치적 요인에 의해서만 결정되는 것은 아니며, 효율성과 효과성이 중시될 필요도 있다는 점에서 합리적 의사결정의 가능성에 대해 지나치게 비판적

③ 예산규모가 팽창할 때는 점증주의가 유효하지만, 예산규모의 팽창이 억제되는 시기에는 설명이 어렵다는 점에서 특정 시기에만 유효한 이론

④ 예산이 갖는 정치적 성격을 전체적으로 고려하는 것이 아니라 오직 미국식 다원주의적 정치과정에만 초점을 맞추고 있어 다른 나라에 그대로 적용하기가 곤란

⑤ 재량지출에만 적용 가능하며, 의무지출에는 적용하기 곤란(미국의 경우 약 70%, 우리나라의 경우 절반 정도가 의무지출에 해당)

⑥ 이론의 보편성을 주장하면서 예산을 둘러싼 환경적 요인을 제대로 고려하지 않지만, 특정 시기와 특정 국가에만 적용되는 사실상의 기술적 모형에 국한

기출 CHECK

1 점증주의 예산결정이론의 특성이 아닌 것은? 2016 지방직 9급

① 현실설명력은 높지만 본질적인 문제해결방식이 아니며 보수적이다.

② 정책과정상의 갈등을 완화하고 해결하는 데 필요한 정치적 합리성을 갖는다.

③ 계획예산제도(PPBS)와 영기준예산제도(ZBB)는 점증주의 접근을 적용한 대표적 사례이다.

④ 자원이 부족한 경우 소수 기득권층의 이해를 먼저 반영하게 되어 사회적 불평등을 야기할 우려가 있다.

① O 점증주의 예산결정이론은 전년도 예산에 조금씩 더해 나가는 방식이므로 혁신적인 변화가 발생하기 어렵다. 따라서 본질적인 문제해결방식이 아닌 보수적인 방식이다.

② O 점증주의는 예산이 점증하는 과정에서 다양한 이익집단 간의 정치적 협상과 타협 등을 중시하는 정치적 합리성을 갖는다.

③ X 계획예산제도는 국가의 거시적인 전략기획을 중시하는 예산이며, 영기준예산제도는 모든 사업을 원점에서 진면 재검토하는 예산이다. 계획예산제도와 영기준예산제도는 전반적인 예산의 개혁을 추구하는 제도들이므로 점증주의가 아닌 합리주의적 접근이다.

④ O 점증주의적 예산결정에 따르면, 자원이 부족할 경우 기존의 기득권층에게 자원을 우선적으로 배분하게 된다. 따라서 예산결정이 소수기득권층을 중심으로 진행되어 자원배분의 불공평을 초래할 가능성이 있다. 정답 ③

체크포인트

예산결정이론은 총체주의와 점증주의를 구분할 수 있는지가 주요 출제논점이 됩니다. 따라서 각각의 선지를 읽을 때, 그 내용이 총체주의와 점증주의 중 어디에 어울리는지를 판단하면서 학습할 수 있어야 합니다. 또한 점증주의의 한계로 기존의 기득권을 유지하면서 조금만 더해 나간다는 보수성 또는 반혁신적 특징도 자주 체크하는 논점 중 하나입니다.

PART 5

4 기타 예산결정모형 C

7급 20국, 19국, 19지, 17국

(1) 공공선택이론(니스카넨)

① 관료는 공익을 대변하지 않으며, 자신의 효용을 극대화하는 이기적인 합리성을 따르는 경제적 주체라고 가정

② 관료는 권력의 극대화를 위해 **소속 부서의 예산 규모를 극대화**하므로, 최적 수준보다 월등히 높은 상태에서 예산이 결정

(2) 실시간 예산운영모형(루빈)

킹던의 '정책의 창' 모형으로부터 영향을 받아 느슨하게 **상호연계된 다섯 가지 의사결정 흐름**에 따른 정치 현상 제시*

* 의사결정 흐름과 예산 정치

의사결정 흐름	예산 정치
세입흐름	설득
세출흐름	선택
예산균형흐름	제약조건
예산집행흐름	책임성
예산과정흐름	어떻게·누가

(3) 다중합리성 모형(서메이어&윌로비)

① 루빈의 실시간 예산운영모형과 킹던의 정책의 창 모형의 통합 시도

② 예산 과정이 하나의 관점에서 일관성 있게 전개된다는 전통적인 예산이론을 비판하면서, **현대 예산의 복잡성**을 고려한 모형

③ 관료들의 의사결정은 예산주기의 **다양한 시점에서 단계별로 작용하는 합리적 기준**에 따라 서로 다른 형태의 다중적 결정으로 구성

정책의 창 모형 (킹던)	+	실시간 예산운영모형 (루빈)	→	다중합리성 모형 (서메이어·윌로비)

(4) 단절균형모형(바움가트너, 존스)

① 예산재원의 배분 형태가 항상 일정하게 유지되는 것이 아니라 특정 상황에 따라 균형 상태에서 **급격한 변화가 발생하는 단절 현상이 발생**하고 이후 다시 균형을 지속

② 전년 대비 일정 변화에 그친다는 **점증주의 이론을 비판**하면서 제시

③ 사후적인 분석으로는 적절하지만, **단절균형 발생 시점을 예측하지 못하기 때문에** 미래지향성 측면에서는 한계

(5) 예산문화론(윌다브스키)

		경제력(부의 정도)	
		높음	낮음
재정의 예측가능성	높음	점증예산 (선진국)	양입제출(세입)예산* (선진국 도시정부)
	낮음	보충적 예산 (후진국)	반복적 예산 (후진국)

* 양입제출(세입) 예산
재정 수입을 예측하고, 그 예측치에 지출을 맞추는 형태

체크포인트
예산결정이론과 관련한 기타 모형들은 7급에서는 빈출되는 주제이지만, 9급에서는 본격적으로 출제되지 않았습니다. 이런 주제는 합리적으로 대비해야 합니다. 9급에도 출제될 수 있으니 아예 생략해서는 안 되고, 그렇다고 너무 깊이 있게 공부하는 것도 좋지 않습니다. 7급에서 출제된 기출문제 정도로만 정리하는 방식이 가장 효율적입니다.

기출 CHECK

1 루빈(Rubin)의 '실시간 예산운영(Real Time Budgeting)' 모형에 대한 설명으로 옳지 않은 것은?

2016 지방직 7급

① 세입 흐름에서 의사결정 - '누가, 얼마만큼 부담할 것인가'에 관한 의사결정으로 의사결정의 흐름 속에는 설득의 정치가 내재해 있다.

② 세출 흐름에서 의사결정 - '누구에게 배분할 것인가'에 관한 의사결정으로서 선택의 정치로 특징지어지며, 참여자들은 지출의 우선순위가 재조정되기를 바라거나 현재의 우선순위를 고수하려고 노력한다.

③ 예산 균형 흐름에서 의사결정 - '예산 균형을 어떻게 정의할 것인가'에 관한 의사결정으로 제약조건의 정치라는 성격을 지니며, 예산균형의 결정은 근본적으로 정부의 범위 및 역할에 대한 결정과 연계되어 있다.

④ 예산 과정 흐름에서 의사결정 - '계획된 대로 수행할 수 있는가'에 대한 의사결정으로 기술적 성격이 강하고 책임성의 정치라는 특성을 지니며, 예산계획에 따른 집행과 수정 및 일탈의 허용 범위에 대한 문제가 중요하다.

① o 세입 흐름은 거두어들이는 것이므로 걷는 대상에 대한 설득의 정치가 발생한다.
② o 세출 흐름은 지출하는 것이므로 어디에 지출할 것인지에 대한 선택의 정치가 필요하다.
③ o 예산 균형 흐름은 세입과 세출 간의 균형, 세출 분야 간에 균형을 고려해야 한다는 제약조건의 정치가 필요하다.
④ x 계획한 대로 수행할 수 있는가에 대한 기술적인 성격과 책임성의 정치의 특성을 갖는 흐름은 예산 과정 흐름이 아닌 예산 집행 흐름에서의 의사결정이다.

정답 ④

3 예산개혁이론

1 예산개혁의 기준 B

(1) 기준 - 쉬크(A. Schick), 예산개혁을 통제, 관리, 기획 지향으로 구분

① **통제 지향 :** 예산운용에 있어서 부정과 부패를 최소화하는 동시에 입법부나 행정부에 의해서 설정된 정책적 의도를 충실히 따르도록 하는 것

② **관리 지향 :** 목표 달성을 위한 구체적인 사업과 활동을 구분하고 이를 위해 자원을 동원하고 배분하는 것

③ **기획 지향 :** 목표를 설정하고, 목표 달성을 위한 대안을 평가하고, 이에 기반하여 사업을 수행하는 것

(2) 특징

모든 예산제도는 통제, 관리, 기획이라는 세 가지 지향을 동시에 지니고 있음.

9급 12국

PART 5

기출 CHECK

1 미국의 예산개혁과 결부시켜 쉬크(A. Schick)가 도출한 예산제도의 주된 지향점으로 볼 수 없는 것은? 2012 국가직 9급

① 성과지향 ② 통제지향
③ 기획지향 ④ 관리지향

① X 쉬크는 예산개혁을 통제, 관리, 기획 지향으로 구분하였다. 성과지향은 쉬크가 도출한 지향점이 아니다.

정답 ①

체크포인트

쉬크가 제시한 예산개혁의 세 가지 지향점은 종종 시험에서 체크하므로 기억해 두어야 합니다. 통제, 관리, 기획을 암기하는 것도 필요하지만, 각각의 지향점에 따른 예산개혁제도들이 어떤 것이 있는지도 연결할 수 있으면 더욱 좋습니다. 통제 지향은 품목별 예산제도, 관리 지향은 성과주의 예산제도, 기획 지향은 계획 예산제도가 연결됩니다.

2 예산개혁 이론의 변천

1세대 (1887~1930)	2세대 (1930~1970)		3세대 (1970~1990)	
품목별 예산 (LIBS) →	성과주의 예산 (PBS) →	계획 예산 (PPBS) →	영기준 예산 (ZBB) →	신성과 예산 (NPBS)
통제	관리	기획	감축	결과
투입 중심	사업 중심	기획과 예산 연계	원점에서 재검토	성과에 대한 계약
자의적 행정 방지	단위원가 × 업무량	정부 영향력 극대화	분권화된 관리	결과에 대한 책임

9급 23지, 21지, 19국, 17지, 16지
7급 17지, 15지

1 품목별 예산제도(LIBS : Line-Item Budgeting System) S

(1) 개념

① 정부가 구입하는 **재화와 서비스를 중심**으로 예산을 분류하는 것으로, **투입에 초점**을 맞추어 지출 대상별로 예산을 분류하는 방식

② 미국, 1900년대 초반 정부운용에 있어서 부정부패를 없애려는 이른바 **진보주의 운동**의 일환으로 품목별 예산제도를 도입

③ **회계책임을 묻는 데 용이**하므로 예산의 통제라는 측면에서 중요한 진전이며, 재정민주주의 구현에 유리한 **통제지향 예산제도**

(2) 장점

① 정부지출을 효과적으로 통제할 수 있고, 단순하기 때문에 일반인들도 쉽게 이해

② 지출 대상에 따라 자세히 예산이 표시되어 있으므로 예산심의가 용이하며, 전년도 예산과 올해의 예산을 비교하기가 용이

X [9급] 품목별 예산제도는 일에 대한 정보를 제공하며, 세입과 세출의 유기적 연계를 고려한다.
O 성과주의(품목별 ×) 예산제도는 일에 대한 정보를 제공하며, 세입과 세출의 유기적 연계를 고려한다.

(3) 단점

① 실무자의 **재량권의 범위가 매우 제약**되고 예산운용의 **성과에 대한 책임을 묻기가 곤란**

② 투입에만 초점을 맞추기 때문에 투입이 산출로 어떻게 연결되는지, 자원이 얼마나 효율적으로 사용되는지, 사업 간 우선순위가 어떠한지에 대한 정보는 제공하지 못함.

③ 세부적인 사항에만 초점을 맞추게 되어 중앙예산기관에 의한 미시적 관리와 각 부처 내에서의 위계적인 통제를 양산

④ 몇 개의 조직단위가 협력하게 되는 사업의 경우 총비용을 제대로 계산할 수 없음.

⑤ 단기적인 비용에 국한되어 있으며, 사회적 비용이나 기회비용은 제대로 고려하지 않음.

체크포인트

예산개혁 주제에서는 품목별, 성과주의, 계획, 영기준 예산제도를 기본적인 수준에서 비교할 수 있는지가 중요합니다. 따라서 4가지 선지 중 다른 예산제도에 대한 설명을 찾아낼 수 있다면 그것으로 충분합니다. 물론 문제에서 물어보고 있는 품목별 예산제도가 통제지향이라는 점이나 사업에 대한 성과를 체크하기 어렵다는 점도 함께 확인하면 좋습니다.

기출 CHECK

1 품목별 예산제도에 대한 설명으로 옳지 않은 것은? 2016 지방직 9급

① 재정민주주의 구현에 유리한 통제지향 예산제도이다.
② 정부활동의 중복방지와 통합 · 조정에 유리한 예산제도이다.
③ 지출 대상에 따라 자세히 예산이 표시되어 있으므로 예산심의가 용이하다.
④ 정부가 수행하는 사업과 그 효과에 대한 명확한 정보를 제공하지 못한다.

① O 품목별 예산제도는 품목별로 상한선을 설정해 통제하는 예산제도이다. 따라서 예산을 집행하는 관료의 회계책임을 묻는 데 용이하므로 예산의 통제라는 측면에서 중요한 진전이며, 재정민주주의 구현에 유리한 통제지향 예산제도이다.
② X 품목별 예산제도는 정부의 정책·사업·활동별로 예산을 계산하는 것이 아니라 품목별로 예산을 계산하므로, 세부적인 사항에만 초점을 맞추게 되어 정부 정책의 거시적인 중복방지와 통합·조정에는 불리하다.
③ O 각각의 품목별로 세세하게 예산이 책정되므로 국회에서의 예산심의가 용이하다.
④ O 품목별 예산제도는 품목별 상한선에 따른 투입과 통제에만 집중한다. 투입에만 초점을 맞추기 때문에 투입이 산출로 어떻게 연결되는지, 사업의 효과가 어떠한지에 대한 명확한 정보는 제공해주기 곤란하다. 이를 해결하기 위해 사업별로 예산을 분류하는 성과주의 예산제도가 등장하게 된다. 정답 ②

2 성과주의 예산제도(PBS : Performance Budgeting System) A

9급 25국, 10국
7급 19국

(1) 개념

① 업무단위의 **원가와 양**을 계산하여 **사업별 · 활동별로 분류**해서 예산을 편성하는 제도로, **투입보다는 산출**에 초점을 맞춰 정부의 활동과 비용을 연계시키는 특징

② 미국, 1930년대 뉴딜정책의 시행과 제2차 세계대전 이후 정부기능의 확대에 따라 정부사업의 효율적 관리에 대한 관심이 제고되면서 도입(**후버위원회**의 권고)

③ **사업별 예산제도**, 기능별 예산제도, 활동별 예산제도라고 부르기도 함.

(2) 장점

① **단위당 X단위원가에 수행되는 Y개의 업무량**으로 표현됨으로써 관리의 능률성을 향상시키는 **관리지향적 예산제도**

예 10km 도로건설 사업이 있을 때, 1km당 건설비가 15억 원이라면 15억 원 × 10km = 150억 원이라는 예산이 산출

② 사업 또는 활동별로 예산이 편성되기 때문에 **정부가 무슨 사업을 추진하는지 국민들이 쉽게 이해**할 수 있음.

③ **사업별로 예산이 책정**되므로 **입법부가 사업별로 예산을 심의**하기가 용이

(3) 단점

① 산출물을 정의하기가 쉽지 않고, **성과 자체를 측정하기가 곤란**

② 전략적 목표에 따른 장기적인 계획과의 연계보다는 **구체적인 개별사업만을 중시하는 경향**

③ 특정 예산을 **특정 사업에 구체적으로 편성**하는 것이므로 예산을 총괄적으로만 배정하는 **총괄예산과는 어울리지 않으며**, 행정부의 **사업별 재량을 중시**하기 때문에 **입법부의 예산통제가 곤란**

④ **업무단위 선정 및 단위원가 계산이 어렵고**, 자원의 최적배분이나 사업의 필요성과 타당성 여부는 알 수 없음.

PART 5

체크포인트
성과주의 예산제도와 계획 예산제도를 비교하는 논점으로, 상대적으로 까다롭기 때문에 훈련이 필요합니다. 성과주의 예산제도와 계획 예산제도는 모두 정부가 수행하는 사업이 중요하다고 봅니다. 다만 성과주의 예산제도는 단기적으로 개별적인 사업에만 집중하고, 계획 예산제도는 국가 전체적인 전략 기획 하에 장기적인 사업운영에 집중합니다. 선지를 읽으면서 이 비교 포인트를 발견해 낼 수 있어야 합니다.

기출 CHECK

1 성과주의 예산제도에 관한 설명으로 옳은 것을 모두 고른 것은? 2010 국가직 9급

ㄱ. 예산서에는 사업의 목적과 목표에 대한 기술서가 포함되며, 재원은 활동 단위를 중심으로 배분된다.
ㄴ. 사업의 대안들을 제시하도록 하고 가장 효과적인 프로그램에 대해 재원배분을 선택하도록 한다.
ㄷ. 예산의 배정과정에서 필요 사업량이 제시되므로 예산과 사업을 연계시킬 수 있다.
ㄹ. 장기적인 계획과의 연계보다는 단위사업만을 중시하기 때문에 전략적인 목표의식이 결여될 수 있다.

① ㄱ, ㄴ ② ㄱ, ㄷ, ㄹ ③ ㄱ, ㄴ, ㄷ ④ ㄴ, ㄷ, ㄹ

ㄱ. O 성과주의 예산제도는 사업별로 예산을 분류한다. 사업의 목적을 명확히 제시하고, 재원은 정부의 정책인 활동 단위별로 배분된다.
ㄴ. X 사업의 대안을 제시하고 우선순위에 따라 가장 효과적인 프로그램을 선택하기 위해서는 거시적이고 전략적인 관점이 필요하나, 성과주의 예산제도는 개별사업만을 중시하기 때문에 이를 추구하기가 어렵다.
ㄷ. O 성과주의 예산제도는 사업별로 예산을 배분하므로, 예산은 단위당 X단위원가에 수행되는 Y개의 필요 사업량으로 표현된다.
ㄹ. O 성과주의 예산제도는 전략적 목표에 따른 장기적인 계획과의 연계보다는 구체적인 개별사업만을 중시하는 경향이 있다. 이에 따라 등장하는 것이 장기적인 계획과 예산을 연계시키려는 계획예산제도이다. 정답 ②

9급 20지
7급 21국

3 계획예산제도(PPBS : Planning Programming Budgeting System) A

(1) 개념

① **장기적인 기획과 단기적인 예산을 유기적으로 연결**시킴으로써 합리적인 자원배분을 이루려는 **총체주의 예산제도**로, **합리성의 극대화**를 추구

② 미국, **정부예산이 급격하게 팽창하던 1960년대** 당시 국방장관이던 **맥나마라**(McNamara)에 의해 국방부에 처음 도입되었고, 이후 존슨 대통령이 연방정부에 도입

(2) 특징

① **기획의 책임이 중앙에 집중**되어 있는 **하향식** 예산이며, **중장기적인 시각에서 예산을 운영**하므로 사업의 총비용이 예산편성 시 고려

② 정부가 지향하는 목표에 따라 사업이 구성되어 이를 기초로 예산이 배분(노인보호 관련 사업과 예산들이 각기 운영되는 것이 아니라, 노인보호를 위한 통합 사업으로 운영)

③ 전통적인 조직의 경계를 뛰어넘어 동일한 목표를 지향하는 활동들을 통합해서 관리하므로, 중복되는 사업이나 상호모순되는 사업들을 발견하고 조정

④ **계량적 기법**인 비용－편익분석 등의 분석적 기법을 활용

(3) 한계

① 목표를 분명하게 정의하기 어려울 뿐 아니라 특정한 활동이 목표를 달성하는 데 얼마나 효과적이었는지를 측정하는 것이 쉽지 않음.

② 사업의 범주에 맞게 조직개편이 이루어지지 않을 경우, 사업의 단위와 조직단위 간의 괴리가 발생

③ 많은 정부활동은 여러 가지 목적에 관련되어 있으며, 예산과정의 참여자들이 모두 합리적인 인간이 될 수는 없음.

④ 미국 연방정부 차원에서 도입되었으나 전반적으로 실패한 것으로 평가

기출 CHECK

1 A 예산제도에서 강조하는 기능은? 2020 지방직 9급

> A 예산제도는 당시 미국의 국방장관이었던 맥나마라(McNamara)에 의해 국방부에 처음 도입되었고, 국방부의 성공적인 예산개혁에 공감한 존슨(Johnson) 대통령이 1965년에 전 연방정부에 도입하였다.

① 통제 ② 관리
③ 기획 ④ 감축

③ O 국방장관이던 맥나마라에 의해 국방부에 처음 도입되었고, 이후 1960년대 신행정학의 흐름에서 존슨 대통령의 연방정부에 도입된 것은 기획 지향의 계획예산제도이다. 계획예산제도는 장기적인 기획과 단기적인 예산을 유기적으로 연결시킴으로써 합리적인 자원배분을 이루려는 예산제도이다. 정답 ③

체크포인트

계획예산제도는 1960년대 정부의 문제 해결이 중요했던 신행정학 시대와 맞물려 등장했음을 연결시킬 수 있어야 합니다. 행정학은 여러 주제들이 큰 흐름을 통해 연결되어 있고, 이런 흐름을 활용할 수 있어야 효율적인 학습과 함께 문제가 어떻게 출제되어도 풀어낼 수 있는 진짜 실력이 탄탄해집니다.

2 계획예산제도(PPBS)에 대한 설명으로 옳지 않은 것은? 2013 국가직 9급

① 품목별 예산은 하향식 예산 과정을 수반하나, PPBS는 상향식 접근이 원칙이다.
② 품목별 예산과는 달리 부서별로 예산을 배정하지 않고 정책별로 예산을 배분한다.
③ PPBS는 집권화를 강화시킨다.
④ 계량적인 기법인 체제분석, 비용편익분석 등을 사용한다.

① X 계획예산제도는 중앙정부에 의해서 집권적으로 추진되는 하향식 접근이 원칙인 예산제도이다.
② O 계획예산제도는 국가의 장기적인 계획에 기반한 정책의 우선순위에 따라 예산을 배분한다.
③ O 계획예산제도는 중장기적인 시각에서 중앙정부가 예산의 배분을 결정하므로 중앙정부에 의한 집권화를 강화시킨다.
④ O 계획예산제도는 총체주의적 예산제도로, 합리적이고 분석적인 기법을 활용하여 예산과 중장기적 계획을 연계시키기 위해 경제학적이고 계량적인 기법들을 사용한다. 정답 ①

체크포인트

계획예산제도는 정부의 전략기획이 중요한 하향적 예산제도라는 점을 시험에서 자주 체크합니다. 이것은 정부가 합리적인 존재로서 집권적으로 효율적인 전략을 세울 수 있음을 가정하는 것이므로, 점증주의가 아닌 총체주의적 예산결정 방식이 됩니다. 또한 총체주의란 결국 경제적 분석을 통한 합리적 결정을 한다는 의미이므로 계량적 분석기법을 사용하게 됩니다. 이렇게 과정을 따라 가면서 연결하면 행정학의 개념을 탄탄하게 쌓아나갈 수 있습니다.

PART 5

9급 24국, 18지, 17국
7급 24국, 18지, 17지

4 영기준 예산제도(ZBB : Zero Base Budgeting) A

(1) 개념

① 점증주의적 예산편성의 폐단을 시정하고자 개발된 제도로, 예산배분의 기득권을 인정하지 않고 모든 정부사업과 예산항목을 **원점에서 재검토**

② 합리성의 추구가 가장 강한 **총체주의 방식**의 예산제도이며, **조직구성원의 참여**가 상대적으로 높은 **분권화된 관리체계**를 가짐.

③ 1973, 미국 Harvard Business Review에서 소개 → 1976, 카터 대통령이 연방정부 도입

(2) 장점

① **정보를 의사결정 패키지별로 조직화**하여 **모든 사업에 대한 재검토가 가능**하므로 합리성에 기반한 예산의 재배분 가능

㉠ **의사결정단위의 선정** : 특정 사업 · 활동 · 조직 등 예산편성의 **기초적인 단위**를 선정

㉡ **의사결정 패키지의 작성** : 의사결정단위의 **목표 · 기능 · 활동을 포괄적**으로 분석

㉢ **의사결정 패키지의 서열결정** : 상급관리자가 상대적인 **우선순위**를 부여

② 전년도 답습주의로 인한 **재정의 경직성을 완화**할 수 있으며, 우선순위가 낮은 사업들을 종료시키면서 예산의 과대추정을 억제

③ 예산과정에 대한 **관리자 및 실무자의 참여를 촉진**하며, 최고관리자는 각 기관의 업무수행에 대한 보다 상세한 자료를 입수할 수 있음.

ⓧ [9급] 영기준예산제도가 단위사업을 사업 - 재정계획에 따라 장기적인 예산편성 쪽으로 방향을 잡았다면, 계획예산제도는 당해 연도의 예산 제약 조건을 먼저 고려한다.

ⓞ 계획(영기준 ×)예산제도가 단위사업을 사업-재정계획에 따라 장기적인 예산편성 쪽으로 방향을 잡았다면, 영기준(계획 ×)예산제도는 당해 연도의 예산 제약 조건을 먼저 고려한다.

(3) 단점

① **예산편성을 위한 업무량이 증가**하며, 정부의 모든 사업에 대해서 매년 원점에서 재검토할 필요가 있는가에 대해서도 의문

② 영기준 예산제도가 추구하는 합리적인 예산배분은 **예산의 정치적 성격과 갈등** 야기

③ 국방비나 공무원 보수 같이 매년 고정적으로 지출되는 **경직성 경비가 존재**하는 경우 영기준 예산제도의 적용이 곤란

④ 영기준 예산제도는 현 시점을 기준으로 분석하므로, 계획예산제도(PPBS)에서 중시하는 장기적인 목표는 경시될 수 있음.

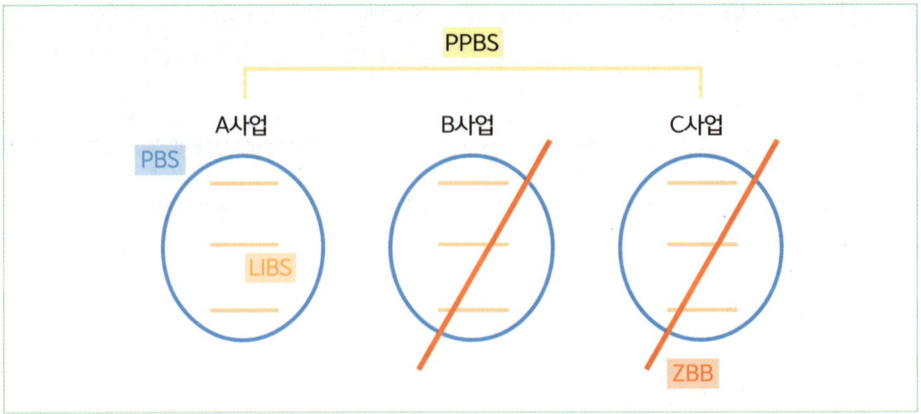

기출 CHECK

1 다음 설명에 해당하는 예산제도는? 2018 지방직 9급

> • 합리적 선택을 강조하는 총체주의 방식의 예산제도이다.
> • 조직구성원의 참여가 상대적으로 높은 분권화된 관리체계를 갖는다.
> • 예산편성에 비용·노력의 과다한 투입을 요구한다는 비판을 받는다.

① 성과주의예산제도 ② 계획예산제도
③ 영기준예산제도 ④ 품목별예산제도

③ O 영기준 예산제도는 예산배분의 기득권을 인정하지 않고 모든 정부사업과 예산항목을 원점에서 재검토하는 것으로, 합리성의 추구가 가장 강한 총체주의 방식의 예산제도이이다. 사업의 전면 재검토를 위해서는 많은 정보가 필요하므로, 이를 제공하기 위한 조직구성원의 참여가 상대적으로 높은 분권화된 관리체계를 가진다. 반면 전면적 사업의 재검토를 추진할 때 업무량이 대폭 증가한다는 단점도 있다. 정답 ③

2 예산제도에 관한 설명으로 가장 적합하지 않은 것은? 2009 지방직 9급

① 품목별 예산제도는 예산을 지출대상별로 분류하여 편성하는 것을 말한다.
② 성과주의 예산제도는 업무단위의 원가와 양을 계산해서 사업별, 활동별로 분류해서 예산을 편성하는 것을 말한다.
③ 계획예산제도란 장기적인 기획과 단기적인 예산을 유기적으로 연결시킴으로써 합리적인 자원배분을 이루려는 예산제도이다.
④ 영기준 예산제도란 점증주의적 의사결정방식에 따라 과거의 관행을 토대로 예산을 편성하는 것을 말한다.

① O 품목별 예산제도는 정부가 구입하는 재화와 서비스를 중심으로 예산을 분류하는 것으로, 투입에 초점을 맞추어 지출 대상별로 예산을 분류하는 방식이다.
② O 성과주의 예산제도는 투입보다는 산출에 초점을 맞춰 정부의 활동과 비용을 연계시키려는 제도로, 업무단위의 원가와 양을 계산하여 사업별·활동별로 분류해서 예산을 편성한다.
③ O 계획예산제도는 합리성을 극대화하려는 총체주의적 예산제도로, 정부가 수립한 장기적인 계획에 예산을 연계하려는 제도이다.
④ X 영기준 예산제도는 예산배분의 기득권을 인정하지 않고 모든 정부사업과 예산항목을 원점에서 재검토하는 총체주의적 예산제도로, 점증주의적 예산편성의 문제점을 시정하고자 개발되었다. 정답 ④

체크포인트
영기준 예산제도에서 자주 나오는 키워드를 다시 한 번 체크하는 문제로 활용하면 좋습니다. 영기준 예산제도는 모든 것을 재검토하는 예산이므로 점증주의가 아닌 총체주의 성격이 명확합니다. 또한 모든 사업을 재검토하려면 다양한 정보가 필요하고, 이를 위해서는 모든 조직구성원이 참여하여 판단해야 하므로 분권화된 성격도 가지는 것입니다.

체크포인트
예산개혁 주제에서는 품목별, 성과주의, 계획, 영기준 예산제도의 흐름에 맞춰 문제를 구성하는 경우가 많습니다. 이 문제의 정답을 찾아내는 것도 중요하지만, 문제의 구성을 활용해서 다시 한 번 예산개혁의 흐름을 점검하는 것이 학습을 할 때는 더 중요할 수 있습니다.

PART 5

심화 영기준 예산제도 VS 일몰제

	영기준 예산제도(ZBB)	일몰제(Sunset Law)
개념	모든 사업을 처음부터 평가하여 예산을 편성	일정기간이 지나면 자동적으로 사업이 종료되도록 설정
목적	예산 낭비 방지	불필요한 사업의 자동 종료
운영방식	모든 사업을 처음부터 평가하여 예산 편성 (상향식 접근)	특정 사업이나 법률이 일정기간 이후 자동으로 폐지(하향식 접근)
주기	매년 모든 사업 재검토	일반적으로 3~7년 주기
공통점	예산 효율성 증대, 사업 재검토, 재정 건전성 강화, 우선순위 설정	

9급 11지
7급 22국, 17국, 15국

5 신성과주의 예산제도(NPBS : New Performance Budgeting System) Ⓑ

(1) 개념

① 1980년대 이후, 재정적자의 발생과 국가채무의 누적이라는 위기 발생 → 1990년대 미국 **클린턴 정부***에서 목표관리, 총체적 품질관리 등 혁신적 방안과 함께 부활한 제도

② 재정사업의 목표 · 결과 · 재원을 연계하여 예산을 **'성과에 대한 계약'의 개념**으로 활용 → 청소사업의 경우, 청결도와 만족도 등을 측정해 다음연도 예산배분에 반영

③ **결과중심 예산제도**라고 지칭하기도 함.

* **클린턴 정부의 GPRA**
신성과주의 예산제도의 기반이 되는 법으로, 1993년 제정

(2) 특징

① 서비스의 직접적 공급기관에게 예산운용권한을 위임하고 자율성과 신축성을 확대하면서, 결과 중심적으로 예산을 운용하면서 성과를 관리(목표에 대한 집권화된 통제 → 수단의 분권화 → 결과에 대한 책임)

② 정부지출의 가치(value for money)와 재무관리의 혁신을 강조하고, 중기재정계획체계를 활용하는 등 중장기적 시각에서 재정을 운용

(3) 기존 성과주의(1950년대) VS 신성과주의(1980년대)

① **1950년대의 성과주의**는 **투입과 업무량**에 대해서만 관심을 가진 반면, **1980년대 이후의 신성과주의**에서는 계량화된 산출(output)뿐만 아니라 **그 이후의 성과**(outcome)까지도 관심

② **기존의 성과주의**가 **재무적 관점**에서만 접근했던 것에 반해, **신성과주의**는 정책 · 인사 · 조직 등을 포함한 **국정전반에 걸쳐 광범위한 관점**에서 접근

투입 VS 산출 VS 성과

투입	산출	성과
경찰관 10명	범죄자 100명	치안의 정도

(4) 장단점

① **장점** : 결과중심의 예산운용에 따라 능률성, 합리성, 투명성, 책임성 등 제고

② **단점** : 결과와 산출 측정의 문제

기출 CHECK

1 1990년대에 새롭게 주목받게 된 성과관리 예산제도에 대한 설명으로 옳지 않은 것은?

2015 국가직 7급

① 투입보다는 산출 또는 성과를 중심으로 삼고 있다.

② 거리청소사업으로 예를 들면, 거리의 청결도와 주민의 만족도 등을 다음연도 예산배분에 반영하는 것이다.

③ 장기적인 기획과 단기적인 예산편성을 유기적으로 연결하여 합리적인 자원 배분을 이루려는 제도다.

④ 모든 조직에 공통적으로 적용할 수 있는 표준적 성과측정지표를 개발하기 어렵다는 점은 성과관리 예산제도의 단점으로 지적된다.

① O 1990년대 새롭게 주목받게 된 성과관리 예산제도는 신성과주의 예산제도이다. 신성과주의 예산제도는 투입이 아닌 산출과 성과를 중심으로 자율성과 신축성을 확대하는 예산제도이다.

② O 신성과주의 예산제도는 재정사업의 목표·결과·재원을 연계하여 예산을 '성과에 대한 계약'의 개념으로 활용한다. 거리청소사업의 성과가 좋다면 다음 연도의 예산을 증액시켜주는 계약의 방식이다.

③ X 장기적 기획과 단기적 예산편성을 연결하는 것은 성과관리 예산제도가 아닌, 계획예산제도(PPBS)이다.

④ O 성과관리 예산제도를 위해서는 성과에 대한 측정이 중요한데, 공공부문의 특성상 성과측정을 위한 지표 등이 개발되기 어렵다는 한계가 존재한다.

정답 ③

체크포인트

신성과주의 예산제도처럼 성과를 중시하는 모든 제도는 고질병이 있습니다. 바로 성과의 측정이 곤란하다는 것입니다. 성과를 중시하는 제도를 도입하는 것이 최근의 트렌드이긴 하지만, 질적 성과를 중시하는 공공의 영역 특성상 성과의 측정이 곤란하다는 내용을 알고 있는지 반드시 물어본다는 점을 인지하고 있으면 좋겠습니다.

PART 5

PUBLIC ADMINISTRATION 황철곤 행정학

PART 6
지방

지방자치 개관

자치단체 구역

자치권

주민참여

- **지방자치의 목적과 구분**
  - 지방자치의 목적 B
  - 지방자치의 구분 B
- **정부 간 관계**
  - 정부 간 관계 모형 A
  - 보충성의 원칙 A
  - 지방분권균형발전법 C
- **지방정치이론** B

- **지방자치단체 계층구조**
  - 단층제와 중층제 B
  - 한국의 지방자치단체 계층 구조 S

- **자치기관**
  - 기관구성의 유형 A
  - 지방의회 B
  - 자치단체장 B
  - 지방선거 C
- **자치입법권**
  - 자치권의 유형 B
  - 자치입법권 : 조례제정권 A
- **자치행정권** S
- **자치재정권**
  - 자주재원
    - 지방세 S
    - 세외수입 B
  - 의존재원 : 지방재정조정제도
    - 지방교부세 S
    - 국고보조금 B
    - 조정교부금 C
    - 시·도비 보조금 C
  - 분권재정지표 B
  - 지방채 B
  - 지방공기업 B
- **자치단체 상호 간 관계**
  - 우리나라의 제도 A
  - 광역행정 C
- **중앙-지방 간 관계** A
- **교육자치와 자치경찰**
  - 교육자치 C
  - 자치경찰 C

- **주민참여의 개념**
  - 주민의 개념 C
  - 주민참여 단계 C
- **주민참여제도**
  - 한국의 주민참여제도 A
  - 주민청원 C
  - 주민조례제정개폐청구 A
  - 주민감사청구 S
  - 주민투표 A
  - 주민소송 C
  - 주민소환 A
  - 주민참여예산제도 A

CHAPTER 1 지방자치 개관

1 지방자치의 목적과 구분

9급 22지, 16국, 15지
7급 22지, 21지, 19국

1 지방자치의 목적 B

1 자유의 확보

지방자치는 중앙과 지방의 권력을 나누는 근본적인 권력분립으로, 국가로부터 개인의 자유와 인권을 보장하는 데 중요한 역할

2 참여를 통한 시민교육

주민들은 시민으로서 책임감과 공공봉사 정신을 함양하고 지식과 기술을 습득하므로, 지방자치는 '민주주의의 학교'로 기능

3 정책 실험장

전국적인 범위에서 실행하기 어려운 사업을 지역 차원에서 선도적으로 도입해 실험

4 효율성의 추구 : 티부(Tiebout)의 '발에 의한 투표(vote by feet)'

(1) 개념 : 주민의 **지역 간 이동을 통한 선호의 표출**이 이루어지기 때문에 지방자치단체가 주민의 선호를 반영한 공공서비스를 공급

(2) 전제조건

① 주민의 선택을 위한 조건

㉠ 충분히 **많은 수의 지방정부**가 존재해야 함.

㉡ 주민들이 지방정부들의 재정정보에 관하여 **완전히 알고 있어야 함.**

② 주민의 이동을 위한 조건

㉠ 주민들은 **언제나 자유롭게 이동**할 수 있어야 함.

㉡ 지방정부 간 공공서비스로 인한 **파급효과 및 외부효과가 없음.**

㉢ 지역프로그램의 **혜택은 그 지역주민만이** 누릴 수 있어야 함.

㉣ 주민들은 고용에 따른 노동수입이 아닌, 지역 내 소득과 재산에 의한 **배당수입에 의해 생계를 유지**함.

㉤ 지방정부의 재원에 **국고보조금은 포함되지 않아야** 하며, 지방정부의 **주된 재원은 재산세**가 되어야 함.

③ 지방정부 간 공정경쟁을 위한 조건

㉠ 모든 지방정부는 **고정적 생산요소가 존재**함.

㉡ 공공재 생산을 위한 **단위당 평균비용이 동일**하여 **규모의 경제가 발생하지 않아야 함.**

(3) **시장과 유사한 경쟁 상황이 조성**되어 중앙정부에 의한 획일적 방식보다 효율적으로 공공서비스 제공

(4) 공공재의 적절한 공급은 정치적 과정을 통해서만 가능하므로 **중앙정부 차원에서 공급해야 한다는 새뮤얼슨(Samuelson) 이론에 대한 반론**으로 제기

심화 오츠(Oates)의 분권화 정리

① 개념 : 공공재 공급에 있어서 지방정부가 세세한 정보 및 주민 선호 반영에 유리하므로, 중앙정부보다 지방정부가 공공재를 공급하는 것이 파레토 효율적

② 전제 : 규모의 경제가 발생하지 않아 중앙정부와 지방정부의 공공재 공급비용이 동일해야 하며, 공공재 공급에 따른 외부효과도 없어야 함.

기출 CHECK

1 티부(Tiebout) 모형의 가정(assumptions)으로 옳지 않은 것은? 2016 국가직 9급

① 충분히 많은 수의 지방정부가 존재한다.

② 공급되는 공공서비스는 지방정부 간에 파급효과 및 외부효과를 발생시킨다.

③ 주민들은 언제나 자유롭게 이동할 수 있다.

④ 주민들은 지방정부들이 세입과 지출 패턴에 관하여 완전히 알고 있다.

① o 충분히 많은 수의 지방정부가 존재해야 주민들이 자신의 선호에 맞는 지방정부를 선택할 수 있다.

② x 공공서비스에서 파급효과나 외부효과가 발생하여 다른 지역으로 해당 효과가 넘어가게 된다면, 굳이 이동할 필요 없이 자신의 지역에 머물러 있어도 된다. 이렇게 되면 티부 모형이 성립되지 않기 때문에, 주민의 이동을 위해서는 공공서비스에서 파급효과와 외부효과가 발생하지 않는다는 가정이 필요하다.

③ o 주민들은 언제나 자유롭게 이동하면서 자신의 선호에 맞는 지방정부를 선택할 수 있어야 한다.

④ o 주민들이 지방정부에 관한 정보를 완전히 알고 있어야 자신의 선호에 맞는 지방정부를 정확하게 선택할 수 있다.

정답 ②

체크포인트

티부 모형의 가정은 빈출되는 주제입니다. 주민들이 다양한 지방정부 중 어느 하나를 선택하기 위한 전제조건을 꼼꼼하게 정리해 두어야 합니다. 특히 주민이 이동하기 위한 조건이나 다양한 지방정부가 경쟁하기 위한 조건에 주목하는 것이 좋습니다.

체크포인트
중앙정부와 지방정부가 각각 어떤 역할을 하는 것이 바람직한지는 지방 파트의 기본적인 출제포인트가 됩니다. 특히 지역격차의 완화에 공헌하는 것이 지방정부가 아닌 중앙정부임을 이해해두면 좋습니다. 또한 지식적으로 지방자치를 중시하는 티부의 주장과 중앙정부를 중시하는 새뮤얼슨의 주장이 반대라는 것은 알고 있어야 합니다.

2 다음 중 소규모 자치행정 구역을 지지하는 논리로 맞는 것을 모두 고른 것은? 2015 지방직 9급

ㄱ. 티부(Tiebout) 모형을 지지하는 공공선택이론가들의 관점
ㄴ. 새뮤얼슨(Samuelson)의 공공재 공급 이론
ㄷ. 지역격차의 완화에 공헌
ㄹ. 주민과 지방정부 간의 소통 · 접촉 기회 증대

① ㄱ, ㄷ ② ㄱ, ㄹ
③ ㄴ, ㄷ ④ ㄴ, ㄹ

ㄱ. O 티부 모형 등 공공선택이론가들은 다수의 소규모 자치행정 구역인 지방정부가 존재한다면 지역 주민들이 자신들의 선호에 맞게 지방정부를 선택할 수 있다고 본다. 즉 티부모형은 중앙정부보다는 지방정부를 지지하는 논리이다.
ㄴ. X 새뮤얼슨의 공공재 공급 이론은 지방정부가 아닌 중앙정부 주도의 공공재 공급을 주장하는 이론이다.
ㄷ. X 지역격차 완화를 위해서는 중앙정부를 중심으로 지방정부에 대한 재원의 배분과 조정이 이루어져야 한다. 지방정부의 자율에 맡겨 놓게 되면 지역격차가 더 악화될 위험성이 높다.
ㄹ. O 소규모 자치행정 구역 중심으로 행정이 이루어지게 되면 주민과 지방정부 간에 소통과 접촉 기회가 증대하면서 참여민주주의 증진에 기여할 수 있다.

정답 ②

2 지방자치의 구분 B

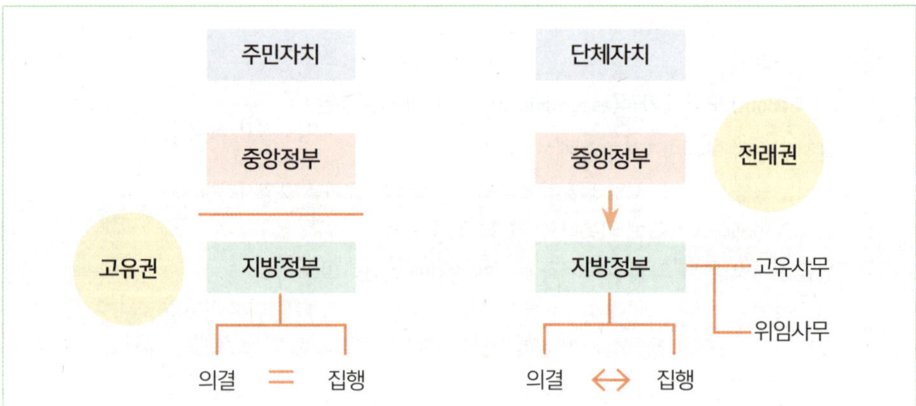

(1) 주민자치

① 주민의 일상생활에 밀착된 지방행정사무를 중앙정부에 의하지 않고 그 지역주민 스스로 또는 대표자를 통하여 자기들의 의사와 책임하에 행하는 방식
② **자치권은 본래부터 존재하는 고유권**이므로, 개인이 자연법적 권리를 가지는 것처럼 지방자치단체도 고유하게 자치권을 가지고 있다는 입장
③ 중앙정부와 지방정부와의 대립은 있을 수 없으며, 지방에서의 모든 행정사무는 주민의 직접 또는 간접참여에 의하여 지방정부가 처리

④ 지방에서의 행정기관도 국가의 지방행정기관과 지방정부가 병존할 수 없으며, 지방정부가 자치행정기관과 국가의 지방행정기관이란 이중적 지위를 가지지 않음.

⑤ 자치단체의 사무를 자치사무와 위임사무로 구별해야 할 이유가 없음.

⑥ 일정한 지역의 주민이 그 지역 내의 모든 사무를 주민 스스로 또는 대표자로서 지방정부를 구성하여 처리하게 하는 정치적 관념의 표시

⑦ 영국·미국적인 지방분권사상에 입각

(2) 단체자치

① 자치권을 주민이 향유하는 당연한 권리가 아니라 국가에 의하여 수여된 전래권(국권)으로 인식하며 국가와 지방자치단체 간에 행정사무를 분배

② 자치단체는 국가의 위임사무를 처리하는 경우에 국가행정조직의 하급 기관이 되므로 이중적 지위를 갖게 됨.

③ 자치사무가 자치단체에 귀속되는 경우에도 그것은 본래 국가가 수여한 것이므로 중앙정부의 엄격한 통제를 받아 처리해야 함.

④ 국가로부터 독립된 법인격을 가진 자치단체의 행정이라는 법률적 관념의 표시

⑤ 프랑스와 독일의 대륙적 중앙집권사상에 근거

주민자치 VS 단체자치

구분	주민자치	단체자치
성립배경	주민의 지역적 자유권 확보과정에서 성립 (중앙과 대항 관계)	실정법에 의한 자치권의 하향적 부여 (중앙에 종속관계)
이념	참여민주주의	지방분권주의
중시하는 관계	지방자치단체 안에서의 주민과의 관계	지방자치단체와 중앙정부와의 관계
중시하는 권리	주민의 권리	단체의 권리
자치권의 유래	주민이 보유(고유권)	단체의 권리(전래권)
권한부여방식	개별적 지정주의(지자체 개별법률 제정)	포괄적 위임주의(중앙정부 포괄법률 제정)
국가의 통제	입법·사법통제 방식의 간접통제	행정통제 위주로 직접통제
중앙과 지방의 관계	기능적 협력관계	권력적 감독관계
지방정부형태	지방의회를 중심으로 한 의회 내지 위원회제인 기관통합방식	집행기관과 의결기관 간의 기관분리방식
우월적 지위	의결기관(의회)	집행기관
자치단체의 성격	단일적 성격(자치단체)	이중적 성격(국가의 하급 행정기관)
지방재정	국세와 분리된 재산세 중심의 지방세와 국고보조금(독립세주의)	다양한 지방세와 부가세·교부세 및 국고보 조금(부가세주의)
사무	국가사무와 지방사무 구분 없음	위임사무와 고유사무
발달 국가	영국, 미국, 캐나다, 호주, 스위스	독일, 프랑스, 일본, 대만

PART 6

보충

최근에는 자치권에 대해 전래권이지만 제도적 보장으로 일정한 독자성을 갖는다는 제도적 보장설의 입장이 주목받고 있음.

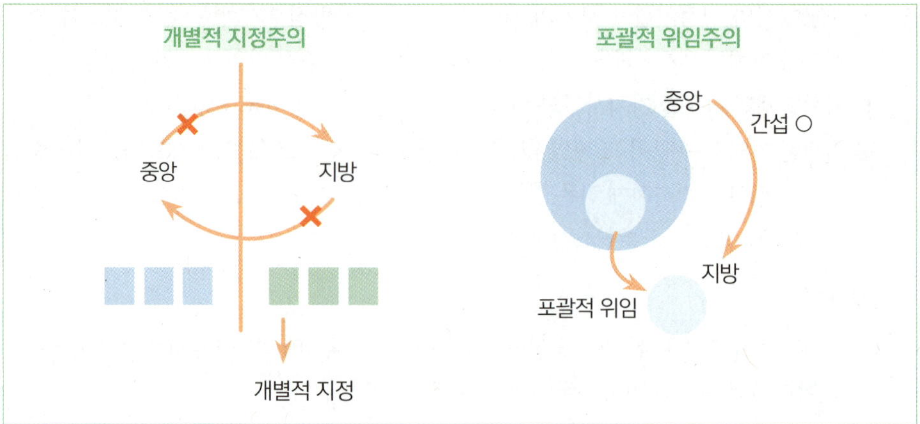

체크포인트
주민자치와 단체자치는 항상 비교하면서 출제됩니다. 특정 키워드나 표현을 주민자치와 단체자치에 연결하는 훈련을 평소에 해두어야 합니다. 주민자치가 본질적인 성격의 자치이고, 단체자치는 중앙정부로부터 주어진 성격의 자치라는 점을 활용한다면 더욱 탄탄한 득점으로 연결될 것입니다.

기출 CHECK

1 지방자치의 이념과 사상적 계보에 대한 설명으로 가장 옳은 것은? 2019 서울시 9급

① 자치권의 인식에서 주민자치는 전래권으로, 단체자치는 고유권으로 본다.
② 주민자치는 지방분권의 이념을, 단체자치는 민주주의 이념을 강조한다.
③ 주민자치는 의결기관과 집행기관을 분리하여 대립시키는 기관분리형을 채택하는 반면, 단체자치는 의결기관이 집행기관도 되는 기관통합형을 채택한다.
④ 사무구분에서 주민자치는 자치사무와 위임사무를 구분하지 않지만, 단체자치는 이를 구분한다.

① x 주민자치는 고유권, 단체자치는 전래권으로 본다.
② x 주민자치는 민주주의 이념을, 단체자치는 지방분권의 이념을 강조한다.
③ x 주민자치는 의결기관과 집행기관이 일치하는 기관통합형을, 단체자치는 의결기관이 집행기관이 분리되는 기관분리형을 채택한다.
④ o 주민자치는 모두 고유사무로서의 자치사무이고 위임사무는 존재하지 않으므로 자치사무와 위임사무를 구분하지 않는다. 반면 단체자치는 고유사무뿐만 아니라 국가가 위임한 위임사무도 존재하므로 자치사무와 위임사무를 구분해야 한다.
정답 ④

심화 지방행정의 개념

1. 가장 좁은 의미의 지방행정
지방자치단체가 처리하는 행정 중에서 자치행정만을 의미하는 것으로, 이 경우 지방행정은 지방자치와 같은 의미
예 영국, 미국, 스위스, 호주 등

2. 좁은 의미의 지방행정
지방자치단체가 처리하는 자치행정과 위임행정만을 지방행정에 포함
예 우리나라, 프랑스, 이탈리아 등

3. 넓은 의미의 지방행정
지방자치단체가 처리하는 자치행정과 위임행정뿐만 아니라, 중앙정부가 지방에 설치한 특별지방행정기관이 담당하는 관치행정까지도 지방행정의 범위에 포함된다는 입장
예 아프리카, 중남미대륙, 중동의 일부 국가 등

2 정부 간 관계

1 정부 간 관계 모형 A

1 라이트(Wright)의 정부 간 관계 모형(IGR : Intergovernmental Relations Model)

9급 25국, 23지, 16지
7급 24국, 22지, 18국

(0) 의미

중앙정부(미국의 연방정부)와 지방정부(미국의 주정부) 간의 관계에 대한 3가지 이론적 모형 제시

구분	분리권위형	포괄권위형	중첩권위형
상태	분리	포괄	중첩
관계	독립적	의존적	상호의존적
권위	독립형	계층형	흥정형
사무분담	고유사무 - 주 기관위임사무 - 무	고유사무 - 약 기관위임사무 - 주	고유사무 - 강세 기관위임사무 - 약세
재정관계	독립론	종속론	협조관계론
인사관계	독립론	종속론	인사권 분리 및 상호교류

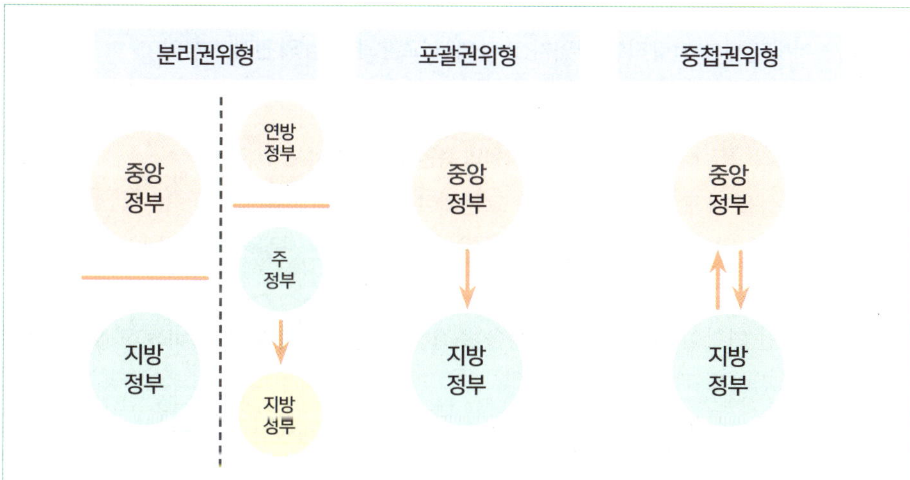

(1) 분리권위형

① 중앙정부와 지방정부가 분명하게 분리되어 있는 관계

② 중앙정부와 지방정부가 서로 독립적이고 자치적으로 운영되며, 오직 접촉적인 관계만을 유지

③ 미국 기준 : 연방정부와 주정부의 관계는 독립되고 대등한 관계이나, 주정부와 지방정부는 종속적 관계 → 딜런의 법칙*

* **딜런의 법칙(Dillon's Rule) : 미국의 주정부와 지방정부와의 관계**
① 지방자치권은 보통법상으로 인정하지 않음.
② 지방정부란 주정부가 자유롭게 행사하는 재량권으로 창조할 수도 있고, 제거할 수도 있는 창조물
③ 지방정부는 명시적으로 부여된 권한만을 행사
④ 지방정부는 입법부의 의지에 따르는 단순한 임차인

(2) 포괄권위형

① **중앙정부가 지방정부를 포괄**하고 있는 형태로, 계층제적 국가체제의 성격을 띠고 있으며, 지방정부는 전적으로 중앙정부에 의존

② 미국 기준 : 연방정부가 주정부를, 주정부가 지방정부를 수직적으로 내포하고 있는 관계

(3) 중첩권위형

① 중앙정부와 지방정부의 관계를 **상호 의존적**으로 보는 모형

② 정부 운영의 근본적인 영역에는 중앙정부와 지방정부의 기관과 공직자들이 동시에 관여

③ 한 정부의 자치권 또는 재량권의 영역은 상대적으로 제한되어 있으나 이러한 제약은 불가피하기 때문에, 이러한 **권력관계를 협상적**이라고 표현하는 것이 가장 적절

④ 미국 기준 : 연방정부 · 주정부 · 지방정부가 각자 자기 영역을 가진 독립된 실체로서 존재하며, 동시에 상호 의존하는 관계

2 로즈(Rhodes)의 권력의존모형

(1) 의의

중앙 – 지방관계를 전략적인 행위자 관점에서 **'교환'과 '게임'의 관계**로 파악

(2) 특징

① 어떤 조직이든 다른 조직에 대해 **자원의 측면에서 의존**하고 있음.

② 목표달성을 위해서 조직은 자원을 교환해야 함.

③ 조직의 의사결정이 여타 조직들에 의해 제약되는 것은 사실이지만, **지배적인 연합이 재량권을 보유**

④ 지배적인 연합이 자원의 교환과정을 조절하기 위해 경기의 규칙(rules of game)이라 알려진 전략을 구사

⑤ 재량권의 차이는 상호관계에 있는 조직의 목표 및 상대적인 권력잠재력(조직의 자원 등)에 비롯

(3) 자원의 종류

① 권위(authority), 재정적 자원(financial resource), 정치적 정통성(legitimacy), 정보자원(informational resource), 조직자원(organisational resource) 등

② **중앙정부**는 **법적** 자원과 **재정적** 자원에서 우위를 점하며, **지방정부**는 **정보**자원과 **조직**자원의 측면에서 우위

로즈의 권력의존모형

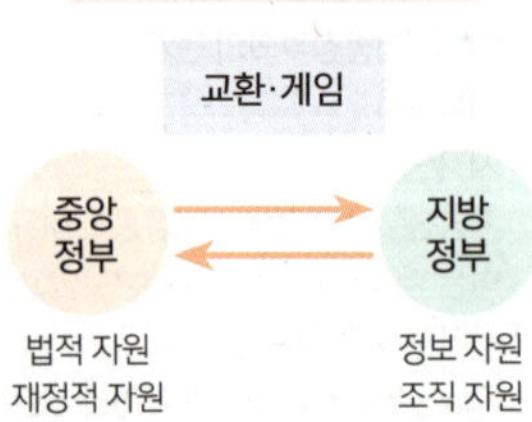

기출 CHECK

1 정부 간 관계(IGR) 모형에 대한 설명으로 옳은 것만을 모두 고른 것은? 2016 지방직 9급

> ㄱ. 로즈(Rhodes) 모형에서 지방정부는 중앙정부에 완전히 예속되는 것도 아니고 완전히 동등한 관계가 되는 것도 아닌 상태에서 상호 의존한다.
> ㄴ. 로즈(Rhodes)는 지방정부는 법적 자원, 재정적 자원에서 우위를 점하며, 중앙정부는 정보자원과 조직자원의 측면에서 우위를 점한다고 주장한다.
> ㄷ. 라이트(Wright)는 정부 간 관계를 포괄형, 분리형, 중첩형의 세 유형으로 나누고, 각 유형별로 지방정부의 사무내용, 중앙 · 지방간 재정관계와 인사관계의 차이가 있음을 밝히고 있다.
> ㄹ. 라이트(Wright) 모형 중 포괄형에서는 정부의 권위가 독립적인 데 비하여, 분리형에서는 계층적이다.

① ㄱ, ㄴ ② ㄴ, ㄷ, ㄹ
③ ㄱ, ㄷ ④ ㄱ, ㄴ, ㄷ

ㄱ. O 로즈는 중앙정부와 지방관계 간의 관계를 전략적인 행위자 관점에서 '교환'과 '게임'의 관계로 파악한다. 따라서 중앙정부와 지방정부는 부족한 자원을 교환하면서 상호 의존한다.
ㄴ. X 로즈의 모형에서 지방정부는 정보자원과 조직자원에서 우위를 점하고, 중앙정부는 법적 자원과 재정적 자원에서 우위를 점한다.
ㄷ. O 라이트는 중앙정부와 지방정부 간의 관계를 포괄형, 분리형, 중첩형의 세 가지로 구분하면서 정부 간 관계, 권위의 형태, 사무분담, 재정관계, 인사관계 등에 차이가 있음을 제시하였다.
ㄹ. X 라이트의 모형 중 정부의 권위가 독립적인 모델은 중앙정부와 지방정부가 독립적으로 운영된다는 분리형이고, 정부의 권위가 계층적인 모델은 중앙정부가 상위에 있고 여기에 지방정부가 의존한다고 보는 포괄형이다.

정답 ③

체크포인트

라이트의 정부 간 관계모형은 중앙정부와 지방정부 간의 관계를 나타내는 세 가지 모형입니다. 그리고 각 모형의 핵심은 용어에 담겨져 있습니다. 용어에서부터 출발해야 오류를 줄이면서 문제를 정확하게 풀 수 있습니다. 로즈의 모형은 중앙정부와 지방정부가 각각 갖고 있는 자원이 다르기 때문에 서로 상호의존한다는 주장입니다. 따라서 중앙정부가 우위에 있는 자원과 지방정부가 우위에 있는 자원을 구분하는 것이 핵심 출제포인트입니다.

3 엘코크(Elcock)의 모형

(1) 대리인 모형

① 지방정부가 중앙정부의 대리인이라고 보는 견해로, 중앙정부의 명령과 지시를 수행하는 것이 지방정부의 역할
② 지방정부는 국가정책을 집행하는 수단에 불과하며 지방정부의 자율권은 인정되지 않음.

(2) 지배인 모형

① 지방정부는 중앙정부가 정해 준 기본원칙의 범위 내에서 상대적 자율성을 가진다고 보는 견해
② 중앙정부는 지방정부에게 준 권한을 언제든 회수할 수 있는 권한을 보유

(3) 동반자 모형

① 중앙정부와 지방정부를 동반자적이고 대등한 관계로 보는 견해로, 양자는 때로는 갈등관계와 때로는 상호협력적인 관계를 맺게 됨.

PART 6

② 지방정부는 자율적으로 사무를 처리할 수 있는 **고유한 자치사무**를 가지며, 중앙사무의 경우 **중앙정부와 기능적 협력 관계**를 통해 처리

③ 중앙정부의 통제에 대해서 그 **수용 여부를 지방정부가 결정**할 수 있다고 봄.

9급 20지, 14국

2 보충성의 원칙(principle of subsidiarity) Ⓐ

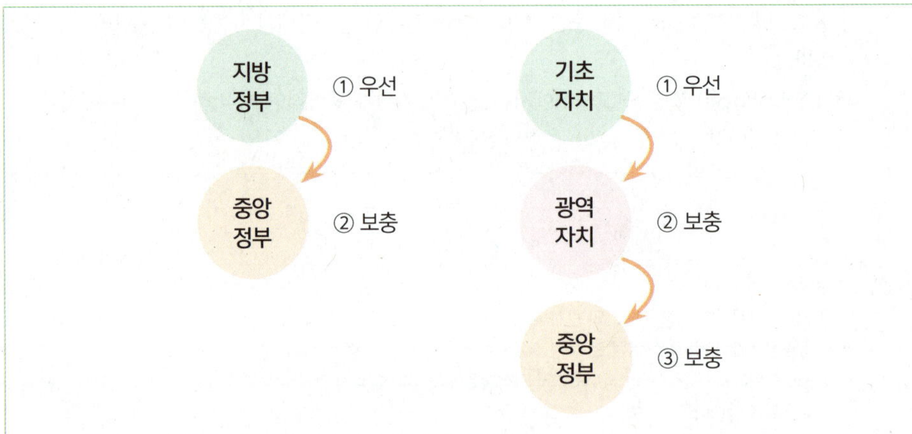

(1) 개념

① **행동의 우선권은 언제나 '소단위'**에게 있는 것이고, '소단위'의 힘만으로 처리될 수 없는 사항에 한해서 **'차상급단위'가 보충적으로 개입**할 수 있다는 헌법적 원리

② **기초자치단체**가 처리하기 어려운 사무는 **광역자치단체**가 맡고 지방자치단체에서 처리하기 어려운 사무는 **중앙정부**의 사무로 처리해야 한다는 사무배분 원칙

(2) 구분

① **소극적 보충성** : 상위 정부가 해서는 안 될 것을 정하는 것

② **적극적 보충성** : 국가에게 하위정부가 1차적으로 일을 할 수 있는 조건을 마련해 줄 것을 요구하는 것

기출 CHECK

1 지방분권 추진 원칙 중 다음 설명에 해당하는 것은? 2020 지방직 9급

> • 기능 배분에 있어 가까운 정부에게 우선적 관할권을 부여한다.
> • 민간이 처리할 수 있다면 정부가 관여해서는 안 된다.
> • 가까운 지방정부가 처리할 수 있는 업무에 상급 지방정부나 중앙정부가 관여해서는 안 된다.

① 보충성의 원칙 ② 포괄성의 원칙
③ 형평성의 원칙 ④ 경제성의 원칙

① o 보충성의 원칙이란 기초자치단체가 처리하기 어려운 사무는 광역자치단체가 맡고 지방자치단체에서 처리하기 어려운 사무는 중앙정부의 사무로 처리해야 한다는 사무배분 원칙이다. 행동의 우선권은 언제나 소단위에게 있는 것이고, 소단위의 힘만으로 처리될 수 없는 사항에 한해서 차상급단위가 보충적으로 개입할 수 있다는 헌법적 원리에서 출발한다. 정답 ①

체크포인트
지방 파트에서 가장 중요한 원칙 중 하나인 보충성의 원칙은 그 개념 자체를 체크할 것입니다. 최소 단위에 우선권을 준다는 기본 원칙부터 출발해서, 중앙정부보다는 지방정부에, 지방정부 중에서도 기초자치단체에, 그리고 정부보다는 민간에 우선권을 준다는 식으로 파생시켜 나간다면 탄탄한 정리가 될 것입니다.

2 우리나라의 중앙정부와 지방자치단체 간의 관계에 대한 설명으로 옳지 않은 것은? 2014 국가직 9급

① 보충성의 원칙에 따라 중앙정부가 처리하기 곤란한 사무는 지방자치단체가 보충적으로 처리해야 한다.
② 자치권은 법적 실체 간의 권한배분관계에서 배태된 개념으로 중앙정부가 분권화시킨 결과이다.
③ 적절한 재원 조치 없는 사무의 지방이양은 자치권을 오히려 제약하는 문제를 야기한다.
④ 사무처리에 필요한 법규를 자율적으로 제정할 수 있는 자치입법권에 대해 제약적인 규정을 두고 있다.

① x 보충성의 원칙이란 행동의 우선권을 소단위에게 주고, 차상급단위가 보충하는 원칙이다. 즉 지방자치단체가 우선적으로 처리한 후, 지방자치단체가 처리하기 곤란한 사무는 중앙정부가 보충적으로 처리해야 한다는 원칙을 의미한다.
② o 우리나라 지방자치제도는 주민자치의 고유권보다는 단체자치의 전래권적 성격이 강하다. 이에 따라 중앙정부가 법적인 권한배분을 통해 지방자치단체에 자치권을 부여한다고 본다.
③ o 지방자치단체의 재정자립이 충분하지 않은 경우 국가의 재정의존도가 심화될 수 있어 오히려 자치권이 제약될 수 있다.
④ o 지방자치단체가 자치입법권을 통해 제정할 수 있는 조례나 규칙은 상위 법령을 위반해서는 안 된다. 정답 ①

체크포인트
보충성의 원리를 정확하게 알고 있는지 물어보는 전형적인 방식이 우선순위를 누구에게 주고, 문제가 발생했을 때 누가 보충할 것인지를 체크하는 것입니다. 지방정부에게 우선순위를 주고, 문제가 생겼을 때 비로소 중앙정부가 개입한다는 올바른 학습이 필요합니다.

PART 6

9급 17국
7급 21국

3 지방자치분권 및 지역균형발전에 관한 특별법(지방분권균형발전법) C

(1) 목적 · 개념

지방분권균형발전법 제1조(목적)

이 법은 지역 간 불균형 해소, 지역의 특성에 맞는 자립적 발전 및 지방자치분권을 통하여 지역이 주도하는 지역균형발전을 추진함으로써 국민 모두가 어디에 살든 균등한 기회를 누리는 지방시대를 구현하는 것을 목적으로 한다.

동법 제2조(정의)

1. "지방자치분권"이란 국가 및 지방자치단체의 권한과 책임을 합리적으로 배분하거나 행정수요 및 지역 특성에 따라 지방행정체제를 개편함으로써 국가 및 지방자치단체의 기능이 서로 조화를 이루도록 하고, 지방자치단체의 정책결정 및 집행과정에 주민의 직접적 참여를 확대하는 것을 말한다.
2. "지역균형발전"이란 지역 간 발전 격차를 줄이고 지역의 자립적 발전역량을 증진함으로써 삶의 질을 향상하고 지속가능한 발전을 도모하여 전국이 개성 있게 골고루 잘 사는 사회를 구현하는 것을 말한다.

(2) 지방시대위원회

동법 제62조(지방시대위원회의 설치 및 존속기한)

① 지방자치분권 및 지역균형발전을 추진하기 위하여 대통령 소속으로 지방시대위원회를 둔다.
② 지방시대위원회는 이 법 시행일부터 5년간 존속한다.

동법 제64조(지방시대위원회의 구성·운영)

① 지방시대위원회는 위원장 및 부위원장 각 1명을 포함하여 39명 이내의 위원으로 구성하며, 위원은 당연직위원과 위촉위원으로 구분한다.
⑤ 위원장 및 부위원장은 위촉위원 중에서 대통령이 위촉한다.
⑥ 위촉위원의 임기는 2년으로 한다. 다만, 위원의 사임 등으로 인하여 새로 위촉된 위원의 임기는 전임위원 임기의 남은 기간으로 한다.

(3) 종합계획 등의 수립

동법 제6조(지방시대 종합계획의 수립)

① 지방시대위원회는 지방자치분권 및 지역균형발전을 효과적으로 추진하기 위하여 관계 중앙행정기관의 장과 협의하고 지방자치단체의 의견을 수렴한 후 5년을 단위로 하는 지방시대 종합계획을 수립한다.
② 지방시대위원회는 지방시대 종합계획을 수립할 때에는 제7조제1항에 따른 시 · 도 지방시대계획과 제8조제1항에 따른 부문별 계획 및 제9조제1항에 따른 초광역권발전계획(해당 계획이 수립된 경우로 한정)을 반영하여야 한다.

동법 제7조(시·도 지방시대 계획 및 시행계획의 수립)

① 특별시장·광역시장·특별자치시장·도지사·특별자치도지사(시·도지사)는 해당 시·도의 지방자치분권 및 지역균형발전의 추진을 위하여 관계 중앙행정기관의 장과 협의하고 관할 시장·군수·구청장의 의견을 수렴하여 제67조에 따른 시·도 지방시대위원회의 심의·의결을 거쳐 5년을 단위로 하는 시·도 지방시대 계획(시·도 계획)을 수립한다.

③ 시·도지사는 시·도 계획을 효율적으로 추진하기 위하여 매년 시·도 지방시대 시행계획을 수립·시행하여야 한다.

동법 제8조(부문별 계획 및 시행계획의 수립)

① 중앙행정기관의 장은 해당 기관의 지방자치분권 및 지역균형발전의 추진을 위하여 관계 중앙행정기관의 장 및 시·도지사와 협의하여 5년을 단위로 하는 부문별 계획을 수립한다.

② 중앙행정기관의 장은 부문별 계획을 수립할 때에는 시·도 계획 및 제9조제1항에 따른 초광역권발전계획(해당 계획이 수립된 경우로 한정)을 고려하여야 한다.

③ 중앙행정기관의 장은 부문별 계획을 시행하기 위하여 매년 부문별 시행계획을 수립·시행하여야 한다.

동법 제9조(초광역권발전계획 및 시행계획의 수립)

① 초광역권을 설정한 2개 이상의 지방자치단체 또는 「지방자치법」에 따른 특별지방자치단체(초광역권설정 지방자치단체)의 장은 초광역권설정 지방자치단체를 구성하는 지방자치단체의 장 및 관계 중앙행정기관의 장과 협의하고 지방시대위원회의 심의·의결을 거쳐 5년을 단위로 하는 초광역권발전계획을 수립할 수 있다.

③ 초광역권설정 지방자치단체의 장은 초광역권발전계획을 수립한 경우 이를 효율적으로 추진하기 위하여 매년 초광역권발전시행계획을 수립하여야 한다.

(4) 기타 사항

동법 제20조(성장촉진지역 등의 개발)

국가와 지방자치단체는 성장촉진지역, 특수상황지역, 농산어촌 등의 생활환경을 개선하고, 특성에 맞는 발전을 촉진하기 위하여 교통망 등 기반시설의 확충, 주민 소득창출 기반의 확충, 향토자원의 개발·활용, 도시환경의 개선과 교육·의료·복지의 증진 등에 관한 시책을 추진하여야 한다.

동법 제23조(기회발전특구의 지정 및 지원)

① 수도권이 아닌 지역의 시·도지사는 관할 행정구역의 일부를 기회발전특구로 지정받으려는 경우 산업통상부장관에게 기회발전특구의 지정을 신청하여야 한다. 다만, 수도권 내 인구감소지역 또는 「접경지역 지원 특별법」에 따른 접경지역으로서 지방시대위원회가 정하는 지역의 시·도지사는 기회발전특구의 지정을 신청할 수 있다.

동법 제74조(지역균형발전특별회계의 실시)

지방시대 종합계획 및 지역균형발전시책 지원 관련 사업을 효율적으로 추진하기 위하여 지역균형발전특별회계를 설치한다.

동법 제75조(회계의 관리·운용)

① 회계는 기획예산처장관이 관리·운용한다.

PART 6

심화 신중앙집권과 신지방분권

1. 신(新)중앙집권

① 개념

㉠ 기존의 중앙집권 : 과거 절대주의 시대의 정통적인 통치하에서의 중앙집권

㉡ 신중앙집권 : 지방자치가 뿌리를 내리고 있는 나라에서 사회적 변동에 따라 중앙정부의 역할이 증가되어 가는 현상

② 성격

㉠ 권력의 조정이나 재편성 : 지방분권을 부정하는 것이 아니라 행정국가의 정치구조에 있어서 권력이 조정이나 재편성을 의미

㉡ 중앙과 지방의 새로운 협력관계 : 행정의 능률화와 민주화의 조화를 모색

㉢ 새로운 개념의 집권 : 종래의 관료적·권력적·지배적 집권이 아니라 지식적·비권력적·사회적·기술적 집권을 의미

③ 촉진요인 : 행정기능의 양적 확대와 질적 변화, 지방재정의 취약성, 국민생활권의 확대, 과학기술의 발달, 국제사회의 급격한 변화

④ 신중앙집권화의 형태 : 지방행정기능의 중앙 이전, 중앙정부의 일선기관 설치, 중앙재정에 대한 의존, 중앙통제의 강화

2. 신(新)지방분권

① 개념

㉠ 기존의 지방분권 : 시민의 자유를 억압하던 절대군주의 중앙정부 권력을 극복하는 데 의의

㉡ 신지방분권 : 중앙정부와 자치단체는 모두 국가 통치기구의 일환으로, 국민복지 증진이라는 공동목표를 향하여 기능을 분담하면서 협력하는 데 특징

② 촉진요인 : 행정국가 현상의 부작용, 전국적 사무의 지방적 이해의 필요성, 지방화시대의 도래, 1970년대 이후의 세계화(지역경제 활성화)

3 지방정치이론 B

9급 12국
7급 22지, 20국, 17지

1 대두 배경

지방자치를 통해 주민들의 실질적인 참여 등 권력의 균등한 배분이 이루어지지 않으며, 지역의 유력자들이 **자신들의 특권을 유지하고 강화**시키는 것이 지방정치의 현실이라는 시각 대두

2 구분

(1) 엘리트론

지역 권력이 소수의 엘리트에 집중되어 있으며, 이들이 지방정부의 의사결정에 지배적인 영향력을 행사

(2) 다원론

단일 엘리트가 모든 정책영역을 지배하는 것이 아니라, 각 영역별로 상이한 이익집단들이 영향력을 행사

(3) 신엘리트론

권력 엘리트들이 자신들의 이익과 반하는 정책들이 시행되지 못하게 은밀하게 권력을 행사하는 무의사결정 시현

(4) 신다원론

초기 다원론의 주장과는 달리 모든 집단에게 권력이 동일하게 분배되지 않으며, 특히 기업과 같은 자본집단의 영향력이 강화됨을 인정

(5) 도시한계론

① 지방정부가 **경제성장에 도움이 되는 정책의 추구에는 적극적**이나, 그렇지 않은 정책은 최소화하는 경향

② 투자자를 지역 내로 유치하는 등 지역경제에 긍정적인 개발정책의 추구에는 열정적인 반면, 저소득 계층에 편익을 제공하는 **재분배정책은 최소화**

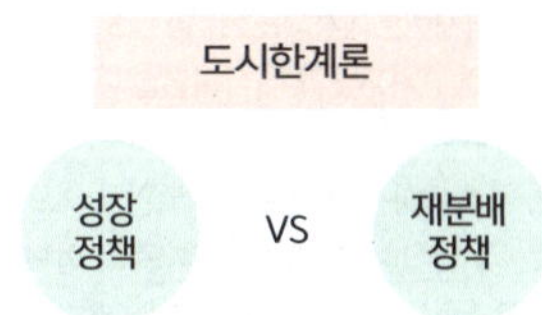

(6) 성장기구론

① 누가 통치하느냐보다는, 누가 도시의 구조개편에 영향력을 행사하는지에 관심

② **도시개발과 관련**된 이해당사자들이 **성장연합을 구성**하고, 자원의 **교환가치를 중요시**하면서 정치적 영향력을 행사

③ **사용가치를 중시하는 자**들은 성장연합에 대항하는 **반성장연합**이 되며, 지역보전 등을 위한 운동을 벌이나 **결국 실패**하게 됨.

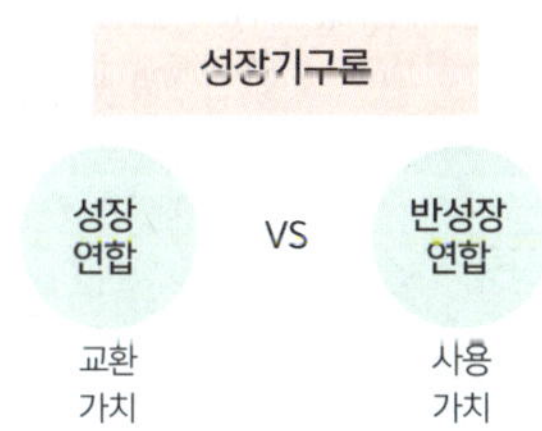

PART 6

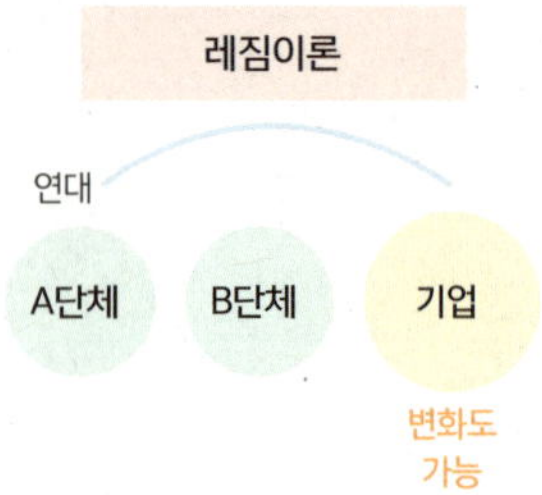

(7) 레짐이론

① 정치와 경제의 상호작용에 초점을 두는 이론으로, 정부는 지배적인 가치(레짐)를 둘러싼 자원 배분 구조를 고려하여 연대를 모색하고 정책을 결정

② 특히 현실적으로 기업이 행사하는 구조적 영향력을 인정하고, 기업을 정부의 파트너로 인식

③ 미국에만 한정되어 있는 성장기구론을 비판하면서, 레짐의 대체가 용이하지는 않지만 가능할 수도 있다(개발 → 관리 → 진보 등)고 주장하며 도시의 변화를 설명

심화 레짐이론의 유형

1. 스톤의 유형
   ㉠ 보수 레짐 : 현상 유지 추구
   ㉡ 개발 레짐 : 도시 성장 지향
   ㉢ 진보 레짐 : 중산층 중심으로 삶의 질 개선 및 시민 참여 추구
   ㉣ 기회확장 레짐 : 저소득층 중심으로 기본적 생활 여건 및 기회 확대 추구
2. 스토커의 유형
   ㉠ 유기적 레짐 : 전통적 소규모 도시 → 상호의존성 높은 정치적 공동체 구성
   ㉡ 도구적 레짐 : 가시적 결과 목적 → 참여자끼리 정치적 파트너십 형성
   ㉢ 상징적 레짐 : 도시 이미지 변경과 같은 이데올로기 전략 채택

체크포인트

지방정치이론에서 가장 많이 나오는 주제가 성장기구론과 레짐이론입니다. 성장기구론에서는 성장연합과 반성장연합을 비교하는 포인트를 체크할 것이므로, 각 연합이 중시하는 가치관과 함께 결국 누가 승리하게 되는지에 대한 결론에 주목해야 합니다. 레짐이론은 개념 자체를 물어보는 경우가 많으니, 지배적인 가치를 형성하기 위한 연합 형성이라는 점을 정리해두면 좋습니다.

기출 CHECK

1 지역사회 및 지방자치단체의 권력구조에 대한 이론과 이에 대한 설명으로 옳은 것은?

2012 국가직 9급

① 신다원론(neo-pluralism) - 기업이나 개발관계자들의 우월적 지위를 주민이나 지방정부가 용인하지 않는다.

② 엘리트론(elite theory) - 엘리트 계층 내의 분열과 다툼이 최소화되기 때문에 내부 조정과 외부 사회화의 과정은 의미를 지니기 어렵다.

③ 성장기구론(Growth Machine) - 성장연합과 반성장연합의 대결 구도에서 대체로 반성장연합이 승리하여 권력을 쟁취한다.

④ 레짐이론(regime theory) - 지방정부와 지방의 민간부문 주요 주체가 연합하여 권력기반을 형성한다.

① X 신다원론은 모든 이익집단들의 영향력이 동등하다는 다원론을 수정하면서 등장한 이론으로, 기업집단의 영향력이 다른 이익집단의 영향력보다 강하다는 점을 인정하였다.

② X 엘리트론에서 엘리트들의 집단의식과 응집성이 강한 것은 맞으나 분열과 다툼이 없는 것은 아니며, 엘리트들 간의 조정과 사회화 과정 등도 거치게 된다.

③ X 성장기구론에 따르면 교환가치를 중시하는 성장연합과 사용가치를 중시하는 반성장연합의 대결에서 성장연합이 승리하고 반성장연합은 실패한다.

④ O 레짐이론은 지배적 가치인 레짐을 형성하기 위해서 정부와 민간의 다양한 행위자들이 연합을 형성한다고 본다.

정답 ④

CHAPTER 2 자치단체 구역

1 지방자치단체 계층구조

1 단층제와 중층제 B

9급 11국

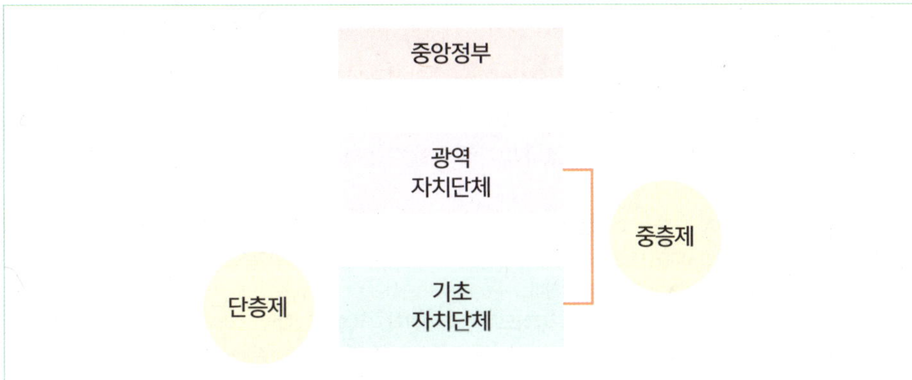

1 단층제

(1) 개념

지역 내에 **하나만 존재하는 지방자치단체**가 직접적으로 중앙정부와 관계를 맺고 있는 경우

(2) 장점

① 2중 행정의 폐해를 없애고, **행정의 신속성**과 **행정책임의 명확성**을 보장

② 기초자치단체와 중앙정부의 의사소통이 원활할 수 있음.

(3) 단점

① 대규모 광역사업의 수행이나 자치단체 간 분쟁 조정이 곤란

② **중앙집권화**의 우려가 크고, 국토가 넓거나 인구가 많은 국가에서 채택하기 어려움.

2 중층제

(1) 개념

지역 내에 복수의 **상·하위 자치단체**가 있는 경우로, **기초자치단체**와 중앙정부 사이에 **광역자치단체**가 존재하는 경우

(2) 장점

① 기초자치단체 차원에서 수행하기 어려운 대규모 사업이나 광역사무를 원활하게 수행하는 데 광역자치단체가 기여

② 광역자치단체가 중앙정부 대신 기초자치단체를 지도·감독해 중앙정부의 업무를 덜어주면서 중앙정부의 기능 확대도 방지

(3) 단점

① **행정의 중복현상**으로 인해 낭비와 지연 및 행정책임의 불명확성 등 발생

② 계층의 증가로 중앙정부와 지방정부 간 정보 왜곡현상 발생 가능

체크포인트

단층제와 중층제는 비교 개념이므로 같이 정리해야 합니다. 선지의 표현이 단층제와 중층제 중 어디에 어울리는지 판단하는 훈련을 해두면 좋습니다. 결국 단층제는 지방자치단체가 하나만 존재한다는 것이고, 중층제는 두 개가 존재한다는 것입니다. 이에 따른 장단점을 논리적으로 연결시키는 연습을 하는 것이 바람직합니다.

기출 CHECK

1 지방자치단체의 계층구조에 대한 설명으로 옳지 않은 것은? 2011 국가직 9급

① 계층구조는 각 국가의 정치형태, 면적, 인구 등에 따라 다양한 형태를 갖는다.

② 중층제에서는 단층제에서보다 기초자치단체와 중앙정부의 의사소통이 원활하지 못할 수 있다.

③ 단층제는 중층제보다 중복행정으로 인한 행정지연의 낭비를 줄일 수 있다.

④ 중층제는 단층제보다 행정책임을 보다 명확하게 할 수 있다.

① O 지방자치단체의 계층구조는 각 국가의 상황에 따라 단층제, 중층제 등 다양한 형태를 갖게 된다.

② O 중층제에서는 기초자치단체와 중앙정부 사이에 광역자치단체가 존재하므로 기초자치단체와 중앙정부 간 직접적인 의사소통은 원활하지 않을 수 있다.

③ O 단층제는 한 종류의 지방자치단체만 존재하므로 이중 행정의 폐해를 방지할 수 있다.

④ X 행정책임을 보다 명확하게 할 수 있는 계층구조는 한 종류의 지방자치단체만 존재하는 단층제이다. 정답 ④

9급 17국, 13국

2 한국의 지방자치단체 계층 구조 S

1 계층 구조

① 법률상 **광역·기초 2계층제(중층제)**이나, 실제 행정에서는 2~4계층제(시·도 → 시·군·구 → 읍·면·동 → 리·통)

② **세종특별자치시와 제주특별자치도는 기초자치단체가 없는 단층제**로 운영

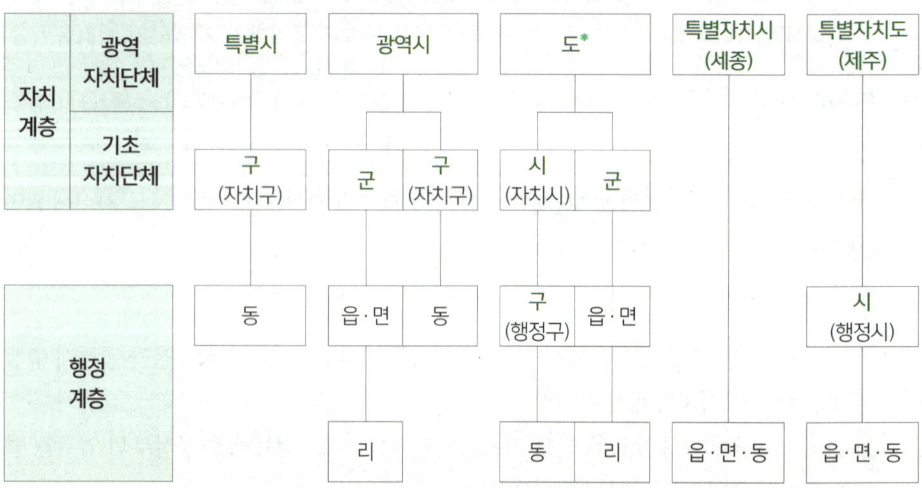

* 강원특별자치도 및 전북특별자치도 동일하게 적용

X [9급] '세종특별자치시'와 제주특별자치도의 '제주시'는 기초자치단체로서 자치권을 가지고 있다.

O '세종특별자치시'는 광역자치단체(기초자치단체 ×)로서 자치권을 가지고 있고, 제주특별자치도의 '제주시'는 행정시(기초자치단체 ×)이므로 자치권이 없다.(자치권을 가지고 있다 ×)

2 관련 법령

(1) 지자체 종류

지방자치법 제2조(지방자치단체의 종류)

① 지방자치단체는 다음의 두 가지 종류로 구분한다.
1. 특별시, 광역시, 특별자치시, 도, 특별자치도 : **광역자치단체**
2. 시, 군, 구(자치구) : **기초자치단체**

② 자치구는 특별시와 광역시의 관할 구역 안의 구만을 말하며, **자치구의 자치권의 범위**는 법령으로 정하는 바에 따라 **시·군과 다르게 할 수 있다.**

동법 제3조(지방자치단체의 법인격과 관할)

① 지방자치단체는 **법인**으로 한다.

② 특별시, 광역시, 특별자치시, 도, 특별자치도(**시·도)는 정부의 직할**로 두고, **시는 도 또는 특별자치도의 관할 구역 안**에, **군은 광역시·도 또는 특별자치도의 관할 구역 안**에 두며, **자치구는 특별시와 광역시의 관할 구역 안**에 둔다. 다만, **특별자치도**의 경우에는 법률이 정하는 바에 따라 관할 구역 안에 **시 또는 군을 두지 아니할 수 있다.**

(2) 하부 행정기관

동법 제3조(지방자치단체의 법인격과 관할)

③ 특별시·광역시 및 특별자치시가 아닌 **인구 50만 이상의 시**에는 **자치구가 아닌 구**를 둘 수 있고, 군에는 **읍·면**을 두며, 시와 구(자치구 포함)에는 **동**을, 읍·면에는 **리**를 둔다.

(3) 특별자치시(세종시)·특별자치도(제주도)

지방자치법 제3조(지방자치단체의 법인격과 관할)

⑤ **특별자치시(세종)**와 관할 구역 안에 **시 또는 군을 두지 아니하는 특별자치도(제주)의 하부행정기관**에 관한 사항은 따로 **법률**로 정한다.

세종시법 제6조(설치 등)

② **세종특별자치시**의 관할구역에는 「지방자치법」 제2조 제1항 제2호의 **지방자치단체를 두지 아니한다.**

③ 「지방자치법」 제3조 제3항에도 불구하고 세종특별자치시의 관할구역에 도시의 형태를 갖춘 지역에는 동을 두고, 그 밖의 지역에는 읍·면을 둔다.

제주특별법 제10조(행정시의 폐지·설치·분리·합병 등)

① **제주자치도**는 「지방자치법」 제2조 제1항 및 제3조 제2항에도 불구하고 그 관할구역에 지방자치단체인 **시와 군을 두지 아니한다.**

② 제주자치도의 관할구역에 **지방자치단체가 아닌 시(행정시)를 둔다.**

PART 6

보충

강원도와 전라북도는 최근 **특별자치도**로 설치되었으나, 기초자치단체가 없는 제주도와는 달리 **기존의 기초자치단체(시·군)가 그대로 유지**

강원특별법(23.6.11.시행)
제6조(강원특별자치도의 설치)
① 정부의 직할로 **강원특별자치도를 설치**한다.
② 강원특별자치도의 관할구역은 **종전의 강원도의 관할구역**으로 한다.

전북특별법(24.1.18.시행)
제6조(전북특별자치도의 설치)
① 정부의 직할로 **전북특별자치도를 설치**한다.
② 전북특별자치도의 관할구역은 **종전의 전라북도의 관할구역**으로 한다.

(4) 대도시 등에 대한 특례

지방자치법 제198조(대도시 등에 대한 특례 인정)

① 서울특별시·광역시 및 특별자치시를 제외한 인구 50만 이상 대도시의 행정, 재정 운영 및 국가의 지도·감독에 대해서는 그 특성을 고려하여 관계 법률로 정하는 바에 따라 특례를 둘 수 있다.

② 제1항에도 불구하고 서울특별시·광역시 및 특별자치시를 제외한 다음 각 호의 어느 하나에 해당하는 대도시 및 시·군·구의 행정, 재정 운영 및 국가의 지도·감독에 대해서는 그 특성을 고려하여 관계 법률로 정하는 바에 따라 추가로 특례를 둘 수 있다.

1. 인구 100만 이상 대도시(특례시)
2. 실질적인 행정수요, 국가균형발전 및 지방소멸위기 등을 고려하여 대통령령으로 정하는 기준과 절차에 따라 행정안전부장관이 지정하는 시·군·구

체크포인트

우리나라의 지방자치계층은 정해져 있는 제도이므로 암기가 필요한 주제입니다. 광역자치단체 아래 어떤 기초자치단체가 있는지는 꼼꼼하게 정리해두어야 하고, 세종특별자치시와 제주특별자치도가 기초자치단체를 두지 않는 광역자치단체라는 사실도 기본 지식이 되어야 합니다.

체크포인트

지방 파트를 구성하는 내용은 대부분 지방자치법에 근거하고 있습니다. 따라서 지방자치법의 주요 조문을 충분히 학습해야 합니다. 특히 기출된 조문들은 완벽하게 소화하고 시험장에 들어갈 수 있어야 할 것입니다. 그리고 법령과 관련된 주제는 항상 법령 원문으로 공부해야 한다는 점도 잊지 않아야 합니다.

기출 CHECK

1 우리나라의 지방자치계층에 대한 설명으로 옳지 않은 것은? 2017 국가직 9급

① 제주특별자치도는 자치계층 측면에서 단층제로 운영되고 있다.
② 자치계층은 주민공동체의 정책결정 및 집행의 단위로서 정치적 민주성 가치가 중요시된다.
③ 세종특별자치시의 관할구역으로 자치구를 둘 수 있다.
④ 자치계층으로 군을 두고 있는 광역시가 있다.

① O 제주특별자치도는 기초자치단체 없이 단층제로 운영되고 있다.
② O 자치계층은 주민들이 스스로 통치하고 자신들의 대표자를 선출하는 영역이므로 민주성의 가치가 중요시된다.
③ X 세종특별자치시는 기초자치단체 없이 단층제로 운영되고 있다. 이에 따라 기초자치단체인 자치구를 둘 수 없다.
④ O 광역자치단체인 광역시는 기초자치단체로 자치구뿐만 아니라 군을 둘 수 있다. 정답 ③

2 우리나라 지방행정체제와 관련된 내용으로 옳지 않은 것은? 2013 국가직 9급

① 자치구의 자치권 범위는 시·군의 경우와 같다.
② 특별시·광역시·도는 같은 수준의 자치행정계층이다.
③ 광역시가 아닌 시라도 인구 50만 이상의 경우에는 자치구가 아닌 구를 둘 수 있다.
④ 군은 광역시나 도의 관할 구역 안에 둔다.

① X 자치구와 시·군은 기초자치단체로서 같은 계층이나, 지방자치법에 따라 자치구의 자치권의 범위를 시·군과 다르게 둘 수 있다.

지방자치법 제2조(지방자치단체의 종류)

② 자치구는 특별시와 광역시의 관할 구역 안의 구만을 말하며, 자치구의 자치권의 범위는 법령으로 정하는 바에 따라 시·군과 다르게 할 수 있다.

② O 특별시, 광역시, 도는 모두 광역자치계층으로 같은 수준의 자치행정계층이다.
③ O 지방자치법에 따라 광역시가 아닌 기초자치단체로서의 시가 인구 50만 이상인 경우 행정계층으로 자치구가 아닌 구를 둘 수 있다.
④ O 광역시는 기초자치단체로 군과 구를 둘 수 있으며, 도는 기초자치단체로 시와 군을 둘 수 있다. 정답 ①

CHAPTER 3 자치권

1 자치기관 : 지방의회와 지방자치단체장

1 기관구성의 유형 Ⓐ

9급 21지, 17지, 16지
7급 ??국, 19지

기관 통합형	VS	기관 대립형	
지방의회		지방의회	의결
의결+집행		지방자치단체장	집행

1 기관통합형

(1) 개념

권력통합주의 원리에 입각해서 자치단체의 의사결정기능과 집행기능을 지방의회 하나에 모두 귀속시키는 형태(지방의회 의장이 자치단체장을 겸임)

(2) 장점

① 지방행정의 모든 권한과 책임이 주민의 대표기관인 의회에 집중되어 이론상 민주정치와 책임행정을 구현함에 있어 가장 적합

② 의결기관과 집행기관 사이에 갈등과 대립이 생길 여지가 없으므로 지방행정의 안정성과 능률성을 도모

③ 주민에 의해 선출된 의원으로 집행기관이 구성되기 때문에 자치행정을 주민의 의사에 따라 공정하고 신중하게 운영할 수 있음.

④ 정책결정과 집행 간에 유기적인 연관성이 유지되므로 정책의 효과성 극대화

(3) 단점

① 지방행정을 총괄 · 조정할 단일 집행책임자가 없어 행정의 전체적 통일성과 종합성을 확보하기 어려움.

② 하나의 기관이 정치적 기능과 행정적 기능을 동시에 수행하므로 지방행정에 정치적인 요소가 개입될 여지가 많음.

③ 하나의 기관이 정책의 수립 · 결정 · 집행 · 평가를 모두 하므로 권력이 남용될 우려가 크고, 행정에 대한 전문지식이 없는 의원이 행정책임자가 되어 전문성이 경시될 가능성

(4) 국가별 사례

① **영국의 지방의회** : 영국의 의회제도인 내각책임제를 지방정부에 적용한 것으로, 지방

X [7급] 미국의 위원회형은 기관대립형의 특수한 형태로 볼 수 있다.
O 미국의 위원회형은 기관통합형(기관대립형 ×)의 특수한 형태로 볼 수 있다.

의회는 의결기관인 동시에 집행기관이 되며, 따로 대립되는 집행기관은 없음.

② **미국의 위원회** : 주민에 의해 선출된 위원으로 구성된 위원회의 장이 지방자치단체의 정책의사를 결정하고, 동시에 집행사무를 책임지게 하는 제도

2 기관대립형(한국)

(1) 개념

권력분립의 원칙에 따라 자치단체의 **정책결정기능을 담당하는 지방의회**와 **집행기능을 담당하는 자치단체의 장**을 각각 분리시키는 형태

(2) 장점

① 의결기관과 집행기관을 모두 주민이 직접 선출하므로 지방행정에 대한 주민통제의 실효를 거둘 수 있음.

② 자치단체의 장은 임기 동안 신분이 안정되므로 오직 주민의 신임을 배경으로 지역특성에 맞는 행정시책을 강력히 추진할 수 있음.

③ 의결기관과 집행기관을 서로 분리 · 대립시킴으로써 **견제와 균형의 원리**에 의해 비판과 감시의 충실을 기할 수 있음.

보충

2022 전부개정 지방자치법 → 기관분리형과 통합형 중에서 주민들이 투표를 통해 선택할 수 있는 근거조항 마련

지방자치법 제4조(지방자치단체의 기관구성 형태의 특례)

① 지방의회와 집행기관에 관한 **이 법의 규정에도 불구하고** 따로 법률로 정하는 바에 따라 **지방자치단체의 장의 선임방법을 포함**한 **지방자치단체의 기관구성 형태를 달리 할 수 있다.**

② 제1항에 따라 지방의회와 집행기관의 구성을 달리하려는 경우에는 「주민투표법」에 따른 **주민투표를 거쳐야 한다.**

(3) 단점

① **지방의회와 자치단체장 간 마찰이나 충돌이 발생**해 자치행정 수행에 지장을 초래할 우려가 있음.

② 자치단체장을 주민이 직접 선출하지만, 반드시 행정경험과 능력이 탁월한 사람이 선출된다는 보장은 없음.

③ 자치단체장이 인기 관리에만 신경을 써 행정능률과 공명성을 희생할 여지가 있음.

3 절충형

의결기관과 집행기관을 분리시킨다는 점에서 기관대립형의 요소를 갖추고 있으나, 서로 대립시키지는 않는다는 점에서 기관통합형의 요소도 지니는 유형

심화 기관구성의 세부유형

1. 강시장형
   ① 기관대립형 중 하나로, 지방의회보다 자치단체장의 권한이 강한 유형
   ② 우리나라를 비롯한 많은 국가에서 채택
2. 약시장형
   ① 기관대립형 중 하나로, 자치단체장보다 지방의회의 권한이 강한 유형
   ② 의회가 예산을 편성하거나 행정관료의 임명권을 행사하기도 함.
3. 의회-시지배인형
   ① 지방의회가 중심이나, 전문집행인인 시지배인을 별도로 임명하는 방식
   ② 임명된 시지배인은 전문적이고 실질적인 권한을 행사하며 의회를 보좌
   ③ 시장이 존재하기는 하나, 대체로 의례적이고 명목적인 기능만 수행

기출 CHECK

1 지방자치단체의 기관구성에 대한 설명으로 옳지 않은 것은? 2016 지방직 9급

① 기관대립형(기관분리형)은 견제와 균형을 통해 민주적이고 합리적인 지방자치를 실시하는 방식이다.

② 기관통합형은 주민 직선으로 지방의회를 구성하고 의회 의장이 단체장을 겸하는 방식이다.

③ 기관대립형(기관분리형)은 집행부와 의회의 기구가 병존함에 따라 비효율성을 줄일 수 있다는 장점이 있다.

④ 기관통합형은 의결기능과 집행기능이 통합되어 있기 때문에 지방자치행정을 기관 간 마찰 없이 안정적으로 수행할 수 있다는 장점이 있다.

① O 기관대립형은 의결기관인 지방의회와 집행기관인 지방자치단체장을 분리·대립시킴으로써 견제와 균형의 원리에 의해 비판과 감시의 충실을 기할 수 있다.

② O 기관통합형은 자치단체의 의사결정기능과 집행기능을 의결기관인 지방의회 하나에 모두 귀속시키는 형태로, 지방의회 의장이 자치단체장을 겸임하는 방식을 취한다.

③ X 기관대립형이 집행부와 의회의 기구가 병존하는 것은 맞으나, 두 개의 기관이 분리되어 있기 때문에 갈등과 마찰이 발생할 가능성이 높아 업무의 효율성 측면에서는 불리하다.

④ O 기관통합형은 지방의회에서 의결과 집행을 모두 담당하기 때문에 의결기관과 집행기관 사이에 갈등과 대립이 발생하지 않아 지방행정의 안정성과 능률성을 도모할 수 있다. 정답 ③

체크포인트

기관통합형과 기관분리형은 언제나 함께 출제되므로 개념 학습 단계에서부터 비교하면서 정리해야 할 주제입니다. 최근 9급 시험에서는 기관통합형의 해외 사례를 알고 있는지도 체크했기 때문에 주의해야 합니다. 특히 전부개정된 지방자치법에서는 두 형태 모두 우리나라에서 실현 가능하다는 점을 명시했다는 것도 출제예상포인트 중 하나입니다.

PART 6

9급 24국, 18국
7급 23국, 20지

2 지방의회 B

1 지방의회의 권한

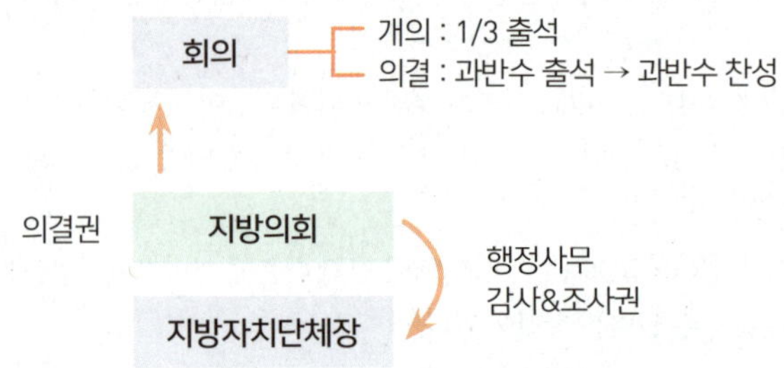

(1) 의결권

지방자치법 제47조(지방의회의 의결사항)*

① 지방의회는 **다음 사항을 의결**한다.
1. **조례**의 제정 · 개정 및 폐지
2. **예산**의 심의 · 확정
3. **결산**의 승인
4. **법령에 규정된 것을 제외**한 **사용료 · 수수료 · 분담금 · 지방세** 또는 가입금의 부과와 징수
5. **기금**의 설치 · 운용
6. 대통령령으로 정하는 **중요 재산**의 취득 · 처분
7. 대통령령으로 정하는 **공공시설**의 설치 · 처분
8. 법령과 조례에 규정된 것을 제외한 **예산 외의 의무부담이나 권리의 포기**
9. **청원**의 수리와 처리
10. **외국** 지방자치단체와의 교류협력에 관한 사항
11. 그 밖에 법령에 따라 그 권한에 속하는 사항

② 지방자치단체는 제1항의 사항 외에 **조례로 정하는 바**에 따라 지방의회에서 의결되어야 할 사항을 **따로 정할 수 있다.**

* 한국의 경우, **제한적 열거주의**에 의해 지방의회의 의결사항을 규정

① 조례제정권

동법 제28조(조례)

① **지방자치단체**는 **법령의 범위**에서 그 사무에 관하여 **조례를 제정**할 수 있다. 다만, **주민의 권리 제한** 또는 **의무 부과**에 관한 사항이나 **벌칙**을 정할 때에는 **법률의 위임**이 있어야 한다.

② **법령에서 조례로 정하도록 위임한 사항**은 그 **법령의 하위 법령에서 그 위임의 내용과 범위를 제한하거나 직접 규정할 수 없다.**

② 예산의결권 및 결산승인권

동법 제142조(예산의 편성 및 의결)

① 지방자치단체의 장은 회계연도마다 예산안을 편성하여 **시·도**는 회계연도 시작 **50일 전**까지, **시·군 및 자치구**는 회계연도 시작 **40일 전**까지 지방의회에 제출하여야 한다.

② 제1항의 예산안을 **시·도의회**에서는 회계연도 시작 **15일 전**까지, **시·군 및 자치구의회**에서는 회계연도 시작 **10일 전**까지 **의결하여야 한다**.

동법 제150조(결산)

① 지방자치단체의 장은 출납 폐쇄 후 80일 이내에 결산서와 증빙서류를 작성하고 지방의회가 선임한 검사위원의 검사의견서를 첨부하여 다음 연도 **지방의회의 승인을 받아야 한다**. 결산의 심사결과 위법 또는 부당한 사항이 있는 경우에 **지방의회**는 본회의 의결 후 지방자치단체 또는 해당 기관에 **변상 및 징계 조치 등 그 시정을 요구**하고, 지방자치단체 또는 해당 기관은 시정요구를 받은 사항을 지체 없이 처리하여 그 결과를 지방의회에 보고하여야 한다.

	편성	의결
중앙	120	30
광역	50	15
기초	40	10

(2) 감시권 – 행정사무감사권 및 행정사무조사권

동법 제49조(행정사무 감사권 및 조사권)

① **지방의회**는 매년 1회 그 지방자치단체의 사무에 대하여 **시·도**에서는 **14일**의 범위에서, **시·군 및 자치구**에서는 **9일**의 범위에서 **감사를 실시**하고, 지방자치단체의 사무 중 특정 사안에 관하여 본회의 의결로 본회의나 위원회에서 **조사하게 할 수 있다**.

2 지방의회의 운영

(1) 회의

① 회의의 종류

지방자치법 제53조(정례회)

① 지방의회는 **매년 2회 정례회를 개최**한다.

동법 제54조(임시회)

① **총선거 후 최초로 집회되는 임시회**는 지방의회 사무처장·사무국장·사무과장이 지방의회의원 임기 개시일부터 **25일 이내에 소집**한다.

② **지방의회의장**은 지방자치단체의 장이나 조례로 정하는 수 이상의 지방의회의원이 요구하면 15일 이내에 **임시회를 소집하여야 한다**. 다만, 의장과 부의장이 사고로 임시회를 소집할 수 없으면 의원 중 최다선의원이, 최다선의원이 2명 이상인 경우에는 그 중 연장자의 순으로 소집할 수 있다.

동법 제64조(위원회의 설치)

① 지방의회는 **조례**로 정하는 바에 따라 **위원회를 둘 수 있다**.

② 위원회의 종류는 다음 각 호와 같다.

1. 소관 의안과 청원 등을 심사·처리하는 **상임위원회**
2. 특정한 안건을 심사·처리하는 **특별위원회**

PART 6

② 회의의 성립

동법 제72조(의사정족수)

① 지방의회는 **재적의원 3분의 1 이상의 출석**으로 개의(開議)한다.

② 회의 중 제1항의 정족수에 미치지 못할 때에는 의장은 회의를 중지하거나 산회(散會)를 선포한다.

③ 의결 기준

동법 제73조(의결정족수)

① 의결 사항은 이 법에 특별히 규정된 경우 외에는 **재적의원 과반수의 출석**과 **출석의원 과반수의 찬성으로 의결**한다.

② **의장은 의결에서 표결권**을 가지며, **찬성과 반대가 같으면 부결**된 것으로 본다.

동법 제80조(일사부재의의 원칙)

지방의회에서 **부결된 의안**은 같은 회기 중에 **다시 발의하거나 제출할 수 없다.**

(2) 의회의원

동법 제38조(지방의회의원의 선거)

지방의회의원은 주민이 보통 · 평등 · 직접 · 비밀**선거에 따라 선출한다.**

동법 제39조(의원의 임기)

지방의회의원의 **임기는 4년**으로 한다.

동법 제89조(의원의 사직)

지방의회는 그 **의결로 소속 의원의 사직을 허가**할 수 있다. 다만, **폐회 중에는 의장이 허가**할 수 있다.

보충

지방의회 사무직원 임면권 → 지방의회 의장이 행사

지방자치법 제103조(사무직원의 정원과 임면 등)

② **지방의회의 의장**은 지방의회 사무직원을 지휘 · 감독하고 법령과 조례 · 의회규칙으로 정하는 바에 따라 그 **임면 · 교육 · 훈련 · 복무 · 징계 등에 관한 사항을 처리**한다.

(3) 의회의장

동법 제57조(의장·부의장의 선거와 임기)

① 지방의회는 의원 중에서 **시 · 도**의 경우 **의장 1명**과 **부의장 2명**을, 시 · 군 및 자치구의 경우 의장과 부의장 각 1명을 무기명투표로 선거하여야 한다.

③ 의장과 부의장의 **임기는 2년**으로 한다.

동법 제58조(의장의 직무)

지방의회의 의장은 **의회를 대표**하고 **의사(議事)를 정리**하며, 회의장 내의 **질서를 유지**하고 **의회의 사무를 감독**한다.

3 지방의회의 책임성 확보

(1) 윤리특별위원회 및 윤리심사자문위원회 설치

동법 제65조(윤리특별위원회)

① 지방의회의원의 윤리강령과 윤리실천규범 준수 여부 및 징계에 관한 사항을 심사하기 위하여 윤리특별위원회를 둔다.

② 제1항에 따른 윤리특별위원회는 지방의회의원의 윤리강령과 윤리실천규범 준수 여부 및 지방의회의원의 징계에 관한 사항을 심사하기 전에 제66조에 따른 윤리심사자문위원회의 의견을 들어야 하며 그 의견을 존중하여야 한다.

동법 제66조(윤리심사자문위원회)

① 지방의회의원의 겸직 및 영리행위 등에 관한 지방의회의 의장의 자문과 지방의회의원의 윤리강령과 윤리실천규범 준수 여부 및 징계에 관한 윤리특별위원회의 자문에 응하기 위하여 윤리특별위원회에 윤리심사자문위원회를 둔다.

② 윤리심사자문위원회의 위원은 민간전문가 중에서 지방의회의 의장이 위촉한다.

(2) 지방의회의원에 대한 징계

동법 제98조(징계의 사유)

지방의회는 지방의회의원이 이 법이나 자치법규에 위배되는 행위를 하면 윤리특별위원회의 심사를 거쳐 의결로써 징계할 수 있다.

동법 제100조(징계의 종류와 의결)

① 징계의 종류는 다음과 같다.

1. 공개회의에서의 경고
2. 공개회의에서의 사과
3. 30일 이내의 출석정지
4. 제명

② 제1항제4호에 따른 제명 의결에는 재적의원 3분의 2 이상의 찬성이 있어야 한다.

체크포인트

지방의회와 관련된 지방자치법의 주요 조문을 알고 있는지 체크하는 문제입니다. 지방자치법의 모든 조문을 공부할 필요는 없으므로, 기출된 조문 위주로 학습하시되, 교재에 실려 있는 추가적인 조문 정도까지 학습해두신다면 충분히 변별력을 갖출 수 있을 것입니다.

기출 CHECK

1 지방자치법상 지방의회에 대한 내용으로 옳지 않은 것은? 2018 국가직 9급

① 지방의회는 조례로 정하는 바에 따라 위원회를 둘 수 있으며, 위원회의 종류는 상임위원회와 특별위원회로 한다.

② 지방의회는 그 의결로 소속 의원의 사직을 허가할 수 있다. 다만, 폐회 중에는 의장이 허가할 수 있다.

③ 의장은 의결에서 표결권을 가지지 못하며, 찬성과 반대가 같으면 부결된 것으로 본다.

④ 지방의회에서 부결된 의안은 같은 회기 중에 다시 발의하거나 제출할 수 없다.

① O

> **지방자치법 제64조(위원회의 설치)**
> ① 지방의회는 조례로 정하는 바에 따라 위원회를 둘 수 있다.
> ② 위원회의 종류는 다음 각 호와 같다.
> 1. 소관 의안과 청원 등을 심사·처리하는 상임위원회
> 2. 특정한 안건을 심사·처리하는 특별위원회

② O

> **동법 제89조(의원의 사직)**
> 지방의회는 그 의결로 소속 의원의 사직을 허가할 수 있다. 다만, 폐회 중에는 의장이 허가할 수 있다.

③ X 찬성과 반대가 같으면 부결된 것으로 보는 것은 맞으나, 의장도 의회의원 중 하나이므로 의결에서 표결권을 갖는다.

> **동법 제73조(의결정족수)**
> ① 의결 사항은 이 법에 특별히 규정된 경우 외에는 재적의원 과반수의 출석과 출석의원 과반수의 찬성으로 의결한다.
> ② 의장은 의결에서 표결권을 가지며, 찬성과 반대가 같으면 부결된 것으로 본다.

④ O

> **동법 제80조(일사부재의의 원칙)**
> 지방의회에서 부결된 의안은 같은 회기 중에 다시 발의하거나 제출할 수 없다.

정답 ③

2 「지방자치법」상 지방의회의 의결사항으로 옳은 것만을 모두 고른 것은? 2013 지방직 9급

> ㄱ. 예산의 심의 · 확정
> ㄴ. 법령에 규정된 수수료의 부과 및 징수
> ㄷ. 외국 지방자치단체와의 교류협력에 관한 사항

① ㄱ, ㄴ ② ㄱ, ㄷ ③ ㄱ, ㄴ, ㄷ ④ ㄴ, ㄷ

ㄱ. O 지방자치법은 지방의회의 의결사항으로 예산의 심의·확정을 규정하고 있다.
ㄴ. X 법령에 규정된 것이 아닌, 법령에 규정되지 않은 수수료의 부과 및 징수가 지방자치법상 지방의회의 의결사항이다.
ㄷ. O 지방자치법은 지방의회의 의결사항으로 외국 지방자치단체와의 교류협력에 관한 사항을 규정하고 있다.

> 지방자치법 제47조(지방의회의 의결사항)
> ① 지방의회는 다음 사항을 의결한다.
> 1. 조례의 제정 · 개정 및 폐지
> 2. 예산의 심의 · 확정
> 3. 결산의 승인
> 4. 법령에 규정된 것을 제외한 사용료 · 수수료 · 분담금 · 지방세 또는 가입금의 부과와 징수
> 5. 기금의 설치 · 운용
> 6. 대통령령으로 정하는 중요 재산의 취득 · 처분
> 7. 대통령령으로 정하는 공공시설의 설치 · 처분
> 8. 법령과 조례에 규정된 것을 제외한 예산 외의 의무부담이나 권리의 포기
> 9. 청원의 수리와 처리
> 10. 외국 지방자치단체와의 교류협력에 관한 사항
> 11. 그 밖에 법령에 따라 그 권한에 속하는 사항

정답 ②

체크포인트

지방자치법에 규정된 지방의회의 의결사항 11가지는 여러 번 읽으면서 눈에 익혀 두는 것이 좋습니다. 조례, 예산, 결산 등 지방자치와 관련된 주요 사항은 판단하기 쉽지만, 외국과의 교류협력이나 청원 등은 놓칠 수 있으므로 주의해야 합니다. 또한 법령에 규정된 수수료는 굳이 지방의회에서 의결하지 않아도 법령에 따라 집행하면 되는 것이므로, 법령에 규정되지 않은 수수료와 관련된 사항을 지방의회에서 의결한다는 논리를 이해하면 더욱 좋습니다.

3 지치단체장 B

9급 08지
7급 11국

1 지위

> **지방자치법 제106조(지방자치단체의 장)**
> 특별시에 **특별시장**, 광역시에 **광역시장**, 특별자치시에 **특별자치시장**, 도와 특별자치도에 **도지사**를 두고, 시에 **시장**, 군에 **군수**, 자치구에 **구청장**을 둔다.
>
> **동법 제107조(지방자치단체의 장의 선거)**
> 지방자치단체의 장은 주민이 보통 · 평등 · 직접 · 비밀**선거에 따라 선출**한다.
>
> **동법 제108조(지방자치단체의 장의 임기)**
> 지방자치단체의 장의 **임기는 4년**으로 하며, 지방자치단체의 장의 **계속 재임(在任)은 3기**에 한한다.

PART 6

2 자치단체장의 권한

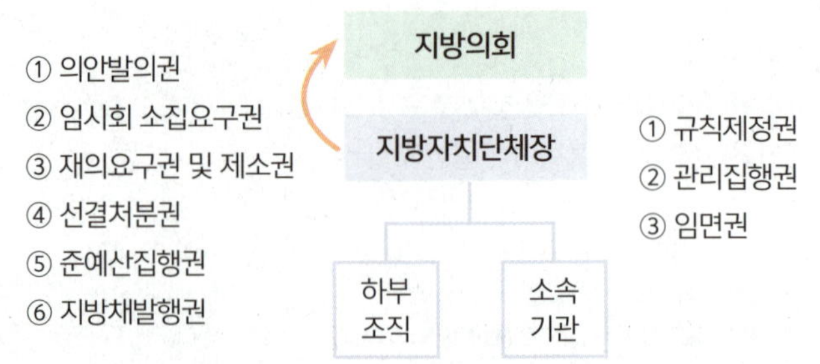

(1) 의회에 관한 권한

① 의안발의권

> **지방자치법 제76조(의안의 발의)**
> ① 지방의회에서 의결할 의안은 지방자치단체의 장이나 조례로 정하는 수 이상의 지방의회의원의 찬성으로 발의한다.

② 임시회의 소집요구권

> **동법 제54조(임시회)**
> ② 지방의회의장은 지방자치단체의 장이나 조례로 정하는 수 이상의 지방의회의원이 요구하면 15일 이내에 임시회를 소집하여야 한다.

③ 재의요구권 및 제소권

> **동법 제120조(지방의회의 의결에 대한 재의요구와 제소)**
> ① 지방자치단체의 장은 지방의회의 의결이 월권이거나 법령에 위반되거나 공익을 현저히 해친다고 인정되면 그 의결사항을 이송받은 날부터 20일 이내에 이유를 붙여 재의를 요구할 수 있다.
> ③ 지방자치단체의 장은 재의결된 사항이 법령에 위반된다고 인정되면 재의결된 날부터 20일 이내에 대법원에 소(訴)를 제기할 수 있다.
>
> **동법 제121조(예산상 집행 불가능한 의결의 재의요구)**
> ① 지방자치단체의 장은 지방의회의 의결이 예산상 집행할 수 없는 경비를 포함하고 있다고 인정되면 그 의결사항을 이송받은 날부터 20일 이내에 이유를 붙여 재의를 요구할 수 있다.
> ② 지방의회가 다음 각 호의 어느 하나에 해당하는 경비를 줄이는 의결을 할 때에도 같다.
> 1. 법령에 따라 지방자치단체에서 의무적으로 부담하여야 할 경비
> 2. 비상재해로 인한 시설의 응급 복구를 위하여 필요한 경비

④ 선결처분권

동법 제122조(지방자치단체의 장의 선결처분)

① 지방자치단체의 장은 지방의회가 지방의회의원이 구속되는 등의 사유로 의결정족수에 미달될 때와 지방의회의 의결사항 중 주민의 생명과 재산 보호를 위하여 긴급하게 필요한 사항으로서 지방의회를 소집할 시간적 여유가 없거나 지방의회에서 의결이 지체되어 의결되지 아니할 때에는 선결처분(先決處分)을 할 수 있다.
② 제1항에 따른 선결처분은 지체 없이 지방의회에 보고하여 승인을 받아야 한다.
③ 지방의회에서 제2항의 승인을 받지 못하면 그 선결처분은 그때부터 효력을 상실한다.

⑤ 준예산 집행권

동법 제146조(예산이 성립하지 아니할 때의 예산집행)

지방의회에서 새로운 회계연도가 시작될 때까지 예산안이 의결되지 못하면 지방자치단체의 장은 지방의회에서 예산안이 의결될 때까지 다음의 목적을 위한 경비는 전년도 예산에 준하여 집행할 수 있다.

1. 법령이나 조례에 따라 설치된 기관이나 시설의 유지 · 운영
2. 법령상 또는 조례상 지출의무의 이행
3. 이미 예산으로 승인된 사업의 계속

⑥ 지방채 발행권

동법 제139조(지방채무 및 지방채권의 관리)

① 지방자치단체의 장이나 지방자치단체조합은 따로 법률로 정하는 바에 따라 지방채를 발행할 수 있다.

(2) 행정권한

① 규칙제정권

동법 제29조(규칙)

지방자치단체의 장은 법령 또는 조례의 범위에서 그 권한에 속하는 사무에 관하여 규칙을 제정할 수 있다.

② 관리집행권

동법 제116조(사무의 관리 및 집행권)

지방자치단체의 장은 그 지방자치단체의 사무와 법령에 따라 그 지방자치단체의 장에게 위임된 사무를 관리하고 집행한다.

③ 임면권

동법 제118조(직원에 대한 임면권 등)

지방자치단체의 장은 소속 직원을 지휘 · 감독하고 법령과 조례 · 규칙으로 정하는 바에 따라 그 임면 · 교육훈련 · 복무 · 징계 등에 관한 사항을 처리한다.

(3) 관련 기관

① 보조기관

동법 제123조(부지사·부시장·부군수·부구청장)

① 특별시 · 광역시 및 특별자치시에 부시장, 도와 특별자치도에 부지사, 시에 부시장, 군에 부군수, 자치구에 부구청장을 둔다.

② 소속행정기관

동법 제126조(직속기관)

지방자치단체는 그 소관 사무의 범위 안에서 필요하면 대통령령이나 대통령령으로 정하는 바에 따라 지방자치단체의 조례로 자치경찰기관(제주특별자치도), 소방기관, 교육훈련기관, 보건진료기관, 시험연구기관 및 중소기업지도기관 등을 직속기관으로 설치할 수 있다.

동법 제127조(사업소)

지방자치단체는 특정 업무를 효율적으로 수행하기 위하여 필요하면 대통령령으로 정하는 바에 따라 그 지방자치단체의 조례로 사업소를 설치할 수 있다.

동법 제128조(출장소)

지방자치단체는 원격지 주민의 편의와 특정지역의 개발 촉진을 위하여 필요하면 대통령령으로 정하는 바에 따라 그 지방자치단체의 조례로 출장소를 설치할 수 있다.

동법 제129조(합의제행정기관)

지방자치단체는 그 소관 사무의 일부를 독립하여 수행할 필요가 있으면 법령이나 그 지방자치단체의 조례로 정하는 바에 따라 합의제행정기관을 설치할 수 있다.

동법 제130조(자문기관의 설치 등)

① 지방자치단체는 그 소관 사무의 범위에서 법령이나 그 지방자치단체의 조례로 정하는 바에 따라 심의회 · 위원회 등의 자문기관을 설치 · 운영할 수 있다.

③ 하부 행정기관

동법 제131조(하부행정기관의 장)

자치구가 아닌 구에 구청장, 읍에 읍장, 면에 면장, 동에 동장을 둔다.

기출 CHECK

1 우리나라 지방자치단체장의 권한으로 볼 수 없는 것은? 2008 국가직 7급

① 지방의회의 의결이 월권이거나 법령에 위반되는 경우 재의요구권
② 총선거 후 최초로 집회되는 지방의회 임시회 소집권
③ 지방의회의 의결사항 중 주민의 생명과 재산보호를 위하여 긴급하게 필요한 사항으로서 지방의회를 소집할 시간적 여유가 없거나 지방의회에서 의결이 지체되어 의결되지 아니할 때의 선결처분권
④ 지방채 발행권

① O

지방자치법 제120조(지방의회의 의결에 대한 재의요구와 제소)
① 지방자치단체의 장은 지방의회의 의결이 월권이거나 법령에 위반되거나 공익을 현저히 해친다고 인정되면 그 의결사항을 이송받은 날부터 20일 이내에 이유를 붙여 재의를 요구할 수 있다.

② X 지방의회 임시회 소집권은 지방자치단체장이 아닌 지방의회의 권한이다. 총선거 후 최초로 집회되는 임시회 역시 지방의회 사무처장 등 지방의회의 구성원이 소집한다.

동법 제54조(임시회)
① 총선거 후 최초로 집회되는 임시회는 지방의회 사무처장·사무국장·사무과장이 지방의회의원 임기 개시일부터 25일 이내에 소집한다.

③ O

동법 제122조(지방자치단체의 장의 선결처분)
① 지방자치단체의 장은 지방의회가 지방의회의원이 구속되는 등의 사유로 의결정족수에 미달될 때와 지방의회의 의결사항 중 주민의 생명과 재산 보호를 위하여 긴급하게 필요한 사항으로서 지방의회를 소집할 시간적 여유가 없거나 지방의회에서 의결이 지체되어 의결되지 아니할 때에는 선결처분을 할 수 있다.

④ O

동법 제139조(지방채무 및 지방채권의 관리)
① 지방자치단체의 장이나 지방자치단체조합은 따로 법률로 정하는 바에 따라 지방채를 발행할 수 있다.

정답 ②

체크포인트
지방자치단체장이 지방의회에 대해 행사할 수 있는 권한은 빈출 논점이므로 법령을 통해 꼼꼼하게 학습해야 할 부분입니다. 이 중 임시회 소집요구권은 주의가 필요합니다. 일반적인 임시회 소집요구권은 지방자치단체장이 행사할 수 있으나, 총선거 후 최초로 집회되는 임시회의는 지방의회에서 소집하는 것이므로 헷갈리지 않아야 합니다.

PART 6

9급 19국
7급 22국

이승만 △
장면 ○ (동시 ×)
박정희 ✕
전두환 ✕
노태우 △
김영삼 ~ 윤석열 ○ (동시 ○)

4 지방선거 C

정부	시기	내용	
이승만 정부 (제1공화국)	1949.7.4.	「지방자치법」 제정 · 공포(최초)	
	1952 1차 선거	시 · 읍 · 면 의회의원 직선	시 · 읍 · 면장 의회 간선
		도의원 직선(서울 등 일부 제외)	서울시장 · 도지사 임명(大)
	1956 2차 선거	시 · 읍 · 면 의회의원 직선	시 · 읍 · 면장 직선
		서울특별시 · 도의원 직선	서울시장 · 도지사 임명(大)
장면 정부 (제2공화국)	1960 3차 선거	시 · 읍 · 면 의회의원 직선	시 · 읍 · 면장 직선
		서울특별시 · 도의원 직선	서울특별시장 · 도지사 직선
	1961.5.16	5 · 16 군사정변, 지방의회 해산	
	1961.9.1.	'지방자치에 관한 임시조치법' → 의회 해산, 단체장 직선제를 임명제로 전환, 시 · 읍 · 면 자치를 시 · 군 자치로 변경(읍 · 면 자치 폐지)	
박정희 정부 (제3-4공화국)	1972.12.27.	유신헌법 공포, '지방자치는 통일 이후 실시한다'는 헌법 부칙 조항 삽입	
전두환 정부 (제5공화국)	1987.6.29.	노태우 민정당 대표의 6 · 29 선언(대통령 직선제, 지방자치제 실시)	
	1987.10.27.	'지방자치는 통일 후 실시한다'는 헌법 부칙 조항 삭제	
노태우 정부 (제6공화국)	1988.4.6.	새로운 「지방자치법」 제정 · 공포, '지방자치에 관한 임시조치법' 폐지	
	1991 4차 선거	시 · 군 · 구의회의원 직선	기초단체장 임명
		특별시 · 직할시 · 도의회의원 직선	광역단체장 임명
김영삼 정부	1995, 제1차 동시지방선거	모두 직선, 임기 3년	
김대중 정부	1998, 제2차 동시지방선거	모두 직선, 임기 4년	
	2002, 제3차 동시지방선거	모두 직선, 임기 4년	
노무현 정부	2006, 제4차 동시지방선거	모두 직선, 임기 4년, 기초의원까지 정당공천제 확대, 비례대표제 도입, 중선거구제* 도입(기초의원)	
이명박 정부	2010, 제5차 동시지방선거	모두 직선, 임기 4년, 교육감 직선제 동시 실시	
박근혜 정부	2014, 제6차 동시지방선거	모두 직선, 임기 4년	
문재인 정부	2018, 제7차 동시지방선거	모두 직선, 임기 4년	
	2021	전부개정 「지방자치법」 제정	
윤석열 정부	2022, 제8차 동시지방선거	모두 직선, 임기 4년	

* **소선거구제 VS 중선거구제**

① **소선거구제** : 선거구 당 **1명** 선출 → 광역단체장, 광역의회의원, 기초단체장 적용

② **중선거구제** : 선거구 당 **2~4명** 선출 → **기초의회의원** 적용

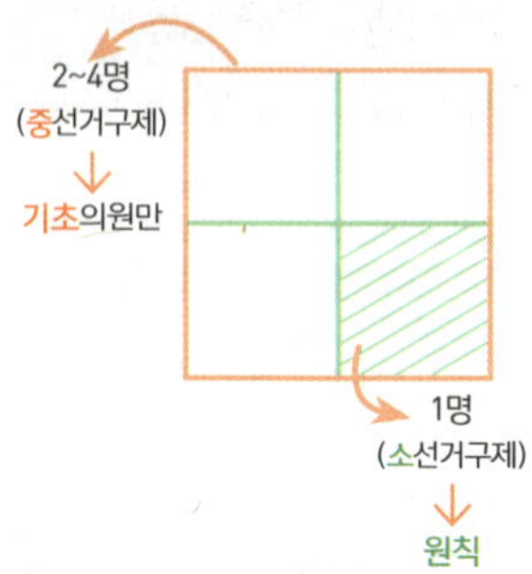

2 자치입법권

1 자치권의 유형 B

9급 12지
7급 09지

(1) 자치입법권

자치단체가 지방자치에 필요한 법규를 정립할 수 있는 권능으로, 조례와 규칙에 관한 입법기능

(2) 자치행정권

자치단체가 주민들을 위해 필요한 일들을 자주적으로 처리할 수 있는 권능

(3) 자치재정권

자치단체가 자기사무를 처리하는 데 필요한 경비를 충당하기 위하여 자주적으로 재원을 조달·관리하는 권능

(4) 자치조직권

자치단체가 기관의 설치·운영 등을 정하거나, 기관을 구성하는 공무원을 임면하는 등의 권능

(5) 자치사법권 → 우리나라의 경우 불인정

자치단체가 자신의 사무와 관련한 법적 분쟁에 대해 자주적으로 판결할 수 있는 권능

기출 CHECK

1 우리나라 지방자치제에 대한 설명으로 옳지 않은 것은? 2012 지방직 9급

① 지방자치단체와 지방의회는 일반적으로 기관 대립형이다.
② 지방자치단체는 법인으로 한다.
③ 주민투표제, 주민감사청구제, 주민소환제를 실시하고 있다.
④ 자치입법권, 자치조직권, 자치재정권, 자치사법권을 인정하고 있다.

① o 우리나라 지방자치제는 지방의회와 지방자치단체장을 분리시키는 기관대립형를 일반적으로 취하고 있다.
② o

> 지방자치법 제3조(지방자치단체의 법인격과 관할)
> ① 지방자치단체는 법인으로 한다.

③ o 지방자치법은 주민투표제, 주민감사청구제, 주민소환제 등 주민참여 제도들을 명시하고 있다.
④ x 우리나라 지방자치제는 자치입법권, 자치조직권, 자치재정권 등은 인정하나, 자치사법권은 인정하지 않고 있다.

정답 ④

체크포인트

자치사법권은 이론적으로 또는 해외 일부에서 인정되는 권리이지만, 우리나라 지방자치제도에서는 인정되지 않고 있습니다. 자치사법권 인정 여부는 빈출되는 포인트이므로 빠르고 정확하게 해결할 수 있어야 합니다.

PART 6

9급 21국, 14지
7급 07국

2 자치입법권 : 조례제정권 Ⓐ

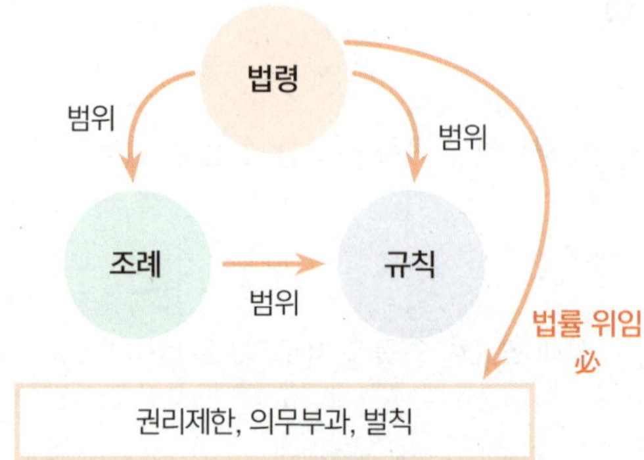

조례 위반 행위 → 조례로써 1천만 원 이하 **과태료**

(1) 조례와 규칙

헌법 제117조

① **지방자치단체**는 주민의 복리에 관한 사무를 처리하고 재산을 관리하며, **법령의 범위안**에서 **자치에 관한 규정을 제정**할 수 있다.

지방자치법 제28조(조례)

① **지방자치단체**는 **법령의 범위**에서 그 사무에 관하여 **조례를 제정**할 수 있다. 다만, **주민의 권리 제한** 또는 **의무 부과**에 관한 사항이나 **벌칙**을 정할 때에는 **법률의 위임**이 있어야 한다.

② **법령에서 조례로 정하도록 위임한 사항은 그 법령의 하위 법령에서 그 위임의 내용과 범위를 제한하거나 직접 규정할 수 없다.**

동법 제29조(규칙)

지방자치단체의 장은 법령 또는 조례의 범위에서 그 권한에 속하는 사무에 관하여 **규칙을 제정**할 수 있다.

동법 제30조(조례와 규칙의 입법한계)

시·군 및 자치구의 조례나 규칙은 시·도의 조례나 규칙을 위반하여서는 아니 된다.

X [9급] 자치입법권은 지방의회만이 행사할 수 있는 전속적 권한이다.

O 자치입법권은 지방의회만이 행사할 수 있는 전속적 권한이 아니며(전속적 권한이다 ×), 지방자치단체장도 행사할 수 있다.

(2) 제정 절차

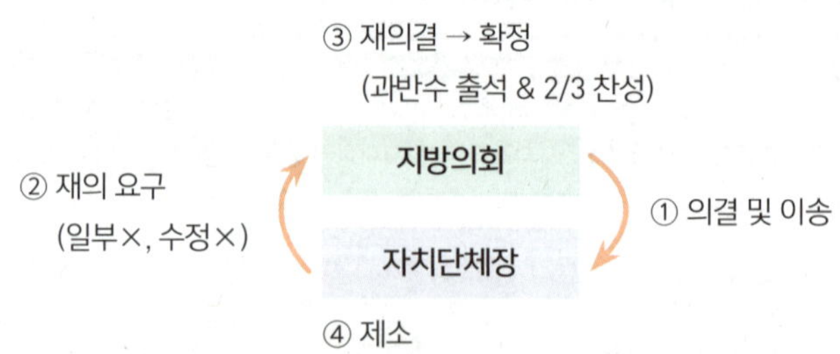

동법 제32조(조례와 규칙의 제정 절차 등)

① 조례안이 지방의회에서 의결되면 의장은 의결된 날부터 5일 이내에 그 지방자치단체의 장에게 이를 이송하여야 한다.

② 지방자치단체의 장은 제1항의 조례안을 이송받으면 20일 이내에 공포하여야 한다.

③ 지방자치단체의 장은 이송받은 조례안에 대하여 이의가 있으면 제2항의 기간에 이유를 붙여 지방의회로 환부(還付)하고, 재의(再議)를 요구할 수 있다. 이 경우 지방자치단체의 장은 조례안의 일부에 대하여 또는 조례안을 수정하여 재의를 요구할 수 없다.

④ 제3항에 따른 재의요구를 받은 지방의회가 재의에 부쳐 재적의원 과반수의 출석과 출석의원 3분의 2 이상의 찬성으로 전과 같은 의결을 하면 그 조례안은 조례로서 확정된다.

⑤ 지방자치단체의 장이 제2항의 기간에 공포하지 아니하거나 재의요구를 하지 아니할 때에도 그 조례안은 조례로서 확정된다.

⑥ 지방자치단체의 장은 제4항과 제5항에 따라 확정된 조례를 지체 없이 공포하여야 한다. 제5항에 따라 조례가 확정된 후 또는 제4항에 따른 확정조례가 지방자치단체의 장에게 이송된 후 5일 이내에 지방자치단체의 장이 공포하지 아니하면 지방의회의 의장이 이를 공포한다.

⑧ 조례와 규칙은 특별한 규정이 없으면 공포한 날부터 20일이 지나면 효력을 발생한다.

동법 제192조(지방의회 의결의 재의와 제소)

④ 지방자치단체의 장은 재의결된 사항이 법령에 위반된다고 판단되면 재의결된 날부터 20일 이내에 대법원에 소를 제기할 수 있다. 이 경우 필요하다고 인정되면 그 의결의 집행을 정지하게 하는 집행정지결정을 신청할 수 있다.

(3) 과태료

동법 제34조(조례위반에 대한 과태료)

① 지방자치단체는 조례를 위반한 행위에 대하여 조례로써 1천만원 이하의 과태료를 정할 수 있다.

② 제1항에 따른 과태료는 해당 지방자치단체의 장이나 그 관할 구역 안의 지방자치단체의 장이 부과·징수한다.

X [9급] 지방자치단체는 조례를 위반한 행위에 대하여 조례로써 1,500만원 이하의 과태료를 정할 수 있다.

O 지방자치단체는 조례를 위반한 행위에 대하여 조례로써 1천만원(1,500만원 ×) 이하의 과태료를 정할 수 있다.

(4) 보고

동법 제35조(보고)

조례나 규칙을 제정하거나 개정하거나 폐지할 경우 조례는 지방의회에서 이송된 날부터 5일 이내에, 규칙은 공포예정 15일 전에 시·도지사는 행정안전부장관에게, 시장·군수 및 자치구의 구청장은 시·도지사에게 그 전문(全文)을 첨부하여 각각 보고하여야 하며, 보고를 받은 행정안전부장관은 이를 관계 중앙행정기관의 장에게 통보하여야 한다.

체크포인트
지방의회에서 조례를 의결하고, 이것에 대해 지방자치단체장이 이의를 제기하는 절차는 꼼꼼한 정리가 필요합니다. 우선 조례 의결과 이에 대한 이의 제기 절차를 순서대로 이해해두는 것이 가장 중요합니다. 그 다음에 관련된 숫자들을 암기하면서 채워 넣는다면 조례 의결과 관련한 어떠한 문제가 나와도 정확하게 풀어낼 수 있습니다.

기출 CHECK

1 지방자치단체의 조례에 관한 설명으로 옳은 것을 모두 고른 것은? 2014 지방직 9급

ㄱ. 지방자치단체의 장은 법령이나 조례의 범위에서 그 권한에 속하는 사무에 관하여 규칙을 제정할 수 있다.
ㄴ. 지방의회에서 의결된 조례안은 10일 이내에 지방자치단체의 장에게 이송되어야 한다.
ㄷ. 재의요구를 받은 조례안은 재적의원 과반수의 출석과 출석의원 과반수의 찬성으로 재의요구를 받기 전과 같이 의결되면, 조례로 확정된다.
ㄹ. 지방자치단체의 장은 재의결된 조례가 법령에 위반된다고 판단되면 재의결된 날부터 20일 이내에 대법원에 제소할 수 있다.

① ㄱ, ㄴ ② ㄴ, ㄹ ③ ㄱ, ㄹ ④ ㄷ, ㄹ

ㄱ. O

지방자치법 제29조(규칙)
지방자치단체의 장은 법령이나 조례의 범위에서 그 권한에 속하는 사무에 관하여 규칙을 제정할 수 있다.

ㄴ. X 지방의회에서 의결된 조례안은 10일 이내가 아닌 5일 이내에 자치단체장에게 이송되어야한다.

동법 제32조(조례와 규칙의 제정 절차 등)
① 조례안이 지방의회에서 의결되면 의장은 의결된 날부터 5일 이내에 그 지방자치단체의 장에게 이를 이송하여야 한다.

ㄷ. X 재의결을 위한 정족수는 재적의원 과반수의 출석과 출석위원 3분의 2 이상의 찬성이다.

동법 제32조(조례와 규칙의 제정 절차 등)
④ 제3항에 따른 재의요구를 받은 지방의회가 재의에 부쳐 재적의원 과반수의 출석과 출석의원 3분의 2 이상의 찬성으로 전과 같은 의결을 하면 그 조례안은 조례로서 확정된다.

ㄹ. O

동법 제192조(지방의회 의결의 재의와 제소)
④ 지방자치단체의 장은 재의결된 사항이 법령에 위반된다고 판단되면 재의결된 날부터 20일 이내에 대법원에 소를 제기할 수 있다.

정답 ③

3 자치행정권 S

9급 23지, 16국, 15국
7급 24국, 23국, 22국, 17지, 16국

1 사무의 구분

(1) 자치사무(고유사무)

① 개념 : **자치단체의 존립목적과 직결되는 사무**로, 자치단체가 자기의 의사와 책임 및 재정적 부담하에서 지역주민의 복리증진을 위해 수행하는 사무

② 사무의 예시 : **포괄적 예시주의**

지방자치법 제13조(지방자치단체의 사무범위)

① 지방자치단체는 **관할 구역의 자치사무**와 법령에 따라 지방자치단체에 속하는 사무를 처리한다.

② 제1항에 따른 **지방자치단체의 사무를 예시**하면 다음 각 호와 같다. 다만, 법률에 이와 다른 규정이 있으면 그러하지 아니하다.

1. 지방자치단체의 **구역, 조직, 행정관리** 등에 관한 사무
2. **주민의 복지증진**에 관한 사무
3. 농림 · 상공업 등 **산업 진흥**에 관한 사무
4. **지역개발**과 주민의 생활환경시설의 설치 · 관리에 관한 사무
5. **교육 · 체육 · 문화 · 예술의 진흥**에 관한 사무
6. **지역민방위 및 지방소방**에 관한 사무
7. **국제교류 및 협력**

보충

개정 지방자치법(2022)에서 보충성의 원칙, 중복배제의 원칙, 포괄적 배분의 원칙을 명확화

PART 6

③ **특성**

㉠ **지방의회의 관여 대상**이므로 **지방의회 의결, 조례제정권 행사, 사무감사 및 사무조사** 등이 가능

㉡ 국가의 **소극적 감독만 허용**되고, 적극적 감독은 원칙적으로 배제

㉢ 자치단체의 **자주재원**과 지방교부세로 충당하는 것이 원칙

(2) **단체위임사무**

① **개념** : 자치사무와는 달리 **국가의 개별 법령에 의하여 자치단체에 속하는 사무**로, 기관위임사무와 달리 **자치단체의 사무에 속함**.

> **동법 제13조(지방자치단체의 사무범위)**
>
> ① 지방자치단체는 관할 구역의 자치사무와 **법령에 따라 지방자치단체에 속하는 사무**를 처리한다.

② **사무의 예시** : **예방접종**에 관한 사무, **보건소**에 관한 사무, 시 · 군의 국세징수사무, 시 · 군의 하천보수 · 유지사무, 시 · 군의 재해구호사무, 농촌지도소의 운영, 생활보호사무 등

③ **특성**

㉠ **자치사무와 거의 비슷**한 성격이 된 것으로, **지방의회의 관여 대상에 포함**되어 **지방의회 의결, 조례제정권 행사, 사무감사 및 사무조사** 등이 가능

㉡ 국가의 감독은 소극적 감독뿐만 아니라 **합목적성의 감독도 허용**되나, **예방적 감독은 원칙적으로 배제**

㉢ 경비는 원칙적으로 **자치단체와 국가가 분담**

(3) **기관위임사무**

① **개념** : 지방적 이해관계보다 **전국적 이해관계**가 더 큰 사무로, **국가로부터 각급 지방자치단체의 집행기관(자치단체장)에 위임된** 사무

> **동법 제115조(국가사무의 위임)**
>
> 시 · 도와 시 · 군 및 자치구에서 시행하는 국가사무는 법령에 다른 규정이 없으면 **시 · 도지사와 시장 · 군수 및 자치구의 구청장에게 위임**하여 행한다.

② **사무의 예시** : **병사**사무, 경찰 · 소방사무, 국세조사, 상공업진흥사무, 공유수면매립사무 등

③ **특성**

㉠ 위임받은 지방자치단체의 집행기관은 **중앙정부의 하급 기관**과 동일한 지위에서 사무를 처리하게 되므로 **교정적 감독, 합법성 감독, 예방적 감독, 합목적성 감독** 모두 허용

㉡ 경비는 **전액 국고에서 부담**하는 것이 원칙

㉢ **국가사무**이므로 **지방의회의 관여 대상에 포함되지 않아**, 지방의회 의결 및 조례제정권 행사가 원칙적으로 불가

X [9급] 보건소의 운영업무와 병역자원의 관리업무는 대표적인 기관위임사무이다.

O 보건소의 운영업무는 대표적인 단체위임사무(기관위임사무 ×)이며, 병역자원의 관리업무는 대표적인 기관위임사무이다.

보충

기관위임사무에 대한 비판

① 무엇이 자치사무이고 무엇이 국가사무인지를 구분할 기준이 명확하지 않음.

② 중앙정부는 통제를 강화하기 위해 자치사무 또는 단체위임사무로 해도 될 것을 기관위임사무로 지정하는 경향이 있음.

③ 기관위임사무의 확대는 자치단체를 국가행정의 일선기관으로 전락시켜 지방자치를 무의미하게 만듦.

④ 국가와 자치단체 간 책임소재를 불분명하게 함.

2 자치단체별 사무배분 기준 및 처리제한 사무

(1) 사무배분 기준

지방자치법 제14조(지방자치단체의 종류별 사무배분기준)

① 지방자치단체의 사무를 **지방자치단체의 종류별로 배분하는 기준**은 다음 각 호와 같다. 다만, 제13조제2항제1호의 사무(지방자치단체의 구역, 조직, 행정관리 등에 관한 사무)는 각 지방자치단체에 공통된 사무로 한다.

1. **시 · 도**

   가. 행정처리 결과가 **2개 이상의 시 · 군 및 자치구에 미치는 광역적 사무**

   나. **시 · 도 단위로 동일한 기준**에 따라 처리되어야 할 성질의 사무

   다. 지역적 특성을 살리면서 **시 · 도 단위로 통일성을 유지**할 필요가 있는 사무

   라. 국가와 시 · 군 및 자치구 사이의 **연락 · 조정** 등의 사무

   마. 시 · 군 및 자치구가 **독자적으로 처리하기에 부적당**한 사무

   바. 2개 이상의 시 · 군 및 자치구가 **공동으로 설치하는 것이 적당하다고 인정되는 규모의 시설**을 설치하고 관리하는 사무

2. **시 · 군 및 자치구**

   제1호에서 **시 · 도가 처리하는 것으로 되어 있는 사무를 제외**한 사무. 다만, 인구 50만 이상의 시에 대하여는 도가 처리하는 사무의 일부를 직접 처리하게 할 수 있다.

③ 시 · 도와 시 · 군 및 자치구는 사무를 처리할 때 서로 경합하지 아니하도록 하여야 하며, **사무가 서로 경합하면 시 · 군 및 자치구에서 먼저 처리**한다.

(2) 처리제한 사무

동법 제15조(국가사무의 처리제한)

지방자치단체는 **다음 각 호에 해당하는 국가사무를 처리할 수 없다**. 다만, 법률에 이와 다른 규정이 있는 경우에는 국가사무를 처리할 수 있다.

1. **외교, 국방, 사법(司法), 국세** 등 국가의 존립에 필요한 사무
2. **물가정책, 금융정책, 수출입정책** 등 **전국적으로 통일적 처리**를 요하는 사무
3. 농산물 · 임산물 · 축산물 · 수산물 및 **양곡의 수급조절과 수출입 등 전국적 규모**의 사무
4. **국가종합경제개발계획**, 국가하천, 국유림, 국토종합개발계획, 지정항만, 고속국도 · 일반국도, 국립공원 등 전국적 규모나 이와 비슷한 규모의 사무
5. **근로기준, 측량단위** 등 전국적으로 기준을 통일하고 조정하여야 할 필요가 있는 사무
6. **우편, 철도** 등 전국적 규모나 이와 비슷한 규모의 사무
7. **고도의 기술을 요하는 검사 · 시험 · 연구**, 항공관리, 기상행정, 원자력개발 등 지방자치단체의 기술과 재정능력으로 감당하기 어려운 사무

체크포인트
단체위임사무와 기관위임사무는 위임사무의 구분이므로 정확한 비교를 할 수 있어야 합니다. 단체위임사무는 법령에 의해 자치사무가 된 것이지만, 기관위임사무는 여전히 국가의 사무라는 점에 주목하면 자치단체에서 개입할 수 있는 범위나 비용의 부담 주체를 명확하게 구분할 수 있습니다. 또한 대표적인 사무의 예시는 반복적으로 출제되고 있으므로 전형적인 사례를 정리해 두면 좋습니다.

체크포인트
자치사무, 단체위임사무, 기관위임사무의 성격을 구분해서 훈련할 수 있는 문제입니다. 자치사무와 단체위임사무는 성격이 비슷하고, 기관위임사무는 국가의 사무라는 점을 활용하면서 각 선지를 판단해 보면 좋습니다. 또한 단체위임사무와 기관위임사무를 구분하는 것 역시 함께 연습해야 할 포인트입니다.

기출 CHECK

1 단체위임사무와 기관위임사무에 대한 설명으로 옳지 않은 것은? 2020 국가직 9급

① 지방의회는 기관위임사무에 대해 조례제정권을 행사할 수 없다.
② 보건소의 운영업무와 병역자원의 관리업무는 대표적인 기관위임사무이다.
③ 중앙정부는 단체위임사무에 대해 사전적 통제보다 사후적 통제를 주로 한다.
④ 기관위임사무의 처리를 위한 비용은 국가가 부담한다.

① o 기관위임사무는 중앙행정기관의 국가사무이므로, 지방의회는 원칙적으로 기관위임사무에 대한 관여를 할 수 없으며 조례제정권도 행사할 수 없다.
② x 병역자원의 관리업무는 전국적 단위의 국가사무이므로 기관위임사무에 해당하지만, 보건소의 운영업무는 기관위임사무가 아닌 단체위임사무에 해당한다.
③ o 단체위임사무에 대한 국가의 감독은 사후적으로 위법성과 부당성을 통제하는 소극적 감독 및 합목적적 감독이 허용된다. 사전적 통제는 적극적인 통제의 성격으로, 단체위임사무가 아닌 기관위임사무에 적용된다.
④ o 기관위임사무는 국가사무이므로 관련 경비는 전액 국고에서 부담하는 것이 원칙이다. 정답 ②

2 우리나라 지방자치단체의 사무구분에 대한 설명으로 옳은 것은? 2014 국가직 9급

① 자치사무와 단체위임사무는 자치단체가 전액 경비를 부담하며, 기관위임사무는 원칙적으로 자치단체와 위임기관이 공동으로 부담한다.
② 단체위임사무는 법령에 의해 하급 자치단체장에게 위임된 사무이며, 기관위임사무는 법령에 의해 국가 또는 다른 자치단체로부터 위임된 사무이다.
③ 자치사무와 단체위임사무의 처리를 위해 자치단체는 조례를 제정하는 것이 가능한데, 기관위임사무는 원칙적으로 조례제정 대상이 아니다.
④ 자치사무는 지방의회의 관여(의결, 사무감사 및 사무조사) 대상이지만, 단체위임사무와 기관위임사무는 관여 대상이 아니다.

① x 자치사무는 자치단체가 전액 경비를 부담하나, 단체위임사무는 자치단체와 국가가 분담한다. 또한 기관위임사무는 위임기관인 국가나 상급 지방자치단체가 전액 경비를 부담한다.
② x 법령에 의해 하급 자치단체장에게 위임된 사무는 기관위임사무이다. 단체위임사무는 국가의 개별 법령에 의해서 자치단체에 속하는 사무이다.
③ o 기관위임사무는 국가사무이므로 원칙적으로 지방의회가 관여할 수 없어 조례로써 제정할 수 없다. 반면 자치사무와 단체위임사무는 자치단체에 속하는 사무이므로 지방의회가 관여할 수 있으며, 이에 따라 조례로써 제정할 수 있다.
④ x 자치사무와 단체위임사무는 자치단체에 속하는 사무이므로 지방의회의 관여 대상이지만, 기관위임사무는 국가사무이므로 지방의회의 관여 대상이 아니다. 정답 ③

4 자치재정권

1 자주재원(자체수입)

1 지방세 S

(1) 보통세(9개)

① 개념 : 목적에 대한 구속 없이 일반적인 경비에 충당하기 위하여 설정된 조세

② 종류

㉠ 취득세 : 토지 · 건축물 · 차량 · 기계장비 · 항공기 · 선박 · 광업권 · 어업권 · 골프회원권 · 콘도미니엄 회원권 등 일정자산을 취득할 때 부과하는 세금

㉡ 등록 · 면허세 : 재산권, 기타 권리의 이동사항을 공부에 등기 또는 등록할 때 또는 각종 법령에 규정된 면허 · 인가 · 등록 · 심사 등 행정청의 처분을 받고자 하는 자에게 과세

㉢ 레저세 : 경륜 · 경정 · 경마 등에 대하여 과세하는 소비세 성격의 세금으로, 마권이나 경주권을 판매하는 한국마사회 또는 경주(경륜 · 경정)사업자가 마권 등의 발매금액에서 원천징수

㉣ 지방소비세 : 지역경제 활성화 및 지방재정 확충을 위하여 국세인 부가가치세의 일부를 지방세로 전환한 세금

㉤ 담배소비세 : 제조담배의 개비수 또는 중량으로 과세되는 종량세

㉥ 주민세 : 시 · 군 내에 주소 또는 사업장을 가진 개인과 법인 및 시 · 군 내에서 소득을 얻은 개인 또는 법인을 납세의무자로 하여 과세되는 인세

㉦ 지방소득세 : 각 납세의무자에 따라 소득세 또는 법인세에 부수적으로 붙는 부가세

㉧ 재산세 : 토지, 주택, 건축물, 선박, 항공기를 소유하고 있는 자에게 과세

㉨ 자동차세 : 자동차의 소득 · 사용으로 인해 발생하는 수익에 과세하는 지방세 중 재산세와 같이 수익세에 속하는 물세의 일종이며, 이 중 자동차주행세는 국세인 교통 · 환경 · 에너지세 세원을 공유

(2) 목직세(2개)

① 개념 : 목적에 따라 특성지출에 한정되어 있는 조세

② 종류

㉠ 지역자원시설세 : 지역의 균형개발 및 수질개선과 수자원보호 등에 소요되는 재원을 확보하기 위하여 양수발전용수를 제외한 발전용수 · 지하수 · 지하자원 · 컨테이너를 취급하는 부두를 이용하는 컨테이너 · 원자력발전을 과세대상으로 하는 목적세

㉡ 지방교육세 : 지방교육의 질적 향상에 필요한 지방교육재정의 확충에 소요되는 재원을 확보하기 위하여 등록면허세, 레저세, 담배소비세, 주민세균등분, 재산세 등 일정한 지방세에 부가하여 과세하는 목적세

자주재원	VS	의존재원
① 지방세 ② 세외수입		① 지방교부세 ② 국고보조금 ③ 조정교부금 ④ 시·도비보조금

9급 22지, 17지, 16지, 15지
7급 22지, 18국, 17지

보충

지방세의 원칙

① **부담보편의 원칙** : 동등한 지위에 있는 자에게는 동등하게 과세하고 조세감면의 폭이 너무 넓어서는 안 됨.
② **국지성(지역성)의 원칙** : 지방세의 과세 객체는 가능한 한 지방자치단체 간의 이동이 적고 그 자치단체의 관할 구역 내에 국지화 · 지역화 되어 있어야 함.
③ **안정성의 원칙** : 지방세가 지방재정의 건전성과 관련이 깊으므로 지방세는 경기변동에 민감하지 않도록 안정적으로 유지되어야 함.
④ **응익성의 원칙** : 행정주체가 제공하는 공공서비스와 주민의 세금 부담액이라는 반대급부 사이에 대가 관계가 성립되어야 함.

보충

① 세종특별자치시는 '특별자치시세'의 구분을 따름.
② 제주특별자치도는 '특별자치도세'의 구분을 따름.
③ 강원특별자치도와 전북특별자치도는 '도세-시·군세'의 구분을 따름.

지방세 구분(보통세)

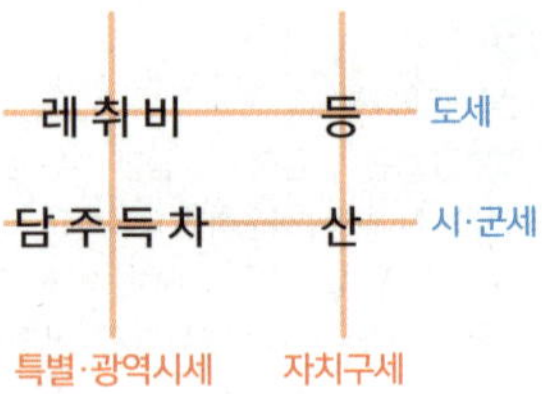

	구분	특별시·광역시세	자치구세	도세	시·군세	특별자치시·특별자치도세
지방세(11)	보통세	레저세 취득세 지방소비세 담배소비세 주민세 지방소득세 자동차세	등록면허세 재산세	레저세 취득세 지방소비세 등록면허세	담배소비세 주민세 지방소득세 자동차세 재산세	레저세 취득세 지방소비세 담배소비세 주민세 지방소득세 자동차세 등록면허세 재산세
	목적세	지역자원시설세 지방교육세	–	지역자원시설세 지방교육세	–	지역자원시설세 지방교육세
국세(13)	내국세	직접세	소득세, 법인세, 상속증여세, 종합부동산세			
		간접세	부가가치세, 개별소비세, 주세, 인지세, 증권거래세			
	목적세	교통·에너지·환경세, 교육세, 농어촌특별세				
	관세	–				

심화 예외사항

1. 특별시의 자치구 재산세 : 구(區)세 → 특별시·구 공동과세 → 특별시분은 구(區)에 균등배분

지방세기본법 제9조(특별시의 관할구역 재산세의 공동과세)

① 특별시 관할구역에 있는 구의 경우에 재산세는 제8조에도 불구하고 특별시세 및 구세인 재산세로 한다.
② 제1항에 따른 특별시세 및 구세인 재산세 중 특별시분 재산세와 구(區)분 재산세는 각각 「지방세법」 제111조제1항에 따라 산출된 재산세액의 100분의 50을 그 세액으로 한다. 이 경우 특별시분 재산세는 제8조제1항의 보통세인 특별시세로 보고 구분 재산세는 같은 조 제3항의 보통세인 구세로 본다.

동법 제10조(특별시분 재산세의 교부)

① 특별시장은 제9조제1항 및 제2항에 따른 특별시분 재산세 전액을 관할구역의 구에 교부하여야 한다.
② 제1항에 따른 특별시분 재산세의 교부기준 및 교부방법 등 필요한 사항은 구의 지방세수(地方稅收) 등을 고려하여 특별시의 조례로 정한다. 다만, 교부기준을 정하지 아니한 경우에는 구에 균등 배분하여야 한다.

2. 광역시 주민세 특례(사업소 및 종업원분) : 광역시세 → 구세

동법 제11조(주민세의 특례)

광역시의 경우에는 「지방세법」 제7장제3절 및 제4절에 따른 주민세 사업소 및 종업원분은 제8조제1항제1호마목에도 불구하고 구세로 한다.

(3) 지방세의 한계

① 조세법률주의에 따라 지방세의 세목과 세율에 대해 국회가 제정하는 법률로써 정해야 하며, 조례에 의한 세목의 신설은 허용하지 않음.

② 다만 법률에서 정하는 범위 내에서는 지방세의 부과 · 징수에 관한 사항을 자치단체의 조례로 정할 수 있음.

> **헌법 제59조**
>
> 조세의 종목과 세율은 법률로 정한다.
>
> **지방세기본법 제5조(지방세의 부과·징수에 관한 조례)**
>
> ① 지방자치단체는 지방세의 세목(稅目), 과세대상, 과세표준, 세율, 그 밖에 지방세의 부과 · 징수에 필요한 사항을 정할 때에는 이 법 또는 지방세관계법에서 정하는 범위에서 조례로 정하여야 한다.
>
> ② 지방자치단체의 장은 제1항의 조례 시행에 따르는 절차와 그 밖에 조례 시행에 필요한 사항을 규칙으로 정할 수 있다.

③ 지방세는 소득과세나 소비과세보다 재산과세(취득세+재산세)의 비중이 높음.

㉠ 중앙정부의 부동산 정책과 지역경제 상황에 많은 영향을 받는다는 한계

㉡ 재산보유에 대한 과세(재산세)보다 재산거래에 대한 과세(취득세)의 비중이 상대적으로 높은 편

보충

지방세 탄력세율 제도

1. 개념
   지방세법에 따라 지방자치단체가 **대통령령 또는 조례로 세율을 가감하여 조정**할 수 있는 제도
2. 구분
   ① **대통령령으로 가감(100분의 30 범위)** : 담배소비세, 자동차세(주행분)
   ② **조례로 가감** : 취득세, 주민세, 지방소득세, 자동차세(소유분), 등록면허세(등록분), 재산세, 지역자원시설세, 지방교육세
   ③ **불가** : 레저세, 지방소비세

체크포인트

광역자치단체와 기초자치단체에서 징수하는 지방세를 구분하는 문제는 암기해 두지 않으면 풀기 어렵습니다. 이런 주제는 두문자를 활용해서 효율적으로 암기하고, 다양한 문제에 적용하는 훈련을 하는 것이 필요합니다.

체크포인트

지방세 중에 국세와 연동되는 세목이 어떤 것인지를 체크할 수 있습니다. 지방소득세와 지방소비세는 국세와 연동되어 징수된다는 점을 기억해야 하고, 특히 지방소비세는 부가가치세의 일정 비율이 전환됨을 알고 있다면 더욱 좋습니다. 또한 우리나라 지방세는 소득과세나 소비과세보다 재산과세의 비중이 높다는 사실도 배경지식으로 체크해 두길 바랍니다.

체크포인트

지방세의 한계 중에서 조세법률주의를 체크하는 문제도 빈출되고 있습니다. 지방세는 지방자치단체의 자주재원이지만, 조례로서 곧바로 지방세를 부과하거나 징수할 수 없습니다. 반드시 국회가 제정한 법률에 의해야 한다는 조세법률주의의 개념을 익혀 둬야 하고, 이것은 곧 지방세의 한계라는 점도 이해해두어야 합니다.

기출 CHECK

1 지방세기본법상 특별시·광역시의 세원이 아닌 것은? 2016 지방직 9급

① 취득세 ② 자동차세
③ 등록면허세 ④ 레저세

③ X 등록면허세와 재산세는 특별시·광역시의 세원이 아닌, 자치구의 세원이다. 정답 ③

2 지방세제에 대한 설명으로 옳지 않은 것은? 2015 지방직 9급

① 지방소비세는 국세인 부가가치세의 일부를 일정한 기준에 따라 광역지방자치단체에 이전하는 일종의 세원공유 방식의 지방세이다.
② 지역자원시설세와 지방교육세는 목적세이다.
③ 레저세는 국세인 개별소비세와 지방세인 경주·마권세의 일부가 전환된 세목이다.
④ 지방세는 재산과세의 비중이 높으며 중앙정부의 부동산 정책과 지역경제 상황에 따라 영향을 받는다.

① O 지방소비세는 지역경제 활성화 및 지방재정 확충을 위하여 국세인 부가가치세의 일부를 지방세로 전환한 지방세이다.
② O 지방세 중 목적세는 2개이며, 지역자원시설세와 지방교육세가 목적세에 해당한다.
③ X 레저세는 국세와 관련이 없는 지방세로, 기존의 경주·마권세의 이름이 바뀐 것이다.
④ O 현재의 지방세제는 소득과세나 소비과세보다 재산과세의 비중이 높고, 경제 상황에 따라 많은 영향을 받는다는 한계가 있다. 정답 ③

3 우리나라 지방자치단체의 권한에 대한 설명으로 옳지 않은 것은? 2013 지방직 9급

① 지방자치단체는 법령이나 상급 지방자치단체의 조례를 위반하여 그 사무를 처리할 수 없다.
② 지방자치단체는 그 사무를 분장하기 위하여 필요한 행정기구와 지방공무원을 둔다.
③ 지방자치단체는 조례와 규칙으로 정하는 바에 따라 지방세를 부과·징수할 수 있다.
④ 지방자치단체는 관할 구역의 자치사무와 법령에 따라 지방자치단체에 속하는 사무를 처리한다.

① O 지방자치단체는 자치입법권을 행사하여 조례를 제정할 수 있으나, 법령이나 상급 자치단체의 조례를 위반할 수는 없다.
② O 지방자치단체는 자치조직권을 행사하여 필요한 행정기구를 두고 공무원을 임면한다.
③ X 조세법률주의에 따라 지방세의 세목과 세율에 대해 국회가 제정하는 법률로써 정해야 하며, 조례에 의한 세목의 신설은 허용하지 않는다.
④ O 지방자치단체는 자치행정권에 따라 관할 구역의 자치사무와 법령에 따라 지방자치단체에 속하는 단체위임사무를 처리한다. 정답 ③

2 세외수입 B

7급 20국

(1) 개념

① 자주재원 중 **지방세를 제외한 수입을 총칭**하며, 매우 복잡하고 다양한 수익구조를 지니고, 수익자부담원칙이 적용되는 비권력적인 성격

② 일반회계와 특별회계로 구성되며, 일반회계에 속하는 수입은 경상적 세외수입과 임시적 세외수입으로, 특별회계에 속하는 세외수입은 사업수입과 사업외 수입으로 분류

㉠ **일반회계 중 경상적 세외수입 : 재산임대수입**, 사용료, 수수료, 사업수입, 징수교부금, 이자수입 등

㉡ **일반회계 중 임시적 세외수입 : 재산매각수입**, 잉여금, 이월금, 전입금, 예탁금, 예수금, 융자금원금 회수수입, 부담금 등

㉢ **특별회계** : 상하수도, 공영개발, 과년도수입

〈지방재정 세외수입 구분〉

회계구분	일반회계		특별회계	
수입구분	경상적 수입	임시적 수입	공기업	기타
내역	재산임대수입 사용료 수수료 징수교부금 사업수입(분담금 등) 이자수입	재산매각수입 부담금 과징금 및 과태료 기타 수입 지난 연도 수입	상수도 사업 하수도 사업 공영개발 사업	재산임대수입 사용료 수입 수수료 수입 지난 연도 수입 기타

(2) 특징

① 조세법률주의의 적용을 받는 지방세와 달리, **비교적 자유로이 확대 개발**할 수 있음.

② 사용료, 수수료 등은 공공시설의 사용에 대한 대가로 징수하므로 지방세와 달리 **주민의 마찰이나 저항이 적음.**

③ 세외수입은 특정 세출예산과 연결되어 **사용용도가 지정된 경우가 많음.**

(3) 지방자치법상 세외수입 규정

제136조(사용료)

지방자치단체는 **공공시설의 이용 또는 재산의 사용**에 대하여 **사용료를 징수**할 수 있다.

제137조(수수료)

① 지방자치단체는 그 **지방자치단체의 사무가 특정인을 위한 것**이면 그 사무에 대하여 **수수료를 징수**할 수 있다.

제138조(분담금)

지방자치단체는 그 재산 또는 공공시설의 설치로 **주민의 일부가 특히 이익을 받으면** 이익을 받는 자로부터 **그 이익의 범위에서 분담금을 징수**할 수 있다.

보충

부담금

① **장애인고용부담금이나 교통유발부담금과 같이 특정의 공공서비스를 창출하거나 바람직한 행위를 유도**하기 위해 사용

② **특정 행위로** 수익을 얻는 자에게 부과하는 성격이므로 **수익자 부담의 원칙** 적용

③ **조세 외의 금전지급의무로** 지방자치단체에서 징수하는 부담금은 **세외수입**으로 분류

부담금관리기본법

제2조(정의) 이 법에서 **"부담금"**이란 중앙행정기관의 장, **지방자치단체의 장 등 법률에** 따라 금전적 부담의 부과권한을 부여받은 자가 분담금, 부과금, 기여금, 그 밖의 명칭에도 불구하고 재화 또는 용역의 제공과 관계없이 **특정 공익사업과 관련하여** 법률에서 정하는 바에 따라 부과하는 **조세 외의 금전지급의무**를 말한다.

제9조(부담금운용심의위원회)

① 부담금에 관한 주요정책과 그 운용방향 등을 심의하기 위하여 **기획예산처장관 소속으로 부담금운용심의위원회**를 둔다.

④ 실제로는 분담금과 부담금의 용어를 혼재하여 사용하기도 함

PART 6

체크포인트

우리나라 지방자치단체에서 징수할 수 있는 세외수입은 여러 종류가 있지만, 그 중에서도 지방자치법에 명시되어 있는 사용료, 수수료, 분담금이 시험에 종종 출제됩니다. 각 세외수입의 개념은 지방자치법에 명시되어 있기 때문에, 법조문에 근거해서 구분하는 훈련을 평소에 해두는 것이 필요합니다.

기출 CHECK

1 세외수입의 종류와 그에 대한 설명을 바르게 연결한 것은? 2010 지방직 7급

ㄱ. 지방자치단체가 주민의 복지증진을 위해 설치한 공공시설을 특정소비자가 사용할 때 그 반대급부로 개별적인 보상원칙에 따라 지방자치단체의 조례에 의거하여 강제적으로 부과·징수하는 공과금이다.

ㄴ. 지방자치단체의 재산 또는 공공시설의 설치로 인해 주민의 일부가 특별히 이익을 받을 때 그 비용의 일부를 부담시키기 위해 그 이익을 받는 자로부터 수익의 정도에 따라 징수하는 공과금이다.

ㄷ. 지방자치단체가 특정인에게 제공한 행정 서비스에 의해 이익을 받는 자로부터 그 비용의 전부 또는 일부를 반대 급부로 징수하는 수입이다.

	ㄱ	ㄴ	ㄷ
①	사용료	분담금	수수료
②	수수료	부담금	과년도 수입
③	사용료	부담금	과년도 수입
④	수수료	분담금	사용료

ㄱ. 공공시설을 주민이 사용하면서 지불하는 것은 사용료로, 자치단체의 세외수입에 해당한다.

ㄴ. 공공시설의 설치로 이익을 보는 주민에게 그 설치비용의 일부를 분담시키는 것은 분담금으로, 자치단체의 세외수입에 해당한다. 부담금은 문제의 원인을 유발한 주체에게 부과하는 세외수입으로, 교통유발부담금이나 장애인고용부담금 등이 대표적이다.

ㄷ. 특정서비스를 통해 이익을 받는 자에게 일정 비율로 징수하는 것은 수수료로, 자치단체의 세외수입에 해당한다.

정답 ①

심화 고향사랑기부금법

제1조(목적)

이 법은 고향사랑 기부금의 모금·접수와 고향사랑기금의 관리·운용 등에 관하여 필요한 사항을 정하여 고향에 대한 건전한 기부문화를 조성하고 지역경제를 활성화함으로써 지역균형발전에 이바지함을 목적으로 한다.

제2조(정의)

1. "고향사랑 기부금"이란 지방자치단체가 주민복리 증진 등의 용도로 사용하기 위한 재원을 마련하기 위하여 해당 지방자치단체의 주민이 아닌 사람으로부터 자발적으로 제공받거나 모금을 통하여 취득하는 금전을 말한다.

제3조(다른 법률과의 관계)

이 법에 따른 고향사랑 기부금의 모금·접수 및 사용 등에 관하여는 「기부금품의 모집 및 사용에 관한 법률」을 적용하지 아니한다.

제4조(고향사랑 기부금의 모금 주체 및 대상)

① 지방자치단체는 해당 지방자치단체의 주민이 아닌 사람에 대해서만 고향사랑 기부금을 모금·접수할 수 있다.

제9조(답례품의 제공)

① 지방자치단체는 기부자에게 대통령령으로 정하는 한도를 초과하지 아니하는 범위에서 물품 또는 경제적 이익(답례품)을 제공할 수 있다.

② 제1항에 따라 제공하는 답례품은 다음 각 호의 어느 하나에 해당하는 것으로 한다.

1. 지역특산품 등 해당 지방자치단체의 관할구역에서 생산·제조된 물품
2. 지방자치단체가 해당 지방자치단체의 관할구역에서만 통용될 수 있도록 발행한 상품권 등 유가증권
3. 그 밖에 해당 지역의 경제 활성화 등에 기여할 수 있는 것으로서 조례로 정하는 것

③ 지방자치단체는 다음 각 호의 어느 하나에 해당하는 것을 답례품으로 제공하여서는 아니 된다.

1. 현금
2. 고가의 귀금속 및 보석류
3. 제2항제2호에 해당하지 아니하는 상품권 등 유가증권
4. 그 밖에 지역경제 활성화에 기여하지 못하는 것으로서 대통령령으로 정하는 것

제11조(고향사랑기금의 설치 등)

① 지방자치단체는 모금·접수한 고향사랑 기부금의 효율적인 관리·운용을 위하여 기금(고향사랑기금)을 설치하여야 한다.

PART 6

2 의존재원(이전수입) : 지방재정조정제도

0 개념 및 구분

① 개념 : 국가나 상위 자치단체로부터 이전되는 재원으로, 자치단체의 재정활동을 지원하고 지역 간 재정형평성을 유지하기 위해 지방재정조정제도를 운영

② 이전 주체에 따른 구분

㉠ 국가로부터 이전 : 지방교부세, 국고보조금

㉡ 상위 자치단체로부터 이전 : 조정교부금, 시·도비보조금

9급 22국, 18지, 17국, 17지
7급 21국, 18국, 16지, 15지

1 지방교부세 S

(1) 개념

국세수입의 일부를 지방자치단체의 행정운영에 필요한 재원으로 교부

X [9급] 지방교부세의 종류는 보통교부세, 특별교부세, 부동산교부세 및 교통안전교부세로 구분한다.

O 지방교부세의 종류는 보통교부세, 특별교부세, 부동산교부세 및 소방안전(교통안전 ×)교부세로 구분한다.

(2) 종류

① 보통교부세

㉠ 목적 : 자치단체의 기본적 행정수준 유지를 위해 특정 목적 없이 일반재원으로 교부

㉡ 재원 : 정률분 교부세(국세 중 내국세 총액의 19.24%) 총액의 97%

지방교부세법 제6조(보통교부세의 교부)

① 보통교부세는 해마다 기준재정수입액이 기준재정수요액에 못 미치는 지방자치단체에 그 미달액을 기초로 교부한다. 다만, 자치구의 경우에는 기준재정수요액과 기준재정수입액을 각각 해당 특별시 또는 광역시의 기준재정수요액 및 기준재정수입액과 합산하여 산정한 후, 그 특별시 또는 광역시에 교부한다.

② 특별교부세

㉠ 목적 : 보통교부세 산정 후 발생한 재난, 국가적 장려사업 등 특별 재정수요에 사용하는 특정재원으로 교부

㉡ 재원 : 정률분 교부세(국세 중 내국세 총액의 19.24%) 총액의 3%

동법 제9조(특별교부세의 교부)

① 특별교부세는 다음 각 호의 구분에 따라 교부한다.

1. 기준재정수요액의 산정방법으로는 파악할 수 없는 지역 현안에 대한 특별한 재정수요가 있는 경우 : 특별교부세 재원의 100분의 40에 해당하는 금액
2. 보통교부세의 산정기일 후에 발생한 재난을 복구하거나 재난 및 안전관리를 위한 특별한 재정수요가 생기거나 재정수입이 감소한 경우 : 특별교부세 재원의 100분의 50에 해당하는 금액
3. 국가적 장려사업, 국가와 지방자치단체 간에 시급한 협력이 필요한 사업, 지역 역점시책 또는 지방행정 및 재정운용 실적이 우수한 지방자치단체에 재정 지원 등 특별한 재정수요가 있을 경우 : 특별교부세 재원의 100분의 10에 해당하는 금액

② 행정안전부장관은 지방자치단체의 장이 제1항 각 호에 따른 특별교부세의 교부를 신청하는 경우에는 이를 심사하여 특별교부세를 교부한다. 다만, 행정안전부장관이 필요하다고 인정하는 경우에는 신청이 없는 경우에도 일정한 기준을 정하여 특별교부세를 교부할 수 있다.

③ 부동산교부세

㉠ **목적** : 균형발전지원을 위해 교부하는 것으로 특정 목적 없이 **일반재원**으로 교부

㉡ **재원** : 국세 중 **종합부동산세 총액**

> **동법 제9조의3(부동산교부세의 교부)**
>
> ① **부동산교부세**는 **지방자치단체에 전액 교부**하여야 한다.

④ 소방안전교부세

㉠ **목적** : 자치단체의 소방 및 안전시설 확충 등 특정 목적을 위한 **특정재원**으로 교부

㉡ **재원** : 국세 중 **담배에 부과하는 개별소비세 총액의 45%**

> **동법 제9조의4(소방안전교부세의 교부)**
>
> ① **행정안전부장관**은 다음 각 호의 구분에 따라 **소방안전교부세를 지방자치단체에 전액 교부**하여야 한다. 이 경우 소방 분야에 대해서는 소방청장의 의견을 들어 교부하여야 한다.
>
> 1. 지방자치단체의 **소방 인력 운용, 소방시설 확충 및 소방안전관리 강화 목적: 담배에 부과하는 개별소비세 총액의 100분의 40 이상**에 해당하는 금액
> 2. 지방자치단체의 **안전시설 확충 및 안전관리 목적**: 담배에 부과하는 **개별소비세 총액의 100분의 5 이하**에 해당하는 금액

보통 교부세	① 일반재원 → 용도 특정 × ② 정률분 교부세 총액의 97%
특별 교부세	① 특정재원 → 특별재정수요 ② 정률분 교부세 총액의 3%
부동산 교부세	① 일반재원 → 균형발전지원 ② 종합부동산세 총액
소방안전 교부세	① 특정재원 → 소방 및 안전시설 확충 ② 담배에 부과하는 개별소비세 총액의 45%

PART 6

체크포인트
지방교부세는 거의 매년 출제되는 주제이므로 꼼꼼한 학습이 필요합니다. 지방교부세의 취지, 종류, 각 지방교부세가 어떤 국세에서 어떤 비율로 구성되는지 등 모든 논점에 대해 충분히 대비해야 합니다.

체크포인트
지방교부세 중에서도 좀 더 구체적으로 체크할 수 있는 것이 보통교부세와 특별교부세입니다. 일반적인 목적으로 쓸 수 있는 보통교부세와, 특별한 목적으로만 쓸 수 있는 특별교부세의 취지를 비교할 수 있어야 합니다. 또한 특별교부세를 누가 교부하는지, 어떤 절차를 통해 교부되는지 역시 지속적으로 출제되고 있는 포인트입니다.

기출 CHECK

1 지방교부세법상 지방교부세에 대한 설명으로 옳지 않은 것은? 2017 지방직 9급

① 지방교부세의 재원에는 종합부동산세 총액, 담배에 부과하는 개별소비세 총액의 일부 등이 포함된다.
② 보통교부세의 산정기일 후에 발생한 재난을 복구하거나 재난 및 안전관리를 위한 특별한 재정수요가 생기거나 재정수입이 감소한 경우 특별교부세를 교부할 수 있다.
③ 지방교부세의 종류는 보통교부세, 특별교부세, 부동산교부세 및 교통안전교부세로 구분한다.
④ 지방행정 및 재정운용 실적이 우수한 지방자치단체에 재정지원 등 특별한 재정수요가 있을 경우 특별교부세를 교부할 수 있다.

① O 종합부동산세 총액은 부동산교부세로, 담배에 부과하는 개별소비세 총액의 45%는 소방안전교부세로 이전된다.
② O 특별교부세는 보통교부세 산정 후 발생한 재난, 공공복지시설 설치, 국가적 장려사업 등 특별 재정수요 발생 시 교부한다.
③ X 지방교부세법상 지방교부세의 종류는 보통교부세, 특별교부세, 부동산 교부세, 소방안전교부세이다. 교통안전교부세는 존재하지 않는다.
④ O 지역 역점시책 또는 지방행정 및 재정운용 실적이 우수한 지방자치단체에 재정 지원 등 특별한 재정수요가 있을 경우에도 특별교부세를 교부할 수 있다.

정답 ③

2 지방교부세에 대한 설명으로 옳은 것은? 2010 지방직 9급(수정)

① 지방교부세의 재원은 내국세 총액의 19.24%이다.
② 지방교부세는 모두 일반재원의 성격을 가지고 있다.
③ 특별교부세는 지방자치단체의 장이 신청할 수 없다.
④ 특별교부세는 행정안전부 장관이 필요하다고 인정하는 경우 교부할 수 있다.

① X 내국세 총액의 19.24% 중 97%는 보통교부세로, 나머지 3%는 특별교부세로 교부된다. 이 외에도 종합부동산세 총액은 부동산교부세로, 담배에 부과하는 개별소비세 총액의 45%는 소방안전교부세로 교부된다.
② X 보통교부세는 용도가 제한되지 않는 일반재원의 성격을 가지나, 특별교부세 등은 용도를 제한할 수 있는 특정재원의 성격을 가진다.
③ X 특별교부세는 지방자치단체의 장이 신청하는 것이 원칙이며, 이를 행정안전부 장관이 심사하여 교부한다.
④ O 특별교부세의 경우 지방자치단체장의 신청이 없더라도, 행정안전부 장관이 필요하다고 인정하는 경우에 교부할 수 있다.

정답 ④

2 국고보조금 B

9급 21지
7급 21지, 20지, 17국

(1) 개념

국가위임사무와 시책사업 등에 대한 사용범위를 정하여 그 경비의 전부 또는 일부를 보조하거나 재정상의 원조를 하기 위하여 교부하는 제도

국고보조금

기후에너지환경부
(전기차지원정책)
↓
서울시
(국고보조금 + 지방비)

(2) 교부방식

① 보조사업을 수행하는 자(지방자치단체의 장)가 매년 중앙관서의 장에게 신청 → 기획예산처장관에게 보조금 예산 요구

지방재정법 제23조(보조금의 교부)

① 국가는 정책상 필요하다고 인정할 때 또는 지방자치단체의 재정 사정상 특히 필요하다고 인정할 때에는 예산의 범위에서 지방자치단체에 보조금을 교부할 수 있다.

동법 제24조(국고보조금의 신청 등)

지방자치단체의 장이 「보조금 관리에 관한 법률」에 따라 중앙관서의 장에게 보조금의 예산 계상을 신청하였을 때에는 그 내용을 해당 회계연도의 전년도 4월 30일까지 행정안전부장관에게 보고하여야 한다.

보조금 관리에 관한 법률 제6조(중앙관서의 장의 보조금 예산 요구)

① 중앙관서의 장은 보조사업을 수행하려는 자로부터 신청받은 보조금의 명세 및 금액을 조정하여 기획예산처장관에게 보조금 예산을 요구하여야 한다.

보조금 요구 절차

기획예산처
↑ ② 요구
기후에너지환경부
↑ ① 신청
지방자치단체장

② 사업별로 기준보조율에 따라 보조하는 것이 원칙

보조금 관리에 관한 법률 제9조(보조금의 대상 사업 및 기준보조율 등)

① 보조금이 지급되는 대상 사업, 경비의 종목, 국고 보조율 및 금액은 매년 예산으로 정한다. 다만, 지방자치단체에 대한 보조금의 경우 다음 각 호에 해당하는 사항은 대통령령으로 정한다.

1. 보조금이 지급되는 대상 사업의 범위
2. 보조금의 예산 계상 신청 및 예산 편성 시 보조사업별로 적용하는 기준이 되는 국고 보조율(기준보조율)

② 국가는 지방자치단체가 수행하는 국고보조사업의 기준보조율을 변경하여 보조금 예산을 편성할 경우에는 사전에 지방자치단체에 통보하여야 한다.

동법 시행령 제4조(보조금 지급 대상 사업의 범위와 기준보조율)

① 법 제9조제1항제1호에 따른 보조금이 지급되는 지방자치단체의 사업의 범위 및 같은 항 제2호에 따른 기준보조율은 별표 1과 같다.

동법 별표1

사업	기준보조율(%)
민방위 교육훈련 및 시설·장비 확충	30
재해 위험지역 정비	50
배수 개선	100

(3) 특징

① **장점** : 지방자치단체의 **재정력을 보강**하고, 국가의 **통일적 행정 수준**을 확보하면서 **국가 시책 사업을 수행**하는 데 유리

② 단점

㉠ 특정 국가사업을 위한 재원이고 국가기관이 감독하므로 **지방재정의 자율성 약화**

㉡ 특정 국가사업을 수행하는 지방자치단체에게만 보조되므로, **지방자치단체 간 재정력 격차 완화에는 무관심**

㉢ 국고보조금은 일반적으로 지방비 부담도 의무적으로 수반하므로 **지방비 부담이 과중**될 우려

9급 08국
7급 24지, 22국, 21지

3 조정교부금 ⓒ

(1) 개념

시 · 군 · 자치구의 기본 행정수요와 자치구 간의 재정불균형 완화를 위해 **특별 · 광역시에서 관할자치구**로, **시 · 도에서 관할 시 · 군**으로 재원을 이전하는 제도

(2) 구분

① 자치구 조정교부금

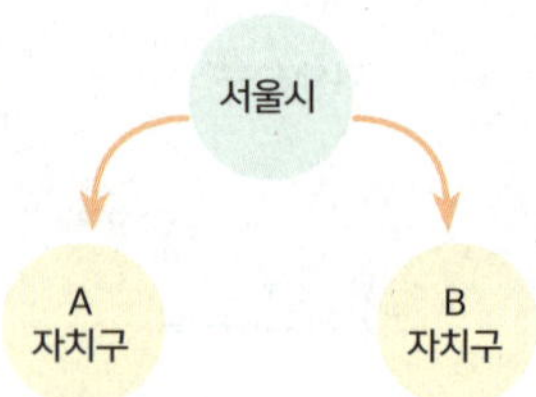

자치구 조정교부금

> **지방재정법 제29조의2(자치구 조정교부금)**
>
> **특별시장 및 광역시장**은 대통령령으로 정하는 **보통세 수입의 일정액**을 **조정교부금**으로 확보하여 조례로 정하는 바에 따라 **해당 지방자치단체 관할구역**의 자치구 간 재정력 격차를 조정하여야 한다.

② 시 · 군 조정교부금

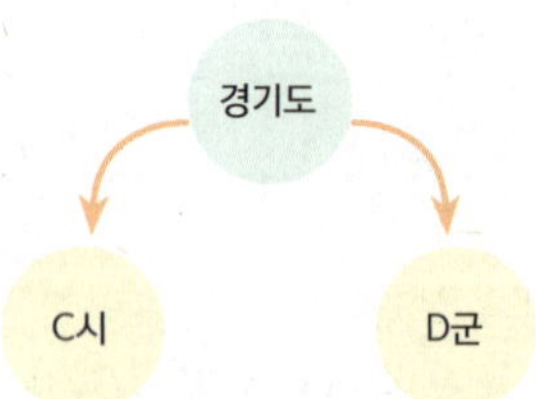

시·군 조정교부금

> **동법 제29조(시·군 조정교부금)**
>
> ① **시 · 도지사**(특별시장은 제외)는 다음 각 호의 금액의 27퍼센트(인구 50만 이상의 시와 자치구가 아닌 구가 설치되어 있는 시의 경우에는 47퍼센트)에 해당하는 금액을 **관할 시 · 군 간의 재정력 격차를 조정**하기 위한 **조정교부금**의 재원으로 확보하여야 한다.
>
> 1. 시 · 군에서 징수하는 광역시세 · 도세(화력발전 · 원자력발전에 대한 지역자원시설세, 소방분 지역자원시설세 및 지방교육세는 제외한다)의 총액
> 2. 해당 시 · 도(특별시는 제외)의 지방소비세액을 전년도 말의 해당 시 · 도의 인구로 나눈 금액에 전년도 말의 시 · 군의 인구를 곱한 금액

(3) 용도

> **동법 제29조의3(조정교부금의 종류와 용도)**
>
> 조정교부금은 일반적 재정수요에 충당하기 위한 **일반조정교부금**과 특정한 재정수요에 충당하기 위한 **특별조정교부금**으로 구분하여 운영하되, **특별조정교부금은 민간에 지원하는 보조사업의 재원으로 사용할 수 없다.**

4 시·도비 보조금 C

지방재정법 제23조(보조금의 교부)

② 특별시·광역시·특별자치시·도·특별자치도는 정책상 필요하다고 인정할 때 또는 시·군 및 자치구의 재정 사정상 특히 필요하다고 인정할 때에는 예산의 범위에서 **시·군 및 자치구에 보조금을 교부**할 수 있다.

참고

지역상생발전기금

① **수도권과 비수도권 간의 재정불균형을 해소**하기 위한 제도

② **서울·경기·인천** 등 수도권에서 징수하는 **지방소비세의 일부**를 기금으로 마련해 **비수도권과 상생하기 위한 목적**으로 활용

3 분권재정지표 B

9급 21국
7급 23지, 12국

(1) 재정자립도

① 지방자치단체의 **일반회계 세입**에서 지방세와 세외수입의 합계인 **자체수입이 차지하는 비율**

$$재정자립도 = \frac{자체수입 \rightarrow 지방세 + 세외수입}{일반회계\ 세입총액}$$

② 한계

㉠ 지방자치단체의 **일반회계만을 고려**하므로 특별회계와 기금이 제외되어 실제 재정력보다 과소평가될 우려

㉡ 지방자치단체의 **세입을 중심으로 산정**되기 때문에 지방자치단체의 세출은 고려하지 못하는 문제점

㉢ 지방자치단체가 **지방교부세를 교부**받았을 때, 해당 지방교부세를 일반재원처럼 자율적으로 쓸 수 있음에도 불구하고 오히려 **재정자립도가 하락**하는 모순 존재

㉣ 재정자립도 공식을 통해 도출되는 최종 수치를 가지고 지방자치단체 간 비교를 하기 때문에, 지방자치단체가 갖고 있는 원래의 재정 규모와 관련된 정보는 주지 못하는 한계

(2) 재정자주도

지방자치단체의 일반회계 세입에서 **자체수입과 지방교부세 및 조정교부금을 합한 일반재원**의 비중

$$재정자주도^{*} = \frac{(지방세+세외수입) + (지방교부세+조정교부금)}{일반회계\ 세입총액}$$

* (지방세+세외수입)은 자주재원으로, (지방교부세+조정교부금)은 의존재원으로 분류되는 것이 일반적임. 다만 재정자주도 공식에서는 **지방교부세와 조정교부금 사용의 자율성을 강조**하기 위해 **(지방세+세외수입)을 자체수입으로, (지방교부세+조정교부금)을 자주재원**으로 표기하는 견해도 있음.

(3) 재정력 지수

① 기준재정수요액 대비 기준재정수입액의 비율로, 지방교부세 교부 기준으로 활용

$$재정력지수 = \frac{기준재정수입액^{*}}{기준재정수요액^{*}}$$

② 재정력지수가 1이 넘지 않는 지방자치단체는 자체적 수입만으로는 기초 재정수요를 충당할 수 없어 재정력이 부족한 것으로 평가

* **기준재정수입액**
각 지방자치단체의 재정수입을 합리적으로 측정하기 위하여 일정한 방법을 적용하여 산정한 금액

* **기준재정수요액**
지방자치단체가 기본행정 수행을 위한 기본적인 경비

체크포인트
9급에서는 재정자립도의 개념까지만 확인했고, 아직 재정자립도 개념의 한계까지는 체크하지 않았습니다. 앞으로 출제가 예상되는 논점이므로 준비해 둔다면 차별화된 득점이 가능할 것입니다. 그리고 그 연습은 7급과 같은 다른 직렬의 기출문제를 통해서 충분히 할 수 있습니다. 이 정도는 수험생이라면 대비하고 시험장에 들어갈 수 있어야 합니다.

기출 CHECK

1 지방자치단체 재정자립도 개념의 한계에 대한 설명으로 옳지 않은 것은? 2012 국가직 7급

① 지방자치단체의 일반회계만을 고려하고 특별회계와 기금 등을 종합적으로 고려하지 못하므로 지방자치단체의 실제 재정력이 과소평가된다.
② 일반회계에서 차지하는 자체재원의 비율이 높을수록 재정자립도가 높게 산정되기 때문에 지방교부세를 받은 지방자치단체는 재정력이 커짐에도 불구하고 재정자립도는 반대로 낮아지게 된다.
③ 지방자치단체의 세출을 중심으로 산정되기 때문에 지방자치단체의 재정력을 효과적으로 파악하기 곤란하다.
④ 지방자치단체 간의 상대적 재정 규모를 평가하지 못하는 문제가 있다.

① O 재정자립도는 자치단체의 일반회계 세입에서 자체수입이 차지하는 비율이므로, 특별회계나 기금 등을 종합적으로 고려하지 못하는 한계가 있다.
② O 지방교부세는 자체수입이 아니기 때문에 재정자립도의 분모 값에서만 고려하므로, 지방교부세를 더한 재정자립도의 수치는 낮아지게 된다.
③ X 재정자립도는 지방자치단체의 세출이 아닌, 세입을 기준으로 산정된다. 세출 역시 중요한 정보가 될 수 있다는 점에서 재정자립도는 지방자치단체의 재정력을 효과적으로 파악하기 곤란할 수 있다.
④ O 재정자립도 공식을 통해 도출되는 최종 수치를 가지고 지방자치단체 간 비교를 하기 때문에, 지방자치단체가 갖고 있는 원래의 재정 규모와 관련된 정보는 주지 못하는 한계가 있다. 정답 ③

4 지방채 B

9급 21국
7급 24지, 18국

(1) 개념

지방자치단체가 차입한 부채로, 재정수입의 부족을 보충하기 위해 **과세권을 실질적인 담보로 하여 자금을 조달**함으로써 부담하는 채무

(2) 발행권한 및 발행사유

> **지방재정법 제11조(지방채의 발행)**
>
> ① **지방자치단체의 장**은 다음 각 호를 위한 자금 조달에 필요할 때에는 **지방채를 발행할 수 있다**. 다만, 제5호 및 제6호는 교육감이 발행하는 경우에 한한다.
>
> 1. **공유재산의 조성** 등 소관 재정투자사업과 그에 직접적으로 수반되는 경비의 충당
> 2. **재해예방 및 복구사업**
> 3. **천재지변**으로 발생한 예측할 수 없었던 세입결함의 보전
> 4. **지방채의 차환**
> 5. 「지방교육재정교부금법」 제9조제3항에 따른 교부금 차액의 보전
> 6. 명예퇴직 신청자가 직전 3개 연도 평균 명예퇴직자의 100분의 120을 초과하는 경우 추가로 발생하는 명예퇴직 비용의 충당
>
> ④ **지방자치단체조합의 장**은 그 조합의 투자사업과 긴급한 재난복구 등을 위한 경비를 조달할 필요가 있을 때 또는 투자사업이나 재난복구사업을 지원할 목적으로 지방자치단체에 대부할 필요가 있을 때에는 **지방채를 발행할 수 있다**. 이 경우 행정안전부장관의 승인을 받은 범위에서 조합의 구성원인 각 지방자치단체 지방의회의 의결을 얻어야 한다.

X [7급] 이미 발행한 지방채의 차환을 위해서 지방자치단체의 장은 지방채를 발행할 수 없다.
O 이미 발행한 지방채의 차환을 위해서 지방자치단체의 장은 지방채를 발행할 수 있다.(없다 ×)

(3) 발행절차

> **동법 제11조(지방채의 발행)**
>
> ② **지방자치단체의 장은 지방채를 발행하려면** 재정 상황 및 채무 규모 등을 고려하여 대통령령으로 정하는 **지방채 발행 한도액의 범위**에서 **지방의회의 의결**을 얻어야 한다. 다만, **지방채 발행 한도액 범위더라도 외채를 발행하는 경우**에는 지방의회의 의결을 거치기 전에 **행정안전부장관의 승인**을 받아야 한다.
>
> ③ 지방자치단체의 장은 제2항에도 불구하고 대통령령으로 정하는 바에 따라 **행정안전부장관과 협의한 경우**에는 그 협의한 범위에서 **지방의회의 의결**을 얻어 제2항에 따른 **지방채 발행 한도액의 범위를 초과하여 지방채를 발행할 수 있다**. 다만, 재정책임성 강화를 위하여 재정위험수준, 재정 상황 및 채무 규모 등을 고려하여 **대통령령으로 정하는 범위를 초과하는 지방채를 발행하는 경우**에는 **행정안전부장관의 승인**을 받은 후 **지방의회의 의결**을 받아야 한다.

지방채 발행절차

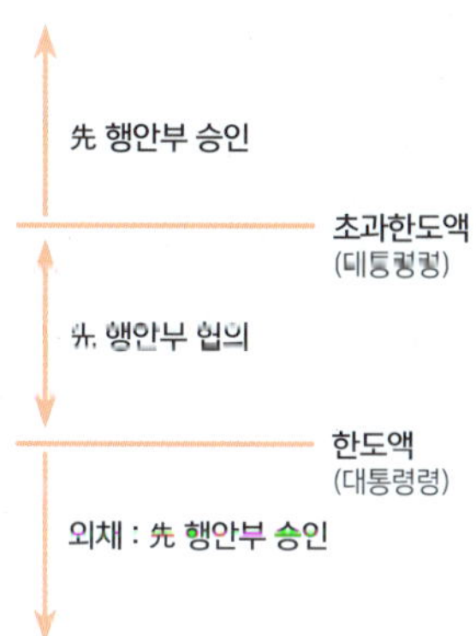

체크포인트

지방채는 출제포인트가 전형적입니다. 우선 지방채를 발행할 수 있는 주체가 지방자치단체장임을 알고 있는지 체크할 것입니다. 다음으로는 지방채를 발행할 수 있는 사유 중에 지방채의 차환이 포함되는지를 체크할 것입니다. 마지막으로는 외채의 발행과 같은 예외적인 상황에서 사전적으로 필요한 절차를 알고 있는지 체크하게 됩니다. 모두 대비해두어야 할 주요 논점들입니다.

기출 CHECK

1 지방채에 대한 설명으로 옳은 것은? 2018 국가직 7급

① 지방자치단체조합의 장은 지방채를 발행할 수 없다.

② 이미 발행한 지방채의 차환을 위해서 지방자치단체의 장은 지방채를 발행할 수 없다.

③ 제주특별자치도지사는 제주특별자치도의 발전과 관계가 있는 사업을 위하여 필요하면 도의회 의결을 마친 후 외채 발행과 지방채 발행 한도액의 범위를 초과한 지방채 발행을 할 수 있다.

④ 외채를 발행할 경우에는 지방채 발행 한도액 범위더라도 지방의회의 의결을 거치기 전에 기획재정부장관의 승인을 받아야 한다.

① X

> **지방재정법 제11조(지방채의 발행)**
> ④ 지방자치단체조합의 장은 그 조합의 투자사업과 긴급한 재난복구 등을 위한 경비를 조달할 필요가 있을 때 또는 투자사업이나 재난복구사업을 지원할 목적으로 지방자치단체에 대부할 필요가 있을 때에는 지방채를 발행할 수 있다.

② X

> **동법 제11조(지방채의 발행)**
> ① 지방자치단체의 장은 다음 각 호를 위한 자금 조달에 필요할 때에는 지방채를 발행할 수 있다.
> 4. 지방채의 차환

③ O 원칙적으로 외채 발행을 위해서는 행정안전부장관의 사전 승인이, 지방채 발행 한도액의 범위를 초과한 지방채 발행을 위해서는 행정안전부장관과의 협의가 필요하나, 제주특별자치도는 특례로써 해당 절차 없이 지방채 발행이 가능하도록 규정하고 있다.

> **제주특별법 제126조(지방채 등의 발행 특례)**
> 도지사는 제주자치도의 발전과 관계가 있는 사업을 위하여 필요하면 「지방재정법」 제11조에도 불구하고 도의회의 의결을 마친 후 외채 발행과 지방채 발행 한도액의 범위를 초과한 지방채 발행을 할 수 있다.

④ X

> **동법 제11조(지방채의 발행)**
> ② 지방자치단체의 장은 지방채를 발행하려면 재정 상황 및 채무 규모 등을 고려하여 대통령령으로 정하는 지방채 발행 한도액의 범위에서 지방의회의 의결을 얻어야 한다. 다만, 지방채 발행 한도액 범위더라도 외채를 발행하는 경우에는 지방의회의 의결을 거치기 전에 행정안전부장관의 승인을 받아야 한다.

정답 ③

5 지방공기업(지방직영기업·지방공사·지방공단) B

9급 25국, 24지, 13국
7급 24지, 18지

1 개관

(1) 목적

지방자치법 제163조(지방공기업의 설치·운영)

① **지방자치단체**는 주민의 복리증진과 사업의 효율적 수행을 위하여 **지방공기업을 설치·운영**할 수 있다.

지방공기업법 제1조(목적)

이 법은 **지방자치단체가 직접 설치·경영**하거나, **법인을 설립하여 경영하는 기업**의 운영에 필요한 사항을 정하여 그 경영을 합리화함으로써 지방자치의 발전과 주민복리의 증진에 이바지함을 목적으로 한다.

(2) 적용사업

동법 제2조(적용 범위)

① 이 법은 다음 각 호의 어느 하나에 해당하는 사업(그에 부대되는 사업을 포함) 중 **지방자치단체가 직접 실시·경영하는 사업**으로서 대통령령으로 정하는 기준 이상의 사업(지방직영기업)과 **지방공사와 지방공단이 경영하는 사업**에 대하여 각각 적용한다.

1. **수도**사업(마을상수도사업은 제외)
2. **공업용수도**사업
3. **궤도**사업(도시철도사업을 포함)
4. **자동차운송**사업
5. **지방도로**사업(유료도로사업만 해당)
6. **하수도**사업
7. **주택**사업
8. **토지개발**사업
9. 주택(대통령령으로 정하는 공공복리시설을 포함)·토지 또는 공용·공공용건축물의 **관리 등의 수탁**
10. **공공재개발**사업 및 **공공재건축**사업
11. **신에너지 및 재생에너지**의 기술개발 및 발전·이용·보급에 필요한 사업
12. **내항 정기 여객운송**사업

(3) 경영 원칙

동법 제3조(경영의 기본원칙)

① 지방직영기업, 지방공사 및 지방공단은 항상 **기업의 경제성과 공공복리를 증대**하도록 운영하여야 한다.

② 지방자치단체는 지방공기업을 설치·설립 또는 경영할 때에 민간경제를 위축시키거나, **공정하고 자유로운 경제질서**를 해치거나, **환경을 훼손시키지 아니하도록** 노력하여야 한다.

PART 6

① 경영평가
② 경영진단
행정안전부
③ 경영개선명령
④ 해산요구

지방 직영기업	**지방공사 지방공단**
지자체 소속기관	지자체 출자
↓	↓
행정기관(공무원)	공무원 ×

2 지방직영기업

지방직영기업
서울특별시
서울아리수본부
(상수도사업본부)
소속기관 중 지방직영기업

(1) 개념

① **자치단체가 직접 사업수행**을 위해 일반회계와 구분하여 **공기업특별회계를 설치**하는 형태로, **조직 · 인력은 지방자치단체 소속**

② **대상 사업** : 상수도, 하수도, 토지개발(공영개발, 지역개발기금), 자동차운송 등

(2) 설치 및 운영

지방공기업법 제5조(지방직영기업의 설치)

지방자치단체는 **지방직영기업을 설치 · 경영하려는 경우**에는 그 설치 · 운영의 기본사항을 **조례로 정하여야 한다.**

동법 제10조(관리자와 지방자치단체의 장과의 관계)

지방자치단체의 장은 다음 각 호의 사항에 대하여 **관리자를 지휘 · 감독**한다.

1. **지방직영기업 경영**의 기본계획에 관한 사항
2. 지방직영기업의 업무 집행에 관한 사항 중 해당 **지방자치단체의 주민복리에 중대한 영향**이 있다고 인정되는 사항
3. 지방직영기업의 업무와 다른 업무 사이에 **필요한 조정**에 관한 사항

동법 제13조(특별회계)

지방자치단체는 제2조에 해당하는 **사업마다 특별회계를 설치**하여야 한다.

동법 제14조(독립채산)

① 지방직영기업의 특별회계에서 **해당 기업의 경비는 해당 기업의 수입으로 충당**하여야 한다.
② 지방직영기업의 특별회계는 재해복구 또는 그 밖의 특별한 사유로 인하여 필요한 경우에는 예산에서 정하는 바에 따라 해당 지방자치단체의 일반회계나 다른 특별회계로부터 재정적 지원을 받을 수 있다.

동법 제22조(요금)

① **지방자치단체**는 지방직영기업의 급부에 대하여 조례로 정하는 바에 따라 **요금을 징수할 수 있다.**
② 제1항에 따른 **요금은 적정**하여야 하고, 지역 간 요금수준의 **형평을 도모**하여야 하며, 급부의 원가를 보상하면서 **기업으로서 계속성을 유지**할 수 있도록 결정되어야 한다.

(3) 직원 → 공무원

동법 제7조(관리자)

① 지방자치단체는 지방직영기업의 업무를 관리 · 집행하게 하기 위하여 **사업마다 관리자를 둔다.** 다만, 조례로 정하는 바에 따라 성질이 같거나 유사한 둘 이상의 사업에 대하여는 관리자를 1명만 둘 수 있다.

② 관리자는 대통령령으로 정하는 바에 따라 **해당 지방자치단체의 공무원**으로서 지방직영기업의 경영에 관하여 지식과 경험이 풍부한 사람 중에서 지방자치단체의 장이 임명하며, 임기제로 할 수 있다.

동법 제10조의2(기업 직원)

지방직영기업 운영을 전문화하기 위하여 필요한 경우에는 「지방공무원법」에서 정하는 바에 따라 **지방직영기업 소속 공무원**에 대한 전문직렬을 둘 수 있다.

3 지방공사 및 지방공단

보충

지방공사 : 서울교통공사, 경기관광공사 등

지방공단 : 서울시설공단, 부산환경공단 등

(1) 개념

① 지방자치단체가 **50% 이상 출자한 독립법인**으로, 지방자치단체와 별도 독립적으로 운영되며, **종사자의 신분은 민간인**

② 수익성이 강하면 공사, 수익성보다 공공성이 강하면 공단으로 분류

(2) 지방공사

지방공기업법 제49조(설립)

① **지방자치단체**는 제2조에 따른 사업을 효율적으로 수행하기 위하여 필요한 경우에는 **지방공사를 설립할 수 있다.** 이 경우 공사를 설립하기 전에 **특별시장, 광역시장, 특별자치시장, 도지사 및 특별자치도지사는 행정안전부장관**과, **시장 · 군수 · 구청장은 관할 특별시장 · 광역시장 및 도지사**와 **협의**하여야 한다.

② 지방자치단체는 공사를 설립하는 경우 그 설립, 업무 및 운영에 관한 **기본적인 사항을 조례로 정하여야 한다.**

③ 지방자치단체는 공사를 설립하는 경우 대통령령으로 정하는 바에 따라 **주민복리 및 지역경제에 미치는 효과, 사업성** 등 **지방공기업으로서의 타당성을 미리 검토**하고 그 **결과를 공개**하여야 한다.

④ 제3항에 따른 **타당성 검토**는 전문 인력 및 조사 · 연구 능력 등 대통령령으로 정하는 요건을 갖춘 **전문기관**으로서 행정안전부장관이 지정 · 고시하는 기관에 **의뢰하여 실시**하여야 한다.

동법 제53조(출자)

① 공사의 자본금은 **그 전액을 지방자치단체가 현금 또는 현물로 출자**한다.

② 제1항에도 불구하고 공사의 운영을 위하여 필요한 경우에는 **자본금의 2분의 1을 넘지 아니하는 범위**에서 **지방자치단체 외의 자(외국인 및 외국법인을 포함)**로 하여금 **공사에 출자하게 할 수 있다.** 증자(增資)의 경우에도 또한 같다.

PART 6

(3) 지방공단 → 공단의 자본금은 100% 자치단체가 출자

동법 제76조(설립·운영)

① **지방자치단체**는 제2조의 사업을 효율적으로 수행하기 위하여 필요한 경우에는 **지방공단을 설립할 수 있다.**

4 국가의 관여

(1) 경영평가 및 지도

ⓧ [9급] 지방공기업평가 - 지방공기업법에 근거를 두고 있으며, 원칙적으로 지방자치단체장이 실시하되 필요 시 행정안전부장관이 실시할 수 있다.

ⓞ 지방공기업평가 - 지방공기업법에 근거를 두고 있으며, 원칙적으로 행정안전부장관(지방자치단체장 ×)이 실시하되 필요 시 지방자치단체장(행정안전부장관 ×)이 실시할 수 있다.

지방공기업법 제78조(경영평가 및 지도)

① **행정안전부장관**은 지방공기업의 경영 기본원칙을 고려하여 대통령령으로 정하는 바에 따라 **지방공기업에 대한 경영평가**를 하고, 그 결과에 따라 필요한 조치를 하여야 한다. 다만, **행정안전부장관이 필요하다고 인정하는 경우에는 지방자치단체의 장**으로 하여금 **경영평가를 하게 할 수 있다.**

② 제1항에 따른 경영평가에는 지방공기업의 **경영목표의 달성도, 업무의 능률성, 공익성, 고객서비스** 등에 관한 평가가 포함되어야 한다.

④ 행정안전부장관은 대통령령으로 정하는 바에 따라 제1항 및 제2항에 따른 **경영평가와는 별도로 사장에 대하여 업무성과 평가**를 할 수 있다. 이 경우 **공익성이 고려**되어야 한다.

(2) 경영진단 및 경영 개선 명령

동법 제78조의2(경영진단 및 경영 개선 명령)

① 지방자치단체의 장은 경영평가를 하였을 때에는 그 평가가 끝난 후 1개월 이내에 경영평가보고서, 재무제표, 그 밖에 대통령령으로 정하는 서류를 행정안전부장관에게 제출하여야 한다.

② **행정안전부장관**은 경영평가를 하거나 서류 등을 분석한 결과 특별한 대책이 필요하다고 인정되는 지방공기업으로서 다음 각 호의 어느 하나에 해당하는 지방공기업에 대하여는 대통령령으로 정하는 바에 따라 따로 **경영진단을 실시**하고, 그 **결과를 공개**할 수 있다.

1. **3개 사업연도 이상 계속하여 당기 순손실**이 발생한 지방공기업
2. 특별한 사유 없이 전년도에 비하여 **영업수입이 현저하게 감소**한 지방공기업
3. 경영 여건상 사업 규모의 축소, 법인의 청산 또는 민영화 등 **경영구조 개편이 필요하다고 인정**되는 지방공기업
4. 그 밖에 대통령령으로 정하는 지방공기업

③ **행정안전부장관**은 제2항에 따른 경영진단의 결과 필요하다고 인정하는 경우에는 지방자치단체의 장, 공사의 사장 또는 공단의 이사장에게 해당 지방공기업의 임원의 해임, 조직의 개편 등 **경영 개선을 위하여 필요한 조치를 명할 수 있다.**

④ 제3항에 따라 명을 받은 지방자치단체의 장, 공사의 사장 또는 공단의 이사장은 특별한 사유가 없으면 **지체 없이 이에 따라야 한다.**

(3) 부실지방공기업 해산 요구

동법 제78조의3(부실지방공기업에 대한 해산 요구)

① **행정안전부장관**은 공사 또는 공단이 다음 각 호에 해당하는 경우로서 대통령령으로 정하는 경우 지방공기업정책위원회의 심의를 거쳐 지방자치단체의 장이나 공사의 사장 또는 공단의 이사장에게 **해산을 요구할 수 있다.**

1. **부채 상환 능력이 현저히 낮은 경우**
2. **사업 전망이 없어** 회생이 어려운 경우
3. **설립 목적의 달성이 불가능**한 경우

② 제1항에 따라 해산을 요구받은 지방자치단체의 장이나 공사의 사장 또는 공단의 이사장은 정당한 사유가 없으면 **지체 없이 이에 따라야 한다.**

기출 CHECK

1 「지방공기업법」상 지방공기업에 대한 설명으로 옳지 않은 것은? 2024 지방직 9급

① 지방직영기업의 관리자는 해당 지방자치단체의 공무원으로서 지방직영기업의 경영에 관하여 지식과 경험이 풍부한 사람 중에서 지방자치단체의 장이 임명한다.

② 지방공사를 설립하고자 하는 시장·군수·구청장은 설립 전에 행정안전부장관과 협의하여야 한다.

③ 지방자치단체는 상호 규약을 정하여 다른 지방자치단체와 공동으로 지방공사를 설립할 수 있다.

④ 지방자치단체는 지방직영기업을 설치·경영하려는 경우에는 그 설치·운영의 기본사항을 조례로 정하여야 한다.

① O

지방공기업법 제7조(관리자)

① 지방자치단체는 지방직영기업의 업무를 관리·집행하게 하기 위하여 사업마다 관리자를 둔다. 다만, 조례로 정하는 바에 따라 성질이 같거나 유사한 둘 이상의 사업에 대하여는 관리자를 1명만 둘 수 있다.

② 관리자는 대통령령으로 정하는 바에 따라 해당 지방자치단체의 공무원으로서 지방직영기업의 경영에 관하여 지식과 경험이 풍부한 사람 중에서 지방자치단체의 장이 임명하며, 임기제로 할 수 있다.

② X 기초자치단체장인 시장·군수·구청장은 지방공사를 설립하기 위해 행정안전부장관이 아닌 광역자치단체장인 특별시장·광역시장·도지사와 사전에 협의하여야 한다.

동법 제49조(설립)

① 지방자치단체는 사업을 효율적으로 수행하기 위하여 필요한 경우에는 지방공사를 설립할 수 있다. 이 경우 공사를 설립하기 전에 시·도지사는 행정안전부장관과, 시장·군수·구청장은 관할 특별시장·광역시장 및 도지사와 협의하여야 한다.

③ O

동법 제50조(공동설립)

① 지방자치단체는 상호 규약을 정하여 다른 지방자치단체와 공동으로 공사를 설립할 수 있다.

④ O

동법 제5조(지방직영기업의 설치)

지방자치단체는 지방직영기업을 설치·경영하려는 경우에는 그 설치·운영의 기본사항을 조례로 정하여야 한다.

정답 ②

체크포인트

법령은 생각보다 합리적이고 상식적으로 만들어져 있습니다. 기초자치단체는 광역자치단체의 관리를, 광역자치단체는 중앙정부의 관리를 받는 것이 일반적인 위계질서라는 것을 상식적으로 납득해둔다면 처음 보는 조문이라도 충분히 판단할 수 있게 됩니다.

PART 6

9급 25지, 22국
7급 23지, 20지

5 자치단체 상호 간 관계

1 우리나라의 제도 Ⓐ

(1) 상호 간 협력

지방자치법 제164조(지방자치단체 상호 간의 협력)

① 지방자치단체는 **다른 지방자치단체로부터 사무의 공동처리에 관한 요청**이나 사무처리에 관한 협의·조정·승인 또는 지원의 요청을 받으면 법령의 범위에서 **협력하여야 한다.**

② 관계 중앙행정기관의 장은 지방자치단체 간의 협력 활성화를 위하여 필요한 지원을 할 수 있다.

(2) 사무의 위탁

동법 제168조(사무의 위탁)

① 지방자치단체나 그 장은 **소관 사무의 일부**를 다른 지방자치단체나 그 장에게 **위탁하여 처리하게 할 수 있다.**

(3) 행정협의회

일부사무 임시성	일부사무 지속성	광역사무 지속성
행정 협의회	**지방자치단체 조합**	**특별 지방자치단체**
의회 의결 ×	의회 의결 ○	의회 의결 ○
상급기관 승인 ×	상급기관 승인 ○	행안부 승인 ○

동법 제169조(행정협의회의 구성)

① 지방자치단체는 **2개 이상의 지방자치단체에 관련된 사무의 일부를 공동으로 처리**하기 위하여 관계 지방자치단체 간의 **행정협의회를 구성**할 수 있다. 이 경우 지방자치단체의 장은 시·도가 구성원이면 행정안전부장관과 관계 중앙행정기관의 장에게, 시·군 또는 자치구가 구성원이면 시·도지사에게 **이를 보고**하여야 한다.

② 지방자치단체는 협의회를 구성하려면 관계 지방자치단체 간의 협의에 따라 규약을 정하여 관계 **지방의회에 각각 보고**한 다음 고시하여야 한다.

③ **행정안전부장관이나 시·도지사**는 공익상 필요하면 관계 지방자치단체에 대하여 **협의회를 구성하도록 권고**할 수 있다.

동법 제174조(협의회의 협의 및 사무처리의 효력)

① 협의회를 구성한 관계 지방자치단체는 **협의회가 결정한 사항**이 있으면 **그 결정에 따라 사무를 처리하여야 한다.**

(4) 지방자치단체조합

> **동법 제176조(지방자치단체조합의 설립)**
>
> ① 2개 이상의 지방자치단체가 하나 또는 둘 이상의 사무를 공동으로 처리할 필요가 있을 때에는 규약을 정하여 그 지방의회의 의결을 거쳐 시 · 도는 행정안전부장관의, 시 · 군 및 자치구는 시 · 도지사의 승인을 받아 지방자치단체조합을 설립할 수 있다.
>
> **동법 제180조(지방자치단체조합의 지도·감독)**
>
> ① 시 · 도가 구성원인 지방자치단체조합은 행정안전부장관의, 시 · 군 및 자치구가 구성원인 지방자치단체조합은 1차로 시 · 도지사의, 2차로 행정안전부장관의 지도 · 감독을 받는다. 다만, 지방자치단체조합의 구성원인 시 · 군 및 자치구가 2개 이상의 시 · 도에 걸치는 지방자치단체조합은 행정안전부장관의 지도 · 감독을 받는다.
>
> ② 행정안전부장관은 공익상 필요하면 지방자치단체조합의 설립이나 해산 또는 규약의 변경을 명할 수 있다.

(5) 특별지방자치단체

① 개념 : 보통 지방자치단체와는 달리, 특정한 목적을 수행하기 위하여 필요한 경우에 설치되는 지방자치단체

② 특징

㉠ 특정한 지방공공사무를 보다 편리하고 효율적으로 수행하기 위하여 별도의 관할구역과 행정조직이 필요

㉡ 특별지방자치단체는 행정사무처리 이외에 공기업의 경영을 위해 설립되기도 함.

③ 우리나라 사례 : 충청광역연합

㉠ 최초의 특별지방자치단체(2024년 12월 18일 출범)

㉡ 구성 지방자치단체 : 대전광역시, 세종특별자치시, 충청북도, 충청남도

㉢ 초대 광역연합장(특별지방자치단체장) : 충북도지사 겸임

㉣ 인구 : 약 556만명

특별지방자치단체 사례

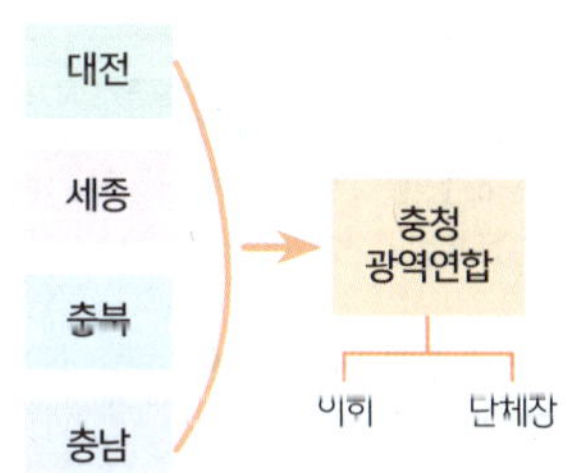

④ 주요 내용

㉠ 설치

> **지방자치법 제199조(설치)**
>
> ① 2개 이상의 지방자치단체가 공동으로 특정한 목적을 위하여 광역적으로 사무를 처리할 필요가 있을 때에는 특별지방자치단체를 설치할 수 있다. 이 경우 특별지방자치단체를 구성하는 지방자치단체(구성 지방자치단체)는 상호 협의에 따른 규약을 정하여 구성 지방자치단체의 지방의회 의결을 거쳐 행정안전부장관의 승인을 받아야 한다.
>
> ③ 특별지방자치단체는 법인으로 한다.
>
> ④ 특별지방자치단체를 설치하기 위하여 국가 또는 시 · 도 사무의 위임이 필요할 때에는 구성 지방자치단체의 장이 관계 중앙행정기관의 장 또는 시 · 도지사에게 그 사무의 위임을 요청할 수 있다.

동법 제200조(설치 권고 등)

행정안전부장관은 공익상 필요하다고 인정할 때에는 관계 지방자치단체에 대하여 특별지방자치단체의 **설치, 해산 또는 규약 변경을 권고**할 수 있다.

동법 제201조(구역)

특별지방자치단체의 구역은 **구성 지방자치단체의 구역을 합한 것**으로 한다. 다만, 특별지방자치단체의 사무가 구성 지방자치단체 구역의 일부에만 관계되는 등 특별한 사정이 있을 때에는 해당 지방자치단체 구역의 **일부만을 구역으로 할 수 있다.**

㉡ 규약과 기관 구성

동법 제202조(규약 등)

① **특별지방자치단체의 규약**에는 법령의 범위에서 다음 각 호의 사항이 포함되어야 한다.

1. 특별지방자치단체의 **목적 등**

② 구성 지방자치단체의 장은 **규약을 변경하려는 경우**에는 구성 지방자치단체의 **지방의회 의결**을 거쳐 **행정안전부장관의 승인**을 받아야 한다.

동법 제203조(기본계획 등)

① **특별지방자치단체의 장**은 소관 사무를 처리하기 위한 **기본계획을 수립**하여 **특별지방자치단체 의회의 의결**을 받아야 한다. 기본계획을 변경하는 경우에도 또한 같다.

동법 제204조(의회의 조직 등)

① **특별지방자치단체의 의회**는 규약으로 정하는 바에 따라 **구성 지방자치단체의 의회 의원으로 구성**한다.

② 지방의회의원은 특별지방자치단체의 의회 의원을 **겸할 수 있다.**

동법 제205조(집행기관의 조직 등)

① **특별지방자치단체의 장**은 규약으로 정하는 바에 따라 **특별지방자치단체의 의회에서 선출**한다.

② 구성 지방자치단체의 장은 특별지방자치단체의 장을 **겸할 수 있다.**

> X [9급] 구성 지방자치단체의 장은 지방자치법상 겸임 제한 규정에 의해 특별지방자치단체의 장을 겸할 수 없다.
>
> O 구성 지방자치단체의 장은 지방자치법상 겸임 제한 규정에도 불구하고(에 의해 ×) 특별지방자치단체의 장을 겸할 수 있다.(없다 ×)

㉢ 운영

동법 제206조(경비의 부담)

① 특별지방자치단체의 운영 및 사무처리에 필요한 경비는 구성 지방자치단체의 인구, 사무처리의 수혜범위 등을 고려하여 규약으로 정하는 바에 따라 **구성 지방자치단체가 분담**한다.

② 구성 지방자치단체는 제1항의 경비에 대하여 **특별회계를 설치**하여 운영하여야 한다.

동법 제208조(가입 및 탈퇴)

① 특별지방자치단체에 **가입**하거나 특별지방자치단체에서 **탈퇴**하려는 지방자치단체의 장은 해당 **지방의회의 의결**을 거쳐 **특별지방자치단체의 장에게 가입 또는 탈퇴를 신청**하여야 한다.

② 제1항에 따른 가입 또는 탈퇴의 신청을 받은 특별지방자치단체의 장은 **특별지방자치단체 의회의 동의**를 받아 **신청의 수용 여부를 결정**하되, 특별한 사유가 없으면 가입하거나 탈퇴하려는 **지방자치단체의 의견을 존중**하여야 한다.

동법 제209조(해산)

① 구성 지방자치단체는 특별지방자치단체가 그 설치 목적을 달성하는 등 **해산의 사유가 있을 때**에는 해당 **지방의회의 의결**을 거쳐 **행정안전부장관의 승인**을 받아 **특별지방자치단체를 해산**하여야 한다.

② 구성 지방자치단체는 제1항에 따라 특별지방자치단체를 해산할 경우에는 **상호 협의에 따라 그 재산을 처분**하고 사무와 직원의 재배치를 하여야 하며, **국가 또는 시·도 사무를 위임받았을 때**에는 관계 **중앙행정기관의 장 또는 시·도지사와 협의**하여야 한다. 다만, **협의가 성립하지 아니할 때**에는 **당사자의 신청**을 받아 **행정안전부장관이 조정**할 수 있다.

기출 CHECK

1 특별지방자치단체에 대한 설명으로 옳지 않은 것은? 2022 국가직 9급

① 2개 이상의 지방자치단체가 공동으로 특정한 목적을 위하여 광역적으로 사무를 처리할 필요가 있을 때에는 특별지방자치단체를 설치할 수 있다.

② 보통의 지방자치단체와 같이 법인격을 갖는다.

③ 특별지방자치단체의 의회는 규약으로 정하는 바에 따라 구성지방자치단체의 의회 의원으로 구성한다.

④ 구성 지방자치단체의 장은 「지방자치법」상 겸임 제한 규정에 의해 특별지방자치단체의 장을 겸할 수 없다.

① O

지방자치법 제199조(설치)
① 2개 이상의 지방자치단체가 공동으로 특정한 목적을 위하여 광역적으로 사무를 처리할 필요가 있을 때에는 특별지방자치단체를 설치할 수 있다.

② O

동법 제199조(설치)
③ 특별지방자치단체는 법인으로 한다.

③ O

동법 제204조(의회의 조직 등)
① 특별지방자치단체의 의회는 규약으로 정하는 바에 따라 구성 지방자치단체의 의회 의원으로 구성한다.

④ X 특별지방자치단체를 구성하는 지방자치단체의 장이 특별지방자치단체장도 함께 겸임할 수 있다. 지방자치법은 다른 직위에 대한 겸임제한규정이 있기 때문에, 특별지방자치단체에는 해당 겸임제한규정이 적용되지 않도록 규정하고 있다.

동법 제205조(집행기관의 조직 등)
② 구성 지방자치단체의 장은 제109조(겸임제한규정)에도 불구하고 특별지방자치단체의 장을 겸할 수 있다.

정답 ④

체크포인트

2022년부터 시행 중인 전부개정 지방자치법에서는 특히 지방자치단체 간 협력기구에 대한 내용이 상당부분 보강되었습니다. 특별지방자치단체뿐만 아니라 행정협의회 및 지방자치단체조합도 설치절차 등에 따른 전반적인 비교를 중심으로 꼼꼼하게 학습해주길 바랍니다.

(6) 전국적 협의체

동법 제182조(지방자치단체의 장 등의 협의체)

① **지방자치단체의 장이나 지방의회의 의장**은 상호 간의 교류와 협력을 증진하고, 공동의 문제를 협의하기 위하여 다음 각 호의 구분에 따라 각각 **전국적 협의체를 설립**할 수 있다.

1. 시 · 도지사
2. 시 · 도의회의 의장
3. 시장 · 군수 · 자치구의 구청장
4. 시 · 군 · 자치구의회의 의장

(7) 분쟁조정기구

동법 제165조(지방자치단체 상호 간의 분쟁조정)

① **지방자치단체 상호 간**이나 **지방자치단체의 장 상호 간** 사무를 처리할 때 의견이 달라 다툼이 생기면 다른 법률에 특별한 규정이 없으면 **행정안전부장관이나 시 · 도지사가 당사자의 신청에 따라 조정**(調整)할 수 있다. 다만, 그 분쟁이 **공익을 현저히 저해**하여 조속한 조정이 필요하다고 인정되면 **당사자의 신청이 없어도 직권으로 조정**할 수 있다.

동법 제166조(지방자치단체중앙분쟁조정위원회 등의 설치와 구성 등)

① 분쟁의 조정과 협의사항의 조정에 필요한 사항을 심의 · 의결하기 위하여 **행정안전부에 지방자치단체중앙분쟁조정위원회**와 **시 · 도에 지방자치단체지방분쟁조정위원회**를 둔다.

2 광역행정 C

1 광역행정 개관

9급 19지

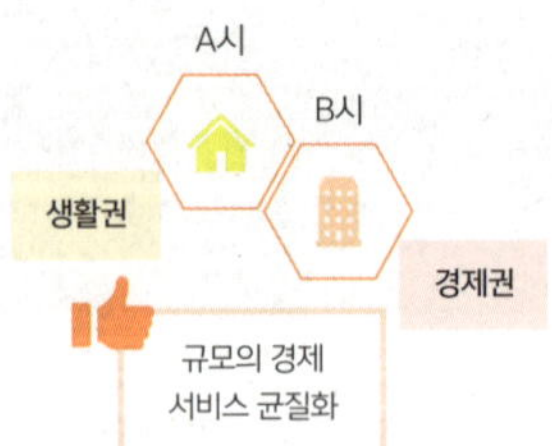

① **개념** : 둘 이상의 지방자치단체 관할구역을 넘나들며 공동적 · 협동적으로 수행되는 행정

② **필요성**

㉠ **생활권과 경제권 중심**의 개발을 통해 낭비적인 중복투자의 문제를 방지하고, **규모의 경제**를 실현함으로써 **효율성**을 확보

㉡ 생활권 내 지방자치단체의 공동노력을 통하여 도시와 농촌, 대도시와 주변지역 간 재정적 격차를 완화하고 **행정 서비스를 균질화**하면서 공동이익을 추구

㉢ 상위정부의 정책결정 과정에 지방정부가 적극적으로 참여하고 의견을 반영하여 정책참여 거버넌스의 활성화에 기여

③ **촉진요인** : 행정의 광역화 현상, 도시화의 급격한 진전, 복지 사회실현에 대한 요청, 지역개발의 요청, 행정의 경제성에 대한 요청 등

기출 CHECK

1 광역행정에 대한 설명으로 옳지 않은 것은? 2019 지방직 9급

① 기존의 행정구역을 초월해 더 넓은 지역을 대상으로 행정을 수행한다.
② 행정권과 주민의 생활권을 일치시켜 행정 효율성을 증진시킬 수 있다.
③ 규모의 경제를 확보하기 어렵다.
④ 지방자치단체 간에 균질한 행정서비스를 제공하는 계기로 작용해 왔다.

① o 광역행정은 둘 이상의 지방자치단체 관할구역을 넘나들며 공동적·협동적으로 수행되는 행정이다.
② o 광역행정을 통해 실제 주민의 생활권과 행정권을 일치시키게 되면 규모의 경제를 확보할 수 있어 행정의 효율성을 증진시킬 수 있다.
③ x 보다 넓은 구역을 대상으로 행정을 수행하기 때문에 더 많은 공공서비스의 생산이 가능하고, 이에 따라 생산량이 증가할수록 생산 단가가 낮아지는 규모의 경제를 확보하기 용이하다.
④ o 지방자치단체 간의 공동노력을 통하여 도시와 농촌, 대도시와 주변지역 간 격차를 완화하고 행정 서비스를 균질화하면서 공동이익을 추구한다.

정답 ③

체크포인트

광역행정을 이론적인 수준에서 체크하는 문제입니다. 둘 이상의 자치단체 관할구역을 합쳐서 운영하기 때문에 장점과 단점이 동시에 발생합니다. 특히 장점과 관련해서 대량생산에 따른 비용의 절감, 즉 규모의 경제가 발생한다는 것을 확인할 가능성이 높기 때문에 논리적으로 연결하는 연습을 하면 좋습니다.

2 광역행정 유형

9급 10지
7급 09지

(1) 공동처리

① **개념** : 인접한 복수의 자치단체가 공동의 이익을 증진하기 위해 **제휴 · 협력**하여 공통의 사무를 수행하는 방식

② **유형** : 행정협의회, 사무의 위탁, 지방자치단체조합 등

③ **장점**

㉠ 굳이 **합병을 하지 않고서도** 자치단체가 단독으로 할 수 없는 시설의 설치 관리나 사업의 시행을 효과적으로 도모할 수 있음.

㉡ 사무와 서비스의 이익이 하나의 자치단체 구역에만 한정되지 않거나, 규모의 경제가 기대되는 것일 때에는 행정 서비스의 효율화라는 요청에 부합

㉢ 기초단체의 구성이나 수행해야 할 사무, 사업의 종류 범위 등에 있어 융통성이 많음.

④ **단점**

㉠ 수직적 분화가 존재하는 사회에서는 자치단체 간의 협동정신이나 연대의식이 희박하여 취지를 살리기 어려움.

㉡ 공동사업처리에 대한 자치단체 사이의 이해가 대립되거나 비용부담 문제 등이 표면화되는 경우 해결이 어려움.

㉢ 공동시설의 설치 장소를 선정함에 있어 주민의 반대가 심할 가능성도 존재

(2) 합병(통합)

① **개념** : 몇 개의 **기존 자치단체를 통 · 폐합**하여 **하나의 법인격을 가진 자치단체를 신설**하는 방식으로, 광역행정 문제를 신속하고 용이하게 처리하고 비용을 절약할 수 있음.

② **단점** : 특성을 달리하는 자치단체들을 통 · 폐합하는 데에는 많은 부작용이 발생하고, 주민들의 일체성도 희박해질 수 있음.

보충

기타 광역행정 유형

① **특별구역 설정**
특수 광역행정 사무를 처리하기 위해 별개의 구역을 설정하는 방식으로, 국가로부터 처음부터 정해지는 방식(미국의 학교구, 런던의 수도경찰구 등)

② **특별행정기관**
인접 자치단체 사이의 합의에 의하여 특정기능만을 수행하는 국가행정기관을 일반행정기관과 별도로 설치하는 방식

③ **광역의회**
주민이 선출한 지방의원 등이 대표로 참여하여 광역의회를 구성하고, 여기에서 광역적 사무를 토의하여 처리하는 방식

④ **권한 · 지위 흡수**
상급 자치단체가 하급 자치단체의 권한 또는 지위를 흡수하는 방식으로 중앙집권화의 위험성 내포

⑤ **관치적 집권화**
국가가 보유한 지방행정기관의 강화를 통해 광역행정을 수행하는 것으로 가장 중앙집권적인 방식

체크포인트

광역행정의 이론적인 유형을 구분하는 문제에서 주목해야 할 포인트는 합병과 연합을 비교하는 것입니다. 두 개념이 헷갈리기 때문에 출제논점이 됩니다. 기존의 자치단체가 없어지고 새로운 자치단체로 통합된다면 합병, 기존의 자치단체도 유지되고 새로운 연합체가 생긴다면 연합이 됩니다. 두 개념을 바꿔서 서술하고 있지 않은지를 확인하는 훈련이 필요합니다.

(3) 연합

① **개념** : 두 개 이상의 자치단체가 **각각 독립적인 법인격을 그대로 유지**하면서 전역에 걸친 **새로운 단체를 설치**하여 광역행정사무를 처리하도록 하는 방식

② **단점** : 연합체의 기능 수행에 따라 기존 자치단체의 자주성을 침해할 수 있고, 연합체가 실제로는 기존 자치단체를 통솔하는 강력한 광역행정조직이 되지 못하는 사례 발생

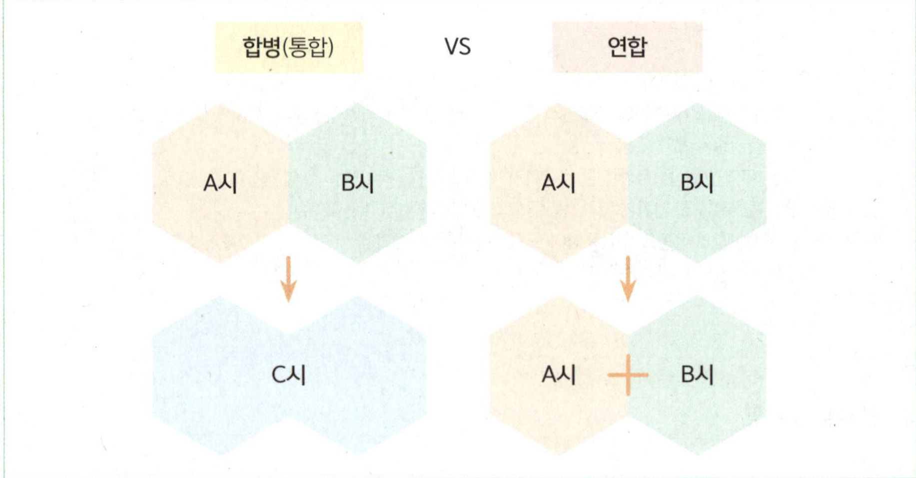

기출 CHECK

1 광역행정에 대한 설명으로 옳지 않은 것은? 2010 지방직 9급

① 광역행정이란 둘 이상의 지방자치단체 관할구역에 걸쳐서 공동적 또는 통일적으로 수행되는 행정을 말한다.

② 사회경제권역의 확대는 광역행정을 촉진시키는 요인으로 작용한다.

③ 공동처리방식은 둘 이상의 지방자치단체가 상호 협력하여 광역행정사무를 공동으로 처리하는 방식이다.

④ 연합방식은 일정한 광역권 안에 여러 자치단체를 통합한 단일의 정부를 설립하여 광역행정사무를 처리하는 방식이다.

① o 광역행정은 둘 이상의 지방자치단체 관할구역을 넘나들며 공동적·협동적으로 수행되는 행정이다.
② o 사회경제권역이 확대되면 주민들의 실제 생활권도 확대되므로 광역행정을 촉진시킨다.
③ o 공동처리방식이란 인접한 복수의 자치단체가 공동의 이익을 증진하기 위해 제휴·협력하여 공동의 사무를 수행하는 방식이다.
④ x 여러 자치단체를 통합한 단일의 정부를 설립하여 광역행정사무를 처리하는 방식은 합병방식이다. 연합방식은 두 개 이상의 자치단체가 각각 독립적인 법인격을 그대로 유지하면서 전역에 걸친 새로운 단체를 설치하여 광역행정사무를 처리하도록 하는 방식이다.

정답 ④

6 중앙-지방 간 관계 A

9급 22국, 15지, 14지
7급 13국

1 국가의 지도·감독

(1) 자치사무에 대한 지도와 지원

지방자치법 제184조(지방자치단체의 사무에 대한 지도와 지원)

① 중앙행정기관의 장이나 시·도지사는 **지방자치단체의 사무에 관하여 조언 또는 권고하거나 지도**할 수 있으며, 이를 위하여 필요하면 지방자치단체에 자료의 제출을 요구할 수 있다.

② 국가나 시·도는 지방자치단체가 그 지방자치단체의 사무를 처리하는 데에 필요하다고 인정하면 재정지원이나 기술지원을 할 수 있다.

③ **지방자치단체의 장**은 제1항의 **조언·권고 또는 지도와 관련**하여 중앙행정기관의 장이나 시·도지사에게 **의견을 제출할 수 있다.**

(2) 자치사무 감사

동법 제190조(지방자치단체의 자치사무에 대한 감사)

① 행정안전부장관이나 시·도지사는 **지방자치단체의 자치사무**에 관하여 **보고를 받거나 서류·장부 또는 회계를 감사**할 수 있다. 이 경우 **감사는 법령위반사항에 대하여만 실시**한다.

② 행정안전부장관 또는 시·도지사는 제1항에 따라 감사를 실시하기 전에 해당 사무의 처리가 **법령에 위반되는지 여부 등을 확인**하여야 한다.

자치사무 개입

국가(상급기관)

① 지도/지원
② 감사(위법)
③ 시정명령(위법)

자치사무

PART 6

(3) 위법·부당한 명령·처분의 시정

동법 제188조(위법·부당한 명령이나 처분의 시정)

① **지방자치단체의 사무**에 관한 **지방자치단체의 장의 명령이나 처분**이 **법령에 위반되거나 현저히 부당하여 공익을 해친다고 인정**되면 **시·도에 대해서는 주무부장관**이, **시·군 및 자치구에 대해서는 시·도지사**가 기간을 정하여 **서면으로 시정할 것을 명**하고, 그 기간에 **이행하지 아니하면 이를 취소하거나 정지**할 수 있다.

② **주무부장관**은 지방자치단체의 사무에 관한 **시장·군수 및 자치구의 구청장**의 명령이나 처분이 법령에 위반되거나 현저히 부당하여 공익을 해침에도 불구하고 시·도지사가 제1항에 따른 시정명령을 하지 아니하면 **시·도지사에게 기간을 정하여 시정명령을 하도록 명할 수** 있다.

③ 주무부장관은 시·도지사가 제2항에 따른 기간에 시정명령을 하지 아니하면 제2항에 따른 기간이 지난 날부터 7일 이내에 **직접 시장·군수 및 자치구의 구청장에게 기간을 정하여 서면으로 시정할 것을 명**하고, 그 기간에 이행하지 아니하면 **주무부장관이 시장·군수 및 자치구의 구청장의 명령이나 처분을 취소하거나 정지**할 수 있다.

④ 주무부장관은 시·도지사가 시장·군수 및 자치구의 구청장에게 제1항에 따라 시정명령을 하였으나 이를 이행하지 아니한 데 따른 취소·정지를 하지 아니하는 경우에는 시·도지사에게 기간을 정하여 시장·군수 및 자치구의 구청장의 명령이나 처분을 취소하거나 정지할 것을 명하고, 그 기간에 이행하지 아니하면 **주무부장관이 이를 직접 취소하거나 정지**할 수 있다.

⑤ 제1항부터 제4항까지의 규정에 따른 **자치사무에 관한 명령이나 처분에 대한 주무부장관 또는 시·도지사의 시정명령, 취소 또는 정지는 법령을 위반한 것에 한정**한다.

⑥ **지방자치단체의 장**은 제1항, 제3항 또는 제4항에 따른 **자치사무에 관한 명령이나 처분의 취소 또는 정지에 대하여 이의**가 있으면 그 취소처분 또는 정지처분을 통보받은 날부터 **15일 이내에 대법원에 소를 제기**할 수 있다.

(4) 기관위임사무에 대한 지도와 감독

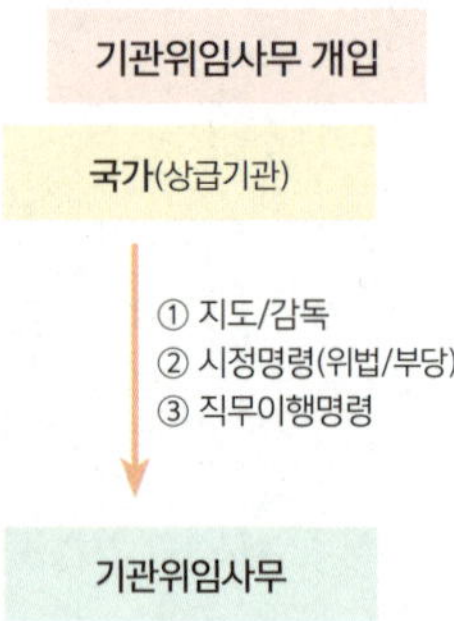

동법 제185조(국가사무나 시·도사무 처리의 지도·감독)

① 지방자치단체나 그 **장이 위임받아 처리하는 국가사무**에 관하여 시·도에서는 주무부장관의, 시·군 및 자치구에서는 1차로 시·도지사의, 2차로 주무부장관의 **지도·감독을 받는다.**

② 시·군 및 자치구나 그 장이 위임받아 처리하는 시·도의 사무에 관하여는 시·도지사의 지도·감독을 받는다.

(5) 자치단체장에 대한 직무이행명령

동법 제189조(지방자치단체의 장에 대한 직무이행명령)

① **지방자치단체의 장**이 법령에 따라 그 의무에 속하는 **국가위임사무**나 시·도위임사무의 **관리와 집행을 명백히 게을리하고 있다고 인정**되면 **시·도에 대해서는 주무부장관**이, **시·군 및 자치구에 대해서는 시·도지사**가 기간을 정하여 **서면으로 이행할 사항을 명령**할 수 있다.

② 주무부장관이나 시·도지사는 해당 지방자치단체의 장이 제1항의 기간에 이행명령을 이행하지 아니하면 **그 지방자치단체의 비용부담**으로 **대집행 또는 행정상·재정상 필요한 조치**를 할 수 있다. 이 경우 행정대집행에 관하여는 「행정대집행법」을 준용한다.

③ **주무부장관은 시장·군수 및 자치구의 구청장**이 법령에 따라 그 의무에 속하는 국가위임사무의 관리와 집행을 명백히 게을리하고 있다고 인정됨에도 불구하고 시·도지사가 제1항에 따른 이행명령을 하지 아니하는 경우 **시·도지사에게 기간을 정하여 이행명령을 하도록 명**할 수 있다.

④ **주무부장관**은 시·도지사가 제3항에 따른 기간에 이행명령을 하지 아니하면 제3항에 따른 기간이 지난 날부터 7일 이내에 **직접 시장·군수 및 자치구의 구청장에게 기간을 정하여 이행명령**을 하고, 그 기간에 이행하지 아니하면 주무부장관이 **직접 대집행**등을 할 수 있다.

⑥ **지방자치단체의 장**은 제1항 또는 제4항에 따른 이행명령에 이의가 있으면 이행명령서를 접수한 날부터 **15일 이내에 대법원에 소를 제기**할 수 있다. 이 경우 지방자치단체의 장은 이행명령의 집행을 정지하게 하는 집행정지결정을 신청할 수 있다.

직무이행명령

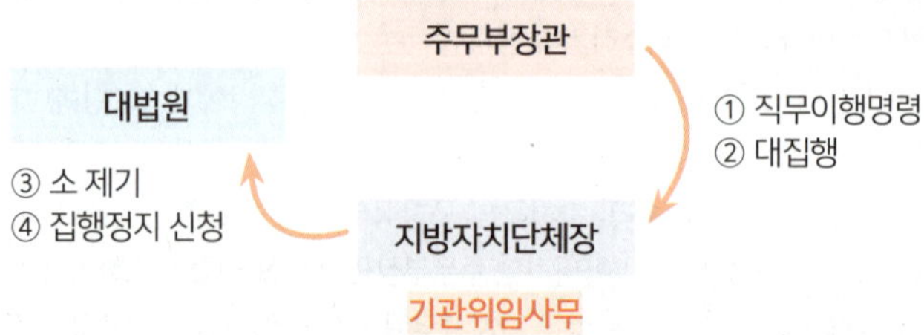

(6) 지방의회 의결의 재의와 제소

동법 제192조(지방의회 의결의 재의와 제소)

① 지방의회의 의결이 법령에 위반되거나 공익을 현저히 해친다고 판단되면 시·도에 대해서는 주무부장관이, 시·군 및 자치구에 대해서는 시·도지사가 해당 지방자치단체의 장에게 재의를 요구하게 할 수 있고, 재의 요구 지시를 받은 지방자치단체의 장은 의결사항을 이송받은 날부터 20일 이내에 지방의회에 이유를 붙여 재의를 요구하여야 한다.

② 시·군 및 자치구의회의 의결이 법령에 위반된다고 판단됨에도 불구하고 시·도지사가 제1항에 따라 재의를 요구하게 하지 아니한 경우 주무부장관이 직접 시장·군수 및 자치구의 구청장에게 재의를 요구하게 할 수 있고, 재의 요구 지시를 받은 시장·군수 및 자치구의 구청장은 의결사항을 이송받은 날부터 20일 이내에 지방의회에 이유를 붙여 재의를 요구하여야 한다.

③ 제1항 또는 제2항의 요구에 대하여 재의한 결과 재적의원 과반수의 출석과 출석의원 3분의 2 이상의 찬성으로 전과 같은 의결을 하면 그 의결사항은 확정된다.

④ 지방자치단체의 장은 제3항에 따라 재의결된 사항이 법령에 위반된다고 판단되면 재의결된 날부터 20일 이내에 대법원에 소를 제기할 수 있다. 이 경우 필요하다고 인정되면 그 의결의 집행을 정지하게 하는 집행정지결정을 신청할 수 있다.

⑤ 주무부장관이나 시·도지사는 재의결된 사항이 법령에 위반된다고 판단됨에도 불구하고 해당 지방자치단체의 장이 소를 제기하지 아니하면 시·도에 대해서는 주무부장관이, 시·군 및 자치구에 대해서는 시·도지사(제2항에 따라 주무부장관이 직접 재의 요구 지시를 한 경우에는 주무부장관)가 그 지방자치단체의 장에게 제소를 지시하거나 직접 제소 및 집행정지결정을 신청할 수 있다.

⑥ 제5항에 따른 제소의 지시는 제4항의 기간이 지난 날부터 7일 이내에 하고, 해당 지방자치단체의 장은 제소 지시를 받은 날부터 7일 이내에 제소하여야 한다.

⑦ 주무부장관이나 시·도지사는 제6항의 기간이 지난 날부터 7일 이내에 제5항에 따른 직접 제소 및 집행정지결정을 신청할 수 있다.

⑧ 제1항 또는 제2항에 따라 지방의회의 의결이 법령에 위반된다고 판단되어 주무부장관이나 시·도지사로부터 재의 요구 지시를 받은 해당 지방자치단체의 장이 재의를 요구하지 아니하는 경우에는 주무부장관이나 시·도지사는 제1항 또는 제2항에 따른 기간이 지난 날부터 7일 이내에 대법원에 직접 제소 및 집행정지 결정을 신청할 수 있다.

⑨ 제1항 또는 제2항에 따른 지방의회의 의결이나 제3항에 따라 재의결된 사항이 둘 이상의 부처와 관련되거나 주무부장관이 불분명하면 행정안전부장관이 재의 요구 또는 제소를 지시하거나 직접 제소 및 집행정지 결정을 신청할 수 있다.

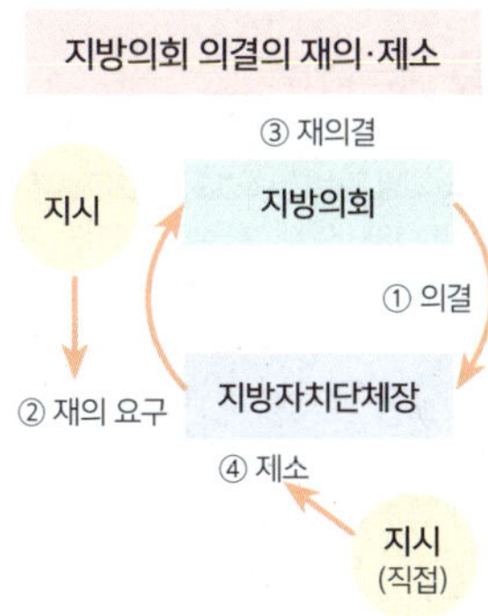

체크포인트

지방자치단체에 대한 국가의 개입 수단도 지방 파트에서 빈출되는 주제입니다. 법령의 내용이 복잡해 보이지만, 체계를 알고 있다면 쉽게 접근할 수 있습니다. 자치사무에 대해서는 법령을 위반한 사항에 대해서만 개입할 수 있지만, 기관위임사무에 대해서는 부당한 경우까지도 개입할 수 있다는 것을 유념한다면 문장이 길더라도 정답을 정확히 찾아낼 수 있습니다.

기출 CHECK

1 지방자치법상 지방자치단체에 대한 국가의 지도·감독에 대한 설명으로 옳지 않은 것은?

2014 지방직 9급(수정)

① 중앙행정기관의 장이나 시 · 도지사는 지방자치단체의 사무에 관하여 조언 또는 권고하거나 지도할 수 있으며, 이를 위하여 필요하면 지방자치단체에 자료의 제출을 요구할 수 있다.

② 지방자치단체의 자치사무에 관한 그 장의 명령이나 처분이 법령에 위반되거나 현저히 부당하여 공익을 해친다고 인정되면 시 · 도에 대하여는 주무부장관이, 시 · 군 및 자치구에 대하여는 시 · 도지사가 기간을 정하여 서면으로 시정할 것을 명하고, 그 기간에 이행하지 아니하면 이를 취소하거나 정지할 수 있다.

③ 지방자치단체의 장이 법령의 규정에 따라 그 의무에 속하는 국가위임사무나 시 · 도위임사무의 관리와 집행을 명백히 게을리 하고 있다고 인정되면 시 · 도에 대하여는 주무부장관이, 시 · 군 및 자치구에 대하여는 시 · 도지사가 기간을 정하여 서면으로 이행할 사항을 명령할 수 있다.

④ 행정안전부장관이나 시 · 도지사는 지방자치단체의 자치사무에 관하여 보고를 받거나 서류 · 장부 또는 회계를 감사할 수 있다.

① O 중앙정부나 상위 자치단체장은 자치단체 사무에 대한 조언, 권고, 지도, 자료제출 요구 등을 할 수 있다.

② X 자치사무에 대한 감독은 소극적 범위에서 가능하다. 따라서 자치사무에 대한 시정명령은 법령에 위반될 경우만 가능하며, 현저히 부당하여 공익을 해친다고 인정되는 경우는 불가능하다.

> **지방자치법 제188조(위법·부당한 명령이나 처분의 시정)**
> ① 지방자치단체의 사무에 관한 지방자치단체의 장의 명령이나 처분이 법령에 위반되거나 현저히 부당하여 공익을 해친다고 인정되면 시 · 도에 대해서는 주무부장관이, 시 · 군 및 자치구에 대해서는 시 · 도지사가 기간을 정하여 서면으로 시정할 것을 명하고, 그 기간에 이행하지 아니하면 이를 취소하거나 정지할 수 있다.
> ⑤ 자치사무에 관한 명령이나 처분에 대한 주무부장관 또는 시 · 도지사의 시정명령, 취소 또는 정지는 법령을 위반한 것에 한정한다.

③ O 중앙정부나 상위 자치단체장은 기관위임사무에 대해 직무이행명령을 할 수 있다.

④ O 행정안전부장관이나 상위 자치단체장은 자치사무에 대한 보고 및 합법성과 관련된 감사를 시행할 수 있다.

정답 ②

기초자치단체에 대한 국가의 개입

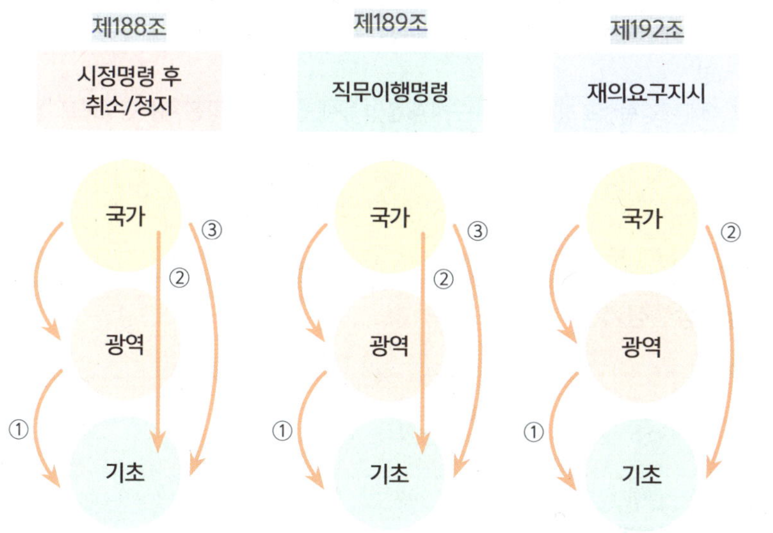

2 국가와 지방 간 협력 및 조정

(1) 중앙지방협력회의

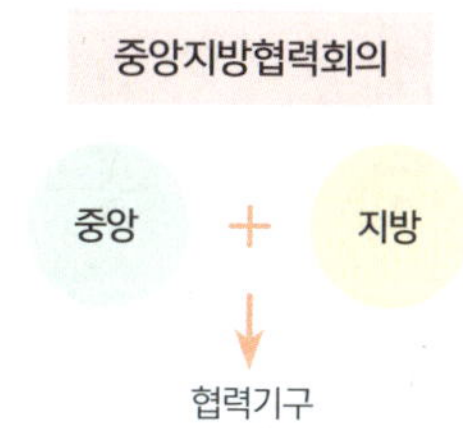

지방자치법 제186조(중앙지방협력회의의 설치)

① 국가와 지방자치단체 간의 협력을 도모하고 지방자치 발전과 지역 간 균형발전에 관련되는 중요 정책을 심의하기 위하여 중앙지방협력회의를 둔다.

중앙지방협력회의법 제3조(구성 및 운영)

① 협력회의는 대통령, 국무총리, 재정경제부장관, 교육부장관, 행정안전부장관, 기획예산처장관, 국무조정실장, 법제처장, 시·도지사, 전국적 협의체의 대표자 및 그 밖에 대통령령으로 정하는 사람으로 구성한다.

② 협력회의의 의장은 대통령이 된다.

③ 협력회의의 부의장은 국무총리와 시·도지사협의회장이 공동으로 된다.

(2) 행정협의조정위원회*

동법 제187조(중앙행정기관과 지방자치단체 간 협의·조정)

① 중앙행정기관의 장과 지방자치단체의 장이 사무를 처리할 때 의견을 달리하는 경우 이를 협의·조정하기 위하여 국무총리 소속으로 행정협의조정위원회를 둔다.

② 행정협의조정위원회는 위원장 1명을 포함하여 13명 이내의 위원으로 구성한다.

③ 행정협의조정위원회의 위원은 다음 각 호의 사람이 되고, 위원장은 제3호에 따른 위촉위원 중에서 국무총리가 위촉한다.

* 행정협의조정위원회의 결정에 대한 **구속력 및 강제력을 부여하는 조항은 없음.** 따라서 관련 지방자치단체는 행정협의조정위원회의 결정을 따르지 않더라도 법적으로 불이익을 받지 않음.

1. 재정경제부장관, 행정안전부장관, 기획예산처장관, 국무조정실장 및 법제처장
2. 안건과 관련된 중앙행정기관의 장과 시 · 도지사 중 위원장이 지명하는 사람
3. 그 밖에 지방자치에 관한 학식과 경험이 풍부한 사람 중에서 국무총리가 위촉하는 사람 4명

④ 그 밖에 행정협의조정위원회의 구성과 운영 등에 필요한 사항은 대통령령으로 정한다.

3 특별지방행정기관

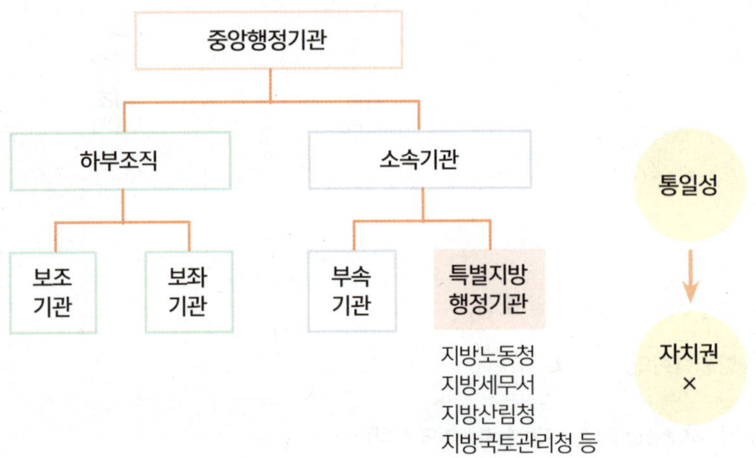

(1) 개관

① **개념** : 국가의 사무를 집행하기 위해 **중앙부처에서 설치한 일선집행기관**으로, 고유의 법인격이 없으며, **자치권도 가지고 있지 않음.**

정부조직법 제3조(특별지방행정기관의 설치)

① **중앙행정기관에는** 소관사무를 수행하기 위하여 필요한 때에는 특히 법률로 정한 경우를 제외하고는 대통령령으로 정하는 바에 따라 **지방행정기관을 둘 수 있다.**

② 제1항의 지방행정기관은 업무의 관련성이나 지역적인 특수성에 따라 통합하여 수행함이 효율적이라고 인정되는 경우에는 대통령령으로 정하는 바에 따라 관련되는 다른 중앙행정기관의 소관사무를 통합하여 수행할 수 있다.

행정기관의 조직과 정원에 관한 통칙 제18조(특별지방행정기관과 그 하부조직의 설치)

① **특별지방행정기관**은 중앙행정기관의 업무를 **지역적으로 분담하여 수행할 필요**가 있고, 당해 업무의 전문성과 특수성으로 인하여 **지방자치단체 또는 그 기관에 위임하여 처리하는 것이 적합하지 아니한 경우**에 이를 둘 수 있다.

② 제1항의 규정에 의하여 특별지방행정기관을 두는 경우에는 지역적인 특수성, 행정수요, 다른 기관과의 관계 및 적정한 관할구역 등을 감안하여야 한다.

② **수행 업무** : 출입국관리, 공정거래, 노동 조건 등 주로 **국가적 통일성이 요구**되는 업무를 수행

③ **주요 기관** : 지방노동청, 지방세무서, 교도소, 출입국관리소, 우체국, 지방보훈청, 지방식약청, 지방산림청, 지방국토관리청 등

(2) 장단점

① **장점** : 현장의 정보를 중앙정부에 전달하고, 중앙정부와 자치단체 간 매개 역할을 수행

② **단점**

㉠ 주민들의 직접 통제와 참여가 용이하지 않고 책임 확보가 어려워 책임행정이 결여될 수 있음.

㉡ 특별지방행정기관과 지방자치단체 간 기능의 중복으로 비효율성 문제 발생 가능

㉢ 특별지방행정기관의 관할 범위가 넓을 경우 고객의 불편을 가중시킬 우려

기출 CHECK

1 특별지방행정기관에 대한 설명으로 옳지 않은 것은? 2015 국가직 9급

① 관할지역 주민들의 직접적인 통제와 참여가 용이하기 때문에 책임행정을 실현할 수 있다.

② 출입국관리, 공정거래, 근로조건 등 국가적 통일성이 요구되는 업무를 수행한다.

③ 현장의 정보를 중앙정부에 전달하거나 중앙정부와 지방자치단체 사이의 매개 역할을 수행하기도 한다.

④ 국가의 사무를 집행하기 위해 중앙정부에서 설치한 일선행정기관으로 자치권을 가지고 있지 않다.

① X 특별지방행정기관은 중앙정부의 소속기관으로, 지방자치단체처럼 주민들이 직접적으로 참여하거나 통제하기가 어렵다.

② O 특별지방행정기관은 소속 주무부처의 집행사무를 지역에서 통일성 있게 수행하는 역할을 맡게 된다.

③ O 특별지방행정기관은 중앙정부가 지방에 설치한 기관이므로, 현장의 정보를 중앙정부에 전달하거나, 중앙정부와 지방정부 간 매개체 역할을 담당할 수 있다.

④ O 특별지방행정기관은 국가의 사무를 집행하기 위해 중앙정부에서 설치한 일선집행기관으로 고유의 법인격이 없다. 지방자치단체도 아니기 때문에 자치권도 가지고 있지 않다. 정답 ①

체크포인트

특별지방행정기관은 조직 파트에서도 다루었던 주제입니다. 국가의 소속기관인 특별지방행정기관과 지방자치단체가 다르다는 것을 알고 있는지가 출제 포인트입니다. 특별지방행정기관은 지방자치단체가 아니므로 자치권을 갖고 있지 않습니다. 따라서 주민들의 직접적인 참여가 용이하지 않은 것입니다.

7 교육자치와 자치경찰

1 교육자치 C

(1) 개념

① 일정 지역의 교육사무를 지역 주민들이 스스로 또는 대표를 통하여 자율적으로 처리하도록 하여 교육의 자주성과 전문성, 정치적 중립성을 보장하는 제도

② 자치단체의 사무 중 교육과 학예에 관한 사무를 분리·독립하여 전문적으로 관리

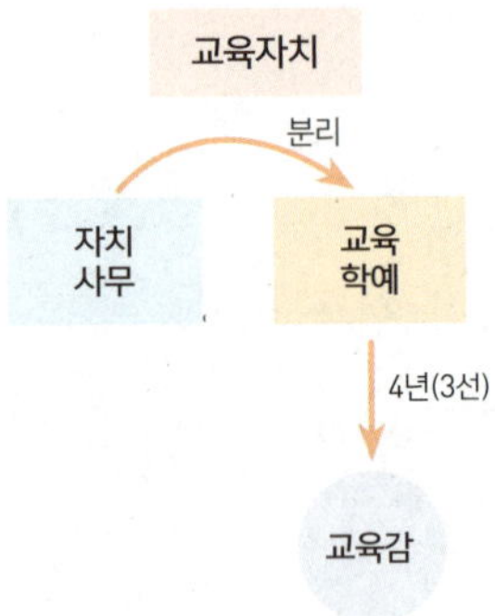

지방교육자치에 관한 법률 제1조(목적)

이 법은 교육의 자주성 및 전문성과 지방교육의 특수성을 살리기 위하여 지방자치단체의 교육·과학·기술·체육 그 밖의 학예에 관한 사무를 관장하는 기관의 설치와 그 조직 및 운영 등에 관한 사항을 규정함으로써 지방교육의 발전에 이바지함을 목적으로 한다.

동법 제2조(교육·학예사무의 관장)

지방자치단체의 교육·과학·기술·체육 그 밖의 학예(교육·학예)에 관한 사무는 특별시·광역시 및 도의 사무로 한다.

(2) 교육감(2007년 이후 주민직선제 실시)

동법 제18조(교육감)

① 시·도의 교육·학예에 관한 사무의 집행기관으로 시·도에 교육감을 둔다.

② 교육감은 교육·학예에 관한 소관 사무로 인한 소송이나 재산의 등기 등에 대하여 당해 시·도를 대표한다.

동법 제21조(교육감의 임기)

교육감의 임기는 4년으로 하며, 교육감의 계속 재임은 3기에 한한다.

동법 제24조의2(교육감의 소환)

① 주민은 교육감을 소환할 권리를 가진다.

동법 제25조(교육규칙의 제정)

① 교육감은 법령 또는 조례의 범위 안에서 그 권한에 속하는 사무에 관하여 교육규칙을 제정할 수 있다.

(3) 교육비특별회계

동법 제38조(교육비특별회계)

시·도의 교육·학예에 관한 경비를 따로 경리하기 위하여 해당지방자치단체에 교육비특별회계를 둔다.

2 자치경찰 ⓒ

9급 21지

(1) 개념

① 국가 전체를 관할하는 국가경찰에 대비되는 개념으로, **일정지역을 관할**로 하여 그 지역과 **지역주민의 치안을 책임**지는 경찰제도

② 제주특별자치도에서만 실시되던 자치경찰제를 2021년 이후 **전국 광역자치단체로 확대**

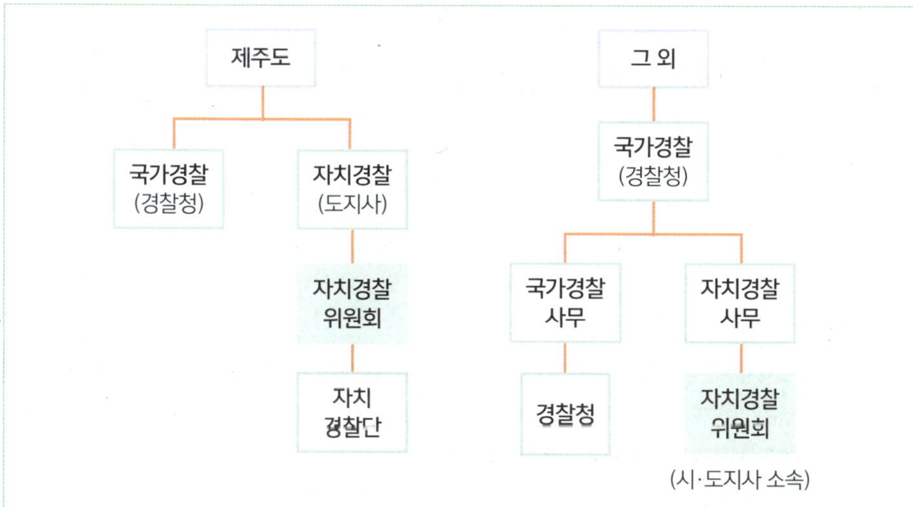

(2) 제주특별자치도의 자치경찰제 : 국가경찰과 자치경찰 이원화(다른 소속)

제주특별법 제88조(자치경찰기구의 설치)

① **자치경찰사무를 처리**하기 위하여 「국가경찰과 자치경찰의 조직 및 운영에 관한 법률」에 따라 설치되는 **제주특별자치도자치경찰위원회 소속**으로 **자치경찰단**을 둔다.

동법 제89조(자치경찰단장의 임명)

① **자치경찰단장은 도지사가 임명**하며, **자치경찰위원회의 지휘·감독**을 받는다.

(3) 나머지 지역의 자치경찰제 : 여전히 국가경찰 일원화(같은 소속, 업무만 구분)

국가경찰과 자치경찰의 조직 및 운영에 관한 법률 제3조(경찰의 임무)

경찰의 임무는 다음 각 호와 같다.

1. 국민의 생명·신체 및 재산의 보호
2. 범죄의 예방·진압 및 수사
3. 범죄피해자 보호
4. 경비·요인경호 및 대간첩·대테러 작전 수행
5. 공공안녕에 대한 위험의 예방과 대응을 위한 정보의 수집·작성 및 배포
6. 교통의 단속과 위해의 방지
7. 외국 정부기관 및 국제기구와의 국제협력
8. 그 밖에 공공의 안녕과 질서유지

동법 제4조(경찰의 사무)

① 경찰의 사무는 다음 각 호와 같이 구분한다.

1. **국가경찰사무** : 제3조에서 정한 경찰의 임무를 수행하기 위한 사무. 다만, 제2호의 **자치경찰사무는 제외**한다.
2. **자치경찰사무** : 제3조에서 정한 경찰의 임무 범위에서 **관할 지역의 생활안전 · 교통 · 경비 · 수사** 등에 관한 다음 각 목의 사무
   가. 지역 내 **주민의 생활안전 활동**에 관한 사무
   나. 지역 내 **교통활동**에 관한 사무
   다. 지역 내 **다중운집 행사 관련 혼잡 교통 및 안전 관리**
   라. **학교폭력, 가정폭력, 기초질서, 실종아동 수색** 등에 해당하는 **수사사무**

제18조(시·도자치경찰위원회의 설치)

① **자치경찰사무를 관장**하게 하기 위하여 특별시장 · 광역시장 · 특별자치시장 · 도지사 · 특별자치도지사(**시 · 도지사) 소속으로 시 · 도자치경찰위원회**를 둔다.

② **시 · 도자치경찰위원회**는 **합의제 행정기관**으로서 그 권한에 속하는 **업무를 독립적으로 수행**한다.

동법 제19조(시·도자치경찰위원회의 구성)

① 시 · 도자치경찰위원회는 **위원장 1명을 포함한 7명의 위원**으로 구성하되, 위원장과 1명의 위원은 상임으로 하고, 5명의 위원은 비상임으로 한다.

동법 제22조(시·도자치경찰위원회 위원장의 직무)

① 시 · 도자치경찰위원회 **위원장**은 **시 · 도자치경찰위원회를 대표**하고 회의를 주재하며 시 · 도자치경찰위원회의 의결을 거쳐 업무를 수행한다.

동법 제23조(시·도자치경찰위원회 위원의 임기 및 신분보장)

① 시 · 도자치경찰위원회 **위원장과 위원의 임기는 3년**으로 하며, **연임할 수 없다.**

체크포인트

2021년도에 자치경찰제가 전국으로 확대됨에 따라 본격적인 출제가 이루어지고 있습니다. 아직까지는 국가경찰과 자치경찰의 성격을 구분하는 원론적인 수준에서만 출제되었으나, 앞으로는 법령에 근거한 제도의 설계를 좀 더 구체적으로 체크할 것입니다. 교재에 수록된 법령을 중심으로 학습을 해두는 것이 바람직합니다.

기출 CHECK

1 자치경찰제도에 대한 설명으로 옳지 않은 것은? 2021 지방직 9급

① 지역 실정에 맞는 치안 행정을 펼칠 수 있다.
② 경찰 업무의 통일성과 효율성을 높일 수 있다.
③ 제주자치경찰단은 주민의 생활안전 활동에 관한 사무를 수행한다.
④ 자치경찰 사무를 관장하기 위하여 광역자치단체에 시·도자치경찰위원회를 둔다.

① O 자치경찰제도는 국가경찰제도에 대비되는 개념으로, 일정 지역을 관할로 하므로 지역 실정에 맞는 치안 행정을 펼칠 수 있다.
② X 경찰 업무의 통일성과 효율성을 높일 수 있는 제도는 자치경찰제도가 아닌 국가경찰제도이다.
③ O 제주도의 자치경찰제도는 제주도자치경찰위원회 소속 자치경찰단을 통해서 운영되고 있으며, 제주자치경찰단은 주민들의 생활안전 활동과 같은 지역주민들과 밀접한 사무들을 담당하고 있다.
④ O 제주도에서만 실시되던 자치경찰제도가 2021년도 이후 전국 광역자치단체로 확대되었다. 자치경찰제도는 시·도지사 소속으로 시·도자치경찰위원회를 두면서 자치경찰 사무를 관장하도록 하고 있다.

국가경찰과 자치경찰의 조직 및 운영에 관한 법률 제18조(시·도자치경찰위원회의 설치)
① 자치경찰사무를 관장하게 하기 위하여 특별시장 · 광역시장 · 특별자치시장 · 도지사 · 특별자치도지사(시 · 도지사) 소속으로 시 · 도자치경찰위원회를 둔다.

정답 ②

Public Administration

CHAPTER 4 주민참여

1 주민참여의 개념

1 주민의 개념 C

지방자치법 제16조(주민의 자격)

지방자치단체의 구역 안에 주소를 가진 자는 그 지방자치단체의 주민이 된다.

동법 제17조(주민의 권리)

① 주민은 법령으로 정하는 바에 따라 주민생활에 영향을 미치는 지방자치단체의 정책의 결정 및 집행 과정에 참여할 권리를 가진다.

② 주민은 법령으로 정하는 바에 따라 소속 지방자치단체의 재산과 공공시설을 이용할 권리와 그 지방자치단체로부터 균등하게 행정의 혜택을 받을 권리를 가진다.

③ 국민인 주민은 법령으로 정하는 바에 따라 그 지방자치단체에서 실시하는 지방의회의원과 지방자치단체의 장의 선거(지방선거)에 참여할 권리를 가진다.

동법 제26조(주민에 대한 정보공개)

① 지방자치단체는 사무처리의 투명성을 높이기 위하여 「공공기관의 정보공개에 관한 법률」에서 정하는 바에 따라 지방의회의 의정활동, 집행기관의 조직, 재무 등 지방자치에 관한 정보를 주민에게 공개하여야 한다.

② 행정안전부장관은 주민의 지방자치정보에 대한 접근성을 높이기 위하여 이 법 또는 다른 법령에 따라 공개된 지방자치정보를 체계적으로 수집하고 주민에게 제공하기 위한 정보공개시스템을 구축·운영할 수 있다.

동법 제27조(주민의 의무)

주민은 법령으로 정하는 바에 따라 소속 지방자치단체의 비용을 분담하여야 하는 의무를 진다.

보충

지방자치법 제1조(목적)

이 법은 지방자치단체의 종류와 조직 및 운영, **주민의 지방자치행정 참여에 관한 사항**과 국가와 지방자치단체 사이의 기본적인 관계를 정함으로써 지방자치행정을 민주적이고 능률적으로 수행하고, 지방을 균형 있게 발전시키며, 대한민국을 민주적으로 발전시키려는 것을 목적으로 한다.

7급 11국

2 주민참여 단계[아른슈타인(Arnstein)의 주민참여 8단계] C

구분	단계	내용
비참여	① 조작	• 행정과 주민이 만난다는 사실 자체만 의의가 있는 단계로, 관료들이 일방적으로 주민에게 지시·전달·계몽하며 주민은 단지 참석으로 만족
	② 치료	• 주민의 무력감을 사회사업의 기술론적 접근을 통해 치료하는 것으로, 아파트 주민들에게 청소운동 등을 전개하라는 것처럼 행정의 일반적 지도에서 끝남.
명목상 참여	③ 정보제공	• 정보의 통로는 행정에서 주민으로 통하는 일방적인 것이며, 환류나 협상 등의 능력은 주민들에게 없음.
	④ 상담	• 조사·공청회 등의 방법으로 주민에게 정보를 제공하고 행정에의 참여를 유도하지만, 단지 주민이 참석했고 요구되는 과정을 거쳤다는 명목에 그침.
	⑤ 회유	• 위원회를 통해 광범위한 참여가 이루어지나 판단은 행정당국에 있고, 주민들을 회유하기 위해 제시한 결정 이상의 혜택을 얻지는 못함.
주민주도	⑥ 협동관계	• 지방의회가 최종 결정권을 가지고 있지만 주민들이 필요하다고 판단될 경우 그들의 주장을 협상으로 이끌어 갈 수 있음.
	⑦ 권한위임	• 주민의 권한은 계획집행에 결정적으로 영향을 끼칠 만큼 강하여 행정당국은 문제해결을 위해 주민을 협상으로 유도하지 않을 수 없음.
	⑧ 주민통제	• 주민들에 의한 완전자치로, 행정의 투명성을 고양시키는 등 이점이 있지만 고비용·비능률·비전문화 등과 병행되기 어려운 단점도 존재

체크포인트
아른슈타인의 주민참여 단계는 총 8단계이지만, 모든 단계가 중요한 것이 아니므로 강약조절을 하면서 정리해야 합니다. 특히 중요한 부분은 명목상 참여에 해당하는 정보제공, 상담, 회유 단계입니다. 이 세 가지가 명목상 참여에 해당한다는 사실을 주로 체크하게 될 것이므로 집중하여 개념학습을 해야 할 것입니다.

기출 CHECK

1 아른슈타인(S. R. Arnstein)이 분류한 주민참여수준에 대한 설명으로 옳지 않은 것은?

2011 국가직 7급

① 회유(placation)는 주민이 정보를 제공받고, 각종 위원회 등에서 의견을 제시, 권고하는 등의 역할은 하지만, 주민이 정책결정에 영향력을 행사하는 능력은 갖지 못하는 수준이다.

② 정보제공(informing)은 행정기관과 주민간의 정보회로가 쌍방향적이어서 환류를 통한 협상과 타협에 연결되는 수준이다.

③ 대등협력(partnership)은 행정기관이 최종결정권을 가지고 있지만 주민이 필요하다고 판단될 경우 행정기관에 맞서서 자신의 주장을 내세울 만큼의 영향력을 갖고 있는 수준이다.

④ 권한위임(delegated power)은 주민이 정책의 결정·실시에 우월한 권력을 가지고 참여하는 경우로, 주민의 영향력이 강하여 행정기관은 문제해결을 위하여 주민을 협상으로 유도하는 수준이다.

① O 회유는 명목상 참여 단계로, 위원회를 통해 광범위한 참여가 이루어지나 판단은 행정당국에 있고, 주민들을 회유하기 위해 제시한 결정 이상의 혜택을 얻지는 못한다.

② X 정보제공은 명목상 참여 단계로, 정보의 통로는 행정에서 주민으로 통하는 일방적인 것이며, 환류나 협상 등의 능력은 주민들에게 없다.

③ O 대등협력은 주민주도 단계로, 지방의회가 최종 결정권을 가지고 있지만 주민들이 필요하다고 판단될 경우 그들의 주장을 협상으로 이끌어 갈 수 있다.

④ O 권한위임은 주민주도 단계로, 주민의 권한은 계획집행에 결정적으로 영향을 끼칠 만큼 강하여 행정당국은 문제해결을 위해 주민을 협상으로 유도하지 않을 수 없다.

정답 ②

2 주민참여제도

0 한국의 주민참여제도 A

9급 23국, 11국
7급 17지, 15국, 13지

(1) 직접참여

주민 스스로 지역과 관련된 결정을 내리거나 대표자에게 책임을 묻는 **직접적인 주민 참여 제도**로서 지방자치법 등 법령에서 규정

순서	구분	정부	근거	제정(시행)	취지
	주민청원	이승만	지방자치법 제85조	자치법상 1949년~	자치단체에 대한 주민들의 의사표현
1995년, 지방자치제도 부활 및 실질적 추진					
①	조례제정·개폐청구	김대중	지방자치법 제19조 주민조례발안법	1999.8(2000.3)	주민의사를 반영한 조례 운영
②	주민감사청구	김대중	지방자치법 제21조	1999.8(2000.3)	자치단체 예산편성과 집행에 대한 주민감사와 참여
③	주민투표	노무현	지방자치법 제18조 주민투표법	2004.1(2004.7) 자치법상 1994.3~	지방행정에 대한 견제와 감독 및 주민 의사결정
④	주민소송	노무현	지방자치법 제22조	2005.1(2006.1)	주민공동의 이익보호
⑤	주민소환	노무현	지방자치법 제25조 주민소환법	2006.5(2007.5)	선출직 공직자에 대한 주민통제
⑥	주민참여예산	이명박	지방재정법 제39조	2005 근거마련 2011 의무화	주민참여를 통한 재정운영의 민주성·효율성·투명성 제고

(2) 간접참여

① 자문위원회, 연합회, 협의회, 공청회 등

② **관련된 주민들만 제한적으로 참여**하며, 지방자치단체의 결정에 직접적인 영향력을 행사하는 것은 아니므로 간접 참여에 해당

기출 CHECK

1 우리나라 주민참여제도의 법제화 순서로 옳은 것은? 2011 국가직 9급

① 조례제정·개폐청구제도 → 주민투표제도 → 주민소송제도 → 주민소환제도
② 주민투표제도 → 주민감사청구제도 → 주민소송제도 → 주민소환제도
③ 주민소송제도 → 주민투표제도 → 주민감사청구제도 → 주민소환제도
④ 주민감사청구제도 → 주민소송제도 → 주민투표제도 → 조례제정·개폐청구제도

① O 우리나라 주민참여제도는 조례제정·개폐청구제도·주민감사청구제도(1999) → 주민투표제도(2004) → 주민소송제도(2005) → 주민소환제도(2006) 순으로 법제화되었다. 정답 ①

체크포인트

우리나라 주민참여제도의 순서는 단독 문제나 선지로 종종 체크하기 때문에 암기해 두는 것이 좋습니다. 두문자(조감투송환)를 활용해서 암기하는 것을 추천합니다.

PART 6

조례 발안법		주민 투표법		주민 소환법	지방 재정법
조례 개폐 청구 →	주민 감사 청구 →	주민 투표 →	주민 소송 →	주민 소환 →	주민 참여 예산
주민 ↓ 의회	법령위반 or 공익저해 ↓ 상급기관	직권 or 주민/의회 ↓ 투표실시 ↓ 1/4 & 과반수	납세관련 先감사 중앙 ×	단체장 의회의원 (비례 ×) 교육감	편성 등 단계

1 주민청원 C

지방자치법 제85조(청원서의 제출)

① **지방의회에 청원을 하려는 자는 지방의회의원의 소개**를 받아 **청원서를 제출**하여야 한다.

동법 제86조(청원의 불수리)

재판에 간섭하거나 법령에 위배되는 내용의 청원은 수리하지 아니한다.

2 주민조례제정개폐청구(지방자치법·주민조례발안법) A

9급 25지, 19국
7급 16국, 14지

X [9급] 주민은 행정기구를 설치하거나 변경하는 것에 관한 사항이나 공공시설의 설치를 반대하는 사항의 조례를 제정하거나 개정하거나 폐지할 것을 청구할 수 있다.

O 주민은 행정기구를 설치하거나 변경하는 것에 관한 사항이나 공공시설의 설치를 반대하는 사항의 조례를 제정하거나 개정하거나 폐지할 것을 청구할 수 없다.(있다 ×)

(1) 조례의 제정·개폐청구

지방자치법 제19조(조례의 제정과 개정·폐지 청구)

① **주민은** 지방자치단체의 **조례를 제정하거나 개정하거나 폐지할 것을 청구**할 수 있다.

② 조례의 제정·개정 또는 폐지 청구의 청구권자·청구대상·청구요건 및 절차 등에 관한 사항은 **따로 법률로 정한다.**

주민조례발안법 제2조(주민조례청구권자)

18세 이상의 주민으로서 다음 각 호의 어느 하나에 해당하는 사람은 해당 **지방의회에 조례를 제정하거나 개정 또는 폐지할 것을 청구**할 수 있다.

1. 해당 지방자치단체의 관할 구역에 **주민등록**이 되어 있는 사람
2. 「출입국관리법」에 따른 영주(永住)할 수 있는 **체류자격 취득일 후 3년이 지난 외국인**으로서 해당 지방자치단체의 외국인등록대장에 올라 있는 사람

동법 제4조(주민조례청구 제외 대상)

다음 각 호의 사항은 **주민조례청구 대상에서 제외**한다.

1. **법령을 위반**하는 사항
2. 지방세·사용료·수수료·부담금을 **부과·징수 또는 감면**하는 사항
3. **행정기구**를 설치하거나 변경하는 사항
4. **공공시설**의 설치를 반대하는 사항

동법 제13조(주민청구조례안의 심사 절차)

① 지방의회는 주민청구조례안이 수리된 날부터 1년 이내에 주민청구조례안을 의결하여야 한다. 다만, 필요한 경우에는 본회의 의결로 1년 이내의 범위에서 한 차례만 그 기간을 연장할 수 있다.

(2) 규칙의 제정 · 개폐 의견 제출

동법 제20조(규칙의 제정과 개정·폐지 의견 제출)

① 주민은 규칙(권리 · 의무와 직접 관련되는 사항으로 한정한다)의 제정, 개정 또는 폐지와 관련된 의견을 해당 지방자치단체의 장에게 제출할 수 있다.

② 법령이나 조례를 위반하거나 법령이나 조례에서 위임한 범위를 벗어나는 사항은 의견 제출 대상에서 제외한다.

3 주민감사청구 S

9급 19국, 18지, 17국, 17지, 16지
7급 23지, 17국, 16지, 14지

(1) 청구권자

지방자치법 제21조(주민의 감사 청구)

① 지방자치단체의 18세 이상의 주민은 시 · 도는 300명, 인구 50만 이상 대도시는 200명, 그 밖의 시 · 군 및 자치구는 150명 이내에서 그 지방자치단체의 조례로 정하는 수 이상의 18세 이상의 주민이 연대 서명하여 그 지방자치단체와 그 장의 권한에 속하는 사무의 처리가 법령에 위반되거나 공익을 현저히 해친다고 인정되면 시 · 도의 경우에는 주무부장관에게, 시 · 군 및 자치구의 경우에는 시 · 도지사에게 감사를 청구할 수 있다.

(2) 청구 제외 사항

동법 제21조(주민의 감사청구)

② 다음 각 호의 사항은 감사청구의 대상에서 제외한다.

1. 수사나 재판에 관여하게 되는 사항
2. 개인의 사생활을 침해할 우려가 있는 사항
3. 다른 기관에서 감사하였거나 감사 중인 사항. 다만, 다른 기관에서 감사한 사항이라도 새로운 사항이 발견되거나 중요 사항이 감사에서 누락된 경우와 주민소송의 대상이 되는 경우에는 그러하지 아니하다.
4. 동일한 사항에 대하여 소송이 진행 중이거나 그 판결이 확정된 사항

③ 청구는 사무처리가 있었던 날이나 끝난 날부터 3년이 지나면 제기할 수 없다.

PART 6

(3) 청구 처리 절차

> **동법 제21조(주민의 감사청구)**
>
> ⑨ **주무부장관이나 시 · 도지사는 감사청구를 수리한 날부터 60일 이내에 감사청구된 사항에 대하여 감사를 끝내야 하며,** 감사결과를 청구인의 대표자와 해당 지방자치단체의 장에게 서면으로 알리고, 공표하여야 한다. 다만, 그 기간에 감사를 끝내기가 어려운 정당한 사유가 있으면 그 기간을 연장할 수 있다. 이 경우 이를 미리 청구인의 대표자와 해당 지방자치단체의 장에게 알리고, 공표하여야 한다.
>
> ⑫ 주무부장관이나 시 · 도지사는 제9항에 따른 감사결과에 따라 기간을 정하여 **해당 지방자치단체의 장에게 필요한 조치를 요구할 수 있다.** 이 경우 그 지방자치단체의 장은 이를 성실히 이행하여야 하고 그 조치결과를 지방의회와 주무부장관 또는 시 · 도지사에게 보고하여야 한다.

체크포인트

주민감사청구는 숫자를 정확하게 알고 있어야 합니다. 주민감사청구를 위한 서명의 상한선, 감사청구의 시효, 감사청구 처리 기간 등 주로 숫자를 알고 있는지 체크하고 있기 때문입니다. 특히 지방자치법이 전부개정되면서 주민감사청구와 관련된 숫자도 대폭 개정됐기 때문에 앞으로 출제가 유력한 주제라고 볼 수 있습니다.

기출 CHECK

1 지방자치법상 주민의 감사청구에 대한 설명으로 옳지 않은 것은? 2018 지방직 9급(수정)

① 주민의 감사청구는 사무처리가 있었던 날이나 끝난 날부터 3년이 지나면 제기할 수 없다.

② 주무부장관이나 시 · 도지사는 감사청구를 수리한 날부터 60일 이내에 감사청구된 사항에 대하여 감사를 끝내는 것을 원칙으로 한다.

③ 다른 기관에서 감사한 사항이라도 새로운 사항이 발견되거나 중요 사항이 감사에서 누락된 경우는 감사청구의 대상이 될 수 있다.

④ 지방자치단체의 19세 이상의 주민은 시 · 도는 500명, 인구 50만명 이상 대도시는 200명, 그밖의 시 · 군 및 자치구는 100명을 넘지 아니하는 범위에서 그 지방자치단체의 조례로 정하는 19세 이상의 주민수 이상의 연서로 감사를 청구할 수 있다.

① O

> **지방자치법 제21조(주민의 감사청구)**
>
> ③ 청구는 사무처리가 있었던 날이나 끝난 날부터 3년이 지나면 제기할 수 없다.

② O

> **동법 제21조(주민의 감사청구)**
>
> ⑨ 주무부장관이나 시 · 도지사는 감사청구를 수리한 날부터 60일 이내에 감사청구된 사항에 대하여 감사를 끝내야 하며….

③ O

> **동법 제21조(주민의 감사청구)**
>
> ② 다음 각 호의 사항은 감사청구의 대상에서 제외한다.
>
> 3. 다른 기관에서 감사하였거나 감사 중인 사항. 다만, 다른 기관에서 감사한 사항이라도 새로운 사항이 발견되거나 중요 사항이 감사에서 누락된 경우와 주민소송의 대상이 되는 경우에는 그러하지 아니하다.

④ x 주민감사는 18세 이상의 주민이 청구할 수 있으며, 시·도는 300명, 인구 50만 이상 대도시는 200명, 그 밖의 시·군 및 자치구는 150명을 넘지 아니하는 범위에서 조례로 정하는 바에 따라 감사를 청구할 수 있다.

동법 제21조(주민의 감사청구)
① 지방자치단체의 18세 이상의 주민은 시·도는 300명, 인구 50만 이상 대도시는 200명, 그 밖의 시·군 및 자치구는 150명을 넘지 아니하는 범위에서 … 감사를 청구할 수 있다.

정답 ④

4 주민투표(지방자치법·주민투표법) A

9급 25국, 19국, 19지, 17국
7급 23지, 17지, 14지

(1) 법적 근거

지방자치법 제18조(주민투표)

① 지방자치단체의 장은 주민에게 과도한 부담을 주거나 중대한 영향을 미치는 지방자치단체의 주요 결정사항 등에 대하여 주민투표에 부칠 수 있다.

② 주민투표의 대상·발의자·발의요건, 그 밖에 투표절차 등에 관한 사항은 따로 법률로 정한다.

주민투표법 제1조(목적)

이 법은 지방자치단체의 주요결정사항에 관한 주민의 직접참여를 보장하기 위하여 「지방자치법」 제18조의 규정에 의한 주민투표의 대상·발의자·발의요건·투표절차 등에 관한 사항을 규정함으로써 지방자치행정의 민주성과 책임성을 제고하고 주민복리를 증진함을 목적으로 한다.

PART 6

(2) 주민투표권자

x [9급] 지방자치단체의 관할 구역에 거주하는 외국인에게는 주민투표권이 부여되지 않는다.
o 지방자치단체의 관할 구역에 거주하는 외국인도 일정 조건이 충족되면 주민투표권이 부여될 수 있다.(부여되지 않는다 ×)

동법 제5조(주민투표권)

① 18세 이상의 주민 중 투표인명부 작성기준일 현재 다음 각 호의 어느 하나에 해당하는 사람에게는 주민투표권이 있다. 다만, 공직선거법에 따라 선거권이 없는 사람에게는 주민투표권이 없다.

1. 그 지방자치단체의 관할 구역에 주민등록이 되어 있는 사람
2. 출입국관리 관계 법령에 따라 대한민국에 계속 거주할 수 있는 자격을 갖춘 외국인으로서 지방자치단체의 조례로 정한 사람

(3) 주민투표대상

동법 제7조(주민투표의 대상)

① 주민에게 과도한 부담을 주거나 중대한 영향을 미치는 지방자치단체의 주요결정사항은 주민투표에 부칠 수 있다.

② 제1항에도 불구하고 다음 각 호의 어느 하나에 해당하는 사항은 이를 주민투표에 부칠 수 없다.

1. 법령에 위반되거나 재판중인 사항
2. 국가 또는 다른 지방자치단체의 권한 또는 사무에 속하는 사항
3. 지방자치단체가 수행하는 다음 각 목의 어느 하나에 해당하는 사무의 처리에 관한 사항
가. 예산 편성·의결 및 집행

나. 회계 · 계약 및 재산관리

3의2. 지방세 · 사용료 · 수수료 · 분담금 등 각종 공과금의 부과 또는 감면에 관한 사항

4. 행정기구의 설치 · 변경에 관한 사항과 공무원의 인사 · 정원 등 신분과 보수에 관한 사항

5. 다른 법률에 의하여 주민대표가 직접 의사결정주체로서 참여할 수 있는 공공시설의 설치에 관한 사항. 다만, 지방의회가 주민투표의 실시를 청구하는 경우에는 그러하지 아니하다.

6. 동일한 사항에 대하여 주민투표가 실시된 후 2년이 경과되지 아니한 사항

(4) 국가정책에 관한 주민투표

동법 제8조(국가정책에 관한 주민투표)

① 중앙행정기관의 장은 지방자치단체를 폐지하거나 설치하거나 나누거나 합치는 경우 또는 지방자치단체의 구역을 변경하거나 주요시설을 설치하는 등 국가정책의 수립에 관하여 주민의 의견을 듣기 위하여 필요하다고 인정하는 때에는 주민투표의 실시구역을 정하여 관계 지방자치단체의 장에게 주민투표의 실시를 요구할 수 있다. 이 경우 중앙행정기관의 장은 미리 행정안전부장관과 협의하여야 한다.

(5) 주민투표 실시요건

동법 제9조(주민투표의 실시요건)

① 지방자치단체의 장은 다음 각 호의 어느 하나에 해당하는 경우에는 주민투표를 실시할 수 있다. 이 경우 제1호 또는 제2호에 해당하는 경우에는 주민투표를 실시하여야 한다.

1. 주민이 제2항에 따라 주민투표의 실시를 청구하는 경우
2. 지방의회가 제5항에 따라 주민투표의 실시를 청구하는 경우
3. 지방자치단체의 장이 주민의 의견을 듣기 위하여 필요하다고 판단하는 경우

② 18세 이상 주민 중 주민투표청구권자는 주민투표청구권자 총수의 20분의 1 이상 5분의 1 이하의 범위에서 지방자치단체의 조례로 정하는 수 이상의 서명으로 그 지방자치단체의 장에게 주민투표의 실시를 청구할 수 있다.

⑤ 지방의회는 재적의원 과반수의 출석과 출석의원 3분의 2 이상의 찬성으로 그 지방자치단체의 장에게 주민투표의 실시를 청구할 수 있다.

⑥ 지방자치단체의 장은 직권에 의하여 주민투표를 실시하고자 하는 때에는 그 지방의회 재적의원 과반수의 출석과 출석의원 과반수의 동의를 얻어야 한다.

(6) 주민투표방법

동법 제18조(투표방법 등)

① 투표는 「공직선거법」에 의한 기표방법에 의한 투표로 한다.

② 투표는 직접 또는 우편으로 하되, 1인 1표로 한다.

동법 제18조의2(전자적 방법에 의한 투표·개표)

① 제18조에도 불구하고 지방자치단체의 장은 다음 각 호의 어느 하나에 해당하는 경우에는 전자투표 및 전자개표를 실시할 수 있다.

(7) 주민투표결과의 확정*

동법 제24조(주민투표결과의 확정)

① 주민투표에 부쳐진 사항은 주민투표권자 총수의 4분의 1 이상의 투표와 유효투표수 과반수의 득표로 확정된다. 다만, 다음 각 호의 어느 하나에 해당하는 경우에는 찬성과 반대 양자를 모두 수용하지 아니하거나, 양자택일의 대상이 되는 사항 모두를 선택하지 아니하기로 확정된 것으로 본다.

1. 전체 투표수가 주민투표권자 총수의 4분의 1에 미달되는 경우
2. 주민투표에 부쳐진 사항에 관한 유효득표수가 동수인 경우

* 기존에는 주민투표권자 총수의 3분의 1에 미달되는 경우 개표를 하지 않았으나, 2022년부터는 모든 경우에 개표를 하는 것으로 개정

(8) 주민투표소송

동법 제25조(주민투표소송 등)

① 주민투표의 효력에 관하여 이의가 있는 주민투표권자는 주민투표권자 총수의 100분의 1 이상의 서명으로 주민투표결과가 공표된 날부터 14일 이내에 관할선거관리위원회 위원장을 피소청인으로 하여 시·군·구의 경우에는 시·도선거관리위원회에, 시·도의 경우에는 중앙선거관리위원회에 소청할 수 있다.

② 소청인은 제1항에 따른 소청에 대한 결정에 불복하려는 경우 관할선거관리위원회위원장을 피고로 하여 그 결정서를 받은 날부터 10일 이내에 시·도의 경우에는 대법원에, 시·군·구의 경우에는 관할 고등법원에 소를 제기할 수 있다.

5 주민소송(= 납세자소송) C

9급 19지
7급 23지

(1) 주민소송 제기 가능사안(先감사청구)

지방자치법 제22조(주민소송)

① 공금의 지출에 관한 사항, 재산의 취득·관리·처분에 관한 사항, 해당 지방자치단체를 당사자로 하는 매매·임차·도급 계약이나 그 밖의 계약의 체결·이행에 관한 사항 또는 지방세·사용료·수수료·과태료 등 공금의 부과·징수를 게을리한 사항을 감사청구한 주민은 다음 각 호의 어느 하나에 해당하는 경우에 그 감사청구한 사항과 관련이 있는 위법한 행위나 업무를 게을리 한 사실에 대하여 해당 지방자치단체의 장을 상대방으로 하여 소송을 제기할 수 있다.

1. 주무부장관이나 시·도지사가 감사청구를 수리한 날부터 60일이 지나도 감사를 끝내지 아니한 경우
2. 감사결과 또는 조치요구에 불복하는 경우
3. 주무부장관이나 시·도지사의 조치요구를 지방자치단체의 장이 이행하지 아니한 경우
4. 지방자치단체의 장의 이행 조치에 불복하는 경우

PART 6

(2) 주민소송의 종류

동법 제22조(주민소송)

② **주민이 제기할 수 있는 소송**은 다음 각 호와 같다.

1. 해당 행위를 계속하면 회복하기 곤란한 손해를 발생시킬 우려가 있는 경우에는 그 행위의 **전부나 일부를 중지할 것을 요구**하는 소송*
2. 행정처분인 해당 행위의 취소 또는 변경을 요구하거나 **그 행위의 효력 유무 또는 존재 여부의 확인을 요구**하는 소송*
3. **게을리한 사실의 위법 확인을 요구**하는 소송*
4. 해당 지방자치단체의 장 및 직원, 지방의회의원, 해당 행위와 관련이 있는 상대방에게 **손해배상청구 또는 부당이득반환청구를 할 것을 요구**하는 소송

③ 제2항 제1호의 중지청구소송은 해당 행위를 중지할 경우 생명이나 신체에 중대한 위해가 생길 우려가 있거나 그 밖에 공공복리를 현저하게 저해할 우려가 있으면 제기할 수 없다.

* 중지청구소송
* 취소소송 및 무효확인소송
* 부작위확인소송

6 주민소환(지방자치법*·주민소환에 관한 법률) A

9급 25국, 21국, 19국, 19지, 16지
7급 23지, 19지, 17지, 16지

* **지방자치법 제25조(주민소환)**
① 주민은 그 지방자치단체의 장 및 지방의회의원(비례대표 지방의회의원은 제외한다)을 **소환할 권리**를 가진다.
② 주민소환의 투표 청구권자·청구요건·절차 및 효력 등에 관하여는 **따로 법률로 정한다.**

(1) 주민소환 투표권

주민소환법 제3조(주민소환투표권)

① 주민소환투표인명부 작성기준일 현재 다음 각 호의 어느 하나에 해당하는 자는 **주민소환투표권이 있다.**

1. **19세 이상의 주민**으로서 당해 지방자치단체 관할구역에 주민등록이 되어 있는 자
2. **19세 이상의 외국인**으로서 「출입국관리법」에 따른 영주의 체류자격 취득일 후 3년이 경과한 자 중 당해 지방자치단체 관할구역의 외국인등록대장에 등재된 자

② 주민소환투표권자의 연령은 주민소환투표일 현재를 기준으로 계산한다.

(2) 대상 및 청구인

동법 제7조(주민소환투표의 청구)

① 주민소환투표청구권자는 해당 **지방자치단체의 장 및 지방의회의원(비례대표의원은 제외)**에 대하여 다음 각 호에 해당하는 주민의 서명으로 그 소환사유를 서면에 구체적으로 명시하여 관할선거관리위원회에 주민소환투표의 실시를 청구할 수 있다.

1. **특별시장·광역시장·도지사**: 당해 지방자치단체의 주민소환투표청구권자 총수의 **100분의 10이상**
2. **시장·군수·자치구의 구청장**: 당해 지방자치단체의 주민소환투표청구권자 총수의 **100분의 15이상**
3. **지역선거구시·도의회의원 및 지역선거구자치구·시·군의회의원**: 당해 지방의회의원의 선거구 안의 주민소환투표청구권자 총수의 **100분의 20이상**

지방교육자치에 관한 법률 제24조의2(교육감의 소환)

① 주민은 교육감을 소환할 권리를 가진다.

② 교육감에 대한 주민소환투표사무는 선거관리위원회가 관리한다.

③ 교육감의 주민소환에 관하여는 이 법에서 규정한 사항을 제외하고는 그 성질에 반하지 아니하는 범위에서 「주민소환에 관한 법률」의 시 · 도지사에 관한 규정을 준용한다.

(3) 청구제한기간

주민소환법 제8조(주민소환투표의 청구제한기간)

다음 각 호의 어느 하나에 해당하는 때에는 주민소환투표의 실시를 청구할 수 없다.

1. 선출직 지방공직자의 임기개시일부터 1년이 경과하지 아니한 때
2. 선출직 지방공직자의 임기만료일부터 1년 미만일 때
3. 해당선출직 지방공직자에 대한 주민소환투표를 실시한 날부터 1년 이내인 때

(4) 확정 및 효력

동법 제22조(주민소환투표결과의 확정)

① 주민소환은 주민소환투표권자 총수의 3분의 1이상의 투표와 유효투표 총수 과반수의 찬성으로 확정된다.

동법 제23조(주민소환투표의 효력)

① 주민소환이 확정된 때에는 주민소환투표대상자는 그 결과가 공표된 시점부터 그 직을 상실한다.

(5) 주민소환투표소송

동법 제24조(주민소환투표소송 등)

① 주민소환투표의 효력에 관하여 이의가 있는 해당 주민소환투표대상자 또는 주민소환투표권자(주민소환투표권자 총수의 100분의 1이상의 서명을 받아야 한다)는 주민소환투표결과가 공표된 날부터 14일 이내에 관할선거관리위원회 위원장을 피소청인으로 하여 지역구 광역 · 기초의원, 또는 시장 · 군수 · 자치구의 구청장을 대상으로 한 주민소환투표에 있어서는 특별시 · 광역시 · 도선거관리위원회에, 시 · 도지사를 대상으로 한 주민소환투표에 있어서는 중앙선거관리위원회에 소청할 수 있다.

② 제1항의 규정에 따른 소청에 대한 결정에 관하여 불복이 있는 소청인은 관할선거관리위원회 위원장을 피고로 하여 그 결정서를 받은 날부터 10일 이내에 지역구 광역 · 기초의원 또는 시장 · 군수 · 자치구의 구청장을 대상으로 한 주민소환투표에 있어서는 그 선거구를 관할하는 고등법원에, 시 · 도지사를 대상으로 한 주민소환투표에 있어서는 대법원에 소를 제기할 수 있다.

보충

주민소환 실시 사례

우리나라에서는 2007년 경기도 하남시에서 주민소환투표가 최초로 실시되었으며, 하남시 지방의회의원 2명에 대한 주민소환이 확정된 바 있음.

체크포인트

주민소환에서 가장 많이 체크하는 논점이 주민소환의 대상입니다. 주민들이 직접 선출하는 대상에 한해 주민소환이 이루어지므로, 지방자치단체장, 지방의회의원, 교육감이 그 대상입니다. 다만 지방의회의원 중 비례대표의원은 주민들이 직접적으로 선출하는 대상은 아니기 때문에 주민소환의 대상에 포함되지 않습니다.

기출 CHECK

1 지방자치법상 우리나라 지방자치단체에 대한 설명으로 옳지 않은 것은? 2016 지방직 9급

① 지방자치단체인 구는 특별시와 광역시의 관할 구역 안의 구만을 말한다.
② 자치구가 아닌 구의 명칭과 구역의 변경은 그 지방자치단체의 조례로 정한다.
③ 주민은 지방자치단체와 그 장의 권한에 속하는 사무의 처리가 법령에 위반되거나 공익을 현저히 해친다고 인정되면 감사를 청구할 수 있다.
④ 주민은 그 지방자치단체의 장뿐만 아니라 지방에 속한 모든 의회의원까지도 소환할 권리를 가진다.

① O 구는 자치구와 행정구로 구분된다. 지방자치단체인 구는 자치구로, 광역자치단체인 특별시와 광역시의 관할 구역에 있는 기초자치단체를 의미한다.
② O 지방자치법에 따라 자치구가 아닌 구의 명칭과 구역의 변경은 조례로 정한다.
③ O 지방자치법에 따라 주민은 자치단체의 사무 처리에 대해 감사를 청구할 수 있다.
④ X 주민소환법에 따라 지방의회의원 중 비례대표 의원에 대해서는 주민소환이 실시될 수 없다. 정답 ④

7 주민참여예산제도* (지방재정법) A

9급 17국
7급 21지, 19지, 18국, 17지, 16지

X [7급] 기획예산처장관은 지방자치단체별 주민참여예산제도의 운영에 대한 평가를 실시할 수 있다.
O 행정안전부장관(기획예산처장관 ×)은 지방자치단체별 주민참여예산제도의 운영에 대한 평가를 실시할 수 있다.

지방재정법 제39조(지방예산 편성 등 예산과정의 주민 참여)

① 지방자치단체의 장은 대통령령으로 정하는 바에 따라 **지방예산 편성 등 예산과정에 주민이 참여할 수 있는 제도(주민참여예산제도)**를 마련하여 시행하여야 한다.
② 지방예산 편성 등 예산과정의 주민 참여와 관련되는 다음 각 호의 사항을 심의하기 위하여 **지방자치단체의 장 소속**으로 **주민참여예산위원회** 등 주민참여예산기구를 둘 수 있다.
1. 주민참여예산제도의 운영에 관한 사항
2. 지방의회에 제출하는 예산안에 첨부하여야 하는 의견서의 내용에 관한 사항
3. 그 밖에 지방자치단체의 장이 주민참여예산제도의 운영에 필요하다고 인정하는 사항
③ 지방자치단체의 장은 주민참여예산제도를 통하여 수렴한 **주민의 의견서를 지방의회에 제출하는 예산안에 첨부**하여야 한다.
④ **행정안전부장관**은 지방자치단체의 재정적 · 지역적 여건 등을 고려하여 대통령령으로 정하는 바에 따라 지방자치단체별 **주민참여예산제도의 운영에 대하여 평가를 실시**할 수 있다.
⑤ 주민참여예산기구의 구성 · 운영과 **그 밖에 필요한 사항**은 해당 지방자치단체의 **조례**로 정한다.

* **주민참여예산제도 연혁**
① 해외 : 1989년 브라질 포르투 알레그레(Porto Alegre)시에서 처음 시작
② 국내 : 2004년 광주광역시 북구에서 최초로 주민참여조례 제정

기출 CHECK

1 주민참여예산제도에 대한 설명으로 옳지 않은 것은? 2019 지방직 7급

① 지방자치단체의 장은 주민참여예산제도를 통하여 수렴한 주민의 의견서를 지방의회에 제출하는 예산안에 첨부하여야 한다.

② 주민참여예산기구의 구성·운영과 그 밖에 필요한 사항은 해당 지방자치단체의 조례로 정한다.

③ 2011년 지방자치법의 개정으로 모든 지방자치단체가 의무적으로 이행해야 하는 제도가 되었다.

④ 행정안전부장관은 지방자치단체의 재정적 여건을 고려하여 지방자치단체별 주민참여예산제도의 운영을 평가할 수 있다.

① O

> **지방재정법 제39조(지방예산 편성 등 예산과정의 주민 참여)**
> ③ 지방자치단체의 장은 주민참여예산제도를 통하여 수렴한 주민의 의견서를 지방의회에 제출하는 예산안에 첨부하여야 한다.

② O

> **동법 제39조(지방예산 편성 등 예산과정의 주민 참여)**
> ⑤ 주민참여예산기구의 구성·운영과 그 밖에 필요한 사항은 해당 지방자치단체의 조례로 정한다.

③ X 주민참여예산제도는 지방자치법이 아닌, 지방재정법에 규정되어 있는 제도로 2011년 모든 지방자치단체가 의무적으로 이행하도록 규정되었다.

④ O

> **동법 제39조(지방예산 편성 등 예산과정의 주민 참여)**
> ④ 행정안전부장관은 지방자치단체의 재정적·지역적 여건 등을 고려하여 대통령령으로 정하는 바에 따라 지방자치단체별 주민참여예산제도의 운영에 대하여 평가를 실시할 수 있다.

정답 ③

체크포인트

여태까지 살펴본 주민참여제도들과는 달리, 주민참여예산제도는 지방자치법이 아닌 지방재정법에 근거한 제도입니다. 또한 국가의 예산처럼 기획예산처 장관이 담당하는 것이 아니라, 지방의 예산과 관련된 제도이기 때문에 행정안전부장관이 총괄적인 평가를 수행한다는 점도 주요 출제포인트입니다.

PART 6

심화 국민참여예산제도

1. 운영 방식
   ① 중앙정부 예산과정에의 국민참여를 제고하기 위하여 국민참여예산제도를 2017년 시범 도입 후 2018년부터 본격적으로 도입하여 운영(기획예산처 총괄)
   ② 국민참여예산 홈페이지를 통한 예산사업 제안, 재정관련 주요 사회현안 등에 대한 토론 참여, 예산 국민참여단 참여 등 가능
2. 법적 근거 : 국가재정법 및 동법 시행령

국가재정법 제16조(예산의 원칙)

정부는 예산의 편성 및 집행에 있어서 다음 각 호의 원칙을 준수하여야 한다.

4. 정부는 예산과정의 투명성과 예산과정에의 국민참여를 제고하기 위하여 노력하여야 한다.

동법 시행령 제7조의2(예산과정에의 국민참여)

① 정부는 법 제16조제4호에 따라 예산과정의 투명성과 국민참여를 제고하기 위하여 필요한 시책을 시행하여야 한다.

② 정부는 예산과정에의 국민참여를 통하여 수렴된 의견을 검토하여야 하며, 그 결과를 예산편성시 반영할 수 있다.

③ 정부는 제2항에 따른 의견수렴을 촉진하기 위하여 국민으로 구성된 참여단을 운영할 수 있다.

④ 제1항에 따른 시책의 마련을 위하여 필요한 구체적인 사항은 기획예산처장관이 정한다.

memo

부록 - 심화조문

1 지방자치법 심화조문

1 구역

제5조(지방자치단체의 명칭과 구역)

① 지방자치단체의 명칭과 구역은 종전과 같이 하고, 명칭과 구역을 바꾸거나 지방자치단체를 폐지하거나 설치하거나 나누거나 합칠 때에는 법률로 정한다.

② 제1항에도 불구하고 지방자치단체의 구역변경 중 관할 구역 경계변경과 지방자치단체의 한자 명칭의 변경은 대통령령으로 정한다.

④ 제1항에도 불구하고 다음 각 호의 지역이 속할 지방자치단체는 행정안전부장관이 결정한다.

1. 「공유수면 관리 및 매립에 관한 법률」에 따른 매립지

⑤ 제4항제1호의 경우에는 매립면허관청 또는 관련 지방자치단체의 장이 준공검사를 하기 전에 해당 지역의 위치, 귀속희망 지방자치단체 등을 명시하여 행정안전부장관에게 그 지역이 속할 지방자치단체의 결정을 신청하여야 한다.

⑦ 행정안전부장관은 다음 각 호에서 정하는 바에 따라 결정하고, 그 결과를 면허관청이나 관계 지방자치단체의 장 등에게 통보하고 공고하여야 한다.

1. 신청내용에 대하여 이의가 제기된 경우 : 지방자치단체중앙분쟁조정위원회의 심의·의결에 따라 매립지가 속할 지방자치단체를 결정
2. 신청내용에 대하여 이의가 제기되지 아니한 경우 : 위원회의 심의·의결을 거치지 아니하고 신청내용에 따라 매립지가 속할 지방자치단체를 결정

⑨ 관계 지방자치단체의 장은 행정안전부장관의 결정에 이의가 있으면 그 결과를 통보받은 날부터 15일 이내에 대법원에 소송을 제기할 수 있다.

제6조(지방자치단체의 관할 구역 경계변경 등)

① 지방자치단체의 장은 관할 구역과 생활권과의 불일치 등으로 인하여 주민생활에 불편이 큰 경우 등 대통령령으로 정하는 사유가 있는 경우에는 행정안전부장관에게 경계변경이 필요한 지역 등을 명시하여 경계변경에 대한 조정을 신청할 수 있다. 이 경우 지방자치단체의 장은 지방의회 재적의원 과반수의 출석과 출석의원 3분의 2 이상의 동의를 받아야 한다.

④ 행정안전부장관은 관계 지방자치단체 등 당사자 간 경계변경에 관한 사항을 효율적으로 협의할 수 있도록 경계변경자율협의체를 구성·운영할 것을 관계 지방자치단체의 장에게 요청하여야 한다.

⑤ 관계 지방자치단체는 경계변경자율협의체 구성·운영 요청을 받은 후 지체 없이 협의체를 구성하고, 경계변경 여부 및 대상 등에 대하여 같은 항에 따른 행정안전부장관의 요청을 받은 날부터 120일 이내에 협의를 하여야 한다.

⑥ 제5항에 따라 협의체를 구성한 지방자치단체의 장은 같은 항에 따른 협의 기간 이내에 협의체의 협의 결과를 행정안전부장관에게 알려야 한다.

⑦ 행정안전부장관은 다음 각 호의 어느 하나에 해당하는 경우에는 지방자치단체중앙분쟁조정위원회의 심의·의결을 거쳐 경계변경에 대하여 조정할 수 있다.

1. 관계 지방자치단체가 행정안전부장관의 요청을 받은 날부터 120일 이내에 협의체를 구성하지 못한 경우
2. 관계 지방자치단체가 협의 기간 이내에 경계변경 여부 및 대상 등에 대하여 합의를 하지 못한 경우

부록

제7조(자치구가 아닌 구와 읍·면·동 등의 명칭과 구역)

① 자치구가 아닌 구와 읍·면·동의 명칭과 구역은 종전과 같이 하고, **자치구가 아닌 구와 읍·면·동을 폐지하거나 설치하거나 나누거나 합칠 때**에는 **행정안전부장관의 승인**을 받아 그 지방자치단체의 **조례**로 정한다. 다만, **명칭과 구역의 변경**은 그 지방자치단체의 **조례**로 정하고, 그 **결과를 특별시장·광역시장·도지사에게 보고**하여야 한다.

② 리의 구역은 자연 촌락을 기준으로 하되, 그 명칭과 구역은 종전과 같이 하고, **명칭과 구역을 변경하거나 리를 폐지하거나 설치하거나 나누거나 합칠 때**에는 그 지방자치단체의 **조례**로 정한다.

제10조(시·읍의 설치기준 등)

① **시**는 그 대부분이 도시의 형태를 갖추고 **인구 5만 이상**이 되어야 한다.

② 다음 각 호의 어느 하나에 해당하는 지역은 **도농 복합형태의 시**로 할 수 있다.

1. 제1항에 따라 설치된 **시와 군을 통합**한 지역
2. **인구 5만 이상의 도시 형태**를 갖춘 지역이 있는 **군**
3. **인구 2만 이상의 도시 형태**를 갖춘 **2개 이상의 지역 인구가 5만 이상인 군**. 이 경우 **군의 인구는 15만 이상**으로서 대통령령으로 정하는 요건을 갖추어야 한다.

③ **읍**은 그 대부분이 도시의 형태를 갖추고 **인구 2만 이상**이 되어야 한다. 다만, 다음 각 호의 어느 하나에 해당하면 **인구 2만 미만인 경우에도 읍으로 할 수 있다.**

1. **군사무소 소재지의 면**
2. **읍이 없는 도농 복합형태의 시**에서 그 시에 있는 면 중 **1개 면**

2 지방의회

제40조(의원의 의정활동비 등)

① **지방의회의원**에게는 다음 각 호의 **비용을 지급**한다.

1. 의정 자료를 수집하고 연구하거나 이를 위한 보조 활동에 사용되는 비용을 보하기 위하여 매월 지급하는 **의정활동비**
2. 지방의회의원의 직무활동에 대하여 지급하는 **월정수당**
3. 본회의 의결, 위원회 의결 또는 지방의회의 의장의 명에 따라 공무로 여행할 때 지급하는 **여비**

② 제1항 각 호에 규정된 비용은 **대통령령으로 정하는 기준을 고려**하여 해당 지방자치단체의 **의정비심의위원회에서 결정하는 금액 이내**에서 지방자치단체의 **조례**로 정한다. 다만, 제1항제3호에 따른 비용은 의정비심의위원회 결정 대상에서 제외한다.

제41조(의원의 정책지원 전문인력)

① **지방의회의원의 의정활동을 지원**하기 위하여 **지방의회의원 정수의 2분의 1 범위**에서 해당 지방자치단체의 **조례**로 정하는 바에 따라 **지방의회에 정책지원 전문인력**을 둘 수 있다.

② 정책지원 전문인력은 **지방공무원**으로 보하며, 직급·직무 및 임용절차 등 운영에 필요한 사항은 대통령령으로 정한다.

제47조의2(인사청문회)

① 지방자치단체의 장은 다음 각 호의 어느 하나에 해당하는 직위 중 조례로 정하는 직위의 후보자에 대하여 지방의회에 인사청문을 요청할 수 있다.

1. 정무직 국가공무원으로 보하는 부시장 · 부지사
2. 「제주특별법」에 따른 행정시장
3. 「지방공기업법」에 따른 지방공사의 사장과 지방공단의 이사장
4. 「지방자치단체 출자 · 출연 기관의 운영에 관한 법률」에 따른 출자 · 출연 기관의 기관장

② 지방의회의 의장은 제1항에 따른 인사청문 요청이 있는 경우 인사청문회를 실시한 후 그 경과를 지방자치단체의 장에게 송부하여야 한다.

③ 그 밖에 인사청문회의 절차 및 운영 등에 필요한 사항은 조례로 정한다.

제62조(의장·부의장 불신임의 의결)

① 지방의회의 의장이나 부의장이 법령을 위반하거나 정당한 사유 없이 직무를 수행하지 아니하면 지방의회는 불신임을 의결할 수 있다.

② 제1항의 불신임 의결은 재적의원 4분의 1 이상의 발의와 재적의원 과반수의 찬성으로 한다.

③ 제2항의 불신임 의결이 있으면 지방의회의 의장이나 부의장은 그 직에서 해임된다.

제63조의2(교섭단체)

① 지방의회에 교섭단체를 둘 수 있다. 이 경우 조례로 정하는 수 이상의 소속의원을 가진 정당은 하나의 교섭단체가 된다.

② 제1항 후단에도 불구하고 다른 교섭단체에 속하지 아니하는 의원 중 조례로 정하는 수 이상의 의원은 따로 교섭단체를 구성할 수 있다.

제68조(전문위원)

① 위원회에는 위원장과 위원의 자치입법활동을 지원하기 위하여 지방의회의원이 아닌 전문지식을 가진 전문위원을 둔다.

제74조(표결방법)

본회의에서 표결할 때에는 조례 또는 회의규칙으로 정하는 표결방식에 의한 기록표결로 가부를 결정한다. 다만, 다음 각 호의 어느 하나에 해당하는 경우에는 무기명투표로 표결한다.

1. 의장 · 부의장 선거
2. 임시의장 선출
3. 의장 · 부의장 불신임 의결
4. 자격상실 의결
5. 징계 의결
6. 재의 요구에 관한 의결
7. 그 밖에 지방의회에서 하는 각종 선거 및 인사에 관한 사항

제75조(회의의 공개 등)

① 지방의회의 회의는 공개한다. 다만, 지방의회의원 3명 이상이 발의하고 출석의원 3분의 2 이상이 찬성한 경우 또는 지방의회의 의장이 사회의 안녕질서 유지를 위하여 필요하다고 인정하는 경우에는 공개하지 아니할 수 있다.

제102조(사무처 등의 설치)

① 시·도의회에는 사무를 처리하기 위하여 조례로 정하는 바에 따라 사무처를 둘 수 있으며, 사무처에는 사무처장과 직원을 둔다.

② 시·군 및 자치구의회에는 사무를 처리하기 위하여 조례로 정하는 바에 따라 사무국이나 사무과를 둘 수 있으며, 사무국·사무과에는 사무국장 또는 사무과장과 직원을 둘 수 있다.

③ 사무처장·사무국장·사무과장 및 직원은 지방공무원으로 보한다.

3\. 지방자치단체장

제105조(지방자치단체의 장의 직 인수위원회)

① 「공직선거법」에 따른 지방자치단체의 장의 당선인은 이 법에서 정하는 바에 따라 지방자치단체의 장의 직 인수를 위하여 필요한 권한을 갖는다.

② 당선인을 보좌하여 지방자치단체의 장의 직 인수와 관련된 업무를 담당하기 위하여 당선이 결정된 때부터 해당 지방자치단체에 지방자치단체의 장의 직 인수위원회를 설치할 수 있다.

③ 인수위원회는 당선인으로 결정된 때부터 지방자치단체의 장의 임기 시작일 이후 20일의 범위에서 존속한다.

⑤ 인수위원회는 위원장 1명 및 부위원장 1명을 포함하여 다음 각 호의 구분에 따른 위원으로 구성한다.

1\. 시·도 : 20명 이내

2\. 시·군 및 자치구 : 15명 이내

⑥ 위원장·부위원장 및 위원은 명예직으로 하고, 당선인이 임명하거나 위촉한다.

제111조(지방자치단체의 장의 사임)

① 지방자치단체의 장은 그 직을 사임하려면 지방의회의 의장에게 미리 사임일을 적은 서면(사임통지서)로 알려야 한다.

② 지방자치단체의 장은 사임통지서에 적힌 사임일에 사임한다. 다만, 사임통지서에 적힌 사임일까지 지방의회의 의장에게 사임통지가 되지 아니하면 지방의회의 의장에게 사임통지가 된 날에 사임한다.

제123조(부지사·부시장·부군수·부구청장)

① 특별시·광역시 및 특별자치시에 부시장, 도와 특별자치도에 부지사, 시에 부시장, 군에 부군수, 자치구에 부구청장을 두며, 그 수는 다음 각 호의 구분과 같다.

1\. 특별시의 부시장의 수 : 3명을 넘지 아니하는 범위에서 대통령령으로 정한다.

2\. 광역시와 특별자치시의 부시장 및 도와 특별자치도의 부지사의 수 : 2명(인구 800만 이상의 광역시나 도는 3명)을 넘지 아니하는 범위에서 대통령령으로 정한다.

3\. 시의 부시장, 군의 부군수 및 자치구의 부구청장의 수 : 1명으로 한다.

② 특별시·광역시 및 특별자치시의 부시장, 도와 특별자치도의 부지사는 대통령령으로 정하는 바에 따라 정무직 또는 일반직 국가공무원으로 보한다. 다만, 제1항제1호 및 제2호에 따라 특별시·광역시 및 특별자치시의 부시장, 도와 특별자치도의 부지사를 2명이나 3명 두는 경우에 1명은 대통령령으로 정하는 바에 따라 정무직·일반직 또는 별정직 지방공무원으로 보하되, 정무직과 별정직 지방공무원으로 보할 때의 자격기준은 해당 지방자치단체의 조례로 정한다.

③ 제2항의 정무직 또는 일반직 국가공무원으로 보하는 부시장·부지사는 시·도지사의 제청으로 행정안전부장관을 거쳐 대통령이 임명한다.

④ 시의 부시장, 군의 부군수, 자치구의 부구청장은 일반직 지방공무원으로 보하되, 그 직급은 대통령령으로 정하며 시장·군수·구청장이 임명한다.

⑥ 제1항제1호 및 제2호에 따라 시 · 도의 부시장과 부지사를 2명이나 3명 두는 경우에 그 사무 분장은 대통령령으로 정한다. 이 경우 부시장 · 부지사를 3명 두는 시 · 도에서는 그중 1명에게 특정지역의 사무를 담당하게 할 수 있다.

제124조(지방자치단체의 장의 권한대행 등)

① 지방자치단체의 장이 다음 각 호의 어느 하나에 해당되면 부지사 · 부시장 · 부군수 · 부구청장(부단체장)이 그 권한을 대행한다.

1. 궐위된 경우
2. 공소 제기된 후 구금상태에 있는 경우
3. 「의료법」에 따른 의료기관에 60일 이상 계속하여 입원한 경우

② 지방자치단체의 장이 그 직을 가지고 그 지방자치단체의 장 선거에 입후보하면 예비후보자 또는 후보자로 등록한 날부터 선거일까지 부단체장이 그 지방자치단체의 장의 권한을 대행한다.

③ 지방자치단체의 장이 출장 · 휴가 등 일시적 사유로 직무를 수행할 수 없으면 부단체장이 그 직무를 대리한다.

제125조(행정기구와 공무원)

⑤ 지방자치단체에는 법률로 정하는 바에 따라 국가공무원을 둘 수 있다.

⑥ 제5항에 규정된 국가공무원의 경우 「국가공무원법」에도 불구하고 5급 이상의 국가공무원이나 고위공무원단에 속하는 공무원은 해당 지방자치단체의 장의 제청으로 소속 장관을 거쳐 대통령이 임명하고, 6급 이하의 국가공무원은 그 지방자치단체의 장의 제청으로 소속 장관이 임명한다.

④ 시의 부시장, 군의 부군수, 자치구의 부구청장은 일반직 지방공무원으로 보하되, 그 직급은 대통령령으로 정하며 시장 · 군수 · 구청장이 임명한다.

⑥ 제1항제1호 및 제2호에 따라 시 · 도의 부시장과 부지사를 2명이나 3명 두는 경우에 그 사무 분장은 대통령령으로 정한다. 이 경우 부시장 · 부지사를 3명 두는 시 · 도에서는 그중 1명에게 특정지역의 사무를 담당하게 할 수 있다.

제124조(지방자치단체의 장의 권한대행 등)

① 지방자치단체의 장이 다음 각 호의 어느 하나에 해당되면 부지사 · 부시장 · 부군수 · 부구청장(부단체장)이 그 권한을 대행한다.

1. 궐위된 경우
2. 공소 제기된 후 구금상태에 있는 경우
3. 「의료법」에 따른 의료기관에 60일 이상 계속하여 입원한 경우

② 지방자치단체의 장이 그 직을 가지고 그 지방자치단체의 장 선거에 입후보하면 예비후보자 또는 후보자로 등록한 날부터 선거일까지 부단체장이 그 지방자치단체의 장의 권한을 대행한다.

③ 지방자치단체의 장이 출장 · 휴가 등 일시적 사유로 직무를 수행할 수 없으면 부단체장이 그 직무를 대리한다.

제125조(행정기구와 공무원)

⑤ 지방자치단체에는 법률로 정하는 바에 따라 국가공무원을 둘 수 있다.

⑥ 제5항에 규정된 국가공무원의 경우 「국가공무원법」에도 불구하고 5급 이상의 국가공무원이나 고위공무원단에 속하는 공무원은 해당 지방자치단체의 장의 제청으로 소속 장관을 거쳐 대통령이 임명하고, 6급 이하의 국가공무원은 그 지방자치단체의 장의 제청으로 소속 장관이 임명한다.

2 지방재정법 심화조문

제9조(회계의 구분)

① 지방자치단체의 회계는 일반회계와 특별회계로 구분한다.

② 특별회계는 「지방공기업법」에 따른 지방직영기업이나 그 밖의 특정사업을 운영할 때 또는 특정자금이나 특정세입·세출로서 일반세입·세출과 구분하여 회계처리할 필요가 있을 때에만 법률이나 조례로 설치할 수 있다. 다만, 목적세에 따른 세입·세출은 다른 법률에 특별한 규정이 있는 경우를 제외하고는 특별회계를 설치·운용하여야 한다.

③ 지방자치단체가 특별회계를 설치하려면 5년 이내의 범위에서 특별회계의 존속기한을 해당 조례에 명시하여야 한다. 다만, 법률에 따라 의무적으로 설치·운용되는 특별회계는 그러하지 아니하다.

제9조의2(회계·기금 간 여유재원의 예수·예탁)

① 지방자치단체의 장은 재정의 효율적 운용을 위하여 필요한 경우에는 다른 법률 또는 조례에도 불구하고 회계 및 기금의 목적 수행에 지장을 초래하지 아니하는 범위에서 회계와 기금 간, 회계 상호 간 그리고 기금 상호 간에 여유재원 또는 기금 예치금을 예탁하거나 예수하여 통합적으로 활용할 수 있다. 이 경우 그 내용을 예산 또는 기금운용계획에 반영하여야 한다.

② 제1항에 따른 여유재원의 예탁 및 예수와 기금 예치금의 예탁 및 예수는 「지방자치단체 기금관리기본법」에 따른 통합재정안정화기금의 통합 계정으로 운용하여야 한다.

제21조(부담금과 교부금)

① 지방자치단체나 그 기관이 법령에 따라 처리하여야 할 사무로서 국가와 지방자치단체 간에 이해관계가 있는 경우에는 원활한 사무처리를 위하여 국가에서 부담하지 아니하면 아니 되는 경비는 국가가 그 전부 또는 일부를 부담한다.

② 국가가 스스로 하여야 할 사무를 지방자치단체나 그 기관에 위임하여 수행하는 경우 그 경비는 국가가 전부를 그 지방자치단체에 교부하여야 한다.

제27조의2(지방재정관리위원회)

① 지방자치단체의 재정부담 및 재정위기관리에 관한 다음 각 호의 사항을 심의하기 위하여 행정안전부장관 소속으로 지방재정관리위원회를 둔다.

③ 위원회의 위원장은 행정안전부장관이 되고, 부위원장은 행정안전부차관과 민간위원으로 하되, 민간위원인 부위원장은 위원회에서 호선하여 선정한다.

제27조의6(지방재정영향평가)

① 지방자치단체의 장은 대규모의 재정적 부담을 수반하는 국내·국제경기대회, 축제·행사, 공모사업 등의 유치를 신청하거나 응모를 하려면 미리 해당 지방자치단체의 재정에 미칠 영향을 평가하고 그 평가결과를 토대로 지방재정투자심사위원회의 심사를 거쳐야 한다.

제28조의2(지방세 감면의 제한 등)

① 행정안전부장관은 대통령령으로 정하는 해당 연도의 지방세 징수결산액과 지방세 비과세·감면액을 합한 금액에서 지방세 비과세·감면액이 차지하는 비율이 대통령령으로 정하는 비율 이하가 되도록 노력하여야 한다.

제33조(중기지방재정계획의 수립 등)

① 지방자치단체의 장은 지방재정을 계획성 있게 운용하기 위하여 매년 다음 회계연도부터 5회계연도 이상의 기간에 대한 중기지방재정계획을 수립하여 예산안과 함께 지방의회에 제출하고, 회계연도 개시 30일 전까지 행정안전부장관에게 제출하여야 한다.

제37조(투자심사)

① 지방자치단체의 장은 다음 각 호의 사항에 대해서는 미리 그 필요성과 타당성에 대한 투자심사를 직접 하거나 행정안전부장관 또는 시 · 도지사에게 의뢰하여 투자심사를 받아야 한다.

1. 재정투자사업에 관한 예산안 편성
2. 다음 각 목의 사항에 대한 지방의회 의결의 요청
   가. 채무부담행위
   나. 보증채무부담행위
   다. 「지방자치법」 제47조제1항제8호에 따른 예산 외의 의무부담

제37조의2(타당성조사)

① 지방자치단체의 장은 제37조제1항에 따른 투자심사 대상 중에서 총사업비 500억원 이상인 신규 사업에 대해서는 투자심사를 하거나 받기 전에 행정안전부장관이 정하여 고시하는 전문기관에 의뢰하여 그 사업의 타당성을 객관적 기준에 따라 검증하는 타당성조사를 실시하여야 한다. 다만, 다음 각 호의 어느 하나에 해당하는 경우에는 타당성조사를 받은 것으로 본다.

1. 「국가재정법」에 따른 예비타당성조사를 실시한 경우

제37조의3(지방재정투자심사위원회)

① 투자심사에 관한 지방자치단체의 장의 자문에 응하기 위하여 지방자치단체의 장 소속으로 지방재정투자심사위원회를 둔다.

④ 위원장은 민간위원 중에서 호선한다.

제43조(예비비)

① 지방자치단체는 예측할 수 없는 예산 외의 지출 또는 예산 초과 지출에 충당하기 위하여 일반회계와 교육비특별회계의 경우에는 각 예산 총액의 100분의 1 이내의 금액을 예비비로 예산에 계상하여야 하고, 그 밖의 특별회계의 경우에는 각 예산 총액의 100분의 1 이내의 금액을 예비비로 예산에 계상할 수 있다.

② 제1항에도 불구하고 재해 · 재난 관련 목적 예비비는 별도로 예산에 계상할 수 있다.

③ 지방자치단체의 장은 지방의회의 예산안 심의 결과 폐지되거나 감액된 지출항목에 대해서는 예비비를 사용할 수 없다.

제54조(재정 운용에 관한 보고 등)

지방자치단체의 장은 대통령령으로 정하는 바에 따라 예산, 결산, 출자, 통합부채, 우발부채, 그 밖의 재정 상황에 관한 재정보고서를 행정안전부장관에게 제출하여야 한다. 이 경우 시 · 군 및 자치구는 시 · 도지사를 거쳐 행정안전부장관에게 제출하여야 한다.

제55조(재정분석 및 재정진단 등)

① 행정안전부장관은 대통령령으로 정하는 바에 따라 제54조에 따른 재정보고서의 내용을 분석하여야 한다.

② 행정안전부장관은 지방자치단체의 재정 상황 중 채무 등 대통령령으로 정하는 사항에 대하여 대통령령으로 정하는 바에 따라 재정위험 수준을 점검하여야 한다.

③ 행정안전부장관은 다음 각 호의 어느 하나에 해당하는 지방자치단체에 대하여 지방재정관리위원회의 심의를 거쳐 대통령령으로 정하는 바에 따라 재정진단을 실시할 수 있다.
1. 제1항에 따른 재정분석 결과 재정의 건전성과 효율성 등이 현저히 떨어지는 지방자치단체
2. 제2항에 따른 점검 결과 재정위험 수준이 대통령령으로 정하는 기준을 초과하는 지방자치단체

제55조의2(재정위기단체와 재정주의단체의 지정 및 해제)

① 행정안전부장관은 재정분석 결과와 재정진단 결과 등을 토대로 지방재정관리위원회의 심의를 거쳐 다음 각 호의 구분에 따라 해당 지방자치단체를 재정위기단체 또는 재정주의단체로 지정할 수 있다.
1. 재정위기단체 : 재정위험 수준이 심각하다고 판단되는 지방자치단체
2. 재정주의단체 : 재정위험 수준이 심각한 수준에 해당되지 아니하나 지방자치단체 재정의 건전성 또는 효율성 등이 현저하게 떨어졌다고 판단되는 지방자치단체

제55조의3(재정위기단체 등의 의무 등)

① 재정위기단체로 지정된 지방자치단체의 장은 대통령령으로 정하는 바에 따라 재정건전화계획을 수립하여 행정안전부장관의 승인을 받아야 한다. 이 경우 시장 · 군수 및 자치구의 구청장은 시 · 도지사를 경유하여야 한다.

② 재정위기단체의 장은 제1항에 따른 재정건전화계획에 대하여 지방의회의 의결을 얻어야 한다.

③ 재정위기단체의 장이 예산을 편성할 때에는 제2항에 따른 재정건전화계획을 기초로 하여야 한다.

제55조의4(재정위기단체의 지방채 발행 제한 등)

① 재정위기단체의 장은 행정안전부장관의 승인과 지방의회의 의결을 얻은 재정건전화계획에 의하지 아니하고는 지방채의 발행, 채무의 보증, 일시차입, 채무부담행위를 할 수 없다.

② 재정위기단체의 장은 행정안전부장관의 승인과 지방의회의 의결을 얻은 재정건전화계획에 의하지 아니하고는 대통령령으로 정하는 규모 이상의 재정투자사업에 관한 예산을 편성할 수 없다.

제55조의5(재정건전화 이행 부진 지방자치단체에 대한 불이익 부여)

① 행정안전부장관은 재정위기단체의 재정건전화계획 수립 및 이행 결과가 현저히 부진하다고 판단하는 경우에는 교부세를 감액하거나 그 밖의 재정상의 불이익을 부여할 수 있다.

제60조의3(긴급재정관리단체의 지정 및 해제)

① 행정안전부장관은 지방자치단체가 다음 각 호의 어느 하나에 해당하여 자력으로 그 재정위기상황을 극복하기 어렵다고 판단되는 경우에는 해당 지방자치단체를 긴급재정관리단체로 지정할 수 있다. 이 경우 행정안전부장관은 긴급재정관리단체로 지정하려는 지방자치단체의 장과 지방의회의 의견을 미리 들어야 한다.
1. 재정위기단체로 지정된 지방자치단체가 재정건전화계획을 3년간 이행하였음에도 불구하고 재정위기단체로 지정된 때부터 3년이 지난 날 또는 그 이후의 지방자치단체의 재정위험 수준이 재정위기단체로 지정된 때보다 대통령령으로 정하는 수준 이하로 악화된 경우
2. 소속 공무원의 인건비를 30일 이상 지급하지 못한 경우
3. 상환일이 도래한 채무의 원금 또는 이자에 대한 상환을 60일 이상 이행하지 못한 경우

memo

PUBLIC ADMINISTRATION 황철곤 행정학

INDEX

번호

A~Z

ㄱ

ㄴ

ㄷ

ㄹ

ㅁ

ㅂ

ㅇ

ㅈ

ㅊ

ㅋ

ㅌ

ㅍ